胡風主編期刊彙輯

第四冊

北京魯迅博物館 編

國家圖書館出版社

七月

第五集

1

華中圖書公司發行

·目　錄·

七月

第五集第一期
（總第二十三期）

廿九年一月出版

編輯兼發行　七月社　重慶武庫街
編輯人　胡　風
發行所：華中圖書公司
華中圖書公司
印刷所：商務日報（重慶武庫街）
夏溪口印刷工廠

每月出版一次

本埠每冊零售三角

訂價	國內	香港澳門	國外南洋
半年	一元六角	二元	三元
一年	三元二角	四元	六元

郵票代價，十足收用。五人以上聯合定閱，九折計算。

今天，我們底中心問題是什麼？

——其一，關於文學與政治，創作與生活的小感

胡風

首先，要從邏輯公式的平面上跨過

有一種意見，以為戰爭爆發以來的文學活動並沒有它本身底發展規律，更沒有前進，說得最使人喪氣的是中玉先生：「文學的活動是始終在散漫的帶着自發性的情狀之下盲目地蹣跚地進行着。」（「論我們時代的文學批評」；『文藝月刊』第三卷第十二期）

是怎樣「盲目」的呢？他沒有具體地指出，我們也就難加猜測，但我卻從這里記起了一些別的事情，例如很久以前就有人說過，文學落後於現實呀，為什麼不寫平型關大戰呢，為什麼不寫台兒莊勝利呢，等等，等等。鄭伯奇先生就指點得非常具體：『抗戰以來，在艱苦的環境之下，中國的文藝工作者的確盡了不少的責任。文藝作品雖不多，優秀的作品也許更少，但多少總反映出這個偉大的時代。然而代表這個偉大時代的各種典型是否在這些作品中存在着呢？肯定的回答想是很困難的罷。不錯，某些人物，像腐敗的官僚紳士乃至漢奸之類，有時也面目活躍地出現於作品之中，可是殺身成仁的官吏，守節不屈的鄉紳，忠勇殺敵的士兵，游擊抗敵的民眾，這樣積極方面的人物，作家還沒有給我們留下不滅的典型。……』（『典型的貧乏』；『理論與現實』第一期）

不用說，這是把時代的任務，也就是作家底『責任』問題向我們提出。應不應該提出呢？我想，誰也不會表示否定的意見罷。但我們要問的是：這樣算不算是提出了問題呢？而且更重要的是，這樣能不能解決問題呢？

戰爭爆發以後，絕對大多數的作家們從狹窄的束縛里被解放出來了，各各向着實際生活里面突進，而且各各在自覺的意識里面開始了文學活動，這是不止一次地被指出了的現實情形。那麼，他們底活動是不是『盲目』的呢？把判決下輕一點罷，是不是『自發性』的，或者像艾思奇先生所說的『自然生長性』的呢？把兩年多以來文學運動所抱的願望，所經受的艱辛，和我們所有的一點點理論批評工作以及那里面所含有的一點點正確的要素（當然還有許多需要我們底理論家批評家來肅清的不正確的要素）完全抹殺，也未始不可，但是，僅僅就創作活動來考察也罷，我以為也應該記起我們非記住不可的兩方面的基礎：一方面，二十多年來的新文學底傳統，尤其是十多年來的革命文學底血戰的傳統，不但沒有煙消雲散，如一張白紙，反而是對於各個作家或強或弱地教育了指導了他們，對於整個文藝進程把住了基本的方向；另一方面，民族戰爭所創造的生活環境以及它所擁有的意識形態和思想遠景，也或強或弱地和作家們底主觀結合了，無論是生活或創作活動，都在某一方式上受着了規定。拿實際情形來看罷。關於前者，今天的作家們，有誰反對現實主義麼？不但沒有，恐怕反而都是以現實主義者自命的，雖然他們底理解和到達點怎樣，是值得探究的迫切的問題，但至少至少，像目前的一些理論家所提供的關於現實主義的一點點概念（在這里且不說那里面所含的不正確的成份），對於多數作家並不是常識以上的東西。關於後者，如果允許我把極少數的漢奸『作家』和向遙天頂拜但其實是在火災旁邊做夢的高士除開，今天的作家們有誰曾把他底主觀離開民族戰爭的麼？恐怕情形恰恰相反，他們大都是性急地廉價地向民族戰爭所擁有的意識形態或思想遠景突進。說今天的作家們在概念的理解上不關心政治任務，不關心『積極方面的人物』，這意見實在是略欠公平的。即就鄭伯奇先生所提出的要求看罷，他們沒有寫『殺身成仁的官吏』麼？沒有寫『守節不屈的鄉紳』麼？沒有寫『忠

勇殺敵的士兵』麼？沒有寫『游擊抗敵的民衆』麼？我想，無論是怎樣勇敢的批評家，也很難一口肯定的罷。而且，如果我們願意數述下去，他們還寫了由厭戰到反戰的敵人，由覺醒到成長的農民，由愚昧到勇敢的婦女……甚至也寫了『平型關大戰』和『台兒莊勝利』！

所以，僅僅把應該寫什麼什麼的任務向作家提出，那除了說明批評家把作家們看成毫無政治認識的愚民以外，並無其它的意義，因為它還沒有接觸到文學發展底實際內容，還只是停留在理論批評活動所應該作為對象的領域外面，作家們儘可以不把它當作問題的。

『不要責成他寫關於集體農場或馬格尼托高爾斯克。不能由於責任所在來寫這樣的東西。』——約瑟夫（註一）

這是說集體農場或馬格尼托高爾斯克不應該成為文學底主題麼？透視了人類精神活動底規律的哲人，不過是把企圖站在創作火線底遼後方，利用無線電去發號施令的理論批評活動拖回了文學創造底實際過程里面而已。

然而，這並不是對於鄭伯奇先生底論點的批評，因為，他底意思不僅僅是要求這些主題，主要地是在指出這些主題（人物）底沒有被寫成『不滅的典型』。

那麼，我們就走進一步，看一看我們底理論是怎樣地指導了典型底創造過程的。

首先是鄭伯奇先生，他提出了『個別觀察綜合描寫』的理論。「作者要經個別觀察綜合描寫的過程去創造典型，必須相當的努力。第一，對於生疎的階層和職業等環境，作者僅憑主觀去創造典型當然是不可能的。首先，作者應該和自己所要觀察描寫的人物生活在一起。這是創作與生活的這一基本問題的應用。這是絕對必要的。經了許多論辯之後，「創作與生活的關聯性」已經成了一個不可移動的原則了。第二，對于所描寫的某一階層或職業等的各個人，作者要儘可能個別地加以觀察。觀察要不厭求詳。流水賬式的記載，文藝作品里固然不需要；而作為觀察的備忘錄，瑣屑的記載倒有很大的幫助。尤其對于這個職業或階層等所特有的言語應該注意學習，至少也須詳細地有系統地記錄下來以備應用。因為文學畢竟是言語的藝術，一種特殊言語應用的適當與否，可以決定人物的真實與否；說極端一點，言語應用的適當與否，對于作品的生死成敗都有決定權的。所以，作者對于必要的言語必須加意學習。第三，從這個別觀察所得到的無數材料中，作者須要整理歸納以求出最大的共同特點來。這是一種綜合作用。根據心裏學的測驗，綜合能力並不盡人皆同。然而這種差異顯然是由於智能，學問和社會經驗的不同而來的。學問的修養可以提高綜合能力。因此，作者對于社會科學和歷史的修養顯然成為必要了。最後的階段便是描寫。描寫當然是愈具體愈好。然而冗雜的描寫反足擾亂讀者的印象。怎樣描寫才可以抓住讀者注意和情感而留下深刻的印象。為一個作家，這是最重要的問題。不過，這里，討論是無用的，完全要看作家自身的能力了。」（「典型的貧乏」）

其次是羅蓀先生，他指出了「……『典型』的創造，也是藝術的概括，這人物是綜合了某一羣體里的人物的特徵以及習慣，風貌，語言，行為等等，雖然是一個活生生的人物，卻也必然代表了那所屬的某一羣體的特徵，這就是如恩格思所說的：『典型的環境里的典型的性格』以後，還說明了「時間」，「空間」，「所屬社會的相互關係」，「由負到正之間的矛盾的鬥爭」，「瑣細的過程」。「這是需要作家更精細的，更深入的分析人在這環境中間所受着的影響，及其變化的過程，這一個『心理的，化學的轉換過程』，是有賴於『精神技師』的藝術家的精密的工作了。」（「人與典型」：「讀書月報」第十期）

對於典型底創造過程的理解，幾年前曾經有過一些討論，雖然那里面包含有不少的尚待糾正和尚待發展的成份，但現在的這些論點不但在本質上沒有能由那超過一步，而且還在主要的地方表示了退卻。無論是鄭伯奇先生底（一）和人物生活在一起——（二）觀察——（三）歸納——（四）描寫，或羅蓀先生底「概括」，「分析」，「精密的工作……」，雖然說法多少不同，但有一點卻是一致的：完全撇開了作家底對待對象（題材）的態度，作家底主觀和對象的聯結過程，作家底戰鬥意志和對象底發展法則的矛盾與統一的

（註一）見「文藝戰線」第四期「蘇聯文學當前的幾個問題」

理過程。我約略記得，這在幾年前的討論里面，雖然不完全，但却是一再注意到了的。

這會產生嚴重的結果麼？我以爲會的。依照他們二位底解釋，創作過程就成了一種冷靜的，「精密」的，單純的，邏輯思維底過程，新的現實主義所一再向作家要求的戰鬥意志底燃燒，情緒底飽滿，站在比生活更高的地方，等等，就弄得無影無蹤，而所謂「典型」也就勢必成爲一種七拚八湊的（不要因爲魯迅也用了七拚八湊這用語而得意罷），圖解式的，死的東西了。所謂「客觀主義」，是從這裏來的，所謂「枯燥空洞」，是從這里來的，所謂「思想力底灰白」，是從這裏來的，所謂「藝術力底死滅」，也是從這裏來的……。在現在的中國文壇，雖然一般地說，理論終於不過是紙上的理論，但如果我們想一想表現在創作態度上的某些傾向，批評家們對於某些作品的大膽的推薦，那隱藏在這種理論後面的問題就不難推測了。

從上面引用過的約瑟夫底警告出發，理論家G勃洛甫曼不但得出了「要把新生活，新理想，以及在我們時代所產生的新性格加以思辨的與理論的攝取」的結論，而且還向問題底內容追進了一步：

但此種新世界的合理的攝取（事實本身對於許多作家是有利的）還不能達到眞正美的價值的創造。有理性地感受人民的英勇鬥爭，他的對黨的愛，對祖國的愛，這樣的作家在作品中仍然只是停留在一種邏輯公式的平面上。……（同註一）

是的，還後面還留給作家一段艱苦的奮鬥過程。要使藝術（文學）成爲藝術（文學），要使藝術（文學）取得它應有的威力，作家就應該有毅力從「邏輯公式的平面上」跨過。

從創作里面追求創作與生活

所以，文學與政治的聯結（矛盾與統一）問題，實質上就是創作與生活，或者說創作實踐與生活實踐的聯結問題。在前面的引用里面，我們知道鄭伯奇先生已經肯定了「創作與生活的關聯性」，而中玉先生也「首先提出作家和現實生活之關聯的問題」：

顯然用不着證明，作家們如果不能够深入人生，和現實生活取得融洽，而僅僅對他採取一種旁觀的，超脫的，漠不關心的態度，那麼，要創造偉大的感動的藝術，當然是不可能。同樣，作家們如果沒有向生活採取一種深深的，妬忌的，情熱的態度，僅僅用了沒有情熱的或微溫的態度，去對待所描寫的事象，這是不是就可能創造出偉大的藝術呢？正確的回答是：也不可能。

批評應當鄭重地指出，僅僅希望作家對現實生活取得接近的關係，是不够的，更重要的是：作家們如果沒有積極地情熱地在把握生活，深入生活，如果沒有站在改革生活的立場上去把握生活，深入生活，那麼，他們是不能說出我們生活的眞實來的。換句話說，作家們如果沒有能够以一個戰士的姿態出現於現實生活的鬥爭里，他是不能够創造出眞實的偉大的藝術來的。新時代的現實主義，决不是意味着逃避生活，觀照生活，或淺賞生活的，而是預想着與成長中的新人類所變革的現實之堅固的結合及其具體的知識。吉爾波丁在萊奧諾夫批判誠懇地寫道：「離開生活，不參加生活，不想知道生活，而且在生活中不能決定態度的作家是不能正確地描寫生活的。」（「論我們時代的文學批評」）

抄引了這麼一大段，爲的是說明我們底理論也接觸了作家對待生活的態度，也就是創作底源泉問題。但平心地說來，今天的作家很少有在理解上是主張對生活「採取一種旁觀的，超脫的，漠不關心的態度」，以至「逃避生活，觀照生活，或淺嘗生活的」罷。無論我們底理論傳統怎樣可憐，但十多年來的文學運動底血的鬥爭經歷還沒有完全退出記憶，這樣的基本理解似乎是已經達到了的。固然我們也很知道「目前還有一部份作家與現實生活脫離或聯接得不够的嚴重錯誤」，但這決不僅僅是一個「理解」問題，而大都關涉到他們底對於生活本身的際實的態度，這就不是批評底空洞的「鼓勵」或「號召」所能爲力的。

那麼，我們底批評用不着關心創作與生活的聯結問題麼？不，恰恰相反，無論什麼時候，批評總得用全力向着這個目標挺進。正是因爲如此，我們才不能停留在又經中玉先生指出了的「邏輯公式的平面上」，因爲它還沒有接觸到文學底現實發展過程，因而也就不能暴露創作活動底實際內容，不能指出創作和生活的聯結狀況，不能從具體的分析把創作更向生活底深處推進。要不然，創作與生活的聯結問題就會被批評家一次說完，以後就只好反復重述或彼此抄錄而已。

所以，論到批評底任務，我們底基本要求是從特定作品或特定作家底創作過程所達到的生活內容和形象的統一里面去探求他和生活的接觸方法，他把握生活眞理的誠實程度。批評底戰鬥力量只有從這個道路上才能發出。

爲什麼？

如果中宗先生所說的，「作家們如果沒有能够以一個戰士的姿態出現於現實生活的鬥爭里，他是不能够創造出眞實的偉大的藝術來的」這理論是正確的，那麼，反轉來，對於特定作品或特定作家底創作過程的評價的分析，就能够說出特定作家和客觀生活的聯結情況或聯結程度。要這樣，批評才走進了實際的創作過程，才能够把特定藝術世界底複雜的內容具體地暴露，使藝術底理論財產隨着藝術底發展而逐漸豐富；要這樣，批評所追求的眞理才能够取得具體的形態，對作家對讀者發生說服的或教育的力量；要這樣，才不會把生活和創作的聯結這一複雜的活的眞理變成一個死的公式。因爲，「以一個戰士的姿態出現於現實生活的鬥爭里」雖然是對於作家的基本要求，但它並不是取着一個定型的公式出現的，要不然，當我們把鄭伯奇先生底「作者應該和自己所要觀察描寫的人物生活在一起」這一基本上正確的理論應用到歷史作品上面去的時候，就要鬧出活人得和死人在一起生活的笑話了。

從這里，也許我們可以說罷，批評不應止於「作家和現實生活之關聯」的一般論點，重要的是，要從具體作品底藝術評價里面去指出特定作家底失敗是由於怎樣地對生活「採取一種旁觀的，超脫的，漠不關心的態度」，或「逃避生活，觀照生活，或淺嘗生活的」態度，特定作家底成功是由於怎樣地「站在改革生活的立場上去把握生活，深入生活」；批評不應止於提出哪些人物沒有被寫成「不滅的典型」，重要的是，要分析地說明「殺身成仁的官吏」，「守節不屈的鄉紳」，「忠勇殺敵的士兵」，「游擊抗敵的民衆」在創作上已經得到了怎樣的表現，那些表現爲什麼還不能成爲「不滅的典型」。這才能具體地暴露作家底生活內容和客觀現實的參差點和一致點，這才能具體地暴露創作活動底到達階段，這才能使時代底要求尋找得到和文學底發展階段連接起來的道路，只有這樣得來的活的眞理才能够眞正理解歷史進程中的，作爲有血有肉的人的，活的作家，使他們走上把創作和生活推進到更深刻的聯結的道路。

不具體地通過對于作家底主觀和對象的聯結過程底探求，不具體地通過對于客觀現實和形象的統一底探求，那批評家筆下的政治任務，時代使命等等，就算你能排成一串邏輯公式的套子，也難免會成爲僵死的白紙上的黑字。

生活・感覺，藝術的思維

然而，這里還埋伏有嚴重的問題。

不理解文學活動底主體(作家)底精神活動狀態，不理解文學活動是和歷史進程結着血緣的作家底認識作用對於客觀生活的特殊的搏鬥過程，就產生了從文學底道路上滑開了的，實際上非使文學成爲不是文學，也就是文學自己解除武裝不止的種種見解。

首先，從「作家」(請讓我加上一個括弧罷)本身方面看，我們就常常遇到這樣的情形：

某事件眞是偉大呀，我非趕快把那做題材寫出一篇作品不可。

我底作品內容是眞正「積極的人物」呀，你瞎眼的批評家爲什麼不寫批評來歌頌呢。

我底作品里的意識是非常正確的，你說它寫失敗了，那你就是反革命………。

這說明了什麼？這說明了以爲概念可以直接產生文學，文學底主題是可以憑一股高興去搬運過來的合理結論。這樣一來，作家底精神活動就用不着什麼準備，實際的創作過程就成了不帶艱苦性質的東西了。所以，不數日間，我們底文學里面就有了平型關大戰，台兒莊勝利。照這個辦法，湘北大勝和粵北大勝也是不難在作品會場上出席的。

我們反對合理概念麼？不是，創作過程可能而且應該受合理概念底領導，限制，但雖然如此，文學卻還有它自己底道路，文學底認識作用要求作家底意識在特殊的方法上最高度地進行搏鬥。

成功的作家「所描寫的主題是他所非常熟悉，經歷過的，深思過的，再三感覺到的」（列寧）。熟悉，經歷，深思，當然有理，但為什麼非得是「再三感覺到的」不可呢？文學是創造形象，因而作家底認識作用是形象的思維。並不是先有概念再「化」成形象，而是在可感的形象的狀態上去把握人生，把握世界，這就非在作家底意識上「再三感覺到」不能勝利。從這里，藝術的表現能力正是藝術的認識能力底一面，只有有藝術的認識能力才有能藝術的表現能力，這也是為什麼我們不愉過高地估計了作家底生活實踐和他底主觀精神力量。

所以，G．V伯林斯基所提出的，「這個作家是不是真正的詩人？」「詩首先應該是詩」這兩個要求，並不能成為觀念主義藝術觀底復活，反而是反映在作家底主觀上的政治，與文學的聯結的，極深刻的命題。所以，G勃洛甫曼主張了「對作家體現在沒有詩趣的作品中的構思堅決投棄一切調協」，也沒有被革命作家當作「獸性的個人英雄主義」，砍掉腦袋。雖然從革命作家（也許作家二字還是應該加上括弧的）那里也許會飛來「出人意表之外」的罪狀罷，但我們依然要反對文學上的投機主義，坐着概念的飛機藐視人實的「航空將士」，因為，那些「有意或無意的現實的歪曲，生活的虛偽的理想化」（伯林斯基語），不但不能夠成為文學對於人生的服務，而且對我們大都是有害的東西。

那麼，對於生活的「漠不關心」，不僅是從脫離生活而來，同時也從搶奪思想概念而來，他們把思想概念看作一面大旗，揷在頭上就可以嚇軟讀者底膝蓋，旗子是愈高愈好，於是他自己也就騰空俯視了。思想概念是好的，但在文學上要有誠心有能力和生活結合，和感覺結合，和形象結合。

時期記不確切了，總之我們曾有過一次關於「與抗戰無關」或「抗戰八股」的爭論。「與抗戰無關論」者馬上敗退了，也不能不敗退，但我們是不是說服了潛伏在文壇各個角落的這一傾向呢？是不是杜塞了引起這一傾向的源泉呢？嘴里不說，心里不服，在抗戰陣營里面有的是這樣滑頭人物。然而，對於「與抗戰無關論」的打擊，不能成為「抗戰八股」底擁護；像「抗戰八股」是不可避免的理論之類；只有正確地暴露了「抗戰八股」底真相，使它不能在我們中間藏身，才能使「與抗戰無關論」潰敗到鴨綠江彼岸，再也找不到進攻的缺口。

「抒情的放逐」

還可以舉一個例子，那就是最近在詩論里面所看到的對於「抒情」的討伐。

第一位就是穆木天先生：

……我們的詩歌工作者的身上，個人主義的情緒還是相當地濃厚，我們的詩歌工作者，還沒澈底地去拋棄自己，打進到大衆里邊去，因為詩歌朗誦的工作執行不够，我們的抗戰詩歌，大部份，還是偏於個人主義抒情主義的。我們在我們的抗戰建國中，需要發展我們的抒情詩，但是，必須在我們的抒情詩中，澈底地去克服我們個人主義的抒情的感傷主義，以及一切的個人主義的有害的遺留……。（「建立民族革命的史詩的問題」：「文藝陣地」第三卷第五號）

不用說，批評家所反對的不是抒情本身，而是「個人主義抒情主義」和「個人主義的感傷主義」，因為，他還要抒情詩，他還主張「我們的民族革命的史詩里邊，我們更可以加強抒情的成分，但是，那種抒情的成分，自然地，不是個人主義的」，甚至他還肯定了「詩歌的本質，是抒情的」。但雖然如此，這里面還留有幾個問題：

第一，說「抗戰詩歌」底「大部份」是「個人主義抒情主義」，「個人主義的感傷主義」，這是不是事實？如果是事實，這實際表現在抗戰詩歌里的「個人主義抒情主義」和「個人主義的感傷主義」是怎樣的性質？它和現實生活取着了怎樣的聯結？

第二，批評家所要求的「抒情」怎樣得到？詩人「澈底拋棄自己」了以後，又怎樣「抒發着大衆的革命感情」？

但表示了比這更「澈底」的意見的有徐遲先生，他乾脆地把抒情「放逐」。他以爲這是沒有「困難」的，因爲，「自人類不在大自然界求生活而戀愛也是在舞榭酒肆唱戀愛的Overture以來，抒情確已漸漸的見棄於人類，久居都會的人，當然更能感到心靈與境界的缺乏而難堪苦悶。」他說「科學是這一切的最初的原因」。

他不但把「抒情」監禁在對自然的感應里面，還把抒情和科學弄成了一個對立。要解說這理論底內容，也許要使讀者感到厭倦，幸而他在下面說出了對於目前詩境的觀感：

……在這戰時，你也反對感傷的生命了。即使亡命天涯，親人罹難，家產悉數毀於炮火了，人們的反應也是忿恨或其他的感情，而决不是感傷，因爲若然你是感傷，便尙存的一口氣也快沒有了，也許在流亡道上，前所未見的山水風景使你叫絕，可是這次戰爭的範圍與程度之廣大而猛烈，再三再四逼死了我們的抒情的興緻。你總覺得山水雖如此富於抒情意味，然而這一切是毫沒有道理的。所以轟炸已炸死了許多人，又炸死了抒情，而炸不死的詩，她負的責任是要描寫我們的炸不死的精神的，你想想這詩該是怎樣的詩呢。（「抒情的放逐」：「頂點」第一期）

這本來可以使我們放心的，因爲，現在的詩人無論怎樣不行，但總不致把他們底「抒情的興緻」放在「山水風景」上面。但後面他又拿出了具體的批判：「在最近所讀到的抗戰詩歌中，也發見不少是抒情的，或感傷的，使我們很懷疑它們的價値」。這就飛躍地和穆木天先生底理論匯合了。

「炸不死的精神」，要得，「革命的大衆感情」，更要得，然而，如果抽去了體現它們的詩人底主觀精神活動，如果它們不在詩人底「個人的」情緒里面取得生命，「你想想這詩該是怎樣的詩呢」！

而且，我們回頭看一看，戰爭以來的詩，「大部份」是「個人主義抒情主義」，「個人主義的感傷主義」麼？如果不把「個人主義的」和對待現實生活的詩人個人的精神動態，也就是偉大的哲人所說的「個人的傾向」，個人的「思考與幻想」混爲一談，如果不把「感傷主義」和現實生活反映在詩人底主觀上的苦惱，仇恨，興奮，感激……等等的搏戰精神混爲一談，那我們就不難明白，情形决不是這麼簡單。批評如果是要把文學發展過程中的健康的傾向凸出地描寫，那戰爭以來的詩底主潮就不能被誣爲「個人主義抒情主義」或「個人主義的感傷主義」；批評如果是要揭露殘缺的現象，那麼，那些空洞的叫喊，灰白的敘述，恰恰和孤獨地沉溺在個人意識里面的「個人主義」（這「個人主義」是依照揣測到的穆木天先生底意思用的）和「感傷主義」相反，而是沒有通過詩人個人情緒底能動作用地，對於思想概念的搶奪和對於生活現象的屈服。

這樣的對於詩人底主觀和現實生活的聯結作用的抹殺，與其說是由於批評家們底故意的歪曲，倒不如說是由於他們底心境底流露。爲什麼？「戰爭範圍與程度之廣大而猛烈」，「革命的大衆」底力量和意志，在遠離了生活主流的批評家們看來，是一堵不可親近的沉重的黑牆，擋住了一切有生的世界，於是就自然而然地發生了拜物主義的情緒。所以，「炸不死的精神」不過是一句「感傷的」叫喊，「革命的大衆感情」，「詩歌的本質是抒情」，也只是沒有任何內容的，人云亦云的空話。這只要看一看穆本天是怎樣地用了支離滅裂的形式論來處理史詩的問題，這只要看一看徐遲先生是怎樣地用了小知識者在資本主義的都會里的茫然失措的心境來理解「抒情」底發展，那我們底觀察也許並非苛論能。

然而，在我們，戰爭是被有血有肉的活人所堅持，「革命的大衆」也是由有血有肉的活人所匯集，這些活人，雖然要被「科學」武裝他們底精神，但決不會被「科學」殺死他們底情緒，雖然要被「大衆的革命感情」提高到更高的境界，但決不會「徹底地拋棄自己」；是眞正的詩人，就要能够在「個人的」情緒里面感受他們底感受，和他們一道苦惱，仇恨，興奮，希望，感激，高歌，流淚，……無論是抒情詩，敘事詩，報告詩，街頭詩，或者「史詩」，雖然表現的方法各有不同，但在基本的原則上並不能兩樣，或甚至就是小說，劇本，報告等，也依然不能離開這一藝術的道路。只有不能够這樣的人才會「徹底地拋棄自己」，躲進只是一個空殼子的「炸不死的精神」或「革命的大衆感情」一類抽象的概念里面。

這也是爲什麼我們不憚過高地估計詩人底生活實踐和他底主觀精神活動。

一九四〇年·一月七日深夜。

嘉寄塵先生與他的周圍

——中條山的插話

賈植芳

去年陰曆年底罷，在北方特有的嚴寒中，我陪着到山西戰地來做短期放賑工作的W君，在中條山沿山一帶敵我交錯而居的地區，整整遊行了半個月。同行着的，有地方縣政府的一個科員谷君，另外一個十七歲的縣犧盟會幹事洪君。這兩位都是本鄉人，關于本地的人與事，風物與典故，尤其那位谷君，是像用功的小學生背誦一本課本一樣的熟稔。這些，好像是我們間的燃物，無論在崎嶇的路途或窄小的農舍，我們就用着這樣的談助，和自己身上的一件棉布大衣來抵禦那不住的寒冷的侵襲。

一個夜裏，談到近來敵人在鐵路沿線燒焚參加抗日同志們的家屋一事，大家是憤怒了，好像是眼看着自己的屋宇被焚火了一樣的憤怒。谷君插嘴說：

「嘉寄塵的家也在近日給鬼子燒了呵。」

是短短的一句話，但給了我一個驚愕，和一個接連而來的近乎模糊的記憶。——嘉寄塵，從前行軍的途中，曾任曲沃縣長的姚君告我說，是本地的一流人物，有名的游擊隊長，並且還說了有空一同去看一回罷的話。當時曾受了一個衝動，但看的事實沒有實現。——腦子裏存在着的，關于這位人物的事情，就是這點稀薄而可憐的東西。谷君這麼一提，我的衝動，就反胃一樣的過激的傾動了，怨憤的感情停滯着，我接口問他，那嘉寄塵現在跑到那裏去了呀？

「嗯，」谷君說，拉了拉他的貓皮帽子，「那可誰知道！這人神得很。不過這一帶有着他的隊伍，那大概總在什麼山村中走着罷。這個人……」他感喟般的說了末一句話，輕聲的。

嘉寄塵——凍冷而寂寞的輾轉途中，在我腦裏就火石的燐光一樣的，刻刻的閃礫着了。

「景梅九，李岐山，和這位嘉寄塵，這是晉南的老革命，老英雄。都是河東人。但祇有這嘉寄塵神通大，故事多，又是一個無人不知無人不曉的人物，」又一個夜裏，谷君坐在土炕上說；這回談話，竟鑽牛角尖一樣的，鑽到嘉寄塵這個『專門問題』了。窗外，風在拚命的怒吼，近乎發瘋的絕望的吶喊，和着遠處的砲聲，交混成了一種雷霆般的震力，全個屋子，結連着周圍有無關係的一切，都像要被撕開的震撼着，抵禦着命運似的。燈光脊弱的，躲藏者一樣，挾着淚眼般的勤落不定的昏弱的光。谷君仍戴着他的貓皮帽子，團坐着，落着他的上半身，充滿了世故的安閒，話聲吟咏一樣的繼續着。我們這三個把頭互相攢集在一塊傾聽，祇偶爾耳朵伸到一旁，分辯遠處的砲聲，這在戰地人看來近乎神經過敏的注意，也漸漸給話語中的內容消滅掉了。我們在聽取着一個和我們一同呼吸在牛島師團侵襲下的同一戰地活躍着的人物的戰鬥生涯。

嘉寄塵是×縣共卅村人，一個大地主兼商人的莊戶，中條山內有着他的田莊。現在，共卅村的家屋給敵人燒焚一次了，（他們打聽出是他的房屋，專門來燒焚的，好像是宣撫班幹的，他們在燒焚後，還召集了一次地方的百姓講了一次話，說這是抗日的結果云。）而山內的莊子，××村，則是游擊隊的留守地，而且，更是中條山的文化供應地——那裏有一個書報社。從前是農民們給主人交納糧食，牲畜，銀錢的血淚的，惹起農民畏懼兼嫌惡的地方，現在卻被主子的一個「不肖」嘉寄塵先生人工的變換成了農民贊嘆神往的近乎「聖」的村子。眞是，我們只有承認人類的意志和力量有改變一切的決定性。這個嘉寄塵先生，就使我們聯想到托爾斯太的「復活」裏的南赫留甫侯爵。——但像托爾斯太不同于高爾基一樣，嘉先生決不同于南赫留甫或杜思退益夫斯基的卡拉馬梭夫。是有着新的呼吸氣魄的人。

嘉老先生，現在是五十開外的高齡了，但直到現在，他的使生命閃礫着光彩的反抗力，就一直光亮着。反抗，這革命者的第二生命，是一直在嘉老先生的胸中停着，蕩着，變做血液，力量。老先生在東京的明治大學留過一個時期，他起初也是和那一代的革命者一樣，被熱情支配着，在都會裏，寫寫文章，至多，在學校類的智識羣中飾演講演，除外就是奔波與奔波。也有走向鄉間去的，但那眞是南赫留甫式的，穿着體面光彩的紳士衣物，甚至洋裝，在自己的莊子裏召集着農民「訓話」，所以南赫留甫雖然確是誠意的願意一已吃虧，來和自已的佃農們「公地」，但農民們聽到這個話，那表示，就是祇祇那厚濃的嘴唇，兩隻風火眼相信不相信的麻木的困惑的瞪着，彼此無語的相覷而已。他們簡單的腦裏這樣想，這是主人老爺吃飽了給他們開玩笑，萬萬不敢附着說願意；要不就是主子發了瘋，但又決不會有這事。結果，農民們又麻木的走開，「無情的」，沒嘆一口氣。南赫留甫直跺腳，也許這些土撥鼠的傢伙不識抬舉罷，算了算了，很快的回復了他的「理智」。——這是一個智識階級革命者的標本。嘉老先生初次返鄉，也是這樣經驗，這樣苦惱，弄得他直在天津買了船票，二次的跑到日本。再轉來的老先生，那就大大不同了，他香客一樣的誠懇而沈靜，怡然的在運城出現了一個中學，苦心經營，沒錢的學生直受着他的津貼，所以和一切私立學校的所謂教育家們把學校看做一種撈錢買賣的行徑，那個學校決然沒有，名符其實的一個平民學校。于是，嘉老先生的風潮緊了，各種謠言和消息，像灰暗厚重的晚空層雲急進式的包圍月亮似的，它們很快的勝利了。喊嘉老先生是「瘋子」的親友，變得恍然大悟，接着勃然大怒。——嘉老先生登報，和家庭脫離家屬關係！……

「那一年，」谷君接着說，我的腦裏，關于嘉老先生的「行逃」和自己的怒潮一樣奔騰而來的感想還糾纏得難分難解的時候，谷君卻進展到兵變的故事的敘述了。「山西發生了一次戰事，你知道，那兩年，山西情況不好，他的學校早就不在了，學生也不在了好些個，連他要不是兩條腿快，也就早上閻王殿去了。可是人都不知道他雲遊到了那里。哈，纔是遠在千里近在目前，面前的中條山上當大王呢。他糾合着一班佃戶，還有一些他的學生，就把一個區公所佔領了。而且聲勢浩大，說還要下山攻城咧。當時的縣長姓楊，嚇得把家眷都送過河了。可是到底是老百姓不行，下面派了一團人剿山，直到他的那個莊子，都給包圍了。老百姓們跑光了，他也溜了，可是滿山是有槍的兵，他能往那裏跑，所以還在山裏。你聽，據說是他提着一個糞筐在村外路上檢糞，恰巧一個奉命來捕他的當兵的過來了，當兵的看見收糞的老頭，馬上站住說，『老頭，嘉寄廉跑到那裏呀，知不知道，你說出，上邊有賞的。』嘉老先生從容的指着另一個方向說，『啊呀，老總，可眞不湊巧，你看，祇差一步，嘉寄廉跑到那裏了，要追還能追上！』老總還直說麻煩呢，其實見鬼。隊伍就直在山裏搜了一個多月，直到戰事平靜了，纔撤下山來。這期間人們都不知他怎樣活着，山上的村落又小，是難以隱藏的。所以，後來老百姓嚷着說，嘉寄廉會駕雲，隊伍一來捉他，他就一拍屁股，身子飄到半天空了。那時候，不像這次打日本，沒有飛機，有飛機，他就跑不了了，除非又會土遁。老百姓這樣傳說着。而且還說，嘉寄廉會七十二變，有孫悟空的本事，有一次一個兵剛下手拿他，就看見其實是一個老婆子躺在那里，發病發得哼哼。關于他，從這以後，就流行着很多的說法，而且說他不食人間煙火。在修鍊哩。其實，那時候嘉寄廉還是住在老百姓家裏，而且就和隊伍的團部住在一個村里，兵們却不知道，他也是一個老百姓呀，……」

到此爲止，我們眞要笑出眼淚來，……

再過了兩日，在一個飄着濃霧的寒冽的早晨，我們穿行過一個叫做×峪的小山村。地方在一個突出而又有遮蔽的山坡上，離敵人佔領的××鎭不過十二里，我們的軍事哨，配置在這村子背後二里的村子，所以這村子，照直說，不惟在敵人的砲火控制下，而且在敵人步兵的控制下。我們要在這里用早餐，也是因爲工作的情況使然，其實，「外國人喫捧子面，沒有法子」，人總不希望平日無故的跳到火坑裏。汪精衛早就懇切的宣言說，跳火坑呀，我先跳呀，可是抗日戰爭正行到要緊處，沒有名氣的人繼續着一個個跳進了戰壕，犧牲在戰場，而他，卻一溜烟摸進了日本軍閥的溫暖多金的懷抱，他媽媽的！所以，宣言的價值就是宣言！書歸正傳，我們就決定在×峪用早膳了，決定了後，一兩個人幫帶來的弟兄買給養造飯，一面爲節省時間，我就和W君決定喫飯前把這裏要發的賑款發完，那麼，飯一喫過，嘴一抹，就可以搖搖擺擺的離開這個多少有點担心的地帶。我們首先找到本村的閭長，他姓郭，是一個中年人，有着山村人的高壯得看來近乎歪斜的體魄，焦紅的臉頰滿是胡髭，他那帶微紅的一雙三角眼，旋轉很靈活，看起人來很認眞，好像懷疑一種食物能吃不能吃似的。問到這村遭受敵人糟踏的情形，他順嘴就說；

「來過兩次呀，村中牛都光了，就是沒燒房子，還殺了一個人呢。現在嘉師傅在這里，不要緊了」。

嘉師傅？——「誰呀」？我們一同喫驚的訊問。

「其毋村的嘉師傅，跑過兩回外洋，日本怕他。」閭長說，還是不放鬆的打量着我們兩個，說到嘉師傅，像拿着一張菩薩的神符似的，帶點驕傲的神氣，有意向我們誇耀。

唔，我和W君點頭，我們竟會碰到路上曾作為談資的這個人。但在這樣一個地方，所以又不覺暗喫一驚。「眞是前生的緣法，」W君笑迷迷的，他那被風吹紅的胖臉，彷彿都亮一些了。

村子是螺旋式的土窰構成的，約有三四層，窰洞的周遭和空隙，密植着棗樹林，再從遠處看去，這一帶山嶺地方，都是這樣的棗林，甚至岩石的縫隙下都有，錯雜叢生，像把山嶺的凹入部份都塡平了，這時，籠罩着濃霧，在寒風里悲嘯着，糾結成一片鉛色的海樣的軟體顫動。……

我們用棉大衣裹緊了身軀，忘了寒冷，霧，週遭的風和棗林的戰鬥所激起的普遍而深昧的悲鳴，彼就要會見了這傳說中成了神話式的人物的激動所震蕩，像跳在沸水里的魚，開始感到切膚的昏迷，熱辣而又恐慌。閭長帶着路，他那敞開的羊皮馬掛的寬襟，被風撥弄着，像兩個翅膀般的向後張開，他的臉完全的赤紅，像是感奮了，注視着我們，一邊灣着腰走上凍僵了的土坡，一邊轉過頭來向我們嚷述着什麼，但語聲全給風勢佇奪而去，我們什麼也未聽見。

嘉老先生的居所就在中間的一層，外面有一層低圍牆的窰洞。窄而小的院落內，在成堆的乾草旁，十多匹雜色的小雞，啄啄的覓取着食物，那纖綢一樣的細密光潤的翎毛，被風捲做波浪的一圈，很是可愛。這是這寒傖而寂寞的小院子的設置。寬大而陰暗的窰洞內，地上堆滿糧食堆，農具，做飯的鍋灶，牆上斜掛着幾隻步槍，要不是牆角幾堆零星的手溜彈，和染血的灰布子彈帶，你眞要懷疑這不過是一個兼做狩戶的農民的家庭。嘉老先生在坑上靠窗的一端團坐着，坑上舖着羊毛氈和狗皮褥子，他的身旁，坐一個年逾七十的老太太，黑布包着頭。我們一進門，嘉老先生驚惕的站了起來，在我們坐到坑沿彼此間寒暄的一剎那，老先生復坐了。把我們進來時在他手里正在玩看着的一隻白勃寧手槍輕輕的擱到身旁，微笑着。又說了幾句閒話，他又站起來，探手從吊在頂蓬的竹籃內取出一個土布手巾包。跟嘉老先生蹲下，這手巾包裏的花生和麻糖，早就一齊滾落出來，擺一個陣一樣的，撒下半坑。

「請喫一點罷，眞是辛苦了。」

老先生笑着說，揚溢着慈祥和安泰。

我的近乎顚簸的情感，是不平常的混亂。瞪大着眼睛，看定面前這個微笑的人，的確的老莊稼漢！肥大的藍布棉襖和棉褲，白布襪子；鬢角是蒼灰，了還有唇邊的叢雜的短髭；但奇異的是那微笑，是溫和，慈愛，明朗的混然一體，像秋初的陽光，是人生幸福的手，人愿意任他的撫摩，但又是智慧的閃爍，那閃爍中透露着一絲細若絲而韌若鋼的光輝。還帶着油膩得發亮的灰色氈帽子。

我們喫着，……也談着話。主要的，我們感到一種溫和，像依靠在初春里一條活的溪水旁，或是在靠近一個沙龍里的壁爐，不，簡直是讀着一本啟發心靈的偉作，那所有近乎醉人的撫慰。……所謂閒談的話，也是隨口的，不是一條一條的，什麼意見態度之類；在這裏，打起架子來溜一套，我們就早忘了，所以算是雜談。外面的風好像刮過另一個世界了，出奇的溫暖。沒有距離。

「在前方，友軍們合作的很好。比如我們負傷的弟兄，就被友軍的衛生人員抬到他們的醫院治療，……」

老先生笑着說，儼是致迎詞。

W君問他隊伍的情形，老先生自已剝了一顆花生米，抬起眼睛來說，都是本地的年青人，嫩都給鬼子弄了，所以出來抗日，都分散在鬼子佔領地活動着，不過武器不行，還得努力。……又談到晉東戰爭，……態度是出奇的簡單，総一個初秋的天空。

一個頭包着布的老農婦，闖入者一樣的進來了，她的眼睛發着奇異的光，臉上蒙着灰土，就和嘉老先生身旁的老太太推讓開了，——她鬆開手裏污黑的手巾，里面有五個玉面餅。

「收下罷，自己家里做的，沒匠經。」

老婦人是跑了路來的，這是一種鄉人愛的饋贈，她現在帶着微笑的上了坑坐着，……

突然，轟的一砲！——××鎮敵人的砲又向這個山脚射來，落彈的地方離這個村不會過遠，我們聽見爆破以後的碎片散落的聲響。……

嘉老先生還是笑着，要我們再喫一塊糖。……但一個思想也突然在我腦里爆裂開來，經常的住在這軍事前哨的村落，也還是那麼泰然嗎，但這眞是本能的驗感，接着還自己把這個思想吞嚥了，我恍然悟出嘉老先生在這里安居，並不完全是什麼移超人之才必有超人之膽的迂腐的理論，祇是他也是一個百姓，而又不同于四週的百姓，卻有着百姓們特具的眞實。……

這樣，我們告別了出來。在途上，像忘了飲食一樣的，我們也忘了人間的偉大的隔離——言語。彼此都浸沈在一種什麼感情里，祇自由的讓風暴掣開我們的大衣，撲擊着我們的面頰，……

當夜，我們憩宿在山坡正面的村子。敵人到過這裏五次，房子燒了一半多，全村是可怕的窑洞，糧食糟塌得很多，我們憩營後，勤務們在全村轉了五六個圈子，沒找到一兩白麵。居民是喫着麩來的捧子麵。這村領賑款的人特別擁擠。大家的心最齊。一直到深夜，我們纔了結了工作，我和五個工作同志，給閭長派在一個小坑上去睡。這屋子的主人是一個孤寡的老者，他歪在坑角，靠近燈火吃煙，一時而爆發着嗆咳……。

天氣是更壞了，從下午起，就是一派陰沉的雲色叫着淒厲的風；我看過年青的孀婦，也還沒有這樣叫人感覺到悶壓欲死的氣勢；覺得生命這東西也眞是除過用短促而急遽的脚步，和緊皺雙眉來應付外，心地眞是給一樣的灰暗滯重，全個人是昏昏的一團。這時，像黑色而臃腫的雲幕佔領空際，一片濃密彷彿含雨的憂鬱積蓄，很快的襲佔了我。所謂智識份子，尤其在動亂時代，萌士托夫斯的智識份子的憂鬱，幻滅，變態，渴求，憤懣苦惱着我，我沒有能睡着，五個工作同志，隨了粗壯的鼾聲的興趣，那大胳膊粗腿，代表着生命和創造的東西，縱露在被頭上，橫滿了全坑。我傍着老人綣伏着，老人就踡臥在我脚邊的角落；他那一張秋草色的瘦臉，在搖曳着的燈光的側照下，痙攣着，閃着一種時現時滅的暗色的光，彷彿是被生命所拋棄的標記。他是寂寞的，時時停止了吸煙，帶點畏縮的凝視一下對面的小窗，外面，黑暗勾結着風暴，撲擊着窗子，彷彿飢渴流氓控制下的弱小的少女，發出哀婉的求救的嘶聲，一面又在作盡力的抵禦；遠處，院落里的大槐，就以他的光乾而凸像的枝幹，毅然的和侵來的敵人相撲，傲視着一切，像是代表憤怒的吼喚，嘿然地在震鳴，週遭的物事，甚至連土地，像都向這個英勇的抵禦伸出友愛的手，一齊替他助威似的，捲起一片決然而模糊的吶喊，聲音馳向遠方的原野，隱然聽見枯枝的析裂聲，和棲息在樹顚的鳴鳥的驚逃的翅膀擊着那一刹那靜止的空氣的顫聲，然後很快又消滅掉。……一陣激烈然嗆咳後，老人低嘆了口氣。像被自然的威力所嚇的我們，距離更接近；我們就這樣攀談了起來。

「這些日本賊寇，眞是害死人，比黃巢還利害，可是嘉師傅說，不打又不行，要亡了國，唉唉，……」老人獨語般的嘆息。

嘉師傅，又是嘉師傅！我的陰鬱的心，像裂出一線亮光。計算着，這里離×峪至少有三十里。

「是嘉寄廉說？」我說。

老人轉臉盯視着我，像是要發現什麼，很認眞；他的話聲里滲進了力素，音波的振動又活躍又高吭。「我是，我的兒子也跟他去了，他在邏城的嘉師傅學堂唸過書，早跟了嘉師傅了。」

「你不想念他嗎？」我不自覺的也提高了嗓子。

「想念是想念，可是要打日本，爲窮人求福利，就不能想念了，嘉師傅的話是靠着的……」老人像忘了喫煙，頭歪到一旁，眼睛像看着一個目的地的緊瞪着，聲音肯定的說。

我再沒有話。在長久的靜寂後，老人在坑沿上敲着他的煙斗，又劇咳了起來，……

四月中旬，中條山內的冰凍化開了，小河流淸新愉悅的流蕩着；山們，綠茸茸的，漸漸肥胖了起來；夜里靜坐着，彷彿眞聽見自然的生長聲，蠶食桑葉般的到處發出輕微和細密的音響，急驟而嚴肅。不久，飄散着的花草的醉人的芳香，山鳥的啼唱和迴翔，土地蒸發出的醇味的喘息，都降臨人間，交混着。冬季蟄伏久了的人們，彷彿甦生過來，想到生命，想到決意的戰鬥，蜿散的山路上來往着頻繁的人羣，飛馳的馬蹄，笨重的砲兵車輪轆壓而過，轆轆的呻吟……。部隊向山下移動；轉瞬間，槍砲和飛機爆彈的交響，又淹沒了自然蘇生的歌唱，澈底袪除了人們悠悠自得的狹小心境；祇是行走間，路旁溪水的急劇而淸脆的跳躍式的流唱，向人啟示自然的潛力，但更使人驚覺和嚴肅，體念着戰鬥的艱巨和健康，……。這時候我和幾個工作團體的同志，在山內的一個廟里，舉辦着一個農民訓練班。我們共有六十二個學員，有五十九個挨過日本人的打和踢，其餘的三個，在冬天還領受過日本人的馬刀，因爲刀下得倉促而沒有死。這些都是敵區的農民幹部，紅槍會和游擊隊的頭領。

陽光很好的一個上午，我一個人坐在崩崗的土坪上，抱着頭，在想着一些什麼事情，夢境一樣的悠忽；前線的砲聲很緊，敵人的飛機，一排一排的的向西飛去了。近處很靜寂，偶爾也聽到崖下河流的喘鳴，這時，一個小學生，帶一頂檢來的「皇軍」的尖頂黃呢帽子，在河流傍近的路上走過，唱着「抗日的烽火燃燒在中條山上」的歌；他像是看見了坐在土坪上的我，站着，向這邊行了一個軍禮，笑像一朵金色的小花，在他的頰上綻開了。

「那裏砲響呀，小同志，」我問他，用手遮着額。

「山前，打日本哩，我們自己的砲。」

——好像交代淸楚了一樣，又一跳的走了，繼續着歌唱，一直到歌詞中的「兵强馬又壯，」河流的鳴響纔把它遮斷了。小學生像一個小黑點，轉進了山脚的那一片綠色的樹林，那里是村子，……

陽光混和着寂寞，曬着我的剃光的頭頂，有一刺點辣味；于是就索性把抱攏的頭靠在膝頭上，茫然的瞅着地面，一羣黃黑色的螞蟻，正在這微濕的土地上匆忙的運行。我發見了，就全神貫注的參觀着這螞蟻的生活。心頭的憂鬱釀造着，我得等這訓練班完畢了纔能到前線去……。

「教官，好美的日頭呀！」

一個帶點吵的聲音吆喝着；我猛一抬起頭，陽光就像一塊黑布似的，蒙了我的眼和感覺，什麼也沒有看見；但我覺得，說話的人是靠近了，眼前一規一規的黑影子，也馬上變得淸亮。他現在就坐在我的旁邊了。

「沒有上課去？」我隨口問，把目光定在他的炫耀着陽光的臂章上。那是用紅布做的，印着黑色的八卦圖，和「乾門」兩個字；他是紅學會的會員。

「叫個什麼呀？」一邊這樣努力記憶起他的名字。

「掛病號了，醫院里給打了防霍亂病的針，」他整了整黑袍子襟，手塞到腿灣下面。

「教官，」接着把頭直對着我，顯得正經的，可又含有一些神祕的意味，「我和你商量一宗事，」——他把聲調放下來，「就是我們紅槍會裏要成立一個游擊隊，現在已然有了三十幾個人，十來枝檢來的步槍，預備訓練班完了就起事，教官那時候下山看看去罷？」他的一雙圓眼誠實而大膽的蹬着。

我卻在思索着這事：「叫什麼名字呀，」但此刻從他的圓眼里悟出來了，「你是孫賓罷？」

他的身子幾乎一楞，但隨即放平了，「是呀，教官，快一個月了，你還弄不淸我們叫什麼嗎？」有點失望的，他把眼睛低下，暫時沉默着。

這孫賓個子短小，額頂很窄。他從小記得幾個字，據他在一次辯論會上演說，他當過「漢奸」。那里敵人初來的時候，他喂過馬，後來溜了出來。根據他的講演結論，日本兵簡直一個一個都是畜生，回來就幹紅槍會，現在升做師兄了。他差不多沒有農民一般的遲頓性，反之，有一股原始性的狡詐，和猛烈。廿五歲還沒有老婆。當回全村人推他上山受訓了，他的幾句當漢奸時學的日本話，「嗄西嗄西」，「嗄古嗄古」，很受人歡迎，說着這些外國話的時候，他學着「皇軍」們的姿態，揚着面孔，挺着胸，邁着一歪一歪的鵝式脚步，頭殼傲慢的幌來幌去。完了，在大家的笑罵里，他就嘻嘻的笑得灣下腰來。「這就是那些狗×的走獸樣子呀！」「狗囉×的，學走獸的樣子呀！」別的老鄉喃喃的咒罵着，孫賓卻毫不發辯，在這個場合，慢慢全體會變得很靜寂，以至空氣里溢入傷感，人們想起了自己的村子和家，一家子的可憐的遭遇。……但孫賓卻在功課上很認眞，發給他的草本上，塡滿了蒼蠅大的鉛筆字。每回小組討論，都站起來講話。——，暫時沉默着，我們並坐在陽光下的土坪上。一股泥土甦生的醱氣，悠悠的刺着鼻孔，什麼小虫子不耐煩的嗡嗡的飛來飛去。

「你是那個村子的？」我轉過頭問他。

「其毋村。」他平淡的答，沒有動。

我突然的記起山下通訊員的報告。

「日本人近來又在你那個村燒過一回房子了？」

「媽媽的，」他的身子像受了震動的歪了一下。「鬼子宣撫官說，其毋村抗日份子太多，嘉奇囉就是頂利害的游擊隊長，他們恨透他了。……」

「那麼房子一次一次的燒，村里人恨不恨嘉寄廟？」我試探着。

他狡猾的看了我一眼，又寂寞的瞅着地面。螞蟻們又像起過什麼變故，混亂的爬行。孫賓像是要把一隻腳伸出去，但馬上他仰起頭。

「媽的日本鬼子不要做夢，共毋村人不是這些螞蟻，整天只顧自已過日子，受不了人家踏一脚。不是胡塗的。X娘的，你只顧燒，總竟有一天，共毋村的人全幹了游擊隊，教你回不得東洋。」——

還里，我就懊悔了，孩賓起了誤會，他以爲我在誘他的反面話，小覷了他們共毋村。農民的感受是最純眞的。他類乎蠟白的，手掌握着膝跟，大聲的嚷着，口沫濺飛，臉上的斑點一個一個像要爆開，全臉是困惱的，有一股黑色。說完了話，接二連三的向地上吐口水。

「你眞有種！」我笑了，向他翹起姆指。

孫賓也跟着笑了，摸了摸頭發，又拉了拉黑袍子襟，眼睛在陽光的炫惑里低傾下來。

「X娘的，背着這個棉袍子眞是熱，這山內的天氣，眞不比山下。」

「你穿的還是棉袍子？」這個新的事實倒使我頗爲吃驚了。

「媽教我穿呀，」孫賓悲感的歪了頭，「就是說，這回來訓練時媽交給我的。我家的房子離嘉寄廟的不遠，他的燒光了，我家的沒有燒，可是險，媽纔把袍子給了我。媽的，眞是非打游擊不行了，這回訓練完，把媽接到山上，向縣政府借五元錢做本錢，他就擺個什麼小攤子罷。」

說完，暫時的沉默後，孫賓就揚起了頭，唱起新學來的歌，「大力向鬼子們的頭上砍去」，哼唔的哼着，拍着膝跟。

「啊呀孫賓，嘉寄廟的房子燒得怎樣呀？」

「啊呀，媽，全光了，全光了，還燒死許光子的兩隻鵝，」他什麼也不看，賣弄般的說。嘉老師母（指嘉寄廟的母親——作者。）還在屋里呢，鬼子就在外邊放火了，正響午，人還沒從田里回來。鬼子們放着火，全都圍着房子拍着手笑，笑得東倒西歪，不知道有什麼可笑，這般畜生！嘉老師母從樓上的圓窗探出身子，烟已經快到她的跟前了。還好，鬼子像是沒看見她，看見她的大約是一個漢奸，因爲他一邊拍手，一邊用咱們中國話說，『可要小心走，上了年紀了，』沒有打槍。嘉老師母順着房頂，好容易纔跑到鄰家。大受一驚。近來嘉師傅回去看了她一次。他看着滿村的瓦礫堆，哈哈大笑；老師母抱怨他，說全是他弄游擊隊把村子給燒了，他回答說，我抗日，房子給燒了，活該！可是許光子呢，許光子地土多一點，他沒參加游擊隊，也沒進紅槍會，還有時候被鬼子派去修汽車路，可是完了房子也給燒了，而且還燒死那兩隻鵝。你說這是我牽連的嗎，鬼子見了咱們中國人就殺，是咱們中國房子他就燒，你有什麼辦法，不抗日還能活嗎？——肯定的結束了議論，孫賓彷彿脫去一件衣服，簡直是快活起來了，歌唱來得響亮，雖然詞句還是顚倒遺漏。

我沉默着，燃燒在熾熱的激動裏。但這激勵很快的使我感到疲倦，就閉了眼，陽光炫燿着，眼前蕩漾的光圈漣漪里，湧現着一幅幅的構圖，那是一片濃煙，雜着紅的跳躍的火舌，貪婪的向一切東西吸吮。煙濛住了一切的。就從這寂寞的煙雲中，透出斷續般的瘋狂的笑和歡聲。乾木材的碎裂聲。磚石的倒塌聲。一個白髮的老婦，揚着掛滿淚珠的蒼灰的臉，佝僂着身軀，顫抖着，無聲的，在一列房頂上匍行，烟與火追逐着，敵人的惡笑和歡唱包圍着……。

我要抑制這樣神經氣的戰慄的想像，伸起手去搔光頭皮……螞蟻們又映入我的眼里，但數目似乎銳減了，剩餘的一些，陽光在它們身上像成了一種過重的擔負，它們吃力的運行着。……

……孫賓的粗笨的歌唱，「後面有全國的老百姓」，猛的竄進耳朵里，又飄了開來，像佔領了整個空際。

我抬起了頭。

（一九三九，十一月初在，重慶。）

徵求創作木刻

我們因爲對于新興藝術木刻的愛好，早已着手收集，望國內作家源源賜寄，除在「七月」發表的致送薄酬外，其餘亦闢以「七月」交換。

七月社

訪江南義勇軍第×路

曹白

由於命運的差遣，使我能够看到長江南岸和太湖東面的那一帶的遊擊隊。這些遊擊隊大抵是在大塲退却南京淪陷之後的民衆武裝的倔起；而且非常的多，宛如晴夜的星星，密密的散布在江南的肥沃的平原上。

但那『頭目』，新式的說，就是這些星星的『領袖』們，有的是拍拍胸脯『白刀子進，紅刀子出』的好漢，有的是在戰前辦辦商團的教練，有的是退伍的軍人，有的是發憤的地主，有的是先前在公安局裏的脚色……一句話，他們都是在江南淪陷之後這纔組織了抗日的武裝的。他們在剛剛發動的時候大概很費了一番心血的罷？然而待得有了地盤和槍支，却有着一個共同的缺點，就是自己雖則倔起於民間，但對於眞正的『民間』委實很『不行』，祇管自己去『陶醉』了，一看這些『頭目』們，令人立刻想起明朝的開國皇帝朱元璋，他們和他委實很相像。

然而我想，祇要堅決，是一定會在時光的流逝裏和戰鬥的路上，逐漸的從『不行』中猛省和磨鍊，變成『行』的。如其你不信，那末，親愛的讀者，我趁此刻，要告訴你一點關於『江南抗日義勇軍第×路』裏的消息。

我的拜訪『江南抗日義勇軍第三路』，一共有兩次。第一次在去年陰曆的臘月，住了兩夜天；第二次在今年陰歷的新年，也住了兩夜天。但嗚呼，在那裏住夜是極不適意的，這部隊裏充滿了疥瘡和白虱。部隊的衣服，也大抵很襤褸，薄而硬，破而髒，因爲大家幾乎祇有僅僅的一套，你又怎麼叫牠不破不髒呢？他們已經穿着薄而破的衣服熬過了寒冬，以後也就好，天帮他們的忙，春天已在開始了。

這裏使我高興的就是從前和我一道瘟在難民收容所裏的老李，出於兩邊意外的又相見了。當瞥見的瞬間，我們互相含着熱烈和悲哀同時說：

『啊啊，你在這裏！』

『啊啊，你又來了！』

不知道這話猎是嘲笑，還是興奮，在我的眼前祇是浮出一種夢樣的東西。對的，老李的肺病是更深的了；一部生在青年的臉上的絡腮鬍子也格外的長而亂，令我突然記起在畫片上見過的俄國的哥薩克。他就這樣的不管自己臉色的蒼白，擔着第二期的很深的肺結核，處理着政治部的全部繁劇的工作。他在工作裏的靜默是格外的沉重了。

據老李說，這部隊原先也是糟糕的。而部隊的四圍便更糟。其時戰區的疆界還沒有劃定，新×軍恰巧『遊』到了那裏，他們商量了一下，還是去加入新×軍去罷。然而新×軍說，你們應該自己去生發去，給你們以友誼的幫助是可以的。這樣，他們便成了這一支『江南抗日義勇軍第×路』。

我要趕快的說，這『江南抗日義勇軍第×路』的司令是梅××，副司令是叫何××的一個含着兩湖口音的客帮人，臉上有着稀微的麻點。至於梅××，身體魁梧，四方的肩膀，『裏八字』的脚，走起路來叭呀叭的，活像鴨一樣。此公在北伐時代參加了革命，然而後來『清黨』了，便被提進官府裏去。但南京一陷，他就奔到故鄉的江陰，組織了遊擊。

梅司令參加北伐的時候，其時我還是小學生，但他那時的年紀也祇不過二十多罷了。聯軍的兵丁被革命軍打得落花流水，眞像潰決的水一樣的退下來；而且佔據了我們的學校，把課桌撕成碎塊，噓咤嘿咤，烤着火。我在恐怖之中丟棄了破鋪，在學校裏鬼迷似的轉幾圈，就似乎迷迷糊糊的記得遇到挾一大束標語的這位梅司令。所以我一到那裏，就提起這件事。

『噢噢，你們那時是——』梅司令笑着說，『還是小孩子哩！』

『對呵！我還祇是一個五年級。』

『那末你一定是和我的弟弟同學的？你還記得麼？』

我便竭力的往回想，但我的童年是祇剩了一片的模糊，夢啊——我竟一點也想不起來了。

『是誰呢？』我便問。

『諾，就是鶴煥哩！』

眞的，我記起來了，五年級裏是的確有一個叫梅鶴煥的，長頸根，壞功課，瘦子，像鷺鷥。因爲他常常側着頭，我們將一個『歪北氏』的綽號，送給了他了。但既然說到他，使我一瞥自己眼前的生活，問道：

『那末鶴煥現在怎樣了？』

『不要提起他——』梅司令搖着頭說，『毫不長進，他竟抽了鴉片，吸了白面了——你還有什麼活說呢！』

第二次我去談得比較的多。這次知道他們從離開了生田遊部隊的××和×××，到了常州，丹陽，鎮江，南京——再回轉來，經過句容，溧水，丹陽，常州，直到我去拜訪他們的×××。這之間，他們和新×軍配合了作戰過二十多次，單獨的戰鬥，也已經有了許多回。他們奪獲了馬匹，大衣，呢服，槍械，刺刀，帽子，太陽旗，以及活的俘虜——但因爲部隊裏沒有一個人會日語的，祇得送到新×軍的軍部裏去給這俘虜教育了。自然，自己也有死傷的。但既是戰爭，便必有犧牲。天下沒有無犧牲的戰爭，也沒有戰爭中的無犧牲，根本的問題是在如何踏着犧牲的血和肉，嚼了痛苦，而獲得用戰士的血和肉去換來的無價的經驗和教訓，再向前進。

然而他們非常的窮，又不會苛捐。過年了，而部隊裏的錢很少，個個隊員同志都希望在辛苦的戰鬥之後，能够快快樂樂的過一下子年，然而怎麼可能呢？而且日軍又來進攻了，『江南抗日義勇軍第×路』裏的新年是在戰鬥之中過了的。但也就由這去了。最可憐的是衣服的缺少，由此而來的必然的收穫是：瘡疥和白虱。『江南抗日義勇軍第×路』的新年，是在戰鬥和瘡疥與白虱的交響之中過了的。

然而這些，並不能減卻他們的戰鬥的心緒。住在×××，常常受着日軍幾路的包抄，但在包抄的塗一回，或者蔭蔽，或者一一的給以擊破了。『有一次，』梅司令說，『在鎮江曾受日軍的十路的包圍。但部隊沒有失掉一桿鎗，除了一個受傷的之外——我們是安全的佈置，安全的撤退的。現在這個受傷的已經治好，又回隊來了。』梅司令得意的笑，敲去了香煙的灰燼。

『敬禮！司令！』一個沈濁的湖北口音。

回頭一看，有個隊員同志在朝着司令行着未必合式的敬禮。袋裏裝着發鏽的機關槍的子彈來。

梅司令歪着頭，看着他，笑着。

『給敬禮！司令！我要向你討一支烟！』

『烟有的，』梅司令鄭重其事的說，一隻左手插在日本的大衣裏，『你的敬禮的姿勢是不是對呢？』

『對的！』

『脚的角度？』

『對的——九十度！』

『脚膝拚不拚攏呢！』

『拚不攏——我的爹生下我來就如此！』他敬禮的右手仍然指住額骨，用左手伸向空中，表示實在拚不攏的無可奈何的模樣，而且笑了。

『噯噯，給敬禮，司令，向你討一支烟！老實說，我的機關槍是不怕日本兵的。打退了日本兵的時候，我請客！一聽美麗牌，一聽白金龍，好不好呢？噯噯，給敬禮，司令，請我一支烟！』他一說，一面笑，一面皺着臉，嘴邊噴滿了白沫。

『嘮叨什麼呢，拿去。』梅司令給了他一支。

他趕緊在裝着鏽了的機關槍的子彈夾的衣袋裏挖出火柴來，燃着，深深的吸着，彷彿想把烟霧完全吸到腸裏去，如其吐出，是極其可惜的。

『噯噯，他媽媽的，我的機關槍多準啊！』他用手指指定徐參謀，跳向他去，又去和他搗亂了。

這是一個三十多歲的機槍手，據說，他一支機關槍是打退了六十多個日本兵的。

還是[illegible]怪乎的，他何每人每月祇有兩塊錢的餉。因爲沒有衣服，大家凍得部你風，說起話來鼻子噏噏噏！

白天，打麥塲是他們的課堂，從中播動着老李的擁有二期肺結核的蒼白的影子。『……捉到了俘虜我們是不是像別人一樣的槍斃他呢？』『……不……不……』『爲什麼不呢？』『……要斃他的……要斃他的……』『爲什麼要斃他呢？』『……嘻嘻……嘻嘻……』『不是好笑的！這是一個問題！』全塲靜默了。

老李在人圈子裏笨重的踱着。每個隊員同志的眼光都盯着他。靜默繼續了三秒鐘。

『我贊成不槍斃他。他的槍支被我們奪來了，還有什麼卵用？』

『……嘻！』

『但他是不是日本的老百姓呢？』

『是的！』大家叫。

『是的！』大家又叫。

『但中國的老百姓和日本的老百姓有什麼分別呢？』

『有的！』一個隊員同志立刻站起，搶着說，

『他們都是矮腳狗！』

『哈哈……！』

笑聲靜默。

『不，老百姓是應該站在一條線上的。反而倒要教育他，斃他徵茜呢？』

『是的！對的！我們要拚命的去——』他想了一想，『要拚命的去——瓦解！』說這話是一個小同志，年紀還祇有十四歲，漲紅了一副紫醬色的臉。

白天，墳堆是他們的操場。但他們不是操的『步兵操典』，而倒是主要的描準，射擊和擲手榴彈。這手榴彈是用樹做的，手工業做得要命。但他們總熱心的練習，不倦的擲；擲得渾身是汗了，就卸下了他的襤褸的棉衣。但你千萬不要走近去，他們是汗臭冲天的，而且一定可以看到正在做着好夢的白虱們。

但是一到傍晚，四個連隊連司令和參謀便一齊動員了：都在廣場上面做遊戲。有的『丟草巴』，有的『貓捉老鼠』，有的『摸死蟹』，……花樣繁多，不及細記，於是把全村的老百姓都吸到自己的周圍來。老百姓望着，鑑賞着，批評着；然而他們和在做遊戲的一同緊張，一同可惜，一同叫喊，一同轟笑了。是這樣貧窮的部隊；然而是這樣歡樂的夜晚。

眞的戰士，我想，他不但能够感受苦痛，而且是需要快樂的。

因爲堅強和健全，這部隊之遭受日人的忌，是然的了。因爲『當然』，便祇能常常的移動。我雖去兩回，但跟着他們却移動了三次；一次是在拂曉之前，兩次是在日落之後的。

拂曉之前的一次，起來得自然非常的早，可是又要吃難以下咽的飯了。江南遊擊隊裏的一醒過來就吃乾巴巴的飯，據我知道，恐怕僅僅是這裏的『第三路』的了。起先我很不懂，部隊既然窮，爲什麼這樣奢侈，早晨一跳起來就要吃呢？便去問老李。老李說，『是敵人叫我們這樣的。有一次在丹陽，在早晨我們吃過了粥，敵人進攻了。我們就打。但糟糕得很，白粥稀稀，雖爲肚皮，一動就餓了：它熬不住飢，肚裏嘰哩咕嚕的叫。最不幸的就是在戰鬥的時候時時要小便，這是最最要命的，從這次之後，得到了教訓，我們在早晨一跳起來就吃飯。』我驚異之餘，也就即刻省悟。一個戰鬥的部隊，即使是吃飯和小便，也與敵人息息相關的。

然而拂曉之前的空氣是那樣的好，它簡直要沁透我的神經了。東方掛着一顆晶晶的曉星，向天心移，報告着黎明的即刻的到來。遠方近處，都有着朦朧的雄雞們的幽咽的呼叫。

部隊成了單行，在沉靜裏行進。我們聞着泥土的氣息，看着東方乳白的天空，一邊聽到踏着樓樹的尖端不倦的歌唱的鳥鵲，宛如善歌的百靈，婉轉得很。但有時又飄出了梟鳥的鋼硬的聲音。而沿着太湖的不斷的連山的影子，那一個一個的柔順的峯巔的青尖，也終於出現在這初春的熹微的晨光裏。

而那兩次的日落之後的移動，如其穿過村落，狗就發瘋似的叫起來。起先一匹，後來兩匹，三匹，……再後來是大羣的村狗，對部隊狂吠。這回是老百姓們拾着石子，或者拿着竹條，向妨害部隊行動的羣狗去進攻了；目的是叫狗們不要狂吠，讓部隊在安靜的行動。然而狗是固執的，仍狂吠。然而老百姓也是固執的，只是追着打；一面還發怒的罵道：『你瘋了嗎？……你這表子的兒子！你瘋了嗎？……你這狗肏的！你窮叫什麼呢？』

因爲受了打擊，狗便躲到竹園或密林裏而去，撫着主人給它的創痛，悲哀的嗚咽了。

然而這邊的每個同志的心裏，洋溢着安慰和歡喜。

眞的戰士，我想，他不但自己在戰鬥中呼吸，而且使人們都來呼吸戰鬥。

我又要離開這裏了：這襤褸的，充滿了白虱和疥瘡的小小的兵團，這煎熬着苦痛的行列。爐鍊鍛，這江南的戰鬥心臟呵——我要離開你們了。

朝着太湖的邊沿走，羣山是依然的起伏，連綿不斷，擁抱了平原。陽光是那樣的閃曜，孤獨的瘌痢頭陽山是變成一團紫紫了。回過頭去看，『第三路』所擄獲的四隻栗色的馬匹，隱藏在濃濃的竹林裏嘶鳴着。於是立刻又在我的眼前展開一片鐵和火，貧窮和困苦……

然而待將踏上船隻時，突然知道自己已是一隻離羣的孤立的馬了。船在把我載向前面去。我小心的站在船窗的前面向着白虱們和疥瘡們引頸長望，而他們又在那裏呢？就是能够隱藏馬匹的竹林的濃影，也不再能够看得見，聽不到馬匹的嘶鳴了。有的祇是寂寞的荒村，固執的伏在蔚藍的天底下：其次就是那活動的農人的黑點，迂緩的遊移在這廣漠的平原上。——富饒的平原是將『和平』和『幸福』約給他們，約給祖國，約給人類的；但現在所留下的却只是一片鐵和火，貧窮和困苦，……如此而已。然而既已如此，我們一定要在這平原上呼吸，將戰鬥約給永遠，直到勝利的明天。

高爾基論社會主義的現實主義

A·拉佛勒斯基 作

高爾基，第一個實踐的社會主義的現實主義者，同時也是這方面的第一個理論家。他的文藝的論文，給社會主義的現實主義構成了一個完整的概念，一個值得我們加以細心研究的概念。

（一）

在高爾基早年的一篇批評文章里面，我們找到一個非常適切的說明，他底話是以把舊的與新的現實主義的客觀的前提分別清楚：「兩種不斷矛盾着的熱望在一個人身上衝突起來，是越來越利害了，——一種要做人做得更好一點的熱望，和一種要過活過得更好一點的熱望（傍點——A·」）。在現存的生活的混亂之下，是沒有可能使這兩種傾向和諧起來的。」過去文藝上的現實主義的基礎，正是這個「混亂」，在那兒，這兩種熱望是相反多於相成的。社會主義的現實主義，則發展於這樣的一種社會環境中——做人做得更好一點，即所以過活過得更好一點；反過來說也一樣。如果在三十六年前，高爾基關於那時「存在着的混亂」之下的人性與人類生活的離異，已能寫出了這些句子，那末，在他以後的那些論文里，他也就能夠證實在一個社會主義的社會里面，牠們是重新結合起來了。

在人的再造上，社會主義的現實主義有着它的基礎，而且它是爲了這目的而發展的。

依高爾基看來，社會主義的現實主義是普洛人道主義的確定。作爲一個社會主義的人道主義者，高爾基遠遠超越過了那種牧歌風的，以爲人的再造是可以藉博愛與恕道而達到的概念，他之反對這一種教義，只是爲了它否認革命解決的必然性，而且會使人迴避這個殘暴與搾取的世界的毀滅。他反對一切使「廹害者與被廹害者和解」的企圖；他爲了試驗這人道的愛的眞實性，就在愛里面放進了恨——恨壓廹，恨那建立着劊子手與犧牲者的關係的社會秩序。他沒有在托爾斯泰那里，也沒有在任何的不抵抗主義那里看到這種愛。因爲在高爾基，那唯一實現理想的社會主義的人道主義的道路，就是普洛運動的道路，因爲在高爾基，人的再造的唯一的基礎，就是普洛的統治。那種社會制度，它「剝奪了勞動的歡喜，封鎖了它的創造的潛在力……，沒有給天才留下任何發展與成長的餘地或機會」，是反乎人性的。那在精神上在物質上掠奪勞動者，使他失了自尊心的資本統治，正是人道主義的一個否定。而那些並不要求毀滅，卻只需要改良資本主義的人道主義者，正好確定並強化資產階級的統治——它是決不「在要求權力的願望上露出它的軟弱」的。

高爾基從不放棄去說服這些人，他們——特別是西歐的知識份子——不理解只有普洛的統治才能獲得人道主義。

一切前期的人道主義的形式，儘管它們要求一種超階級的內容和根源，但都是臣服於階級制約下的東西。高爾基的社會主義的人道主義，是建立在勞動階級的階級自覺之上的。是建立在眞理的認識和這種自覺的創造力量之上的，這才眞的獲得了全人類的內容。這里，全人類的因素是明確的和具體的，而且是爲取消階級，創造一個無階級的社會而鬥爭的產物。這種人道主義的基礎，較之在那些受了舊的人道主義影響的文學上所表現的，可以說是一種絕不相同的，關於人及其生活環境的概念。社會主義的人道主義「以最樂觀的樂觀主義」去看待人，卻從不放過對他的環境作最嚴厲的批判。

「這觀點，決不答應誰把一個人看做是無足輕重者，只爲他人的快樂而存在；同時，它教唆一個人對自己的工作不滿足。這樣，生活將常常是這麼惡劣，使人時時都保持着一種避免毀滅，要求較好的生活的願望。」

以這一種態度看待人的文學，是從普洛運動而來，又對普洛運動有所貢獻的。在高爾基所寫的關於社會主義的現實主義的一切，都具有着這一種性質。

「年青的人也許會以爲這是可笑的，」高爾基在他某一篇最後的論文里寫道，「倘像我這樣的一個老人，却承認他現在是在這樣同一的一種心境中寫作，即是，在文化的黎明期，它使人們能夠創作出一些不朽的詩篇與傳說來。是的，我正是在這種心境中寫作着，而且我很難承認，對於那從一個人的靈魂里提起的由於普洛統治的成功而快樂，而驕傲的現實的力量，我不曾說出過一些話來反映它。」

一種文學倘不能與那在完成中的大事業的動態一同活躍，那在目前就不能是現實的文學，也不能完成它在社會主義建設中的任務。高爾基說：「親愛的同志們：你們是活在一種集體的羣衆勞動的氛圍中，這勞動把大地的自然地理改變啦。你們是活在一種空前的，驚人地勇敢與成功地首創的和自然作鬥爭的氛圍中，這一種氛圍，甚至把那些破落者，勞動階級的敵人，頑固的有產者，和危害社會的份子都再教育啦；他們已成爲有用的，積極的公民啦。也許你們的時候也來到了，同志們，請你們在把握着你們的工作之後，把你們自已改造爲勞動階級的積極的幫手，在任何一個國家，爲勞動階級的解放與幸福而跟他們一起工作。」

社會主義的現實主義，依高爾基看來，就是服務於世界勞動階級的事業的文學的手段，是「它的畢生工作的表現之一，是它在馬列主義的革命的意識形態的基地上，爲自我教育而奮鬥的表現之一」。社會主義的文學，必須盡「産婆和掘墓人」的任務；它必須幫助新人的産生，同時，「對於敵視勞動階級的基本目的的，阻撓它的文化的，革命的，社會主義的成長的一切，則發起一個毫不容情的戰爭」。它必須成爲「羣衆的政治教育……眞實教育」的一般制度的一部分。

對於那認爲文學本身就是一個目的的命題，高爾基是反對的。在這方面，他做着一八六〇年俄國革命民主黨的工作，他們曾指導作家們，把社會的情景作爲最新鮮最豐富的文學的泉源。

「藝術永遠不會，而且也永遠不能爲了自身而『以自身爲目的』。——在我們的時代，這也是十分明白的事情，我們只看到它的力量有了悲劇的損失，當它服務於衰老的資産階級時；只看到它力量橫溢，當它被拉進勞動階級的文化革命的成長里面時。」

藝術服務於普洛的事業，服務於社會主義的人道主義的事業，它同時也就學習着，教育着。「科學家之研究病理細菌，正和作家之觀察和研究現實，暴露那些壞傢伙——那些動輒阻礙社會『機體』的正常發展的人物一樣，是同一的工作。」

爲了幫助創造一種新人類，克服那阻礙它的生長的事物，把藝術家武裝起來罷，還將銳化他的眼光，放闊他的視野的。在它的社會關係上，藝術現在是意識上的社會的新器官之一。在高爾基看來，教育就是使人的意識上發生革命的意思。

（二）

這些觀念，決定了高爾基關於社會主義的現實主義的概念的內容。

這里，藝術民衆化（PoPulurism）的問題有着特別重要的意義。

高爾基常常指出藝術的民衆的泉源。早在一九〇八年，在一篇題作「個性的破壞」的文章里，他寫道：

「……阿塞羅……哈姆雷特……董求安，所有這些典型，都是民衆在莎士比亞和拜倫以前就創造的了。在加德隆（Calderon）寫出來以前，西班牙的農民早已歌唱着『人生是一個夢』了；而摩爾人則更早在西班牙人之前。在西萬提斯之前，武士道早已在民間故事中被嘲笑，而且正是一樣刻薄地，哀愁地；米爾頓，但丁，米克微支（Mickiewicz），歌德和席萊，都是有那麼高就飛得那麼高，當他們有了集體創造的羽翼的時候，當他們從民間歌謠——那深不可測，無限地千差萬別，無限地强，無限地廣的泉源獲得了靈感的時候。」

在同一論文里面，高爾基也觀察到了：過去的偉大作品，資産階級與貴族的文學，不管作者自己的政治信念怎樣，是反映了「整個俄羅斯的民主的心意，感情與思想的」。

把自身建立在這些過去的藝術的「民衆精神」的因素之上，在最完全，最堅定的民主的基礎上發展，社會主義的現實主義正是藝術上「民衆精神」的確定——藝術回復到它原有的泉源。藝術家與人之間的自然的關係，是回復過來了。藝術上康健的民衆因素，不再爲反民衆的傾向與偏嗜的影響所歪曲了。

社會主義的人道主義的觀念，這唯一堅實的人道主義，將避免民衆藝術上任何民族的限制。社會主義的現實主義，是採用國際主義的。它的觀念是世界性的；它的題材關係着全人類。正和普洛的國際主義，在蘇聯的新憲法上找到它的表現一樣，蘇聯的文學就是世界上第一次有的國際主義的文學，在構成它的每一個民族的文學中，都表現着普洛國際主義的觀念。高爾基曾經把年輕的蘇聯文學的這強的一面，加以強調。他滿意地指出：「即使它在描寫方面比較有弱點」，然而它却具有一種特質，「爲舊文學所沒有的；在舊文學中，難得提到『外國人』和『異教者』，它把他們看成是下賤的。伏爾加流域的韃靼人和芬族人，裏海一帶草原上的土耳其·芬族人，還有其他許多跟我們一起生活了千百年的民族，都完全留在舊文學的視野之外。甚至有着古代的文學的民族，——猶太人，喬治亞人，阿美尼亞人——在文學上，其所受到的同樣愚蠢而忽略的看待，正如歐洲的作家看待過，而且現在還在看待着我們俄國人一樣。這種對『不同血統』的民族及其他種族的流俗的態度，在我們年輕的文學里差不多完全沒有的，如果你們萬一也偶爾碰見，你們將把它看成只是一點兒『筆誤』……

『這是事實，他們的文化的重要性是不能過於誇大的，要點是在於：文學之聯結蘇聯的各民族，不僅僅在它的意識形態上，而且更由於它積極的同志般的企圖，企圖從『內部』去理解人，研究並照明他的全部生活，他的遺年的習慣。換句話說，年輕的蘇聯的文學，是有力地服務於如下的事業：即把一切的勞動人民結合爲一個單一的文化的革命的力量，這工作是完全嶄新的，其重要實無須證明，而它也無須說出：舊的文學沒有而且也不能讓自己負起這樣的一種工作來。」

（三）

社會主義的現實主義與舊的現實主義之間的差異是加深了，這由於如下的事實：即一些糾纏着舊作家的問題消失了，而另一些則以新的意義呈現了出來。

蘇聯的文學所處理的，是「完全嶄新的材料……這是人類歷史上空前的勝利——勞動階級與勞動階級獨裁的勝利材料。這個勝利的歷史的意義，就是使蘇聯文學不把個人生活的無望與無聊作爲題材，不把基督教的有害的謊言所做成的受苦作爲題材。」

文學不再是悲觀主義的，不再只能是否定的了。舊文學使資產者、地主的社會受了批評，這批評，因爲它否定了一些什麼，在客觀上是有一種革命的意義的。而社會主義的現實主義的革命的意義，則在於它是社會主義社會的確定，社會主義的現實主義的樂觀主義，是有它的邏輯的，這由於如下的事實：就是它「把存在確認爲行動爲行動，爲創造，爲人的潛在力的成就——他征服自然力的勝利的完成」。

在這樂觀主義的照明之下，那些所謂文學上「永久的」題材，在蘇聯作家們看來已改換了面目了——例如自然：

「從前的詩人們，作爲農民，地主，作爲『自然之子』，事實上則作爲『自然的奴隸』來稱呼自然之美與賜物。謙卑與阿諛，過去是，而且現在還是響得最頻繁最清晰的聲音。對自然的讚美即是對暴君的讚美，而這調子是叫人想起那些禱詞的………詩人們從來不會號召人去爲征服自然而鬥爭………」

人爲了他的較高的目的而使自然的面目改變，人類征服那些原素的智力的勝利——這是社會主義的現實主義的題材之一。「對於人的驚嘆」，對於他的權力與能力的熱中，代替了從前對於自然的虔誠的被動的默想；後者，充其量，不外表現出對於人欠缺信心，對於社會組織取一種悲觀主義的態度罷了。

「與這個對自然的新態度一同，另一個『永久的』題材也改變了——這就是勞動。事實上，它的眞相只有在現在才被發現，因爲現在在蘇聯由於人類勞動而完成的一切，簡直是駭人聽聞的。」

這並不單單爲了是在資洛革命的國土里，什麼掩藏勞動的眞正的任務的，一些也沒有；在這里，勞動創造的障礙物是破天荒的消失了。勞動已成爲自願的，而正是這一重要的事實，又改變了文學上對於勞動的處理的性質。如果在以前，勞動是被輕視的，被看成是一個機械的過程，是可憐的東西，是加於人類的一種災害，看成是受罪，或是對於他人的意志的從屬，那末在現在，勞動就重新獲得它原來自然具有的性質了。它已成爲一種主導的而非從屬的力量，成爲新人生活上的最高的事業了。社會主義的現實主義的主人公，不能不還定「勞動，就是說，人，他是由勞動的過程形成的，但反過來又組織勞動，發展它，直至把它變爲一種藝術，我們必須去努力認識勞動就是創造」。

如斯達哈諾夫運動這一現象，就是高爾基對文學所提出的要求的一個確定。

對勞動的創造的性質理解不够，就是一個主要的理由，足以說明爲什麼蘇聯文學落後於生活，並且不能創造出一些積極的形象來。蘇聯的積極主人公是這樣的人，在他，勞動已經成爲創造，已經成爲一種藝術了。

作爲主題的勞動，是和作爲主題的英雄主義聯結在一起的。這兩者，以前被看成是矛盾的。在勞動之外，同時因而在集團之外，英雄主義是不可思議的東西。蘇聯的主人公是一個活生生的個性，却不是一個個人主義者。他的英雄主義是社會的的。

就高爾基所理解的，這經就是社會主義的現實主義的題材和工作。它們是嶄新的工作，以前從未提出過在文學之前的。他們要求新的解答，而高爾基則有力地提起了方法的問題。蘇聯的文學所用着的，依然是舊的方法，它所宜於顯示的只是「舊的亞當」，却並不是新的「普羅米修士」：「在一切作品里，我們看到……昨天的，爲小小的罪過所玷污了的人」。

（四）

舊俄的文學，沒有孕育過一個眞正的主人公——不知道有行動的人，而這，並非因爲他在生活中沒有存在，却只是由於舊俄文學的現實主義是被限制了的。

「在文學上，」高爾基寫道，「我首先自然而然地找尋『一個主人公』，一個『堅强的』『心意精明』的個人；我找到了奧布羅莫夫，羅亭及其他，跟他們多少相像的……正當千千萬萬的知識分子『到民間去』，而許多則住在獄中的時候，爲什麼作家却把知識分子描畫成是沒有性格，沒有意志的呢，這眞是一件難於理解的事情。這倒像文學是侮蔑着生活似的，是詰難着人生的價值似的……，毀壞我對於美麗的形象和辭句的興味的，就是文學里面欠缺信心的這印象……。

「隨着我個人對於世界的經驗的增加，這印象增大起來了。我看到在我周圍有着百數十個禀賦才能很高的人，而在文學——這『生活的鏡子』——上，他們不是完全沒有被反映到，就是反映得這麼模糊，竟至於使我認不出來。」

高爾基的作爲一個作家的活動，事實上一開始就抗議不感的現實主義，抗議它把典型的作爲平常的那種獨特的概念。高爾基要求現實主義做得更深刻一點，他要求，與所與的社會相密接的典型的東西，也得在一種英雄的形式里表現出來。從他的觀點看來，現實主義的舊觀念已經衰弱無力了。一九〇〇年，他寫信給契訶夫道：「你知道你在做着些什麼嗎？你在殺害着現實主義啊……。這形式是活過了時了，這是事實！在這方面沒有誰比你所走過的走得更遠，對於平凡的事情，沒有誰能像你寫得這麼平淡。就是和你的小說中，最無足輕重的相比較，其他一切都像是粗糙的，就像它不是用一管筆而是用一根木棒寫就似的……。是的，你在殺害着現實主義。我很高興，隨它去罷！讓魔鬼抓了它去！事實上，我們需要『英雄的』東西，而這時代是來到了。這是絕對需要的，今日的文學必須開始使生活光明起來，即當它一開始這樣做，生活自身也要光明起來了；這就是說人們將要過活得更輕快，更活潑了。」

這些值得注意的說話，並非棄絕一般現實主義，而只是棄絕退步的資產者，地主的現實主義。在這里，新現實主義的工作——俄國文學迫切的工作——已經明白確定了，這就是：現實的地寫出英雄的東西，平淡地寫出平凡的，寫作是寫得這麼嚴肅，這麼熱誠，這麼真確，那末人們就不再以爲這是一個不能實現的夢，而只看成是一定的必然性了。這就是高爾基的浪漫主義——作爲現實主義的發展的更高階段的一面的浪漫主義。照高爾基的意思，欠缺浪漫主義，就是現實主義的限制。「平民主義派」（Haznochintsi）〔註一〕的民主的文學，是感受着這限制的苦痛的。高爾基以爲這一派文學中最生動的形象，是彭雅洛夫斯基（Po y.lovsky）所創造的「虛無主義者」車勒芬寧（Che v.nin）。

「積極的社會革命的浪漫主義，對於『平民主義』的知識分子的文學，也是陌生的。『平民主義』派也埋頭於追求個人的命運。他生活在「錘與砧」之間：錘是專制政治，而砧則是『人民』。」

指摘出來是有趣的，高爾基談到「平民主義」派知識分子的文學，卻沒有提起革命民主的文學。當舉出一八六〇年的作家和作品的時候，舉個例吧，高爾基沒有提及車爾尼雪夫斯基「何爲」的作者，這社會的積極的浪漫主義的強烈發現。

革命民主的現實主義，和一八六〇年革命的啟蒙運動是不可分的。然而當高爾基的觀點正在形成的時候，革命的啟蒙運動，卻爲那常被混爲一談的「民粹派」（Narodniks）〔註二〕的宣傳所蒙蔽了。高爾基對於民粹派取一種否定的態度。他之爲什麼不把車爾尼雪夫斯基，謝德林，涅克拉索夫看成是一個新時代的現實主義者，也許這就是一個理由。如果「平民主義」派知識分子不能渴望到達那社會的積極的浪漫主義，那末，農民革命的作家們可有點不同——這些社會主義的現實主義的先驅者。謝德林，涅克拉索夫，車爾尼雪夫斯基及杜勃洛柳蒲夫的合成的現實主義，與高爾基的「積極的」浪漫主義之間的重要分別，是在於後者毫不受烏托邦主義的影響這一事實。建立在普洛革命上的「積極的浪漫主義」，把烏托邦的浪漫主義掉在後頭了。這對於藝術是有着重大的意義的。這些矛盾是過時了的，但在過去，即使是最高形態的現實主義也不能超越過它。

因此，甚至有一些作家，他們的意識形態是沒有爲舊的資產者，地主社會的限制弄狹隘的，還是不能創造出一個個積極人物的完全的形象來。他們之不能給他們的理想以一個現實的表現，正是因爲他們對於新社會的態度還是空想的，在這一意義上，他們的「浪漫主義」儘管給他們的現實主義增加了鋒芒和深刻，然而卻是與後者相矛盾的。要高爾基才有機會看到這理想變爲現實，看到了，創造了這現實且在這過程中，又創造了自身的新人。因此，他不能不把這一工作放在文學之前：

「我們難道不好設法拿第三種事物來結合現實主義與浪漫主義，使能以更鮮明的色彩來表現，以更高更適宜的聲調來說出這英雄的現在麼？」

如我們上面所見，高爾基在創作工作的開頭就從事這工作了。但只有在蘇聯的環境中，這現實主義的新模型才具有清晰的外形。這「第三種事物」把我們上述的矛盾消除了。當「積極的浪漫主義」不再是前進的人們中個人或小集團的表記，當它已成爲一種社會的事實的時候，那末，浪漫主義與現實主義之間的鴻溝也沒有了；他們的統一，即一個更高的發展階段，於是乎也完成了。

在我們所引用過的句子里，包含着另一個只有在勝利的勞動階級的文學中才能實現的觀念。他所謂「第三種事物」，分解了另一種破壞革命民主的現實主義的矛盾——藝術上的「黨派性」與客觀性之間的矛盾。在社會主義的現實，這矛盾是不存在的，因爲在生活中已沒有理論與實踐之間的矛盾。社會主義的現實主義的有力的藝術，是服務於世界的改造的，它與自滿的客觀主義的精確根本不同。因爲它的藝術的認識，並不是瑣屑小節的認識，後

〔註一〕一八六〇年時代的小資產階級知識分子，叫做「平民主義者」，以別於以前的貴族知識分子。

〔註二〕小資產階級的革命的集團，他們把俄羅斯看成是一個不變的農民之國，因此企圖從教育農民而進行革命。

者是多少可以成功地創造到，而且從社會主義作家面前的工作樹立起來的。不藝術的認識，是那改變世界的階級的實踐行動的一形式。

「我們對於某事物的精確的表現發生興味，」高爾基道：「只因為我們對於我們担當去根絕它的事物，和我們必須創造起來的事物，都需要有一更深入更清晰的理解。」

社會主義的現實主義，正如創造它的階級一樣，是活在現在與未來的；它正視着未來，而且從未來的觀點來反映現在。這就是為什麼它的模範的作家（按即指高爾基——記者），必須把「藝術的基本的要點」，規定為「在現實之上，從勞動階級——這新人類的建立者所提出的光輝的目標的高處，去觀察今天的事物」。

甚至在偉大的普洛革命給社會主義的藝術創造出客觀的物質的必要條件之前，高爾基已經反對邪斉的自然主義和摹倣者的現實主義，從他的對於現實主義的革命的觀點看來，後者不過較前者略勝一籌而已。甚至那時候，他已經能够指示出對於未來的高瞻遠瞩，是會怎樣的擴大而且加深藝術創造上的成就。

舉例來說，一九〇七年有一個摹倣者的現實主義者愛斯曼（Eisman），他寫了一部題作「血的洪流」（The bloody Flood）的關於大屠殺的小說。大屠殺的恐怖，是以細微的精確描繪出來了，但這小說本身却埋沒於這些瑣屑小節中，而其發出來的却是歇斯底里一般的聲音。在高爾基看來，這一部題材觸及一九〇五年革命的作品，是不能成為真正的藝術作品的，如果作者不理解，我們「正踏上新的（旁點——高爾基）歷史過程的門限，我們正生活在那創造一種新的心理模型的日子里」。

高爾基要求愛斯曼不要拿現在的尺寸——「血與犧牲者的尺寸」來量度。對於一個藝術家，這是一種錯誤的尺寸。他需要的是另一種尺寸——未來的尺寸，它是「精神自由的生長。它還剛好在開始，它還只是粗糙地被表現着，然而它却也正在發展着，它一定能以增加的速度來發展。而我却在這個成長上面看出了恐怖，為的是一些人徒然用力要把它淹在血泊里面去，無力地要求逃避人生，藏到宗教的黑暗的退隱所里面去，還有，在未來的人生正義之前，為了一切生命死滅的必然性，把個人的失望隱藏到那冷靜但又深奧的可怕的思想里面去。」

而高爾基，他是拿未來的尺寸量度着的，他有權利提出這意見，他有權利說出如下那一句建立在他整生奮鬥之上的話：「這使我歡喜」！

愛斯曼的悲觀主義，是由他的觀察的狹隘，由於他的不能在現在去看未來而來的。

『你的小說里有些表面的東西，我是必須反對的……，我覺得，在人殺人的事實之上和之外，你切不可只看到那指揮殺人者的手，而且還要到那個正碰着自已迫在眼前的否運，而指揮着這手的人的瀕死的恐怖。」

這幾句話直到今日還保持着它全部的力量。就今日在西歐反抗法西斯的革命作家來說，只有依靠高爾基所指示出來的道路才能到達社會主義的現實主義。

（五）

社會主義的現實主義，由於方向是在於一個未來的無階級的新社會，是在於在那永遠生長的進程中向着未來，而獲得特殊的重要性。這里，藝術家可以促進這進程，預見其後來的路向，使人們對於他們所走的路有一種高度的自覺。新的現實主義跟舊的浪漫主義和舊的現實主義比較起來，是「第三種事物」，是更高級的事物，因為它在它的現實的形象中包含着未來。因為對於它，這未來並不是一個空洞的夢，而是要在人們眼前創造出來的一個現實。

高爾基說過，當處理個性的時候，如果作家意識到從流俗的獸性的個人主義到社會主義的發展，如果他對於人物不僅描寫出他今天怎樣，而且還描寫出他明天一定會怎樣的話，那末，「現實主義是能跟它的困難的工作匹敵的。這並不是說，我推賞『發明』人物；這只是說，我承認作者的才能；我甚至把這看成是他的責任，『對人物思索個透澈』」。為了這目的，鋪張，誇大是正當的；它有一種科學的假設的機能。藝術是經常地靠着它的。「誇羅爾斯」（Hercules），普羅米修士，吉訶德先生，浮士德，都不是『幻想的產物』，他們完全是眞實的事實之正當的必要的詩的誇張。但在高爾基看來，誇張，跟那預見前進的發展中這種或那種狀態的預見（這是促進那發展的），是聯結着的。這預見，是成長着的社會主義社會的文學的特徵，而社會主義社會就是它自己的未來的主人。

讓自己朝向未來的現實的高爾基，從來不曾對自然主義屈服過，他知道，「幾世紀的偉大的眞理」，不能不表現出像是一個跟「當前的眞理」有關係的誇張。這里，高爾基可以提高偉大的現實主義的傳統。高爾基的偉大的前輩之一，——薩爾蒂柯夫・謝德林——當他答覆人家責難誇張時曾經指出道：「我企圖過暴露那喜歡躲在日常事實之後，而且只有最執拗的觀察才能接近它的另一現實」。仔細地區別現實主義與「對於自然的枯燥而機械的描寫」，他寫道：「當企圖再現某一所與的事實時，現實主義沒有權利：拒絕去考察……它的未來的命運」；因爲過去與未來兩者，「雖然在單純的眼里是掩蔽起來的，然而總跟現在是一樣的眞實」。可是在帝俄的環境之下，因爲看不出那可以實現社會理想的力量，因爲看不出到達這理想的道路，薩爾蒂柯夫・謝德林也像其他革命民主的作家一樣，對於這個理論只能予以部分的實行。他的預言，只適用於資產者・地主社會的衰亡；他不能接近「未來的人物形象」——「從那幾世紀以來由於野蠻的奴役而被加在他身上的恥辱中醒覺，并把它洗刷乾淨了的，復原了的人類的形象」。如我們曾經指出過，關於這個形象，革命民主的最偉大的天才所有的概念，也是不完全的。作爲偉大的普洛革命與五年計劃的時代的一個人，高爾基完全有權利要求文學創造出這種形式——關於未來的人物創造的的先見。他向蘇聯的作家們號召，寫道：「我們切不可只知道兩種現實——過去與現在……，我們必須知道第三種現實——那未來的現實。我之說起這第三種現實，并非爲了說些漂亮話——完全不是。我把它看作是一個無可推諉的命令，像這時代革命的號令一樣。我們必須設法把這第三種現實包括在我們的行動里面，我們必須表現它。沒有它，我們就不會理解社會主義的現實主義的方法是什麼東西。」

高爾基關於社會主義的現實主義的論列，是屬於那種小論著，它篇幅不多，却把斯達林的公式的廣大的內容作了眞實的闡發了。一個普洛作家的創造的經驗，對於它的時代的那種銳敏的感覺，幫助了高爾基引出一個社會主義的現實主義的完整的概念來。由它的第一個模範作家（指高爾基——譯者）所指出的它的基本的狀態，將會長久保持它們的意義的，因爲它們忠實地反映着那個產生社會主義的新的現實的特質。高爾基指出了使社會主義的現實主義有別於其他一切現實主義的形式之質的特點。這些特點是：國際主義和它包含着的對於現實的廣泛而獨特的把握；對於所謂「永久的題材」有了質的不同的新態度；對於自然，一種主動的創造的態度代替了被動的觀照的態度，對於勞動的態度，並不把它看作是一種受罪而只看成是一種改造世界的力量。在創作方法領域里面，它把現實主義與社會的積極的浪漫主義之間的矛盾，把傾向與客觀的眞理之間的矛盾除去了；它把康民主義的未來看做一種現實，而這作家們是預見着的，於是就使它更加與現在接近了。

在我們這簡單的論文里，我們嘗試了說明高爾基怎樣有機地把所有這些特點連結起來，而做成一個完全的概念。無疑地，這概念將成爲進一步研究社會主義的現實主義的觀念的一個起點。

——周行譯自「國際文學」英文版

帶着一切多樣的志向和行爲的人，在成長或破壞的過程上的人，是藝術文學底材料。然而，雖然我們有着材料，但却研究得不充份。而且我們缺乏着把材料創造成高的藝術形式的能力。能力是由知識創造的，所以我們非被知識武裝起來不可。而且，應該學習巧妙地誠實地工作。……………

——M 高爾基

在鹽場上

M·高爾基 作

「你應當到鹽鑛上去，兄弟！那裏你時常會找到工作！時常的——因爲那是賣命的苦工。你幹不長久的。一個個人都從鹽鑛上逃走……他們受不了！可是試一天看。一小車你會拿到七個戈貝克。日子你是能够過的。」

介紹它給我的那位漁夫，向旁邊吐了口唾沫，望着海底遙遠的蔚藍的水平線，開始哼起一支憂鬱的曲子來。我和他一起坐着在茅屋底牆陰裏。他在補着條棉布褲子，打着哈欠，慢慢地，沒精打彩地信口講着工作底稀少，和一個人找工作得費多少氣力。

「要是你受不了它，就回到這兒來休息。你統統講給我聽。離這裏也並不遠——大約五維爾斯他。去吧。」

我告辭了他，謝了他的指教，就循着海岸，動身往鹽鑛上去。是一個燠熱的八月早晨，天朗氣清，綠油油的波浪，一個跟一個衝上來，悲哀地打在海岸上。前面，遠遠裏在熱的藍色的煙霧裏，散布着一星星白的斑點：奧却柯夫城。背後，那茅屋沒在那些亮晶晶的黃的沙丘中間。

在我宿過夜的茅屋中，我聽到了許多荒謬的故事和意見，因此我有幾分意氣銷沉。那些波浪又發着同我心境相一致的聲音，增添着我的憂鬱。

不久，鹽鑛出現在我的眼前了。三方塊土，每一塊大約半維爾斯他光景，四圍是些狹的壁壘和狹的壕溝。這些方塊代表着製鹽的三個形態。在滿是海水的一塊內，鹽濃厚了，沈澱成淡灰色的一層，在太陽裏一閃一閃，染成粉紅色。另一塊內，鹽給劉成着一堆一堆。劉鹽的那些女人，手裏捏着鏟子，在有光的黑的泥漿中，直踏齊膝蓋。陰陽怪氣地，旣不叫囔，也不講話，她們的骯髒的灰色的輪廓，在肥沃的鹹津津的腐蝕性的泥滓底閃亮着的黑的背境上，慢吞吞地，疲勞地移動着。從第三塊那裏，鹽在給移去。工人們愚笨而緘默地傴在小車上，直往前走。車輪子咯吱咯吱着，啜泣着，這些聲音好像是從一長列人底背脊發出來的，對天公提出的一種悲憤的抗議。天際把不可忍受的，燒焦東西的炎熱倒下在灰色的，裂縫的，赤熱的地上，地上這裏那裏都是鹽沼草和小的閃亮着的鹽粒。在車輪子單調的咯吱咯吱中間，嘩啦嘩啦着工頭的低音底粗而高的調子，在咒天罵地。車夫們將小車倒空在他腳邊。他將水注在鹽上，把它安成一個個延長的尖錐。站在一個鹽底高峯上，在空中揮着鏟子，那位工頭，黑得像炭一般的一位高個子，穿着藍襯衫，寬暢的白褲子，提足了嗓子吩咐着在推小車上跳板的那些人：「往左邊倒！往左邊倒！你們這些毛鬼！但願你們在地獄裏燒！你們在往哪裏推呀？」

他用工服的邊緣，激怒地拭了拭出汗的臉，忿怒地吆喝了一陣，一邊開始用鏟子使盡所有的勁鎚平着鹽，一邊倒出着無盡的一串咒罵。工人們機械地推上小車去，機械地按着「往右邊，」「往左邊，」的命令，倒空了它們，使勁的挺一挺直背脊，便把小車拖在背後（現在它們咯吱咯吱得更疲勞了，可是聲音却小了一些，）不穩而沉重地沿着被蠱黑的油膩的黏土弄得膠黏的，搖搖晃晃的跳板走去，再去取鹽。「幹快一些呀，赤佬！」工頭喝着他們。

可是他們和先前一樣緘默地做。他們似乎很垂頭喪氣，只有他們憂鬱，疲勞，乏力的，滿是齷齪和汗的臉，憤怒地震顫着。嘴脣抿得緊緊的。時不時有個把輪子滑出了跳板，黏牢在泥裏；前邊的車夫仍舊走去，可是背後的就得停下來。他們愚笨而毫無感覺地望着伙伴試着把那六百多磅重的車子再放上跳板。

從包着一層熱的霧氣的，無雲的天空，南方的炎日以最大的熱心燃燒着大地，彷彿它今天要不惜一切地把它的熱切的注意壓到大地上面。

我站在旁邊看着這一切，決心想試試我的運氣。儘可能裝出不大在乎的樣子，我走近跳板去，工人們正拖着空車子在那上面走動。

「喂，列位老兄，天保佑你們。」

回答是全然出於意外的。第一個工人，一位健康的白髮老頭兒，衣袖和褲腿捲了起來，露出着青筋的臂膀和腿，一無聽到我說話的表示地朝前走着。第二個，一位長着忿怒的灰色眼睛的漂亮小伙子，憤怒地望望我，一邊拉長着臉，一邊咒罵到靴子。第三個，顯然是位希臘人，黑得像一枚甲蟲，鬈頭髮，一路走近我來，一路表示着抱歉，因爲手給估猜，他不會向我的鼻子打招呼。這話是以毫無感覺的聲調說的，非常之不適宜於他所表示的慾望。第四個提足了嗓子嘲笑地喊：「喂，玻璃眼睛！」企圖踢我一腳。

這種接待，要是我沒有弄錯，在有教養的社會中，是叫做「無禮」的。我從沒有碰到過這種事情。沮喪地，無可奈何地把眼鏡放進了口袋內，就朝工頭走去，想問問他，我能不能得到工作。我還沒有來得及達到他那裏，他已經喊我了。

「嗨，你，你要什麼，要工作嗎？」

「是的。」

「那你推過小車沒有呢？」

我回答他我車過泥。

「泥——哪裏行。泥是完全另外一件東西。這裏的是鹽，不是泥。滾回鄉裏去喂豬去吧。」又對另一個人：「嗨，你這醜人，把鹽倒在我腳邊頭。」

「醜人，」一位龐碩的灰色的大力士，長着長長的髭鬚，藍灰色的鼻子，鼻子上盡是些小疱，使盡所有的勁叫喊着，倒卒着車子。鹽倒出來了。「醜人」咒罵着，可是工頭咒罵得更厲害。雙方滿足他微笑了笑，便把注意轉到我身上來了。

「唔，你要什麼？」用鏟子的人問。

「也許你是到鹽鏞上來吃酸的乾酪湯糰的吧，鄉下佬？」「醜人」對工頭霎着眼睛，問。

我就請工頭給我件事，向他担保我會習慣這工作，而且不會比任何人做得壞。

「唔，在你學清楚事情之前，你會在這裏折斷脊骨的。但姑且試一試看。嗨，你這傢伙，給他部車子。」

一位青年出現了。他只穿一件工服。一雙赤着的脚，給用破布直繃到膝蓋。他表示懷疑地望着我，在牙齒縫裏說：

「跟我一道來。」

我跟他走到小車堆那裏，試着揀了一輛輕的。小伙子搔着腿，默默地望着我。

「你取的是什麼？沒有看見輪子是彎的嗎？」他說。

他漠然地走往一旁去躺下在地上。

我另揀了一輛，插進了隊伍，去取鹽。感覺得有些不確定而沈重的東西在壓迫着我阻止我同伙伴們講話。雖則臉上全掛着疲勞的痕跡，他們還表示出過往的激怒，誰都乏透着，忿怒着那殘忍地燒焦他們的皮膚的太陽，在車輪子底下搖搖晃晃的跳板，泥滓，那個齷齪，肥沃，鹹津津，混合着尖的鹽粒的黏土；鹽粒刺破他們的脚，隨後刺破的地方就潰爛成大的溼漉漉的傷口。他們忿怒着他們周圍的一切。這種憤怒在他們彼此互相投擲的，和投擲在隨時隨刻從他們渴得冒火的喉嚨漏出來的，惡毒的厲害的咒駡上的斜視裏，就顯明着。誰都不注意我。可是走進了方塊，試着要避開車子和鹽堆的時候，從後面我在腿上挨了一下。我旋轉身去，劈面就受到一句憤怒的呼喊。

「提起脚跟來，你這長鬼。」

我就趕快提起脚跟，放下車子，開始鏟鹽進去。

「裝滿它！」站在我貼隔壁的烏克蘭大力士吩咐。

我把它裝得檣滿儘滿，後面的人喊：「往前走！」前面那些人吐了口唾沫在手上，就一邊呻吟，一邊推動着車子。偏得差不多直角，身子朝前冲着，他們伸長着頸頸，彷彿這會使得工作容易一些。

看到了這一切方法，我也像他們一樣儘可能偏着，朝前冲着身子。我把車子舉起一些，輪子就尖銳地吱吱吱吱着，我的鎖骨開始痛了，使足力氣的手頭抖着了。……我搖搖晃晃着走了一兩步。我一會兒往左蹩，一會兒又往右蹩，往前推着。……輪子滑出了跳板，我合撲跌進了泥裏。車把手欺迪似地打在了我後腦杓子上，便懶洋洋地翻轉身去。轟隆轟隆一片口哨，叫喊和笑，迎着我的跌倒，而我更黏在泥裏了。我奮力一跳，試着要抬起車子來，感得彷彿有什麼冷而尖的東西在刺我的胸脯。

「嗨，朋友，幫幫我的忙呀，」我對我旁邊一位烏克蘭人說，他正放足嗓子笑着，笑得搖呀搖呀的，按着肚子。

「還你媽的瘟！笨匠！在跳板上爬出來呀。把車子往左邊側一側。但願泥滓吞了你吧！」他又笑了，眼睛裏汪着淚水，按着屁股，噓息着。

「你這鬼，沿着木頭走呀，」我前邊那位白髮老頭兒揮動着手，惱怒地望着我。他呻吟着，開始推着車子。前邊的車夫們動身了，而後邊的卑站着，惡意地凝視着我，當我身上黏着一層層泥，的的搭搭的滴下去，渾身大汗地拉着車子起來，擋着他們的路時候。誰也不想幫幫忙，而工頭的聲音聽到了：

「你們黏住在哪裏啦，你們這些鬼？狗！猪玀！離開我的眼睛，你們就懶起來了！木鬼！把車子推過來，你們這些該死的鬼！」

「滾開來！」我後面那位烏克蘭人喊了一聲，便推動他的車子，車子的邊差一點沒有碰上我的頭。

剩下我一個人了。我想法子把車子拉了起來，因為鹽都打翻出來了，車子完全都給泥塗着，我就把空車再推到方塊那裏去，打算去另取一車。

「怎麼會事呀，老兄？翻觔斗了吧？不要緊。每一個人起初都碰到的。」轉過身去，我注意到在一堆鹽背後有一位二十上下的小伙子，蹲在一條放在泥裏的跳板上，吸着手掌。他以親切，微笑的眼睛望着我，點着頭。

「這不錯的，老兄。你還沒有得到訣竅哩。」

「你的手怎麼回事呀？」

「剛才抓破了，而泥濘是背性的。要是我不吸它，我就得要停止幹活，會很疼的。走吧，工頭又要咒罵了。」

我推着車子走了。第二車的結果很好。我車了第三車，第四車，又車了兩車。誰也不注意我，我享樂着這個環境，它對於一個人一般地是悲哀的。

「得了！我們吃東西去吧，」有一個人喊。

誰都鬆了口氣，跑去吃去了，可是就是在這裏，也沒有人顯得因為到休息而活潑或愉快。寥闊是勉強的，帶着幾分難以隱藏的厭惡和憤怒。誰都不像享樂着他們做工做壞了的骨頭和熱歪了的筋肉的休息。我的脚，背脊和肩膀發着痛，可是試着不叫別人注意到，我高高興興地走近鍋子那裏去。

「等一等！」我被一位年紀大，面貌憂鬱的老江湖喝住了，他赤着脚，穿着一身破破爛爛的藍工服。他長着一張酒鬼的臉，藍得和他的工服一樣，配着濃重的憂鬱的眉毛，從它底下，紅的發火的眼睛野蠻而嚇唬地一閃一閃着。「等一等。你叫什麼名字？」

我告訴了他。

「你父親是一個傻瓜，給你取這樣一個名字。我們不允許馬克沁們第一天做工就走近鍋子來。馬克沁們第一天吃東西是付錢的，應該如此。要是你叫什凡或者別的名字，事情就不同了。我是叫馬蚩歲，所以我要吃了。而馬克沁只能看着我。滾開鍋子去。」

我向他驚愕地望了望，便走到一旁去，坐在地上。這種態度，我先前從來沒有經驗過，而且我一點也不會挑惹，實使我迷惑了。直到如今——而且以後許多次——當我加入一羣工人的時候，友誼的關係是立刻就建立起來的。這一次却一切都是不可思議地奇怪。雖然棘手，我的好奇心却給大大地刺激了。我對於這個謎，發生了深深的興趣，決意要找尋它的解答。表面上泰泰然，我看着這些人吃東西，等待着工作開始。我必須弄明白這種態度的來由。

他們吃了飯，打了陣飽呃，便一邊開始吸煙，一邊離開鍋子。烏克蘭大力士和那位綳着脚的小伙子走到我這裏坐了下來，擋得我看不見跳板上那堆車子。

「喂，老兄，」烏克蘭人問，「要抽煙嗎？」

「好的，給我些葉兒，」我回答。

「你自己沒有煙葉嗎？」

「要是有，我也不問你要了。」

「不錯。呼一口吧，」他把煙管遞了給我。「你還是要去車鹽嗎？」

「是的，目前還是要。」

「你是從哪裏來的？」

我告訴了他。

「離這裏遠不遠？」

「三千維爾斯他光景。」

「很遠着呢。那你幹嗎要到這裏來？」

「像你一樣。」

「噢，你是說偷了東西給從村子裏趕出來的？」

「什麼？」我問，感覺得自己不謹慎，犯了一個愚笨的錯誤。

「我到這裏來是因為偷了東西給從村子裏趕出來的，而你說像我一樣……」他笑了，高興着自己的狡滑。

他的伙伴默默地坐着，狡猾地微笑着向他霎了霎眼睛。

「等一等……」我開始說。

「沒有功夫等了，老兄。我們得幹活啦，一起走吧。你可以用我的車子。我的車子又好又可靠。來吧。」

我們就去了。「我來用剛才給你的那輛車，把我剛才推的那一輛放在那上面。讓它坐一趟休息休息，」他說。

這份好意似乎是頗爲可疑的，傍着他走，我細細地考查着他提議要給我的那輛車。它是輪子朝上放着的，我審查着它，試着說服我自己，沒有在給搗什麼鬼，但是我却什麼都沒有留心到，除了我突然間變做一般人注意底目標，這種注意是他們拙劣地試着要隱藏的。這在他們屢次的霎眼睛和對我點頭上，和他們可疑的低語上，都顯而易見。我知道，我一定得大睜開眼睛警戒着。

「到了，」烏克蘭人說。他把他的車子取了出來，擱在我的面前。

「裝吧，兄弟。」

我朝四邊瞧了瞧。誰都在熱心地工作，我也就開始裝我的車。除了鹽從鍬子上漏出來的綷綷縩縩之外，別無聲音，寂靜沉重地壓廹着我。我想，或者我還是離開這裏的好。

「喂，拿你的車子呀。你睡着了嗎？」馬脫威吩咐。

我用力抓住了把手，舉起車子來，推動它。手掌心裏一陣劇痛使得我絕叫起來，我就鬆開了。又痛起來了，加倍的厲害。一雙手的掌心的皮都扯去了，是給夾在了車把手裏。又痛又忿怒地磨着牙齒，我檢查了一下把手，發見它們是從邊上劈開的，裂縫裏嵌了楔子。做得非常之巧妙，因此當我抓緊把手的時候，楔子就落了出來，木頭合攏去夾住我的皮膚。我舉起頭，朝四邊瞧了瞧。叫喊，笑，口哨，從四面八方飛上我的臉來。到處我都看到懷着惡意的勝利的臉。工頭的咒罵從方塊那裏傳到我們這裏。沒有人理會它。誰都專心着我。我愚笨而無意識地朝四邊瞧了瞧，感覺到我是受了怎樣的侮辱，我沸騰着報復底慾望和對於這些人的憎惡。他們對着我站成一堆，把咒罵和譏誚潑在我的身上。忿怒地，痛苦地，我要想侮辱和羞辱他們。

「混蛋！」我伸出着握緊的拳頭喊。

我一邊朝他們走去，一邊開始像他們呪詛我一樣犬儒主義地呪詛他們。

他們似乎躊躇了，而且失去着自信，退開去了。只有烏克蘭大力士和藍色的馬脫威站在原來的地點，泰然自若地捲着袖子。

「來嗎，來嗎，」烏克蘭人睬好着我，用低音愈快地開口說。

「狠狠揍他一頓，葛弗里拉，」馬脫威鼓動他。

「幹嗎你們侮辱我？」我喊。「我害了你們什麼了？幹嗎呀？我不是像你們一樣的一個人嗎？」我還叫嚷了別一些悲慟的，諍理的，憤怒而無意識的話，同時睬好着他們，生怕他們再對我使什麼壞。可是他們愚蠢的無意識的臉，瞧起我來沒有先前那麼無情了，而且有幾張臉上，似乎呈現着對於這種惡意的玩笑的罪惡底自覺。烏克蘭人和馬脫威也往後移去了。馬脫威整理着工服，烏克蘭人把手放在了口袋裏。

「爲的什麼？爲的什麼？」我問他們。

他們依然啞口無言。烏克蘭人捲着紙煙，朝下瞧着自己的腳。馬脫威突然間閃到了別人背後。其餘的人走到自己車子那裏去，伸展着身子，一言不發。工頭走近這羣人了，大聲地喊着，用拳頭威嚇着他們。所有這一切是發生得如此之快，以致離我們二十步外在堆鹽的，當我絕叫的時候，注意到她們跑了過來的那些女人剛到得這裏，那些傢伙已經在向四面八方散到自己車子那裏去了。在這個子躺着，懷着非所應得而無可報復的侮辱底熱辣辣的感覺。這增加着我手裏的疼痛。我要我的疑問得到解答。我要報仇。我朝他們喊：

「停下，列位老兄！」

他們停下了，陰沉地凝視着我。

「告訴我，幹嗎你們給我苦頭吃？你們有良心沒有？」

他們默默無聲，而這默默無聲替他們回答了。隨後，鎭靜着自己，我開始向他們說法。我用事實開始，說我恰像他們一樣是一個人，恰像他們一樣飢餓，必得像他們一樣掙飯吃；說我上他們這裏來，好像上自己人的地方，我不把他們看得比我自己低微一些，壞一些。

「我們統是相等的，」我告訴他們。「我們必得儘可能彼此了解，彼此幫忙才是。」

他們繞着我站成一堆，注意地傾聽着，但是避開着我的眼光。我注意到，我的說話對於他們起着作用了，這給與了我感悟。朝四下裏一瞧，我變得更其深信這個了。我起着一種光明的幸福底尖銳的感覺。我投身在一堆鹽上，開始哭泣起來。

抬起頭來的時候，旁邊沒有人了。工作完畢了，車手們正在方塊附近，五六個人一簇一簇地散着。他們這一簇一簇的人，現得像在落日的光輝所照成的鹽底粉紅背景上的一星星又大又笨又骯髒的斑點。寂靜。涼風從海上吹來。一片小的白雲正在天上滑動。薄而透明的羊毛似的雲絲，從那片雲上裂開去，散布在天底蔚藍的背景下面，消失了。

我站起來，走往鹽層那裏，打算告別了動身上漁夫的茅屋去。當我走攏烏克蘭人，馬脫威和工頭以及另外三位年老的強壯的流浪漢這一幫人的時候，他們也站起來迎我了。我還沒來得及講話，馬脫威已伸出手來，瞧也不瞧我，說：

「喂，朋友，隨你願意上哪裏，走你自己的路吧。我們替你捐了些銅子作路費。在這兒。拿去。」

他手掌裏躺着幾個戈貝克；朝我伸出來的時候，他的手抖呀抖的。我是莫明其妙，不了解地望着他們。他們神氣沮喪地俯着頭站着，默然地，不必要而可笑地整理着破衣裳，兩只脚舉來舉去，眼睛轉向着横裏，用每一個動作，每一個姿勢表示着他們的困窘和願意同我了結得越快越好。

「我不要，」我推開着馬脫威的手，說。

「不，請你拿去。別叫我們生氣。歸根結底，我們幹了些什麼？說實話，我們並沒有惡意。我們知道侮辱了你老兄。但是假使你正確地推理一下，其實並非如此。這完全不是真的，老兄，因爲這樣幹的主要的理由是生活。我們的生活是什麼？做苦工沉甸甸的車子，泥滓把我們的脚裂開得一片一片，太陽像火一樣成天燒灼着，而這一切就只五十戈貝克。這還不够使人成功一只野獸嗎？做工，做工，把掙來的錢胡花在喝酒上，然後你又做工。要是這樣子生活過五年以上，你就失去所有的人的形像，變成功一只野獸，而你也就完結了。老兄啊，我們侮辱自已比侮辱你還要厲害呢。然而我們却彼此相知——但你是陌生的人。……幹嗎我們應該替你惋惜呢？…而你告訴了我們幾件事。唔，當然啦，話是說得好的。顯然你一定是對的，你是對的，只不過它不合時。……它不適合於我們。您別生氣。……那不過是說說笑話。我們依舊還有着一顆心。……所以要上哪裏，您就帶着您的眞理去吧，而我們要同我們的眞理留在這裏。把錢拿去。再會吧，老兄。我們對你沒有罪過，你對我們也沒有。沒有好結果是實在的。唔，好吧。好的事物不是爲我們的，你也不用留在這裏。你不……配。我們是彼此緊緊地結在一起的，而你老兄來加入我們得如此之……輕鬆。那不能有結果的。……所以快走開吧。走你自己的路吧。再會。」

我往四下裏一瞧，深信誰都是同意着馬脫威。我就把背包捆起在肩上，要離開去。

「等一下，朋友。讓我同你講一句話。」烏克蘭人抓住我的肩膀，止下我。

「要不是你而是別人的話，我就把拳頭打在他臉上來送他的行了。這你覺得不覺得？而你，我們却白白放走，甚至於還給錢你作路費。向我們道謝哪。」向横裏吐着唾沫，他用手指扭絞着煙荷包，朝四週勝利地凝視着，彷彿要說：「佩服我哪，瞧我多麼聰明。」

勝不住一切，我趕緊告辭了他們，沿着海岸動身回到宿過夜的茅屋那里去。天氣晴朗而熱，海是浩渺而嚴肅，碧綠的波浪澎湃地翻滾到我的脚邊。……我感到一種不可忍受的悲痛與慚愧。抑鬱地，我循着熱的沙子慢慢地走着。海在太陽光裏平靜地一閃一閃，波浪講着些不可思議而悲哀的話。當我到得茅屋的時候，我的熟人，那位漁夫，就站起來歡迎我，用推測對了的人的勝利的語氣說：「喂，老兄，鹹的吧？」

我默默地瞧瞧他。

「未免太鹹了吧，是不是？」他盯着我，富有自信地說。「餓不餓？去吃稀飯吧！煮了不少，一定還有一半留着。去，吹吹調羹去吧。稀飯很好吃呢，裏邊有比目魚和鱸魚。」

兩分鐘之後，我坐在茅屋的牆陰裏，又髒，又很疲乏，又餓，心裏懷着苦楚和悲痛，吃着比目魚和鱸魚的粥。

——蘇民譯自「國際文學」英文版

徵求：

有友人徵求「七月」第一第二兩集合訂本及第三集全份六册，不知有願意出讓的沒有？徵求者願出相當的代價。又，上次徵求第三集第三期一本，到現在也還沒有應徵的。

漢夷之間

徐盈

僅有星星，沒有月亮，掘起來的土堤平靜地休息着，散出腐草的氣味。山蒙着黑大的厚被子睡熟了，水在無聲地流，榕樹聳着濃鬱的身影。亞熱帶的午夜，熱風濃重地飄動着，吹得四對的哨兵走進了睡鄉。總隊長一個人，像埋在黑影裏似的，半夜裏起來，到各處視察防哨。

「口令！」

他發現前面有一些黑影，鬼鬼祟祟地正向場內走，他問口令，沒有人應答，逼進了，便像一陣旋風似的，向各方面逃去。

「站住！」

旋風是不會站着的，於是總隊長爲了自衛放槍了。「砰！」各地的狗立刻瘋狂地叫成一團，原野上霹靂一響，人聲跟着浮動了，把空氣攪得十分緊張。

「呀——呀——啊——」叫着，跳着，跑着，黑影四散了。

總隊長立刻張起手電搜索前進。路上面拋棄了東一個西一個的鋤頭，在仙人掌堆裏發現了受傷者，那個黑人在呻吟，他的白而長的髮髻漏了赭色的臉，鮮紅的血正從那平舖的扎兒瓦底下汨汨流出。他驚訝地自語道：

「哦，怪事，怪事，怎麼是修壩子的夷工啊…………」

人聲鼎沸，哨兵們正在搜索。總隊長凝着眉頭，一語不發地退入了黑暗裏。

四

黎明，太陽還沒有出來，飛機場上的起床號聲響起了。這時候，仙人掌的刺上掛滿了晶瑩的露珠，石榴花羞得還沒有開放。五月的南國，吹起風來總是熱的。天藍，水藍，中間嵌着赤紅色的土地，一切都像是在火燄山中燒過似的。綠榕樹的翡翠一般的樹叶子下垂不動，表示今天將又是一個悶熱天氣。

在那方圓二十里的地面上，普遍着亂嚷嚷的人聲，吃畢早飯，紛紛準備上工，人人嘴裏談着半夜裏的槍聲，大驚小怪地傳說着夷工要逃跑。

天明了，集合號聲將小組的幹部集中在講演台前，大家踏滿了兩鞋底露水，來聽精神講話。總隊長一夜沒睡覺，人顯得更弱了，他比別人只矮半頭，但他的身材就好像被壓在人羣裏似的。他滿臉皺紋，只有一張大嘴，這張嘴裏發出了金屬的聲音，震盪着人們的耳鼓。

「自從昨天開工以來」，他說，「大家的精神非常之好，不單到的早，而且走得遲。個個賣力人人爭先，大工程我想一定能够到期完成的。特別是夷工，平常總有些人看不起他們，自然，他們一向沒有組織，也許工作能力趕不上我們，可是這一次，他們的工作可是比我們漢人好，你們知道嗎？他們自己覺得白天作工不够，還要夜裏去趕工，這種精神，我們漢人應當向他們學習，夷人這樣的努力，眞是中華民族的好兒女，我們的好弟兄，漢夷本是一家，希望大家從此要更能彼此尊重，互相勉勵。解散！」

解散以後，鐵叫子四面嗚嗚亂響，小隊長各自督率自己的那個小隊到指定地點去工作，大家仍然都在七嘴八舌地談論鏟子。總隊長騎着自行車繞全場一週，巡視流汗的弟兄們。他走那麼遠，沒有人對他提懼，但當他那金屬的聲音刺激着耳鼓時，却不由得肅然起敬，老得有皺紋的臉，沒有鬍子。一身布軍服，如果說特點，他就是有金屬的聲音。

橡皮車輪碾倒了叢生的小草，總隊長騎車前進，便想到宛如一般弱小民族的命運。他要到場子的另一端去探望那些夷工，同時去探望那在垂危中的切那。他顧慮到民族間不要因爲這個誤會而引起什麼裂痕，一條綿亘的車輪線，印在新掘出的泥土上，他推着車子，走進那羣夷工的人叢裏。他們仍然在沒有秩序的工作着，臉上並未消失那天眞無邪笑靨，頓時令人感到他們拙笨得可憐而又單純得可愛。這個小民族能够到今天還存在，就是因爲他們不怕流血，特別是爲了自衛而流血，所以只有把血債越結越深，總隊長的一貫心願，就是如何才能了結這些舊債，想不到他却又創造了新的血債，他不能不憂鬱地對着這羣默默然的人羣，投以猜測的眼神。

走進了那佈滿濃蔭的村落，正逢到夷工大隊長炕知從裏面走出，他憂鬱地但又鄭重地行一個敬禮，穿慣了扎兒瓦的人，不穿，手就沒有地方放。總隊長第一句話便問道：

「比母老師請來了？」

「輕點聲，」炕知搖搖頭，手指着裏面，「人太老了，又氣過去，總隊長，你要替切那憝兒啊，我們去做工爲什麼還挨槍？……」

矮小的茅屋，進門就聞到刺鼻的拉圾氣息，一隻白花老肥猪正橫臥在門檻裏作夢。切那睡在裏面靠牆的木床上。室內沒有光線，人彷彿更黑瘦（只有總隊長能和他夜間的印象作比較的）。天菩薩菩着那有點轉成栗梨色的臉，白髮上結着血疤，那件粗毛織成的扎兒瓦罩着那雄偉的軀幹，已顯得有些寬大。槍彈自背入胸，他暈迷過去又淸醒轉來，每一轉動便要出血，按上土，也不能止着。有些夷工跑來看病人，見有長官在，立刻跑出去了。

一羣蒼蠅嗡嗡地飛來飛去，並且單戀着總隊長的不清潔的臉，他用手揮來揮去，撫着沒有鬚的下顎，皺着眉頭在沉思，進去又退出來，頓時感到室內外的空氣迴然異樣，他用着發命令似的口吻對炕知說：

「大隊長，你猜兇手是誰？」

「還不是哨兵……」憤然的聲音。

「認識臉子嗎？」

「有人看見的，說小個子……」炕知咬着牙齒，「有人說……」

「我說，」總隊長吃驚地忙着打斷他的話，「我到城裏去請軍醫，你可反對，我想比母也再派人去催一催？……」

「比母一定來的，這送訊的人是切那的弟，沒錯的。軍醫是好的，我們××軍官學校就有軍醫，我吃過兩次軍醫的藥，靈驗的很。我們沒有錢，我們世世代代就靠比母……」

「…………」

屋子裏面，忽然切那大叫一聲呻吟起來了，之後，又好像是在作囈語：叨叨嘮嘮說個不停。炕知翻譯出那意義是在說：漢家比夷家土氣得多，夷家要趕過漢家，夷家要黑夜裏再出去翻土啊，肚皮餓了，蔣委員長給我們飯吃的……。他的手是亂動，似是想到起來工作，可是沒有那力量。炕知望着那可憐的同胞，長長地嘆一聲。

「大隊長，」總隊長默默地問：「你看不會關大吧。」

「怕的是切那死」，炕知嚙着指甲非常誠懇地說，「還血仇眞是世世代代還不清的。平常夷家不聯合，可是他們聯合，你什麼人也打不破，好在夷家現在缺領袖，漢家要……」

一陣歡呼聲從廣場上響起，獵狗汪汪地叫起來。炕知不把話說完就迎頭趕上去，發狂似的叫道：

「比母可來了！」

像是衆星拱月一般的夷工們包圍起比母來。從變龍場的小山頭轉下來，那迅速，眞可說是健步如飛。不多時候，便沿着那一副茂濃成蔭的大榕樹，來到茅屋的前面。他前面是那個領路的夷工，頂頭還跑着一隻狼耳朵的山狗，伸出舌頭在喘。

那個比母是個有年紀老黑夷，他剃掉了鬍鬚和頭髮，顯得十分年青，三稜的眼睛，閃閃發光。一張闊口，嘴唇皮全成臘黃色。他的頸子裏有各色彩石組成的項圈，十分猙獰，多少有點像佛殿裏的塑像。他手裏舉着一面鼓，周圍釘着銅鈴鐺，隨時作響，肩上背着一隻皮口袋，那是小羔羊的嫩皮囊縫合攏成的，四條腿子聯接起來，正是一個最良好的提手，裏面裝着各種應用的法寶，當放在地上時，透出了金屬的鏗鏘聲音。

「天菩薩！」炕知好像變了一個人，企誠地迎上去按照夷禮致敬。

「天菩薩！」比母對於這位軍裝的同族後生，呆了一下，便特別謙虛地還禮。把手舉向天，又不自然的愛撫着他的頭。地位使他們中間有了距離。

二十里方圓的紅土上，每個角落裏的夷工都在傳說着：

「比母來看切那了！」

「比母來了？」

「比母到樹蔭去了！」

一重心裏上的陰雲掀開了，夷人又陸陸續續地向茅屋來看，他的認爲，代表神的比母到來，切那一定得救。比母是夷族中的唯一知識份子羣，認識文字，熟讀經典，佈法診病，是人與神之間的僅有的聯繫者。他還是土司，頭人，酋長們御用的統治代言人。凡是人力不能解決的事，便只有他能從神那裏取得默示，然後宣傳給羣衆。

比母舉着那面鼓鈴，他先在茅棚外面畫符唸咒，好像在驅逐門外的魑魅惡鬼。老肥猪的沉睡斬嘶，嘶號起來，反而有些怕人。比母進了門坎，用盡力量設法，沒吵醒那個老母豬，最後還算是用力地鋤了一腳，才把最後一個魔鬼的代表者，踢得離開了淸淨的土地。比母走進房內，只聽見吁可喇喇的樂聲在室內大起，像不斷的轟雷，連房沿上的草稈，好像也被震得顫動起來。

「夷家要趕過漢家呀，……夷家要趕過漢家呀……」

老切那仍在大睡夢中發出斷斷續續的囈語，這些話正可以代表夷族新青年的傾向。炕知又變成漢化的夷人代表，爲站立在樹蔭下默然不做一聲的總隊長解釋一切，他的黑額門上掛滿了珍珠一般的汗滴。總隊長蹙着眉，靜聽他良知的自言自語說：

「切那的傷像火燒，可殺的兇手呀！老切那和你有什麼仇？」

任何人絕不會猜想到的兇手的內心是在痛苦的激戰中。總隊長遊平生，他曾用那隻玲瓏的自來得打死過不知道有多少的人，可是他從來沒有痛苦過、用手摸着沒有鬚的下顎，他想，我這次不是爲殺人來的，而且還抱着一個更大的理想。在城裏，有一次他邀請夷人頭目來看國防電影，說明人是一幕一幕地用夷語解釋。這是快槍，這是新式大炮，那是唐克車和飛機。後來，一個漢化很深的老黑夷忽然放聲大哭，他告訴別人說，我們夷家一定要滅亡了，這些新東西，我們夷家什麼也沒有。近二十年來，夷人總在拗槍武器，充實自己，直到這個靑年的囈語，都是這種心理的表現。他那時便下了決心，如何增近漢夷兩族的相互瞭解，如何使漢不欺夷，他願意放在自已的肩頭上。可是當他每一想到歷史上的血跡斑斑，甚至到今天又造成了新的誤會，乃使他不能不緊緊的凝眉了。

「大隊長」，他鑒於方才的講話，驅走了漢人間的疑雲，便說，「你在就近替我招集一下，我想對夷家們談談話。」

多少夷工正被鼓樂聲招引着，像是採花的蜂一般的向這塊樹蔭地來集中。太陽升得高高的，照着大地上的兩條工程白粉線，已被掘截得像是斬斷的蛇，零亂不堪，地下面是不等深的炕，地表上，則參差地堆着土，新土另有一種香氣洋溢在空氣裏，不久，太陽將新土鍊成爲膠泥。萬山叢中的沖積地層裏，他們於是又造成許多不等高的丘陵。這條全爲夷工負責的外圍濠壕，現在還不能看出輪廓。幾千雙泥足，算是把蔓草踏平了。

「嘀嘀嘀，」炕知掏出鐵叫子，四面響起來，費了很大的時間，才將大半人集中了。多少人還在貪戀比母的音樂，不肯移動脚步。

天藍，水青，五月的南國暖風輕拂着人們臉上的汗珠，總隊長在夷工叢中，人顯得更小了，但他的金屬聲音却更加響亮。他希望能由他的熱情而換得夷工們的安心。大羣黑塔一般的夷工，無表情地聽着話，作着天眞的笑。茅棚裏斷續地傳來一陣驅魔的銅鈴聲；事實上，這鈴聲比他的訓話，更有力量，它代表了神的安慰，使夷工們忘掉不安，而將心情飛翔在一個遼遠空虛的境地裏去了。

昨天，開工的第一天，那眞是一個忙亂的日子。千年來的老河床開始擴土。幾世紀來沒有看到天日的心土開始翻身，世世代代在幽閉裏長大的人們，也開始挨着工作的鞭子。二十里方圓的廣場將要塡得像紙一樣的平。除了號聲以外，還有一種金屬的聲音隨着空氣到處迴蕩。

南國的暖風。天藍，山青，寧寧河不規則地流，雲頂上的水，牛山裏風化的土，造成了無數萬山中的漢野。這一片土地，幾千年來被人忘掉，任牛羊走，雜草生，石頭生着銹；到如今，沿河的大道上，想不到的萬頭攢動，民工奉令從四面八方趕到這裏來修築飛機場。大路是最近才翻修好，紫紅色的新土上留着無數鮮明的脚印。四鄉送來的給養，用人挑，用馬馱，長隊伍絡繹不絕，像是一條流向淵海的小河，把糧食，菜蔬，木炭似的鹹肉，運給消費者；然後又把這片土地上的新奇景像，和脚上踏的新土氣息，帶回故鄉去。

萬數人的頭皮上，個個都有一條泛濫的汗河。

遙遠的寧寧河，像根絲線似的發着閃光，照亮了這羣人的眼睛，一陣暖風，有意吹着榕樹叶子響。無奈何地舉起了新鑄成的烏黑鋤頭，重重地落下。……

……

「好好的作工，按工作發工錢，中央是不會錯待你們的，」金屬的聲音，飄來飄去的，隨便拉着一個人，便問：「飯吃得飽嗎？老兄弟？怎麼，米裏有些砂子嗎？」

聽到了聲音，慢慢地熟悉了那個走來走去的矮個子，工人私自嘰咕道：「怎麼那個小矮子就是總隊長，他還問獺頭吃飽沒啦，好小子，哈哈哈，」

金屬的聲音又飄到二十里面圓廣場的邊沿上，那裏的住戶免役，但是有條件的，要把房子讓出和燒水煮飯，聽，那裏也在學說，「總隊長來查了，姓張的，你眼瞎了，米半生不熟，你是做給人吃的，還是給豬吃的，總隊長臉紅得像茄子……」金屬聲音又在大隊長的集合會上說：「我特別囑咐大家，我這一次同時調用夷工，大家要特別注意，特別照應，我們漢夷本是一家，本是親兄弟，誰也不許給夷工吃氣！……」大隊長們聽到了，嘴裏不敢說，心裏在罵：「總隊長眞是自己找事，蠻子早晚是要出亂子的，就憑你這小個子壓得着誰？」可是，別人的話都是偷說，只有金屬的聲音能在空氣中盪漾着。

「報告總隊長，夷工還沒有飯……」立正，敬禮。

「炕知，你先回去，我叫他們就送去。」

大隊長炕知又是立正敬禮，然後跑步歸隊。這是一個完全漢化了的夷族青年，他在成都軍校住過特別班。一身綠布軍服，胸口上掛着委員長像和校章，頭髮完全剃光，沒有那代表迷信的一束天菩薩，他的兩脚依然赤着，除非必要時，他不習慣再穿鞋襪。因爲不穿外氅（扎兒瓦），兩隻手像是沒處放似的，跑的時候，拋向身後，像是兩條髮辮。他完全學會了漢話。漢化，僅有的不同處是他的膚色太黑，顴骨也寬，多少有些人猿的輪廓。他懂得服從，作事謹愼，一向得到總隊長的重視。

清晨過去，太陽越發猛熱起來，太陽底下沒有一點風，連熱風都沒有了，整個的太陽壓在人們的頭上，每一條輻射線像是刺到人的皮膚裏，天藍得有點泛白，山青得有點發黑，工作的勞累是在一點比一點地加重。特別是夷工們，他們更不能堅持下去。

「冰呀，……水呀……，炕知自己去吃水呀……
……」

炕知回到隊裏，到處都說了一片怨艾聲。他最感到痛苦的，就是漢人說他是夷人，而夷人看他是漢人。這熱的天氣既沒有吃飯，又沒有人來送水。這羣來自東山，西山，四十八甲，太小涼山山裏的黑羅漢，再也忍受不住飢渴的煎熬了。大雨方才下了不久，他們都在故鄉裏，正爲主人播種蕎子和洋芋，可是雞毛文書傳來命令，要他們百十成羣地趕來作工程。他們的知識不允許他們多瞭解些什麼，他們個個人的青筋在腦額上，在胳膊上跳，大聲喊着要塡飽肚子。白頭髮的切那搖搖拳頭，喊着：「回山了，回山了。」「要死了，回山啦！」

「靜些，靜些…」炕知只能露出牙齒哈斥他們。他知道對於這羣人很難使他們理解修飛機場的意義，他們根本就不懂什麼叫作飛機。他只自信自己是貴族—黑夷的純正血統，對於奴僕佃戶，用壓力使他們服從。「切那，你要瘋！」他用乾沙聲音喊，「還有你—」

說話間，飯來了，水來了，總隊長也來了。這羣黑羅漢，立刻像要打破頭似的搶水搶飯，踢倒了飯盆，推翻了水桶，他們索興連泥帶水望嘴裏放。沒有吃飯的總隊長本意要和他們一起緊餐，現在只好舐一舐自己的焦裂的嘴唇，凝着眉頭。他又在思索，怎樣才能在工作中使他們同時受到教育，那個比較老的，睜着像猴似的切那看看總隊長，害羞似的躲在一旁去吸煙。

指定給夷工的工作是劃出一條壕溝，工程師在測量以後，已經特別在地表上標出了界線。這兩條白線，在一個紅土的高崗下，像兩隻銳箭似的射出，爬行着綠油油的麥田，積水的阡陌，除了穿行幾家茅棚，更要剷平若干起伏的岡巒，他們的工作，是掘起了白線裏的泥土，堆到地上成一垛牆。可是夷工們的工作雖是十分努力，不過效率極壞，土是東一堆西一堆，鏟下的深度又是深淺不一，白線混亂了，黑塔們的手和頭已經受了傷。吃了飯，你望着我我望着你，誰也不肯先動手。

「知道誰給你們水喝？——」

炕知有意地討好，他大聲地喊了一句，夷工大大興奮起來，他們以無邪的笑臉送給那個有金屬聲音的人。總隊長後來才明白，因爲他說「總隊長到現在沒有吃進一顆米，現在他把他的飯來送給大家吃」。他面向着這羣解開了包頭布，露出天菩薩，脫掉了扎兒瓦，袒露出赤黑的肌肉，喘噓噓地向大地進行着戰鬥的人們，很難得地露出了感激的微笑。不知何時出了一頭汗，他拭着汗，覺得民族間根本沒有太大的距離，汗流到眼睛裏，像是淚，他相信，夷民是可以接受訓練的。這次工程完畢，他還要給他們更鄭重的事情。這個山之國，漢家只有夷家的五分之一，不動員夷家還動員什麼人呢？心換心，才能剷掉漢夷之間的隔膜。

「各組要派一個人，」總隊長發出命令，「跟着炕知到漢家那裏學習，學會了回來教給大家，三個一組的工作。」

金屬聲音消失了，炕知便挑選了一批人到漢家的工作地點去參觀。他臨走的時候，還在用着最大聲音，再做一次講解：「切那，你看着他們，按着三個人一組的辦法來作呀，一個人劏，兩個人抬，土要裝到筐子裏，不准亂拋啊，抬的人要往高裏堆，你看看漢家，他們修的牆够多末齊，司令官有婆娘獎賞的，要討老婆的用力作呀！……」

「伊—啊—呀—」農奴身份的夷工，聽到婆娘是高興的。

太陽紅得像火，火一般地炙着地面。西面老山上的高峯的大森林陰森森的，看一眼，便感到些清涼，使工作的情緒增加了些。慢慢地，作工比較地有秩序，但合作的情形仍不十分良好。平常日子，農奴雖在同一家族中，斫柴，割草，犂田，播種，並不要協同來做，願意多作，多做些，不願作時，就到樹根底下睡個午覺，無論他們的主人大黑夷，多麼殘暴，但總不在督促效率上發什麼威風。

白頭髮的切那爲了執行命令，領導似的努力掘土……。他望天，又像在想什麼。

燥熱擲來的是疲倦，作一忽停一停。扎兒瓦拋在地上，像牛糞一般，東一堆西一堆，汗濕了衣服，彷彿才從冰裏撈起似的。肉上塗着泥土。地表上，螞蟻的巢穴被翻繞了，大羣的小動物正在辛勤的搬家，那匆忙，使他們都看得出神。也許是有生以來第一次。時間過得眞慢啊……。」

水，每三小時送來一次，那是從寧寧河邊像油一樣的淌上來。每一次來都被搶得精光。這些汗被太陽蒸散了，那些汗又出來。有個人中暑了，倒在地上喘息。他們忽然像有什麼發現似的，聚攏在一起，似乎在商量一件事，逐漸有了決定，一部份人發瘋似的拋了鍬，踢開了筐，一部份人跟隨着跑進大榕樹的濃蔭裏去歇涼。大榕樹的濃蔭具有母性的熱愛，不時地落下幾片大叶子，愛撫着倒在她的懷抱裏的兒女們。連那病人，也在樹叶子裏睡熟了。

「—」沉默只有一忽。談話聲又從各方角落上起來了，旱煙的氣氛開始隨着話聲紓徐地散佈着。煙和酒，都是夷人的生命。話聲和成串的鼾聲都起來了，地表上是清涼的，撥開一重落葉，下面有着蘚苔底，淸涼使人作着甜夢。

那個白髮的黑漢子切那睡在樹蔭下面唱：

「野馬跑到郊外，

有韁繩可以繫回來的？」

有人在用嬌聲代答道：

「愛人負我，

又那裏來的韁繩呢？」

「……」

歌唱着，炕知回來了，大聲喊着切那。問他爲什麼不管夷工，讓他們自由休息，而且歌唱。那個有經驗的老頭子，非常有自信又非常固執地說了一些理由，炕知想了想，終於點頭答應了。

夷家不再學習漢家，好像是兩極似的，任那號聲和叫子頻頻地吹，不睬它。太陽褪去了紅外衣，夜幕漸漸走上來。南國的暖風漸漸轉涼，石榴花的火紅變黯，仙人掌的黃花不再誘人了。到村子裏吃夜飯時，炕知到總部去報告。他的話並沒說完。

「我以爲，」總隊長笑笑接下去，「成績還不錯呢，慢慢來。」

一盞油燈照亮了這個矮矮的老軍官的臉，他疲憊而又興奮，今天，漢工的成績是打破預定計劃的，至於夷工，「只要和漢人一齊工作，他們的地位就提高的，在可能範圍內，給他們點軍國民的訓練，使他們能够成個起碼的中國人！」這個矮小的軍官，在燈下却有一個龐大的影子。小身材，但他把任何一件小事都籌劃得很大。

炕知本來想再說一些什麼話，結果沒有說出來，不曉是一種什麼心理阻塞着他，使他不願說話。立正敬禮，告辭出來。他却心想半夜睡醒起來要和他們一起工作。

沒想到，一覺沒睡醒，半夜裏被人吵醒了。一羣夷工們七嘴八舌地說：「切那死了，………一槍打殺切那………炕知給切那報仇吧………切那去補工，………他最末一個走的………」

炕知不能自止地流下眼淚來，一邊跑一邊問：「怎麼，………你們已經補了工？………切那怎麼死的，………死在那裏？………」

囗

雨季還沒有來。傍晚的急雨過去，天晴！天空留着一抹紅。薄暮裏，一輪明月也高掛在半天上，她的光輝一刻比一刻的增强，地表上的榕樹濃蔭又慢慢地形成。炕知在茅棚傍邊，燃起了枯草敗葉，綠色植物在火焰中嗞嗞叫着，放出一陣油香，一股濃烟直衝到半天裏去。烟氣瀰慢到四方，加重了深色，築起了「神」的幃帳，一方面又可驅除蒼蠅蚊虫的騷擾。

總隊長每天晚上都抽出時間來一趟，一方面是想和他們接近，一方面是爲了自己的懺悔。他的影子埋在黑暗裏，支着顎，凝着眉，冷靜地看人間仇恨是如何才能慢慢解消。

「我是破除迷信呢，還是在加重迷信？」

黑壓壓的人羣，朝拜着比母，聽比母在講述神與人的故事，他羊皮口袋裏更加飽滿了，那隻狼耳朵的獵狗，也吃飽了肉，馴遜地臥在一旁，不再作聲。總隊長爲了送別比母，贈了半隻羊肉，懸掛在廊沿下，爲火光照得更加鮮豔。

「切那能下地了，」比母坐在火旁邊說，「我明天要去牛牛家看新婚事去，他們來催了三次，切那今天告訴我，他看見了天菩薩，好哪，切那你學天菩薩說話……」

切那在茅棚裏，用有氣無力的聲音講，那聲音在潮濕的空氣被壓得更加微弱。

「我夢見有位黃袍大漢在替我洗傷……」

「對呀，」比母接着喊，「那就是天菩薩，我請來的天菩薩，他在替你洗傷了！……」

神的靈光，用物質充實這小屋。白髮的切那的床上堆滿了有加利和金雞納葉，鮮綠可愛，且有撲鼻的香氣。那受傷的長人睡在上面，他的天菩薩上的血痕褪落了，扎兒瓦蓋在身上，已不顯得寬大，淡金色的臉漸轉成了紅潤的顏色。

「彷彿是，」切那又在低低地說，「炕知也在旁邊呢！」

「炕知……」比母用惡毒的眼光怒視炕知，但他跟着就軟化了。在他的眼睛中，炕知是個可恨的叛徒，可是他怕，只好說「隊長……能……能靠近天菩薩……」

炕知在黑暗裏微笑了，晚風寒，他也披起扎兒瓦，也成爲一座小黑塔，他的眼睛珠骨碌碌地和總隊長的眼光碰一下，對方給他一個會心的微笑。這時間，他最快樂，機會使他成爲寵兒。

這是一個謎，猜得出的只有三個人。總隊長，炕知，和那來治病的王軍醫。爲了民族的感情，爲了使這誤會變爲和諧，總隊長也隨着他們一起崇敬神明，可是他卻沒有忘記作科學的註解。他們一方面請比母，一方面去請軍醫。比母到來的第二天，當比母醉得沉睡時，軍委會的王軍醫，他在四隻燭光下施行了絕妙的手術，切那在兩分鐘內施行了麻醉，此後，便不省人事，及至手術完畢，大家全都走開，那時候，守着他的只有一輪月光，他真感到這宛如是夢裏，在模糊的紀憶中，恍惚有個黃衣人爲他輕輕的洗滌，他乾渴要水，但炕知明明在旁邊，也不理他。他清醒過來，他不能忘掉這一幕。

切那的病向健全的路上走，比母受了重謝，緊稱建造飛機場也是神意，乃使夷工們不再三心二意地偷懶，工作也逐漸上了軌道。一羣羣的夷工，獻上他僅有的勞力所得。請比母撫摸他們的頭，驅除魔鬼，診治病痛。夷工們雖有一架好骨器，可是都有一些遺傳的隱疾。他們出生在寒山的雪野，從不知有天花，但到暖地，六十多歲的老人也會生痘，人病了以後，就是饑餓，請求天菩薩免與懲罰。這比母，最後把幾天來的所得，縛在狗身上，打個呼號，狗開始兇起來，不准任何人到他身邊去。

夜深了，羣衆慢慢少了，濃烟也變小。比母好意地告訴炕知，說是他走之前，還要爲總隊長祈福。炕知傳來了話，總隊長說，還是爲國家占卜一卦吧，個人卻不值得。「讓比母老師算一算，中國什麼時候能得最後勝利？」炕知把這個金屬聲音的意義傳譯給比母。炕知說這話時，把「中國」念得十分親切。

「天菩薩早已說過……」

比母壯重地立起身，像一尊菩薩似的指着天。月光照出了他的長大身影，一陣陣的微風，榕樹葉子沙沙地奏着序曲。「神」的寵兒，又在代「神」發言了。

「漢家還要向天菩薩求福……」炕知退到夷族地位代爲譯音。

「天菩薩是不能多麻煩的……」

雖然，他還是答應了。月光更明，火燄得更亮，竹節子在火裏爆裂得咔拍作響。比母的姿態越法凝重，他的頭頂在大氣中搖來搖去，像是會利子在發光，他不怕麻煩地從狗身上解下口袋，從裏面摸索一塊白生生的羊胯板，先拿在手中仔細摸索一番，然後向火裏投入幾塊蘸了符咒的松柴。

「鈴鈴鈴！」

那面鼓上的鈴鐺響着，他環繞火堆背誦經文。天氣雖然熱，但他穿着三重扎兒瓦，卻並沒有流汗。他用水濕了羊胯板，並在兩面都貼了符咒，使羊胯投到正在怒燃的火燄中間，那白生生的一片，立刻在火燄中消失了，他睜大了眼睛珠子，吃人似的看着羣衆。

「鈴—鈴—鈴—」

鈴聲，咒語，火的爆裂，成了交雜的音樂。火光越燒越旺，濃煙直衝空際，映得半天有點紅。二十里方圓的工人們又起了不小的驚擾，衆口紛紛地猜疑道：「怎麼，蠻子又燒起烽火來，要鬧事情嗎？」有些好奇的人跑來看火，慢慢地知道眞像。火光同時也引來不少虫蟻兒，漫天地作稀奇的舞蹈。

「鈴—鈴—鈴—」

犹知和總隊長談着話。虫蟻兒把他倆人都擾騷得不堪，但夷工是不怕的，到夜裏，他們就蹲睡在地面。他說，夷家也都知道抗戰，知道蔣委員長，他們累次爲抗戰前途算過卦，而結果則是一樣的。總隊長過去對這話也有些耳聞，但他願意藉這次來證實一切的傳聞。他們總是這樣說，中途自然有些犹坎坷，可是最後勝利一定是中國的。

人羣向前擁擠，比母的獵犬豎起耳朵狂吠起來。比母將一杯水念念有辭地倾在火中央，果然火苗子小下來，他在高叫天菩薩的佛號中，伸手到火中抓出那塊羊股來。這種作風，立刻引起旁觀人的無限驚愕。他更用一把新鮮的艾蒿在那羊股板上用力的搽，艾蒿的氣息被燒得向四外散佈，一種醉人的異香向四面瀰散着。

在艾蒿的膺拭下，羊股板上被燒裂的痕跡很鮮明的可以看出來，比母很驚異的大聲叫道：

「怪呀，—這又是一個相同的卦，自然，天菩薩的話是從來沒有兩樣的。」

比母講着經，犹知作翻譯。獵犬把他當作一個漢人，不停地向他吠。

「你們聽啊，中國這次抗戰一定要勝利的。不錯，一定勝利的，可是卦象上說，第一年是不能勝的，第二年也是不能勝的，敵人太強了，大家要齊心，掙過今年去，最遲也不過明年三月，天菩薩說：這是一個大轉機，中國的國運將一天比一天好，勝利定要開始，現在就是要齊心，掙到那個時候：……」

「不錯，現在就是要齊心……」

總隊長的金屬聲音響了一聲，不管是不是迷信，他是自發地高興起來，張開大嘴，笑了。勝利的消息總是興奮的，漢人聽到這話尤其高興，夷工明白了這話，也有些眉飛色舞。這時候，民族間的感情形成了空前未有的融和。在中間，怨恨與猜疑的成份一掃而空大家談談說說，不管比母又在謝神了。

夜更深了，星星更亮，矮矮的總隊長。打了個深長的哈欠，他相信，今夜到是可睡熟了。

夜深了□，飛機場的四週又佈滿了哨兵。總隊長在半夜裏醒來，又拿着電筒查夜了。一度改革之後，果然各處精神震奮，風一吹，草一動，就是一聲：

「口令！」

一片雲霧過去，又是清朗的天氣。夷工方面也都得到命令，每個人最低限度要懂得「口令，」學說「中國人」三個字。夜行的時候，若有人問：

「口令！」

「中國人！」

現在，在黑影裏，他很刺耳的，聽見了：

「口令！」

「中—國—人—」

教育的蓓蕾第一次開花，總隊長的消瘦面孔上充滿了笑影。

七月社明信片

耿適先生：你底「復興翻譯」收到了。意思，我們是完全同感的，「七月」本聲明了想每期有兩三篇可略供讀者參考的譯文，但因爲篇幅太少，弄到甚至一篇譯文都得割成兩段，這是非常不安的。至於出一個「譯文」似的雜誌，出一些大本的譯書，在我們，目前只能作爲一個希望了。

邵廢先生：你底「文化運動在皖南前線」轉到某處發表了，現送來了一元七角的稿費，但我們忘記了你底通訊處，望能見告。

莊湧先生：詩集「突圍令」底樣本前兩週寄到了，望告知通訊處。

上一期（第四集第四期）底封面木刻原是「爭取奴隸的解放」，但在重慶製版後寄到印刷廠的路上就擱了十多天還沒有寄到，弄得出版期遲了十多天不能付印，只好另把同是莊言先生木刻「前線歸來」製版趕印成書，但目錄及全部內容早已印好了，看着那里面錯印着「爭取奴隸的解放」也無法可想。

從本期起，每本又加了兩分錢。發行者要加價的理由是物價高漲，成本過重。我們雖不願多加讀者底負担，但無能爲力，只有希望原諒了。

倮倮先生

黃樺霜

我高興地呷下了第八杯酒了，用指彈着那淤紅色的桌子的桌裙，嚷着：

「阿雞，倮倮先生，現在你應該送我一點紀念物了！」

倮倮先生正用粗澀的掌心拍着桌子，以配那桌底下的脚的原始式的輕舞踏。

「是的。」他打着發音不清的漢話說了。

跟着端詳他自已，在考慮着自已，看看有沒有可以送人的東西。最後，興奮地從腰袋裏掏出一個皮製的小包子，遞給我，大笑地說：

「這——這是火石小皮包，兩頭的扣子是金子打的——我去打仗，不回山裏了；燒葉子烟有洋火——但恐怕我也不再食烟了——」

我說了一聲謝，接了過來。是一件大約三寸長二寸寬的小東西：閃眼的兩口錢把重的金扣子在我的醉眼裏泅泳着。打開扣子，裏面有三塊火石，一根紙煤。包蓋上還有塊薄銅塊，雕有幾個難懂的倮族文字。在漢人看來，這着實是一件珍貴的東西。記得祖母說過她的少年時代也曾用火石取火的事，我就想到了漢族的物質文明比諸倮族不過超過一世紀度罷了。但我卻取笑他了：

「還是不是你姑娘送給你的？」

「不是。哈哈！」

倮倮先生是有一個漂亮的情人的，大家都知道了。只要有人一說到他的情人，他就不自覺地堆下那棕色的笑容哼着這倮語的情歌，怪得意地：

「送郎送到大相嶺，

草尾長長纏脚脛：

顯郎回個頭兒望望情娘，

她的心兒正像草尾一樣。」

哼着，那清脆的歌聲在酒杯裏沈浮着。一種輕鬆的情慾印在醉紅的臉上。

「啊，我明天眞的要走過大相嶺了！」

這位被人稱爲倮倮先生，其實另有倮名，也有個漢名，可是人們偏愛叫他的混名。他光景有三十歲了，一副黑臉，堅實的胸膛，長眉大嘴，外表並無異於漢人。是的，他明天要到前線去殺他的「眞正敵人」了：不論漢人或倮族沒有不高興和讚揚這一位倮族青年替他祖國的出力。憑我所知道，他已接收的禮物早已超過他的行軍用具的重量了。他興奮着，無時無刻不以清脆的嗓子哼歌，用脚在地板上跳踏着像土耳其式的舞——是他和他的情人在神會中的一套瘋狂的表演：登拍拍，登拍拍地連漢族孩子們都學學會了。然後他說：

「我的情娘是鹿地壩數一數二的啊！」

自從他在保訓所裏畢業之後，他就回到昭覺的山間去訓練倮族青年了。六月大暑的一天，我在西昌的場期中遇到了那仍穿草綠色軍服的他和一個纏白頭巾，披淺咖啡色的披氈的倮婦：一張淡烏的肥臉，額高嘴寬，細腰大臀，比他矮三個磚度的。當時他還用漢人的口吻介紹過我之後，大家就坐在一個茶館喝茶。那倮婦就把那輕包袱從背上卸下放在她那粗大的脚旁，隨卽跨開了兩隻大腿把那污藍布的裙子拉得張綳綳地坐在板凳上。意外的，門口來了幾個小孩子蹲低身子來看她。可是她滿不在乎，只安閑地望着街上的人來來往往。倒是我聰明地替她喝走了孩子。聽說倮女不穿褲子，所以漢人只要見到她們坐下來就想蹲低身子來望望。倮倮先生於是笑了：

「其實，有啥子奇怪哪。我們鹿地壩就不像這裏的女人都偷偷掩掩的啊。」

「是的，因爲他們把女人看得太神奇——哈哈！」

我也笑了。倮倮姑娘想也懂得漢語，她也笑了。

但不久，倮倮先生轉了話題告訴我：

「我帶了十二兩黃東西來賣。等一下，我們痛喝一場。」

倮倮姑娘彷彿是理解了不論倮人漢人的男漢子都歡喜喝酒的，於是朝我一瞟：一雙水汪汪的眼睛和半裂的石榴似的笑相映着，這果然是個熱情而漂亮的少女。

然而說到黃金的淘採，倮倮先生確曾在倮族裏下過一番苦工，會喊着這個口號：

「淘金代替種鴉片！」

倮族裏沒有人燒鴉片。有人說他們還沒有進化到燒鴉片那樣麻煩手續的階段。其實，據他所說，他們嗅不來那種強烈的烟味。不過他們都把好好的田地山壩完全來種烟了，原因是歷年從事鴉片生產的人都會賺到一筆大錢。他們在每一塲期裏背負了幾十包罌葉種籽，換鹽和米進去。現在到處禁種吸了，可是倮族所佔領的土地中，沒有漢人敢去，沒有飛機能到，政令更不及，仍然是大量的種植，大量的生產，大量地運出來川康兩省。倮倮先生他是曉得現在全國總動員起來抗戰了，鴉片是把大好青年糜爛了的毒物，為了後方的健康的緣故，政府是嚴厲禁種的，因而對於他的家鄉的那樣犯法，非常憤慨，常常拿着拳頭堅決地嚷：

「我為祖國出力，不在前方，要在後方：要殺種鴉片的——」

雖然倮人強勇好鬥，可是他並沒執行殺人的任務。他卻在那裏辦一個學校，糾合幾個進步的青年，來講常識，講中國和倭寇的打仗，讀漢文，勸人莫種鴉片，用淘金來代替鴉片的損失；又設保甲，揀壯丁……這樣，他在鹿地壩上做了個頭人了。十年來，人們都向着正軌上發展，黃金的出產量快要追上鴉片了。

一年以後，他領導了三十四個倮族青年出來受訓。

他到保訓所找我。一種久別的熱情洶湧於他的臉上。他竟忘記了我是漢人，猛速地緊緊地抱着我，用那棕紅色的寬嘴唇，像對他的情人一樣吻着我，裂開了那黃金的牙齒高笑着：

「我又成功了！哈哈，我們要喝酒！」

對的，他又算成功了：因為據他說來，他已經訓練了五百多的「生」「熟」的壯丁，鎗枝雖然複雜，大部也能用的。又辦了八所學校，在一百五十里的周圍內，已經到處見到大大小小男男女女的學生，而且生倮與熟倮都齊一化了。他認為他應該更刻苦地成為倮族的在知識上的開荒者。現在他選了三十四個最有希望的倮族青年來受訓，是像一個趕駱駝的人一樣忍耐地引帶他們通過了沙漠。

但是他以為他的成功並不在這點上。

「哈哈，廢除奴養漢人！放回娃子（指漢人奴隸）！」

奴養漢人！娃子！這下子嚇我一跳，過去的恐怖從薪浮現在我的腦竟上：在沒有入西康時，許多朋友勸我不要去，因為那裏挺多倮倮，攔在途中，把漢人——不論男女擄了去。擄去了一輩子不會回來，就等於南方的「賣猪仔」。他們叫漢人做娃子，擄去了的頭一天大家來向這新娃子打個「見面禮」——痛打一塲，輪流地。娃子昏過了，就用海椒末噴醒過來再打。打過了「見面禮」，就開始作奴隸：白天為他們工作，晚上則用巨石作籠，囚着娃子的身體在裏面，只讓一隻腦袋伸出籠外。這樣經過了許久，覺得這娃子忠實了才給予一點自由。不然，則綁着帶到市場裏去賣，當作一件貨物或一條牛——有的刼不到娃子的就到市場去買了。他們以蓄有娃子的多少，而定貧富的階級，猶如古羅馬的奴隸市場一樣。那時我是曉得了這種故事的，但以為在讀歷史一樣罷了。那曉得，待我過了大渡河，向着重山疊嶺前進時，那個背行李的鴉片煙鬼卻向我說了：

「先生，當心，快要到倮倮搶人的山谷了！」

才知道果眞自己倒退了十幾個世紀，變成了一個歷史故事的角色。一種恐怖襲擊自己，就掏出了手鎗像上陣似地緩緩往前衝，一直衝進那奇險的山谷：兩山距離大概只有一里，而從這山頭下到山脚，又由那山脚爬到那山頭，一上一下消耗了五六小時，經過了四五十里路。除了遇到三幾對的結伴而過的漢人旅客之外，竟沒碰到一個倮人。自然，那時心裏對於倮人是非常模糊的。依想像，他們光景跟「泰山尋寶」中的野人一樣，不然，就是兇狠的強盜了。到了保訓所的第二天，處長告訴我，這班學員中有一個倮倮。我就很快找他來了。來了的就是現在這位倮倮先生，他很嚴肅地向我行了個軍禮，立正而不動地像等待我的役使或懲罰。然而我只在那裏上下端詳着他。好一會，於是我笑了，心裏說：

「要分別一個日本人和中國人的不同是容易的。要我分別一個倮人和漢人的不同那就困難了！」

我給他座子，逗他說話——只有說話才聽到他的語音有點不清。但廣東人說官話還不是一樣嗎？

最後我就單刀直入了：

「聽說你們倮倮是虐待漢人，把漢人當貨賣，是不是？」

他微笑着：似乎不想否認也不想承認。

「你說的是黑骨頭（黑夷）對娃子嗎？」

我輕輕點點頭。他沉吟了一會，慢慢地說：

「可是我看見了許多娃子，卻很率爾：許多女孩子都歡喜收用這些漂亮的娃子——哈哈！」

我一怔。彷彿覺得他說錯了。

「那些女子恐怕是白骨頭（白夷）嗎？」

因爲，我曉得白骨頭是有漢人的血胤的：他們大多數是娃子的子孫，因生長在倮地，也就成了倮倮。然而他却把腦殼重重地搖擺下，堅決地否認着：

「她們都愛新愛奇——不論黑骨頭白骨頭都是一樣的。」

原來被擄去的漢人，除了一些固執的黑骨頭——自然，這些固執的黑骨頭是羅倮族的上層階級者，他們正恐怕他們種胤中有漢人的血胤——一定找個異姓娃子與他或她配偶之外，却有大多數娃子被倮女收用爲丈夫了：所謂奴隸的主人霎時翻變成了丈人，非僅不會虐待，而且優待，只是不能回來就是。大抵漢人比倮人長得清秀一點——因爲被擄的大多數還是面白的行商。漂亮清秀，倮女一見鍾情。當他被囚着的時候，依習例都是倮女來送飯他吃，她就當着他跟前向飯裏茶裏吐了多量的口水，這就表白「求愛」。如果他不猶豫地當着她跟前一口吃了——連那「香涎」，這就表示他願意接受她。於是的愛她高興極了，馬上收用了他。雖然他從工作的奴隸一變爲倮女的俘擄，但在這世界上那個男子不是女人的俘擄呢？

一幕過去的回憶，令我暫時沉默，慢慢，喝了一口茶，我說：

「你所說的廢除奴蓄漢人，是不是用美人計啊？」

「不是。却是澈底的解放！」倮倮先生嚴肅地說。

是的，澈底的解放，在滿足的輕鬆的心情上，我就飄飄然似地。

「那末，西昌的堡壘是應該拆卸了，哈哈！」

我斜眼一望那跨開大腿的，愉然自得的倮倮姑娘之後，就不自覺地仰頭從茶館的門簷上，遙望這西康唯一的平原——西昌的狹小得像鳥籠子的場所，密密地建了許多公家的和私家的堡壘，以防備倮倮的明火搶槍的擄人。如今時代一變，這些堡壘冷落了，像深秋的河邊的蘆草，淡漠無味。於是，我悠然微喟：

「對。漢倮的隔離，在過去，眞像一條深谷，兩山距離見得到面，可是仇恨深到豈有此理。如今一抗戰，却把這深谷塡平了——我們逐漸拉近了——」

我覺得我說這話過于文雅了，但倮倮先生還能了解。

「對。我們的敵人不是漢人，漢人的敵人并不是我們。我們大家本來沒有啥子衝突，我們大家不應當結仇結恨。我們應當聯合起來。日本鬼子打我們就不管是倮人或漢人了！」

倮倮姑娘對準我一瞟，破例跟着說，似乎受過訓練了：

「我們是有祖國的人啊！」

「對。我們那裏不是金沙江的左邊，成了個怪地方，目無祖國。我們有祖國——我們的中華民國！」

他的語氣是在說金沙江左邊的蠻子，他是曉得漢蠻兩兵相拒於金沙江已有許多年，近兩年才簽訂「互不侵略條約」。彷彿金沙江就是中華民國最後的一條界線。他們似乎沒有祖國了，只不自覺地接受了從印度來的經濟統制，說來固然痛心，但他還不曉得所謂蠻子的知識程度比倮倮高，他們理解祖國也比他們快而有效。現在的蠻子已開始回歸祖國來了。不過蠻子有宗教的支配，他們只曉得有教而不曉得有國，這點就頗費唇舌。倮倮明沒有單一的宗教信仰，什麼話又好說一點；何況他們的土地是錯雜於我們的縣份中，給我們包圍着，比諸蠻子的還在一方，眞又勝一籌。

現在這位倮倮先生要爲他的祖國出征了。在倮人看來簡直是一件驚天動地的事。他的情人曾以倮族最嚴重的禮節在神前宣誓道：

「用我的决心來持貞操等待你榮耀的歸來！」

神在保佑着他和她了。

於是他長吻着這寬嘴的倮倮姑娘之後，就昂然攝掉她在背後，來到了這小酒店。

兩年再再地過去了，他和倮倮姑娘的愛情是一天天地在增長，我和他的交情也一天天地在增長，倮族裏也增加了無數的他的助手，無數的新青年。如今他更進一步地荷起槍，離開他的情人，離開他的家鄉，離開他的同志，離開我，凜然要到前方去殺他的「眞正的敵人」了。於是我便手高拿了酒杯，敬他道：

「祝你夠多幾塊日本鬼子的耳朵回來我們下酒！」

「是的，哈哈——」

他輕拍一下桌子，猛然站起來，骨凍骨凍地呷了他的酒。一個廣大的影子矗立在我的眼前：是的，我是倮族的光榮的象徵。

跟着，他輕哼着那未完的情歌了：

「送郎送過六相嶺，
心兒難捨步難停：
殺個鬼子腦殼帶回家，
等我和郞夜夜當枕頭！」

作於西康，十，二十。

夜戲

紺弩

『看戲去吧？』

吃過晚飯，我望着鄉長的小姐的水汪汪的眼睛說。潔白的鵝毛扇掩在她的胸前，那對眼睛就像兩顆晶星，俯臨着寒夜的雪松。今天是七七兩周年紀念日。

『是你們演戲麼？』

『不是；是婦抗會。』

『婦抗會？』

她反問的時候，用那稍微有點翹起的小嘴，不知怎麼動了一下；用那像一杯甜冽的酒漿，什麼時候都在招誘着酒徒：『你喝呀！你來喝呀！』的小嘴動了一下。

凡是聰明的少女，話總是多的；但用唇舌說出來的時候，卻極其少。她的每一個動作，表情，幾乎都是一篇無聲的演詞；我彷彿聽見說：『她們也會演戲麼？』或者『她們演的戲，也還值得去看麼？』等等。

『有什麼法子呢？』我說，我想趁此做一點政治工作，『你們文化程度高，工作能力强的人不去參加……』

『我們去參加？』她睜大着眼睛，似乎爲我的話吃驚了。

住在這鄉長里家，已經有半個月了。起初，是爲一點小病，找一個清靜的地方休養幾天，也就是說，偷幾天懶。現在，病已經好了，依舊天天辦事；可是還沒有搬回去。這，何必掩飾呢，多少是爲了鄉長的小姐。我知道她和我無緣，但人的心，有時候總難免牽絲絆籐的。

鄉長的小姐，二十歲了吧；她的弟弟十九歲，已經結婚了一年。二十幾歲的大姑娘，在都市里多的是，也無不各有各的遲婚理由；但在鄉下卻很少見。人長得像一朵花一樣，讀過幾年書，家里又有錢，爲什麼還沒有出嫁了呢？如果我有「決心」，我會找機會問她的。

我住在堂屋里；在鄉下，雖然家里有百多畝田，房屋也並不很多的。她和她的祖母住着一邊的房，弟弟們兩口子住在另外一邊的，別的人住在樓上。她出出進進，必須經過堂屋，做針線什麼的，也幷不躲在房里；我差不多整天都可以看見她，如果不到司令部去。

『祕書長，吃麵吧！』

有一天，聽說我不能吃飯，她就悄悄地到自已的廚房里煮好了麵給我送來。

『祕書長，雞買好了，怎麼弄呢？』

病剛好的時候，口饞，想吃雞，勤務兵卻到處都買不着。她又聽見了，出去了一會兒，提着一隻老母雞回來了。

今天，午睡的時候，我躺在用竹床充當的臥榻上；怕蒼蠅，把帳子也放下來了。天氣熱，飯又吃得很飽，實在有點兒疲之；可是閉上眼睛，卻好久好久睡不着；她在帳子外面做針綫。每回睜開眼睛，她的眼睛總望着我，莫非就是閉上眼睛的時候，它也沒有離開過麼？她望我，我也望她；我一望，她的視線就馬上掣回，兩頰紅得格外嬌艷，胸前的白羽不住地揮動起來，她是太熱了。

上午寫了八封信，有一封有千把字長，另外還擬了好幾個電報稿，足足有三個半鐘頭沒有離開過座位；下午還有許多事等着，需要趕緊睡一忽忽。但那眼睛望着我；我閉上眼睛，它也望着。我像被趕慌了的兔子，雖然把頭鑽到什麼草叢里了，整個身體卻還在外面！唉唉，能够把身體也閉到眼睛里去就好了。

她有一雙紅得像杜鵑花一樣的臉頰和一雙晶瑩的大眼睛。這，把她的皮膚的微黑，臉形的微扁以及也許還有別的缺點都遮蓋無餘了。尤其是那眼睛，只要向你望一下，就像在訴說着無窮的軟語，就像伸出着一隻無形的手，把你牢牢地抓住。而青春又看得見似地在她的身上蒸騰，像熱汽在初出籠的饅頭上蒸騰一樣。

然而我有一個賤皮氣：不喜歡貴族，自然是指一種精神上的貴族。她對待我當然很好，但在別人面前，卻矜貴，尊嚴，驕傲，好像自已站在高遨的雲端，下垂着星眼，俯視地面上的一切，連同她自已的父母，弟弟和弟媳婦。

然而這只是一個微妙的感覺，微妙得不能舉出任何事象。我雖然自信不是沒有知人之明，而人和人之間的隔膜也難甚免。現在正是我必需弄清楚：她是這樣或者不是這樣的時候。

婦抗會是一個月以前成立的，有我們的政工隊的女隊員在那邊指導。前幾天，那位女隊員對我說：她們要演戲了，決定在七七紀念那一天。

我說，『怎麼，演得會還好的吧？』

『怎麼會好呢？都不認得一個字，台詞是死也記不住的；沒法，只叫她們演歌唱的戲。』.

接着她又說：

『眞是一樁苦惱的工作呀！起初，都不肯出來，父母不許女兒出來，丈夫和婆婆不許媳婦出來，兒女又事實上限制母親出來。說是不能讓女人當兵，說是女人不能拋頭露面，說是家里的活計要人做，孩子要人帶。自然有些是事實，却也有的是故意說的；她們家里也明知加入婦抗會不是當兵，平常，她們也并非躲在什麼深閨里頭。』

『現在是有進步了囉。』

『你知道，做過一回『每人一雙鞋子慰勞將士運動，』是她們自己發動的，可是她們自己沒有錢，只得向家里要錢；家里的錢也不多，不免有些閒言閒語，現在又要做『勸丈夫當兵運動』；效果不會大的，不過也算是一件工作。一有幫手，就要辦識字班的。』

『本地不是就有些識字的女人麼？』我問。我的意思是說，爲什麼不找她們幫忙？

『哦，那些小姐們麼？那些少奶奶們麼？……』

以下，她沒有說；那位女隊員似乎也有無聲的語言的。

夕陽已經西沉，天邊的雲彩幻化着奇詭的形狀和顏色，晚風掠過柔弱的樹枝，成羣的烏鴉在村邊飛鳴，草地上散放着一些悠閒的的牛羣和戰馬。

我獨自在曠場上徘徊，目送那些居民們絡繹地走向鄰村的會場。那會場是一座多年的墳山，累累的古墓前歪斜着斷殘的碑石，蒼松，翠柏，矗立雲霄，似乎爲陣死人蔭蔽着淒風，苦雨，烈日和嚴霜。深夜里恐怕還有梟鳥的哀啼，燐螢的閃爍。但現在，那墳頭正在舉行盛大的紀念會，演台前密集着成千的軍民，講台上的人，正在向他們心頭播下戰鬥的火種，煽起戰鬥的火燄；而農婦們還要在那里演戲了。

到會場的時候，已經是黑夜；講演早已完畢，台下攢動着一羣黑越越的人頭，像是一片汪洋大海。嘈雜的人聲也正像海水翻騰。海邊有幾盞賣香烟，賣零食的攤販的燈光。

在燈光里，我又看見了那位女隊員。

我問：『你還在台底下，不是戲要開幕了麼？』

『不與我相干，她們是自演自導的。』

她的回答引起我無限的好奇心；我擠近右邊的台口，爲的想看清一點這些初次上台的演員們的面目和表情。幕布遮在面前，里面有一些模胡的語聲，脚步聲和一些用具移動的聲音。

『開幕呀！開幕呀！』

一個尖聲音在里面喊；接着聽見吹哨子，幕布就向兩邊移動。一邊的幕布，嚕……一下子就到了台柱的旁邊；另外的一邊却在中途綱住了台上的什麼東西，好一會動也不動一下。

『拉呀！拉呀！』

聲音在不知什麼地方着急地喊。

許多深藍色的布匹，縫也不會縫過，一條條地掛在方棹背後，和兩側面的同樣的布條比賽着愁悶的面孔。一盞汽油燈，顯然沒有裝飽肚皮，懶洋洋地吐着暗淡的光，使台上的色調更爲沉鬱。布條和布條之間，高高低低地半露着一些黃色的人臉，那是一些舞台工作者和專好看「背影戲」的觀衆。

台上沒有一點兒聲音，一架紡紗車在牆邊靜靜地躺着，它剛才還和坐在它面前的演員一齊，幾乎被司幕當作魚網去了。那演員，或者說那位戲里頭的脚色，是一個穿黑上衣的女人，低着頭，把一頂烏黑的頭髮向着觀衆；一個圓圓的大髮髻壓在上頭。兩隻紫黃色的大手擱在穿着綠褲的膝蓋上，膝蓋下面的腿子縮在椅子底里，那里面隱約可以看出一雙瘦伶伶的小脚。

人和車子都靜靜地，不搖也不動。倒是台底下剛才靜下去了的人叢又漸漸浮起來了。

『新娘子！啊啊！新娘子！』

黑影里的小孩子們說。我不知道是指這演員怕羞呢，還是她果眞結婚不久。

大人們也嘈嚷着，老百姓和我們的弟兄們：

『那是吳二嫂哇！吳二哥呢……』

『吳二哥！吳二哥！來看你的嫂子唱戲喲！』

『哈哈……』

『不要羞羞答答！』

『不要吵！不要說話！』

在這亂雜的聲音中，那幕後的尖聲又起了，響得這麼響，外面都聽得清清楚楚的『紡紗呀！紡啊！把車子……唱起來！三更里，三更里……』

演員把手[illegible]地離開了腰窩一下，大概想去攪動那車子，頭也偷偷地要抬起來。剛抬了一點兒，台下的人頭又是一陣騷動：『喂喂……呵呵……吳二嫂，吳二哥，新娘子……』等等的聲音更猖獗了。她又把頭低得緊緊地，同時從半途里縮回了她的手。

『唱啊！唱啊！「唉唉！眞是……』幕後的聲音：『喂，我幫你唱。來！一嗬，二！三更里，月正明，我們偷進了敵兵營……』

起初，簡直像沒有合好腳步的雙簧，只聽見唱，沒有看見動作；慢慢，那演員的頭稍稍抬起了一點，手也機械地動着，只算嘴唇在開合着的低聲也漸漸高起來了。唱到四更里，幕後就沒有聲音了。

劇情很簡單，是政工隊常常演的一種兵役宣傳劇：『送才郎』。蕭大嫂在家里紡紗，蕭大哥從外面回來，談到自己要被抽去當兵，老大地不願意；蕭大嫂却勸他去。後來他回心轉意了，她依依不捨地送他。當中還穿插着難民討乞，談起淪陷區的悲慘。說是戲，其實是幾個流行歌湊成的：『老百姓偷槍』，『流亡三部曲』，『送才郎』，等等。

『五更里……』蕭大嫂獨自紡着唱着，台下又漸漸肅靜了。

『上啊！上啊！』又是幕後的聲音。

接着，布條和布條之間的空隙里出來了一個矮胖子。頭上戴着一頂大呢帽，就是城市里的先生們冷天里戴的那種呢帽。身上是一件長大的白洋布短褂，長到要蓋到膝蓋。腳下拖着一雙黑球鞋。一隻手挿在腰里，一隻摔着悠長的皮拋物線，以操典上的正步的姿式邁着大步。一走，那胸前聳起的一大堆，就在衣服里頭不住地跳躍。球鞋被提起的時候，秋千似地晃動，跨到地上，又像洩了氣的車胎。呢帽蓋齊眉毛；頭髮披散，掩住耳朵，脖子，乃至肩膀。光就頭部說，很像多少年前，戴着鴨舌帽在游戲場說大鼓，賣清唱的歌女。這就是那紡紗的蕭大嫂的當家的，蕭大哥；照劇本的規定，他是一個農民。

這蕭大哥，這夏天里戴着呢帽，腳下拖着空如也的球鞋的農民，這長頭髮披在肩上，胸前顫動着一大堆柔軟的東西的農民出來了。眉毛以下的臉孔胖的像半個大東瓜嘴巴翹起，高過鼻尖，和那整個在帽簷的陰影里愁苦着的面容配合起來，很像偷嘴的小媳婦被覺察到了的時候所表現的。自然，他是在爲抽壯丁的事發愁。

『燒鍋的！』他走到蕭大嫂旁邊喊。

蕭大嫂剛唱完五更調，門笋合縫地抬起頭來。

這時候，我才看清她有一個端正，睛朗的臉。

『媽媽！媽媽！』

突然，一個小孩子，一個兩三歲的小孩子，從什麼地方，嘻嘻哈哈地向蕭大哥跑來。跑了兩三步遠，背後追來一隻大手，迅雷不及掩耳地抓住那孩子的衣領，拖得退回去了。那孩子大吃一驚，還沒有等那紅點子衣影在前台消失，就哇地一聲哭出來。

兩個演員楞住了；觀衆也楞住了。但馬上都明白這是戲里頭本來沒有的過場，一個滑稽的過場；於是全體，觀衆，後台，演員也在內，捲起一陣哄堂大笑。笑聲里還夾着：『活見鬼！』『何苦來！』『要命！』『我的娘！』等等斷續的字句。

一個特別尖銳的笑聲從背後不多遠的地方襲擊着我。那笑聲是熟悉的，不必回頭，我就知道是誰發的；但我還是回了頭：在[illegible]的掩映中，有鄉長的小姐和幾個女的坐在一塊兒的模胡的影子。她的眼光，穿過夜色，像兩條白線，正瞄準着我的。

我也笑過，却不高興她的那笑聲；連帶也不高興那兩條白線。我繞了一個大圈子，從戲台的這邊角里移到那邊了。

『戲好吧？』

回來後，鄉長的小姐問我，在她照例拿她的笑字燈出來，放下羽扇向我的沒有罩子的煤油燈借火的時候——我不相信是爲了節省一根洋火。她的黑眼睛含着勝利的笑。

然而，隔着我的煤油燈的黑煙，隔着我正噴出的香煙的濃霧，我發見她的嘴是歪的，鼻子也是歪的。

我低下頭，眼光落在一本攤開的書上，幾乎是自言自語地說：

『明天，我要搬走了！』

一九三九，一一，二二，金華。

躍動的夜

冀汸

（一）

解除警報響了——
我用輕捷的步伐
躍出了防空壕，
向自由的大氣
舒暢的呼吸。

「再會！
一同蟄伏過兩小時的難友們；
再會！
死亡的恐怖；
再會！
防空壕
——我們底襁褓。」

夜網已經罩下，
寬暢的街道，
狹小的巷衢，
高的樓廈，
矮的茅簷，
遠遠近近
充滿了蠻力的光輝。

人們從暗洞里爬出來，
拍去身上的塵土，
邁開壯健的步子，
用愉快的眼睛
迎着光輝。

店舖打開了門，
露出玻璃櫥，
陳列起貨品，
掛上金字招牌，
迎着光輝。

人力車夫，
點燃了油燈，
滾起兩片輪子，
向闊處
向江岸碼頭
迎着光輝。

一切都是原有的完好啊，
掛在那里，
貼在那里；
一切都是依照自己的意志啊，
行走在那里，
停留在那里；
一切都無恙啊，
生長在那里，
建築在那里。

（二）

江水用狂歌
迎着光輝。
輪船用汽笛
迎着光輝。

躉船
像是光輝的結穴處：
輪船破浪向它　來，
無數的工人
帶着歡笑向它跑去。

看他們
幌動的頭，
蹦跳的腿，
揮舞的胳膀，
在電燈下
閃耀着古銅色的光芒。

「船靠了呀！
船靠了呀！」
洪亮的
是他們底聲響。

當船頭被鐵索鎖定，
火輪里停止了機輪，
我看清了
船里滿載着
蓬蓬勃勃的生命。

（三）

向生命的力瞬，
我敬禮！

從甲板上，
跳下一個，又一個……
滾一身行囊，

提一支槍，
活躍的身子，
活躍的臉色，
活躍的復仇的心。

從躉船上，
成羣的向岸上飛奔，
抬着輜重，
抬着曲射砲和機關槍；
活躍的身子，
活躍的臉色，
活躍的復仇的心。

他們底灰色軍服，
閃着光輝；
他們底鋼槍，
閃着光輝；
他們笑了，
笑了，向他們自己，
向我們——所有的兄弟。

他們笑着，
打我底面前經過，
從他們底身上，
我嗅到了我所愛的泥土底氣息；
從他們底臉上，
我見到了工作艱苦的農夫底縐紋；

但光輝照耀了他們，
愉快籠罩了他們，
他們笑了。

向寬暢的馬路擁擠，
他們不需要休息。
當號手吹起了集合，
他們又擁擠着
朝一個方向排列。
在一聲口令下，
他們轉向了，
朝遙遠處
歌唱而前進！
遙遠處
將有火的跳躍，
血的流奔。

（四）

向生命的力喲，
我敬禮！

在起重機下，
那長方形的堅實的
木箱
以沉重的姿態

卸落在躉船的甲板上；
壯健的工人
又熱情的
把他們抱起。

孩子們指手謹脚地：
「這是子彈，子彈……」
是的啊，每一顆
將要從戰士的手里
被塞進槍膛
經來復綫嘶叫而去，
向仇敵
討還血債。

「杭唷，杭唷……
碰了嘿，空手！
滑的呀，踩緊。」
一箱，一箱，
踞在工人底肩上，
浴着歌聲
漸漸向岸上浮起。

從那木箱底正面，
我看清了兵工廠的名字
和出品的年月；
從那木箱底兩側，
我看清了子彈，發數
和限用於何種武器的警語。

「抗唷，抗唷……
嵩坡呀，上進，
脚哩，低地……」
歌聲，
把木箱
向岸上浮起，再浮起。

岸上，
修長的馬路底盡處
駛來了一列汽車，
那放射的電炬，
那和諧的喇叭，
那暴跳的馬達，
像急風
向這里撲掃而來，
到了這里，
都戛然地停止。

「車來了呀！
車來了呀！」
躍動的工人們
用律動的力，
用蜂擁的姿態，
帶着莫明的歡欣
抱起木箱
撲向着汽車底懷抱！

不可遏抑的
力的傾流，
每一輛龐大汽車
被注滿了
沉重的木箱。
馬達
開始躍跳，
——生活的歌唱
　勝利的鼓舞
迎着光輝
——向了遙遠。
遙遠處
將有火的跳躍
血的流奔。

（五）

對着永恆奔流的
　大江，
我歌唱。
歌唱啊，歌唱啊，
向隔江的山叢，
向十一月的寒空，
向一次也不回顧的流水，
向明天的太陽。

歌唱啊歌唱……
我懷抱着我底壯歌，
走上了我自己底路。
——這路
　將載我回到溫暖的巢穴。

（六）

大地是如此的遼闊呀！
種着高粱的田野
種着玉蜀黍的田野
割了稻子待耕的田野，
松樹的森林
柏樹的森林
杉木與樺條的森林，
它們嵌着這條平坦寬闊的大路，
伸到無盡的遠處。
我懷抱着我底壯歌，
自由自在地走在這條路上。
城市
已與我去得遠了，
那電力的光輝
混合了天邊的繁星，
那馬達的跳躍
那起重機的嘩啦
那工人們底邪許
已再不能與風聲分割，
那流走的人們，
距離使他們遠離我底眼睛。
從山底那邊
挑着担子的
　走上了這條路，
從村莊底盡處
趕着驢子的
　走上了這條路，
他們手里都提着亮亮，
他們底都朝臉着城市。
他們唱着
淳樸的山歌
他們也用那爽快的聲調
向自己底伙伴們
高聲說話。
「趕快，趕快，
你看，沒有月亮，
趁今夜賣了多好！
趕快，趕快。」
「是的，
你底米，
我底棉花，
那兒的人，
　都要它。」
他們和我
漸漸沒有了距離，
他們有力的言語我
我聽得清
每一個字。
他們和我
擦身而過，
在亮殼照不到的暗影里
我感到了熱的呼吸
我聽到了跳動的脈搏
我看見了紅黑的面孔
我們底腳步，
又拉長了我們底距離；
在無盡的夜暗里，
我們互相消失了影子。

（七）

我走着……
走過樹林，
繞過池塘，
打狹小的田徑上
穿越茅艸叢，

再走向那
無數的黑色的屋簷，
——那里面
就有我溫暖的巢穴。
已經是子夜了啊！
巡更的
正敲打三更。
警覺性最敏銳的
動物，
彷彿熟悉我底步伐，
一聲也不吠叫。
我看見了燈火，
燈火！
啊，我像哥侖布看見了
亞美利加洲
那樣歡快喲！
我舞蹈着輕快的
步伐
向前走近，走近
我聽見了
紡紗車底聲音，
推磨的聲音；
從每家底門縫
窗洞
飄溢出來
「虎嗚 虎嗚」
像向我
訴說一串古老而艱辛的故事。
而我
又是最熟悉這故事的呀——
她們每天
每天
用扎花機去掉棉子，
用弓弦再把它彈鬆，
飛一身白色的纖維，
一雙眼珠一瞬也不轉的
盯住手里的棉條
把它細細的拉成紗。
他們每天
每天
從河里淘洗了麥粒，
送到禾場上曝一天好太陽，
晚來收上磨盤
冒着汗
把一粒麥變成無數粒的麵粉。
到明天
——太陽還未紅
一切需要棉紗的地方
就有了棉紗；
一切需要麵粉的地方
就有了麵粉。
啊，仇敵！
當你在空中，
狂笑我們底工廠火化
和機械能力的毀滅時，
可曾知道
中國底大地
每夜
有這「虎嗚」的歌聲麼？
你聽吧：
「虎嗚 虎嗚」
這平和的旋律，
汎濫着
自由和勝利！
一切放肆的狂笑
在這里都會變成自慚的哭泣；
一切瘋狂的轟炸
在這里都將俛首貼耳。
我壓抑了我底壯歌，
在一座茅簷下停止了腳步，
輕輕推開我推過多少次的門，
向歌手們——他們和她們
深深地祝福。
而在「虎嗚」聲並不停止里
我得到了回答的歡迎的笑。
我浴着笑，
打開了我底房門。
我舞蹈着
輕快的走了進去，
我點燃了桐油燈。
在桐油燈下，
我凝着淚，
歡喜的淚，
我揮着筆，
多麼流利的筆
適和着我激越的脈搏，
一刻也不停息的
寫完了我底詩。
聽，雞聲四野，
已經唱出了黎明。

一九三九、十一、廿、黎明時寫成。

註：亮亮是一種能够伸縮的燈籠。

重慶舞台與重慶觀衆

黃舞鶯

渡過了八月中秋，霧色一天濃重一天了。這山城，隨着這被稱爲自然防空的霧色的逐漸加深和加濃，也一天比一天的熱鬧起來了。寂寞了將近五個月的重慶舞台上的脚燈一再地亮起，在斑光燈的照耀下的人們顯得多麼歡樂地活躍着，而他們的活動又怎樣爲這山城里的疲倦了的，忙碌着的，興奮中的人們熱切地注意呵。「座位已畢，明日請早」的白粉筆字在購買不到入座券的觀客面前驕傲地懸掛着。遲到的不得不失望地回去，無吝惜地準備再來購買次場的昂貴的戲票。

那麼多的觀衆呀，龐大的劇場吞進一批又一批。在龐大的劇場里，在重慶舞台前面的，成千成萬的觀衆歡笑着，鼓着掌，帶着足以解除他們緊張的或鬆弛的生活上所得到的疲累和苦悶的滿意，從劇場里退了出去。我們的優秀的藝術家呢，眼看着他的偉大的藝術創造征服了那麼衆多的天眞的觀衆，以及他們的熱烈的掌聲，大聲的歡呼，稚氣可掬的笑容，不由得不在自己的心里驕傲地說：「成功了！成功了！」

……

這便是我們的戰時首都的重慶舞台，及其觀衆。

然而，我很感迷惑，觀衆的歡笑和藝術家的歡笑是什麼呢？

×

我想說幾句話了。但是，朋友，請別誤會我是被一些目光深遠的人的什麼「建立戲劇批評」呀之類所號召起來的一位勇士。我也不是偏喜歡嘵舌的，但我既是觀衆之一，我便賦予了說話的權利，也就是有了說話的義務。然而，很明白，我並不是一位批評家。我的說話是多麼平庸，多麼浮淺。這樣平庸和浮淺，完全是常識方面的說話，不過是千百觀衆中之一個觀客的說話。

不錯，我不過是多年來的一個不折不扣的誠實的觀衆而已，所以祇能說說老實話了，如果你在這樣的老實話中間寄存着過高的希望，那你只好變做一個傻瓜了！

×

「爲什麼還沒有偉大的作品產生？」這個要求是很眞切的，很熱誠的，它說明着，「現在是個血與肉的戰爭的偉大時代啊！」意思再也明白不過的：偉大的主題等待着我們的作家！

然而，我們的作家果能描寫任何題材，擾取任何主題寫作嗎？不能的！不錯，在我們生長着的這個時代中的現實，是非常非常的豐富的。但現實的豐富多彩，祇是說爲我們的作家提供了豐富的寫作資料，而不是說我們的作家可以採取任何主題來從事寫作。可是我們的作家却往往容易爲這偉大的主題所引誘。於是，便不管對於某些題材是否熟悉，對於現實是否理解得深切，便動手寫起來了。這結果是什麼呢？空虛，貧乏無力，甚或陷入了政治上的錯誤的泥沼。

對於所描寫的題材的不熟悉，這在我們的作家自然也是一件十分苦痛的負担。拋棄這付苦痛的負担而從事一些平凡的小故事的計劃吧，那不是顯得太「平凡」了嗎？這在某些人是不願意的。於是，在所謂「偉大的主題」前面，一般青年人便不能不狼狽起來，口號代替了形象的描寫，這當然是很糟糕的；至於一般老練的作家，却能够儘量的使用一切「詭計」，造成幾乎使人難乎想像得到的傳奇或偵探小說般神幻莫測的「骨硬」，這雖然沒有像「口號」般的糟得厲害，不過其難於掩飾的狼狽倒是一樣顯見的。……

其實，什麼東西都是值得描寫的。值得作爲我們的偉大作品的題材的，我們的偉大作品倒不一定限於寫槍砲與火光。我們寫一些平凡的故事，祇要寫得好，也可以成爲偉大的東西。假使一個自己不熟悉遙遠民族的生活的人而要寫起異民族生活來，那自然也祇有用羅漫史來掩蓋他的無知了。

……

好像是吉爾波丁說的，「蘇聯文學的成功，並不因爲它發明了什麼特殊的筆法和結構，卻是因爲它供獻了一個新的思想內容。」什麼是新的思想內容！其實這還不是一些老話。複雜萬狀的現實是通過了作家的世界觀才能表現出來的。那麼作家的世界觀在一件作品中實有着決定的要素，那是無庸多說的了。沒有問題，在抗戰建國的今日，我們的作家一定是爲着抗戰建國的偉大事業而寫作的，但是，問題不是沒有。複雜萬狀的現實，我們的作家果能把握着正確的思維方法去理解它嗎？假使不能，描寫的人物不會深刻。不客氣的說，甚至還逼「錯覺」可能發生相反的影響的。

那末，爲什麼一個在敵人那里做着一個間諜工作的男子要死在他的堅强的愛人手里的槍彈底下呢？而當民族罪人的汪精衛及其政黨被擡上舞台的時候，觀衆所目睹的不過是一羣淫樂的「低調」生活者，看不見這羣賣國賊的政治陰謀，更看不見在他們背後的日本帝國主義的侵略政策上的一種分化作用的政治進攻。不用說，這樣的「低調」生活的描寫是能夠喚起觀衆對他憎惡的，但是，他們的罪惡不止於此呵。

自然，我們不妨諷刺一下「大時代里的小人物」，例如新官僚，交際花和文學家，以及其他等等。因爲這種人在我們這時代很多很多，簡直到處都是。不過，這些人物的典型是有他的現實的社會根據，而不是腦子中空想出來的。譬如，在抗戰的偉大時代里面仍然有着主張與抗戰無關的文學家，然而卻甚少見長頭髮打紅領帶的浪漫派詩人，即使有這樣人存在，也不能是爲了「戲劇效果」而使之像瘋子一樣在舞台裝腔作勢的跳來跳去。同樣，新官僚是有的。現代的新官僚有着他的一套新玩意兒，他的政治生活也是變化多端的。新官僚與舊官僚的作風是大不相同的，我們的藝術家要以諷刺來進攻，便要想法刺在要害上：最最典型地來創造一個被所諷刺的人物，否則，他的投槍便會撲空。

×

光明的尾巴是要不得的，因爲它裝得太勉强，簡直很討厭！

可是祇讓觀衆看到一團黑，片點也沒有亮光，那又怎樣呢？同樣也要不得的。光明的尾巴既要不得，沒有出路的寫法也要不得，這又怎樣說呢？

一點也不反對暴露黑暗面，一點也不反對用諷刺或其他方法來暴露黑暗面。在我們現實之中有正的和負的兩面，在正的中間，固然也包含着負的，就是在負的之中也有着正的，而歷史的發展正是向着正的一方面前進的。即使我們要暴露黑暗的一面，我們仍然可以顯示出光明來，但這個光明的來到有其因果性和規律性。問題就在此，我們怎樣很自然而又順遂地把黑暗面中的光明合理地顯示出來。

特別在這抗戰建國的過程中間，增加勝利的自信心是十分必要的。假使一個劇本在暴露黑暗的一方面已經獲得了相當的成功，而全然沒有一點光明的啟示，我們可以說，從藝術的功利性上來說，它是非常的失敗的！

×

史坦尼斯拉夫斯基，這個大戲劇家，他在藝術方面的偉大成功好像也曾經我們戲劇界一致推重。但人們卻還沒有怎樣注意到他的對於藝術的功利性所抱持的堅强態度。我們來看看他的說話吧：「現在我們是應該怎樣來對待一個對演劇很熱心，能夠接受而且有直接敏快的反應底觀衆。對於觀衆，劇場是負有重大的責任的。和其他一切藝術一樣，戲劇必須使觀衆的意識深刻化，使他們的情感洗練，使他們的文化修養提高。當觀衆看了戲出來以後，他們必須要比去看戲劇以前更深刻看到了現代的生活。因此劇場絕對不許輕率地膚淺地去應付觀衆的期望，或者只是以觀衆的喝彩或讚許而自滿。……」

我們的藝術工作者應該反省一下了吧！

然而，偏偏有人說重慶觀衆的水準是比較地低下的，祇要塞給他們一些不是「苦」味的食物就夠啦。真是天曉得，這對我們的觀衆是何等的一個侮辱呵！「對於真正藝術的任何諷示，現在的觀衆都很懂得接受的。」（史坦尼斯拉夫斯基）

這是舞台上面的責任呢，還是舞台前面的責任？

×

不錯，現時我們的觀衆是非常昂激的。他們的情感真像一架最最好的天平，假使把十萬份之一克的重量放在天平的一端，那它就要失其平衡，同樣，我們把一點點的力量向他們的感情上彈動一下，立刻會有着最敏捷的反應。這個譬喻是什麼意思呢？明白一點說，就是，不論在什麼場合，祇要在舞台上說幾句「好聽的」說話，觀衆便會騷動的。再明白一點說，觀衆的騷動，叫好或鼓掌等等，實在是一般天真的觀衆的熱情的流露，假使我們的舞台上以爲得到了這一些，便足以說明是他的成功，那真是有點阿Q氣了。

隨便舉一例吧，有一個演員走上舞台，述說她的母親死了，她的可愛的母親死了，她便無所靠，預備走向前線去工作。她穿的是滿身雪也似的白孝服，當她一上場，舞台上的情緒立刻由歡樂而轉到淒涼，可是她這時候却來了個莫名其妙的表演，沒有情感地，不自然地使用着一些「硬」的動作狂喊了幾聲。然而可愛的觀衆却爲這些「好聽的」說話鼓起掌來了。這是多麼虛僞的一種表演呵。先生們，觀衆的熱情的暴發與由衷的激賞是有着甚大的距離的。

讓我們來想像一下，假使這一場戲恰當地表演出來的時候，觀衆對於她將傳出怎樣多的同情，悲愴和憤激？鉛一樣的沈重將緊緊地壓上觀衆的心頭，無聲的靜默將是最好的表演的紀錄。

我有點憤怒，我感到一種莫名的難堪，當我聽到不應當有掌聲響起而居然有了掌聲，不應當有叫好的時候而居然有了叫好的時候。

×

還是史坦尼斯拉夫斯基的說話：「戲劇藝術的課題是以生動的，深入的，眞實的形象方法來闡明劇本的主題；因此，隨着形象的再生與滅亡，觀衆會更淸楚的了解文化的最深刻的問題。戲劇不應該像敎師那樣做法，而應該以形象的方法引導觀衆通過形象去理解劇本的意義。」史坦尼斯拉夫斯基的說話一點也不稀奇，很早以前就會經爲人說過，而現在幾乎每一個戲劇學生都能懂得的ABC了。

不過話雖然這樣說，眞理的懂得好像很容易，做起來却往往要出人意外。得手應心，眞是難之又難的一件事情。

形象，形象，第三個還是形象！

說些「好聽的」台辭是會激動觀衆的，但是這些「好聽的」說話是不是不論張三李四都能說得出來的呢。一位敎師先生幾乎是萬能的，他可以懂得很多，說得非常透澈。但是我們的劇本里的人物並不是每一個都是敎師先生。他們有的是農民，有的是士兵，有的是公務人員，有的是工人，有的是小市民，而他們之間又有年齡，地域，和地位等等的差別。假便我們把任何一種說話硬按在任何一種人的嘴里，豈不是很糟糕的嗎？而且就是這一種說話容許這一種人說的，那末還得看看這是什麼時候，這是在什麼地方。在爸爸面前有一套說話，在愛人面前自然也有一套說話。在爸爸發怒的時候說的話和在爸爸高興的時候說的話是不同的。當愛人兩隻手臂環在你頸上的時候，你自然不能再大聲疾呼的講給他一番大道理，勸她上前線去工作。……

特定的人物，特定的環境，特定的語言。

×

高爾基說，「戲劇是一種語言的藝術！」

千眞萬確，戲劇是一種語言上的藝術。但是高爾基的說話祇是强調了語言在戲劇上的價值，而並不是說除了語言以外，什麼情節呵，布局呵，性格描寫呵，等等都可以不去管它的了。

我爲什麼要說這些話呢？好像現時有一般人以爲我們祇要能够駕御了語言便可以寫得好劇本了。於是拚命的在語言上打圈子。這樣拚命的鑽，那自然要進入到牛角尖里去了。

×

戲劇藝術應該算得一種最複雜的東西了。它包含了編劇家的藝術創造，導演的藝術創造，演員的藝術創造，以及一般舞台技術家的藝術創造。關於編劇家和導演家之間的關係，有人主張要忠實原作，有的主張不妨按照導演的意思改編；關於導演與演員之間的關係，則又有導演中心論和演員中心論。這些都是聚訟多時的戲劇上的大問題，我還很淺薄的，僅有些常識觀念的人是不能多所嘵舌的。

然而，也不妨說說幾句常識上的話。

譬如：導演即使要改動原作的話，他也不能過於勇敢，把牛頭按在馬身上，曾經聽說過以前有位大胆的導演先生把一個作家的獨幕劇裝在一個四幕劇上拿來演出的故事。大概這類故事現在是沒有了。但是我們確也看到了把一個劇本大加增删，增删的結果把原作者的名氏都飛去了。……

至於說到導演與演員之間的關係，不客氣的說，不論導演中心或演員中心，在我們的舞台上，都還沒有形成一個流派，而有其輝煌的表現。在現在，我們的導演祇能「指揮」演員在舞台上的移動位置，而我們的演員依然帶着本來的原有的動作，把任何主角的心理活動在他固定的生理的動作上來表演。在這個戲里，她的「軟體動物」似的動作如此，在那個戲里，她的「軟體動物」似的動作也如此，實際上她在這個戲里扮作的是一個農村的閨女，在那個戲里她是一個都市里的貴婦。這樣，各以其所有在舞台上展覽出來，於是在一次演出上觀衆再也看不出什麼人物創造了。有的，不過是演員的生理的動作的再一次展覽罷了。

自然，舞台上的位置的移動，本來是屬於導演的一種職務。但一個導演假使在他的職務上僅僅能做到這一點，那他不是自已輕視了自已，便是放棄了自已在藝術創造上的追求的雄心。在這里，我們實在不敢妄加推測我們的導演有多少才能。我們相信，我們有不少的優秀的導演的。但據說，如果一個導演能够相當良好地支配地位，他在中國便算得一個好導演了。

×

我們不能不對重慶舞台上活動着的人們表示甚深的感謝和近乎驚訝的敬佩，假使我們知道他們是在怎樣忙廹之中把戲「趕」出來的。一個劇本到導演手里最多不過二個星期之後，便要搬在觀衆之前，甚或以三數天的速度完成整整可以上演四個鐘點戲的排演過程。藝術作品是需要雕鑿的。在這樣的倥傯之際，有這樣的成果獻之於觀衆，在任何偉大的藝術家面前都可以沒有愧色的。的確難能可貴。我們相信，如若有一個較長的時間容許我們的藝術家從容製作一次藝術作品，那一定會有驚人的表現的。我們的有着遠大抱負的藝術家一定不會自滿於現在所獲得的一些彩聲的吧？

最後要說一說的，在這兩個月中重慶舞台上有了一次大規模的四川話的演出。這不能不說是一種有意義的嘗試，而這種嘗試卻證明着我們的戲劇上的一個新路徑，這個新路徑好像歷來爲一般專家們所反對的。

×

寸感不過是寸感而已！拉雜之至！

在黃昏裏走着

S. M.

在黃昏裏走着，我像一個炸彈要把自已炸成碎片，憤怒在我心上殘酷地燃燒着。但是，是這樣的世界呀！不是惡夢，不是地獄，人祇有發出無聲的叫喊，而被窒息於沉重的黑光裏麼？

我不相信，在這月光所照的大街上，居然有仁丹，有日本造鋼筆和葡萄酒！

但是我是眞實地看見了這個龐大的黑影的，看見了這個仁丹，看見了這個日本造鋼筆和葡萄酒的！

人丹，任丹之類，早已處處都是。看了這種東洋的擬態的東西，或者竟是撒但裝作的天使，已經够人痛苦了。而現在，仁丹正面出現，背上貼着一張後援會底文告，天下太平地在彈痕邊論價出售。

說到仁丹，民族底痛苦是怎樣深刻啊。當我是一個小孩子的時候，我們底土地上已經處處都是仁丹廣告。這種廣告，就是日本間諜所作的鬪眼點，從日本印刷的地圖看，從現在正在進行的戰爭看，是頗爲可信的。那末，一面在和「皇軍」血肉相搏，一面怎麼又作這合法的買賣？一面搜羅破銅爛鐵堅持抗戰，一面怎麼卻把國幣支持仁丹鬍子底腰包？

說這是存貨，——這不過是市儈說法，漢奸說法。鬼相信，抗戰了兩年還有這存貨，尤其是肅清運動進行了兩年還有這多存貨，而且是這樣新婁璜的存貨。——你相信麼？

假使眞是存貨，那又怎麼可以賣呢。因爲那將使政治落後的羣衆意識模糊，不是使他們忘掉了抗戰，就是使他們把抗戰和做買賣認作彼此沒有什麼關聯的兩件獨立的事；而且，仁丹既然一樣買賣，那末，什麼別的生意不可以做。

存貨應該集中起來，爲謹愼作一次化驗，由政府供給醫院用。

這是可怕的，發抗戰財，發漢奸財！而且，說是眞是存貨，假使還是放任牠出現在市面上，必然會引起漢奸們或者市儈們繼續運入仇貨來，以存貨爲掩護，給敵人發展市場，破壞我們自已底大後方。

這很可怕，抗戰底明天是光明和勝利麼？

這眞可怕，這一粒一粒的藥丸，簡直就是敵人所發射的子彈，吸飽了我們底血的達姆彈！

我彷彿看見西安大街上的人，每一個，都有一個敵人在遠處向他描準。然後全命中了，那樣橫七豎八地倒在地上，死的木頭一樣，活的在掙扎，在呻吟。而仁丹鬍子在發笑，而仁丹在血泊中作狂歡的旋飛。

而且，我又這樣看見了made in JaPan的鋼筆呀！據說，這筆特別便宜。派克要七八十元，而且有錢沒處買。所以，這又是需要問題了。

特別便宜麼？——特別便宜的並不是日本造鋼筆，不過是中國人底生命、名譽、財產，不過是祖國底命運！

需要麼？——

我們有比一枝鋼筆更重要的需要，我們需要自由的呼吸，我們需要像一個人的樣子的生活，我們需要解放和獨立；在目前，我們需要打擊敵人！殲滅敵人！這些需要，和需要一枝鋼筆的需要兩不相容。

更無話可說的是昨天，一個朋友送給我們一瓶葡萄酒，沙城馬乳葡萄釀造，球美牌，香港瑞安氏昌記釀造果酒公司（Tuian Shih BreWer CO）出品，但是，和貼在瓶頭上的一角二分的國民政府機製洋酒稅憑證作爲强烈的對照，瓶底附近刊印着凸出的 Dainippon BreWery Co Lto

我心涼了！

這也是需要麼？

校完小記

這一本是第五集底首期，恰好是和一九四〇年，也就是所謂五十年代一同開始，論理是應該有點新的計劃的，但我們囿於力量，却沒有。只排印的情形比較好了一些，以後勉強可以做到每月一本。所以編者也特別奮發，把「排印前小記」改作「校後小記」，在這樣的小地方表示「煥然一新」的願望。

×

新的建設既沒有，反而把介紹作者的「這一期」取消了。前些時，紺弩底來信里面有這麽幾句：「我又覺得作者介紹一欄大可取消，……介紹作者只對於新人有必要，但偏於新人語焉不詳，……這是本身的矛盾。有些刊物有所謂報道之類，……但我們不必從這一方面和別人爭一日之短長，省一點時間，自己寫三百字的短文也好。……」這眞是天曉得，原來的意思是模倣外國雜誌，想供給讀者一點參考，想不到被看成「爭一日之短長」似的不當行爲了。但他所指出的矛盾却是事實，也就是這一欄沒有成爲有意義的工作。那麽，就暫時取消了罷。

×

但這一本却發表了兩篇批評文章。批評，據我底經驗，一向是挨罵的，目前尤其利害。但也有不同，從前的罵是說你不該寫批評，想「馳騁文壇」，現在的罵是說你不該不寫批評，等於破壞抗戰的怠工份子。現在也並非企圖洗刷罪名，不過偶然有了兩篇，就發表出來給大家參考，討論。不過，批評也良難，因爲首先非接觸到已有的論點或已有的作品不可，問題既是活的，既容易鬧出錯誤，又容易幫到誤解。恰好批評「批評」的批評家已經允許了說原則上的問題可以討論，想來總不會有錯的。現在我就想特別介紹「重慶舞台和重慶觀衆」這一篇。並不是說我全部同意作者底意見，對於舞台和劇本，我都是非常生疏的，而是因爲作者底從活的問題出發的批評方法和敢言的態度，大可供我們底借鑑。作者黃舞鶯說他「不過是多年來的一個不折不扣的誠實的觀衆」，名字也確是一個沒有見過的名字，但我想，無論他是不是一個單純的觀衆，只要他是出於誠懇的心，我們底劇作家，導演，演員們，就應該把那當作本意是爲了使我們前進的批評看待。那決不是廣告式的文字所得比擬的，即使對於具體的論點可能提出異議。

爭取奴隸的解放　　莊言木刻

×

介紹高爾基底文藝論的一篇譯文，對於我們當大有益處。那里面有epigone一字，譯者花了許多工夫查不出，後來才曉得是德文，但也打聽不出確定的含義。他要編者決定，編者更無把握，只好從他所提出的兩三個意義中間選定出了「模倣者的」，成了「模倣者的現實主義」，即模倣現實的態度之意，如果不當，望予以指正。

×

無巧不成話，「高爾基論社會主義的現實主義」里面提到了蘇聯文學對異小民族的態度，「重慶舞台與重慶觀衆」也用以異小民族爲題材的事情作例子，恰好本期就有了兩篇寫異小民族的作品。無論作者們對於那特殊領域的生活把握到了怎樣的深度，但新文學底主題是擴展到了一個新的世界。

×

「躍動的夜」是一個新的作者，他說，「我企圖歌出我們民族底不可侮與不可征服的潛在力，但現在我已聲嘶力竭了。」

×

「訪江南義勇軍第×路」，原是去年還時候寄來的，但在中途失了蹤。作者另抄了一份給「文匯報」底「世紀風」的，不幸「文匯報」又被敵人揑死。於是一直渺無消息。最近又找到寄來了，但說是有個什麽刊物展轉從「世紀風」那里拿去發表了，頗不高興。內地當然見不到，所以還在這里發表一次。一說游擊隊，有些人把它當作土匪，又有些人把它當作神祕得很的怪物，但其實也不過是在苦難里面奮鬥，用奮鬥去克服苦難的人民而已。「嘉寄塵先生與他的周圍」和這一篇，在被戰鬥的批評家認爲是遠離了血與火的搏鬥的現實生活、眼睛不能看得更遠一點的我們這些落伍者，是值得一讀的，雖然抱着非小說或詩就不算文學的見解的批評家未免要扁嘴。

胡風（一月十二夜）

第五集

2

中圖書公司發行

目錄

七月

第五集第一期（總第二十四期）

廿九年三月出版

編輯兼發行 七月社 重慶武庫街

華中圖書公司

編輯人 胡風

發行所： 華中圖書公司

印刷所：商務日報（重慶武庫街）夏溪口印刷工廠

每月出版一次

本埠每冊零售三角

訂價	國內	香港澳門	國外南洋
半年	一元六角	二元	三元
一年	三元二角	四元	六元

郵票代價，十足收用。五人以上聯合定閱，九折計算。

母親

雷蒙

母親在生前，
害怕着兩種生物
一種是臭蟲
另一種是——兵

每逢
遠遊的父親
帶着更多的白髮歸來
或清明節
下鄉掃墓的哥哥
帶回了一身塵土
都少不了要訴說
關於臭蟲的故事
而母親
第一件事是
吩咐將換下來的衣服
在水裏浸一個三天五日

母親不讓那些吸血的生物
存留在被戰爭吸過血的家中
在母親的眼裏
臭蟲和兵是同一的東西

然而
（是一九二七年）
當怕兵的母親
看見最小的兒子
也穿了軍服回來
就像捉住了一個臭蟲似的
說——
「脫下這衣服吧
不用再去了」
而我　本來不能再去的我
就此把軍帽壓住眼睛
孩子氣的啜泣了起來

從此
我又穿起舊日的衣裳
在古舊的　然而沒有臭蟲的屋子裏
伴着躺在古舊的煤油燈下的夜晚
母親　談着古舊的傳說
當母親翻着曆本　解說着
「是月也　雀入水爲蛤」的時候
我心裏就杜撰了一個故事
一個「螞蟻變成了臭蟲
又和別的螞蟻鬥爭底故事」
喃喃地告訴了母親

母親說
螞蟻可以戰勝臭蟲
但不會變成臭蟲　因爲
一個是吸血　一個是辛勤的工作

愛好螞蟻的母親
是更愛好工作的
撫衛過兒女們的童年的
那雙多繭的手
會接受了書香世家的傳統
而布衣　無盡止的操作
對勞苦者的親切的同情
更深地給予兒女們的
母親底教養的過程
是代替了催眠歌的詩韻
是田園生活的皈依
是討厭臭蟲的潔癖

母親　遺留在我記憶中的
是帶我到古城上看大江澎湃的母親
母親　遺留在我氣質中的
是扶了鋤頭在庭園裏種瓜種菜的母親

可是我終於離開了母親
以討厭臭蟲的心境
在充塞着多樣的臭蟲的都市中生活着
我沒有告訴母親

那些吸血者殘害着人類的情形
但是却接到了
母親被吸血者損害的家信
信上說　我鄉行大軍過境
連我的書室也做了他們的行營
母親爲了收拾我的書籍
在慌亂中跌壞了腿……
這消息　宛如床上的臭蟲
使我整夜的輾轉不寧

母親不願兒子成爲吸血者
但世間偏有無數的吸血者
母親　祇願過着簡樸的生活
但簡樸的生活也受了掠奪

我不能忘記
在母親病重的時候
我回來了　在母親的床前
聽見早已不能言語的母親
清朗地喚出我的名字
我永不能忘記
在母親臨終的前一日
三個士兵乘到我的家屋
騷擾着　強索着什物
我看見　在與死神掙扎的
母親底痛苦的臉上
現出比死亡更淒厲的恐怖
——對於人類底厄運的恐怖

母親啊　在你的棺前
兒子曾默默地宣誓
你生前我是一個軟弱的被吸血者
你死後我却要以生命與吸血者鬥爭
於是我又拿起了當年
拿起那寫過花　寫過光　寫過愛
也寫過母親的慈顏底筆鋒
寫着母親生前的痛苦
描繪着千萬個被殘害的母親底痛苦
蘸着自已心頭的熱血
描繪着千萬個被吸血者的熱血
有時　苦悶包圍了我　消極怠工
但將我解救了出來的
是母親遺留給我的智性
和時常出現在夢裏的
母親的嚴肅底面容
母親，你生前對兒子的苛責
正是我現在對自己的苛責
母親，你生前愛好眞理的光輝
正是照耀着我生活的光輝

當母親死後的第五年
中原佈滿了燃燒的烽烟
在吸血者膨脹的軀體之前
被吸血的中國也穿起了軍服
穿起了爲自由爲正義而戰鬥的軍服
而且在爲戰鬥而流下的血液裏
洗滌了軍服上過去的髒污
而這血　正是千萬個被殘害的父母
和千萬個被犧牲的兒女底總合體
穿上這染血的軍衣
恰如豎在進化着的人類底頭上的
悲壯的　又是美麗的大旗

母親　我記起沒有向你解釋的
那個「螞蟻與臭蟲鬥爭的故事」
——如果螞蟻穿上了軍服
母親一定不討厭這種軍服的

於是　我就走了
捨棄了　那失去冬衣的
在冬日的異鄉流浪的父親
經過了幾萬里艱苦的行程
投入在戰鬥的熔爐裏
當我再一次地穿上軍服
第一個想起的　是怕兵的母親
是淪入吸血者手中的
沒有下葬的母親底遺體
雖然　我不難從受難者的白髮中
認出母親生前的白髮
但受難者奔與流離
更甚於母親生前的痛苦悲淒
我羞慚於這沒有塵土的新衣

母親 如果你知道
穿了軍服的兒子底武器
依然是一枝鉛筆
你是沮喪啊還是歡喜

母親 在這峭寒的冬夜
透過這北國的雪的山野
我遙矚着江南的故鄉
遙矚着那點無燈火的
你底屠所底門窗
和瀰漫在窗外的吸血者底硝烟
母親啊 你不用恐怖
犧牲者底血也決不會白流
總有一天 勝利到來後的一天
如果不死 我將回到你底棺前
脫下你會所不喜悅的軍服
（而人類也都將脫下它）
將這醜惡的人類底親骸
焚化在你的面前祭奠

母親啊
你會相信有這一天
母親啊
我們在爭取這一天

一九三八冬

詩小集：
街頭

肅清僱農意識 田間

這樣傢伙
嘴里說
是來參加抗戰的，
心里却想吃豬肉
想賺大錢。
（混一天算一天）

這樣傢伙，
需要教育！

慰勞品 田間

許多女人們，
在晚上
在坑上
哪怕兒子的嘴正吸着奶，
她還爲戰士縫着鞋和襪子，
爲着一早交到救國會。……，

羣衆都在紅纓槍旁邊歌唱 田間

全冀察晉
明亮的
紅纓槍
聚集，
都在紅纓槍旁邊呼吸
和歌唱
國際的同志！
（歡迎史品烈先生街頭詩之四）
The P oPls Sing Und꞉r RөD-tass-
Ld sPsars
The Whole Ho-Chu-Ch n
Bright
Red-tssl d sP ars
Gathared,
PeoPl- all breathe Under Rd-t ss-
Led sPaus
And Sing
Int n tion l Fri nd!

報名 史螺

鉛子兒不會轉彎，
砲彈也是向上爆炸，
只要你懂得它們的脾氣，

只要聽指揮員的話。
怕什麼！
我們是人，
難道敵人不是肉長的？
報名，幹了——
不要叫敵人來了，
再等着當那「白鞋隊」！

（邊區文救會詩傳單之二）

在抗戰的路上

史輪

在抗戰的路上
不要回頭——
讓那一張
奴隸皮
在背後臭爛吧！

來吧！

芸

來吧，
朋友！
今天晚上
卸下征衣，
抹上臉油
到台上去！
你看：
東風在笑，
人們在拍手，
這是同胞聚會呵，
加油！

夏收

丹輝

健康的笑，
健康的歌，
從田野裏
播送出來了。
熟透的麥粒
像頑皮的孩子一樣
在戰士手裏
跳躍呵！

勝利的消息

方冰

第二天
一大早，
就傳到了
這勝利的
消息……
緊張的街頭上
老鄉們
興奮地走過，
抓住人就問：
「知道嗎？
昨夜大龍華
敵人
被打死四百幾！」

（歡迎光榮的勝利者詩傳單之五）

你們

方冰

電話的耳機上
說着你們，
街頭的大捷報上
寫着你們，
飛着唾沫的
老鄉的嘴裏
講着你們……
你們——
獨一師的兄弟
大勝利的主人！
——勝利萬歲！
——獨一師萬歲！

（歡迎光榮的勝利者詩傳單之十一）

「保險」

高詠

天亮了，進田先生溷醒來。進田太太正翻了一個身，她的一支手臂，壓在進田先生的肩上。雞在前面庭院里叫，叫的第一聲倒很平常，後來，越叫越兇。進田先生正因爲進田太太手臂上的溫暖而想起的一句非常俏皮的話，也給這該死的鷄叫得從嘴邊上溜掉了！再也想不起來。進田先生是在心里頭罵：

——該死，鬼攥着你的翅膀，這樣兒挨殺樣叫！

罵、不能叫雞的叫聲緩和一點；牠反叫得更兇了。「不妙！」進田先生想。雞的兇叫，就像是鑽進了進田先生的腦子，進田先生額角上那兩條青筋，很兇地暴起來。

進田先生是上海大道市政府里的職員，自從傅筱庵當了上海大道市政府的市長以後，進田先生就開始當了官。進田太太常常愛扁起嘴唇來，誇耀他的丈夫：「傅先生有眼力，不信，他幹嗎提拔我們家的『進田』？」每一次在話兒里加上「進田」這兩個字兒時，她都說得那樣兒輕，那樣兒親切。進田先生呢？他的確有一套本領。「寫的一筆好『柳』字呀！」這是進田先生被人羨慕的特長。誰也知道進田先生憑了這一筆好柳字在上海大道市政府市長辦公室做了書記官。

自從進田先生做了官的那一天起，進田先生就在他每一天所看見的人身上，發現了一些異樣的東西，進田先生的腦子就開始不大舒服了。他的腦子彷彿是時時發漲，有一些不是裝得下的太多的東西在他腦子里攪做一團，分不開理不淸地攪得它發痛。

「珍，鄰人們像都在猜忌我？！」

珍是進田太太的小名兒，這句話兒是進田先生給進田太太講的。而進田太太的回答呢？和一些同事們告訴他的話一樣：「管他呢！」還有一些人解釋進田先生腦子發脹是因爲「神經衰弱」，勸他吃一點「人造自來血」「鹿茸精」之類的補品。

這一天，鷄是這樣子兒的叫着。原來就常常發脹的進田先生的腦子，就像要給那兒的雞叫一寸寸地震斷。他知道這時候是再也睡不下去了，進田太太雪白的手臂也沒心戀棧。一翻身，推開進田太太雪白的手臂坐起來。進田太太並沒有醒，薄被蓋在她下半個身體上，胸露出着，那睡態的確有些令人愛憐。

「各！各！各各各！！」

鷄更兇地叫起來。「他媽的！」進田先生嘰着江北老這樣罵了一句。再也忍耐不住地將太太的睡態放在一邊，披了衣服就走出去。心里還在罵着：「該死的，扳來殺了吃，看你再叫不叫！」

門一開，進田先生生了氣。這股氣並不是落在該死的鷄身上，因爲門縫開處透進進田先生眼中的是一把刺刀，它正刺在進田太太心愛的那隻白雪公鷄身上。紫紅的血斑斑地濺在白羽毛上，襯得動人地鮮紅。

「誰敢殺我家的鷄？」——

進田先生理直氣壯地快步走出去。可是他退回一步來吞下了上面的那句話的語尾，整個兒改換了口吻，鼻尖上還沁出了星星的冷汗，話語中還裝進了一些口吃：

「原來，——原來是小村警衛士，早呀，啊，早呀！」

小村警衛士養着一撮小鬍子，穿黃呢制服，脚上，長統馬靴上着馬刺，老在「鏘鏘」地響。看見進田先生走出來，他轉回了半個身體，小鬍子一動一動地。他沒有講話，先將插在鷄肚子上的槍刺抽出來，鷄「喝」了一聲，頭垂下了，不再叫喚。

「哈哈，馬格雅奴！」

小村警衛士看看不再叫的鷄，勝利地笑笑。再向進田先生露露他滿口的大牙。

「朱，朱進田——先生。」

「哈哈，警衛士。」

「你看，殺鷄殺得好不好？」

「哈哈，啊，好，好——極了！」

小村大聲地笑起來。小鬍子一動一動地。鷄的血，一滴滴地在槍刺上流，最後的一點便在空氣中凝結在槍刺上了。

「抓住了『游擊隊』也要這樣，你說，好不好？」

小村的中國話說得很生硬。進田先生呢，也生硬地笑着。在這里，他補上了一句「好極了」。小村很滿意，看看銹在槍刺上的血跡，小鬍子一動一動地微笑着，預備走。然而，他看見了進田先生的家門，那兩扇在進田先生快步走出來開着的門。

「這是你的家？」

「是，是，沒事了，可以請來坐。」

小鬍子一動一動地，小村警衛士毫無顧忌地拖了槍刺走進去。

這時候，進田太太剛起身，正披了件外衣走出來，雪白的大腿和蓬鬆的頭髮，給小村撞了個滿懷。

「哈哈哈！」

小村大聲地笑着，他那日本海所特有的獸性的笑聲，在進田先生的整個屋子里面蕩動。笑完了，進田太太已經躲進屋子里去。

「她是——？」

「我的內人。」

進田先生還是一臉的笑，不過鼻尖上的汗珠擠在一塊，匯成了一條小溪，往下淌了。小村又一陣大笑之後，才大步兒走了。

臨走，小村生硬地向進田先生說：「朱進田先——生，前幾天游擊隊又在搗亂，今天，聽說你們的，維新政府的外交部長被游擊隊殺了。朱進田先生，你要——注——意一點！」生硬的中國話怪刺進田先生的耳朵。

「進田。」

是進田太太在叫。進田先生走進屋里去。進田太太受了一肚皮的委屈；向進田先生用怪嬌嗔的聲音申訴：

「這醉鬼！怎麼闖到屋子里來了？」

——進田先生呢，他去洗了臉，也洗了鼻尖上的汗珠。「別說他吧，都是鷄叫得不妙。」像這樣，他邊說邊回答。聽見鷄，進田太太急急地跑出門去，進來，她的懷中抱了那個白羽毛被血染成紅羽毛的鷄，又是一肚皮的委屈。

「進田，是誰殺了我的鷄呀？」

「怪鷄叫得不好呀！」

進田先生已經洗完了臉。進田太太抱了鷄很想哭一場，可是她突然想起小村警衛士臨走給進田先生說的「游擊隊」來，不再去爲鷄兒委屈，急急地向進田先生問：「那醉鬼又說什麼游擊隊的？」

「唔」進田先生想。「他說游擊隊又在搗亂，維新政府陳外交部長給打死了！」

「打死了？」

「唔。」

進田太太心里一跳。她的手將死的鷄抱得更緊了一些。「外交部長比不比你大？」

進田先生回答不出，他不知道進田太太問的是指什麼？陳外交部長他沒見過，個子多高，臉子肥瘦他一點兒不知道，所以，他只能瞪着一雙近視眼看看進田太太的嘴角。聰明的進田太太知道了這，她解釋：

「我問的是外交部長什麼子的比你的『官』大嗎？」

「『官』？外交部長大。」然而，進田先生又不忍將自己說的太小了。「唔、大不了許多。」

「那末，」進田太太說：你也要當心呢！」進田先生點點頭，戴上帽子。進田太太一把抓住了他，怪親熱地：「進田，別忙走，告訴我你們的『保險』怎麼了？」

「保險？」進田先生楞了楞。想起來了。「唔，今天祕書長他們要提出討論的，今天，一定可以解決。」

「那樣，你今天一定要『保』一個『險』，他們說游擊隊又兇起來。」進田太太的說話。進田先生聽着，在嘴里「嗯」着，走出門去，進田太太還在門口兒一雙眼睛送着，等進田先生的影子遠得看不見了，她才感覺到懷里抱着的死公鷄的硬度和胸前白衫子給鷄血印上的那片紅色。

「喲！」進田太太叫了一聲，丟了鷄，跑進房里去。

進田先生走進大道市政府，他不由得挺起了胸膛，因爲他在這兒是個官，「官」，自然是要「威風」的。「不威風何謂之官」，這是進田先生每到市政府所必想到的話兒。這一次不能例外，進田先生想着這一句話，高昂着頭走進市政府大門。

出于進田先生的意外，辦公室已有人在。在往日，照例第一個在簽到簿上劃上名字的是朱進田先生自己。今天呢，市長辦公室里，祕書長，第一科長，第二科長……全在。

進田先生恭恭敬敬地走到他自己的坐位上去，先脫下帽子，坐下。再打開桌屜，意思是預備隨即辦公。然而對面那些祕書科長們的談話，先從「咬耳朵」的喁喁而談，接着聲音越來越高，終而像鬧會一樣地高談闊論了。

「你想，陳綠可以被嗣，我們呢？……」

這是祕書長的話，他說得很「感慨系之」地，然而，下面便是一陣沉吟，大家不講話，只壁鐘在達達地響。

「我們應該請求『保障』？」

從達達聲里鑽出這一句話來，先壓下了達達的鐘聲，後來，又給達達的聲音壓下去。因為沒有人幫腔。

半天——

祕書長將這句話從屋角里給抓回來。「二科長的意見很對。不過這個『保障』是指什麼呢？在我個人看來有兩方面，一是多請幾個『保鄉』，一是在經濟上想個善後的辦法。」

果然，這話兒給抓了回來。科長，會計長都對這問題發了言。一致認為在經濟上應該求得一個「保障」。于是祕書長選擇了一個問話的口吻：

「是不是可以在前天提出的『撫郵』案上求得條出路？」他沒有聽別人回答，自個兒又下了個註腳：「可是『撫郵』傳市長不贊成，他說『南京』不給津貼，經費沒有來源。」

大家又沉默了下去。達達的聲音再響起來，像一是在屋子里打轉轉。倒是第一科長發了問：

「你的『保險』的辦法怎樣了？」

這話兒里的一個你字是指祕書長。祕書長笑，笑得非常地得意。大家開始了密談，將坐位靠得很近，祕書長一邊翻那支「派克」在桌面上擺動，一邊「咬」第二科長的耳朵，第一科長又咬會計長的耳朵，第一科長有些不奈，也湊過耳朵來。後來是大家的一場會意的大笑。進田先生半懂半不懂地豎着耳朵聽。

這時候，傅市長走進來。後面，兩個彪形大漢跟着，鼓着他們那並不太的眼睛。辦公室里，大夥兒全站起來表示「敬意」。

市長坐下了，大家才坐下來。進田先生趕緊打開櫃子拿出一大疊公文。而祕書長又趕過來在進田先生手中選了一件，給市長送過去，笑着臉給市長咕嚕了幾句，又拿回來交給進田先生。

空氣里滲入了什麼不自然的分子，壁鐘的達達又響起來，在屋子亂撞似地。進田先生則抽出了三紫七羊毫，開始寫他那一筆漂亮的「柳」字。

第一科長會計長祕書長與第二科長，相互做了幾次鬼臉，在靜靜的空氣里。終于，祕書長再一次走到市長面前去，他對市長的耳朵說了一些什麼，在最末，他用了大一倍的聲音說一句：

「大家的意思都是如此！」

市長，皺皺眉，拿那嬾洋洋的臉兒點點，沒說話，祕書長又回到自己的坐位上來。抽開筆，他沉吟了半響，檢了張紙寫了一會，自己唸唸，删去了一兩個字，又拿到市長面前去。

市長再一次皺皺眉毛，在那張紙上蓋了個長長的怪模樣的「行」字。祕書長拿回來加了一行旁批，就交給進田先生。紙上寫的是「規定各級官員人壽保險辦法」。旁批是「即繕發所屬各局司遵辦」。

人壽保險分等級，大道市政府全部官員完全在保險之列。凡因公致死之官員，一律照規定發給特任官十萬元簡任官五萬元，「委任官」一萬元的保險金。以保險金代替「撫郵」，「以資激勸盡忠職守之官員」。

進田先生一面繕寫，一面欣賞着這一段文字。一邊還盤算着那十萬元五萬元一萬元的數字。彷彿在他的漂亮的「柳」字下，那些數字變成了一張鈔票。委任官一萬元，他不知道自己是不是「一個委任官。「一萬元」，「一萬元」他想着，他筆下一個一個挺拔的「柳」字越法「俊逸」有致了。

一直到下午五點鐘，他還在為「自己是不是一個委任官」的問題納着悶。本來他想去問問祕書長，可是他又有點不好意思。等到他將難為情的這一節丟掉之後，祕書長又走掉了。

終于，他安了心。在五點鐘敲了之後，他收拾好了東西走出市政府，——當然是挺着胸脯走出來的。一個人用一隻手拍拍他的肩頭，回過頭去，那隻手的主人正是第一科的書記王錦生，進田先心一次轉動之後，而那個書記官問了：

「老王，你現在是不是『委任官』？」

「誰說不是的？阿拉的官是委任第十級。」

這回答叫進田先生安了心，因為王錦生和他做的是同樣的「官」。王錦生是「委任官」進田先生當然也是。而且進田先生記得清清楚楚，今天寫的那件公文上的旁批是「即繕發所屬各局司遵辦」。進田先生是大道市政府的一員「所屬」，當然不會例外。

因此進田先生的臉上掛上了安心的笑容。當「委

「任官」，「一萬元」，「保險」，這些用漂亮的「柳」字繕寫的名詞，變成了發光的東西在他腦子里打轉。不知不覺地，他的步子走得更快起來。

快到家了，遠遠看到門口，有點異樣。往日，進田太太這時光老早等在門口了。今天可沒有，連往日在門前徘徊的那隻白公鷄也沒有了。

走到門口，聽見屋子里有人叫。叫的聲音是那樣熟，那樣尖利。進田先生正在想，屋子里叫出一聲悽厲的聲音來，聲音是喊着：

「進田！」

「唔！」

他答應着，快步走進去。然而，他倒下來，兩個穿黃呢制服的人往他身上走過，有一個還回過頭來在臉上裝一個可怖的獰笑。進田先生認識那張臉，正是今天早上在這兒用槍刺殺死白公鷄的警衛士小村。

到他再睜開眼睛來的時候，他是已經躺在床上了。床上白色的被單染有一大片血跡。他覺得他的頭發昏，眼發黑，心發慌。可是，他覺得有一個人在自己的身邊用手扶了他的頭在嬰嬰地哭。哭聲像是進田太太的，那麼親切。

睜開眼，他看見進田太太的臉非常蒼白衣服被撕破了，臉上留有指爪的血痕。

「進田！」

進田太太在哭聲里叫他。他聽得很清楚，進田太太是在向他哭訴着：

「他們——鬼子，糟蹋我！」

太太的哭訴叫他想起了走出市政府回到家里來的那一刻，他想起了那尖銳的叫聲，和那張作着可怕的獰笑的臉。他的眼前又一黑，喉管里湧上來了什麼。一陣腥味衝上他的鼻孔，使他嘔了出來。

雪白的被單上，又加上了一塊新的血跡。

「進田，進田，你怎樣了？」

進田太太絕望地叫起來，雖然她是在用手緊緊地擁抱了他，進田先生的臉却更蒼白下去。當他再一次聽見進田太太問他「怎樣了」的時候，窗外已掛上夜色，他給進田太太的回答是：

「到市政府領錢去我『保』了一萬元的『險』」然而他的聲音是那樣微弱，被窗外夜色掩蓋了。

——在桂林

校完小記

「農歷」也罷，「舊歷」也罷，「廢歷」也罷，「春節」即「過年」依然是一年一度的大事，托福，這一本「七月」也不得不跟着脫期了。現在只希望能夠較快地印出，使他不致脫得太久，使我在前兩期的「排印情形較好」的「海口」完全誇落了空。

×

木刻前輩鐵耕底作品和新（？）作家古元底作品，這能使我們高興的，爲了不使那幅「打場」縮得過小，辜負了作者，所以只好使這「校完小記」從固定的地盤退却到了這里。

×

又是詩。曾經有過兩次用詩打頭，聽說有人批評了，「這些幼稚的詩，連韻都不會押，怎麼放在第一篇呀！」但我想，我們不見得已經到了完全「老練」即「不幼稚」的時期罷。「母親」底作者是一個面生的名字，但他却是一位知名的畫家，曾經用線條哀悼過被犧牲的母性的。他似乎並不懂詩，也不會「押韻」，在批評家看來，當然是「幼稚」的，但我讀了却有點感動。這當然是我底「幼稚」的欣賞力還只能接受透過「幼稚」的作品的原故。

接着是田間等底「街頭詩」。寄來的當有五六十首罷，這九首是挑選出來的。原詩有油印的，有石印的，也有鉛印的，油印和石印的間或附有簡單的揷畫。「街頭詩」，在重慶只有反侵略分會出過「詩歌壁報」，且開了一次街頭詩座談會，可惜我不知道實際情形怎樣。至於在北方，據田間等底來信，似乎很起勁，他得意之餘，甚至在一篇文章裏面提到街頭詩底反對者和懷疑者說「至少有五十萬人要把他們送進街頭詩的反省院去」！至於我底發表這九首，並不是怕進「反省院」，只不過是想報告一下這個運動，給詩人們參考參考。但同時也不禁惴惴，就心馬上會飛來「偏愛」，「隨捧」，以及更利害的罪名。但又想，一不做，二不休，索性附點回答，把楊雲璉先生底信也一併發表罷。楊先生底信是復刊後就寄了來的，因感於楊先生底好意，想附點意見發表。現在的回信，當然還簡略得很，也許依然不免「瞎捧」之點，但幸喜有一位友人約定了最近會寫來較詳細的評論。

×

恰好有兩篇小說都是寫「大道市政府」敵偽統治下的生活的，一併發表出來給讀者看看。

×

「法國文學的革命傳統」，雖然只是一個短篇，但似乎很可以供我們參考，我自己就受了感動。和「瓦爾米」對看，當可得到一點啟示的。

×

校對時，版已排成，「偽警」被割下尾巴掛在另一個地方，雖然不喜歡這樣排法，也無從改動了。

胡風（一月二十日）

偽警

郁　天

一個烏黑的深夜裏，鍾子坤離開了他的隊伍，偷偷摸摸地順着黃浦江的東岸，直向那個大都市的方向狹走。半夜的寂靜與半夜的奔波，使他飢寒交困，天還沒有亮，他就向一座村屋敲門。

「彭！彭彭！」

屋裏的人帶着突然降臨的恐怖，出來開了門。

「噓——」

長長的一聲嘆，那這個主人在門外搜索了一會，連半個影子也找不到，這使他驚慌失措起來，失神地喊了一聲：

「鬼！」

但鍾子坤已經用敏捷的步子，寧願忍着飢餓，從屋後抄到往北的大路上去了。在翌日的清晨，他終于走進了在那接近大都市的一條塘橋鎮上的偽大道市政府警察局的一間派出所的房子裏。

巡長袁金龍，就是他在江南僅有的同鄉中相識的一個。除了昨晚決別的李中隊長之外，可以說再沒有一個人能為這疏落中的他給予救援了。他是一個十分爽直而又粗鹵的傢伙，年紀已經二十多歲了，但還是一貫的孩子氣。看見了袁巡長，他就睜着圓圓的眼珠，鼻孔抽呀抽地雙手擦着滲白的瘦削的臉龐說：

「金龍哥，今朝小娃落得難來，苦飯也得給我吃一口了。」

針對着袁巡長的臉，圓溜溜的眼珠骨碌盯着。

「這樣早，先說，你從什麼地方來呢？你不是住在你哥哥家裏嗎？你的母親呢？」袁巡長睜睜紫紅色的少睡的眼皮，疑惑地問。

「不瞞你，哥哥找不到，媽自被炸死後，我就跟李中隊長的。那知這個鳥中隊長，……我再不幹那總鬼的鳥游擊隊了，李中隊長是一個瘦骨頭的騙片鬼啊！正月初八替他弄到了一包八兩頭的，他還說我揩油，還搗什麼鬼？我就不吃他的氣，早走一天，就好一天。」

「這批傢伙我早知道都是土匪幫，有什麼油水可幹！」

于是，鍾子坤在袁巡長身邊留了下來。

在派出所裏，鍾子坤首先就看中了那個還只十五歲的孩子阿羅，阿羅幾乎終日是做巡長的勤務工。吃完了第二頓飯之後，在廚房門口，他一把抓住了阿羅的肩膀，裝着怪聲說：

「你知道不知道游擊隊？」

「誰不知道。」

阿羅連頭也沒回掙脫了鍾子坤的手走了。但走不到兩步，又被抓住了。鍾子坤把他拉到廚房裏裝着怪難看的神氣說：

「游擊隊是打日本的啊，你怎麼也知道？」

「噓，怎麼知道，這兒也來捉的。」

「開了槍沒有？」

「沒有槍啊！」阿羅不甘示弱地說。

「你逃了？」鍾子坤笑他。

「逃你屁，那裏去逃。」

「媽的，老子做死你，不逃還有命，你放屁！

阿羅被他打了兩下頭煞，不耐煩地擺掙着雙手要走，掙不脫，只得沒奈何地說：

「邱班長掛了綵呢，不相信去看。」

于是，鍾子坤去找邱班長，邱班長很客氣又很莊嚴，他不好意思先問長問短。只得又回頭來找阿羅，阿羅正在給巡長倒茶，袁巡長看他慌張的情狀，開口就問：

「什麼事？」

「阿羅騙我這兒到過游擊隊。」

「不要隨便亂說，你的保結剛替你打了上去，你別再提起那邊的事，只說是一向住在朋友家裏，自願來當警察就完了。」

但鍾子坤還常常找阿羅談游擊隊的事。最後一次，阿羅把他的一句話抓住了：

「你說那一個張大賊啊！」

「張尚義，這一個鳥維持會長就是我幹掉他的。」

「我去告訴袁巡長，取你命！」阿羅掙脫了抓在他肩上的手說。

「怎麼？」

「告訴袁巡長。」

「袁巡長是我父親老交情呢！有什麼關係。」

說。

「日本人就不是你外甥！」阿羅第一次狡猾地

「日本人在爛泥渡，管得到鳥事？」

「天天來查問巡長的，這幾天風頭緊呢！」昨天那個森田不是也來過嗎？你……」

「你敢告訴，我就打你，」鍾子坤捋捋袖口。

晚上，鍾子坤像多了一件心事，身上滿是瘙癢地，儘翻着身，睡在他的床頂頭的，是寡言鮮語的錢祖望，錢祖望年紀也不上三十，眼珠子深深地陷在眼眶裏，是一個文弱的中年人。但鍾子坤就不大合得來，臨睡的時候鍾子坤搭訕着：

「你是四川人？」

「湖南人。」

「河南不是有個朱仙鎭嗎。」

「那是在河南。」

鍾子坤問不下去了，錢祖望也上了床。脚跟頭是那個大家都叫他做老牛的伙伴。他愛在每一個夜晚喝上兩斤酒，蹺起兩腿坐在床上講女人的故事，但今晚已經早睡了，所以鍾子坤在臨睡前就沒有什麼樂趣可找了。他覺得肚子裏有什麼鬼怪在作梗，牀上的稻草颼颼地響動着。最後，他這樣說：

「這怎麼好呢？」

清早，他從床上起來了，急急去找阿羅，阿羅在廚房裏燒洗臉水，他緊緊地拖着阿羅的身子！輕輕地：

「你不告訴，我以後一定不打你。」

阿羅笑了，拉開扁闊的嘴巴。

「你眞的發了張狗瘋嗎？」

「自然眞的！」

在吃中飯的前一刻，鍾子坤被巡長叫了進去。阿羅在門口微微地給他一笑，用手指指，心裏說：

「一定打死你！」

巡長那張長方形的辦公桌上，已經坐上了大道市政府派來的森田指導員，他正翻着案卷，用一支紅筆一言不發地塗着什麼。袁巡長則困坐在靠窗口的一方，兩隻眼珠被紫紅色的眼皮蓋着，揪着。鍾子坤第一次被這種死寂的空氣阻塞了喉嚨。他站到案前，圓溜溜的眼珠先是向森田一瞟，森田沒有抬頭。然後移向袁巡長，再停留到那支正在流動的筆頭上。鍾子坤不會唸過書，自己的名字也只能認而不會寫。他懷了滿腔的驚慌，等待着恐佈的裁判。

「你幾歲啦？」袁巡長目視鍾子坤說。

「二十三歲。」

「讀得書嗎？」

「書是——」

「你自願來投效嗎？」袁巡長很快地補上去說。

「是的。」

于是，袁巡長掉轉頭來向森田說了幾句鍾子坤所聽不懂的話，突然，鍾子坤的視線和森田傲然的目光相交起來。鍾子坤已經忘記了自己是站着立正的姿勢。于是，因爲雙足用力不當的緣故，把他的上身打向傾側了。

「鍾——子——坤？」森田用生硬的聲音說。

「是，鍾子坤。」他吃力地把頭點呀點地回答。

「好！好……」森田轉向了袁巡長，底下的話鍾子坤只能自己肚皮裏瞎猜。

「我再不幹游——」

袁巡長不等他的游字說完，就用粗大的喉嚨打斷了他：

「阿羅！」

阿羅在門口做個「立正」姿勢，隨後熟習地應了聲「是」去了。

鍾子坤沒有回過頭去，他先向屋頂的天花板作一次無目的的巡視。然後注視到把這間屋子隔成兩半的那片板壁上，在作爲巡長臥室的門口，有兩條標語：

「四海皆兄弟，

東亞稱樂土。」

但鍾子坤不懂得這些，只看見紙角有一個陰陽各半的太極圖。他在那個圖中央的圓點上把眼睛釘住，邱班長的「擦的」一個立正，把他的眼珠嚇了回來。

「還是志願投順皇軍的鍾子坤同志，指導員說編入你班裏，帶去！」

邱班長還是那副莊嚴的面相，沒有第二句話，只把舌尖彈出了個毫無疑義的聲音：

「是！」

「馬上整隊，聽指導員訓話。」

「是！」

「——……——」

二長一短的哨音，把鑽在廚房裏灶後取暖的，在屋簷前縮着頭候太陽的，鞋子也沒有穿好的都集攏了。在鍾子坤肩下的，就是老牛，他慢吞吞地把兩條粗矮的腿子重重地拖過來，嘴裏像喉頭梗了石子似地咕咕地嚷嚷着。靠右手，是符號上寫姚根林的阿林；阿林的頭很小，長頸子，瘦得只剩一副皮包骨。很快地最早站好了。因爲他不大會說話，幾乎常常要在老牛甚至阿羅面前受辱的。

「森田是他舅舅。」老牛頑皮地說。

「你的舅舅？」

「拍！」老牛伸手打在阿林的屁股上，阿林向前傾了一步，他那老太婆嘴顫動着。

老牛向他獰笑。

鍾子坤沒有興致去參加吵鬧，心裏悶悶地想：要什麼日本人來訓話呢！一定是倒楣的事。」

「來了！」不知那一個驚人地一聲叫 就靜寂了，像偷油的鼴鼠碰到了一頭貓。于是一條短小單薄的像狗尾巴一樣的隊伍開始用全力來注視那個辦公室過來的甬道。

森田穿着黃呢的軍裝，像老牛那樣的一個矮胖子。在他的滿是黑茸茸的鬚根看來，顯然年記已經不小，可人的眼珠陷在臃腫的眼皮裏發着銳光。

「立正！」

大概森田指導員的笑容已經帶回到他那遙遙的遠在海的那一邊的老家去了，他只用沉着的脚步，帶着袁巡長踏上了正中的位置，訓話就開始了。

袁巡長的翻話程度，顯然並不高明，他一句話一句地說：

「森田指導員說，要東亞和平，只有「效忠」皇軍，掃蕩「叢軍」，剿平土匪……」

袁巡長在翻話的時候，森田就合起了嘴巴，眼珠豎上了眉間。

初春的陽光漸漸從東側的屋角透過來，屋面上閃出星星的光亮 脚下就感到格外的陰深與寒冷。偶然有一陣汽車的鳴叫，大家的心里，就浮起一個風掃塵埃在浦東大道上疾捲的景象。在那遼遠的田野裏，顯然今天的太陽已經帶來了又一天的不平靜。駐着皇軍的村落，已經開始騷動了，女人們已經丟下了昨晚織着的針線而鑽向收場的隙地去了。小商人呢？已經又走上了那條森嚴的大道。于是，傳來了一片混濁的聲音。

大家把站穩的身子裏的心腸搬到了另一個地方。

指導員告訴了大家，四海之內皆兄弟，應該大家相親相愛，……」

袁巡長提高了那鷄叫一樣的沙沙的聲音，跟着森田說着。

二個鐘點的訓話，給予了大家兩條麻木的腿子。

解散之後，在廁所旁邊，一個禿髮的傢伙說：

「四海皆兄弟，四海皆兄弟……吊他媽！」

大家作一陣輕輕的哄笑。

「我就再不吃日本人的氣，」雖然鍾子坤這樣，但終于以異樣的心情去上差。

派出所的門外，就是一條狹得連兩條牛也擦不過的小街。因爲八一三後的三個月中。把塞在弄口的房屋，糞架，已經給炸彈削平，街道就像溪流淌出了江口一樣，向南望去一眼就可以看到翻着混濁的波浪的黃浦江了。沿着這條街，踏着不會爲主人收拾清楚的瓦礫，向北走去，距此十丈路的地方，浦東大道就橫躺在那裏。自從黃浦江的航行被日本的槍尖割斷，所有浦東的小商人，就天天在這條路上行走。他們從家鄉帶出便於攜藏的法幣，又從渡浦的唯一的爛泥渡碼頭，在槍尖下，納最高的苛稅，帶回鄉裏需要的東西。田野的綠叢已經偷偷地爬上小河邊的柳梢頭了，但走路的人還是縮着頭子，那種匆促的零亂的步子後面，像叮着什麼猛獸。他們不回頭，也沒有話，太陽雖然撐在當天頂，把新柳底下的河床裏的薄冰晒得吱吱唧唧地，像小蛇般蜿蜒地流動了，但槍尖上晃亮的恐怖，仍舊成了黑暗的存在。

「脫下帽子，脫下來，帽子！」

商人們急急擠回他們蠻在雙肩上扶着自已物品的手，脫下了帽子，垂着幾乎無發可以放射的眼光，趨向路的邊沿，讓一隊日本的仇人，躝開自已遠一點走過。

「切齒！」

鍾子坤的敬禮，神情表得十分沉着，他那圓溜溜的眼珠，動也不動地盯着那些陌生的面孔。

順着頭盔的移動，他的手也移動着。

路上的死寂，跟着「鐵托鐵托」的遠去，而給路上轉來了一絲暖意。

鍾子坤順手接了另一隻手裏送上來的發票。發票上是紅黑攙雜的歪斜的筆跡，鍾子坤自己明白怨有可能從這種筆跡裏找出什麼東西來的。他看一看那個瘦削的商人的臉孔說：

「多少？」

「廿二條，老刀牌，都是老刀牌。」

鍾子坤在商人背上的包裹上捺了一把，去接了後面一隻手送過來的鈔票。

公共汽車拖着飛揚的灰塵向東掃過，鍾子坤重重地閉一下眼皮。

在日本憲兵巡查過之後，鍾子坤，他抬頭瞧一下老牛，老牛把一個白色的包裹打落在地上搜查。那個白色包裹的主人嘰哩咕嚕地不知說了什麼話。老牛的蒼紅的臉上，顯然有一點怨氣了。他狠狠地：

「快打開！」

「大家都是中國人，老兄，有啥難頭，好來，好來嘍……」

鍾子坤低下頭，丟開手裏的鈔票，無力地說：

「走吧！」

浦東是一個富饒的田莊，幾乎是可以不用向上海去採辦什麼東西已是够生活的。但香烟，煤油。鐵的證够賺錢，還是成爲小商人在這條路上絡繹奔走的原因。雖須被尖刀山的碼頭抽去重稅，或者在半路上遇着强盜奪去全部所有，但經過九重難關擋到了家，再從第三人手裏賺了更多的法幣時，是多麼快意啊。

太陽從龍華塔的尖端伸向炸火中的西線的綠叢中去的時候，黃浦江上的砲口邊的燃光晃出了東方大都市的慘淡的暮色，吹風捲起了公路上人們踏來的一天灰塵，電線木上傳出了顫踈的嘶叫。

「晚間說不定有游擊隊來呢！」

走進了那條小街，鍾子坤輕輕地向老牛說。

「你眞是，那天游擊隊拿去了張何義的頭我也不怕，有什麼值得大驚小怪的，我是什麼都……」

老牛是一個快上四十歲的人，除了常常聽聽他講講玩女人的故事以外，幾乎不可能建立起較濃厚的交情。將近派出所的門口時，鍾子坤表示不服氣的說。

「但是，你知道張何義的頭是誰把他拿去的呢？」

「你知道，你去領功」

阿羅走過來了，老牛輕輕地說：

「阿羅來」！

「幹嗎」。

「替我來好了。」

阿羅走了過來，在腰裏闊大的蔴帶中間，老牛搯出了三個銅板。

「去替我買三個銅板油煎豆，快點來！」

阿羅一跳飛也似跑出去了。

老牛就懶懶地到自己的床頭裏，找出了酒瓶，又開了他一天的安閒生涯。

門口鍾子坤奇異地聽到邱班長在對阿羅說這樣的話：

「你再不用心看些書，像叔叔這樣就無藥可救了。」

鍾子坤候着邱班長去遠，急急地趕上去對阿羅說：

「邱班長是你叔叔？你在讀書嗎？」

「是的」

「讀些什麼書呢？」

阿羅紅着臉，翻出那本被蛀虫咬的滿是花紋的封面說：

「你看好了，是論語呀！」

「論語——房子到會造，論語却不懂。」

「你讀過書嗎？」

「讀它媽的屁，我前生世讀得一筆通天哩：」

阿羅大笑了一陣。

阿羅差不多把所有空的時間織化在廚房間裏。鍾子坤聽厭了老牛的故事，就常常鑽到廚房裏來。

廚房裏，在灶房背後的火光中，阿羅靜聽着錢羅望講什麼話。

「讓我也來湊脚吧！」

鍾子坤也坐了進去，火在灶肚裏融融地燃燒着，放出猛烈的乾燥的熱氣。

「這兒好，還是游擊隊好呢？」

錢福望笑嘻嘻的輕聲問。

「一樣的，」鍾子坤頓一頓。「這裏吃日本鬼的氣，游擊隊吃烏隊長的氣。」

阿羅擠在兩人的中間坐了。他送了兩根柴進灶肚去。

「烏隊長怕日本人嗎？」

「那裏，常常是我們殺了日本人的，那有什麼好怕！」

「你看，森田指導員這個人怎樣？」

「一定是壞蛋。」

正談得起勁的時候，阿羅忽然被邱班長叫了去。

「做什麼呢？」鍾子坤等阿羅出來後，輕輕地說。

「沒有什麼。」

但是一會兒阿羅跑到不知那兒去了。

鍾子坤上差，總是比別人要早準備三分鐘的，他收一把皮帶高聲地說：

「老牛，上差了！」

老牛，正好懶懶地躺在床上，叫聲是聽到了，但還是像一頭老母豬剛從泥潭裏爬起來似地。

「你這傢伙，爲什麼總是叫，要死要活地叫！」

「鐘點到了啊！」

「你們遊擊隊裏出來的都是土匪幫！」

「你媽的，隊長土匪，隊士也土匪不成，像許許多多的種田人比咱這樣的人還要老實呢！」

「那末你爲什麼要……」

正好當面走來兩個日本兵，于是他們讓到了街的邊沿上。

浦東大道上只有公共汽車促追的呼喘，今天的稀疏的行人，把開闊的大道格外造成冷淡。

剎剎剎……………

一輛馬托卡馳過。

「遊擊隊會打到那橋來呢。」鍾子坤乘機報復地說。

「風聲是三日兩頭有的。有啥怕？」

傍晚，老牛講完了故事，笑嘻嘻地出來找鍾子坤，兩人似乎又融洽起來了。

「什麼事呀，老牛。」鍾子坤表示高興地叫。

老牛伏在他的肩上，耳語般說：

「我今晚，我同你去一個好地方。」

「什麼好地方呢？」

「花姑娘家。」

「我不去。」鍾子坤撳開了伏在肩上的臂膀。

夜裏，黑霧茫茫的時候，鍾子坤起來到屋後毛廁去小便，突然一個黑影抓住了他。

「誰呀？」

「老子！」

「媽的，半夜三更那兒去來？」

老牛嘻嘻地笑了。

「够味嗎？老鬼，老勿死。」

「叫你去你不去，你這個傢伙，她是挺挺有名的豆腐西施呢！她的丈夫在這條街裏開過豆腐店，現在她是活寡孀哩。你真是……………」

第二天的一清早，鍾子坤就起來了，他興冲冲地跑到巡長室。袁巡長還沒起來，房門緊閉着。對門口，賣香烟的小販還沒有來，清晨的寒冷裏，沒來叫喊，街道還在睡着覺。

退回來，到廚房裏，他碰着錢祖望端了臉水出來。錢祖望是不大高興講話的，在他看來，簡直是一位可怕的傢伙。但今天，他一把抓住他，輕輕地說：

「老牛嫖女人呢！」

「什麼？」

「是昨晚哪，半夜裏出後門去嫖女人，你想想！」

「眞混蛋！這老鬼。」

錢祖望回寢室後，他就匆匆走到袁巡長面前，瞪着圓溜溜的眼珠：

「老牛昨晚出去嫖女人！我看見。」

袁巡長正在聽電話，只是對他斜瞥一下就眨起眼珠仰着頭說：

「噢——是，是。」

袁巡長放下電話筒輕輕地對着鍾子坤：

「知道了。」

即刻，邱班長被袁巡長叫去。

鍾子坤得意地在院子裏踱着，一會兒對老牛笑了，一面又到廚房間裏找阿羅：

「你昨天傍晚到了什麼地方去呢？」

阿羅在灶後撲滅灶肚裏的殘火，不給他回答。

「不告訴我。好，請你吃吃我的苦頭，不相信，只要看看老牛好了。」

「什麼事呀？」

「你說不說呢？」

阿羅呆了一會，輕輕地說：

「送一封信。」

「什麼信呢？」

「那我就不知道。」

「好，今天就饒了你吧！」

鍾子坤笑着，跳着，得意地跑來跑去，從院子裏出來的時候，邱班長從巡長室跑出來了。

「囉——囉囉！」

鍾子坤很討厭這個一長兩短的哨音，有什麼太事未辦，很早就先吃起飯來，他用很遲緩的步子。一面走向坐位，一面用雙目偷偷地注視着邱班長的臉上，有着一股緊張的莊嚴的紫紅色，他的雙手反擊在背後，跟着大家走了過來。在沒有開動之前，邱班長的北方口音響了：

「各位同志注意，據報告，小股土匪潛伏在六里橋一帶，本所隊士，奉令協同皇軍前去圍剿，飯後五分鐘內，開拔！」

鍾子坤把頭向上，像澆了一勺冷水。

在路上，大家沒有聲響，森田指導員騎着脚踏車追來了。

袁巡長躥前兩步，提高嗓子叫；

「跑步」

在浦東大道的一條支線上，他們打了灣，燒焦了人民心腸的火燄，從六里橋這個小小的市街空沖起來了。黑烟捲着向街的西南方，和着濃霧成了一片。四下沒有人影，槍聲疏疏落落地簡直像與冷寂的天空開玩笑。村犬，被逐在田野裏，瘋狂似地發跳着，亂叫着，把冷寂的空氣叫成了像臨死前一刻的那樣緊張。

鍾子坤被派在老牛一起，檢查那個鎮後的屋子。

開頭是鍾子坤把鼻尖向老牛抽了兩抽，老牛像不曾看見，儘拖着鍾子坤：

「快點！」

鍾子坤被老牛拉到了那間低矮的小屋裏。

「幹什麼呢？」

「咦，你要幹什麼呢？，日本人在嫖花姑娘，我們來睡一會吧；你真是——」

老牛笑了，笑後格格有聲地躺到擱板上去了。

鍾子坤站在草屋門口，偷偷地窺探剛才的來路，袁巡長帶着隊伍上東邊的村子去了。村子裏寂靜地像一片夜間的墳場，連村犬也沒有一條。鍾子坤用燥急的心情等待看新的變化。

「拍，拍——」

在不遠的地方，傳來了兩聲槍聲。

「去看一看吧？」

老牛沒於回答。

街市的火焰已經移向西南角去了。噼噼拍拍的爆炸聲，羼雜在窒人的濃烟裏。但朦朧的太陽從綿密的早霧裏伸出來了。

在一間半開半掩的門縫裏，鍾子坤聽到了有微弱的呻吟聲。

「有人」

他推了進去，在第二進房子的背後，他找到了一個捲得像豬玀一樣的老婦人，是一個瞎了眼睛斷掉腿的，鍾子坤撥出了所有的學得的上海話，還是纏不清，最後鍾子坤用粗暴的聲音說；

「倒底有人沒有人。」

老婦人還是裝作不響。

屋子裏所有的門窗都張開着，鍾子坤鑽來鑽去搜索。屋後欄裏有兩頭母豬睡着覺，咕咕地發出厭人的鼾聲。猪欄的背後，就是稀疏的竹林。穿過竹林，鍾子坤聽到一些瑣碎的人聲。他順着這聲音的方向過去，有一間破敗的草屋，屋頂的稻草巳經焦黑了，柱子無力地向一邊倒過去。

「就是這裏」。

鍾子坤不自覺的說的，一手推開了門，門裏突然跳出三條莊稼漢，把鍾子坤抓住。

哭泣的，驚惶的女人，小孩子，破敗的草屋被攪翻似地湧出來了，逃了，鍾子坤沒有法子掙脫了，他申辯地說：

「我不是東洋人呀！」

「打死他，打」！

鍾子坤遭受了一次從未有過的重創。

莊稼漢逃跳了。

鍾子坤從地上爬起，跨了兩步，扑地跌倒了。前面那條河上的小木橋被抽去了。他覺得頭裏有些昏迷，身子重重的失了氣力，頹喪地，他望着莊稼漢，幾乎要哭起來了。

「老牛，媽的格屁」！

他回轉身來咬緊牙關喝了一聲。

老牛正熟睡在那矮屋的擱板上，撐一把眼睛，他看看鍾子坤那種狠狠的神情，笑起來了。

「叫你別去，你要去，又吃了東洋火腿回來，哈哈！」

「是老百姓呢！你老勿死睡死你！」

「你自巳找來的。干我什麼事？」

「拍！」

「拍！」

從兩下巴掌開始，鍾子坤和老牛，就變成了無怨的仇敵。

太陽上山的時候，游擊隊已經沒有蹤跡。六里橋燒去了半條街，殺了十來個逃得遲緩或再沒法逃避的百姓，擄去了二十多個花姑娘，回剿的任務終于完畢。邱班長說：

「沒有槍支，我們却活着回來，眞是交運的事呢！」

剛好，這句話，袁巡長聽見了，他便皺起眉頭跑進辦公室去。

來撫慰鍾子坤的創傷的，本來就只有阿羅一個人，但錢祖望今天也表示特別愛護似地：

「告訴我痛在腰裏嗎？「

「媽的，一支手槍，只要有一支手槍……」

「幹媽呀？」

「敢老牛的命。」

鍾子坤被錢祖望拉到廚房裏，輕輕地說：

「誰要你去上這種當的呢…老牛這壞蛋。還死猪，你怕老牛是沒有用的。」

錢祖望把按在他肩頭的手放下，兩人在灶後坐了下來，抱不平地補上一句：

「都是森田指導員搗的鬼，我們都是受苦的人。」

阿羅端着盤子走進來了。

「來，阿羅！」

「我們就是兄弟了吧！我們最好不做倒楣的事，常常在一起」。

鍾子坤開始感到錢祖望的友愛，他興奮地說：

「我們是用不着老牛的，無論如何，我們不要他。」

不平靜的日子在黃浦江畔隨着春潮滋長着，派出所寡的消息被巡長或者被它的上級一手蔭蔽着，白天裏的餘暇，那迷人的陽光曬着懶懶的身子，人們把老牛囚在屋簷下，讓趣味的故事忘掉了一切。

忽然老牛跳起來似地伸出手來高喊：

「褲子脫下來，褲子！」

大家跟着老牛的指頭嘴唇拉開來了，盡情地看着。

「但是，那老太婆不肯脫褲子，還怕老臉皮哩！」

一兩個買辦的傢伙呢，凍得要死，出了屁股守在屋角邊，一動也不敢動。

「皇軍在老太婆的腿上就是一刀，老太婆就啊喲喲！大叫起來，再後皇軍叫兩個買辦的傢伙脫去了老太婆的褲子。」

「這兩個死人呀死人，脫了褲子還不敢弄，退回去了，要命不要命。」

回着的人都哄笑着，眼珠密切地望視着老牛的發燒的面孔。

「但是，被皇軍拉了一個上去。那個傢伙不來，皇軍用槍尖試試。買辦的傢伙後來也都和老太婆一樣受死。」

「爲什麼呢？」阿林呆起臉來問。

「因爲你這個傢伙硬不起呀！」

老牛在那個發問者的頭上打了一掌，拔起腿來跑了。

鍾子坤交班回來，看見老牛正在被阿林追去，心裏才稍稍現了一絲高興。他問阿羅：

「爲什麼事。」

「開玩笑。」

有的時候，鍾子坤就在孤獨的寂聊中想念地死去的母親。

太陽被屋簷遮蔽了的時候，院子裏襲來了一陣陰涼的風，夜就跟着屋的陰影從曠場野空爬進來了。趣味的故事，已經被最後一次大笑結束，大家鬧着手掌，縮縮頸子，用沉默來回味着那種不可試驗的憧憬。

派出所裏的時間，幾乎只有日本指導員來的時候，或是上差的時候可能正常，其餘，很早，只要一點燈，人們就偷偷上床去了。歡喜談話的時候呢，不厭夜長，只厭燈短。有的時候袁巡長來駡一聲：

「還不要睡嗎？」

于是呼地把燈火吹熄，靜靜地掩在被窩裏笑。

鍾子坤在床頭邊伸一伸手說：

「話該：」

但是他發現少了一個錢祖望。

鍾子坤翻了兩下身，然後輕輕地爬了起來。

烏黑的夜，已經掩蓋了幽明的上弦月。已經掩蓋了落漠的野空。遠遠地傳來一聲聲村犬的驚叫，夜幕被輕輕地激盪着，狹小的街上沒有燈光，夜，無忌憚也鑽進了每一個角落。

在後邊的烏黑的廚房裏，鍾子坤碰着阿羅。

「啊——你，」阿羅慌張地說。

「幹嗎呀？這樣晚！」

「唔——你！」

「你幹嗎呀？」

背後一個輕輕的聲音說：

「鍾子坤，來：」

鍾子坤發現了裏邊還有錢祖望，就把阿羅鬆了一把。

「不要聲張，他是爲我們去送信的。」錢祖望候在他的耳邊說。

「什麼信呀？」

「叫你不要聲張。進去，我來告訴你，」

鍾子坤被拉到了灶後，原來還有邱班長在。錢祖望放低喉嚨對他說：「我已經告訴過你，這裏都是受難的人，都是敵人刀尖下的順民，現在我們要翻身了：」

「我告訴你，我殺了張尙義呢」

「阿羅已經告訴我過了，這是你的光榮！阿羅說你還敢去殺森田指導員哩，是的！什麼鬼計都是他在攪。」

「敢，當然敢，他這鬼住在那兒？」

「嗯……阿羅就是去打聽消息啦！」邱班長湊上去說。

「那好、」

半夜裏鍾子坤提着森田的頭跑步擲在李中隊長的脚旁，李中隊長一驚，提起他那支背慣了的二十發木殼，來追趕他。他摒住呼吸，用出全身精力奔逃。但幾乎永遠在很近的嚴重威脅的距離之中，最後兩隻脚絆住了，他一聲狂叫，從驚惶，失措中跳醒了，他的身上是一身淋淋的冷汗。

也正在這時候，阿羅帶來了一個祕密的消息。

鍾子坤第二天清早，把這夢去告訴了錢祖望。

「森田畢竟是殺了的。」錢祖望肯定地說。

「殺了的。」鍾子坤微微地笑了。

早飯席上，阿羅的手儘是抖着，突然，他的飯碗掉在地上了，成了碎片。

「倒楣，飯碗也打破了，」老牛不快不慢地幽然地說。引得大家都笑了。

阿羅的臉孔燃燒着，紅得像豬肺，熱汗幾乎在他的髮裏滾沸，發出一陣陣的蒸氣。他的烏黑的眼珠，活像蟋蟀似地領受着衆目的監視。

鍾子坤扳起臉孔。

「賠就賠好啦，去拿一隻。」

于是，大家又開始了咀嚼。

放下飯碗，錢祖望馬上走進了廚房，拍着阿羅的肩膀：

「爲什麼這樣鹵莽，小孩子，」

錢祖望顯然有了比別的日子不同的心情，他沒有好好地在廚房裏坐一會，他終日忙着什麼似地。

「什麼事？說，說給我聽；」當錢祖望在厠所邊同阿林密談時，鍾子坤衝了過來，嘻着嘴大聲地說：

「沒有事，有什麼事。」

但是繼着，鍾子坤將去上差的當兒，他又和另一個肩並着肩地邊走邊談着什麼。

浦東大道上依然走着縮緊頭的小商人，檢夼的工作是够麻煩的，望一望斜在西方的太陽，低下頭來又皺了一方那種無力的納悶的步子。他用十分燥急的心情測度着錢祖望的行動，他想現在已經是兄弟了，應該是絲毫沒有可以隱瞞的地方了。隱瞞嗎？大概不會吧。但爲什麼和人家說了就不對他說呢……疑問，燃起了他的焦慮。

「呼——」

一陣風吹過，一輛流線型的汽車在眼前接過裏邊載着兩個男人和一個女人，因爲開得快，就只能看見那個女人一身鮮豔的瑰色和一蓬蓬的捲髮。

「妖精，皇軍在等着你：」

老牛嘻着臉說。

鍾子坤伸一伸頸子，一隻手已經熟悉地伸了過來。于是，他把要說的吞進了肚裏，拿起發票，繼續地檢査。

下一班上差者好像來得遲了些，天已經黑得把所有的東西都吞沒了，黃浦江上的燈光，顯得很無力地在那裏搖晃着。在那遼遠的方向，傳來了一陣悸動的聲響，和着晚潮，混成一片。大道上的夜晚是茫茫的。

終于跑來了阿羅。

「阿羅」，一看見他，鍾子坤就耐不住地叫喚起來了。

「阿羅沒有聲響，他用不正常的忙亂步子走近老牛跟前，輕輕地說了一句。

「什麼事啊：」鍾子坤不耐煩地問，「兄弟兄弟，你們倒反而避起我來了。」他想。

「別嚷，來：」

三人就走在狹狹的一線上，阿羅的喉嚨放得很低：

「今晚，浦東游擊隊總攻大道市政府……」

「什麼？」鍾子坤噪急地拉拉阿羅的手臂：「說響一點」：

「袁巡長已經被我們……邱班長……」

（以下接第71號半頁）

法國文學的革命傳統

J•卡梭

那最初形成作家的社會力的觀念，革命作家的觀念的人恐怕要算是拉•布呂耶（La Bruyere）（註一）了。這位作家曾經覺悟到他能够憑藉文字去說明現實，揭露暗藏的事物、喚起人們的良心，并引導他們走向反抗的這一事實。例如他那簡單的一頁原稿，那現在已經著名的關於描寫人們在田野間常常遇見的『奇怪動物』的一頁，就造成過這種奇蹟。而在目前，無論什麼時候，只要作家或藝術家一着眼到現實，一着眼到那被掩飾着的可怕的現實形態，他就完成一樁革命行動了。在浪漫主義時期，曾有某些畫家們離開了巴黎的美術館，學院的以及畫室的成就，而隱避到豐丹尼不洛（Fontainebleau）的森林裏去，回到那自然與單調所組成的現實去。但是，當這些人們之中的一位，耶安弗郎古阿•米萊（Jean-Francois Millet），又把人物安排到風景畫裏去的時候，他們的作品就化爲行動了。那是什麼樣的人物呢？是『拉•布呂耶筆下的誠重的畜牲。那屈伏於土地上的動物』。這就是經波特萊爾所描寫，而在米萊的畫裏再度發現的拉•布呂耶底辛辣的控訴。

回到自然的行徑，要研究人的社會狀況并暴露它的不幸與恐怖的願望，要說出那對於人應該是『自然的』的事物，以及人和世界的正常和諧的關係底願望，而當這些關係在一個秩序不良的社會裏出現的時候，要想批評它的現存狀態的願望，所有這一切因素，都顯現在文化史的某些特定階段上，而在每一階段上總包含着有一種革命精神的存在。盧梭的自然主義在法國大革命時發展到了極致，巴比兪派（Barbizon）的自然主義在米萊和古柏（Courbet）的社會主義達到了頂點。而福洛貝爾的自然主義則在左拉的社會與革命的史詩裏登峯造極。無論誰，只要提到自然這名字，他就宣告了一種異端，發表了一種批評并且聲言着反抗了。整個法國革命是在自然的口號之下成功的；而整個十九世紀的浪漫主義運動也是浸潤着這個無敵的觀念的强烈氣味。

自然的發現伴隨着人民的發現而來。拉•布呂耶在鄉間親眼看見那命怪的畜牲，那屈伏一世的動物的出現。法國革命也證實了這種新的動物在歷史上的登台。在戰爭與和約的周圍，在朝代的編年史和王子大臣們的悲歎離合上，都可以找出人民的存在以及他們的情感與慾望來。從現在起，人民在世界的大舞臺上扮演着重要的職務了。而文學也尊他們爲英雄。這便是浪漫主義底十九世紀的偉大成就。米席勒（Miche Let）與居央納（Quinet）在他們的歷史研究中，把人民當作主要的因素。喬治•桑（Geong. Sand）則選擇了人民作爲她的小說的主角。史詩的天才，維克多•雨果（Victor Hugo）刻畫了人民和羣衆的集體的精神，把人類看成一個統一在集體實踐中的整體。人民和羣衆成爲他所作的神話當中的英雄。而他的最後一部作品，他的遺產之一，便是小說『九十三人』（Ninety three）。這部小說成爲人們常常需要回頭探索的泉源，當他一旦感覺這個事實，即感覺到人民竟變爲能够意識到他們本身的力量，並且能在爲要達到說出他們的意志和建立他的政體的目的的歷史上出現，而深爲驚奇的時候。

雨果的神話和敍事詩是根據了這樣的原則的，即人民便是正義，是最高的現實，是自然，是神。在這位權威的先知者所列舉的形而上學的詞句背後，其實已顯露出人民已經意識到自身之存在的歷史證據。這也就說明了雨果的那種互相對照的思想系統，他是常常因此受到指摘的，這種系統由於它似乎太過簡單但同時又太過肯定，因而便成爲人們訕笑的目標了。但是雨果的這類對照思想，却具有着深刻的現實意義。雨果，這個詩人和預言家、史詩和神話的天才，已經發現了人民的『顯示』和『革命』，他們的歷史實踐和他們要求表現的意志。

在這一種意志之前，他同時發現了另一種相反的意志，對抗和敵視，操句話說，就是那些被十八世紀的革命家們，百科全書派們，服爾泰，狄德羅，盧梭們所指斥爲專制主義和神權迷信的暴君，僧侶，及其御用的傀儡和劊子手之類，所有兩果的思想都是建築在這同樣的對照性上面的。他這種稀有的史詩天才便驅遣着他那反宗教狂，反罪惡，反霸道，反帝王和僧侶，反『霧月』（註二）和『十二月』（註三），反托居馬達（註四）的暴風雨的言辭。

反革命的批評理論曾經非笑過這種文學。當然不容否認，這種文學在固執和粗俗的反僧侶的商人小資產階級中的成就往往是以喜劇的姿態出現的，這種姿態曾在M．荷麥斯（註五）的性格裏得到具現。帶着多疑和貴族的面具的另一部分小資產階級，也以追隨這類的學說爲時髦。其實這些學說的本身，不管怎樣，却包含着一種堅定的革命的現實意義。他們乃是下列事實的深刻表現——即生息於大城市附近的法國人民，儼然於他們的生存狀態，遂奮起攻擊巴士底監獄與退雷利亞宮（註六），并給羅伯斯比爾以權力，而且被『熱月』（註七）擊潰了以後，當浪漫主義的十九世紀各個革命危機的時際又重現於一八三〇年三月的遍佈障礙物的街頭（註八）。

這種事實，這種現象，這種透露和顯現，在文學和藝術上是不能不留下他們的痕跡的。而在這個意義上說來，所有十九世紀的深邃的思想都是淵源於法國大革命。從此以後，在我們的文學和藝術上，也就顯現着永恆的浪漫主義，那延續着巨大的社會變革的動人心魄而嚴肅的浪漫主義了。現在法國革命又浮上了我們同時代人的心頭，它的光榮傳統是在繼續存在着的。

註一：拉．布呂耶（Jean de La Bruyere），十九世紀法國作家（1639—1693）。他在名著『角色們』一書中勇敢地抨擊着封建制度之下的農民的貧乏，和困痛以及貴族寄生者的奢侈生活，在他們看來，農民不過是『一種可怕的載重的畜牲』。

註二：霧月十八日（即一七九九年十一月九日），拿破崙推翻督政府，尊自己爲首席執政。按霧月原文爲 Brumaire，是一七九三年末所擬定的共和國新歷法月份之一。十二個月分都依時序命名，用以代替耶蘇紀元的舊歷。

註三：一八五一年十二月二日，路易拿破崙效法他伯父拿破崙第一的做法，突然發動政變，解散議會，引起激烈的羣衆示威運動，大文豪雨果便是鼓動反抗最力的一個。

註四：Tomas de Torquemada（1420—98）西班牙僧，最初的宗教裁判所長。

註五：藥劑師荷麥斯（M．Homais）是福洛貝爾名著『波華荔夫人』一書裏的人物之一。

註六：巴士的（Bastille）是當時法國有名的政治犯監獄，一七八九年九月十四日，巴黎市民武裝起義，反抗國王路易十六的壓迫，保衛立憲會議，攻破巴士的，控制了巴黎軍事上的險要據點。是爲法國大革命之始。革命勝利後，路易十六爲武裝羣衆所脅迫，離開反革命陰謀中心的凡爾賽宮，移住巴黎退雪利耶宮（Tuileries），事實上成爲國民的俘虜。

註七：一七九四年七月，法國革命後，雅各賓黨的中派領袖羅伯斯比爾專政，因施行恐怖政策，爲國民大會裏的各反對黨派聯合打倒，并在熱月（Thermidor—即新七月）十日被捕殺，小資產階級專政即告結束，各聯合亦隨即分裂，其中資產階級組織了一個熱月黨，把持國民大會及政府機關，加緊對革命民衆的壓迫。

註八：一八三〇年七月革命，反對國王查理第十的極端反動政策，羣衆武裝起義，結果打倒了波滂王朝。後路易．腓力比爲國王，至一八四八年二月革命止，史稱「七月王朝」（一八四八年二月至一八五一年十二月爲法蘭西第二共和國）。在這個時期，法國資本主義有極大發展。二月革命雖成功，但又因政府壓迫工人，所以工人階級發動「六月革命」，因孤立失敗。一八七〇年，拿破崙第三，發動對普戰爭，大敗，九月四日遂引起革命，推翻帝制。後巴黎被圍，政府謀妥協，與普國訂立屈辱和平條約，因而引起一八七一年三月的「巴黎公社」革命，在歷史上首次建立了無產者政權。僅存在了七十二天便被覆滅。

張元松譯

後記：本文譯自國際文學一九三九年七月號，原作者 Jean Cassou 係法國作家與批評家，研究西班牙文化史的權威，前人民陣線的領袖之一，歐羅巴雜誌主編。

瓦爾米

——法國大革命史的一頁

羅曼羅蘭

歷史不是軼事奇聞的蒐集，它是人類的體驗的總結算。關於這個體驗的正確的認識，不僅是照耀過去，而且是啟發現在和指導我們的將來的。

法蘭西大革命時代的法國的歷史和今日的法國、俄國、西班牙的歷史，有許多的類似，共通點。讓它來教育激勵我們罷。

那個大革命的爆發，引起了舉世的反響。它使別國的人民也熱烈鼓動，把王侯將相們都推到恐怖的狀態裏面去。當時歐洲三個最大的君主國，奧地利，普魯士和俄羅斯，都拿敵視的眼睛來看法國，等候干涉時機的到來。假使法蘭西為了內部的不和和革命的混亂而弱化了，一如他們所願，那或許會展緩他們干涉的時期。但是，法國國王和王后，却乞靈於他們的援助，來壓迫自國的國民。

被國民議會判處死刑的法王路易十六世和王后馬利安他湼特，他們的悲劇的命運確也有使我們感覺同情的地方。誠然這刑罰是苛酷的，但他們却是死有餘辜。法王和王后最鄙劣地背叛了他們的國家，因為他們替祖國招來了敵人的侵略和戰亂。

王和王后寄書給各強隣，他們的密探們，以布勒托伊男爵（Baron De Breteuil）和瑞德斐森（Swed n Fek n）為首腦，正忙於在歐洲的每個宮廷裏製造不利於法蘭西的事件。本是奧地利出身的王后，依靠她的兄與地利皇帝，——這皇帝就是當路易十六世和馬利安他湼特企圖越萊茵河從法國脫出失敗後極力威嚇法國，同時做了領導侵法軍的首魁的。

全法蘭西的貴紳們，那時都糾集在科不林士（Coblenz）和馬因斯（Mayence）的隣近，聽從法王的兩個弟兄和兩位法國大將，布洛格里（Broglie）和加斯特里（Castries）的指揮。王的全部的扈從，劍士，輕騎兵隊，騎馬擲彈兵，和衛隊，憲兵，一切所謂「王家的騎士們』，朗基多克（Languedoc），奥汾湼（Auvergne）和布勒塔湼（Bretagne）——這裏謝多勃艮（Chateaubriaud）曾經供職過的，——各地方的貴族們，三十團戰列步兵，若干騎兵中隊，高舉起他們的白旗——舉凡法蘭西最「貴族的」的人們，形成了圍繞着法國邊界的一羣，漲滿了憤怒和復仇的意欲，像一羣餓狼，只等待撲食這國土的瞬間的到來。他們立誓要用火和刀破壞一切。據當時的目擊者的記錄，設若他們竟受賜了這樣機會，那「法蘭西」會頃刻變成巨大的墓地」。他們的狂亂幾乎使普魯士人們也要戰慄，所以後者賢明地把這羣人安置到普魯士軍的後方去，同時總指揮官的布隆斯維克公（Duke Of Bruns Wick）也沒有隱藏他對於這些奸賊們的輕蔑。

白軍無論在何時何地，都免不了這樣的命運。

曾經有，而且仍然有許多嘗試，在我們內部的論爭裏，去利用洛倍斯西爾的意見來非難革命的法蘭西發動對歐洲君主國家的戰爭。不錯，在當時的洛倍斯匹爾，並沒有迎合一般的興奮。但是他所採取的態度，是遭遇了無認識的曲解，一七九一年十二月十八日他向憲法之友協會講演的那篇的偉大的講演裏，洛倍斯匹爾決沒有說過他反對戰爭，他所要說的是，戰爭不應當在「這時」（他特別圈點這兩個字）宣告。他的意見是，國民還沒有戰爭的準備。當他認識到預期了的侵略和蝟集在科不林士（Coblenz）的法國移民軍所造成了的嚴重的危機已經逼近，他說：『在未到科不林士之前，先讓你們自己具有能指導戰爭的樣子吧！』他明白地看出，法蘭西宮廷和大革命的敵人們想利用這戰爭來獲取權力，破壞革命。他要求：革命應當從指責宮廷的政府和解除存在於國內的敵人的武裝開始。他譴責一切征服的戰爭。但熱烈地唱導『法國人對進攻他們的國土的敵人所應有的，有效而猛烈的憤怒的爆發』。

一七九二年春，這政爭已成勢不可避。奧軍集中在法國邊境，當法國外交部長杜謨力茲（Dumou iez）要求奧國勿干涉法國內政的時候，奧國宮廷在四月七日送來覆牒說：『法國內既有兇惡的叛黨存在，目的在減少法國國王的自由和企圖顛覆君主制，那奧地利便惟有和其他君主國家繼續共同關切』。四月三日奧地利皇帝任命布隆斯維克爲軍總指揮，這軍隊的目的是要『將法國和歐洲從無政府的混亂裏救出來』。

事已至此，法國惟有戰的一條路。若說戰是政府的錯誤，那錯誤是僅在沒有充分準備，就宣告了戰爭的這一點。四月二十日在國民議會提議宣告戰爭的法王路易十六世，原是期待法蘭西軍隊遭受相當的打擊。王的間諜們通報敵人說戰端一啟，中產階級的八分之七，近衛軍的三分之二，騎兵的全部和瑞士衛隊，都能反叛過來。但出席國民議會同樣希望戰爭的奇朗特黨代表們，則盼望能確實獲取勝利而容許他們將君主制推翻。

在戰端的開始，法王的叛國計劃，似乎就已近成功。在比利時首次的會戰，法軍即相率逃亡。狂亂的士兵們自將他們的長官殺害。叛逆的行動瀰漫了全軍隊。當備軍士官九千名，六千人附了敵，殘餘的士官們，也受｜這是應當的｜他們所指揮的兵士懷疑。要塞大半毀壞，義勇兵的裝備也惡劣，沒有來福鎗，他們要選長槍來代替。像這樣去抵抗奧地利和在當時以無敵聞名歐洲的普魯士軍，看去似乎是不可能了。

但是事有出人意料之外者。法蘭西保有了它自已和敵人都未曾料及的精神的力量。漸次握權的中產階級，充溢着才智和精力。他們在過去是被舊制度束縛着，從未獲得表現自已的機會，因移住的結果，反使軍隊得以除去自負，無智和不服從的貴族份子，多數下級士官因得抬頭而表現他們所保有的銳氣和才能。我們只須知道一七九一年的志願兵們所推選出來的首長人物，幾乎盡是這國家和大革命的未來的將軍：馬耳（Marceau） 達武（Davont），約耳丹（Jou dan），摩羅（Moreau），勒庫白（Lecourbe），斯蝸（Suchet），烏狄諾（Ondiuot），蘇爾第（Soult），布魯因（Brune），馬塞那（Mass na），拉恩（Lannes），得舍（Desaix），古維三西（Gouviou Saint-cyr），勒夫必爾（L•febvre），哈克沙（HaxO），柏賽爾（Bessie es），維克多（Victo:），弗里安（Friant），柏里亞得（Belliard），香皮阿勒（Cha npioun t）。奧士（Hoche）在一七九二年六月二十四日任中尉。波那帕脫（BouaPart ）在一七九二年九月十一日晉級上尉。義勇兵們僅有八個月至十個月的訓練，他們和法蘭西僅存的三小部常備軍混在一起，合同形成一個軍隊，用杜謨力茲的話來說，『生動着勇氣，公民精神，尤其是同志愛』。

這軍隊是幸運的。它發現了知道怎樣創造適合於它的能力和它的弱點的新戰略的指揮者，將軍。知弗勒德利克二世的舊軍隊的幾何學的嚴格相反，這新軍隊的形成是富於移動性的。它利用獨立和散開的狙擊兵和騎炮兵隊組成火網。它有組織地避免在原野上的戰鬥，而利用多數孤立的小戰鬥和充分準備了的堂堂的對陣來打擊和困擾敵人。

普魯士在侵略開始前對法國發出一種前代未聞的挑撥的文書，即是那以「布隆斯維克宣言」聞名的，七月二十五日發表的鹵莽的宣言。這宣言使全法蘭西憤怒。在這宣言裏，布隆斯維克公要求法國軍隊即時對王屈服，近衛軍須注意王的安全。他宣告，國民議會所有的人員，執政內閣和市當局應當要對任何危害王和王族的企圖負責，同時並拿軍事的報復來威嚇他們。這裏面更宣佈，假若推勒里（Tuil ies）王宮有被侵害或攻擊的時候，那巴黎便會遭受軍事的懲罰，全巴黎市將盡歸毀滅。法蘭西任何都市有違叛王的行爲時，那都市也便將遭受同樣的命運。凡法國人，敢於執戈抵抗侵入軍者將受叛逆者的待遇，而喪盡他們的家產。

從未有過把像這樣傲慢，非常識的恐嚇加於一個大國民的。而尤使人難於相信的，是這宣言的署名人竟是布隆斯維克公。他是能理解新思潮並且從內心裏面反對『反耶可發運動』（反過激派民主主義運動）的偉大的哲學者，不但爲歐洲而且爲當時的法蘭西所尊崇的賢慧的老人。但他性格上的弱點爲普魯士王利用了。

這宣言事實上是由法國移民們所起草，它的內容是經法國宮庭的王族和他們周圍的活動人物們所授意的。王和王后曾經提議急於要將那宣言付印。這些暴人們以爲這宣言的內容足使法國人從心底感受恐怖而屈膝於他們的君主之爵！這些王公貴族們，從未絲毫想到法蘭西民衆的矜持。

憤怒的爆發浸透了全法國。『這國民激怒了，合而爲一地站起來，武裝了一百萬』。這宣言加速了君主制的崩潰。八月三日路易十六世無效地想否認這宣言。他使用的詐欺，已經過於明顯，他已是爲全法國所唾棄，七日後推勒里的王宮被搗毀，國王被廢了。

敵人感覺到他們的錯誤，但爲時已晚。布隆斯維克公在晚年深自愧恨因簽署那宣言而給他的姓氏上印下了汚點。

侵略是發動了。八月十日的巴黎暴動，使情勢愈緊廹。侵略者們的馬蹄踐踏着：若是可能，他們是要想救助法國王室的。

一七九二年八月十九日普軍在路丹蓋（Redange）村的鄰近侵入法領，從這一天起就開始吹動了淵人的十一月寒風。天空像是破裂成兩半，雨從天上傾注下來，接連下了兩個月沒有停，侵透了侵略軍的營房，將他們淹沒在又臭又冷的泥濘中，並且傳播疫病。似乎是上天都在參加這戰鬥，又似乎是預言者摩西帶來了埃及的惡疫來贈送給敵人。

雖然戰事的當初，對法國是極其不利的。龍威城（Lougwy）八月十三日降敵，毫未抵抗。九月二日凡爾登（Verdun）也投降，雖然馬爾索和波爾帕爾將自殺。前任麥次（M·tf）市指揮官波依錫爵，做了叛國者，替普魯士軍計劃進攻和進軍巴黎。同時法國的名將，北路軍指揮官拉·發亦特（La Fayette）在八月十日的暴動後，企圖鼓動他的軍隊指向巴黎，但遭遇部下拒絕，終於在普軍侵入法領的當日，帶同全部幕僚逃亡國外。

那確是危機的一瞬。法蘭西和大革命已瀕於垂危。正在這時候，却出現了救星的人，那人就是杜謨力茲。

杜謨力茲既沒有共和黨的英雄的氣概，也沒有奧士，或是得舍，或是馬爾桑的風度。這個短小又帶黑，醜陋但很活潑，有一雙炯炯的眼睛的他，是一位老冒險家，五十三歲，布羅溫斯（Province）和弗蘭得斯（Flandes）兩地方的混血兒，曾經用傭兵隊長，或是密探的眼來看過這世界的。他很勇敢，横溢着精力，時或現出天才的閃爍，但却多詭詐，而有野心。開始他和國王拉手，但他發覺國王將失敗，便開始急遽的旋轉，在耶可殷俱樂部迎合洛倍斯匹爾，提議推翻王政。他被任命爲北路軍指揮官，繼拉·發亦特之後。但不數日，他便成爲指揮全戰線的指揮官，他成了唯一的領袖，掌握了外交和軍事的獨裁權，不用顧及由巴黎傳來的指令。這或許是會招致法蘭西的毀滅，但事實却是法國遇了救。

經過了四十天，杜謨力茲的命運已成了大革命的命運。這個以後不名譽地背叛了法蘭西的杜謨力茲，在一七九二年的九月和八月是法國軍中的革命的天才，他賦有一種輕鬆的心境，這心境遭遇到極端的危急時，會轉變成大無畏的形式。他不懼怕責任。他很輕快的準備着領導他的年輕而沒有經驗的軍隊和弗勒得利克二世的老兵作戰。因爲拉·發亦特的性格的缺陷，軍隊已喪雖了意氣，但在杜謨力茲手中不久，即因他的熱烈，他的火，他的快活而蘇醒，生動。他射出一種勝利的自信在他的周圍。

他曾經做過征服荷蘭的夢。因侵略軍的急速進展而被廹放棄弗蘭得斯的他，在九月一日下了決意：他放棄蒙美弟（Mqut meDy），色當（Sedan）和美最耳（Mezi·res）爲了阻止敵人向巴黎的進路。『我們必須要不理會樹枝』，他說，『來救樹』。

即時占領阿爾根（Argonne）的隘路是當前的最要着。阿爾根的森林的高原是將繆司（Meuse）河的盆地從恩河（Aisne）的峽谷地帶分開的。杜謨力茲向格朗普累（Grandpre）勇壯地進軍。九月三日他在亞耳（Aire）河和恩河間撤除了陣地。他的先鋒的一部担任指揮卡拉加斯的士人米爾得部（此人後來希望做西班牙·亞美利加的解放者）。凡爾登的投降，和使赴援助的軍隊都震恐的駐城守備隊的散失，幾乎使全軍解體。但是，杜謨力茲再度使法軍振作了。他致書給國民議會說他已經掌握了法國的「德摩比利」（ThermoPYles：希臘北東部的要隘），而且他的武運賽過勒阿尼多斯（Leonidas：斯巴達王）。

但是，這「德摩比利」是被粉碎了。布斯維克使杜謨力茲上了圈套，由克啦·奧波（(Croixaux-Bois）的隘路突破了阿爾根山脈。幾乎在格朗普累被包圍的杜謨力茲，九月十五日夜中，在恩河流域外完成了一個非凡的退却。當奇朗特黨在巴黎一夕數驚，建議將政府移住法國中部的都爾（Tou

-rs）或退到奧汾涅（Auvengne），或更遠的地方，同時政府自身也下令向瑪倫河（Marne）的時候，杜謨力茲獨獨反對退却。他無畏的在聖曇勒奈（Saint-Menehould）前面佈陣，同時安置一枝兵在恩河的左岸和沙龍（Chalons：法東北部的都市）的公路上。在此地他才和布隆彝（Beur-nonville）和克勒曼（kellerWan）約定。前者是担任指揮法蘭得斯人的援軍，後者是指揮中路軍。許久許久，他們都不重視杜謨力茲的意見。他們主張，杜謨力茲的做法是領率部下走向滅亡之路的。僅有最後的瞬間，在瓦爾米（Valmy）會戰的前夜，他們才和他取一致的行動。要使克勒曼這樣，當時就要拿出武力來的，但結果却使他獲得了光榮的榮冠，取得了瓦爾米公的稱號。

克勒曼正是杜謨力茲的好對照。魁梧的體軀，好大言壯語，好虛榮不辨事理，但却不亞於杜謨力茲的勇敢，靈活勤而忠於職守，熱心的愛國者，和過激黨員，常以自己是『「無褲黨」（Sans-culotte：過激派）人中的最初的將軍』爲榮的。

他厄守瓦爾米山上。這山在當時是通稱爲風車山——位於奧無（Auve）河彼方的一座狹窄而峻險的山頂，上有一座風車。杜謨力茲估據的是山地的第二線，這線和第一線平行，二線中間有沼澤地帶隔離。從意弗龍（Yvron）山上，在答波維（D'Aboville）指揮下的優秀的炮隊，防守克勒曼軍的側面。山下面便是從聖·曇勒奈到沙龍的大路，向那·魯因（La Lune）高原方面慢慢的高起去。普魯士軍乘暗夜進據該地，朝瓦爾米山佈陣。漆黑的夜。猛烈的風怒號在香檳（ChamPagne）的原野，情況陰慘凄絕。普軍在暗夜和霧的保護下進軍，但他們却也沒有看見他們所包圍了的法蘭西軍。他們想，法軍只要看見了他們便會驚惶潰散。

那是一七九二年九月二十日的正午。早晨是在濃霧裏面的進軍和炮戰裏渡過去的。一陣颶風突地吹散了霧。普魯士王，布隆斯維克公和他的高級幕僚們站出來，爲了偵視敵軍的位置。現出的情景使他們目瞪口呆了。

他們看見控制這全地域的瓦爾米山的兩側，一絲不亂的排列着法軍，態度極其鎮定，正是迎擊的姿勢，——這軍隊的兩翼採取傾向中央的陣形，當先的是騎兵隊。

那光景所給與普魯士王和布隆斯維克公的打擊是這樣的深重，以致歷時一小時，雖經移民軍的狂暴的催促，他們都不能作任何决定。

到末了，普魯士王下令進攻，時間是午後一時。普軍在戰鼓聲中以二列縱隊前進。雲已經散盡，太陽在空中放散白熱的光輝。

在山上，克勒曼將他的部隊分爲三縱隊，他下令非待敵人爬山時，不許射擊一鎗，同時要裝上刺刀待命。他將他佩有三色帽章，飾有羽毛的大帽掛在指揮刀尖上，大呼「法國萬歲」！全軍也隨着一齊高呼，同時也將他們的帽掛在刺刀上。

兩軍的間隔不過二千二百米突的距離。意弗龍山上的法軍炮隊轟擊普軍前線，但克勒曼的部隊，仍然是毫無動作，等候信號並高唱『會成功的……』革命歌。恐怖漸次浸潤到普軍裏面去。何來這些武裝的人民？不說是一聽見鎗聲就抱頭鼠竄或降服的人民嗎？而今他們屹立着，像一座堅固的牆，朝敵人怒吼着反抗的歌，猶如粗野的狂笑，匯成讚美法蘭西的喊聲，使山岳從頂到底都爲之震撼。普魯士軍終於發見了什麼是革命……

布隆斯維克公下令「停止」，前進了二百步的弗勒得利克二世的軍隊停止了……，侵略也就此停止。

其間實際上並無若何戰鬥，僅止於雙方互轟到傍晚的炮戰。這種形式的戰鬥，危及雙方都是同等勇敢的領袖們的生命：這邊是克勒曼和杜謨力茲，那邊是普魯士王，王子，和他們同來的大詩人哥德。哥德的慧眼看完了這一幕的始終。它不僅是一場戰鬥，它是兩個世界的對立。舊的世界，嚇怔了，聽見一個內部的聲音說：『你不能再前進！』舊的世界是未經打擊而被征服了。

在五點和六點鐘之間，鎗聲停止。鎗聲剛一停，大雷雨就開始（大自然繼續參與這劃時代的事件）。普軍向那、魯因高原退却。半夜裏急流似的雨和寒風促成普軍完全的覆滅，像是吃了大敗仗使以後的不可收拾的混亂，意氣銷沉的布隆斯維克，當夜是在痛苦的沉思裏。到處都是驚異，但沒有人能理解出現了什麼事。可是哥德說：『從這一天起，從這地方，世界史上開始了一個新時代』。

失敗者比勝利者格外靈敏地感覺到這一點。然而奇怪的是勝利者並不知道他們已經獲勝。克勒曼憂思未已，在夜半率領部下放棄了瓦爾米山，爲的是更和杜謨力茲接近。他恐懼翌日到巴黎的大路爲敵人切斷。杜謨力茲也預料翌晨會遭敵軍襲擊。我手邊有杜謨力茲致克勒曼的一封信，寫在九月二十一日的黎明，內容是叫後者和他會合，『現在是該你來看我打仗和幫助我的時候了』。

但敵人已斷念了襲擊的意志，它的精神力已經破碎。一週間他們停止在原位置，無再事行動的能力。九月三十日經歷了所有的缺乏，痛苦，疲憊，敵人終於向萊茵方面撤退，沿路遺棄多數垂死的人們。設若不是杜謨力茲，爲了在此地難於解釋的許多複雜的理由以至於讓敵人退去，或許竟不會有一人漏網的。

在這些日子裏，當那舊世界震憾於瓦爾米的「風車山」之前，國民議會正在巴黎開會。如像蒙吉（Monge）所說，這議會『是將大衆從王權的桎梏下解放而合法化了全法蘭西人的意志』。丹敦（Danton），在他用如雷的吼聲向世界發出的那一篇恐嚇的宣告裏，也說，法國國民當選出那新的國民議會時，等於『創造了一個人民總暴動委員會』。

大革命的兒孫們，生於今之世，是不是還能不畏懲地聽那瓦爾米山上的大炮聲的驕傲的反響啊？

——楊芳潔譯自「國際文學」英文版

（以上接第64號）

「袁巡長？」

「是的，勒死了，像一條狗」。

「誰幹的呢」。

「邱班長……」

「一個人？」

「還有，還有錢祖望。」

「另外呢？」

「大家都有份…」

鍾子坤心裏像燃起了火酒，面上像有黏性的東西膠着。嘴不知被什麼絆住了，火熱的氣息從鼻孔直向外噴。

院子裏，被夜的黑暗佔據着，袁巡長還有一個

什麼人彼反綁着，靜靜地伏在院子的中央。

人忙亂着。

邱班長正在叫整隊。

「誰反對，誰就是我們的敵人，跟袁巡長李洪山一樣……」

這是錢祖望的激昂的語音。鍾子坤在黑暗中找到了他。他急急地問：

「袁巡長是我父親的好朋友，爲什麼殺他呢？」

「好吧，老弟，快點去收檢東西。他是森田的得力助手，是狡猾的漢奸，沒有不可殺的…」

鍾子坤被陷入了醉意的沉默中的時候，錢祖望掃進了隊伍。

「裏邊還有嗎？快點…」

「森田有沒有做了呢…」

最後，鍾子坤走上錢祖望的跟前，好像招供什麼似地用軟弱的聲音問，

「沒有。正想要你去做他呢…」

「好，我去。」

鍾子坤掃進了隊伍。

邱班長急促地叫：

「立正：報數：」

「一、二、三、四、五……」

少了三個，一個是老牛。

「抓來，取他們死！」

但是，最後壓倒大家的一個聲音說：

「管他，趁早，我們走…」

十二月七日，于曲江。

第一鎗

平羽

舊曆二十號以後，微弱可憐的下弦月，迷迷糊糊地在沉重而昏黑的雲里穿行着。午夜的寒冷，愈來愈尖銳凌逼了。

環繞着的群山，將在昏糊月光所映照的烟霧後面，像一些滿腹灰白鬍鬚的老人，抽着烟，閉起眼睛，[illegible]，或者是本想睡覺似地，顯出難堪的靜肅和模糊。忘記了它們那連綿不斷的線條，原先是如何的溫柔與聰明。

河水，不再是碧油油地像一河玻璃，而且異常深重異常深重的墨綠色，一種令人心悸的預臨着無底深淵的感覺。

灰暗的船夫，很微弱着，毫不使力似地，把船由[illegible]下平穩地支離開，向對面的河灘滑過去。

水里有些影子，那是些烟霧所不會遮盡的山的影子，不，連烟霧的影子一道，輕輕游動着，似乎還便是這里唯一的生物。

船艙里塞滿着大約三十個拿着槍的人，破破爛爛的軍裝，雖則原先有灰色的，黑色的，藍色的各種不同，可是在這昏茫的黑夜里，混合成了一種灰暗的混然色調。幾只青天白日的帽徽以及刺刀和槍，在浮動着許多青黑色和白色的光芒。這些微弱的光芒，幾乎同樣使人看不見，不過所有的人，映在這微弱的寒冷的光芒里，都感到快要爆炸的熱力，手指是那樣用力的握着，呼吸儘可能的悸息起來，眼睛里充滿了血，只有心臟在猛烈地跳躍。

眼睛從昏暗的水的反光里，窺視着漸漸靠近的一片乳白色的沙灘，以及沙灘後面矗立着的黑黝黝惡魔樣的森林。

難堪的靜肅，把所有的人都壓扁了似地，惟有那撐篙在穿向水里時，發出一兩聲短促的但又悠長的嘶嘶聲。

每個人都忘記了自己的存在，又都感到任何時候所沒有的力量。

沙灘上響起輕微而零亂的聲音：

「沙，沙，沙，……………」

心臟收縮得更緊了，彷彿背上馱着什麼東西，都彎下了腰。鎗，手端起來，手指要嵌到鎗身裏去。那樣着力，眼珠子定了光，直射着已不很遠的森林。是一些狡猾的狐狸，豎起了耳朵，又是一些兇惡的猛犬，準備一口咬斷對手的咽喉。

先頭的一個，不知什麼時候，拿出一面小小的白旗子，上下左右搖了幾下。人們吃力地看着這黑暗中唯一跳動的白點子，是那麼細心和貪婪。好像這便是他們的一切，無論肉體和靈魂都附托在上面。

迅速的大家都伏下來了。沙，溫滾滾，冷冰冰，貼在臉上身上手臂上。無論誰都聽到自己的心臟在發出轟隆轟隆的大聲。

月亮完全給烏雲深深的埋葬了吧，四周更加黑暗起來，原先還能看到的山的影子，也全部給黑暗吞噬了下去。

雖只有一息息時光，白旗子便第二次搖了，可是人們都像挨過了幾年，同時這第二次所昭示的，使他們預感着一個大驚的複雜的樂曲，就要開始演奏。生和死的搏鬥，血和火的交流，閃灼在他們面前。

手指鈎到鎗機上，對準着森林，血都凝滯着似地，胸口好像有一種重壓的東西，要狠狠透口氣才舒服，可是誰也不敢把這口氣爽快的呼出來，很費勁地，分成幾節，一節一節望外逸。

一個人，狗似地爬動起來了，步鎗斜貼在背上，尾巴般翹着，慢慢的滾向森林去。

「快點吧！快點吧！」

人們默禱着，并且顫抖了，心，跳得要從嘴裏穿出來，眼睛，飛迸火花。腦子，有如飛轉着的風車輪軸。

多麼難煎熬的時間哪！

是又度過了幾年吧！不！最多是五分鐘，或者七分鐘，一聲撕毀了天地，撕毀了靜寂和黑暗，撕毀了思索和心臟的爆炸，伴着鋒芒銳利的火舌，從森林邊的黑暗里壯觀地發了出來！響得那麼清越而洪亮：

「劍——嘀——」

「嘀——」

森林里，短促地響和着。接着便是一個皇軍武士跌倒的聲音——非常柔重，有如一根木頭倒下來的聲音。

藏在黑暗里的叢山，同樣爲這等人魂魄的大聲所驚擾而憤怒起來，擲回更加悠長的回響：

「嘀———」

人們都怔住了吧？無論自己或者敵人，像欣賞這寂靜黑夜里的第一個音符，留戀這第一個音符，而忘記了一切。多難堪的時間啊！三秒鐘或者五秒鐘以後，人們才驚醒似地意識到此刻是在作戰，而且是攻擊的時候了。

於是，一下子完全變過來，從極度沉默變成極度嘈雜，從極度死寂變成極度飛躍，更彷彿從極度黑暗走向極度光明，血液沸騰了！呼呼急促起來，瘋了般大聲喊叫，洶湧漸漸地變向森林里去！自然，伴着的便是瘋狂地雜亂地震破耳鼓的，步鎗聲，機鎗聲，手溜彈爆炸聲，凡是能響的都響起來了！火舌四處都是，亂穿，在大塊的黑幕上交織成無數美麗的花朵。猛然的夜夢，便在這戰爭交響曲的母音領導下展開了。

一九三九，皖南軍次。

長子風景綫

宋之的

一，秋天裏的春天

是到了太行山了。

馬小心的用前蹄試探着道路，陡峭的石梯使得烈性的畜生也低下了頭。

是山與山的連鎖，我們沒有法子推測那山有多麼深，天都被遙遠的山阻住了。——那些山，躲在暗影裏在天邊描着一條弧線。

一層紅土掩不住那青色的斑石，山裏，連酸棗窩也不及山腳之盛了。只偶然的，狹路旁邊還有着一點點綴——倒還結了些紅實棘果，但也難免在秋風裏偷彈着自己的寂寞。

有風，因爲才下了雨，所以風很涼，當勁風掃着山尖時，叢生在崖際的細草，就在山腰裏翻起一片金浪。——像潮水一樣柔靜的金浪。草，已經是適應着秋天的節會，黃了。

——到了長子前線。

山，是荒漠了幾千年的。除了天上的鳥和山裏的豹，沒人窺探過他們的蹤跡。連剪徑的强盜和迷路的牧羊童都不曾走到的。

炮響着，是敵人的，還是自己的，都難分辨，也沒有去分辨。由于山的遼闊廣大，我渺視着那十公里外的仇人。

我儘着自已的思想隨着那遼闊的山，奇瑰的雲去飄逸，飄逸。

山，被人征服了。電話兵小心的循着山頭舖設了紫色線，而人和馬，就以自己的脚在紫色線旁邊留下了雜踏的痕跡。

人，在山彎裏躲着風，搭下了草棚，草棚週圍，把荒蕪的山野墾植成肥美的土地。

現在，山野裏開遍了淡紅色的蕎麥花，也開遍了嫩黃色的野菊花，和一些腥紅色的小朶兒的花。蟋蟀和一些不知名的小鳥，躲在花叢裏，細着嗓音尋覓着伴侶；當馬蹄子踏在牠的身邊，却突然停止，從花叢閃出，吃驚的逃走了。而居然有一對蝴蝶，帶着春季裏的閑情，在鮮嫩的花叢裏飛舞着。

我聞到了一種淡薄的春季裏的氣息。

秋天裏，我想着春天。

不是荒漠，乃是瑰麗。

二，戰地中秋夜

是幸福的夜。

當月在天涯以巨大的一環撫慰着山巔的時候，軍中演劇開始了。

從陽城，從高平，老百姓揹了山渣，牽着羊，懷了錦旗，担着酒，恰巧在這個日子，疾行三百里，趕到了。

「今天中秋大家歡快呀」！

爲什麼不應該歡快呢？人的心溫暖了冷的月，月是更圓了呀！

小孩子猴上了樹，老總們爬上了房，戲台下面，是軍與民擁擠着的頭。

太行山愉快的笑着。

前五小時，敵人還向牠發了八百〇一砲，其中六十一砲是毒氣的，催淚性瓦斯，噴嚏性瓦斯，還夾雜着糜爛性的瓦斯。但八百〇一砲的最後一砲打過後不多久，老總們從壕溝裏探出頭來：

「打個屁！」

他敢，輕輕的拭去了臉上的泥。

黃伯笙師長在那被擊的山頭上劃了一條紅的積：「今夜，這兒的一營已徑出擊了！」他沉思着，立刻又在空中劃了一個半圓：「這些日子，高粱紅了！」

是的，高粱紅了，那馳名的潞州酒的原料，正是收割的時候了。

月，是這一季節的天然防禦，每夜每夜，出擊的兵，掩護着收割的老百姓，活躍於長子的原野。

「武裝保衛秋收，」這一個强烈的號召也討得了月的歡喜，她以自己那謎一樣的顏色遮斷了敵人砲的轟擊。老農夫憑着自已的經驗，依月之升降，在當夜劃定了畝數，而夜夜，收割的成績都超出了老農夫的預計。

敵人在這一個戰鬥裏完全敗北了，他們的殘綫並不能有助於他們那對遍地高粱的覬覦。他們憎恨，恐懼，並且悲嘆着自已的無力。因爲田裏的穀倘順利的囤在倉裏，就足以維持十萬大兵的糧食，選過冬季，也渡過春季。

慶賀着美麗的中秋月吧！

太行山裏女人和孩子們雜在兵的行列裏熱鬧的看着戲，長子城男人們便都在兵的掩護下，收割着火線下的糧。這兒，哄傳着人的笑語，那兒，戰士們正準備着子彈出膛；這兒，是掌聲與笑聲的合奏，那兒，是槍聲與鐮刀一齊響，……中秋月撫愛他們，撫愛無際。

……當戲在最後一次掌聲結束了時候，高粱已經放倒，綑好，並且裝了車了。

「我們天天夜晚派隊掩護秋收，」黃伯玺師長繼續說：「今天是中秋，希望成績會更好！」……

……

我望着那皎潔的月，對那些月夜出發拂曉歸來的軍民戰士有着無限的依懷。

三、拂曉的時候

天才拂曉，寒鴉已站上提綿的樹梢了。

山脚下，太陽還沒走到的地方，陰影裏滾着一層薄霧。霧漸上升，到山尖，便在金光裏幻成了萬點微塵。——我依稀的望見了山尖上那幾棵零落的白松，和白松的彎曲堅硬的枝椏，也望見了錯落在白松之間的野灶，人形。

人不動，灶上却正裊着幾縷青烟。

一個穿紅的姑娘斜坐在石磨上，安詳的梳着辮子，黑髮下襯着一個白胖臉；兩三枝麻雀在她的身邊飛上飛下，啄着石磨上殘餘的米粒。

有狗，沒有鷄，狗在無賴的伸懶腰。黃伯玺師長微笑的問我：「你們見過鷄嗎？一隻也沒有。但我却聽得見鷄叫，老百姓把他們養在樓上去了。」

——那是他們的儲藏室。

青烟那裏，有着斷續的伐木聲，可是隔着一霧，就像隔了一個世界。

拂曉的時候，戰地山村是非常的寧靜。

突然遠地傳來一片雄壯的歌聲：

「……我們在太行山上，我們在太行山上，山高林又密，兵強馬又壯……」

——掩蓋了一切。是昨夜出擊的兵回來了。

那木，那炊煙，那人形，那單調的伐木聲，是爲了他們準備的慰勞品嗎！

果然，沒多久，斜路上的行人就慢慢多起來了。——擔着高粱担着穀。儘巨綑的高粱壓得他們的頭沾着地，儘大的金色的穀穗拖掃着岩石，儘扁担喫吱喫吱的呻吟，儘禿頭上冒着熱氣……

那重載在他們的身上彷彿還嫌輕，他們閉着嘴吧一聲都不哼，穿紅的姑娘已經不見了，是正和爸爸親密的交換着昨夜的經驗吧！這眞是有趣的經驗，過去，人們是以瓜果供在兔爺的前面希冀着天上的和平的，今年，人們却把大滴的汗流向地面上的戰門。

那隻無賴的狗，忽的停止了爪的撥弄，豎起耳朵，接着，牠就向前跑去。

我看見那畜生正蹲在兩付担架的旁邊，遠遠的伸出自己的舌頭。白的帆布上有着紫色的血，一件灰色的綿衣掩住了傷者的頭。

「受了傷了。」我想着。但却沒有移動我的脚。我不好意思去問，那會引起不快的。當戰士們掘不緊手裏的槍，倒在田野的時候，農夫們便迅速的拋棄自己手裏的鐮刀，把他們抬在準備妥當的担一上。這一切用不了五分鐘，不必交換半句話，因爲是太平常了。

「拂曉的時候，傷者便和禾稭一樣，被無言的抬起，而兵，則排好整齊的行列，大聲的但却不十分和諧的唱着雄壯的歌。

——這算什麼呢？我們傷了兩個，他們却不止死了十個啊，平常而又平常的戰鬥。——

——我們在太行山上，我們在太行山上——

唱着，並不覺得滿足。

但烏鴉卻彷彿是十分的滿足，飛近傷者的身邊，和狗做了朋友了。牠把自己那隻可厭的嘴豎起，一步又一步的向人的身邊試探着，大胆到可驚的程度了。

老農夫休息過後，重新把戰友担在肩上，並且順手拾起一塊石頭，向着狗及烏鴉之類拋了去。

狗在地下跑，烏鴉在天上飛。雖然在叫着，可彼此自然的分開，並且立刻逃得不見蹤跡了。我在酸棗窩裏覓得一棵最紅艷的棗啣在嘴裏，辨別着這雖酸卻甜的滋味。——戰地山村是非常的寧靜。

四、奇怪的風景線

劉戡一師長靜聽着他的參謀長的報告：「敵二三百人附砲兩門，自長子出發，圖援大小中汗，被我某營擊之於前，友軍獨三旅阻之於後，傷亡頗重，遂以傷者死者，混雜綑馬背上，狼狽而退，至小中汗，恰中我某營之埋伏，復遭截擊，遺棄甚衆……
……」

他截斷了他，問；「有沒有捉住活的；」

「還沒有報告，想來是沒有！」

「那不行，他們還是不行！」劉建一師長沉思說的；「應該捉活的。那對於敵情判斷是很有幫助的。」

一句話，展開了一幅奇怪的風景線

我曾經和許多諜報人員接談，我不禁爲了他們的勇敢而驚嘆。任何敵人佔據的地方，他們都可以插足進去，他們掌握着敵人策動下的任何僞組織和僞軍。他們可以從僞縣長僞司令那兒取得必要的消息，並且——多麼奇怪的事——他們甚至向那些傢伙傳達命令。

但長子的情形卻完全是例外。任何機敏的諜報人員都要抱怨着自已的無能，因爲他們沒有絲毫的辦法混入長子城。

這並不是因爲敵人防範的嚴密，乃是由于我們空舍清野的政策成了功。長子城裏，沒有一個中國老百姓，甚至街上也看不見一個日本兵。

「長子是一座死城，是我們替敵人造就的監獄」。劉建一師長曾開玩笑似的說。

但誰料得到呢，這竟是眞的。

爲了避免危險，即使是長子城裏，敵人也不準自已的兵在街道上走。他們把房子的門封了起來，把兵關在樓頂上，像待遇囚犯似的，在牆壁上鑿了洞，傳送着飯食。即使是樓下的糞巳經快堆上樓頂，即使是兵全患了嚴重的風濕痛，也還是不能「放風」，因爲是這樣的命令。

鬼曉得他們在幹些什麽；

街心的草，因爲不耐這多日的荒涼，都高大的挺直身子，嘲笑着他們了。

但他們卻寧肯耐心的忍受着這嘲笑，也不肯把自巳的頭伸出來讓我們殺掉。

他們所受的教訓巳經够多了。

——他們其所以能够發揮這種耐性，——請不還當作笑話看——乃是蹲下大便的時候決定的。

這是眞的，在大便的時候，他們大徹大悟了。要種「悟境」乃是打糞道而來。

據說，晉東南戰事開始的時候，也並不是這樣的。

開始的時候，依着老脾氣，三三兩兩，他們又在四鄉裏開始搜索和搶刼了。雖然他們那貪婪的人性，就是一塊鄉下孩子的尿布，也足够滿足，且會鄭重的頂在頭上去準備着獻給那遠在東京的老婆，但這次他們不能不驚異的是，遺留下給他們的，是連這種尿布都沒有。

罵也沒用，沒用。沒有鷄，沒有牛，也沒有尿布。倒是有幾隻野家雀，但浪費子彈，又是絕對禁性的。

但偷兒却終于被人捉住了。他們沒弄淸楚，那兒還有人。

老百姓把孩子女人連自己所有的一切，藏在山裏——我軍的後方以後，又回來了。他們加入了游擊小組，正像獵戶等待着野味一樣，躲在靑紗帳，背人的地方伺候着那些偷兒。

他們發明了一個消滅偷兒的好方法，是捉住以後塞進那深不可測的毛厠——那毛廁的深是使得女人們都會驚怕的——讓他們混在糞便裏，發着奇臭。

這敵兵不斷的失蹤，使得敵官大爲惱喪了。倘說是戰死吧，卻是連尸灰都沒有的。

當他們蹲下預備「輕鬆」的時侯，他們終于吃驚的倒退了。他們到底發現了那迎接他們的糞便的，並不是糞裏的蛆，乃是同夥的頭。

讓野草在街心裏驕傲吧

此外，還有什麽法子呢！

五，登黃龍山

登黃龍山，我驚異着那牧羊童子和他們的羊。

山的彼面，敵人佔據着，並且爆豆似的響着槍；山的這面，向陽的地方，牧羊童子卻和往日一樣的牧着自已的羊。

當羊兒睡了，把頭和脚都擠在一起，以自已那柔嫩的毛在山坡上舖成一片乳白色的地毯時，牧羊童子，就在山野裏尋覓着紫黑色的花斑石，利用着石的形狀堆成了人，堆成了樹，堆成石棹，石磴，堆成房屋，堆成古廟。

古廟裏歪歪斜斜的用黃表紙寫了山神的牌位，房子外面且用野蒿圍成了籬笆。人，英勇的在各山頭守衛着，雖經雨雪的摧折，而紋絲不動。

敵人在望遠鏡裏大爲驚詫了，他們派了飛機，並且向牠開了砲。但房子的建築卻只豁幾塊石頭人——這是很自然的——也並不因爲砲火就張皇而移動。

羊，卻是依了生活的定律，嚙着草，睡着覺的。而牧羊童子也依然還在揚鞭漫唱之餘，發揮着自已的閑情逸緻。

我們在石凳上休息，手裏顚蕩着砲彈的碎片，也望着「長子」。

長子的城牆是早已折掉了，籠在一片蒼鬱的濃蔭裏的是一條狹長的綫。「一座死城」，一些不假，雖說多樹，卻不見人間的煙霧，荒漠得正像荒漠裏的那坟墓。

這是平常——太平常了。

爲五龍之首的黃龍山，雖說能俯瞰長子長治屯留壺關這四個城，把全部的敵人望在眼底，卻是——也並不例外。

山頂，是黃龍廟，廟的四壁塗滿了騷人墨客的筆跡。一面，大溝社的王師父因爲憤慨着同夥的不信而題了幾句詩，另一面丹青妙筆張聚福先生因爲一時興趣畫了李鐵拐醉臥的圖，又一面，某先生寫着：「油炸豆腐一碗，猜猜看。」再一面……

這眞是平常，——太平常了。

我們下了山。天已經晴了。山村裏打禾塲上的石磙，還在大堆的穀穗上滾着，一條被蒙了眼罩的牛拉着它，咭吱哽吱的嚮。在它的後面，女人用碎花的布包着頭，用力的揚着木鍁，使穀粒蛻離了穀，儘穀皮在天空中舞……，

頑皮的孩子在光滑的塲上跑着，吆喝着。

旁邊，士兵們挖空了石頭，舖上了土，並且安起了木椿，架起了鐵槓。大羣的兵赤了臂膀，熱烈的玩着槓子使臂膀裏那堅硬的肌肉隆起，並且跳躍。

我想起來了，不平常的就是這太平常的空氣。

六，甲魚之技

但不平常的，是敵人又有了新的發明。

「敵人是最會模倣的，並且善於誇張。」劉建一師長說：「——譬如色當戰術之類，就是一個最好的榜樣。可是現在他們居然也會創造了，他們創造了甲魚戰術。」

像甲魚一樣，造一個堅固的窩，藏在那窩裏，連頭都縮進腔子裏去了。

「打狼容易，捉王八是難的。」劉建一師長慨嘆着。

你不能伸手到窩裏去，因爲他會乘機咬你一口，你也不能引誘他出來，因爲戰術既經發明，那頸子就要縮定了。而晉東南那石製的房子又是特別特別的堅固的。

我們曾經衝入長子城，曾經向窩裏伸過幾次手，但那東西卻正縮着頸子等着你。老總們望着街心裏那尺把深的草大大的驚異了，他們無從下手搜索，因爲所有的門已經都被石塊封住了。老總們正爲了「進還是退」這問題所窘的時候，王八在窩裏伸出了頸子，樓上的機關槍開始向街心掃射了。

我們沒有法子向樓上射擊，甚至手溜彈在這塲合都失了効力。勇敢的老總們爬上了樹，爬上了房，但樹上又能容下幾個人呢，况且用軍事的術語說，那是暴露的無掩體的呀。他們向樓口扔完所能攜帶的手溜彈後，只得又下來了。

我們也曾——效法以餌相誘。在激烈攻擊以後，故意在敵前暴露了自己的弱點，並且裝做狼狽的樣子潰退了。駝騾和彈藥甚至槍械都遺棄着，成堆的擺在路口，貪饞的敵人分明是看見了那些香餌，但卻只偷偷的在肚子裏饞着吐沫，他們不敢離開窩，而一任你自己去收拾了去。

但聰明的漁人也並不是全無對策：「我們正堵塞他的窩」。劉建一師長以無比的力量憤怒的向空中擊了一拳。「讓此公在窩裏餓死吧」！隨後，他又幽默着。

用軍事的術語說：他們是被包圍了。

事實上窩裏是既無藏糧，而且連聊供佐餌的小魚也沒有，那末，窩既然被堵塞，偌大的甲魚，也就只好等待着那最後的一條出路：「坐以待斃了吧」！

這一次，敵人卻眞的驚惶了。馬上，他們就來了個對策，大量的傳單用了飛機在散佈着，傳單是以廉價的紅綠色的粉連紙石印的。

之一：在中間畫了汪王梁三公的像，汪是西裝，而王和梁是長袍夾馬褂，文字的說明是，汪王梁三巨頭正在南京開會云云。

之二：也是在中間，畫了蘇聯外長莫洛託夫跪在敵駐蘇大使東鄉之前，而文字的說明是，由於蘇聯之不斷懇求，日蘇兩國已成立了互不侵犯協定，而因此一「定」，日滿國境的新銳陸軍卻正向蘇方面集結云云。

而事實上，任何人都可以指出，敵在我國的作戰部隊爲了應付新的環境，已經開始偷偷的向了僞滿國境抽調。——甲魚之技，不過如此。

我們等着吧。等着揭開大王八的蓋子，看那裏面究竟藏了些什麼「寶器」。

一九四〇、一、一。

王凌崗的小戰鬥

——二十八年九月二十二日獨立支隊戰鬥報告

東平

寫了一篇簡單的報告書給劉主任，——隊伍剛從鎮江行動過來，有些疲勞，決定一個上午時間的休息。我偷一點空到莊湖頭去找一位農民同志，他好幾次碰到我，說預備了一雙鞋子給我，無論如何要我到他家裏去坐坐，這里宿營地距莊湖頭只半里，再不去就恐怕沒有機會了。這是九月廿二日的早上，因為那位農民同志太客氣，留住了我吃芋頭，在他的家裏化了一個半鐘點，回到團部來是九點一刻，這時候還沒有什麼情況，接到王凌崗橋發現敵人的報告是九點卅分的事。

在從莊湖頭回來的路上碰到一個通訊站的通訊員，他是從王凌崗那方向來的，他只告訴我黃土莊的一個農民同志托他帶信給我，無論如何要我到他家裏坐坐，這裏的農民同志大概總是這個樣子，他幷沒有告訴我王凌崗橋發現了敵人。

忽然一陣驢子的痛苦的叫喊，接着驢子和馬打起來的聲音，小鬼們也亂叫亂喊起來，原來是××支隊的王支隊長來了，王支隊長的馬和王主任的驢子打起來，驢子爬在馬的背上，咬住了馬的頸項，馬不能抵抗，哭喪雙眼，只得惶急地馱着那驢子團團的亂轉。兩個飼養員氣得亂跳亂叫，我們許多旁觀的人一面覺得有些驚險一面哈哈的大笑起來。化了半天的工夫好容易才把驢子和馬分開了，人羣也慢慢散開，嘴里說的驢子，馬的故事，耳朵里聽的也是驢子，馬的故事。陳洪同志，那個胖子又趁着機會誇耀起他的驢子來，什麼雙耳是直豎的，脚蹄子又像個什麼，羣衆紀律又好，從來不吃老百姓的稻田，而且不打架子，句容南鄉的一位王先生又出了八十元錢要買它的驢子……。這樣哄笑了好久，我們才把注意力集中到今天的情況，問消了王凌崗橋方面發現的敵人。

据說王凌崗橋的敵人是來自寶堰的，人數約一百多，昨夜到了東和，今早天未亮從東和南下到達王凌崗橋，還有來自丹陽的二百多，到達香草的時候分成二路，一路沿香草河南下，一路向柳茹方面進襲。這時候延陵方面還沒有什麼消息，延陵方面發現敵人還在卅分鐘以後。××××的住地就靠近王凌崗橋，已經幹起來了，鬼子的重機關機和小鋼砲的吼聲都聽見了，××××的炊事班，文書，小鬼，這個不參加戰役的小隊伍已經隨王支隊長開到我們團部這邊來，段團長下了命令，叫×連向柳茹方面警戒，××掩護非戰鬥隊伍到北崗，×連在團部近側待命，各連都準備戰鬥。

我們看了×連的陣地，同到宿營地左前方的高墩上來，清楚地望見五里外彪唐方面的小山上敵人的哨崗，正和柳茹方面的敵人作旗語，延陵街上的屋頂也豎起太陽旗來了，它們來自直溪橋和珥陵。——這是一個很小的土墩，上面有很久以前做了的工事，二連長，連附，劉營長，楊副營長，還有段團長，王主任，團部的通訊員都在這里，幾乎把一個土墩全擠滿了。段團長拿着鏡子在觀察延陵方面的情況，很緊張，但一句話也不說，對于營長，副營長乃至通信員的報告都不發出任何清問。柳茹方面的老百姓像激水似的往東跑，香草河畔的槍聲時而緊張時而綏和，從××支隊來的通訊員不斷的報告王凌崗方面的戰況，敵人在此刻還是被阻遏在橋的東邊，它們受了××支隊的麻雀戰術的攻擊，竟至打消了過河向北崗方向包抄我們後路的意圖，而終于把來自寶堰的那一路開到柳茹方面和香草河東岸的敵人作了匯合，于是戰鬥的中心顯然要移動到×連以及團部附近的陣地上來。

還已經是上午十一點時分了，猛烈的太陽把我們晒得滿頭是汗，準備戰鬥預備隊的一小隊一小隊的疏散在柳樹叢下，服務團的指導員陳洪同志，那個胖子，白色的草帽背在背上，滿臉通紅，他離開了他的驢子，像離開了愛人似的沒精打彩起來了。他養驢子到現在不曉得有多少時候，但關于驢子的知識他比任何人都要豐富些，每每看到他有意無意的動員了很多的人集中到他驢子的周圍，脚比手劃的評論，自已站在旁邊很滿意的傾聽着，結果把這些人所發揮的偉論都總結起來，作爲自已的知識，教別的人怎樣來賞識他的驢子。當他騎着驢子跑在我的前面的時候，他總愛對我這樣說，「東平，跑快一點呀！」一離開了，他的驢子，就落在我的後面，這時候一面走一面這樣自對言自語着，「我是游擊戰爭出身的，我過去一天至少要跑一百二十里！」

我和陳胖子一道走，總要找點時間說笑話，那怕是情況最緊張的時候。半個鐘頭之後得到報告，延陵方面的敵人正在向西移動，有進佔九里鎭，對我們形成總包圍的企圖，于是段團長叫劉營長帶了一班人到九里鎭去佔領陣地，王主任，陳胖子和我都隨着這一班人來到九里鎭。

我們預備在九里鎭給敵人碰一個大釘子，叫他們向莊湖頭方面圖謀進取，以陷入我們×連的火網。在九里鎭東面的洋橋邊，我們佈置了一個非常漂亮的伏擊，××支隊在王凌崗橋和敵人整整鬧了半天的火，陳洪同志那個胖子嘆息着，

「怎麼樣的，我們的游擊戰變成陣地戰了，這還要得嗎？」現在他來參加這個伏擊的佈置，自覺特別的滿意，我們的嘴里的戰術的三原則四特性，此刻正要來發揚這伏擊性的時候。

我曾經在延陵九里鎭一帶工作了半年的時間，現在用還自己很熟悉的九里鎭作爲和敵人戰鬥的場所，我十二分的表示歡迎。我們在河邊的高墩上用鏡子向延凌的來路窺望，只見一片黃金色的稻田，端不到敵人的半個影子，在街上出現之後，他們覺悟到戰鬥逼在眉睫，轉眼間所有的店門都關閉起來，一大半的人都疏散到歸縣和大路頭方面去了。

一挺機關槍架在一個長着高粱的小小的土墩上，對正着那高高的洋橋。戰鬥時候報告從延陵來的敵人已近在半里外，他們走的規規矩矩的路縱隊，蔣莊方面的洋橋上，段團長帶領的兩個班正在過橋，無形中作了一個很好的配合，望九里鎭進襲的敵人只望着蔣莊洋橋上的隊伍，而且開始跑步，意思是要和段團的兩個班爭奪九里鎭的陣地，看那個先到九里鎭。

指導員王孝風同志，那年輕而漂亮的浙江人低聲地這樣叫：「敵人就在前面了，機關槍要對準着洋橋，……」

「射擊要準啊，槍一響，無論如何要看他們從橋上往河里滾！」副連長這樣叫。

那機關槍的射擊手開始了對洋橋作瞄準，他是一個老于開機關槍的班長，長的個子在那疏發的高粱下和機關槍成爲一條直線，機關槍在他的手裏像一隻預備猛撲的猙獰兇惡的狗，然而十分的柔順和馴服。

副連長大約因爲對敵人的行列過度注視的緣故，把眼睛用花了，它竟然神經質地提出一個令人迷感的疑問，「同志們，這到底是一個什麼隊伍，是東洋鬼子，還是我們的部隊！」有個別的同志的確爲這凝問所懵憐，甚至這樣附和着，「眞的，不要發生誤會呀！先派一個老百姓去看看去！」

我、王主任陳洪同志那胖子這時同情聲的叫着，「你們不要發瘋，那里來的自己的部隊？把槍口對準！預備着放！堅決的放！」

然而戰鬥像一條繩子，當着最緊張的時候竟突然中斷，我們的背後來了一連的兩班的預備隊，是從蔣莊方面來的，他們不明我們在九里洋橋的部署，匆匆地趕來了，當敵人逼臨橋下的時候，這個預備隊竟在我們的左側方暴露了目標，破壞了我們的部署。

于是我們的伏擊成爲滑稽的計劃，敵人停止下來，伏在對岸的河根底下，開始用擲彈筒對預備隊施行攻擊，而我們只好氣得目瞪口呆，面面相睹。

擲彈筒猛烈的吼着，一陣陣地黑烟和塵土從我們的近邊緊壓過來，左側方的預備隊已在墳墓上隱伏下來，高粱下的機關槍以三支步槍作掩護對着洋橋扼守。敵人再不過橋了，要把敵人殘滅已成爲不可能。

我和陳胖子離開了洋橋邊的陣地，走進九里鎭街上，遇到了劉營長，打算用一個排迂迴到九里鎭向南邊，向北攻擊，使洋橋東面的敵人跳出死角，然後加以殘滅，但爲了警戒賢堰方面的敵人，抽不出這個排，而洋橋東邊的敵人已開始向原路撤退了。

這個戰鬥弄得我們悶癢手癢的，十分的不滿足。開離九里，是太陽快要下山的時候。

魯迅先生與中國的新興木刻運動

江豐

一

中國的木刻藝術發明很早，始於五代，（法人伯希和氏從敦煌佛洞所得佛像印本，論者謂當刊于五代之末，而宋初施以采色，其先于日耳曼最初木刻者，尙早四百年。——魯迅，北平箋譜序）但中途衰落，自製版術入中國後，已不爲人所注意。一九二九年，魯迅先生在朝華社編印了五輯藝苑朝華，內有三輯是歐美各國的木刻集，同時在奔流上也每期登載一些木刻。至於介紹木刻的目的，已在新俄畫選的小引里，明白地說出了：『當革命時，版畫之用最廣，雖極匆忙，頃刻能辦。』可是在當時，沉醉於塞尙奴，馬蒂斯脚下的中國藝術界，還沒有起什麼影響，而「大師」們却謂之爲雕虫小技。然而魯迅先生並不因此灰心，反而更努力于介紹和提倡的工作。當一九三〇年夏，中國左翼美術家聯盟成立的時候，魯迅先生將歷年所收藏的各國的木刻在上海舉行了一次展覽會，不久又印行了德國革命木刻家梅斐爾德的士敏土之圖。自此以後，木刻藝術才爲一般前進的美術青年所注意，所愛好，並開始製作起來，首先嘗試的是上海美專的學生施春瘦，接着就有杭洲一八藝社的一川，占非與上海一八藝社的鉄耕，棹坤，周熙。因缺乏師資，都是暗中摸索，可是興趣却很高。

一九三一年夏，恰巧有一位日本的木刻家——內山書店老板的弟弟——內山嘉吉氏來遊上海，魯迅先生得此機會，就辦了一個木刻講習會，請內山嘉吉氏講課，趁此把製作木刻所必要的知識，授給學木刻的美術青年。魯迅先生自己當翻譯，同時他每天帶一包歐美的木刻集給學生們參看。講習會雖只有短短的一星期，而得到的益處却非常大，結束後，由于魯迅先生的鼓勵，在一八藝社內組織了一個木刻研究會。從此，木刻的運動就開始擴大起來，伸入到上海的各個美術學校。

經過半年多的努力，有了一些小小的收穫，於是在一二八事變後，與上海德國書店收藏的德國革命版畫聯合舉行展覽會于八仙橋青年會。這次展覽會給予藝術界的影響是很大的，『因爲它在這舊社會里，是新的，青年的，前進的。』魯迅——一八藝社習作展覽會會刊的小引）展覽會的第二天，背着通緝令的魯迅先生同抱着海嬰的景宋女士，帶着愉快的神情來看他自己親手扶育起來的嬰孩。臨走時，從懷中摸出一張十元的紙幣，用微微顫抖的手，塞在募捐簿的下面。

從這次版畫展覽會之後，有不少的美術學校的學生，拋棄了香蕉蘋果來學習——在偉大的文化戰士魯迅領導下的木刻藝術，在校內外紛紛成立研究木刻的小團體。因此被『强暴們』，『大師』們看作眼中釘，便以各種手段來進行摧殘，暗害，單在七，八兩月間，被『包打聽』抓去的美術青年將近二十名。當時上海的木刻運動的中心——春地畫會（一八藝社的後身），在『大師』們的告密之下也被摧毀了。『劊子手』們把木刻當作機關槍看了。如杭州藝專當局，把刻木刻的學生開除之後，便公開的向學生『訓話』。：刻木刻的就是『反動份子』，以後如果再有人刻木刻，送法院當『反革命』辦。上海和杭州的法院，曾把木板當做犯罪的證物，一川就是根據木板判罪的。

幼年的木刻，雖被如此摧殘，但並不因此而跌倒或衰退，反而在木刻青年們的再接再厲之下，在魯迅先生鼓勵和支持之下，更加前進，擴大了。木刻的種子像傳染病那樣迅速，傳播到北平，廣州，汕頭。天津，太原，濟南等各大城市，尤其到了一九三五與一九三六年的第一，二屆全國木刻流動展覽會之後，木刻的種子風遍于全國。正如魯迅先生在引玉集『後記』里面所說『歷史的巨輪是決不因幫閒們的不滿而停運的。』

二

從事木刻的青年，由于基本工夫的不够，況且又深中馬蒂斯之流的遺毒，所以在製作時往往避重就輕，粗製濫造，在木刻運動的初期，犯此病者尤衆，魯迅先生看出了這種妨礙進步，妨礙走向寫實主義的流行病，就一步不放鬆的在文章里，在給私人的信里，在參觀展覽會的時候，對這種偷懶取巧的傾向，給予嚴厲的針砭。一九三四年給西諦先生的信中，有這樣的一段話：『以爲凡革命藝術，都應該大刀闊斧，亂砍亂劈，凶眼睛，大拳頭，不然卽是貴族。我這回之印引玉集，大半是供此派諸公之參考的，其中多少認眞，精密，那有使着『天才』，一揮而就的作品。』他臨死前，還在蘇聯版畫的序文里面警惕着中國的木刻青年：『我們的繪畫，從宋以來就盛行『寫意』，兩點是眼，不知是長是圓，一畫是鳥，不知是鷹是燕，競尚高簡，變成空虛，這弊病還常見於現在的青年木刻家的作品里，克拿市發珂的新作『尼泊爾建造』，是驚起這種懶惰的空想的警鐘。』這些沉痛的批評，不僅在過去，就是在今日的木刻界也有着重大的意義，因爲這種弊病，還未完全克服。

三

美術上採用舊形式的問題，在一二八之後，就被提出了，當時一般美術青年僅把它看作簡單的宣傳工具，沒有想到它同時也是藝術本身的問題。魯迅先生對于採用舊形式問題就有着深刻的見解：『採取中國的遺產，融合新機，使將來的作品別開生面也是一條路。』（木刻紀程小引，一九三四年）在論美術上『舊形式採用』的一文中，更肯定的，具體的，辨證的說出了『我們有藝術史，而且生在中國，卽必須翻開中國的藝術史來。採取什麼呢？我想，唐以前的眞跡，我們無從目覩了，但還能大抵以故事爲題材。這是可以取法的；在唐，可取佛畫的燦爛，線畫的空實和明快。宋的院畫，萎靡柔媚之處當捨，用密不苟之處是可取的，米點山水，則毫無用處。後來的寫意畫（文人畫）有無用處，我此刻不敢確說，恐怕也許還有可用之點的罷。這些採取，並非斷片的古董的雜陳，必須溶化于新作品中，那是不必贅說的事，恰如吃用牛羊，棄去蹄毛，留其精粹，以滋養及發達新的生體，決不會因此就會『類乎』牛羊的。……至於現在，卻還有新年的花紙，和猛克先生所指出的連環圖畫。這些雖未必是眞正的生產者的藝術，但和高等有閑者的藝術對立，是無疑的，但雖然如此，牠還是大受着消費者藝術的影響。例如文學上，則民歌大抵脫不開七的範圍，在圖畫上則題材多士大夫的韻事，然而已經加以提鍊，成爲明快，簡捷的東西了。這也就是蛻變，一向別謂之『俗』，注意於大衆的藝術家，來注意於這些東西，大約也未必錯，至於仍要加以提鍊，那也無須贅說的。……舊形式是採取，必有所刪除，旣有刪除，，必有所增益，這結果是新形式的出現，也就是變革。』從這一段話中，已明白地可以看出，魯迅先生之所以提倡採用舊形式，並不僅僅爲了容易進行宣傳工作，同時也是爲了藝術本身的發展『新形式的出現』。至于採用的毛方法，他認爲『並非斷片的古董的雜陳』，或簡單的增格，而必須『棄去，留其精粹』，『融合新機』，使之成爲『別開生面』的『新的生體』歸。

有了民族色彩的是否會障礙中國藝術的國際化？在一九三四年覆木所刻年李霧城的信里，答復了：『有地方色彩的，倒易成爲世界的，卽爲列國青注意。打出世界上去，卽于中國的活動有利。可惜中國青年藝術家，大抵不以爲然。』魯迅先生這種正確的遠見，當時在一般從事木刻的青年所不了解的；就是在今日，還有許多人『不以爲然』，担心採用了舊形式會降低藝術的价值。關于這一點，魯迅先生早已在一九三二年『在論第三種人』的文章中說過了：『連環圖畫是產生不出託爾斯泰，產生不出弗羅培爾來『（蘇文——豐註），但卻可以產生密開郞該羅，達文西那樣偉大的畫手。而且我相信，從唱本和說書里是可以產生托爾斯泰，弗羅培爾的。』

我們從這些零碎的引證中，已經看到了運用舊形式的理論的全部輪廓了。

四

魯迅先生關心中國的新興木刻，猶如慈母愛護自已的兒子那樣無微不至，每一次展覽會他總是去參觀的，就是在一九三六年十月十六日舉行於上海青年會的第二屆全國木展，開幕的那天（十月十八日，離逝世祗十天），還帶着病來參觀，並且與在場的木刻青年談了許多話，貢獻了許多寶貴的意見；木刻青年們每一次向他募捐，他從未拒絕過，總以非常抱歉的神情在募捐簿上填上捐款的數目；許多木刻青年寄給他的作品，他總以誨人不倦的精神答復他們，勉勵他們，批評他們；他爲了中國木刻青年們的先天不足，精神糧食的貧乏，編印了十多本非常有價值的木刻集，已經編就而沒有出版的尙有拈花集（蘇聯木刻），十竹齋箋譜（二，三，四卷，中國古代木刻）等；他爲了想使外國人從中國的藝術中見到中國的革命，在一九三四年親自選集了百餘幅木刻，托一個法國的女記者帶往歐洲去展覽，後來據說，曾在巴黎，柏林，莫斯科，倍受歡迎。

一二八前後，魯迅先生曾熱心于收集各種祕密印行的畫報，這些畫報是用鋼版印刷機和油印機印成的。爲什麼要收集這些東西呢？他曾對一個送畫報去的美術青年，說過這樣感動的話：『這些東西，過二十年後再拿出來看看，就覺得寶貴了！而你們在今天不知明天事的環境，都是無法保存的。所以我來替你們保存這革命的史料罷。』從這件小事中可以看見魯迅先生對於中國美術，中國革命關心的程度了！

魯迅先生的最後八年中，編印了許多木刻集，其中大半是自費印行，例如裝璜最精美的士敏土之圖，引玉集，北平箋譜，十竹齋箋譜，珂勒惠支版畫選集，死魂靈百圖等，魯迅先生的自費印書，決不是像書店老板那樣爲了圖利，更不是像那些名流學者自印裒中郎全集的那樣藉此風雅，而是爲了中國木刻的青年。他說：『我常常自已印書的原因，因爲書局印的，都偷工減料，不能作爲學習的範本。』（給曹白信）

五

從上面很零碎，很不完全的敍述中，我們已經可以知道魯迅先生與中國的新興木刻關係之深了。力羣說得非常確切：『一提到中國的新興的木刻，就和魯迅先生的名字分不開，正如提到中國的新興文學不能和魯迅先生的名字分開一樣。』

中國的新興木刻，在短短的十年中，能有這樣的收獲，能在百般摧殘中，百般困難中長大起來，能够始終如一地保持着最積極的精神，去爲民族爲大衆的解放而奮鬥，這些光榮的成績可以說全是由于魯迅先生苦心的哺育指導，鼓勵保衛，和木刻青年們的努力的結果。

附：魯迅先生對於版畫工作的年表

（此年表是曹白所寫，有△者是我加上的）

一九二九年

近代木刻選集（1），小引並附記（選印畫冊。共十二幅，爲歐，美各國木刻家所作。）

近代木刻選集（2），小引並附記（選印畫冊。共十二幅，爲歐，美，日各國木刻家所作）。

蕗谷虹兒畫選並小引，（選印畫冊。日本蕗谷虹兒作，計十二幅）。

比亞玆萊畫選並小引，（選印畫冊。比亞玆萊作，計裝飾畫十二幅）。

一九三()年

新俄畫選並小引（選印畫冊。共計十二幅，內有木刻四幅，黑白畫八幅，蘇聯法復爾斯基等作）。

△演講：美術上的寫實主義問題（地點：中華藝大聽講者有美術青年百餘人）。

△第一次珍藏版畫展覽會（地點：北四川路，上海購買組合。出品：蘇，德，法等國，一部份是複製作品）。

梅斐爾德士敏士之圖并序（自造畫冊。德國梅斐爾德作，木刻木幅，珂羅版精印）。

一九三一年

△寫一八藝社習作展覽會會刊的小引辦木刻講習會（地點：長春路日語學會，學員十三人，係一八藝社社員，計時一星期）。

一九三二年

△畢斯凱來夫鐵流之圖（蘇聯畢斯凱來夫木刻，因一二八事變，製版被焚，故未印出）。

第二次珍藏版畫展覽會（地點：北四川路，上海籌實組合。出品：蘇，德，法等國）。

△講演：美術上的大衆化與舊形式利用問題（地點：江灣路。野風畫會。聽講者四十餘人）。

一九三三年

第三次珍藏版畫展覽會。

1.第一展覽會場（地點：北四川路，千愛里。出品：蘇，德，法等）。

2.第二展覽會場（場點：老靶子路，日本青年會。出品：蘇，法，比，西，葡，美等國）。

北平箋譜并序（與西諦合印，共六卷，爲保存中國固有之木刻而印造，由北平木刻名手復製）。

十竹齋箋譜（與西諦合印，共四卷。此亦爲保存中國固有之木刻而印造，由北平木刻名手複製。因工程浩大，至今僅出一冊，餘在刻製中）。

一個人的受難并序（選印畫冊，比國麥綏萊爾木刻連環圖畫之一。共二十五幅）。

創作木刻法序（白危作，上海雜誌公司出版。序文收集在南腔北調中）。

論翻印木刻（南腔北調）。

一九三四年

引玉集并後記（自造畫冊。蘇聯諸名家木刻，共六十幅。珂羅版精印）。

集選中國新興木刻世界流動展覽會作品（此展覽會爲法國V.U.之女記者所主催，帶往巴黎，柏林，莫斯科展覽）。

木刻紀程并前記（自造畫冊。中國木刻青年們作，原版印製，共二十四幅）。

選印譯文月刊插圖

一九三五年

△再版引玉集。

一九三六年

蘇聯版畫展覽會記（刊於二月二十三日申報）。

蘇聯版畫集并序（選印畫冊。良友圖書公司印行。共一百五十九幅）。

死魂靈百圖并小引（自造畫冊。橡皮版精印。俄A.Agin繪，Beknnrp-ski刻。共一百零五幅木刻。並附P.sokolov插圖十二幅）。

凱綏、珂爾惠支版畫集并序目（自造畫冊。用珂羅版精印。德國凱綏珂爾惠支夫人作。共計木刻，石刻，銅刻二十三幅）。

E.蒙克版畫選集（選印畫冊。文化生活出版社印行）。

麥綏萊爾後畫選集（選印畫冊。文化生活出版印行。編就而未印行者

拈花集（自造畫冊。蘇聯木刻，約六十幅）。

1939年十二月作于魯藝，

從能動的畫想起

盧鴻基

多時不看電影了，居然在鄉間也托福看到一張「遠東風雲」的片子，眞是非常榮幸和頗爲暢快的。然而，暢快而只到頗的程度，還不十分暢快之罰也。爲甚麼呢？那是第一，我就不是老於看電影的，第二，既沒有中文的說明，又沒有人加以傳說，對於它的故事情節就不大知道，所以自首到尾，就只看得胡胡塗塗，不知詳細的情節怎樣。這當然要給老於看電影的朋友笑得爲低能的，可實在也毫無辦法，有些同看而要笑我的朋友呢，我以爲他們比我明白得多了，但問問他們，也是猜謎子一樣的在猜，和我一樣的摸不嬨清。

然而我却因此得到了一個啟示。

譬如對於繪畫，一般人總以爲它是藝術中之最最容易使人，尤其是一般老百姓接受的，其餘都比不上它。這當然是很合理的論調。因爲，像一般學者要做幾十本厚厚的書來研究它而還研究不透的達文西的「微笑」那張畫兒，即使給中國的老百姓看吧，他也知道那畫的是位姑娘（或太太），而且頗爲漂亮的。他也會滿足於這鑑賞。

可是，觀衆很有些不自量，他於此滿足之外，還想知道這所畫的是什麼人，畫來做什麼的，甚而還要知道是誰畫的。這就有些討厭了。假使文西還在，他也許會給你解說一下的。（其實他已說是孟麗沙了），但更要有些不自量的觀者問他說，爲甚麼不覺得連一句說明也不用呢，不加說明才是最有價值，最通俗的繪畫呀。這時，我想文西就只好抱頭鼠竄了。這一點他實在辦不到。但幸好，到現在爲止，還沒有人說文西是蹩腳畫家。爲甚麼呢？他是文藝復興的三傑之一呀！

「微笑」如此，「最後晚餐」，「最後審判」也莫不如此。它們已是連環圖畫，更富於故事性，是只要看下去就懂的。但這在西洋人或者耶教徒是可以的，至於就是忝在學藝術的我們，也還不能夠。除非熟悉了聖經故事，或者有簡短的說明，要弄懂就要讀批評家的批評，歌德及托爾斯太的長篇大論的解說「最後晚餐」就是一例。這是一向就如此的。一下子看不懂，沒有人說我們低能；不能給我們一下子完全懂，也沒有人說作者低能。可是，現在的人對於宣傳畫可眞苛刻得作者非根本改作，或停止動手不可了。

繪畫雖說以有具體的形象見長，可實在也並不是萬能藥或立效劑。它的作用也只是啟蒙手段之一而已。法國人看了馬賽曲的彫像可以燃燒起革命的熱情是眞的，可是一看了馬上完全了解，馬上革命就不見得。拿藝術來宣傳是再適合不過的，但以爲一個老百姓只要看了一幅畫而馬上走上前線去，是也有些近於夢想。大概是拿宣傳畫給他們看之外，還得有其它的教育工作，例如拿抗戰故事說給他們聽，演戲給他們看，向他們演說，用幫助他們的生活困苦的行動去感動或感化他。這才能達到宣傳的效果。倘以爲一張畫眞的抵得了一切旁的工作，那倒是非常之好的。但那時，一切文字行動的事就可以根本不要了。但有些人眞的是這麼苛刻，而實際上便是閉着眼睛做夢。

譬如吧，有人畫幾個荷槍的男子站在那里，而且是寫實的，旁的沒有什麼大毛病。也有說明。而知識份子的觀衆說話了，說民衆看不懂，因爲民衆不識字。這自然是話的，可是你試想想一下吧，假使你突然看見實際上有幾個男子荷槍站在那里，而又不知就里，那你一定東疑西猜，非請人告訴你他們在那里做什麼，是什麼人不可。又，假使有一張照片，上面也是這麼一個情形，你也一定要想知道它的一點說明的。開首所說的電影，是最寫實不過了，最實在不過了，是一個個的人，一件件的事在動，在演變。比起畫及連環圖畫的還不能十分寫實和沒有活動性來，眞是天差地遠了。可是，假使沒有說明或者他們所說的話我們不懂，我們也會弄得莫名其妙。叫比我們更要少看電影的老百姓就更不用說了。電影是最容易爲民衆接受的東西，而也要出名子，足見雖是有形象可視的藝術，要領略他所傳達的思想也非再加以口頭或文字的解說不可。因爲，由形象所傳達的那瞬間是作品中帶來的情感，還不就是思想，必須通過思維，再藉這情感追索到由他所伴來的背後的意義，人們才算懂得這張作品，它的目的也才達到。並不是只要一瞬間就什麼都了解無遺的，有這種敏感的人究竟很少。由此可見，一張畫，一個連環故事畫，它能不加說明最好，否則大可以多加兩句，是毫無問題的，爲甚麼一定要它連一個字也不要的那麼苛刻呢！

自然，畫那些抽象得要命的畫面，的確要不得，因爲即使加了說明也不易了解。可是，給人出了個「抗戰必勝，建國必成」，「不違背三民主義」似的難得要命的題目（後者有人畫一個軍人站在一本三民主義上面，有些人極端稱賞，可只與作者同是教人知道他們是傻料的呆伯罷了），而且要人畫出來又不要加說明，那作者就只好悶煞了事，除非他有神人式的聰明。畫「踏花歸去馬蹄花」的宋人的佳話，雖爲人所稱道，並拿來做奚落當今的繪畫青年資料，但古今中外好像也只此一樁佳話。假使你向嘲笑你的人反問吧，『先生，你會寫文章，可是不見得人人都喜愛，都懂呢』，要是我們眞能够這樣問一問，那他的嘲笑與苛刻至少要變成小丑的。

說了半天也並無深意，不過說圖畫是不妨加點說明的。看圖識字，看書賞圖，可以相輔而行。一些苛刻的愛美者Amateur的空腹高心的高論，實在不十分要得。

貴之苛刻者們，以爲如何？

關於詩與田間底詩

楊雲璉
胡風

一 來信

胡風先生：

我們是陌生的，但在同樣愛好文藝工作這一點上，也許並不陌生。而且，我又是先生底文藝批評的忠實讀者，時常與先生底大作接近的，在這點意義上，也許我們是非常熟稔呢。

自『七月』一停刊，許多青年盼望着知道先生的消息，更切望着『七月』的復活。我也是其中的一個。現在，『七月』是如願地復刊了，而先生也有了消息。這似乎是一件足以欣慰的事。

復刊後的『七月』，應該是比過去更強壯，更能給我們熱情與溫暖了。事實的證明，確也是如此。我在此地禱祝『她』底勃發吧。但當然，先生的熱力與堅決，是一定可以使『她』生長得很合青年們底理想的。

在復刊號里，載着田間先生的一篇名叫『榮譽戰士』的詩，這却引起了我底嘮叨了。田間先生是我熟悉的詩人。他底特殊的形式，曾經獲得我崇高的景仰。直到現在，我還非常愛讀他。也就因爲了這點，我覺得有說幾句愚蠢的話的必要。

在周揚先生主編的『文藝戰線』里，已有人談到田間先生的詩作了。想來，該不無很好的指示吧。而田先生依然拘泥於偏短的形式，過分地吝嗇詩句底容量，卻是很不好的。田先生曾經用他底特殊的作風，打破詩底形式的桎梏，但恰如先生所說，他在打破舊的形式之後，卻又被他自創的新的形式縛住了。站在固定的不靈活的形式上，他缺乏熱情地堆積着詞彙；而這樣的堆積，引導着他底詩的作風走向歧途。

把一些零碎的字句，嵌進固執的形式中，而吝嗇着熱情，總是很不自然的吧。

眞的詩，是心靈里的歌聲，是健全的情感的發洩。正因爲這樣，情感與歌聲是需要在一種自然的形式下流露的。經過人爲的造作，故意地把奔流的情感與雄偉的歌聲，安放在一個狹小的木匣里，該是不應當的吧！

我非常奇怪田間先生爲甚麼毫不選擇地，把一個完整的句字截成數段來安排。這樣做，是爲了加強印象嗎？加重情感嗎？抑是爲了顧全形式呢？

把一個活生生的人，無故地斬成數段來安排，也許是美觀一點，但卻失去了生命！

我覺得田間先生的這種『削足就履』的作風，是不應該長長延續的。

若說不是爲了形式，便不外乎是要使讀者在閱讀的時候，能够起更多的共鳴。但這也必須詩里面有健全的情感。否則，完整的印象旣不能從零碎的字句中覓出，傳導給人的情感，也是單調無力，而且殘破不全的。

這里，我覺得：——

「那女人，
今天
坐在歡迎會的
院落，
一面
喂她底
乳兒，
聽着
演說，」——田間

與

『在北方，
乞丐用固執的眼，
凝視着你，
看你在吃任何食物，
和你用指甲剔牙齒的樣子。』——艾青

比較一下，是最好不過的。

在石坍零亂的地上走，與在石坍彼有秩序地鋪着的地上走，是有着兩種絕不相同的心情的。

但自然，田間先生與艾青先生是有着不相同的作風的。不過，我覺得在表現上是一樣地應該明朗的。

內容受形式的牽掣，總不是好的吧？年青的我們需要多汁的蘋果。多節而乏汁的甘蔗，是徒費我們的咀嚼而已。

胡風先生，我底話是否全無理由呢？

此頌

撰安

七月的讀者楊雲璉上

七月三日

二　回信

雲璉先生：

接到信的時候會回了短信，說是要把來信和我底答覆一同發表，但匆匆間半年已經過去了。當時想，關於田間底詩，很有些抱疑難的人，我們不妨趁這機會討論一下，不過，要切實地討論，牽連的問題就不少，而田間底幾冊詩集我手頭又一本也沒有，所以終于拖到了現在。

像先生所看到的，關於田間底詩，我只在「中國牧歌」前面寫了那麼一點介紹，但爲了那一點介紹，我挨的罵眞不少。首先是一個詩人罵我「瞎捧」，以後，有些批評家，每一提到田間，就要冷嘲熱罵地牽到我。但奇怪的是，他們所指出的田間底好處，並不能超過我所指出了的範圍，他們所痛罵的壞處，也不能超過我所指出了的範圍，而且比我說得更零碎更不着實際。至於那些只罵而不講道理的批評家，就更不用說了。

前天接到一份「中國詩壇嶺南刊」，有一篇批評「呈大風砂里奔走的岡衛們」的文章，里面就有這麼一段：

關於田間之出現詩壇是要多謝胡風的極力推薦，有人說胡風以一個批評家的資格過份偏愛田間，遂至把田間偏見地提高起來了，因此有許多地方，就會令人起反感，認爲田間並不是一個怎樣了不起的詩人，他的作品是淡然無味，矯揉造作的。

以下，還指出了，「壞的就是懦弱浮淺與無力」，「多麼淡淡乏味啊」，以及一兩個字一行的形式，詞句的「反常不合理」，和「好的就是給我們帶來了一幅讚美鬥爭，得些光明，熱愛祖國，尊重群衆的思想圖影，充溢着些不無幾分新鮮，原始，質樸色調的氣息。」

姑不論他所說的「淡然無味」，「矯揉造作」，「懦弱浮淺與無力」，都是些文字上的濫調，不能成爲說明內容的批評，也姑不論他所說的具體的壞處如形式與詞句，我在那篇介紹里面已經說過，單就要點去看罷：他所說的好處和壞處一點也不能彼此互相說明，壞既壞得那樣，好又好得這樣，只有使人莫明其妙的！

但我並不把田間當作「了不起的詩人」，從前也沒有這樣「極力推薦」過。那篇介紹，先生是見過的，後來收進了「密雲期風習小紀」里面，看過了那的讀者，只要不是預存「反感」，當能爲我作證。不拿出更正確的理論來把我底論點打倒，只要在我底鼻子上抹一塊白粉，由這掩盡一切人底耳目，當不會有這麼便宜的事情。

然而，我知道先生底指摘是善意的。看了先生底意見，再重看一下那篇介紹，我依然覺得我在那裏面所說的話並沒有什麼錯誤。當然，時代進展了，文學進展了，今天我們能夠而且應該在田間底身上看出進展或者停滯的痕跡。

我曾說過，詩「應該是具體的生活事象在詩人底感動里面所援起的波紋，所凝成的晶體」，對於這個「詩底大路」，田間是「本能地走近了，雖然在他現在的成績里面還不能說有了大的眞實的成功」。爲什麼只是走近了而已呢？因爲，「在他底詩里面，只有感覺，意象，場景底色采和情緒底跳動。」因爲，他還沒有達到「和他所要歌唱的對象的完全融合」。

從這裏，你當可得出幾個結論：

第一，我沒有把田間當作一個完成了的「了不起的詩人」看待；

第二，我沒有先從形式上去看田間底創作特性，他底形式（我再斗胆地說一句罷，他底帶着天才光芒的形式），正是從他底詩心和生活的結合道路以及結合强度這上面產生出來的；

第三，我提示他應爭取和「對象的完全融合」，在和生活的結合道路以及結合强度上更向前進，這自然也就是在形式上的更向前進。後面我還在消極方面提出了幾個應禁防之點。

三年的時光過去了（我底那介紹是一九三六年，到去年「七月」收到時約三年），全中國捲入了田間在那時候就已沉醉地歌唱着的民族戰爭里面。

那麼，他是否有了進展呢？或者，只是停滯着呢？我覺得，某些方面，是略略有了進展，但有的方面，却停滯着，客觀上也就是後退了。

什麼是和「對象的完全融和」？那就是，作者底詩心要從「感覺，意象，場景底色采和情緒底跳動」更前進到對象（生活）底深處，那是完整的思想性的把握，同時也就是完整的情緒世界的擁抱。詩人底思想性和情緒世界，如果是經由這個道路得來的，那將是「了不起」的東西，優秀的詩「兒童節」就是一個明顯的萌芽，在那裏面，形式也找到了它成長的道路。可惜的是，田間在這個主線上的進展只是偶爾火光一閃，全般地說來，還是停滯在「感覺，意象，場景底色采和情緒底跳動」上面。那些衝動式的期待，以及「史沫德萊，笑了，在中國……」，就是從這里來的。不向這追究，只駡「笑了，在中國……」爲不通的批評家，是不懂得田間，更不懂得詩的。

當然，在戰前，他底詩里所充溢的，戰爭底與人民（主要是農民）底「感覺，意象，場景底色采和情緒底跳動」，對詩壇有了寄與，對讀者有了感興，但當把生活推進了深刻的變化的戰爭眞正來了以後，這一切都失去聲色了。田間雖然還不能從這裏前進，但他底生活却投進了戰爭，而且還發動了所謂「街頭詩」運動。什麼是「街頭詩」？我想，那不外是作者從人民對於政治事變的突發的感應里面把政治動員溶化進去了的鼓動小詩。那麼，從田間底創作特性看來，他對於這一運動的熱心和這一運動在北方戰地的開展，就不難得到理解了。再讓我斗胆說一句罷，田間是第一個拋棄了知識份子底靈魂的戰爭詩人和民衆詩人，他這一工作里面是有使他底生命發展的可能的。

然而，同時我們也應該知道，田間還是一個沒有完成自己的詩人（我們已有了多少完成了自己的詩人呢？），最不知道自己底缺點的詩人，如果他不能獲得向生活深處把握的能力，也就是把握生活當思想性和擁抱情緒世界的能力，那他就會在感覺世界里面四分五裂，終於潰敗而已。現在，一方面是批評家底蒙頭不着腦的打擊，一方面是編輯先生底交際辦法（田間被喜歡發表或出書，但他底詩十首里面只有兩三首可以介紹給讀者），這都是需要他自己深加警惕的。

從上面的分析出發，對於先生底意見可以提出一點回答了。

先生說他底形式是「固定的不靈活的形式」，而不是「自然的形式」，但我以爲恰恰相反，那不是形式問題而是內容問題。他底形式，最不「固定」，且過於「靈活」，原因是，他底感覺或情緒，還只是在生活對象上面跳動的。如果「不自然的形式」指的是沒有反映出情緒底自然的流，那是可以的，雖然問題似乎還應追到內容方面去。

先生說他「吝嗇詩句底容量」，「故意把奔流的情感與雄奇的歌聲安在一個狹小的木匣里」，我覺得也似乎恰恰相反。他並不是使內容削小適合形式，而是他底內容底容量只用得着這樣的形式，他底情感並沒有匯成「奔流」的狀態。當然，他底形式對於他底創作多少是有些反作用的，但目前，主要的似乎還是內容問題。

先生說他「缺乏熱情地堆積着詞藻」，但其實，他對於歌唱的對象，一般地說來是處在一種陶醉狀態里面的，如果「缺之熱情」是指的不能把握一個完整的情緒世界，那當然是對的。

至於這首「榮譽戰士」，我以爲是一首較好的詩，那里所表現的情緒是成了一個流的。有一位批評者說他找不着「榮譽戰士」在哪里，但還是誤會，原因是他沒有看出這個女人就是一個「榮譽戰士」。女人，而且不像是智識份子的女人，又在「喂她底乳兒」，然而却正是一位「榮譽戰士」！

——因爲她呵
也流了血
爲着
祖國。

至於拿田間和艾青比較，誠如先生所說，「是有着不相同的作風的」，而且在「完成」度上也相差得很大，雖然一個銳眼的批評家不難從這個比較發現許多東西。

因爲感於先生底善意，所以拉雜地寫了這些供你以及其他讀者底參考。簡略是太簡略了，但我希望不久有詳細的評論出來，當然也希望能傳到在敵後的田間底手里。

最後，還有一點說明：對於田間的分析，不外是爲新詩求前進，所以，即使田間本人失敗地停滯，甚至潰敗了，但我們還是要從他所冒險跨上的道路取得教訓的。田間在詩壇所生的影響我們不是常常可以看到麼？

專此，即致

敬禮！

胡風

一月一日深夜

一〇六號橋

——滇緬公路是怎樣築成的

木楓

這地方沒一處天遠接攏地平線，大小山峯如院頂的牆垣，包圍住村落和城市。走上五七天長路，眞正得跋涉過千山萬水。

西南國際交通線的巨大工程，就是穿過這天險的地帶。

大山像幾枚海螺的列立，路是它們背殼上的紋線，不過更續着屈折些。從山頂趕到山脚下，須兩頭不見太陽。走通這一段火夾彎下坡路，一條乾溝橫臥在行人足尖下。總出口歸落大江，來源的各個岔頭散穿在山坳裏。此處溝身寬度二十丈開外，但乾涸得見底的時日佔多數。溝底遍是青灰色的石子，大的比黃牛還大，猪樣大的，人頭雞蛋大的；或許只是一片細沙。

溝岸兩旁山上，有林叢，墳塚。

關於這溝，曾有一段神話留在附近居民的嘴上。它是一條母猪龍，頭藏在瀘江底吸水；尾巴發岔，攏在大小蓮花山上，石子是鱗甲。冲大水時是母猪龍發瘋作怪。

有時人叫它洗脚溝，又有時叫吞山河。聽聽這兩個含義多末矛盾的名詞，你當意想得到這乾溝的古怪處。一年內，有三百天只流着碗口來粗的一股水，過路人洗脚還嫌水流太細小；但每當久雨後山洪爆發，千個瀘江滙合起來也不及它那麼汹湧。在轉彎掉向的地方，山腹常被冲掃去幾十丈寬。水是渾黃的，夾帶着泥沙，樹幹，比八仙棹還大的石頭。有些日子，野牧的牛羊在溝底鵝卵石上打滾擦癢，或者上路人正走到乾溝中心，來不及趕攏對岸，突然間大水冲來，他們就難有活命的盼望。

逢山開路，遇水搭橋。這是開闢交通綫的道理。要聯接起東西兩個路頭，橫架洗脚溝得修造一座石橋。自公路起點推數到此，大小橋樑中它列在一〇六號。估建築材料最大量的石頭可以就地採取；只有封石條口縫的石灰和燒煉鋼鐵錯鑿的柴炭，要到十里外一個鄉鎭上去搬運。石匠小工從遠遠近近徵募來，分在溝岸兩邊住下。

是柳條發青時興工的，到石榴花像一團火開放在樹梢，石橋礅已築成了大半。

四五天來下着連綿雨，做不成活路。橋是限定在九月底完工，大家在急愁得甚麼似的。

夜間。

兩列低矮的火棚，濕淋淋立在洗脚溝邊，柴門開對溝心一排石橋礅，像一隻母鵝的眼睛守望住自己的蛋窠。雨點打落在草棚頂上，順着茅草梢再滴溜下落面，發出輕微而又沉慢的響聲。

徐四拉開一縫柴門，探出上半截身子，伸手向簷外試兩點子的粗細疏密。天空黑沉沉的，山脚下一片禾田隱沒在茫茫夜霧里，對岸火棚內閃亮着幾點淡弱的燈光。他縮回身子，掩上柴門，走轉來撿攏李大師坐下。他皺住眉頭兒，担心着石橋礅和河邊田裏的穀秧。

李大師手中捧往一冊「玉歷寶鏡」，和眼睛，燈光放成三角形的位置。他一股正經的哼唸着，腦袋兒隨句讀起落打旋轉，一個大頸瘤藏在灰花色鬍鬚背後顫動，如一枚洩過氣的皮球。他趣味橫生的，在自個兒哼唸，調子雖然永遠那末呆板無變化，但是還抖得起喉嚨，聲音戰巍巍的。賴二壁虎縮在後面聽得够勁兒，不時的擠弄眼睛。趁李大師翻書頁頓口氣的時候，順手摘下夾在耳峯上的半截煙尾，去地爐邊撿起一枚紅火炭來燃吸着。

「賴二壁虎，你又偷吸老子煙尾巴啦！爛賊骨頭。」

賴二這人生性有些奇怪，他有時像三四歲小孩哭哭無常，正經起來又像五六十歲老公公一板一拍。羅三麻子們就愛作弄他，逗趣尋開心，無故尋罵他幾句或踢打他兩拳脚。

這時，羅三麻子又嘲諷賴二壁虎。但賴二裝做着沒有聽見，不去理睬，依然偏着頭諦聽李大師的哼唸。

「那次偷海棠居一個銅茶壺，請你玩鴨子浮水，還記得嗎？二壁虎。」羅三麻子逼着笑罵他。

「不偷過那家姐兒妹子××？左一次右一次找閒話說。偷人又怎麽樣，玩鴨子浮水又怎麽樣？干誰個雞巴事。」賴二壁虎滿臉忿怒。但他的生氣不是因爲羅三麻子摘自己舊時的瘡疤，太不講情面；他動怒的眞正原因是自己正在興奮奮聽李大師哼唸書，羅三不識趣要來嚕嗦打攪。

羅三麻子也並不介意賴二回話粗重，依然笑嘻嘻的說：

「還有一次啊，在水井邊偷婆娘人洗曬着的褻脚布，濫褲子。被捉住了，不是吳貢爺講情哪，陳鄉長要漆『賊』字在你腦門上。」

「三麻子！我告訴你。任欺老雞種，莫欺鼻涕筒。年輕人翻翻成龍，翻翻成蛇，看三五年後賴二發了快，那時你三麻子不是要找上門來，禮恭必敬的彎腰作揖，叫叔叔喊伯伯才怪。」

「我現在就對你恭敬，作你揖！請你莫到我家屋前後去打壁洞。」

「你一門股說冤孽話挖苦人。好漢難保身後事，你三麻子有一天得悻時到坳子底。」

「二壁虎將來要做太官，買田地，蓋高房子，討幾個好看的太太。那時我做幫手，來偷你太太老婆的臭××。」

「偷着老子剁掉你那根總筋。」賴二壁虎說着，舉起手巴掌來，比做一把刀的姿式。

賴二羅三們經常互相打鬧吵嘴的，但從來不因此見眞紅過臉。本來還不到睡眼時間，但因落雨天寒，又閒着沒事做，大家都脫去衣服，蜷伏在被窩里暖些。睡是睡不着的。

徐四熱心工作，也愛惜時間。不輕易讓光陰在閒散中溜走。長天白癡癡沒事做，他會感覺到無聊賴。

羅三李大師們全都安睡在床舖上了。徐四自屋角翻找出來幾隻濫草鞋，從腰帶上抽下一束穿通洞錢用的蔴串子，像蜘蛛結網，坐在一盞樹油燈旁，慢工細夫的補織。

賴二自有他的心事。

對於羅三麻子的時常欺罵自己，那不算回事；實在羅三也不是甚麽正大人物。若論李大師，他手藝好，做人正直，是工人們首領，大家尊敬他。李大師倒不嫌棄自己過去走過邪路，而且還常常稱贊自己做活路不藏奸，聽旁人勸告學好。這是李大師親口說的，他將來要收賴二做個徒弟；至於徐四，修洗脚溝橋是李大師得力的膀臂，他走過四大爽方，見識高，性情溫和。人年紀輕輕，有本領包攬蓋房子打圍牆的石活工程，做撑鍋大師夫。他同自己也很要好。這兩件事情，賴二想起來會在心頭開花。

還有一件事，如一顆閃光的寶，常常鑲在賴二腦子裏面。因爲他來做工的關係與衆不同，大家是義務性質，照自己的門戶；賴二爲一個大戶人家出身僱來的抵工，每天除去伙食，還有五毛錢干進腰包，三兩月後他會積下來五七十塊錢。那時節，不是製備一套傢具跟李大師學習手藝，就買匹小馬趕街做生意。總而言之，甚麽都好！前一種，待手藝學到家了，到處受人家尊稱「大師夫」；做生意也行，趕着小馬馱一馱貨物來往順江街，鄉姑娘會飛來眼鋒，柔要柔氣的老板長老板短。

賴二睡在床上，他的眼睛看着徐四在補織草鞋，一面心頭想算着幾個月後的生活。「領取來大筆工錢，買一匹小馬，要四脚白，把牠餵得肥肥壯壯。不趕街時拉出去自己騎。鞭桿打下去，馬也兒飛跑起來，身子在馬背上做傘個趙子龍姿式。…………」賴二想到這裏，週身熱辣辣的，不禁「噗嗤」一聲笑出聲息來。他爲要掩藏自己傻氣，就順口「哈……嘖……」一聲，喃喃着說：「下連天雨天氣變寒了，衣服單薄容易害傷風，鼻子塞打噴嚏，流個清鼻涕。」

雨點落在草棚頂上。徐四依然在補綴着濫草鞋。他打了個呵欠，煩燥的說：

「老天要睜眼哪！再不晴怎麼得了？田裏的穀秧，我們做不成活路。」

「是初五那天開始下雨的，酉時，不錯吧？我算算看。」李太師說着，把右手伸出被窩逐來，用大姆指尖個琢點數着其他四個手指的屈節「。明天是『留連』，不能晴；後天『太安』，准一晴了。這是吳道人傳授的『天綱時』，百試百驗呢。」

賴二也掀開被蓆坐立起來。赤着上身，兩排肋巴骨大明大顯的凸露在肉皮底下，配上一張乾癟癟的臉嘴，確有八九成像個老瘦的壁虎。他兩手杵立在舖席上，一起一落的不住彎腰點頭。

「老天！我磕你頭，快些晴了罷。你要是受窮不受敬呀！明天再下，我操你八十三代祖宗。」

徐四已補完幾雙濫草鞋，他有些兒疲倦了，站起身來去打瓢冷水，潑熄了地爐上的紅火炭；將柴門閂牢，才脫去衣服睡下。

這陰雨的夜，人在睡夢中也是悠悶的。

天剛約莫撒亮。羅三麻子瀉肚，要起床去響大便。儘找找頭一晚脫放在枕邊的褲子不見了。他爬過去揭開二壁虎的被蓋，將他從睡夢中扭醒，擰住他一隻耳朵審問：

「毛驢！藏老子褲子在那兒？不快快交出，要你狗命。」

賴二睞閃着一雙朦朧睡眼，蹺起嘴唇，露出兩排不整齊的烏黃牙齒，沙啞着聲音說：

「大清早打擾人瞌睡，我不曉得。」

「不是你有那個？賊脚毛手的。」

「人這樣多呢，專門寃枉在我身上，有甚什麼憑據？無故誣賴人，教你眼睛滴膿滴血，放手。」

賴二搖甩着腦袋，去扭剝羅三的手指。

「教我去騙誰，別人不學你脚手不乾淨，你賭過咒我就饒你。不准那樣，」一邊嘴上說着換刀換槍，一邊脚尖子在地皮上劃着『不』字。」

賴二趁羅三手下一鬆，湊個冷不妨掙脫了，赤身跳下床，溜跑到火棚外去。

五更前雨住了。東方染一層茜色；山林裏有淡弱的光亮。

賴二壁虎打個寒噤，笑着竄進火棚來，他抖擻着收收嘴輕聲說給三麻子：「小劉拿的，你去搜看他枕頭脚。」

人如春雷響後的昆虫，帶着熱意和勁力。起床來洗臉，燒火煮飯，整理傢具。後來就地下蹲繞成一個圓圈，吃下一頓熱騰騰菜飯。

太陽紅汪汪的照着大地。造橋工人蠕動在洗脚溝中，他們週身感覺到輕暖。

雖然五六天來下連天雨，溝水確已漲高了些：但也微小得很，人涉水往來不必捲起褲脚管。從潮濕沙灘上蒸散出輕渺的白色水蒸氣，天空又漸漸的浮蓋着一層早霧。

在溝的中心一個石橋礅上，兩層新加石條的接口處，石灰被雨水滴瀉得疏鬆了些。爲要使全部工程沒頭髮絲樣細的罅隙，得重新封泥一次。

李大師分派賴二回火棚去澆拌一桶石灰，羅三和小劉抬荒石塡塞橋礅空心。他兩人扛好一堆堆積在橋礅旁邊，就偷個閒空，拿去賴二壁虎擺在兜籠背後的，那頂破濫不堪瓜皮小帽，找到塊沒水的沙地上去，當毛毽子踢着玩。

二壁虎回轉來時，見羅三和小劉把他的瓜皮小帽當毛毽子踢，他放下提着的石灰桶就奔跑去搶奪。

「祗得踢你爹爹的腦袋。」

羅三們把瓜皮小帽一把抓住，又溜跳到另一角去。

「你們欺祖呀！還來，不聽交接，老子就放手擱。」賴二檢起一個人頭大的石子，擧舉在右肩上做着眞的要對准羅三們拋擲出去的姿式。

李大師在那邊喊叫他們了。羅三才還過二壁虎的瓜皮小帽，走攏石橋礅來。李大師瞪個白眼說：

「閙了五六天還玩鬧不够嗎？抬荒石去，堆在左手邊那個橋礅脚下。今天說不定要沖大水，得趕着將橋礅空心塡塞好。」

李大師封泥着石條口縫；徐四塡塞橋礅空心。大小工作在徐四做起來如猴子剝炒豆。迅速，靈巧，精細，帶着强烈的趣味心理。他安放每一個石子，幾次翻轉來又滾過去，用鐵錘敲去牠一個尖角，或拿起鋼鑿來鑽削去兩片，總得使石子的身份吻合了位置方向，鑲塞得穩牢牢的。

填塞到這個橋礅的最末一層，徐四更加小心認眞，將大小石子個個放置得平，鑲塞得穩。因爲在這一層石塊上就要舖設橋面石。

在這個橋礅的對溝口那一面，鑲砌着一塊長長的石條，鑿磨得平整細滑。上面刻鑽着「一〇六號」幾個字（是十天前徐四親手鑽磨的），徐四用手指尖沿跡摸畫着，口氣非常謙下的問李大師：

「李大師，你看這幾個字刻鑽得怎麼樣？是我們留下的腳模手印。」

「好極，好極！和原樣毫髮不走樣。不是說自大的話，你我的手藝到處不會弱人。」

另一羣工人在打鑽着橋礅石，鋼鑽子碰觸在石塊上清脆的響着，丁當丁當！均整地前呼後應，一抑一揚。細石片在人頭頂上像蝗虫飛舞。

晨霧在天空上結積得厚厚的，又失去了初晴的那份明朗。

徐四抬起頭看看天色，怪不高興的說：

「莫非還晴不穩麼？」

突然從溝頭傳來一陣嗚嗚嗚……的響聲，像遠天響悶雷。賴二壁虎一把抓住李大師說：

「你聽，山在哮叫呀！」

大家偏住頭靜靜的聽着，響聲漸來漸宏大。一羣山雀從林叢間驚飛起來，往對面山飛撲過去。

「大水喲！收拾傢司趕快走。」李大師顫抖着嘴唇說。「露雨後的一場山洪快爆發了！」

聽是溝頭有大水冲來了，大家就急急嚇得甚麼似的，臉子發青，像被敵兵緊緊追在背後的負傷敗將，驚惶失措的，一團亂鬨鬨的對溝岸奔跑去。李大師和徐四倒大落在後收拾收拾傢具。

幾個人一邊跑一邊回頭叫：

「快呀！水頭子不遠了。」

李大師看情形已够吃緊，也胡亂挾上幾把鐵錘急忙走開。見徐四還在埋頭收拾那樣這樣，他發氣的催促他：「快呀！讓傢司丟掉些罷。」

「你先走，我再收拾幾件就來，」徐四叫着，依然忙亂着腳手，一邊去檢起墨斗鐵尺；又回轉身來拾取鋼鑿大錘，都放進一個兜籃裏去。

甚麼東西不管是自己或旁人的，在徐四一樣値得珍貴。他認爲多少傢司白白被大水冲去了太可惜！並且重新製備要就延日子，就誤着石橋工程。

待李大師走去了四五丈遠，徐四才離開石橋礅。水頭子已經冲流到了腳下。

山洪一陣高過一陣，淹齊腿包包，膝頭，大腿根。李大師走着，身子顫抖抖的，攏溝岸時上衣已浸濕了半截。賴二壁虎伸手來攙拉他，接過去幾把鐵錘。

徐四逆了狂怒的水勢走着，隔溝岸還有四五丈遠，水已經淹齊他的小肚，一個浪頭打來，衣服淋濕到胸口。但他並不慌亂，依然一步壓一步走去。

李大師們在溝岸上叫：「不要急！穩穩的走。」

溝水一陣比一陣緊急，混夾着泥沙，黃澄澄的；漂湧來連根的草芽，帶綠葉的大樹桿，還有大小石子冲滾在裏面。響聲如颶風吹過長林，嘀嘀嘀嘀……………那末粗勁，那末宏大。

徐四重沉沉的拉動着腳步。腳巴掌踩踏在沙底上，疏落落順水旋去一個凹窩；細石子如午朝蜜蜂，鬧噪着腿桿子冲滾去。身子被浪濤簸扯得左偏右倒，動腳像初學走路的小孩子那樣艱難。徐四怕一閃身顧不住，會失手丟放了兜籃。那麼，冒過天大危險搶拾來一些傢具總歸要保不住。他從兜籃內檢出幾個鋼鑿來，向溝岸上拋擲去。

「不要着慌啊，快攏岸了。留心避讓着樹枝石子。」羅三賴二們站在溝岸上叫着說。

大水扭索子似的絞流去，旋渦翻跳着轉圓圈。

徐四一面掙扎着橫斷激流對溝岸走，一面還伸手向兜籃內拿出鋼鑿來擲上溝岸。一個大石頭埋在旋渦底下，顚徐四腳桿冲滾過來，他的身子搖閃一下，跌翻了，被一排急浪打沉下去（羅三們在岸上，尖聲地「哎」的叫了一聲），又捲起來，只見他穿着的一襲藍色衣褲，浮動在黃色的水面上，腳手還伸舞了兩下。再捲過一排大浪，就又淹沒下去不見了。

「我去救他！」

賴二哀慘的說着，拔腳向溝流奔跑下去。

「去不得！」羅三一把抓住他。

溝水依然暴怒的號嘯着，洶湧着！一口被土蛆蛀蝕得遍是窩孔的棺材漂過，羅三賴二幾個人木擬擬的立在溝岸上，臉色異樣的青灰，啞吧似的吐不出話來。

李大師眼淚汪汪，盯視着立在狂怒的流水中的石橋礅。浪花濺濕了那幾個鮮明的字，「一〇六號」。

廿八，九，廿一日，脫稿於昆明。

在大砲廠裏

劉有麟

一、山窩裏的新工廠

廠屋是沿山建築的，但因了山上的密林，房屋完全隱蔽在濃蔭裏，由平地直望，雖然像古時的皇宮。一排排，一層層，盡是大的廠屋。若從山上俯視，則成了梯形的樹林了。這樹林，每日每時，發着巨大的吼聲，冒着衝天的烟雲，不祇出品，連山林都顯出深厚的國防味。沐浴在這樣環境中的我們工作者，另外有一種愉快心情的。

由機器廠，直到開工之前一日止，我們一直在忙碌着，無論是裝接機器，修改廠屋，或者補換機器零件，都是親自動作，不假手外人的。而每夜還須將自己所做的一部分工作，裏邊的困難同意見，報告給工程師同督工頭，在完畢了報告之後，不湊巧，還得聽政訓員的宣傳與講演。弄得初來時，大部分人都感到頭痛，很有些就想辭職去的。但廠中的規矩，又沒這一條。而偷跑，更爲環境所不許，因爲山窩外圍，凡有可以通行的地方，都站立着崗哨，沒有條子固然進不來，沒有條子，亦同樣難以出去啊！可是條子，是要副廠長蓋章簽字的。

於是大家在無可奈何的情形下，只得忍耐着，有些人則在工作上找趣味。過了艱難的，沈默的一個月，空氣才改變過來。爲的是：工作漸上軌道，機器已裝設完竣了。材料也預備齊全了。一切飲食佳居同習慣，都適合了新的環境。而知識的實驗，也配合了眼下的環境同過去個人所經歷的血腥記憶。新的信仰發生了，新的行動就會表現出來。

當廠長宣佈了開始開工的日子，各廠房布滿了歡呼的人聲。有的估計着他們第一天的工作產量，有的跑到機器前試試他自己工作時手續。更有的，把自己工作時的機械，拿在手裏撫摸再撫摸。而綽號『貧嘴』的李三揚，則各處跳叫着，拍着任何人的肩膀說：

『老兄！要瞧你的啦。別再吊而浪蕩！』

其實，他是比任何人都吊而浪蕩的，只要一離開工作室。

被他指爲吊而浪蕩的人，對他微笑着，他又跳到旁一個身邊『貧嘴』去了。

汽聲廣佈着，開工的日子來了。

二、異樣轉變同工作

天還沒有亮。

起床鈴一響，半山坡就跑滿了人羣，在魚肚白色的天空下，各人按了工作分配的計劃程序，默默地走進自己的廠房裏。不等上工鐘鳴叫，鍋爐裏，機器上各種吼聲就開始播揚了。工程師忙亂着，督工頭奔跑着。其實，即使沒工程師的指導。同督工頭的叫喊，我們仍是抱着戰鬥的心情，站在自己的崗位上。因爲我們已明瞭：只要我們多努一分力，勝利就可早一點得到，而在戰場上流血的同胞，也可少流幾滴血。

因爲大家存了這種信念，連談話都特別減少了。手不停的動作着。像在鍋爐面前工作的同事們，帶着手套，帶着顏色鏡。有的怕弄耳塞子麻煩，連頭都整個包起來。工作一緊張，又是滿頭滿臉的汗滴流淌。映在巨大的火焰下，已是畸形的怪物了。再加以同事們相互的調笑同怪動作，看去比舊劇裏的閻羅殿上的判官還要難看。因爲難看，就招來嘲笑，由嘲笑大家多捲入戲謔裏。往往鍋爐已經上升了，而沙模柱還沒有豎起。有時鑄柱經過冷空，早已變色，而沙模柱卻不見解除。這樣的浪費時間，耽誤工作，過去在任何廠裏都不能免除的。而我們的新廠中，卻沒有這種情形。儘管火焰映照下的黑油臉發着怎樣難看的青藍色，也沒有一個同事對他發笑的。再如機器旁管理運輸板的工作者，在旁的地方，都是懶洋洋地像醉漢，一任運輸板空來空往，他不是同別人聊閒天，就是倚在機器架樑上打瞌睡，工頭不來，他總是懶於動手的。但工頭又不能時刻站在他面前。可是，機器照常轉動着，鍋爐照常怒吼着，一切的加士林油，煤炭，電力，照常銷耗着。幸虧製造的是軍火，——是只要出品不問利息的軍火。否則，廠方恐怕要賠累不堪罷？然而，即就是軍火，利息固可不計，時間卻有時比利息更重要。遇了這種場合，廠方總是威嚇着，利誘着，才能維持按時需要的數目。

但我們，一掃過去的惡習。不論那一部分，專等工頭監督才致力工作的，是很少很少。少到幾乎沒有。就說開工的第天上午，吃早飯的鐘聲響過，沒有一個撒手就走的。總是將自己所管理的部分，無論是機器也好，機械也好，該停的停止，該放的放好，然後才陸續走出工作的廠房。這樣，不特廠中減少打雜工人，機器同零件更少受損失。等到飯後工作時，因爲是工作者自己整理過的，一切順手，更少時間的浪費。

因爲一切都實行了新的辦法，工作的時間並不比過去一般工廠增加。相反地，爲了加强我們智識的水准，同對於工作認識與興趣，每日工作的時間，連技術研究會在內，不過十小時。其餘，便是出席小組會，奔跑運動場。隔一兩天，還有工作學習同智識推進的課上。忙是忙煞了。但却不是一天到晚蹲在機器前象樣死氣沈沈，而是充滿了希望同歡樂。

我們就以這樣的姿態，在爲國防造大砲，以打擊侵略我們的敵人。

三，大砲是怎樣造成的？

機器的電紐一開，先是輪盤的轉動，再次是皮帶的飛舞。等到大的齒輪一迴旋，廠房內就充滿了吼聲，這時，運線板推動了，新的鐵條，不斷地擁向傾槽。傾槽依了先後的次序，將黑的鐵條送進冒起萬丈光芒的鍋爐裏，鍋爐立刻黑暗了。

掙扎，呼號，等到紅的火焰再騰升高空時，另一個傾槽又送來白色的金屬混合物。但這混合物，是粉質的。一進鍋爐，不特壓抑不住紅的火焰，相反地，光華更行增加了，金黃色，米黃色，灰白色，還有照人眼睛的綠藍色，都向高空奔騰着。工程師來檢驗流汁了，長的金柱一下插進鍋爐底，等抽出來時，金柱上全是閃爍的紅星。工程師微笑着，親手開啟電紐，鍋爐隨着鈕鍊，平穩地慢慢騰上高空，那裏正是沙模柱的頂頭。紅的流汁，全貫進沙模柱。空的鍋爐，慢慢又降下去，再預備餵養第二個沙模柱的食糧。

約有十五分鐘吧？沙模柱被解體了。鋼柱孤寂地立向高空。黑黝黝好似小塔般，站在鍋爐前，等候另一個同伴。

兩個鋼柱一起，倒在鐵車上，隨了鐵輪的轉動，被送進人聲噪雜的另一個廠房。這裏，用皮帶將鋼柱橫吊起，三五個工人在打磨牠的外形，金鋼刀在工人手裏受着連鎖上電力的推動，在鋼柱身上一個圓圈結連再一個圓圈轉動。直轉遍鋼柱的週身。雖然仍是黑色，但鋼柱明亮了，而且光滑了。另外的工人，再來打磨牠的頭頂與身底。直打磨到頭頂的平面與身底平面和邊沿。都光滑得與週身一樣地發亮，鋼柱外形的工作，才算完畢。但鋼柱還是鋼柱，因爲鋼柱的內部，依然是充實的。

鋼柱離開人聲嘈雜的廠房，再被橫吊到另一個廠房裏。但這回，吊鋼柱的是成了銅架，而非皮帶了，而且銅架御遙。就是龐大的機器。一天到晚，淨是轟隆隆，轟隆隆不平的吼聲。

上面說過，鋼柱內部還是充實的，現在就是要使牠內部空虛。將牠吊在鋼架上。機器一開動，大而尖的鑽頭，就刺進鋼柱的內心。鑽頭往前進，再往前進，等鑽達到終點，而被抽回來時，鋼柱空虛了，一切肚腸肺肝都由頂口跌向地上。但鋼柱還不能安寧。另外一個螺旋的週圍都是刀形的機件，又受了電力的推動，鑽進鋼柱的內部，磨擦着，刺劃着，直到鋼柱的空洞的內身，全成了來福綫——即迴旋形，螺旋式的刀形機件，離開鋼柱的內部，停止住活動。鋼柱被撥下鋼架，送到檢驗來福綫的工程師廠房去。經工程師認爲可以，用小機器在後口邊沿刻上AC的符號。鋼柱榮耀地被認爲大砲的砲身，坐上滑動車，飛快地走進配合廠裏去。那裏，還得穿衣帶帽，還要配鞋襪，然後才能上戰場，發展牠的無敵的虎威。

四，增加生產的前夜

因爲是造大砲——前綫準備反攻的重要利器，時間是高於一切。開工後的第三天，雖然都是依照廠長同總工程師的計劃，達到出品的一定數目，但同事們却並不以此爲滿足。一位由外國實習回來的同事，在大晚會——各廠房小組聯合會——中，就這樣提議了：

「……剛才聽到各組關於技術問題的報告。雖然大家都很熱心在求進步，但整整三天了，各廠房工作產量都未見增加。這一點，是我們全體同事的恥辱。記得在大家初來時，大家曾宣誓要盡忠於工作，現在看起來，那誓是白宣了，因爲眞實盡忠，工作產量定會天天增加的。大家都知道：蘇聯有所謂斯泰哈諾夫運動。斯泰哈諾夫同我們一樣是一個工人，而且還是掘煤礦的粗工，但他個人竟能成爲一種運動，不些將全蘇聯的工業。領到突飛猛進大量生產，就是全世界各大工廠，都在研究他的工作方法，而預備效法他。……我們現在不是正在製造抵抗侵略的武器麼？我們不是曾經宣誓要盡忠於工作麼？我們不是相互標榜要以新的技術同新精神來完成我們的使命麼？那麼：我提議：從明天起，我們各廠房，應該試行競賽。就是每個廠房都應該以廠中所規定的產量，爲起碼產量。到晚間工作報告時，那一廠的產量。如果還停留在廠中所限定的產量範疇中，那一廠房的人就要受罰。反之，那一廠房的產量超過廠中所定的數額愈多，那一個廠房就受獎勵。完了」。

這提議，刺激了各個同事的神經。不論是反對與贊成，大家都很熱烈的爭論着。要不是時間限制住，這個會一夜都辯論不完。最後，總工程師以這樣的結論，結束了會：

「敵人的火砲，把整個中華民族從睡夢中打醒了。兄弟作了將近十年的工程師，還沒有看到像現在同事們這種精神。大家既願意爲工作而努力，由兄弟負責請廠中訂定獎勵的辦法。同時，兄弟再將今晚討論的情形，向夜班工作的同事們報告一遍，讓大家機會均等。現在就這樣散會。到下一次大晚會，我們再報告結果」。

像潮水般大家湧出了會場，一直到爬上床舖，還三三五五的爭論着。像第三宿舍的同事們，幾乎就相打起來。原因是這樣的：

幾個反對競賽的同事，拘於過去的舊習慣，覺得增加生產是可以的，但增加生產，必須由廠中正式公告，而且還得提出增加生產的代價。現在有人在晚會中提出，顯然是廠中取巧辦法。既宣布要大家親愛精誠的爲國工作，不應再用這種手段。這論調，被贊成的同事聽見了。以爲侮辱了提議者與同贊成者的人格，相互爭論起來。平素無論怎樣要好的人，一到意見相左時，總是紅臉紅頸直言頂碰，鬧得全宿舍的人，都參加了這鬥爭。要不是有些抱「無所爲」態度的人出來作和事佬，第三宿舍定會變爲戰場的。但調解只緩和了拳足的鬥爭，口舌的論辯還一直繼續着。直到熄燈鈴，大家才默默地走入了夢鄉。

五、血汗鑄入大砲裏

鬥爭有時雖然會弄到極悲慘的境地，但鬥爭卻也能引起人們的興趣。頂怕的，是不聲不響的沉默。既不贊成，也不反對。那對於事業的進展，是非常有防害的。即如我們廠中，雖然同事間發生了相左的意見，但到第二次大晚會，卻表現出意外的奇觀。據總工程師的報告，鎔爐間鍊鋼柱的同事們，工作產量超過了限定一倍還不止，而這些同事們，正是第三宿舍反對競賽的那些人。不是有點出乎意料之外麼？會後我們才曉得：這批同事，當初之所以反對，是因爲他們智識水準稍差，認識的程度不夠。但他們卻是這次戰爭中犧牲最大者。因他們原先都在北方某兵工廠中工作，戰事一開始，敵人的鐵蹄就踏進他們的家鄉，家產損失了，父母妻子兒女被殘害了。最後隨了戰事的轉移，敵人更炸毀了他們的工作地。把他們僅有的一些衣物被服，都喪失在敵機的火焰下。他們悲痛着隨了廠中的機器，向後方移動。但敵人還是不肯放鬆，在他們正坐船渡何時，敵機又炸沉了他們的船隻。除了好些同伴傷亡而外，他們僅剩的十幾個人，在寒冷的十二月冰河中，游過了對岸。此後，他們便帶着殘餘的機器，被歸併到另一個兵工廠工作。但他們老惦念着家鄉和個人生命的無常，總提不起興趣，每日無精打彩的鬼混過工作時間，便倒頭大睡。可是，他們的豐富的工作經驗，同超人的技能，在同他們一塊工作過的幾個工程師腦中，永遠不會忘記。於是在新的造砲廠成立時，他們就被調來了。

政訓人員，在聽到他們反對競賽辦法，便盡力打聽出他們的經過，然後在他們休息時，便與他們舉行談話。不特慰安了他們的遭遇，並鼓勵起了他們的興趣。最後，並告訴他們，惟有努力工作，大量增加生產，才能把侵害我們的敵人打出去，才能收復自己的家鄉，才能報復敵人賜給我們的血仇。他們終於在痛哭中接受了。次一天，就表現出驚人的工作力。

因爲他們有那樣悲慘的經過，又能表現出超出各廠房工作產量，政訓人員同總工程師，要求廠長給他們特別獎勵，他們不特得到了最有名譽的獎狀，還每人得到十元法幣的獎金。

這一來，他們的工作興趣濃厚了，別的廠房的同事們，也都受了刺激，在拚命研究技術上加快的方法。工作時，汗油的臉，固然看得出，即在小組會席上，各個人爭着表示自己的意見，熱烈的情形也同樣看得出。休息或者吃飯時，大家都不以前線戰事爲題材來發揮自己的猜測與所見所聞，也少有人談到自己家鄉與家族，喜笑也好，吵也好，總是關於機器的管理，工具的應用問題，要不就是工作時的動作與技術。偶有人來參觀的話，聽，固然是這些，看，也還是這些。因爲我們大家，已與機器機械成了一體。廠房成了我們的家鄉，工作就是我們的戰鬥。血哩，汗哩，我們全鑄入到大砲裏去了。

廿八年，十二月

野店之夜

疑米

戰爭，我，山，老是像一條繩子捆在一起。我脚底下正踏着武當山的石頭，沿着山路往西走，我喜歡看江水，我也愛這灰色的高高的山嶺，每回瞧見它，我總要默默地望它一會，像又見了知已，我們彼此在沉默中都很了解似的。它給我些安慰，也給我些罪——草鞋破爛脚，滲水，淌血，腫，出膿。

看看太陽要落下去了，不知道離前邊莊子有多遠，心里一發急，酸疼的眼和脚也能跑的格外快。一會山峯擋住了太陽，一會又從山嶺低矮的亂樹林子里露出一片光來。漸漸的要黑下去，亂石頭被踩成一道白的痕跡的山路上不見一個人影，山溝里的泉水潑蕩的聲音趕來趕嚮，攪的我心里駭怕，一面飛跑，不斷的回頭四下里瞅。心里什麼也不想，一勁兒的跑，前邊總有莊，莊上總有店家。

在模糊的夜色里，摸到了一處莊子。這莊子緊靠着官路，在夜色里幾所漆黑歪斜的茅屋閉着燈光，野狗蹲在莊頭上向着遠山的叢林一陣陣的狂吠，茅屋里洩出來人的低語，滿山野發出幽咽的虫子叫，風括過來一股子撲鼻的野草的香氣。我望着東南天上一顆銀亮的星，到了一家店前的茅棚底下。

燈光底下，照出來一個十七八的少女，雪白的小褂，剪髮，低着頭傷心的抽抽咯咯的哭泣，一個老女人坐在旁邊哭喪着臉「是店嗎」，「隔壁家」。那少女望了一眼，又低着頭哭她的，燈影里露出淨白的雙頰。「逃難的吧：不是，幹啥的呀」！想着我猜到隔壁一家茅屋的前邊，一個老婆子正摟着個黃臉孩子喂奶，門板上睡着個男人，翻來覆去的哼着，「娘呵！唉！還不死」！我想，「倒霉，偏碰着家害瘟病的」，聽說這一帶流行着瘟病，大小莊子天天埋上二三十，我眼前現出了一片死的威脅。退幾步回頭望望，黑漆的山野，只有山泉的呼呼的水流聲，夾着秋夜的野虫子唧唧地亂叫。我想「那里去呢」？就往那茅屋里鑽進。

老板娘怪溫和，一面照應着那個躺在門板上的男人，忙着給我倒洗脚水。大概看我不像莊稼人吧，一會就圍上三四個大大小小的孩子，瞪着小眼珠子直望。我不知道這些小孩子的心里對着我想些什麼，我問一個年齡大些的男孩子：「隔壁的那家的是做啥的呀！衣裳穿的這樣好哇！他裝了一個鬼臉笑：「人家有衣裳穿，就是有的花衣裳」。再問他還是這種說，再裝個不老練的鬼臉笑。我惘然了。我捉摸着那個哭的少女的命運，我的心似乎有些沉重。

老板娘給我說：這都我家的孩子，大的在莊頭上賣蒸饃，這兩個小二小三，指着蹺踏望着我的兩個黃臉孩子，樣子都像七八歲，混身蝎蠆，不像小孩，說不出來是什麼可憐的小動物。「客人你是吃什麼飯呢」？接着她又苦笑着自言自語了：「只有油炒豆腐，米飯」，說着轉身往里去了。內間里一陣子抽屜響，覺得黑暗中她的手在抽屜里亂摸，撞着稀少的幾個銅板擦着的聲音，透出來一聲長吁。不自主的我叫了：「我有錢」！索性叫他打上二兩燒酒。

小二小三望着我，望着破桌子上的一盤油豆腐。自酌自飲，我成了這茅屋的佳賓，聽着秋夜奔騰的山泉，我感覺到了生的愉快。

也許老板娘覺得我還是個好人，看我老拉小二小三吃油炒豆腐，便向我發出她最大的苦訴：「娃的伯伯又害病，生意一天不賺二毛錢，小二小三天天稀飯都喝不够，先生，你看，這兩個孩比春天又黃了」！她指指孩子，意思叫我注意，我驚嘆的「噢」了一聲，好像春天我也見過這孩子，孩子們頂比春天瘦了。「先生！河口有收小孩的什麼院吧，只要孩子能活，送到哪里都行」。拉着小二小三，我大聲溫和的說：「小二，你天天不洗臉，看脖子上有多髒　我明兒光把小三送去，穿花衣裳，吃好飯，你去不去呀」？小二扭着頭，害羞的偷望着我，老板娘臉上現出慈母的笑，像一陣溫和的春風在茅屋里徐徐的飄蕩着，這溫暖激動着我的心。

「只要孩子能活，送到哪里都行」！我來回的咀嚼着，你困苦的中國的困苦的母親呵！

七七事變後的第二個月，我離開蘇北的山城收拾行李到魯西去。母親給我忙着找繩子，找衣裳，跟到老遠的地方還給我說「小心炸彈」。阿！又浮現出了母親舊日的影子。

那個男人在黑暗中呻吟着，小二小三都入了夢，在靜的夜里發出孩子的柔弱的鼾聲，伴着茅屋外面的山泉，奏着苦難的人與自然的交響。

鄧正死了

——獻給一個誠樸的靈魂

方　然

一

鄧正死了！
戰士死了……

那一天
天的面孔也是悲哀的——
灰色的霎凝固着。
十二月的寒風
揹着慘白的霧……

兩個老漢
用兩條麻繩，一根杠子
抬着他的屍首，
翻過五條溝，
來到這小村子里
放在一顆枯禿禿的棗樹脚下。
他仰躺在那里
一條禿尾狗吠了一聲，
跑到他身邊嗅了嗅。

這一支隊的弟兄們，一百多個，
都出來了——
像泥塑的，
立着，低着頭。
隊長走到他身邊，
注視着：
他那長大的身軀、
青紫色的方臉，
板刷子似的頭髮，
黃牙咬着烏嘴唇，
曲縮着的腿，
胸前破棉襖上一大片殷黑的血跡，
……
隊長一把握着他那冰冷的僵硬的手，
淚珠滾落了，
兩片厚闊的嘴唇抖動着，
弟兄們眼也紅了，又低下了頭。
……
原野也在悲哀着——
只有「哇」地一聲鴉叫
一片土黃塗着在灰色的黃昏、
枯棗樹在顫抖……

鄧正死了！

他那高大的身影，
宏亮的山東口音，
和那隻沒有通條的「三八」槍、
還留在弟兄們中間。

二

那一天，
天剛麻麻亮，
隊伍在在濃霧里走着，
翻過一條山，
走到一條溝子底，
「這地方真險呵！」
誰的心里都揑一把汗。
幾十丈深的溝，
兩邊高地懸崖壁立，
像刀切的一樣，
中間只有這末一條小路。
不要多，
只要有一班敵人，
從兩邊高地上扔下手榴彈，
那就完了。
隊伍像一條灰色的蛇，
在底下急急地扭動着。
在兩邊高地上担任警戒的
是鄧正同張克成。

……
鄧正提着鎗
在左邊的高地上，
傍着隊伍走着，
風，銳利得像刀一樣，
霧，濛濛的遮住了一切，
他鼓大眼睛朝前望着，
兩隻手凍得麻木，
心里想：
「不遠了、
出到平地還怕啥！」
忽然發現左前方
有個人影晃了晃。
「站住：幹啥的?!」
「老百姓！」
他跑過去：
看清楚那個人：
戴着皮帽子，
穿着黑棉褲。
「手舉起來！檢查。」
他走近了，
剛要伸手摸那人的腰，
飛快地那人朝懷里一搜，
「呼！」
「A……HA！」
他倒下了！
鄧正倒下了！
……

一顆子彈穿了他的胸膛，
血像泉水樣
凍洒在凍裂了的土地上，
咬着牙，
瞪着眼望着敵人的方向，
手里還緊緊握着鎗
和一排未出鎗膛的子彈。
……
戰士死了！
鄧正死了！

三

戰士死了，
葬在黃河邊。
中條山環抱着，
黃河日夜爲他唱着雄壯的歌——
唱出他的憤恨，
他的希望，
他的歡欣。
……
他躺在那里，
看到敵人是怎樣來了——
在那橫在前面的
一片丈把深的枯萎叢里，
蜷伏着一羣苦難的人們，
瘁攣地聽着：
敵人的搜索馬隊的
奔馳的馬蹄聲，
子彈掠着蒿桿的「颼颼」聲，
野獸似的瘋狂的吼叫聲……
像迷失在夜的雪原上的羊，
豬着狠嗥，
看着凍結在荒原的漆黑的夜。
……
他也看到敵人是怎樣死亡的——
當搴棄了的時候，
開始像獵犬一樣，
伏着識青天白日旗的弟兄們，
頭纏白巾，
執着紅纓槍，土鎗的老鄉們。
一個黑夜里。
中條山滿山燃起了火把，
震落了喊聲。
鬼子倒下了——
一個，兩個，
一百，兩百……
死屍都給野狗子咬窒了胸膛，
當冬天又來了的時候。
一個夜里，
天是那樣黑，
伸手不見五指呀！
還下着小雪，
原野是那樣沉寂
只有那吹得黃河都冰凍三尺的寒風，
裹着「嗚嗚」的狠嚎悲鳴，
「嚓嚓」的枯蒿搖曳聲，
和小雪片壓到墳前的害迷聲。
……
在墳前的那條大車道上，
他看到弟兄們來了！
呵！別離了，盼望了一年的
那一支隊的弟兄們！
雖是隊長陳瞷喃騎了大馬，披了黃呢
大衣，
馬打着陌生的響鼻，
矮個子陳永標
臉上有了一條長長的刀疤，
一長串陌生的面孔……
但弟兄們的
每一絲呼吸
每一下腳步聲
他都能辨認。
默默地擦過墳邊。
弟兄們走近了，
……
「老鄧就葬在這里！」
「那大個子山東人？」
「呵！一年了！」
他看到弟兄們走過去，
隊伍是那樣長，那樣親切，
蒸發着戰鬥的氣息，戰鬥的希望……

一九三九，六、改作。

關於「七月叢書」

「七月叢書」起意於前年在武漢的時候，但拖到去年春間才有實現的機會。當時上海聯華書店願意承印，商定辦法，主要條件之一是錄印由聯華寄贈「七月社」紙型一付，另在重慶委托書店印發內地。因聯華無法向內地發行，但爲了讀者和作者，本叢書當有在內地流通的必要。編法分「詩叢」「文叢」「歌叢」三種，並寄出稿件五部。付排後，因紙價高漲，書店停止了相當時期沒有付印，到九月間才有兩部成書。但此時聯華忽然對於寄贈紙型一條，提出翻悔，內地既不能印發，贈與作者的書也不能取得，連樣本都延到十二月間才能見到。以後停止發稿，屢次與聯華磋商，但在內地印發的目的總無法實現。中間不斷地接到讀者底詢問和作者底催促，編者非常惶愧，現已與聯華磋商解除前約，收回已交出之五部，設法另托書店接受。除加緊進行外，特向作者讀者表示歉意。

交出之稿如下：

文叢：第七連（已出）……東平
　　　Q2號機（將出）……陶雄
詩叢：爲祖國而歌（已出）……胡風
　　　突圍令（已出）……莊湧
　　　向太陽（將出）……艾青

打場 （魯藝生產運動之一） 古元木刻

華中圖書公司發行

三大雜誌

華中圖書公司是以服務為天職，亦可謂為服務而存在的。所以當茲抗戰已到了第三年的時期，我們亦唯審察當前的需要，而從事於我們份內的工作——那就是針對着適應抗戰的環境，與供給大衆的需要而出版下列三大刊物：

七月文藝月刊

戲劇崗位月刊

抗戰畫刊月刊

這三種刊物的出版，我們自信決不是在營業上的自私自利，更不會是在政治鬥爭上的另有作用或另有目的。所以我們的刊物的定價，固然是低廉得一般人不能出版，我們的刊物的內容，尤其是一般刊物所不能比擬的純正與精彩。

七月

胡風主編

在抗戰期間發行最廣的「七月」文藝月刊，是每一角落裏青年創作的良伴，在這裏可以看到新中國的新蹤，聽到整個民族的呼聲，給了人們不少的刺激，也給了不少的安慰。主編者胡風是國內公認了的文藝批評的權威者，所以「七月」又擔任了國內文藝界的指導者的任務。現在出滿第四集，第五集第一期準於新年元月份出版，惟因印刷成本加重，不得已由每冊二角八分，而漲至每冊三角，這是要向讀者請求原諒的。

戲劇崗位

熊佛西主編　葉仲寅　王小涵編輯

自抗戰戲劇運動發動後，到處感到戲劇雜誌的需要的迫急。這已出刊第四期的戲劇崗位，就是擔負着這個責任而問世的。這第四期準於新年元月份出版。

抗戰畫刊

趙望雲主編

抗戰畫刊的擴大本，是我們二十九年度出版計劃中的大供獻。在這裏將供獻全國畫家們以最新穎的材料，同時亦可以看到全國畫家們的作品或意見。本刊成本之昂，非讀者所能想像，但我們的售價僅是三角。

七月

第五集

3

華中圖書公司發行

·目錄·

七月

第五集第三期

（總第二十五期）

二十九年五月出版

重慶武庫街

編輯兼發行 七月社

華中圖書公司

編輯人 胡風

發行所：華中圖書公司

（重慶武庫街）

每月出版一次

本埠每冊零售三角

訂價	國內	香港澳門	國外南洋
半年	一元六角	二元	三元
一年	三元二角	四元	六元

郵票代價，十足收用。五人以上聯合定閱，九折計算。

「要塞」退出以後

——一個年青「經紀人」底遭遇

路翎

在工程處轉灣的情報所的那一段泥濘的山路上，沈三寶遇 那個姓楊的砲兵連附，他走來問：

「怎麼辦了？」

「剛才的命令，明兒晚上撤退，我去看看弟兄們，告訴他們，停工罷！……」楊連附把沉重的鋼盔推在腦後，焦急的揩一揩汗，加着說：

「做了又折，折了又做，才一個星期……眞他媽……」

說着楊連附就轉過頭去了，沈三寶一個人留在迷惘里，心里有些狼狽。想了一想便又走起來，在情報所前五十米達的那個湧着黑波的松林里，遇着兩個埋頭疾走的勤務；

「喂，喂！」

「剛才又有司令部的電話，但明天下午撤退。主任在等你……」

說過便走出松林去了。

沈三寶更顯得狼狽了，那[illegible]緻的面孔發着青果的黑色——自己先就惶惧起來 自己的汽輪沒有了，自己的家毁在炮火里了 自己原可以 漢口找朋友的，爲甚麼要到這 要塞 上來呢？挨罵，給人家笑，仗又沒有打到——而且現在時代[illegible]變了，並不是打一仗就可以做英雄的。沈三寶用下唇將上唇壓着，臉色逐漸地發青，於是又那麼憤憤地想：「這些卑走他媽的吧！」脚却跨進了情報所底門。

「報告沈副官：我們同志怎麼調度，主任叫問你……」

「唔！……」

「副官，我們底「工具」給第二連借用去了，現在我們要用……」

「唔……」

而他却跨進了金主任底辦公室。

「是沈同志嗎？有些事件在等你解決；你哪去了。」

「我去看看我那個親戚，工程處派他今天走。主任，我也今天走——我告一禮拜假！」

「胡說！我說你起先就不必來，來了要走却不大容易。你以前是個「經紀人」，可是到這兒來却不能 那樣天不管地不收的樣子……」金主任將手掌托着下頷，眼珠在高顴骨上面滑着轉，那兩點使人感到寒冷的鋼鐵的灰色光芒就一直探到沈三寶惶惑而帶着一種習慣的若無其事的眼睛里去。把聲音變溫和點，又說：

「沈同志，你才到這兒沒有兩個月，你的底細我很知道：你以前很有一些家產——是的，你有兩隻汽輪……你做轉運的生意，你是在外邊「爽快」慣了的人，在這軍隊里自然一時習慣不來，不過，你底精神很可佩——你不要來的時候憑一股興奮，到後來却一甚麼事都灰心。是的，在軍隊里就這樣，第一要忍耐，第二要吃苦，第三要——你現在自然要先丟了那些「不耐性」的習慣，操練好的，是的，會好的……」

這時候[illegible]輪 三班班長進來了，睞着紅絲眼：

「報告 我們底車子給第四連開去裝弟兄去了，我們這里還三百發砲彈沒辦法送。」

「混蛋，哪個[illegible]四連。」

「不是司令部的命令……」

「這點事也要嚕 ，他開你底，你就開別人底，先一步是一步，反正已經[illegible]了……」

等那個運輸班長出去了，金主任高顴骨上[illegible]芒的眼睛又射向沈三寶：

「中 軍隊就這——沒辦法，他媽，一點都解決了。現在，你看，你看這一場胡鬧，這座 要塞算…… 好在我是不暫開這地方了，我們做事，要就先別做，要就……」

現在沈三寶沉靜了。忽然想起被毁去了的家和財產來便沉靜了。自己總算還活着。造化。沈三寶向來是拿這一切不當[illegible]意的。

於是沈三寶在內室外室地開始忙着那些生疏的事。因爲一個在外邊流轉慣了的，[illegible]一向不當閒事的轉運商人出身的年青的沈三寶，慣常有一副近乎卑謙的和悅的笑容，「罷」便很少發生了 總之「沈副官你眞費忙」，「報告沈副官，這件事怎樣：……」……這些語句像在一個貿易公司裏常見到的一株開攏了沈三寶。

沈三寶並不能憑智慧去解決那些事，祇是憑了一種變幻的笑容去對付。這笑容久了會被厭惡吧？——不的，在這種場合，這里面有着一種寬大的和悅，而且是有真實感的。——沈三寶心平氣和的忙着，但他卻還有一個想頭，設機會逃走。

又派出六個勤務通報明天正午十二點撤退。

沈三寶現在站在一個正在凉了下去的混凝土池子前面。秋天，大片的陰雲在天空舒捲着。風吹來四里外江流的水聲。人全慌亂而無主張地跑來跑去。三百發砲彈想法運走了，又是八噸鋼條沒法轉運，又是……。金主任儘管紅着顴骨在爭嚷。祇沈三寶一個人現在是平靜的。混凝土池子那邊是高高的土堆，底下邀過五千米的斜坡再通個一些延長的叢林人家，便是江岸。沈三寶站着的地方正好不讓人發現。

這是一種奇蹟的近乎麻木的平靜。他想到他二十六歲的生活，想到黃浦灘，十里洋場，想到自己的財產，無拘束的飄流，想到在火線上毀滅的家，於是深長地嘆了口氣。早把家帶到漢口去多好啊！

想到「逃」。

於是他立刻便煩惱起來了，心在胸口要跳到喉管來似的，滿身血管在澎漲着，臉一紅就顯得更狼狽了。正好這時候響起集合的號音。金主任轉過土堆，出現在他的面前：

「怎麼你一個人呆在這兒！看見楊速附沒有？剛才四點四十五分的電報宣佈，敵人今天早上龍角嘴登陸已經證實了，陸上××，××已經失守了——連夜撤退！他媽，你還不動！」

集合了，報告撤退的消息，再找楊遠附，派四個勤務出去通命工事趕快折，趕快到坡下集合。——但是楊速附說尚未派出的勤務祇有兩個了，派出的又沒轉來，於是無主張的急，噯。……

沈三寶自己一個人陪着金主任站在所門口，楊速附不知甚麼時候跑到哪去了。秋天底黃昏，雨開始落着。金主任用冷光的眼睛焦灼地望着雲頭，而沈三寶則凝視遠方茫茫的江流。那細緻的面孔，閃動着黑綠色的流質，眼睛卻是燒猪的烟黃色。興奮，希望……全完了，現在第一步是：怎樣逃生。「但是到這里來，沒有放一砲也沒有放一槍，全是丟了，而且比自己的生命更重要的也全丟了——甚麼同事啊！」於是他在雨中嘆息地踱走着。

「甚麼辦法呢？」金主任在坡上不安地問道在苦痛着的青年的「經紀人」，但立刻又改了語氣：

「我想沒有關係，我們是有計劃的……」

砲聲在雨里清晰的傳來，像一面悶鼓那樣沉重。——它是在半個月前就從江里的軍艦上向這邊響着的，（顯見得敵人並不比我們怎樣高明。他雖一座並未造成的要塞，砲彈都飛向三十里開外去了），但今天卻彷彿剛被覺察似地彷彿變得更近了。自己不會跟敵人戰鬥過，要是真遇着敵人可怎麼辦呢？——沈三寶想問問金主任，但他看了看金主任那付愁苦的臉便不做聲了。於是忽然想起一件甚麼似地，大踏步跨着馬靴向屋里走去。

「哪去？我跟你有話說！」金主任向坡上跨了一步。

沈三寶很隨便地取一種洒脫的姿態站住了。

「你是上海人，不錯，我問你，你這時候還想你那一點財產，還想你底家嗎？我看你還莫明其妙的樣子，看你這鬼心眼……。家產，我可比你多着呢！——我從法國回來以後……，真的，沈同志，這時候有甚麼不能犧牲呢？你還是有一類舊「世紀」中國人的保守苟安的習氣。——不錯嗎，你是一個商人，在「革命理論」上說來，凡是「有產」的人都是「不革命」的，現在抗敵戰鬥的也就是你們這種「商人氣息」！我看得起你，就是你不「小家子氣」，要知道，在這時候花去你底性命要像花去你底五千六千現洋一樣慷慨……中國軍隊太黑暗……目前……」

沈三寶顯然是不被理解地苦痛地沉默着，對於這一般話他差不多從開始起就沒有聽到一個字。他自己光祇想：「來這里的時候是想「混混」，而且大半是一時興奮，「混混」能對得起那些顯然比自己底生命更貴重的東西嗎？有甚麼害怕呢？逃甚麼呢……但是，真的面對着敵人，自己是否又能射擊呢？」沈三寶底臉色在陰暗的天氣里痙攣着苦痛的黑色的流質。那擺蕩的嘴唇又互相攀起來了。這次顯然有一顆砲彈在四五百米遠的山坡那邊開花了。沈三寶異樣狼狽地把頭一抱，金主任便拉着他進了地下室。

「喂！喂！到底怎麼了？……呵，小胡山爭奪戰……司令呢……不知道——呵，完了！」金主任把電話筒一擲，「完了……」，停了下又說，

「沈同志，你去找找楊遜附……」

楊遜附進來了。

「沒有辦法，弟兄們都在工程處集合了，工程處又沒有人問事，砲是五點半運走的，砲座可炸不完，凝住了！」

天黑下來了，外邊有巨大的爆炸聲，不知是放砲還是炸工事。水流聲大起來，彷彿遠遠的江岸有甚麼巨大的東西在爬走　機槍在哭。金主任又一次抓起冰冷的電話筒。

「司令部……接司令部……呵沒人，接工程處……怎麼？都走了？那麼，工兵弟兄們呢……敵人在哪，天黑霧大……是嗎？……」

「楊遜附你去看看弟兄們，帶他們退吧，到××集合。」

又抓起電話筒……

電話筒里有風底吹噓……

巨大的爆炸聲把黑暗炸破了……

「好吧，重要公文這一包，沈同志，你去把對面屋子里工事模型毀了，檢查檢查，帶那張黃地圖……我們走吧！」

這一下沈三寶驚醒了。從楊遜附進來時起，沈三寶就呆呆地立着，屋里是厚的黑暗，沈三寶彷彿變成一黑暗的部份了。但這一下他驚醒了。於是用異樣敏捷的動作跑出屋去。

逃走　讓生命從顯然比生命貴重的東西旁邊走開。

雨更大了，砲聲已經聽不見，機槍却哭得更慘咧。東方有火光撲閃來，一下子便噴紅了半個天。大路上有無數的不知是敵人還是自已人在奔逃。金主任和沈三寶落在泥沼的田野里了。

雨從脊背上滲下來，這一步跨出去，那一步泥便陷過膝頭　馬靴自然不要了　公文包已由金主任自已挾着，金主任有些不信任這「經紀人」了。「假如他一跑　這一包公事再給帶了去，我底命不完了嗎？」

而沈三寶却是平靜的，而且已不是麻木的平靜了。事情已經落在面前，當然不容許再「隨」想，不「想」也就不「怕」了。而且他更沒有權力懷疑誰——自已底命，比那些顯然比自已底命更貴重的東西，算得甚麼呢？而自已竟然「逃走」了。還「懷疑」誰？

年青的「經紀人」這會却有了這個想頭：

「假如一開始逃了不折：假如沒有這些你叫折他們做的嚕　，現在，要來砲很可以向敵人射擊了吧。中國也有那多砲彈，中國底砲彈可以轟擊敵人……但現在都逃了，逃了……」

用電棒照着黃色的地圖，兩顆滿了雨水的頭被驟現的白光閃出來，可以看見金主任冷茫的眼睛向這「經紀人」的副官思慮地打量着　而沈三寶却冷靜地指着地圖，電棒在沈三寶細緻的手里，亮一下便熄了。

「向南××集不能走了。據點××這會一定失守了，金同志，我們西走可以不可以？你認識到××那條小路嗎？」

「找找看！」

人便在江南秋天的水田里爬着。

「喂，慢一點……用指南針對一對看可別錯了……」

於是白光又閃起來，地圖伏在滿是汚泥的膝蓋上。

夜里十二點四十七分。金主任和沈三寶又走近一條大道來了。爬上石橋金主任看了看　。於是望望黑黝黝的天穹。東方天空醉紅　有零散的來福槍聲，馬蹄聲。

「來了，試試看！」沈三寶解下盒子。向石塊後掩藏自已。

而馬在石橋上停住了。馬靴的聲音。小便的水響。

一道電光照見一個高大的影子。人蹲在雨衣里，兩顆精秀的眼睛向白光注意凝視着：「誰？」——於是金主任和沈三寶都出來了。

「是自已人？我是×團×旅旅長，我現在去××。就這條路走了，敵人就在後面十里……」

直索地說過，於是跨上馬。馬蹄聲像驟雨般播散在石道上。

互相望了一望，閉死了手電，金主任也不計算也不說話了。向大道上急忙走去。

人自然是倦怠的，但誠要一想到「追來了呢」，便飛快地閃動着雙脚　沈三寶現在心里除了沉靜以外還有一種奇異的東西，這種東西象慾望來擁護便是「來兩個敵人看看……」。沈三寶不是白天的沈三寶了。爲那些消息慚愧的　候感到自已狼狽，懦弱。後來想逃。但現在却沉靜了。——一個「經紀人」，現在也還是一個「經紀人」嗎？

沈三寶並不能給自己以解釋，人家笑「經紀人」也吃糧，人家笑「軍隊里不是貧賤呀」的時候，沈三寶總是顯得異樣惶惑 而且多半是和悅地笑笑走開了。惶惑是因爲：「自己在軍隊里是永遠不會發跡了」，「自己不如人家呢⋯⋯」，但這惶惑是寄託於「懷疑」與「夢想」上的，現在行動將一種嶄新的啓示落給他——自己並不比任何人低能。而且，自己這一塊料或許有自己底用處呢！

疲倦地用痙攣的腿走着 槍聲沒有了 雨小了下來 黑暗裏彷彿不甘冷靜似地發出一種幻覺的聲音 這聲音彷彿就是腳底下花花的泥水響，但卻有一種金屬的意味，那樣昏昏花花地永久地響 行路的目標是盲目的，「現在走到甚麼地方了呢，到××還有多里呢？」於是亮一亮電棒來找地圖。

黑暗底那種昏花的響聲現在突然變成馬蹄的驟響了 像冰雹陣陣落在白鐵上，從天邊的黑暗里疾捲而來⋯⋯。

於是兩個人影又滾到水田里。

馬蹄聲，馬槍鮮豔地閃着火花——騎兵隊是進攻的陣容，左翼看着從水田里來了，於是又一排馬槍。——這一回斷然是「敵人」了！

第一次在面着「敵人」在沈三寶是莊嚴的，但是金玉任在旁邊的喊聲卻使他焦灼起來，而且心中又泛起那向未死的「狼狽」。⋯⋯於是沈三寶想，「幹一個來試試吧，試試吧」，把槍舉起了，但是旁邊又是金玉任的聲音，「叫你掩蔽好⋯⋯不能動，不」。

可以看出馬上的黑影，又一排鮮豔的火色。

一種奇蹟的心理促使着沈三寶，於是他向前爬了一步，甩開了金玉任 在一個自己認爲有利的角度開始射擊

一連兩個影子在三十米的水田里落馬了。第三個被命中的敵人顯然還掙扎了一陣，有一槍仰射到空中去了，人便落在離沈三寶四五米的泥田中。水響，⋯叫⋯ 像魔鬼似奔騰過去的騎兵隊里有槍向這里射過來 沈三寶並沒有回擊，因爲假使那個落在近邊的敵人還沒有死，讓他發現了自己底位置是很不好的 ——沈三寶對於這些並沒有學習過。但他意識到這些。——騎兵隊遠去了 遠處有中國軍隊燒焚橋樑的火光。大概是接觸了，機鎗響，而且不知哪來的大砲的間奏

在這一個瞬間——！從騎兵隊閃着馬槍衝近來一直到遠處的機槍聲止，沈三寶沉浸在一種近乎興奮的異樣的情感里面 而且金玉任 後的一聲「你不能動，不」給予了沈三寶一種從未有過的對於「自己這一塊料」的信任 是這樣說：這一股力量是從這「不」字上來的，「敵人就在面前，你說不，我卻偏要⋯⋯」——假若金玉任說：「你衝上去」⋯⋯，這或許不會給沈三寶一種確信而反要引起他底懷疑吧。在這一個瞬間，沈三寶渾身的肌肉完全被緊張在一種戰慄的緊縮里，他底子彈向敵人底騎兵隊射擊了，而且命中了！於是他又完全沉靜下來，開始有了「現在底思索」，用下唇將上唇緊着，覺得牙齒奇異地發酸，於是縮了一下臉部的肌肉，把眼皮擠了擠。⋯⋯

向敵人倒下的方向爬了一步，仔細地向黑暗窺看，沒有動靜，間或有一聲呻吟 又爬了兩步「假的吧！」這麼一想，於是突然照準那方向 過去。

真的一顆槍彈迎着沈三寶躍進的方面射過來了！好在沈三寶並沒有在槍響的瞬間停止他底動作，於是猛力向那一團黑影撲上去，經過八九秒鐘的爭奪，沈三寶便從⋯在已經沒有力氣的敵人手腕里攫下了那隻手槍。

金玉任底右膀子中了敵人底槍彈，躺在五十米突外的一個水溝里 沈三寶呼喚着把金玉任找到了，於是商量如何處理這半死的敵人。

「我們⋯吧⋯⋯這時候。由他自生自滅去吧！」金玉任緊按着黃地圖和皮包

「不能。」 三寶苦痛地向遠方望了望 三寶現在覺得應該同情這異邦底敵人——同情這在半死里還向自己射擊的敵人，用手電照一照，在白光里這異邦的漢子衰弱地抽搐着，眼皮無力地一翻，於是滾到另一個泥沼里去了。

電棒閉死了 沈三寶咬着嘴將手伸了去。

走到三十步的樣子便停住了 於是又走向原來的地方。並沒有亮電棒，在黑暗里便突然一聲。

這一聲槍響似乎將龐大而黑暗的蒼穹震動了。在紅色的火花里看見沈三寶底影子，眼睛向天上，拿槍的手向背後彎曲地支着。

黑暗是那樣厚的，恐怖的 槍聲停止了 那帶有金屬意味的嘀嘀嚶嚶的響聲似乎在耳邊響着。⋯⋯

落在敵人底後方了。祗有避開大路逃。

橫在江南平原上，是灰暗而令人窒息的蒼穹。田野也是一片死寂的荒涼，風有些冷，……絲絲地吹來黎明底冰涼的微笑。金玉任在前邊走着，沈三寶也並沒有變他那緊緊嘴唇的樣子，祗是標緻的面孔現得異樣的蒼白。

在夜里面那轟然一槍響過以後，沈三寶便落在一種麻木樣的疲勞里了。而且曾經有過一瞬間像在「要塞」上一樣地想起自己底家，汽輪，二十六年的風霜，……但那不過疲弱的神經顫慄一下便靜止了。

金玉任用一塊大毛巾包着胳膊上的創口，把那一包東西交給沈三寶了——沿着一條秋天雨水流成的污泥河，走進了一個叫做米家集的村舍。

村舍也像秋天季節在風和空前的却掠爬過的田野一樣荒涼。人全不知逃到甚麼地方去了，紡紗機和磨坊睡了，在紡織機旁還有零落的紗和布匹，大量的穀粒散落在打場上，草堆旁邊。——那些彷彿脫落了牙齒的口腔樣的黑洞洞的門窗帶有責備意味地悲哀地張着，彷彿在說：「你們為甚麼這樣無用，光顧逃走啊！……」

青石板地是光亮而且滑的。草和瓦的屋簷，像一個永遠哀愁沉思的人底眉毛一樣低垂着。金玉任也這樣低垂着自己底眼睛。像一隻剛打過架的狗那樣狼狽。現在金玉任沉默了，心里打算着：怎樣可以逃出去呢？這年青的家伙有點「奇怪」，假如一不變，那又怎辦呢？於是向走在後面的蒼白的沈三寶望了一眼。沈三寶挾着皮包，那麼不關地掛着手，泥腿，……光祗自己做夢地走着。

「喂，沈同志，不要大意呀，搜索着看這村里還有些甚麼人！最好，「你」需要休息一下，喝點水……」

這樣，沈三寶沉默地走進一個磨坊里去了。空着手出來又走進另一家屋子。

在第四次走進的一家瓦屋里，沈三寶遇到坐着喝焦糊飯的五個弟兄，另外一個掛着彩，血肉模糊的右手腕在沈三寶面前一閃，於是沈三寶突然覺得了甚麼似地，乘對手不備的時候閃出槍來。

「你們哪……的！」

「我們×師……我們剛到這兒……同志，自己人！」

沈三寶顯然失望的將手垂下了。

「昨天我們從××退下來，就一直退下來了啊，敵人底騎兵三股地追……在××橋那兒我們又打了半夜。現在沒法了，我們跟不上隊伍了，祗有在這兒歇一下啊，同志，你知道還有甚麼辦法嗎？同志，你哪部份的……？」

「哦哦，有辦法嗎？」金玉任昏暗的問。

「不是，我們同志……」

大家沉默了。在這時候，在這又遇到另外的「人」的時候，沈三寶那好看的蒼白的臉上，又現出那種近乎卑謙和悅的笑。笑了笑，問候了一句，於是那幾個漢子底煩惱不高興的臉上都平靜了。人在一線希望里求生的時候，對於一口糧食的慾望是殘酷的：人在知道自己已經絕望的時候，對於別人是寬大的。沈三寶和悅的笑，使大家感到一種「害」的，近乎絕望的寬大的情緒。

「不會死在這里吧！」金玉任也被傳染地苦笑了一笑，於是在地上睡了下去。

但沈三寶沒有睡，祗凝神地蒼白地坐着。翹着嘴唇，用帶有綠色光彩的眼睛望了望天。「怠倦」奇異地從這年青、經紀人底四肢里飛去了。又一次湧起汽輪，十里洋場，家，二十六年風霜。……而且這一次是特別的清晰。更不同的是這次比前數次的想望有着異樣的情感。

沈三寶，並沒有自己商人底生活以外的教養。但正因為一個轉過商人的沈三寶不像普通商人的狹隘貪婪，所以在行動落在自己面前而不容再想再猶疑的時候，沈三寶也能夠戰鬥。但現在沈三寶又空漠地懷念起來了，而且多少有一「悔恨」，……異樣的情感。

那個把軍帽拿在手里甩的高個子的叫着舒望歸的漢子開始搭訕着跟沈三寶談話。他敘述着他自己，他是一個排附，他底家還在四川，祖先是河南人……於是沈三寶又異樣地笑了笑。

這時那個出去找東西的弟兄進來了，一進門就叫起來：「快逃，逃哪……我看見一隊騎兵向這兒來哪……」於是胸過去抓自己底槍。

「瞎嚷些甚麼？」那個高個子河南人站起來了：「真的來，來，老子們幹了他就走了——反正總落得死無聊。」

沈三寶喊醒了金玉任，舒望歸那排附在指揮着作戰的四個弟兄，……馬蹄近來了，水塘，石板響……

「散開兩個到間壁屋上去……聽我開槍…………」

金主任拿着槍伏在門板後，舒望蜀飛快地躍到對面的一段殘籬垣里去了。沈三寶依然支着第一次向敵人射擊的那隻槍，他臉上突然流過一陣青果的黑綠色，惶惑地望了望，終於當馬蹄近來的時候，堆倒一張供桌伏下了。

槍響，對面 間壁屋上是急雨般地一排。接着是馬蹄在石板道上的滑倒聲……。

沈三寶沒有看見甚麼，但從開始起一直到最後所有的一切細末的聲響他都聽到了。他不知道他自已開了槍沒有，手有點發，把頭抬了抬，金主任站起來了。

「我們走吧，我想至少可想點法子，比在這里等死好……。」金主任試探地問了問沈三寶。沈三寶沒有作聲，而且奇怪地向金主任狠狠的望了一眼。

沈三寶向舒望蜀那河南人說：「大家一起走，好嗎？」但河南人却苦笑了笑：「我們還等人……」

於是又走上了田野。蒼白地而且狼狽地。沈三寶困惑地嚙着嘴唇，向那張幾乎被泥污塗滿的黃地圖找着，又望了望灰色的遠極，現在不想家……了，突然想起「要塞」來，想起「要塞」上的兩個月生活，於是又一次狼狽地望 望金主任。

『金主任，我不走了。』

『不走？』

「這皮包太重了，甚麼勞什子，丟了它吧？」

金主任突然覺得甚麼事似地向沈三寶望了望；「你瘋了……。」

「我看看這皮包里……，」於是動手扭開來：「要塞文件全燒了，你這又是甚麼文件……………」

『哦，你敢！』金主任突然拔出槍來。

『金主任，我是說丟了吧，或者是燒了吧，過去十里一定遇着敵人，人死了不要緊，甚麼重要公事給擄走了可吃不消。你不是說甚麼×號密碼，甚麼……』

「哦，我說你還『商人氣息』，還這麼呆里呆氣的，這……」

在金主任把手槍又放下去的那個瞬間，沈三寶是機警的，突然臉上閃着檸檬樣的黃色，左手把皮包一丟，槍在右手里便響了起來，轟然一聲，金主任竄到水田里去了。

於是沈三寶緊咬着上唇向皮包里翻着。皮包，一疊紅色紙同樣地寫着：『×山要塞×月×日停工……×月×日接到第×類材料××……』再一包是白色的無光紙……沈三寶並不能在里面翻出甚麼講究來，而且那些符號大半是他所不認識的，於是皮包向泥田里飛去了。

沈三寶望了望仰臥在泥田里的金主任，便又想到『要塞』上的兩個月，竭力想從記憶里掘起金主任的一些奇怪的舉動來，說是漢奸呢，也許金主任就是這個吧！沈三寶也並不能給這件事下一個決斷。

沈三寶由苦痛而回到異樣的平靜了，由於他彷彿有生以來聽到自已放的第二槍而平靜了。他決心要殺金主任的時候是被由自身出發的仇恨心理支配着，因爲他想：在要塞上他罵我，——我沈三寶是從來不受人罵的。支配我，但是他現在却依賴着。「戰鬥」，他比我自己更不中用——！於是忽然想起皮包的公文的事了，於是又想到「要塞」上……奇怪的是金主任底眼睛，奇怪的是在 三寶尋仇的時候金主任先拔出槍來……，於是沈三寶開槍了。

沈三寶獨自一個開始走，他並不能給他自己的行動有所解釋，他更沒有想到遇到人怎麼自己辯護，還是說慌呢，還是……？而且他自己 開始有了那種「想頭」了。——他想他現在可以一逃了，再沒有人敢阻止他了。——向金主任開槍，也大半有這個奇怪的想念。

一個人昏瞶地走 情感底變異，意外的舉動，奔逃……眼爲看着黑色，陷下去了，四肢無力地怠倦地走 心里却奇蹟地平靜，——夢幻似地，再不想到甚麼了，走，走……並沒有遇到敵兵 走向大路上來了，路上有自己底弟兄零散地走着 但沈三寶不管這些，沈三寶心里是平靜而又異樣清醒的。

下午，在一條岔路下遇到一堆人，沈三寶却察里分出了楊連附底聲音，站住了。

「啊，是沈副官……金主任呢？」

「殺了！」

「…………」

「給我殺了……」沈三寶咬一咬牙，無光的眼睛突然一亮 他並沒有想到替自己的行動說些甚麼，祇平靜一地說「殺了」，於是用閃着綠光的睛向楊連附一掃，用開腿向另一條路上走了。楊連附接着追上去當沈三寶聽楊連附步聲時，他向後面惶惑地望了望便跑起來，跑起來：……，於是他便最後一次聽到震天動地的「轟」然一聲。

轟然一聲 這年青底「經紀人」聽到第三次彷彿天塌下來的轟然一聲便倒下去了。

「冤枉啊，一個好人啊！」楊連附感傷地搖了搖頭。

一九三九，九，二十六。

猺山里

胡明樹

一

盤扶點是好奇的。他懂得漢人的事情，他到過漢人的城里。他也讀過漢書，三字經讀得很熟，只是字寫得不很好　漢人是和妻睡的，但猺人卻和「同年」睡。

盤扶點也想和自己的妻睡，但沒有機會。

吃早飯的時候，他眼巴巴的看着自己的妻。她比我的「同年」美得多哩。

「你爲甚麽這樣的看我？」妻問。

給這一問，他有點難爲情。他不能答話，輕聲咳着。想說話，但喉嚨像被塞着了似的，很不易說出。

「漢，漢人是和妻睡的，但是我們猺人卻古怪得很，去和別人的妻睡……不過，有些地方的猺人也和我們不同……。」

「這有什麽奇怪呢！」她說，「因爲我們是猺人，他們是漢人啊……漢人沒有「同年」的嗎？」

「很少！就是有，也是偷偷摸摸的。」

盤扶點把吃飯用的竹箸插進頭髮里去，搔着頭皮，髮子有點亂了　嚼着飯，他又說，

「我覺得還是漢人的俗習好，也[illegible]方便。」

「你吃過了漢人的飯，就說起漢人的好話來麽？」妻反[illegible]他道，「我們是猺人，一切都是祖宗傳下來的，爲甚麽光是說人家的好處呢？漢人有甚麽好處？年年逃兵逃賊，現在又要逃日本鬼了！不是有幾十家漢人也逃到我們猺山里來了？和我們有什麽相干？我們猺人，幾百年來，太平得很呀！」

聽了妻的話，他失望了。覺得無法入手。

放下了碗，他竟自出門去了。

二

盤扶點在山路上走着，不覺已到「落鷂猺」。他聽見了山上伐木的聲音，於是他走上山去。一定又是誰在偷我的杉樹啦！他想。

他到了山上，看見伐木就是漢人徐亞生。在漢人中，他特別憎恨徐亞生。

「亞生！你伐我的杉樹，這是甚麽意思？」盤扶點忿忿地說。

「甚麽？」徐亞生傲然地答：「我伐我們太公遺下來的樹木，與你何干？爲甚麽說是你的？「羅邏猺」才是你的！「落鷂猺」是我們徐家的！」

「亞生，你說得太沒有理由了！前年不是經過了七十二猺的「猺頭」公決，說落鷂猺的山地，你們徐家佔七，我們盤家佔三嗎？況且杉樹是我種的。怎麽說不是「我」的呢？」

「誰都知道落鷂猺是我們太公幾百年前因爲躲反，逃避進來，開墾下來的。怎麽說你也佔三？佔一也不能！」

「哼！亞生！你說這話，不獨欺負了盤扶點，還欺負了我們盤氏一族人！」他握起了拳頭，怒目而視。徐亞生也怒目而視。

「亞生！你過來！」盤扶點喝道。

「扶點！你過來！」徐亞生也喝道。

盤扶點衝過去抓住徐亞生的喉，徐亞生也摑着盤扶點的髮子　但是，「轟隆！轟隆！……」一種極猛烈的聲音傳出來了。二人互相倒退了五步。「甚麽？是雷嗎？」「天這麽晴，會響雷的？」

徐亞生走開了。盤扶點也喪氣地下了山——爲甚麽正當二人格鬥的時候忽然傳來從未聽過的聲響呢？他想不通。

他在羊腸小道上遇着徐得。他因爲剛和亞生打了架，對其他的人也憎恨，所以決意不睬徐得。可是徐得卻招呼他：

「喂！聽見嗎？剛才甚麽響？」

「像雷又不是雷，我正在想不通……」

「照我想，一定是日本鬼的飛機在甚麽地方放炸彈……。我最近在大湟墟聽過。今天怕是柳州吧。」

「哦哦，」盤扶點像完全明白了似地，但又問。「柳州不是離這里很遠嗎？爲甚麽日本鬼的炸彈響得那麽遠呢？」

「不很遠[illegible]，一百多里。況且吹西風，天也晴：炸彈恐怕也是特別大的……。」

盤扶點對徐得很佩服，覺得自己萬萬趕不上。

「喂，亞得哥，告訴你：今天徐亞生偷伐我的杉樹，我好好的和他說理，他卻蠻橫起來，說那些杉樹都不是我的！並且動手打我……要不是那可怕的聲音使大家鬆了手，恐怕今天有死人看呢！……。」

「照這麼說，他人不對了！」徐得說：「亞點哥，請你不要見怪，我自然會責罰他的！他的話不能算數的話，只當他放屁就算了！」

兩人分了手。盤扶點回到家。妻正和一個男子在吃晚飯。那男子就是妻的「同年」。

「我以為你在你同年那里吃飯的，所以不等你。」妻說。

「今天甚麼地方去來？」

「甚麼地方都沒有去，到落鵝洞跑，和亞生打架……。」他以為妻一定問他為甚麼打架的，但她偏沒有問——人冷了！

吃過了飯，洗過了腳。他無精打采地走出了自己的家，向同年的家。他也留戀自己家的，但沒法不離開。

三

一天，盤扶點又遇着徐得。

「喂，得哥！聽說你們一爺也準備逃到這里來，真的嗎？」

「大約只在準備中。……喂，近來聽說你……」

「是的，昨天遇着徐亞生，他罵我，叫我不要被打破了腦袋。一切都在你們向上，不然……」

「不要理他！他那里懂得甚麼道理！猺會不獨不應相爭，還應相愛的。你不要因為他一人就傷了大家感情……。」

「不，我所說的也只不過亞生一人的事。」

「喂！亞點，聽說你近來和你老婆吵架，是不是？」

盤扶點臉紅了。

「為甚麼？」徐得又追問他。

「因為，因為我要，要強姦她！」

「她不肯？」

「正因為不肯，所以——」

「所以就吵架？」

「是的。」

「結果呢？」

「結果，我強姦了她！關着門，她的同年來了，敲不進，結果踢了兩腳走了。因此她非常恨我，幾天來不和我說過半句話。」

「喂，我想找一個猺人的「同年」，請你作媒！」

「你們漢人是和妻子睡的，要「同年」做甚麼？……喂，請你不要對人說我強姦了老婆。這幾天來，人家似乎在罵我了。」

「明天我同大湟墟，你也去吧，買點鹽甚麼的不好嗎。聽說鹽貴了！你就住在我們一爺的雜貨店裏也好。你不知道，我們一爺真好客情呀！你若要鹽，我可以替你說，慢三幾月交錢也可以。」

「好的！」盤扶點的心活動了。

四

走了一整天的路，盤扶點苦極了。走山路，他走得很快，但是走平路，他跟不上徐得。他的腳步抽得太高，好像走山路，所以前進得很慢，這使他很痛苦。

但是一爺的好酒菜，使他忘記了疲倦，他對一爺的厚待非常感激。因為他從未吃過那樣的好酒菜。不錯，一爺真好客情！

「一爺！」徐得說，「盤扶點買點鹽，但要到年尾才能結帳，可以嗎？」

「可以，可以！」一爺連聲答應了。

「聽說一爺想在落鵝做屋子，可真？」盤扶點問。

「是的，是的。」

「到了那邊，我們就是鄰舍啦！和一爺作鄰舍是光采的！」

「落鵝是我們祖因為逃反去墾下的地方，現在又反亂，當然應該回去的。住在那邊，自然應該耕點田，但是我們落鵝的水田都給先人典當完了，所以我想設法贖回些。」

「那最好，」盤扶點感激地答。「我可以替你查問查問。」

徐得帶他去睡的時候，他已經有十分醉意了，走起路來搖搖擺擺的。他一覺睡到天亮八時後才起來。

終于是一爺搖醒了他。他難為情的爬下床來。

「警報！」一爺說。

「甚麼警報？」他莫明其妙地問。

「飛機來！」

他已全身發抖了。

「走呀！」

他兩腳忽然無力，走不動，哭喪着臉，抖得很凶。

敵機炸桂平，聲音很響。

這一次，盤扶點的精神受了很大的打擊。

盤扶點不先回自己的家，五十斤鹽和十斤猪油都放在一同年的家里。第二天他才回家，妻見他沒有帶東西回來早已不高興了。還是他先說話：

「有一天，我幾乎被飛機嚇死！大家一說：走飛機呀！……我就走不動了。」

「爲甚麼空手回來？鹽呢？猪油呢？都放在那里了？」

「我還有那里好放呢？你自已想好了。」

「你只顧你的同年，就不顧你的老婆嗎？你看，我的頭髮已經有兩個月沒有搽過猪油了！帶回什麼都給你的同年，你還有良心的嗎？」

「可是，」他冷冷地說：「猪油搽的是你的頭髮，鹽吃進的是你的肚里，於我有甚麼相干？横豎你不是我的！——若是我的，爲甚麼動一動，就好像犯了天條似的呢？」

「自古以來都是這樣的，又並不是我創出來的習俗……」她哭了。

六

羅□猪的「猪頭」來見盤扶點，說：

「自從你到了大濃壚回來之後，你把日本鬼形容得可怕了，嚇得許多□都紛紛□東西到金秀，滴水去的。假若日本鬼可以□羅運，難道就不可以到金秀，滴水嗎？我們□處在羣山中間，飛機，並砲都不能進來，這還怕□□呢？我想，日本鬼也大不是甚麼三頭六臂的東西……。鬼子來，打他就是了，像打老虎那樣！怕甚麼呢？怕甚麼呢？……你以後不要亂說話呀……」

猪頭的話還沒有說完，但是「轟隆！轟隆！轟隆！」的聲響又傳來了，兩人都有點失色，猪頭忽然指着聲音的方向恨恨地說：

「鬼子眞可恨！簡直的發了瘋！」……

肉搏

「……一半野獸，一半安祺兒」——恩格斯

何劍熏

遺忘「島」呀！是和平的孤獨的「島」呀！

四週沸騰着反叛的火燄，和憤怒的雷霆咆哮，天空是腥紅一片，稠密的雲奔走着，通過那妖異動盪的波浪，可看出那蔚藍的，只一瞬間就□給血色的雲塊填滿的歪斜天壁，從無邊的曠野升起着紫色的烟帳，混着火和爆炸的響聲……。榮華的堡壘在里邊崩塌，溶解，像砍倒的巨樹。這個原野昏迷着。白晝所進行在那里的死的活動，又重新動作起來，大砲的殘酷的轟鳴，和綿密尖銳的槍聲，勝利的塡飽了宇宙一切的空際，在灼熱的遠空，沉重的綿密的交織潛地的回響……。給上了恐怖的動盪的海，被妖豔的陽光照射着，而開始現出她兇惡的顏色了……。林木不住的顫慄，颶颼的風和砲彈在里面正狂歡的進行……。勇敢，辛辣而又悲壯的時代！

可是這「島」上呢？

啵！很平安！除了胡里胡塗的飛來 流彈之外，就甚麼也沒有，親愛的先生們！

容羲的寓所，就住在愛爾培西路，那條清冷的街道上的，一座三層的新式房屋。有葡萄藤的陰影撒滿了一個院落，而且時時還飄來不知從那里送來的鬱金的香氣，綠色的苔鮮點綴着每塊角隅的陰謐的地方 在那里，白瓷的灼熱是幾乎只剩下些微的痕跡。在前面，那染着醬色的水泥的牆壁三層樓，一間 屋子裏面，容羲僅只穿一條褌褲，正在那裏——正在那裏怎麼樣？沒法說呀！因爲他的動作是那樣不能確定 你剛剛看見他在摩擦自己的屁股，但一瞬間，同是那支手，就又游到額角去維持那被蒼蠅擾亂的他的治安了。只眼睛一睒，他又在狗竇似的走動，接着是彎過手來看錶……喲，或者說他正在那里無聊呀！老實話，他的神情也確是 無聊的。另一個他的同學龥容人——名字是記不清了——正拿着一張號外，在看我軍進攻北四川路的勝利的消息。

不過，當容羲拿起鏡子，可就活潑了 望着他那副連自己都有些衛動的可敬的尊容，長久的，很似乎想發現一點玷污它的純潔的不祥的東西。可是，除了剔去左眼的一點眼瞖之外，就什麼也沒有。因此而轉過他的頭來，說：

「啊，噯，我的輪廓甚很準確呢！」

「不錯，」容 做一個只有他自已才會察覺的滑稽的鬼臉，同時把報紙翻過面來，說，「準確的！」

「似乎可以做模特兒！」

「當然，不過就是不曉得那個藝術家才有那福氣。」

「眼睛也不錯吧？」

「也不錯，簡直可以吸盡人的靈魂！」

「那種人？——我想一定是女人吧？」容義格格的絕了起來。

「當然是女人，不過，該死的，你把女人當飯的吃，現在國難時期呀！」

「國難時期怎樣？漢奸又沒有在『她』里面放張變。」

「又坐『公共汽車』（註一）嗎？」

「也坐的。」

「那麼這幾天呢？」

「這幾天？不說什麼好！眞國難時期，跳舞場關門，『公共汽車』也沒有坐，所以這幾天鄙人在——吃齋呢！」

「那就阿彌陀佛！」容人深深的彎下腰去，感動的說。「那就阿彌陀佛了！」

他爆炸着格格的笑聲，倒在椅子上了。

「你眞歡喜呀！」容義歪着頭說，「可是我要走了。今天××跳舞院復業，正在等候我呢。」

這逐客令全沒效力，客人依舊大蹺着腿，在那里坐着。而容義則去來和自已襯衫的硬領，悶着喧付給「暫時的岑寂」……。

遠珠的炮聲又沉重的傳來，使得屋都戀情的震顫了幾下。

客人聳起耳朵，嘴巴變爲一個衚塊的「口」字

（註一）即嫖娼的隱語

容義却沒有被它的恐怖動搖。他足够維持他的鎮靜，在全部的時刻，如神經是麻木了的那種程度。——可是這是一種錯覺，他的神經其實是完全清醒，不過被內心的默想代替了他一切外來的感覺——容義是習慣把自已安置在他的神秘的思維里的。

然而這是一種擾亂，粗糙而不愉快的往事的重複。是八一三戰爭之後第四日的夜晚，在××大舞廳，那個被容義熟習得可以閉起眼睛走路的地方。在混合着七色燈光的大廳里，成羣結隊的男女正擁抱着，跳着狐步舞。音樂正發揮着它的迷人的魅力，衝激着那些活潑的跳躍的心臟的時候，不知從那里跑來一個就是被他們叫作的野男人，給那榮華的舞廳，芳馥的男女，總之，不論那里，注射了大約兩斤的亞莫尼亞水。這剛才還噴着優美的芳香的地方，而一下變爲廁所了。於是大家譁着嘴，踏着脚後跟，咒詛，朝出口奔去。乘着這可敵的機會，在舞女臉上容義還接了一打以上的吻，而被後却被吐了一臉的唾沫……。容義覺得那噴射到他身上的亞莫尼亞水，大概有半斤的份量，許多地方是已經稀濕了。當他在街上行走的時候：一個漂亮的女人，好像是有意來挨緊着他。但她一挨近過與衆不同的容義的身邊，就使勁的唾了一口罵道，「呸！這死屍！」……容義一面理着衣服，一面想着的卻是這些。

然而當新的默想奔向他心的時候，大街上，一個粗壯的喉嚨像喇叭一般的叫起來了：

「號外……八字橋……勝利……彩出版的！」

客人從椅子上騰跳起來，搶着荷包，皮球一般的滾到外面了。

「你就走了？不在這里過夜？……這猪猡！」

這一陣的，容義才伸出頭去，叫着說。

初來的夜，似羞澀的處女，在屋角里朦朧的展望着白色的窗帳上自還處洞來的火光，幽靈一般的動盪。白雲給征服了，似失戀者的眼睛，被失望的陰影拖倒了，使自已在非常的痛苦里銷逝它生命的可怕的瞬間……。

容義穿好衣服，洗過臉，在梳刷他的捲毛了。他要怎樣的梳呢？——不知道。或者如鄉下人的說法：「要蒼蠅都扶着拐杖」「不過，若難得的還是那平勻的波浪，和左邊一搖一擺的翹起的幾根，這是他的傑作，據容義說，全上海的理髮匠，就只有倫敦美容社才能創造他所理想的形式 容義賭咒要趕上他。他雖然沒有到理髮店服務的志向，但他却想專攻這種學科，弄到——弄到就是魔鬼也要欽服他的成績。他現在正在這麼專心的學習，或許炸彈落到前面都不能鬆懈他的工作。——而且的確，他的頭上就要生黑海一般的波浪。

這是一個「差半年的法律學士」。不消說，是未來的律師或拍桌子的家伙 可是這人物的本身，却相同於一個笑話，不過是尙未製作的胚子。假如給他拿出這樣一個題目；「在大學得到一些什麼？「而且他要答得正確，全不撒謊的話，他的文章就一定會這樣的開頭：「很多呀：第一就是一身梅毒……但也不能一概而論，他也的確有些非凡的法律知識，譬如，大街上大便和小便，是犯違警律：

：等等。他也經常出席「四民大會」。不過跳舞和弄女人却是他的特長，而且也確有許多女人在給他幸福的期待，但誰也不能相信如容義自已的詮釋，以爲那是由於他有超卓的顏貌——倒是由於他的錢夠充實，而甘願快樂的爲他犧牲。可也奇怪得很，這樣耗損着他的精力，但却完全不覺得他的健康有將瀕於破產的邊緣或癱倫，他依舊是圓圓的臉、和一手抓不透的肚皮。「九一四」針點時時給他注射，然而也沒有破壞他的將要成熟的組織，他的精神永遠飽滿，永遠湧現着強烈的生命的活力。他時常走着快步，像追着他的幸福。眼睛燃燒着可以被隨便誘惑或衝動的狡黠的光芒。嘴巴只杏仁一對大小，然而笑聲却像勞勃生路的大自鳴鐘。中古的詩人常幻想玫瑰似的臉頰，但可惜他們的智慧的腦、和神妙的手都一同被埋進棺材里了，假使還在着，那一定可以描寫許多更加美麗和生動的詩，當他們一看見容義那樣的面頰的時候。總之，他是美麗的，結實的，不高然而也不矮的。雖然肥胖一點，但容義是可能克復這個小小的障礙的，只要他努力下去……。他有着一打以上的西裝和各式各樣的帽子，穿織起來，使自已的狗都要狂吠。他的胸脯上時常出現着一些寶貴的徽章，昨天是新生活勞動服務團的幹事，今天是××校友會的委員，明天橢圓形的，後天[illegible]心臟一樣的……。有一次在一個妓院的床上，他拾得一枚上海市政府的科長的證章，也就佩了起來，直到他在報上看見那遺失的主人登明作廢的時候——那聲明却說被扒手扒了的，有一回，他爲誘惑一個漂亮的舞女，可是她的要求却超過容義荷包里現有的兩倍數目，爲了要完成他這個可敬的目的，便發明了一個可以被他永久誇耀的偉大的計劃。就是——他付了少數的錢幣給一個媢媢商人，在那裏換了二千多元那只有在地獄里才可以兌現的「冥鈔」裝在他的手提箱里，上面自然蓋了許多眞的鈔票。當他神氣的在舞——那舞女的前面出現的時候，就總是粗暴的翻檢着它。「找一張五元的！唉！硬是沒有——一元的也好吧……可是沒有，雖是他媽的十元的！」他說。最後，有什麼辦法呢？——就拿一張十元的吧！……這方法很有效力，就在那天夜里，他們儼然就夫婦一般，睡在同一的床上了……。他慣愛自已稱做「鄙人」，「這是鄙人的一個傑作哪！」「多謝你，鄙人不吃了哪！」——現在，這位「鄙人」已弄好他的一切，拿着皮球一般的錢袋，在大街上行走着。

……繁華的都市的上空，站立着茫然的大上海八月的夜。天空被斬開着，一面浮着黑暗的雲濤，迎接着向上升起的火燄的波浪，似落日的空明，瀰成着美麗而繁繝的湖沼。樹木，原野，破碎的房屋，都溫柔的浴着它的光輝。風嘯着，黑煙給發出恐怖的陰影，砲聲靜下去了，僅有偶然的爆炸聲在各處戰壕里點綴着，證明着戰爭的存在。另一面，是完全安靜的夜景。銀鈴似的星羣，微笑着，以大而悲涼的眼睛幸災樂禍的窺視着這火災一般的都市。在夜色的迷茫里翱翔的怪物，也休息去了。……容義一走出門，簡直輕鬆了多。沸騰在街心里的動亂——那些互相追逐的人羣，車輛，尖銳的汽笛，在他都完全沒有感覺，只是注意人們的腳步不踩着他的皮鞋。——幸而這漂亮的人物的足下沒有出事，只是當他走過一條丁字的街道，一個拿着一束蠅拍的老人向他走過來了，不知怎樣一來，這不幸的災禍即橫飛到容義的身上。當那肇事的老人一瞥見他的鼻子下面站着怎樣一個人物的時候，臉上就那樣的痙攣着，於是趕快取下那抓着他的衣服的該死的蠅拍，一面吃吃的哀懇。

「啊，對不起，先生，我老人家！」

「鬼叫你拿起那樣的拍子！」容義威武起來，細細的口涎向對着的臉上奔放的濺去。

「啊，先生我老人家……」老人所能說的，就只有這一句。

容義找不出可以懲罰他的話了，便向街心裏狂叫起來；

「黃包車！」

「那里！那里！」

黃包車立刻噴出嚀叹的嚮聲，來歡迎它親愛的僱主了。容義並不和他商量價錢——這是他一向的規矩。走上去，就指揮衛鋒一樣的叫道；

「金神父路，當飛路，嗨呀！」

車夫提起了像墨索里尼在檢閱[illegible]候所走的步伐，箭一般跑走了。

快活的音樂已開始彈奏，容義老遠就敲着[illegible]，並且輕輕的吐着腦，算是[illegible]許那偉大的[illegible]曲及其演奏者。紛擾的市聲已對他失去紛擾的存在，就是自已的車聲的起落，抖動，也一點不能分解他的凝固的心思——只是分明的焦急在煩擾他，使他好像落入一種不羈的放縱的紛擾里了。……燃燒着綠色的火綫的市招突然燦起來，是告訴他還或許就是和尚們天天念着要去的西方的極樂世界，已經出現了……。

門口異常的擁擠，好像報時候的避難室。那個左額上垂一塊肉瘤的售票員，在暗暗埋怨上帝，爲什麼不給他再生兩對手，和四隻眼睛。其實這完全不是奢侈的或過份的要求，只要看看他的工作的忙碌，就可以知道，長成這樣一個形式的人物，這保護他們的牲口的馬王菩薩似的——不特是應該，而且簡直是必要。

容義的皮鞋被踏了三脚——或許四脚吧？他已記不清了——才買得入場券。那是一元錢跳三場，像戰爭時候的上海的食料似的特別昂貴了。他一點也不用考慮，彈着他欣喜的鏈子，就走進去了。

迸入的音樂和人聲，使每個空隙都起了激盪，澎湃的來潮。走上樓梯，那使人的神經都微微鬆弛的芳香，即刻撲進容義的鼻子。就是他自已，這時，也不知道怎樣上完這兩半樓梯的高度的忍耐的。他雖然能忍耐一切，但在這些事情上，他却沒有一個可以制服自已的魄力。樓梯走完了，他的脚步也就無意的輕了下來。一種慈藹的，像春天的滿含生意的花的蓓蕾被陽光溫柔的慰撫着一樣，但希望這囘沒有亞莫尼亞水啊！

那些轉動着搖蕩的光芒的眼睛的妖豔的舞姬，在榮華的燈光下，裸露着她的美豔的胸脯，在那麼熱烈的跳着舞。管樂隊戴着白色的帽子，像英吉利水兵。

各處几子上陳列着咖啡，汽水，誰在休息的時候誰就可以去享用那漂亮的招待。

容義一上樓來，失望便分明的牢住他了。他四面環顧，對什麼都沒有以驚奇的注意，可是沒有了，連平日剩下來的舞女，也都尋得自已的配偶，在活潑而又肉感的跳舞。一個胖子摟着一個消瘦的女人，她跳得那樣迅速，使他連氣也來不及透。他張着像笑的嘴，自已的尖尖的肚，抵在別一個不大尖尖的肚上。向左轉，向右轉，前進去，又退下來……像下體操一樣，整齊而有秩序。一個蓄着仁丹鬍子的高個子，被配上一個矮小的女人，因此他就得時時彎過腰去。另一個裂着嘴，看他的神氣，似受不住那高度的狂歡的魔手的震撼，就要栽倒下去。沒有一個，涎線是那麼興隆，像春潮誕生一般——一大股懸絲似的晶亮的柱子，垂在他嘴上。

四面闊葉的電扇，在風車一般旋轉着，使那些綢或紗的窗帷，衣服，褂子，褲子，都貫滿飽着風，在各處翩翩的飄翔，像海船的闊大的帆片。

容義被自已的壞運道煩惱，他換了三個不同的座位，而且似乎什麼魔鬼闖進了他的靈魂，使他竟忘記他頭上那偉大的傑作，他搔了兩下腦[illegible]了！那神聖的美豔的波濤，就立刻混亂。他駡自已的混帳的爪子……。這一場算是功果圓滿。有幾個竟走下樓去，退出了戰爭的漩渦，懷着勝利的狂歡，在樓梯上走得非常響亮。

容義一眼就看出他的久別的伴侶——一個穿印度綢的美豔的女人。他聳了一下肩頭，給她射出他瞳孔里所有溫柔。這是暗示她，叫她離開那被容義討厭的她的舞伴，投進自己的懷抱里來。………她終於溜過來了，那她的原先的舞伴，就立刻滾進醋海里了，他裂着嘴唇，粗暴的吸了一口氣。

「啊，你麼？」那穿印度綢的漂亮的舞女說。

「怎樣，就認不得嗎？——老主顧呀！」容義歪着頭，把眼睛瞇得細細的，活像在鑒賞什麼似的。

「誰不認識你？哦，你身上亞莫尼亞水的氣味還有哩。」

「你胡說八道呀！」容義抓着她的手，同時就他裂開嘴，笑了。

音樂又繼續它的雅奏。人們都動員起來，磕磕的皮鞋的聲響，是那麼雜亂而喧囂，像出征的馬隊。一剎那又完全靜下了。因爲他們已站定了位置，拉着手，就要進行戰鬥……。

那穿印度綢的舞女的先前的舞伴。是又落了，孤兒似的。他裂着嘴，臉上掘起着十條的皺紋，好像比喪失了生命要悲憤，憂鬱。

「你……」他到底走過來了，努着力，但只說出了一個字。

「對不住……」那舞女說，「這是我的老主顧。」

她說完話，又繼續去跳舞了。

「那麼，你先前說不該……」他又說。

可是另一對舞伴，却蹁蹁的跳舞過來，屏擋了他們。那她的先前的舞伴，只好自已閃着憤怒的眼睛，開始去選擇他新的對象，退下去了。

容義是那麼活潑，像人生第一遭遇見她的愛侶。他早已立定一個志願，他要過大癮或者跳他媽的一個天明。他眞是勇敢，你看他一下呀！他的嘴兒優美的張開着，彷彿在唱一支小調，而且還捲起袖子，裸露的手腕，故意朝別一個也是裸露的手腕努力的碰。而且還斜着身子，把下頷接觸着他的額頭。而且……他的身體裏面不知起了怎樣一種劇烈的變化，或者說——是瘋狂了，像短兵相接的時候的兵士的暴亂的心情，忘記了自已和世界，僅僅一種單純的慾望支配着他們——就是生存和死亡的瞬息的搏鬥。而走到他們的眼前的，就是這兩種模糊的陰影。然而一切理智和感覺所能接觸的東西，已完全失去，他們的混合着死的恐怖，痛苦，衝動，悲哀，憤懣，以及一切人類高尙的情操，在白刃交熾的飛翔里比賽着他們的技藝……可是容義是飄飄然的彷彿就要離開地面升到天際的高處，或許不很前一種也難說定。

容義的汗水像潮一般的泛濫起來。但他決不想去休息，或吃一杯冰淇淋，他只想一下就汲盡這人間享樂的泉源，而活活的吞進他自已的肚子里去……但忽然，電燈出了毛病，滿屋昏暗起來，於是容義第一個就彎下頭去接吻。

霎時，畢畢剝剝的狂吻聲。

電燈又一下明亮起來，舞侶們都因這暫時的中

國文教員

齊萸

今天是星期日。夏文彬決定破費一天的工夫，把堆積在案頭上的幾十本作文本子改完。吃完早點後，連嘴也不漱，便坐在書案前，磨了滿硯台的墨，好像準備今天完成一樁偉大的事業。他從案頭上順手抓來一本作文，睜着眼睛，使勁地在桌腿上打幾下，本子上的灰塵立刻揚起來。這邊正在給小娃娃煮雞蛋黃的夏太太却叫喊起來了：

「輕點，輕點，灰塵撲滿一碗了！」

夏文彬沒聽見似的，連忙打開本子。

「抗戰之初，吾國志在必敗，抗戰之後，吾國志在必勝。」文章一開頭，便是這樣的妙句。夏文彬剛才滿腔的雄心，給潑了一瓢冷水似的，立刻收縮下去，好像吹脹的氣球裂了口。他噓了一口長氣，把筆桿使勁一放，以致案上的筆筒馬上跳起來。

「輕點，輕點，把力生驚醒了！」夏太太，壓低着聲音地叫。好在十個月的力生依然安靜地睡着，所以她便沒有像平時般的繼續叫下去。

但夏文彬却滔滔不絕地發起牢騷了。

「教員我眞幹夠了，我眞不想吃這碗飯了，學生文章寫不通，教員自然要負責，但是整個教員制度是如此，又有什麼辦法呢？抗戰以來，抗戰教育的呼聲已經普遍了全國，抗戰教育已經是舉國一致的要求，……」

「夠了，夠了！」夏太太厭煩地，却又撒嬌地說。「這是你們國文先生的偉大成績呢。」

「就是你嘛！」夏文彬抱着兩隻胳膊說。「要不，我早打游擊去了！」

「你這就去好了，又沒人拉住你！我——」

話沒說完，力生坐在床上哇的一聲哭起來。夏太太丟開夏文彬，趕緊跑去抱在懷中，端了一泡尿，抱到太陽底下煨雞蛋黃去了。

夏文彬索性離開書桌，燃起一支香煙，一屁股倒在睡椅上。他的思想，隨着煙子的繚繞漸漸升起了。

抗戰前，他就厭煩了教員的生活，曾經三番四次發誓不吃這碗飯。抗戰後他更想脫離教育界，幹一番有聲有色的抗戰工作，但是，從杭州逃亡到後方，却找不到獻身的機會。在武漢時，倒有一次可以隨政治部直屬第三政治大隊，偷渡黃河，穿過津浦綫，到山東敵人後方去游擊，但又因爲妻子快生產，錯過了機會。後來，他隨着難民羣流亡在瘴氣籠罩着的叢山裏，在窮愁中眼巴巴地看見前方許許多多的偉大的戰績，而感到自已的落伍，於是嘆氣，呻吟，拍桌子，捶大腿。今年夏天，有人介紹他當教員，這一個意外的機會觸動了他的心。「果眞實行抗教育，幹教員並不是沒有意義的，」他的心裏這樣說，於是不待跟他妻子商量，他便滿口答應了；他知道他的妻子一定會贊成這種安靜的生活的

斷，合不起音樂的節拍，像小學生走的正步。不知現在臨到怎樣一個節目，容義朝後一退，就恰巧踩着別人的鞋後跟而那一面，不知爲了報復，還是開玩笑，拿他的背脊使勁的抵過來，這種抵法。容義還是第一次領教過，於是噯哧一聲，和他的舞伴，就倒下去了。他恰恰躺在那舞女的身上。在一剎那，他感到這的確比躺在沙發上或別的事物上還要舒適，他很想就是這樣子躺到打五更。

……砲聲又激烈的轟鳴起來。像沸騰的大海。在廣延的曠野里奔跑着似的回聲，徘徊在雲層里的轟炸機在恐怖的怒吼。

流彈馳着憤怒的嘯音，飛過來，第一顆，第二顆……立刻，掀起一切恐怖和動亂。它們好像還不知道這「島」上的規矩，不許它們來昏亂和騷鬧的。然而已經來了，有什麼辦法呢？——它們已鑽進高尚的舞廳，而且不偏不歪的打中了一把電扇的乖軸，金色的火光和黑暗一同降臨了。喧鬧，嘈雜，擁擠…… 立刻揉成一大片……以後的事，就一點也不明白。

不過容義從那舞女的身上爬起來了，在這黑暗的可敬的機會里，他一個吻也沒有接，不曉得是忘記了嗎還是怎樣？唉……

。還沒有跨進學校大門，他的抗戰教育的實施方案，已經在他的心中計劃周密了。他決心還要站在自已的崗位上，好好做點青年的工作 開學的那一天，行過典禮後，他準備跟教務 任談談這個問題。剛剛寒暄幾句話，陸主任好像看穿他的心眼似的，連忙把頭微微一偏，舌尖往外一頂，嘴唇下的希鬚便巧妙地移到嘴角上活潑，嘴巴微微張開，却又沒有說出話。顯然他的心裏正在起着微妙的作用，而湧在夏文彬喉頭下的抗戰教育方案便暫時被阻擋住了。接着，陸主任才抬起眼，慢條斯理地，隆重地說：「這里的學生程度太低，份子又很複雜。終天唯物唯心的，共黨只曉得幾個名詞。上學期開除了幾個。這學期我們打算好好兒整頓一下。他們一切課外的活動和一切什麼組織非得學校允許，絕對不准的。另一方面，就先要加緊他們的功課 國文每兩週作一回。講古文，三年級多講點子書。少跟他們講些什麼新文學，新思想 他們懂得個什麼！」夏文彬的心已經冷了，以下的話他沒有心思去聽了；一句話，抗戰教育在這里是不允許的。

想到這里，他嘴裏的香煙已經快要燒完。他呻一聲吐出煙屁股，從睡椅上撐起來，煩惱地喃喃着「講子書，講子書，講了半年的子書，學生就作出這樣好文章來！」他抓起桌上的本子，生氣地把在一旁，隨手又抓來一本。又是一篇不通的古文。可是他這回却沒有 開。他提起蘸滿紅墨的筆，一行一行地塗去。翻過第二面，實在看不慣，他在簿頁上畫了一個大圓圈。

「老夏在家嗎？」外面太陽底下有人跟夏太太講話，他知道是張信人，他還沒有放下筆，來客已經走進屋裏。

「哈哈，誰的文章，吃大鴨蛋了！」張信人快活地叫着。這是一位英文教員，年輕活潑，喜歡打麻將消遣。聽他那響亮的聲音，就知道他是一個健康樂天家。他一屁股坐在椅上，便把褲子一下，從開襠濕漬漬的褲腳里，看了一看後，用么指頭挑撥變麵彈在上面。於是翹上桂機，拍拍手 抬起頭。

「這兩天勝敗如何？」夏文彬問，與其說是關心，不如說爲了趣味。

「大敗特敗了，」張信 爽快地說，「前天三十塊，昨天四十塊，這個月就算白幹了。」

「偉大！」夏文彬笑着說，於是張信人也笑起來。

這兩人的志趣本來不相投合，但因爲張信人坦白，直爽，並且沒到學校前兩人就早已相識，所以夏文彬見了他，總是很愉快的。

「誰贏了呢？」夏文彬有趣地追問着，帶着哲學家的口氣。

「文盤鐵子！老油子！我們搞不過他，以後不跟他來了。」於是，張信人帶着濃厚的興趣，把他準備務給的計劃說一番。這學期他已經賠了三百塊。十一月還沒過完，他已經預支到十二月的薪水。他光棍身漢，住在學校裏，每月除了十二塊錢的伙食外，剩餘的錢都在牌桌上慷慨地輸給別 了，兩腳上却穿着漏底的襪子和前後都是窟 的破鞋。這人在夏文彬的心中是怪有趣的。

「今天不幹了嗎？」

「歇兩天再說 這幾手太不順。」張信人認真地說。「我們趕鳳凰墻去好嗎？」他忽然想起似的提議着，便站起來準備出發。

門外抱着娃娃曬太陽的夏太太，聽見屋里在說趕鳳凰壩，便連忙叫着，「你給力生扯件衣料回來呀！」

夏文彬猶豫一下，但馬上就緊決地站起，把衣服抖幾抖，心裏感過一絲輕鬆的感覺。他們走出門，溫暖的太陽照在他們的身上，原野上來襲一股清香。他們兩人都走得飛快，好像是趕路。走完了原野，剛剛翻上山坡的時候，張信人忽然停住脚，車轉來說，「我們到趙黨子家裏去看看好嗎？」

「好嘛！」夏文彬看穿了他對這位賭友的依戀。於是張信人領頭走向山的後去了，衣角扇起卜卜的風浪，如同他本人那樣的起勁。

趙黨子家裏的賭局正在蓬勃地進行着。桌子上堆滿了洋圓、淚，這說明他們已經戰了一個穿夜了。每人的眼睛周圍增加了一層鐵青色的圈子，眼角上含着一泡眼屎。但每個人依然聚精會神地去對付前面的[illegible]方塊。他們很[illegible]地摸起一張牌，但打出去卻要考慮又考慮，拿出去一半途又收回來，然後才拍的一聲打在紅豆木的桌上。當張信人夏文彬進院壩的時候，聽見屋裏靜靜悄悄，疑惑沒有人在家，咳一聲也[illegible]人聽。正想轉身走，[illegible]聽得屋裏桌上拍一聲，同時有人叫和，接着便齊叫起來，趙黨子的聲音壓倒一切。張信人一衝就衝進門，好像是抓局的樣子。會計面前擺着一色萬字的清三翻。趙黨子一臉已灰白的呂同剛氣憤憤地說：「你不該放這張四萬呀！他沒有出過一張萬字，你看不清楚呀！剛才對面放張三萬已經危險極了！無疑地是和一四七[illegible]從一牌來個清翻，眞貨！」

「黨子輸慘了，黨子輸慘了！」張信人開心地連聲歡叫着。

趙黨子轉身，捏緊拳頭伸向他，帶着挑戰的口吻說：「老張，你這敗兵之將！我已經戰了卅一圈，還可以再戰卅一圈，你敢來跟我決個雌雄嗎？」

「我怕你！最後勝利屬於我！」張信人半開玩笑半認眞地說。

呂同剛讓出一角來，說是精神支持不住。但實際上[illegible]怕[illegible]駡。每回一輸他都要被太太臭駡一頓，尤其輸錢的時候，後來[illegible]他把錢收藏起來。這回他臨時向會計借支了三十元，輸光了，月底發薪時，拿不出錢回去，太太才要駡他，「你還有時間賭博！」並且晚上不准他上床，即便上床，也要[illegible]踢他。他從牌桌上站起來的時候，兩隻手有些發抖。

說到實際要下場，張信人倒有些遲疑，但他瞪着眼睛想了一下，馬上便決定了。他把夏文彬的袖口一拉，[illegible]他到門外。他悄悄地說：「把[illegible]借三十塊來，今[illegible]是我們[illegible]的好機會。他們打了一個穿夜，已經精疲力竭，我乘其弛而攻之，未有不勝的，此兵家致勝之道也。我贏了錢，明兒咱們吃北味。」

於是新的賭局開始了，他們四個人都很起勁，初，每人的聲音都很大。他們把抗戰的用語隨便拉起來，「[illegible]」用在賭場上，像「抗戰到底」，「[illegible]」，「最後勝利」一類的名詞，四張嘴巴裏亂蹦着，但是，漸漸地，話就少了，每一個人都把精神集中在牌上。張信人瞪着自己的面前，「沉默作戰」（依據他的說法）「打遊擊」，趙黨子兩隻眼睛不停地在場子裏面[illegible]

他所說的「打遊擊」[illegible]了後，偏[illegible]無[illegible]只

聽得轉[illegible]夏文彬走出門外[illegible]戰爭[illegible]有人[illegible]注意他了。深長地嘆口氣，鈴[illegible]似的東西壓着他的心，於是又想起學生們不通的文章了，走回家的時候，還沒有十二點。夏太太奇怪趕鳳凰壩回來得這麼早，趕快抱着力生走到他跟前，一面跟小娃娃說，「爸爸給大兒子扯衣料回來了。」

「扯個屁的衣料！」夏文彬煩惱地叫着，「張信人又在趙黨子家裏幹起來了。教員日夜打牌，不好生教功課，學校也行這種教育，死氣沉沉！這樣的抗戰教育，怎樣會把學生教得好呢：……？在這環境下再來半年，眞會悶死了！」

「[illegible]大了，」夏太太正經地說，「你看一場牌就可輸掉一月的薪水，眞駭人。來個么分子的小局，消消遣吧，倒沒有什麼……你來把力生抱抱！」

「我要改本子呀，那大堆，明天要發出去！」夏文彬說，無可奈何地，順手抓來一本作文，翻開，湊巧又[illegible]那本「抗戰[illegible]」，「[illegible]初，吾國[illegible]在必敗[illegible]」這[illegible]何語[illegible]，似[illegible]樣在[illegible]抗戰之後[illegible]他的[illegible]

前他[illegible]一聲「[illegible]文是[illegible]！」在旁的夏太太也撲亦一聲[illegible]出來，一面[illegible]壞[illegible]的力生！」使也加緊地搖幌[illegible]手，[illegible]膊，[illegible]不要[illegible]桌上來，夏太太讓他[illegible]站在桌面上，[illegible]而他還不滿足，[illegible]下腰背去抓[illegible]面前的一切東西。突然，他那[illegible]活[illegible]的小手抓住了夏文彬面前的本子，好像抓住什麼稀奇的[illegible]兒似的，一把就抓過來，[illegible]撕了[illegible]把，他爸媽兩人搶過來的時候，已經[illegible]撕成好幾片了[illegible]發出去呀！總要抱到桌子上來玩！」

夏文彬難[illegible]開[illegible]兩手[illegible]苦[illegible]聲哭起來，夏太太連忙拍他的背，[illegible]娃娃[illegible]，「大兒子撕得好，大兒子長大不作這樣[illegible]文章，[illegible]不改變，還是一樣要作這樣的文章，」夏文彬[illegible]深長地說。於是伸手摸摸力生的臉，「[illegible]了[illegible]氣[illegible]東西[illegible]來，我陽去。[illegible]今天煩得很，不想改了[illegible]咱們[illegible]兒。」三個人已經坐在輝煌燦爛的陽光下的草地上了。

「最後一課」

揚波

一

梁振遠回來已很夜深，事務繁文牘的郭行之，還在他寢室裏和新來五年級級任湯鴻逵低低的談話。他一到床邊很疲乏的倒下去，郭行之就停了談話，撇下湯鴻逵，坐到他的床沿去開始很含糊的提起他和教導主任黃有貴派各走極端的對立問題，意思之間，是來調和調和。他一向是以調和派著稱的，善作慈心，調和同事間一切糾紛，性情過分的好，彈性和容量放大，非常忠厚老誠，同事的困難，他竭力幫助，同事偷巧推給他的工作，他無言的負起。身體很健強，老像部機器，朝夕不停的忙，還些都是他在「一六臘戰爭」毫不動搖的原因。

梁振遠明白了他的來意後，于是敘述着許多事件發生的原尾，後來覺致像吵架似的駁斥他的忍耐主義。

「我忍，我那點還沒有忍了不過我的忍是有限度的。然而他們呢？他們就不斷的向我進攻。越來越有勢，越來越凶猛，我能不聲不響的一聲不忍下去嗎？那我倒不！我決不！我是在人不犯我，我不犯人的原則下，採取殲滅戰。那個惹倒了我，我就行殲滅，媽的！充其並打破飯碗。」

憤火猛烈的燃燒着，他默默的換了幾口氣，極力壓抑住憤火，然後冷靜的分析造成目前嚴重局勢的近因，主要是由於他旅行後在教務會議上，毫不客情的揭穿教導主任的一切醜惡，陰謀，黑暗。所以黃有貴的舅子表妹們一齊向他們聯合進攻。

郭行之接着來勸告了幾句，但他的話仍只能激起他更大的惡感和憤怒。同時他得知梁振遠的脾氣，憤怒起來，是難得勸慰他的，也只得走了。

湯鴻逵是個富正義感的熱情青年，多年的流浪生活，使他極端憎恨這陰謀詭計，醜惡黑暗。他近來剛明瞭了這裏邊對立鬥爭的情形，他又打算仍去過他孤獨困苦的流浪生活。他一直沉默到郭行之腳步在夜空裏消逝過後，才起來去關了門，掉回身來忍不住告訴梁振遠：

「哼！你來了，今天下午又在打人。放晚學的時候，把五年級一個學生，無理的打了不說，還罰跪上」

「又在打人?!爲啥事?打的那一個?」

「我不知道。」

「哼！媽的，打嚇！不如一齊用來殺還好。他們究竟是□心□了他們究竟是和學生有了幾世的冤仇了他們究竟是來教育兒童還是來殘害兒童？…………」

梁振遠感□，竟由床上掙了起來，用拳頭捶着床。在以前他看到橫暴無理的高壓學生，雖憤憤的認爲不平，總算能忍下去。可是近來黃有貴派爲了「殺雞駭猴兒」更加放肆，還經常越俎代庖的把他教的六年級的學生捕風捉影的處罰他看，他憤恨，他忍耐，然而接連許多事件的刺激，他的忍耐達到了飽和。不但看不能忍耐，連聽了也會使他憤恨到發狂。

湯鴻逵追悔不該用新的刺激來激動他，趕緊用話來勸慰，使他的氣平息下去。對於應付目前的事提了這樣的辦法：

「梁先生我告訴你，爲了兒童，爲了學校，你再暫時的忍耐下去！我們從明天起，將自己負責的一班學生，寸步不離的管着，並警惕他們，使他們一點過不犯，看又怎樣？要不然的話，我們再說，……」

梁振遠明白湯鴻逵我們再說的意思，又默契了他的暫時忍耐主義。

燈光滅了，在淒黑的深夜裏，床上只剩了翻騰和聲。然而梁振遠卻失眠了，許多叫人憤恨的事件，不斷的湧來，興奮，苦痛，攪擾，他。

……一個熟習的面孔，表情有諂媚，有時嫉詐，有時陰險，有時刻薄，但對學生卻永是一幅陰森板的面孔——這是不管怎樣活潑的學生見了也要駭然的教導主任黃有貴。

他不知從那兒鑽來一羣學生，他們迷惘的畏縮的驚恐的像赴刑場似的跟着他。到了禮堂總理像前，他掉身發口令。

「立定！」

「向左轉！」

「跪下！」

有訓練的學生，整齊的跪在堅硬的三合土上，規矩而且伏貼，比羔羊還馴服，學生們剛在惶恐中現着痛苦的表情，他卻掉身昂然的走了……

梁振遠忍不住憤憤的哼了聲，翻身朝裏睡了，想擺脫這回憶的苦痛。

……半年前，第一堂課上了很久了，操場還有一羣六年級學生被罰着跑步，漸漸的出着汗，喘着氣，他們還在跑着。一轉俯轉……。十分，二十分……老是那樣踏踏的跑下去 後來那須長的臉紅紅的童軍體育兼任教員由中心綫，再也不喊「一二三四」了，趾高氣揚的提着板子走出圈子，到操場一角去，拉了把椅子坐下，臉掉開一邊去 學生一邊氣憤，一邊不敢停的跑着。一個個解開了領扣，大汗濕透了衣服，他們的臉紅了，紫了，烏了，但還在踏踏的跑着。突然一個發昏的倒下去了。……

「啊……！」梁振遠忍不住恐佈的叫了起來，心頭像有把利刃絞割似的疼痛，像要爆裂的火山口似的憤恨，再翻了個身，想擺脫這苦痛的印象。

……升旗後，身軀矮短的四年級任呂銹文，穿着豔麗的花旗袍，塗着企圖掩去已逝的青春，和塡滿一臉白麻的脂粉，站在禮堂前的臺簷上，青蛙般昂頭挺胸，又跳，又叫，又鬧，又罵 站在低下操場的幾百學生，像深夜蟄伏的昆虫，讓這大颶颳風。

另外侍候在一旁的中心綫，吩咐小工抱來大批板子，嘩啦的擱在禮堂的餐桌上。他半自語半威嚇的說：

「囂張嘛?!囂張嘛?!囂張只有這傢伙！」

學生們都驚恐的墜入了五里霧中。

呂銹文罵完，喊上了四個六年級學生。於是仇人見面，分外眼紅，兩幅猙獰的面孔變得更凶殘了，於是他倆毫無理由的輪流不斷的宣佈罪狀。竟將頭夜陰謀開除 個學生沒有成功，羞愧成怒的一團怒火，橫暴的硬擱在幾個學生的頭上。

開始了酷刑，男女兩人交換着，兩根板子同齊的搿。每一聲慘叫之後，學生痛得縮短了身體，板子的速率，很快的增加，使學生沒有彎腰叫痛的餘暇。

板子斷了一根，兩根，三根……。後來只有板子在拍拍的震動 死寂的空氣 終於學生跪倒了，用纖微嘶啞的聲音告饒：

「先……生……我……我下次不……不了！先……生。先生……嗚嗚……先……生……。」

底下幾百學生也跟着嗚咽起來………

梁振遠頭腦昏沉 搗痛，心像被板子戳穿似的疼痛，悲憤死死的嚙嚼着他。他搖搖頭，掙開眼，一切都消逝了，只有漆黑而深的夜。

二

梁振遠醒來，寢室已充滿陽光，周圍的一切，很清晰的重現在他面前：東方窗上糊的紙，撕得披一塊撻一塊的，留着各式各樣的洞。靠過道的窗子，近門的下半截，訂滿了防備強盜的舊木板，其餘佈滿了塵土和蛛網 沒有地板的潮濕而污穢的地，被老鼠打了很多的洞，洞口像築工事般堆着沙土。

桌上因爲零亂，顯得方桌太小。但上面只有幾本教授書和一部字典，躺在扯滿一桌的卷子，字本，名冊中間。文具雜亂的擱着，滿佈塵土的白磁花瓶，像被拋棄了好多年代一樣，孤淒的空着肚子，聳立在角落裏。

他很快的記憶起，這寢室還在初到學校那學期，稀疏輝煌過的。不但地下經常打掃，就是窗子有一個破洞，也趕緊補上 牆壁滿釘着像片和風景畫，桌上鋪着雪白的桌布，擱着一排整齊的文藝書籍，桌中一瓶插得滿滿的鮮花，——學生經常送來替換——其次，放得很整齊的文具，卷子，名冊。床鋪每天理得整整齊齊的。

那正是他滿足和愉快的時候，他曾在信上告訴北平的友人說：

「……幾年孤苦窮困的流浪生活，終於命運也給安排下暫時養息的場所。我現在沉醉在花，孩子，書的愛裏，讓他們交替的給我精神上以慰藉的治療。」

唉！那時我是怎樣的迷戀在甜美的夢境裏啊！……他嘆息的想着，忍不住一股辛酸直通鼻尖，兩行熱淚，滾滾的爬過耳根，浸濕在枕上。

幾個住宿的學生，走進隔壁教室，搬了障桌凳抽屜，開始上自習了。

遲鈍的脚步翻進來，他閃動着凝思的眼，看見老劉擱了瓶豆漿在桌上，無言的出去了。視線落在豆漿瓶上，終於被挨着的魚肝油瓶吸住了。但剛激起的不是食慾，是回憶中的沉思。

一月一瓶魚肝油，六塊錢，一份豆漿，二元，五元伙食，每月十五元的牛工錢，就去了十三元，還有車錢零用……。並且還有婆婆的生活費。襯衣短褲，早汗粉碎了，破[illegible]了，沒錢買。襪子沒了底，鞋子張了口，也只得將就。

爲甚麽會這樣？一切都因了病嗎！病的治療和養法他曉得。然而窮人得了富貴病，只有一天天陷入更深的泥沼中去，窮着不管病，不病不窮，越病越窮，越窮越病的循環悲劇，有甚麽辦法呢？

「哈哈哈……」

突然一個響亮清脆的笑聲，衝破了室中的寂靜。接着是一個男子溫和的沙啞的聲音。他很熟習的聽出這是呂錫文和申心祿在天井洗臉，馬上心頭感到一種惡心的憎惡。

這是一對下課後，沒一個時候不糾纏在一起的情侶。呂錫文是教導主任的表妹，申心祿是教導主任的男子，因爲有這些關係，不但教得到書，而且課程鐘點還分排得特別輕鬆。總之，倆家在成都，每月除伙食外，乾落十元作零用。一天不焦不慮，有錢有閑的專講「吃，喝，玩耍。」

他倆的談鋒轉到「轉轉會」去了，正議論着這輪轉到那個名下，要如何吃才有趣，到甚麽地方吃最好。恰在這時有脚步聲來了，跟即聽到是黃有貴的聲音，他們像往常一樣笑着，說着。仍取着老祖父看孫兒們商量決定一類遊戲似的態度，贊玩，指示，並作最後決定。

他聽得有些刺耳，於是用被蓋蒙住耳，然而記憶裏却出現了黃有貴的笑容，光頭底下一張翕開了牙嘴，彷彿在炫耀他滿口的黃牙似的。口洞裏常發出一種臭氣，薰混着他面前一尺五寸的領空。大紅鼻子底下，是一撮濃密捲黑的日本鬍。

黃有貴最初是匹馬單槍殺進來的，到現在，十多個同事中，除二三異己外，其餘都是親帶骨，但他還在清一色的黃派日上努力。他排擠的方法很巧妙，對身體不大很健康的，定一個精神很差的罪名。對初教書的說作沒有教授法，或能力差，但身學望優而得學生歡愛的，他誣你講戀愛，——！這學校有教員不准講戀愛，夫婦不能共事的不成文法。否則專門授你的短，向你進攻，直到你不能不離去。

每學期都動搖的梁振遠，現在成爲他唯一進攻的對象。梁振遠也成爲他頑強拒抗的第一個敵人。

下自習鈴響了，湯鴻達進來在床上擱了書，催他起來吃晚飯。他下床穿好衣服，毫無力的攤在椅上，頭昏眼的垂下，眼光無力的落在地上，重又思慮起來。

「梁先生你怎麽？又不好了嗎？」

他抬起頭來，一個學生是走來站在他面前。向他投着關心的詢問的目光，他極冷淡的應了聲：

「唔……沒有甚麽。」

那學生現着關心的難受的退了出去，梁振遠望着逝去的背影，不禁感動的記起兩天前的一件事來。下課後，他很疲乏的躺在床上，在迷糊中聽得遠遠的鬧了起來，越鬧越厲害，也越近，很像要撕打起來，但他不想動，也不想管，後來兩個聲音分明的嚷着：

「去告嘛！去告嘛！我們去告梁先生。」

「走嘛！走嘛！」

兩個邊鬧邊拉扯着走到門口，突然前一個壓着說。

「哼！你不看梁先生病了！我要告你。」

於是他們的甚麽糾紛也解決似的無聲的走了。

「聽聲音就像是這孩子。」梁振遠猜想的想。

「唉！這聰明的孩子們，是多麽親切的體愛我嘛！我怎忍離開他們呵！」

他喃喃的嘆息着站起來，充滿了感傷的眼淚。

三

「大家注意。」梁振遠朝會時，在六年級教室裏，用每次慣用的一句話開頭，跟着用憤怒而帶刺激的聲調繼續下去，「近來學校的情形，你們是清楚的，知道的，你們身受着，當然明白。但是在黑暗的，無理的，專橫的，瘋狂的，報復的壓迫下，你們有什麽辦法?!只有在忍受中自覺的警惕起來，所以我今天提出幾個辦法來，請你們自愛的遵守。第一，今後不准說話，大家做啞巴。第二，今天上任何課，得像菩薩似的不動。第三，今天聽了集合的口笛，要一聲不響的迅速的出去站好。第四，今天放學，一個跟一個，不說一句話。第五，今天下課後，手腳不動，除了屙屎拉尿。第六，今天不管同學罵倒，先生駡到，都得拿出吐口口水陰乾的態度應付。」停了幾秒鐘，用更堅決，更懇切，更憤慨的語調說。「這幾天來，我再也看不慣，再也聽不慣，在這人間的地獄裏，我是再也忍受不住了。假如你們今天都聽我的話，那嘛，就不說。」頓了一下，聲調特別加重放慢的說：「假如不然的話，那我只有眼不見，心不煩，不教你們算了。」

梁振遠說完過後，被憤火燃燒得麻木過去。他走出教室，再沒有往天的桌橙聲，和說笑聲，學生們祗呆呆的默默的讓苦痛浸蝕着嫩弱的心。

上第一堂筆算，梁振遠很去查了幾回教室，學生都很規矩，坐在後排的幾個學生，躡着腳步踰，向他投過天真而胆怯的眼光來，彷彿同他說：

「梁先生你放心吧？我們會聽你的話的。」

他心頭很輕鬆愉快的回到寢室，坐下不幾分鐘，又被近來鬱積着的憤懣淹沒了。層出不窮的事件，又開始刺痛着他。

「梁先生你的課。」一個學生在窗邊打破他的沉思，使他記起已搖了上課鈴。

梁振遠只得站起來，擱下筆，當他的手觸到那本教過幾次的破爛的國語，他敏感的憶起：「啊！今天該講劉大白的「一樣的雞叫」。但是今天這種心情怎麼能講呢？倒不如上後一課還好點。」

「今天學了上，上後一課。」梁振遠走進教室，說後拿起書來翻着說。「二十……三課，翻開二十三課」

「大家看着，聽我唸。」梁振遠見全都翻好了，這樣說，——他每篇文章都要唸一次才講——大家習慣的埋下頭去。於是梁振遠用嚴肅而沉痛的聲音開始：「這一天早晨，我上學去的時候，已很遲了，心中很怕先生要罵……………。」

要唸完第一段，他腦中閃過一點感覺，一般高壓下的學生，對先生失去了敬愛，只有恐懼，許多犯罪也由這環境醞釀成。這故事不但與這學校太相似了，而且這學校還更厲害。這使他更大的難受，眼淚開始浸濕着他的眼眶。聲音也轉爲悲痛而近於哭聲的唸下去：

「我走到市政廳前，看見那邊圍了一大群的人，在那裏讀牆上的告示。我心裏暗想，這兩年來我們的壞消息，敗仗哪，賠款哪，………。」

每一個字像一粒子彈透穿着他的心，每一句話，像一顆炸彈，炸毀着他情感的堤岸，他的聲音變爲慘痛的呼叫，刺痛着孩子的心。

「……瞧見那老頭子，帶了一本初級文法書，攤在膝頭上，把那幅闊邊眼鏡，也放在書上，兩眼睜睜的望着先生。我看這些人臉上都很愁的。」

直唸到這一句，算唸完這篇文章三分之一課。可是梁振遠的眼睛，已被淚水充滿，逐漸模糊了。靠近他的幾個孩子，偷偷的抬起頭來，驚異迷惘的望着他。這時全都懷着一顆酸痛的心，包着滿噙的淚。然而他趕緊很鎮靜的壓抑住情感的炸裂，瞧住快奔出的眼淚，翻過書來說道：

「接着唸二十四課。」

這時梁振遠敏感的神經，跟着故事起了飛速度的變化。眼前這羣胡塗昏者們，始終不覺悟過來，還摧殘着打兒童，難道硬要等上後一課才覺悟嘛？於是用更憤恨更悲痛的聲音讀下去：

「我心中正在驚疑，只見先生上了坐位，端端敬敬的開口道。我的孩子們，」這聲音變得十分親切，完全像在吩咐教室這羣孩子們，頓一下，用顫抖的聲音接下去：「這，我末了的一課了！……。」眼淚完全矇住了眼睛，再也看不清一切了，他的感情像壓抑不住的火山口似的爆發了，「呱！」的一聲狂哭起來，眼淚像噴泉似的飛奔。孩子們流着滿臉熱淚，驚惶迷惘的呆望着。他捧書的兩手無力的落下，嗡嗡的痛哭起來，突然哭聲止了，憤火燒透了他全身，右手把書舉起來，使勁朝黑板一甩，狂叫一聲：「我不教了！」書隨着嘩啦一聲落在他上。像有人追趕似的，大踏步走出了教室。

四

決心走，解除了梁振遠的一切苦痛，使他心頭平靜的忘記了一切，開始收拾東西。

下課鈴剛擺，在教室哭着的學生湧到他寢室來。見他在收拾東西，越哭得厲害。在哭聲裏，拋過來很多哀求的話。

「梁先生，你……你教……我們吧?!」

「梁……梁先生，你……你捨不得我們吧?!」

「……………………………」

梁振遠難受的坐到椅上去，沉默着低下頭不敢抬起來

靠近五年級學生，剛下課知道了這情形，擠不進去，爬在窗上哭，其餘幾班學生，也擁來閑着哭。

在密密層層的包圍中，梁振遠以絕大的忍耐去鎮定情感的碎裂，恰在這時擠進了一個平素心愛的學生，泣不成聲的一串話激動得他抬起頭來，他看見那孩子又要哭又要說，嘴唇顫抖的張合不穩的苦相，他很想撲過去抱着那孩子痛哭起來，然而他卻不再望的低下頭，終於站起來走了出去。

到朋友家玩了點多鐘，梁振還再徊學校，踏進耳門，正碰着高年級中年級的學生在操場上奏樂。有幾個學生發現了他轉去，驚喜的狂叫起來：「梁先生轉來了！」歌聲戛然停了，全都掉轉頭來。有些學生做起快要狂奔過來的姿勢。梁振趕緊低了頭，大踏步的進寢室。

剛坐下，無數的腳步聲飛奔過來，像貓兒攫取老鼠似的直撲了來，還未包圍定，他們又哭起來，其餘初級正上課的學生，聽說梁先生回來了，也不受管束的鬧跑，剩下先生在教室里乾急。

這羣孩子，像蜜蜂包圍蜂王似的，嗡嗡的哭着往裏湧，往裏擠，黑麻麻的擠成了一團。沒有擠攏的，在繞來繞去找縫隙。梁振還站起來想往外走，孩子們用祈求似的眼光哭着擠緊去阻當他。他沒法，轉身素性依然坐下。

幾百學生傷心的哭着，吐不來一句挽留的話，無限的依戀，無限的摯愛，彷彿只有靠無限的眼淚和哭聲來表達。漸漸的數百面孔，幻成一幅巨大的苦相，數百條淚流，幻化成一條巨流。數百個哭聲，幻化成巨雷，震動着他的心。于是他害怕，他恐怖，他趕緊埋下頭去。

一九三九·成都

我的路

曹白

嚴冬來到苦霧城裏了，繼之每朝都是一場濃密的繁霜，冷得很呐。

原先住的那一間破廂房，格外顯得衰老了，門縫窗隙，比平素更加張開了嘴巴，彷彿歡迎西北風來嚼我似的。我穿夾衫，眼看着別人早已擁了厚棉袍，對於這嚴寒的冬天，除了縮緊身子之外，簡者沒有別的方法。牆外的那顆大榆樹，不知在什麼時候已盡了葉子，但那密密的細集的埽枝，却在天空灣成一個極大的弧形，這冬天，在它倒又好像毫不在乎的。

人連榆樹都不如，眞蠢啊！我爲甚要這樣的懼怕冬天呢？

而蹲在牆角裏的幾株年青的天竹，可就格外利害了。在這嚴酷的季節裏，他不但保存了自已的綠葉，而那枝稍還掛着一絡一絡的果實，累累墜墜，伸向牆外，垂着，俯瞰着從我牆邊經過的行人。任憑西北風是怎樣的冰凍，這累墜的果實却隨着每朝的繁霜而越發渾圓和鮮紅，紅得塗朱似的，粒粒都像燦爛奪目的珊瑚珠。每當寂寞的時刻，我常常對着這些珊瑚們，呆呆地發怔，它們是怎樣地迷惑着我啊！——但是，無論如何，我明天決計要走了。

況且晚上愛而來，談起這裏不是久住之地，日軍此後對異教的我們會格外的殘酷和猛烈，『××』又以疆界所限，不能在此久久的停留，爲了息事寧人起見，非得夠同去不行。我們也只得跨到別處去，而且還得快些走，苦霧城將要開始一個長期的寂寞。人們眞是「愚不可及」的，我們相互默笑，——我明天決計要走了。

但是，何處是我的住所呢？想來想去，想不到。但後來却又忽而想到了，不如到s城去做我暫時的「寓公」罷，那邊還有一個朋友在，相信他是可以把我安插起來的。何況在那裏還可以喝到上好的綠茶呢。

第二天一早，我就匆匆地坐在一條小火輪裏了，讓它把我載到s城裏去。

窗外的天空很陰沉，雲層低壓，北風尖利，很有下雪的意思。我知道在走我自已的路。船邊是潺潺的水聲，遠方是荒涼的村莊，四野是寂寞的枯樹，兩岸是蒼黃的衰草。船前是馬達的膈同，後稍是雀牌的劈拍，整個船艙，照例是旱烟和香烟的霧，照例是靜木葉色的臉，平原原是饑餓的。這些一切，都是照例仍舊的古國的顏色和聲音，不過現在顯得更濃更濁罷了。每當此際，我的唯一要求便是默默地抽烟，把心緒放縱開去，漫不經心的在我自已的路，一面又雜七搭八的胡里胡塗的亂想了。

比如說：s城人的說話自然最柔輭，尤其是女人，因此而成爲婊子語言的典範，但又聽說她們的[illegible]比說話更好聽，那才有趣呢……進城自然要觔躬，但不知翻幾度，九十，還是六十度呢，六十度也罷可以了，既是『省會』對老百姓總應該客氣一些的。但壓迫者卻無所理『面情』，還我很知道考究『面情』，那是奴隸的德行。五色旗的黑色是真黑，還是假的，還是像別處一番的用錠青色來替的呢，可見他們都是一路貨……。但S城裏的馬車現在不知怎樣了，沒有完全毀壞罷，馬瘦不瘦，能拖不能拖，總能拖的，不過更瘦更弱罷了……。

從中自然也曾想到　的綠茶的。十年之前，曾經使道經過S城而喝到它，當時它確是使我十分依戀的。偶一想起，舌尖上的茶味便又復活起來了，微苦而清香，醇厚而光滑，透明而濤凝……。坐在這齷濁的船艙裏，一想到它，便使我格外的感激，如其立刻能夠喝一口，心裏的沉悶將會全部消釋了。

然而你卻慢一點兒罵我，以為我在雅起來了。這可並不是我的雅了起來的證據呢　人被壓抑了，就想到要反抗，哀痛之後這才記起那快樂　但被苦惱纏住了的時候又怎麼辦呢？在我也有法子的，就是暫時忘卻別人，將那百無聊賴來裝飾自已，算是作為那種苦惱的抵補，由此而增添一點生活的勇氣。我總覺得『苦中作樂』主義是十分正確的。其時，我的眼前好像有些明亮起來了，便一瞥對面一個村姑的鬢邊的那朵黃橙橙的小絨花。

但在這小絨花的右邊卻又坐着一位小紳士，尖頂瓜皮帽，鮮紅的珊瑚帽結子，我疑心先前曾經迷戀着的天竹的果實，有一粒竟飛到他的帽頂上去了，好像突然逃見了敵人，因此心裏分外的高興。但我又討厭那頂西瓜皮，但我的頂上又正是戴着牠。是的，我知道自已是如何換了衣裳而離開苦霧瀰，而離開稻樹和天竹，而匆匆地跨上這輪船的。我又走上這的路了，一想到這，又令我感到一種淡淡的哀愁的襲來。

沒有多少時候，S城的城牆已經橫在我的眼前了。但船頭上卻起了一片嚷。

「檢查啊！！」

淪陷的城池我雖然經過了好幾個，但到淪陷的S城來卻是我的第一次　我因為走的匆匆，去的突然，事前竟毫沒有準備，這裏的情況一點不熟悉。於是便慌慌地問船主道，「需檢的是什麼東呢？」船主向我煩厭的一瞥，白着眼珠子說！

「防疫證哩！」

啊喲，那真糟，我沒有這個呢！這真怎麼辦？叫停船，逃過這裏的檢查罷，白着眼珠的船主又那裏會答應我。並且也已經來不及，已經看見太陽旗下的雪亮刺刀了。船下隨即就停住。

我此刻的害怕和懊悔是不小的：害怕刺刀的鋒利，懊悔自已的粗魯，恨不得像土行孫似的鑽進地底裏，或像齊天大聖似的跳到天上去，但上天入地，都不能夠，我還仍然只能這樣的活在鐵蹄下，眞是一無辦法。在這一無辦法之際，也就捏緊兩把汗，緊隨着全體的客人，一同上岸去聽候那檢查。大家雙手捧着「防疫證」，肅然站着，形成一條受檢的列隊，彼此寂然無聲，只在迫促的呼吸。這「防疫證」雖則只在表明自已已經注射過鹽水或證實血裏並無霍亂菌，但在刺刀底下捧着這寥落的小紙片就宛如是「生命的斤兩」。而此刻的我正少着這「生命的斤兩」呢。——可是，刺刀已經逼到我的眼前了。

「？」——刺刀不曾說中國話，雙眼充滿疑問，是血絲的眼睛，盯住了我。

「：」——我也不曾說日本話，兩手只得攤開，是汗液的手掌，表示沒有。

但刺刀的手裏捏着那枝新折的桑條，向　的頭上猛烈的擊了三下子……

我乾然站着：不動，但隱約的腦袋似乎就要開裂了，火辣辣地……

全體都默然：籠罩了全體，檢者和被檢者，擊者和被擊者。只有旁邊的一片太陽旗在北風裏　吟，嘶嘶嘶，似乎在嘲笑着，批評着，滿意着這沉默的苦決。

「唔。」刺刀又向我狠毒的一瞥。

我突然微笑了，訕訕地，向　那刺刀的冷光，但我又不知道自已笑的是什麼。自已雖然被鞭得劇烈的痛楚，但也到底忍住了眼淚，古埃及不許奴隸哭泣的定律我是知道的。

最後怎麼樣呢？最後是刺刀把我猛烈的一推，還把那枝新折的桑條在我的眼前晃幾晃，吩囑我記住這鞭子。

是的，我是必須牢牢地記住的。

我又走近船艙了，我顯得非常的狼狽。客人們個個代我吁了一口氣，有的還說總算還算好，沒有罰跪哩，那意思，彷彿這鞭子還算是輕的。我呢，雖然狼狽，但事情已經過去，覺得天大的幸福的是沒有把S當作霍亂菌的淵藪，加以毀滅，或者追回苦霧鄉，重上刀俎。仍然可以進城去，那就算是「皇恩浩蕩了」。然而在這慶幸之中，我的心突然悲哀，雖有許多人瞧着我，但我到底禁不住我的眼淚了。嚎啕大哭，總在痛定思痛之際。

中國人的血液是極不乾淨的，單是注射鹽水也過是救不了什麼。如其中國沒有被亡於遼金，五胡，大元和滿清，我們的血液不知會汚穢到怎樣的地步？將會格外的 頌日本軍閥的罷？一想到這，覺得橫在這古國的面前的是一條怎樣艱苦的路啊……
……。

被檢查過後的船艙又是那樣的寂靜。寂靜得連呼吸也艱難，壓迫充塞在各人的心裏，似乎有許多話要說，但又誰都說不出，讓蹂躪和侮辱交流在這寂靜中，單是互相熟視，算是傾訴各自的隱惜，相互地慰藉。我的淚是流不完的，但也到底制住了。，我要走我的路呢。

船在繞着S城的城牆走。

灰色的城牆在我的眼裏越發顯得衰老了，它是那樣的頹敗和屈辱，簡直沒有一些生息的活氣，是臉寒的冬天 雖是市塵，但也禁不住那插古國的寂寞和蒼黃，是暮年的景象。我的心又悲涼起來了，腦袋上的鞭痕便越發火辣地作痛。遠處有輛伶仃的馬車，那馬確是顯得更瘦更弱了，但或者是一匹疲驢也說不定的，因爲遠，看不眞切。現在，人是「被驅不異犬與鷄」了，就會想到驢馬比鷄狗的價格究竟來得大，我又不免羨慕遠處的那匹弱馬或疲驢了。壞脾氣還仍然不能改，仍然只知道，較量，比較，實是奴隸的大忌，活該要吃鞭子的。岸上的日本的工兵正在忙碌着，中間夾雜着中國的苦力、在興工建築着成排的屋子，也許，那是來的營屋或倉庫罷？總之，無論如何，他們是在這裏作着久遠之計了。而那城牆上也分明漆着觸目驚心的標語，

「中日親善和平救國」！

和平救國？救誰的國呢？救的中國，還是日本呢？

負着「親善」給我的鞭痕，我踏上了岸，鞠躬，又檢查，進城，又鞠躬，又又檢查，總之，阿彌陀佛，都被我安然通過的，沒有在舊的鞭痕上增添新的鞭，那也只謝謝老大爺。S城的五色旗也還是不能黑得透，但也並非是靛青，而是柴油□的，牠常和日本旗交叉的站着，形成一個……。

但其時我已無心於這些，也不想去推敲這S城人的柔軟的說話了，急急地去和我的朋友見了面。朋友知道我是在幹什麼營買的，對於我的突然的光臨，簡直駭住了。但我卸着一切，告訴他我不得不離開苦霧鄉，否則，是要送命的原因，要他暫時安插我。他的驚駭的面孔和緩下來了，緊握着我的手只是說：

「那是可以的！那是可以的！」

但我卻沒有把被鞭子的故事告訴他，「談虎色變」，何必再把這怨苦的絲縷去纏繞別的人，那有什麼意味呢？還是讓自己在默默之中祭乾這猛然襲來的傷痛，借此驅除像毒蛇一樣困惱着我的寂寞，而來鼓勵□自已。

朋友把我安插在一個房間裏面了，雖有紙窗，然而滿屋是黑漆漆的，比苦霧鄉的來得更衰老，傢具什物，都被灰塵所封閉。還很合適，我對這房間是極爲滿意的。慣於長夜的生活，自然愛與黑暗爲伍，有點怕見陽光了。但我一坐下，就看見老鼠們在牆根邊馳騁，肆無忌憚，顯出了牠們的習慣和大膽，這確實是又討厭而又可惡的小動物。

頭上火辣辣的鞭子傷痛退下去，暮色也在紙窗的外邊籠罩下來了，我的心緒也隨之而逐漸的寧靜。石油燈的火焰比黃豆還要小，偶一動作，這微弱的火焰便會左右的搖擺，在一隻竹榻上，我躺下去了。冷得很吶。

我蹲縮着 但在這燈火的蒼黃和夜色的黑暗之中，又一次強烈的感到自已的存在了 世界並不是狹小的，我的前面仍有道路在。是的，我知道在走我自已的路 失去了苦霧鄉還有S城呢！失去了槍樹和天竹我有匯封的房間呢！至於鞭子和刺刀，那是各處都有，免不了，也避不了的，還是暫且忘卻一切，不如在這裏做我暫時的「寓公」，並且決定明天一早就要上茶館，姑且負着鞭子給我的創痕，去泡壺上好的綠茶喝，但不知每壺的價錢已經漲了多少，茶味該同先前的沒有什麼兩樣的罷？

一九四〇年二月二〇日。追述於岑村。

斜交遭遇戰

S　m

從遭遇戰底原則展開，現在，以「斜交遭遇戰」作爲題目論爭着，是一個新的戰術問題，空中激蕩着紛亂的大聲，像日落的時候的樹林裏全是鳥聲一樣，那樣興奮，甚至暴躁。這是一種不期而遇的的遭遇，兩方都在運動狀態裏對於敵人自然發展作一翼的或者兩翼的包圍，換一句話說，兩方都把蹤隊底側面，以不利的地位，向敵人底襲擊和攻擊暴露，要怎樣把握，機變換正面和怎樣控置強大而機動的預備隊，是這個新的戰術問題底焦點，是論爭底焦點。

有人說了下面的故事。

「討論是展開了。但是結論呢：：好吧，讓我說一個故事，靜下來，這樣的故事，不會比吵嚷壞的不好的結論，還是好的故事對於我們有益。

「那是一個黃昏，開始我們底隊伍在一些枯林裏，月光是暗黃色的，低低地凝住在地平線上，把枯林照作剛硬的鬃毛，使我們彷彿是在甚麼野獸底背脊上。我們附近枯林並不稠密，但是都是不完的一片，黑毛，黑毛，那樣的黑毛！像我們沒有走什麼，祇是象皮上的蝨子一樣，在黑毛裏停止着。我們，不知道到底是到什麼地方去的，甚至不知道到底是從什麼地方來的，眼是朦朧的，因惰性地跟着前面的人走，偶然，一群鳥從樹枝上飛起，飛過頭上的翼子發出風聲，人才意識着是在行軍，退卻，他是清醒了。但是到看見了那些黑點紛然發入混茫的月光以後，或者，他向前面茫然凝望，看見隊伍在枯林裏向渾圓的月前進，鋼盔底輪廓上勾畫一種輕的絨毛光，流水一樣發出暗暗的波動，那是沒有什麼聲音的黑影一樣，彷彿他們就要走到月邊了，而向後面看呢，又是剛硬的鬃毛同天的枯林，又是　不盡的隊伍，又是給月光所溶解的近於空虛的夜色，於是，他底眼又朦朧起來，腿又粗大起來，心又沉入疲勞的小睡，讓月光照亮下巴和鼻子。

「我們渡過了一條沙河，通過了一些村落，以後又走在那樣的枯林裏，那多半是棗林。

「我們是一個團底殘部，由一個連長領導着，從保定底不利的戰鬥裏撤退下來，敵人底騎兵帶着雲霧一樣的塵土向我們底背脊追逐，偵察機爲鷹一樣在我們底頭上盤旋，用機關槍掃射，我們，剩下來的二百多人，爲了避免犧牲，拋離了平漢鐵路，在凍硬的鄉村路上，在遼闊的原野上，用急行軍，用急行軍，用夜行軍，向南方，走了又走，沒有休息，經過五天，人底臉發出憤怒的紅光，深凹着，顴骨執拗地凸出，鞋底粉碎，腳跟破裂，流着紅血。向南方，我們走了又走，我們把倒地而死的人用圓鍬挖來的土塊亂七八糟蓋了一半，把病倒的和傷的剩在無人的樹林落伍裏，的遺棄在暮色蒼茫的道路上，我們沒有更好的方法，而我們又急於和大軍會合。向南方，我們走着，那是因爲中國底政府是在南方，中國的主力軍是在南方，而北方的軍隊又全是向南方撤退的，並不是有什麼退卻命令，並不是有什麼一定的集合的，收容的或者轉進的地點，野鹿底狂奔一樣，完全是盲動的，衝動的，本能的，但是，河水一樣，雖然他有一曲折，是有一定的方向的。向南方，我們走了又走着，每一個人都攜帶着五十斤以上的東西；步騎槍或者輕機關槍，圍繞和沉落在腰上的子彈帶，用灰布袋子掛在胸上的手榴彈，凝結着乾黃泥土的工作器具，水壺，乾糧袋，諸如此類，由於命令，也由於經驗，每個人還攜帶了四斤的大米和一斤半的鹽，理論上，一個士兵所攜帶的，是不能夠超過他底體重底三分之一的。是這樣的隊伍，說我們是走着吧，我們是睡的，說我們睡着吧，我們又走着。我們，開始還有唱的和笑的，以後就沒有了，祇有咒詛和咆哮了，搖着拳頭向在樹林邊低飛的偵察機發出咬住牙齒的咒詛，噴着口沫向踏痛了腳跟的後面的伙伴發出沒有感情的咆哮，以後這又沒有了，以後偶然有一聲歎息，那是從心底疲勞吐出來的。或者是一聲呻吟，那是微弱的聲音的結果是什麼也沒有，變作沉默，只有沉默，沉默地前進，沉默地看人，沉默地一面走一面咬一小口乾硬枯燥的饅吃。隊伍，沉默到近於嚴肅，不，近乎死寂。於是，剩下來的祇是刺刀在鞘中的不安靜的細語，祇是皮帶在肩上和腰上的磨擦的呻吟，祇是腳步在土上的笨拙而急促的踐踏，像爬虫在細草中蜿蜒的時候，一身的鱗甲「綵棗」

有聲。在沉默裏，我們底脚步沉重起來，我們底上眼皮沉重起來，我們底槍枝沉重起來，我們底背包沉重起來，吃完了大米，背包底重量還有增無減的，我們底心沉重起來，我們底夢，甚至輕鬆的夢也一下沉重起來，一切，全迅速地沉重起來，全奇怪地沉重起來，全艱難地沉重起來。

「不知道什麼時候月光給濃雲淹沒了。這是一些大塊大塊的濃雲，緩慢地在天空裏蠕動着，擠擠着，樣子像一羣野牛。濃雲底空隙是一種棉花纖微，暗白光，因此附近的枯林還彷彿可以辨認，但是，四面的枯林以外就是廣大的深黑，再也看不出來什麼東西。

「天，立刻大風飛颺，遠遠近近的枯林，忽然這裏忽然那裏地，在原野底遼闊裏發出呼嘯，大聲，那是淒厲的聲音，但是，又是壯大，生動的聲音，彷彿我們底脚下的野獸底背脊要開始蹦躍，牠要逆着大風向天底邊緣疾馳，這大風，推動着隊伍底背脊使他立不住脚，把粗大的沙子刺痛我們底後頸和耳朵，翻開我們底衣襟來，灌進寒冷去，攫住我們底眼，使我們陷入帶一點黃塵的黑霧裏。

連長，那是一個和我們同樣年青的人物。他是六連底，而我是三連底排長，我們並不相識，但是我是愛他的指揮的。從士兵底口中，我知道了他，他愛賭博，把公費輸掉了，把允許太太的贈物輸掉了，甚至把太太底柔嫩的手指在野蠻的搶劫裏折傷了，搶劫了金飾鍋，自然也輸掉了，把太太氣得逃，他還是賭他自己底，所以人把他叫作李三光，那是說他「人不光不走，錢不光不走，天不光不走」。但是，士兵底餉尾，伙食尾，草鞋費，他從來沒有壓扣過，經濟公開，他說：『公費是給我連長的，你不管我割大肉喂狗，不管我把烟香到肚子裏去，不管我買棺材睡覺，你們管不着。你們底餘，那是你們底，清清楚楚，楚河漢界，我連長夢也不想，一根屌毛也不要。』……他底打仗，和他底賭博相，勇猛，孤注一擲，甚至無賴。當月光在枯林裏照着的時候，他是走在我底前面的，那是一個瘦小的背影，背着三枝步騎槍，走一步，長方的圖囊在屁股上晃動一下，拍，拍，拍，拍……地發響。雖然大風震撼着我，我眼又閉合了，驚醒的時候，覺得有一條冷賦的口涎掛在唇角上，而他在我的左後方罵人：

「……」「一百四！三百八，四百六我們也走，你不要來倒中國兵底楣！——」

「我看不出來，他是在罵誰呢，一天走一百五六十里路，鐵的骨頭，也沒法支持，我也想倒在地上睡個痛快呢，到敵人來了再說。我的脚腫起了八個水泡，三個乾軟了，左腳跟上的那個大的腫破了，彷彿道路上撒滿了針，釘子，破玻璃那一類的東西，走一步刺痛一下。而我們沒有時間洗脚。這是誰都的。物是為了責任，我是個排長，我應該，要起模範作用的，因此我們彷彿是一個英雄，大步大步地走在枯林裏，這是天知道的事。其實，祇有咬嚼着牙齒，祇有閉緊了口一個子，刺痛得要出汗。

「真的，你們相信嗎，一個人在走的時候會睡，在睡的時候會走？就是這個樣子。假使，一個人綁腿散了，走到路邊去整理服裝，那他是不會來趕隊伍了的，他在青碧的天色下，發出鼾聲了，而手中拿着捲了一半的綁腿，去大便的人也不會回來的，他底頭就倒在他的大便旁邊。人似乎疲勞要睡，祇有呼叱和拳頭可以使他前進，一隻壞性格的馬一樣。人是在艱苦裏，連自己對自己都是暴烈的，脚痛的時候，會用另一隻脚去踐踏牠，何況是對於士兵，何況是對於官長。罵的還是罵，睡的還是睡。

「第二次，我又是給他底咆哮驚醒的。這次他又走到前面去了，他像一隻看護羊羣的狗，在羊羣外面繞着圈子，向一天的大風吠叫不住。

「——你大面子，『一張紙畫一個鼻子』！你不要『武大郎讀祭文』，碎卵囊，看不你！你怕行軍你去當日本兵吧，有汽車你坐！……

……

「就在這個時候，在無光的枯林前面，在出沒於大風底黃塵裏的濃雲所低拂的原野上，閃電一綫的乳白光飛舞着，一條，三條，八條，無數的，無數的啊。……

「隊伍機警地停止了，自動臥倒在枯林裏，有的人立刻發出聲。

「我們是從東北向西南走，而敵人是從北向南走。

「我們和敵人遭遇了！

「從敵人底長徑看，大概是一個大隊。人聲，馬聲，車輪聲，混雜的一片。那是糧秣輜重，或者是彈藥輜重吧。他們，從遠處蜿蜒而來，像一種昆虫。人祇看見幾百條手燈光在天空上照耀不定，把灰黑的大風沙也映得晶瑩如清水，那彷彿是這個昆虫身上的毒毛，可以一根一根地給他計算數目，但是牠一下變作渓濛的光了，太陽沉落在濃霧裏的樣子，祗是人在叫囂，祗是驢□在嘶鳴，祗是車輪在輒轢，□有祕密，□有騷嘈。……

「下□得！□得！□——得！……：（下面，給大風吹走了。）

「——□嗚嘶……啊嗒……（給大風吹來的清楚的字。）

「——杭……□奧，□奧，□奧，唔！……

……（這聲音給大風吹得搖曳不定。）

「——咿！……嚇，嚇，嚇，嚇……

（一下變作隱約的呼聲了。）

「——磔勒磔磔，磔勒骨磔，磔勒骨磔，磔勒骨磔，……

「我們有三條路可走，退回去，衝過去，或者，打！

「但是，退回去是死路，衝過去吧，給敵人發現了那就完了，等他們過去以後再走吧，知道後面還有敵人沒有呢，一發現了敵人，那就□說了。打吧。□們 兵力太少，而且，這是這□疲勞不堪的部隊，戰鬥力是有限得很的，不打則已，一打起來一定兵心渙散的。什麽都□。人要的是睡覺，不是打仗。那個時候我把背脊靠在樹幹上，因爲□需要休息，休息了再說。我聽了一聽，這個枯林裏，當大風吹過以後，祗聽見一片沉酣的鼻息，像深秋的原野上的鳴虫，這裏那裏地彼此應和着，士兵們多數是熟睡了，一個人呼吸着『咯，咯，………」的痰聲。

「——我正遲疑不決，忽然，一個黑影走到我底面前來，說道：

「——你把這些狗日的弄醒來呀！（那是發怒的牛嘷的聲音。）敵人到了還睡大覺，……你有多少輕機關槍？

「——八挺。（我連忙立正了。這個人是李三光。）

「——叫撤開在這個□森林□裏，對那條，那條路，準備射擊，等那邊槍響。」

「他走掉了。於是，我驅策□聲音呼那着□這一個連□人，一個一個地把他們從地上拉起來。但是，有一個人回答我□呼叫，而給我從地上拉起來的，那□用兩隻手揉擦着□，彷彿清醒了，當我離搖着□一個人的時候，或者鞭踢□橫在槍枝邊的人的時候，他□倒在樹根上了，他又做夢去了。每一個人都這樣，差不多，眞傷腦筋。我在草地上摸來摸去，踏□槍枝，踏着人腿，我看不明白是誰。我發怒了，踢着，踢着，打着，但是他們還是不理，，還是睡，醒的很少。這是我們都知道的，祗要一停止下來，那末，這些士兵就變作石頭了，不要再叫他起來了。而□自己，也接二連三在打呵欠，□角上擠出來一滴淚水。□底憤怒是野蠻的，不管躺在地上的是□或者是胸，祗□用□重重地踏下去，重重地踏下去。我要踏醒士兵麽？是的，但是主要的在踏士兵的時候踏醒自己，還那□想睡，脚重重地踏下去卻忘記了要踏誰，踏在槍機上。而我底脚是在發痛，發酸，發木。

「這些士兵！直到槍彈他們才□□一擧跳起來，去拿槍。

「這是可惜的，我們底所有的槍，沒有能够同時開始射擊。但是，就是這兩三挺輕機關槍的火力，他們已經够受了。我們底輕機關槍在枯林裏吼叫，敵人，人吃驚地高□着，開始奔逃，手燈光立刻減少，以後天空變作深黑，驢馬騰躍着，蹄着蹄子，跪到道路外面去，受傷的在風聲裏悲啼，車輛大聲地傾倒在道路上，車輪瘋狂地顚踬，不住地□來曳去。……

我們底輕機關槍增加了，差不多有三十挺，步騎槍也加入了，美麗的槍口火在大風裏閃爍，是帶一點藍色的紅焰，原野在中國軍隊底戰鬥裏咆哮了，夜在中國軍隊底戰鬥裏咆哮了，大風裏的枯林在中國軍隊底戰鬥裏咆哮了。

「敵、拋棄□他們 所有的輜重，拋棄了他們□在絕望中慘□着的伙伴，拋棄了他們 跑散了的驢馬，雜亂地向後敗退。他們不知道 們有多少人。……

「但是，不久敵人開始反攻了，槍聲，火光，那□向枯林 右翼兜戀地包圍過來。

「 們 死傷□少。但是，假使這個戰爭進入膠着狀態，那於我們□很不利的，而我們 戰爭正是在向膠着狀態進行。

「一個人走到我身邊來。那是李三光，在黑暗中 彷彿看見了他 梟鳥一□有光的眼，大風吹着，他把身體縮得緊緊的。他和我說話很吃力，因爲大風一次一次□ 他□才吐出聲音來的說話奪□。

——你底人………這裏………包圍………

……我到………

「以後風小了一些。他告訴我，我們必須在天明以前戰勝，否則那就是我們底消滅。忽然他說道：

『——老弟！你在這裏呵。………你好好地掌握你底八挺輕機關槍吧。我還有一辦。我去打一個衝鋒去。………（他把一隻手親愛地搭在我底右肩上。）

「這使我吃驚。

「——爲什麼不派人去呢？

「——大家全疲勞了呵。（他底回答是頹喪的，像在思索。）

「——但是你是我們底連長——

「——連長，嚇，連長！（他底聲音又提高了。）連長就要衝鋒在前，退却在後。躲在褲襠裏的，那是歇爾，不是連長。（他底有光的眼彷彿釘着我臉」。）說到打仗，不是自己動手就放不了心，就不痛快，你知道麼。

「——那我去吧。

「——算了吧，老弟！……你去我去不是一樣？你底責任也不小。假使我——那還兩百個老遊子就得你管了。告訴你，老弟！打仗第一要打得險，第二要打得毒，『黃蜂螫人不要命的』，我就是這一句話，那才叫打仗。我是天生就的打仗的人。……：我早想通了，一個人，在世界上，總是要死的，狗要死的，螞蟻也要死的，人，活到一百歲還是要死的。死不死不是話。不過，活要活得痛快，不要像隻瘌皮　死要死得乾淨，不要拖泥帶水。老弟！所以我當兵，　，我賭錢，——你賭不賭？……錢，上面印着誰底名字呢，印着李三光麼？沒有。天下的錢天下用。我贏了，我用八塊錢，人贏了，人用我的錢，三塊錢，五塊錢，放在口袋裏是沒有用處的，大事做不成，小事不必做，還是輸光甘休。但是賭總想贏錢的，沒有人願意輸，輸這賭個鬼……輸了錢叫　啞子吃餃子」，肚裏有數，還沒有面子。老弟！我是說賭麼？……不是的。我說的是打仗。賭輸不得，打仗一樣輸不得：賭輸了要不服氣，打仗更要不服氣，你不，你就『毛廁裏的瓦片』永世不翻身！賭要不怕剝下褲子來的，要斬斷手來賭的，要咬得住牙齒，拚得命。這個就是打仗的道理。今天，——你不說　麼？大家都說李三光不知死活，大家都說，他懂個屁！今天！嚇！這個今天，我要和日本鬼子再賭一賭啦，老弟！我李三光要翻翻大本啦。不早了，嚇，你看吧！——』

「他推了我底背脊一下，又走掉了，瘦小而緊縮的背影消失在猛勢未衰的枯林風裏。

『敵人更迫近了，像潮水逼近日提岸來的樣子。我們，敵人，彼此射擊着，猛烈地互相射擊。

『二十分鐘以後，第一枚手榴彈在敵人背後爆炸，立刻是第二枚，接着那　一片手榴彈聲，那樣一片火紅的閃光。以後，喊殺的聲音潮水高漲的樣子洶湧在原野上。我們也挺着刺刀用發痛的腳飛跑着向　暗　深處衝了出去。

『敵人抵抗着，但是他們是完全失敗了，活的逃走了，死的躺在草地上，人翻馬亂地。我們　路而　。

『到天明，我才找到了李三光，他走在隊伍前面，左臂用一條灰布綁腿裹紮着，滲透了紅　色的　血。　問他怎麼，他彷彿恨我的樣子，右手在空中一揮，用生氣的聲音　道：

「——向南走——休息不得，到大名——……

「那還有一百七十里！

『這是一個故事，所以作爲結論麼！——』

一九四〇，二，二三。西安，西南郊。

浮橋

奇艾

一隻船並挨着一隻船
兩條粗粗的鐵鍊
連住了無數的船
船上舖上了一層木板
從江的這一邊
到江的那一邊
浮橋浮搭在鄉村和城市之間

×

城市
以水門汀和鋼骨
建築成的連雲的堡壘
堅強地排列着
守衛着：貪慾，淫逸，荒唐，
又以金色的夢
和燐光的幻想
吸引了萬人
向牠貢獻了勞動的血汗

鄉村
站着在被風雨所盪滌的原野上
那些頹廢的牆堵
像窮人們的破衣
襤褸得失去了邊沿，
而那些屋簷
也被柴烟熏灼得
像窮人們的眼睛一樣
佈滿了陰鬱與困厄啊

×

浮橋
浮搭在奔流不息的江水上
從江的這一邊到江的那一邊
牠以兩條長長的鐵鍊
連住的無數的船
繫住了財富與貧窮

×

農人們
在浮橋上走着
他們每天喘吁着
挑了滿籮辛勞的收穫
等到黃昏回來時
只換得了幾包紙包的什物
——無言的失望與空虛啊

×

城市
在傲慢地喧騰着——
牠的那些屋簷
永遠歡笑地迎着陽光；
牠的那錯雜的金屬的枝桿
發射着刺目的光芒；
牠的呼聲與光彩
宣告着勝利與希望
而且牠在繼續
使鄉村感到畏縮地
擴展着力量啊

×

鄉村
已像老人似的衰頹了
牠的外表灰白而無光
以多季的田野
襯托了無比的荒涼；
而牠的那些茅屋
也像是星散在山坡下的
枯草叢叢的荒塚
向蒼穹披露着悲哀啊

×

一隻船並挨着一隻船
兩條粗粗的鐵鍊
連住了無數的船
船上舖上了一層木板
從江的這一邊
到江的那一邊
浮橋浮搭在鄉村和城市之間

一九三九，冬

雪與村莊

鄒荻帆

寒冷的村莊呀！
天際是沉鬱的灰雲，
沒有飛鳥，
鍍亮的雪地上
風咆嘯地滾過了村莊，
從雪地裏來
又鑽向雪地裏去，
地平線在灰白的霧氣裏凍結了。

兵士們是來自雪蒙着的
遠方的城樓裏，
很長的日子，很長的路，
他們不會得到休息，
而風
用着尖厲的舌葉舐着他們底皮膚。
把冰雹向他們臉上唾擲，
淫慾撒野的風呀，
擁絞着皎素的雪柱，
拖向遠方，
轆啦，遙遠地，雪在哭泣。……

騎馬的人
在高的雪丘上向遠方瀰視着，
煩死人的地帶呀！
雪迷糊了道路，
人們好像航行在曠野的海洋裏，
永遠是掀起而又落下的雪浪，

村莊如同海洋中的礁石，
淹沒在雪的浪堆裏，
騎馬而來的人望着，望，
只見着風捲着雪，向遠方滾去。

馬隊行進着……
風捲着雪，向遠方滾去，
而鈴鐺
如同浸淫在溶液中一樣
困厄地透出　命令的聲響，
雪花飄向了馬隊，
馬匹嘶叫着，
馬蹄上撒起着雪泥，
馬隊
像一條白線的浪
捲向遠方去，
而馬隊的前面是風捲着雪浪，
後面也是風捲着雪浪。

然而雪地裏
還有蹲伏　地可憐的村莊。
當炊烟熏化屋脊的積雪
漏出了黑色的鱗形瓦級，
村莊如同一個初醒的饑奴
以倦怠的睡眼迎送着行旅。
於是我們底哀軍
宿營在這雪地的村莊裏……
但還是貧窮，殘僻，寒冷的村莊呀。

村莊
捲在風雲的漩渦裏，
被拋在離開城市很遠的距離，
副官們歸不[illegible]柴米油鹽
兵士則嚼着[illegible]燃的冰枝
青烟熏紅了眼睛
偏着腦袋把凍裂的手伸向火種，
其餘的兵士尖着嘴巴
吹噓，噓火堆，
傷寒的兵士更會得咳嗽不息。

早晨
沒有天窗的土屋子裏，
光的波圈還沒有滲到，
而鷄聲[illegible]號衛聲
已衝破冰雪的黑暗
向遠方的村莊答話，
兵士們用纏繞的喉嚨不符節拍地唱着歌曲。

天色晚了
低矮的天井傾瀉着黑與冷，
連稻草都缺乏的村莊，
連土製紅蠟燭都缺乏的村莊，
兵士們打着鼾聲，在黑的土牆底角落
裹緊着軍毯
挨貼着冰冷的地皮，
黑同冷傾瀉在村莊裏，
貧窮的國度
寒冷的國度呀
雪夜裏兵士們也滿與的安息了。

但在我們底史篇上曾經有這樣的故事——
在雪夜，
白盔白甲的壯士們
踏着白茫茫的雪，
寒光鍍上白茫茫的鐵衣，
壯士們像湧來山的雪
去襲擊遠方的城寨。……

那麼，讓我們對那跨海而來的盜賊說罷——
中國在落雪，
拿破崙在落雪的日子帶着他底驕
同失掉了[illegible]林軍轉去的，
在寒冷的羅斯國土
拿破崙痛心地回頭看一看烟火瀰漫的莫斯科
看一看隨着的殘敗的子弟
拿破崙在雪地裏哭泣，
也告訴盜賊們——
雖是貧窮，荒僻，而且寒冷的村莊，
但決不讓盜賊們棲息。

慈然人的村莊呀！
永遠地風掀着雪浪！
有一天，宿營在這村莊的兵士前進了，
雪地上踏出一條黑蟒般的泥濘路，
蜿蜒地拖向遠方去……

寒冷的夜
我在村莊里讀着雨果底「懲罰」〔註〕。
「天在落雪…………」
…………

〔註〕雨果詩懲罰意在諷刺拿破崙，詩的首句即是「天在落雪」……

記吳承仕先生

歐陽凡海

報載吳承仕先生在天津租界爲日寇漢奸所暗算，殉難了。報上只登載了他底略歷和平生事業，至於他遭難的情形，卻說得很少，只說，「先生平生諄重節氣，昔雖慘被酷刑，迄無一字洩露。」可見他是死得很慘的。

「酷刑」不消說是難受的，想不到這樣一位和藹可親，面上毫無兇氣的人，竟以「酷刑」而死。

在中華民國成立至今的歷史上，能有幾個烈士留在我們腦里不是一團漢漢糊糊的血肉呢？血肉雖是血肉，老是漢糊，長久了就會麻木的，只有與死者相熟的幾個人，卻每從這漢糊的血肉中看出鮮活可愛的面孔，那所嘗到的痛苦，才眞是嚙着心懷，比別人格外痛切的。

我現在，一心要把吳承仕先生底面容回憶出來，假如這可以增加我底痛苦，那就是我底仇恨的記號。

我和吳先生相識，是正在一二•九，一二•一六之前。那時我暫從日本回到北平，他和孫席珍，齊燕銘，管舒予他們正在辦一個刊物，叫作「盍旦」。記得在「盍旦」之前，吳先生曾主編過一個研究歷史的刊物，名字大約叫作「文史」。這刊物我在東京時曾看見過，能夠用科學的方法來研究中國歷史，在東京頗受歡迎。但「文史」不久就遭當時的北平當局禁止了。我回到北平，看見了吳先生，才知道主編「文史」用科學的方法來研究中國歷史的原來是一位博覽經籍的老先生。他底身體大高，有一頭披到頸項里的稀疏的美髮，但也已經斑白了。他底面形雖然上大下尖，肌肉卻很豐滿，不留鬍鬚，大約因爲飽經世故的緣故吧，面上的表情很少。記得我到北平，最先會到的是孫席珍先生，後來他約我到一個館子裏去吃飯，說有幾位朋友都是「盍旦」的同人，可以介紹。那時「盍旦」是已經出了幾期，還是不曾創刊，我記不得了，只記得就是那次的館子裏第一次見到吳先生，此外就是齊先生和管先生。大家談得很相投，我便約他們合拍了一個照片，作爲紀念。自從那次聚過餐之後，我們便每星期聚餐一次。據他們說，在我未來北平以前，他們也是每星期聚餐一次的，現在不過約我參加罷了。我聽了這話，覺得很不安。因爲他們既然是老早就每星期聚餐一次的，而參加聚餐又只是三四位，而且就正是共同辦「盍旦」的這幾位。那麼他們一定是久已志同道合，可以推心置腹的契友，在聚餐的時候可以談許多知心話的，決不能算是普通應酬聚餐而是有濃厚的友情在裏面，現在忽然夾我一個陌生人進去而且每星期都來進去，自已總覺得似乎有點妨礙他們的談話。但他們底盛意難却，也只得每回都去出席了。這樣的大約有了三四次。據說第一次是吳先生破的鈔，第二，三次，就在齊先生孫先生家裏，第四次，大約在管先生家裏，此外在館子里似乎還吃過幾次的，却記不大清了。可是我的不安，却因聚餐的次數之增加而愈益增加，這或者是因爲我底脾氣裏不免帶有點下等人的成分罷。原來像吳先生這樣的人，在社會上地位比較的相當高，而我對於有地位，有身分的人，却常不能立刻相信。要猜猜他們底目的何在，每次聚餐，大家仍不外乎談談笑笑，「盍且」具體進行及發展辦法，也很少有集中的討論，偶然觸到，便又談到別的問題上去了，他們所要求於我的，不外乎寫寫稿子。我覺得單要我寫稿子第一次說妥就是了，「盍且」雖然沒有稿費，但我底同情已經表示過了，有工夫總是寫的，沒有工夫也榨不出來，何必每回都要這麼費事呢。我想大約不僅僅希望我寫稿子罷？然而要我做甚麼呢？同時我又覺得，他們是辦「盍且」的同人，愛國心，求進步的心有餘，只爲的地位與環境的關係，招兵買馬大幹一下是不會的，那麼，他們所希望於我的，大約也只能是給「盍且」寫寫稿子。可是我總覺得，要我寫稿子，我就寫，不必太費事．要我做別的事，不妨快點說，不必吞吞吐吐。要不然，夾在他們裏面，我總覺得免不了妨礙他們的談話。於是我便請求臨末的東道由我來做，同請他們一次，此後就拒絕參加此種聚餐了。拒絕了之後，我心裏很難過，覺得實在有點辜負他們的盛意。因此想，他們也許感覺得人馬還不夠，想叫我多出點力，又不能馬上相信，每次聚餐，我或者共爲的考究們。只要出發點正當，考究我，我並不在意，並且也覺得是應該經過這一個階段的，況且當時北平的環境那麼惡劣，他們底小心謹愼，我完全了解。只是我因爲自已不久就要離開北平，待他們把我考究清楚，那時我已要走，不能幫忙他們了。爲了補救我就要離開北平，我想，他們如果要找夥伴，我就找一二個吧。我曾這樣努力過，只因爲我在北平認識的人不多，又恐怕介紹不十分好的人去，反而妨礙了他們，想來想去，最後只找了一個二十上下的青年去介紹給他們。這人也許能力不見得有甚麼，但却老實可靠，在北平的學生團體間頗能活動。爲我自已想，可以不出花樣，令人別有猜疑，爲他們想，可以要他跑跑腿而且作爲橋樑，和學生羣衆可以關係更密切些，或可有助於「盍且」在羣衆中的影響。後來我就離開北平，這人到底有沒有助過「盍且」，我知道得並不淸楚，而且後來「盍且」也就終於掙扎不下去，停刊了。

現在，回憶起這些事，眞覺得自已手裏揑了一把汗似的。用英列吳先生底靈魂作爲證明，我上述的種種猜疑，實在都是庸人自擾，所謂以小人之腹度當子之心，我實在是很不該的。他對青年的一片眞情，只要以他對我的態度看，就是再明白不過的，誰說偉大的靈魂是一句空話呢？

有一次，吳先生約我到一個日本人經營的專門吃紅丸，白面烟窟裏去參觀。他先帶我到他的一個安徽同鄉裏，談了些天，後來就由他那位同鄉帶我們一道到魔窟去，我當時不十分了解，吳先生爲甚麼要帶我去參觀這個地方。我那時雖然有點好奇心，但上海的賭窟我是看過的，那地方的烏煙瘴汽，以我看和上海的賭窟差不多。這類東西，我也實在看的麻木了，引不起甚麼新鮮的感覺。但吳先生與織很濃，他百方引我逗留，甚至自已也和他底同鄉上烟床吸幾口 當然他是並不吸大烟的，他底目的，無非是要不引人注意，可以在那裏留久一點。他指點種種鬼的型，和開這烟窟的日本浪人的型給我看，我也很覺得這是一個可以研究的地方。在那烟霧中觀察着過團的男男女女，有的躺在塌上，有的在大談特談、談得手舞足蹈，站起來了，而尤其引我注意的是那些脚踝上掛着紫綢帶，身穿輕綢棉襖的闊少爺，帶着併婦，兩口子都青面烏牙，不像人樣，而淫蕩之情溢於言表。如果這就是中國青年男女，將來的主人翁，那是多麼可慘痛的事 可是我們也逗留的不久，原因是我怕吸了烟要失眠，堅決拒絕「吸一口」，但不吸烟，單站在那裏呆看別人，是很容易引入懷疑的 不像鬼自然不能入鬼羣，吳先生也覺得很爲難，所以沒有逗留長久，他也只得帶我走了。但他並沒有灰心，他仍舊帶我樓上樓下參觀，後來在馬路上，他又指出許多地方，說那都是日本浪人開的烟窟 當時，中國禁烟之風正熾，吸烟的人經過戒烟期還吸就鎗斃，賣烟的人更不必說，可時這種禁命，在中國土地上的北平却一點也不發生作用 冀察政委會對日本浪人毒化中國的行爲噤若寒蟬，熟視無睹。我想，這一定是最使吳先生痛心的，他帶我去看的時候，雖然再三說，要我寫一篇文章，可惜我只把這當作普通的拉稿看，所以並沒有甚麼重視，覺得我所看到的還是表面，不顯見了材料就動筆，這是我底寫作態度，所以我終於沒有如吳先生所望寫一篇文章，暴露其中的黑暗性形，現在，用吳先生死在日本人的「酷刑」之下來證明，明若觀火，他是想叫我用筆來替北平的中國人民求一聲救的，但是我不了解他那熱切而抱負遠大的心　他對於我的這樣器重，現在想起來，使我非常慚愧，然而今日不容於日本人的吳先生當時也不容於中國人，一二。九的事情一發生，「盍旦」的同人都亡命，找不到了，一直到北平學生運動被大刀和水龍鎮壓下去，空氣平靜之後，他們又才從亡命中回來，偷偷模模的辦他們底「盍旦」，企圖在虎口裏喊出一點中國人求救的聲音。但這點微弱的求救聲，結果還是被撲滅的了。

中國終於奮起自救，和日本人抗戰，在吳先生心中的快樂，一定是難以形容的。他說「打下去，打下去，自能得救，」而他自己也就參加着一道來打，而且站在最危險，和敵人短兵相見的最前線上肉搏，在「打」的歡喜中倒下去了。吳先生為前清以來就有很高的功名的人，他在民國的地位也很高，他要升官發財還不是陶希聖，高宗武之流所能趕得上，他底血，應該淹沒中國的漢奸，而中國的全體人民是要踏着吳先生底血「打下去」的，「打下去，打下去，自能得救」的口號，從今是活在全中國人底心裏了。

聾詩人

洪流

一九三八年的秋天，在延安魯迅藝術學院，我認識了一位聾詩人。

我和他認識以前，有人告訴我他不是全聾，別人和他談話好像能够聽見些，後來我們認識了，並且相處在一起，我才明白他是全聾，祇是因為他聰明，才在好多地方使人疑心是半聾。

我起初又聽人說他是全校的美男子，能够寫詩；他脾氣很古怪，喜歡一个人到城裏去，回來時總臉紅紅的滿嘴酒氣；他愛在山坡上獨步，在那个時候和他招呼他會不睬人的：他常常和同寢室的人吵架，有時還動了武，但是很快又好得像沒事一樣。總之，人是一个好人。

他的臉很像德國詩人席勒年青時的樣子，有一對非常憂鬱的眼睛，眼皮常常動着，顯得心情非常煩燥。

我一和他認識，就非常奇怪他的性格。我覺得他不但和「完人」不一樣，和一般學子也不同。最使我覺得奇怪的是我和他初認識，他一點也不和我客氣，有些地方還使人受不下。

我們兩人同在圖書館工作。不久發現他正為一件事苦悶着：他想上前線　他的一位姓潘的朋友和他的弟弟都在勸阻，也叫我幫忙勸阻。

我們用了很多方法，也說了許多道理，但總不能把他說服。他說別人罵他的詩是資產階級的玩意，永遠不能接近現實；別人把他當作怪物，沒有當作同志看待他　他一定要離開這裏到前線去，他相信前線會使他寫出現實主義的詩。他沒有兩隻眼睛可以觀察。

他疑心所有勸阻他的人都是不懷好意，因此姓潘的朋友決心寫一封長信給他。

那封信是寄給我轉的，意思是要我看了信上的觀點，協同步調去說服他。我把那封信轉給他，他忽然對我生疏了，見着我常是避開或默默的低着頭。他本來是愛整潔的，生活處理得井井有條　現在卻床頭雜亂的放着書，桌上也有灰塵了。

這樣憂鬱悶的過去了一个星期。一天夜裏，他突然給我張字條子，臉上的神氣很不好看。這意外的事件弄得我手足無措了。

「是怎麼一回事呢？」我一邊想，一邊解開字條看．

「你這人老是沒有道德心！我弟弟寫給我的字條，你有何權利扣留，他是給你的嗎？那次老潘來信也明明是給我的，而你偏要拆開我的，假若也有信給你。這能屬你誰呢？如果你以後做出此種思想卑劣的舉動，我將不客氣提出會議上對你舉個批評！」

這使我很難受，然而我既然受過他弟弟，他朋友的囑託，我只能忍受住。我向他辯解：那字條是我壓在紙板下一時忘記交給他；至於老潘的信是可以等他來證明的。

我們兩人一直等姓潘的朋友解釋後，才好起來。

我們漸漸有說有笑了。我們大家互相研究着新詩，批評着一些新詩人。有一次他高興，他逼着我到會計處去借一毛錢買辣椒請客。他是湖南人，好吃辣東西，一口氣能吃很多生辣椒。我們相處長久了，脾氣漸漸摸熟，感情也更好些。但在這過程中也有不少小的波折。有時又在許多充滿着熱情的字條裏突然夾來一張冷冰冰的字條：

「喂，我提倡反對自由主義！隨便不守規則，紀律，便是自由主義！你竟放縱！包容！還了得！」

這是爲了有幾个熟識的同學在非借書時間借了書，和他們進入到圖書館裏來閒談的結果。

「你真不講理！老是獨裁大權，人家說我是廢物呢！」這是爲了他心情不好時，我替他工作了些事情的結果。

他熱情，但有時又冷得不近人情，那是他心裏有一種東西在刺痛他的時候，這種時候他自已常是半夜裏爬起來對昏黃的燈心發呆。我有一次被他驚醒，見他在翻兩本詩稿，或者拿着一把小刀，很無聊的切着火柴梗子，切得滿桌全是碎屑。到冬天，疾捲的風砂從窗洞門縫裏鑽進來，他仍半夜裏起來。他似乎患着長期的失眠症。

有一天，他，他的弟弟，他那位姓許的朋友和我，四个人往城裏去喝酒。路上我們三个人談得興緻非常好。已快到店門，他突然要回去。我們才發現他一直沉默着。而現在，他在淌淚。

他弟弟問爲什麽，他說：「不！我要回去！」

經過三个人的勸說，他卻硬攙扶我們的手走了。我們聽見他說：

「永遠是孤獨的啊！」

「這使我們全沒精打彩的回家了。」

從路上回來，我們也看不出他有什麽變樣的地方，祇有回家整整半天沒見他說一句話。晚上，我看見他的烟袋空了。我看見他閉住着眼，頭靠在書架上，嘴裏吐着一圈圈的白煙，哼着：

「噓，噓，噓……」

聲音一點點高起來，又一點點低下去，像是他在唱他自已底哀歌。這哀聲穿進了我的心。我替他難受。我們生活在一起，好像處在一个極陰暗的地洞裏邊。這種艱難堪的時候，我常常哀求般的拉拉他的手，搖搖自已的手，而他卻慘笑的寫幾个字給我：「朋友，你讓我叫叫吧！」

這句話是從憂鬱的深淵墜落到我心裏。我祇好把正在看的書本合，或正在寫的稿子收藏了，用筆談去安慰他。他是很聰明的，我想得出的安慰他早先知道了。他說：「你不用談，你說的我知道！我要求上前線去，祇有前線能使我不憂鬱！」

我漸漸被他到前線去的熱忱感動，我已同意他上前線。我更多了解了他一些了。

我發現他時刻關心別人的戀愛。他常希望別人的戀愛有好結果。他弟弟的一个同事對文學系裏一位女同學印象很好，託他聽聽她的思想，並且要他幫忙這件事。於是，他又轉託了我。他說：「我是聾子，你要熱心點！」他把那位女同學的名字寫給我，要我遇到她來借書時暗地裏通知他。

她沒有自己來借過書，後來這件事也沒有成功。他批評我不够一个朋友，沒把別人的愛情當一回事看。他常說：「天下的人大半是自私的！」

他強迫着我去給他們進行。我寫一張紙條給他：「她對你弟弟的同事印象不好！」他回答：「慢慢會改變的！」我再告訴他：「她好像已有愛人！」他就不再寫了，臉色陰現地吐出一个字：「唉！」

這歎息彷彿是爲了別人，又彷彿就是爲了自己。我看見他的眼睛空漠地望着遠處，就像望着他自已的遙遠的過去一樣。

我碰到他弟弟，或者他的朋友，常常探聽他的過去。

據說他的家庭很富裕，十六歲，在衡陽一家中學校唸書。那時衡陽風行腦膜炎，他是被傳染中的一个，病好後就聾了兩隻耳，不久他到南京去，在那邊他有過很美麗的故事，也有過很悲慘的遭遇。此後就變得很孤獨，常把自已鎖在書房裏，吃飯都是僕人送去。

又據說他那時不住在南京，住在離下關十二里的八卦洲。那是个風景很好的地方。那裏有一个農民教育館。他在那裏認識的一个姓韓的女教員，一个非常喜愛詩與音樂的女子。他的很多詩是她抄了寄到報館去的。但後來他們很不幸的分開了。

這些，聽來的結果總是很模糊。我想有機會時讓他自已告訴我。

一个落雪天，教務處全體會餐，他在會餐前已喝了很多酒。會餐時再喝了幾杯，便滿臉紅起來，，深深的雙眼皮下面的那雙發熱的眼睛顯得更清亮了。同時，上下眼皮時時動着，也顯得更憂鬱。

那一夜，他的氣力特別大，獨自把書架上的書全整理了。那些書平常我們兩个人整理一天才能整理好的。他整理好書後，又翻開一本厚厚的社會科學書看。我催他睡，他說：「我要裝進這些科學東西來鎮靜自己的腦子！」我用一張紙條寫着：「你讓腦子裏的東西出來吧！」他看了紙條好久，然後搖搖頭。但不久他又拿出那時常玩弄着的小刀和兩本詩稿，感情激動的說出他那个失戀的故事。那和他朋友告訴我的差不多，祇是更具體地把他們分手時的情節也告訴我了。他說：「我們過得很好，但是我們之間總是隔着什麽。

「有一次我到農民教育館去，她在彈風琴。她問我她彈的歌好聽不？她是很喜歡音樂的。她陶醉在自已的琴聲裏，忘記我是聾子，等她發覺了又改用字條問我。我怎麽呢？我祇好糊糊塗塗地回答說很好。誰知她突然的哭了。她獨自走了。」

歇了一下他又說：「人事是很難說的。我沒有怪她！」

「我有一个很長的時間把自已鎖在書房裏，直到那年的秋天，我才出門到堤上走走。」

「朋友，你沒有到過八卦洲吧？那是一个好地方。週圍有一條四十里長的堤岸，堤外不是江水，是一片白色的蘆花。但是這好景不是為我設的。有一次，我在那裏看見了她。她身邊有一个挾『凡亞鈴』的男子，和她一起走着，談着話，他們都是『完人』！……」

他寂寞地嘆着氣，接着他告訴我他曾經用那把小刀劃破自已的喉管。他伸長頸子給我看，我看見了一條隱約的刀疤。他說那兩本詩稿是失戀後寫的。

我翻開詩稿看，他卻摸摸小刀的鋒口說：「這刀隨我好多時了，這把刀快呢，你看！」他用刀把一个舊銅筆尖劃成兩段，在昏黃的燈光裏跳着。「我現在要求到前線去，祇有到前線去我才能寫出現實主義的詩。我要跟舊生活像這一樣割斷。」

那天我也整整一夜沒有睡熟，我有了許多遐想，我也更愛了這位憂鬱的聾詩人。

後來我離開了圖書館工作，到文學系來，仍時時去看他。

他的案頭堆着許多社會科學書。他對它們發生了興趣。他一天比一天理智了。每次當我從晚會或群衆大會回來，他總要像一個嚴肅的檢查員來檢我的本子，他 我那本手冊檢出後就很甘願的讀着許多大人物的演講。結果他總說「你記得太簡略了。毛主席講的一定還要多！」或者說：「你一定記錯了，他們講的一定更精彩！」這是叫我沒法回答的。但是我很高興他這種舉動，因為他過去是沒有注意到這些的。

有一次我又看見他很苦悶。我問他，他說：「你們能够看見，又能够聽見，將來世界變得更好，那些幸福也是你們的呀！我是聾子！我永遠是孤獨的！」

他搖了搖手裏正在看的厚書，書裏印着的許多愉快的孩子們正頭在笑着。他凝凝地看着那本描寫蘇聯社會的書，彷彿對書裏的人說：「你們能分一點幸福給我嗎？」

我感覺到也像在對我說這句話，我很難過，我把這些事也告訴了一些教務處的同事。

一位姓蔣的女同志很感動的說：「這是我們幫助他不够呀。他脾氣古怪，不接近我們，我們為什麽不去接近他？我們為什麽不使他在集體生活裏感到快樂？這是我們每個同志都應該自我批評的！」

此後教務處的同志都比過去更多的接近他了。有的把自已新的襯衫送給他，有的把自已喜愛的書送給他。那位姓蔣的女同志，自動的替他補衣服。每天晚飯後，我看見他們逗着他玩，邀着他一起散步，並且他們告訴他世界上有聾的，啞的，盲的文學家。

他起初感到很不慣。他長久的孤獨養成了孤僻性。他像被囚久了的鳥籠的鳥，突然解放，感到新生活對他有些生疏。

有時他故意的避開大家，獨自在山坡上散步。

有一次，我和他到他弟弟那裏去，走過音樂系的教室，他突然的住了步。我催他走他不理我，疑心他知道裏面的是半聾。我正在想，他突然打了我一下肩膊，自已走上前走了。在路上，他告訴我一個人對他的記憶忘掉是很不容易的，音樂系裏一位新來的女同學很像他過去的愛人。

後來我因為系裏學習忙，不常去看他。但是我看出他已經比過去快樂，對集體生活已不再感到生疏了。

有一次他對我說：「我要做一個新人！」

是的，他慢慢走向一條新的路。

春天，學校發動大規模的生產運動，要開荒六百畝，他就自告奮勇的去參加，而且總是早去晚歸。

在開荒地時，有一天我們隔開得不遠，我看見他鋤頭舉起半天裏，又重重的打在堅硬的荒地上。他聽不見自己掘地的聲音，但是他看見自己翻起的土塊比別人大，他就向旁人看看，發黑的眼睛裏閃出光來，說：

「我們來競賽吧。我們來一個斯達哈諾夫運動！」

那天因爲要聽報告，我們歇工早些。回來時，我們走過許多高山巔。山上還有許多人在開荒，成百成千的影子在夕陽裏光搖。他看了非常興奮，對我說：

「我不想念過去了。我也不再愛女人。你看！」

他用手指指山頭上千百個人影。他問我看過蘇聯的集體農場的影片沒有。

我向他點點頭。他向我笑笑，跑到隊前去了。

他成爲被公認的突擊隊員之一了。每天回來時，他滿臉黃土，整潔的西裝襯衫馬褲，都變成淡淡的土黃色。他沒有注意那些，雖然在過去，他非常愛清潔，愛裝飾。

我看出他在慢慢的變：酒喝得少，烟吸得少，並且也不在山坡上獨步了。

今年夏天，學校發動兩百人上前線，他一定要求加入。走的前幾天他告訴我，他兩本詩稿燒燬了。他要把過去忘掉。

他隨着兩百多人英勇的跨上征途了。

現在是秋天，秋夜漫長的，我有幾个夜裏會經睡不熟，我想起了這位聾詩人，我也想起了這一個時代。

一九三九年秋天

難民船上的旅伴

王元

楊家衖口輪船碼頭的躉船大前天被敵機來狂炸時炸掉了，民勤輪那天只好停泊在陳家壩下面正對着鐘鼓樓的、灘里上貨上客。

靄靄的霧靄，江面沒有光彩，變成了沒有感情的激動的流水，水裏的一片陰影彷彿是一片亂離的悲愁，一種不得不離別的只有流亡人才懂得的那樣情緒，一點依戀和一些怨恨。這時候，船上的客人已經擠滿了，都是那麼習慣的沉默着，像一羣羔羊，什麼人都可欺負似的，即當和旁人交替的一瞬間，才從他們靈魂深處的夙怨表白在眼光的閃爍裏，於是便各自看到了各自的堅忍的經歷。

還有旅客上來，到處爭先恐後的搶着安頓自己的位置。像我這樣一個沒有行李的人，卻還要找一合適的站的地方也沒有，二樓和三樓我都看遍了。滿船我聽到的都是遠方的語音，我是個內地的難民。三樓上房艙開的一條過道巷子，有兩個半人高的尺多寬的，茶房的什物櫃象漆櫃，因爲左邊的巷口就是小廚房，並且右邊那一個木櫃上還堆滿蔬類和肉類，我只用指頭輕輕的一點觸，便染了又黑又滑的油膩。雖然茶房們會幾次冷淡的對我說這裏不能住人，而我終於怕有所丟失，鎖着眉頭，强制着心去臭了又臭，就決然從條包裏取出一疊草紙使力的揩拭着，一張紙翻來翻去，翻來又翻去的用。

我盤腿坐在上面，看着匆匆來去的尋找住宿處的流亡人，一個自私的念頭便漸漸的强固起來，先幻想着，後來就計算着怎樣去實現它。

各式各樣的人，幻影一般的，從我面前電光一般的閃來閃去，充塞的嘈着嚷着。一個穿黑馬褂的老人溜我一眼：

「你先生一個人住這裏麼？」

我還未答應出來，他對面就奔來一個人，扛着一捲被窩，猛力的把他一推，緊緊的把他貼在壁子上，「對不起，對不起」只顧擠過去。

「這上面不能住兩個人，我們趕快過那邊去，趕快！趕快！」

一個瓜皮帽子的小伙貼着一個白淨臉的小個子性急的叫着，而那白淨臉因爲招架不住那個扛着被蓋捲的龐然猛衝，他局促的護在木櫃橫頭，上身靠着木櫃橫頭的一個網籃，時不時的溜着我望，很像在打我的主意。

「是的是的，稍等一下，擠得很。」白淨臉喘喘的說。

「老伯老伯，擠過去，擠過去，這裏不行！」從龐然猛衝的被蓋捲下面鑽出一顆青年的頭來。

「茶房茶房，沒有舖位坐的地方也該我們找一個阿。」老人擠出來了，東張西望的走向船尾去。

「茶房，茶房，」白淨臉反駁似的低語；走着向船頭去。

在繩上孤寂的生活裏，我一向特別喜歡一生勞苦的老人，他們一句冷漠表示的談話我都覺得注滿着親愛，自然的纏綿的悲憫，是赤裸裸的心情。雖然我也不高興譏他們愚直的慨嘆，但現在他們還對着我保持着一些呆鈍的影響。當那老人走向船尾去了，忽然我切切的想：「假使他再轉來的時候，讓他來和我同住吧。」我忘了他剛才討厭的神氣。

他果然轉來了，領着那個青年又從右邊的巷口滾過來。我用一種還覺得滿意的眼光看着他，他卻依然那麼不懷好意的看着我，滿臉的虛驕與自作聰明的氣相。他搶着幾步過來來問我：

「你先生還有朋友來吧？」眨眨眼睛又向前走了。

「呃，」我看了看他猥褻的一字聲。

「茶房，茶房，」叫嚷着，這一回他卻向船頭走去。

似乎這就是最後一批客人了，艙的擁擠一過去，現在是安定得多了。可是我卻感到有點失望。

並且眼前一平靜，寒風好像也是才吹起來似的，有點透骨。於是我就把脚盤緊些，捏一捏衣領，縮了縮子，背向壁上一靠，想就睡去，不再希望什麼了。一到昏黃的電燈就裝在我右側的頂棚上，習慣了偏頭的眼睛，覺得電燈的昏黃比油燈的昏黃要亮得多，總是閉不攏去。

一個瘦長的茶房端一個臉盆，盆裏放了一些紅色的熱水壺，繃着一副緊張的臉孔，很憤然似的把東西放在木櫃上，轉下去打開水櫃的門，嘁嘁咕咕的說：

「茶房，茶房，只曉得叫，這樣多的客，位置都安完了，茶房也沒有辦法。」

裝了些茶葉在熱水壺裏，像敵着一個估着重量的心思，端着臉盆又默默的走了。

「你住這兒嗎？這兒哪能住人啊！」他看也不看我，自語似的。

「唔？」

我聽說民生公司的茶房很好，也許是住在這兒對他們有什麼防礙吧。我仍然眯着眼睛假睡着。就是淒涼一點我也要有一個安身處。

「好的好的，還是上三樓去，唉唉。」

右邊的樓梯口就在隔兩間房艙那兒，顯然是白淨臉已沒有找着地方，他站在這個樓梯口尖聲叫叫着，包含着無窮的煩躁。

「對，對的，請你先生——呃呃，」

一陣雜踏的腳步聲，白淨臉在前面，急匆匆的轉進巷子裏來，把右手的籐籃箱抛在了左手，那個戴瓜皮帽的跟在後面，一手提一大捲被窩，一手提一口黃皮木箱，他們鬧到左邊巷口時，一個茶房從小廚房那邊吆喝着過來了，提着一桶熱騰騰的水，從船尾那頭同時又轉過來一個火艙工人，底底踏踏的拖着兩片木屐，也是精神煥昂的吆喝着，搖着長的身體，把他們二人阻了回來，等茶房和火艙工人過去之後，戴瓜皮帽的放下了被捲，緊張的淺來問我：

「喂，你先生就是這樣一個人嘛？」

「呃，這樣一個人。但是你們——」

「呵，」他指着說：「那好得很，好得很，我就是這個朋友提船。」說着，他就把箱子放上木櫃橫頭那個網籃上。

「我和就這樣，」他望了望白淨臉，又望着我繼續說：「你先生沒有行李，我朋友的一搭上去，你們兩個人一起，呃，大家都好了。」

「對，對，」我坐了下來，滿意的聳聳肩。

戴瓜皮帽的把被捲拿上了木櫃，白淨臉就把籐籃箱堆在黃皮箱子上，我的籐包也拿了上去了。

「這是我的朋友，漢口人，姓×，×先生，」戴瓜皮帽的一手拔被捲，扭轉身來給我們介紹。

我愕然的看了他一眼，白淨臉搗動了一下他灰色的呢帽，還搖了搖頭，也沒有介紹自己。

他們在搭被蓋的時候，那個老人變得垂頭喪氣的又轉來了，對我和白淨臉各翻了個白眼，很羨妬似的，他躊躇了一下，就對跟着他的青年說：

「要找好點的地方不得行，現在你就把東西擱在這裏吧，就在這站一站，坐一坐，夜深點了睡，夜深點了我想還總可以睡」

青年嘆息了一聲，就把被捲和一口白皮木箱放在兩個木櫃之間的空隙處，然後兩個就屁股擠屁股的坐在被捲上，背對背各向一邊的傾着腰，臂肘抵住膝頭，雙手支着下巴，無聊孤獨的寂默着。

「請教你先生？」被蓋鋪好了，戴瓜皮帽的問我。

「我姓王。」

「呵王先生，請不客氣，兩個人住一起，談一談嘛，可以解解——呃寂寞。」

「呃，那我就轉去了，我就不陪了。」他又審着白淨臉亢奮的說。

「好的好的，你可以回去，不客氣不客氣。」

白淨臉還在翻來翻去的整枕頭。

又是那個瘦長的茶房。他默然而嚴肅的走來把還頭的被蓋掀開了，端一個洗臉盆，盆裏放着一把綠色的熱水壺，很重的放在木櫃上，盆底擊着櫃面響着很刺耳的顫聲，戴瓜皮帽的呆呆的瞪着，好得很難為情的樣子。

「誰個叫你們這兒來的，這兒怎麼能擱舖位呢！」茶房蹲在木櫃門前裝茶葉進熱水壺去，一面這樣怨憤的說。

「你們船上沒有舖位了，而你們又賣了這樣多的票嘛！」戴瓜皮帽的爭執似的說。

「沒有舖位你可以退票呀，」茶房關上了木櫃門，站起來了，裝得很閒適的，像他不會說過甚麼要不得的話似的。

「呃呃，我們都是逃難的，國難期間我們大家將就點，船碼頭了我兄弟曉得的。」白淨臉笑嘻嘻的摸着掀開的被角。

「你曉得！」又低低的自語似的，茶房走向小廚房去。

戴瓜皮帽的目送着他在巷口消失了，才轉過頭來快活的說：

「你坐上去，坐上去就好了：我真的不陪了。」」他側過身舉出了一步。

白淨臉爬上去了。手裏拿着脫下的黑皮鞋，蹬了一會，才鑽進黑淨的被底下，嘆了一口長氣。然後，腳跟和腳頭統統都包在大衣裏，一隻手倚一個膝頭，腰幹一伸，背脊一駝，又長長的嘆了一聲。像他這些動作都是為了胸中的鬱結而發的。

「喂，請上來坐呀，請——」他轉過來看着我。

我站在木櫃旁轉角處。我跳下來後，腳就麻木得厲害，一點也動彈不得，腿彎的骨節要裂斷似的。「腿常麻得很厲害，一晌，坐上來呀。你為還客氣嘛？」

我抓住櫃角搖了搖頭，因為我手動起來了。麻木的腳也孩子屈了下去。

「一會兒的，你瞧，」他伸長了頸子。

我也爬上去了，腳下的布鞋就擱在頂櫃上的水等籠裏。

我領會了他的受傷者的微細的感情，我微笑着這樣的心情端詳他時，覺得他那清臉的秀氣很可憐，這不是經歷過艱難跋涉的身子，這是一個生命脆弱的軀殼，很容易被傷害的，而他被傷害又是和我們的命運一致的……

「你先生是漢口人？」

「漢陽，你貴處呢？」微閉的眼睛睜開了，掉頭我微笑着。

「我就是萬縣。」我無意識的點了個頭。

「哦哦，大前天你還受驚沒有？」

「嘿！」大前天敵機來狂炸時我乘的船還隔萬縣有五，六十里，「武漢撤退以前入川的呢，還是以後？」我慌張的反問他。

「武漢撤退那天離開漢陽的。」

我聽出了「撤退」兩個字的顫抖的聲節。還會節悲沉而嚴肅，要時代的巨掌搖撼過的忍辱的靈魂，要從腐朽的境界拔涉過人生長途的旅客才能發出這樣的音節。我感到一種威嚴和一種震悚的情緒。

我從旁的窺視着我身旁這個體格，這就是親歷過「撤退」的嗎？我嚮往着「撤退」的場面該是多麼的激動啊，我瞇了瞇眼。

「了不得。很感慨吧？」

真找不到適當的話。我想給他一些什麼珍貴的東西，只用一句話來表示。但我卻用了一個會心的微笑。

「很難說，一言難盡。」他避開我微笑的眼睛，好像我的興奮是多麼和幼稚的。

我卻另外感到了一點冷淡。不過不太深，一瞬間就忘失了。

「報載撤退得很好呀，不是嗎？」

「只要是壯丁年齡的人都盡量的撤退了。」

「真不錯。」

「還不是有很多人不願意。」他很痛苦的閉了眼。

「還有很多人不願意？」我奇怪起來。不是罰的，而是奇怪的現在說話總是那樣勉強，帶着十分的憂鬱。

「那當然呀，你瞧！」他不耐煩似的叫了起來。「像我就是的。」

「當然，我明白，誰願意離開自己的家呢！」

他拍着他的膝頭，我也不期然的學他拂着我的胸前。

「呃——呃！」

「還有，」他繼續說。興奮起來了。「比方家庭狀況不好的都不願逃出來，逃出來怎樣生活呢？」

立刻，我就像看見了一幅啼飢號寒的流亡圖。他這一說，止不住在我心上壓上了沉重的鉛塊。

「呃，這樣，因爲日本的積極侵略，我們全國人，都生活在苦難裏了——」咬着牙，我想用一句話來表達一種適應抗戰的堅毅的意志與一種直奔的情緒，彷彿覺得絕對只有那樣的一句話就能够恰當而動人的表達出來，不然，就會形容得殘缺與橫溢，而殘缺和橫溢又是會產生怠忽的。可是我又找不到這樣的一句話，於是我便咽住了自己不肯的聲音，利用眼睛來向他說了。

「你猜的意思我懂。」他避開我的注視。「我隨軍撤退的時候，只背了很小的一個衣包，身上也只有幾塊錢。」好像這兩句話是他經過一番澄清的思慮之後才說出來的，他慢吞吞的說了，就很緊很緊的眨了眨眼睛，需要鬆馳神情的緊張似的。

他說的話是不符合於現實的。現在他闊氣得很。他有很細的呢帽，有很好的皮鞋，很厚的呢大衣，有兩床很寬大的絲棉被蓋，被面都是很鮮豔的，還有三床很厚的我國毯子，不像只有一個衣包，身上只有幾塊錢的流亡者。他看出了我眼光的騷擾吧，他就解釋着，同時拂了拂呢大衣，按下被子，指下皮箱和呢帽：

這些東西都不是我的——」他難堪的搖着頭。

「唔？」我做着很注意要聽下去的樣子。

「這些東西，」他忽又頓住，望着我輕輕的一笑。「我原來是開錢莊的，四年前才關門，我所以在銀行界很認識些朋友；這些東西就是這些朋友送我的。」

「唔，不少哪？」我卑鄙地覺得他有這些好朋友，都是患難相扶似的。

他輕輕一笑，眼皮一垂，有點不以爲然的樣子。

「積願是難啊，難啊！」

他這樣的搖着頭。我莫其妙的瞪住他。

「本來我全靠這些朋友的關照，」他內心一定感受着很矛盾的痛苦，他眨眼睛眨的眨得那樣的擠擾。「從漢口來到沙市，不靠朋友幫忙，我到不了宜昌，那還不曉得現在會怎樣子的。在宜昌又全靠朋友幫忙，我才到了四川，你瞧——貴省。」

「呃呃，不客氣。」

「下面這床薄被子和底下這床毯子，是沙市的朋友送的　在宜昌的朋友又送我一床毯子和這一件大衣　這床被子是重慶的朋友送的，這床毯子是萬縣的朋友送的。反正我這些東西，無論穿的，用的，都是朋友送的。我不要，他們一定要送！」眨眨眼睛，語氣是長嘆一般的。

「朋友太好了。」

「呃。其實我是不願意他們這樣的。」

他像要預防着我的瞪住。先掉頭來對我柔和的一微笑。

「因爲他們目前都弄得不大好，尤其是武漢撤退以後。他們叫我在沙市住，在宜昌住，我所以都未答應。還想趕快到四川來，我以爲一到四川就會比較好一些，那時我看沙市宜昌很是危險。」

他的聲音逐漸逐漸的低下，并不是情願要說出來的，而是有一個什麼東西——懷着牢騷與希望離裂——把這些話從喉嚨裏壓出來的，一種破碎的夢囈。

「到四川來——」他仰頭起來細想着：「萬縣我住了月把，重慶我住了月把，都是吃朋友的，穿朋友的，朋友雖然不會做聲，我自己總不過意　纔不是長久之計。」

「朋友們不能幫忙介紹個職業？」

「不行！不行！」這是從牙齒縫裏咬出來的幾個字，還很厲害的搖着，要把頸子　斷似的。

我實有些不大願意再聽他敘下去了，我像已經明白了一切。覺得他不但不是一粒浮沙，不能隨着時代的洪流的沖激而停留在一沙灘邊上，讓陽光來溫暖，在陽光裏去發燒，覺得他只是一個石　，經風雨把它從山上滾下來　落在洪流裏——說不定就成了礁。厭倦的等着他，想要用頭部的一個動作來打斷他的談話了。我從新考察着這副秀氣的面孔，他的生命不是　弱，倒是一個質實在在渺小的肉體。他着羞的看我一眼——他羞澀着自己的渺小吧——」他起初在我血液裏喚起的情感完全掃蕩了。

「我很想回去，我想漢口現在會安心一些，」

他竟把我弄得驚愕了起來。

「怎麼回去得了呢？」我忍耐着問。

「路上那是有些困難和危險。不過，只要通過了，我想總比這樣漂流着好些。」

「不過去供日本人的殘害和利用，」我惡毒的想。

「我這次到萬縣來就是要回去的。這次從重慶下來也是搭民勤，今天又搭民勤。」

「朋友們都讓你轉去嗎？」我還未料到他已實際行動起來了。

「他們是勸我——都勸我不住。」他憫惇式的一笑。

「那你該再下去走宜昌，走沙市，你怎麼又轉重慶呢？是到重慶嗎？你怎樣走？」我又驚疑了。

「到重慶。剛剛到萬縣那晚上，就接到重慶的朋友的電，說是正月初三，舊歷哈，有車開昆明，不必出錢。我想有這個便利，我可以那樣走安南，走香港。」

「走粵漢路？」

「走上海 那樣子走安全些。」

「重慶的朋友是你什麼人？」我覺得我皺了下眉。

「他在法國大使館。」

那個瘦長個茶房走到小廚房那邊去提了壺開水，又轉過來了。白淨臉慌忙叫住他，從籃籃箱裏取出漱口盅來，倒了杯水，像是故意要打斷我的驚疑似的。

「你總喝嗎？」他把杯子遞向我。

「我不喝。」

「喝點，喝了又倒就是。」他又叫住走開去的茶房。「喂，你等一會。」

陽光的踪跡

紺弩

一 亞細亞方式

天黑了好一會，塌班了兩個多鐘頭的慢車才到。還沒有停好，在月台上等着上車的人們就提着箱子，行李，潮水似地向每一個上車的地方湧，差不多每個人都用兩隻手抵拒着左右的人，用屁股抵拒着後面的人，口裏還「不要擠！擠什麼！」地嚷，尤其是正推開別人的時候。搶到最前面的自然最先上車，也是先碰到下車的人。那些人也提的提，扛的扛，正和他們狹路相逢，兩不相下，大家口裏在亂嚷，下車的說：「讓開點，等下完了再上啊！」上車的回答：「退不回去呀，後面擠得兇咧！」等等。

在軍用車的那個車箱裏卻是另一種喊法：「點清人數哇！不要擠，位子多的很，我們都下去的。」

那是一個掛武裝帶的，他一面朝外擠，一面又回轉身去朝裏面招呼叫車箱中部那裏的人趕快下車，也叫擋住路的人們讓路 像不很會游水的人陷在激流裏，身子不由自主地隨着水勢往下流，頭和上身卻儘量在向水面提高，兩隻手也不住地在水面揮動 他的聲音是很響的，可是被羣衆的更大的擾嚷聲所切斷，遮沒，變成一些零落的字音，無力地在車箱裏回旋，誰也沒有留心地有什麼含義。

「快點，動作快！一十，十六，十八——誰的帽子？——不要丟東西……」

車箱中部那裏也有些另外的叫喊，幾十個人在慌慌索索地亂動，穿衣服，繫草鞋，綑稻草，抖亂着破布，棉絮之類，有的人口裏還在這裏罵罵 一陣塵土的霧，不知是從地上揚起，還是從天上落下，迷漫着整個車箱，把只有兩頭車門上方才有的燈光弄得更微弱，更昏暗了 那塵土的霧，看起來似乎是靜止的，實際上卻在毫無忌憚，毫無容赦地向乘客們的口鼻裏面鑽擊，有幾個剛上車的就在接連地打噴嚏 最難忍受的還是那霧裏所帶的一種氣味，彷是誰在夏天的陽光下攪動着拉圾堆，腐爛的肉類，被汗汚浸透了的鞋襪，牛欄猪圈裏的糞便……：百花園裏的奇葩異卉似地，都在爭妍鬥豔，各顯身手 幸而車箱裏還沒有什麼貴太太，貴小姐 否則，不但打噴嚏，恐怕還要暈眩，嘔吐的。

「走哇！快點哪，這頭來！這頭！」

幾十個人在霧裏緩緩地移動，一個人的聲音在他們中間吆喝 那些人有穿藍長袍的，有穿黑短襖的，也有衣服的顏色和形狀乃至名稱都說不出的。大都不是棉花綻露在外頭，就是補綴着大塊大塊的補丁 一些亂七八糟的行李包或什麼的，被他們提着或者夾着 他們差不多一半的人是一些十四五歲的小孩子，另外的多數也是五六十歲的老頭，如果燈光强一點，就可以看出他們臉上的皺紋和鬍鬚里

『不不，你喝。』我向茶□丟了一眼，他就走了。「照你那樣走很化錢哪？」

「不會多化錢的。」他咽了口水。「從昆明到香港，也許到上海都可以不化錢。」

他在我心裏擴大了驚疑的成份。

「唉，我本來也不大願意出來的，日本兵才進城時當然是要應付應付，」他雙手抱着嗽口盅擱在衣兜上，細眼閉嘴的，他在回憶着流亡路上的慘象吧。

我把他傾向着他的身體正了過來，四方轉着頭，後來把眼光落在頭頂的樓板上。

「出來就是不願意做亡國奴」我不得已的說。

「就只這點安慰，就是這點安慰，」不知怎的、他陡的快活起來。

「大前天，這裏被炸，很受了點驚？」我混亂的說。

「嗨，當得當得。你看這裏簡直沒有防空設備。聽到警報——緊急緊報，就嚇倒了，不像我們在漢口，敵機差不多是每天來，過後一點都不怕了，還要看他來，看他們起飛，看我們的高射砲，我們的機關槍。就裏！我和一個朋友躲一堆的，他就受了點擦傷——很危險，很危險……」

還未說完，我就倒在枕頭上了。

因爲地位太窄了，我們倆就睡在被面上，都同天擧着脚，緊緊的挨靠着，一動也不動。風拂得很冷，我們都深深的籠着袖子。他的脚掌慢慢的伸進我的腰際，我的脚掌也慢慢的伸進他的腰際。我們的體溫互相溫暖着。

頭的鐵絲，而這老少，高高矮矮的幾十個人的菜黑的臉上，又都罩着一層愁雲，不知是因爲飢餓還是因爲疾病，幾個瘦弱的老人還佝僂着背，連頭也不很抬得起，一面走一面嗆咳，大口大口的痰吐在車上的地板上。看樣子他們是一羣逃荒難民，或者簡直是一些荒山破廟裏寒村古墓邊的叫化子。

他們走過的時候，坐在位子上不動的人們，眉頭上都打了結，不期而然地把身子往裏面挪這麼一下子，迎面而來的剛上車的人，看見他們來了，就拚命向座位和座位之間的空地擠進，把腿塞在客們的腿空裏，上身傾到車窗那邊，讓出寬闊的大路，給那些身上帶着灰塵穢物，虱子，病菌的人們通過

他們一走過，大家心里都象奴隸得了解放似的，暗暗吐了一口長氣，拾得了他們留下的座位的人，紛紛地用報紙，手巾，擦拭或者拍打位座上的灰土，並且開開窗戶，迎受那冬夜的冷風

在沒有下車的人們中間，有兩個穿制服的對面坐着。

「這麼能打仗呢？」

瘦長子說。他是個多愁善感式的文人，對面的小胖子是個經濟學家，打仗以來，都在軍隊里作政治工作，現在是一同到戰區××部出席過什麼會議了回來的。

「這都是從四鄉里弄來……」

瘦長子接着說。一面說，一面向同伴，投着問訊的眼光　他覺得自已的意見，有點近於悲觀失望，吹毛求疵派，而這樣的問題，學社會科學的人，一定知道得很多，不好在他們面前失言的。

「這叫做……」小胖子說，他微微有點口吃，尤其是在興奮或者着急的時候。「這叫做　亞亞亞細亞方式。亞亞亞方式，不但生產上才有；我們現在受着亞亞細亞方式的侵略，也就有亞亞亞亞方式的抵抗。抗戰是艱艱苦的，偉偉大的，…………」

他沒有說完，瘦長子已經連連點頭，認爲十分中肯。雖然甚麼是亞細亞方式，他並不怎麼懂得。

「報數！——一，二，三，……」

窗外的月台上，剛才下去的那些人，正在昏暗裏站隊，點名。他們是要開始訓練的壯丁。

二　夜店

小客棧的樓房，是一種極其因陋就簡，粗製濫造的作品　從屋頂瀉進的風，搖動着煤油燈的燈焰。屋頂傾斜下去的那一面的土牆　像甚麼大人物倨傲地坐　那裏，擺着凜然不可侵的面目，要向他走近，一定要卑躬屈節，低頭彎腰　如果大模大樣地走去，一定會碰上一鼻子灰或者一腦殼疙瘩。土牆對面的板壁，密過村婦的籬笆，那高度也確實可以使這邊的人看不見那邊的人的頭頂……從火車上下來不久的瘦長子，把屋子端詳了一回，就脫下大衣掛在牀欄上了　這時候，一個女人的背影擋住燈光，右手高高地抬起在沖茶。

「還要甚麼，官長？」

那女人沖好了茶，扭轉身來，背着燈說。

他沒有做聲，那女人等了一會兒，也就默默地提着開水壺走了。一走，腳後跟就碰在樓板上騰騰地響，同時，樓板和整個房子也幾乎要倒塌似地搖

晃着。

等人躺在牀上，把燈罩子被燻得漆黑了的煤油燈放在牀邊，一個公事包扔在牀頭。他疲乏了，又打算明天早點起來，想馬上就睡着。客棧裏是靜寂的，外面也是靜寂的。遠處有火車在馳走，汽笛的尖聲，劃破着死去的夜空，餘音在山谷曠野間繚繞。

他住在這小站口的客棧裏還是第一次。中途下車，爲的順便去望一下他的愛人，她在這縣城裏工作。縣城離車站還有好幾里路，本來打算一下車就進城的，不料車到得意外地遲，反正只差幾個鐘頭天就會亮了。就在這離車站不很遠的客棧里住下了。

牀上墊的太少了，牀板挺硬挺硬的，睡了好半天，身上還不暖和。他不覺接連地翻了好幾回身，一翻身，牀板就軋軋地響，在第八次的牀板響了之後，他覺得別處甚麼地方也有同樣的響聲，那響聲離他是很近的。但是他并不追究，他疲乏了，再一息息工夫，就會睡着的。

「睡着了麼？」

朦朧裏，他聽見一個女人的聲音從板壁縫裏穿過來，似乎在對一個很熟的人說話。他不知道那聲音是問誰，只有點討厭它擾亂了他入睡。

接着，覺得頭抵住的板壁被輕輕地敲打着，竟是和他說話。他清醒了。同時也分明地聽出那聲音就是那曾經替他沖茶的女人發出的。由于半大腳的腳跟在樓板上拍擊而起的騰騰聲響着，房門隨着也被推開了。

「喂，你看，這是甚麼東西，你看？」

又象對一个剛熟的人說話似地，那女人的低聲，在脚頭的牀邊發出。他氣憤地然而也奇異地抬起一點本來仰着的頭，看見一雙枯瘦的大手，放出一張馬臉似的面孔前面；一隻手提着一片比鋼板大不了多少的金屬小圓片的短鏈，不住地搖晃着。那圓片也就發寒熱似的連連地顫動。另外一隻手托在底下，似乎怕它掉到地下去了的樣子。那圓片，一面是黃的，一面卻鍍着藍，上面還有白色的圖案字之類。

「不是我的。」

他說。說話之前，曾迅速地瞥視過一下架在椅腳上的自己的制服。他以爲是自己的遺掉了，還女人拾來送還他的。

「這是什麼？就……」

她說，臉上似乎在做着一種剛成年的小姑娘的嬌態的表情，身子卻斜靠着牀架，一小部分被被褥子和大衣遮掩住。那女人，他先前沒有仔細看過，一撮散亂的頭髮，披在窄狹的額上，臉色是灰黃的，臉上除了一點特別顯眼的一張鮮紅的大嘴以外，別的都很模胡。只有那無可掩飾的憔悴，干枯，老大，雖然在昏暗的燈光下，也浮雕似地顯現出來。

他被她的滑稽的樣子弄胡塗了，一時竟想不起她是幹什麼的，厭惡，想逃避，甚至有點兒害怕——或者她是個神經失常的人——把頭縮在被窩里，一聲不響。卻細心地聽着被窩外面。過了好久好久，總有聲音，也沒有響動。他奇異地伸出頭來，出乎意外，那女人卻不知什麼時候走了，連那一定會有的騰騰聲也不會聽見。夜深了，四面都是寂靜的，一個人，在這陌生的空空如也的破樓上碰見這樣一個神出鬼沒的女人！莫非是做夢麼？暗暗嘆了一聲，把煤油燈扭得大大地，睜開眼睛，看會再出什麼變故。

騰騰……過了一會兒，那腳步聲果然又響起來了。而且比以前響得更爲急促，更爲沉重，樓上的震動也更爲厲害。剛一覺得，那聲音已向近處急馳而至。同時，似乎有另外一個東西，像被踢的一腳的皮球，騰空飛起，穿過房門，落在房子的正中間。那東西一落地，就發一陣嘻嘻哈哈的笑聲。

他大吃一驚，禁不住向那聲音看去；一望就知道仍舊是那個女人，不過樣子卻完全改變了。現在她的身上，不是原來那暗色衣服，倒緊緊地裹着一件粉紅的短棉襖，那棉襖短得只有底下的黑褲子一半長。連腰里的白褲腰都蓋不住。臉上比剛才白了許多，粉浮着，像什麼果品上的糖霜。口唇更顯眼鮮和棉襖的顏色比賽着。她彎着腰，不斷地發着干枯的粗野的笑。一笑，向前微俯着的上身就一起一伏，兩隻連袖露出半截的枯手捍的手撐在腿上，似乎笑得連氣都喘不過來。那樣的，就像正在和誰開玩笑，後面又正有人追着她。不用說，外面是靜悄悄的。

「做什麼！」

他喝問，並且從被窩里騰身坐起。

「噓噓……」她望着他笑。

「出去！快出去！你不，我要叫老板了，半夜三更，吵得人不能睡！」

他的聲音震過了她的笑．他知道這與妖作怪的傢伙並不是什麼鬼物，沒有什麼可怕的了。

突然，那突起的留聲機的發條嘣一下子斷了似地停止了。她直直地，呆呆地，站在房子中間，露出徬徨在無邊的曠野的神色，向左右張望了一眼，無助地垂着頭，輕輕地，緩緩地走出去了。

現在，他完全明白了。好久以前，有一個朋友也曾在什麼地方的客棧里碰見兩三個女用人，瘋瘋癲癲地兒搭了大半夜。朋友告訴他：這種女人家從附近的鄉下綑來的，沒有工錢，全靠從客人那里撈點油水。客人最多的是一些苦力，其次是行商小販，打仗以後，也偶然有些比較體面點的人；對于這樣的人，她們更是求賢若渴的。（略去五行）

三　泥濘的街

太陽隱藏在稀薄的雲彩裏面，若隱若現地窺探着古城的市街。前些，的積雪已經融解，滿街是烏黃的泥水。店鋪都過新年似地掩閉着門窗，街上一眼望不到幾個行人。

瘦長子夾着他的公事包，在靠牆壁，靠屋簷邊的比較干燥一點的路上走着。雖然這樣，他的皮鞋和馬褲呢的褲管，也都濺上不少的黃漿了。好像裝飾這灰暗的古城似地，牆壁下貼着許許多多紅綠紙的標語，顏色顯得很鮮豔的：

「歡送保衛祖國的壯士出征！」

「優待抗日軍人家屬！」

「改善軍民生活！」

這些標語，和牆上的大字、「大丈夫不怕死，好男兒要當兵！」「逃避兵役就是漢奸！」等等五相輝映着。另外一些大幅紙頭上又有：「慰勞前方將士公演……………」，歡送壯丁入伍大會在××舉行」……

這是個寧靜的城。要不是害怕空襲，午前比較冷落，恐怕和太平盛世沒有兩樣。只有牆壁上的標語之類，才給塗上了一層戰爭色彩。看樣子，這些時，對于「歡送」或「慰勞」等等運動，是很下了一番工夫的。

然而這些工作的痕跡，卻在瘦長子心上引起了一種恐怖，怕自己眞地會悲觀起來，因為他從這些文字上又想起了昨天半夜以前的種種遭遇，為了避免想到許多不愉快的瑣事，他故意向上提步，向一個行人詢問到縣府去的方面——他的愛人在那里工作的婦女指導處設在縣政府里頭。

剛問好了路向，什麼地方的軍樂隊，由遠而近，送來一陣嘹亮的號音。那號音在寂靜的市街，震顫地回旋，彷彿石投止水時所織起的漣漪。他不自覺地放緩了自己的腳步。側耳探索那號音的來處。

轉瞬之間，軍樂隊從對過不遠的一條窄巷里出來了，一个成年的指揮者後面，是十幾个打齊指揮者的肩膊的小號兵。都穿着長到快要蓋着膝頭的棉軍裝。細而短的腿上纏着一色的灰布綁腿。臉和手都凍腫了，紅紅的，像煮熟了的紅蘿蔔。他們四五个人一班，交替地，銜接地，吹奏着壯嚴而激越的行軍號。吹號的時候，腮的兩邊的臉，都鼓起來，像膨脹的汽球，臉因用力而更為紫紅。在他們的手上，號角閃放着燦爛的金光，號上的流蘇，招展着杜鵑花似地的酡顏；金光和酡顏，又交織成鮮明時的霞光萬道。在這泥濘的街上，竟是不曾想像到的奇美，招誘着寥落的行人。那些小號兵，過着堅實而齊一的腳步，踏着泥漿，踏着街心還未融盡的積雪，污濁的泥漿向四面飛濺，泥水把他們的腳底鞋都浸透而且吞沒了。可是他們似是毫無感覺，毫無顧慮似地，踏着號音的節拍前進。

瘦長子站在街邊，側過身，凝注着這新生隊伍，望着他們在街上走了一截，望着他們在一個橫街口，形成一个直角形的大轉灣走了。

他們的背影消失之後，瘦長子還在傾聽那漸遠漸小的號音，心里和它起着共鳴的節奏，好像自已正在隊伍里，和他們一齊，一二一二地走着。那走在最後的兩个最矮的小傢伙，看起來，過了十歲不過兩三年，拖着一腳泥水。顛頂的，笨拙的，幾乎是跟不上的姿影，更是清晰地映在他的腦中。

——孩子們長大起來了！

他欣悅地點着頭，獨自在心里發出一種無名的微笑．剛才的種種感觸，不知到哪里去了，只覺得自已彷彿看見了那些小號兵，正在前線吹着衝鋒號，驅遣着英勇的將士殺戮敵人；彷彿從那未來的遠方，看見了甚么不曾見過的希望的影子；正像從綻開一抹微痕的層雲里，看見了一點點久違的藍天，看見了一點點陽光的痕跡。

客店

——寫上演給農民們看

黃既

（六年前，老友世宗從〔?〕據英國某通俗小說「敗家子」（作者的姓記得一位[illegible]斯，但並不是著名的戲劇家）一〔?〕事，翻寫為[illegible]幕劇。我們都很喜愛這個翻譯，但內容是敘述一個敗子回頭的舊倫家，對於瘡痍滿目的中國社會，似沒有什麼相關，因此我們無意把牠發表或上演。蘆變以後，世宗已有將牠改為抗戰劇本之意，但未及動手，我們便從此分別了。我參加抗戰的軍隊，他則以家庭關係留在淪陷區。不久之前，他來信說「目擊心觸，腹稿愈多，以至不敢低頭提鞋，唯恐吐嘔而出」。羣魔亂舞，已使他搜羅不盡，自然無心再從舊作裏尋找題材了。今年新正，邊區的白求恩國際和平醫院要求新劇本上演；我病在床上，一念之及，想起了六年前的「敗家子」，詳細情節，雖已模糊，但故事梗概，尚能略知始終，便根據原來結構，賦以新的內容，草草寫就，自然不是什麼很必要的東西，但世宗的心願，總算由我來償還了。）

人物：母親——六十多歲。

劉義——她的長子，四十多歲。

小萃——劉義的姪子，十歲。

寒客——近四十歲。

客店人甲乙。

時間：一九三九年冬，雪夜。

地點：安[illegible]村。

佈景：一個窮鄉的小客店。台正面是炕和鍋台，旁有一門通街。右後一門，通馬草房。左前一門，通內室。右前一張方桌，桌旁兩張長凳，桌上點了一個油盞。鍋台前一張矮凳。

開幕時，劉義坐在鍋台前矮凳上劈木材。母親斜坐在炕上，下半身圍在棉被裏面。長凳上跪着小萃，伏在桌前，就着暗黃的燈光，在用一枝筆向破報紙上亂畫。

義——（用刀劈一塊木頭，然後伸直腰休息）。

母——你祇管劈這麼多的木頭幹什麼？回來一句話也不講，你到底說給我聽聽啊！

義——（不說話，更狠命地劈）

母——你可說一說啊！到底還是怎麼樣，還是餓兩天吧還是怎麼的，你可說一說啊！（沉了沉）你鬧脾氣，鬧脾氣又該怎麼樣，把柄在人家手裏：……（又沉了沉）你不言語，這就當了嗎？是叫咱們死，是叫咱們活，你可以說給我聽聽啊！（又沉了沉，見劉義始終不開口，便嘆息了一聲）。唉！老是不聽人勸，不聽人勸……（轉過頭去）我也是，活個什麼勁兒啊！要不是看在這個小的身上……（嗚咽）

（沉默。只聽到劉義劈木材的聲音，隔了一會，他忽然把手裏的一塊濕木頭丟掉。）

義——老天爺也跟窮人做對！三天兩頭地下！下吧！下到窮人都餓死——他媽的，天塌地陷，倒也乾淨！老天爺瞎了眼睛，窮人還有什麼辦法！

母——唉！又是罵老天爺！又是罵老天爺！

義——潑乾的木頭，一眼看不到，收得晚了，就緊得像牛皮筋一樣，這不是誠心跟窮人做對？

母——可你忙着劈牠幹什麼呢。放在鍋台口烘一烘，明兒再劈。今天不是還有燒的？來了客人，煮幾碗掛麵不是還夠嗎？

義——客人？來他媽的鬼！七八天不來客人，今天這麼個天氣，鬼也不來呀！——我劉義一輩子老實頭，總算有了好報應，孩子大人，一天到晚挨着餓！老天爺沒有眼！

母——不要罵啦！——罵什麼呢？有什麼話你可說呀！

義——哼！

母——小萃，你今兒晚上怎麼也不睡啦？

義——小萃，快去睡！

母——唉！燈耗油的！

萃——（得意自己畫的東西，舉起報紙來給母看）奶奶，嗨嗨。

母——你又給你伯伯糟塌筆墨！

義——（抬頭見小萃手裏的報紙，丟了刀，氣恨恨地望着小萃。）

母——小萃，快過來，到奶奶這裏來！

義——（突然站起來，到桌子前面，抓過報紙來看了看，隨即給小萃一個嘴巴。）

萃——（跳下，跑到炕前，兩手扯母，眼望着義）奶奶：……我：……伯伯：……

母——（把被子掀開，坐起，問義。）好啊，你愈來愈威風啦，你動起手來啦！——小萃，好孩子，不要哭！——你動手打孩子，你瘋了！你眼裏還有我嗎？你對得起誰？

義——不打？他造了反我也不打？你看他寫的是什麼：『打倒小日本鬼子！』這都是跟那般遊擊隊學的。人家遊擊隊不怕，咱們在這兒做家立戶，待會兒查店來一看到，有口難分訴——不打？那時候再打也晚了！你老人家就知道護孫子！護吧！

母——可是你有嘴沒有呢？孩子並不是不聽話的。——小萃聽見了嗎？以後不許亂寫！叫日本人看見了，就把奶奶伯伯逮去砍頭了。聽見了沒有，小萃？

萃——聽見了。

義——（把報紙揉做一團，丟到鍋台裏去。）[illegible]子大的孩子，別的沒有學會，先學會給大人找麻煩，跟你爸爸一樣的骨頭！

母——又是這個話，你跟大人有仇，跟孩子也有仇嗎？

義——要不是想起他的爸爸來，我還不至於有這麼大的氣！

母——唉！不要跟死鬼做對吧！你們又是親骨肉弟兄，你安分守已，老天爺總有眼睛。

義——安分守已？這不是安分守已的報應？十塊錢的債，就逼得你去上吊！一家大小，還不是眼看着就要去討飯？還算賬，我到閻王爺面前也要跟他算個清楚的！要不是他，我們何至於窮到這個地步，窮得連十塊錢的房租都還不起？要不是他老人家何至於受這樣的罪呀！我知道，到現在，你老人家還是偏向着他！他吃喝嫖賭，任什麼全幹，還不是你老人家寵出來的？把爹娘的財產敗光了，還也不要緊，你改過自新也好啊，不那麼幹，丟下自已的老婆孩子不要了，去當土匪！做哥哥的打一輩子光棍，就活該養你照顧着老婆孩子？

母——（以手拭淚）你怎麼又提起了他！

義——你[illegible]他當土匪，叫官家逮去槍斃，還不[illegible]官家不把他槍斃，我做哥哥的也要活活把他弄死！

母——（哭）老二要是活着……

義——！

萃——奶奶！奶奶！

義——爹爹也是沒有眼睛，小時候看我不成器，不成材，非要供給他念書不可，供給吧！傾家敗產，當土匪頭！

母——你怎麼連你爹也埋怨起來了？

義——我可氣的是爹娘偏心！

母——誰親生自養的誰不疼啊？

義——看看吧，那個王八蛋再想安分守已！

母——你想怎麼樣呢？窮，可有什麼法子！你安分守已，慢慢地積蓄兩錢……

義——（冷笑）笑話！積蓄兩錢？這不是眼前擺着的事嗎？十塊錢的房租，就叫人拿把的像孫子一樣；求爺，告奶，打拱，作揖，就差給人家跪下磕頭！還是不行！你不上吊就不行！

母——是啊，你可說給我聽聽啊！錢大宇到底跟你說什麼來？

義——說什麼啦？說明天不還債，明天就得滾！

母——啊？明天？錢大宇，錢大宇還那麼沒良心嗎？

義——良心？有良心的當不了錢大宇！咱們[illegible]他：他屁股後頭有日本人撐腰兒，他叫你滾你不就得滾？

母——那找一找日本人去啊！日本人不是[illegible]有[illegible]的，他們[illegible]？

義——嗎！你[illegible]是說說好聽！他[illegible]你，[illegible]的命！

母——嘿，小聲着啊！你大聲嚷嚷的……

（門外面有馬蹄走在街上的聲音，隨即有馬出氣的聲音，好像是在門前停住了。）

義——真是有人？（忽聽打門聲）誰？

客——（在外面）我是過路的客人哪，打算在你們這裏歇一下。

義——唔。（走去開門。母親走下炕來，門開，來客把馬韁繩交與劉義。）

客——這匹牲口，要喂一下！行李拿進來！

義——好。請裏面坐吧！（把行李抬入，放在炕上，走出。）

客——（走入。商人打扮，滿臉泥垢和鬍鬚，顯然是走了長路，從未修理過臉面的。肩部和帽子上面全是雪。一面走入，一面打撲。）

母——哎喲，外面還這麼大的雪，可凍壞啦！快下來燒燒火！（一面撿塊乾木頭投在鍋台裏。又把小板凳示給來客）來，先坐在這裏暖暖吧！外面的衣服還這樣濕了，脫下來烤烤好不好？

客——好。（脫下外面的衣服。）

母——小羣，把衣服接過去烤一烤！

客——好。（交羣）給你（坐在小板凳上烤火。熱望羣。）幾歲啦？

羣——十歲。

客——很有出息。——（問母）有什麼喫的啊？

母——（走去把油燈扭大，把桌子抹淨。）唉！幾天的雪把人下得什麼也買不到。就是煮點掛麵還方便。

客——掛麵很好。連湯帶水，吃幾碗就可以。

母——（一面向鍋裏掬水）先生是從保定來的？

客——到了，從保定來的。（又望羣）你知道保定？

羣——不知道。

母——傻孩子，什麼都不知道。

客——（鄙聲笑了笑。）

義——（打撲着身上的雪上）先生，真是一匹快馬啊，腿上的毛足有七八寸長。（問母）做什麼喫？

母——還不是煮掛麵？

義——先生自己沒有帶什麼鮮的來？我們這兒小店鋪，真是窮得要命。

客——（望了望四週）這種年頭，有這麼個買賣做，就算不錯。貴姓哪？

義——姓劉。先生呢？

客——我姓蔡。

義——蔡先生，經商的？

客——嗳，做點小生意。

母——這位先生是從保定府來的呢。

義——不怪呢，我看是從大地方來的。——聽說保定府現在是國泰民安啊？大買賣大店戶都幹起來啦。

客——還不是那個樣子！聽說是一回事，看見是一回事（笑了笑），窮人，沒飯吃的，還不是一天比一天的多！（從小羣手裏接過衣服）好啦，好啦。——真是聰明的孩子！（把衣服放在行李上面）我來猜猜看：（指母）這是你的奶奶，是不是？

羣——（點頭）

客——（指義）這是爸爸？

羣——不是，是伯伯。

客——唔——原來你們並不是父子啊。那麼，你的爸爸呢？

羣——死了。

義——提起來，這孩子可憐得……！沒爹沒娘，着奶奶和伯伯過活。不怕先生你笑話，他那個爹就是在活着的時候，也沒有把孩子放在心上。你知道敗家子？他爹就是個敗家子，吃喝嫖賭，無所不爲，老婆孩子一概不管！

母——唉，怎麼自己家裏的事，也跟客人提起了？——先生，你先喝碗開水吧？

客——好好。

母——（指桌）請那邊坐吧！

義——先生，你不洗臉？——（問母）水——

母——唔。先生，那就先洗把臉好不好？

客——不洗臉！不洗臉！（走到桌前坐下）

母——怎麼臉也不洗呢？

客——肚子餓得很，吃飯要緊，趕快下麵吧！

母——（自語）唉，連把臉都不洗。

義——（拿一雙筷子放在桌上）對先喫了飯再說？

客——（看義）對，先喫了飯再說，

母——（端一杯熱水過來）

客——老太太今年高壽？

母——六十五啦。

客——結實得很。

母——也不行啦——先生，煮兩碗掛麵夠了吧？

客——多謝，我們大家都來喫，

母——先生真是客氣了。（走進內室去。）

義——唉！不瞞先生說，我們從前住在城裏，大門大戶，過着好日子啊。

客——那麼說，令弟在世的時候——唔，令弟是幾時死的啊？

義——還不是自己作孽作死的？

母——（取掛麵出，走進鍋台）跟客人說話要留點分寸啊。

義——唉？唉？我不瞞性有什麼說什麼，我們老二眞是糟塌了祖先：他吃，喝，嫖，賭，把家產耗個一乾二淨，敗子回頭也好啊，他不，去當土匪！老婆孩子，不要了！

母——（轉臉望向義咬牙）唉！

義——那時候這孩子才三歲啊！你說他可惡不可惡？我不把他活活地宰死？老天爺總算有眼，三年前，我看報上登着一段新聞，說是他叫官家逮去槍斃了。

客——唉呀！

義——我們老太太哭的死去活來，小甕的媽媽也從那兒得了一場病死了！（客連連點頭）我不是說，這叫做自己作孽自己遭殃，官家不弄死他，我做哥哥的也饒不了他啊！先生你說是不是？

母——（端兩碗掛麵過來）先生趁熱吃吧，不要聽他胡說八道的，他簡直像個瘋子！

客——老太太也來喫？

母——唉？先生，我們剛喫過了。

義——（直爽地）嗐，出門人不要客氣！你也是做生意的，我也是做生意的，不必鬧這一套！

客——（笑，開始喫）劉老板爲人直爽得很。（自語）唔，原來是這麼回事唔。——府上從前是不是住在鎮上二龍街啊？

義——是麼，當初我們是好家好戶的。——怎麼，先生你——

客——令弟是不是叫做劉良啊？

義——是是是土匪頭劉良麼。他算是糟塌了們們的祖先——唔，先生你——你是熟人，你，你在鎮裏住過是不是？——是啊，全鎮的人都知道他當了土匪。

客——這就有趣了。劉良這個人我見過。

義——那你不是熟人，就一定是也喫過他的虧啦，這渾賬王八蛋在保定賭錢喫酒，花昧心錢——

客——那倒不是。（趕緊縮口）劉良這人我見過，滿能幹的一個人

母——（已默聽半天）先生，是不是七年前你們交過朋友？誰都知道我們老二能幹。

客——老太太，前一個月我才認識了劉良老哥的。

母——（喫一驚）啊？

義——先生，你說笑話了。誰知他做了鬼還不是老實嘛，

客——所以說起來就有趣了。聽你一說，我也眞的以爲碰見了鬼呢。——告訴你們吧，劉良這個人沒有死，嗯，沒有死！

母——先生、怎麼着？

義——先生，你怎麼只顧說笑話！

客——我這個人最不好說笑話。——唉，天下的事兒無奇不有。（向小甕）小老板，你也過來，告訴你，你的爸爸沒有死！（小甕走向爺爺，呆呆地望着母和義）

母——先生，等一等，你說的是我們老二嗎？

客——不錯，這個人我知道得清清楚楚。——（低聲地）他現在是個游擊隊員哪！——老太太，眞是巧得很，他們游擊隊跟我做了一點買賣。我呢，喜歡講話，他呢，也喜歡講話，他聽說我常在這一帶走，就問我知不知道鎮上二龍街有個姓劉的……

母——（哭笑不得的樣子）唔唔，他——

客——經他這麼一講，我才知道天下的事兒，眞是無奇不有。當初他不是下了獄嗎？嗯，他就有本事逃出獄來了。——要不然怎麼我說他很能幹呢？——他越了獄，當地長官可就惡心了，沒法兒往上報啊，所以這就買通當地的新聞記者，造了這麼一段假消息，說的還滿熱鬧呢，怎麼樣把劉良綁出去的，怎麼樣遊「示衆」，怎麼樣，怎麼樣——

母——（忽又悲愴地）是麼，是這樣寫着的。

客——逃出獄之後，他眞是歷盡了千辛萬苦呢。親戚朋友，那個管他！澡堂裏當夥計，戲園子當茶役，在街上要小錢，碼頭上扛活，工廠裏做工，什麼都幹過了。這戰爭一起來，他可就加入了游擊隊。劉良老哥總算有骨頭！

母——唔。先生………

（沉默片刻）

母——（突然叫）先生，可是打日本的游擊隊嗎？

客——不要喊哪，老太太。還有什麼遊擊隊呢？[illegible]

母——唔！孩子！（轉頭痛哭，走到炕前）

義——先生。

客——啊？

義——我不信！

母——先生，你知道得清清楚楚，不是別家的劉良？

客——在二龍得，還有那一家呢？

母——這孩子，從小天不怕地不怕，專做些膽發的事！當遊擊隊，違了去還不是掉腦袋？完了，反正有他沒他我還是一樣，還祇當他死了算了！

義——（向母）你老人家聽見風就是雨，我就看這個話靠不住。

客——劉老板，我生意人做什麼要胡扯八道呢？

義——是啊，你這一聲張出去，我們一家大小都要牽累！

客——唉？你眞是多心了，我跟你們又沒有冤枉，又沒有仇恨——我不過是叫你知道，令弟現在已經改過自新做了好人了

義——（冷笑）做好人？他當遊擊隊，我們娘兒三個還不是挨着餓？

客——這就是盡忠不能盡孝啦。

義——叫他盡他的忠吧，我盡我的孝，我們兩個劉[illegible]

客——唉呀唉呀？

寶——我想，你爸爸當了遊擊隊嗎？[illegible]

客——對了。[illegible]

義——啥！混蛋，小孩家亂說什麼？

客——小老板，你爸爸說過還要回家來看看呢！

母——怎麼？他要回家？

客——是的，來看看。

義——哼，他來找死！

客——老板，不要這麼說呀！

義——哼！

母——先生，他是糊塗蟲，你不要跟他講！

義——好，我們誰也別再講那個沒良心的東西！

（一時沉默，客把烟袋敲口吸完。）

客——老板，我的馬喂了嗎？

義——好。就給你喂去。（到馬草房取馬草出，到門外去。）

客——劉老板眞是脾氣躁得很！

母——唉，先生！從好好的日子變到這步田地，怎麼會叫他好性情啊！

客——老太太還是多多地勸他，同胞兄弟，有什麼解不開的仇呢？

母——他不聽人勸——我們老二要回來？唉！這個惡毒的地方——你還是告訴他——先生，你總見得着我們的老二嗎？

客——見得着的，見得着的。

母——給他帶個信去也好啊！……

客——（感慨地站起）老太太！

義——（上）你們說他是不是？這個不是人的東西，反正我們家沒有好處的，當土匪，當遊擊隊還不是一樣？

客——這話你說到可就大錯了！[illegible]……——[illegible]

義——（立即制止他）是啦！是啦！我全知道！我們兄弟兩是冤有頭債有主，先生你不必來替他講情！告訴你，先生，我們家清清白白，什麼游擊隊，和我們不相干，我就不承認劉良還是我們劉家的人！

客——眞是，這眞是有好心沒有好意了。

義——算啦！算啦！你不是明天還要趕路嗎？你隨你的便！

客——是的，我睡了。——小老板，你領我到毛房去一下好嗎？

母——小寶，領客人去！

寶——好（來客隨小寶下。）

義——（回頭看了看，咬牙切齒地）娘！今天我要做一件昧良心的事，一定要做。

母——你說什麼？

義——這個客人一定是有錢的，今天夜裏我要趁[illegible]他睡覺的時候，把他弄死！

母——怎麼着？老大，你你這個孩子還想幹什麼？

義——我安分守已一輩子到頭來還不是要挨餓？我劉義今天也要做個強盜看看！

母——（驚愕地外望，然後把劉義扯到跟前）你怎麼糊塗到這個樣子！你不想想——

義——娘，你不要說吧！我[illegible]人家升官發財的都比我有良心！[illegible]，那都是拿良心換來的錢！聽！[illegible]，明天[illegible]們就得[illegible]！——而且我不弄死他，他就[illegible]們了！他同官家一樣，說咱們出了游擊隊，那時候，有口難分辯，我看你老人家還饒不饒良

心！世界上那有好人！

母——那……那……還你客人不會吧？

義——[illegible]好地不那麼想了！（聽外面腳步聲響，

[illegible]腳步）

客——（出。從窗口[illegible]小窯，都打算。）天真不早

了！

母——老大（指內室），去把那間房子收拾好給客

人住。（指炕）我跟小窯睡在這兒。你讓馬

草睡！

義——嗯。（到炕前拿行李，走向內室去。）

母——（拿了火柴走到內室門前，回頭，）小窯，

你先睡下吧！（劃著火柴）

（小窯望了望來客，走上炕去，掀了掀枕

頭獨自睡下）

客——（站在內室門口）行李放在那兒好了，我自

已鋪！

母——唉！先生！

客——不！我自己鋪！

義——那我就不給鋪了。（拿自己僅少的一點行李

出，走入馬草房。）

母——（自語）還有先生，還孩子都要自己鋪。

義——（出）先生，你不要什麼了？

客——什麼全都不要了。

義——那我們睡吧！

母——先生去睡吧！明兒早晨我還有話對你講呢。

客——好。（入）

（義走進馬草房。母把鍋台整理好，關上

房門，熄滅油燈，輕輕睡下。爐台沉寂。外

外面狗叫。半分鐘後，馬房門開動，劉義輕

輕走出。走到鍋台前，把菜刀拿在手裏，向

炕上望了望，然後很快地走向內室去。待到

母覺醒看到時，他已進去了。母急跳下炕。

鞋也不穿，走進推門。）

母——（拍門）孩子！給娘開門！好孩子，聽娘的

話！老大……老大，（室內[illegible]動聲，母哭聲

地）老大，冤家呀！你叫娘再多活兩天吧！

（哭）你開開門！啊？孩子！娘……娘……

……（跪）娘給你跪下了！你可憐可憐娘吧

！（停哭，靜聽到室內的哭聲）孩子，你怎

麼也哭了？你快出來，好孩子，你……（

內室門開，母前仆，義還走出，手仍持刃，

走到桌前坐下，伏桌哭。母呻吟地爬起，走

到劉義跟前，嚅囁地）孩子，你說，你怎麼

啦？

義——（抬起頭來，流淚）[illegible]劉義一輩子[illegible]

，第一次[illegible]心[illegible]事。那[illegible]

母——唔，客人呢？（叫）先生，[illegible]（轉向

內室）

義——（扯住母的袖子）娘，我[illegible]本

打算[illegible]死這個客人[illegible]教我們娘

兒三個，那知道我進去一看，孩子[illegible]空，

客人早已經從窗口跑走了！老天[illegible]有

眼睛，連這事都做不成啊！娘，給你，你

拿這把刀把我殺死吧！

母——（仰面向天）唔！客人走了！……好！

好！

『為祖國而歌』題記

戰爭一爆發，我就被捲進了一種非常激動的情緒裏面。在血火的大潮中間，祖國兒女們底悲壯的行爲，使我流感激的淚水，但也有祖國兒女們底卑污的行爲，使我流悲憤的淚水。於是，我底會啞了多年的咽喉突然地叫了出來。

據我的記憶，那時候，原來是壯麗的詩人還沒有有力的聲音，新的詩人更沒有出現。

但我自己也沒有能夠繼續地歌唱下去。因爲，我忽然想到了，這偉大的戰爭應該能夠廣大地在文學上創造出新聲，而這就非首先衝破文壇上的地位主義市儈主義不可，於是創刊了「七月」。繁忙的事務佔去了我底時間和熱情，我只是在他人底聲音裏面興奮，感激，忘了把那些聲音組成諧和的交響，而願把時時在心裏衝撞的、要唱的慾望壓抑了下去，恰恰中了冷嘲家底譏諷：剛一開始就結束了。

其實，這「結束」，在某些人看來也許正該如此。我曾看到過一兩位批評家隱隱約約地說：中國不應該有未來派，更不應該有瑪耶珂夫斯基。這當然是對「血誓」投來的一刺，使我禁不住了苦笑。因爲，無論未來派或瑪耶珂夫斯基，對我都是遙遠的拾級，而且，即使我底歌唱真地完全「結束」了，但一些出現的詩人底壯麗的聲音，依然要使那些蒼白的叫喊和蒼白的言語顯得失色的。

現在把這有限的幾首收在一起，印成一本，算是我最初地向這偉大的民族戰爭獻上的一瓣心香。最後一首，「仇敵的祭禮」，是九。一八事件發生後在激動裏面寫出的，原已收進「野花與箭」裏面，但因爲編輯先生顧慮到當時的環境，成書後臨時抽去了。現在也附在這裏，當作一個紀念。

一九三九年五月廿三日夜，記於重慶。胡風

（附近鷄叫。外面叫門聲）

母——聽！放下刀。

（劉義把刀放在桌上，站起來。小翠也被驚醒，坐起在炕上。母趕緊去穿鞋。）

義——誰？

外面——開門哪！查店的！

義——是。（開門）

查客人甲乙——（上）住了幾個客人？

義——一個沒有，老爺！

甲——一個沒有？胡說！夜裏一點鐘光景，有一個形跡可疑的人，商人打扮，騎着一匹高馬，向着這個方向跑來了！沒有住在你們這里？

義——沒有，老爺！我們這裏七八天沒有見到一個客人了。

甲——沒有？查查看！

（甲乙二人走入內室，又走出，發現了馬草房，也走進去看了看）

甲——這里還有什麼店子？

義——前村多着呢。

甲——○。聽着，現在鄉裏村裏都緊得很，可不能像從前馬馬虎虎了！日本人想叫你們過太平日子，以後有什麼形跡可疑的要爭先報上來，還有賞呢！不然的話……（向義瞪了個狼毒的面孔，走出，乙隨下。）

義——走了，老爺？（關起門）

母——（向天作拜）阿彌陀佛，哎喲！

翠——伯伯？

義——你怎麼也不睡了？

翠——（從枕頭下拿出一個小包，跳下炕來，回頭看了看大門）客人已經走了嗎？

義——走了！聽着，不要跟外面的人講！

翠——伯伯，這是黑夜客人去毛房的時候，交給我的，他說等他走了再拿出來給奶奶跟伯伯看，可是不要叫別人知道。

義——啊？客人給你的？（接過來打開露出一打錢票）洋錢票？

母——客人留下的洋錢票？你看看還有什麼？

義——還有一封信（打開看了看落款），是老二的信，怎麼？他——

母——你念！你念！

義——（念信）大哥：我到鎮上去辦一點公事，順便來看看家裏。果然不出我的意想你還把我懷恨在心！但看看眼前誰在喝我們的血，吃我們的肉啊！日本惡棍正是利用你這樣的人，來反對你的弟兄，這是比槍砲還要厲害的！大哥！好好地想一想吧！留下偽幣一百元，你們可以維持生活幾個月，不久之後，我們全隊朋友，都會到這裏來休息。母親面前，望能替我多盡孝，孩子面前，望能替我多教導。老二劉良，寫於馬棚。（舉信無語）

母——（驚喜而又悲痛地）啊？啊？夜里來的，就是老二嗎？啊？

翠——伯伯，那個客人就是爸爸嗎？那個客人就是爸爸嗎？……

（小翠說話聲中閉幕）

七月社明信片

羅今明先生：[illegible]底意思[illegible]們是[illegible]。「殘冬」「山谿」[illegible]首底意境很好，也有些好的句子。「陳五」[illegible]人物也是好的，但結尾太容易，這內容不宜於寫成詩。

內江彭家漢先生：那位女孩子的幾首詩，我們主張不發表。

上次徵求田間底詩集「未明集」，「中國牧歌」，「中國農村的故事」，還沒有願徵者，不知有肯割愛或借閱的沒有？

上次徵求「七月」第一二三集，第一集還沒有應徵的，不知有肯割愛的沒有？

發[illegible]「第七連」（東平）「為祖國而戰」（胡風），「突圍令」（莊湧），本市「上[illegible]雜誌公司」各到了幾十冊。

「某甲」先生：謝謝你底好意。勇敢是應該的，但赤[illegible]上陣並不是可用的戰法。就是僅僅被綠蚊可幾口，那結果也是不大好受的。我們現在雖[illegible]冒[illegible]熱汗穿上了幾件單衫，但依[illegible]還免不了這樣的小禍。

軍民合作

夏風木刻

校完小記

剛剛起一點奢望，但事實馬上就給你一個大耳光。這以前的「七月」，是在一個離重慶一百幾十里的小鎮上排印的，付稿校對既非常不便，又不能打紙版，一齊完了就無法可想。所以書店特別努力，從這一期起改找城內的印刷所了。然而，這一換的結果是：從付稿到現在，過了五十多天，到印成裝成，起碼還有十天的日子。兩個月以上！和大的事業相較，出一個刊物不過是芝蔴大的玩意兒，但弄到這樣的情形，總是使人氣悶的。下一期也許好一點罷。

在這里，也順便說一點編輯方面的苦況。許多老實的讀者以為「七月社」一定有一個堂皇的編輯部，有的甚至要丟掉自己底職業來參加工作，他們那里知道，凡一看稿，編輯，校對，跑街，退稿，回信……由一到十都是編者一個人「獨裁」地「包辦」。並不是沒有一些願意分担工作的甚本戰友，但無奈他們沒有網住肚子的本領，也不是沒有在事務上願意分勞的同志，但那只是臨時拉來的義務伕子，像書店的店員先生和編者私人生活上的助力者。而且，就是編者個人，一方面得聊以塞責地負担一點「七月」以外的公的義務，另一方面，為了口糧，也為了「七月」本身省不了的一點消費，每天得拿出三分之二的時間去做換取工資的勞動。這已經夠狼狽了，何況還有意外的困難，意外的責備，意外的糾紛……。

這些其實並沒有在這里提到的必要，不過是為了想熱心的讀者諒解：有時候退稿遲了，有時候時不能如讀者底希望，退稿時附上批評意見的回信，有時候對於讀者底要求，如贈書贈刊，經常通信之類，未能應命，這些都是由於上面提到了一點的無可奈何的情形。而且，如果應酬或敷衍，那倒是非常容易的，但我又相信，「七月」底讀者一定要唾棄那樣的東西。

當然，困難是應當克服的（像一位讀者底來信里對於我的責備），但回想一下，就是這現狀，也還是由於不斷地「克服」自己的成績，由於這樣的「社會的無力」，易勃生底名言，「全或無」，就常常地誘惑着我。

這些話，只是對寫給「七月」懷着友情的熱心的讀者，所以就不管一些討厭「七月」的英雄們看了高興。

關於這一本里的五篇小說，有一點說明。作者胡明樹，出過兩本詩集，現在在桂林和友人出版着一個同人雜誌「詩」；作者何劍熏，戰前就發表過小說。題作「新人」，不過是因為讀者不大熟悉的原故，其實是並不適當的。何先生拿來的原來不是這一篇，而是寫內地某一角落的中學教育現狀的，諷刺的然而是沉痛的作品，不幸主要的部份被認為「不妥」，不能印出了。作者底諷刺才能，在那一篇里才有了生動的發揮，而後面的兩篇寫教育界的小說，如果和那對着，也才不會現得偏激。

胡風（四月三十日）

新書

處理公文手冊

李桐岡著　再版出書　售六角

在政府與人民之關係愈趨愈密切之今日，公文之應用亦愈加普遍，但一般發行之公文程式，千篇一律，東抄西襲，學者仍苦無所學習，本書不僅將一般公文程式之要點，詳加解釋說明，使用者一目瞭然，尤注意各機關一般起稿公文之原則，及辦稿之程序，便初學者知所依據 最後并詳述辦理檔案之管理，足供一般公務人員之參考 編者係本其歷年之經驗著成此書，故內容堪稱完善，如用作學校應用文教本，尤稱相宜。初版已罄，再版已出。

間諜常識

夫棠著　實售五角

本書係老於道者，本其十餘年之經驗，爲本公司編著而成者，內容着實，可供間諜訓諫之教本。凡關於間諜員之條件，怎樣到敵後方，怎樣求掩護，怎樣工作 怎樣應付危險，均分條拆縷，詳加敍述，洵爲良好之間諜手冊。

抗戰畫選集

趙望雲選輯　實售八角

抗戰畫刊創刊於二十七年春，曾出過三十二版本的二十九期，每期均能銷售一空，茲將由漢運湘，轉桂來渝之大部銅鋅版，木刻，重新精選得百餘幅，另用瑞典紙精印成一巨本。書於一月出版後，備受讀者歡迎，現已爲許多學校採用爲圖畫課本，足證本書內容之充實，與有價值。每冊售國幣八角，外埠加掛號費八分。

七月 第四集合訂本

每冊售一元二角　印數無多欲購從速

「七月」文藝月刊，自出版以來，每集均有合訂本之印行，且均能銷售一完，使後來者向隅。這是：因爲「七月」的內容是相當的充實，足以保留收藏，作爲以後不時的研究資料。現在，在重慶發行以來，已出滿第四集，爲供給一般讀者的需要，特地加印了合訂本數百冊，精裝成一巨冊，另有全集總目錄一份，極便於檢查，每冊實售國幣一元二角，外埠加掛號費八分。

華中圖書公司發行

中華郵政特准掛號認爲第一類新聞紙類

七月

第五集

4

華中圖書公司發行

·目錄·

七月

第五集第四期
（總第二十五期）
二十九年十月出版
重慶民生路

編輯兼發行 七月社
華中圖書公司

編輯人 胡風

發行所：華中圖書公司
（重慶民生路）

每月出版一次

本埠每冊零售三角五分

訂價	國內	香港澳門	國外南洋
半年	二元	三元	四元
一年	四元	六元	八元

郵票代價，十足收用。五人以上聯合定閱，九折計算。

邊疆動脈

木狐

從昨天下午開始，試用八斤想出的那個方法棒土修路，好極了！又有趣味又見工。民工們勞累了心樂意快，比喝過燒酒還要高興，夜來睡覺子極其甜適。

天亮了。

天色作淺藍滲淡灰，清平如一湖春水。山坳裏有奶汁一樣酥白的早霧，十分恬靜自然，那神情，像嬰兒安穩地睡在他母親溫柔懷抱裏。

日頭快冒山，東方山頭那塊天亮得刺眼。

遠處山居野人家裏的小種雄雞清婉地叫着。

毛十三醒來了，拋下一串津津有味的好夢。——是總技監來三名山察看工程，那做官人見了他們這個修路撑土的好方法，非常喜歡，獎賞了兩罈酒一隻火腿……

毛十三坐起來眼光打火棚四壁兜個圈子，輕徐的噓一口氣，做着失望的樣子。

從籬縫間漏進來幾股清寒的晨光，照明了毛十三一身豐滿的肌肉，和兩頰突出的酒刺疙瘩。他感觸到褲襠裏又黏又濕，於是想起五更曾經夢見過的另一回好事，跟王家的寡婦那個。……

毛十三回味着那回樂事，他朦朧的笑了。把衣服穿上身，用已經習慣了的那種粗爽動作跳下床。揉揉眼睛，伸手進衣袋去掐出一個小紙包，把牠打開來翻數着，——是幾張彩色的丸藥仿單。

你猜。這個在毛十三手上有甚麼用處？街頭巷尾遇見糖販子，抽一張過去說：「這個一塊錢，賣半斤糖來吃。」那生意人一接上手，初時很歡喜，及至看清了那張紙片的眞模樣，才繃下臉來罵他幾句；毛十三因此快樂，就笑着走開了。有時，小福他們擲「四封封」玩，把牠當眞正錢票子賭輸贏。

紙包底另有一張美女商標，毛十三把牠舖展在手上，用一種極其貪饞的眼光仔細瞧着，心裏說：「那濫婆嬢不好看，這個才是美人。」

火棚外的人說着話過路，毛十三聽見，即將紙包包好，依然放進衣袋，就走到地灶邊去燒火。

太陽紅汪汪照上草棚頂。毛十三看時候不早，今天要趕工。一雙手做飯怕拖挨時辰，才回頭叫醒小福，要他提桶來淘米洗菜。

小福懶車車翻過身，嘴上含含胡胡的咕唧着，罵毛十三做事總愛纏扯他。

「苦累些算甚麼？你不記得，初初開工那天指導員說：公路修通了大家有好日子過。比方講，用車子搬運長槍大砲去打日本，打敗了日本中國得天下太平，那時，莊稼人種一坵田減上五籮租；把車子馱山芋牛皮去外國地方做買賣，賺洋錢回來蓋房子，討老婆；到年頭八節，駕着汽車去省城玩耍，比燕子飛得快，一個月路程三天趕攏。聽說省城不比鄉下，那裏遍街有糖菓點心賣，東街頭唱戲，西街尾變狗熊，熱鬧非凡！」毛十三爲要給小福打打氣，拿出做事的勇敢精神，他就說着這個未來的幸福故事。

小福聽着就從下床，披上衣服，提起水桶去了。

籬笆縫和草棚頂吐着白色炊煙。杜四先生被柴煙的薰味嗆醒了，咳嗽。

小福提水回來，噓噓噓喘着氣，毛十三撮嘴嘲弄他：

「提桶水就累得這樣子臉紅氣喘，還時時誇口說，幾年要去當兵打日本。看你這樣軟弱，不就是因爲你媽媽過份心疼你，進壞了那窩窩學堂，我哪天也不信，讀讀書當得飯吃？你們小學生，只會在講堂上吁哩哇啦，唸那些撈什子的小貓跳呀，小狗咬啦……」毛十三平生看不起讀書人，提起來他非常鄙薄他們，他說讀書人膽力都小，且臨事少有用處，只消看看杜四先生，他幼年時節也曾讀過四書五經，還是落得這半身窮困。毛十三早久就不主張給小福進學堂唸讀，他站在好心鄰人的立場上，多次勸說過小福的媽，不如送她兒子去學習鐵匠皮匠，憑個手藝好謀生活；讀了書，將來也不會有好出息，能做大事。而那個勤馴如一條老耕牛的婦人卻總是這麼說，趁她手腳硬扎，苦累得，也給小福讀幾年書，多識些字比較好，小福年歲太輕，送去學徒弟怕也受不了師傅那份磨折。

小福不愛聽人說他力氣小，身體軟弱。他重重在毛十三脊背上打了一拳，站退後兩步，撅着嘴巴說：

「別量定我沒有氣力，你嘗嘗利害嘛！」

「好本事，不及搔搔癢。」毛十三把袖管捲齊手拐頭，倒水淘米。

「你一點不疼嗎？我算狗兒子。」

「哎喲，……我痛呀！……小禍打傷我，嚶嚶！……」毛十三假裝着哭。停停好聲說，「得啦，算你好漢子。做正經事！快點把青菜切乾淨，我戳米下鍋了。趕早吃飯，今天得努力搾落五尺長土方。」

火色像胭脂似的紅豔，鐵鍋口噴出白色水蒸氣。

小禍毛十三兩個人蹲在地灶邊，就地下劃一個圓形絲瓜棋，順手檢上七顆細泥團，和七片碎屑柴，用作變方棋子，偷空動作，作樂消遣。小禍看自已快輸了，就想弄鬼計，動子時一跳兩步，或是同一着偷偷移動兩子，毛十三見了不准，他就把棋位上的棋子全盤掃亂了，站起身來。

「輸不起，不要臉！」毛十三用食指括括臉頰。

小禍嘻笑着不做聲。

早飯快熟，八斤和杜四先生也已經先後起床。杜四先生慢騰騰的披上那件藍大布長衫。打個冷噤，太陽穴上的筋皮，就顫動着。

吃飯時候，四個人皆團蹲在地上，把臉嘴緊緊埋向碗口，八隻眼睛則盯視着一鉢湯。

打湯添飯，毛十三搶得利害。

「呃，放斯文點！年輕人，一舉一動都要有點禮節。」杜四先生滿嘴菜飯的囫圇說。

「你們讀書人才要斯文講禮，這個我不管。」毛十三說了哼個鼻音，顯然是不把杜先生的話當數。

「要分別甚麼讀書人不讀書人，個個應該有禮節。人人要凡事學規矩。所以書上說？人不學，不如物。猪狗牛馬爲物。比方說，猪何以叫做畜牲？就爲牠不知禮節，小猪挨大猪在糟頭搶食，小猪不明大猪是自已的爹娘，或者長輩，對牠們應該謙讓些。」杜四先生說着，趁空從湯鉢裏撈起一大箸青菜來塞進嘴。

「我不聽鬼話！」他搖頭，「如今這個世界誰也不讓誰，大都講武霸，不信？四叔，你穿的長衫子，自身又知書識禮，還隨時教訓別人，怎麼吃菜也拈稻草團那樣一大箸？」說完，毛十三把半碗飯一口氣扒進嘴。

「唵唵唵……」杜四先生臉紅。

八斤和小禍對望着冷笑一個。

吃完早飯。

毛十三們都扛起鋤頭，拎着畚箕上工去了。杜四先生落在後，蹲近火塘邊取火吸煙。一邊用他那個又彎又長的指甲殼，掐搜着牙齒縫，每一刮剔下來的垢穢東西，送到鼻子上去聞聞，然後才彈落掉，且露出一種十分吝惜的神氣。

三召山爲滇緬交界處一堵天然屏幛。自山巔南下三十里，渡過畹町河爲緬甸地界；北下二十五里進入滇西高原。包括這幾山上的南北兩面一段公路工程，劃屬工路局總工程處第九分段管轄。

先時係按照工程路線的難易長短計算，將幾千民工編爲兩大隊，分配三召山南北兩面；每一大隊中又分爲許多小組，各自分段動工。工程計劃規定自下而上，先從山脚起工，順序向山頂推進。

工作追隨流光賽跑，用血汗打發走一串日子，路基已開築到三召山的最高峯了，路線須橫跨過一道突起如駝峯的山嘴。這裏的地勢隴斜非凡，照測量員定下的工程計劃做，須把這一道突起的山嘴挖下五丈深，二十丈長，路面才合得上一定的平度，要不然汽車怕沒那般蠻勁兒爬越。開築這一段工程艱巨的路基，就恰恰派定了毛十三們一組人完成。

這山嘴地方的築路工程不比別處，可以劉高墳低，那坡度太陡斜了，開闢牠得生生挖去五丈深，二十丈長一層泥土。你想該是何等的持力費工！

眞不容易吃泥啃土的工作。硬要流一把汗才劃得去一鋤土。做着，五六天工夫，路基還開不了一丈來長。其實也難怪，土層這樣子深厚，做工又是用的死挨死的，一劃一鋤的古老方法，民工們工作着。心裏多急燥！事實如此，要加速修通三召山最高峯這一段路面，不想個趕工省時的方法難着呢。

事情果如大家的希望歸排，克服那個困難的好方法終於有了。是這樣弄出來的，——八斤年年在冬臘月在荷花塘裏挖藕掘泥，就從那個勞作經驗中，他發明了這個新奇的撈土方法，二者不過是大同小異些，變通下用來突擊三召山最高峯的土層很好。最初，八斤帶着自已也在懷疑的態度跟大家商量，且將這搾土方法的應用步驟解說一番：先劃五尺四寬，二尺長，三尺來深那麼大的一個土方，沿土方左右脚底三方各挖出一條溝，上面也掘一道線；用碗口那樣粗幾根樹樁，順着土方上面的那條滯線：

平排釘下尺多深，每根木樁拴一條結實的山籐。待一切手續完畢，然後大家就來揑住籐子頭，用力拉拽。拉着拽着，土方就會順了木樁的拉力。沿着挖過的四條溝線崩落下來。這個毛十三們聽了皆十分贊成。就從昨天下午起試驗他，效率極如人意。杜四先生也暗下佩服：若不出呢，八斤自來渾厚得像一隻綿羊三天不說二句話，不料他的心計倒高人一等。

日頭圓紅，像一枚橘子。陽光溫和，照射着亞熱帶的蒼黃山野，山草尖端掛着晶瑩的露水珠。

在三召山最高峯的南面，毛十三們又熱情地開始工作了。已經挖好一個土方四道溝線，栽穩一排木樁，正在木樁上拴結着籐子。杜四先生打火柵處來了，他現在也腳慌手亂的急忙樣子，把竹節煙管，向後領窩插去，蹺起一個無名指來，去扣住右邊那個油汚反光的衩口一提。將兩頁長衣襟捲上腰桿，檢起一根頂長頂長的籐子揑着，——籐子長人就站得遠，不致在土方崩落時，腳桿有被土團子打碰着的危險。——預備動手。

已經把籐子全數拴結牢實，每個人都來拾起一根，雙手揑住使勁拉拽。毛十三八斤們的面頰發紅又變紫，如烈火中燒透一片鍋底鐵。杜四先生卻拉着那根較長的籐子，遠站在衆人背後兩三尺，身子一搖一擺的，把兩膀上的拉拽力氣，全應用到嘴上來吼叫吶喊：「拉呀拉呀……努力……再努一力！……」他那根籐子磨擦着毛十三的膈肢窩。

「休息休息罷，你累了，四叔！……力是出不了，倒反攔腳絆手的。」毛十三呼吸急促的說，「唵唵唵……」杜四先生很不好意思的肚子裏面說：「只恨天不生我一個動粗的本領！」

身子佝僂如一條彎弓，籐子正好比箭桿，搭在弓背上。他們努力拉拽着，臂膀上的肌肉緊張得時結紐，額角掛滿汗點子，用蠻勁把水牛身子大的一個土方擇落了，流散出一股新潔的泥土香味，民工勝利的笑了！

小福在土方裂口上摘下圓圓的土蛋，那麼稚氣的捧着玩，他一對漆黑的小眼珠盡溜來溜去，多靈活！心下想：讀書時當牠是皮珠，去當兵打仗做手溜彈用。他又覺得這念頭多滑稽，就咧開兩片紅嫩的小嘴唇笑了，露出一排整齊白嫩的牙齒。

太陽當頂，天陰沉了些。吹着風，捲起一層乾鬆的黃土，山草點着頭。

依照生活習慣做，吃午飯，休息，再上工。

毛十三們正在土方的溝線上栽釘木樁。督工員拖着病狗一樣的腳步來了，見民工在這種新奇情形下工作着，他心裏很不高興。於是習慣的打了一個呵欠，就不察青紅皂白的扳起面孔問：

「幹甚麼，……誰叫你們這樣做……」

杜四先生抬起頭，神色驚惶的偷望了督工員一眼。

「修路，擇土！我們自個兒做的。」毛十三截釘斷鐵的回答。他言語的字眼本是平常，而說話時的聲調臉相則不少驕傲態度，因此傷害了督工員的尊嚴。

「嗨！簡直是……！」話不有個落腳。督工員聲音嘶促，像是一隻沙喉嚨的鴨子叫。他鼓睜起一雙枯澀的眼睛，狠狠的用手棍敲擊地皮。

杜四先生看見勢頭不好，趕忙去扯扯毛十三的衣裳腳，——暗示他不要再話多。搶先一步，拿出舊時讀書人應有的文雅風度來，把捲襄腰桿上的長衣襟放下了，顯得極其溫和謙恭的對督工員說：

「請不要生氣，小毛自來粗野，不會說話：……用這個方法修路可實好！」

「好歹我一眼就看穿，要你說。除非我是個乾球也不懂的草包，莫把當督工員的看得太容易。隨事瞞得過我？你們偷懶，把工作當兒戲……」督工員把眼珠子輪到眼角上，用鼻孔冷哼一聲，做着老爹罵兒子的那類神氣說話。

杜四先生對督工員打了一個躬，小心陪笑說。

「呃，……我們豈敢說督工員見識差，請千萬不要誤會。不過，……呃！……我們試驗來了，用這個方法擇土，呱呱叫的，寶門坎的也不說半句白話，畜牲才偷懶。」

「這個且不說，一切事可以由你們獨斷獨行，那還要我這個督員何用？簡直豈有此理！告訴你們，國家打着仗，非常時期，一切都要服從，隨事必須遵守紀律，不然就是搗亂份子，皆得殺頭……」督工員說着用眼光掃視衆人，觀察他們到底服氣不服氣，「只念在彼此是鄉里，甚麼事瞞上不瞞下，不認眞跟究，要不是……嘿？」

聽着，毛十三像是吞了幾塊鉛，墜在胸口腳重甸甸的把滿肚子熱氣都擠上來塞在喉嚨頭。有一種像是打飽隔又打不出的感受。

「那個自然囉，督工員做人好，大家都說。：

……所以……這回事總希望督工員包涵通融，果眞用這個方法搾土修路，不但民工感激，於公事也有不少好處。……工作成績在着呢？你瞧，只從昨天下午起工，就已經搾落了二十多個土方。」杜四先生說着，把他們的工作痕跡指給督工員。

「哦！到現在你們才曉得跟別人求通融？可惜遲了，誰管牠成績好壞，總之，我不准。即刻用平時那方法恢復工作，記着！」督工員舉起手棍一甩，說完癟癟嘴，又拖着病狗一樣的脚步走了，他那件宵棉襖的衣脚掠拂着山草尖。

「委！督工員等，……」杜四先生輕聲叫着，他心跳。

「叫甚麼？下工後來找我。」督工員打斷了杜四先生的話頭，走着說。

毛十三啐了一口，壓着嗓子罵活烏龜，雜種！」小禍也望着督工員的背影做個鬼臉，附和着小聲罵了一句。

好似督工員聽見了，他停住脚，回過頭來，那張灰枯的臉子拉得長長的顯得十分難看；掀動着兩片滷鴨肫一樣的嘴唇，露出一枚鑲金的頂門齙牙齒，閃呀閃的！兩腮上的筋肉動了動，像要說句甚麼話，終於又默然的走了。只重重哼了一聲。

看督工員已經走遠，杜四先生竟發擺子似的，手指哆嗦，指毛十三的鼻尖顫聲說：

「你嘴巴子癢，冒失鬼！……找甚麼事應？……有禍我倒不管。」

「怕他雞巴要被他吓唬下不成？那才是沒卵子的。」毛十三說了，彈彈他的褲襠。

八斤臉色陰沉，把牙緊緊咬住下嘴皮，默然不說話，呆呆盯視住佇停在遠天的一片烏雲，

事後大家議論紛紛，互相爭執不少，

爲息事寧人着想，杜四先生說，寧可自己讓步，管牠如何拖時費工，橫豎是公家事，敷衍過就算；毛十三却極力反對，他主張硬到底，儘管繼續用那個搾土方法修路，估起做，做了再說。大家是要怕，殺頭就拿我毛十三一個去。

最後，事情落來折衷辦理，——由杜四先生出面去跟督工員交涉，再把這個搾土方法的一切好處詳細告訴他，要他贊成。

一場爭執算是有了結局。

杜四先生去會見督工員，那種惴惴不安的心情，一如他當年進考棚應童試。不多久回來了，他的模樣顯得極其矜持自負，說交涉的結果還算圓滿，已經有八九成把握，得到督工員准許。不過，須多少犧牲點兒油水。

毛十三不同意，說大家修路是義務出工，爲國家盡力。沒有向督工員求情納賄的道理。

杜四先生怪責毛十三不該過份固執，說他跟督工員交涉多費事，弄來還要爲難他。

兩人皆各執已是，因此吵嘴。

毛十三爭辯不過杜四先生，他負氣的到第七組民工駐扎處去找李天星。杜四先生望着那小影子的背影，他心煩。

山野睡眠在薄黯暮靄中。傍着蜿蜒曲拆灰色公路線，一串低陋小巧的民工火棚隱約可見，籬縫間漏出點點豆火燈光。

天色黑藍，星粒晶瑩閃耀，一鈎新月彎白得像一把象牙梳斜掛在西天。

吹着北風，不大。草叢樹枝輕嘯着。有民工在那間火棚裏拉胡琴，音調像一隻畫眉鳥唱歌。

有兩條高大的人影移動在淸薄的月光下。

地灶上燒着柴火。杜四先生們蹲在火塘邊烘暖。

毛十三約同李天星走進火棚來。八斤蹲擠小禍些，讓出兩個空位。

不一會，他們談論到督工員。

杜四先生挺挺腰板，用演說一樣的姿式，把他剛才去跟督工員的交涉經過，舉個大概說給李天星：初初，督工員對這回事是如何的堅持不准，而且十分生氣，慢後，經他杜四先生轉彎抹角說了許多好話，督工員才軟下來表示說，既然大家是鄉鄰鄰寨里，隨事只要彼此好商量，那倒無有不可。最後還祕密告訴了杜四先生，第三組民工曾經跟他發生過某種關係；也是爲在修路的甚麼事，他們請求督工員通融方便，督工員做了人情，幾天後，他們如願酬送督工員三對臘鴨子。

杜四先生一邊說，一邊比着手勢，五個手指頭一伸一縮，極似一朵蘭花在微風中搖擺。

「先是督工做人情，給方便；後來民工們送臘鴨子，這原是公事場中的家常便飯。我們既然有求於人，行事也只好依樣畫葫蘆。天星，你說：……」杜四先生偏下頭望着李天星。

「開口想吃禮物，怕他牙齒細？地方上派大家來修路做工，那個不是去乾爹家拜生日做客，有甚麼禮物好送？……看嘛！他明天再來刁難囉嗦，

，拳頭問他要不要。打了出禍事，就對草鞋尖作個揖下坡走三十里路，過了踠洱河，就逃出外鄉地他摸風！……」毛十三聲音粗大，說着像在跟甚麼人吵嘴。

杜四先生聽了，鼻樑上打起三道縐折，用一種無可奈何的歎息口氣說：

「呃，……性子暴燥，遲早要吃虧喲！

「怕……？」毛十三冷笑一聲。

「俗話說：過人屋檐下，怎敢不低頭？我們憑甚麼敢得罪人家？……天星，你跟隨過大人物、走過許多大地方，對世事眼睛看得多，耳朵聽得多。你看看，毛十三這個「撲燈蛾打火自燒身」的性格。……」杜四先生說完，鄙夷的望望毛十三，那個把臉嘴掉開了。

「四叔說的也是道理，我平常說小毛的性子急燥了，很不好！……」李天星對杜四先生表示附和，停停，才掉轉話鋒說：「其實也難怪毛十三恨督工員心橫。嘿！……他那付心肝對待民工！……大概你們還沒有明白這回事呢，民工的食米，不是全由督工處包辦、這原來是地方當事人的美意，爲民工想好；……他媽的！……誰曉得事情是栽瓜結葫蘆，做下來落得督工員那狗兒子趁機發財，從中搾大家的油。……這個前天才給配米的一個趕馬人說穿——米一斗在龍潭街只買兩塊錢，配到三召山加四凹開費，督工員賣給民工每斗三塊……你們想多黑心！……」說完，他豎起兩道粗黑的眉毛，鼻孔掀朝上。

「我就說啦，這個好豐收年頭，一斗米還賣上三塊錢，誰也不信。……原來其中有着手段，天也不饒他！……呃。……」杜四先生感傷的說。

「如今天老爺沒眼睛，……我角他三代祖宗！爽性把雜種拖出來透打一頓，一個人一嘴，生咬死他才甘心。」十毛三把一隻袖管捋得高高的，捏着拳頭說。

「民工知道了那個不燥，好些人背主張武力對付，……不過後來想了，怕棋錯一着，全盤要輸；又才這麼商量好、——既然他吃錢冤枉的各種證據確鑿，由全體民工聯名告發他。……這個大家都同意了、決定請四叔寫稟作帖，出頭來主持着，做民工代表放首名。……一份呈縣政府，一份上公路總局、」李天星用一般疑問的眼光望着杜四先生柴火照映着他那張紫黑寬闊的臉，眼珠子又亮又大，看去壓人感。八斤只靜靜的聽在心裏搓着手不做聲、目光打兩膝間穿過，望着一堆紅火炭、

小福拍拍手巴掌插嘴說：

「對啦！打稟告那雜種！」

杜四先生斜瞟小福一眼，撮摸嘴搖頭說；依、勸、大家再從寬處想想、……俗話說：衙門大打開，有理無錢莫進來。……督工員跟孫團總是郎舅親，……嘿！……對督工員下不去，就是得罪孫團總、……在太歲頭上動土……這個甚麼人不知道，孫團總在我們地方紳士當中坐第一把交椅，而且他手段的利害，縣太爺遇事也要讓他三分。……憑我想，……還是忍氣爲高，公路修通了就各走各的、犯不着跟誰爲寃仇，大家抱定了「吃虧人常在」這個話總好。…………」

「孫團總他們是郎舅親，也怕甚麼？……民工們理直氣壯，這場官司也要輸，那這個世道還成？……」李天星口氣豪放的說。

「說民工們理直氣壯，保得定輸不了，我看倒不見得！若論世間事皆講個道理，日本人爲何又來打中國？這不是一個好比喻，聽說日本國有兩個了不得的洋鬼子撐他腰捍。你們想想，督工員那個靠山多硬！天天走動官場、有錢有勢、你我窮小百姓會是他對手？祖輩先人老早就傳說：下貧莫與富鬥、富莫與官爭。這回事做下場，我怕落得幾個出頭人倒楣。」

「前些時我們張老爺說日本人已經跟他那兩個洋鬼子的把弟兄鬧翻了。」小福接嘴。

「四叔，如今世道變了！祖輩先人說的已經靠不住。在出門不歸家的那些時候，我親眼見過，挺眞不合意起來、做工的窮人，敢跟老販闖架、有時還敢同做官人作對。……甚麼事過緊了、管不到他媽的有錢有勢，只要人多心齊，就一切不怕！……」李天星說着噴出唾沫星子，揮動着一隻黑粗的毛的手。「比如這次，們也有幾百民工抵着呢、怕甚麼？這回事衆人舒不下氣，花頭擠卵子不能放過他！……四叔是要怕禍，那稟上可以不落你的名字。……作稟起稿子你總不能推辭。……」

「既然這甚說、那我就順從大家。……呃，……你們年輕人的性子！……」杜四先生聽說自已可以稟上無名，也就勉強附和了。他心裏說：

「管他奶奶！天掉下來有長人頂。」

「哦、對啦！……」李天星蹺起大姆指說：

「至於稟上說督工員犯的甚麼罪？……你就寫：他高抬米價、吃民工的血汗錢；民工好方法趕工修路不准；抽鴉片煙，每天太陽當頂他還不起床。……還有，……不過憑這點點也教他吃不消了。……你趕快着起稿子，寫好，拿出去我各組民工代表打手印。……」說完、站起身來打算走。

「等着！……將來狀子告輸了又如何處置？……杜四先生叫住李天星問。

「自然有辦法、那時大家不做工，反對。…………」

「眞的……？」八斤毛十三皆大睜着眼睛，齊聲熱切的問。

「嘿！這個千萬莫告訴別人哪，說告發督工員的稟帖由我起稿。」杜四先生用手巴掌遮住半邊嘴角，小聲吩咐。

「那個自然，你放心！」李天星說完走了。

那間火棚裏，那個工人依然拉着胡琴，但是已經變了曲調，且另有一個人和聲歌唱：

青布衣裳鈕對鈕，
人人說我硬骨頭。
吃的兩頓淚水飯，
誰曉得，我滿肚子都是憂愁。

……………………
…………………。

一九四〇年三月廿八日脫稿於昆明。

獨眼馬

碩潮

一

獨眼馬死了。……

二

獨眼馬參加唐支隊，還是一九三八年春天的事情。

第一次，孫老五牽着獨眼馬去參加唐支隊。被拒絕了，——那正是傳說敵人快要通過保定那一天。他回家以後；第二天，傳說着敵人已經攻入保定，第三天，傳說敵人已經越過保定，第四天，第五天，……到了第七天，已經可以聽到縣城方面的震動着地面的稀疏的砲聲，村里起了騷亂，家家門上扣了鎖。……因此孫老五又是通夜失眠，它聽着村外公路上的潰軍的脚步和嘶喊聲，從輜重車上發出來的乾燥的吱吱聲，牲口的尖銳而不響亮的吼叫聲；而在缺乏草料的馬廄里，獨眼馬也不時附和着，間或用鼻子噴着鼾音，用前蹄爬挖着泥土，根據着經驗，孫老五知道獨眼馬又在索食草料了，他憤憤的翻了個身，咕嚕着：「媽的，這還待得下去嗎？」……於是次日早晨——太陽還沒有出來，孫老五就一骨碌滾下炕，揉揉乾澀而又浮腫的紅眼睛，拿兩個冷饃揣在懷裏，又牽着獨眼馬到唐支隊新兵招募處去了。

招募處在村西頭的一個中等人家的院子裏，藍布的門帘依然直垂着，彷彿依然是一副冷淡而古板的臉·孫老五記得那天就在這裏碰見馮同志、以及馮同志怎樣當着許多人高聲的拒絕他，一點也沒有留情的樣子，想到這裏，孫老五渾身打一個劇烈的寒噤。他剛把獨眼馬拴在一株小樹上，從懷裏掏出一個冷饅來，而那個馮同志又從門外匆匆的進來了，孫老五想笑又不敢笑，於是祇咧了咧嘴，把冷饅顫抖地送到馮同志的面前去：

「嘻嘻！吃吧？」

「怎末呢？你又來噓？嚇？」馮同志把冷饅推了回去，說，當他看到孫老五又現出了那副乞憐的不自然的笑容，而哆嗦着厚厚的嘴唇想說話時，他立刻完全明了對方的企圖，于是，他用手拂了一拂，不耐煩地說：「呃，」一伸已在移動步子。「還是那一句話，我們不收上五十歲的人，你就是來十次、百次也沒有用！」他把重音放在「用」字上，尾音也沒有，就撒開大步子進屋去了。

當孫老五正在窗下的石凳上慢慢地啃嚼着冷饅的時候，他忽然聽到屋裏有人叫了一聲他的名字，于是他慫的站起來，瞥了一眼門帘——沒有動靜，連忙找一個窗格上的小破洞，迸住氣息窺望着，他望見裏面有兩個人，一個是馮同志，一個是三十來歲的瘦個子，白皙的臉，啣着一個煙斗，聲音顯得很溫和，他們側面地隔着一張桌子面對面的坐着。

「……噫，就是你說的那個矮個子，背有點駝，戴着一頂老破氈帽的老汗嗎？」

「嗯？」

「多大？」

怕有六十了吧，至少也有五十七八。」

孫老五心裏一急，他想叫：「不，俺才五十一吶！」但他嘴裏正塞滿着饅，吐出不好，嚥下又不可能，——這時屋裏又在低聲地談話了，半嚮，那馮同志把椅子向後一仰一仰的搖動着，恢復原來的音度說：

「啥也沒有！……祇有一匹瘦骨稜稜的獨眼馬，我看連一個蒼蠅子也馱不起。……家裏？老婆四年前就死了。他一個人就種三四畝田，後來，據他說是水災啦，旱災啦，匪災啦，鬧得年年付不出糧，所以連做一個佃戶也做不起了。……後來？就靠獨眼馬拖拖煤，拖拖洋貨過日子。……討厭！那天跟我蘑菇了半天，我也記不得那末多的話。……反正……反正怕餓死就是了。……」

下面的對話聽不清楚。看瘦個子的神情，大概是在跟馮同志爭執着，接着瘦個子在吵吵地翻起簿子來，一面高聲地說：

「……實在不够數，你看，前天祇收三個，昨天也不過收六個，這像什末話！……你看牲口也祇有三匹，……嘀！是一個支隊嘎！同志。」

頓了一頓，又說：

「如果他一定要來的話，我看還是——唔，……怎末樣？讓他來吧。」

孫老五的心突然卜通卜通的狂跳起來，他扭轉頭，把最後一口饅咕咕嚕嚕的嚥個干淨，然後把手指上的饞屑擦在褲腿上；而這時，他又聽見了那個馮同志激動的聲音：

「唐司令，我意見是不要他。說不定還是一個多刺的傢伙吶！」

到了這裏，像有什末力量在推動着似的，孫老五突然在窗外叫起來：

「俺沒有病，老總！俺啥病也沒有！」

當他那矮矮的，微駝的背影消失在門帘的背後時，院子裏的獨眼馬正睜着那隻被飢火燃燒着的右眼，用雪白的粗大的牙齒啃嚙着樹皮。……

三

孫老五和獨眼馬就這樣參加了唐支隊，但是在最初兩三天內，馬夫班長常常發現孫老五不在班上，問問旁人也不知道，而當他回來時，終可以看到他手裏捧着一堆雜七雜八的東西，例如：舊棉花，破甑子，瓦盆，鐵鍋，碗，蓋子，油罐等等，最後把一口兩尺高的水缸也背來了，一起堆在馬廄裏，而後找到了馬夫班長，顯出頗有主見的神氣：

「你說是不是，多多少少總還是一份家產呀，平白無故的捨得去嗎？」

過後他又找到馬夫班長，偷偷地問：

「你問問唐司令，班長，俺家裏還有一個木槽，要不要也搬來？」

孫老五第一次碰到了一鼻子灰，心裏有懊喪，他想：人總是不知好歹的，送上門來的東西也不要，馬夫班長還說什麼行軍的時候啥也不能帶，難道這些傢俱都丟掉嗎？……！

出發的時候，馬夫班長果然發現獨眼馬的馱架上掛滿了孫老五從家裏搬出來的東西，於是全被馬夫班長拋在院角落裏，氣得孫老五眼睛發綠，顫動着厚黑的嘴唇，說不出一句話來。

這樣兩個人就發生了惡感，而馬夫班長還用誇張的說法在背後奚落着孫老五，湊巧在移到山上之後不久，孫老五在馬廄裏發生的一件不名譽的事情，又被馬夫班長發現了，於是又被當着了話柄，事情倒是實在的：因為每天晚上一次兩次的起來喂馬，大抵是孫老五自動去做的，有時別人過意不去，孫老五便會搶着說：「不要緊，反正俺晚上睡不着嘛。」終於，有一次被馬夫班長發現了一個祕密：他在獨眼馬的石槽裏發現了多量的料，而在其他的石槽裏則幾乎全是麥桿，另外在一堆麥桿底下又發現了一包料，馬夫班長暗暗的查明了底細，並不追問孫老五，卻去告訴別人：「……我說的準沒錯，他像供奉他娘老子一樣的供奉着獨眼馬吶！」這事情傳到唐司令的耳朶裏，就把馬夫班長和孫老五叫了去，在司令部的一間小屋裏，足足談了兩三個鐘頭。當唐司令派衛兵去叫孫老五時，孫老五趁着周圍沒有人注意的機會，忽然跪下來，拖着衛個的袖子說：

「大哥，你同司令說說，俺是第一次，實在是第一次。……」

衛兵當他發了瘋，連忙把他扶起來，笑嘻嘻向他解釋，說唐支隊是抗日的，革命的隊伍，不作興打罵，唐司令是一個很和氣的人，對待弟兄一律平等，犯了錯誤祗要自己能改正就沒有問題，……

但是孫老五似乎並不相信，一路上向衛兵嘮叨着，訴說自己老了，筋骨常常酸痛，從前有一天摔了一跤，足足躺兩三天。最後快到門口時，他低聲問着衛兵：

「眞的司令會不會叫俺上刑罰？實在……實在這是第一次。」

四

這以後，孫老五雖然不再多分料給自己的獨眼馬吃，但是祗要他一進馬廄當獨眼馬仰起頭睜着飢餓的右眼，鼻子噴着蕭蕭嚕嚕嚕嚕的聲音，並向他低聲地嘶叫着的時候，他總是先在牠的石槽上添上一捧草料，罵一聲「畜牲」，然後方去別的石槽上草料，有時，旁的馬向獨眼馬的石槽上伸過頭來，那末，孫老五就突然伸出手掌，在那馬嘴上狠狠地打了一下：「媽的，怎末呢？」要是牠們用後腿互相踢踏着打起架來，他總是咬着牙齒，咧開了嘴唇，先把別的馬左一下右一下的痛打一頓，之後才向獨眼馬的右眼裝了一裝的打手勢，呵叱着：「打死你這老牝馬！」但是並不打牠，祗是嘟嚷着，拖着艱難的步子，回到宿舍打瞌去了。

獨眼馬漸漸肥胖起來了，那排均勻地豎起着的肋骨已經分失在濃密的泛着油光的棕色毛裏，腰窩又鼓起來了，嘶叫的時候，全身起了一種健壯的有彈性的抖動。但是，馬夫班長卻又多了一種說法：「養得胖胖的，可是眼睛還是一隻呵！有啥屁用呢？」因此，在孫老五的心裏，同時的滋長着兩種不同的滋味——喜悅與憤慨。

同時，戰事也在逐斷延展過來。

為了偵察的便利，唐支隊特組織了一個騎兵隊，除了獨眼馬，其餘五匹都被編了進去，孫老五看着馬夫班長趾高氣揚的樣子，感到很深的恥辱，以後，由於馬匹不敷分配，這才把獨眼馬編了進去，而且獨眼馬也能斷斷的小跑了，不久，獨眼馬跑得非常出色的消息在唐支隊流傳起來，而且有許多人認爲比起白馬來差不了多少。

孫老五聽到了這個消息，反而失却了正當的態度，成天在人們面前嚷張着嘴，他並不說話，彷彿是等着別人先開口，並且一開口就譽揚他的獨眼馬，而當他碰到馬夫班長的妒嫉而冷酷的目光時，就很快的更小心的溜開去，動着嘴唇，不出聲的罵着：「哼！狠你媽的×！老子比你强！……」開始的幾晚，孫老五是閙失眠，他始終想不出獨眼馬忽然跑了起來的道理，可是又不敢去問旁人。有一晚，他耐不住了，於是從被窩裏向旁邊的馬夫曹金生伸過頭去，輕聲地問：

「曹同志，俺可一點也不懂呵！」

「啥？」

「俺說俺的獨眼馬。」稍停，又接下一句：「俺不懂牠怎會跑起來！」曹金生朦朦朧朧地回答說：

「那有啥希奇，馬……馬總是會——跑——的呀。」

「哦，哦，……那唔，是的，……可是，俺的獨眼馬從沒跑過。！……牠在家裏是苦夠了呵！吃也吃不飽，……可是，如今……可是從來不會跑呀！……呃，曹同志，睡着了？嗯？沒有？……眞的，跟俺幹了十來年，從沒跑過。聽司令說，獨眼馬跑得挺好吶！說比白馬還要好。你說這是啥道理？」

他等待着回答，可是曹金生祇含含糊糊的用鼻音唔着。

他又接下去：

「一下，就那末一下跑起來了，嘻嘻，你說怪不怪？」

「……」

「俺獨眼馬幹是幹背的，馮同志說一隻蒼蠅也馱不起，你信不信？」

「……」

「俺說你信不信？」

「……」

「曹同志，」

答應的却是忽然而起的呼呼的鼾聲。「喔睡消了。」於是孫老五就縮回頭來不響了。

五

孫老五從此愉快起來了：而縣城恰在這時失守。

唐支隊也一天比一天活躍起來，這支隊兩百來人的游擊隊，宛如秏子一樣，白天蟄伏在山裏，晚上他奔馳在縣城的四週。在幾次奇襲和伏擊中，得到了大的勝利，唐支隊的名氣開始在冀晉相接的山岳地帶流傳起來。個別或一批批的自動來參加唐支隊的人更多了，半個月後，人數漸漸增加到四五百，許多村子常常送慰勞品：猪，羊，雞，雞蛋，鞋襪，——……堆滿在司令部的屋子裏，有的甚至從三四十里的村子送來。

在這幾天裏，孫老五彷彿突然年靑起來，他像往年參預人家娶媳婦一樣的興奮，在大堆的慰勞品中間，不停息地轉動看，有時，其中有送慰勞品來的人拉住他，帶着感激的口氣說：

「哎喲，同志你們可辛苦啦！」

「有了你們，咱們老百姓可就不怕鬼子咧！」

「你們眞是好隊伍嗬！打日本[illegible]有好日子過嗬！」……

在這樣的場合，孫老五的嘴唇會因[illegible]刮得說不出話而哆[illegible]得更厲害，於是祇好用嘻嘻的笑聲來表達自己滿腔的激動；而當他被一些孩子們包圍起來的時候，他就灣下腰來，用往年哄玩小孩的口吻說：

「嗳，你爹呢？你哥呢？」可是喉嚨彷彿突然梗塞了什末東西，說不下去了。他楞着眼睛搜索着肚子裏所有能博得孩子們尊敬的話，半晌[illegible]突然發現珍寶似的高興地叫起來：「呃，參加抗日軍，參加抗戰，……懂不懂？嗯？……」

孩子們終於發覺了孫老五是本地人，這樣，孩子們亂嘈嘈地喊叫了：「你是哪一村的同志？」「這位老同志是俺的老鄉。」「同志，你打死好多鬼子？」「講一點聽聽好不好？」「講講！」……：同時，又七手八脚拉他的袖子，衣襟，皮帶，擁擠着，推擠着，孫老五的腦子突然昏眩起來，他幾乎失去了自主力，於是他祇好閉起眼睛。嘻嘻的笑着、旁邊的戰士們和老鄉們，像看着玩把戲似的興奮地睜大了眼睛，拍着手，嘻笑着，……

秋天的一個下午，支隊司令部發下一批臂章，當馬夫班長分給孫老五時，鄭重地說：「要掛得牢嗬！可別丟嗬！丟了連你腦袋也會丟的！」

孫老五望着馬夫班長嚴肅的神情，慌得幾乎用兩手去接，這是一塊三寸長兩寸寬的白洋布，上面印着一個長圓形的藍色圈，圈裏面有兩個藍字，他審視了好一會，只認出右邊一個是「八」字，而左邊一個卻始終認不出來。他自語着：「這是『八』字，唔，是五六七八的『八』字，可是那一個……唔，那一個是……好像看到過，可是忘啦，……」於是他突然用懇求的眼光盯住馬夫班長的臉說：「你說是啥字呀，班長？」

馬夫班長用鼻音輕輕的笑了一聲，似乎不耐煩地大聲地說：「『路』字！是走路的『路』字！」他又伸直大姆指和食指，裝成曲尺形，移到孫老五的鼻前。「就是××軍的『××』懂了吧？」

「懂了，懂了，」孫老五迅捷地點着頭，連連應着。「對，是『八』字，是『八路』——嗄，對的。……俺說俺好像看到過……從前……唉！可是應啦！眞是，人老了，記心也壞了！……」一面說着，一面就捧着這塊平整而發光的臂章一步步的向屋裏走去，當他那微駝的背影消失在門口的時候，還可聽到他在咕噥着：「……忘啦。……忘啦，……唉！眞是……」

其實他並不是「忘啦，」因爲在並沒有見過「八路」，只是聽到過『八路』的傳說。在這些傳說裏夾雜的許多難以忘記的話。猶朦朧地殘留在他的記憶裏。……而現在，他自己竟掛起了「×路」的臂章——他困惑了。

由於臂章，他的心裏又湧起了許多複雜難解的問題。例如：老百姓爲什麼那樣尊重唐支隊「因此他自己也在被尊重之列，」而唐支隊爲什麼又變成了「×路」，……這些問題，即使是成天貼在他臂上的臂章也不能給他以半點啓示。

有一次，他想插進正在興高彩烈地閒談着的戰士羣中去，把這問題提出來求得解決，他幾次顫動着嘴唇想啓口，可是他始終找不到話頭，看戰士們常爲了一兩句話而爭辯得面紅耳赤的甚至於幾乎要打起架來的樣子，他反而楞住了。當亂嘈嘈的聲音斷斷停下來時，戰士們忽然把目光集中到孫老五的臉上，一齊拍手呼叫着：「歡迎孫同志發表意見•」「嗬，嗬，歡迎，歡迎！」……孫老五像受到突如其來的襲擊一樣，他慌亂了，他那浮腫而赭色的臉上立刻綳滿了不眞摯的笑紋——「開玩笑，開玩笑，」地邊唄邊溜走了。

八

在一次大的戰鬥中，唐支隊遭到了重大的挫折……有一個中隊幾乎全部覆沒，其餘需要整頓，繼續作戰已沒有把握了•

命令：暫向山上退却。

這個消息傳出後，支隊里起了一度騷動：戰士們，擁集在營房裏，擁集在郊外，擁集在每一個角落裏，斜挺着頸，刮啦啦的叫着，意思只有一個：不願意退却；沒有表示態度的，在晚上開了小差•開始，孫老五並不注意這些，他的心不時飛到馬廄去，石槽不時斷絕着料、接着連草也常常發生問題•每次當馬夫班長從外面回來，把開小差的消息告訴大家之後，孫老五便急不及待的問：「那末，草料怎末辦呢？」

「草料？」有一次，馬夫班長生氣了，他把腦袋伸到孫老五的面前去，鼓起鼻孔叫，人都快要斷粮了哩？」這末一頂，孫老五滿肚子的話都頂住了•

馬廄裏的馬都逐漸消瘦起來；獨眼馬又恢復了原狀，腰窩甚至比以前陷得更多。爲了這，孫老五在馬廄裏對獨眼馬悄悄地淌着淚，而當他分配草料時，其他的馬曾睜着乞憐的眼睛，把鼻子伸到他手上來，貪饞地吸吮着、因此，孫老五對其他的馬也斷然地憐惜起來——手上的草料會一把一把送到牠們的槽裏去，並且喃喃地說：「唉，可憐嗬！……都是可憐嗬，……鬼子眞不是人養的！……」

有時，他像撫摸獨眼馬似的撫摸其他的馬•望着牠們那忠厚而感激似的大眼睛，承受着那股溫的鼻息而歎息着。

在向山上退却的途中，獨眼馬病了，牠幾次被沉重的馱子壓得蹲在地上不能起來，鼻子急促的噴着氣，嘴巴流出白色的唾沫。有一次，馬夫班長急得用木棒敲打着獨眼馬棱着的臀部、孫老五連忙躥到馬夫班長面前去，顫抖着嘴唇叫：

「馬快要死了哩，俺的祖宗！」他的眼眶裏已漲滿了淚水。

每天百里以上的山路行軍，有時四五十里內找不到一個小村，有時整天喝不到一口水，沒有「打尖」的地方就得挨餓……這樣，就連孫老五也漸漸地叫起苦來，當從疲憊長蛇似的隊伍前面傳過休息號來，他就閉起眼睛不動，攤兒地癱瘓在山路旁了，有時竟至呼呼地熟睡過去。

前後左右；山，山，山……無邊際的廣茫的山底海濤。……這使孫老五湧起一團無望的憂鬱，突然，開小差的念頭爬進了他的腦海，可是第二晚，就做了這樣的夢：他牽着獨眼馬回家了，當他走進一個村子，被一羣人，包圍起來，其中似乎有些是認識的，大人小孩都有，接着人羣裏發出了聲音：「哎喲，同志，你們可辛苦啦！」「有了你們，咱們老百姓可就不怕鬼子咧？」「……你們眞是好隊伍嗬！打日本才有好日子過嗬！」……而孩子們則七脚八手地拉扯着他、亂嘈嘈地叫着：「你是哪一村的同志？」「這位老同志是俺的老鄉。」「同志、你打死好多鬼子？」「講一點聽聽吧，」……這時，村外忽然跑進一個人來，這人擠進了人叢，指着孫老五向衆人說：「老鄉們！這個老頭子是開小差出來的，眞是不要的臉東西！」於是人們立刻換上輕蔑的表情，嘻嘻地嚮着散開了，有的還在指指點點的罵着，孩子甚至向他拋擲着石子泥塊。……接着又換上了一個夢：他在回家的路上碰到了他的妻子，披頭散髮，狼狽不堪，她兩手向空中亂刮着；「噯吁，家裏早教鬼子佔啦！你回來找死去嗎？……」……一會，獨眼馬竟餓死在家裏了，孫老五大哭了一頓。醒來時，枕上已經濕了一大塊。

……

七

開小差的事情還在繼續發生着。

在山上的一個小村裏，唐司令下令休息一天。並且開了一個「軍人大會」。在大會上，他講了將近三小時的話，他講到這次對日作戰是一個長期性的戰爭，他講到中國除了抗戰到底以外就沒有別的出路，他講到抗日軍人是最光榮的軍人，接着，他講到開小差是一條最沒有出息的路，開到那裏去呢？中國亡了，你有本事開到外國去嗎？末了，他舒了一口氣說：

「同志們，我並不强迫留在我的支隊裏，現在我可給你們一條出路：如果誰要走的話，不必開小差，今天晚上大着胆子到我那裏來要求，不要怕不好意思；就是現在也可以，我決不留難你們。……那末就是現在吧，這樣好啦——要走的立刻舉手。……喂！舉手吧！同志們！」

坐在打曬場上的戰士立刻沉默下來，但是沒有人舉手。

「怎末啦！不舉手？可是開小差是不行的啃！不然給我抓回來，一律槍斃！」唐司令瘦而皙白的臉上突然緊張了一下，聲音也變得格外嚴厲；說完「斃」字，便又緩和下來。「可是現在舉手吧，同志們！」他又補充一句：「限三分鐘。」

會場短時間的騷動一下，戰士們你望望我，我望望你。

「還有兩分鐘。」

突然，誰高高地舉起一隻手來，是於，接着又一隻，兩隻，三隻，……繼續地舉起十四隻手；最後一隻是孫老五舉手。

唐司令微笑一下說：

「好，那末來簽名吧！每人發兩角錢，不够再跟我要。」

……孫老五是第五個擠過去的。現在，他那赭色的臉上，已蒙上一層鐵青色，嘴唇急速地顫動着，他低着頭，慢慢地擠了過去。

唐司令從名冊上抬起頭來，他的眼光一觸到孫老五的眼光，就驀地楞了一下：

「你？噢！你是孫老五同志兒，怎末啦？也想走？」

「是的，唐……唐司令。」他的脚突然哆嗦起來。

「到哪兒去呢？」

「回家，」

「回家？」

「嗯。」

「家裏說不定教鬼子佔啦。」

「……」

「唔，好的，要回去就讓你回去。」唐司令停了一停，又問。「可是我問你，你干嗎也想走呢？」

「俺……俺……」孫老五又哆嗦一下。「獨眼馬快要餓死哩！俺自已也……也……」

「也要餓死了不是？」

「不！」

「那末你說呀！」

「俺實在吃不了苦。」孫老五終於拿出勇氣來。「俺老啦！」

唐司令把胸脯貼在桌上，向孫老五伸過頭來，微笑地問：

「老啦？憮？你還記得嗎？你來的時候，不是說過什末苦都能吃嗎？跟你說的許多話都還記得嗎？」孫老五望着桌子桌子脚、不響。

「好　那末你就走吧」唐司令拿出四張一元的鈔票來「兩元給你做路費，兩元算作馬干費。哪，拿去：……可是路上要小心嘀！如果不能走，回來還是可以的　知道嗎？好，走吧。」

孫老五捧着鈔票茫然地站了一會，慢慢地向旁邊移動着步子，就在這時候，他聽到唐司令在高聲地問：

「喂！還有誰沒有來領錢簽名？剛才舉手有十四個，現在還祇有五個、」

於是——

第一個聲音：「我決定不走了。」

第二個聲音：「也決定不走了。」

第三個聲音：「也不走了。」

第三個　第四個、………

驟然而起的鼓掌聲，嘈喨聲，

唐司令又在說了：「為什末又不走了呢？打日本的事情是不能隨隨便便的嘀！憮？」

於是又——

第一個聲音：「是一時糊塗！我想了想：不打日本就沒有好日子過、」

第二個聲音：「家也沒有了，回家是找死去！……」

第三個聲音：「不打退鬼子回家去，多坑人，咱沒臉回去！」

第四個、第五個……

這次鼓掌聲更狂烈了！而且呼號起來。

於是已經走了十幾步的孫老五也突然回轉身，用幾個大步子走唐司令的桌子前：人們看看他把鈔票抛在桌子上，看看他那微駝的背子驀地縮了下去，而後聽到幾個不連貫的字眼：……

「唐……唐司令，俺也……也……也不走了！……」

幾天後唐支隊裏流傳一個消息：

「獨眼馬死了。」

而孫老五至今還在唐支隊裏。……

一九四〇・三・一六・謄完。

雪　地

周而復

賈玉珍小心翼翼地走出了村口，覺得後面有一個人老是在跟着他，一步也不放鬆，他屏住呼吸地在雲地停了下來。怯生生地掉過頭偷偷地向後面望去：村子埋在霧沉沉的雪里。只有一兩家屋子里透出一片微弱的黃慘慘的燈光。照在白皚皚的雪上，連一個人影子也沒有。

——見鬼，哪兒有人呢！

他這麼埋怨自已地喃喃着，胆子可大了起來，邁開慌張的步子，向深厚柔軟的雪地上走去，一個一个足印彎彎曲曲地留在地上，慢慢又給一層層的雪花填補平了。

雪，越下越大了。處女一樣潔白的雪花，一片片無聲地堆積起來，山野上好像鋪了一床白得刺眼的絨氈，溪流小徑都隱藏在軟綿綿的氈子底下去了。離開村子四五里路，他漸漸辨不清路徑了，只是順着風瞞的河灘，踏着高低不平的石子，探險似地一步步邁去。身上那一套土黃色的棉軍衣，上半身堆滿了冷冷的雪花，他不斷地拍去，但旋即又堆積起來，而棉軍衣慢慢濕濡了，手在峭寒的夜風里已經失去了知覺，于是把兩隻手相互地放進袖口筒里，才遲緩地恢復了知覺，遂漸地溫煖起來。他縮着脖子，聳起狹夾的兩肩，用跑步的姿式走去，鼻頭上掛一串青鼻涕，快要冰凍起來了。

他邊走邊安慰自已，愉快想着：

——到了家就好了，到了家就好了，今後再不受這個罪了。幹軍隊眞不是人受的，他媽的，那個苦呀……眞不是人受的，到了家就好了，坑一定燒得煖煖的，他們也許睡了吧……不會的……

想着想着，彷彿自已已經到了家，睡在熱坑上了。頓時忘却了向身上無情地侵襲的寒冷，步子慢了下來，但一陣打着鳴哨的旋風越過側面的小嶺，越過山麓光禿的棗林，夾着棉絮似的雪花，狂暴地向他身上捲來，才又知道自己還在山溝里，而身上土黃色的軍服已變得潔白了。他拍去身上的雪，用跑步來恢復身上的溫暖。

爬過一座矮小的嶺，他順着曲折的小路拐下去，就望到家了。

夜的帷幕寂靜地罩着村莊，四周荒涼的山地鋪滿了鷺鷥的羽毛一樣的新雪，閃爍着耀目的光輝。家家闇黑的窗子裏顯露着搖漾的淡紅色的火光，他歡快地在雪上沙沙地走進村子，躲在門裏面的狗聽見人底脚步聲，盡職地汪汪叫起來。

望見熟稔的院落，熟稔的大門，他底心不由地跳動起來。當他走進院落輕輕推開門，跨進發着霧氣的溫煖的小屋時，給家裏人一個意外的驚愕，爹盤腿坐在坑上正抽着旱烟，以爲是一個陌生者，魯莽地闖進來，瞇起眼睛來看，才認出是自已底兒子，便奇怪地問道：

「玉珍，你怎麼回來了？」

他像是瞞着人私自做下了一件虧事心却一旦被人發覺；那麼惶惶着，楞了好半響也說不出話來，但想起爹一定會原諒他，也許會贊美他底行徑，轉而釋然地說：

「嗯，回來了。」聲音很低。

娘放下手里正在縫着的一隻本色白老布棉襪子，掉過臉來，看見他一身雪，驚喜地接過來問：

「咦，眞的玉珍回來了」，她走過去，用自已乾枯的滿是皺紋的手替他拍去身上的雪：

「現時鬼子打咱們邊區來着了，你怎麼回來了？」

他只管拍去身上的雪，早一會被夜風吹得冷冰冰的臉頓發熱了。他低下頭，怕人看見他底面孔，

「是大人叫你回來的嗎？」爹從坑上下來，穿上那雙破舊老棉鞋，微惱地問。

「唔」，他不加可否含混地應了一聲。

「有什麼工作呢？」

「沒有什麼工作……」

「那你回來幹啥勾當呢？」

他不言語。

爹再詰問時，他變成地沉默着。娘不明白地凝望着他。

「如今隊伍駐在那兒？」

他得救似的張開嘴來：「在北大悲。」

「那有二三十子里路哩，大人怎麼會叫你回來呢？」

「俺自已……」他囁嚅着，望着站在自已面前耿直的爹，先前預感的喜悅變爲一股投懼的細流在身上每一根脈管里奔馳着，使他不敢不吐露出實情

，「俺自己回來的咧。」

「那你是『開小差』……」剛才爹臉上懷疑的神情已爲一陣烏雲似的憤怒所遮蓋了。他底聲音變得很高像巨鐘一般地喝道：「不要臉的傢伙，人家抗日，你跑回家裏來了，呃，你丟爹娘的臉……」微微翹起來的兩撇鬍髭上掛着雪珠一樣的白沫，把旱烟袋往脖子後面一套，彎下腰在鍋台底下哆嗦地拳起火棍來，向玉珍底身上重重地打去。

娘凝神地聽到玉珍越說越不對了，而是「開小差」，感到一種莫名的絕大的汚辱，覺得彷彿有許多人指着他底面孔譏笑地駡道：「看看你自己呀，小子也開了小差……」她在村婦救會里當主任，已經有兩年以上了，不僅在今年武裝動員時勸別人家小子參加軍隊去抗日，就在平常碰到年青小伙子也給他們說道理：「年青小伙子，待在家里幹啥呢，房子叫鬼子燒，人叫鬼子殺，還不趕快去抗日，打他去咧。」村上的賈長年老仇他們就是這樣被她說得參加新兵營的。村上有「開小差」回家來的更是經她勸說而歸隊去的。她不滿地瞅了玉珍一眼，囁嚅退到坑上，氣呼呼地靠着墻，瞧着他爹底廣闊的背影，好像說：

——打重一點咧，多打他幾下，這種不要臉的傢伙……

玉珍底臉龐如同燃燒着的木柴一樣的通紅，哎喲哎喲地躲避着那根頭上燒焦了的榆木火棍。叫聲傳到對面叔兒底屋子里，他披着一件沒有硝過的齷得像破國旗一樣的山羊皮襖，走進門，詫異地努口問道：

「那門子事兒呀？」

轉過臉去看見姪兒在門背後躲躲閃閃地避着，而哥哥擺出一付猙獰的面孔，他過去先按住那一根火棍，說：

「究竟是那門子事兒呀？——玉珍，你回來了？」

「那門子事兒，你讓俺打他這個王八旦，你說，這年頭兒，抗日要緊，人手不够，個個像玉珍都『開小差』回家，還抗什麼呢不，你說是不？」他摘下腦袋上那頂鼻烟色西瓜殼似的氈帽，氣哼哼地搔着光蕩蕩的腦袋，一雙花光了的老眼發出忿忿的光射在玉珍底身上，他不好受地顫慄着，彷彿一根根犀利的針尖[illegible]刺在身上那樣。爹越望着他那股氣憤就如泉水一般，不斷地涓涓流着，指着他底面孔：

「你同俺滾，滾出去，不要你待在家里，給爹娘丟臉！別人說個好，好咧；說個不好，咱們可不願意聽。」

娘低下頭來貼近窗戶上，從給烟熏得烏黑了的薄薄的棉紙的破洞里，注意地望出去！院落里白茫茫一片，什麼事物也看不清楚，鵝毛樣的雪還在無聲地落着。她又望望玉珍身上被雪濡濕了的棉軍衣還是潮潤潤的，她想勸阻他爹把玉珍攆出去，但一看他那一付凌人的怨容，又把說到嘴邊的話吞回去了。心里想：

——自家做孽自家受，誰叫你回來的！

叔兒可攔住了：

「回來就在家里住一夜咧，這麼大的雪，半夜三更叫他到那兒去呢，天又這麼冷……」

「那不成，給村上人知道可要笑壞了咧……——「天一亮，就叫他走走咧……」

爹不再堅持了。

「叫他一個人去？」娘緊接着來說，「那可不放心，知道這小子半道上又到那兒去呢？俺送他去……」

「你送他去？」爹記起她底脚痛，不能地反問道，「要送嗎，還是俺去咧……」

「明天自衛隊不是要開什麼會？」

他這才想起今天早上分隊長通知他明天開會的事，不加可否地沉默了。

「玉珍，今天住一宿，明天回到隊上去要好好兒幹，不要再『開小差』，那眞不粘！」叔兒拍拍他底肩膀，回去了。

玉珍一個犯人似的，木瞪木瞪地呆在那兒，懺悔自己把負傷剛好的排長送到連隊上去以後，不該趁着那個空隙的機會偷偷地離開營部回來。開初以爲到家里可以度着較爲舒適的日子，現在想起來知道這樣不對了。

「待在這兒幹啥！還不上坑去睡咧，」在娘嚴厲的詞句里却飽孕着溫煖的慈愛，「快點把身上衣服脫下來，給你烘烘乾！」

他上坑去睡覺，脫下衣服，碰醒了正在酣睡裡的弟弟睁着惺忪的眼睛，投出詰問的光芒，說：

「哥哥你回來了？」

哥哥却沒理睬他，心里感到連十三歲的弟弟都看他不起，用話來諷刺他！就蒙着頭睡了，可是怎樣也睡不覺。

娘把軍衣烘乾了，然後又拏起被扔在坑上的那一隻本色白老布的棉襪子在油光下辛勤地縫綴。

窗外：雪停了。瀰漾着青色的寂靜。

深藍色的陰影，在山邊屋旁和棗樹林間泛濫着，赤裸裸的大地發出深沉的凍裂的音響，伴着村外小河里在薄冰下流着的迷人的潺潺的水聲，點綴着夜的寂寞。

一綫稀稀薄的曙光遙遙地從東方放射出來，像是有一個人用一盞巨大無比的馬燈從不可知的遙遠的地方來照耀着望的山野，深湛的黑夜逐漸地灰白起來。

娘剛剛閉上痛澀的眼睛，就聽見藏在屋簷下的雄鷄伸長着嗓子宏亮而尖脆地「打鳴兒」了。還沒恢復疲勞的身子又從炕熱的被筒里爬了起來，把昨天剩下的「糊糊」（註一）和玉米窩窩頭熱好了才叫醒玉珍。他底枕頭旁邊放着一雙母親用半夜的辛勤趕做起來的棉襪子。

「玉珍，把它穿起來吧……」

「鞋子小穿不得，帶回去再穿……」臨走時，她鄭重地把襪子包好，塞在玉珍底手里。她在找手杖，玉珍爹阻止道：

「叫他一個人回去就得了咧，還要你送他，這個天，路也不好走，一嗤一滑地……」

「不，俺不送他去，知道他到那兒去呢……」

「這麼大的人，還會不認識路嗎？」

「不是這個話，在半路上要是他……俺親自送去，交給上面大人，才放心呢……」她抓起昨天爹打玉珍的那根火棍，一驚一驚地叫玉珍跟他去。

爹望着他們兩個人在雪上走去……

村子里的雪耀眼的使人難于忍受地閃耀着，河灘上筆直的白楊浮飾着銀花。村莊上面籠照着紫藤色的晨霧，一家家屋頂上昇起嫋娜的淡青色的烟桂，散發着燒進了木柴的刺鼻的氣息。狗怯寒地躲在草堆旁邊，刺蝟似的聚攏得成了一團。

村外的道路上只有着疏疏朗朗的人底足跡，和驢底蹄痕。娘隨着玉珍底脚印在冰冷潮濕的雪上吃力地沙沙地走去。

朝暾在白色寒氣的縷流里昇了起來，無邊無際的雪野蒙上一層淡淡的紅光，益發閃耀得使人難于忍耐。冰結的雪地開始在陽光下溶解了，帶着泥漿的雪水從各個山丘上流下來，山溝里匯成小小的河流。路上全是泥水，走上去嘰嘰喳喳地。她底一雙襪子似的小脚已浸濕了泥漿，裏脚布有點潮潤潤的了。黑斜紋布的褲脚上濺滿了花紋似深黃的泥漿。

她拏着火棍的那隻手給酷寒的此風吹的麻木了，她底手交換地拄着。下山坡的當兒，不小心，脚下一滑，差點沒滾下山溝去，靠着那根火棍支持了傾斜的身子的平衡，但大腿上已粘上了一大塊污泥，骨頭軟酥酥地發痛。她坐在狹的山道旁的一塊岩石上休息下來，佈滿了皺紋的臉龐上泛着痛楚的青白色，遲緩地呼吸着。

「娘，俺送你回去咧！」玉珍靠近她蹲了下來。

她忍痛地搖搖頭。

「你放心！娘一定歸隊就是了。」

「不……。」

「前面的山路更[illegible]咕（註二），又是雪，又是冰……」

「不要緊，俺可以走……」她有把握地用那根火棍激着堅硬的岩石，預備站起來，給他攔住了？

「歇歇再走咧……」

「不是還有一二十里子地嗎，要快點趕到呢……」她站了起來，看着腿上的泥，已經凍結了，硬綁綁的，發着蒼白色，像一付死人的面孔。

只容一人單行的泥濘的山道上，一前一後地閃着兩個人影，後面那一個傴僂着腰，緩慢地，不平穩地移動着……

下了山，走一了段不長的凸凹不平的河灘，轉入一道山溝，聳立在半空的是一座高山，頂着蔚藍的穹蒼，上面飄浮着幾片雪樣的白雲。迂迴蜿蜒的山徑就隱伏在白皚皚的新雪里。

她邁着龍鍾的步子，上山更慢了。走上幾步，便要休息兩三分鐘，喘喘氣。玉珍却不在乎地走着，但也不得不因為她時不時在路上等待下來。他期望路更長些，而她底步子更慢些，——他怕見連隊上的同志們。然而路像是和他開玩笑，越越近了。

風，展開他青色的寒冷的羽翼，撲向上山去的人，一陣冷峭一陣，野獸般的瘋狂地呼嘯着，順着山坡育勤地滾回河灘而去。

她底臉上受着遒勁的風的襲擊，使得她[illegible]嚨部張不開來，氣被壓住，呼吸不暢了。而臉呢，凍得冰一樣的了。她沿着一個土坎上，也不預及什麼雪了，就坐在上面去。

「玉珍，玉珍！」

她掙扎地用力高呼着，可是逆風，玉珍聽不見，還埋着頭繼續地向前走去，後來才發覺身後一驚一驚的聲音消逝了。回過頭去一看：母親不見了。轉回來，却看到她在嘔吐，但也吐不出什麼來。他連忙過去扶着她底微微發抖的頭，許久許久才舒暢過來，腿却有點不得動了。

「咱們回去吧，娘……」

「為啥要回去？」

「風這麼大，你又吐了……」

「俺看倒是你要回去了……」娘微慍地說。

他默默望着到大悲那個方向。

她站起來試了試腿勁，覺得還可以，免強向山頭上前進了。玉珍攙着她，一步一步走去。風勢小了些，她用手巾掩着嘴。屏住呼吸，冒着山頭的風走去，腰變得弓一般的了。頭上蓬亂的銀絲，給風吹起飄呀飄的。

一步步挨近北大悲，走進村子，隊伍却在今天早上開走了。到哪兒去了呢？老鄉都回說不知道，但玉珍暗暗的笑，可是他底面上還幫同娘來打聽，總希望對方回答一聲「不知道。」問過好幾個人，探聽不出一些眉目來，玉珍自言自語地咕嚕着：

「？道到那兒去找呢，一定是打戰去了，找不到的……」他偷偷地睨視了娘一眼，見她那無可如何的神情，就大膽地說道：

「不要再問了，別說老鄉，就是俺在隊伍里，開拔的時候，咱們也不知道到那兒去呢，這是「軍事祕密」呢……」

娘沒有回答他，也沒把他底話聽進到，她向村上的人打聽村公所去了。隨着一個小孩的指引，他們走到村公所，從那兒得知了隊伍已開到豆舖去了。出發的時候曾向村公所要了三個牲口駝東西的，騰送到豆舖。

玉珍楞住了，跌下失望的深淵。他想爬起來，用話去探聽娘底意思，低低地說：「到豆舖吧●路這麼難走，隊伍離開了，也沒找俺，咱們回去吧………」

她向他瞪了一眼：

「不要說獨一師離開村，就是離開縣，離開省，娘也要送你去……」

「有八九十里子呢……」

「沒有，不到三十子里呢，今天可以趕到了。」站在旁邊的村長更正道，

玉珍底臉頓時熱得發刺，

「你別欺娘沒出過門，可有人知道呢！」

「俺也不知道，聽人家說有八九十里地呢………」

「就是一百里子地，娘也送你去……」

他不會講了。兩個黑影又踽踽地在雪地上移去。她想：「要不是俺送他，還不知這小子跑到那兒去呢……」他底步子很慢，簡直不想走了。她於是規勸地對他說道：

「……你小時候，娘給你算過命，你是當兵的命，命理註定了的呢」——「你不打鬼子，鬼子可要打你來着呢，你爬山爬的好，大人說像個猴子，爲啥現在連路也走不動了呢……」

「俺……俺腿沒勁……走不動……冷呢……」

「快點走，到隊伍上，你們打鬼子打的好，你祖宗也有光彩。——你娘可不是當了一天的主任呢，你娘說別人家，今天參加完縣營，明天參加兵營，自己的小子鬧了小差，逃兵回來，你也沒光彩，娘也沒光彩……」

他只是「唔」「呀」「唔」的，沒說一句話，步子可快了，也堅決起來。

路又在脚下跳起來，上山了。快到山頂上，她抖慄地幾乎僵直在那兒，走不下來了，直是咳嗽：咯咯咯咯地，他看神情不好，帶扶帶攙地把她拉到山頂，可是風更大了，呼呼地一陣緊一陣，而她更嗆咳得更厲害了。於是把她扶到土坎子後面，避着迎面吹來的風，休息下來。她面前吐了一地的痰，吐到後來，只是清水了。

歇了歇，他扶着她提心吊胆地走下山了。一嗤一滑地走着……

軟綿綿的太陽光已經偏西了，向山後降下，夕暮的寧靜，籠罩着雪的山野，疏落地散佈在山上的小樹都在屏息。溶解開來的雪地又從新凍結了，發着輕微的音響；只有小河裏的流，水銀般閃礫着光的，激盪着沙灘上的碎石。路也更不好走了，光滑滑的，像是鋪上一層深厚堅固的玻璃。映在小道上的人影越拉越長了，暮色漸漸落下來。

走進豆舖村的時候，已斷盡了黑，村裏閃着淡淡的燈火。他底步子跼蹐下來，在村口老是向裏面望，蹤到村頭那個「哨」不認識，他心裏突然開朗了，故作不知地走進去，問了營部時才知道不是二營，是三營，三營在赤岳村哩，還有二十里。

她們宿了下來。弄點「糊糊」吃，又找自衛隊弄了一些木柴來，燒熱了炕，她叫他睡，她却一個人獨自坐在屋裏，把濕濕的棉軍衣在火上慢慢的烘，發出陣陣的熱氣，一股潮濕味充滿了小屋裏。衣服烘乾了，玉珍已打出深沉的鼾聲，劃破了村中的夜的靜寂。她站起來走到炕面前，輕輕按着他底額，熱度和常人一樣，她底心安穩了；

——！還好，沒受了涼，發熱。這天氣也着實冷的慌，可憐你……

她指着他呢喃着。然後又把兩雙濕透了的沾泥漿的鞋子烘好了，乾硬硬的，剝脫了一塊塊泥土來。她弄好了，才睡了。

天還沒有亮，披着一身的星斗，他們又一蹺一蹺地走了，

「玉珍！」默默地走了十二三里路，她打破沉寂地說：「回去要跟大人們一道好好的抗日了……」

他在前面聽見叫喚，以爲娘又走不動了，旋即掉過頭來才聽到下面的那句話應聲道；

「好啊！」語句之間彷彿感覺到娘不免過於嚕了，而娘却不注意地又說下去：

「要是你再「開小差」別說你爹，俺可要把你攆出去了，好好在隊伍裏幹，把日本鬼子打走，將來做大事，回到村裏來，也給你爹娘掙個面子……」她上句不接下句氣咻咻地說下去。

他像是跪在聖母像前懺悔的教徒，誠摯地點着頭，心裏却說：「眞是嚕哩嚕囌的。」

……………

二營駐扎的赤岳村裏遙遠地已看見了，散佈在山坡下的房舍，黑白相間地點綴着荒涼的山野。他

步子慢下來，仇視那個村子，突然蹲在道旁不走了。娘慌張地按摸着他的頭，問他是不是心裏不好過，他順嘴「嗯」了一聲，裝出確實生病的樣子。端站下來，嘆息地凝視白茫茫的山野，憂慮地問他：

「到隊伍上還有多遠了？」

「那就是，」他指着山坡下的房屋，但旋即又後悔了，不該說出來。

「咱們快走，到隊伍上。他們也有火夫吧，換他們看一看，心裏怎樣？身上發寒不？」

「不，沒什麼，現在好些了……」

他不得不站了起來。

「到隊伍上要好好抗日了……」

「曉得了，曉得了！不要再說了……」他遠遠望也望到連上的同志們了。

找到連隊上，正是他們剛吃過早飯的時候，值崗徐宏武驚愕地盯着他娘兒倆：

「賈玉珍，你回來了？」

他底臉上頓時泛上一陣紅潮，內疚地點點頭。

「賈玉珍，賈玉珍……」

「你看他回來了！」

「那個老太婆是什麼人……」

「天曉得……」

那邊幾個連隊上的同志指手劃腳地走來。玉珍慚愧地跨進門去，逃避那些帶着嘲笑神情的面孔，邊走邊催促娘道：

「快點兒進來……」

娘不了解他底心情，慢條斯理地走去。走到連長室門口，怯生生地不敢進去，還是裏面一個人出來讓她，這才拘束地跨進一間朝北的小屋，冷陰陰的。她聽到問玉珍說：「這就是你的母親嗎？」不好請，叫便笑嘻嘻地問道：

「不知道位大人是什麼官？」

那位同志沒聽懂她底話，玉珍接過來說：

「這是俺們的劉指導員。」

「哦，劉指導員，這個小子不成材料，昨天逃兵回家，叫他爹打了一頓，要攆他出來，給他叔兒勸開了。他私自逃兵回家還是不對的啊。「要請大人原諒，原諒……」她站在門口滔滔地說下去。

玉珍底面孔紅一陣白一陣，臉對着門外。

「老太太請坐呀，」指導員指着一張凳子說，一邊向門外喊道，「小鬼弄點開水來，……」

外面有人應了一聲。然後指導員又說：

「辛苦了，吃飯沒有？」

「吃過了，……」她站起來客氣地說。

但是玉珍知道，他搖搖頭。於是叫小鬼通知伙房弄飯去了。

「他爹叫他回來，俺不放心，怕他在半路上躲又跑到那兒去，昨天一清早打家裏走，可沒當天趕到，你們打北大悲開走了，今兒才從豆鋪來的……」她囉哩囉嗦地敘述着，像一條汨汨的細流不斷地流着，使得指導員無法插嘴，只是在留神地諦聽着她底帶着歉意的說：「這小子，希望指導員重重處罰他，不要客氣，現在抗日高於一切，誰都要抗日呢，俺老婆子還要抗日呢，年青小伙子這時候不抗日，什麼時候抗日呢……」

「老太太的話說得很對，……」指導員瞅了玉珍一眼，好像說，「你聽聽你母親的話……」

「俺家裏還有一個小子，今年才十三歲，在村子裏當個青抗先（註二）呢，將來長大了，俺還要叫他參加抗日軍呢！」，俺總對小子們說，年青小伙子，待在家裏幹啥呢，房子叫鬼子點，人叫鬼子殺，還不快去抗日，打他去啊……」

「是的，是的，……」指導員欽佩地望着他嘴角上浮着白沫，激動地說，

門外站了好幾個同志，好奇地向門裏張望張的，一會連長進來了，揹在身上的那桿駁殼槍一幌一幌地，站在門外的人都走了。玉珍挺直了腰向連長敬了禮，便畢恭畢敬地站在旁邊，臉上蒙着一層羞澀的光澤。

指導員介紹後，她站起來不安地扶着桌角，又向連長重複一遍玉珍回家到她送來的經過，最後指着玉珍說：

「那天把鬼子打出中國去，你那天回來，打不走鬼子，再也不准回來。要是再『鬧小差』，」她掉過臉來望着連長，「連長，他再要是『鬧小差』，俺們家裏也不要他了，請連長重重的辦他……」

「今後可要好好幹了，你看，跑回去，累你六十多歲的老媽，冰天雪地裏跑上七八十里地，心裏也過意不去啊，這樣，要不得的……」

玉珍混身像是長了刺，怎麼樣也不好受。

營部的通訊員忽然走了進來，營長知道這個消息，要他娘兒倆個去。他們兩個人隨着去了。營部那兒預備好了菜飯，營長安慰地，和她談了很久，她又詳詳細細地敘說一遍經過。吃過飯，營長送她兩塊錢，並且向村公所要了一匹驢子，叫人沿村轉送，她於是又踏上來時的艱辛的路程了。

凍結着的雪地又開始溶解了。

一九三九・十二月廿一日由陽武家灣。

註一：糊糊，冀西一帶老百姓用雜糧煮的稀粥。

註二：嘎咕，為冀西土話，壞的意思。

註三：青抗先，是青年抗日先鋒隊的簡稱。

哀巴黎

艾青

柏林十四日下午六時海通社急電：據官方
公告：「德國軍今晨已正式開入巴黎」。

紅白藍的三色旗
卸下來；
代替牠而飄揚於
塞納河畔
雪果德廣場上的，
是綴着黑色卍字的血色的旗。

於是塞納河的水
將無日夜地嗚咽着，
淺流着
一个城市的淪亡的眼淚……

於是莊嚴的穴廈傾倒；……
隨着傾倒的
是刻有「自由，平等，博愛」的
寬的大門額……

於是Panthéon（註一）
與Invalides（註二）的門前
將舉行
比第一執政官時代更隆重的凱旋式，
在鄉長長的肅穆的行列之間
走過了一個
比拿坡崙更冒險的人物。

盧梭，服爾泰，丹頓的銅像，
將被無情的鐵鎚擊落；
在他們的位置上，
將站立起
希脫拉，戈貝爾，戈林的
兩手插着腰身的姿態。

人類的歷史
將加上一頁
充滿詼諧與幽默的紀載；
而在那歷史的背面
暗暗地流着
純潔與嚴肅的眼淚……

法蘭西——
這被讚頌民主的詩人（註三）
讚頌爲『世界上最美麗的名字』
於今，日爾曼人的手
要來塗改，並且
將代之以含糊的齒音：
德意志。

我昔日也曾徘徊過的街道上
不再看見
尋覓歡樂的美利堅人；
慣於把謊話和接吻混合在一起的貴婦人，
帶走了化裝跳舞的綢製的假面
和黑絲的網形的手套，
將遁跡於北非洲剛果河畔。

平坦而寬闊的
香榭莉榭（註四）
你瑪格利特（註五）
曾駕着馬車散步的道上，
正馳過
標幟着卍字的鋼甲坦克，
和呼嘯着『希特拉萬歲』的
輕騎兵隊……

國社黨的黨員來了！
他們的長統靴上的馬刺
從街頭響過刺耳的聲音，
他們闖進了已關閉了一個禮拜的咖啡店，
喝叱着那顫抖着的老婦
給他們以足够的混合酒……

文化與藝術的都市啊，
今天挺進隊的隊員
要來扣開你博物院的門，
他們的刺刀戳穿了

德拉克羅亞與大衛德（註）的畫幅
又把昂格爾（註七）的『土耳其浴室』
攜回到總司令部去；
在所有的圖書館與美術館裏
將散佈着『我的奮鬥』
與『巴黎進軍圖』。
巴黎，你傭庸的統治者
已放棄你——
達拉第，與雷諾說：
「甯被迫自歐陸撤退
則當還往北非；
一旦必要時
擬還往美洲之屬地。」（註八）
——他們依然
沉醉在統治的夢想裏。
而你們——
善良而正直的
法蘭西的人民啊，
終於流徙了……
「扶老携幼之難民
……猶如一極偉大之長蛇
蜿蜒不絕……」（註九）
而我所哀傷的
也就是付們啊……
不！
法蘭西的人民是勇敢的。
普魯士軍隊進入巴黎
也不只這一次。
每次擊退侵略者的
是法蘭西的人民自己。
法蘭西的光榮的歷史
是牠的勇敢的人民的血寫成的。
我們依然信任時間——
牠將會給愛自由，愛民主的
法蘭西人民以勝利。
當此刻，
我沉湎在對於巴黎的回想時，
我的耳際還在鳴響着
『馬賽曲』和『國際歌』的聲音……
我的眼前還映現着
從列寧廳出來的
勞動者的壯大的行列……
我相信：當達拉第，雷諾，
和所有的法蘭西的統治者
捲帶了國家的財富
以及美女與香水，
從波爾多逃往北非洲或美洲時，
法蘭西人民將更堅強起來：
他們將在街頭
重新佈置起障礙物
爲了抵抗侵略的敵人，
爲了建立新的秩序，
在巴黎
將有第二公社的誕生！

一九四〇年六月十五日，重慶

註一：Pantheon 爲巴黎之偉大紀念物，原爲衆神合祭殿，革命後改爲元老院，內有雨果，左拉等之遺骸及許多含有歷史與宗教性質之名畫。盧梭銅像即在元老院之左側。

註二：Invalides 爲巴黎之偉大紀念物，國葬院，拿坡侖之遺骸即存放該處。

註三：美利堅詩人惠特曼，生於West-Hill（一八一九——一八九二），「草葉集」作者。

註四：Champs-elysees 巴黎中心最寬闊雅靜之街道，公園街，在[illegible]果德廣場與凱旋門之間。

註五：即茶花女。

註六：Delacroix 法國十九世紀大畫家，生於巴黎，莫利斯，爲以色彩歌頌革命的巨匠，所作「但丁的船」爲一代美術史劃分了一個時期（一七九九——一八六三）David生於巴黎（一七四八——一八二五）爲波拿帕特皇朝畫家，所作「拿坡崙之加冕式」極偉大壯嚴。

註七：Ingres法國大畫家，生於蒙多邦（一七八〇——一八六七）

註八：引自雷諾致羅斯福書。

註九：引自路透社十四日倫敦電。

魯迅的幼年期

歐陽凡海

大約不僅紹興，中國的大多數地方恐怕都有這種迷信的習俗：就是『中國有許多妖魔鬼怪，專喜歡殺害有出息的人，尤其是孩子；要下賤，他們才放手，安心』。所以中國有許多孩子都被取名『阿貓』『阿狗』尤以紹興這地方，取名『阿狗』『阿貓』的孩子到處都是，用意是表示，輕賤，魔鬼不來殺害，就容易養大。

『還有一種避鬼的法子，是拜和尙爲師，也就是捨給寺院的意思，然而並不放在寺院裏』。『和尙這種人，從和尙的立場看來，會成佛——但也不一定，——固然高超得很，而從讀書人的立場一看，他們無家無室，不會做官，卻是下賤之流』。所以拜和尙爲師，意思是捨給寺院，是下賤了，從讀書人看來，鬼魔也就不會來殺害。豫才生在姓周的人家是長男，『物以稀爲貴』，長男也特別貴重，他父親當然希望他能被養大，所以不到一歲就領他到長慶寺裏去，拜了一個和尙爲師。得到一個法名，叫作『長庚』。還有一件照理應該用各種破布拼成，而豫才底卻是用橄欖形的各種小綢片縫就的百家衣，就是所謂『衲衣』。這件百家衣，非遇到喜慶大事不給穿，還有一條稱爲「牛繩的東西，上掛零星小件，如歷本，鏡子，銀飾之類，據說是可以避邪的」。

那麽你想，這一個小孩子被裝在迷妄之中，身上結綵掛彩拖齊那些令人厭惡的東西 立刻就被那社會中的俗惡活埋得氣也透不出來了。誰能預料得到這小孩就是後年的魯迅呢？魯迅爲了要擺脫活埋着他的這些自小以來的俗惡，後年他竟直費了九牛二虎之力還不止呢。

豫才拜他爲師的那位和尙，大家都稱他爲『龍師父』，對豫才很和氣，並不教他念經，也無須教他佛門規矩。他不過是一位剃光了頭髮的俗人。他雖說是豫才底師父，不過以一個和尙的身份到豫才家裏來，大約也只能受到外貌客氣的師父的待遇，對豫才，他未見得能像對他真正的徒弟一樣吧？豫才假使到他家裏去，他大約不過把他當作一個尊貴的客人。

和尙是不應該留鬚的，龍師父，卻有兩絡下垂的小鬍子，身子瘦長，面也瘦長，高顴細眼。他還有一位老婆，這就是豫才底師母了。年少的豫才，對於和尙有老婆，覺得有點古怪，因爲他那小小的腦袋裏已經知道和尙平常是沒有老婆的了。不過他很愛他底師母。師母是胖胖的，豫才到她家裏去，她底孩子們就來和他玩耍，有時還給他水菓和點心吃。這也是豫才底童年世界的一部分。

師母底孩子們當然是豫才底師兄師弟了。這些孩子大起來也做了和尙。有兩個比較豫才大算是豫才底師兄，有兩個比豫才小，就算是師弟了罷。對豫才感情最好的要算是比他大十歲的他師父底第二個兒子了。

豫才小的時候常去玩的另一個地方就是衍太太家裏。這位衍太太年紀還輕，只有一個兒子比豫才大三四歲。這是一個心術不太端正的女人，她對自己的兒子雖然狠，對別家的孩子卻好的，無論鬧該什麼亂子來，也決不去告訴他們底父母，因此豫才他們就最喜歡在她們家裏或她家的四近玩。

『舉一個例說罷』，豫才自己說道：「冬天水缸裏結了薄冰的時候，我們大清早起來一看見，便喫冰有一回給沈四太太看到了，大聲說道：「莫吃呀，要肚子疼呢！」這聲音又給我母親聽了，跑出來都挨了一頓罵，並且有大半天不准玩，我們推論禍首，認定是沈四太太，於是提起她就不用尊稱了，給她另外起了一個綽號，叫作『肚子疼』。

『衍太太決不如此，假如她看見我們喫冰，一定和藹地自笑着說：「好，再喫一塊，我記着，看誰吃得多。」』

豫才和別的孩子比賽打旋子的時候，她就在旁邊計着數，說道：『好，八十二個了，再旋一個八十三，好，八十四……』於是孩子們終於旋得跌倒了衍太太便來『給你用燒酒調了水粉，搽在疙瘩上，說這不痛，將來還沒有瘢痕』。

這樣的一位太太對小孩，不能不說抱有幸災樂禍的心思，而且我們以後知道她對小孩極力討好，說不定還有別種不良的企圖，這種女人在那時的中國社會中不是很沒有地位，便是從有地位的階層中沒落下，或正在沒落着的人物，她們常常從事各種不可對人言的事業，我相信這是造成此種女人底性格的主要條件，可是孩子們不管她對他們的好意是出自什麼心腸，豫才自然也覺得衍太太是可親近的人。某種放蕩也構成衍太太底生活條件之一，她和她底男人一道看不知是什麼書，有一回被豫才看見，那是很早的時候，豫才沒有顧慮跑進她家裏去，她正在和她的男人看什麼書，他走近去，她便將書塞到他眼前說：『你看。你知道是什麼？』原來那書上畫着房屋，『有兩個光着身子彷彿在打架，但又不很像，』豫才正遲疑間，他們便大笑起來了。這對於一個有自尊心的孩子却似乎受了極大的侮辱，豫才因此很不高興，以後就有十多天沒有到那裏去。

豫才小的時候有一個綽號叫作『胡羊尾巴』，意思是稱贊他聰明，一個人底性情總同底那一方面。童年時代就看得出來。豫才不但聰慧，而且豐於感情，九歲的時候，他底生後僅十個月的妹妹夭亡曾使他傷心得一個人躲到屋角落裏去哭泣，我們可以想像他最初一定是個多情善感而有智慧的孩子，這些在他童年的生活中決不難看見。

他們姓周的人家聚族而居在一大片宅子裏。豫才底家所住屬的屋子不過這一大片宅子中的一部分，然而是最好的一部分，他家正屋的中央，供着一塊牌位用金字寫着『天地君親師』五個字，這是五位封建的權威，那時候的人，必須絕對服從，當時的豫才不過這屋子裏的一位少爺，他所能看見的大約是大宅子裏和鄰近如衍太太，師母家裏的事物，此外就是屋後百草園裏的東西，再就是院子裏高牆上的四角的天空。因此有一回當他知道了這些之外，還有更好的，無窮無盡的希奇事的時候，他不免神往了，在他腦裏翻起了許多想像。那是當他遇見一個鄉下孩子，這鄉下孩子和豫才底年齡相彷彿，是豫才家裏一個短工底兒子，他底名字，豫才早聽到過，不過沒有見過面。有一年，周家一件大祭祀值到豫才家裏。這種大祭祀要三十多年纔能輪到一回，所以很鄭重；「正月裏供祖像，供品很多，祭器很講究，拜的人也很多，祭器也要防偷去」。他家底短工忙不過來，便對他父親說，可以叫他底兒子來管祭器。豫才的父親允許了，豫才因為早聽到過這短工底兒子，所以也很高興。

於是豫才日日盼望新年，好容易到了年末，有一日母親告訴豫才說，那鄉下孩子來了，他便飛跑的去看，『他正在廚房裏，紫色的圓臉，頭戴一頂小氈帽，頸上套一個明晃晃的銀項圈，這是可見他的父親十分愛他，怕他死去，所以在神佛前許下心願，用圈子將他套住了。他見人很怕羞，』只不怕豫才，沒有旁人的時候，便和豫才說話，不到半日，他們便熟識了，豫才早知道這鄉下孩子能裝弶捉小鳥雀，所以他便要他捕鳥去，鄉下孩子說道：

「這不能，須大雪下了纔好。我們沙地上，下了雪，我掃出一塊空地來，用短棒支起一個大竹匾，撒下秕穀，看鳥雀來吃時，我遠遠地將縛在棒上的繩子一拉，那鳥雀就罩在竹匾下了。什麼都有：稻雞，角雞，鵓鴣，藍背……」

於是豫才又盼望下雪。

他又對豫才說：

「現在太冷，你夏天到我們這裏來。我們日裏到海邊撿貝殼去，紅的綠的都有，鬼見怕也有，晚上我和爹管西瓜去你也去。」

「管賊麼」？

「不是。走路的人口渴了摘一個瓜吃，我們這裏不算偷的。要管的是獾猪，刺蝟，猹。月亮地下，你聽，啦啦的響了，猹在咬瓜了，你便捏了胡叉，輕輕地走去……」

豫才並不知道這所謂猹是什麼東西，不過憑他那少年的想像力，他覺得「狀如小狗而很兇猛。」

「他不咬人麼？」

「有胡叉呢。走到了，看見猹了，你便刺。這畜生很伶俐，倒向你奔來，反從胯下竄了。他的皮毛是油一般的滑……」

這時候，豫才憑着天生的想像力，腦裏忽然閃出一幅神異的圖畫，他素不知道天下有這許多新鮮事：『海邊有如許五色的貝殼；西瓜有這樣危險的經歷』，他先前單知道西瓜在水果店裏出賣罷了。

『我們沙地裏，潮汛要來的時候，就有許多跳魚兒只是跳，都有青蛙似的兩個脚……』

這是多麼神奇的另一個世界，豫才開始淘醉在想像的大自然之中了，他底靈魂已經和大自然灌通。

『可惜正月過去，這鄉下孩子須回家去』豫才急得大哭，那孩子也躲到廚房裏，「哭着不肯出門，但終於被他父親帶走了。」

那鄉下孩子所說的那捕鳥的方法，曾由他的父親實際傳授過，他回去之後，還托他父親帶給豫才一包貝殼和幾支很好看的鳥毛，豫才也曾送他一兩次東西，但他和豫才之間最好的紀念，還是那捕鳥的方法，一到冬天，百草園全被白雪蓋着，沒有平時那麼有味，豫才便只好到園裏去掃開一塊雪來捕鳥，本來將他自己撲在雪上印下一個全形的雪人，或者塑雪羅漢，豫才也歡喜的，不過百草園是一個荒園，人跡罕至，沒有人鑒賞，所以不相宜，他只好捕鳥，不過他捕得並不很好，明明看見他們進去了，拉了繩，跑去一看，却什麼都沒有，費了半天力，捉住的不過三四隻。比起那鄉下孩子底父親小半天便能捉幾十隻裝在叉袋裏叫着撞着，他是差得遠了。

這百草園的來歷如何，我不知道。據中國普通的情形，封建階級到了沒落的時候，後花園是常常變成荒園或菜園的。這時候豫才家裏的家景還好不過周姓的同族，恐怕未必得好了，所以這百花園如今是個荒園，恐怕也非偶然，但這對於豫才有什麼大不了呢？他以百草園，爲樂園，而且只要百草園是他底樂園也就好了，這是一個小小的自然界，裏面有「碧綠的菜畦，光滑的石井欄，高大的皂莢樹，紫紅的桑椹；」鳴蟬在樹葉裏長吟，「肥胖的黃蜂伏在菜花上」，輕捷的之雀忽然從草間竄向雲霄裏去，單是園子周圍短短的泥牆根一帶，對豫才就有無限的趣味。「油蛉在這裏低唱，蟋蟀們在這裏彈琴。」他「翻開斷磚來，有時會遇見蜈蚣；還有班蝥，」只要他「用手指按住牠底脊樑，便會拍的一聲，從後竅噴出一陣煙霧」。『何首烏藤和木蓮藤纏絡着，木蓮有蓮房一般的果實，何首烏有擁腫的根。』他曾經聽見有人說過，『何首烏根是有像人形的，吃了便可成仙，』因此豫才『常常起勁地去拔起牠來，牽連不斷地拔起來』，他也曾因此弄壞了泥牆，『可是那像人的何首烏根，他却終于不會發見，他是希望能夠發見的首先像人的根是再有趣不過的了，而且假使吃了成仙，到月宮裏去，更是何等有趣。

那覆盆子，「像小珊瑚珠攢成的小球，又酸又甜，色味都比桑椹好得遠，」倘使他不怕刺，他也可以去摘來吃。豫才並不很循規蹈矩，有些時候，他也頑皮起來，拔何首烏藤，不消說，他會把泥牆毀壞，有時他還將磚頭拋到間壁的梁家去。像他站到園子裏石井欄上去跳下來這樣的事，他家裏知道，就應該給他挨一頓罵的了。

只有那長草叢裏，他是不去的。『因爲相傳這園裏有一條很大的赤練蛇。』

有一回長媽媽曾經告訴他一個故事，說先前『有一個讀書人住在古廟裏用功，晚間，在院子裏納涼的時候，突然聽到有人在叫他，他答應着，四面看時，見了一個美女的面露在牆頭上，向他一笑，隱去了。他很高興；但竟給那走來夜談的和尚識破了機關。說他臉上有些妖氣，一定遇見「美女蛇」了；這是人首蛇身的怪物，能喚人名，倘一答應，夜間便要來吃這人的肉的。他自然嚇得要死，而那老和尚却道無妨，給他一個小盒子，說只要放在枕邊，便可高枕而臥。他雖然照樣辦，却總是睡不着，——當然睡不着的，半夜，果然來了，沙沙沙，門外像是風雨聲，他正抖作一團時，却聽得豁的一聲，一道金光從他枕邊飛出外面便什麼聲音也沒有了，那金光也就飛回來，斂在盒子裏，後來呢？後來老和尚說，這是飛蜈蚣，他能吸蛇的腦髓，美女蛇就被他治死了。』

結束，長媽媽的教訓是：「所以倘有陌生的聲音叫你的名字，你萬不可答應他。」

這故事使豫才覺得做人的危險，夏夜乘涼，便往往覺得有些擔心「不敢去看牆上，而且極想得到一盒老和尚那樣的飛蜈蚣」。走到百草園草旁邊的時候，他也常常這樣想。不過長媽媽的結束的教訓，豫才倒並不佩服，因爲這位長媽媽常常有許多討厭的教訓，使得豫才不耐煩，比方說人死了不該說死掉，必須說「老掉了」；死了人，生了孩子的屋子裏，不應該走進去；飯粒落在地上必須揀起來，最好是吃下去；曬褲子用的竹竿底下，是萬不可鑽過去的……她教給豫才的大道理，此外還有許多，豫才覺得都是煩瑣之至，非常麻煩的事情。

她是帶領豫才的女用人，說闊氣點，就是保姆。豫才的母親和別的許多人都稱呼她爲保姆，只有豫才底祖母叫她阿長。豫才平時叫她阿媽，連長字也不帶，但到憎恨她的時候，就叫她阿長。她生得黃胖而矮，夏天和豫才睡在一床的時候，她伸開兩脚兩手，在床中央擺成一個「大」字，擠得豫才沒有餘地翻身，將他烤得火熱，推也推不動，叫她也叫不響。

豫才便只好去，向他母親訴苦，訴了多回之後，母親告訴長媽媽說：「長媽媽生得那麼胖，一定很怕熱罷？晚上的睡相怕不見得很好罷？……

……」

然而這樣的交涉，一點效力也沒有，豫才熱得醒來的時候，「仍然看見滿床擺着一個「大」字」。

這大約是一位很粗鄙的鄉下女人。童年的豫才得了這一位同伴日夜相處，已經明顯的感覺不舒服。他底個性在這時已經很看得出來了。她不許豫才走動，拔一株草，翻一塊石頭，就說豫才頑皮，要告訴豫才底母親去，這也怪不得長媽媽，中國教育兒童的普遍方法是要把一個兒童教得拘拘謹謹，大起來低眉順眼。可是這實在等於殺害兒童底精神，有個性的兒童自然要反抗。長媽也因此很得不到豫才尊敬，他甚至疑心他家的一些小風波都和他的「切切察察」有些關係，原來她又喜歡切切察察低聲向人絮說些什麼事，「豎起第二個手指，在空中上下搖動，或者點着對手或自己底鼻尖。」這些都使豫才覺得討厭。

然而有一個時候，他也對她發生過空前的敬意。她常常對豫才講「長毛」，她所說的「長毛」，「不但洪秀全軍，似乎連後來一切土匪强盜都在內。」她說先前長毛進城的時候，豫才家裏全家都逃到海邊去了，「只留一個門房和年老的煮飯老媽子看家。後來長毛果然進門來了，那老媽子便叫他們「大王」——據說對長毛就應該這樣叫——訴說自己的饑餓，長毛笑道：「『那麼這東西就給你吃了罷』！將一個圓圓東西擲了過來，還帶着一條小辮子，正是那門房的頭。煮飯老媽子從此就駭破了膽，後來一提起，還是立刻面如土色，自己輕輕地拍胸脯道：「阿呀，駭死我了。駭死我呀……」

豫才那時倒並不怕，因爲他覺得這事和他毫不相干，他不是一個門房。『但她大概也卽覺到了，說道：「像你似的小孩子，長毛也要擄的，擄去做小長毛，還有好的姑娘也要擄」』。

「那麼，你是不要緊的」，豫才以爲她一定安全了，她旣不做門房，又不是小孩子，也生得不好看，况且她頸子上還有許多灸瘡疤。

「那里的話」？她嚴肅地說。「我們就沒有用處？我們也要被擄去。城外有兵來攻的時候，長毛就叫我們脫下褲子，一排一排地站在城牆上，外面的大砲就放不出來；再要放，就炸了」！

這實在是出乎豫才意料之外的。他「一向只以爲她滿肚子是麻煩的禮節罷了，却不料她還有這樣偉大的神力。從此對於她就有了特別的敬意。」

豫才睡覺的床前帖着兩張花紙。一張是「八戒招贅」、一張是「老鼠成親」。那張「八戒招贅」滿紙都是長嘴大耳，豫才不太喜歡，却喜歡那些尖嘴細腿，像煞讀書人的，都穿紅衫綠褲的老鼠新郎，新婦，以至儐相，賓客，執事。他極其神往這「老鼠成親」的儀式，相信能舉辦這樣大的儀式的，一定只有他喜歡的隱鼠。正月十四日的夜，他就不肯輕易便睡，要等候老鼠們底儀仗，從床下出來。但結果仍只見幾個光着身子的隱鼠在地面遊行。

猫是要吃老鼠的，但要老鼠最厲害的是蛇。童年時候，豫才底祖母常講謎給豫才猜，講故事給他聽，有一回他祖母講給他一個故事說猫是老虎的先生，老虎底一切撲捉，喫的方法都是猫教給它的，猫教完了這些老虎便以本領都學到了，覺得只有老師的猫比自己强，便向前去撲猫，那知猫早曉得牠底來意，一跳便跳上樹，老虎却只能眼睜睜地在樹下蹲着。原來猫還沒有將上樹的本領傳授給老虎。豫才聽了這故事，覺得猫有點妖氣。

有一回，豫才聽見一空屋裏，有大家叫作「老鼠數銅錢」的「咋！咋！咋咋咋！」的鼠叫聲這聲音是表現老鼠遇了蛇追殺的可怕的絕望的恐怖。他推進門去，看見一條蛇伏在橫梁上，地上躺着一匹隱鼠，口角流血，祇有兩脅還一起一落。他救起了那隻隱鼠，給牠在一個紙盒子裏，大半天之後，就醒過來來了。後來牠就復了原，但是不逃走「放在地上，也時時跑到人面前來而且緣腿而上，一直爬到膝髁。給放在桌上，便檢吃些菜渣，舐舐盌沿；」放在他底書桌上「則從容地游行，看見硯台便舐喫了研著的墨汁。」這使他非常驚喜了，原來他聽見他父親說過，中國有一種墨猴，只有拇指一般大，全身的毛是漆黑而且發亮的。牠睡在筆筒裏。一聽到磨墨，便跳出來，等着到人寫完字，套上筆就舐盡了硯上的餘墨，仍舊跳進筆筒裏去。原來這樣的，小孩看了劍俠小說，很有可能會去做劍客的，他父親說的這故事，當然使他非常憧憬，他「極願意有這樣的一個墨猴，可是得不到」便以這隱鼠來代替他憧憬中的墨猴，雖然這幷沒有故事中的墨猴那麼好，但也可以聊勝於無，況且隱鼠在其他各點上都這麼可愛。他一向對隱鼠又抱好感，他祖母恨鼠子「咬破箱子，偷吃東西」，而他却以爲這專不得大罪，所以這隱鼠便成了他理想中的愛侶了。這能够辦那麼大的成親儀式的可愛的嬌小的鼠子。

這位隱鼠大約做了他一兩個月的伴侶，後來有一天忽然不見了，這使他們感到非常的寂寞，後來還是長媽媽看見他一天老是等着隱鼠，等得太苦，才輕輕告訴他說隱鼠是在前一天晚上被貓吃去了。這消息卽刻使他憤怒，悲哀，那在他早覺得有點妖氣的貓，便成了他底敵人了。

可是經過了許多日子之後，他又偶然得到一個意外的消息，說那隱鼠並非被貓所害，倒是緣着長媽媽底腿要爬上去，被她一脚踏死了的。

原來謀死他底隱鼠的却是她。在這時候，他便不再叫她長媽媽，要仿他祖母底口氣，叫她阿長了。可是他和貓的感情也終於並沒有融和。

紹興有佛神之國的稱呼，講到這些迷信，全世界實在都一樣，紹興不過迷信更深一點罷了。玉歷鈔傳裏的故事，在紹興特別得到信仰，因此死後與來世這東西對一般老太婆的恫嚇力也非常之大，所以那方面朝香的老太婆也特別多。和玉歷鈔傳不能分離是城隍廟與東嶽廟，這兩個廟在紹興城內的地位很高。廟內都有泥塑的十殿閻王，每殿都按照玉歷鈔傳上的故事塑用人類經過各殿所受的酷刑。這十殿的酷刑不但能恫嚇中國人，而且還教會了中國人用酷刑的許多聰明，在中國曾經發生過很大的支配力量，廟中大殿的後面，有一間暗室，叫作「陰司間」，在纔可辨色的昏暗中，塑着各種鬼：吊死鬼，還跌死鬼，虎傷鬼，科場鬼……」而一進門首先所看見的是那一手拿着鐵索的勾魂使者「活無常」。有些地方的「陰司間門口還有一塊活板，人一進門，踏上活板的一端，那活無常」便會撲過來，將鐵索套在你頸子上。這當然非常可怕，有時甚至會嚇死人，所以近來大約是不再有什麼地方的「陰司間」裝有這種活板了。

這位活無常雖然是勾魂使者，都爲地方上的鄉野農民所愛好，在看目連戲或大戲的時候，豫才也和其他的看客們一樣，坐在船上的心情，完全和平常兩樣。「平常夜愈深愈懶散，這時都愈起勁」。因爲這位無常雖說是鐵面無情的鬼，却有些近人情，當迎神賽會的時候，人們給他扮一個老婆，扮一個兒子跟着他，幷且有一個捧着一盤飯菜的小丑似的脚色走在他前面，使他跟定這脚色，搶盤中的飯菜吃，而那脚色却故意不給他吃，加上跟在他背的老婆兒女，便成了一個很滑稽可親的場面，可見人們惟獨對於這位鬼最爲親密，最爲稔熟；「有人說，他是生人走陰，就是原是人，夢中却入冥去當差的。」離豫才家裏不遠的有一個小屋子裏，有一個男人，便自稱是「走無常」的「門外常常燃着香燭」。中國人迷信之深，而且有着這些特別的形式，於此可見也。

迷信在中國社會中很深，很普遍，堅決的，傻裏傻氣的信仰者却反而很少。這兩件事，照理是應該互爲表裏的，而中國却並不。比方豫才底寵師父就是一個討老婆養豬子的和尙，和尙底大兒子也是一個有家小的和尙，不過他沒有他底父親那樣高明，敢於泰然無可地有着家小，却對豫才保守祕密罷了。

師父底第二個兒子只比豫才大十歲，和豫才的感情還好。有一回，他要受大戒了，兩排艾絨放在他剃得精光的顖門，同時燒起來，豫才早就很替他担心，覺得他總不免要叫痛的，每一想到便十分心焦，彷彿受戒的是他自已一般，可是他底師父却有法子叫他兒子不叫痛。「他不說戒律，不談教理，只在當天大清早」，叫了豫才底師兄去，厲聲吩咐道：「拚命熬住，不許哭，不許叫，要不然腦袋就炸開死了」！這個方法，「比什麼妙法蓮花經」或「大乘起信論」還有力，和尙也很知道他所相信的迷信沒有什麼大法力，但用牠來恫嚇小孩或年輕人，倒有力量的，因此這大戒禮便得以順利地在許多善男信女觀光之下莊嚴地進行了。中國有許多哄動一時的什麼名寺名山的入戒儀式，恐怕也免不了這當天大清早的厲聲恫嚇吧？豫才底師兄「雖然兩眼比平時水汪汪，但到兩排艾絨在頭頂上燒完，的確一聲也沒有出」。豫才這才噓一口氣。「如釋重負」，「善男信女們也個個合十讚歎，歡喜布施，頂禮而散了」。

師兄在恫嚇之下受了大戒，從沙彌升爲和尚，可是和尚只識一個，還是不能永遠心服或駭怕他所相信的神佛，於是便想女人。作爲這「相思」或「單相思」的媒介的是「結」。紹興的闊人家，一有喪事，每七日總要做一些法事，有一個七日，是要舉行「解結」的儀式的，因爲死人在未死之前，總不免開罪於人，存有冤結，所以死後要替他解散。方法是在這天拜完經懺的傍晚，靈前陳列着幾盤東西，是食物和花，而其中一盤是用麻線或白頭繩，穿上十來文錢，兩頭相合而打成蝴蝶式，八結式之類的複雜的，頗不容易解開的結子。一羣和尚便環坐棹旁，且唱且解，解開之後，錢歸和尚，死人的一切冤結也從此完全消失了。這道理似乎有些古怪，但誰都這樣辦，并不爲奇……不過解結是並不如世俗人的所推測，個個解開的，倘有和尚以爲打得精緻，因而生愛或者故意打得結實，很難解散，因而生恨的，便能暗暗的整個落到僧袍的大袖裏去，一任死者留下冤結，到地獄裏去吃苦。這種寶結帶回寺裏，便保存起來，也時時鑒賞……當鑒賞的時候，當然也不免想到作家打結子的是誰呢，男人不會，奴婢不會，有這種本領的，不消說是小姐或少奶奶了……就不免覩物思人……」豫才底師兄曾經把這種結分幾個給豫才過，豫才親見過「有些實在打得精奇，有些則打好之後，浸過水，還用剪刀柄之類砸過，使和尚無法解散。解結，是替死人設法的，現在却和和尚爲難」。這明明是要給和尚吃苦，「頗有點虐待異性的病態的」「可是當時的豫才并不明白這是什麼意思，直到二十年後，他學了醫學，這才知道的」，「深閨的怨恨，會無綫電似的報在佛寺的和尚身上」，中國的道學先生是沒有預料到的。

這位師兄後來果然有老婆了。不過他也和他底哥哥一樣對豫才嚴守祕密「道行還不及他的父親」。豫才「不知從那裏聽來了和尚應守清規之類的古老話，還用這話來嘲笑他，本意是要他受窘。不料他竟一點不窘，立刻用金剛怒目式」，向豫才大喝一聲道：

「和尚沒有老婆，小菩薩那裏來」？

我們已經知道豫才看迎神賽會是很有勁的了。他也喜歡捕獅、羊，石子變成白鴿等等游江湖的江北人變的戲法，而他最喜歡——對他的幼年生活有極大關係的是看戲。許壽裳曾經記下他母親底一段談話說：

「在十餘歲時，胡家祠堂表演戲，他事先已經看好了一個地方——遠處的石凳。不料臨時爲母親所阻止，終於哭了執意要去看，至則大門已關，不得進去。後來知道這一天因爲看客太多，擠得石凳斷了，摔下來，竟有斷臂斷脛骨的。他之不得其門而入，幸哉幸哉——！

舊時候的中國，還沒有專門的戲場，特別是如紹興一樣的小城市或鄉村裏，凡做戲總帶着一點宗教性，供着神位，是看戲的主體，人們去看不過是叨光。至於「大戲」或「目蓮」則不但請神，還要請鬼，尤其是橫死的怨鬼，儀式就更緊張，更嚴肅。看這戲不白買坐位，地方是在空曠的田野裏，在你站着看，官紳或女人出來看戲，要想坐，也只好自己或託人預備好坐位。但看戲的大多數是鄉野的勞動者，所以這種戲如同迎神賽會一樣是大衆底娛樂之一，很像原始社會中的帶有祭祀性質的舞樂。這實在是農村公社的遺風。供神與不供神的戲，鄉野的勞動者可以享受是一樣的。不過，不供神的戲，在上流的讀書人底眼睛裏便地位低了，看的人就更是鄉野底農民爲多。

「「大戲」和「目蓮」，雖然同是演給神，人，鬼看的戲文，但兩者又不同。不同之點：一在演員，前者是專門的戲子！後者是臨時集合的 Amateur——農民和工人；一在劇本，前者有許多種，後者都祇好歹總只演一本「目蓮救母記」。然而開場的「起殤」，中間的鬼魂出現，收場的好人升天，惡人落地獄，是兩者都一樣的」」。

「當沒有開場之前，就可看出這並非普通的社戲，爲的是台柱旁早掛滿了紙錢……是給神道和鬼魂獻的，所以凡內行人，緩緩的吃過夜飯，喝過茶閒閒而去，只要看掛着的帽子，能知道什麼鬼已經出現，因爲這戲開場較早，起殤在太陽落盡的時候，所以飯後去看，一定是做了好一會了。但却不是精彩的部分：「起殤」者，紹興人現已大抵誤爲「起喪」，以爲就是召魂，其實是專限於橫死者的……在海岸中，十幾匹馬，站在台下了，戲子扮好一個鬼王，藍面鱗紋，手執鋼叉，還得有十幾名鬼卒，則普通的孩子都可應募」。豫才「在十餘歲時，就曾經充過這樣的義勇鬼，爬上台去，說明志願，他們就給在臉上塗上幾筆彩色，交付一柄鋼叉。待到有十多人了，即一擁上馬，疾馳到野外的許多無主孤墳之處，環繞三匝，下馬大叫，將鋼叉用力的連連刺在墳墓上，然後拔叉馳回，上了前台，一同大叫一聲，將鋼叉一擲，釘在台板上……就算完結，洗臉下台，可以回家了，但倘被父母所知，往往不免挨一頓竹篠——這是紹興打孩子的最普通的東西——一以罰其帶着鬼氣，二以賀其沒有跌死」，但豫才都幸而從來沒有被發覺，所以不曾因此挨過打。

「這一種儀式，就是說，種種孤魂厲鬼，已經跟着鬼王和鬼卒」，前來看戲了，「但人們用不着擔心，他們深知道理，這一夜決不絲毫作怪。於是戲文也接着閉場，徐徐進行，人事之中，夾以出鬼」，以後還出吊死鬼。出男的叫「跳男吊」，出女的叫「跳女吊」，到了收場，就是好人升天，惡人「惡貫滿盈」，閻王出票來拘攝了，於是乎豫才和看客們所最熟悉的「活無常」便在台上出現。

普通社戲，儀式比較的沒有這麼嚴肅。講到這社戲，又想起豫才底師母和龍師父愛上了的故事。原來龍師父年青時，「是一個漂亮而能幹的和尚，交際很廣，認識各種人，有一天，鄉下做社戲了，他和戲子相識，便上台替他們去敲鑼，精光的頭皮，簇新的海青，真是風頭十足。鄉下人大抵有些頑固，以爲和尚是應該唸經拜懺的，台下有人罵了起來，師父不甘示弱，也給他們一個回罵。於是戰爭開幕，甘蔗梢頭雨點似的飛上來，有些勇士，還有進攻之勢，「彼衆我寡」，他只好退走，一面退，一面一定追，逼得他只好慌張地躲進一家人家去。而這人家，又只有一位年輕的寡婦」。後來這寡婦就成了豫才底師母。」豫才參加這種熱鬧的社戲，還有一個好機會，那便是到外祖母家裏去。他母親每年都要到外祖母家裏去住幾天，這時他便也每年跟着母親到外祖母家裏去。母親和外祖母都很愛他，他在那裏得到特別的優待，那地方叫作安橋頭，是聚族而住的一個小村坊，族人都是姓魯，大約有二十餘家，都以種田，打魚爲業，只有一家很小的雜貨店。這村坊離海邊不遠，非常偏僻，村前有一條小河，景物風色都非常好，豫才在這裏，得以有閏土口中所說的那美好的大自然相接觸。所以這外祖母家，又成了百草園之外的，他底另一個樂園。這大自然在他底靈魂裏滋以養料，使他底生命豐富起來以後在他底創作中放出令人神往的光彩。在他底許多創作中，我們看得出他愛這大自然界的深切，他底心靈立刻以這爲他底歸宿了，就是到了他底晚年，他也不會將他底靈魂從這兒分開，作爲封建社會及上流人物底叛臣的後年的魯迅，對他自己所說以出身的社會中的一切都抱憎惡，只有對這大自然，他永遠愛戀。對那大自然中的農民，他也永遠抱着憐憫與深切的愛，中年後的魯迅，生活在近代的軍閥與帝國主義蹂躪的都市之中，使他和鄉村分離，並且他也知道了鄉村所處的地位，但是對於這都市卻不感覺愛，他並不高唱回到自然，像自然主義者所做的那樣，他從不會，不過他在沒有知道了罪惡底來源之前，已經看見了惡的對比物，那善與美的本身了。因此惡更益顯明彰著，而他也就更加深愛這善與美，從那時候起，他就不知不覺投入這美善的懷抱中，成爲日後的惡底不妥協，不屈不撓的死敵。豫才底靈魂，因此更加得到豐富的力與生的希望。將來的人類合理的社會，當然並不是單純的自然本身，不過從自然界中，就是一個小孩也不難得到樂園與天國的暗示，那裏面寓意着人類合理生活的原素，所以對於自然的無限的憧憬，無限的愛，是豫才童年生活底主要的一面。那時他到了鄉下，還得到許多農家的小朋友一同游玩。因爲豫才是遠客，小朋友都從父母那裏得了減少農家工作的許可。在小村裏，大家親密相聚，一家底客，幾乎就是公共的。小朋友們和豫才底年紀都相彷彿，他們「每天的事情大概是掘蚯蚓，掘來穿在銅絲做的小鈎上，伏在河沿上去釣蝦。」其次便是去放牛。而他所第一盼望的，還是到離開橋頭五里的一個較大的村莊上去看戲。從安橋頭到那村莊去經過的是水路。船從安橋頭村前的河流出發，經過沿河的無限好景色，通過一個松柏林——這松柏林，豫才也曾去玩過——轉了灣，便到那村莊。看戲的人可以在水裏的船上看，所以他們底船一到，盡力把船駛進許多船中間去，擇定位置，下了篙，便只要在船上看了。這也可以說是紹興底特色。大家都坐在水裏的船上看岸上的戲，在中國頗不易得。

豫才最喜歡看的是「一個人蒙了白布，兩手在頭上捧着一支棒似的蛇頭的蛇精，其次是套了黃布衣跳老虎。將他喜歡隱鼠的故事，和這件事加以聯想豫才在氣質上多少受了點讀書人的影響這種纖細，嬌嫩的感覺，是神經質的，他後年觀人察物的那種細緻性與極端性，扶弱抑強的那種韌性，與他所取的那種曲曲折折，忍耐，堅持的戰鬥途徑，和他這種氣質，都有分不開的關聯。

豫才六七歲起，就跟他底從叔伯撝先生誦讀鑑略，但這時候的讀書，管束還沒有很嚴厲，豫才自然還可以常到百草園和鄰近的地方去玩玩，到了十二歲，他就被送進一個全城中稱為最嚴厲的書塾裏去了。這書塾離豫才家不遠「出門向東，不上半里，走過一道石橋」便是。「從一扇黑油的竹門進去，第三間是書房。中間掛着一塊匾道：三味書屋；匾下面是一幅畫，畫着一隻很肥大的梅花鹿，伏在古樹下。沒有孔子牌位，舊塾的上學，總在正月裏的，學生們上學的時候「便對着那匾和鹿行禮。第一次算是拜孔子，第二次算是拜先生」。

「第二次行禮時，先生便和藹地在一旁答禮。他名字叫作壽鏡吾，字懷鑑，是一個高而瘦的老人，鬚髮都花白了，還戴着大眼鏡」，豫才對他很恭敬，因為他早聽到說這位懷鑑先生是本城中極方正，質樸而博學的人。

豫才不知從那裏聽來的，說東方朔也很淵博，『他認識一種虫，名曰「怪哉」，冤氣所化，用酒一澆，就消釋了』他很想詳細地知道這故事，可是無從探問，阿長是不知道的，因為他知道她畢竟不淵博。「現在得到機會了，可以問先生」。

「先生，「怪哉」這虫，是怎麼一回事？……」他上了書，將要退下的時候，就趕忙問。

「不知道」！先生似很不高興，臉上還有怒色。

[illegible]這種態度豫才遇過好幾次，年紀比他大的往往如此。他這才知道做學生是不應該問這些事的。

那麼他就只好讀書，「正午習字，晚上對課」。最初幾天，先生對他很嚴厲，後來却好起來了，不過給他讀的書漸漸加多，「對課也漸漸地加上字去，從三言到五言，終於到七言」。原來豫才是個聰敏的孩子。

「三味書屋後面也有一個園，雖然小，但在那裏也可以爬上花壇去折臘梅花，在地上，或桂花樹上尋蟬蛻。最好的工作是捉了蒼蠅喂螞蟻，靜悄悄地沒有聲音。然而同窗們到園裏的太多，太久，可就不行了，先生在書房裏便大叫起來：——

「人都到那裏去了？」

「人們便一個個陸續走回去；一同回去，也不行的。他有一條戒尺，但是不常用，也有罰跪的規則，但也不常用，普通總不過瞪幾眼，大聲道：——

「讀書」！

「於是大家放開喉嚨讀一陣書，眞是人聲鼎沸。有唸「仁遠乎哉我欲仁斯仁至矣」的，有唸「笑人齒缺曰狗竇大開」的，有唸「上九潛龍勿用」的，有唸「厥土下上上錯厥貢苞茅橘柚」的……先生自己也唸書」。及是大家底聲音便低下去，靜下去了，只有先生還大聲朗讀着：——

「鐵如意，指揮倜儻，一座皆驚呢……；金叵羅，顛倒淋漓噫，千杯來醉嗬……！」

他讀到這這裏，總是微笑起來，而且將頭仰起，搖着，向後拗過去，拗過去。」豫才疑心這是很好的文章。

「先生讀書入神的時候」，對於學生是很便宜的。有幾個人便用紙糊的盔甲套在指甲上做戲。豫才是畫畫兒「用一種叫作荊川紙」的，蒙在小說的繡像上一個個描下來，像習字時候的影寫一樣。可是這種事塾師是要禁止的，有時還要打手心。小朋友們如果專讀「人之初性本善」讀得要枯燥死的時候，「只好偷偷地翻開第一葉，看那題着「文星高照」四個字的惡鬼一般的魁星像，來滿足幼稚的愛美的天性。」豫才底家庭裏，比書塾裏的禁令較寬一點，可以在大衆前面冠冕堂皇地閱看文昌帝君陰騭文圖說和玉歷鈔傳「都畫着冥冥中賞善罰惡的故事，雷公電母站在雲中，牛頭馬面布滿地下」這和現

代的學校裏不准買看閒書，只許知道品行有甲，乙，丙，丁是一樣的道理。

除了公開閱看文昌帝君陰騭文圖說及玉歷鈔傳之外，豫才還去找別的圖畫書來看，看了高興就描畫下來。他所看的那些陰間圖畫，都是家藏的老書，但他家裏原有的幾箱藏書卻多是經史及舉業的正經書，有畫可看的書，除這些陰間的圖畫之外，便只有聊齋志異，夜讀隨錄，三國演義，綠野仙蹤，酉陽雜俎，容齋隨筆，輟耕錄，池北偶談，六朝事蹟類編，二酉堂叢書，金石存，及徐霞客遊記等。到了新年，他們要出城拜年，來回要一整天，一路都坐在船裏的。豫才和他底兄弟便將此類書本放在『帽盒』中帶去看，省得在船中枯坐無聊。帶去的書，也有的是從別人處轉借來的，若看了這轉借來的書特別覺得欽佩，便回家來抄，豫才底抄轉書籍的興趣，起於這些時候。

在那聚族而居的宅子裏，只有他遠房的一個叔祖藏書最多，而且特別。「他是一個胖胖的，和藹的老人，愛種一點花木，如珠蘭，茉莉之類」，「還有極少見的據說是從北方帶回去的馬纓花。他的太太卻正相反，什麼也莫明其妙，曾將曬衣服的竹竿擱在珠蘭的枝條上，枝折了，還要憤憤地咒罵道：死屍」！這老人是個寂寞者，因爲無人可談，就很愛和孩子們往來，」，有時簡直稱豫才爲「小朋友」，制藝和試帖詩，他自然是有的，但豫才卻只在他的書齋裏看陸璣的毛詩鳥獸草木虫魚疏，和許多名目很生的書籍。他那時最愛看是的花鏡，上面有許多圖。叔祖告訴豫才說，曾經有過一部繪圖的山海經，「畫着人面的獸，九頭的蛇，三腳的鳥，生着翅膀的人，沒有頭而以兩乳當作眼睛的怪物，……可惜現在不知放在那裏了」。

豫才很願意看看這樣的圖畫，不過豫才雖說是一個天眞的小孩，也初懂了一點人情世故，他知道他很疏懶，「不好意思力逼他去尋找」。向別人呢，誰也不肯眞實地回答他。壓歲錢他有幾百文，要去買，又沒有好機會。買書的大街離豫才底家很遠，他一年中只能在正月間去玩一趟，那時候兩家書店都緊緊地關着門。

「玩的時候倒是沒有什麼的，但一坐下來」就記得山海經了。

大概是因爲過於想念，後來連阿長也來探問。山海經是怎麼回事。豫才向來沒有和她說過，他「知道她並非學者，說了也無益；但既然來問，也就都對她說了」。

「過了十多天，或者一個月罷……是她告假回家以後的四五天，她穿着新的藍布衫回來了，一見面就將一包書遞給」豫才，高興地說道：

「哥兒，有畫兒的「三哼經」，我給你買來了」！

豫才「似乎遇着一個霹靂，全體都震悚起來；趕緊去接過來，打開紙包，是四本小小的書，略略一看，人面的獸，九頭的蛇，……果然都在內」。

這又使豫才發生新的敬意了，別人不肯做，或不能做的事，他卻能夠成功。他確有偉大的神力，謀害隱鼠的怨恨，從此完全消滅了。

這四本書，是豫才「最初得到最爲心愛的寶書」。此後他「就更其搜集繪圖的書」。

附註：引號內的文章，或爲對話，或爲摘自他書及魯迅著作中。

七月明信片

由於敵人底轟炸所帶來的印刷底困難，這一期遲了四五個月才得出版，勞友人們底關心和讀者們底等待，這是非常抱歉的。

定價，我們實在不願增加讀者底負担，但「成本」却是一個怪物，書店固然怕它，我們尤其怕它，因爲它是不管我們口袋里面的狀況的。這一期或下一期，恐怕定價又要增加不少了。

YK先生：你所問的問題我們不能答覆，但可以供給一點參考意見：書評不能盡信，「文壇消息」也不能盡信，要不然，世上將沒有不騙人的作者，也不會有受壓抑的作者了。「七月叢書」出過幾本，但內地到得很少，已經買不到。也許過些時作一個總的報告。

何眞先生：遵命在這里答覆：你既責備我們不多登名作家底作品，又怪名作家底作品不認眞，那麼，到底怎樣才好呢？我們想希望不能太高，只好就認爲對的做起罷。有時候力不從心，這誠然是應該慚愧的。

蘇流等三位先生：「海上述林」買不到。奉勸你們不要進大學罷，我們也說不出一個頂好的或較好的，免費的更沒有。你們現在一面工作，一面學習，恐怕是比較妥當的道路。外國語，也不一定要從留洋博士學的。

有幾次，接到要加入本社工作的來信。再聲明一次：我們底工作完全是「愛美的」，吃飯之類完全要另外想辦法。聘請工作人員，決沒有這個力量。

巨人底悲哀

S．M．

金紅的雲朵發出強烈的光焰。整個宇宙像要燃燒起來。天邊上，帶一點寧靜的淡綠色，再下面，是踴躍的紫黑色，這紫黑色是無光的，要被世界擠出去了的樣子。太陽，突然湧出，像幸福地狂醉了的臉相，有大歡喜，放射大光明。於是，人間是一幅遼闊於一種豪放和和諧中的紅黃了。山峯，千重，萬重地環抱着，明朗的大風吹着牠們，淡淡的烟霧依傍着牠們，牠們，那樣沉靜，適於嚴肅，彷彿十萬大軍侍立在心所敬畏的統帥面前。

拿破崙，獨立在最高的山峯上。他底心陷入痛苦：他要使自己發怒，給自己一種力量把歐洲一拳打碎。人□□□□一乙大腿上的肌肉在飄風吹微波地發抖，一□龍也，左□憐地立住在這个山峯上而要向巨石□，又□□一樣飄落。因為，他底地位和他人個□細的低小使他不安；而他又是，以自己為上帝的一個人，他要統治歐洲，不！他要創造歐洲，不！他要創造世界呀！——

但是：他忽然看見，在日光所照的方向，他底影子巨大到蓋住了一個山峯，並且高於一切山峯，於是，他渾身湧溢力量像沉睡的火山忽然湧溢熔岩。

他歡喜地自言自語：「嚇！我底影子是這樣一個山峯呀！我能够是這個世界上的一個渺小的人物嗎！假使我要偉大，我就是個巨人！假使我要登冠，世界祇有服從，沒有影子是山峯，而人自羈倒是侏儒的。什麼人敢再侮我不滿一公尺五吋！」

他擧起憤怒的手臂來，宣誓一樣。他的影子也擧起手臂來，向太陽，向天空，向所有的山峯。

「我是巨人！——」

於是，他的胸向前擴張，一隻青蛙一樣驟足頂氣，他底大腿像兩根直立的木頭，不再發抖了，他的眼睛一樣睥睨着，向四面的山峯發出尊貴和傲慢的深黑光而親暱而感激地凝視着自己底膨脹的影子，他發出大叫：

「波拿帕脫！——」

立刻，一萬个聲音給他回答，響亮和歡喜震撼了天，地，春天的獲雷一樣：

「波拿帕脫！……」

「波拿帕脫！波拿帕脫！波拿帕脫！……」

他吃驚了。他沒有想到，在他底耳中留着殘音，在他底脚下俯伏着千重，萬重的山峯，在他底頭上給他預備了他底翱翔的空間。他歡喜啊。

這樣，拿破崙從馬蹄開始在各處馳騁起來。他，踢倒了一个王朝為了建立第二个王朝，擁護了平民以後把平民塞在自己底小口袋裏，把寶劍送給與國公主，把軍旗插到世界底低地和風雪的荒原，要曾服風浪的海峽，甚至血濺了埃及底灼熱。……

但是，現在是聖赫勒拿小島，不是歐洲大陸了啊。

但是，當他還沒有成為巨人的時候，他已經有雄心足够壓倒他底渺小之感了，雖然在睡不好的月夜裏不免有渺小的反省，而使自己痛苦。到加冕和踰越了阿爾卑斯以後，他創造了自己，再也不相信自己會比這個地球小，失敗是由於偶然的不幸，無損於他底偉大的，他是巨人，沒有一个巨人是可以被縮小的。這，像青菜到成為巨樹就永遠是巨樹了一樣，即使把牠割斷或者鋸作榾屑。

拿破崙，他憂鬱地想起了未過去的日子。「我是巨人！——」他自言自語於是他又發出大叫，近於瘋狂：

「波拿帕脫！——」

但是，面前是沉默的海，沒有回答給他，而島風，又把他底呼聲和海鳴一起趕走，甚至他由記憶所有的一點殘響也給吹散。

他第二次大叫，聲音更高，彷彿他在萬人眼前宣佈一個戰爭：

「波拿帕脫！——」

還是沒有回答。

他再叫，再叫。叫得聲音破碎，叫得給島風塞住咽喉，叫得頭髮蓬亂，——但永遠沒有回答了！

他吃了一驚，還把回過頭去看他底影子，他底偉大底象徵，他相信，什麼也不留給他的時候，他底影子總是存在的吧。——但是，什麼也沒有了！渺小小的也沒有，淡淡的也沒有，剩下來的祇是一片空虛而已！……

他痛苦了，望着海，望着太陽沉落的遠處，兩隻嘗[illegible]大[illegible]手交五地捏弄出來一種寂寞的骨節底彷彿折斷的臉聲，讓烏風吹亂乾枯像冬草的頭髮，以後又讓牠吹冷忽然滑下的不多的淚珠。

下

前面，是蕭條的蘆葦，再前面，黃濁的江水在滔湧。沒有一隻船沒有一个人。

勒住了馬，[illegible]馬[illegible]肋上，腿上有七，八處傷，還有一枝[illegible]是[illegible]的[illegible]在高頸上，黑色的剛毛使流出的血成[illegible]冷，使蒸熱的鼻息噴出了牠[illegible]粗大而[illegible]北方。鐵的蹄子不安地踐踏着，地[illegible]起了輕微的黃塵。牠還要馳騁而去的樣子，但是兩枝繮繩却控制了牠，於是，牠高高地仰起頭來，發紅光的眼突然瞪圓，半開了口湧溢出來淡黃色的泡沫，用半露的闊大的牙齒嚼嚼地咬嚼着自己口中的鋼鐵，向欲不雨的天色發出一聲抑鬱嘶叫：「咿！………嚇，嚇，嚇，嚇！………」

騎着這馬的是項羽，他也突然咆哮起來：

「天！………」

他完全絕望了。他底聲音就是他底憤怒。他底鬍子多天的樹枝一樣椏椏杈杈地豎立着，他底口要咬吃什麼東西一樣張大了，他底顴高蜷像山峯，他底眼有使懦夫不安的威稜。

背後，遙遠的地方枯樹叢密的高崗上，有一行滾動着的塵土，有黑色的點子出沒着，追凶的敵人是接近了。

項羽，現在他祇剩着這樣二，三十個隨從了。這些人，每一个都忠於他和他底事業，每一個都足够匹敵劉邦底任何大將。他底失敗，是他沒有聽從范增底話，是他沒有把百姓放在眼中和心上，讓奸詐的劉邦和他們去約法三章。他祇有英雄主義，他祇有戰爭和勝利，——他不要那些奴才相的人才。

他自己，鋼鐵一樣始終沒有損傷以外，二，三十個隨從是每一個都帶着傷的，衣服破碎，血污滿身，而每一个底手中，都緊握着自己底兵器，有明朗的鋒鋩的，有鮮紅的血影的，他們完全是戰鬥姿態的。尤其是在危急的日子裏，他們更不放鬆戰爭。因為他們把自己和自己底生活無條件地和戰鬥聯繫起來，因為他們是英雄。帶着傷麼，——那算什麼！望着前面的蘆葦和江水，望着後面的枯樹和塵土，他們呼嘯起來勒轉了他們底馬，舉起了他們底刀和長矛。

「不是投降就是戰爭！——」

什麼人這樣說了。項羽憂鬱地長歎了一聲，向天看，天色是欲雨不雨的。是的，他要戰爭他是沒有投降的。劉邦是什麼人，戰勝他也不配，不過是徼倖，還要他投降麼！但是，人和馬都帶着傷，並且是這樣困乏了的，他們試了一試，有的馬不肯去，倔強地搖擺着他底長頸，有的馬忽然在路邊跪了下去，兩隻後腿要起來的時候頭又猛然軟弱地落下，有的人從馬背上跌了下來，用手中的刀拉着地面立了起來蹣跚地走路。

「戰爭！——」項羽橫着他底長矛大叫：「我決定了一百次的戰爭，今天，這最後的一次，牠應該決定我了！……」

「那末，大王！我們到江東去」？

「嚇！有什麼臉呢！父老們所希望於我的，並不是我所給的。我不要看那些百姓，螞蟻一樣。我祇有我自己。而來，徒然有拔山的力量，蓋世的氣度，把八千个弟兄損失到不剩一个，把他們底子弟。我有什麼臉呢！……」

但是，前面的塵土高颺起來。人舞着手中的刀和長矛，馬嘶叫起來，他們要向前迎去。

但是，項羽却把他底長矛沉重地擲在地上使牠直立着，在馬上拔出佩劍來。失敗給劉邦眞是「大海裏捉風浪的人在陽溝裏翻船」，可恥！可恥！……他，左手抓住自己底冬天的樹枝一樣椏椏杈杈的鬍子，右手把發光的劍鋒湊在巨大的喉突上，彷彿是落日西風裏的哀雁，他叫道：

「亞父！——虞姬！………呃，拿我這頭去吧！——」

到他底隨從和敵人同時湧到他底面前來，他底古樹根一樣的頭已經落在塵土的地上了，人看見他底眼仍舊是炯炯地有光的，眼角上還有兩粒一樣炯炯地有光的大淚珠。

一九三九，一二，一一。西安，西南郊。

「紀錢牧齋遺事」

孔嘉

痛史本「紀錢牧齋遺事」，不知何人纂輯，除首段記事及末附宋徵輿上錢牧齋書外，皆係諷刺詩，而諷刺的着眼處，乍看去是專爲牧齋縱柳如是而發，細讀又不盡然，——這理由很簡單，文網之下，不得不含晦其辭也。如長歌處山行寫清師下江南一篇云：

「一朝鉄鎖橫江來，熒惑入斗天門開，羣公蒲伏迎狼纛，元臣拜舞下鸞臺。掛冠藏笠驚風裏，耳後生風色先喜，牛渚方家青蓋塵，更向龍井釣龍子。名王前席拂朱纓，左折宗伯右忻城，平吳利得逢雙儁，投袂何曾有少卿。」

本書記事云，「乙酉之變，首倡迎降者，右班則忻城伯趙之龍也，左班則謙益也」，此即名王前席數句之本事。又云「至是璐藩僑居武林，謙益復遺書招之，始以不失爵土，浙撫張秉貞遂挾璐藩出降，謙益方自以爲功，冀得大位。」此即詩中所稱「牛渚方家青蓋塵，更向龍井釣龍子。」也。

首倡迎降者之爲趙之龍錢謙益兩人，大概非誣衊，據查繼佐的罪惟錄——安宗簡皇帝本紀云：

「忻城伯戎政趙之龍出示安民曰：此土已上壽北朝矣。」又云：

「禮部尚書錢謙益與忻城伯之龍，咸奉表出百里，郊迎北師也。」

還是同時代的記載，應該可以相信的。若以爲還不够證明，尚有「嘉定屠城紀略」在：

「明烈皇帝殉國之次年乙酉五月初九日，南都破，弘光出亡。明禮部尚書錢謙益，率先降附，欲樹德東南，以自解於吳人士。郡人周荃，謙益客也，有口辯，密受謙益旨，謁清帥豫王，言吳下民風柔軟，飛檄可定，無煩用兵。王大悅，即日拜官。使降人黃家鼒佐荃，畢[illegible]安撫吳中，甫出都門，郡邑長吏望風解印綬，士大夫皆草間求活，所過輒降。至吳，家鼒南面自若，荃獨微服出沒市廛，郡人多爲之用。數日後，明監軍楊文驄猶兵五百人入郡城，執家鼒等戮於市，發取庫銀滿載去，莫知所之。荃匿民間免，間行歸豫王。王聞文驄戮家鼒等，始發兵入吳。三吳禍本，實基於此云。」

這也是同時代的記載，還不僅說他「率先降附」，並且說他就是嘉定被屠的禍首。不管如何，錢牧齋與趙之龍列席於名王左右，絕賴不了的。且看「江南見聞錄」紀乙酉五月十六日事云：

「百官遞職名到營，參謁朝賀如蝟。時將午，禮部尚書錢謙益，引大清官二員，兵使五百餘騎，從洪武門入！謙益向帝闕四拜，因下淚。北兵問故，謙益曰：我痛惜太祖高皇帝之王業，一旦隳墜，受國深恩，能不痛心，北兵歎息。」

牧齋此時忽然替明太祖痛惜起來，以至於淚下而令北兵歎息，這「太史公」自有意見，我們可以不管。但我們由此知道，朝賀之時，這位禮部尚書已經在豫王大營裏幫忙了。（牧齋入清爲禮部侍郎，據清史稿本傳爲順治三年，時猶尚書舊銜也。）

「明季野史」安宗皇帝紀云：

「十六日，清豫王入京，百官朝見。王鐸等南面而坐，點諸降臣名。至鄒之麟，不應。王鐸急欲參之。張孫振謂錢謙益曰，此係老先生同鄉間雛，宜爲周旋。錢顧之，鄒得無恙。張孫振復對人誇云，非我，鄒衣老幾乎出來。鄒厚酬之。而鄒猶揚揚自稱不屈。」

清豫王入南京爲五月二十以後，此記大概爲豫王在大營受朝見之誤。這一天似爲一般降臣報到之日，而此時錢牧齋已能關照到同鄉身上，其地位可想而知了。又「江南見聞錄」云：

「二十四日，豫王進城，穿紅錦箭衣，乘馬入洪武門。官員紅素服不等，分班兩旁迎賀。預一日，禮部紅榜徧粘城市，故無一不至。」

豫王入南京城受俘大典，自應預先妥爲籌備，牧齋爲舊禮部尚書，自應由其一手辦理。彼所引入之官員，蓋爲有所遵循；而兵役五百，當然係供禮部尚書指揮之用。然牧齋爲詩人，爲東林黨魁，現爲禮部大臣，於新舊交代之際，亦頗有身分。其先叩頭洪武門者，正所以送舊；送舊畢，然後從事迎新，于是如何令百姓設香案，上供「大清國皇帝萬歲萬萬歲」，又如何令百姓寫起「風調雨順國泰民安」的標語四處張貼，又如何令百姓寫着「順民」二字，粘在門口，以及又如何紅榜貼遍四城諭告百官（以扳均江南宏閒錄）等類，如此大典，可惜只爲初學集中，無詩爲證，想是這位大詩人已無暇及此了。

此選裏還有一個問題，就是以牧齋的重望，當他開始投到豫王鐸前的時候，是不是也彷老百姓的辦法，摔着「大清皇帝萬歲萬萬歲」牌位，朱紅的名刺上寫着「順民」兩字呢？不，用不着這樣，另有一份貢禮也。當我在中學讀書的時候，偶然翻閱過陳康祺的「郎潛紀聞」，上面就載有牧齋的貢品單。我之所以還得記有這部書，不得不感謝這書抬頭處太多的關係——滿清專制皇帝的淫威，眞是無年不在。這次我又去翻檢「郎潛紀聞」，爲光緒十年麥川刻本，依舊同現代詩似的，參差不齊，空白多於黑字，十四卷裏，果然發現了一紙錢牧齋上大清豫王的貢品單，作者陳康祺云此係「自一謙益鄉人柳南隨筆」，爲尋其源，我又去翻檢王應奎的「柳南隨筆」，來爲翻遍正續十二卷，竟未發見。無意中却在實潮的「東臯雜鈔」裏發現了，云：

「柳南隨筆載：乙酉五月，豫王兵渡江，宏光奔，大學士馬士英走，僞太子王之明，忻城伯趙之龍，大學士王鐸，禮部尚書錢謙益，都督越其傑等，以南京迎降。王引兵入城，諸臣咸致禮幣，有至萬金者，錢獨致禮甚薄，蓋表己之廉也。其所具柬，前細書太子太保禮部尚書兼翰林院學士臣錢謙益叩首，謹啓上貢。計開：鎏金銀壺一具，法琅銀壺一具，蟠龍玉杯一進，宋製玉杯一進，天鹿犀杯一進，夔龍犀杯一進，葵花犀杯一進，芙蓉犀杯一進，法琅鼎杯一進，文王鼎杯一進，法琅鶴杯一對，銀鑲鶴杯一對，宣德宮扇十柄，眞金川扇十柄，弋陽金扇十柄，戈窰金扇十柄，百子宮扇十柄，眞金杭扇十柄，眞金蘇扇四十柄，銀鑲象箸十雙，右啓上貢，又署順治二年五月二十六日太子太保禮部尚書兼翰林院學士臣錢謙益。鄒人張涗與豫王記室諸暨曾王佐善，因得見王鐸以下送禮帖子，而紀之以歸。王佐又語涗云，是日錢公奉軸入府，叩首堦下，致詞於王前，王爲色動，禮接甚歡云。」

「東臯雜鈔」開首即交出「柳南隨筆載」，而「郎潛紀聞」所引或即據「東臯雜鈔」亦屬可能，但無論如何「柳南隨筆」不應獨缺此條，令人納悶。我這裏所看到的是叢書集成翻印借月山房彙鈔本。並且說明此外尚有「澤古齋重鈔」本，因借月本在先，所以據以排印云。因此頗以爲借月本書以前的初印本一定是有的，後來却被删去了。所删的原因有兩種：第一是由於文禁。據顧士榮序柳南隨筆爲「乾隆庚申」，此爲乾隆五年，至乾隆三十四年時牧齋的所有著作都被燬版了，其時禁查老爺亦頗精細，不特牧齋在別人書上的序文不容流傳，就是凡有「錢謙益」之個字的也得剷去，所以初版以後的「柳南隨筆」失落了牧齋的貢品單，不是沒有道理的。有人或許奇怪，昨日還是奴才，今天就成了叛逆，另一看法，豈不又是大明遺老麼？第二：牧齋的貢品單之失落，不是爲了文禁，而是出於牧齋的門生故吏之手，還有人或更加奇怪，自己的作品尙在被禁之列，還有力量禁止人家的麼？但我是有考證的，鮚埼亭集外編卷廿九幸存錄跋云：

「夏文忠公幸存錄，有二本，其一稍詳，且志阮大鋮語曰：此敝門生錢謙益也，而一本無之，愚疑前一本乃足本，苦芟之者，乃丙戌以後，東澗（即牧齋）之客，代爲洗雪，而削去之耳。嗚呼，此公之瓦裂，雖芟去此一語，亦不足以自蓋也。」

是足以奴才以叛逆的身分，即使自謙不足，而制人則尙有餘力。雖然，王應奎「柳南隨筆」之失去牧齋的貢品單，還是屬於前一說文禁關係有合理也。

附記：我抄完了錢牧齋遺事後，不禁有所感喟，全謝山說此公平生瓦裂，而我偏想將裂了的瓦片，收集起來，眞是無聊之極；因爲即使把這些破瓦片，合攏一起，也不會成一個像樣子的東西了！于是我又想到大的問題上去了。今日的時勢，在任何方面都不能和晚明相比，而比跡於錢牧齋者，却偏有其人，反正經不起霜雪的瓦，遇了微風也會裂的，——還沒有用的東西，只有讓他裂罷。

二十九年，三月，十六日。

烏與白

歐陽山

烏八爺從長滿了金銀花叢的灌木叢林中爬了出來，整個山谷裏都瀰漫着幽靜的五月的金銀花香。細碎的雲朵舖滿了整個天空，恰如綠色的大地上撒滿了那些黃色和白色的小花朵一樣。他用肥厚的手爪摘下了那緞製的紅頂瓜皮小帽，搔着自己那綠色的，鑲着幾根金線的被汗水濕透了的腦袋。這遲緩而笨拙的動作繼續了好幾分鐘。——隨後他拾起好像一口銅鐘扣在地上似的瓜皮小帽，在戴起之前先仔細地拔去了那上面的草刺，搖搖擺擺地，披着那付笨重的盔甲中，沿着一條小澗走去了。

在山谷外面一片地勢較低的草坪上，一隻身體龐大的白兎利用兩棵相距二十公尺光景的柏樹在做着衝刺跑的練習。他以衝擊的姿勢在草地上來回奔跑着，恰像織布機上的飛梭。眼睛底紅色已經褪淡成爲暗黃色，身上的肌肉已經乾枯而鬆弛滿身的白毛已經脫落，染汚，和稀鬆，……鬚子也有些折斷，有些捲曲起來。總之無論從那一方面說，他是無可補救地衰老了。

即便這樣……他底優美的步伐，正確的猛衝的姿勢，却仍然從流逝的歲月裏保存下來，他一聲不響地兩頭跑，連脚步也沒有一點聲音。有時他突然站住，四面望望看這祕密的練習會不會叫人窺破。有時，他因爲氣喘得過於利害而被迫停止練習，緩緩地嚼一點草汁把自己的喉嚨潤濕一下。完了！一萬米賽不行了！他悲哀地想道，——我這個運動家……已經老了！

這條路是烏八爺每天回家必須經過的。當他發現白先生在那棵柏樹下面哭泣的時候，他立刻掉轉方向朝回頭的路上爬上一丈多遠。

——這傢伙，又在練習跑步了！——他對自己說，——我看你還能跑上幾年。……到底，你要想想，你跑得快呢，——還是他，閻羅王快？可憐的！

自從他在那世界聞名的，以伊索先生做公證人的「龜兎競走」的戰役中獲得勝利以後，他就對任何的「勝利」都失去了興趣，並且深深地後悔這次向白兎的挑戰，簡直是年少氣盛的魯莽行爲。他決絕地做了兩件大事：首先，他無情地宣佈了自己以後永遠退出競走界。其次，他以一個獨身者底身份老遠地移居到以和平忍讓做最高的道德標準的中國來。他被人捕捉了十三次，但並沒有被殺死。他們把他稱做長壽的靈物或瑞物。他愛中國跟愛自已的生命一樣。那些和平的人們一次也沒有和他衝突過，即使偶然有人欺負他，他也絕不發怒。他沒有兒子和任何的親戚朋友，因此也沒有煩惱，究竟他將保存着那勝利者底榮譽活到什麼時候爲止呢，那在他是從來不去加以預測，——彷彿是完全不可知的。

當他到了中國不久之後，白兎先生也拖兒帶女地坐船到中國來了。他們第一次會面是在一個老狐狸底壽筵上，烏八爺歡歡地對他勸着：

——老白，你到中國來幹什麼呢？她們一點也不看重你……那些打獵的脚色又十分野蠻！莫非，你還記着競走的事麼？那我就老實告訴你吧……：

白先生一句話也回答不出來，豎起又尖又長的耳朶，瞪起圓眼睛望着遠方，一隻手搓着自己的下，——與其說是一頭以狡猾出名的兎爺，不如說是一個笨拙的傻子。後來，他的確遭遇了一連串的煩惱事情。他底第四個兒子叫獵人射傷了，第十七個孫子無原無故地失了蹤，老婆整天吵鬧着要回家，女兒們和孫女們老是和同族或異族的單身流浪漢胡鬧。但是他會做的事情只有一件：每天到草坪上的柏樹下面練習賽跑，希望有機會和烏八爺做第二次的競賽。他打算不讓任何的旁人知道他底祕密的練習，結果失敗了。蜈蚣嶺附近一帶的居民們都嘲笑他，把那塊小草坪叫做「英雄坳」。饒舌的黑毛鳥「鷄屎扎」常常在柏樹頂發言：

——歇——歇吧，歇一歇吧！

這意外的鳥語使白先生立刻臉紅起來，他不安地昂起頭。

——你底皮雖然黑，可是你底心總該是紅的……爲什麼要偷看別人……

——歇——歇吧，歇一歇吧！——仍照這樣說着，鷄屎扎一下子就飛掉了。

有一種不平常的狀態在他們之間存在着。多少年來，白先生不顧自己身體的逐漸衰老，經常練習賽跑，可是當他碰見烏八爺的時候，他却從來沒有對於賽跑的事情提過半個字。自然，他底態度是傲慢的，急躁的，而且一點也不和善。他們交談的時候。常常使人誤會白先生才是那真正的勝利害。烏八爺準備了一大堆可以給別人致命打擊的話，等待着那隻老兎子向他挑戰的一天，……然而他那些話始終沒有機會說出來。白兎先生絕不要求和他賽跑。

連天生富於忍耐力的烏八爺也幾乎不能忍耐了、他不能首先提出賽跑的事，因爲他並不準備賽跑。他設法激怒那每天不間斷練習賽跑的白先生，使他咬緊牙根，渾身打戰，舉起拳頭襲擊自已、他把腦袋縮進甲売裏，等待着，一次又一次地失望。後來，烏八爺甚至認眞後悔自已從前的勝利，把判定他勝利的伊索先生狠狠地咒駡起來了。

白先生底沉默的憤怒變成烏八爺精神上的重大的威脅。

——這傢伙如果單是老老實實地要求跑一跑，我是有辦法對付的！我可以教訓他，開導他，或是取笑他一番也……那只要憑着我底見識和經驗！——外貌上烏八爺是十分冷靜而且不動聲色。但是對於敵人的胡亂忖測五倍甚至十倍地增加了他底恐怖、——不過，如果他另外還有什麼陰謀呢？用什麼出奇的法子羞辱我，陷害我，或者用什麼詭計謀殺我呢？

這時候，他一面往回頭的路上跑，一面想。……最後，他用尾巴先走，倒退進一個矮草叢裏，連那頂緞製的紅頂瓜皮小帽也掉了下來。這裏是一個高坡，在草坪下面的老兎子無論如何也不會望見他的。

半點鐘以後，他聽聽哭泣的聲音已經沒有了，重新爬了出來，拾起帽子朝家裏走，他屢次停下脚步，用前脚或後脚使力踩踏泥土，覺得自已的氣力還不錯，就高興地獨自微笑。——獨自欣幸自已的不老的生命。走出谷口，草坪裏已經看不見那悲哀的老兎子底蹤影，他伸開肥厚的四肢安心前進。……

今天白先生大約只來回跑了一百多次，就感到劇烈的頭暈，心跳和脚軟。他獨自傷心地哭泣了一陣，戴起草帽預備回家。在路上他簡直疲倦得不能走動，倒在一塊沙地上睡熟了。

烏八爺底脚步聲驚醒了他。一片樹葉偶然落在他身邊，他就會全身緊張地跳起來，伸出前脚去攫住自已的敵人狂咬一頓。一切在他周圍的東西都被幻覺裝成烏八爺底形象。

——烏八爺，好早呀！白先生用手推一推草帽，——爲什麼你打我身邊走過，總要鬼鬼鼠鼠地好像小偷一樣呢？

烏八爺本來打算踮起脚尖走過的，這時候不大高興，一聲不響地點了點頭。他們並排着伏在沙地上，沉默着，太陽立刻把他們周圍的沙曬熱了。

——你這樣傢伙眞是頑固，——白先生指着對方的瓜皮小帽，——大家都戴上平頂的硬草帽和像我這樣的巴拿馬草帽了，你一點也不覺得落伍麼？

——唔，我看見的。——八爺神色不變地點着冷淡的尖頭。——獅公還戴上那種熱帶的白盔帽呢！你們學你們底洋派，我愛我的守舊和落伍。這種帽子是中國底國粹，他們已經戴了幾千年了。人家總不見得比你蠢些。

不要搬學問，你底考古學並沒有什麼根底。

——那麼，我們就不必再談了。

烏八爺剛預備走開，白先生又開始了另外的一種談話：

八爺，讓我說一句老實話，你的確不像一個英雄。那倒不是從那頂難看的尖頭帽子看出來，却是從你底行爲，舉動，甚至內心看出來的。

——老白，你這幾句話說得很有味。照你看，怎樣才算一個英雄呢，蟋蟀，山廝，公雞，那些拚命替賭棍打架的東西該是英雄了吧？我如果不是一個英雄，一定因爲：我的行爲，舉動，甚至內心都超乎一個英雄之上！對不對？

白先生底心裏，好笑混和了憤怒，一會兒甚至還悲酸起來了。

——不錯。你超乎英雄之上的地方就因爲你能够長生不老。

這樣說着，白先生舉起手爪捋一捋自已的長鬚。牠們已經不像從前那般尖，硬，有光，却變得禿、軟，灰暗，並且失去了全部的彈力。他望着自已的影子，那平板而疲憊的線條的確沒有絲毫可以誇傲的青春的影跡。——那並不是一個強健的身軀，那只是一堆破布，一堆廢物。

——什麼話，老弟，長生不老也能算是一個英雄底缺點麼？

白先生隨意用嘴唇折斷了一根草，吸進嘴裏輕輕咬着。

——這樣看來，你膽敢在我面前承認自已是一個英雄了！

——我沒有理由把自已算做懦夫。

好得很。那麼……我們走吧！太陽快要正頂了。——老兎子用强烈的輕蔑的姿勢拾起地上的草帽在對方臉上揚了幾下，後者趕快把頭連瓜皮小帽一齊縮進殼裏去，——照北部農民底說法，恰像日本人縮進唐克車裏面去。白先生戴好帽子，繼續說，——照我所知，懦夫是欺詐的英雄是公平的。他們沒有相同的地方。

照着許多年來的老慣例，烏八爺應該在這個時候悄悄走開了事，從來不和他申辯或爭執，然而今天却例外地站住了。

——老英雄，你已經嗅得棺材香味了！——他在心裏叫着，嘴裏却緩緩地說出另外一些話，——你為什麼總愛出口傷人，一點顧忌都沒有？自從那回比賽失敗以後你總沒有和和氣氣地跟我說過一句話。和氣的……一個字眼也好……

聽見烏八爺提起他們比賽的往事白先生狂放地朗聲大笑了。在不知道多少個春天和多少個秋天裏面，他等待着這個機會底來臨。他知道烏八爺善於躲避，因此他不由的自己把那件傷心的事情首先提出來。……

青春底血液重新在他底血管裏面循環，全身鬆弛的肌肉被這長期等待以後突然出現的奇蹟重新組織着他底兩手和兩腿緊張地抖顫，眼睛射出渴望戰門的血光；他感到眼淚流下自己的眼窩，同時用了全力把自己鎮壓住

——烏八爺，何必又提起那種沒趣的事呢？

——怎麼不提？我一定要提！你不能因為跑輸了就一輩子抱怨別人！

——可是你要知道，那次賽跑是不公平的……

——有這回事麼？我倒沒有聽別人說起過。這樣看來，公證人自然也是糊塗的了！——不過，你這個抗議雖然會叫全世界震動，……你底文學才能却打不倒伊索先生！

——大人物也常常做錯事。他不應該叫我去睡覺。一個睡着了的人不能和一個睜開眼睛的人賽跑，那是小孩子都知道的！你好意思承認你是和「我」賽跑過麼？

——全世界都那麼說的。我想，我不能因為你去睡覺就也停下來不跑……

不過你總該知道這件事底內幕，不要以勝利的英雄自居……

聽聽中國人怎麼說的吧，「往者已矣，來者可追。」一如今你至好還是把從前的事情忘記掉。保養身體。教育教育那些孫女，沒多少年可以活的了，老弟！

什麼話，你敢和我再競走一次麼？——白先生用手拍着那勸告者底寬敞的背脊。

——我早就退出運動界了。——八爺身體略向後退，——不過我看你現在恐怕連八百公尺也未必能跑到終點。你要在半路上跌倒的。想想我說的話，老弟！

——這就是你底本事，八爺。你為什麼要退出競走界，為什麼要跑到中國來，是任何人都瞭解的。我還知道你為什麼要抱獨身主義，你怕我的後裔會替我復仇，戰勝你底子孫，你底勝利在歷史上就成為極遼的了，是嗎？

——我本來打算給你一個和解的機會。只要你不對外面人說，我就對你承認我跑不過你，也沒有什麼關係。這樣，你可以快快活活地過你那末了的幾年，我也保存了我底名譽，不是兩全其美麼？

白先生拒絕了「兩全其美」和烏八爺底提議。他堅持烏八爺必須舉行一次宴會，當衆宣佈姓烏的實在沒有競走底特長。否則他們必須再競走一次來決定誰該享受勝利者底榮譽。他們激烈地吵起嘴來了。

最後，白先生打了烏八爺一個耳光，氣喘喘地說：

——為了你臉上沒於一點男子底血色，我以後不承認你是烏八爺了。我正式宣佈，無論在甚麼地方，我都要把你喊做烏龜！

——xei 你現在跟誰說話！你說什麼？你這不要臉的老相公！——他一輩子最怕別人叫他做烏龜於是一下子憤怒得連嘴巴也不能控制了。——好，我們來競賽一次，今天就來！立刻就來！我們跑十萬米……我讓你五千米！贏的把輸的吃了！敢來麼？

假如烏八爺不是在那種不可壓抑的盛怒之下，他是不會使用這樣的腔調說出這樣的傻話來的。白先生手豪着頭兩脚直立起來，發出一種奇怪的嗚咽聲。他是等待得太長久，而且是過於快樂了。……

這時候，威武而糊塗的獅公從樹林裏走了出來。

——賽跑麼？好極了！我來做公證人。……讓我把所有的人叫來參觀。

——獅公，難得你今天那麼高興……可是我比

你還要高興呢！——白先生還是保持那種嗚咽的聲調，輕蔑地望一望他底敵人。——不要叫人來參觀也可以，只要你老人家肯替我來證明……還有，把你底白帽拿出來做獎品……還有，不論在什麼條件之下，誰輸的請你把誰吃了！

——不，我從來不吃烏八爺那一類的東西。我底胃部受不下。

獅子把鬣毛搖動幾下，又昂起頭吼叫了三聲。

他們底比賽將要開始的時候，蜈蚣嶺一帶的居民都趕出來了。飛的，走的，兩棲的；白的，黑的，條紋的，斑點的，虎，豹，狼，狐，還有青蛙和泥鰍也參加了。麻鷹做了獅公底助手，担任在高空來回巡視。人們一堆一堆地聚集着，立刻開始了評論，預測，和打賭，年老的給後輩們講着從前伊索記錄下來的故事。——大地在晃動着，樹林在吼着，山岳在屏息着，這眞是一個空前的緊張的日子。

一千公尺的競走——若干世紀的仇恨底競走開始了，在一陣高漲的喝彩當中開始了。

白先生究竟是個脚色。他做了他一生中最美妙的預備姿勢，用兩隻前脚擦着地上的浮沙，等烏八爺爬上前十公尺左右，然後全力向前一竄……一睒眼就不曉得跑到那裏去了，

他像閃電似地向終點跑着。麻鷹在天空翱翔，獅公和一大串居民用比較散步還緩慢的步伐跟在烏八爺後面走。最初心跳病和頭暈病果然向白先生襲擊。「糟糕，我眞是老了」他喘着想，脚步底速度也減慢下來。不久之後，勝利底光榮和雪恥的快樂鞭打着他，他立刻恢復了勇氣，集中了精力，——心跳、頸聳，氣喘都被忘記了，他底身體比原來還要矯健，速度比原——增加了一倍。

他跑着，一直到聽見麻鷹在頭上叫喚。這時一共才不過距離開賽時五分鐘，他已經跑完一千公尺，到達了終點。勝利者在地上跳躍着，胡亂跑着，尖聲喊叫着。站了一會，後面還沒有一個人影，麻鷹也飛回去向獅公報告去了，——他被寂寞所苦，又被過剩的精力所苦，於是又向回頭跑去……

他們會面的時候，烏八爺還沒有跑完兩百公尺。白先生一句話也不說，只是繞着跑圈子，好像一陣狂猛的旋風繞着一座荒涼的堡壘，後面的一百幾十人和公證人一起變成瘋子似地，完全沒有秩序地大喊大笑。公證人獨自發呆了許久。

——你完了，——白先生說，——伊索不會來幫忙，你底榮譽和生命一道完了！

你快活麼？——烏八爺詛咒地問，潮濕的眼睛閃映着。

——快活極了！還不滿足呢！我跑不完八百米你說的，……一個英雄不要給別人譏笑。試試看，你願意的話，……我們再延長一千米吧！

沒有一個人反對，於是賽跑依照他們兩方的約定延長了。那樣犧牲了第一次勝利的白先生這回爲要免得再像第一次那樣乏味而改變了作風。他在烏八爺前面不超過五公尺以上的距離內緩緩走着，好像一村移動困難的靈柩前面的開路人，並且時時轉回頭來，以極其殘酷的驕傲口吻和那可笑的競爭者說話。但他總不讓烏八爺超出前頭。

——你看、八爺，這叫賽跑麼？笑話得很！我走路還比你快呢。

太陽向西邊稍稍偏過去了，參觀的羣衆像一羣……雁子似地跟在後面。事實上大家都能够看見，有百多兩百公尺是白先生代他跑了的。他常常停在路當中把腦袋和四肢都縮在鎧甲裏，恰像他已經死去似地長久不動，……就是這樣……白先生於是張開鮮紅的尖嘴巴咬着他底鎧甲兩家都倒退着向前跑去。爲了仇恨和憎惡白先生本來想咬破他底鎧甲，或把他摔到深坑裏面去，然而爲了勝利，他沒有這樣做。

——老白，把這次比賽取消了吧。我當衆承認輸就是了。如果你高興，我可以搬到日本去住，永遠不回中國來；或者躲在太平洋裏，永遠不到岸上來。我們和解了吧！

——你怎麼忽然又這樣打算了，我一點也不懂。——白先生咬着自己的嘴唇。

——我們賽跑本是爲了好玩的，說不定獅公那老糊塗高興起來，眞一口把我咬死。

——呵，對了，你底性命很危險。……可是我不願意別人驚擾，讓我稱霸。也不願意別人幫助我做我自已能做的事情。我雖然想救你底命，可是我底名譽更要緊！

滑稽的情況照常繼續。兩人一前一後走着。跟在後面的大羣人早就把肚子笑痛了，現在緊繃着臉孔等待有什麼別的奇蹟出現，泥鰍老在後面祈禱，請求過往神靈快點命令白先生兩腿抽筋

到了第二次終點之後，烏八爺厚着臉皮提議再

延長一千公尺，白先生立刻同意了。

——獅公，這是最後一次機會了！我們到自由村就請你照原約把我吃掉吧！

——大家聽着，——白先生後腿直立起來使自已更高一些，——我們一起到自由村去！

大家聽着，——獅公大聲宣佈，——誰先到自由村誰勝利，不能再反悔了！

越過第二次終點向第三次終點進發的時候，白先生把他底巴拿馬草帽掛在一棵山茶上，並且向烏八爺說：

把你的瓜皮小帽脫下來交給泥鼈不好麼，你不覺得太熱了麼？

——不要緊，你放心迎接你底勝利得了，……我覺得這樣好些……

——來呀，八爺，到底有點不好過。這樣吶賽跑……嗯，讓我們握一握手吧！

——好，來吧！……——烏八爺慨然地同時生硬地伸出了他底肥厚的手掌。

事情起了不能預料的可怕的變化。這變化不過發生在二四分鐘之內，白先生這一次跑了八百公尺光景，忽然有一個奇怪的現象把他嚇得發呆。這裏離自由村不過剩下二百公尺，村裏的房屋和樹木都看得了清清楚楚，但是——一條流得很急的小河把牠隔住了。

那裏既沒有渡船，又沒有橋樑，白先生看看跳不過去，但是又不會游泳，烏八爺卻一聲不響地潛進水裏游過去了。

——獅公，做做好心，一口把我吞掉，——白先生抖顫地，悲傷地哀求着，——不要讓我覺得痛……

糊塗的獅公正在沒主意的時候，一頭老虎在參觀的人羣裏吼叫着：

——不行，這是那老王八底詭計！要跑還要跑，游泳還游泳！

——反對！——泥鼈提出抗議，——說好了的，「誰先到自由村誰勝利！」……

泥鼈還沒有把話說完，早讓嚷嚷的聲音蓋住了。獅公一碰到比較麻煩的事情就毫無主宰，他跑到白先生跟前小聲問道。

——老白，怎麼辦呢？游過去吧！你知道……我從來沒有這麼疏忽過的……

——我也是太興奮了，忘記這里有一條隔離河，我是不能游泳的。叫我下水等於叫我死……

——喂，烏八爺，回來打個轉，我有話跟你說。這是大家事前沒有料到的！

任憑獅公怎樣叫喊，甚至把白[illegible]帽子摔進河裏，烏八爺是頭也不回地向前爬去。當大家議論紛紛，沒有一點適當解決的辦法的時候，白先生毅然地閉着眼睛，「我寧願叫別人用詭計戰勝我，我不願用詭計去戰勝別人……」這樣想着，縱身一跳，沉到河水裏面。河水流得比箭還快，他底雪白的身軀只冒了兩三下，便沖到不知道什麼地方去，再也看不見蹤影。他本來打算拼命游過對岸，可是無情的河水卻把那昏迷了的競走家沖下去，永遠不回來了。

烏八爺一面偷笑一面往前爬，距離與自由村還有五十公尺光景，他聽見麻鷹在他頭上喊：

——恭喜你，八爺，你快要勝利了！

——不敢當，鷹兄，回頭到我那邊多喝一杯酒吧！

——什麼話？你永遠到不了自由村呵！

說着，麻鷹斜身俯衝下來，用攫奪小鷄的姿勢嚇住烏八爺底[illegible]子，重新飛到高空上面大約向東南飛行了兩個鐘頭之後，他才從五千公尺的高空把烏八爺望準一座全是岩石的高山摔下去了。

一九四十。，六月十一南溫泉。

啟事一：

過去，對於友人和一些關心我們的先輩，會按期將本刊寄奉請正，但從下一集起，因為印刷成本底加高，書店把給本社的贈刊停止了。我們很願意購買若干，照舊寄奉。但因為經濟困難，支不出這一點經費。所以，從下一集起，除了在本刊發行不到的遠方和敵後的少數撰稿者以外，只好把贈刊一律停止。我們還要努力，只要經費有辦法，自當重行寄奉，能將我們底微小的工作送到友人們底面前正是我們底歡喜，但在發信和購買紙筆都非常艱難的現在，實在是力不從心了。

七月社

游擊戰

沙汀

和游擊戰相關的一句話是游而不擊。在有些安全區域，這幾乎已成為一部分人的日常的用語了。然而請容我在這裏引句成語：事實勝于雄辯。不錯，在華北，在國軍剛剛西撤以後，自命為抗日軍的游而不擊的部隊是有過的，但他們已經變成了土匪，偽軍，一切直接間接的日本人的幇凶。便是比較好的，也在早敵人游過來，擊過過來的時候瓦解了。一部分則在八路軍的影響下堅持着抗戰。

這理由很簡單，在那種經常短兵相接的場合，行動的選擇是極端尖銳的，做敵人的工具，不然就打擊他，此外沒有含糊的餘地。一方面敵人也是不容許你含糊的，係必須有所表示：奴才或者仇對。倘以為敵後是郊外公園，可以游來游去，那就錯了。

證明這些的是我在冀中游擊區幾個月的生活。雖然我所留住的是指揮部，沒有直接參加過戰鬥，但由這指揮部的行動，很少停歇的炮聲，以及經常從火線上運下來的傷員，我却深切的感到了游擊戰爭的殘酷，和堅持游擊戰爭的艱苦。

從技術的意義上看，游擊戰也是十分困難的，這裏需要的祕密，敏捷和鎮靜應該比別的任何作戰方法需要得多。因為在冀中平原上，是沒有固定的後方的，又經常處在敵人四五個據點的包圍當中，最遠的五六十里，近的十里以上；遭遇合擊實在太容易了。

那第一次使我這外行人驚心動魄的是護駕池之役這是緊接着曹莊戰鬥後三天的事。在曹莊我們和從蠡縣獻縣出擊的敵人搏戰了兩日一夜。最後我們的一當人中了毒瓦斯，於是便全部很機靈的向南轉移了。

我們住扎在任莊，離小花鎮三十里，離敵人正在進行爭奪的武強縣城二十里，這兩處都是有着敵人的重兵的。在我們到的一天正午曾經聽到過炮聲。

由于敵機轟炸的慘重，就在當天夜里，防衛武強的冀中軍區的部隊，掩護着老百姓退却了。

還在早上，指揮部的首腦人物便預料着當天的變化。這在我個人看來是有相當困難的我們整整行了一個月軍，喘息未定便又進行了三次大規模的戰鬥，部隊的休息應該是一件萬分切迫的需要。在他們似乎却只担心着另一件事：津南自衛軍的戰鬥能力。

這是一支帶地方性的部隊，正住在指揮部和敵人可能進攻的據點之間，要是他們不能拒抗那擁有飛機坦克的一千以上的敵人，指揮部就需直接參加作戰了；而這又是戰爭上最忌諱的。

事前，我能推知的情形就是如此，而在早飯後不久，炮聲却已從那方面傳過來了。

我走到司令部時，那里的空氣使我當了心：平靜、樂觀、沒有一點匆忙景象。

我於是丟心落意地再到三里路外的北張旺去，其芳同幾個魯藝的同學住在那裏，我早約好了要去看他們的。同時，要到張旺的供給處去縫軍服。這也是早和管理被服的同志約好了的，已經失約過兩三次。

在半路上來了敵機，我逃樹叢里去，敵機是來偵查我們的，打了幾個旋子，便消失在雲層裏面。

到了張旺，機槍聲也影影約約噪響起來……這彷彿是個惡兆似的，接着大炮聲更密了。

一我們已經發了手溜彈了，一個魯藝的同學笑着向我說：今天像緊呢；都不準離開村子！

其芳也領到了手流彈。他用鼻音說道：

（你聽，愈響愈近了呢。）

我們一同去量了軍服。當回轉來的時候任莊的情形已經有變動了，村道的南頭堆滿了當作障礙用的騾車。東南面的攅地上在挖掘工事：戰士，老鄉，都帶着鐵鍬往那些疏落的樹叢下去。

一個警衛班的同志笑着問，道：

「同志，怕不怕哇？」

「還有你們一道有甚麼怕的？」我笑着說。

「再等下就熱鬧了。」

他意味得的說，跟做工事的人羣洋長走了。

我又走到指揮部去，那裏依舊和從前一樣；只是屋頂上多出兩個防空哨來。許多馬匹已經裝備好了。退出來時在門口碰見了我的馬夫。肩頭上掛着手溜彈，他正牽了我的青馬來。于是我們一同到我們住處去、

這時機槍聲響得更清楚了。似乎四面八方都在

放射一樣。可以望見敵機就在附近的村子上盤旋，不時又從上空橫過。震耳欲聾的轟炸聲響澈田野。除了一部分老百姓和自已所有的人都帶着過年過節的神色，喜氣洋洋的。當然已經經過幾次的戰鬥了。但看到飛機就在鄰近轟炸，聽那樣清晰的槍聲却還是頭一次。我的精神陷入一種極端興奮的狀態。

我急想鎮靜下來。我問那馬夫道：

「槍聲響的很近呢？」

「還遠！起碼有三里路。」

「三里路，也算遠嗎？他的不在乎使我有點生氣。」

「那不是，」他回嘴道：「你看鬍子都出來了就對了。」

鬍子是賀龍將軍，他去兩次司令部都只見他在參謀長室裏看地圖，聽馬夫的口氣，他能親身出來指揮一場戰鬥應該是一樁值得希望的事，隨後他又誇了內一戰時候親自指揮戰鬥的神情。

「那才毛呢！」他快活的叫；「草鞋一登就跑上火線去了，特務員都不多帶一個！……」

機關槍聲漸遠下來的時候，我到司令部午餐。這時各部分的負責人都到齊了，他們似乎剛剛結束了一場會商。賀龍將軍照舊是那麼輕鬆。那麼興高彩烈的，他縱談着敵情，但沒有忘掉他的打趣。

他稱譽了一番臨時在前線參加過政治鼓動的小安。

「我就喜歡小安」，最後他又打趣安的丈夫L道：「喜歡她的小得好，連荷包里都可以帶走」。

這惹得在座的人都笑了。從他們的談話，證明了一個鐘頭以前，司令部確已經臨到了直接作戰的關頭，他們已經準備了這個，並且以爲敵人的退却是佔了大的便宜，以致我們埋伏在側翼的部隊沒有得到預期的勝利。敵人退却的原因是由於另一支直屬部隊的突擊三路，他們前幾天才過鐵路，在和指揮部取得聯絡以後，他們便在緊急措置下向敵人開起火來。至於津南自衛軍，則早已轉移開了。……

炮火並未停歇下來，但他們相信他們的部隊，可以趕走敵人，據住別的據點的敵人已經受到了來擊，相信敵人並不知道我們的究竟，有村子里已經恢復常態、障礙物全撤了；雖然直到夜深出發我才丟心落意。

此後我們到了澧里。指揮部決定在那里爭取了兩個禮拜的休息，但實際上我們却住了一個月差一天。

在那個時期當中，因爲和其他部分的聯絡已經取好了，我們已經得到完全的主動地位、發動着冀中各地的全面性的戰鬥，而指揮部則安安靜靜掌握着他的正常作用，成了冀中游擊戰爭的頭腦，但他的直屬部隊却深得到過巨大的戰果的：在河間，在窩北。……

單是距澧里十里路的呂汗就失而復得者三次。最末一次失陷的時候，我們正在吃午飯。那個偵查參謀，走來報司令部的主持人，敵人已經在造橋了。

「是呀」，賀龍將軍回答道，「造起橋來才好過來呀。」

那參謀忍俊不禁的笑了一下。

「沒有甚麼話嗎」？他問。

「走你的吧！沒有了」。

當天夜里我們便朝北轉移，留下兩部分人在窩北官廳一帶伏擊敵人。至于轉移的原因，因爲敵人已經探查到了我們的主力，動員了兩萬左右的兵力開始進行掃蕩，企圖消滅我們，至少把我們驅逐出冀中，驅逐到平漢路以西去。

敵人兵力的分佈一共是十路，文安，任邱，肅寧的爭奪戰、已經開始了，以澧里爲目標的一共有，就在我們轉移後的第二天，澧里便陷落了。

因爲窩北官廳的部隊給了敵人以嚴重的傷害，而得到的澧里又是空的，于是在以後的十天以內，敵人又一連包圍了我們四次：北到邊關以後，因爲我們反過來緊跟敵人走，敵人于是胡塗起來，不久便復員家。

四次敵人包圍的目的是：北窩頭、臥佛堂，北嚴家塢和宵塔。而在北嚴家塢，竟差一點就和敵人碰頭了。

這一天戰事最激烈的是附近的石和長豐鎮。我們到嚴家塢不久大砲就轟鳴起來。我睡不着到各處去走了一轉，除了衛兵，却一切都睡熟了。我們住在一家大主教徒家裏，那老太婆同我很談得來，我只好同她閒談來代替我的瞌睡。十點鐘的時候賀龍將軍來看我們。他也參加了我們的談話，在那繁密的砲聲中，我們談到了天主教和耶穌教的差別，談到臭虫，蝨子，以及希特勒等等。

前一天我們從收音機知道了德國已經宣佈美爾博爲軍事要塞的消息。他推測道：

「看樣子歐洲就更不太平的！」

笑了笑，他又加添上：

「我們這里倒是太平的，不過下午就難說了。」

下午炮聲更密起來，間有飛機的轟炸聲。縱馬急馳而來的通信員相當頻繁。石莊的軍事負責人來過一趟，又匆匆走了。傍晚的時候我們得到了出發的消息。

在村口，幾個主腦人照了電筒在看地圖，各部分的同志已經排好列子了。

在當時，我並沒感覺到這一次的出發比往常有甚麼不同的，因爲照常的整飾、照常的鴉鵲無聲；有所不同的，就是忽然在出發時翻閱地圖這回事。但是後來我才知道，當我們出發幾分鐘後，敵人便進村了」接着一次的情勢也同樣嚴重。那夜要我們原是要到七十里路外的鄭州的，走了一半路，我們才知道鄭州同時被佔據了。於是我們轉而向西，橫過五光溪，望着青塔走，達到目的地的時候是早上九點鐘。

那一夜我們走的路在一百里以上，但因為要繞過幾處敵人重要的據點走了轉路，所以實際上離敵家塢只有五十里上下。離長豐鎮和鄭州也很遠。離任邱則只有二十里，那裏住着一千以上的敵人。

但嚴重的是另外一回事：當到達青塔的時候我們忽然發覺距離青塔五里路的梁會村在頭一天夜被敵人佔了，敵人有七八百，附有三門大炮。

在這種情形下引起戰鬥是極可能的，但這無異最後給敵人一個合擊的機會。因為其他幾處敵人的出動太容易了。然而再轉移嗎。到達冀中後根本就沒有過白晝的行軍，因為這容易暴露目標；並且頭一夜才走了百里路以上，這也值得考慮。

當□房屋看好了的時候，就在□們的對面，賀龍將軍出現了。同他一道的是一個團指揮員。

那是一個漁□出身的青年。他的身材很短小，但卻精幹，他的宿營地是在青塔和梁會村之間的小梁村，離敵人最近，只有三里路。顯然他是來向司令部請示的，他推着一輛飛馬牌的腳踏車。

賀龍將軍直送他將近村口。司令部隔村口只有幾十步路。當那青年人已走開了，他又大聲道：

「記着啊！叫他們趕快弄飯吃，吃了就睡！」

村口的大道下去的地勢很低，那里來着幾挺機關槍，戰士們在挖工事。他們講着笑着，臉上神彩煥發的。□走進一群老百姓和馬兵面前去。

他們在那裏閒談，看熱鬧。一個老鄉指點誰道：

「南邊不要緊，那里有水。看那白晃晃的就是哪！他來不到。要往北邊繞個圈子，走汽車路才成。」

我問一個模樣有點呆笨的年輕人，問他最近敵人來過沒有，他回答四五日前任邱陷落那天，來過五六百人，住了兩三個時刻就開走了。

「他再多呆一些時候就好了」，一個中年漢子插嘴道。「俺們已經報告游擊隊去了。那才好幹呢，一到村子裏就坑上，階沿上睡起，死豬一樣。……」

一個排長同志走來勸大家回家休息，不要在街上蕩。當回去的時候，祕書讓我看了一張通告：強迫休息，但在□，這是多餘的，我才脫了一隻襪子，讓洗腳水涼起，就倒下去睡着了。下午醒來我才知道敵人曾經放過大炮。

大炮，是梁會村的敵人向小梁村放發的。他們似乎看出了甚麼情跡但由於指揮部非在步槍射程之內不准還擊的命令，沒有人放過一槍，最後敵人懷疑起自己的聽明來，終於望西轉移開了。

當天下午出發前我在街上碰□了K先生。他披着皮短外套，照常從從容容的告訴了我當天我們的處境和幾次擺脫合擊的經過，以及老百姓在其間發生的作用。一面用足在地上畫着圖式。

他結論道：「這就是民族戰爭的特點呢，是內戰時候恐怕都打響了！除開漢奸都是合我們一道的。」

這是至言，因為無論如何封鎖消息偵查敵情，若果不能得到羣衆自動而普遍的幫助，是不會使得毫無遺恨的而在抗戰當中，羣衆這個概念卻又比內戰時期廣大得多因此敵人終于成瞎子，摸不着頭腦了。

而且不僅在偵察敵情等等方面是這樣其他方面也同樣需要着廣大的羣衆的幫助的，從勞苦大衆直到一切不願意做奴隸的人們。這是發動民族戰爭的一個最高的原則，而在敵後的游擊戰中就更適用。

要例舉事實，那是太多了，現在我且單單談一談傷兵的問題。在冀中，既然沒有固定的後方，一個可以難保安全的後方醫院，也就更談不到了，因而傷號的處置成了每次作戰以後負責人的最大苦腦。

那唯一的辦法，是開刀過後送往西邊的山岳地帶去。這也就是說傷兵須得通過敵人無數的據點通過平漢線，然後才能得到那分養傷期間所必需的安靜。然而這同樣是一件難事，加之，在那種經常有着戰鬥的環境里，更派部隊護送顯然是不經濟的，于是困難也就更加大了。

然而事實上，我們都經常十分安全地，把成百的傷兵護送到目的地，而護送則照例只有一個副官，幾個雜務人員，和三五個偵察兵！

這些人員自然都是久經戰鬥的，然而他們竟像還沒有三頭六臂的，他們之所以能夠完成他們的任務的原因就正在那些成千成萬的民衆。每到一個村子的時候，老百姓便安了哨崗，四面八方偵察去了。碰到敵人就另走一條路，或者簡直讓傷兵們化裝起來休息一天兩天再走。

有一次一批傷兵要通過平漢線。當他們正想在羣衆的掩護下橫過那在暗夜里發閃的鐵軌的時候，雖然照例是弄好了的，但是兩處挨□鐵道的村子里的張口漢奸，忽然，嗥叫起來了，這引來了敵人的襲擊，使得通過封鎖線的企圖遲緩了幾天，拖死了一個重傷傷兵。

然而正因為這個，當我回轉後方，打從那同一地區經過的時候，連那兩個村子在內，所有附近那一段鐵路的村里莊的狗，已經全被老百姓們殺了，游擊隊是魚，老百姓是水哩。

五日十一日于跳跳河。

一個題材

孫青

那時是落雪的季節，大約還是立春前後不久。

我在一種考察性質的旅行中，到了一個鄉鎮上——是在後方，在離黃河約莫還有二百多里的地方。當我在×路軍兵站醫院里，和那裏的政治委員談罷話，已經就是黃昏時分了。我回到我住的那個小店子以後，因為天氣很冷，想再吃一點東西，就跑到門口的一家小飯舖里。

在那里，我就和他（我已經忘記他的名字）初次相遇，敢說，這完全是一個偶然的遇合。

他的一張長嘴巴噙着向飯舖老闆借來的旱煙袋，坐在炕沿上，那樣貪婪地吸着菸草，甚至煙鍋上還不時地發出吱吱的響聲。當我走進去的時候，他就連忙拿着煙袋，溜下炕沿來，讓我坐上去暖一暖。客氣得很——非常客氣，對於初次相遇的我，他那樣子頗像一個走江湖的老手。

年約二十四五歲，中等身材，瘦長的臉上長着一張長嘴巴。他不單嘴巴長，而且似乎很多嘴，能同各種各樣的人談各種各樣的話，這使得他是一個最可親近的人。譬如他來以後，飯舖老闆就向我確定地說：

「這人好人氣……」

我去的時候，他在那里和正在包水餃的大師傅閒扯着，也許不是閒扯，他們好像談着老百姓抬傷兵的問題。看他那憔悴的容顏，看他那一身灰布棉軍衣很整齊的樣子，我並不經心地想了一想，相信他是那個兵站醫院的一個休養員。

我想得對。

我坐在飯舖的小炕凳上的時候，曾咒罵過天氣，一種上路的人最討厭的天氣——雪天，天空，山頭上，窗外的街道上，院子里，樹枝上……到處是白茫茫的。

飯舖老闆很同情我，他直爽爽的聲響中間露出來這樣的話：

「上路就怕這種天氣，」他說：「可下不時常。」

「好同志，就這天氣，前方上一樣要打！」那個「長嘴巴」用一種漠然的態度說着，長嘴巴里，又噴出了兩口濃煙。

他開始問我「貴姓」，「那一部分」和「到那里去」一類的見面話。我看他的樣子，並懂不清楚我說的「部分」實在多極了。不過，他好像由我起身的地頭判斷，我並非什麼「壞蛋」，因此，他很高興和我談。

「很辛苦吧，嘿嘿……」當他知道我的長足旅行的時候，他的不甚健康的臉和善地笑着，長嘴巴露出幾顆粗大的牙齒。

「沒有什麼，」我這樣回答着，飯舖老闆就像問我要什麼飯。

在開始端飯的時候，我遞給他一支香煙，他很謙遜地接受了。吸着香煙，我們就談起來，漸漸談得很親熱，彷彿我們是老朋友，離別了幾年，又在這個小飯舖是不期然地遇了一般。

「你那部分的，同志？」我問。

「×××師，」他說。

「×××師那部分呢？」我接着問，我常常這樣。

「聽說現在歸×支隊了。」

他看我的臉，吸了兩口香煙。

「那末，」我說，「你是掛了彩在這裏休養的。」

「對，對！」他點頭縮嘴地說，「可是快好了，個把月的功夫就回前方去。」

一切都表現着他很直率，而且他是一個有趣多嘴的傢伙。這個想頭在我心里也差不多生了根。我想着：

「我若問他是怎樣掛彩的，我可聽到一個有趣的戰爭故事……」

但是，他等待着的兩碗水餃，這時端來了，熱騰騰地擺在桌子上。他扔掉我給他的那支香煙頭子，就將一碗推到我這邊來，用希望的眼色望着我，嘴里不住地說：

「吃，吃！……」

我堅持着不擾他，的確，我如何能擾一個初次偶然遇合的陌生人呢？但是，他却非要我擾他不可。

「吃吧，」他說，「都是革命的同志，誰碰見不吃誰的？我剛才還是抽你的紙煙？先吃一點。同志，你的麵條眼下還不得來。」

他的態度很使我窘迫。三番五次地催促我，我再不好意思不吃了。

「好，我嘗一嘗你的餃子。」我說着，心是暗暗地想着，「這傢伙眞怪！」

我吃了一個，不成，又吃了一個，還不成；吃了三個以後，我是無論怎的也不再吃了。於是，他也安然地吃他的餃子去了。

他身體很虛弱，吃着吃着就滿頭淌着汗珠。他用手扯住袖口揩一揩額頭，又擦一擦眼窩，還向我解釋着，他在紅十字醫療隊開過刀才十多天。大腿上三八式步槍子彈是取出去了，可是身體還沒有復原。因此他想格外吃點好東西，早點好了就回部隊去了。

雪天的傍晚，窗外仍然白晃晃的，屋裏就昏闇得很。飯鋪老闆點了一盞麻油燈，放在我們的飯桌上。他吃過飯不久，就在暗慘慘的燈光前指天畫地，比山說水地回答我的「你是怎樣掛彩的」問題。

那是在一九三八年九月十四日（關於日子，他說他記的毫不含糊，許多的大的戰爭的日子，他都記得）他們一營人在薛公嶺截擊日本汽車。薛公嶺，一座亂石崢嶸的山，汽路像一條灰白的長虫，一轉一灣一上一下地盤着這座山。

這一回，日本汽車要從東邊到西邊去。

「這兒。你看！」他用食指在油膩的桌子上畫着，說：「這邊一道溝，這邊又一道溝，汽路就在這中間通過。我們佔領了這兩道溝，和旁邊的這個山頭，這個山頭，這個山頭。……個個山頭都佔了。日本汽車過來了，這邊溝里就打，往這邊衝，這邊也打；往山頭上衝，山頭也打。這樣，他們的十九輛汽車就上了我們的擺佈，這一仗可要緊哩！那個時候正是日本佔了車渡，柳林，想過黃河想打咱們這兒的時候。……」他停了，緩了一口氣說，「這回咱們搞到的東西可多啦，槍呀，砲呀，大衣呀，白米呀……白米沒有人揹，放了火了。一

他不是一個很好的說故事者，想說什麼就說什麼。故事完了，他沒有說來他是怎麼樣掛彩的。

「那麼，你是怎麼樣掛的彩呢？」我問。

「戰爭已經是停止的時候了。」他改變了一下坐的姿勢說，「戰場邊是亂得說不成，什麼都顛顛倒倒的。他娘的，我聽見我跟前的一個渠裏，有人呻喚的聲音。我就跳下去，原來是我們的一個同志掛了彩，躺在一灘血跟前，一步也不能動。我就揹他往上走。走着走着，猛然間我覺得大腿上一痛，血就淌出來了……」

血就淌出來了，就被送到後方來住醫院，就開刀……爲了「我們的一個同志掛了彩」；「可是快好了，個把月的功夫就回前方去」；在前方，一切都是緊張的，「就這天氣，前方上還是一樣要打」——我幾乎把他的一切話都在腦子裏轉了一遍，甚至他非要我吃餃子的事，也都從新想過了。

我竭力想了解他。

「你參加×路軍幾年了？」

「我看看。」他說，「三五，三六……四年了。」

「四年了。……你是不是……」我考慮着詞句懷疑地問：「你是一個黨員，是不是？」

看他的眼色，他見怪我了。

我立刻明白我不該這樣探問；但是，已經問過了。

「不是……」他也是遲疑地回答。

他低下頭去喝他的麵湯去了，湯很熱，他用他的長嘴巴嘶嘶地吹着。碗上冒着的氣被吹向燈那邊去，燈光閃閃地跳着。

我很悵然。我看見他喝着湯，覺得空氣很不自然；我想找別的話頭來改換一下。

「×××隊裏有多少人呢？」我就問。

「咱也不曉得，咱下火線多時了。」

他不再多嘴了。他簡單地說了這一句，看了看我的臉，又低下頭去喝着他的湯。這樣，空氣依然是不愉快的。

我自認我的態度是無邪的——一個要做文章的人要求知道得更多更清楚的態度，而他都好像有了什麼心事。當我問到×路軍很窮，生活很苦，一員的話試探他的時候，他竟開始說起反話，說着一些同起初顯然矛盾的話。

「×路軍眞苦，他娘的，我眞不想再幹了……——」說着還搖擺着頭——完全沒有要我吃餃子時的熱情，也沒有講他掛彩時的莊重。

他笑着——顯然是一種惡笑。

一會兒，我要的麵條也端來了，他看了看外面的天色，對我說，「天黑了。你吃飯，我要回去了。院部裏還要查他娘的病室哩，瞧瞧……」付過餃子錢就走了。

吃過飯，那些拿長矛子的自衛軍查過店，我剛要休息了。當我正要起身回住室裏去的時候，一道電光穿過片片雪花，在街上忽明忽滅地閃着，直移向那小飯鋪的鋪門來，接着，鋪門裏擁進來一羣人，嘴巴和鼻孔呼着白煙似的汽。

我看他們一共五個人。

一個拿電筒的，好像是一個頭目；兩個揹步槍的，一進門就將步槍拿在手；另外兩個徒手，其中的一個就是剛才非要吃餃子不可的「長嘴巴」。飯鋪老闆還說他好人氣。他這時可用力做出兇狠的樣子，那長嘴巴看起來是更長了。

拿電筒的將電光在屋裏兜了一個圈子，就問着長嘴巴說：

「在那裏？在這裏？」

「就這個！」他兩隻眼睛死盯着我，不敢，指着我這樣回答。

這時，我已經下了炕，站在地下了。

飯鋪老闆還縫起眼睛，看他們又看看我，在那裏撲嗽嗽地發抖。雖然是在落雪的夜裏，他們帶進來一股寒氣，我看他並非因爲發冷，而是因爲怕有什麼不吉利的事吧。

老頭子不知底細；我卻一清二楚這是爲了什麼。

我是有根有底的——那裏來那裏去，辦得什麼事，帶護照沒有……可是沒有辦法哪，那個「長嘴巴」又多嘴起來了。好像我們結了什麼冤仇，或者是我會謀害過他一樣。

「帶護照不幹正經事的可多啦！」他那長嘴巴很快地蠕動着。

「穿得倒像，還戴的一副子眼鏡，」一個徒手的打哄着。

「你啥子時候認識我們政治委員？」一個拿步槍的問。

大家七嘴八舌鬧講一氣，弄得我不知道如何應付才是。拿電筒的很穩健，他用半命令式的口氣說：

「既然你講你認識我們的政治委員，就麻煩你踏一蹚雪，到我們院部裏去一下吧。」

我同意了，我知道這案子非這樣弄不清楚。

我們就一齊踏着雪，格吱格吱地通過冷清的街道。

我走在前邊，他們凌亂地走在我後邊。一到院部，我就要求直端去見政治委員，

拿電筒的同意了，我們就一直走去。

政治委員的屋子在西邊的一排屋子中間，那裏點着洋油燈，四方的窗格子裏邊的燈光照着很亮、很亮。

當最後進那屋子裏去的時候，只有兩個人——拿電筒的和我。別的人都在半路上一個二個地留下了。

那個「長嘴巴」也沒來。

我們身上披着雪花，踏進門限，那天同我談了一整下午的政治委員就從公事桌前站起來，驚奇地叫着：

「啊——捉到了這樣一個漢奸！」

「哈哈哈……」他和我的笑聲重疊着。

一個小鬼給我們倒了茶，把茶壺放在就地燃着的木炭堆旁邊，就蹲下去用一雙鐵鉄子弄着火。那個拿電筒的站着，直至政治委員命令的時候，他才走了。

我們吸着香煙，政治委員向我解釋着誤會。他說有一個休養員報告街上有個人，有幾成是漢奸。他說那個休養員說得很像，而且表示他恨極了，曾向你說：「非把這小子搞住不可！」

「請你原諒，這樣大的雪……」最後，政治委員道謙地說。

「沒有關係，」我一直微笑着，「這是一個我很不容易得到的。」

我高興極了，感到這誤會是愉快了。政治委員看我的樣子，也高興地笑着，但是，我並沒有告訴他，他的那個長嘴巴休養員是怎樣的一個人物啊！

頃刻以後，我要辭別了，他命那個原來拿電筒的人送我去，當我穿過走廊，轉到門口的大院子時，我突覺得在後邊雪上有點極微小的動靜，轉頭一看，那個「長嘴巴」又不聲不響地趕上來了。

「對不住啦——同志！可是都是爲了防漢奸……」

夜幕包裹一切，地面上的雪也映不出他的表情；只聽見他說話的聲音——很小聲的抱歉的音調。他說完，還繼續跟我一齊走着，好像還有些話對我說，可是他並沒有說。他走着暗中找尋着我的手，我找到一隻就握住他。在那落着雪的夜間，我只感到他的手才是溫暖的——不，乃是我的心感到他的心是溫暖的！他的心只有對日本軍閥和各種各樣的漢奸，才是一顆冰冷的冰塊！

…………　…………………。

現在，半年多以後，在丹梁山上，黃昏的時候已經聽到若斷若續的秋聲了……

八月十三日：高山的溪流旁邊蟋蟀吱吱地叫着的時候，在離敵軍只五六十里的小村中，一所被日本縱火燒毀了的廟院裏，集合着許多的老百姓和軍隊。他們在開一個紀念大會，而且反對漢奸汪精衛和妥協投降，

我完全驚愕住了。我又在這樣的場合遇見那個「長嘴巴」！

他在大隊的戰士們中間，跟他們一齊目光炯炯地注視着舞台上的演說者，一齊舉起胳膊，大張其長嘴，吶喊着「擁護」，「反對」和「打倒」的口號。他坐在方塊隊伍的正中，步槍斜倚在他的肩膀；不管我什麼時候轉頭去看他一眼，他總是神色不動，注意力集中在舞台上，只有眼皮不時的一眨一眨。

顯然，他也沒有看見我。

我想着！——他現在健康了，又在戰鬭……

我想要同他講幾句話，那怕也是一兩句也好。我想對他說：「我也到軍隊裏來了，咱們是一部分；我要向你學習……」但是，我沒有被允許到人家排列整齊的隊伍中間去。散會的時候，無邊的夜色已經遮住了整個的呂梁山；人群亂着，我實無法再找他了……

大批的軍隊在黑黑的夜裏，噠噠地走向各個方向——走向自己新的戰鬥。「長嘴巴」在那裏戰鬥着呢？我老想着他，過去的事情像昨夜的夢一般新鮮啊。

一九三九·八月。

「燒掉舊的，蓋新的……」

田間

朝向大龍華，
那個村莊，
三團
　放了最後的幾聲鎗。
敵人，
差不多
被殲滅得
光大光；
我們底馬，
嗶啦，
嗶啦，
跑在大龍華。
　誰都喊：「收復大龍華
！」
那官長
却躲在屋裏，
還想反抗；
（他不出來，
把門關緊，
把鎗
　架在窗上）
連老鄉
也叫：
　「不殺你。
　只要你繳槍。……」
那東西

死一樣瘋狂，
就在窗口。
打死了老鄉。
「大龍華在我們手裏，
看你反抗！」
一個老頭子
跌倒一跤，
跑過來，
跑過來，
跑過來，
一聲也不響，
閃着鬍子，
點好
大火把，
要燒房子，
燒掉它！
「我的，
我的，
燒，燒，
沒關係，
燒掉舊的，
蓋新的！
……」
燒掉舊的，蓋新的！

老頭子
站在火邊，
笑了，
笑了。
伸着笑眼，
望着
他住過五十多年的
大龍華，大龍華！
有了
大龍華，
他什麼也不怕，
哈……
他
來到大龍華，
一雙空手，
一張嘴巴；
大龍華
叫他
娶了老婆，
成一個家。……
朝向大龍華：
三團和人民在合唱；
唱這個殲滅戰！
唱這個家鄉！

（一九三九年受災，「大龍華殲滅戰」以後。）

杜春

殷參

延水解凍的時節，他開始叫做『杜春』。

他有一個隨着季節變換的名字：前些天是『杜冬』，等春天過去了，他就在簽名簿上寫『杜夏』。從別人稱呼他『小杜』。進魯藝之後，都叫他『老杜』了。相當高興。

我第一次看見他，以為是女同志。尖狹白淨的臉蛋，兩頰和薄唇紅潤潤地。近視鏡後面的眼睛不要看人。鬈髮長長地露在帽子下面。瘦高個子，抱着一個七英寸高的大茶缸，埋頭吃飯。我心裏想：

「他的胃一定很健。」

我們在一個部門工作。只是他在出版科。他是魯藝出色的鋼板手。拿起他的右手來，很容易發見中指的第二節上有一個挺硬的繭。就是刻鋼板磨的。碰着高興那忽兒，就是寫花字的劇稿去找他，也不會叫人失望。

「什麼時候要？」

「下星期想排這幕劇，能在……」

「明天下午取吧。」他暢快地給對方的答覆，總是補上一句：「同志，明天上午別忘記來幫忙啊！」

一夜他可以不睡覺，倍着吱吱叫的煤油燈，抄他五千字。印出來一看，清楚，整齊，而且漂亮。

要是他不高興，對他嗑頭也白費——

「同志，我不是機器。——五個晚上沒睡覺啦！」

畢竟這樣的事情很少。每個月結算出版物的時候，他的成績總是在總額的百分之七五以上。

他沒有抱怨魯藝不給他學習的機會，叫他作「刻版」的工作。他是主張從工作中學習的。但他的興趣卻是多方面的。

「幫助我寫東西好不好？」他對我說。「我老早就想寫東西，總是寫不好。要不，沒有一點可寫的材料；要不，寫得很多，說不清自己的意思。呃、怎樣形象化呢？」

「讀過你的文章，覺得很不錯，」

「你笑話我！——同志間是不作興笑話的。」

我沒有笑話他的意思，他的文字確實很流暢。他的缺點正如他自己所說的，「抓不住中心」，好寫大文章——。他的詩比較好，我們的詩人說他有幾首詩「相當完整」。

他也嘗試寫劇本。

「幹過兩個月的流動演劇隊，正當濟南失守的時候。要我粉女的，我不幹。——你曉得。我摘下眼鏡會摔到台下去！畫幾張宣傳畫倒可以，我就會打雜。我對寫劇本很感興趣，嘿，他們就是不愛採用我的高作！……」他悄悄地遞給我一個本子，說：「我新近寫了一個，你要給我意見的。」

題目是『過河』，寫敵人到了河東，老百姓實行「空室清野」來到河西的故事。我細細的讀了一遍，我率直地說出我的意思，同時聲明：「我不懂劇，只能有『直覺』。」之後，足足有一個多鐘頭，我們談這件事。

藝術部門裏，他最愛好，也是最有成績的，是繪畫。他的『人物素描』並不比美術系的同學們差。恰恰能夠抓住對方面貌的特點，輕輕的幾筆，就叫人認出是誰來。他的『備忘錄』（他是這樣稱呼他的畫冊的）裏面滿是面貌的構圖，長頭髮，禿腦袋，一條腿，一個拳，有的是叫人發笑的怪樣子。

有一天，他興頭來了，要給我們編譯科的同志們作一個『速寫』。別的人都靜靜的讓他畫了，就是詩人不願意，不讓他畫。

「不讓畫，也要畫！」

他嘻皮笑臉的站在那裏，不管別人向他背起身子。很快的居然畫成了。「看啊，你們「個人的速寫！」

大家笑了。佔在詩人地位的是一隻狗，頸上纏着圍巾。我們向他提出抗議，叫重新畫。詩人也只得答應了。

「嘿，聽你那生氣樣兒！——你的像也要生氣的！」

就是這樣，他畫他愛畫的人。要是誰不願意，他就畫出一付哭喪相。

他常常愛翻一個粽紅色的小本子，這是他的紀念物。他來延安之前，曾在西安的一個傷兵醫院裏當看護。這小本子就是那時候得到的。

「一個Kamarado，忠實誠懇的青年朋友。我在傷兵醫院工作的時間內，生活很呆板，給負傷同志送飯食，敷藥，一天忙到晚。後來拾進一個軍官，少尉階級，子彈傷了他的肋骨。幸虧好，醫生的手術使肋骨接起來，慢慢的好轉了。想不到我待候的這個軍官，少尉，也是一個世界語者！啊，我是多高興！我們談着世界語，不是我偏心，眞的，我待服他特別勤，這是 Kamarado 呀！」他眼光避開別人，低下肩去，一面翻着小本子，聲音有點變：「他原是有肺病的。病轉了，他咯血。

「有一天，他氣吁吁的對我說：

「『小杜，你拿着我這個本子，裏面都是我隨便記下的東西……給你留個紀念……』

一我說不出話來，我在他的床前。我不記得哭了沒有，當時我非常難過。第二天，下葬之前，我把一顆僅有的綠星，插在他的衣襟上。……」

淚，在他的眼眶里轉。他有濃厚的山東人底性格，純樸，誠懇，直爽，有時候是戇直，天眞。他不高興的時候，愛對別人發一點小脾氣，說完也就完了。別人給他的壞處容易忘記，而好處他永遠銘記在他底心坎里。

我和他的關係攪得最好，因爲我不使他發脾氣；即使發了，待性子過去後，大家談一談，不是我向他道歉，就是他向我賠不是。祇是他的愛說話，不管什麽時間和地點，總是滔滔不絕的，叫我沒有辦法，而且這感覺是大家的。

有一次。夜已深。我還在那里工作。他『湯』的把門踢開——他從來沒有敲門的習慣——進來了。我問他今天的晚會怎樣，人多不多。

「別提了，人擠得要命，節目是從來沒有這樣壞過。你聽呀！……」

話匣子打開了。他一邊比着手勢，從劇情、佈景，演員，連後台的效果，有聲有色的說了起來，使我不敢想像他的話要什麼時候才完結。……祇好停住筆，靜靜的聽完他的話。

「你想聽故事嗎？」我問他。他贊成地點點頭。我接着說：「美國有位名律師的美貌的愛妻是一個啞巴，但耳朵並不聾。你講什麼話，她全知道，就是不會說。這是一種可以醫治的病。

「『如果她會說話，家庭多該麼美滿啊！』律師常常這樣想。

「於是他跑遍全世界，總算聘到一位名醫，而且治愈他的愛妻。當他向他叫第一聲『親愛的』的時候，簡直沒法形容他的高興了。

「從此，他的愛妻竟日坐在他的旁邊，說她幾年，幾十年積在胸里的話，就像巴拿馬運河的水，整天，整夜，整月的流。他是一個律師，需要片刻的安靜，但被愛妻的話沖走了。他由欣喜到懊煩，甚而至於神經錯亂了。

「『親愛的，你是不是，可以休息一下呢？』他請求。

「『不，親愛的，不說話我會鱉死的！』

「他不能叫他美貌的妻鱉死呀！於是去找那位名醫，是否能使她再啞了。

「『不能，我沒有辦法。——這是不人道的。』醫生回答。

「『那末，怎麽辦呢？請救救吧，我快瘋了？』律師抱住頭，像一個敗訴的原告。

「『祇有一個辦法，我的律師。』醫生冷靜地說：『想法刺破你的耳膜，什麽也聽不見就安靜了。』

律師回家的時候，眞是安靜極了。他的愛妻坐在他的旁邊無休停地說着她能說的話，而他却溫存地微笑着，寧靜地處理訴訟文件……」

他老早就想笑了，到這時候也忍不住了，站起來跑到門邊，說：

「編故事騙人！——砰，我可不希望你變成一個聾子！……」

門『砰』的關上了。從門外傳來：

「睡吧，北極星上山頭了。——明天見。」

啓事二：

一　這幾個月裏面，由於種種的艱難，我們底工作幾乎等於停止了，不能迅速地整理來稿，就是一件，除了在一次的轟炸裏損失了極小的一部份以外，都是好好地保存着的。現在已開始整理，大概一個月之內就可以完畢，留用的以外，凡附有退件郵資的一律退回。勞諸位久望，特致歉意。

二　因爲戰時的郵遞困難，也由於我們底人手不夠，以後的來稿，短稿務請留底子，不必附郵票，替我們省一道手續，五六千字以上的長稿，附有郵資的當然還是退還。個別地做，是一件很小的工作，但匯集到我們身上，卻非花去很大的時間不可。請原諒事實上的苦處。

七月社

沙地吟

沙地的牧民

A. S.

我——
流浪在中國的旅途上，
遇到了受罪的你……

你——
追隨着饑寒的歲月，
向荒敗的沙地走去；
我看着
你那久久低垂的頭
從來就不曾仰起，
而你底無光澤的失色的眼睛，
從堆積在飢色的滿臉
與堆積在飢色的眼圈的
那深刻的皺紋中間，
用灰暗的光色
探尋着生命的流泉…………
你底腰
永遠彎曲在
痛苦的重壓之下，
還縮着瘦細的兩臂
挎起那臂籃，
就是風雨的夜間
也在艱辛的不停地搜求…………

你——
這沙漠的牧民，
久被祖國所遺棄了的
中國的牧民呀，
你像那
剛從鐵籠裏走出的囚犯，
臉上蓄滿了長髮，
那久未修飾的鬚髯
也又叢生在滿頰，
那久已乾枯的皮骨
從瘦陷的兩頰突起，
穿着積垢補綴的短衣
披露出焦黑的上身，
那像艱辛似的肢體地
不停地打顫
不停地搖曳…………
而你赤着兩脚
從太陽燒燙了的沙路走過，
你拖曳着倦弱的身子，
就像一隻
被人擊傷了的野獸呀…………

你說——
你的日子，
曾像這沙漠似的寒冷，
你的生命，
曾像這久久乾涸了的河流，
你的容顏，
曾像這久未潤濕過的
枯瘠與暗澹的沙漠…………
我能相信
你這真實的痛苦，
而這片寒冷的沙漠
久久乾涸的河流
枯瘠的憔悴的土地
也是曾經養育了的
衰老的母親吧？

我曾在
那寒冷的風沙，
吹奏起
近於哭泣的悲哀的呼嘯，
在沙漠的黃昏裏
你趕着羊羣
夜間棲宿在
那沙霧的寒幕裏面，
而歲月的河流呀
曾隨時
把你年輕的時日捲去，
而你的
寒冷與黑暗的家
那像監獄似的洞穴呀，……

也會隨時
葬送了你的年青的生命…………
你讚——
你歡喜鮮嫩的青草
從荒涼的沙土裏長起，
也許那就是
你許久渴求着的
大地的流泉吧？
而頹殘的山崖呀，
比監牢的牆壁還高闊，
接連地環屏在你的四週，
也像你這樣陰沉，
受盡了人們的踐踏蹂躪…………
而牠却給你
剗劃下
那使你永也不能衝破
與不可逾越的界限呵！
而有時
你曾不知季節的
把失去了健康的身子
葬送於
風沙與疲勞的
長途的奔走裏，
趕着你那駱駝，
聽着玎璫的鈴響，
不作聲地踩過
沙野呵

山崗呵
黃土層呵…………
是不是
你要伴着
這長久的寂寞的駝行，
送盡你衰老的生命？
你這土地的奴役，
趁着時間的囚車的
生活的囚犯呵，
像那經久的
被成千隻車輪所輾過，
被成萬雙的脚所踩過，
被夏季的太陽所燃燒，
被冰雪的寒冷所封閉
而永也不能翻身的
痛苦的土地呀…………

新年

號聲——
那響遍在雪地的寒冷裏的
金屬的悠長的號聲呵，
從朽敗與寒冷的
歲月的路途上，
把我吹醒。
我
抬起頭——
抬起那久久低垂的頭，
睜開疲勞的紅腫的眼睛，
向雪地的那邊投去。
城市——
那在雪裏關閉着的城市，
把起伏的城垣展闊，
把高翹着頭的建築物
更伸長一些；
爲的是，
爲的是能承受一些
黎明時日出的溫暖，
爲的是，
爲的是能看清
那希求着的年節的
更早的到來；
而那震顫與悠遠的
黎明的號聲呀，
就從年青號兵的嘴裏，
從古老的城牆上，
吹送來，
吹送來新鮮的消息，
那光明的黎明的消息呵！
我——
尋着那號聲，
踏着柔軟而潤澤的泥土，
向闊朗的雪地走去。

太陽，
從昨夜睡過的
殘敗的山場爬起
且向我露出笑臉，
遠方
那從雪地流來
披着太陽的光澤的
溫暖的河流呀，
也從長途奔走的疲困裏，
裂開笑着的嘴，
向我吹出
愉快的音浪，…………

遠方，
那積久壓葬在地裏的
頹山與荒野呀，…………
在歲月的溫暖裏，
用他們底手，
撕扯着破敗的冰雪的衣襟，
而且，把綑束他們的
那寒冷的鎖鍊扭開，
那沙紅健康的胸懷，
向天祖露出
我看見他們的
那在雪地裏像是躍動着的
新鮮的年青的生命
向我笑了。

一個
穿着一身新軍衣的
年輕的小鬼，
從來路
伸開着兩臂，
想和我擁抱似的
他像太陽似的露出笑臉，
而且用他的小嘴，
向我高興地喊着：
同志，
新年來了！

我，
不知用怎樣的話語
回慰她，
於是
我伸出一隻
粗野的凍裂的手
撫慰着她的
那在寒冷裏凍紅的臉蛋，
而且用嘹亮的聲音
向她說
是的，
新年來了
小同志，
願你在新年裏生長，健强
春天來了，
我們要快樂地迎接這溫暖的戰鬥的日子。

他，受傷了

他
受傷了
讓担架的軟床
從遙遠的
火線上送下
他的臉
那流血過多的臉
紙一樣慘白的
埋在被角
無力地下垂的眼皮
疲乏地閉起
很久不向人看
那蒼白的顫縮的嘴唇
不停地吐出
疲乏的呻吟
現在
他好了
但他的臉上
還露着
紗布的白色綳帶
他的不再突起的胸膛
還留着
那給子彈穿過去的瘡疤
他說
那是血恨的標幟
——復仇的記憶
他好了
僅僅說了一聲
再見吧
同志們
又和他的同伴
匆忙地趕上了火線。

關於塑造汪逆夫婦跪像的通信

盧鴻基

朝聞：

回信寫好寄出了。但關於你的汪逆夫婦泥像以及登載在文協成都分會的『文訊』第四期上的『怎樣塑造汪逆夫婦泥像』一文沒有道及了。因爲我是先把回信寫好了才來讀你的文章的。現在來補說一些吧。

文章寫得很好玩，就是說有些『油腔滑調』。××也說過你文章寫得很不錯，這話對，只看『七月』上的你那篇速寫就知道。也許有人要說我們在互相吹捧，由他去吧。不過你要曉得，像你這樣的文章是不能寫得這麼油腔滑調的。油腔滑調就是不嚴肅，就不合理性，就是遊戲筆墨，就沒有價值。雖然服爾德這樣勸過朋友：『得嬉笑怒罵走向眞理之路』，而且批評家也這樣批評過服老：『可憐的作者，不懂得把作品弄得艱澀沉悶，人家怎肯承認他是嚴肅的學者呢？』但是這樣的批評家此刻很少，有的只是些阿貓說要得他也說要得，阿狗說不行，他也接口說不行的拚湊家。

讀了你的文章，才知道你於塑造這對醜像當時費過這麼許多心思。實則是應該費些心思，不能像無錫工人揑泥菩薩似的亂揑一陣的。假使不費過藝術的心思，從藝術的立場去表現，刻畫一個對象，那哪里可以做得好和獲得所預期的效果呢？至多不過是可有可無的有點像人的泥堆鐵塊而已。盧那卡爾斯基說過這樣意思的話：即使是一件用品，與其隨隨便便的製作，不如把它製作得好些。這「好」就是指「藝術」。人們一天到晚叫宣傳，可是對於經過藝術手腕而造作的具有更大的宣傳作用的成品——注意，並不是指那名爲藝術的古里古怪的不認眞的東西——又加以拒絕。這在抗戰藝術運動上是根本弄不好的可怕的成見。我已經告訴過你了，我也在塑造逆像，是同一位朋友合作的，一人塑一個，名雖合作，實際是分開塑的。我的計劃不是他的計劃，他的也不是我的，當初是說在幫我的忙，後來就各作各的了，結果弄得來非常之不調和。前一次我在磁器口看見一個匠人也在揑這兩位醜像。這是好的，只有這樣才能展開我們的反汪運動。也只有這個才看得出反汪運動有大的開展。只是那一位匠人塑造時根本不用什麼參考品，只憑空的揑，當然也沒有費過什麼心思，所以非常像神廟里的善面金剛。當時圍着一大羣民衆在看。通俗是通俗極了，但我以爲老百姓其實是在看落難的菩薩，而不是在看所謂頭號漢奸的。有些民衆至今還是什麼都要看的，不信你赤身裸體站到當街去試試吧，要想斂錢也包你可以收集到一大串。我還聽到說馮玉祥先生等發起在渝市籌建的無名英雄墓和汪逆夫婦跪像。像就有很多人在投標。自然，好像仍然是與雕塑很少有緣分的人。這是一件不能算小而輕的工作，但又好像把它當做小而輕的去做的樣子。譬如吧。時間就定得不夠充分，這那里是一會兒工夫可以做得出來的？從前 Pigalle 給服爾德塑像，服老問他說，塑一座三尺高的馬要多少時間？他回答說至少要六個月。於是服老便油腔滑調的說：聖經中的 AaRon 怎麼能夠在一夜中鑄成金牛呢？而且不斷說，還要叫 Pigalle 簽字担保他這一句話。以後便把它當爲『對付』聖經的材料。這雖然好像過甚其詞，然而的的確確不是一個上下午可以急成的事。第二是比重不平衡。馮玉祥先生的話很對，試想想在英雄墓前鑄造逆像而沒有鑄個英雄雄視於上，則不獨便宜了逆賊，且也不足以表其奸。這是抗戰的首都的一件重大工程，而竟如此馬虎，那裏可以？第三是聽說要把它塑成人頭狗身。這用意和方法總是陳舊得不可追究的了。是的，埃及的人們把 Sphinx 造成人頭獅身，它也確是如此模樣。也惑了人幾千年。而且竟也有人把它來做商標。而我們的粗心大意的人（例如我們廣東人）確也把它叫做『狗仔』。如狗仔牌香烟，其實就是這東西。而人們叫雖然這麼叫，可一點用意也沒有的，他們不知道爲甚是狗仔。且進而連對狗也覺得可愛了。眞的，狗不一定可惡呵，倒是『義』的多，雖然你們四川人有『狗入的』的罵人話。記得某名人去年看見人把汪逆畫成人頭狗身，就反對過，這回是大公報上的小評也評過了。一般人只懂得人頭狗身就是罵人的話，而不懂『人面獸心，衣冠禽獸，笑裏含刀』等還要厲害得多。人們在藝術上也極力要運用象徵這一手法，但又倒底沒有什麼象徵，叫嚷象徵呀，象徵呀，實則只是『派代表』。有人把老虎及獅子代表過中國和蘇聯，把小小的人代表過敵人，也有把『雞兄雞弟』一句成語『象徵』過阿比西尼亞和阿爾巴尼亞，總不能算是『既大衆化又很好』的傑作。臉譜就是『代表』的集成。梅蘭芳博士也說中國戲是象徵的，其實也是做手勢的『代表』的。達文西畫猶大，並沒有把他的身畫成狗、然而成了奸人叛徒典型鉅作了。多米埃的人物也沒有狗身呵。所以我的意思也是作者首先要透切了解了這對人物，如你所說：『在政治舞台上演唱過各樣戲文的老角色，習慣了在千千萬萬大衆面前裝出和藹與優雅，把卑劣的心事用大方和莊嚴遮蓋着，長於把有毒的思想用甜言蜜語巧妙的傳染給聽衆，用漂亮的言詞把黑的說成白的，曾刺殺過人也曾被人刺殺過，在敵人面前獻着媚，也在狗的羣中主過謀……這樣一個老練的傢伙假定在被縛着跪在千千萬萬大衆面前的這場合，該是一種什麼樣的表情呢？』你說得太好了，是的，只有透過了這些然後才有辦法，不然的話，的確不易畫得好。拿破崙說『畫我像我』（見梁任公李鴻章傳序言），就是這個意思，而這像是又不能只指表面上的形似而言的。一個解作者對於惡人的了也應該像對於一個善人偉人的了解一樣深刻、透切。羅丹研究了巴爾扎克十年，而文西就也為一個猶大的無法描寫而苦惱呵。然而，他們的表情如何呢？你說：『即使有不安和恐怖，羞怯和乞憐，也該會假裝着他那習慣了的政客特有的鎮靜或微笑來掩蓋而又掩蓋不住的複雜的表情吧。……這種表情比起『慘像』似乎更合適些，我的目的并非要人可憐他，笑他，而是厭惡他和仇恨他。』這我完全無條件的同意，所以我說佩服你的費過心思。至於陳璧君這個老太婆把辮捫起來，雖則是沒有她底照片的關係，而且『為了結構的變化，為了給她的男人的厚臉皮一個襯托，做得稍微知羞一點是應該。』可是在我，照例給她穿上了廣東女人的衣裳添加了一件襖子，沒有鞋襪，只讓一雙改組派的脚彎放在屁股後頭了。面孔則是醜貌的張在那裏。我一到了要在形象上來鞭撻我們底敵人時總顯得不够『刻毒』，就是一般所謂的誇張。你是誇張的能手，而這回在對付汪逆夫婦上反而老實了。但這還他一個老實，正也是一種致命的打擊。不過，以沒有見過原作的我，覺得有兩個缺點，一是頭髮太整齊，照理縛着跪在地下的人，總應於服飾上有着必有的變化；再則從照片上看來尚不太像，但據見過的××又說很像，這就攪不靈清了。但是，只要把你所期望表現的各點表現出來了，則表面上有半點不能完全像也不要緊的吧——這只是隨便說說的，喜愛泥菩薩的人又會說你低能而強辯了。

總之，繪好這工作是迫切需要普遍的，也即是說反汪這工作迫切需要普遍和澈底，而且即在目前要，不要閉着眼睛不管，以為不要緊，將來總會給我們打倒的。這是可怕的只做將來的夢而不想把它放在現在上的現象。你光等待將來的我們底最後勝利，而寬放『現在』的一些麻木的國民會到南京去報到的這現象，則總等於神話中的甘鏡織布，夜晚織去，早晨又拆開的終於沒有一個完成。我們的最後的勝利是定根於現在的不懈的努力上的。魯迅先生說：抹殺了現在也就抹殺了將來。上面說過的法國的革命哲人服爾德也說：『我們不想及現在是錯的』。我不曉得為什麼近來這麼比以前還要愛好服爾德。以前把他的『愚昧的哲學家』讀來讀去，而且費了一年工作來從烏東之作而刻他的石像，你是知道的，二年多來。已有些冷淡了。可是此刻又拼命的讀起來了，不過『愚昧的哲學家』已不知去向，只剩了沒有離開身邊的選集及書札選，也許是此老是老牌『油腔滑調』傢伙的緣故吧，我既被視為油腔滑調之徒，只好索性來找祖宗了。有人把魯迅先生比為服爾德。是的，很像，不獨在性格方面，就是在作品方面更較比為高爾基像些。高爾基固然浪漫』。可是作品的形式近於杜思退也夫斯基。與魯迅的根本不同。而服爾德呢，只要看那些『哲學書札』，『哲學辭典』，打油詩，以及一些戲劇，小說，就沒有不與魯迅相像的。自然在性格的某一面仍有距離。魯迅是負荷着數千年的愁苦，帶着短刀，苦笑而蕭肅地走向人生；服爾德則是負荷着千餘年的不滿，嬉皮笑臉的走向人生。一個是至死不妥協，一個是在詛咒中出以咒駡。一個是生活在不能妥協的環境之中，一個則在來於團結的局面之下。一個病死於吶喊之時，一個老死於光榮之日。一個是被壓迫，被冷落，流離艱苦，一個則動不動就被關進牢，有了好幾回。總之，我愛好他們，而且在『我』的意義上說，我更其愛好魯迅。因爲我是四十年代的中國人，而魯迅便是這一年代的一面大鏡子。你看，他們倆又都叫人看重現在，這也是一種哲學，你相信麽？雖則它不是術語。糟糕，話兒出了岔了。最要緊的便是說現在要普遍展開鑄奸反汪運動，這工作的確還做得不够。昨天接到徐甫堡那傢伙從東戰場來一封信，也說他也在塑這對逆像，而且還奇怪似的說：走出了教室以後便沒有親近這工作了，現在一來做便做好人像。你知道他也是丟開彫塑刀而去握木刻刀的，說雖然這麽說 究竟是彫塑工作者，運用自己之所長的一個好機會。他信上也說到你，他說收到你的汪逆等泥像的照片了。

伊里奇說過，紀念碑最適於宣傳。我此後也決計致全力於雕塑了，不願再如過去那樣隨隨便便。因爲我們的雕塑界更寂寞，簡直在抗戰藝術中沒有這一個部門的。因此泥菩薩之徒也要來大顯身手了。至於這兩年來蘇聯的藝術界，雕塑像最爲活躍。我弄到了好些他們的出版物。而且的確很好，都是很厚實的寫實之作。我對你說過的『戰時文化人胸像』已經算塑好了，只是不能在翻石膏之前請你及開渠先生看。假使開渠先生最近來渝時它還未翻成，而他又親自來指點我一下，那就好了。

握手！

鴻恭　五、九。

西班牙

徐明

（一）

西班牙
沒有屈服
大砲停止了
槍聲還不斷地響澈………
瑪德里
黑暗的街道上
人民
　呼號着………
槍火
　在閃動………
半夜黑
散佈着濃烈的火藥氣………
強盜們
不能安穩地躺在沙發上
　抽雪茄
就是喝一口西班牙的麥酒
也請他們付出血的代價！
西班牙
沒有失敗
強盜們
　不要大搖大擺！

（二）

秋天了
毒瓦斯消散………
田野裏
白鴿子依然在飛
紫葡萄依然掛滿
西班牙
活在人民的心里
土地和人民的心
是連在一起
法郎哥
沒有力量可以割斷，
沒有權力可以出賣！

（三）

那最後決戰的日子
　就要到來的
西班牙
在等待。
每一顆人心呵，
都變成炸彈！
西班牙
還要戰鬥
還要呼喊
西班牙
還要在世界上
堂皇地站起來！

榆滬東望

陳執中木刻

校完小記

這一期，編好在四月底，到五月底才排好，但被一次轟炸震得鉛字滿天飛，「吹了」！別的事情不必說，只是有幾篇底原稿都找不到，只好另插進幾篇新的塡補。當然，被炸掉了原稿和被炸掉了生命相比較，是値不得什麽的，但作者們不但花去了時間和精力，而且還是爲了戰鬥，對於作者我們，也可以算是一筆螻蟻似的「血債」罷。

還是由於老毛病印刷困難，從那時候一直拖到了現在。這中間，高爾基逝世紀念過了，魯迅六十生日紀念過了，魯迅逝世四週年紀念也過了，我們沒有也不能表示什麽。只有「魯迅的少年期」一篇，算是事先爲了紀念而準備的。

還有，「哀巴黎」和關於鑄逆的通信，是當時的世界底和國內底激動的人心底反映，但現在也都「過時」了。但世界底和中國底大門爭旣是依然存在，不但存在，而且在繼續發展，那它們底生命當也還是存在的。如果我們不願多活在屠戶底刀下，不願意和狗奴才抱在一起，那我們底憤怒就不會有死的一天，不，我們底憤怒就一定有化成排山倒海狂潮的一天。

兩篇史話，在體裁上是非常不相合的，但生活和本身底各方面就本來常常是看來非常不相合的。我們也只好從不相合的地方看出也許相合的地方來。

「雪地」和「獨眼馬」；不知道够不够得上「小說」的稱號，但所謂「兵源」問題正受到了大家底注意的現在，讀了也許可以供供參考。在這里，我們看到了所謂「兵」也是活的人，有固執，有動搖，有自私，但人與人之間的合理的交通也可以使他們走上堅決的路，這路決不是用繩索用皮鞭甚至「鉄花生米」所能够取得的。

下一本，因爲想補過，也因爲積有幾篇較長的稿子，想出一個兩期的合刊，來一次「熱鬧」的場面。

胡風（十月二十二日）

新書

新型文藝教程

田仲濟著　實售九角

本書是用故事的體裁，和軟性的文筆，介紹文藝理論的知識的著作，而且內容的簡當和取材的精審，又是一般讀者和文藝青年的最適合的讀物。本書序文的作者李和林先生在序文中說道：把「這幾種文藝的「新型」及其創作方法，總共起來作一系統的簡明的介紹，成爲一本書，在中國出版界這也還是第一次」，足見本書是有其相當價値的，全書分別十講，精印一巨册，適爲應青年採購起見，定價極低，爲百物昂貴聲中的一本便宜的出版物。

‖新書預告‖

代用品（劇本選輯之二）　洗羣　印刷中

解放者（抗戰戲劇叢書之七）　楊村彬　印刷中

衛生針（抗敵獨幕劇）　張季純　印刷中

病院鐘聲（劇本選輯之三）　胡紹軒　印刷中

處理公文手冊

李桐岡著　三版出書　實售八角

在政府與人民之關係愈趨愈密切之今日，公文之應用亦愈加普遍，但一般發行之公文程式，千篇一律，東抄西襲，學者仍苦無所學習，本書不僅將一般公文程式之要點，詳加解釋說明，使用者一目瞭然，尤注意各機關一般起稿公文之原則，及辦稿之程序，使初學者知所依據，最後并詳述辦理檔案之管理，足供一般公務人員之參考，編者係本其歷年之經驗著成此書，故內容堪稱完善，如用作學校應用文教本，允稱相宜。初版再版均已售罄，玆三版業經出版，每册售價八角。

出版預告

張自忠

四幕抗戰史劇　老舍著

張自忠將軍自七七抗戰開始，迄至襄樊勝利，盡了不能再盡之責任終之以身殉國，爲抗戰歷史增加了不可缺少之一頁。這一頁的內容，由老舍先生，盡數月之光陰爲之搜集整理，其「張自忠」四幕劇，卽其數月來之最後結晶，抑卽佔有抗戰歷史之一頁不朽之作本書爲彈花文藝叢書之一，現已付印，不日當可與讀者見面，謹此預告。

華中圖書公司發行

重慶：民生路一〇一號

北碚：南京路十五號

中華郵政掛號認爲第一種新聞紙類
內政部登記證字六五〇八號

七月

第六集

1,2

華中圖書公司印行

·目錄·

七月

第六集第一二期（總第廿七八期合刊）

廿九年十二月出版

重慶武庫街

編輯發行 七月社

華中圖書公司

編輯人 胡風

發行所：華中圖書公司（重慶武庫街）

印刷所：商務日報 夏溪口印刷工廠

每月出版一次

本埠每冊零售五角

訂價	國內	香港澳門	國外南洋
半年	二元八角	三元	四元
一年	五元六角	六元	八元

郵票代價，十足收用。五人以上聯合定閱，九折計算。

本期合刊售國幣一元

敘述與描寫

G·盧卡契

深入就是把握事物的根，一個個人的根，無論怎樣，正是那個個人的本體。——馬克思

一

不用什麼緒論，我們開始就說正文吧。在左拉(Zola)底『娜娜』(Nana)和托爾斯泰(Tolstoy)底『安娜。卡列尼娜』(Anna Karenina)這兩本著名的小說裏都有賽馬的描寫，這兩個作家是怎樣來接近他們底課題的呢？

左拉底賽馬的描寫是他的文學技巧底一個燦爛的樣本。凡是在賽馬當中可以看得到的每一件事物都被精確地，如畫地，生動地描寫出來了。這實在是一篇關於左拉那個時代的賽馬的小小的論述。賽馬的一切場面，從備馬鞍子到『完事』，都是用同等的精密描寫了的。觀衆的看台是在第二帝國(註一)時代的巴黎上流社會的洋洋大觀底燦爛的彩色中呈現了出來。各種場景的背後的世界的描寫也是一樣的精密。賽馬的結果完全是意外的，而左拉不僅僅是描寫這個結果，並且暴露了在它背後的騙局。可是，這種精巧的描寫僅僅只能算是這篇小說本身的一段穿插。賽馬這一個偶然的事件和整個情節的發展結合得非常疏懈，而且很容易地就能够把它抽掉出來。唯一的聯繫的連環只是：娜娜底許多逢場作戲的客人之中的一個人由於騙局的暴露而毀滅。

這段插曲和主體的題旨相聯繫的另外一個連環甚至於是更少實質的重要性，而且對整個情節不發生任何的作用——可是，也正因着這一原因，這才是左拉底風格的更大的特質。這就是：那匹得勝的馬的名子也叫做娜娜。左拉已極力利用他的機緣來加強這個巧合。上流妓女娜娜的同名者的勝利象徵着她在巴黎的上流社會和花國里面的勝利。

在另一方面，『安娜·卡列尼娜』裏的賽馬則是整個情節底一個本質的部分。伏浪斯基(Vronsky)的墮馬在安娜底生活裏是一件生死關頭的事件。恰恰正在賽馬之前，她確實知道她是懷了孕了，並且，經過了好些痛苦的猶疑，她把這件事告訴了伏浪斯基。伏浪斯基的墮馬所引起的震動給與了她和她丈夫作決斷的談話的衝動。這樣，作爲這場賽馬的結果，這篇小說底主要人物的相互關係進入了一個完全新的場面。這不僅僅是全部場景的一部，而且是高級的戲劇性的場景的連續，是全部情節底發展之中的一個轉變點。

這些場景在這兩篇小說裏的完全不同的作用正在他們的『表現態度』裏反映了出來。左拉底描寫是從一個『旁觀者』的觀點出發的，托爾斯泰是從一個『參與者』的觀點來寫作的。

因此，伏浪斯基墮馬的故事就成爲整個情節中的一個本質的部分。托爾斯泰加強着：這次騎賽不是一個僅僅的插曲，在伏浪斯基的生命中這不是一個全不重要的事件。這位野心的官員在他的軍事功業上遭遇了許多環境事勢的阻礙，在這許多環境事勢之中，他和安娜的關係是最重要的一個原因。

當着皇室和上流社會的面前贏得賽馬的勝利，還是在滿足他的野心上僅存的一些可能性之中的一種。這樣，一切爲了賽馬的準備，一切賽馬本身的諸場面，就構成一幕非常重要的戲劇底諸部份。它們在它們的戲劇性的順序中被寫述了出來。伏浪斯基的墮馬是有關他的生活的這一場面的最高點，至于他的敵手追過他的這件事實，只要一句話就可以表白過去了。

但是無論如何，這還沒有猶豫地把這一場景底史詩的緊張性分析出來。托爾斯泰是不描寫『現象』的；他陳述他的人物的身世。這正是爲了什麼原因這件事件的發展是在一種眞實的史詩的風格之中『敘述』了兩次，而並不

是繪畫似的描寫。在第一場敍述裏，伏浪斯基是賽馬中的一個競爭者，他是中心的人物，在準備賽馬和賽馬本身上的每一件要緊性的事物都是必需加以精確的巧鍊的寫述的。在第二場敍述裏中心的人物就是安娜和卡里寧（Karenin)。這第二場關於賽馬的敍述並不是直接地接續着第一場敍述的，這正表現出了托爾斯泰的非凡的史詩的技巧。爲了使得賽馬的故事成爲這一天的最高點，他陳述卡里寧怎樣經過了賽馬的前一天的日子，並且陳述卡里寧和安娜的關係。這樣賽馬就變成一場內心的戲劇。安娜的眼睛只追隨着伏浪斯基。她不看賽馬的進行，也不管其他的參加者的命運。卡里寧僅僅觀察着安娜和她對伏浪斯基墮馬的反應。這一幕緊張的，無言的場景就正準備着在回家的路上安娜的爆發，她把她和伏浪斯基的關係向卡里寧公開了出來。

有些『現代派』的讀者們和作家們可能會這樣說：就承認在我們面前有兩種不同的繪寫的方法吧，但是托爾斯泰不是爲着使戲劇發展的目的，把整個的插曲變成一件僅僅只是偶然性的事件，帶進這篇小說之中來，把賽馬和小說裏的中心人物的身世結合起來的嗎？而左拉底這一插曲的描寫，它的本身的完全不就是給與了我們一幅重要的社會現象底圖畫？

問題現在起來了：在一種藝術的繪寫之中，什麼是本質性的什麼是偶然性的呢？事實上，沒有偶然性的諸因素，每一件事物都是死的，並且也是抽象的。假如完全棄絕了一切偶然性的因素，沒有一個作家能够創作任何事物底栩栩如生的繪寫。在另一方面，作家必需要高升在龐雜的赤裸的諸偶然事象的運用之上，要把偶然性的事件提高到藝術的本質性的水平線上來。

另外又有個問題：什麼東西從藝術的觀點上課給一段插曲以本質性呢？是它的描寫底完全呢？還是那些人物對於種種事件——他們參加在這些事件之中，他們的命運由這些事件決定，並且經由這些事件，他們演出了他們的戲劇——底種種關係底本質性的特質呢？

伏浪斯基的野心和他的參加賽馬的結合產生一種和左拉底描寫賽馬的精密性完全不同的本質性的特質。從客觀的觀點看來，去看賽馬或者是參加賽馬只可以看做一個個人的生活中的一段插曲。托爾斯泰把這段插曲跟他的小說裏的中心人物底重要的「生活戲劇」緊密地連繫起來了。這是眞實的，賽馬僅僅是一個衝突的爆發的機緣；但是這個機緣，由于它會合着伏浪斯基底社會的野心——這個悲劇發展下去的一個重要的因子——這決不是一個偶然的事件，一種偶然性的事件。

但是在文學裏我們能够找到甚至於是更顯著的實例，在這些實例裏，在以現象的偶然性或以現象的本質性來表現現象這一點上，這兩種方法的對照是以更外精確的明晰性表現出來了。

拿左拉小說裏的戲院的描寫來和巴爾札克(Balzac)底『失去的幻想』(Lost Illusions) 裏的戲院的描寫比較一下吧。在表面上是有許多相似的地方的。左拉的小說由此展開的第一夜的演出決定了娜娜的生涯。巴爾札克的小說裏的第一夜的演出顯示了呂桑·得·呂邦勃瑞(Lucisn De Rubem Pr'es)底事業的一個轉變點，顯示了呂桑從一個無名的詩人變成一個成功的敢作敢爲的新聞記者。

左拉用他常用的細密的完全性來描寫劇院。第一是從觀衆的地點開始：每一件在正廳，花廳，包廂，等等的地方所發生的事情。舞台被用非凡的文學技巧描寫了出來。但是他的趨向論著式的完全性的傾向對這並不適合。他用小說底另外的一章作了一個同等精密的描寫，寫劇院底內幕以及從舞台上所看見的戲院。並且爲了完全這幅圖畫，在第三章裏又來了同樣細密而且燦爛的一幕排演底描寫。

。巴爾札克的描寫裏缺乏這樣細節的文獻式的完全性。對於他，劇院和演出只是這些內部的人的戲劇的人生舞台(arena)：呂桑的出頭，珂拉麗葉(Coralie)底藝術的生涯，呂桑和珂拉麗葉之間的愛情的開始，呂桑和他從前的達爾台派(d'Anthez Circle)的朋友以及和他現在的恩主盧斯 道(Lousteau)的衝突，他對巴哈萊東夫人(Madamede Pareton)的復仇的行動的開始等等。

但是在這一切直接或者間接聯繫着劇院的鬥爭和衝突之中寫述出了什麼東西呢？這就是那種在資本主義之下的劇院的命運：劇院對於資本主義，對於在它本身那一方面又是附屬於資本主義的新聞事業，對於這二者底錯綜的多種的附屬關係：劇院與文學之新聞事業與文學底相互的關係；大海島區公開的與祕密的賣淫生活底集體底資本主義性。

這些社會問題也出現在左拉的小說裏，但是它們僅僅是被作爲一些社會的事實描寫着，而沒有暴露出它們的根源。那位劇院的導演不斷地重複着，『不要說什麼「劇院」；說「妓院」吧。』巴爾扎克正「表現出怎樣」劇院在資本主義之下被殖賣淫了。在這裏，中心的人物底戲劇和這一戲劇——他們工作的場所，那些和他們共同生活的事物，他們搏鬥的人生舞台，那些他們的關係在其中獲得表現，並且通過它他們被實體形象化了的周圍的諸境物——採合爲一了。

確實的，這是一種極端的情況。在我們四周的種種客體並不總是而且也不必需是像在這一情況中一樣，如此緊密地和我們的身世相聯繫着。它們可以像在巴爾扎克底小說裏所寫的，是我們的社會的身世底決定的因子；但是它們也可以只僅僅是我們的活動我們的身世底發展的人生舞台。

在這裏所指示出來的對照，在我們來處理這樣的人生舞台底文學的表現的場合，是不是也存在着呢？

W·斯考特（Sin Walteu Scott）（註二）在他的小說『掘墓者』(Old Motality）的開頭的第一章裏，描寫了在蘇格蘭乘着一個民衆節日舉行的一個軍事檢閱，這是由擁護斯圖亞特王族（Stuarts）復辟，企圖重行建立封建機構的人們，含有煽動不滿表露不滿的目的所組織的一個作爲檢閱王軍軍力的軍事檢閱。在斯考特的小說裏，這個檢閱正發生在被壓廹的淸教徒（Puritans）起事的前夜。斯考特用偉大的史詩的技巧把那馬上就要血刃相向的一切矛盾的勢力一齊帶到這個人生舞台上面來了。當着這個檢閱進行的時候，斯考特在瑰琦的場景裏表露出那些封建的關係已經是怎樣毫無希望的老朽，並且表露出人民對於重行建立這種關係的企圖的暗藏着的反抗。接着檢閱之後的射擊的比賽，更暴露出這兩個敵對的團體底內部的矛盾；只有這兩個團體中的『溫和派的』黨人參加了這個公共的娛樂。那些小客棧裏的場景表現給了我們王軍的殘暴；同時那位淸教徒叛亂的未來的領袖伯爾萊(Burleg）的形象，以它的肅穆的莊嚴起立在我們的面前。換句話來說，在寫事檢閱的場面的敍述和這古擇曲底樣大的人生舞台的描繪成中；斯考特同時表露出了一部偉大的歷史的戲劇中底一切的動向，以一切的中心人物，並且把我們一下子帶進那些有決定意義的行動的中心了。

弗羅貝爾（Flubert）底『波華莉夫人』（Madame Bovary）裏的農產品的展覽以及授給農民獎品的描寫，是新現實派的描寫藝術底最著名的成功之一。弗羅貝爾確確實實地在這裏只描寫『人生舞台』，整個的展覽只是用來作爲繪寫羅道爾夫（Rudolph）和愛瑪·波華莉（Emma Bovary）之間的愛的場景的一個機緣。人物行動的所在是一個偶然的所在，並且實實在在的在人生舞台這個字的文字上的意義之外，再沒有別的意義了。弗羅貝爾他自己尖銳地並且諷刺地加強這個偶然性的事件。以省吏的演說和愛的對話的片斷來作對照，弗羅貝爾把鄙俗的小布爾喬亞生活底公衆的平庸和私人的平庸在一種諷刺的並列之中放置在一起。這個諷刺的對照是用了不起的技巧非常着實地表達出來的。

不過現在仍然存留着沒有解決的矛盾：這個偶然的所在的人生舞台，這個愛的場景的偶然性的機緣，在波華莉夫人底小世界裏同時正是一椿重大的事件。對於弗羅貝爾要給與這個環境一個完全的繪寫這一主要的課題，這個小世界底徹底的描寫具有絕對的本質性。諷刺的對照並不能就算聯繫了這個描寫底重要性。作爲環境底完全的一個因素的『人生舞台』，它是自有它自已的獨立的重要性的。但是弗羅貝爾所表現的人物僅僅只是旁觀者，因此，他們都是這幅圖畫底一些同性質的同等的因素，他們之所以具有本質性，僅僅不過是在他們完全了這一環境的繪寫而已。他們在這幅圖畫裏看起來好像是許多顏色的點子。並且這幅圖畫之所以超越在平凡的灰暗的樣式之上，僅僅只是因着它的成爲庸俗底諷刺的象徵的原故。這幅圖畫獲得它的重要性，並不是由於所敍述的事件底內在的人的價值——這些事件在整體上沒有容受這種價值——只是由於表象的象徵意義方才得以造作成功罷了。

弗羅貝爾底象徵意義是諷刺，所以達到相當高的藝術的高度，因爲它——至少在某種程度上——是被用眞實的藝術手法完成了的。但是在左拉底小說裏，象徵是被假定了要去獲得社會的永久性的。而假定着把巨大的重要性的印記等在一件不重要的插曲上，這就脫離了眞實的藝術底規範。隱喩膨脹成了現實。一種偶然的行動，一種偶然的相似，一種偶然的心情，一種偶然的遭遇，都被假定着來『直接』表現重要的社會的諸相互關係。這在左拉的任何小說裏都可以找到許許多多的實例。例如娜娜和「金蒼蠅」（Colden Fly）的比較，這是假定着來象徵她的對於一八七〇年的巴黎的絕大的影響的。左拉關於他在這一作風上的意向，他自己說得非常淸楚：『在我的作品裏關於眞實的細節有一種發展過度的毛病。它從精密的觀察底跳板上迴旋直上星辰。眞實用它的翅膀一擧而翻翔上升，而達於象徵。』

在斯考特，巴爾札克，托爾斯泰底小說裏我們習知了許多事件；通過參加在這些事件中的人們的身世，通過這些人們在他們個人生活底廣大展開的過程之中的公衆生活裏的他們的角色，這些事件本身就有它們的重要性。我們是那些小說裏的中心人物活躍地參與的諸事件的旁觀者。我們在生活中體驗他們的經驗。

在弗羅貝爾和左拉的小說裏，中心的人物本身僅僅只是一些偶然事件的或多或少的有關係的旁觀者。因此，這些偶然的事件對於讀者不過是一幅圖畫或者是一幅連續的圖畫而已。我們則觀察這些圖畫。

二

體驗生活經驗與觀察生活經驗的相反的對比，這不是偶然的，這在作家本身底基本傾向中存在着它自己的根蒂。更明確地說：這種對比的差異乃是對於「生活」，對於重要的諸社會問題的基本態度的不同的結果；並不僅僅是對於整個情節，或者是對於情節中某一部份的藝術的支配的方法底基本態度的不同的結果。

只有在確立這一事實之後，我們才能來着手進行我們的問題的具體化。在文學以及在生活的其他瑣支流裏，都沒有『純現象』。恩格斯(Engles)曾有一次諷刺地說到『純』封建制度的狀態只在短命的耶路撒冷王國（kingdom of Jerusalem）（註三）底機構中存在過。雖然封建制度不曾而喩的是一個歷史的現實，並是能够合理地被視爲一種研究探討的客體。這確實是眞的，在人世上沒有一個完全沒有運用過描寫的方法的作家。同時，我們也沒有任何根據來說一八四八年的時代以後的現實派的偉大的代表者們，弗羅貝爾和左拉，他們從來沒有運用過敍述的方法。我們在這裏是論說「基本的諸原則」而並不是論說『純現象』『純』敍述或是『純』描寫的幻象。這問題乃是：爲什麼以及如何描寫的方法變成了寫作的主要的方法？這種方法原來只是史詩的繪寫的許多手法之中的一種，並且無疑的是一種次要的手法，一種僅僅只是附屬的手法。這個問題是重要的，因爲與這一變化一同，描寫的方法在史詩的寫作中底作用和性質根本地起了變化。

巴爾札克在他的關於斯湯達爾（Stendhal）（註四）底『巴姆女子修道院』（Chartreuse de Parme）的評論裏已經强調着描寫的重要，以爲是一種本質地的現代的表現底方法。十八世紀的小說（勒•沙琪（Le Sage）（註五）伏爾泰爾（Voltaire）（註六）等等）內容幾乎是沒有描寫的。只是當着浪漫主義來臨之後情形方才有了變化。巴爾札克强調着：他所代表的那一文學的派別（他把M•斯考特看做這一派的創立者）給與了描寫的方法以更大的重要性。

但是，當着巴爾札克加强他對十七十八世紀小說的『枯燥』的反對並且宣言贊同現代的方法的時候，他提出了新方法底風格特質底一串新的本質的諸因素，描寫，按照巴爾札克的觀念，僅僅是諸因素的「許多之中的一個」。和這一同，巴爾札克特別强調戲劇性的因素底新的重要性。

這種新的風格的產生正由於爲了適合表現社會生活底新現象的需要。個人和階級之間的諸關係比在十七十八世紀是變得更爲錯綜複雜了。例如吧，在那時候，勒•沙琪就能够輪廓地畫出了他的作品的主人翁底環境，大體的容貌，習慣等等，並且還創作出了淸晰的全相的社會的特質的具象。通過行動的敍述，通過人物對於事件反應的態度，個人的具象幾乎是獨創地完成了。

巴爾札克淸淸楚楚地看到這個方法是不再够用的了。拉斯蒂格拿克（Rastignac）（註七）是一個和吉爾•卜拉（Gil Blas）（註八）完全不同的典型的冒險。伏格納爾（Vauger）寄宿舍底細節的描寫，它的汚髒和狹小，它的飯菜和它的招待，等等，還在眞實地完全地了解拉斯蒂格拿克底冒險的特殊的性質上，是絕對的必要的。勒郎德（Grandet）的屋子，果卜賽克（Cobseck）的房間，等等，爲着要表現出在一切個人的以及社會的形態中的高利貸者的典型，這也同樣爲必需加以極細密的細節的描寫。

此外，巴爾札克底環境的描寫從不僅止於赤裸的描寫，而幾乎總是轉化成爲行動的（仔細想想老頭子勒郎德他自己來修理他的壞了的樓梯吧），描寫之在巴爾札克，只不過是作爲一個重要的新因素底廣闊的基礎：爲了把戲劇性的因素引導進寫作之中來。巴爾札克底那些非凡的形形色色的錯綜複雜的人物，假如他們的環境不是如此地細節的表現出來，他們決不可能以這樣的人的戲劇性的效果發展下去。

在弗羅貝爾和左拉，描寫的方法底任務是完全不同的。巴爾札克，斯湯達爾，狄更斯（Dickens），托爾斯泰等等的作家們，他們正當着布爾喬亞社會建立底過程中的各種不同的生死關頭的時機來繪寫布爾喬亞社會。他們繪寫它的構成底複雜的程序，繪寫從衰敗的舊社會到興起的新社會底不同的曲折的變遷。他們都親身地積極地經歷過這一構成過程中的種種生死關頭的變遷。在不同的方式之中（當然了），歌德（Goethe），斯湯達爾，托爾斯泰，都參加了加速這些難產的戰鬥；巴爾札克是新興的法國資本主義底狂熱的投機事業的參與者，又是犧牲者；歌德和斯湯達爾都積極地參加了行政事務；托爾斯泰則是一個地主又是一位社會機關（戶口調查局，災民救濟委員會）的積極份子，他親眼看見了這些劇烈的變化底最重大的諸契機。在這一種場合上，也在他們的生活方式上，他們是文藝復興（Renaissance）和啟蒙運動（Enlightenment）（註九）底古代的作家，藝術家，科學家底繼承者：這些人們積極地廣大地參與了他們那一時代底偉大的社會的鬥爭，這些人們由於他們的深澈的多樣的生活知認而成爲作家。他們並不是現在在資本主義的分工意義上的『專家』。

弗羅貝爾和左拉，在一八四八年革命以後，在全部組織完成的資本主義社會裏開始他們的寫作。他們並沒有積極地參與這一社會的生活，他們也不想參與它。這種拒絕參與表現着過渡時期底著名的一代的藝術家底悲劇。這種拒絕完全是由於反對而發動的。這表現着對於他們那一時代的政治社會的政制的憎恨，厭惡和輕蔑。那些參加這一時期底社會發展的人都變成了無靈魂的說謊的資本主義底辯護者。弗羅貝爾和左拉對於這是太偉大太忠實了。他們自己只剩下了一條道路跳出他們的「孤立」地位底悲劇的矛盾。他們變成了資本主義社會的批評的觀察者。

因爲這，他們變成了職業的作家，那種在資本主義的分工意義上的作家。書在現在完全變成了一種商品，並且作家變成了這一商品的售賣者（假如他並不恰巧是生來就是富有的話）。在巴爾札爾的情形裏，我們仍然看得見文化領域裏的初期的積累時期底肅穆的莊嚴。哥德和托爾斯泰是處在封建地主的地位，不專門只靠着筆來維持他們的生活。弗羅貝爾是一個自願的苦行者。左拉則被物質的要求所強迫，變成了一個職業的作家，那種在資本主義的分工意義上的作家。

表現現實底新的風格，新的方法，雖然總是和以前的諸形式相聯繫着，但是它決不是由於藝術形式底本身固有的辯證法而發生的。每一種新的風格的發生都有社會的歷史的必然性，是從生活之中出來的，它是社會發展底必然的產物。

但是承認風格構成底必然性並不是說這些風格在價值上或者是品級上都是平等的，必然的風格可能被判明是藝術地的虛偽了，歪曲的，低劣的。

參與和觀察是資本主義底兩個不同時期的行爲底社會性的必然的路線。敘述和描寫是這兩個時期底表現的基本的方法。爲着使這兩種方法的對比的差異格外明顯，我要引用歌德和左拉底關於觀察與創作之間的關係的評論：

『我從來沒有用含有政治目的的觀點來觀察自然。』歌德說：『但是因着我在速寫風景上的興趣以及後來對博物學的研究，驅使我對自然現象作一種不斷的精密的觀察，我漸漸地知道了自然，連她的極細微的細節我都知道了；我是如此地深知她，所以當我作爲一個詩人，需要到什麼東西的時候，素材馬上就來聽我運用，並且我不容易陷落進錯誤裏去。』（愛克爾曼（Ec kermann)，『哥德談話錄』(Conversations With Golthe)。•）

左拉關於他作爲一個作家接近他的小說底客體的態度，也說得非常的明白。

『一個自然主義派的小說家要想寫一篇關於劇院的小說，他要從「他還沒有得到一樁事實或是一個形象」的這種一般的觀念出發。他的第一件要做的事就是去收集，記錄他所要從事寫作的那個世界的任何可以獲得的素材。他認識了這一位或是那一位演員，觀看了這一個或是那一個劇本……而後，他要去和人們談話，使主題得有美滿的啟發，並且核校那些蒐集起來的口語，軼事，肖像。這還不是一切。他還要閱讀寫錄下來的文件。「最後」，他要察看那個地方的本身，要在一個劇院裏花費幾天的日子去習知那些極細微的細節，要在女演員們之中的一個人的化裝室裏度過他的夜晚，要和這個地方底氛圍滲和在一起。在材料收集完全之後，這篇小說它自已就會寫成功了。小說家必需只是邏輯式地來分配事實……「千萬不要去注意情節的新奇；正相反，情節要是越平凡越普通，它就會是越特色的情節。」』（引號（「」）是我加的——盧卡契註）（左拉，『實驗小說論』（L'roman xp'erimental），巴黎，一九〇〇年。）

這裏是兩種基本上不相同的風格，兩種基本上不相同的對於現實的態度。

三

理解一種已知的風格底社會的必然性是一回事；評價它的藝術的效果又完全是另外一回事。『理解事物就是寬恕事物』不是美學底口號。只有那種以爲它的唯一的課題是去表露個別的作家和個別的風格底『社會的平等』的庸俗的社會學，認定由於社會的根源底解明（我們在這裏不預備來說它就連這個也不知道怎樣去做的這件事實）就用不着再有美學的評價了。在實際上，這種方法等於把人類藝術底整個的過去的歷史推落到沒落的布爾喬亞氾底水平線上來：荷馬（Homer）和莎士比亞（ShakesPease）正簡直和喬逸斯（Joyce）（註十），勃勞斯特（Proust）（註十一）一樣的都是些『產物』：文藝的科學底課題僅僅只是去表露荷馬或者是喬逸斯底『社會的平等』而已。

馬克思（Marx）從一種完全不同的角度上來考察這些問題。在分析了荷馬的史詩底根源之後，他指出困難並不在理解希臘藝術和史詩是與社會發展某種形式相聯繫的這一回事；困難是在理解它們仍然給與我們以藝術的喜悅，並且在某種意義上它們是作爲標準和不可企及的模範的這一事實。

這是不言而喻的，馬克思底批評也應用在負的性質底美學的批判的場合。無論在這兩種情形之中的那一種情形裏，美學的批判總決不能和歷史的背景機械地分離開來。評斷荷馬的詩是史詩的而卡姆恩斯（Camoens）（註十二）密爾頓（Milton）（註十三）伏爾泰等人的詩就不是史詩的，這是一個同時是社會的歷史的又同時是美學的概念。沒有一種『精絕的技巧』是脫離了社會歷史的以及個人的諸環境而獨立，而卓然獨異的；同時這些環境是不利於客觀現實底豐富的，全相的，品類繁多的，生動的，藝術的複寫的。那些社會地的不利於藝術創作的境地和環境也正扭曲了藝術的複寫底實質的諸形式。

這就是怎樣事情會處在上面所說到的那種情形之中的眞象。

這裏有一個非常有興趣的自我批判的評論，這是弗羅貝爾在他的小說『情感敎育』（L'ducation Sentirantale）裏寫齊的。他說：『這篇小說太過於眞實了，並且，美學意義地說吧，缺乏透視畫底假象。布局是通盤地反復地思想過了的，而它因此也就消失掉了。每一件藝術底作品必需要有一個極頂，一個峯顚，必需要形成一座金字塔；或者是把光度集中在整體的一點上。但是像那種東西在生活裏一樣也沒有。藝術，無論如何，不是自然。但是我相信沒有一個人在複寫底誠實上曾經做得更爲道地的了』。

這個承訴，正像弗羅貝爾底一切的言辭一樣，表白了一種無情的眞實。弗羅貝爾正確地寫出了他的小說底結構的特質。他的强調極頂底必要也是對的。但是，他陳述在他的小說裏『太過於眞實了，』這是對的嗎？『極頂』

確實只僅僅存在在藝術之中嗎？

當然不是的。弗羅貝爾底這篇非常誠實的承認對我們是重要的，因爲這不僅僅是作爲他的重要的小說底一個自我批評，而主要地是因爲在這篇承認裏，他表露出他對現實，對社會的客觀存在，以及對藝術與自然的關係底歷史地的錯誤的概念。他的概念是以爲「極頂」只存在藝術之中的，並且因此以爲極頂是由於藝術家創作而來，並且以爲它全靠藝術家是不是打算來創作這樣一個「極頂」，這是一個純粹主觀的編見——從對布爾喬亞生活底諸徵兆，對布爾喬亞社會中的生活的諸表現底外部的表象的觀察而發生的偏見——它棄訣了社會發展底諸推動力以及這些推動力在生活表面上的永續的作用。這一套理論，這是眞實的，時時總是被「突然的」非常的結局所打破了。

無論如何，在現實中——自然是在資本主義的現實中——這些「突然的」結局在準備的過程當中已經有了一個很長的時間了。它們不和表面上的靜態的發展站在完全相反的地位。一種錯綜複雜的，不相配合的發展把它們引導出來，這種發展並且客觀地解剖了弗羅貝爾底地球的儼然是光滑的表面。藝術家必需要來解明這些裏面的重大的諸要點，這是眞的。但是弗羅貝爾底偏見相信表面的解剖在現實中是不存在的。

這種解剖是通過規定社會發展的諸定律底運用，通過社會發展底諸推動力來施行的。「正常」和「不正常」之間的虛僞的主觀的抽象的矛盾在客觀現實之中是不存在的。馬克思在經濟危機裏看見了資本主義經濟底「最正常的」而且有規律的諸現象。「那些相關相成的諸因素的假裝的獨立是被劇烈地毀滅了。危機表明着那些曾經被相信是彼此各各獨立的諸因素底統一。」

十九世紀後半期的布爾喬亞科學底辯護者用一種完全不同的眼光來看現實。危機看作是一個突然中斷經濟底「正常的」道路底「災禍。」同樣的，每一個革命都看作是某種有災禍性的。不正常的事情。

弗羅貝爾和左拉，在他們的主觀的見解和意向上，他們不是資本主義的辯護者。但是他們乃是他們那一時代的孩童，並且正因爲是孩童的原故，他們在「世界觀」（Weltanschauung）上受了他們那一時代的時代底他極深的影響。尤其是左拉，布爾喬亞社會學底平庸的偏見在他的作品底觀念上是有決定的影響的。這就是爲着什麼原因，在左拉的作品裏生活幾乎是沒有任何解剖的，無結晶形態地發展着；它仍然正和它的原形一樣地保留着那種按照左拉的看法的社會意義上的正常性。因此，一切的人們生活底表現都是社會環境底正常的產物。但是，在左拉的寫作上還有些完全不同的異趣的力量存在着：例如吧，遺傳，它是以定數的規律影響着人們的思想和情感，並且得出種種中斷生活底正常道路的不幸的結局來的。讓我們來回想「萌芽」（G.rminal）裏的愛蒂恩·羅第葉（Etienne Lautier）底遺傳的酒精中毒吧，這引起了許多突然爆發的變態和不幸的結局，這是和他的平常的性格毫無有機的聯繫的。左拉甚至於連作表現這樣的一種聯繫的企圖都沒有。還有『金錢』（Money）裏沙卡爾德（Saccard）的兒子所得到的結局也是同樣的，還有其他的作品等等。無論在那一篇作品裏，結局都是和環境的正常的規律相對立的，都和它毫無聯繫，而且毀滅了它；結局都是由遺傳得出來的。

這是明明白白的，我們在這裏並不是在討論客觀現實底深入的正確的複寫，而是討論客觀現實的規律的簡單化和歪曲，一種基於辯護者的偏見的影響上的歪曲——基於這一時期的作家們底「世界觀」上的歪曲。一種社會發展的諸推動力底眞實的知識，一種關於它們在人類生活上的作用的公正的，正確的，深刻的，完全的，詩的繪寫；這必需要在動態的形式中表現出來——作爲如此的一種動態應該要表明正常的和例外的底規律性的統一。

這種社會發展底眞實是正如同個人的身世一般的眞實的。但是在什麼時候又是怎樣這個眞實才表露出來呢？這是明明白白的：不單是因爲科學，不單是因爲基於科學的政治學，而且是因爲日常生活中的人生底實際的知識，所以這種生活底眞實才可以在人們的習俗中，在他們的行爲和舉動中被表露出來。人們底世界以及人們的主觀的情感和思想表現出了他們的眞和假，他們的誠實和虛僞，他們的思想的偉大和狹小；這是當着這一切已經轉變成爲行爲之後——這是當着他們底眞已經被行爲和舉動證明了的時候，或者是當着他們的行爲和舉動證明了他們的話底假的時候。只有人的實踐能夠具體地表現人們底實質：誰是勇敢的？誰是仁慈的？等等。

只有通過行爲人們才彼此發生關係。只有通過行爲他們才值得詩的繪寫。人的性格底基本的諸體相，只有通過實踐中的行爲舉動才能表露出來。古代的詩，不論它是神話，短故事詩，傳說的形式，或是較晚的敍述軼事的自發的形式，總是從認識這種行爲和舉動底基本的重要性出發的。這種詩之獲得它的重要性，正因着它反映着這種基本的現實，反映着經由行爲而證實的人的意向底正或是負。這種詩雖然常常是幻想的，素樸的，有現在所不能接受的暗想，但是就在今天它還是活的，有興趣的，因爲它把永生的基本的人的生活底現實放置在它的繪寫的中心。

並且，通過最多的各式各樣的冒險人物底個人的「正是那樣的」典型性格的特徵底接續的表現，許多分離的行爲和舉動所連接成功的一條接續的鏈子是變得眞實地使人發生興趣的了。不論它是尤里西士（Ulysses）（註十四）或者是吉爾·卜拉（Gil Blas），他們的冒險的鏈子底不可磨滅的鮮新正是由於人地的詩的諸因素。

這是明明白白的，在個人，人的生活底實質的諸體相的表露乃是決定的因素。我們非常有興趣地知道尤里西士或是吉爾·卜拉，莫爾·弗蘭德爾斯女士（Moll Flanders）（註十五）或是吉訶德先生（Don Quixote）怎樣反應他們生活的許多重大的事件；怎樣克服困難，應付危險；以及怎樣那些使得他們如此地富有興趣的他們的性格的諸特徵常常總是在實際行動中把他們的本身甚至於是更爲深廣地表露了出來。

沒有這種重要的人的諸特徵的表露，沒有這種個人與外界世界，事物，自然力，社會機構等等底事件的相互關係，那些冒險的諸事件只是些空洞的沒有實體的事件。但是這必需要記憶着：在這樣的寫作中即使沒有那種本質的典型的人的諸特徵的表露，至少是存在着一種人類的實際行動的抽象的梗概的（即使它可以是被歪曲了的而且是減色了的。）那就是爲了什麼原因那種僅僅表現了人類底梗概的，圖式化了的冒險底抽象的演義可以暫時刺激某種一般的興趣（像過去的騎士小說，我們現在的偵探小說）。在這些小說的成功之中，我們能够發現一般的人類文學興趣底最深的機因之一：有興趣涉人類生活底豐富，多樣，和繁複。當某一個時期底藝術的文學不能表現這一時期的典型的諸形象底豐富的內心生活與他們的行動的複合關係的時候，公衆的興趣就轉移向這種抽象地的圖式化了的代替品。

這就是十九世紀後半期的文學怎樣會是這樣的一種情形的道理。在這樣的文學裏，觀察和描寫在一種繼續擴大的程度上排擠掉了內心生活與行動的綜合。也許從未有過一個別的時期像這個樣子：與這一時代底正派的偉大的文學並肩地發展着如此一種內容空洞已極的赤裸的冒險底文學。說是這種文學只有『無教養的』才來讀它，而『精華』組成了現代偉大的文學底讀者層，這個論斷沒有欺騙任何人。正是這種相對是眞實的。現代的名著的文學作品之被閱讀，一部份是出於一種義務的觀感，一部份則是出於對作品中所呈現的這一時期的諸問題底重大的興趣，雖然這些問題是在歪曲了的減色了的狀態中呈現出來的；但是爲了消遣和實實在在的娛樂，人們就轉向偵探小說。

當寫作『波華莉夫人』的時候，弗羅貝爾反覆地訴說在他這本書裏缺之娛樂的因素。我們從許多著名的現代作家們那裏也聽到這樣的訴苦。這些訴苦證實着這件事實：過去的偉大的小說是把本質的人的諸體相底繪寫和娛樂和魅力相結合了，而現代藝術則是在繼續擴大的程度上充滿了歪曲，單調和無聊。

這種自相矛盾的情況決不是由於這一時代底文學的代表作家們才能的缺乏，這已經由相當多的傑出的天才的作家們底作品的表現顯示出來了。單調和無聊主要的是由於他們的表現方法底諸原則；由於作家們底諸原則和「世界觀。」

左拉嚴厲地非難斯湯達爾和巴爾札克底例外的體相是『不自然的。』例如，這就是他關於『紅與黑』（Le Rouge et le Noir）裏的愛的繪寫所說的話：『它完全無知於日常生活底眞實，這種眞實我們是被投擲進去和它接觸的；並且，我們讀這位心理學家斯湯達爾，我們覺得自己是在一個反常的世界裏，完全正如同我們讀那位說故事的大仲馬（Alexander Dumas）（註十六）一樣。從嚴格的眞實底觀點來看，裘里安（Julieu）（註十七）

正如達達奪克（D'Artagnac）同一程度地使我驚異。

保爾・布熱（Paul Bouget）（註十八）在他的關於藝古爾兄弟（Goncourts）（註十九）底文學活動的論文裏，非常淸淅地深刻地解釋了這種新的寫作底原則。他說：「戲劇，正如我們從字源上所知道的，就是動作。而動作决不是生活方式底很完善的表現。一個個人的性格的特質並不是他在某一個尖銳的激情的極點底刹那的作爲，而是他的日常的習慣；那不是一種極點，而是他的平常的狀態。」

現在我們能够了解弗羅貝爾對他自己的寫作的批評了。福羅貝爾把生活認爲是布爾喬亞的一般的日常生活。當然，這種偏見自有它的社會的根蒂，但是它並不以爲它的社會根蒂的發現就不再是一個偏見；就不再主觀地歪曲現實底詩的反映或者是就不再是轉適當的廣博的反映了。弗羅貝爾執行畢生的鬥爭要跳出這種社會條件所造成的偏見底蠱惑的圈子。但是却因爲他把它認爲是固定的客觀的現實，而不執行正對那些偏見的本身的鬥爭；他的鬥爭是悲劇地失敗了。他不斷地並且十分激奮地詈罵强廹着他不得不接受的那些布爾喬亞的題旨底討厭與醜惡。當他在寫作布爾喬亞的小說的時候，他總是發誓永遠不再把他自己降低到如此的卑劣，但是他所能找出來的唯一的道路就是進入幻想的異國情調底領域，因着他的偏見，那條走向發現生活底內部的詩底道路仍然對他關閉着。

生活底內部的詩是鬥爭的人類底詩，人們在他們的鬥爭中底諸相互關係底詩。沒有這種內部的詩，史詩的作品就不能以激動人的興趣，不能以堅强，保持這種興趣的永生。史詩底藝術，自然，還有小說底藝術，乃是由表現一個已知的時期底社會生活底典型的人生的諸體相的才能所組成的。人總希望在史詩中找出一個淸楚的擴大了的他自已的反映，他的社會活動的反映。史詩底藝術就在於正確地分配重要性，在於正確地表現本質性。一篇史詩的作品產生的效果愈是驚人的，它也常常愈能成功地把作品中的個人和他的社會活動表現出來，使它不像是一個籌劃出來的梗概，不像是作者底賞鑑的產物，而像是自然地生長起來的某些事物；不像是發明出來的某些事物，而作爲恰恰是發現出來的某些事物。

這就是爲了什麼原因奧多・盧德維赫（otto Ludwig）（註二十），那位自己是個很有問題的德國的史詩的作家和戲劇家，作爲他讀M・毋考特和狄更斯的結果，他公正地下了結論：「人類似乎正是主要的事物，事件底旋轉的輪子僅僅是爲了要在自然的動人的戲劇中表現人類的工具，並不是把人類用來轉動輪子。作者要做的事情就是給與缺乏興趣的以興趣而不必顧及那些本身自有興趣的事務。人物總是主要的事物。一件事件，不論它實實在在是多麼的可以驚奇，它决不能如我們在這些事件的過程之中所知道所喜愛的那些人們那樣的持久地存在在我們的記憶裏。」

在已經表明了的意義上的描寫的方法，它的成爲若干時期中的史詩繪寫底主導的方法，這是當着由於社會的諸機因而喪失了本質性的契機底意旨的時候。描寫的方法是那種失去了史詩的重要性的文學上的代替品。

但是在這裏，正如在新的意識形態底形式底發展史中任何一處地方一樣，有一種交互的作用。主導的文學上的描寫底方法不僅僅是一個結果；它同時也是一個機因——文學從史詩的風格更遠地向後倒退的機因。資本主義的無聊對人類生活底內部的詩的支配，以及社會生活正在變爲更少人性的事實，還有人性底水平線的降低的事實——這一切都是資本主義底發展的客觀事實。從這一切之中必然地就生出了描寫底方法。但是這個方法，它起初不過只是存在着，它被那些天才的在藝術上一致的作家們所把握着，而對現實底詩的反映發生了反動。生活底詩的水平被低降了，但是文學更外加强這種低降。

四

敍述在求辨異的個別化；描寫在求齊一的水平化。

歌德主張史詩要用過去完成式的時間表現一切的事件，而戲劇正相反，它的動作要用現在式的時間來表現。歌德在這種對比的差異裏看出了史詩和戲劇的詩底風格上的不同。戲劇從最初的開始就是比史詩的詩遼遠地高度地抽象化了的。戲劇總是圍繞一個爭鬥集中，每一件事物不直接地或是間接地聯繫着這個爭鬥的在戲劇中就不能存在，它就是一個有擾亂性的別異的因素。像莎士比亞這樣的一個戲劇家底豐富就在於爭鬥本身的意想底豐富和多樣。但是在消除不直接聯繫爭鬥的一切的細節這一點上，莎士比亞與希臘作家們在原則上沒有什麼差異。

像歌德所主張的，把史詩的動作移到過去的時間裏去的目的，是在使本質性的事物底更廣實的詩的選擇成爲可能，並且要使它的繪寫達到如此的狀況，要使它能以創作生活底完全的繪寫底幻想。衡定這一個細節或是其他一個細節是否是本質性的這種規範，在史詩裏要比在戲劇裏廣闊得多；並且必需更遠大地認識那些間接的以及間接又間接的諸聯繫的本質性。但是，在如此廣闊地理解着的本質性底範圍裏，選擇必需要像在戲劇裏一樣的嚴格。在史詩裏，正如在戲劇裏一樣，與主題無關的事物也正就是一個十足的絆脚石。

生活底曲折的諸道路只有在盡頭的地方方才可以領悟它們。只有人的生活底完全的過程方才表現一個已知的個人底衆多而且多樣的，實實在在地重要的，而且是有決定性的諸特徵。只有通過實際的生活，通過人們底受難和行爲的連環，我們方才能够發現恰恰是什麼樣的事物，制度，等等，在本質的狀態中影響了他們的身世；我們方才能够發現當着什麼時候，怎麼樣這些影響生出了效力。這一切只有在盡頭的地方才能看得出來。一個個人底主觀上的以及客觀上的本質性的生活底選擇是由生活本身來完成的。一個以個人底完全的身世來做主題，或者是以那些已經有了完全的生活象的各種人們底身世的糾結來做主題的史詩的作者，他把他對那些生活本身所完成的本質性的事物的選擇，清清楚楚地對讀者表現出來。但是那種必不可免地處身在本時代中的觀察者，他勢所必然的要在那些看起來都是同等重要的諸細節的糾結之中失去了他自己，因爲生活本身還沒有完成它的選擇。因此，史詩底事件先引法的特質正是被現實本身所決定下來的一種辨異的個別化底基本的手法。

自然，讀者還是不知道這個盡頭。他看見了細節的繁複象，而它的重要性和次要性常常是不能立刻就弄清楚的。在讀者的內心就起了一些將要在敍述底下文中被加强了或者是被壓仰了的期望。但是，讀者是被引導着來通過「全知的」作者所織成的繁複地纏結着的基本的事實底密集的網的，「全知的」作者知道那種它本身並不重要的每一個細節在最後的解結裏，在人物底最後的表露裏的確實的重要性；並且他僅僅運用具有像這樣的作用的細節來表現一般的動作。這種作者的全知確實告訴給讀者，使他坐在家裏而在小說的世界中得到感觸。雖然讀者預先並不知道小說中的諸事件，但是由於它們的內在的邏輯，由於人物底內在的需要，他能够很清楚地看出他們所必需走的方向。他對人物底種種的關係以及可能的發展一點也不知道，這是眞的；但是他所知道的，除那些活動中的人物自身而外，總要更外多些。

這是確實的：當本質的基本的諸事實在小說底過程中表露出來的時候，細節就在一種全新的光輝裏顯現出來。例如，托爾斯泰在他的小說『舞會之後』（Azter the Ball）裏，繪寫主人翁底愛人的父親底動人的人的特性；這位父親是準備爲了他的女兒而犧牲他自己的，讀者是被這種形象底强力所感動了，可是並不完全理解它的眞實的重要性。只在敍述過在這位仁愛的父親底殘酷的命令之下所施行的『衆矢之的』（Runthe Gauntlet）（註二十一）的處罰之後，緊張方才完全地解除。托爾斯泰底偉大的史詩的藝術，在這一種無聲地支配着讀者的緊張的才能裏，在——他不曾弄這個年高的官吏成爲一個沙皇制度底變殘忍了的『產物』，而表現沙皇的政制怎樣地把那些在他們個人的私生活中是天性良善的不自私的自願犧牲的人民，變化成爲它的獸慾底機械的甚至於是嫉妬的執行者——這一才能裏，是精確地表現出來了。這是清清楚楚的，這個故事裏的彩色底一切的影像只有通過『衆矢之的』的處罰的敍述才能實體化。那一時代的同時代的觀察者不能用『衆矢之的』的處罰的光的照耀來描寫舞會，他不可避免地要看見並且要描寫那些完全不同的非本質性的表像的細節。

這種把經由生活選擇出來的本質性的諸契機顯現出來的相關的諸事件底間隔，在每一篇史詩的作品裏都是找得到的，即使這個故事是用的第一人稱（就是人物之中的一個人也作爲敍述者）。這就是我們剛才提到過的托爾斯泰底故事中的情形。即使是一篇用日記的形式寫出來的小說，像歌德底『維特』（Werther），卽使在這種情形中，我們常常能够觀察到許多事件是被放置在一個相當距離的過去的時間的，卽使只是最近的過去；這樣，通過臨到維持身上的那些事件底行動，正幫助了完成本質性的諸契機底選擇。

只有在這一種狀態之中，小說裏的人物才能接受堅實的明確的輪廓而不致於變成死板的無變化的東西；只有用這一種方法，種種的變化才能發生使這些輪廓豐富并且給與它們愈益生動的完全的體相的作用。小說底眞實的魅力是在於緊接着讀者所知道的諸形象底展開之後的牽掛，在於讀者渴望去知道到底這些他現在已經很熟悉的主人翁是不是恰合他的已經形成了的關於他們的意見。

這就是爲了什麽原因在偉大的史詩作品裏結局都是非常公開地寫出來的。例如拿荷馬底史詩的序詩來看，那是整個故事的綱領。不過雖然這樣，但是它們是怎樣保持住讀者的興趣的呢？這實實在在是由於讀者要知道這位詩人如何來完成這個結局的藝術的興趣。這主要的是由於人希望去得知尤里西士怎樣去獨自奮鬥；爲了達到預先說過的命運，他將要去克服些什麽困難。在上面分析過的托爾斯泰的小說裏，我們也是在開頭就知道那位主人翁兼敍述者底愛情是不會有喜事的結局的。讀者底牽掛因此並不在關心他們已經知道了的結果。他主要地感到興趣的是去知道這個主人翁兼敍述者底更高的性格的變動的，人性的成熟是怎樣地發展的。所以純正的史詩底魅力乃是由於對於人的身世的興趣。

描寫使每一件事物都成爲同一時間的。我們則說述過去。我們描寫在我們面前所看見的一切，並且描寫人們與現象在空間中的同時間的存在，把它變成在時間中的同時間的存在——變成同時間性。

但是這種同時間性，這種在現在式的時間中的事件的描寫，和戲劇裏的卽時性的動作底同時間性一點相同的地方也沒有。『現代的』大作家們知道怎樣前後一致地把一切事件表現做先引的事件，這樣把戲劇性的因素引進小說裏面來。和這相反的是那些把他們的觀察放在現在的時間中的『同時間的』觀察者們底實況。他們的方法是和戲劇性正正相反的。他們描寫情況，人的心情底靜止的不動的狀態，現象底不活動的存在，以及靜態的生活。

於是這些繪寫就被低降到僅僅只有樣式的水平綫。史詩的選擇底自然原則是喪失了。一個人的心情底某一種狀態，就它本身來說，當和它的活動不相關顧的時候，是正如其他某種狀態一樣的可以是本質性的或者是非本質性的。這在更大的範圍裏乃是現象底眞實。在一篇眞正的史詩式的敍述裏，因此，現象只在那種在人的活動的具象化這一特殊作用上是本質性的，而且通過人的行動它們被連繫起來的場合或者是諸場合中被呈現出來。每一種現象就它本身來說，都有無窮數目的物象。當一個作家努力要一如它的整個的客觀的完全的體相來描寫某種現象的時候，他不是根本不作任何選擇就著手做那種以文字表現它的無窮數目的物象的西西弗斯的（SisyPhean）（註二十二）苦役似的工作，就是去表現那些表象的，如畫的，最容易描寫的諸物象。

在這兩種情形中的任何一種情形裏，它的結果都喪失了這些現象和它們在人的身世的具象化之中的諸作用上的題旨的聯繫，並且喪失了它們的詩的重要性。它們只有當它們「直接地」和某種抽象的原則相聯繫，在作者底「世界觀」中扮飾一個有決定意義的角色的時候才能獲得重要性。現象於是就被變化成了象徵。

我們已經能够看得出來：自然主義的課題是怎樣不可避免地走向繪寫底形式主義的方法的發展了。

並且，因着內部的重要性的喪失，史詩的順序和史詩的細微末節也就喪失了；而且，這種喪失並不僅止於齊一的水平化，並不僅止於把生活底繪寫變成一種「死亡的自然」。這種人們和客體底直接的繪寫，他們的個別的具象化，是自有它自己的邏輯的；並且強調着它自己底新的風格的描寫。這個結果是比僅僅的齊一的水平化更要壞得多的東西；這是一種帶着顚倒了的表徵而出現的新的細微末節。

這種傾向是描寫的方法本身固有的特性。這種以同等的強度來描寫本質性的和非本質性的事物的風格，它本身就包含着使一切表徵都顚倒了的趨勢。在許多作家手中它發生了向純的樣式的轉變，在這種純的樣式之中，每一件人地的重要性的事物都被淹沒了。

F・赫伯爾(Friedrich Hebbel)(註二十三)在一篇諷刺的論文裏分析了這種描寫底樣式化的風格底典型的代表者中的一個，那位A・斯狄夫特爾(Adalbert Stifter)(註二十四)，在隨後，謝謝尼采(Nitzsch。)底宣傳，他變成了德國的反動底古典作家。赫伯爾表現出人類底重大的諸問題怎樣在斯狄夫特爾底作品裏是看不到的，怎樣那些『可愛地』描繪了的細節淹沒了每一件本質性的事物。『當着沼澤更動人地出現的時候有一種全宇宙的喜悅……(比較)在它上面生長着的樹木；當森林從圖畫中消逝了的時候，它在更巨大的浮彫中現立出來了。那種能以描寫自然底較低微的諸風貌，但是本能地避開了任何重大的課題的才能是被提高在其他的一些才能，像不描寫蚊子的跳舞就單是爲了當一個人能看見植物的跳舞，蚊子的跳舞是不重要的，看不到的原故；等等的這些才能之上了。偶然性的事件開始到處繁榮起來：拿破崙靴子上的泥被用描寫他讓位的那一刹那他臉上所表現的內心的種種鬥爭底表情的時候所用的同樣的胆怯的精確來描寫起來。簡略地說吧，這點開始裝扮起來並且微蔑地微笑了……揚揚得意地在笑它自己所依據生存的句子。』赫伯爾在這裏提不出描寫的方法底另外一個危險：把次要的細節當作它們本身是有重要性的獨立性的事物來看待。事實上，與敘述的藝術底純正的方法的喪失一同，次要的細節不再僅只是作爲重要的種種行動底一定的動的力量的媒介；它們是被派定了作爲離開人物底身世和行動而獨立的重要的事物。但是因爲了這，作品的結構底一切滲含的藝術的聯繫都喪失了。描寫底冒瀆的同時間性的結果就是結構化爲獨立的因素的原子化，就是結構底崩解。尼采密切地注意着在生活中和藝術中的沒落底種種徵候，他在他的文章裏揭露出了這種過程，連它的風格的表現也揭露了出來。——他說：『字變成了自主的，並且跳出了文句之外；文句重疊着，使書頁都晦暗了；書頁本來是在整體的價値上獲得生動性的，而這整體也不成其爲整體。這是沒落底一切風格的共同的特點……生命，甚至於是生命力，生命底震顫與豐富，都被驅使着向後倒退，成爲極細微的許多形象。整體不再存在了：它是被補綴在一起的，被計劃出來的，被造作出來的。』

細節底獨立對於人的身世底繪寫有許多同等的不幸的結果。作家們努力要盡可能的完全地，照像似地，如實地描寫生活底細節。在這方面他們成功了傑出的藝術的完成。但是事物底描寫與人物底身世不再有任何共通的事物了。事物不僅僅是獨立地離開了人底生世被描寫起來，而且因此就在小說中獲得了不應得的獨立的重要性。它們的描寫底風格屬於和描寫人物的身世底生活範圍完全不同的一種生活的範圍。作家們愈變得更自然主義化，他們就以更多的苦心去僅僅繪寫日常生活中的水平化的人們，他們就更努力去賦與它們以日常的思想感覺和語言，這種拉雜也就變得更加顯著起來。布爾喬亞日常生活底問答體的淺素的平淡的散文正是描寫中底道地的人工底造品，情緻的書宅的藝術。在如此的風格中繪寫出來的人物能夠與在如此的方法中繪寫出來的事物毫無共通之點。

並且當它們之間在描寫底基礎上建立起血緣關係的時候，結果還更要壞上許多。作者於是就從人物底心理學的觀點來描寫事物。除非是不用極端主觀的結構就不能如實地把這樣的描寫表現出來，除去這一事實之外，『我』的小說(由人物中的一個人用第一人稱敘述的小說)這種方法阻礙了藝術的結構底每一種的可能。作者底藝術的遠近畫不停息地從一點跳躍到其他的點。變動着的遠近畫底紛亂的閃光就開始了。作者失去了對整體的控制，失去了古代的史詩作家們底全知。他把他自己降低到他的小說中底人物的水平線；他正如同各個人物在一個已知的契機中對於他們的相互關係一樣的無知。描寫底僞同時間性使小說變成了彩色的混亂的劇本。

這樣，史詩底連續性完全從描寫的風格裏消逝了。純生命的偶像化了的事物被非本質性的心情鼓脹起來。史詩的連續性決不是那些順序排列的諸事件的目錄學。描寫的方法底分離的諸形象和縮圖雖然複寫出了偶然事件底紀年體的體系，但是這不能產生史詩的連續性的效果。在純正的敘述藝術之中，事件底紀年體的體系底眞實的藝術的再生是用非常繁複的手法表現出來的。爲着眞實地使人物身世底紀年體的體系能被讀者所了解，作者自己必需隨意地在過去和現在的中間往返地活動。並且只有這種紀年體的體系的再生給與讀者以眞實活動的，具象的，歷史的，紀年體的體系底感覺。這使我們記憶起了在托爾斯泰底『安娜・卡列尼娜』裏賽馬底雙重敘述。再想想托爾斯桑也用在『復活』（Resurrection）裏的技巧吧，他說述尼克盧多夫（Nekhludov）和瑪斯羅瓦（Masjova）之間的關係底許多先引的事件；這樣，過去底某些片斷的澄清帶着我們在情節底發展中前進了一步。

描寫的方法使人類低降到無生命的客體底水平線。因此，史詩的結構底基礎是被放棄了。運用描寫的方法的作家使無生命的事物成為他的結構底中心的問題。我們已經看到了左拉怎樣給他自己繪畫了這種作家接近他的題旨的圖畫。左拉的小說底焦點是事實的複合：如金錢，鬧礦等等。這樣，這種結構的風格就需要那些僅僅是形成小說底段落的複合底種種本質地不同的表現了。例如在『娜娜』裏，我們看見有一章是從觀衆的觀點描寫了的劇院，從舞台的的觀點的又是另外的一章，以及等等。人物底生活，主人翁底身世，僅僅只是用來安排這些各自完全的形象的諸多的複合並且把它們捆縛在一起的一根鬆弛的線而已。

對照着這種假的客觀性我們有一種同等的假的主觀性。因為從史詩的連續性的觀點看來，把生活底紀年體的順序當作結構的原則，或者是從一個人底孤立的，抒情地分析了的主觀狀態之中編纂起一篇小說來，這都是毫無所得的。主觀的心情底體系正如同偶像化了的客體的複合底體系同樣地毫無史詩的連續性，即使它們被膨脹到了象徵的高度。

在這兩種情形裏，我們看到在我們前面有一串許多形象的排列，它們在藝術的意義上的毫無連繫，就正如同一個博物院裏的許多圖畫一樣。

除非它表現人們的相互關係之中的諸爭鬥，除非它把人們放進真實的行動底試鍊裏；要是不然，史詩結構裏的每一件事物只有去碰機會了。不論它是多麼精純的心理學，不論它是多麼像是科學的社會學，都不能從這種紛亂之中創造出真實的史詩的連續性來。

描寫的方法所招致的齊一的水平化使得這樣的小說中的每一件事物都成為點綴品了。許多現代的作家們傲慢地輕視那些古老的小說家們為了使行動有旋迴的運動而運用的舊式的錯綜複雜的相互關係，輕視組成史詩的結構的人物之間的錯綜複雜的相互關係。辛克萊·劉易士（Sinclair Lewis）（註二十五）把狄更斯和呆斯·帕索士（Dos Passos）（註二十六）所用的結構底史詩的方法拿來比較了：『而古典的方法，呵，是的，這是一個相當麻煩的玩意！由于一種不幸的巧合，瓊斯先生（Mr. gon's）必需和斯密士先生（Mr.Smith）一樣地急急忙忙地跑進同一輛郵車裏去，為了這樣有些使人感到痛苦而又使人娛樂的東西才能產生出來。在『滿哈坦渡的遷移』（Manhattan Transfer）裏，人們不是全部纏擠在一起，就是在一種自然的狀態之中他們相遇了。』

『自然的狀態』的意思是說，不是人們之間根本沒有相互關係，就是最多這些關係也是不固定的，並且是表面的。人們是突然地出現又突然地就消逝了的。他們的個人的身世根本不使我們發生興趣，因為我們對于他們什麼也不知道。他們根本沒有什麼行動，而只是以他們的不同的風度一過而已地出現一下罷了。

這確實是很『自然的』。但是，這個問題發生了：這給與敘述的藝術以什麼結果呢？呆斯·帕索士是一個很有才能的作家，S·劉易士本身是一個著名作家；因着這個原因，劉易士的關于狄更斯和呆斯·帕索士底人們的繪寫的意見（寫在這同一篇論文裏）是很有興趣的：『自然，呆斯·帕索士沒有創作過這些永生的形象，像匹克維克（Pickwick）（註三十七），密考卜爾（Micawber）與里佛爾（Oliver），南謝（Nancy），大衛（David）和他的伯母，斯密士（Smith）以及至少有四十個的其他的人物；並且他來創作他們也決不會成功。』

這是一個很有價值的忠實的承認。但是，假如辛克萊·劉易士關于這一點是對的——他正是對的——那麼，那種把人物聯繫起來的『自然的狀態』底藝術的價值是什麼呢？

五

自然主然方法論的先生們要問了：但是什麼是事物底緊張的生命呢？什麼是事物底詩呢？描寫底詩的真實是怎麼一回事呢？

要回答這些問題，我們必須回到史詩的藝術底基本的諸問題上去。什麼東西使得事物在史詩之中成爲詩的呢？是不是劇院底諸景象底種種細節底盡其可能的技巧而精密的描寫，再比彷說，或者是市場，或者是交易所底這樣的描寫；就複寫出劇院或是交易所底詩呢？這是眞正的確的嗎？我們有來懷疑它的自由。包廂和樂隊，舞台和正廳，後台和化裝室的本身都是些無生命的，無興趣的，完全非詩的客體。即使它們是充滿了人們的，假如這些人們的命運不能激動我們，它們仍然是非詩的。劇院和交易所乃是人類底許多企望底會合點，乃是人們底諸多的相互關係與人們底鬥爭的舞台和戰場。僅僅只因着劇院和交易所是作爲這些人的關係底媒介，僅僅只因着它們被作爲具體的人的關係底必需的具體的媒介而表現出來，僅僅只在這種結合裏，它們才能像一個媒介似的具有詩的性質的重要性。

在文學裏沒有離開人和人的命運的獨立的『事物底詩』。

並且，就連如此之高地讚揚了的描寫底完備以及技術上的諸細節底忠實，到底是不是能夠給與我們以所描寫的客體底眞實的形象，這都是很有疑問的。每一種客體，它在一篇小說裏，在一個詩地的動人的人物底本質性的動作裏；它確確實實地扮演了一個角色並且具有詩的性質的重要性，是當着這個動作在適切的方式裏被敍述出來的時候。在『魯濱孫飄流記』（Robinson Crusoe）裏面船隻遭難之後所搜集起來的那些工具使我們留着深刻的詩的印像底記憶，這證明了我們的論點。

拿任何一個左拉底描寫來和這個比較吧。例如，拿『娜娜』裏的一幕後台的場景：『一面彩畫的幕布垂下來了。這是第三幕的佈景：厄特那火山（Aetna）的洞穴。有些舞台職員把些柱子安進準備好了的窩臼裏去，另外有人就拿來一些零碎的活動佈景，用粗的繩子把它們捆縛在柱子上。幕景後面有人裝上一個帶有紅色鏡頭的探照燈：這是火山底噴火口的熊野的烈焰的熾灼。整個的舞台是在極端的紛亂之中，在一種似乎是不可收拾的紛亂和騷動之中；可是每一種極瑣碎的活動都是必需的，每一樁工作都是規定好了的。手脚快的人在忙亂之中閒散地散起步來，運動運動他的腿。』

誰能從這樣的一種描寫裏得到什麼東西呢？它對一個預先沒有劇院知識的人不能給與一個劇院底眞實的概念，而對一個熟悉劇院底技術的人也不提供新的東西。詩的地考量起來，這種描寫是多餘的。不但如此，這種企求描寫底客觀的『眞實』的願欲還包含着一種對于小說非常危險的傾向。一個人不需要爲着完全了解伏浪斯基參與賽馬的這一事件底戲劇性的本質來精通一切的關于馬匹的事。但是自然主義派却努力於技術名詞底日益加甚的專門化的『督實』；他們所描寫的行業都日益增多的運用些行業上的特殊的切口。這樣，美術室是盡可能的用畫家底特殊的語言來描寫的，工場是用金屬工人的語言來描寫的，如此等等。一種新的文學，一種爲了鑑賞家和文人學士的文學是創造出來了，這些鑑賞家和文人學士們是知道怎樣來評價這些特殊的專門知識底文學的翻譯以及把這些行業的切口包含進文學的語言底種種的困難的。

龔古爾兄弟以最淸楚的也是最自相矛盾的態度表現了這種傾向：『「他們的藝術作品底美只能被藝術家們所了解，這些人們是最不幸的……」這是無論在什麼時候都可以提出來的那些最愚蠢的話學的一種。這是達郎貝爾（D'Alembert）（註二十八）的高論。……』作爲自然主義派底建立者之中的人物的龔古爾兄弟，在他們攻擊這位進步底偉大的先鋒所表白出來的深湛的眞理的戰鬥中，宣佈了他們自己是『爲藝術而藝術』主義底無條件的信徒。

事物只有通過它們和人的身世的聯繫才成爲詩的地活生生的。因此，史詩式的詩不描寫它們。他確立事物在人的身世底糾結之中所扮飾的角色。萊辛（Lessing）（註二十九）深深地了解着那種詩底基本的眞理：『我看到荷馬不描寫別的事物而單是描寫行動底發展，並且他繪寫個人和一切個別的事物都只限于他們參與這些行動的這一範圍。……』並且他用荷馬的文章作一个重要的例子，如此使人折服地解釋了這種基本的眞理，所以我們覺得很値得從『萊奧孔』（Laocoon）（註三十）裏把整段的文章引錄下來。

這段文章是以亞加美農（Agamemnon）（註三十一）和阿琪力士（Achilles）底王笏的繪寫來做主題的。『……荷馬爲了給與我們一個關于那個有名的王笏的更完全更淸淅的概念，他做的些什麼呢？是不是他描寫了金的飾紐之外，還描寫了造成它的木頭，或者是描寫了在它頭上的彫刻？

不是的。假如這篇描寫意圖作一个紋章的紀錄的話，荷馬就會給我們如此的一種描寫了。我十分地深信許多我們的新作家們會給與我們正是如此的一種描寫，我很自然地確信假如一個畫家能够把他們的描寫複寫在畫布上，這樣他們就是已經獲得成功了。但是荷馬是來竭力超越畫家的嗎？他給了我們這个王笏的歷史。最初我們在火神維爾坎（Uulcan）（註三十二）的作場裏看到它，接着他在朱辟特爾大帝（Jupiter）底手裏燦爛地閃耀着光芒，而後它作爲財神墨爾可里（Mercury）底神威的表徵，隨後它就做了好武善戰的派羅普斯（PeloPs）底命令的司令杖，隨後它就是愛好和平的亞特魯斯（Atreus）底牧羊者底棍子，還有其他等等。

……同樣的，當阿琪力士對他的王笏發誓要去報復亞加美農對于他的招待的侮慢的時候。荷馬把王笏的歷史寫給了我們。我們看見它在叢山裏，身上長滿了青色的簇葉；然後刀劍使它和樹幹分離開來，把它身上的簇葉和樹皮去掉了，使它配得上去做人們底裁判官，作爲人們的神聖的神聖底標記……

荷馬的目的確實並不在來給與我們兩根質料不同形狀不同的棍子的描寫，而是要來生動地繪寫這兩根棍子所象徵的權力的不同。一根是維爾坎所做的，另外一根是在叢山之中由一个無名氏的手裏斫出來的；一根是一個高貴的家族底祖傳的財產，另外一根則拿在第一個外來的人的拳頭裏；一根因着一個統治許多島嶼以及整個的阿爾果斯（Argos）的君王而擴展它的權力，另外一根則被一個從希臘人民之中出來的人執掌着，這個人是和許多其他的人一同被委託了來維持法律的人。這就是分開亞加曼農和阿琪力士的現實中的距離——這卽使是阿琪力士自己也不能加以否認的距離，縱然阿琪力士是被亞加美農的侮辱氣昏了。」

在這裏我們有了在史詩的詩中使得事物成爲眞實的生動的，眞實的詩的，的諸因素底精確的剖白。我們回過頭來再看看這篇論文開頭的時候所引用的斯考特，巴爾札克，托爾斯泰的作品裏的那些例子，我們不得不承認這些作家們的「處理得宜」（Mutatis mutandis）是依照着萊辛在荷馬底作品裏所發現的同樣的諸原則創作出來的。我們說：社會的諸關係底更龐大的錯綜需要新的詩，需要新的手法底應用；而因着這個原因，「處理得宜」已經被我們指明出來了。

徒然地企圖在詩與造型藝術繪畫藝術之間進行競爭的，作爲主導的方法的描寫是完全大不相同的。繪寫人們底描寫的方法把人們完成了無生命的事物，變成了「死亡的自然」。本來單單只有繪畫具有使一個個人底形體的特徵成爲他的最深的內在的人性底直接的表現的方法。可是在同時，當文學中的自然主義的描寫的方法底繪畫的傾向降低了人們底繪寫，把人們僅僅作爲一種靜態生活底組成的部分而表現出來的時候，我們也看到了在繪畫裏的表現底強度的敏感性的乏缺，這决不是一個巧合而已。賽尙（Cezanne）（註三十三）底畫像和鐵蒂洋（Titian）或是蘭卜郎德（Rembradt）底畫像的人性的有靈魂的整體的比較，正如同龔古爾兄弟或是左拉所創作的人們底畫繪像和巴爾札克或是托爾斯泰所創作的人們底畫像的比較一樣，只是些「死亡的自然」罷了。

一個個體底肉身的形體僅僅只通過他與其他的人們的諸相互關係、僅僅只通過他對他們的影響，這才變成詩的地生動的。萊辛在荷馬繪寫海蓮（Helen）（註三十四）底美裏清晰地認識了了這一點，並且正確地分析了它。在這一觀點上，我們也能够看到現實主義派底古典作品是如何謹嚴地遵守着史詩藝術底諸要求。托爾斯泰繪寫安娜·卡列尼娜底美，僅僅只通過它在行動底發展上的影響，只通過由于這美所引起的在其他的人們底生活裏以及在她自己的生活裏的諸悲劇來描寫它。

描寫的方法不來詩的地表現事物，而使人們變成無生命的事物，變成靜態生活底細節。人們底個別的諸特徵只是簡簡單單地擺在一起，並且是一個挨着一個地描寫起來的；而不是把它們交互地纏結起來，這樣來在他的最鼓異的諸表現中，在他的最矛盾的諸行動中，表露出一個個人底完全的活生生的單一的整體。人物的個性底圖式化的狹窄正配上了外部世界底虛僞的廣闊。個人的出現乃是作爲社會的和自然的組成的諸因素底總結的「產物」，那些被認爲是性質完全不同的諸因子的諸因素底總結的「產物」。而且總是喪失了社會的諸條件與人們底精神的生理的天性底交互的纏結底深湛的社會的眞實、泰納（Taine）（註三十五）和左拉讚美巴爾札克底尤洛特（Hulot）的愛情的情慾底繪寫。但是他們只看到一個『色情狂』底醫學的病理學的描寫。他們一點沒有看到在尤洛特的情慾主義和他作爲拿破崙時代底一個將軍的事業之間的聯繫底深湛的繪寫。巴爾札克特別通過那個路易，菲力浦（LouisPhilippe）（註三十六）底政制的典型的代表者格海瓦爾（Grevail）底情慾主義的對照來加强這個聯繫。

僉基在「爲了這個」（adhoc）的觀察之上的描寫必然地是表象的。在一切的自然主義的作家中，左拉寫作作品確實是最本諸良心而且也是最誠懇地來努力研究他的主題的。然而，他所描寫的人物的身世有許多在最有決定意義的緊要點上都是表象的而且是虛僞的。我們可以只看拉法格（Lafargue）（註三十七）所舉出來的幾個例子。左拉把建築工人庫波（Coupeau）底喝酒的嗜好歸罪于他的解雇，而拉發格解明了法國工人底某幾種人（建築工人也是其中的一種）的酗酒乃是由于他們的被雇用的臨時性，並且解明了這一件事實；碑酒店是作爲工人們在那裏等候位置的勞工薦頭行。拉法格也表明了左拉在他的小說『金錢』裏表象地把秋德爾莽（Gundermann）和沙卡爾德的敵對歸之于猶太敎和基督敎之間的敵對。在實際上左拉企圖去繪寫的鬥爭是在資本主義底舊的風格和銀行的資本投資底新的典型之間的鬥爭。

自然主義派底描寫的方法是「無人性的」。這種方法把人們變爲靜態生活的這一事實，這只是表露在這一派底許多最重要的代表者們底意識形態的概念和藝術的概念裏的無人性底藝術上的表徵。左拉底女兒在她的自傳裏陳述到她的父親評論『萌芽』的事。左拉接受了勒邁特爾（Lenaitre）（註三十八）給與這篇小說底定義：『一篇關于人類的動物性底悲觀的史詩』，不過這個『動物性』的概念是被精確地確定了的。『你的意見以爲使人類卓越的是腦筋，』他寫給那位批評者說：『但是我覺得其他的許多器官也扮演着一個重要的角色的。』

我們知道左拉底强調『獸性的因素』是他對資本主義底獸性的抗議，在文學的表現裏就變成了一種無人性底獸性的凝固。

那種自命要使文學科學化，把文學轉變成應用的自然科學，變成社會學的，觀察描寫底方法是建立起來了。但是，由觀察所把握以及由描寫而成形的社會的諸契機是如此的貧弱，如此的圖式化，所以它們很容易地就變成了它們的極端相反的對立者，變成了十足的主觀主義。而這就是帝國主義時期底各種各樣的自然主義和形式主義的諸流派從自然主義派的建立者們所接受下來的遺產。

六

每一種詩的作品，它的結構的諸原則都是由作者底「世界觀」加以決定的。讓我們來作一個很簡單的解釋。W·斯考特在他的大多數的小說底中心——想想『威佛里』（Warerly）和『掘墓者』吧——都放置着一個二重人格的中庸的人，這個人在小說中所繪寫的許多偉大的政治鬥爭中始終是沒有決定的態度的。斯考特用這個手法來完成什麼呢？這個沒有決定態度的主角是站在兩個陣營之間的：在『威佛里』裏，站在擁戴斯圖亞特王室的蘇格蘭的叛亂和英國政府之間；在『掘墓者』裏，站在淸敎徒的革命和斯圖亞特王室的復辟政府底諸代表者之間。因此雙方的極端的各黨派底重要的代表者都可以輪流地和那些主角們底身世聯繫起來。這樣，各種政治的極端底偉大的個人們不僅是被社會地歷史地繪寫了，而且也被個人地、人的地繪寫了。假如W·斯考特把眞正重要的許多人物中的一個人放置在他的敍述底中人，要想使這個人和他的敵對者們發生活躍的人的關係，這是不可能的。小說就要變成一件重大的歷史的事件底描寫，而不是一篇動人的人的戲劇，在這種戲劇裏，我們可以認識一個偉大的歷史的爭鬥中的許多典型的代表者們。

W·斯考特底偉大的史詩的技巧在這種結構的方式裏顯現出來了。這種技巧決不是純藝術的根源的技巧。W·斯考特他自己在英國歷史底諸史實之中是採取一個『中間的』立場的，一個處在那些極端的黨派之間的和事老的立場。他反對激進的淸敎徒主義，特別反對它的平民化的趨向；他也一樣的反對斯圖亞特王室底天主敎化的反動。因此，他的作品的結構底藝術化的實體是他的政治歷史的觀點底一面反射鏡，是來表現他的「世界觀」的形式。站在諸黨派之間的主角不僅是來繪寫雙方的黨派的良好的機緣；而且同時是W．斯考特底「世界觀」的表現。雖然斯考特對他的主角們有所偏愛，而甚至他自己的世界的矚觀，他看到了並且竟至於使人心服地繪寫了那些極端的黨派底有才能的諸代表們在人的品位上是超越在他的主角們之上的。

我們選擇了這個例子是因爲它的單純。因爲在斯考特的情況裏我們看到一個毫不複雜的（而頂要緊的），他的「世界觀」和他的作品的結構方式之間的直接的聯繫。在大多數其他的偉大的現實主義者們，這些聯繫是遠爲間接而且錯綜複雜的。「中間的」主角這種人物，它對創作史詩的色調和集中結構於一個中心是一個非常方便的角色，這乃是一種形式上的設計，它能有多樣的表現底處理方法。「中間的」人物不一定必需作爲一個平平庸庸的人來表現。它可以佔有社會的位置或者是一個有特殊地位的人物，等等。重要的課題是在去尋覓一個中心的人物，而這被繪寫的世界底本質的諸極端在這個人物的身世裏縱橫交錯起來；這樣來完成那個具有一切的動力的矛盾的世界底整體的繪寫。所以，例如吧，拉斯蒂格拿克底無財產的貴族的社會地位就作爲P．伏格（Pension Vauguer）底世界和貴族底世界之間的中間者；還有呂桑。得．呂邦勃海底在貴族政治新聞事業等等的推動者們底世界與專心致力達爺台派底純正的藝術的努力等等之間的躊躇。

但是作家必需有一個堅定的積極的「世界觀」；他爲着眞實能以選擇一個在身世中縱橫交錯着這些矛盾的人來作爲中心的形象。他必需在世界的動力的矛盾之中來觀察世界。偉大的作家們底世界的矚觀是異常地多樣的。把這些多樣的世界的矚觀表現爲史詩的作品的諸方式更加是更爲多樣的。更深一層地說吧，眞實的生活經驗底堆棧愈不同，愈廣大，它的作品上的表現才可以愈成爲獨異的。

而沒有「世界觀」也就不能有作品。

弗維貝爾深深地感到這個需要。他一次又一次地引出布逢（Buffon）（註三十九）底深湛的語言：『要寫作眞切的事物也就是說同時要眞切地感覺，眞切地思想並且眞切地說話。』但是弗維貝爾把這種比率弄顚倒了。他寫給喬治。桑（George Sand）（註四十）說：『我在刻苦努力眞切地思想，爲的是要能眞切地寫作。雖然眞切地寫作是我的目的，但是我還沒有摸着它的奧妙。』因爲這，弗維貝爾不能在生活中獲得一個「世界觀」，所以也不能把它在他的作品裏表現出來；他只是作爲一個誠實的人，一個眞實的作家，爲求得一種世界觀而奮鬥，因爲他理解着：沒有世界觀也就不能有任何品級的文學。

這種顚倒了的方法是不能得出任何成果來的。就在這同一封給喬治。桑的信裏，弗維貝爾用可驚的坦白承認了這種失敗：「我「缺乏一種完善地建立起來的包羅全象的生活底概念」。你是對的，千眞萬確的對的。但是我在什麼地方才能找到改變這種情形的工具呢？這我要請問你。請你不要用玄學來彩飾我的蒙昧，不，不論是我的蒙昧，還是其他任何人的蒙昧。全世界的宗教或天主教是在一方面，而進步，同志，民主是在另一方面，請不要再迎合這些現在底要求吧。那種激急主義所宣誨的平等底新的教義，是被生理學和歷史實地地反駁倒了。我覺得在今天，不論是尋找一個新原則或者是來打那些舊原則的主意，這都是不可能的。所以我是在探求一種觀念，一種一切的事物都依據於它的觀念，可是我不能找到它。」

弗維貝爾底承訴是一八四八年的時期以後的布爾喬亞知識份子們在「世界觀」這一問題上的一般的危機底非凡的坦白的自白。客觀地看來，可以這麼說，這種危機是被他的同時代的所有的作家們感覺到了。在左拉，它採取着不可思議的實驗論底形式。他說：我們能夠咨知能夠描寫的僅僅是事件底『怎麼樣』但是不是事件底『爲什麼』。龔古爾兄弟對「世界觀」的諸問題則擴展一種懷疑的表象的漠觀。

這種危機在時間的過程中必然地變得更外厲害起來。在帝國主義時期，不可思議論更外常常地發展成爲神祕主義，這一事實決不是這種危機底分解，這正如現代的許多作家們所猜度的，乃是它底更進一步的加劇的結果。

一個作家底「世界觀」僅僅是他底提高到概括化的高度的生活經驗的整體底凝結。正如弗維貝爾正確地所看到的，「世界觀」對于作家的重要乃在於它提供使生活底諸矛盾成爲豐富的規劃好了的連鎖着的機緣，在於它爲眞切地感覺和眞切地思想所形式的基礎，而在這基礎上，眞切的寫作才可以建立起來。作家底不積極參與生活底諸鬥爭，不積極參與生活底豐富的變化的孤立使「世界觀」底一切問題成爲「抽象的」。不論是這種抽象表現爲僞科學的理論，表現爲神祕主義或是對于生活底許多重大的問題的漠視；這兩種情形中的任何一種情形都剝奪了世界的概念的諸問題底藝術的豐富性，那種在古代文學中具有着的豐富性。

沒有「世界觀」，要想眞切地敍述或是完成一部反映生活底各各不同的史詩性的完全的變化的作品的結構，這是不可能的。觀察和描寫正是替換作家底思想中的生活底動力的協合底一種「代替品」。

史詩的作品的結構怎樣才能奠基在如此的諸前提之上呢？這樣的這些結構底功績是什麼呢？現代作家們底虛僞的客觀主義和虛僞的主觀主義，這兩個都是同樣的，必然地走向史詩的結構底「圖式化」和「單調化」。在左拉式的虛僞的客觀主義的情形裏，客觀的統一變成了結構底主要的原則，這種統一是由題旨如此複雜的一切重要的客觀的諸因素底細節的描寫，一種從一切角度上的描寫來完成的。它的成果就是僅僅只由它們的客觀的統一聯繫着的一連串靜止的圖畫，靜態的生活；這些圖畫，按着它們的內在邏輯，只是一個挨着一個的那樣站立着的，它們沒有整個的繫連，也沒有因果的聯繫。

所謂的行動只是一根爲了把這些靜態生活底圖畫串連在一起的細弱的線而已。行動所獲得的只是分離的靜態生活的圖畫底簡單的繫連，一種非常技巧的地表象的，偶然性的，毫無效力的繫連。在這樣的結構裏，任何樣的藝術的變化的機緣都是非常不充分的。作家們因此就被迫着以他們的題旨底新奇和描寫底原始化來眩惑讀者，這樣來使讀者忘記這種結構底生來的單調性。

而在那些以虛僞的主觀主義的精神寫作出來的小說裏，結構的變化的諸機緣也並不見得廣大多少。這樣的作品底結構底梗概包含着二十世紀布爾喬亞作家們底基本的心情底直接的反映：覺悟。這些作品總先寫出生活上的主觀的諸希望與期待底心理的描寫，然後，通過生活底不同的諸階段底描寫，把這些希望在與資本主義的現實底粗暴與殘酷的衝突之中的破滅表現了出來。在這裏，這是眞實的，題旨的本身保證着某種紀年體的繫連的出現。但是在事實上，一方面，這種紀年體的繫連總是保持着同樣的風貌，而在另一方面。主角的人物是這樣決定地不可更改地和世界上其他的人物都不同都相反，所以根本沒有讓這些人物之間的任何活躍的相互關係出頭的機會。在現代小說（勃勞斯物，喬逸斯）中的主觀主義底發展底最高的階段，它使人底整個的內心生活變成一種靜態的客體狀的情況，而且，似乎是自相矛盾的，它使極端的主觀主義非常接近虛僞的客觀主義底無生命的客體狀的狀態。

「這樣，描寫的方法向着結構的單調性走去了，而純正的史詩的作品不僅是允許，甚至于是要求着結構底無窮的變化性，並且促進它的現實化的。

但是描寫的方法底如此的一類發展是不是不可避免的呢？就承認描寫的方法傾覆了古代的史詩的結構，承認新的結構比老的結構是詩的地低劣的吧，然而，這種結構底新形式不正表現了一幅「完結的」資本主義的「適當的」圖畫？就承認描寫的方法是無人性的，承認它把人們變爲事物底僅僅的附屬物，變爲靜態生活底細節吧；然而：資本主義在眞實的生活之中對人們所做的作爲不就「正是這個」嗎？

這似乎是很動聽的，但是是不正確的。

首先，在布爾喬亞的社會中生活着普羅列塔利亞特。馬克思尖銳地强調着布爾喬亞汜的反動和普羅列塔利亞特對于資本主義底無人道的反動之間的差異。

『有產階級和無產者的階級都生存在人類的自我隔離的同一個狀態之中。但是第一個階級在這種自我隔離裏得到了滿足並且建立了起來。它在這種隔離裏看到「它自己的權力」底實據，並且在這裏面享受到人類底生存底「假象」。第二個階級則感到自己在這種隔離之中的消滅，在這裏面看到它自己的沒有權力以及非人的生存底現實。」

馬克思更提出了反對這種自我隔離底無人道性的無產階級底「憤怒」的重要。

但是當這種憤怒被加以詩的繪寫的時候，描寫派底靜態生活就爆炸到空中去了，而情節，敍述的方法，這二者底需要自己就起來了，我們在這裏不僅可以參考高爾基（Gelky）底傑作『母親』（Mother），而且可以參考別的小說，像安得生，尼荷（Anberson Nlxo）（註四十一）底『征服者派爾（Felle the conguerer），這部小說表現出了如此的一種和現代的描寫派的絕裂。

但是，馬克思所寫述的這種反對人類底隔離底憤怒只僅僅存在在工人之中嗎？當然不是的。受資本主義底經濟諸形式的束縛的腦力勞動者與體力勞動者，勞動者的一切的典型，他們被征服的事實是在全體勞動者之中激起了最多的各式各樣的憤怒的。即使是資產階級底某一重要的部分，它也是在劇烈的諸鬥爭之後，才逐漸的對布爾喬亞的無人道性底精神上的資本主義性質的『教育』屈服。新的布爾喬亞的文學在這裏表現出反對它的自身的證據。這種文學底最典型的題旨——繪寫失望，幻想的失去，這正表明了一種抗議的表現。每一種關于覺悟的小說都是這樣的抗議的史實。

但是這種抗議是被表象地規劃出來的，並且因此，被繪寫出來也是沒有眞實的力量的。

這件事實是明明白白的：當然，所謂資本主義的『完結』決不是說從現在起一切的事物都是完成的了，也決不是說發展和鬥爭也在個人的生活中停止了。我們說資本主義的制度成爲『完成了的』，意思只是說它把它自已再現在『完全無人道性』底更高的階段上。但是制度是繼續不斷地再現出它自已來的，而且這種再現的過程是存在在痛苦的，猛烈的戰鬥底連環底現實之中的。這，也同樣地應用在每一個個人底生活上面。一個個人，自然，他走進這個世界的時候並不是資本主義底機器上的現現成成的附屬物，他只是逐漸地，在那通過連續的鬥爭的他的生活過程之中，方變成了如此的一種附屬物。

自然主義者底作家們底基本的弱點，意識形態的與詩的弱點，乃是在於他們作爲作家們的向資本主義現實的無條件的屈服。他們在這種現實之中只看到結果，結局，而沒有看到反抗的諸力量的鬥爭。而且即使他們彷彿是繪寫了某一種的發展——在那些覺悟小說裏——而資本主義的無人道性底最後的勝利是預先就在主人翁底形象中安排定了的。這就是說人物並不是在小說底展開的過程中的『完結的』資本主義底精神之中變僵硬了的，而只是從那種只能作爲發展底整個的過程底結果的狀態中的最初的起點來繪寫了的。這就是爲了什麼原因小說過程中的諸幻想被破壞了，而產生出如此無關重要的純粹主觀的印象來。我們要想去知道去愛的人不是一個活人，他在小說的過程中被資本主義在精神上謀害死了，他只是一個帶着對他自己的死亡愈過愈明白的意識在舞台佈景前面游蕩的死尸而已。那些即使是在咬牙切齒而也向資本主義底無人道性投降了的作家們底宿命論，正決定了他們的『發展小說』裏的發展的消失。

所以斷言這種繪寫的方法是充分地在一切資本主義的無人道性之中反映出了資本主義，這是不正確的。正正相反！作家們無意中削弱了這種資本主義底無人道性所引起的恐怖的感覺；因爲人們沒有活躍的內心生活沒有人的發展與人性底活的意識而生存着的這一悲慘的事實，與在現實中資本主義時時刻刻的把千萬個賦有無限的人的潛力的活着的人們變爲『活着的死尸』這一事實比較起來，它的震激人們的憤怒的力量是差得太多了。

爲了要對這個對比獲得一個清晰的了解，這只要把高爾基的一些繪寫布爾喬亞氾底生活的小說拿來和現代的現實主義的作品比較一下，就很足够了。現代的運用觀察描寫的方法的布爾喬亞的現實主義，它已經失去了繪寫生活底過程底眞實的脈搏的能力，它不充分地薄弱地反映着資本主義的現實。即使是和這一派中最好的那些小說所能寫出來的圖畫比較起來，那種由于資本主義而產生的個人底醜惡與墮落是更爲富于悲劇性的，而資本主義的獸性則更爲卑劣，更爲野蠻，更爲殘忍。

自然，要說一切的現代的文學沒有過任何的鬥爭，就在『完結的』資本主義所造成的生活底『人性低落化』與事物底偶像崇拜化之前投降了，這未免是一種攏統的過份簡單化的錯誤。我們已經指明出來，一八四八年的時期以後的法國自然主義派，由它的意向來判斷，是一種反對這種過程的抗議的運動。同樣，在沒落的資本主義制度底晚近的諸文學上的傾向裏，可以一再地觀察到他們的著名的諸代表者總是把他們的多樣的文學的諸傾向和這種抗議的精神連結起來的。各種各樣的形式主義的諸傾向底具有人的地與藝術的地重要性的諸代表者們都希望在他們的作品中反抗這種資本主義的生活底無意識。例如拿易卜生（baen）底後來的那些作品底象徵主義作一個分析吧，這清清楚楚地表現出對布爾喬亞的日常生活底單調的無意識的反叛。但是，除非這些反叛把握住了在資本主義之下人的生活底無意識底人的諸因機，除非作家積極地參與人們底爲了要有意義地來過他們的生活的眞實的鬥爭中，除非作家把這些鬥爭囊括在他的「世界觀」之中並且藝術地來繪寫它；這些反叛是必然地毫無任何藝術上的成果的。

這就是爲了什麼原因資本主義世界底智識份子的優秀的代表者們底人道主義的叛逆對于文學以及文學理論有如此重大的重要性。不過。這些傾向底異常的變化，參加這種人道主義運動底諸團體的某些個人的分析，這都是我們的有限制的篇幅所不能容許的。我們只能簡短地指出在羅曼・羅蘭（Romain Rolland）底公開的人道主義的叛逆裏，在A・紀德（Andr'e Gide）孤立了的並且是使它孤立起來的自我主義底諷刺的自身的崩解裏，在這一切紛繁的情況裏，已經有了許多很誠摯的傾向，要超越過布爾喬亞文學底一八四八年的時期以後的文學的諸傳統。蘇聯的社會主義的勝利使這種人道主義更加加强了。它的目的的集中，它的反抗資本主義的無人道性的最高形式的法西主義的獸性的鬥爭的尖銳化，使得這些傾向達到一個更高的水準。在布洛希・馬爾洛（Malreaux, G.R B. loch）（註四十二）近幾年來所做的理論文章理，我們甚至于看到了對十九世紀後半期和二十世紀初期的藝術作原則上的分析的嘀端。這是不言而喩的，在批評的領域裏的這種鬥爭是仍然還沒有達到結論的階段的，仍然在那裏也沒有得出一種原則上的清淅的理解出來；但是單是如此的一種鬥爭，如此的與沒落的時代在原則上的決裂，單是這一事實，就是一個具有極大的重大性的歷史的徵兆。

七

但是就是在蘇聯，對于我們，這個鬥爭距離終結也是很遠的。我們看到由于不相稱的發展所引起的一個很有興趣的（但是，這只對于我們作家們），很感覺難受的對照。在一方面，我們的社會主義經濟的巨大的飛躍，普羅列塔利亞民主政治的迅速的擴展，革命的偉大的開始時期的傑出的許多個人從人民大衆中間的崛起，普羅列塔利亞的人道主義在勞動大衆與他們的領導者們底日常的習俗之中的生長，等等，這都是作爲對資本主義世界底優秀的知識份子們底意識發生作用的一種强力的革命性的因子。而在另一方面，我們看到我們的文學仍然還沒有擺脫掉沒落的布爾喬亞汜底殘存着的諸傳統以及防礙它向前發展的那些殘餘的遺物。

是的，我們的文學甚至于還沒有達到走向這些殘餘的遺物的眞實的淸算的道路。作家協會的關于自然主義和形式主義的討論很淸楚地表現出來我們在這一方面貢獻的是多麼的微少。眞理報（Prauda）的論文雖然具有十分的明淅性，然而討論却很少觸及關于自然主義與形式主義的原則的諸問題。尤里・奧列沙（Yu. io lesha）（註四十三）覺得喬逸斯底表現形式比M・高爾基底表現形式更有興趣，這一事實極爲明顯地表明出我們的作家們對于形式的問題是如何地缺乏淸淅的理解，是如何地——被晚期的布爾喬亞的傳統與波格達諾夫（Bogdanov）（註四十四）傳統所俘虜了——他們仍然把技巧誤認爲是形式。至于在形式的問題與「世界觀」的擴深的問題，與世界的概念的領域中布爾喬亞的諸殘餘的遺物的再批判的問題，在這些問題之間的聯繫，幾乎沒有任何的論述。並且所論說的一切是以如此庸俗的態度來立論的，所以它只能向着問題底混亂走去。因此，例如吧，格浪斯基（Gronsky）（註四十五）在自然主義和形式主義之中，都察看到一種「直接地」敵對蘇聯的傾向。

因此，我們能够正當地把這個問題提升到這一點來：我們對于一八四八年的時期以後的布爾喬亞文學底赤裸的觀察與以描寫爲主導的方法的批評，對于蘇聯的文學是不是並不是眞實的呢？不幸得很，我們必需用肯定來回答這個問題。

想想大多數的我們的小說底結構吧。它們大多數都屬于左拉底文獻式的小說底自然主義的意義上的唯客觀素材的一類的。它們被用更現代的『最新的技巧底諸成功』裝飾起來了，而還並不能使它們有多大的差異。他們不繪寫人的身世以及人們之間的諸關係，他們不把事物作爲這一關係的諸媒介來繪寫。代替了這個，他們寫給我們關于集體農塲，工廠，等等的「專題論著」。人物大半只是作爲『附屬物』，作爲在事物的連鎖中爲了聯繫事物的說明的材料而已。

自然，這並不僅是自然主義的傳統在這裏發生作用，我們在這篇文章的全文中已經指明了自然主義必然地漸漸蛻化爲形式主義的傾向（如象徵）。不過在這裏我們再增加一點：形式主義者的努力是和自然主義相反的，但是從「世界觀」的觀點上看來，它正像自然主義本身一樣，對一切的重大的問題都採取同樣的表象的立塲。在個人與社會之間的關係，個人與組織團體之間的關係；印象主義和未來主義起碼是和自然主義本身一樣地把它歪曲了，抽象化並且偶像化了。大戰以後的帝國主義底僞現實主義的潮流，以它的文獻式的文學底貧乏化了的復活，形成一種比古老的自然主義本身還要更甚的有害的傳統。因爲在繪寫中的客體事物超升在人們之上的超越，在最近代的自然主義與僞現實主義的諸傾向中表現得也許是更露骨，更無靈魂，更無人性。

例如，S·特萊特耶珂夫（Sergei Tretyakov）（註四十六）在幾年以前發表了下面的一些原則上的理論見解，由于它的坦直，在這裏可以用來作爲我們的一個有價値的證據，然而我們希望原作者是不再保有這些意見的了。他寫着：報紙使他了解到訪問記是寫作的一種方法。閱讀了某些蘇聯小說，這引起了他更外地有興趣於「客體底傳記」。對于他，好像一件事物的「繼續進行」它的經過人們底手的旅行「能够告訴我們比一篇描寫心理的小說所告訴我們的差不多整整的要多上一個紀元」。（引號（「」）是我加的，G·盧卡契。）

自然，這樣的『客體底傳記』的理論是絕少有像在特萊特耶珂夫底見解裏旨此公開地宣布出來的，也沒有在它的實際應用上如此呆笨地把它偶像崇拜化了的。但是我們在這裏是討論着一種普遍地存在的傾向底極端的情況。大部分的我們的小說底結構的「差不多」，最主要的，乃是由于那種客觀的素材的複合底傳記，而人物只是作爲這種複合的說明的材料而出現在這種傳記之中的原故。

這是我們的小說底單調的共通的原因。常常是在你開始閱讀之前，你已經知道了它們之中的大多數的事件的過程了：有些破壞者在工廠裏做工，起了糾紛，最後黨的核心或者是人民委員會內政部（N.K.U.D.）破壞了破壞者的組織網，于是生產有了一個飛躍；或者呢：因爲富農們的怠工，集體農莊不能工作，在集體農莊或是M·T·S·（機器與耕種機站）服務的工廠的工人就完成了突破富農們的怠工的工作，于是我們看到這個集體農莊底最後結果的進步，等等。

這是明明白白的，這些都是某一個發展的階段底許多題旨性的事件，而這裏並沒有一句話來反對許多作家們在這些題旨上大做文章的事實。正正相反。許多作家們把情節的創造誤認爲是題旨底社會性質的或多或少的正確的定義的解明，這件事實表明了我們的文學教養底低落的水準。作家底眞實的工作——結構與情節底創造——必需在我們的大多數作家們認爲他們的作品是「終結了」的地方「開始」。把情節誤認爲是題旨，或者，更恰當點說；把凡是屬于題旨的一切事物底實體化的完完全全的描寫來代替情節，這是自然主義底一樁重要的遺產。

情節底重要性主要地並不在於它的彩色與變化底豐富。好的情節，它底這些特質主要地是由于人物底個別的與典型的眞實的人的諸特徵，能够得到好的情節的幫助被富有感情地生動地繪寫出來這一事實而產生的。可是題旨底赤裸裸的描寫的表現底單調性對發展着的個性化的人物底繪寫不能提責任何的機緣。生活底眞實的變化性，無限的豐富性，必需和個人有意識地或是無意識地，願意地或是不願意地在那上面實現公共任務的，那些大路與小路底錯綜複雜的糾結底繪寫共存共亡。赤裸裸的題旨如果不是作爲無數的偶然性的事件底結果表現出來，它只能指示社會性質的必然性的過程。在我們的小說裏，題旨底社會的必然性是異常的狹窄，並且是單軌化了的。這也是作家們不要停止在題旨底赤裸的公式化上，而要去創造個性的情節的另外一個理由。像這樣的個性的情節底稀少，比較着看來，這很少是由于作家們底才能的缺乏，倒是由于這一事實：那些被虛僞的諸理論與諸傳統所俘虜了的作家們根本就沒有認識這種必要。

我們的小說底結構恰恰是和左拉派底自然主義的作品一樣地圖式化了的，只是表示着一種相反的徵象罷了。在左拉派底自然主義的作品裏，資本主義的物質的複合底無意義，連帶着交易所和銀行底燦爛光輝的背後的卑鄙一同被揭露出來了。而我們所表示的徵象則是相反的。在我們，那些正確的諸原則在開始的時候是隱藏着的壓抑着的，而在結局的時候是變成勝利的了。但是在這兩種情形中，作品的被完成的方式都是同等的抽象化與圖式化的。社會地歷史地正確的題旨沒有得到一個使人感服的藝術的表現

個性的情節的缺乏的結果，人物表現成蒼白色的圖式了。人物只有通過由他們的行爲所激動起來的感情才能獲得眞實的人的面貌，眞實的人的輪廓。無論是多少人物生活底廣闊的心理學的描寫，無論是多少一般環境底細節的『社會學的』描寫，都不能作爲行動的代替者。而這正是大多數我們的小說中所發生的一切。在這些書裏的人物們興奮地團團地奔跑，興奮地討論許多問題，而這些問題對于他們以及他們的個人的身世的重要性，在這些書裏並沒有表明出來。這些一切的事項自然都是客觀地具有最高的重要性的；但是這種客觀的重要性之所以獲得藝術的生動性，所以能夠使人感服並且支配讀者，只是當着這些問題對于已經對讀者成爲人的地密友的主人翁們底個人的利害被個別地繪寫了的時候（這也就是，通過行動，通過情節。）只要失去了這一點，幾乎是沒有例外的，人物就變成了靜物的圖畫中的僅僅的「點綴的形象」。他們的出現以及消失，都不能激起任何的興趣。

『現代的讀者』會又要發問了：但是，在眞實的生活之中不就正是這樣子嗎？人們被委派到某些地方去，隨後回來了，代表們到了，會議舉行了，如此等等。繪寫出來的人物底諸關係是和我們的現實相合的呀。

伊里亞・愛倫堡（Ilja Fhrenburg）（註四十七）用幾乎和現代西方的形式主義者同樣的議論來辯護眞實的史詩的形式底解體：舊的古典的形式是不能再和新生活底『力學』相合了。這種認爲在某一種情形裏生活底『力學』乃是沒落的資本主義底混亂底事物，而在另外一種情形裏，這同一的生活底力學就被假定是來表示社會主義底建設，新的人類的誕生：這種概念與議論具有十足的形式主義的特質。『古典的作品』，愛倫堡同志在莫斯科作家大會上說了，『它描寫英雄們以及生活底死板地固定了的諸形態，而我們是在生活底運動之中來繪寫它們。要把古典的小說底諸形式應用於現代的生活，這就需要作者來作虛僞的編撰，特別是虛僞的解答。報告作者底手記和速寫底繁茂，藝術家們對于生活中的人們的極大的興趣，這些一切的速記錄，自述錄，會議的記錄，日記，都不是偶然的產物。』

這恰恰是配合上了辛克萊・劉易士對呆斯・帕索士底風格的描寫。我們已經回答過這個問題了。是的，在「表面」上我們的現實確實似乎是像是那樣子的。但是它決不是似乎是不同的的東西；那些布爾喬亞的作家們，他們不藝術的地走到這表面的背後，是永不能在他們的人物之中喚起眞實的興趣來的，他們只能繪寫點綴品的形象而已。拿一位偉大的作家底作品中的一段簡單的描曲來看看吧——這就是『戰爭與和平』（Walrand Place）裏的安德萊・波爾康斯基（Andlrey Bolkonsky）底死。這位受了傷的安德萊・波爾康斯基就在安那陀里・庫拉金（Anatoli kuragin）被割掉了他的腿的同一間房子裏被施行手術，接着他被送到莫斯科並且偶然地被送進了羅斯陀夫（Rostou）的家裏去了。在現實中這一切也是如此發生的嗎？是的，當着這位偉大的作家運用生活底諸偶然性來表現他的人物底人的本質的諸特徵的時候，它「可以」如此發生的。但是要來這樣做，作者必需要有一種超越過廣大的表面底描寫的，超越過雖然是被正確地觀察了的那些社會的諸現象底抽象的描寫的觀點——一種考察這二者之間的「聯繫」並且從這個聯繫中藝術地把「情節」組織起來的觀點。這種必需的要求由于布爾喬亞汜底一般的意識形態的沒落而消滅了。我們的文學，它的情況底奇特的矛盾乃是這一事實：生活賦與了這些問題以日益明確的明淅性，而我們的文學卻以應當獲得較好的因機的固執，堅持着沒落的布爾喬亞文學底表象性，把這種表象性提高到了一種方法底地位。很幸運地，這種情況並沒有及於我們的文學的全部。我們的傑出的作家們感覺到新生活底深入的繪寫的必要，並且以逐漸增强的能力努力於個性的情節。這種傾向特別淸淅地表現在法捷耶夫（Fadeyav）（註四十八）底最近的作品裏。

這不是一個文字的技術意義上的文學的問題。新的人性底繪寫是不可能用這種點綴品的素材來完成的。我們必需確實地知道，必需人的地經驗：它在「什麼地方」生着根，以及「怎樣」它的人的成長是被完成了的。那些像對照着的靜物的圖畫似的過去底描寫以及『造作成功的新的人性底描寫，仍然還是藝術的地庸俗的。就是當它用種種奇異的形式裝飾起來的時候，當它是作爲某些未知的假想底種似的結果而出現的時候，這種庸俗性還是擺脫不掉的。因此，例如夏金尼安（Shaginian）（註四十九）底『水力渦輪』（Wateu Turbine）裏的『紅頭髮的』傢伙，在他第一次出現的時候似乎是異常引起興趣的。但是因爲M。夏金尼安既沒有陳述這個傢伙底故事，他是怎樣才成了這樣的一個人的呢；也沒有以個性的情節使人發生興趣地把他的種種性格表露出來；所以這種興趣就消散了。代替着那種灰色的庸俗，我們却有着一種多種彩色的庸俗。

我們的作家們是漸漸地更加深切地感到表現他們的人物底內心生活的需要了。這和我們的文學底最初的一步比較起來，無疑地是前進了一步，

這無論如何必需要記憶着：在一篇小說裏內心生活之所以變成重要的，還只於和情節聯繫起來，作爲一種假想，作爲一條道路的許多階段或者是作爲個人的行動底結果。內心生活底靜物的繪寫，就它本身來說，是正和事物底描寫一樣的是一種靜態生活。例如費多爾·革拉德珂夫（Feodor Gladkov）（註五十）在他的『能力』（Energy）裏寫述了他的人物之中的一個人底豐富的日記。但是這個人物在情節中並不是什麼重要的角色。就情節底發展來說，日記中所包含的內容是非本質性的，它僅僅是一篇『文獻』，僅僅是一篇狀態底描寫，情況底描寫；而且自始至終都沒有超出點綴品的水平線。

描寫的方法掠奪掉了這些小說的一切的緊張性。社會的發展底辯證法使得讀者預先就知道了小說底結局，還在我們，從純正的敘述的觀點看來，決不是對于眞正的緊張性的障礙，它甚至于是能够提供給緊張性以純正的沼詩的特質的。不過，這只是當已知的結局是在那些使人發生興趣的「人的」身世底連鎖底過程之中逐漸地被顯露出來的時候：這些身世有時似乎是很近的，有時近乎是去得更遠了，如此等等。

而在描寫的方法是沒有這樣的緊張性的。結局是用一般的社會學的方法——這從藝術的觀點上看來，意味着一種抽象的方法——死板地確立起來的；而且在情節與結局之間也沒有那些聯繫的線。情節底不同的諸段落一般地都充滿着作品中的人物對於種種事件所感到的困惑。從繪寫的觀點上看來，危機就『突然地』從這種困惑之中飛躍出來。描寫的方法的諸矛盾在這裏是一老一實地擁護着它們自己的。這像在我們的許多作家們的情形裏一樣，特別是當着描寫是從扮演的人物的觀點來下筆的時候，因爲在這樣的情形之中，有一幅事物底狀態的圖畫，一幅事物的與佔有這些事物的人們底複合的圖畫就出現出來了；可是這一切是被一位失去了他的主宰力的觀察者來加以描寫的。而且，當種種事項是被『客觀地』描寫起來的時候，于是，從一般的題旨的觀點上看來，這些描寫是和形象毫無內在的聯繫的，並且壓廹着這些形象降落到點綴品的水平線。

因此，新的人類出現在這樣的小說之中，並不是作爲事物的主人，而是作爲事物的附屬物，作爲一種紀念碑式的靜態生活底人的組成部分。在這裏，主導的描寫的方法是與我們偉大的時代底基本歷史的現實相矛盾了。自然，一切的這些小說裏都是保有着人們變爲事物底主人這一點的，並且人們也是作爲主人而被描寫的。但是這並不能藝術地達到任何目的。人類與外在世界之間底諸關係，人與外在世界鬥爭中的人的力量底表現，這只能由這一鬥爭底主人這一點的，並且人們也是作爲主人而被描寫的。但是這並不能藝術地達到任何目的。人類與外在世界之間底諸關係，人與外在世界鬥爭中的人的力量底表現，這只能由這一鬥爭底眞實的繪寫表達出來。當在需要和自由之間的鬥爭與人的力量底最大的開展相關聯起來的時候，基本的諸形象方可以獲得人的形體。巴爾札克底大多數的主人翁是在生活中絞結在一起的。高爾基底『母親』中的那些主人翁，受虐待，被關進了牢獄；雖然這樣，可是他們顯示出一種力底無限的發展，甚至于顯示出一種生活底主宰力來；可是這種人的主宰事物底描寫仍然藝術地表現出了事物對于人們的優越。

我們已經說過：自然主義和形式主義「縮減了」資本主義的現實，它們

繪寫現實的恐怖，可是和現實比起來，是要減弱得多，庸俗得多。

觀察描寫的諸方法，這些自然主義和形式主義底殘餘的遺物，它們縮減了隔離了人類底偉大的革命的過程。我們的運用這種方法的作家們，像在他們之前的布爾喬亞作家們一樣，自然地感到在他們的描寫裏缺乏內在的意義，並且也像其他的人們一樣，當他們企圖用那些造作的純粹觀實性質的設計來提高所繪寫的人物與事件底內在的無意義性的時候，就把象徵引導了出來，我們能夠引證無數的虛僞的思想豐富性底實例和膨脹起來的庸俗底實例。而更遺憾的就是這樣的諸事物常常是發生於那些確實有能力給與他們的故事以真實的內在的意義的作家們那裏。象徵應用在我們的偉大的現實上，它只能算是一種代替內在的詩的可憐的代替品，並且正爲着這個原因，這種癖好必需要用最苛刻的批評來絕滅了它。我們可以想到在伊蘭列夫（ilehkov）（註五十一）底『轉動的軸』（Driing Axle）裏，那些沒有毒的莓子被膨脹成了血的象徵，或者是夏金尼安把山中的溪流的擬人化，特別是革拉德珂夫底新小說裏的結尾的那幾行：『柱子上的電線歌唱着遙遠的聲音，好像是某種被和緩下來就要靜默的慈斷的神樂底柔和的諧音，在懸崖背後的軌道上有些男男女女的聲音彼此叫喊着什麼事情；也許是些轉轍手吧：「把車子引到上頭的軌道……引到上頭……」，「是的……我知道，引到那個新的……通着堤壩的……」。「是的」，密朗（Biron）注視着破曉的黎明，想了，「是的，在一個新的軌道上……生活總是建築起許多新的軌道來的」。』

這是可以理解的，是的，當一個左拉或是一個易卜生對他所繪寫的日常的資本主義的生活底無意義感到絕望而走向象徵主義，這幾乎是悲劇性的。但是對那些以我們的峨巍的現實爲素材的作家們，這是沒有原諒可言的。

一切的這些表現底諸風格都是資本主義底殘餘的遺物。但是，在意識之中的殘渣總是指示着在現實之中的殘渣。在共產青年團大會上，我們的作家們底生活的方式遭受了許多熱烈的批評。在這裏，我們只能提出這個問題來：在我們的文學中存留着的『觀察者們』的典型底殘餘必然在作家們自身底生活方式中存在着它們的根。並且，成問題的要點並不是直接地在趨向孤立的無政府主義的傾向中把它自己表露出來的，單純的個人主義的問題。事實上，「爲了這個的」文獻底努力，對于史詩的諸問題的生活報告者的態度，左拉風，描寫底『法律文獻的』準確性，這都是屬于同一範疇的。這一切指明着這一事實：我們的作家們還沒有從偉大的小說所能以得到成功的，生活經驗底豐富這一點出發來創作；而只是收集那些「爲了這個的」觀察，並且用新聞標題的風格，或者是用抒情的象徵的裝飾把它們赤裸裸地安排起來。

自然，也有許多作家用一種完全不同的態度來繪寫生活的。但是，假如我們考察他們對于他們從那裏面採取素材的生活的背景底關係，我們會看到一種對于生活本身的基本的不相同的態度。這只要指出蕭洛霍夫（Sholohov）（註五十二）底藝術與生活就足夠了。

因此，積極地參與生活和觀察生活的對比，敍述和描寫的對比，這在我們，也像在布爾喬亞世界裏一樣，是一個作家們對于生活的態度底問題。但是那種對于弗羅貝爾成爲悲劇的情況的一切，對于我們簡直是有點荒謬的，這是一種必需克服的資本主義底殘餘的遺物。

這是能夠克服而且是就會克服的。

（呂　熒譯）

（註一）第二帝國（The Second EmPire, 1852—1870），法皇路易·拿破崙在位的時期，法國史上稱爲「第二帝國」。

（註二）斯考特（Scott,Sir Walter, 1771—1832），蘇格蘭詩人，歷史小說家。著名詩作有『湖上女郎』（The Lady of the Lake）等。小說有『伊文霍珂』（ivanhoe），『掘墓者』（Old Mostality），『威佛里』（Waverly）等。

（註三）耶路撒冷王國（kingdom of Gerusalum,1099—1187），這是第一次十字軍東征時，歐洲的十字軍攻佔耶路撒冷後所建立的王國。因爲十字軍是由各國封建諸侯出兵組成的，所以耶路撒冷王國也實行西方的封建制度。並且參照歐洲各國的封建制度的歷史與實況，把封建制度加以理論化，系統化，甚至于理想化了。一一五〇年左右還編訂了一部標準的封建制度的『耶路撒冷法典』所以恩格斯拿耶路撒冷做封建制度的『純』的諷刺的對象。

（註四）斯湯達爾（Stendhal,1783—1842，）法國小說家，原名亨利．拜勒（Henri Beyle），他是十九世紀初期以寫實主義者風貌出現在法國文學界的第一個人，名著有『紅與黑』（Le Rouge et le Noir），巴姆女子修道院』（Chartreuse de Parme）。

（註五）勒．沙琪（Le Sage, alain Rene, 1668—1747），法國十八世紀小說家，著名的作品是『吉爾．卜拉』（Gil Blas）這篇小說取材於西班牙，結構很平凡，描寫一個少年出外冒險，尋找他的命運的故事。在這篇小說裏，勒．沙琪繪寫了人物底衣服，行爲，表情……等瑣細微的細節，而這一切的細節對于人物本身都是本質的，重要的。

（註六）伏爾泰爾（Voltaire, 1694—1778）法國十八世紀的文學家，詩人，哲學家，本名Fidnzocs Marie Arouet，法國啟蒙運動中的重要的人物。文學作品敍事詩有『昂葉德』（Henriade）其他哲理詩，書簡詩，諷刺詩也很多。小說有『贛第德』（Condide）等，劇本有『卜魯特斯』（Brutus）等。

（註七）拉斯蒂格拿克（Rastignac），伏格納爾（Vangner（，葛郎德（Grandet），與卜賽克（Gobseck），都是巴爾札克小說中的人物。

（註八）吉爾．卜拉（Gil Blas），勒．沙琪底小說『吉爾．卜拉』』中的主角，詳見「註五」。

（註九）文藝復興（Renaissiance），這是歐洲十四紀到十六世間提倡復興古代希臘羅馬的文化與藝術的運動的總稱。這一運動奠紀定了資本主義發展的初期的新世界底人生觀與理論觀的基礎。啟蒙運動（Enlightenment），這是十八世紀在歐洲發生的一大思想運動，它的內容約有提倡科學，主張自由思想，創立唯理哲學，排斥舊有的傳統的惡劣影響……等，這一運動在哲學上的功績是最輝煌的，它掃除了中世紀的殘餘，準備了建立科學的社會主義的地基。

（註十）裔遇斯（James Joyce,1882—），愛爾蘭現代作家。著名的小說是『尤里西士』（Ulysses），這本小說的書名借用荷馬史詩『奧得賽』裏的主角的名字，內容則十分怪誕。全書是七百餘頁的長篇，而所記的只是十八小時（從晨八時到夜二時）中間的事。書中如實地描寫了許多醜惡的場景，英國政府以爲是淫書而查禁了。

（註十一）普魯斯特（Marcel Proust, 1873—1622），法國自然主義派的後繼作家，主張運用科學的方法創作藝術；當時愛因斯坦傳士（Dr.Einstein）發表了『相對性的假說』（hypothesis of Relativism），普魯斯特就把那些『時間是真的空間，空間是真的時間』的哲學上的艱深的理論作爲內容來寫作小說。

（註十二）卡姆恩斯（Camoens, Luiz Vazde, 1524—1580）葡萄牙詩人，當作航海的探險，曾經到過中國的澳門。最有名的作品是抒情式的敍事詩『盧西亞德』（Lusiads），描寫Vasco da Gama環繞非洲航達印度的探險的航行。全文以神的故事作爲主要的穿插。

（註十三）密爾頓（John Milton,1608—1674），英國大詩人，長詩名著有『失樂園』（Paradise Lost），『得樂園』（Paradise Regained）等。他的詩作文辭十分精美，但是在內容方面，正如盧那卡爾斯基所指出的：因着十七世紀英國布爾喬亞的革命的性質的原因，密爾頓的傑作也不可避免地熏染了一種特有的神學的彩色。

（註十四）尤里西士（Ulysses），又稱（Odysseus，是荷馬第二部史詩『奧得賽』（Odyssey）的主角

（註十五）慕爾．弗蘭德爾斯女士（Moll Flanders），英國作家狄孚（Danied Defoe,1659—1731）底『蕩婦自傳』（The Fortune and Misfortune of Moll Flanders）中的主角。狄孚的名作是『魯濱孫飄流記』。

（註十六）大仲馬（Alexandre Dumas,1802—1870），法國小說家，戲劇家，作品極多，全集有二百七十卷，數目很可驚人。他的作品注重人物動作而不甚精求個性描寫，並且大半是和別人合作的，例如著名的『三個火鎗手』（又譯『俠隱記』）（Les Trois Mousquetaires），就是和August Maquet合作而成。

（註十七）裘里安（Julien），斯湯達爾作品中的人物，達達尼克（D'Artagnac），大仲馬作品中的人物。

（註十八）保爾·布熱（Paul Bouget,1852—1923），法國近代作家，他雖然在最初受了自然主義的強烈的影響，但是終于超越了自然主義的狹窄的觀點，創立了他自己的創作理論。

（註十九）龔古爾兄弟（Goncourts, Lesfrires），法國小說家。哥哥是Edmond Louis Antoine Hulot de Goncourt（1822—96）弟弟是Jules Alfred Hulot de Goncourt（1830—70）；兄弟二人常常合作小說，創作方法也一致，都屬于自然主義派；所以普通都是把他們兩個人並論的，稱為「龔古爾兄弟」。

（註二十）奧多·盧德維格（Otto Ludwig,1813—1865），德國劇作家，小說家，批評家，在德國近代戲劇發展史上佔很重要的位置；小說以『天地之間』（Zwischen Himmel und Erde）為有名的傑作。在文學作品方面他極推重莎士比亞

（註二十一）『衆矢之的』（run the gauntlet），這是西洋流行的一種處罰的方法。普通把許多人分成兩列，手裏都拿着鞭棍等物，受罰者要從人列中間走過去，這時候大家一齊鞭打他。

（註二十二）西西弗斯（Sisyphus），希臘神話中科林斯（Corinth）的國王，說他生前詭譎貪婪，死後被罰在冥府推運巨石上山，每次到了山頂的時候，這塊石頭必定滾落下山；于是又得重來。普通用來比譬一種永遠進行而毫無結果的工作。

（註二十三）赫伯爾（Friedrich Hebbel,1813—1863），德國十九世紀大戲劇家，詩人，作品甚多，尤其以悲劇最著名。

（註二十四）斯狄夫特爾（Adalbert Stifter,1805—1868），奧地利作家，作品有小說，短文，書簡等。

（註二十五）辛克萊·劉易士（Sinclair Lewis,1885—），現代美國小說家，作品多半描寫美國的都市，名著『大街』（Main Street）一九三〇年獲得諾貝爾文學獎金。

（註二十六）朵斯·帕索士（Dos Passos），美國現代作家，作品很多，著名的有『第四十二平行線』（the 42nd Parallel）等。『滿哈坦鎮的遷移』（Manhattan Transfer）也是他的作品之一。

（註二十七）匹克維克（Pickwick），密考卜爾（Micawber），奧里佛爾（Obiver），南謝（Nancy），大衛（Daruid），斯密士（Smith），都是狄更斯小說中的人物。

（註二十八）達郎貝爾（D'Alembert, Jean le Rond 1717—1783），法國啟蒙運動時代的大學者，以實證論的先驅者著稱。

（註二十九）萊辛（Lessing, Gotthold Ephraim,1729—1781），德國批評家，戲劇家，是一個秉有古代文化的豐富的教養與近代精神的大作家。批評集有『文學書簡』（Briek, de neuste Literatur Betreffend），『萊奧孔』（Laocoon）。他的戲劇在德國文學史上是極有價值的古典作品。

（註三十）『萊奧孔』（Laocoon），萊辛的文藝論；但是沒有作完，只出版了第一卷。題目叫做『萊奧孔』，因為論文的開端講到希臘的有名的塑像「萊奧孔羣像」（即特羅域（Troy）祭司萊奧孔和他的兩個兒子同被兩條大蛇捲勒致死的塑像）和羅馬詩人味吉爾（Vergil）所作的歌萊奧孔的詩的原故。萊辛在論文中深湛地討論了詩與造型藝術的界限，這是一部文藝理論的古典名著。

（註三十一）亞加美農（Agamemnon），阿琪力士（Achilles），都是荷馬史詩『伊里亞德』（Iliad）裏的人物。亞加美農是希臘人進攻特羅城的統帥，阿琪力士則是一個年青，堅強，美貌，英勇的英雄。

（註三十二）派羅普斯（Pelops），亞特魯斯（Atreus），都是希臘神話中的人物。派維普斯是Mycenna的王，亞特魯斯是他兒子，而亞加美農又是亞特魯斯的兒子。

（註三十三）賽尙（Cezanne），鐵蒂洋（Titian），蘭卜郎德（Remblerandt）三個都是畫家。

（註三十四）海蓮（Helen），荷馬史詩『伊里亞德』中的人物。希臘最美的美女，結婚之後，與特維城王子巴里斯（Paris）戀愛，兩人一同逃走。後來希臘各國聯軍攻打特維城，這是一次歷史上有名的大戰。

（註三十五）泰納（Taine，Hippolyte Adolyhe，1828—1893）法國文學批評家，提倡批評的三原則，以爲一切現象都是由「時代，環境，人種」的外面關係而決定的。著作有『英國文學史』（Histoirea de Laetterature Angliairs），『近代法蘭西之泉源』（Origines de la France Contemhoraine）等。

（註三十六）路易·菲力浦（Louis Philipe，1830—1848），法王，七月革命後卽位，二月革命時逃亡。

（註三十七）拉法格（Paul LaParguo，1842—1911），法國社會黨的組織者，優秀的馬克思主義理論家。在這裏說到的拉法格的論文，中文已有譯文，就是收在『海上述林』上卷裏的『左拉的「金錢」』。

（註三十八）勒邁特赫（Lemaitre，Francois Elie Jules，1853—1914），法國批評家劇作家，印象批評的提倡者，主張文學批評除去忠實表達分析自己對作品所得的印象而外，就沒有眞的批評。批評文集有『現代作家』（Les Contemhorains）『劇的印象』（impressions de Theatre）等。寫作的劇本也很多。

（註三十九）布逢（Buffon）。

（註四十）喬治·桑（George Sand，1804—1876），法國第一個女作家，著作有小說，批評等，數量很浩大，但是藝術上的成就很少。

（註四十一）安得生·尼荷（Enderson Nexo），蘇聯作家，『征服者派此』（Pelle the Coqueror）是他的作品之一。

（註四十二）布洛希·馬爾洛（Malreaux，g.R.Bloch），法國現代作家。聯个B·馬爾洛不是那位『征服者』與『人的命運』的作者，那位是A。馬爾洛（Andre Malreaux）。

（註四十三）尤里·奧列霞（yuri Olesha），蘇聯作家，作品有小說，速寫，戲劇等。最有名的小說是『三個胖子』（Three Fat Mfa）。

（註四十四）波格達諾夫（Bogdanov，Alexandre Alexandrovich，1873—1938），俄國革命家，思想家，關于哲學，經濟學，文學，藝術，都寫了很多的著作。他在思想上所犯的錯誤，列寧在『唯物論與經驗批判論』，『哲學筆記』第二冊裏，有深刻的嚴厲的批評。

（註四十五）格浪斯基（Gronsky），蘇聯作家。

（註四十六）特萊特耶珂夫（Sergei Tretyakov），蘇聯小說家，戲劇家，他的『怒吼罷中國』是我們早就知名的。

（註四十七）伊里亞·愛倫堡（ilya Ehrehbwrg），蘇聯作家，他的作品譯成中文的很多，早期的有『烟袋』等，最近的有短篇，報告，等。

（註四十八）法捷耶夫（Fadeyev），蘇聯小說家，著名的作品有『毀滅』等。

（註四十九）夏金尼安（Marietta Shaginian），蘇聯小說家『水力渦輪』（Water turbine）是他的作品之一。

（註五十）費多爾·革拉德珂夫（Fiodor Gladkov），蘇聯小說家，著名的作品有『士敏土』等。

（註五十一）伊蘭珂夫（Ilenkov），蘇聯作家，『轉動的軸』（Driving Axle）是他的作品之一。

（註五十二）蕭洛霍夫（Sholokhov），蘇聯小說家，著名的作品有『靜靜的頓河』，『被墾的開處女地』等。

後記：G·盧卡契（Georg Lukacs），匈牙利人，文學史學，文學理論家，現在住在蘇聯。他常用俄文或德文發表論文，他的作品從英文日文轉譯成中文的很多。這篇『敘述與描寫』原是作爲『一篇專題討論自然主義和形式主義的文章』而發表的。原文是德文，英譯者是S. Altschuler，英譯文分載在『國際文學』英文版一九三七年六，七日號盧卡契的最近的著述有『十九世紀的文學理論與馬克思主義』，『屠勒底美學』，『論現實主義史』，『歷史小說』等。

縣長家庭

丁玲

一

秋色的棉門簾高高的被勤務兵掀開時，我走進一個頗大的三開間的廳堂，四壁都掛着一些長方形的字畫和像片。在這有些顯得過份寬敞的屋子裏，太多的灰色黑色的條幅，像受檢閱的隊伍似的四方站着，馬上給了我一個不安的感覺。

屋子裏是頗爲煖和的，屋中央按置了一個洋爐。

昨天在×城動員委員會上遇見的G先生，仍穿着那套新軍衣，面孔過份的整潔，有心來一番親熱的招待，卻又不習慣似的，馬上倒變得很拘束的樣子了。

受了一陣殷勤的茶烟之後，我坐在靠窗的書棹旁，同勤委會的G委員談着×城新組織成的游擊隊。無論怎樣談着，吸的烟，在屋子中踱來踱去，仍然不能讓人在面孔上探索出感情來的G先生看來已經比較自然點了的時候，屋主人卻從裏間屋子裏走出來了。這是×城縣的縣長夫人。

同G先生有着同樣平板的素淨的臉，和灰色的新軍衣，雖說是按照着尺度做的，卻特別顯得不合身，也有着一雙很流行在山西的黑絨棉鞋。她恭敬的向我鞠着躬。修得很齊的長髮，從軍帽里垂出來，緊緊的貼在耳朵後邊。

我被强迫到上邊的椅子上。

G先生辭走了之後，從裏間屋子裏又走出來一位穿軍衣的女同志，她聲音微細，動作遲緩，很怕引起別人的注意，我猜她大約是縣長夫人的女伴或工作的協助者。

她們兩人是剛剛從××師回來的，××師現正招考看護，她們去投考了，××師師長非常客氣，熱烈的招待了她們。

『我已經看透了，×城縣是怎麼也保不住的，到那時候，大家都得上山，我們跟着縣長去打游擊麼，靠不住，就憑現在這幾十個什麼自衛隊游擊隊的人麼！那末，請你告訴我，我們能到什麼地方去？我想，還是××軍，所以我們昨天就到××師去了。』

她又輕聲的加了一句，『說老實話，那個什麼游擊隊……唉！』

『就是你們××軍好，那位女同志也在輕聲的附和。

於是我在她手上看了許多相片，有團體的，人頭密密的排着，有的穿便衣，有的全幅武裝，沒有一個是我認識的，如有，就是縣長夫人每次所指點給我看的縣長大人了。縣長的半身像，我也仔細的看過好幾張，是一幅不容易被記住的樣子，在什麼團部的參謀裏面，或是烟酒稅局裏的科長們中，隨便找得出這末一幅差不多的尊容。

既然並沒有什麼事要談下去的樣子，我便推開了那些相片，打算告辭了，縣長夫人卻支支吾吾的做出一幅尷尬的樣子，像有什麼大事要說又說不出口的，接着忽忙的便跑出去了。

『她找她的女兒去了。』那位女同伴這樣慎重的告訴了我。

『縣長夫人特別找了我來，有什麼事見教嗎？』

那位女伴並不即刻答應我，卻伸着頭貼緊了窗戶從一塊破紙縫里向外張望了一會，才回過頭來說話，但她剛一開口，我卻在她臉上捉住一個表情，這個表情說明她已經把又把她準備說的話擱回去了，她只說，而且輕聲的；『大約有事吧，等會兒再看。』

我不知道我究竟還能夠問她些什麼，於是我打聽着那小姐起來了。

即刻看得出來這問題提得很得當，她興緻勃勃的誇獎着，因此我了解這位小姐在這家庭裏佔着很重要的位置。

縣長夫人獨自又走回來了，顯得很急燥似的，她催促着勤務兵開飯給我吃，也不管我再三聲明我的肚子的確是非常之飽。

一[illegible]飯開出來了，有一盤從街上買回來的饅頭和一盆小米米湯，還有四碟小菜。雖說我幾次伸訴我不能吃，卻還是被强迫坐在棹子的上方，喝着小米湯，而兩旁殷勤招待着的縣長夫人和她的女伴，卻連一口開水也不肯吃。每樣菜都必定要逼着我嚐一口，好容易才讓我舒服的靠在靑桌旁的籐椅上抽香烟。這時，我只盤旋着一個問題，便是如何走的方法了。

忽然院子裏却傳來一陣人聲，同時好幾人爭着說話，而這兩個女人也爭着跑出去了。跟着便湧進一堆人來，除了勤務兵之外，也還有類似科長之流的人們，我只好趕緊站起來，看見她們正簇擁着一個小孩到我的面前來了。這孩子也穿了一身軍衣，顏色與她的母親一樣，却顯得合身，襯出一付玲瓏秀麗的面孔，在她母親的授意之下，孩子向我舉手行禮，但隨即毫不拘束的走到我懷里，她告訴我，她已經老早認識我了。在大會場上看見過我，在街上也看見過我。這才是被母親派人從學校里接回來的。

自然我得給她一番誇獎，滿屋的人被這幾句話快樂着，都露出滿意的笑，和要告訴我一些什麼的慾望，然而縣長夫人却示意着要他們走，只好一個個人無言的溜了出去。這時縣長夫人便愼重的問着孩子道：

「阿欽！昨晚我與你說的話，你還記得麼？」

「唔，我記得。」她頑皮的點着頭，翻起眼睛又望了我一眼。

「今天特的請了您來，」縣長夫人轉頭對着我，聲音變得有些戰抖了，椅外的鄭重着她的發言，「就是爲了我這小女子，我是已經決定到××師去了，但我不能放心她她爸爸雖說愛她，可是這末小的孩子，也能上山打游擊麼！我想來想去，想出一條主意來，我求你帶了她去，您要是不收容她，我們母子都無路可走了，我請您不要推辭，我這孩子不會淘您的神的，她是一個非常懂事的孩子，您看見了，您說吧，她不像一個大人麼？」

我明白一個難題來到了，我不願一口就拒絕她，我也笑着問孩子：

「你媽媽的話你懂得麼」

「我懂得，我願意到你們那兒去。」她似乎在談着一樁輕而易舉的事。

「吃小米飯呢。」

「能，小米飯好吃。」

「你能走路嗎？一天要走一百多里呢。」

她躊躇了一下，立即又翻起眼睛斜睨着我，頑皮的說道「你能走麼，你要是能走，我也能走的。」

趁着這當兒，我便向她母親說了一大篇服務團生活的勞苦，從身體方面，從年齡方面，從過去生活方面，這孩子都受不了的話，自然這都是非常眞實的，我以爲她也應該懂得一些我的苦衷，然而母親却堅決得很，很不願意我說下去。於是我又向孩子說，而孩子在仰承她母親意旨下顯出比母親還無掛礙。

那位女伴也在旁分說着，無非說孩子能幹，三四十里路也可以走的，飲食簡直不成問題等等的話。

我是不能留下來的，因爲她最多不過八歲的樣子，嬌生慣養過的孩子，如何去過我們那種生活呢？可是我不能堅持下去，就是說在這個時候，我是不應該使她們太絕望的，結果只好由我答應帶她去玩兩天試試，自然我心裏是在計劃着過一兩天便可以送她回來的。由于孩子生活的不慣，我是由于母親的懊悔都可能發生的。

縣長夫人還不肯放我先走，我又隨着她們到了寢室，整理了一下孩子的衣包，她自己袱着，隨着我走了出來。

縣政府的院子裏，排列着許多很大的樹，陽光從那些枯枝里落下來，無力的鋪了一地，冬天的風打着我們的面孔，我們一行人慢慢走出這一重重的廳堂，朝着遙遠的大門外的街市，那裏有着穿梭似的行人，落在我們後邊，悄悄的跟着我們的，還有縣政府裏的幾個人員，他們一定在談講着孩子的事。

「明天我就走了，你要好好的聽丁先生的話，爸爸也許明天會回來，他也答應過讓你離開家，他沒有力量照顧你的，好，你好好的走吧，現在我們是各奔前程，誰也不要記掛誰了，……」縣長夫人老是不斷的同孩子說，又同我說。

孩子却總是那末一幅輕鬆的面孔，做得很愉快似的，一點也看不出離家的心情，但我却實在有些着急了，我在這裏躭擱的時間，簡直是太久了。

到了大門外，孩子給母親行了一個舉手禮，便向大街掉轉了身，我也沒有多說無用的話，只回頭看了好幾次，她們都似乎沒有辦法移動脚步，呆呆的挨住那大石獅子。

一轉了彎，我們的步伐便加快了，孩子的手握在我手裏，她的一切都很平靜的。

二

『阿鈴，再跳一個舞！』

『阿鈴，你別跳，你要累壞了！』

『阿鈴，這邊來，你看，你的頭髮又鬆了！』

阿鈴在院子裏，太陽底下圍了一大羣人，她毫不驕矜的受着大衆的愛戴，雖說很活潑，實在倒是很沉靜的孩子，同新近參加到我們這裏來的另外幾個孩子，有着完全不同的氣質，她同每個人都親密的笑着，決不是因爲她喜歡每個人；她努力的學着跳舞，比所有的孩子們都學得快，學得好，也決不是因爲她喜歡跳跳蹦蹦。只要在人叢中看見了我，一定跑過來摔着我，無語的依偎在身邊，也決不起閃爲我使他感覺得比別人更可愛些，然而一切的事，她都處理得非常安帖，使人不能小看她，忽視她的愛着。

『阿鈴，進來呵！來比一比我替你裁的衣。這樣漂亮的阿鈴，不穿襯衣褲，實在不像話呵！』

慧把自己的粉紅色的美麗的襯衣在替阿鈴改做了。菲也在替她計劃着一雙棉靴，阿鈴的黑絨鞋雖說很好，她們總嫌那種土氣。

劍却在畫着圖樣，他希望那圖樣得我採納，那是一件爲阿鈴單人舞的舞衣圖樣。

敎跳舞的凌，跑來央求我幾次了。說一定得把這孩子留下，行軍的時候，他願意背她。

同志們的熱烈，都未能動搖我，我斷定了孩子，或孩子母親的決心，都是不能持久的。我已經知道了去××師的母親在走之前哭了的，而且就是在送走了我們之後，也是一路拭着淚走回去的。孩子雖說沒有哭過，也沒有說起要回家的話，可是她已經在過着一種不是八歲的孩子所該有的一種理智生活。我非常愛着這孩子，我節制着我對她的喜悅，我不願增加她的矛盾，寧肯讓同志們不滿意我對她的冷淡。

在我們去開晚會的時候，她跟着我在後台，前台，台上，台下，奔忙着，像個老團員一樣，習慣了這種流動生活，夜深了，在黑沉沉的街心里趕回來，她雜在人叢中學喊口號，唱謌，她並不亂叫亂跑，可是她一切的姿態已經是一個戰鬥的孩子了呵！

××師請我們去開會，參加歡迎新兵的典禮，我帶着她去，給了她一匹馬，她無聲響的任人放置在馬背上，她沒有說一句怕，也不說不怕，昂着頭，挺着腰，在我身後，每當騎蹦的地方，我總是掉轉頭來叮嚀她，她便給我一個信賴的微笑，以後我才知道，騎馬在她的確還是第一次。無論在什麼人的面前，不須要我告訴她什麼，她都是遵照着我的意思說了她的話，和做了的。在我們的精神，已經有了一種不用言語的默契。她給了凡是見過她的人以大的驚異。

三天了，她一點也沒有變樣，依舊保持着她的態度，她快樂麼，她快樂的，然而是清淅的生活着，有主張，有定見，撐持着自己來生活着的。

這天晚上我聽說縣長回城來了。於是便托人帶了信去，說明我很想見他一次。可是第二天一整天我沒有分出時間來，只好把約會又遲到後一天的早晨，也就是出發前。因爲我們已經決定要離開×城要到××去。可是到夜晚十點半鐘的時候，幾個團員却引進了深夜來訪的縣長，我因爲老早就想見他而有許多意見要向他說的，所以便拿着頗高度的熱情來接待着他。

三

這是一間不大的類似南方廂房的屋子，這屋子里雖說沒有坑，但屋主人仍是將它做爲一間廚房備置的。描了金花的紅漆的箱和櫃，和黑漆上又塗滿了紅綠花朵的桌椅，擠在屋子的四週。中間留了一塊空地，却又讓火盆填上了。我坐在較暗處的一個長橙上，靜靜的聽着縣長的話。燈光照在他臉上，比像片上的樣子來得更覺蒼老。一見面，他便說了一套很爲流麗的客氣話，我了解這一套話語幾乎是他每天都要說幾次的，只不過在不同的對象面前要稍微變動一下其中的幾個名詞。我自然也做出一幅心領神會的樣子，但當我慷慨承說了幾點意見之後，即還看不出一些反映，我只好又較爲沉默的等待着，於是從幽暗中侵入了一陣使人不安的東西來搔擾着他，他猶疑的張望着。而在他前邊的櫃門上，爲炭火的光燄塗上的一綫閃閃不定的紅舌，捲着又捲着。而另外那邊，那幅襯在他腦後那幅劣等粉畫中堂，兩隻類似狐狸的野獸，驀然的向上豎着大尾。拘束在這背景上的縣長的顏面，就更不易分出輪廓來。我們互相之間，便又來了一次打量。

忽然，靈機一觸，我叫起人來了，坐在裏間屋子里等着我們會談的高同志，便接收了我的請求，到女同志住的房間里去看阿鈴睡了沒有，同時我就告訴了縣長一些關於阿鈴近日的生活，連阿鈴在白天幾次不肯聽我的話，無論怎樣也不肯回縣政府去見一次爸爸的事，也直述出來了。

不住的點着頭，又不住的搖着頭，沉吟了一大會的縣長，終於嘆息了，我只好寬慰他我們是不能强留人家的孩子的，如果他們不願意，孩子是可以回去，而且阿鈴只有太小了，但同時我心中却生起一種新的難受，我感覺着阿鈴如果跟着我，她的前途是比較光明些，於是我又把話說下去：

「讓我們一切都爲着孩子設想吧，縣長是很開明的人，關于教育孩子，只有比我們更洽當，如果縣長認爲對我們還有意見的時候，阿鈴是可以同去的。原來也就只打算在她母親堅持之下暫住幾天，不過因爲阿鈴來後，很有些好感，孩子又執拗着，所以到今天連回去一趟也沒有今天既然縣長親身來了，我們大家還是考慮考慮，一切爲着孩子。」

又換上了一根新的烟，他用力的吸進去，又噴出來，我看他的臉就像藏在一重濃霧里，同時在他心上也籠罩了一重撥不開的霧吧。

我或許有些『感情』忍不住又說下去：

「總之，我是希望你能多了解些我們的生活，好幫助你來決定，不過阿鈴好像才八歲，實際却是一個有見解有決斷的孩子，要是能够遵從一些她的意見，或許也是必須的。說不定這孩子根本就不願意來，只不過在母親的勉強之下，那末，也是不好的。」

霧在縣長的臉上冉冉的上升了，他已展開了眉頭，他贊成這意見。

「難道阿鈴眞是不想來的麼」我不勉要想到，「不肯回家，不肯與父親作辯那是假的嗎？她那樣執着的生活，決不會是因爲她的感情與思想，因爲她的確才八歲，她可能是爲了滿足母親的要求而委曲着自己的。……」於是我也有些懸懸不定，我願意在那父親的臉上更探索出一些證據。

「阿鈴已經睡了，她不肯起來」這是高同志給我的報告。

「你可曾告訴她什麼人來了麼？」

「我說了的大家都勸她起來，幾個人要替她穿衣，她又鑽進被窩裏去了，她說她不肯回去，我還說縣長不是來接她的，只是因爲要分別了來見見的，她又說她不信。他既然拚命不肯起來，我們也就沒有法子了。」

不使縣長見她一面，這是不對的，我想縣長深夜來訪，決不單單是因爲工作的原故吧，於是我又請高同志再跑一趟，並且解釋一下，有我在面前，決不讓爸爸把她搶走的，說明是我來叫她的也有必要。

我發現了縣長臉上更多的縐紋，我想着：「爲什麼阿鈴長得一點也不像她的爸爸呢？」

阿鈴也決不像她媽媽的。

「我不要帶她回去，我只想見見就算了，」縣長除了自言自語外，一時還找不到什麼可說的話同我說。

我雖說想好了幾句可以安慰他的話，却又以爲未必有効，便也不願說出來。

一個大約屬於縣長親屬的年青馬弁，穿着比縣長還合身的軍裝，掛着盒子槍，走進來請示了，實際是有點要找人打架的樣子；

「我親身去找阿鈴吧，那里聽說父親來了還不肯出來的，這兒的軍紀也不見得不准女兒見父親，人家還是一個娃娃呢。」

縣長倒是趕忙解釋着，並且嘆息的說：「那娃兒的脾氣，你還不知道麼！」他把這句話重複了幾次。

跟在馬燈後邊，抱在高同志懷里，裹着一件大棉衣，阿鈴出現在我們房里，她被放在靠桌子的椅子上，火便正好烤着她的脚，正是我與她爸爸的中間。

跟在她後邊，一直送了她來的慧，老是不住的嘵舌着：

「我說主任在這裏，你不中信；主任是不是你不會放阿鈴回去，那樣聰明可愛的阿鈴，誰能捨得放她走呢……」

阿鈴却靜靜的一聲不響。

那位馬弁便不客氣的闖了進來，抱着她坐，撫摩着她。

「阿鈴！你是懂禮貌的，爲什麼不叫爸爸呢，也不敬禮。」

第一次我看見她沒有聽我的話，本想叫的却又咽回去了。手自然更抬不起來。

「鈴兒！我聽說你明早就要走了，所以才來見見你的。你媽送你來，雖說問過我，我卻並沒作主，我說你已經是一個懂事的孩子，凡是不能免強你，你媽問過你麼？」

「問過的。」阿鈴小聲的答了。

「那末你現在的主張呢？」

「就在這裏。」

「不掛念我，也不掛念媽麼？」

沉吟了一下，阿鈴便又答應了，「不。」

「唉，」縣長有點惱了似的，現在的孩子眞沒有心肝，你媽媽養了你這樣大，一天也沒有離開過，現在雖說把你送來了，卻天天界，思念她的阿鈴，誰知你就只貪圖熱鬧好玩，一點也不掛念她……」

孩子一聲也不猶，把頭俯在桌上，火從下邊照在那小臉上，紅得異常可愛。

「眞的一點也不思念媽媽，不回家了麼？你儘管說，到底想回家不想，丁先生是完全由你的。」

「不！」阿鈴仍舊小聲答應了。

「阿鈴！」我只好幫助着做爸爸的縣長；「你爸爸很愛你的，他喜歡你回去，你在家一樣也可以做救亡工作，若是還想來玩，便來玩玩，你說呢？」

「不，我要在這裏。」

爲什麼孩子會這樣堅決，倒使我們懷疑起來了，既然縣長來的目的是很堅決，我們便不必多嘴了。

縣長停了一會，又採取了新的進攻方式，他做出一幅非常誠懇的樣子，壓低了聲音，說道：

「好，你既然決定了，我也不勉強你，我來，也不過來見見這最後一次，今後我們父女分離，各在一方，日本飛機炸彈又利害，不知那天將我打死或者你死，那時連飽骨也找不到，不說見面了……」

有一顆圓的透明的東西，在火光中從阿鈴眼里抛到在地上。

「還有你媽，也不知道那天死在日本鬼子手上……」

我想去抱阿鈴，我懂得她這時的心，一個稚嫩的心卻被傷殘着，我抑制住我的憤懣，大聲的說：

「阿鈴，這是不會發生的，你不要信它！縣長！我一定勸阿鈴跟你回去，請你不要再說下去了，可憐可憐她吧！」

眼淚一顆一顆的往下落，可是她還是搖着垂着的兩腿，「我不回去！」

「打遊擊更危險，這一分別，只怕就是永別了！……」縣長勝利的還在往下說。

終於阿鈴大聲的哭出來了。

慧和高同志氣沖沖的站到冷的黑院子去了。

我希望這孩子再不受虐待，我恨極了那個抱住她坐着的馬弁，他得意的在她耳邊用力的說着：

「可憐你爸爸和媽媽吧，你回去呵！回家里去去呵，阿鈴已經答應了，我們就走吧。

我不願說什麼，我仰着頭，眼光落在那幅中堂上，多難看，多可惡的兩隻狐狸呀！

阿鈴被馬弁抱在懷里，隨着嘔口無聲的戀走回去薄衣服，我的眼睛又移轉了地方，落在門上邊的一塊橫鏡上，那上邊掛了一個睡醒了的獅子，因爲工匠手法的拙劣倒更容易被認爲一隻捲毛的狗。

「唉！我錯了！」縣長在搖搖的房中踱起來了，」我爲什麼要來呢！我不是已經忍耐過了麼，再忍耐一夜，讓她走了不就好了麼！她是應該留在鄉里的，唉，她娘又該吵我了！……可是我快四十歲了，我就這一個女，……唉，我這人眞該死，不如一個女人，不如一個娃兒……別人也許要笑話我，可是……」似乎想槌打自己似的恨恨的咕嘍着，很起勁的在三四步遠的距離中老是回來的踱。

也許他是可同情的，但我仍只能把眼睛在四壁搜羅，想找一個寄頓的地方，唉，又是那兩隻狐狸，爲什麼這房子是這末小，而且盡堆滿這麼些動物呢！

「阿鈴又被抱出來了，眼睛上還嵌着淚珠，縣長的幾個跟來的勤務，已經燃亮了引路的燈，我咬着牙送了出去，看到阿鈴送過來的眼睛，像雨後的一泓溪水，我不覺的又送了一程。

已經到了大門邊，阿鈴卻忽然叫了起來，我趕忙走上一步，然而她又被抱到了街心，只留了一串淸淅的話語：

「你們不會說我是一個不愛國的孩子麼？媽媽不會怪你的，她一定只罵我……」

「不會的，都不會的，你是好孩子……」我大聲的話向黑暗的街心送去。

一九三九，九。

× × × × ×

她們一羣

雷加

（一）

齊王庄昨天抓了一個漢奸送到縣里，今天縣里就通知各村：月中召開西三區××軍檢閱大會。

抓漢奸的是齊王莊婦救會的委員。她從前賣燒餅；現在也賣燒餅，也做除奸委員。從前，因爲她的脚又瘦又小，雖然死去了男人，唯一的兒子也當了抗日軍人，不在跟前；可從不肯受人奚落，口齒伶俐，一點不讓份兒，對方得到的還擊，如同被她那小瘦又小的脚踢了一下一樣，所以人家都叫她小脚蹬；現在也叫小脚蹬，也叫除奸委員。

那還是一個月以前的事情。那時，村婦救會是和村青救會一塊成立。村青救會的成立引起了老年人的議論，以爲小孩子家祇好吃奶，不論做官或是救亡都該老頭子來幹。村婦救會自然引起了更大的風波，起初男人們不滿地哼着，認爲女人們平分世界的舉動是稀奇可笑的。「娘兒們這年頭也要亮翅；但母鷄總歸是下蛋的呵！」或是：「娘兒們辦公事，好比母鷄打鳴」！村公所是這些意見總合的地方，當婦救會爲了開識字班，便被村公所毫無理由地拒絕了。

後來村公所露骨地攻擊起私人來了，他們每天集聚在大槐樹底下東一句西一句地評論着。在他們眼中楊大媽是一個大字不識的瞎婆子，不配做主任；蔡金環是村里虐待兒媳的能手，爲什麼她可以做組織委員呢？說到宣傳委員孫世英，大家一致地承認她是個騷貨，一個不値錢的花花雞，最後是除奸委員，因爲她還照常賣燒餅，大家常見她，所以她是他們談論中間最中心的。

那天除奸委員遇到的事情就是在這棵空心槐樹底下發生的。

「除奸委員是抓漢奸的，哪里有漢奸，誰是漢奸，都要她來抓是不是」？楊麻子見她來，有意無意地挑逗着。

村副田共昌一臉胳腮鬍子，他對婦救會的意見正像鬍子那麼多，他惡辣辣地說：

「那得先和漢奸睡一覺！哼！娘兒們若是抓住了漢奸，我切下腦袋來給你們看」！

他的話就像他用胳腮鬍子向除奸委員的臉上刺了一下一樣。除奸委員極其厭惡地避開臉，冷靜地辯掙着：

娘兒們少了什麼？現在中國抗戰，打鬼子還分什麼男的女的。你說娘兒們抓不住漢奸，我也沒見你們男人抓的漢奸在哪里」？

她的稀薄的兩鬢絞得又齊又直，看去像畫的一樣。在太陽穴上貼着兩帖膏藥，好像長了四隻眼睛。她背後升起的惡意的笑聲，使她週身打着痙攣；但她裝做鎮靜地挎起籃走開了。

當時她走到了主任那里，主任是個橫溢着熱情的人，這使除奸委員剝光了她在男人面前所有的尊嚴，對着主任委屈地哭訴起來。站在旁邊的組織委員擤着鼻，彷彿是你們不要我做主任，什麼也做不出來似地說：

「那你不好抓一個給他們看看」。

「我抓一個，我說話算話，我一定抓一個」。

在除奸委員氣憤地說過這句話之後，大家都苦苦地沉默起來；然後不快地散開了

昨天，除奸委員在村中央大槐樹底下遇着了一位過路人。她從那回以後對於每個過路人都是非常留心的，她開頭照例地召呼道：

「同志，辛苦啦」！

過路人用鼻子哼了一聲，趕快掏出手巾來擦汗。

除奸委員看得清楚，心裏想這個賊眉鼠眼的，並且穿了一身白市布衣服，右肩上還斜搭着一個包袱，這種面貌和打扮都是遭人疑惑的。

「同志是由縣里來的吧！我看你像是做救亡工作的」？

過路人的眼里閃着綠光，馬上堆起滿臉笑容答道：

「你眞猜得準，對呀！我是縣青救會的」！

「你們主任是誰呀」？除奸委員追着問；但她見過路人的嘴唇沒有動。並且裝出沒聽見的樣子避過頭去，於是她接着說：

「哎喲，縣城離這還得狠哪！你上哪去呀？先到家里歇歇腿吧！我知道現在做工作苦得很，我叫你妹子做點飯塡塡肚子再走，咱們都是一家人，縣里常來常往的都到我家去過，來吧，用不着客氣」！

過路人尷尬而又大胆地跟着她走去了。在她的家里根本沒有人在；但她假裝着急地喊着：

「這死丫頭怎麼整天串門子，一不在家就跑出去，眞是的，你先坐坐，我去找她回來……」。

她找回來的不是什麼妹子，却是××軍。經過一番盤問。過路人又說是來外鄉辦貨的；但在他身上搜出了日本錢呀！紅頭繩呀！這辦貨的過路人不用分說被綁到村公所去了，當晚就文解到了縣里。

除奸委員已經達到了名符其實的志願，全村的人都可以看見她臉上的光采。她挎着燒餅筐子滿街轉，遇到人就談論起她抓漢奸的經過。對於組織委員，她更顯出了另一種不同的神氣，彷彿說：「我除奸我眞除了奸，你組織做了一些什麼呢」？組織委員像沒有聽見這個消息似的，仍是抱着不得做主任就怠工的私見的憤慨，暗中對村里人的說：

「抓了一個有什麼了不起，漢奸還有呢」！

這幾天組織委員同那個和村副打得一團火熱的趙寶英混在一起，趙寶英是個男寡里也有她，女寡里也有她的女光棍。她曾跟着死去的丈夫到東北去過。她刁賴，老是胳膊肘向外扭，她覺得既然和村副相好，她就應該做主任，所以她的失意使她拉攏着組織委員。那天婦救會來交涉房舍，她也在場，她意說出婦救會若是幹女人的事就不要來找男人的話來。對於識字班她也不遺餘力地破壞着。楊主任罵她是賤貨，同時說婦救會開識字班不是爲的叫女人像趙寶英那樣。今天趙寶英對組織委員說：

「有人說她們藉着婦救會給自已的女兒找女婿呢」！

「可不是，那些人們祇能說不能做的，一朶花，好看不好用，活擺什」！組織委員同意地應着。

但縣里突然送來了召開檢閱大會的通知。同時人們傳着說昨天抓的漢奸是來到這個村子刺探軍情的。他已供出了敵人進攻完縣的消息，我們召開××軍檢閱大會就是爲的準備迎接敵人的進攻。情勢頓時緊張起來，除奸委員昨天的功績自然不容忽視了。

因此組織委員不再言語了。

村婦救會主任對於這個通知感到了光榮，因爲這個通知是由於抓的那個漢奸而來的。但她暗自檢查一下女××軍的陣容之後，又不由得黯然了。齊王莊女××軍的出現還在婦救會之前，那是正當春耕的時候，別的村子女人站崗，齊王莊的女人自然也站起崗來，主要的是爲了代替男人下田耕地，所以談不到什麼組織。春耕早就過去了，現在開着齊王莊的麥田已飄起了層層的麥浪，女××軍自然也早就不見了。

主任開始數着已經站過崗的名字：趙家的，扁咀二嫂，閆大嫂……都是年老的婆子。她因此皺起眉頭，在空中揮搖着手掌，十分心焦意亂的樣子。主任是齊王庄的老住戶，老頭子閒了一輩子，仗着有幾畝佃田整天在外面鬼混。她跟前祇有個二十歲的兒子在田里下苦，很早就不生育了，這便她這個娩個子添了一個胖肚皮，面孔老是像一塊紅磚似的。自從他的家變成婦救會的臨時辦公室之後，她在家里已不是吩咐做飯或是飼鷄餵狗的主婦，而一是個「辦公事得像個新媳婦，做在前頭吃在後頭」式的熱情的工作者了。

「組織起來！眼看秋收啦，還是好機會」！她的話聲溫和而有力地嚮着。這時在她家里祇有宣傳委員一個人。宣傳委員年靑而聰明，是主任有力的幫手，她應着：

「對啦！趁着秋收是好機會。

在宣傳委員和主任心中這時都轉着怎麼組織呢這個念頭，同時檢閱大會也是從沒有經歷過的，那是多少人的大集會呵？吹軍號吧！像打雷一樣地喊口令吧！宣傳委員想到這里不禁慄然了。她對主任怕聲地說：

「主任！你還是去找一找區委吧」！

主任聽見區委兩個字，從心眼里笑出來了。她睜凸出的眼球放着光，吭着嘴唇說。

「田衛同志是不是？我早就想去找她，爲了寨集的工作，就是檢閱大會不是她來也是佈置不了的！

主任馬上到十五里外的區委那里去了；但宣傳委員仍然留在這里，因爲婦救會是離不開人的。

（二）

齊王莊被點點紅的柿子樹和濃蔭的黑棗樹包圍着，很難分辨出還是一個村莊。三天之後，區委田衛同志來到這里，她歇在村邊上，親暱地同村人打召呼。空氣中飄忽着成熟的五谷的微香，由一堵垣牆後面傳出了一片民謠的歌聲和一片孩童的無知的笑聲。

「日軍佔了一條線，
國軍佔了一大片，
國軍好，
日軍背，（註一）
割了大煙種蘿蔔，
蘿蔔也熟了，
日軍也死了」。

田衛同志的嘴角上有朝陽跳動着，她微笑地走進了村子。

但她向西街拐去了，她沒有走向婦救會，她預備先訪問一下本村第一個有錢的寡婦邱老太太。

她這樣想爲了本村婦救會的開展工作必要向邱老太太說的話。她善於利用這種封建關係，在她想：說服了邱老太太就等於打破了工作中的封建的障礙。至於她本身也就是爲了這個，還保存着部分的封建意識。她們一個從保定師範同學又一同出來工作的縣里區里的工作同志，都一致地進行着反戀愛的鬥爭。起初她們着實耽心着自身的婚姻大事，有人會這樣抱怨地說：

「抗戰十年八年可就晚啦」！

上級對於這個問題的解答是很懇切的：工作第一，在老百姓還不了解和同情之前，爲了工作，爲了避免與羣衆之間的關係的裂隙，進行反戀愛鬥爭是必要的；然而也正是祇有這樣積極的工作才能在將來爭取羣衆的同情和了解，所以現在進行反戀愛鬥爭就是將來解決戀愛問題的關鍵。

此後她們一心一意地工作了，積極而熱情的工作了，她們對於男同志之間的怠工現象表示了莫大的驚異。

她們的工作綱領是：

「援助前方，鞏固後方，保衛婦女兒童自己的安全」。

田衛同志是一個廿一歲健康的女青年。她不戴帽子，讓短髮蓬鬆着。耳旁的鬈髮像要裹住那兩塊高高的顴骨似地凸卷着。面孔上微有幾粒汗斑，嘴唇突翹着，她有一排極其淨白的牙齒和使老百姓覺得親切的樸質的微笑。她穿着一身青粗布褲褂，紮腿，青皂鞋，右大襟的紐扭一直扣到脖頸。她的胸前掛着一個吊在項間的白紙本和一支鉛筆，這是所有的縣里區里工作同志的特點，她們在這個本子上記錄着遇到的問題，羣衆的意見和上級對於工作的指示。

一點鐘以後，田衛同志擺動着兩臂，那小本子也在她胸前動蕩着地由邱老太太的家裏走出來了。邱老太太送在門口，鼓着下垂的兩腮召呼着：

「慢點走哇，孩子！眞是個又利落又挺妥的好孩子」！

「乾娘，我住會還來，回去吧」！

田衛同志，想起邱老太太的方臉和禿鬢角就忍不住笑了。她在這三個鐘頭之內說服了她，她是村中有聲望的人，祇要她肯饋頭就有別人來跟着走的，最後邱老太太爲了表示她誠心悅服的態度，允許了田衛同志認她做乾娘。但是在田衛同志，她已經在工作中認爲認乾娘是必要的有利的手段了，並且她由經驗中知道無論什麼困難的環境，有了乾娘就是勝利的開始，於是她快快樂樂地向婦救會走去了。

田衛同志踏進趙主任的家里的時候，大家一半驚喜，一半失措地離開座位歡迎着她。彷彿她們正在談着一件難以解決的事情，主任讓出一個座位來顯然有了把握地微笑着說：

「好啦！田衛同志替我們打個主意吧」！

「不，先要田衛同志佐習一下檢閱大會的工作」。除奸委員提出了在她心里盤桓已久的問題。

「檢閱大會不忙，還是先談這個」。主任毅然地這末主張着。

昨天晚上，婦救會突然接受了一個法庭上的案件，那就是張德全家的提出了要同她丈夫離婚。張德全家的從小就在這個村子長大，今年還不過十九歲；但是她在四年前就嫁給了張德全。張德全是個天生的流氓混混，整天賭錢喝酒，還要靠女人。她從過門來挨罵挨打，遇事還整天不給飯吃，誰談起來都可憐這個細皮嫩肉的小媳婦。除奸委員因此堅持着準許離婚，她暗中對主任說過這可以給組織委員一個教訓，因爲組織委員最能虐待兒媳婦；但宣傳委員顧慮着準許離婚之後的影響，也許可能使婦救會與村人們關係更惡化起來。主任因此倒沒了主意，她問田衙同志道：

「你看怎麼辦決這件事合適 張德全那小子不當自衛軍，也不參加部隊，倒應該……」

田衙同志急忙地低下頭在對前小本子上記錄着什麼，她聽完了主任的敍述，幽暢地說：

「不準有不準許的道理；但準許了之後更有道理，那些混旦的男人們自然不願意我們這樣幹，可是受過男人氣的女人們就另一種看法啦」！

「無論怎樣看法，男人們會因此搗碎婦救會的」。一向怠工的組織委員這樣冷靜地表示着。

田衙同志被組織委員的不同的態度所激動，確切地指出來：

「婦救會能夠解決這件事，牠本身就是力量，並且婦救會可以利用這件事來團結整個齊王莊的婦女」。

除了組織委員，大家都覺得忽然站在田衙同志一起了，這里是力量，是團結，對組織委員無言地築起了森嚴的陣容。但，田衙同志這時反而走近組織委員，格外溫和地解決說着：

「組織委員，你想想，旣遇見了這件事就不能不這樣解決，我們反對男人壓迫女人，女人若能從壓迫中解放出來就是抗日的力量，我們自己不幫助女人還有誰呢？我們還能幫助男人們來壓迫女人嗎？……

田衙同志最後想說：「我們女人們更不能壓迫女人了」！但她咽回去了，因爲她已看出來在組織委員的臉上赧紅起來了。

這時主任來用話又開了，她們就又談起了工作。田衙同志意外地興奮起來，她講述着鐵道附近，離敵人最近的地方的婦救會成立的情形。這里爲了祕密工作，叫姊妹團，又叫什麼娘兒們會，她們現在正發起募集爛銅爛鐵運動，而且做的成績很好。

大家都被一個九歲的小女孩感動了。這是田衙同志講到的：有一個小女孩跟着母親一塊兒去開會，她聽入了神，一邊聽一邊問：「娘！娘！她說的什麼」？她娘就操搭她，不許她說話；但開了會回來，這女孩子從外邊揀了一把破鐮刀跑進門嚷着：「娘！娘！那不是姊妹團的工作是這個嗎？給你給她們送去，不就我就換水糖糕吃啦」！

主任在心里稱讚着：「這眞是乖孩子」！

除奸委員在一旁睜大了眼睛急燥地喊：

「我們：看看人家，我們開檢閱大會怎麼辦呢？連女自衛軍也不能好好地……」

「這個先不要忙」！田衙同志閃着勝利的傳道者的笑容，從容地說：「那是容易組織的，所難的是沒有開識字班，若有了識字班，那是經常集會宣傳的地方，什麼事通過她們一下子就組織起來了。現在祗好利用秋收來號召，那也是容易的。當前的問題是完成這個月的中心工作，就是募集救國公債和救國公糧的工作，在檢閱大會上主要的還是工作總結呢」！

「呀」！除奸委員張着嘴，一動不動地望着田衙同志的臉。

「募集的工作，我已和你講過，可眞困難啦」！主任低下頭喏喏地說着。

「不，我們今天下午就要做起哪」！田衙同志的手抓着胸前的那段鉛筆用力地敲着說：「我們一定要做出個樣，祇要我們能完成這件工作，在檢閱大會上他們男自衛軍也不一定搶在前頭」。

「他們，他們可眞糟透啦」！宣傳委員輕蔑地譏笑着。

田衙同志的視線在宣傳委員的面孔上注視了一會，然後接着說。「不管他們，祇要我們的工作好，我們還可以用工作來爭取工作，比如現在我們不能開識字班，將來我們一定能開識字班」。

「下午怎麼開始呢」？主任不安地問。

「先從邱老太太家里開始，祇要她肯領着頭捐。她是沒有問題的，我已經認她做乾娘了，下午就從我乾娘那兒開始」。

她們在飯後出發了•田衙同志在路上說今天下午能够八九完成這件工作，於是主任在心里算起來這一筆龐大的數目。宣傳委員手里拿着一叠募捐冊，不知在向除奸委員咕嚕些什麼？組織委員今天的神色很奇怪，一時搶在前頭要說話的樣子，一時又落在後頭。田衙同志雖然時時注意她，但裝着不理睬。

邱老太太由窗眼裏望見她們走進大門就拍打着身上的塵土迎出來。她滿面春風地笑着，一把攫住了田衙同志的手說：

「哎喲！我乾女兒來啦，我正盼着你呢」！她馬上又對大家說：「你們看吧！這張小嘴可眞會說，一上午就把我這老心說開了竅，我知道你們幹啥來啦」！

田衙同志假著邱老太太立着，她已變得同小娃娃一樣了。主任蹩起一根手指點劃着邱老太太說：

「你這老鬼猜得對，你說你捐多少吧」！

「我這老鬼一定比你捐得多，給我寫上十七担麥子，還算是夥上的，你看怎樣」？

宣傳委員提緊攤募捐册，不禁迭聲地說：「老太太眞是頭一份」！

「乾娘你捐了救國公糧，還有救國公債呢？你得多捐一點起模範作用呀」！田衙同志嬌嗔地像鼓勵媽媽拿錢買心愛的玩具似地。

「你這個傻丫頭，你急什麼，我還沒說完呢！我有七十五元體巳，我捐了牠，你看好不好」？

組織委員聽說是七十五元吃驚了，她被這種幾乎不敢相信的順利的工作軟了心腸，她擠過來看着宣傳委員在募捐册上劃着又粗又黑的字，歡欣地對除奸委員說：

「都像老太太還愁不能完成」？

除了田衙同志，都驚奇這意外的成功，她們從心眼里敬仰邱老太太的爽快，感動地稱讚着，感謝着。

當她們起身要走，邱老太大一擺頭髮說：

「走，我也去，我領你們捐去」？

她領到她的親戚家里，她領到她的同伴的家里，她又領到她認爲說話有力的家里，她向她們重複着田衙同志說給她聽的話！她說得就像這些話是由她腦子里想出來的。最後她引出自己做例子：

你看我，十七担麥子，你再捐點；我還捐了七十五元體巳，你也捐了吧！爲國爲民，不捐錢打日本，日本鬼子來了殺了人燒了房子，半個錢皮也剩不下啦」！

太陽落山的時候，田衙同志已跑得筋疲力竭，她們要轉去了。主任估計着今天募集的數目已經超過了全村規定的數目，於是田衙同志帶着單是婦救會來完成這件工作的空前勝利的誇耀的心情，斷定了齊王莊要在檢閱大會上得到第一。她如此愉快地同她們分了手，她今天還要回到區里去。

她迎着燃燒着的夕陽走出了村子，灰色的靄氣由遠處的樹林上面升起，歸鳥穿過薄暮的天空囀叫着。她彈動着脚跟，幾乎在跳躍着走路。她的心葉充滿了她的胸腔似地搏動着，似乎在那里奏着愉快輕鬆的音樂。忽然她的耳膜嘶鳴起來，有誰在遠處喊叫。

她停住了脚步，在她背後響着急促的脚步聲，等組織委員急喘地站在她面前的時候，她已猜中了一大半了。

組織委員用那跳動的視線在她臉上一轉，急快地低下頭去喃喃地說：

「我今天早就想對你說……我不配同你們在一起，我什麼也不是，現在我才明白你們是爲了別人，眞心眞意地爲了別人做了許多工作，我反對過你們，我是一個小人……還有，你聽說了吧！我虐待兒媳婦，你今天早晨說過，女人更不能壓殖別人，我簡直是個罪人……」

她緊緊地扭着自己的衣襟不擲了。田衙同志把手放在她的肩上輕微地搖撼着：

「我們很早就希望你能幫忙工作，你是一個有能力的人，我早就知道你兒子也參加了抗日部隊，我們我們將來好好地在一塊，大家都是爲了救國，我們不分什麼，誰有能力誰就多做一些，將來我們還希望你的兒媳也來工作呢！不要難過，好好地計劃工作，組織慰勞團，勞作團，一個組織委員的工作多着呢！我走啦，等再慢慢地談」。

田衙同志匆匆地走開了，一邊走還一邊回頭向她擺手，不久，她就被高深的樹叢遮住了；但組織委員還是怔怔地站在那里。

（註一）背，即不好的意思。

（三）

人們已經忘記了這秋高氣爽的時節，整天被縣里傳來的敵人最近的軍事行動，我方的堅壁清野的情形騷動着。在齊王莊里面也連綿不絕地發生了一些事件：騷動一時的婦救會的募集工作的完成哪！婦救會空前的離婚事件哪！村人們不關心堅壁清野，也沒有人談如何準備檢閱大會，可是爲了那件離婚案件如同被人搗痛了雞眼似地號叫着。

婦救會已經在他們面前顯示出了眞實的力量，直接威脅着每個感到不安的人。

婦救會這次以離婚案件建立了牠的團結的核心，婦救會在每個婦女面前無言地却是那麼有力地劃出了共同的利害線，並且引導着每個自覺的婦女跨過這條線站在一起了。她們和男人們之間的關係並不是無原則的對立，在她們覺得唯有如此團結才能够消滅一切對立的惡勢力。

主任終日就心的女自衞軍終於在新的條件下組織起來了。她們接受了田衞同志的意見，因爲女人們不大出門，認識人少，所以每五人一組，這一點是異於男自衞軍的。並且每個崗位成立一個分隊，並不限定固定人數。齊王莊一共組織了三十個分隊，這里面包括了跨過利害線的婦女一百五十人。她們開始放哨了，每半天換班一次。爲了檢閱，她們每一分隊還經常舉行操練。

戰爭的空氣濃重地瀰漫起來，縣里對於各村實行堅壁淸野的通知也已送到齊王莊來了。村公所雖然遵照着指示成立了堅壁淸野委員會；但至今還不會邀婦救會參加。另一方面婦救會因爲接到了區委田衞同志對於九月份中心工作的指示信，大家對於因戰爭的需要擴大部隊的工作展開了熱烈的討論。信上着重地提出來：

「男人們上戰場是男人們的光榮，我們女人家勸自己的男人上戰場是我們女人家的光榮」。

宣傳委員在討論會上冗長地發表她的意見說：

「我們一定要完成這件工作，我們怎麼完成了募集工作我們還要怎麼完成擴大部隊的工作。前方一天天地在打仗，在流血，在犧牲，我們才能這末安穩地活着，各人種各人的莊稼；但是我們的抗日部隊流血犧牲完了怎麼辦呢？這就依賴我們去補充，我們有一個力量出一個力量，有兩個力量出兩個力量，我們發動所有的人上前線，保衞我們的家鄉，保衞了我們的家鄉之後，才能收復一切失地……」

「是呀！有的女人不放自已的男人，以爲守在身邊好：但是每個男人若是都守在女人的身邊還有誰和鬼子拚呵」！主任有力地下了結語。

從這個討論會之後，擴大部隊的工作在宣傳中傳播開了。到處聽見有人在說：

「擴大部隊啦」！

「當抗日軍人啦」！

「說的對，我第一個叫我男人去」！扁嘴二嫂拍着孩子的腦頂興奮地叫。

「你想當官太太哪」！楊麻子呲着牙譏諷着。

「中國不都是楊麻子，若都是楊麻子早亡國啦」！另一個反撑着。

「張茂全也去啦！你呢」？

「我也去，可是你呢？一塊吧」！

「老子若願意當兵，前五年就做官啦」！

「你等着做日本官吧！沒出息的」。女人們駡他。

在中心小學門前的白粉壁牆上，貼着一塊四尺見方的黑灰，每天在這上面用白筆寫着時事新聞，老人們不顧早晚地站在前面扶着花鏡朗讀着，談論着。

「鬼子往望都調兵，可禁不住我們去抄牠的後路」。

「抄哪里」？情急的人打聽着。

「還不見那上面寫着，我們去打保定去了，那里儘是僞軍，好幾千的僞軍……」

「僞軍還不是我們人嗎」？

「都是我們自已人，××軍可厲害，喊起口號保打勝仗」。

齊王莊空前未有地翻動着，一方面傳說着敵軍調到望都的人數，動靜，另一方面又爲我們攻打保定的消息激勵着。因此哪怕有一點點事故都會惹來一大羣人探着脖子竪起耳朵聽着。

這之間，參加部隊的十七個人出發了，這是村婦救會執行本月份中心工作的成績，主任親自把他們送到村外，並且揮着眼淚。這十七個人都是她從小就認識的小伙子！張茂全，金富春兄弟兩個，周三瞎送了他的弟弟，那天在擴大會議上自衞軍自動報名的九個，後來還有三個因爲家里不能生活也報了名，這次連王狗子也在內；但主任對這個不務正業的土棍也表示了最大的尊敬，特別囑付他道：

「去吧！多殺死幾個鬼子，家里你不用掛記，有我們，多咱打走鬼子多咱回來，唉，你們年紀輕輕的，誰都有爹娘，我就愛惦記你們，去吧！唉」。

她滿眶的老淚，一滴一滴地流着，她張大了嘴，揚着手，眼望着這些青年踏着大步走遠了。

在他們出發之後不久，優待抗日家屬委員會成立了，她們抽調了一部分募集來的救國公糧，對這些出征的家屬從事實際的慰問。兼任的婦救會主任，每天輪流着訪問：

「這幾天怎麼過活來」？

「沒啥，還不是一樣」。

但，有的就抱怨道：「我的男人替你們打鬼子，快優待我吧」！

「缺米嗎？告訴我，我晚上派人送來。眞是的，你男人打鬼子是大家的事呢」！主任苦口婆心地勸導着。

明達的鄰居往往聽不慣這套抱怨，於是開言開語地不平起來：

「優待是情，不優待是份，你替人家打鬼子，真說的好聽，人家也是替你打鬼子呀！真是什麼人都有」。

這種簡明的道理是最易說服人的，不久，這乖戾的抗日家屬便隨着明達的鄰居自動給前方將士做鞋，並且堅決地拒絕了婦救會送來的鞋面，說：

「我領了公糧就過意不去啦，做雙鞋算了什麼，我的男人也在前方呢」！

檢閱大會要到來的三天里，主任爲了寫工作總結和幾個委員們忙至深夜才歇。臘清的時候，宣傳委員寫壞了三張紙，最後不得不請中心小學的女教師來幫忙。她們看重了她們的工作成績，因爲這些都是檢閱大會中所注重的，並且也如田衛同志所說：「一切工作成績都是幫助建立工作信仰的一」。

檢閱那天是秋收中最晴爽的日子；但是田野里，場園上的女人都在中心小學的門前集合了。場子里擠滿了人羣，沸騰着從所未有的歡樂的騷音。梳螞蟻纘的規謹的髻子，大辮子姑娘，裹足的女人四處竄動着，十四五歲的丫頭們在人坌里跳來跳去，人們都帶着新年的喜慶的面孔互相搭着話：

「哎喲，你把嫁裝穿出來了呵」！

「你看你，還擦了粉，今天可不是趕集日」。

在對面的場子上是男自衛軍集合的地點；但那里沒有一個人，先來的幾個自衛軍反而圍住了女自P軍看熱鬧。不一會，女自衛軍站齊了隊伍，在場子上繞行了一週之後，就向十五里路的鎮上出發了。在她們身後，村副田共昌正來在集合地諞豎起了路腮鬍子向自P軍隊長罵着，喊着各處找人，快點站隊。

在半路上，男自衛軍趕上了她們；但她們自顧往前走，彷彿不屑與他們爲伍似的。在快要進鎮子的時候，村副離開了那個若無其事的，又像是永久沉醉不醒的村長，跑來和主任並肩走着；然後他轉過臉笑着說：

「主任，進鎮子的時候，讓男自衛軍先走；你們跟在男自衛軍的後面」。

「男自衛軍不好跟在女自P軍的後面嗎」？

「還是規矩呀」！

「什麼規矩？我不懂這是什麼規矩」！主任峻然地拒絕了。

這時女自衛軍的步子走得更加整齊，好像故意在村副面前示威。就是這樣的村副同主任並着肩默默無語，男自衛軍站在女自衛軍的後面一同走進了會場。

會場上正升騰着萬種歌聲，義勇軍進行曲呀，送郎上前線呀，沉入谷底似的低音和騰入雲霄的女高音混在一起轟鳴着。縣長穿着一身破嗶嘰制服，在檢閱台上左左右右地望着。他現在是個挎盒子砲的武裝縣長；但是誰也曉得他在事變前還祇是一個斯文的大學生。他是全縣民衆所愛戴的，他的隱皺的眉頭也正在爲他的選民担憂，彷彿他已遠遠地望見了望都的敵人。但是現在在他眼前的是萬顆蠢動的人頭，這是由各鄉集攏來準備聽取呼喚的抗日後備軍。他們整個的心房在跳動，寬大的心胸在吐着雄渾的吼聲。

齊王莊的男女自衛軍已經消逝在這個人海里了。遍處豎起了紅纓槍，在人頭上面罩起了一片灰霧，再也找不出哪個是齊王莊的女自衛軍；但村副的女兒田秀英立刻察出了自已與大家不同的地方，她扯着主任的袖子急着喊：

「主任，咱們真丟臉，一個歌子不會唱」。

「不要緊呀，咱們回去練習」。

「誰教呀」？田秀英不相信似地噘起嘴來。

「你叫你爸爸借房子開識字班，識字班上什麼都學，知道嗎」？

這時，檢閱台上一隻喇叭筒喊起來，於是各自衛排起隊伍來繞場一週。女自衛隊和男自衛隊參雜着，當女自衛隊經過檢閱台的時候，在檢閱台兩旁的觀衆鼓掌歡迎。齊王莊的女自衛隊人數最多，步法又最整齊。隊里人又忍不住斜眼瞟一下，看見高矮排得這麼勻，橫排又像線一樣直就更振作起來。她們大踏着步子，眼睛向前直視地走過了檢閱台，然後回到原來的位置重新坐下。

接着縣長在檢閱台上激動地揮着右臂演講了；但是底下聽不清楚，祇是零星的字眼在羣衆的頭上跳着：

「敵人進攻……加緊站崗放哨……準備實行堅壁清野……」

一陣鼓掌聲接着一陣鼓掌聲，演講的人一個連着一個，間或由台上站起一個人來領着喊口號，前面的人跟着他喊，後面的人因爲離得太遠，往往是在前面的人喊過之後再七零八洛地重複着，於是三重甚至四重的同樣的喊聲在會場上像波浪一般地起伏着。

喇叭筒又喊起了：「自由演講」。

第一個上台的是齊王莊婦救會的主任，她三步併着兩步地由人羣里擠出去，一邊擠一邊嘴里嚷着：「我講！我講」！於是大家讓開了一條甬道。她爬上台去彷彿喘息了半天才對台下作了一個揖，因此引起了台下的轟笑。但她的尖利的話聲刺破了轟笑響起來：

「……男人們在前線上打仗，我們娘兒們也得在後方組織起來，組織起來幹什麼呀？我們給前方將士做一雙鞋襪也算是打了鬼子……前方將士光着脚拚命，我們做雙鞋襪算了什麼呀！人家也是爹娘養的，我就願意疼他們……我們村里也有除奸委員，她抓了一個大漢奸，縣里都知道……我們也募集救國公債，我們的成績縣里也知道，他誇獎我們，說我們是頭一份……誰不拿救國公債誰就是漢奸，沒有的也拿不着，你沒有錢，縣里也不派你，派你多少，我說派了就拿，別叫縣長担憂啦……」

掌聲像雨點一般響着，台下湧伏着潮水般的低吼，還不等掌聲停止，第二個自由演講的人已站在台上了，那是齊王莊的除奸委員。有誰在台下喊起來：

「就是她抓了一個漢奸」！

台下立刻又響起了掌聲。她一時手足無措，兩隻小脚在台上前後的蹬着像給掌聲打拍子。她因爲看見主任作揖不時派，所以她行了一個深深的鞠躬禮，然後說：

「我不會說話「我祇會順口胡嘞嘞，我現在就嘞嘞幾句大家聽」！

她咳嗽了一下，提高了嗓門唱起來：

「我們姐兒三，

大姐不能說，

二姐不能言，

賸下我老三抓漢奸」。

在四起的掌聲中有人叫着：

「再來一個」！

她嚥了一口唾沫，心眼兒忐忑地跳，她正在考慮着該不該再唱下去，又聽見有人叫起：

「再來一個」！

「再……」

於是她——

「撕了我的羅裙

扯了我的衫，

打的日本鬼子滿地鑽」。

台下又浮起了喧逐的喊聲，她在張皇中蹓下台來。

大會又繼續了一個鐘頭，到處鼓動着掌聲和歡聲呼。

在縣長總結各自衛軍的成績的時候，說到齊王莊的募集工作第一，女自衛軍的精神第一，這又博得了全塲的鼓掌和注視。

齊王莊女自衛軍在歸途中仍然走在前面，村副田其昌雖然還同主任並肩走着；但他們穿着那挑在排頭的紅綢子獎旗都默默不語，這時在他倆心中引起了兩種不同的感覺。村長在一旁嘘着睡眼喃喃地說：

「想不到齊王莊也能第一」！

「還不是努力工作的成績，今天若是齊王莊能唱我個歌于還能弄個第一呢」．主任望着落日懶洋洋地說着，隨後她瞟了村副一眼乘機說到：「若學歌子，祇有開識字班」！

「好說，好說，明天就開」：村副的胳腮鬍子翹開了他的笑容。

（四）

「人不說不知，木不鑽不透呀」！主任好學地夾着一塊石板坐在田秀英的旁邊。田秀英在識字班上是第一個報名的，在她那幼小的心靈里渴望着能够在班下練習唱歌。主任一面照着田秀英的石板上寫字一邊說：

「看人家田衛同志，能說能寫，我們每個人都像她就成啦」。

在擠滿了的人堆里來回鑽動着十來個中心小學的小學生，這里在實行着「小先生制」，這許多小先生就是來幫助她們學習的。台上站着中心小學的女教師，她是田衛同志的先後同學，她對婦救會始終抱着同情，這次識字班也是她盡了不少力量才得以開辦的。

開始因爲報名過多，計劃中的房舍又不敷用了，後來村副田其昌在他女兒的慫恿之下借出了這臨塲園的五間瓦房。識字班隔天一上課，半小時識字半小時政治。

主任平心靜氣地伏在石板上，在跟着田秀英寫那個主義的義字，她擦了一遍又寫一遍，最後她拉長了那一鈎，偏着頭端詳着，嘆了一口氣說：「眞是越寫越不像……」於是她又在寫第三遍了。

角落上有人醒着鼻涕，姑娘們的嘿嘿的笑聲永不停止，帶來的孩子在和母親厮纒，爭着石板來寫字。在窗外擠滿了人頭，一個個男人的樸實的面孔似乎也在心中默念着打倒日本帝國主義這幾個字。和村副相好的趙寶英也擠在裏面，她那一雙虎牙向外支着，她仍在惡意地笑着。她不再明目張胆地反對識字班；但她也不來參加，祗會酸笑。

田秀英在休息時嚷起來：「唱歌呀！先生」！

所有的人放下石板附合着：「對呀，練習唱幾個歌下次開大會好唱」！

有人提議唱義勇軍進行曲，因爲大家對這個歌子還會一點，於是「起來……」的歌聲穿過窗櫺向原野飄蕩去，掩住了一切秋收中的山歌。

不知什麼時候田衛同志來了，她彷彿趕過一段路，面孔紅撲撲的，她在不聲不響地蹲在人叢里跟着唱起來；但是她是躲不住的，有人告訴了主任，主任慌忙地站起來歡迎她了。田衛同志走到每個抱孩子的母親面前慰問着，她的微笑使每個母親都和她親熱起來，她向田秀英問長問短的，又轉向一個帶辮子的姑娘問着：

「叫什麼名字呀」？

姑娘嬌羞地笑着問她：「我們名字不好聽，你給我起一個吧」！

主任告訴田衛同志，這姑娘叫王美玉，我年前會讀過小學。這姑娘一直地用一雙羞怯的眼睛大胆地望着田衛同志，於是她順口說：

「那末你叫王愛國好不好」？

這時圍來的人羣紛紛地嚷着：

「給我也起一個吧」！

「我叫了一輩子小狗子媽，我也要一個名字」。

田衛同志來回閃動着笑臉，她如同分發糖菓似地向每個人擲去她所想到的名字：

「奮鬥好不好，就是奮鬥到底的那個奮鬥」！

「你叫勝利吧」！

「好，你叫全民」！

每個名字都被念響起來，越念越糯，如同眞的嚼着糖菓。

忽然邱老太太踱過來說：

「也給我這個老婆子起一個吧」！

田衛同志見是邱老太太，驚奇地問：

「乾娘什麼時候來的呀」？

「我早就來啦」！

「你也來學習嗎」？

「我怎麼？至少我多看這些年怪的兩眼，我心眼里也喜」。

接着她告訴田衛同志，她把小兒子縣送到政府去了，她說：

「我捨不得她去當兵，到縣政府里當個勤務員也算做了救亡工作」。

她的枯澀的兩眼擠着眼淚，但她又是這麼稱心地笑着。

大家爲了尊敬田衛同志和邱老太太的談話都散開了，田衛同志也就陪着邱老太太走出來。

主任和幾個委員們都集聚在婦救會，她們希冀着田衛同志帶來新消息。

田衛同志最初檢査她們擴大部隊的工作，規定的數目是二十個；但已完成的祗有十七個，議論了半天，主任自告奮勇地要自己的兒子去參加隊伍，同時她還保證自己的兒子一定可以再約兩個同伴同去，隨後田衛同志傳達着下個月的中心工作。

下個月的中心工作是歸隊工作，據田衛同志的解釋，就是把開小差的再送回部隊去。這里第一要先做調査，因爲開小差的往往不露聲色地躲起來，唯有知道了誰開了小差，才好勸誰歸隊。第二步：就是慢慢地說服幫助他們解决困難問題，在說服工作之中最有力的手段是開歡送會，既開了歡送會，他不願意歸隊也得歸隊；既歸了隊，管保下次不再好意思開小差了。

當田衛同志說到一一五師騎兵營開來了的時候，大家一致地爲這件消息鼓舞起來。關於騎兵營在民間傳說着天兵天將的做事。從前騎兵營在這一帶也駐紮過；可是他們忽而調到這里，忽而調到那里，大家是多麼希望騎兵營能够永久在這里住下去呀！這完縣就是騎兵營由鬼子手里打下來的，那時老百姓站在山頭上第一次看見中國軍隊和鬼子火拚，而且打得這麼痛快，於是大家喊起來：「送大米去，給騎兵營吃大米」！留下來的小米祗好給自衛隊吃，因爲他們覺得騎兵營自然和自衛隊不同。

「盼着盼着的騎兵營倒底來啦」！田衛同志眉開眼笑地說：「平常我們請都請不來，這回可來啦！昨晚他們摸了一次唐縣城，我們應當慰勞慰勞他們，一區已經募集了茄子，黃瓜，豆角，二區募的是葡萄，我們三區怎辦呢」？

「你說三區有什麼呢」？主任毫無把握地說：

「三區什麼土產也沒有，叫我們送什麼呢」？

「沒有土產也可以想到的辦法呀！大家開個會。沒有土產還不會捐錢，捐了錢買什麼都行，襪子手巾啦，柿子餅干啦」！

主任點着頭，她同意田衛同志的指示，並且她還担負起了明天協商鄰村進行這件工作的任務。

各委員回家吃午飯去了，主任便留田衛同志吃過飯再同去。

田衛同志歸去的時候，在路上，見了組織委員慌慌張張地跑來，田衛同志攔住她問：

「什麼事呢，組織委員」！

「噯！田衛同志呀，這回我可丟人啦，你看你剛說過歸隊工作……」

「倒底怎麼」？

「我兒子開小差回來啦！我回去吃飯看見他，噯！我不是內面腦勺的人，我有臉，他開了小差還可怎麼叫我見人呢」！

「不要緊」！田衛同志安慰着她：「他開了小差我們正好勸他歸隊」。

「是咧！我一見他就問他怎麼的啦？他說：『我回來看看娘怎麼過活的』？他說他老放心不下，我的光景不甜也不能餓死呀：還用他操什麼心，就是餓死我這老骨子，算是老死又有什麼。他走的時候，我就囑付他『你去啦人小經驗少，大人叫你騎馬你就騎馬，大人叫你揹槍你就揹槍，好好地幹，可別走時那麼高，回來那麼矬呀』！你看他跑回來啦！我罵了他半天，我說：『你簡直不叫我端飯盌，你若安心孝順我就快滾回去』！我看他能回去的，實在不回去，我預備獻送會撤送他……」

組織委員一連串地說着，嘴角上濺着白沫子，紅脖子發出了一根根青筋。她最後一邊說着：「我要急瘋啦」！一邊要坐下去；但田衛同志拉住了她，溫和地對她說：

「不要這末急，我跟你去看看」。

她倆順着村道走去了。

第二天一早，主任遵照着區委田衛同志的指示到鄰村去了。她在村邊上遇着了王愛國和孫二嫂正在站崗。

孫二嫂才二十多歲，手里拿着一個鞋底做活。從前祗有老婆子才來站崗的時候，祗會拿着紅纓槍筆挺挺地立着，現在什麼都不同了，凡是肯來站崗的年輕小媳婦們，從不肯浪費時間，不是拿鞋底子做活，就是守着紡車紡線。像再年輕一點的，從開了識字班之後都不拿着書本子在讀。今天王愛國夾着一塊石板，她遇見過路人先叫他教一個字，然後再查路條讓他過去。王愛國這名字就是那天田衛同志在識字班上替她起的，她今年才十七歲，兩腮肥嘟嘟的，中間夾着一個像用麵團做的小鼻子。她是齊王莊的又聰明又伶俐的可愛的丫頭。

主任走過來，老遠就招起手來喊：

「是你們倆呀！辛苦啦」！

「不哪！主任上哪去呀」！

「我上前一個村去，這幾天騎兵營來啦！咱們要募點什麼去慰勞呢」！

主任走到跟前，望見了王愛國手里的石板，接過來說：

「可惜我不能教你，我可能寫幾個字，我來寫幾個你看看，看我學的怎麼樣」？

「哎喲，我可不敢考主任」！

主任在地頭上坐下了，手在石板上擇動起來。

「我耳聾眼瞎的不中用啦」！主任接着說：「跟不上你們年輕人啦！可是……那個打倒的「倒」字怎麼寫來？……哦！對啦，一撇一豎……」

主任在石板上寫了打倒日本帝國主義八個字。

這時一個騎腳踏車的小伙子由河南馳過來，他為了過河，下了車，用右臂挾着車樑蹚着水流走過來。他過了河把車子在河岸上一頓，轉着一雙鬼眼朝着王愛國儘瞧，然後呲着牙說：

「呀！大姑娘也站起崗來啦」！

王愛國別着臉走過去問：

「同志！有路條嗎」？

「路條？憑着你的臉蛋，要什麼有什麼」？

王愛國的臉蛋登時緋紅起來；但她瞪起眼珠子喝道：

「少費話，快拿出來」！

「什麼，你要什麼」？小伙子笑瞇了眼睛。

「路條！沒有路條就不得過去」！

「路條呀？路條可沒有」！

「沒有！跟我到村公所去」！

「眞够厲害的，哼，你們娘兒們偏查不了我」！

「爲什麼查不了你，是X總司令從這過我也要查，誰也破不了規矩」。

小伙子突然板起面孔，有點老羞成怒的樣子，預備跨上車走開；但王愛國手快，她已把孫二嫂手里的錐子搶過來，朝着前帶紮了幾下。

「噗——哧」！前帶撒氣啦！

小伙子連忙從車上跳下來，紅着臉咆哮着：「你要路條我給你路條，憑什麼紮我的前帶呀」！

「有路條就拿出來，沒有就跟我上村公所」。

小伙子避開了王愛國的兇猛的視線，氣嘟嘟地由懷里摸出一張條子遞過來。主任在旁邊看不過眼，對孫二嫂說：

「這種人眞是自討沒趣」！

王愛國望着走遠了的小伙子，又好笑又好氣地說：「對付這羣壞蛋就得這樣，有車子叫他騎不上去，推着走吧」！

主任這時站起來，拍着屁股上的塵土說道：「我也該走啦！還有公事呢」！

主任到前一個村去，也要涉過這條沙河的。這河沒有木橋，也沒有墊脚的石塊，淙淙的清水急轉地流着。孫三嫂在後面喊着：

「主任你不騎毛驢來怎麼過呀」！

「我能過，脫鞋過」！

「我背你過去吧」！王愛國跑過來說。

主任還自向前走着，搖着頭說：「不用　不用」！說着她在河岸上坐下了，開始不聲不響地脫下了鞋子，又脫去布襪子，等她往下纒裹脚布的時候，王愛國握着嘴驚呼起來：

「你這尖尖的小脚怎麼能過得去呢」！

主任趕緊把鞋子套在赤裸裸的脚上站起來，果敢地笑着說：

「下次可得多一雙舊鞋，穿着舊鞋過河，過了河再換上新鞋還是乾的」。

王愛國呆呆地站在那里，一直望着主任過了河，又望着主任在河那岸坐下來纒上了裹脚布套上濕鞋走去了。這在王愛國的心里投進了一塊淡紫色的影子，她爲着艱辛地待過着自己的情感興奮地打戰。但主任毫不在意地走去了。

主任正在一心一意地計劃工作，許多斷片在她眼前飛過：騎兵營開來啦！日本人要進攻完縣啦！堅壁清野啦，她最後想：

「一開火都跑光了，我們的隊伍誰來招呼呢」？

於是她決定在村子里先把老太婆們組織起來，讓她們要在村子里最後再走，專給軍隊燒飯，洗菜。並且這件工作應該派張德全家的來做，因爲從她離婚之後還沒有正式分配工作給她過。

（五）

齊王莊接到了縣里的通知之後，像臨到了緊急事變似地忙亂起來。通知上面寫了歡迎反正的冀東保安隊明確地規定着：一、屆時在公路上排隊歡迎；二、募集慰勞品；三、當晚整隊前往鎭上開歡迎大會。

「發動羣衆歡迎，顯示羣衆的組織力量，是歡迎反正弟兄們最好的禮物」。

「冀東保安隊在保定反正，這就是我們保定戰線上的勝利」。

這是田衡同志用三個十字寫來的指示信上面的兩句話。

「四千多呵！都是明槍明刀，武裝齊全」。剛從縣里來的人傳說着。

剛由縣里回來的人也說出了冀東保安隊反正的笑話：

原來我們的政工同志同冀東保安隊接上了關係之後，雙方便議定了反正的日期。我們按照日期派去了接應部隊，還開去了一輛汽車接他們的家屬。但是我們在城外等了兩個鐘頭不見動靜，於是挨進城去，這時裏面派出一個副官來說：最好再等一兩天，原因是再等一兩天就該發薪餉了，那時拿着薪餉反正豈不更好。我們聽了這個消息祗好叫司號員在城牆上吹撤退號，於是出了城轉來了。但是他們還不幸領到薪餉，日軍司令部忽然來電調他們回北平整頓，他們知道已走漏了風聲，不得不在第二天夜晚退出保定。他們退出城正遇到由北平開來的鐵甲列車，他們整整激戰了一夜，直到第二天拂曉冀東保安隊才退出戰鬥。

村副田共昌爲了這個通知來找主任商量怎樣募集慰勞品，主任攤開手掌表示沒有辦法。

「怎麼能來得及，剛剛是今天早晨的事……」

「但是也得弄呀！這是大事情」。村副祇顧這麼說，他也想不出主意來。

「我看」，主任想了半天說：「慰勞騎兵營的可以先拿來用一下，好在騎兵營是自家人，晚一點沒有關係」。

「眞是你會想主意，就這麼辦」！村副同意地點着頭，並且他第一次對主任表示了聽取意見的忠懇的態度。

正午，各處響起了哨子，人們都向公路上擁去，歡迎的紙旗到處飛揚，平地上騰起了海嘯一般的嘈聲。男自衛隊，女自衛隊，少先隊，兒童團，此外，那些從來沒有站過隊的老太太和老頭子也另外站了一隊。隊伍在公路兩旁豎立着，像兩堵矮牆似的。他們面對着面，專等反正的隊伍由中間通過。他們東面與前村的隊伍接上了，西面與後村的隊伍接上了，望不盡的人影子順着公路延長起來。

在柳樹底下留着空隙放了一張八仙桌子，上面放着茶壺和茶碗，這是預備給反正的弟兄們解渴的。桌子旁邊放了八担慰勞品，每担慰勞品的前面站着了一個年輕的小伙子，這些人是爲了在隊伍過去之後跟着送慰勞品的。

秋陽高掛着，空中沒有一片雲影，草叢里的蟈蟈不顧一切地高鳴着，人們在汗水淋漓地等待着。

遠遠地飄起了塵土，在塵土之中亮着槍刺，那是他們企盼着的黃衣戰士（註）走來了呵！人們掉轉頭望去，老太婆們拭乾了眼角想使眼睛再明亮一些。嘈雜聲靜下去了，似乎聽得清楚隊伍的脚步聲了。他們漸漸走近了，歡迎號吹起了，歌聲飄起了，紙旗簌簌地搖動起了，一排排緊張而嚴肅的面孔閃過去，一刻也不停止地前進着。

主任的胸脯高亢地跳起，她喃喃地說：「坐下來談談吧！看這些年都遭了些什麼苦難」。

「帽遮那末耀眼呵」！有的悄悄地對隣人說。

「看他們穿的什麼衣服，黃呢子的嗎」？

「全是好槍，嶄新的呀」！

一個官長模樣的人落後了幾步同村長交談了幾句，接着向村長行了一個舉手禮又匆匆地大踏步走去了，似乎他在代表四千個戰士致謝意。隊伍的後面跟着五輛卡車，上面坐滿了大大小小的婦女和孩子。他們在八仙桌子前面停下來，有人給他們遞上茶水。一個老太太眼盯着田秀英問：

「多俊氣的小姑娘，幾歲啦」？

「十六歲，我是少先隊的隊員哩，每天站崗放哨」。

主任走過來召呼着：

「辛苦啦」！

「哪里」！

「你是東北人吧？聽口音……」

「對啦」？

車又開動了。

「在卡車的後面跟着一長串慰勞担子，齊王莊的跟在最後。誰曉得將來跟在齊王莊後面的還有多少担？

」！

散隊的時候各個隊長通知着：晚上早一點吃飯，聽哨子集合去歡迎大會。楊麻子跑過來悄悄地對主任說男自衛隊今晚要全揹獎久，於是主任在通知女自衛隊的時候，附加了一句：「晚上開會一律揹火鏈」。

歡迎大會是在檢閱自衛軍的鎭上舉行的。台上燃起了兩盞汽油燈，明晃晃地照着像兩隻大眼睛。這反正的冀東保安隊已改了徽號叫游擊軍了。這時他們全坐在台下，每人懷里抱着一枝大槍，面孔通紅地笑着，談着，他們剛緊過餐。但也有的驚異地瞪起眼睛張望着，有的又像是憂鬱地想起了家事。他們五角帽花在汽燈底下像是第一次看見了世界似的，閃着快樂的光芒。

通會場的大道上，隊伍唱着歌絡繹不絕地向這里走來。田衛同志今天她來了，她在領導着齊王莊的女自衛軍唱歌，她特別顯得興奮，她那兩隻眼睛閃得比那兩盞汽燈還亮。她特別囑付王愛國，要她今天晚上上台演講。但是王愛國不肯，她說：

「我還沒見過大姑娘上台演講哪」！

「你打衝鋒哪！什麼事都得齊王莊先出頭」。王愛國執拗不過，這才點了頭。她不再唱歌了，她在準備她的演講詞。除此之外，田秀英今天也參加了一項游藝節目，表演松花江獨唱。田衛同志已經陪着田秀英跳跳蹦蹦地到後台去了。

台上除了縣長之外，還有軍分區的司令員，還有那個今天同齊王莊的村長交談過的游擊軍的首長。在開會之後，他是第一個講話的，他的聲音粗而且啞，一口山東口音。他報告着他們反正的經過，他說他們這第三縱隊在七七事變的時候就預備同一二縱隊共同反正的；但是中央的電報要他們按兵不動，而這封電報落在了三縱隊的手里，要當時因爲一二三縱隊駐防地不在一起，無法傳遞這封電報，所以一二縱隊在約定的時間反正了。他們一二縱隊拖着殷汝耕奔向北平；但他們到了北平的時候，宋哲元已經退到保定，於是他們在敵機的轟炸下又奔向保定。至於第三縱隊一直敷衍到現在，才在保定與××軍接上了關係。他說他來到這里像回了老家，不論見着老的小的都像看見了自家的親人一樣。他代表四千個戰士向歡迎的羣衆和慰勞品致謝意。

王愛國的演講的時間終於到了，她的碩長的身影在台上出現之後，立刻引起了游擊戰士們的熱烈歡呼和鼓掌。她穿着一身淺藍色的衣服，一雙烏黑的大眼睛在汽燈底下不慣地擠着。她感到十分侷促和不安，她幾乎不相信喊出來的是自己的聲音。她向着台下說：

「我是齊王莊的，我代表西三區的羣衆歡迎我們游擊軍的弟兄們。方才那位首長說是回到老家來啦，我們也覺得是我們自己的父兄出外了多年，今天才找到家回來啦！可是他們回來一看，日本鬼子正欺負咱們，所以一齊掄起拳頭就把鬼子趕跑啦！從此我們過着太平日子，我要說的完啦」！

她好像剛上台似地，雖然梳着辮子沒戴軍帽；可是她舉起手來行了一個舉手禮。她不慣於行舉手禮，她更不慣於作揖或是鞠躬。這時台下的鼓掌聲掩住了一切，祗見游擊軍的五角帽花亂動着。王愛國走下台來，沒有看見什麼，也沒有聽見什麼，心里祗顧說着：

「眞糟！偏叫我講幹什麼？自已預備好的，怎麼一上台全忘啦，一句也沒說出來」。

田衛同志領着呼起了歡迎口號，轟動的聲音，像一塊落下的叢石似的反響，震動着地面，震動着山谷，整動着整個天空。

在這永久不會消沉的喊聲里、游藝節目開始了，第一個節目是軍分區劇團的獨幕劇。台下因爲聽不見台詞，更加喊鬧着，囂張的喊聲又更把台詞壓抑下去了。

夜風吹着，繁星掛在天空。會場的四週的小販的提燈，像與星光比美似的明晃晃地閃着綠花。

田衛同志心裏掛記着田秀英的獨唱，她現跑到後台親自聽她唱一遍才放心。下一個節目就該她了。

田秀英出場的時候，台上特別掛起了一塊用紙粘貼的黑山白水的幕景。田秀英穿着一身劇團舞踏用的衣節，踏着小巧的步子走了出來。

「看哪，還是齊王莊的」！

齊王莊的人們特別伸長了脖子，爲了這個興奮的節目忘記了嚥口水。

台下突然靜寂下去，所有的視線都被吸引到台上突變的幕景上面和田秀英的幼小可愛的身影上面。

在寒冷的夜空里飄起了柔婉，哀凄的歌詞：

「我的家在東北松花江上，
那里有森林……
……
我的家在東北松花江上，
那里有我的同胞，
……」

好像汽燈忽然暗澹下去了，在台下吹起了一陣陣喟嘆的聲息。在一個角落上不知誰在問：

「喂！這個小姑娘是哪里的」？

「齊王莊，不要響，聽」！

「九一八，九一八，
從那個悲慘的時候，
……
……」

這種柔長的含有無限的哀怨的調子，挑起了觀衆的隱密的情感，像是爲一件事抑制着，而又要爲這件事爆發似的。忽然在游擊軍中響起了悲凄的嗚咽，慢慢地但又來得這末突然地爆發了有力的抑制不住的抽搭的聲音。這如同一個波浪，無邊地推湧，一霎間，所有的帽花閃動起來，都低下去了，都嗚咽着了，抽搭着了。在微寒的空中形成了一股哀泣的巨流「

「哪年？哪月？
才能夠回到我那可愛的故鄉！
……
……」

坐在主任旁邊的趙寶英也伏在主任的肩上感動地哭起來了。她眞情地哭着，她到過東北，她因此想起了她的男人，她也想起了她在村里孤苦的生活以及她參婦救會的過往的愧疚。主任抱着她的頭撫揗着說。

「這好人兒，感動啦，你感動啦」！

歌聲消逝在幕布里了，周遭可怕地寂靜着。忽然大家像經過一場惡夢似地驚醒來，由游擊軍里站出一個人揮着拳頭喊：

「誓死與完縣羣衆共存亡」！

「打回東北去」！

領着喊口號的人，映着一眶眼淚，跟着喊口號的游擊軍的弟兄們也飽含着眼淚。他們鼓張着啞喊着他們的誓願，他們的面孔在嚴肅的哀痛中表示着他們誓願的堅決。

第三個節目開始了；但遠遠的從黑黯黯的山影後面傳來了一陣陣的砲聲，這是××師騎兵營配合軍分區的部隊第二次摸唐縣城，雖然軍分區的司令員吩咐說晚會還要繼續下去；但是她可騎着馬先走了。

（註一）反正的隊伍全穿着黃呢軍服，故稱黃衣戰士。

十、十二，草稿。

站年漢（註一）

若望

（一）

在鄜縣城東七里溝的地方，有一個叫高長發的人家。高長發是一個將近六十歲的老頭兒，每天喜歡喝酒，臉老是血紅的，走起路來那股勁還像壯年漢一樣；他有一副壞脾氣：缺乏老年人的平心靜氣。不是裂着嘴笑，就愛睜着紅眼睛動氣，動氣的對手是他的一個女兒，叫做蘭兒的，其次就是他的兒媳婦。

他是一個不愛休息的人，整日裏總見他忙忙碌碌的。這天，他從山地裏看他兒子和那個「站年漢」的勞作回來，給牛棧墊上土，忽然又想起要重新過一過新收上來的米籽，恐怕會給「站年漢」偷賣了些；當發現了米籽並沒有少一點，就放心地說：

「嘿！這娃比我親生的還老實呢！」

之後，他就打發兒媳婦在門前菜地裏抹一把葱，打上兩個雞蛋做下酒菜。他自已熱上酒。

「不成，如今雞蛋漲了價，三個一毛錢了。水兒家的，給我打上一個好了。」老頭兒在鍋灶旁邊指點着兒媳婦。短鬍子的嘴嚼了幾下。

蘭兒在燒火，火的紅光把她照耀得格外美麗，飽滿的胸前，奶部已經微微的隆起了，穿着媽媽留下的衣服也蓋不住它。她的臉像一個成熟了的「柿子」，而兩頰被火燻得更加紅潤，幾綹黑頭髮飄在眼睛上，眼睛是烏黑的。因爲父親在旁邊，她是做着莊嚴的神色在沈思什麼。

她還只十七歲，可是身體發育得和嫂子一樣了。嫂子不過比她大一歲，頭髮上插着銀針，穿着粉紅色的舊布衫。她是做了三年童養媳，在去年冬底裏才「上起頭」（註二）的。哥哥喜歡她得很，在「上頭」的那天晚上，她偷聽到他們說了好些親熱的話。就是平時，哥哥從地裏回來，到灶邊還得偷偷地捏她一把，親暱得叫人撓撓。哥哥上縣裏去，有一回給嫂子捎回來一包絨線，還有一個淡籃色的洋木梳。可是給蘭兒捎回來的，一件也沒有。

當她看到哥嫂那副親暱樣子，她就拿大保子來比：大保子是一個難民，一個「站年漢」，沒娘沒爺的，雖然長得「摔尖」（意即差不多），結實，然而，他既買不起一把洋木梳子，連一根針也沒買過一回。這還不去說他了，就是他自已也算個好樣子：戴着沒了頂的氈帽，也沒錢換上一個，老是穿着一件發了霉味的爛布襖。腿肚上和胸脯上長着嚇人的毛，而眼睛陰沉得像冬天的月亮似的。

大保子是外路人，他來到七里溝的那年，正是內戰打得不可開交的年頭，大保子不知從哪兒逃到這裏，只想撈碗飯吃就成，於是爺爺看中了他；叫他做「站年工」，定下了契約，言明大保子給高長發做十二年工，可以把蘭兒許給他做媳婦。大保子初來的那年，蘭兒還只十二三歲，不過已經可以看出她是一個「出挑」的姑娘，大保子已經二十三歲，從小就給人幫工，卻從沒有能夠掙出娶媳婦的錢來：女人對於他，變成了不可捉摸的幻影，他只能用想像中的女人來滿足自已。他曾想過：「一個人活着，沒有媳婦，還是什麼日子呵！」想不到，現實的姑娘就在眼前，而且將會屬於他，於是就應承下來了。

大保子當做蘭兒未來的丈夫在她家裏住下了。那時節，蘭兒還完全不明白自已的一生，將與這個突然闖到這家裏來的陌生的客人結合在一起。不過，這陌生的外路人卻常常偷偷的看她，奇異的眼光直瞄到她蘭兒的心底裏去，使她害怕。有一次，他還下着死勁，捏蘭兒的手。

蘭兒長到十七歲了，一切都懂得了，她明白，不可知的恐懼的未來，那個外路人與自已就是嫂嫂與哥哥那樣關係，一種羞惱人的關係。

哥哥嫂嫂親暱的樣子對她那麼誘惑，又有大保子死盯住人的眼睛；而且，自已與大保子中間已經確立了一種羞惱人的關係。于是，在他的夢裏，在噴着火焰的爐灶旁邊，大保子竟變成了一個美麗而年輕的男子，在眼前出現。

可不是，千里姻緣一線牽，偏偏大保子成了自已未來的丈夫而不是別人。

自已哥哥的媳婦是在十七歲「上的頭」，而蘭兒呢？算一算，也十七了。可是父親同哥哥們仍是監視着她和大保子，不讓他們接近。他們，睡在兩個坑上，吃在兩個地方，見面時只准從眼角裏偷偷的瞄一眼。大保子從蘭兒接過飯碗來，也是被禁止的。

爸爸好幾次告誡着：「如果你在沒「上頭」之前胡攪，我會把你摔到崖下去喂狼的。」

大保子來了已經四年，還得再加八年麼？啊呀！難道要等到十七加八，等到廿五歲麼！

蘭兒的氣憤像灶裏的火一樣燃燒起來。她用羨慕的眼光瞄了嫂嫂一眼，又用忿恨和怨毒的眼看着父親。

父親就在灶邊，坐在柴捆上，掀着酒壺底子往喉嚨裏灌。喝完了，仍覺得不够滿足似的咂咂嘴。他的被酒醺醉了的眼睛觸到了蘭兒的帶着怨毒的眼光，就呵叱着：「滾開吧！該送飯到地裏去了。」

蘭兒馴服地不做聲，在內心裏却是異常不服氣的。

老頭兒灌了那壺酒以後，變得興冲冲的，晃着手裏的鉄枴杖。

本來，他也有他得意的理由：

大保子一來到七里溝，他看見他長得像牛一樣結實，像牛一樣忠實。他就看中了他，果然是個好漢子，年輕輕的，一把子好勁兒。比他兒子水娃還動彈得好，着實。

高長發家有二十多垧地，就只有一個獨子是做活的，自己又老朽了。化錢僱個長年實在僱不起，找個「站年漢」，不化一個錢，一做就做上十年八年。只是貼配一個女兒。這女兒反正是要給人家的，如果把女兒嫁了出去呢？第一，要賠嫁妝，第二，女兒出了門，就反而少了一口做活的人。倒是把女兒給了「站年漢」還合算些。

「眞是好算盤，十二年要省上千塊錢呢？咱家裏只一個獨子，可有兩個人「受苦」，（註三）他聯保上問：要壯丁也要不上。」

他知道，蘭兒爲什麼含着怨恨的眼光看他。女兒已經不小了。而且，她越長越俊（陝北讀syn）起來。本來，她是可以給一個財東人家去過好日子的，但爲着自己要好好兒過光景，却把蘭兒給了個莫來由的外路人。

高長發想想又替自已的女兒「犧惶」起來了（意即憐憫可惜），他覺得大保子那種人是不配娶他的蘭兒。蘭兒是不能給一個外路人的，應該把她嫁給一個財東；高長發就吃了沒個財東靠山的苦，聯保上欺他軟，給他今天派糧，明天派款。如果攀上個財東親家，那就什麼都可以商量了。

「我做錯了，我害了我女兒了。許了一個外路人！」他捏着烟斗作了決定：「好吧！暫且哄着大保子，在這兒幹上幾年活，讓我手頭寬些，給他些個錢，打發他走開吧！」

高長發出了門，看看打場上堆着的包穀（即玉米）籠籠，有烏鴉和麻雀在上面偷吃什麼，見到人來，就叫呱呱的飛去了。

「只是，」老頭兒的眉頭皺了起來。「靠不住哪還籠籠包穀會被聯保上今天派明天攤，攤得賸不到多少的。

這時節，他女兒已經爬上了對面的山崗，她的辮子上的紅絨線被太陽映得分外鮮明。

蘭兒爬過兩個山坡，小脚常常被小石塊戳痛，走不多遠又停了下來。從田野間穿過的兔子，那麼活活潑潑的，沒命的跑着，埋沒在雜草裏：喜鵲故意同她開玩笑似的從頭上吽喳喳的飛過啃着草的公牛和母牛舒服地搖着尾巴。一切都是快快樂樂，有生氣的；但她自已，却是天下最最苦惱的人。

遠遠的已能看到大保子和哥哥了。大保子光着的上身黑油油的，常常被金黃色的穀子淹沒，偶然從穀浪裏露出他纏着頭巾的頭，像一頭鑽出水面上來的水鴨似的。哥哥在抱着穀子往牛車上堆。那牛第一個認出是蘭兒來了，就接二連三的吼起來，表示牠熱烈的歡迎。

蘭兒看着大保子那副膨漲的筋肉，帶着一點野蠻氣的面孔，就自肚皮想：「大保子，他比咱哥哥還強。他是一個可憐的人，爲着我，白白受苦十二年。」

她在山頭上坐下了，裹着的脚脹痛得利害。大保子放下了鐮刀，走近了她，在他旁邊坐下。

因爲哥哥在旁邊，兩個人沒法子說話。

「我早晚是他的」她想，「我註定了是給他的。」

一個接連着一個的山頭，連綿地起伏着，像黃海的波濤。在這山野上，沒有爸爸可惡的眼睛，風自由的吹着，頭髮輕輕地在眼臉上舞動起來。

蘭兒用從來沒有過的大胆來瞜睨他，而且想說一句什麼話，像嫂嫂和哥哥在「圓房」那晚，她偷聽到嫂嫂對哥哥所說的那樣，可是有哥哥在旁邊，而且實在害羞得很，說不出。

大保子端起碗來，一面嘩啦嘩啦的吞咽着，一面還把眼睛看她；像是一個過分飢渴了的大孩子，把眼睛仰望着母親，希望從母親手裏得到些什麼。

她的頭巾下的水溜溜的眼睛是已經懂得什麼叫做「愛情」了。圍裙上那朵粗工的石榴花也在誘惑他。

四年來，他好比一個急躁的園丁，抱着等待瓜田裏的瓜趕快成熟的心情。他在這田裏耕耘，除草，受苦，總是爲了使得瓜快點成熟，好摘下來屬於自己，現在，却一切都如期望着的那樣，她果然長大了，照着好多次夢裏出現過的蘭兒那樣長大了。

在這四年中，他也曾勤播過，是全國團結打日本的那一年，陝北變成太太平平的。他曾想過：離開這兒吧！犯不着爲一個女人，苦他半輩子。等她長大，不知要到哪一年哩！

可是，這樣一個嬌女子，那樣美迷人；她長大了會更美，更迷人的。而自己，除掉這一個機會，恐怕再也不能享受女人和家庭的幸福了。等着吧！到那裏去都是受苦，而這裏却有一個屬於自己的女人。現在雖然還是一個澀味的柿子，可是她將來一定會給他甜味和安慰的。

他才又耐心地等下去了，一直等到現在。

蘭兒很細心的從他的碗裏檢出一條綠色的蟲子來！

不知是哥哥耍聰紋呢？還是哥哥眞的爲了去拴牲口，哥哥端着飯碗到牛車邊去了。[illegible]。大保子找着了一個缺口，把好幾年壓在心裏的話湧了出來。「已經四年了，蘭兒，啥時候我們——」他的話又被自己的戰慄阻塞住了。

我們——」下面的話是什麼呢？蘭兒能够猜得出來。臉上不自覺的漲紅着，和她辮子上的紅絨線差不多。

就在這一天晚上，大保子與蘭兒在包穀籠籠旁邊遇見；大保子忽然像野獸一樣抱住了她，親她的頭髮和眼睛。而她的嘴是被大保子的粗大的手掌按住了。

她沒有力量抗拒他，混身癱軟而且發着抖。一個男性的粗野的急促的呼吸壓着她。他身上的野草和穀穗的淸香使她暈眩過去。

他的野蠻的擁抱是那樣親熱，緊貼，他的有毛的臂膊有力的壓在她胸前，一顆心幾乎要被擠出來了。

大保子想說話，結果被狂熱的親吻代替了。他什麼也沒有說。

蘭兒從他的手裏掙扎出自己的嘴巴，痛苦地親着大保子的耳朵說：「大保子，不能的，爸爸不許的，會摔死我的。再等八年吧！」一種突然湧起的恐懼和羞恥使她從大保子的手裏掙脫出來。抹乾了臉上的淹沫印子，像受驚的小兔子一樣，跑開了。

大保子在冰冷的夜空下，抬起懊傷的頭，看看閃着同情眼光的星星，看看由自己勞動而收獲上來的滿穡的包穀，這裏面却一顆也不屬於他自己，就是屬於自己的惟一的蘭兒，也變成了一個遙遠的不可捉摸的影子。

蘭兒家的一隻花狗走近了他，很熟悉似的向他抬起了頭，服服貼貼地閃着發亮的眼，他抱着那花狗的頸子，花狗不做聲，也像蘭兒一樣順從着他，大保子把他當作自己的情人似的，說：

還有八年哩！我的好婆姨（即媳婦）！」

（二）

一九四〇年，剛過罷新年，鄜縣駐了××軍。鄉裏成立起婦聯會，工會，青救會，許多會，由老百姓選出來的鄉政府在四鄉裏成立起來了。

上頭有人來問大保子，「你是做工的嗎？」

大保子說他不是做工的，是個「站年漢。」上頭的人就把他加入工會了。

上頭有女人來問蘭兒，你加入婦女會罷！那女人就把她弄到識字班去了。

上頭的人對高長發說：「咱們這縣裏再不收苛捐雜稅了，公家的款子要大家負担，」。老頭半信半疑的回答道：「咱活了六十年了，可沒見過那樣的淸官兒。

「不是什麼淸官兒、官兒就是老百姓。」

「老百姓？不認一個『大』，哪裏成得了事？」老頭兒擺擺他的烟斗，他不能相信。

只有蘭兒却相信那女人的話，天天帶着筆和紙上識字班去，當她走出了那狹窄的窰洞，離開父親的怕人的眼光，她就變得輕鬆，和愉快了。

「女人家不學針線，却想登天，學啥字呢！天天出去亂竄亂竄的。」高長發埋怨着。

「上頭人叫我去的嘛！不去不成。識字班裏一滿（即「全是」之意）是女娃子，婆姨們。教字的是那個會說嘴的女人。說得可好。」

「也罷了。」老頭兒懷疑地搖搖頭。為了證實他女兒的話，他還親自到識字班去看看情形，認認那個會說嘴的女人和識字的婆姨們。在識字班裏，許多從沒有出過門的女人都在，連那個瞎了半隻眼的寡家寡婦也在那裏認字。幾個懷裏的孩子抓着媽媽的課本和鉛筆在哭。女先生在一個一個的教她們認字，說着道理。

老頭兒回到家裏來，誇獎着女先生：「我沒見過這等女人，會說，會寫！沒有頭髻，好一雙大腳！眞姈得。」

老頭兒從此就很放心，覺得蘭兒將來也能像女先生那樣的。蘭兒可以嫁給一個更有錢的大家：財東或者當官的。

尤其叫老頭兒高興的是，自「年時個」以來，聯保上還沒有派過一次款，那個混賬的聯保也取消了，只是鄉政府的人來調查過一次戶口，給小本牌上換上一張新的戶口表。還有一次是開的村民大會，把只有二十塊地的高老五選上了當村長。

「這種好世面，咱一輩子都沒見過。呃！咱活了六十年了。」

由於對生活的滿意，喝酒喝得更多了，不同的是，往常喝酒就要同蘭兒發脾氣，甚至用棍子打她。而現在喝了酒以後仍是笑嘻嘻的，對蘭兒說：

「蘭兒，拿過來瞧看，你學了啥字樣？」老頭兒裝做老秀才考學生的樣子，命令他女兒：

「來！唸唸看。」

蘭兒認眞地念：「民。主。自。由。日本……爸！你懂嗎？」蘭兒反過來給自已的爸爸講課了：

「啥事都由咱們老百姓辦，不讓上頭包辦，兒女的事情也由兒女自己作主，這就叫做民主，自由。」

爸爸忽然記起了那次蘭兒的含着怨恨的眼光，就反問道：

「包辦？難道說，咱包辦了你？」

蘭兒想不到爸爸會突然把自己牽連進去。心裏覺得不安起來，辨解地說：

「這是那個女先生給我教下的。」

「這樣說，那個女先生會把你帶壞了的。」

蘭兒噘着嘴，表示不能同意。

老頭兒索性就把自己的計謀說出來了：

「我知道今日，我也學着開通了呢！從小，我包辦了你，那是為了多一口人好種莊稼。今而個你長大了，你爸不能再害你了，要給你找個好婆家的。」

蘭兒的身體冷了半截，她無論如何想不到除掉大保子以外，自已又得另外許給一個男人，一個不可知的男人。

「叫你給了個外鄉人站年漢，你爹實在就誤了你。他是什麼都沒有的，他會帶着你四處要飯，把你帶到天邊，永還不回來了。」

蘭兒的眼裏淌着淚水。

由鼻涕一上一下的抽搐來代替她內心的話。老頭兒實在不懂女兒的心。女兒的心却是另外的想法：

我已經被他抱過，他還親過我的臉；我已經註定是屬於他的。原先，我爸爸就誤了我，把我給了個『站年漢，』現在我愛他了，爸爸又叫我撇開他。我不能的，大保子為我已經受了四年苦。我不能的：「好馬不備雙鞍，一女不許二男！」

「跟着大保子到那個天邊去也好！跟着他到那個好地方去，那裏是允許女人愛誰就跟誰；那裏的女子都像那個女先生一樣有學識；那裏的男人都不像大保子那樣窮酸，破爛。那裏的女人像女先生說的那樣：不靠男人，不靠父親，自已掙錢。女人同男人一樣，不裹小腳。」蘭兒幻想式的打算着。

大保子耳朵上夾着一枝紅鉛筆，怪模怪樣的走進窰裏來。

老頭兒正沒有生氣的對手，正沒有「賴婚」的藉口。見到大保子那副滿不在乎的神氣，就氣憤憤的說：

「你以為你當了什麼工會主席了。今兒開會，明兒開會，莊稼活上你一滿不動彈了。咱女兒不會給那種懶公漢的，你要當『猪嘴』，就不該回窰裏來吃開飯呀！」

大保子向來是馴服，而今，却硬了起來，便說：

「今日啥都自由了，你不用管。」

老頭兒血紅的臉變得更加血紅了，嘴裏發散着酒味，罵着：「野狗肏的，給我滾！」他揮着手杖要打，却被大保子粗大的手掌抓住了。

老頭兒氣呼呼的說：「大保子，咱女子不是你的了！你去另外找個野狗吧！」

「也好，你給我算一算四年的工錢，我就走！」

老頭兒自己知道，他手頭沒有提洋。便向一個被佇虜的將軍，失去了一切尊嚴，威力，低下了頭。沒法子的說：「算就算吧！」

大保子的希望，期待和生命的中心將失去了，已經成熟了的瓜將被旁人摘去。他苦惱的抓着他的破頭巾，使它散落下來。他在狹窄的窰洞裏兜着圈子。蘭兒把頭伏在臂彎裏哭。大保子忽然安靜地坐了下來，抱着頭想主意：

「這狠心的老漢，我不怕他的。只要蘭兒眞愛我，我是不怕他的。誰能把蘭兒從我手裏奪去呢？誰也不能，誰也做不到。給我算清了工錢也是一樣。爲了她，我已整整的受了四年苦。而老漢却想抓我的錯子反悔了。我不過是當個工會主席，——爲公家，這有什麼錯的。本來，咱們站年漢管什麼公家事！爲了這倒反傷了和氣，教老漢不認賬！不過，咱有了工會，不怕老漢不認賬！咱們還有政府和自由的民主呢！不像往年個『站年漢』沒人『看理』了！」

就在這一天晚上，大保子依着白天的約定，到打穀場上等候着蘭兒。

蘭兒帶着一顆驚怖的心來到包穀篇籠旁邊。大保子從堆着的包穀桿下鑽了出來。一抱就抱住了蘭兒。這一次蘭兒服服貼貼的把自巳的頭髮塞在他飽滿的悸動的胸前。帶着初戀的幸福的笑。壓抑在心頭的愛情和寃曲全傾吐出來：

「我『大』說，不肯給你了。」蘭兒低低的發抖的聲音。

「那老不死的，我不怕他的，他哄我在你家裏做了四年活了。……不怕你『大』了！」

「嗯，咱們女的也有婦女會，咱女的也有自由了。咱也不聽『大』的話，我要你。」

「那……咱們……提早……」大保子吞吞吐吐的懇求着。

蘭兒不作聲，夜間，她的眼睛與天空的星星一樣，顯得更亮，更迷人了。她順從着大保子。

他們倆長時的留在打場上堆着的包穀桿下。輕微的話語也聽不見了。那隻花狗繞着打場邊巡了一番，對着一顆落下的星星叫了幾聲。

突然，地上嚓嚓的響了起來，打場上掠過一個躡着腰的黑影，和那黑影一起的還伴着一點鈕扣般的火星。

原來是高長發帶着沒有熄滅的烟斗，闖進這平靜的充滿着幸福空氣的打場上來了。

大保子和蘭兒像一對嚇慌了的野雞，從包穀桿下奔開了。老頭兒發瘋一樣的追逐過去！

「野狗肏的，幹的好事！」老頭兒在地上重重的吐了一口唾沫，沒命的趕上了蘭兒。把她踩在脚下，用脚踢她，她的哭聲震動這沉默的夜。

「不聽話的，你丟了人了。我要把你摔到山崖下去的。」

大保子走開了，從脚底到牙齒不自禁的打着戰，好比溺從冰水裏爬上來的。而蘭兒悽厲的叫聲又把他召喚回來，他不能把蘭兒丟給老漢去毒打。

他猛力推開了高長發，從他的脚底下把蘭兒搶了過來，大保子把她藏在自巳的胸前，用手掩護着她的臉。

一黑夜中又添加了一個人，蘭兒的哥哥來了。他雖然同大保子很好，他們同在田裏做活已做了四年，但是他看到自己的父親受了侮辱，就抓着大保子，說：「你做了出醜的事，土匪壞子！咱們一起到衙門裏去！不能沒有個理的。」

（三）

在區署的大窰洞裏，坐着婦女會的那個會說嘴的女人；還坐着帮工二狗子，他是以工會代表的資格來的；坑上坐着區長謝麻子，他一下子交了運，只有四十塊地，老百姓給他當了這個不小的官。他剛上任還沒有兩個月，擺出一副和氣的樣子，拉高長發和蘭兒的哥哥上坑上坐。

高長發穿着新棉衣，以爲是上衙門去的，誰知區長不過是個小百姓：「我說小百姓成不了事，當眞給小百姓辦起公事來了。」

那對不要臉的大保子和蘭兒，靠近站着。只有蘭兒在父親與衆人面前，帶着羞慚的神情。

高長發帶着必勝的信心，用怨憤的眼睛掃着大保子。大保子也帶着必勝的信心，用驕傲和幸福的眼光掃着高長發。

那謝麻子問明了緣由，便問他女兒：「你們是兩相情願的嗎？」

蘭兒默默地點點頭。而那個不知恥的大保子却補充道：「倆巳經結婚了。」

「不，哪有這種兒事，契紙在這兒，你看。我只答應他要做十二年工，才給他娶婆姨的呀，昨兒個，他們，喲，不要臉的，沒有得她爸允許，就做了不要𠲎的事我活了六十了，沒見過這種事的。」

區長看了看老漢小心翼翼從荷包裏掏出來的，那張發了黃的契約，便說：「你不是已經答應你女兒給大保子的嗎？這張紙已經不合理了，已經過了時。這契約已經沒用處的了。兒倆應該是讓他們自由的。」

老頭兒得到這種意想不到的判決，他眼睛發了花，就生氣地說，「我早先倆就說老百姓辦不了公事的。你看，理到他手裏就給反了！」

區長一點不生氣，心平氣和地，握着他的手，給他裝上滿烟斗的烟。說：

「兒女的事不必太牽强，咱們年紀大的也要爲自己的兒女着想，你女兒既然跟他相好，你也答應過，立下了契約的。過錯就是他們沒得你允許就『就上了頭』。這也好說話的。」

那個會說嘴的人插話了：

「女孩子，今年倆也不小了，他們愛怎麼就怎麼吧，爸爸和母親是不能干涉的。他在你地裏已經幹了四年活了，論工錢工錢也有五六百。有五六百塊還不够娶你一個婆姨？講起理來還些化錢買婆姨啦；女子給『站年漢』啦，全是不讓行的。今日個啥都要自由。」

老漢心裏詛咒着：「衙門裏怎麼讓個嚼舌的女人來說話呢？這是什麼樣的女人呢？『自由自由』的，她就是把自由教壞了蘭兒的！」

老漢辯駁着：「誰生下的兒女，誰就得管！如果你生下孩娃不聽你的，你會怎麼呢？」

那女人連想也不想，便回答道：「我女兒要怎樣就讓她怎樣，她眞愛誰就跟誰去！」

高長發沒奈何的晃晃腦袋。他想不到世界上眞有這樣的怪女人，難怪自己的女兒被他教壞了。

這時候，那個幫工的二狗子說話了，他坐得端端正正的，生怕他不像個衙門裏辦公事的代表，他很吃力的說：

「咱主席沒錯兒，站年漢這種規矩太有點啃人。咱們工會不擁護站年漢，擁護把『站年漢』打倒！站年漢要問掌櫃的算工錢，女的相好不相好由他們自己。區長，我要說的畢了。」

二狗子爽郎的嗓音在窰洞裏打着迴旋，刺痛着高長發的耳朵。二狗子講畢了，就上上下下的瞯着蘭兒，在心底裏說：

「咱主席弄上這麼一個好婆姨，全靠咱工會呢！咱也好照樣看上一個。反正男的女的都自由了。——嘿！她眼睛滴溜溜的呢！

高長發還是不依，倔强地說：「我父親不答應，誰說也不能成！」

蘭兒的哥哥水娃說：「大！算了吧！女兒大了反正是要給人的。不要叫大家爲難了。成了他們的好事吧！大保子也是個忠厚人，而今還當了工會主席，有什麼不好的。人家在咱們屋裏受了四年苦了。」

區長做下了最後的判決，判決舊的契約取消，女的跟他相好，由他們相好去吧！從今天起，大保子該不該在高長發家做活，由他自己隨便。

老頭兒看到沒有一個人是站在他自己這邊的，不但親生的女兒背叛了自己，連水娃也說出沒正當的話。

「唉！我活了六十年了。還沒見過這種辦公事。這世道變得全不講理了。」

老頭兒捏着烟斗，區長給上的烟沒有顧得及抽，已經熄滅了。他拔着無力的脚走出區長的窰洞。土地在打轉，眼前變成漆黑一團的。只看到那一對不要臉的大保子和蘭兒帶着勝利的意味走過面前。

蘭兒又羞愧，又驕傲地對他說：

「大大！讓我自由吧！不要着氣，我扶你回去，我總是你的女！」老頭兒想舉起拐杖要打，可是手裏沒了力。只能惱着說：

「自由自由，你去自由去吧！咱已經管不住你了。」

註一：站年漢是陝北一帶存在着的一種封建性的傭工制度。有些傭工，因爲娶不起媳婦，受僱在僱主家，（大多是中農）做十年或十二年工以後，把女兒配給傭工或替他娶個媳婦。陝北叫做「站年漢。」

註二：「上起頭」是結婚的意思，童養媳與男子結婚的那天，童養媳就要綰起頭髻來。故云「上頭」，南方叫「圓房。」

註三：「受苦」是種莊稼的意思，陝西農民一般指勞動叫受苦，倒很能表現私有制社會勞動的眞義。高長發所說的不怕抽壯丁，是因爲站年漢不算在正式戶籍之內。

小靈魂

孟引

玉妹把裝滿了雜色衣服的竹籃子掛在手腕上，在房門口招呼了對面階沿上坐着做手工的蘇大姐說：

「蘇姐姐！我洗了衣服回來陪你。」

說着，她的輕捷的脚步已經踏出了小院子的大門。

坐在有些破爛的舊藤椅裏的甘大海，望望穿藍布短衫和半長布袴的，有短短黑髮的玉妹的背影，直到她的敏快的脚步在院子外面街轉角處不見了，纔回轉頭來，瞥了一下對面階沿上的蘇大姐。——她總是靜靜地坐在門邊，穿着一件褪了色的灰藍的舊旗袍。

「眞是奇怪，」甘大海想，「我在這院子裏住了半年，院子裏的人叫什麼名字都弄不清楚，玉妹剛來了幾天，誰都和她熟識了。——小孩子到底容易和人接近些。」

他回憶起了幾天以前程維新把玉妹託付給他的情景：他們坐在一家冷酒店裏，程維新已經喝完了一杯大麯，有二分酒意地叨叨嘮嘮說了許多話。他說，他非去當兵不可，只放心不下他的妹子——玉妹還不滿十四歲呢，怎麼處置纔好呢？他想去想來，只有拜託大海看照她，因爲大海是多年的老朋友。於是，他帶着酒意歎息地說，自已連看照妹妹的能力也沒有，要拜託別人，實在有些羞慚！……大海連答應了願意看照玉妹，正想說些話安慰程維新，但却聽到他接着說。

「可是，大海，請你放心好了。她決不會麻煩你好多的。她雖是個小孩子，懂得的事比有些大人還多呢。她很會照料她自已的生活，你只消……」

維新的話，沉沒在難爲情的請求物質幫助的暗示裏，沒有繼續說下去。

「不要緊，」大海說，我的收入，儘够維持兩個人的生活。」

「她一定不會麻煩你好多的。」維新重說了，「老朋友！打走了日本兵，回來再見！——再喝一杯吧！」

就在那樣寂寞的話別中，他承諾了程維新的託附，讓玉妹住在自已的地方。他把房間的後半部用篾笆稻子隔了起來。篾匠在釘紮的時候，他靠近門邊站住，漫無目的地想：「不隔起來本來也行的，可是如果她是個惹人麻煩的孩子呢？」但他記起了維新的話，覺得自已給朋友看出了是個「怕麻煩」的人，心中就發生了懊悔似的不安。這種不安，像一縷柔弱的絲纏住他，直到玉妹搬過來以後纔消除了。

玉妹很快地把她自已的床鋪好了，走到前半間屋裏，仰着頭張大了她那雙潤黑的瞳子問道：「甘先生，打篾笆稻花了好多錢？」

「爲什麼要花這多錢呢！——够買一雙好鞋子了。」

大海看見她的額上的短短的劉海和柔和明顯的黑眉，心中想，是一個清秀的口齒伶俐的孩子。他說：「不要緊，篾笆稻不會用掉的。」

「在哪裏煮飯呢？」玉妹從門口向院壩子四面看了一下。

「我是吃的包飯，從今天起，叫送飯的給我們添一份飯就行了。」

「自已煮飯要便宜些，潔淨些——我會煮飯的。」玉妹說。

「便宜不了好多。」

「麻煩甘先生太多了。所以，我想自己煮飯，可以省一些錢，往常我也煮飯的——」

大海打斷了她的話：不要說什麼『麻煩』吧！你安心住在我這裏好啦。」

就這樣，玉妹像遠飛的燕子在一個樹枝上歇下似的，在這裏住下來了。她早已沒有了家，現在她的哥哥也到了很遠的地方去，但她像旅行慣了的人一樣，到處都是她的家。每天，她把自已住的小半間房收拾得乾乾淨淨的，又幫助大海收拾他的房間。

「爲什麼你不買一束花呢，花瓶是空着的？」她在第二天和大海談話，就直爽地用「你」這樣的稱呼了。

「下了工回來，人很疲倦，什麼都忘記了。」大海說。

「怎樣疲倦也不該忘記呀！我看，你不大肯管自己的生活，好像是這樣。」

「爲什麼？」大海不明白她的意思似的說。

「哥哥不像你這樣的，」她的聲音裏帶着回想，「聽說你在廠裏的工作並不很苦？」

「管材料的工作，却是很麻煩的。」他淡淡地回答，隨卽詳細地向她解說，材料的種類很多，常常要整理，分發的時候要十分當心，如果有遺失或者讓工人工頭浪費了材料，經理在出來的時候，要照價賠償。材料室裏充滿了灰塵和霉氣，陽光並不比工作室多，在裏面住久了，人會變得發霉起來，心思也就常常是陰冷的。

她潤濕的瞳子裏閃着同情的光，豐潤的口角上飄過了一絲微笑。她說：「不管怎樣苦的生活，心裏也該有時候快活。」

大海覺得在這個雖年幼她却懂得許多事的孩子心中，藏着一些他看不大懂的東西，彷彿隨時要爆發出來似的，但是他感覺到，那種他想像的爆發決不會使人覺得可怕或者討厭。起初，他以爲玉妹是一個「天眞的孩子，」隨卽，他看出這話是不够用來斷定她的；以後，他看見玉妹接衣服來洗，憑她的一點小小氣力，也要掙工錢，於是他又常替她想到將來：「這樣的勤苦！將來她的生活會怎樣呢？——將來的事總是難得料想，算了，不要想它吧！」

玉妹招呼着同院子住的兩三家人，和他們談談，很快地和他們熟識了。在這天早上，她和對面一家的蘇大姐閒談了很久，纔回來把收到的衣服裝進竹籃子裏，動身去洗衣服。甘大海坐在舊籐椅裏，看着她們，詫訝着玉妹那樣容易和別人熟識。玉妹提起竹籃子走出門去的時候，在大海的心裏，他把她和自已比較了一下，遲疑地對自已說：「女孩子們大概是彼此和睦的。至於我們這些到了中年的人，因爲生活太苦惱了，誰也不想管誰的事，不吵架打鬧就很好了——尤其是像我這樣孤身的人；也許別的人比我好些。」

瞥了一下在對面階沿上坐着做縫工的蘇大姐，他說：「好像從來沒有聽見她大聲說過話。——哦！我也該去上工了。

他走出院子的大門，穿過兩邊有平屋小院，砌成的野蠻似的市街，像一個機械地按照命令巡視戰壕的官佐，眼光掃過兩旁的住戶人家。誰也不注意他，正如他沒有注意到誰，只有那些污暗的渣滓，血膿似的痰唾，發着酸臭的糞便，使他朦朧地想：「唉！這樣的街市是不行的！再等二十年也許會好一些。」他的眼睛觸着市街外的綠色的田地時，纔流露出一些難以見到的給清涼的水洗過的光彩。他跟着那條沿着小溪蜿蜒伸展的大路，向圍繞在一些雜色坡地間的工廠走去。

清澄的水平靜地流着的溪邊，洗衣的婦人和孩子們在石塊上洗濯衣垢。她們的衣杵落在水裏，蕩出了一層層的微波，不斷地給豐潤的溪面添加年老的皺紋，恰像在她們自已的臉上經年累月地增長着的皺紋一樣。玉妹在她們裏面，顯出是在遼遠處沒有一些兒皺紋的，青碧的一片溪水：年幼而且恬靜。她說話的聲音却在她們裏面浮了起來，像在軍樂裏面帶着尖銳的稚氣的笛聲，柔和地水波一樣地蕩漾開去。

「玉妹和那些洗衣服的婦人在一起，也是有說有笑的。」甘大海走過的時候，聽見了玉妹的聲音，這樣想着。……

洗衣的女人們正在談論市裏一個出名的錢莊老板桑紹甚的事：他新近買了一塊地皮，開始修建一座小花園的洋房；他先前本來就有錢，自從中國和日本打仗以來，他做了好幾種囤積買賣和投機的生意，錢就像菌子一樣幾天之內生了許多倍，於是他到處買地皮；地皮的價錢，將來還要高漲的，所以，他將來憑地皮還要賺錢……。

「他什麼都買的——連人也要買。」一個瘦小的女人說。

「買人？——也可以賺錢嗎？」玉妹驚想地問。

一個胖胖的，雜貨店的老板娘，用什麼事她都知道的口氣說：「買人來服侍他，享舒服。買了頭，姨太太，知道嗎？買人來賺錢！——又不是做人肉買賣。」

「人也可以買賣，」一個頭髮有些蓬亂的，帶着孩子氣的女人說，「眞不知道是什麼世道！」

「這有什麼希奇！」雜貨店的老板娘說，「有錢的買人來服侍，又不是今天纔聽見的新聞。」

玉妹不覺望望老板娘的臉，覺得她的臉上彷彿塗着一層污黃色的油膩。玉妹想：「壞事情知道得太多了！連好的話也說不成。」

「人怎樣買賣呢？不是很貴的嗎？」有人這樣的問了。

瘦小的女人說：「和買賣地皮一樣，有中人的，這樣的中人也是靠賺中錢吃飯。」她轉向玉妹：「知道嗎？你那院子裏的蘇老太婆是做這樣的中人哩！」

「該死的！這樣也叫做人！」頭髮蓬亂的女人說。

玉妹詫愕地問：「你是說蘇大姐的伯娘嗎？」

「還有哪一個蘇老太婆呢？聽說，她現在要把她的姪女賣給秦紹基——」

玉妹驚叫了：「要賣蘇大姐嗎？她立刻想起了，在這天早上，她和蘇大姐談天的時候，蘇大姐愁地談着，她想找個什麼可以做工的地方，到那裏去做工，就不再跟伯娘過活，伯娘太窮了，養不活她。……

「聽說是這樣。」瘦小的女人歎了一口氣，可憐的蘇大姐！」

蓬頭髮的女人收拾她洗好了的衣服，放進一個背兜裏，她背着向岸上的大路走去，粗暴地說：「那樣的老太婆活過做什麼！」

胖胖的老板娘望着她走去的背影：「說這些，會對誰有好處不成！」於是，她用在雜貨店裏講價錢的枯燥聲音說，「我也聽說過，蘇老太婆賣了她的姪女過後，就要走別處去了。聽說秦紹基看見過蘇大妹，瞧上了她，價錢還出得高——大概有五六百元哩。」

玉妹不愉快地接下去：「那到是買猪的價錢——人不是猪啦！」

「人比猪更不值錢啦！」胖女人世故地說。

「空話！」玉妹邊收拾她快要洗完的衣服邊說，我是說，人是不該用價錢來計算的。」

店老板開玩笑地說：「要是有人把你當猪一樣賣給別人，你會怎樣？」

「胡說！」玉妹投了帶怒的一眼，「誰敢這樣，我就打死他！——」

「打死人是犯法的啊！」店老板娘嘲弄地說，「那麼，現在蘇老太婆要賣掉她的姪女，你又會怎樣呢？」

玉妹沒有回答。極度的憎恨，說不出來的苦惱，像火燄燃燒着她的心。她覺得那樣的女人好像被她們不知道什麼樣的丈夫改變成怪物了：既不像人，也不像畜生，卻像活在汚泥坑裏的什麼蛆蟲。她也感覺到，「窮苦」這一四巨大的山，壓在了像她這樣的許多女孩子的頭上。她的哥哥臨走的時候曾經說，將來要寄錢回來的，若打死了，她可以到聯保處去領卹金。將來的事誰也不能料定，所以她也只是憑着自己的大膽過活罷了。

她把洗好了的衣服，放進籃子裏，向回家的路上走去。

走着，她的惱裏浮起了一個問話：蘇大姐會怎樣呢？她猜想，推論，並且作出各種的答案了：蘇大姐大概在幾天以前就知道自己的消息了，她也許哭過，以後呢，大概和玉妹所見過的許多別的人一樣，聽憑別人怎樣擺佈，忍耐地活下去，誰也不幫助她。

於是，不禁懊惱地：「眞是，我替她想想，又會怎樣呢？」

她在回到市街去的大路上走着，暮春的溫暖的陽光包圍着她，在四面的田地裏蒸發出一種浮動的香氣，像要把她從地面上浮了起來。蔚藍的天，寨布似的懸在她前面。她仰望玻璃般透明的天，心裏漸漸舒緩，回憶起她更年幼的時候跟着哥哥在市郊的一些地方做出大胆的調脾和冒險：把從別處來侵犯她們的玩童趕走；嘲笑並且作弄那個守菓園老人——他對待想走進菓園偷菓子或玩耍的孩子們，非常嚴厲，有時候惡毒地打他們；點燃鞭炮投進那個很威武的警察所站立的「鴿籠」裏；在房東公館的外面，高聲地唱挖苦房東老爺和太太的小歌曲——那房東曾經惡狠狠地向他們的母親追索房租，……有次，她的哥哥鬧頭，她就同情地幫助他。那時候他們的母親還沒有死，她有時候知道了他們所做的事，祇輕微地歎着說：「該死的小鬼！死了也會把閻王的頭揪下來嗎？」

可是他們早已沒有母親了，玉妹自己也像大人一樣單獨地在世界上過活了。將來，人人都不會單獨地過活吧，現在呢，世界是這樣的寂寞，她好像走着荒漠，誰也不給她指示方向，誰也不陪伴她，一切都要憑自己的聰明和勇氣去斷定似的。

「唉！」她忽然想道，「大人們也是，和孩子們一樣，有非常可惡的，有狡猾的，也有只會受氣的，……」

於是，當她走進市街的時候，她的早熟的，明銳地看清一切的小魂靈，放慢了輕快的腳步，思慮的心帶她走進她居住的小院。

時間還早，甘大海沒有回來。玉妹把洗好的衣服搭在竹竿上亮晒，地塌裏落下衣服的一條條的斜影。

嗚嗚的汽笛聲劃破了沉寂的天空。玉妹連忙跑進屋裏，收拾了一個包袱，用籃子裝了一些剛搭上竹竿的濕衣服，再到對面蘇家門前說：

「蘇姐姐！警報響了，快走吧。」

「等一等！」

蘇大姐提着一個衣服包同玉妹一道走到街上，向郊外走去。她的剛成年的胸脯，豐滿地呈現在陽光照着的上衫裏面，圓潤的微帶蒼白色的面龐，由於急促的步行和緊張，被太陽光烘出了一層淺淺的紅雲。她是沉靜的，眼睛裏常流着憂鬱的疑問，彷彿對自己說：

「怎樣活下去纔好呢？」

人羣像搬家的螞蟻似的，在市外的道路上拉成黑簇簇的一根粗線。碰到小路，他們分散走開，在地面上畫成了樹枝般展開的黑影。這黑影，隨即稀散了，沉沒在樹蔭下，溪邊，避難壕，遼遠的草地，和油綠的麥田裏。

玉妹和蘇大姐進了一叢僻靜的柏樹林裏，坐在草地上，用手巾拭着額上的汗。在四面蘑菰般的草香裏，她們做夢似的呼吸着自由的田野的空氣，一邊注意地諦聽着遠空的軋軋的飛機聲。

「蘇姐姐，」玉妹靠近了蘇大姐的身邊說，「你的伯娘今天到哪裏去了？」

得到的是冷淡的回答：「不知道。」

「聽說，」玉妹用審慎的緩慢聲調說，「她要把你賣給——」

蘇大姐的臉上起了一陣紅暈，直浸到耳根邊上，埋下了頭說：「怎樣辦纔好呢？我想找個地方去做工，但是找不着。伯娘窮得很，她很可憐。」

「我看她是個很討厭的人。」玉妹糾正地說。

「不見得——唉，我也說不清……。」蘇大姐的話是錯亂而微弱的，好像她的思想迷在一叢雜亂的荆棘裏，要掙扎出一個去路，卻給刺棘戳破碎了。她的柔和的，不曾觸過廣大世界的心靈，在這樣的話句下面微微戰慄。

停一下，她說：「她養不活我們。」她的眼眶微微潤濕了，「我不知道怎麼辦纔好。」

玉妹默默地望着地面，感到了她的那種迷惘。

「他明天要來。」蘇大姐說。

「哪個他？」

「就是那個姓秦的。」

「你怎樣辦呢？」玉妹關切地問。

「……不知道，也許——」

「你看見過他嗎？」

「看見過的——很討厭的樣子，像要進屠宰場的肥猪一樣，說起話來好像他什麼都可以買到手一樣。」

「那是有錢哪。——你不願意嗎？」

「願意？」蘇大姐望了玉妹一眼「你願意靠給別人當姨娘嗎？」

玉妹笑了。她伸手挽住蘇大姐的肩頭，靠近她說：「那麼，你打算怎麼辦呢？我可以幫你一點忙不？」

「你怎樣能幫忙呢？——我想逃。走」

「逃到哪裏去呢？」

蘇大姐悲哀地回答：「不知道！別處一個朋友也沒有。」

「那麼，不行啊！逃到別處，找工作更不容易；像你這樣的人，會碰見危險的。——況且盤川也沒有——」

突然，緊急警報的汽笛聲刺耳地響了。淒厲的尖銳的叫聲。彷彿向許多生活在不幸和苦惱裏面的人們預告着突然到來的更大的災禍，震撼着那些給不幸壓得萎縮了的貧民們。

她們靜靜地聽着，期待着。不久，轟轟的日本飛機，在遠處的市空上閃着白光，炸彈沉重地在市裏爆響，黑煙陰鬱地冒了起來，冲向天上。郊外的，四處掩蔽着的人們，雖是習慣了對於日本飛機的憤怒和對於死的恐怖，也重新在眼裏燃起憎恨和驚愕的火，盯住市裏的黑煙。

「哦！」玉妹低聲地，「炸死了許多人吧！」

「倒是炸死的好！」蘇大姐輕輕地回答。

「爲什麼還想呢？怕誰嗎？」

隨即，玉妹安慰地說：「明天我要來看看那個秦紹基是怎樣一個人——我想問問甘大海，他或者可以替你介紹做工的地方。」

……警報解除了。滿懷悲憤和疑慮的人們，流回到市裏，許多人向被炸和燃燒過的地方走去。玉妹和她的同伴回到自己的小院裏，慶幸着那裏沒有給炸掉。

甘大海回來了。一進門他就歎息地說：

「我去看了被炸的地方來——唉！慘得很！我

的心非常難過，要是他們像像這樣半死半活的過活，也許有一天都會給敵人炸死的。」

玉妹說：「沒有這樣的事，人總是想活的。」停了一下，她又說，「你知道蘇大姐的消息，也會替她難過吧——她的伯娘要把她賣了。」

「院子裏哪些人的事，我不大淸楚。」

「你怎麼不留意呢！」玉妹不愉快地駁問。

「留意有什麼用？我們的生活太苦了，所以誰都不想過問別人的事——過問也沒有益處，不能幫助別人，只給自已多添一些苦楚。」

又是執拗的語調：「爲什麼會多添一些苦楚？」

大海淩亂地說：「這個道理難得說淸楚——總之，人的心腸冷的多，有時候還非常之殘忍「刻毒。」

「難不住是這樣——爲什麼你會替那些炸死的人難過呢？」

大海沉默了。執着的，熱心地反駁的問話，像石子一樣投進他的惱裏，隨即尖利地在那裏刮磨，轉動，終於使他十分不安起來。他覺得，他是活在冷僻的角落裏，什麼都不想看，不願意看，也沒有看，自從玉妹來住在一起之後，他看到了她的年少的靈魂，無時不在自然地向四面訪問：她招呼別人，和他們談天，打聽並且明白了各樣的事情；她的清朗的帶着乳氣的聲音，隨時在他的耳邊搖着小鈴似的顫動。他感覺到玉妹隨時像要引他到光亮的大街上，指點他看各色各樣的人們。他感覺到玉妹隨時都要好奇地疑問：「爲什麼要這樣？」好像有意爲難着他孤僻的性情。他半自覺地想在回憶裏搜索一下，到底他自來就是這樣的孤僻嗎？還是在像玉妹那樣年幼的時候有過快活的日子？彷彿在一堆破瓦礫裏面尋到一個不大潔白的圓石似的，他猶豫地對自已說：「小的時候，我本來是勇敢和樂天的。」

「爲什麼會變成現在這個樣子呢？」在他心裏，好像是玉妹這樣地在問。於是，他對自己回答：「唉！生活的苦難受得太多了！失業，坐監，非人殘忍和冷酷的待遇，希望的落空，……像什麼古怪的閘板壓着，人又不是鋼打鐵鍊的，況且，年青的時候也過去了。……」

這一切思想，和六襲時候市內冒起的黑煙一樣，在很短的一頃從他心中湧了起來，隨即，他懊惱地責備自已：「爲什麼要說人是殘忍的呢？我自已或者有些殘忍吧？——心腸冷的人都有些殘忍的！也許，我該有一個家——」

但他忽然想到，應該安慰一下玉妹，他說：「玉妹！我想，將來你一定會過些好日子的。」

「怎樣會知道呢？」玉妹詫異地問，不知道他想的什麼。

「若是將來和現在一樣的壞，我們活下去就太無味了。況且你是個勇敢的女孩子。」

「將來怎樣呢？」玉妹想要完全明白他的意思。

「譬如說，我們中國打敗了日本以後，大家不該快樂的生活嗎？——」

大海的話中斷了，他不敢也不能够確定說出將來究竟怎樣。在他的心中，祇存在有對於將來的微弱的希望，這個希望在他的孤寂的黑暗裏燃着，像一個燈光在有風的窗前飄搖不定。

玉妹在尋思許多的事，把這一個人和別一個人打比，看見許多人像受了傷似的野鳥，靜靜地躺着，不再發出快活的歡笑，卻祇有呻吟和懊惱。孤寂地生活，冷淡地看待別人的人，使她感到一些痛苦。她想：「我將來會不會像他們那樣呢？見鬼！那樣怎麼能够活下去呢？」

她的思想，回到蘇大姐的身上：「要幫助她才好！」

「你能够幫蘇大姐找到工作嗎？」她問大海。

「找工作？」他搖搖頭，「女的很不容易。」

「那麼，她會給賣掉——再不然就會餓死！」

大海沈吟一下，說：「賣人買人都是犯法的事，叫她到法院去告發他們吧。」

「法院會給她錢嗎？」

「爲什麼法院要給她錢！」

「那麼，人家快餓飯了，打官司有什麼用呢？」

「看看吧，也許可以幫蘇大姐找到工作，或者介紹她——」

玉妹突然打斷他的話：「你在這裏住了這麼久，不覺得有些喜歡蘇大姐嗎？」

他不安的回答：「不——不大喜歡，我喜歡快活的女子。」

「你怎麼自已不快快活活的呢？」玉妹反問了。

大海覺得玉妹看透了他心中的暗影，他找不出回答的話，在沉默裏他不禁悔艾地想：「我眞是，像石頭一樣躺在這裏，又冰冷又呆笨！」

玉妹改變了話頭：「別人說你是個有學問的人。」

「不是，我中學還沒有畢業，爲了吃飯，就一直做事到現在了。做的事都是：拿錢少，工作多；朋友少，上司多。」

「我想你總知道很多事情。——打人是犯法的嗎？」

「當然是犯法的。——你想打誰嗎？」大海問。

「我從來沒有眞正想過要打人，不過，我想，像秦紹基這個人，該挨一頓打纔好。」

「因爲打人是犯法的，所以誰也不敢打他，也不會這樣想啦。」

「都不是說打人是犯法的事嗎？犯了法也不會挨打嗎？」

「法院知道了這件事，也許會罰他一點錢，但是決不會打他——你要知道，像秦紹基那樣的人決不會該打。除非他給土匪捉去了，土匪或者打他；有時候，强迫他寫票據，以後隨時可向他取錢。自然這不是懲罰，祇是搶錢。」

「土匪犯了法可就要挨打呢。」玉妹說。

「是嘛，有偵探專門捉拿土匪的。你聽過偵探的故事沒有？」

大海的話把玉妹引向別一方面去了。她說：

「沒有聽過。我不喜歡警察，也不喜歡偵探。哥哥說過，做偵探的都是些流氓。」

「自然——但是小說裏面有些有趣的偵探故事。」

想告訴玉妹一些罪惡世界的智識的念頭，使大海向她講起故事來了。他說：在一個縣城裏，縣長參與在一個官商合辦的公司裏・當公司虧了本倒閉的時候，他就虧吞了一筆鉅欵。這件事給一個偵探知道了。當縣長到省城去的時候，狡猾的偵探暗暗跟了去。有一夜，縣長帶了一個妓女住在旅館裏，那個偵探就突然跑了去，威嚇着要檢舉他，逼他寫了一個約據，把虧吞的欵子分一部份給那偵探。後來，另一個偵探知道這些事了，他也想找一個機會來敲詐他們一筆錢。等了許久，終於沒有那樣的機會，於是他逢人便講他們那件事，講到結末總是搖頭歎氣說：「唉！弄錢的事，我總是不行，所以總是這樣窮！」

聽了這一個偵探的話，玉妹皺了一下眉頭說：「好醜的事！那樣的話，也是人說的嗎？」

這時，她那早熟的，明銳地看清一切的小魂靈，又開始思慮過周圍的人物。她擔慮着蘇大姐，正和擔慮孤獨自已和乖僻的甘大海一樣。她的濶黑的一雙大眼子，注視着窗外的灰藍色的天。她把剛纔談話當中她所懂得的一切，編織成一個窯圖樣的形像：在這個形象的中心，是她所不會認識的秦紹基和她自已，彷彿兩個對敵的街頭孩子。她回想起更年小的時候，她的哥哥嘲弄可惡人的方法，她細心比較着那些遊戲，調脾，和現在她所想到該做的事，想要給她所想像的圓形加上一個明顯的線圈，好和什麼混淆的東西清楚分開。

「那個老板娘，還敢問把我拿去賣會怎樣！「她憤慨地想，「看一看吧，看誰怕誰！」

甘大海似乎在繼續向她說什麼，她却一句話也沒有聽見，突然地發問了：「要是我碰見那個縣長，把他拉到大街上，向大衆說他做了怎樣的壞事，讓大衆打他一頓——你想會怎麼樣？」

「那樣做嗎？——你準定會坐班房！」

「那也是犯法嗎？」

「人家也許不相信你的話，也許說你瘋了，不論怎樣，結局總會給關到監裏去。」

「眞的是那樣嗎？」

大海沉重地說：「像那樣意外大膽的事，我親眼看見過。結局呢，那個大膽的人幾乎死在牢裏！」

一種異樣的微笑，流過了玉妹的口角邊。她說：「我要那樣做一下——幫助蘇大姐對付秦紹基。」

大海發條似的從破舊籐椅上跳了起來。

「不要惹禍吧！」他說。

玉妹溫和而堅定地說：「不會惹禍的。請你放心，我並不想惹禍。」

大海茫然地看着她的臉呆了一會，玉妹靜靜地回到她的小房間去了。

大海望着玉妹的藍布短衫的背影，在破舊的籐椅內坐下，零亂的念頭在他的腦中迴繞。他也想把談到的話重想一遍，但習慣了的沉滯生活壓着他，使他祇能零亂地自問自答：「玉妹想些什麼呢？……

……大概生活越苦，就越想得多了。……這樣下去，將來怎樣呢？將來，她該和爽性的快活的人在一起才好……」

看照玉妹的責任同時鼓勵着他。他覺得，他該看得更多，該把他所知道的事仔細地重新想想，再懂得它們的意義。他想撥開工作的煩擾和生活的疲勞，清明地看着世界上的人，好像走進了一個生滿了荒草的野原，期望着前面有清楚康莊的道路。他在紛亂的不安中挨到了黃昏。晚飯時候，他和玉妹什麼話都沒有談。

過了一個多夢的夜晚，第二天，大海在照常出去上工之前，對玉妹說：「我打聽一下，看有什麼地方收女工不。」

「麻煩你！」玉妹說，「我把這話對蘇大姐說了吧。」

「不要說『麻煩』——以後不要說這樣的話。」說着，大海照往常一樣，走到街上，向市外的工廠走了去。

玉妹的心思被一種願望支配着。她已經說過要幫助蘇大姐，在她早熟的心思裏，這並不是太大膽太冒昧的負擔，正如在中國的無論哪一角落，一個不到十四歲的孩子，常常承手做一個成年人所能做的事，和我們全體的人民們負擔着生活底艱苦。……雖則許多念頭在她還沒有形成完整的思想；雖則事實上她還沒有接觸到更廣大的世界和更慈愛的人們，她也沒有多的親朋和她自已覺得可以崇拜敬愛的友伴，但她已經見過許多樣式的人了，相信着她能够分辨出哪樣是該做的事了困難來了，她的倔強的小靈魂說：要過得去，放心向好的方面做！

若是做錯了呢？」她自已反問了。

「做錯了自已擔當——決不會比別人錯得更多。」她爽快地對自已回答。在這樣的一問一答裏，她和廿大海一樣，是生活在寂寞的世界裏。

「放快活些吧！」她鼓勵了自已，就動手收拾着屋子了。

包車的鈴聲喧鬧地從遠處跑了過來。還沒有讓玉妹想完：「什麼闊人的包車——？」却在小院的門前停下了。

「你拉着車子回去吧，歇一會來接我。」重濁的聲音在門外招呼了車夫，隨卽，走進來了一個像圓木桶似的胖子，粗魯地向院子裏四面張望。

「蘇小姐在家嗎？」他像吩咐下人似的問。

「不敢當，請坐！」對面蘇大姐的伯娘，蘇老太婆，在門口露出尖瘦的下巴，沙聲沙氣地回答。

胖子搖着身體走進對面屋裏去了。他的肥胖的背影好像把什麼東西都吞了下去，變成了身上的肥脂似的玉妹望着那背影想道：「不知道吃的什麼，長的像圓球一樣——大概這就是秦紹基。」

「闊人！就是這麼一個鄙樣子！」玉妹正如一切第一次看到這種人的那樣，心中想排除掉那奇特而使人要作嘔似的印象。

過了一會，她也向對面屋裏走去了。

一間地窖似的陰暗的屋子裏，坐着三個人：剛纔進來的胖子靠近門邊坐着，對面坐着蘇老太婆，蘇大姐在靠近裏面的一個小竹凳上埋頭坐着；她在啜泣，沒有抬起頭來招呼玉妹。其他的人也全然不留意他。

她走近蘇大姐的身邊去。

「哭什麼呢！」蘇老太婆沙聲沙氣地斥責，「幫你找到了像秦老爺這樣的人，又闊氣又心腸好，你也算終身有靠了，却還要哭——真是貧相！」

「貧相就貧相！」從啜泣裏迸出了氣憤的短促聲音。

玉妹同情地低聲向蘇大姐說：「不要哭吧！——怕誰嗎？」

秦紹基看了蘇大姐一眼，嘴角下面笑了一個輕飄的笑。他說：「蘇玉英小姐！有什麼不滿意的事，請講講吧，我可以幫你設法辦決。我是一個頂直率頂坦白的人——話我是不會說，但是，說到要體貼別人，幫忙別人，却是我的天性，你到我家裏住不上幾天，就會相信我的話不假了。」

「我不要誰體貼！」蘇玉英有些頑強了。

蘇老太婆的枯瘦的手撫着她自已的膝頭，彷彿給難住了似的，望望秦紹基，又望望她的姪女，忽然惡毒的光從她的眼中射了出來。「說話越不像樣啦！你當你是個收租吃飯的糧戶小姐嗎？」

玉妹忍不住暴烈地插話道：「好兇狠的話！你們知道買人賣人都是犯法的事嗎？」

胖子秦紹基驚愕地看着玉妹，沒有說什麼。蘇老太婆沙聲沙氣地叫了出來：「你是什麼！有你開腔的嗎？」

「不管什麼人！買人賣人總是犯法的事。」玉妹強硬地回答。

秦紹基彷彿聽明白她的話似的惡意地破聲笑

了。他說：「你叫什麼名字！——你懂法律嗎？告訴你，法律早已給狗吃掉啦！」

蘇老太婆站起來吆喝着說：「出去！誰要你進來的！」

正在這個時候，嗚嗚的警報汽笛聲劃破了天空，像另一個冒失鹵莽的客人撞進了她們陰暗的屋子裏，胖子和老太婆都吃了一驚，呆呆地聽着那悲淒地震盪天空的調子。在他們空虛而朽敗的心頭，正和在他們空虛而朽敗的臉色上一樣，立刻浮起烏雲一樣的恐怖。

玉妹却機敏地一沖就跑了出去，把院子大門的厚重木板猛烈地推上；當大門發出怨怒的碰響聲，推上門閂的粗響在院墻內振動的時候，玉妹已經拿出了一把不知從那裏來的牛尾巴鐵鎖，鐙的一下子把大門鎖住了。

胖子衝到院壩子裏，看見落了鎖的大門，脚就在地面上生了根。他張大了昏濁的一雙灰黑色的眼睛，粗鈍地問玉妹：「這是爲什麼？」

玉妹輕輕地背靠着大門，昂起了她留着短短的劉海髮的頭，微笑地說：「關了門好留客。」

「你瘋了！」站在胖子背後的老太婆沙聲沙氣地說。

蘇大姐驚愕地站在她家的門口上。

胖子走到大門跟前，像要和誰鬥毆似的一把拉開了玉妹，伸手搖了一下鐵鎖，粗笨的鐵鎖和鎖扣擦出了一聲陰沉的呻喚。他轉向玉妹，咆哮着：「把鑰匙拿來！」

玉妹伸出雙手，沉靜地：「鑰匙不在身——你搜罷！」

他突然雙手用力地扭那鐵鎖，在他肥厚的臉上激起了一陣紅暈。他看出那鐵扣和鎖，是像監牢門上那樣牢實的東西，一個人無論有怎樣大的氣力也扭不下來，於是非常發怒地轉身抓住玉妹的肩頭，搖她兩下，厲聲說：

「野鬼，快把鑰匙找來！空襲警報了，這樣開玩笑嗎？」

他的指頭像熊爪一樣扼緊了玉妹的肩膊骨，使她感到一陣壓碎骨頭似的痛，尖聲叫了出來。

小院內各色的男男女女，已經圍了他們成一個半圓，詫異地望着他們。其中，有人不高興地問了：「爲什麼？空襲警報了，哪個把大門鎖起來的？」

「哪個把大門鎖了？快打開！」女人的聲音回響着。

胖子把抓住玉妹肩頭的手放鬆了，做出遮掩不了驚恐的平靜態度，向他們說：「你們看，這個孩子還像樣嗎？她把大門鎖了，不讓我們出去。」

有認識秦紹基的說：「是呀！把秦老爺也鎖在裏面了。」

「什麼秦老爺！老爺就狠些嗎！」玉妹從鼻孔裏哼出輕蔑的聲音。

意外地，大家反而沉靜了。他們望望玉妹的臉，看見在她那雙潤黑的瞳子裏，燃着像要和無論怎樣的人挑戰的怒火。那種怒火，祇有像他們那樣親身經歷過艱難困苦和侮辱凌虐的人們，纔能够清清楚楚地從心裏面看見，纔能够懂得，而且立刻關心着那引起怒火的憤恨，或者自已也像觸着火的輕油一樣，快要燃燒起來似的；於是，期待着玉妹的說明，反而沉靜了。

「爲什麼呀？」有人婉和地問了。

「這位胖子老爺，」玉妹像敲鐵釘子似的說，「使他有錢，要蘇老太婆把蘇大姐賣給他——蘇大姐可不願意呀！」

站在自家門口上的蘇大姐，沒等到她說話，難爲情地轉身進屋去了。

「怎麼把門鎖了呢？」先前的女人聲問了。

但也有人說：「管別人的閒事？」

玉妹注意着四面，沉重地說：「想想吧，還沒有買你們自已的兒女！」，在大衆的心上顫動地滾了過去。

胖子想要鎮壓住四圍的心，用威嚇的口氣短促地說：「少說費話！拿鑰匙來開門吧！」

「怕空襲嗎？」玉妹挺正了胸，鼓動四面的人地，「你當我們像你那樣怕死嗎！像我們這樣誰也不珍重，誰也不關心的人，你想會害怕死嗎？」

「說得不錯！人窮不怕見閻王。」不知誰這樣說了。

胖子覺得四面築起了敵對的牆，他不敢正看他們的眼睛，狠狠地說：「你這野鬼！把——」

「你纔是個鬼！闖進別人家裏來要女人。」玉妹說。

「好！好！」他改了屈服的口氣，「你這位小姑娘，把門關起來，要做什麼呢？」

「說吧，」旁邊有人勸玉妹，「要他怎麼樣？

」

「你要開門放你躲空襲去嗎？」玉妹鎮定地面向秦紹基，「那麽，向蘇大姐道歉罷，——」

「對的！」附和的人說，「給蘇大姐賠個罪。」

「不賠罪就不放走。」一個女人的陰沉的聲音說。

「怎麽呢？」玉妹催促說，「你也踐別人够了。」

「怎麽道歉呢？」胖子無可奈何地問。

「到那邊門口去行禮，說：對不住，冒犯了蘇大姐。」

秦紹基照她所說的做了。

「還有呢，」玉妹慢吞吞地說，「請你交兩百塊錢出來。」

「什麽！」聽了玉妹的話，胖子像覺得刀刺進了肉裏似的。

「不消着急。你做一次囤積買賣，幾千塊錢會弄到手，兩百元在你算得什麽。不是我問你要錢，是要你那個錢給蘇老太婆：從今過後蘇老太婆就不再管她的姪女了。」

「你要叫玉英到哪裏去呢？」在階沿上的蘇老太婆迷亂地問了。

「給錢你，就不要管玉英到哪裏，可以嗎？」玉妹反問了她，轉向胖子，「兩百元，是牛身上拔一根毛哩。」

胖子四面望望，好像想找人幫他說一句話，但是，碰到的眼睛彷彿都在說：「怎麽樣？老爺，[illegible]是天公地道呀！」

「兩百元太少了。」一個人低聲說。

忽然，有人從外面拍着大門，高聲叫鬧：「秦老爺在這裏嗎？」

「你是福順嗎？」胖子連忙問，「太太走了沒有？」

「一發空襲，太太就叫了一部街車走了。」外面的聲音說。

「她把黑皮箱帶走沒有？」

「沒有，她說老爺會回來自己帶走的。」

「真糟糕！」胖子頓了一下脚。

玉妹嘲弄地說：「黑皮箱裏是鈔票嗎？再等一下，緊急警報響了，日本飛機來了於是——」

「見鬼！胖子惱怒地，「你這個恨人富願人窮的！」

「說錯了，」玉妹冷靜地回答，「你這樣的人，願你趕快死掉！」

外面站着的車夫福順，又重重地拍了幾下門，隔着粗厚的門板說：「秦老爺！怎麽還不開門出來呢？一下發了緊急警報，街上就不能够通過啦。」

胖子歎了口氣，伸手到荷包裏，摸出一個又大又厚的皮夾子。他打開了它，翻看了一下。

「差不多有兩百元。」

「好吧！」玉妹注視着他灰沉沉的臉，「但是你還要寫一個字據給我。」

「寫什麽字據？」取出了鈔票的手，愕然停止了。

「寫個字據，担保以後不來打麻煩了就說，不該强逼要買蘇老太婆的姪女；和程文玉當面說明，以後不能再操縱件事。字據要你親自簽名蓋章。」

「你這簡直是土匪綁票！」胖子忿忿地回答。

玉妹跳了起來，一手抓緊了他的領口，彷彿要撕裂他的上衣似的；怒火從眼中迸散出來，他大聲叫道：「你說什麽？土匪嗎？你纔是一個殺人放火的土匪！不寫字據，萬不行！」

胖子連連說：「算了算了，我說錯啦，你放了吧，我就寫給你——不要再就擱我了吧。」

他沒神地走進對面屋裏，不一時，拿出了一張寫好的字條和一疊鈔票，交給玉妹：「這下子快開門吧。」

玉妹仔細地查了一下，纔跑進屋裏，取出鑰匙，開了那把古老的像鎖牢門用的牛尾巴鎖。厚重的門板，格格地被拉開了，胖子首先跨了出去，隨後，要跑空襲的院的裏的人們也跑出去了。

剩下了玉妹和給這事件震昏了頭的蘇老太婆。蘇玉英也出來了。她走到玉妹面前，望望玉妹，又望望她的的娘。

玉妹把手裏花花綠綠的鈔票，給了蘇老太婆，她的眉頭縐了一下，彷彿要吐淡似的說：「從今過後，不要管蘇大姐了吧。」——一個人老了，就莫做兇狠的樣子！」

她向蘇玉英說：「走吧，恐怕快要發緊急警報了。」

「我不想跑的呢。」玉英回答說，「剛才不時不要走的嗎？」

「白說，剛才又是一回事，現在却該趕快跑啊。你當炸死是快活的嗎？——快走吧！」

她拉着玉英的手急促地跑出去了。

魯迅思想認識的斷片

雲章·汝重

關於魯迅先生的思想問題，我以爲是應該作這樣的觀察和了解的：第一，魯迅先生的思想是中國特殊社會環境所產生的中國式的，特色的，寶貴的，革命思想的一個體系和傳統。第二，因爲它的領域不同，對象不同，它雖然不是政治理論的本身，但它是與政治的革命思想吻合的，是爲這思想方法所浸透了的。在中國（甚至於一切殖民地，半殖民地國家，特別是在現在），它就成爲達到接近和了解革命理論的橋樑與基礎，它就是一個中國的健全分子要想成爲一個眞實的革命戰士的最好的和最可靠的『化鍊爐』。第三，魯迅先生的思想特色是：他從封建思想的廢墟上靠着自已敢於『正視』一切的『現實主義』的精神和方法，沿着歷史底最實際行進路線，脚踏實地的一步步通過了『民主主義』思想而走上社會主義的思想。因此，魯迅先生的思想在中國，與中國革命的運動，戰鬥和發展，就有特別密切的血緣關係。在革命新戰鬥任務的完成上，魯迅先生的思想將更起着它的重大作用。魯迅先生的思想的蘊蓄力的展開，這在中國的思想問題上是有它的偉大的意義的。正因此，所以第四，魯迅先生的思想就得有正確的，完善的，系統的整理。而它又是那麼的豐富，這整理就又要靠大家集體的力量。如果沒有一番研究和整理工夫，就將不會收獲好的，成功的播傳與教育的效果。

魯迅先生的特殊戰鬥方法——通過個人問題去打擊社會的某一傾向的方法，常常爲一些人所不了解，或者爲一些人所詬病，其實，這種戰鬥方法，是有它的時代的偉大意義及其時代的必要性的。

魯迅先生憎惡那種『做戲的虛無黨』，憎惡那種毫無眞實的所信，因而也就毫無自已的操守，而只是有『變戲法的手巾』的社會傾向，魯迅先生還憎惡其他種種社會的惡劣傾向，而且他的憎惡又憎惡得那麼『毒』，那麼深，那麼頑强和澈底，並堅決的給予以無情打擊。然而魯迅先生和他們是沒有私人仇怨的，魯迅先生之所以嫉惡如仇的憎惡及打擊就不是憎惡及打擊某一個人，而是憎惡及打擊社會上某一惡劣傾向的標本代表；並且他的憎惡及打擊，也就是代表着社會人們的情感，企望和要求的。這是同歷史上任何獻身於社會改革，獻身於人類解放事業的戰士們一樣，他自已的憎與愛就是代表着社會上的憎與愛；而通過個人去打擊社會某一傾向的特殊戰鬥方法，在一定的時代環境，特別是在中國——中國的特殊歷史，特殊條件下，更有它的特殊意義及其必要性的。這正是中國的社會環境使它如此的。如果在中國，不懂得或不學會這種適應特殊環境的戰鬥方法，就難於得到那麼實際的光輝成績。尤其是魯迅先生的工作崗位，工作性質及對象更決定了他這種戰法。

魯迅先生對於中國歷史，中國社會，特別是中國的『人』的正確而深刻的了解，實在給予我們一把研究中國問題的鎖鑰，指導着我們如何正確的掌握着及運用着剖解中國歷史，中國社會，特別是中國的『人』的銳利武器，使我們也能正確而深刻的了解中國歷史，中國社會，特別是中國的『人』。例如『墳』中的『燈下漫筆』，指出中國的歷史只有過二個時代：一是想做奴隸而不得的時代；二是暫時做穩了奴隸的時代；因而要中國的青年創造在中國歷史上未曾有過的第三樣時代。這實是他對中國歷史，中國社會，中國的『人』的無限深刻的了解。誠然，中國人向來就沒有爭到過『人』的價格，至多不過是奴隸；然而因想做奴隸而不得，所以挺而走險，起而暴動，也是常有的。歷史上有着川流不息的記載。但由於他們從另一願望出發，從希望來一個另外的主子——較爲顧及到他們的奴隸規則的主子的這一願望出發，結果運氣好的跟着這樣的主子（所謂『眞命天子』等）走，就達到了『暫時做穩了奴隸的時代』。但運氣不好的，跟着這樣的主子走，只能『同歸於盡』；經過了殺戮焚炭之後，幸以身免的殘餘散卒，就又被『仁君』『招撫』，暫時又把他們安定下來，這就又是『一治一亂』。

現在是中國人擺脫做奴隸的時候了。我們要澈底毀滅了做奴隸的賣身契，要堅決打破想做奴隸，做穩了奴隸，甚或甘心情願想做下於奴隸的牛馬的歷史傳統，要爭到做『人』——爭到做最完整的『人』，做中國歷史上所沒有過的最完整的『人』，正如魯迅先生所說的『創造這中國歷史上未曾有過的第三樣時代，則是現在的青年的使命！』

第三樣的時代已開始創造和建立了，騰躍吧！

『絕望之爲虛妄，正與希望相同』（野草：希望）。有人以爲這是魯迅先生的頹唐和虛無的證明。其實，這樣的了解是非常不正確的。這二句話並不是表示魯迅先生的頹唐和虛無，而是表現出魯迅先生的實際人生觀點及其實事求是的精神。如果我們把這篇『希望』及他在同年寫的也收集在『野草』中的『過客』，『這樣的戰士』諸篇聯系起來讀，就會更清楚的了解魯迅先生的這種觀點，這種精神。

一個健全的人不應該有絕望，一個健全的戰士不論在任何困難下尤其是不應該有絕望，絕望是虛妄的，絕望是能消散了戰士的戰鬥意志，毀滅了戰士的進取前途，這是一般人所能知道，所能了解的。然而完美的希望，豔麗的希望，不健築在客觀現實之上的過高的及幻想式的希望，這樣的希望實質上就是絕望，這樣的希望的結局常常就是絕望，事實上它與絕望是同樣虛妄，這一點却常爲一般人所不容易知道，不容易了解的。魯迅先生當時的觀點就正是這樣，他不作虛妄的絕望，但也不作虛妄的希望，實事求是的步步踏實戰鬥和前進，這觀點，這精神，貫穿了他戰鬥的一生，以後他還是堅持這觀點，這精神的。魯迅先生是深刻的了解：在中國作爲一個『這樣的戰士』來『舉起了投槍』戰鬥，這戰鬥是長期的，要戰到『老衰』，『壽終』；在中國作爲一個這樣的『過客』來行走這條『似路非路』的路途，這行走也是長期的，『困頓』了，『力氣太稀薄』了，『血不够』了，可是『還是走』，『只得走』。因此魯迅先生不作虛妄的絕望，也不作虛妄的希望，他知道中國的社會就是這樣子的，中國的環境就是這樣子的。這都是有幾千年根深蒂固的根源和傳統，但不管它怎樣的汚濁，一團糟，可是，絕望嗎？那不必；奢望嗎？也不必。於是他就冷靜的倔强的慢慢的走，慢慢的戰，他沒有『歇斯特里』的忽悲忽喜，也沒有『寒熱病』的一冷一熱，他了解到既生了我，既有了我，那怕就只剩下了我吧，我也只有走，只有戰下去，於是他就那麼地『平凡』，那麼地『樸素』，那麼地『踏實』，那麼地『堅定』和『頑强』的走這條長征路程的一段段，未曾有過灰心，悲觀，也未曾有過『絕望』。

但當然，魯迅先生在當時是感到深深的寂寞和孤獨的；然而一個現實主義的『這樣的戰士』在當時的境遇中『舉起了投槍』戰鬥，是難免感到深深的寂寞和孤獨的。但他不作虛妄的絕望，也不作虛妄的希望，他雖然孤獨和寂寞吧，他總是『舉起了投槍』，戰鬥到『老衰』，『壽終』。

在中國的社會環境，在中國的戰鬥過程中，是需要『這樣的戰士』！

關於魯迅先生在民國十五年三月十八日『最黑暗』的屠殺以後所提出的『懇切地希望：「請願」的事，從此可以停止了』的主張，和他後來還是堅持着，重申着這種主張，以前或被反對，或有贊同，或遭譏嘲，或受漠視，但在現在看來，問題是明白了。魯迅先生提出這主張，形成這見解，是有他深刻的根據的：首先是他深刻的了解了中國的歷史傳統是『做奴隸』的傳統……（略）……。其次是他深刻的了解了『所謂中國的文明者，……（略）……』第三是他深刻的了解了中國的暴君和僵尸之流的統治者的對蠻，兇殘與狼暴，然而，雖然他『向來是不憚以最壞的惡意來推測中國人的，然而我還不料，也不信竟會下劣兇殘到這地步』，『不但在禽獸中所未曾見，便是在人類中也極少有的』。第四是他深刻的了解了中國與外國不同，中國雖然已是改名換目，易爲『民國』，但這『民國』是特殊的『民國』，『自有特別國情』，當時的北洋軍閥，執政政府，只不過是剪了頭髮，換了衣裳的封建屠戶和僵尸，外國的憲法，法律，民權，『外國的平等自由等等』，自然『不能適用』的，甚至好意的，愛護的說說『老爺，人家的衣服是乾淨的，你的衣服可有些兒髒』，也要遭受毒打，塞以馬糞。那麼，即使是『徒手請願』吧，自然是逃脫不了『步槍大刀』的『包圍屠殺』的。第五是他深刻的了解了『青年』及『青年的血』的『寶貴』。『改革自然常不免於流血，但流血非即等於改革。血的應用，正如金錢一般，吝嗇固然是不行的，浪費也大大的失算』。因此，他『對於這一回的犧牲者，非常覺得哀傷』。因此，他『懇切地希望：「請願」的事，從此可以停止了』，因此，他要求對這種特殊的敵人要用更特殊一點的戰術，——也『殘酷』一點吧！

但這里還應該這麼認識：他不是無原則的反對請願或示威，勝利的或有代價的『血』他是不吝嗇『流』的，他只是反對『血』的『白流』或『浪費』，『爲中國計，覺悟的青年應該不肯輕死』的。同時，他也不因此即否定了請願示威的意義和作用，而就和請願或示威的行動對立起來，他只是指出一個國度有一個國度的『戰法』，『以血的洪流淹死一個敵人，以同胞的屍體填滿一個缺陷，已經是陳舊的話了。從最新的戰術的眼光看起來，這是多麼大的損失』。於是他就主張『韌』的戰術，『壕塹戰』的『不肯虛擲生命』的戰術。

在中國，是應該學會和多多使用中國式的戰術來和敵人作『堅決，持久不斷，而且注重實力』的戰鬥！應該牢牢記住：在『發明了許多火器的時代，交兵就都用壕塹戰。這並非吝惜生命，乃是不肯虛擲生命，因爲戰士的生命是寶貴的。在戰士不多的地方，這生命就愈寶貴！』

魯迅先生在五四以前，『個性解放』的思想曾在他的基本思想中佔着重要的地位。『個性解放』作爲一個『人』來看是必要的，是一個『人』的解放的必要條件。

『個性解放』與『個人主義』不同。所謂個性解放，中心的意義是指一個人自已應該有自已個性，應該解放自已的個性，即應該自立自已，獨立自已，在自立，獨立的基礎上自覺的決定一個人的何去，何從，信仰什麼，反對什麼；何去，何從，信仰什麼，反對什麼，完全是根據自已自覺的認識和見解來的，是有主見而不是『人云亦云』，反覆盲從的。借用魯迅先生的話來說就是『敢於正視』及『敢想，敢說，敢作，敢當』。如果一個人自已沒有自已的『個性』，自已沒有自已的見解，不能自立，不能獨立，一生始終都是盲目的『人云亦云』，跟着別人的屁股跑，那還成爲一個什麼『人』呢！那還談什麼戰鬥，還談什麼從事於遠大的改革事業呢！

『人』的『個性解放』曾是封建社會崩解以後的資本主義社會的重要問題之一。從『人』的『個性』解放到一個『人』的完成——某程度上完整的『人』的完成，也曾是資本主義的民主主義的貢獻之一。但資本主義却又把『個性解放』的『人』拉到個人中心的『個人主義』去了，個人中心的『個人主義』是應該刷除掉的，特別是在集體中生活，行動及工作的時候。『個人主義』是反對集體，輕視集體，與集體主義是不能相容的。還又是資本主義的壞傳統之一。

所謂啟蒙運動，所謂思想啟蒙運動，共重要的目的和內容，也就是從個性的解放，思想的解放以完成到『人』的解放。在歐美，封建社會崩潰末期的資本主義民主思想的啟蒙運動，人權，民權，自由，平等，共和……等等民主思想的鼓吹，宣傳和普及，曾啟發了，改造了與教育了從封建社會的束縛中，薰陶及冶鍊中解放出來的人們，使他們敢於發展他們的個性，敢於發展他們的思想，以至有自立，獨立的個性和思想。在這意義上說，他們是完成了這個任務。但在中國，這任務就還沒有完成。啟蒙運動的『舊事重提』，在中國仍是必要的。

然而中國社會歷史所走的道路，却又和歐美等國不同些，中國從古老的封建社會的道路就迎接了世界革命的『時代』；中國的青年所走的道路也是和歐美等國的青年不同些，中國的青年是從反舊禮教，反舊家庭婚姻的反封建中就進入到最革命思想的新領域，新天地。因此，我們的個性解放，思想解放，『人』的解放尚未完成，而就與集體的革命鬥爭接合起來了。所以在

（下接68頁下欄）

論馬耶可夫斯基

——蘇維埃時期的最好詩人

V·卡坦陽

一

馬耶可夫斯基在一九一二年寫下他最初的詩歌。他死於一九三〇年，在他的三十六年的生涯裏，從事文學事業有十八年。

檢閱一下他的全集罷。第一冊代表了他的詩歌創作的最初五年，全都寫于一九一七年以前。其餘的作品，則寫于一九一七年之後，達十一大卷。

這個比例是值得注意的：五年內寫一卷，十三年內十一卷！

這就給如下的問題提供了雄辯的答覆：革命怎樣影響了這廿世紀最偉大的俄國詩人的生活呢？

詩人在革命期間的生活是過的并不容易的，然而他却享有了這時期的火花四射的複雜性，離奇的現實，急劇的發展，以及自他內心發生的偉大的情緒和驚人的韻律。革命給他的天才展開了無際的地平線，擴大了他作爲一個詩人的工作的範圍，給予了他親近千百萬隻耳朶的機會。這便是他的詩歌的充棄和題材，和他的生活的內容。

他的創作範圍是遠遠超過那等願坐在百葉窗之後回憶着去年冬雪的玫瑰顏色并諦聽着他自已耳管內的營營之聲的詩人的才能的。

馬耶可夫斯基生活在一個更爲廣闊和更爲充實的，在他的同志間緊張活動的生活里面。他汲取着各種羣衆大會的韻律，發表演說，并參加報紙工作。

凡是認識馬耶可夫斯基的人總該記得他怎樣在談話的中途或在街道上散步時，往往會忘懷一切地，將他的拳頭本能地以一個演講者的姿勢緊握着，似乎一面還發出那在這樣時候會油然而生的詩句的韻律來。行人的擁擠，車輛的喧鬧，都似乎并沒有阻礙了他的詩思，而倒相反地成功了他詩歌的靈感！

他與他的大衆，那他爲之寫作的大衆的經常接近，加强了他的力量，加深了他的情緒的深度，和想像的寬度。

二

『革命的參加與參加的革命方式』，這便是馬耶可夫斯基所曾經說過的指引着眞實的革命詩人的兩大原則。

這也就是馬耶可夫斯基的信條。但却不是修辭學上的一個前提。它乃是從實踐所導出的一個公式，廣泛經驗的果實。馬耶可夫斯基于一九三〇年，僅在他逝世的幾個月以前說出了這些話。

『我個人是用兩種風格的圖景來測驗我的詩歌的，』馬耶可夫斯基說：『如果所有的詩人都從墳墓裏復生的話，他們一定會說：「我們并沒有寫過那樣的詩呀，我們不懂得它們也不能寫出它們，」再如果那死去的人會從墓裏活過來，那些自衛軍和資本主義的可能復活者們，在無論什麼地方遇到那全然對他們有害的我的詩歌時，就一定要加以毀損。』

『我的詩歌的特質是和這些要素成正比的。』

三

馬耶可夫斯基開初是一個未來主義者。但我們不能把俄國的未來主義與意大利的另一未來主義相混同。當馬利納梯（Marinetti）於一九一三年來到莫斯科時，是曾被馬耶可夫斯基和他的同志們所反對的。

青年的俄國藝術家與詩人們在未來主義的旗幟下聯合了起來，挺身而出反對着一切的穩的資產主義的藝術，反抗着學院派藝術的無力的形式，反抗着資產主義的嗜好及其按照自己的想像所創造的藝術。

那印有馬耶可夫斯基的最初力作的未來主義討論集的偉大名字乃是對於保守的讀者的一個直率的警告：『給公衆嗜好一拳耳光』。

未來主義反對既成派別的最堅強的論證乃是他們中最有才能的一員，烏拉地米爾．馬耶可夫斯基的詩歌。但是他的作品幷沒有遵守他們的信條和理論綱要。

未來主義者宣言，詩歌的目的是要創造純粹的，『自足的』，獨立於功利目的以外的詞句，馬耶可夫斯基不久就超出這個舞台之外了，事實上，在他的最早期的作品裏即已有着社會的抗議的詞句了。

未來主義者反抗着資產主義的藝術的巨砲，那在學齡時代即已參加非法革命活動的馬耶可夫斯基，却接近了布爾雪維克政黨，幷會被拋入沙皇的牢獄裏；他所憎惡的不僅是資產主義的藝術，而且是整個資產主義社會制度，以及一切它的學院，倫理準則，宗教，資產家族及小資產的家庭思想。他的背叛的精神是較其他未來主義者同人更爲廣泛，深邃，而且有機的。

未來主義者宣言，藝術是『認識力的自由的表演』。實際上馬耶可夫斯基的作品是坦白地帶着傾向性，而且塗着强烈的社會反抗，不休止的抵抗精神的色彩的。

『一九一四的大戰乃是未來主義的第一個社會測驗』，馬耶可夫斯基在那以後數年寫道。『二月革命把這條界線劃得更深了。它使得未來主義分裂成「右派」與「左派」。』

那纔結了作爲資本主義反對人類的新的巨大罪惡的馬耶可夫斯基之優美的敍事詩『戰爭與全人類』（一九一五——一九一六），深爲正統的未來主義者們所不喜。『這是殘忍的現實主義』，他們這樣地說着，發現這首詩已粉碎了所有他們的『自足的』詞句和『認識力的自由表演』的原則。

馬耶可夫斯基早已超出了這個運動，雖然在習慣上他仍然認爲他自己是一個未來主義者。

然而，未來主義這個術語，科學地和深刻地解釋起來，是不能說明馬耶可夫斯基的創造的。

他站在一個高出於那最初和他的名字曾聯在一起的派別的平面上。

他幷沒有眞正屬於任何文學流派。他只是屬於人民。

四

凡是每一個跨過了一九一七年那個偉大的門檻幷用他的心智接受了革命的作家，都須得嚴重地問着他自己要怎樣才能使他的作品爲社會所需要，幷有益於革命。

古老的優選的讀者層和詩歌愛好者都已成爲過去了，按照眞實意義所說的大衆，即全體革命人民，已代替了他們的位置。現在不僅在主題上必須改變，即在形式上也需要改變。藝術必須成爲千百萬羣衆所能理解的東西，先有革命的主題是不够的，它的消息還須要傳遞給那它所願意給予的人民。

馬耶可夫斯基是那些稀有的解決了這個改造藝術給全體人民的歷史問題的人們之中的一個。

他解決了它，因爲他一開始就了解這不僅是寫作關於革命的事情而已，而且要爲革命而寫作。

一九一九年他繼續作爲一個詩人而工作着，幷成爲担任着普遍鼓勵宣傳工作的洛斯太（Rostta——蘇聯電報通信社）的傳單藝術家。洛斯太每天發行着大量的有揷圖的，以簡明標語作標題的傳單。

整個內戰時期，馬耶可夫斯基在這兒工作着，日以繼夜地，繪着卡通和寫着標題。

在一九一九年內，有一次，有個沒別的事好幹的作家要求馬耶可夫斯基答覆關於詩人混克拉索夫的一連串的問題。對於『你喜歡混克拉索夫的詩嗎？』這個問題，馬耶可夫斯基答道：『我不知道，等到內戰結束了，我再來考慮這個問題罷。』

『對於混克拉索夫的技巧你有什麼感想呢？』馬耶可夫答覆這一個問題道：『目前我所喜歡他的，是他能寫一切東西，特別是他能寫歌舞短劇。他很可以成為洛斯太的一个人才』。

這些答覆自然是含有示威性質的。馬耶可夫斯基實在是太熱中於他在洛斯太的工作了，並且很以他的才能得以貢獻為自由的偉大鬥爭而自傲，因而對於那些僅在口頭上同情革命而不在拯救并建設國家的鬥爭中參加實際行動，愛以純粹抽象的耶物來滿足自己的人們，便常常予以尖刻的批評。

當他為洛斯太繼續工作的時候，他并不怕日復一日的機械工作會『降低』了他的才能，為了要寫關於白軍的將軍們，關於為饑餓的孩子們採集食物，為前線的兵士們籌製寒衣以及慎防火災等，他并不怕聽任他的抒情詩停留在那些激動人心的社會的主題上。

他深信着，他的工作的結果，會發現那為千百萬大衆所了解的詩歌的表現形式，在這種形式裏，解放了的新人的思想和情緒以及真實的詩歌將組織在一種前所未知的社會主義的藝術的合金裏。他就發現了這。

他在洛斯太的工作使得這個一時的未來主義者成為革命的詩人。它將他從抽象物與未來主義的象徵主義的硬殼裏解放了出來。它打開了馬耶可夫斯基的眼睛正視那作為革命詩歌的一個偉大主題的蘇維埃現實。

五

『我必須旅行，』馬耶可夫斯基有一次說。『和活生生的事物的接觸使得我們簡直用不着讀書了。』

他旅行着，比他所真正希望的還旅行得多。然而這并不是一種旅行家忠好奇心，也不同於那好動的癖性。這是一種創作的衝動，雖然或許是半潛意識的。

馬耶可夫斯基乃是一個具有這樣的天性的人們之一，即對於他們，『認識』就是『體驗』，一切知識的主要泉源乃是現實的具體事實之直接的情緒的對照。因此他的抒情主義的力量，狂熱，以及經常的激情的語氣，都顯現在他的一切作品裏面。

他并不是那些祇能在孤獨裏面工作的作家們當中的一個，他那巨大的足跡遍全國城市和外國各地的旅行給予了他無數的主題和題材的財富。

這就是為什麼他的主題，用語，韻律和譬喻都非常密接於當代的實際生活的緣故。同時也就正是這種省去了書籍與文學的提示的，與實生活的直接接觸，賦予他的詩歌以驚人的現實主義。

馬耶可夫斯基曾有九次橫過了蘇維埃國境到西歐去旅行。

他訪問了拉脫維亞，波蘭，捷克斯拉夫，德國，法國，西班牙，古巴，墨西哥，和美國。

一九二五年馬耶可夫斯基曾在美國度過三個月，而在墨西哥住過三個星期。在紐約，支加哥，狄特洛，和庇茨堡，馬耶可夫斯基都曾發表關於蘇聯的藝術的演說，并朗誦他自己的詩歌。馬耶可夫斯基是一個光輝的演說家和論辯家，有着能使他的聽衆對他所說一切都發生興趣的那種天才。他那親切的和詼諧的演說風格能抓住聽衆的注意力并博得他們的同情。他那宏亮的，為舞台藝術家之嫉妒對象的嗓音能够達到無論多大的禮堂的每一角落，把他那富於形象性的詩歌的最繁複的朗誦和節奏傳播出來。

凡是見過和聽過馬耶可夫斯基的人都永遠不會忘記他。

或許他要算是第一個能够吸引着成千的人民的注意力來好幾個鐘頭地聽着他的詩歌朗誦和創作技術的演講的詩人了。

『他的天才簡直毫無疑問的』，一九二九年紐約論壇報（Newyo k Herald Tribun）這樣批評道。

在他從美國回來的時候，他告訴新聞界的代表說：

『關於我在美國獲得成功的謠言并沒有一絲一毫誇大之處。我認為在好幾個星期中自始至終能够有着一千五個聽衆，的確是一種成功。』

馬耶可夫斯基從這次旅行中帶回了一本散文『我發現了美國』和一部題名『西班牙，海洋，哈瓦拉，墨西哥，美國』的詩集。

這些作品的任何一種都沒有到達美國的讀者手中去，它們還一直等待着它們的繙譯者。

六

有一天有一個年輕人到一個什麼編輯部來會馬耶可夫斯基，遞上了一張紙。

『烏拉地米爾、烏拉地米羅維奇，請先告我，你對于這首詩的意見罷。』

馬耶可夫斯基讀過之後加上這麼一個簡短判斷還給了他：

『這是一首白軍的詩。』

『不，引起我的興趣的乃是它的形式，』這個年青人匆促地說道。『我是請教你關於這首詩的形式的意見。』

『形式麼？哦，這是一個帶着肩章的普通的東西，……』（註）

這便是一個足以看出馬耶可夫斯基的典型的事件。

馬耶可夫斯基幷不認爲形式是可以從內容分開的。作爲一個職業的詩人，他可以好幾個鐘頭地談着關於他的創作的技術，他，曾經寫了一篇內容豐富的『怎樣寫詩』的文章，在這篇文章裏盡力地以最大的坦白將他自已的經驗所得告訴讀者。但他却沒有最輕微的興趣去討論他所厭惡的那種內容的詩歌的形式。

馬即可夫斯基是那些最驚人的俄國詩歌和俄國詩歌用語的改革家裏面的一人。但是他的改革却幷不是才能的氾濫，也不是被那種企圖驚世駭俗，企圖成爲創始者和不容摹倣者的慾望引起。他爲新形勢而戰鬥着，說服着那些在過去有過自已的光榮日子而僅在現在爲新內容幷得醜陋不堪和周身不遂的舊形式。

『如果形式不適合，事實不是像跳蚤一樣地從你的袴襠逃去，就是把它的詩歌的服裝弄得奇形怪狀，代替了高尚的而變成滑稽可笑的。』

這種馬耶可夫斯基底詩歌的意識形態的傾向就決定了他那給予革命的現實以表現的新形式和新技術。

馬耶可夫斯基嘗試着各式各樣的風格，創造着新的事物，幷將舊的現代化。他寫着抒情詩和敍事詩，標語和進行曲，諷刺的傳單聯語，政治詩和新聞速寫，詩劇和電影脚本等。

在他底『怎樣寫詩』這篇文章裏，馬耶可夫斯基寫道：

『我不會給予那想成爲詩人，想寫詩的人以何等規律，因爲幷沒有這樣規律存在。詩人便是創造出這些規律的人。』

因此馬耶可夫斯基便得出了如下的推論：

『術學家乃是創造，討論和擴大術學規律的人，乃是那能把一些新的東西滲入到術學知識裏面去的人。那最初形成『二加二等於四』的公式的人是一個偉大的術學家，即使他發現這個眞理乃是從把兩段紙煙頭再加上另外兩段紙煙頭得來的結果也無妨，而一切追隨着他的人，縱使他們是能把那些不可比擬的偉大的東西合在一起，說一個火車頭加一個火車頭之類的人，都不是術學家。』

和這個推論一同，我們還可以加上這麼一句：馬即可夫斯基，那第一個綜合了幷且化合了革命鬥爭的高尚原則與詩歌表現的新形式的人，乃是一個偉大的詩人。

七

馬耶可夫斯基在一九一八年以前所寫的最初的五本書，印行了四千四百册。在一九一八至一九三〇年之間，馬耶可夫斯基的八十六本書印行總量却已達一百十一萬六千册，自他逝世至今的十年間，這個數目則升爲七百萬

註：這是一個雙關語的文字遊戲：俄文裏的『形式』與『制服』是相同的。

冊。

但是要計算馬耶可夫斯基的作品究竟已印行了多少是不是可能呢？在裝釘成書的形式以前，他的詩歌是登載在報紙和期刊上，以及大量銷行的糖果的包皮紙和傳單上的；而且它們是曾經由他自己的聲管廣播過的。

馬耶可夫斯基把詩歌從狹窄的詩歌欣賞者層裏帶出來給予了人民，從客廳裏面的誦讀帶到了街頭，帶到了演講台上，帶給了通俗讀物，帶給了無線電台。

『詩歌不再是訴於視覺的了，』他說。『革命已經給予了我們能夠聽見的語言，能夠聽見的詩歌。』

從一九二二年起馬耶可夫斯基便在報紙上發表了大部分的他的作品。馬耶可夫斯基把他的這種給報紙的讚稿看得非常嚴重，並且堅持報紙編者應該嚴重地對待它們，不能認為這是對於乾燥無味的讀物的軟性調劑物，而要把它們當作政治品。

他喜歡在報紙的氛圍中工作，以獲得那種躍動生活的拍節的感覺。

而他的『新聞紙』詩歌，並不僅是一種政論。…在那嚴格的而且狹隘的意義上說來，它們是抒情的，充滿着革命時代的人的抒情主義，以及詩人對於那從個人身邊瑣事一直到震動全世界的大事件，具有各種不同色調，繁複性，和範圍的事件所使用的熱情的辭句。

他的廣泛的興趣範圍，以及他那將近代生活吸入抒情的術語中去的才能，便是馬耶可夫斯基底個性的最驚人的方面之一。

八

在我們這篇文章開首所已提出了的問題，其實馬耶可夫斯基自己的話，便早作了適當的答覆，我們所要摘引過的那個公式就是：

『革命的參加和參加的革命方式』。

馬耶可夫斯基底詩歌的優點和創始性是從這種浸潤於當代的最偉大的理想中的，他對於社會主義的學說的獻身，他那為着人民大眾的生活與利益的熱烈的感情，以及他為了革命而自我犧牲的勞動—這一切就是使他獲得斯太林在五年前所給予他的非常的禮讚的原因：

『馬耶可夫斯基曾經是而且現在仍然是我們蘇維埃時期的最優秀和最有天才的詩人。』

這些話概括了馬耶可夫斯基在蘇維埃人民的熱愛中所享有的地位，他那在嶄新的，社會主義的文化史上的地位。

附記：本文譯自一九四〇年四、五月號合刊的國際文學，原作者V卡坦陽（Vasilii Katanyan）是蘇聯的批評家和新聞記者。

張原松譯

（上接63頁）

中國，我們的啟蒙運動，啟蒙導師，就需要文『特殊』一些—它是一架特殊的過渡橋樑。這就不是單純的歐美式的民主主義思想，及單純的歐美式的民主主義導師能在中國勝任和完成他的啟蒙運動的任務的。

問題就提到我們的面前來了：我們所需要的啟蒙思想是二個革命思潮結合的思想—…………（略）…………。中國的啟蒙運動與啟蒙導師就負有二重性的任務以完成中國『人』的解放，『人』的思想和個性的解放，使剛從中國古老封建社會出來的青年能與民主主義思想及集體的革命鬥爭結合起來，成為一個健全的革命戰士以迎接現在這革命時代的新鬥爭。

中國的社會和歷史是這樣的要求的，魯迅先生就適應着這要求担負起了這個担子。這個歷史的空隙是會為魯迅先生所填補得充充實實的，這是魯迅先生的思想及其遺著的難以估計的價值。魯迅先生是這樣的走過來的，那麼踏實地『平凡』地步步前進，任何激刺和劇變都搖撼不了他，沿着魯迅先生的思想發展路綫，沿着魯迅先生踐踏出來的及走過來的『路』，學習着魯迅先生那種『平凡』，那種『樸素』，那種『踏實』，那種『堅強』，和他那種『韌』的精神，那就是我們中國的青年最好的，最可靠的，最穩健的，能通過中國式的複雜折曲的革命鬥爭長途，迎接上『革命時代』的『世界潮流』以走入新的天地！

魯迅先生所走的路是他的一切後進的我們所應該走的路！。

詩集之一：

旗底歌

孫鈿

旗

讓狂風吹！
讓子彈射過！
讓露水浸濕！
讓暴雨打！
讓太陽晒！
舊了
破了
我們仍是疼愛的
這大幅
自由解放底抗日的旗兒
革命的旗
樹在我們堅定的意志上了

這幅旗
是三個女同志連夜趕縫的
她們獻給了我們
在第二天早上
我們剛要整隊出發
軍需處同志
把軍服從麻袋裏倒出來
那是草綠色的
班長點着我們底人數
去領應得底東西
每個人還有頂草綠色的軍帽

從此
我們有兩套軍服
灰色的和草綠的
每個人還有一條藍布的子彈帶
裝扮得好像上舅父家去過年
一個鬍鬚很長的
老年同志喊着：
新的槍
到日本鬼子那兒去換吧

我們排列起來
在大幅的抗日旗下
唱着上前線的歌
我們用愉快的眼光
向圍在我們行列的老百姓告別
他們燃放爆竹了
他們送給我們炒熟的蠶豆
那個親愛的老年同志
淚汪汪地
叮嚀我們好生打鬼子
他要我們記得長征時的
那種飢餓與困苦
他說今後還有更多的飢餓和困苦等着我們

我們接受了
要去好生戰鬥
在太陽下
我們的旗兒
活潑地笑着
我們立正
我們敬禮
我們背起了槍和包袱
我們別了這親愛的地帶
我們
別了還留在這裏的同志和老百姓
我們沒有軍樂
我們只有用自己的聲音
唱出我們的堅決
我們出發了

旗
永遠在我們前面
飄揚

我們隨着旗
前進
自後，旗是我們的眼睛

那是初次的戰鬥
我們的旗
給迫擊砲彈的鉄片
劃破了

夜間的露
使旗兒沉重地倦睡
黎明來了許久
它才慢慢地
從陽光，從風中
蘇醒

曾經在一個暴雨的晚上
烏黑的大地
驟然
爆起火光
槍聲
馬蹄聲…………
大作了。
我們行軍在山麓
遭遇敵人
執旗的同志
中了子彈
濕的旗倒了
吸着熱的鮮血
旗
更美麗
我們又把它樹起來
雖然
舊了
破了
我們仍是疼愛的

狂風
使旗兒像水一樣地流動
旗，革命的旗
旗，光榮的旗
是我們的眼睛呀

送訊

這冬天的回憶
終於
一支蠟燭樣的
燃完
小婦底臉孔垂下來
蒙在那件漢子底衫中

一個虱子
從衫縫爬出
它還活着
以後將吮誰的血了呢

我告訴她
那件棉襖我穿了
那條褲
給小鬼撕開打鞋草了
那根槍
給別的同志背了
他已經盡了神聖的使命

老頭兒蒸高粱餅給我吃
馬在門外嘶叫
我心兒着慌
眼瞧着小窗外面
太陽輪兒正向西邊滾下

我疼這沒格的小窗兒
我疼這憂鬱的黃昏
我說老頭兒呀
記住一筆血賬
我說媳婦呀
別在屋子裏淌淚
你瞧
大夥兒都起來打鬼子
起來革命了
我是個粗陋的漢子
我說不出動聽的話

我的眼珠
穿過小窗兒
望見
山崗披了陰綠的夜衣而無限憂愁

把所要說的都扔下
我跨上馬
老頭兒趕出來問我
幹嘛這年頭兒還有反對團結的混蛋？
這時我心兒滿難受
忖着
要不要說個明白：
你的兒子不是鬼子殺了的
而是反動份子幹掉的

哦　忽兒我想到冬天
那些日子
他娶親　他穿起了黑布大掛
現在呢
他的衣衫吸不完媳婦的淚
在抗日的沙場
卻死在中國人的手裏
回憶障了
憤憤地
把一切說了個明白
馬也載了我
緊追着吹向前去的一陣風
我嗅到現在已是春天

雨

—要使人值得生活、就必須爲一種偉大的理想所貫注。

下過雨的第二天
從水潭裏
我照見
近來
我底影子又長的高了

有一個夜間
我夢見
胸口給日本鬼子戳了個窟窿
鮮血奔湧出來
好像扭開了水籠
驚醒了
我才知道降着暴雨
雨水從破屋頂上漏進來
滴到我底胸上
我感到好笑
翻了個身
一只手按住槍
去找尋第二噩夢了

當着
雨拖着寂寞
來到了人間
在我們
從來沒有人說起雨
祇有我
在心底裏說：我愛雨
他們只懂得
如果不把槍包好
準會上銹的……
雨也會撩起我們歡喜
時常在雨中
穿過從山澗奔瀉下來的洪流
我們出擊去

即使雨塞住了我們的呼吸
也沒有忘記瞄準敵人
扳動槍的機扭

這暴雨，這時代
垂下了頭
母親一般
用血的乳漿哺養我們

苦暗的雨中長大的我
終於振撲着堅強的翅翼了
我叩響新的光明的門扉了
太陽在我生命上照耀

昔日在雨天同我摺紙船的隣兒
如今也揹上槍出征了

輝煌的革命書籍
輝煌的戰鬥歷史
把我們底思想
鬆開了一條寬闊的河流
因此我們不祇是
拿了槍的戰鬥員

風暴帶來的雨
冲洗了這古老的大地
大地呀
負載着我們這一代的狂熱
而我們的改造
就要成熟了

不管雨是如何纏綿
或是如何陰鬱
我脫掉草鞋
在給雨搗爛了的泥地上
向一座破屋走去
那裏
「新華日報」到了

詩集之二：

多一些（街頭詩小集）

田間

給飼養員

飼養員呵，
把馬餵得它刮刮叫，
因爲你該明白，
它底主人
不是我和你，
是
中國！

鞋子

回去，
告訴你底女人：
要大家
來做鞋子。
像戰士脚上穿的，
結實而大。
好翻山呀，
好打仗呀。

反對「太平觀念」

不要以爲我們旁邊
有大山，
有大軍，
這里
就會完全太平。……
——不！
（這樣想，
要不得的。）
我們應該隨時隨地都準備，
把敵人趕出國境。

多一些！

「多一顆糧食，
就多一顆消滅敵人的槍彈！」
聽到嗎
這是好話哩！
聽到嗎，
我們
要趕快鼓勵自巳底心
到地里去！
要地里
長出麥子；
要地里
長出小米；
拿這東西，
當做
持久戰的武器。
（多一些！
多一些！）
多點糧食，
就多點勝利。

去破壞敵人的鉄道

到晚上。
那時候，
我們
去破壞敵人的鉄道。
勇敢地
多拔些
釘子，
多毀
幾條……。
（據說：
那伞紅燈的，
他不報告。）

保衛戰

只要我們一個村莊，
受到
突然的包圍，
老婆子呀，
小孩子呀，
統統挨過去
（橫竪是死）
就是死罷，
屍首還在家鄉，
像活着一樣地歌唱！

一百挺輕機關槍運動

在晉察冀戰場：
我們需要從敵人那邊
打來一百挺輕機關槍，
讓每一條山溝，
到處發着
勝利的交響！

創辦合作社

假使——
你們不想跑得很遠，
也不肯賣日本貨，
就要在自己底村子里
開一個小合作社。
公平交易，
誰都不吃虧。

假使全中國不團結

假使全中國不團結，
等於把大門打開
讓敵人隨便地進來，
給他們痛快，
那我們比吊死
還要壞！

粉碎敵人秋季大進攻

高粱長得很紅，
戰鬥也要打得很紅。
我們底英雄，
準備
粉碎敵人秋季大進攻！

紀念四分區

——今天，人要想到滹沱河
便想到四分區！
再勇敢些，
在火線上的兄弟！
滹沱河是不會倒流的，
看——
兩岸人民底命運，
放在你們手里。

冀察晉在向你笑着

冀察晉，
還在活着
（而且
在很好的
活着呵！）
無邊的
山溝，
我們底馬
在跑着；
那角蹄
響出
愉快的
大胆的
口號。
你看
冀察晉
在向你笑！

（歡迎外國朋友街頭詩之一）

援助這大山溝吧！

援助這大山溝吧！
我們需要
印刷機，
武器，
藥品……
冀察晉在向你要求！
冀察晉在向你敬禮！

（歡迎外國朋友街頭詩之二）

選舉

從人民里頭
選舉
救國的幹部，
就要我們自己動手。
同志們，……
明白嗎，
爲了民主！

就像我里的莊稼漢

就像我
黑黑的莊稼漢
也走進××××底
大門坎；
大事，
也辦；
小事，
也辦；
辦不了的事，
還好找找××主任，
商量商量看。

詩集之三：

歲寒草

冬青只是在開花

在結着珠網一般的冰花的池邊
在堆着白雲一般的雪片的河岸
在小鳥的歌聲裏面
有一株小小的冬青

鋼綠的葉子
紅寶石的果子
用鐵色的枝幹
站在那邊
孩子似地微笑着
他底生命底力的微笑
青翠着
鮮麗着
站在那邊

經過了幾晝幾夜
接連不斷的
多少冰霜的鞭撻
多少風雪的侵蝕
多少死亡者的死亡

彭燕郊

我以爲地上再不會有花朵了
我以爲地上再不會有綠的顏色了
我以爲地上再不會有鳥雀的歌了
我以爲地上
永遠永遠地
只留下孤人獨自的我
悲哀地相思着春天的我了
——可是我錯了
冬青只是在開花

只是在開花
呵，冬青
在這缺少鮮花的大地
你是僅有的花朵中間
最美麗的一朵了

兩手捧在胸前
我唱起了
一曲久已不唱的歌
我底雙眼望着天空
——我在唱着一曲情歌啦
我底愛情的輪子馳轉着
決心要用讚美吞沒
這花
這葉
這生長着冬青的大地
這鳥雀的翅膀所屬的天空

我是再不能有所等待了
就在這兒罷
就在這鋼綠的葉上
寫下了
我底歡喜中的悲哀
我底在淚與笑中間的
痛苦的掙扎

不眠的夜裏

冬天的夜是寒冷的
冬天給予我們怎樣的夜呵
——我們必須
趁夜裏
走過這一程路呵……

這夜晚
是突出在一切日子前面的
這夜晚
是用戰友的血紀錄下來的
是多麼寬大地容受了我們的
永遠無休息的好戰底狂熱

我們底笑
擊碎了夜

我們底笑
使夜顫抖了，顫抖了……

夜
是寒冷的呵……

而夜如一枝武器被握在我們底手里
萬物如夜被使用在我們的手里
我們如萬物被混入夜色之中

夜，武器，我們
都帶着屏息的笑聲

夜顯得格外嫵媚了
夜顯得格外狂熱了
誘人的夜呵
耐想的夜呵
——可是，夜是寒冷的……

寒冷呀
風用那頑皮的手
從領口伸進你的項頸
風用那頑皮的手
拉住了你在行走着的雙足

寒冷底梟鳥底笑和貓頭鷹底哭泣
寒冷底孩子的剪貼似的樹列和樹列
寒冷底夜遊虫的綣瑟的影子
寒冷底殘廢的茅房和橋樑和市集
寒冷呵——

在這對於我們
像自己的乾糧袋一般熟識的土地上
到處都充滿了
寒冷的北風所護衛的
冬日底威嚴

由於寒冷
村莊的房舍蹲下腿來
擠集在一處了

由於寒冷
山坡用有史以來的戰爭底血
凝結起來了

由於寒冷
凍冰的水田
也把遲鈍的月亮底反光
送給沒有睡眠的人們

由於寒冷
中國底農夫的犬吠出了
忠實於自己底家的
聽起來很溫暖很溫暖的吠聲

由於寒冷呀
樺樹搖動着癱軟的身體
瘋婦人似地
披頭散髮
而你被沮喪的『皇軍』守衛着的
車站上的燈光
正在像隻腐朽的橘子似地
收縮着已經十分昏黃的光圈……

沿着這寒冷的路
渡着這寒冷的河
越着這寒冷的坡
穿着這寒冷的村
傍着這寒冷的田野，
無始無終伸展到海的田野呵

走着
我們這一羣
走着
我們這一羣
我們必須
趁夜裏
走完這一段路呵
溫暖在明天
天明了
就有太陽上升

歲寒

精光的冬天呵
貧困的冬天呵
僅只短短的一度秋風
大地就變得這樣蒼老了
天空多雲而憂
如同我底破舊的軍帽

黯淡，鉛灰
低垂不動的雲塊停滯着
哭喪的臉上
一對緊鎖的眉峯
寒冷已經抹殺了
青藍色所給他的美麗和青春
而用一雙粗黑的手
滋意地塗上了
一片亙古的悲哀
殘餘的野鳥
高唱深冬底哀歌
從半空飛渡……

北風咆哮着
淒厲得如同受傷的野獸
伸長握有冰刀的手
像個殘忍的婦人
企圖殺死自己養育的
尚在襁褓的嬰兒
而向萬物奔來，
貪饞的冬日
——那北風底情人啊
也饕餮地咀嚼盡了
大地上無數勞動底果實

叢森又復暗藍了
還森林是多麼凋零啊……
充盈了升自河面的白霧
林間底陰濕的地下
一步一步都是晦黯的氣息
是在腐化着
從秋日就堆積下來的落葉嗎
北風吹過精光的枝條
光禿的樹幹搖曳着
再沒有什麼可以疏散了
像一个久病初癒的患者
以擠噎的咳嗆
悽切地鳴叫着
他底不平的呻吟
失去了綠葉的蔭蔽
在鳥底懸空的家屋裏
雛鳥可憐地嚀囀着
那裏去了啊
他們的母親

山坡
散落着稀疏的
枯黃的衰草
乾燥而又粗糙
像老牛底背脊
在季候底
無情的裁判下面
猶如一個駝背的老人
滿臉皺紋刻滿了罪惡
昔年絢爛的衣衫破碎了
破碎了……
綴滿着窮厄的補釘

蜿蜒在落漠的原野
鄉路是如沒有頭顱的死蛇
無力地
躺倒在那邊
單身或且結伴的行人
緊縮了頭頸
雙手交揷在袖內
在北風裏
永遠不交換一句最低聲的話語
蹣跚着
趦趄地前進

嚴寒使土地也凍裂了
在冰柱的晶花中
棗紅色的泥土
跳躍着波浪似的閃光
殷實的遠山微笑着
田莊是靜靜地
披着黎明的霜花……
再也沒有一個討厭的清晨
如同往日那樣
充溢了
黎明底夏季與悒鬱的秋天底
遲遲不發的低呼

只有他們
那些可憐的動物
那些屬於他人底蔭下的昆虫們
是早早地就在
計算着冬眠的日子
早早地
——看不到冬天底
壯美的面影——
就安睡在
他們底絕望的
侷促的夢裏了

可是你

不疲於灑滴
也不似春雨為滋潤而來的
你這功褒的冷雨呀
為了什麼呢

總是用着那每一下都是相同的
悒悶的聲音
打在地上……
猶如一個無家可歸的游民
在反覆着又反覆着
那含冤的底訴
那吞聲的飲泣……

呵，冬天
該還暖些了呵
此刻是
當着：黑與白
水與火
過去與未來
人類與禽獸
沒落與上升底
鬥爭
達到最尖銳的瞬間
戰火的星花
該把你燒熱了呵

同中國底嚴寒奮鬥
看我們忍受着
多大的痛苦呵
我們慣於長途跋涉
大踏步前行
我們的手與凍裂
癱瘓的臉頰
蓄滿沈霜
唇因呼號而青紫
體因飢寒而瘦削
殘忍地走着，走着
這破爛的一羣
還充滿了傷風，感冒
斷續不息的咳嗽的一羣呵……

女人之子

又然

我小小的時候
要從妹妹的手里去搶糖，
母親就送給我
一個月亮。
我說：『那就把月亮摘來
掛在走廊上。』
『這太亮了，』母親說，
『我的孩子
仍舊掛她在天上
照遍全天下，
雲彩保護她
人人看見她。』
天上夜里掛月亮
海水不流錯方向；
我的心中照着
母親的
明亮的話，
我的血不流錯方向。

我走遠方
像溪水衝進了
大海里的波浪；
清晨黃昏
母親祝福：
遠方的孩子，有
清爽的天氣
健康的身體。
但願海那邊
母親的白髮
也康健
海那邊
我家的籬屋上
依然有屋頂，
有炊煙！
風箏飛過，
候鳥飛過。
但是，
屋頂碎在地下了，
郵差不再來，
敵彈飛過
敵機飛過！

忍受難產的痛苦
母親給了我
第一次的哭聲
一個人來到人間的宣言；
我的聲音
要永遠
像第一次的哭聲那樣
莊嚴，
為我的痛苦的
母親和
母親們的痛苦
說眞話，
去為不變眞理者
而痛哭。

公路

艾青

像那些阿美利加人
行走在從紐約到加利福尼亞的國道上
我行走在中國西部高原的
新闢的公路上。

我從那隱蔽在羣山的夾谷裏的
一個卑微的小村莊裏出來
我從那陰暗的，迷濛着柴烟的小瓦屋裏出來
帶着農民的欸直與痛苦的激情
奔上山去——
讓空氣與陽光
和展開在山下的如海洋一樣的曠野
拂去我的日常的煩瑣
和生活的苦惱；
也讓無邊的明朗的天的幅員
以牠的毫無阻碍的空闊
鬆懈我的長久被窒息的心啊……

綿長的公路
沿着山的形體
彎曲地，伏貼地向上伸引
人在山上慢慢地升高
慢慢地和下界遠離
行走在大氣的環繞裏
似乎飄浮在半空
我們疲倦了
可以在一顆古樹的
根上坐下休息
聽山澗從巉岩間
奔跌而下
看鷹鷲與鵰鴿
呼叫着又飛翔着
在我們的身邊……

而背上負着煤袋的騾馬隊
由衣着襤褸的人們帶引着
由倦怠的喝叱和無力的鞭打指揮着
凌亂地從這裏過去
又轉進了一個幽僻山夾裏去
我們可以隨着牠們的步伐
憑弔着在那山夾裏和衰敗的古廟相毗連
有着一排製造着簡陋的工業品的房屋；
那些載重的卡車啊
帶着愉快的隆隆之聲而來
車上的貨物顛簸着
那些年輕的人們
朝向我這步行者
揚臂歡呼
在這樣的日子
即使他們的振奮
和我的振奮不是來自同一的原由
我的心也在不可抑止地激動啊

更有那些輕捷的汽車
掙脫從金屬的反射
所投射出來的白光之翅
陶醉在疾行的速度裏
在山脈上
勇敢地飛馳
鼓舞了我的感嘆與想像
和牠們比賽在空中

於是
我的靈魂得到了一次解放
我的肺臟呼吸着新鮮
我的眼睛爲遠景而擴大
我的脚因輕快而跛行在世界上

用堅强的手與沉重的鐵錘所劈擊
又用爆烈的炸藥轟開了岩石
在萬丈高的崖壁的邊沿，
以石塊與泥土，與水門汀
和成千成萬的勞動者的汗
凝固成了萬里長的道路；

上面是天穹
——一片令人看了要昏眩的藍色；
下面是大江
不止地奔騰着江水
無數的烏暗的木船和破爛的布帆
幾乎是靜止地漂浮在水面上
從這裏看去
渺小得只成了一些灰黯的斑點。
人行走在高山之上
遠離了煩瑣與陰暗的住房
可憐的心，誠樸的心啊
終於從單純與廣闊
重新喚醒了

一個生命的崇高與驕傲——
即使我是一顆螞蟻
或是一隻有堅硬的翅膀的蚱蜢
在這樣的路上爬行或飛翔
也是最幸福的啊……
今天，我穿着草鞋
戴着麥桿編的涼帽
行走在新闢的公路上
我的心因爲追踪自由
而感到無限的愉悅啊
舖呈在我的前面的道路

是多麼寬闊！多麼平坦！
多麼沒有羈絆地自如地
向遠方伸展——
我們可以淸楚地看見
牠向天的邊際蜿蜒地遠去
那末豪壯地絡住了地面
當我在這裏向四週瞭望
河流，山丘，道路，村舍，
和隨處都成了美麗的叢簇的樹林
無比調諧地存現在大氣裏
竟使我打此明顯地感到
我是站立在地球的巔頂

（一九四〇年，秋）

七月明信片

上一期，因爲書店和印刷所沒有接好頭，印數不够分配，弄到市面上沒有賣的，甚至里面有文章的作者們自己都找不到，實在是非常的抱歉。沒有紙型，再排的工程又不容易，一時還想不出辦法來。

果然定價提高了，也果然是爲了「成本」。只好請求原諒了。

脫期，如果一脫幾個月也只算是脫期，對於我們和讀者都是很氣悶的事情。現在，書店表示了决心，以後無論如何要做到每月一本的地步。「騎驢看唱本，走着瞧」罷。

訂閱，務請直接寄華中圖書公司爲禱。

再聲明一次：不附郵票的稿件不退，這並不僅是捨不得幾分郵票，主要的是因爲忙不過來，沒有附郵票就算是投稿者原諒了這一樁苦處。但附有郵票的稿件，有時也退得遲，這是因爲作者要求回信說點意見，而閱稿者一時又說不出自己相信是確切的意見，或者是因爲閱稿者還一時决不定那稿件是不是可用。以後想盡力做得快一點。

關於「民族形式」問題，我們一直沒有發表過文字。也曾有幾個讀者來信探問，並且還接到兩三篇來稿，但因爲不願瞎子摸象似地接觸這個問題，所以沒有發表。在這一本編輯之前，編者把個人底意見草成了一篇小論，分兩部份投給了「中蘇文化「和「理論與現實」。本想在這里轉載一次，但因爲「學術出版社」願意印成小册子，而且不久就可以出版，還是把這里的篇幅節省了。希望看了那一篇的讀者能把意見告訴我們。

而且，爲了給討論者和讀者參考，應「華中圖書公司」之請，把關於這個問題的各方面的論文選輯了一本，已經付印，大概不久也可以出版了。

徵求「魯迅論」（何林編），「魯迅批判」（李長之著），「魯迅在廣東」（台靜農編），希望有肯割愛的，接到書就奉上代價，或奉上願意買的書籍。「朝苑社」出版的畫集，也希望有肯割愛的。

給SC

楊雲璉

五月的夜，
月光泮着大地的暝色，
在溪澗，在林間，在田原，
散發着靜謐與甜蜜。
玻璃窗內
半屋幽輝，
抱着沉思與凝想，
我坐在夜的莊嚴裏。
而你呀，SC，
披着普希金型的倦髮，
閃着明剔剔的眸子，
划過月光的海，
走進我的屋子裏來了。

你，
揮着禿筆
像傘破爷的劍，
你，
用眞正的智慧
寫着偉大的人類導師——
　　　　伊里奇，
你，
肩間堆着無限的熱愛，
向我說：
「這是一個眞實的靈魂，
　拂曉的，
　使人類淸醒的，
　啟明星。」
你，
把這慈祥的面貌送給我了——
送給我的生命
一萬條光芒。

但是，不久
你離開我走了，
帶着火燒的胸膛
你走向了北國。

而當江南的風寒
凍結了人間，
你，
披着滿身風塵，
抱着在風砂里奔走的熱心，
像一個傲岸的燕子
你又歸來了。

在窗外飛滿雪花的深夜，
你對着昏黃的油燈，
依然不停息的學習，
夜寒——
像萬條毒蟲咬着你
而你呀，
明剌剌的眸子閃着熾熱的火光，
燃走了室內的冬天。

命運像惡魔一樣的作弄你呵。
當家鄉伸進了敵人的脚跡，
忍着心頭的創痛，
你越過了祖國的沃壤
也越過了祖國的荒原，
在鷄毛店裏，
僅憑一條木橙
你挣退過嚴寒的中夜；
用一塊發硬的大餅
攙着冷水，
你抵抗過三日的飢餓。
終於，
你投到我們身邊來了，
擄一團
在風雪中燃起來的
熱火。

一個蒼黃的秋日，
一封信
帶來了一個特殊的音訊，
你寫着：
「我與茜麗闊開了，不爲別的，
她離開了人類的最可愛的花葉，

甘於藏到污穢的荊棘中去，
反而說
她在發着人生的高潔的果實。
我不會因爲失掉她的
美麗，
聰敏，
而懊喪，
我生活得更健康，
更堅強。」
遼遠的，我看見了
你的普希金型的捲髮，
你的明刺刺的眸子。
但是，
春天卻帶着冬季的暴風呵，
雪風，
吹掉了你的奮飛的羽翼
雪風
把你吹進了被黑暗淹沒了的門，
而爬蟲與毒菌
便無忌憚的破壞你的血肉呵！
但是，你呢，
喉頭依然唱着春天，
唱着
燦爛的明日。
依然是五月的夜呵，
我倚着平滑的山石，
逃避着敵機帶來的死亡。
皎潔的月色
凝出了你的慘白的臉，
但卻依然是普希金型的捲髮，
明刺刺的眸子。

（某日深夜）

去吧

胡玫

過了一年多流動生活，東跑西跑。現在忽的停下來在延安歇了二三個月，精神彷彿沒有來的時候好了。我屢次問朋友們：我的精神怎樣。而且，總喜歡朋友們能證明我的精神不如以前了。

每大早上，天剛亮，聽得外邊吹號，把衣服穿上，打上裹腿，不漱口不洗臉，就出城去爬山；打算鍛鍊鍛鍊身體，把自己振作一下。城里的老百姓和店家，都昇起了烟火，城樓上幾個小鬼，在那里練習吹號，不熟練的號聲，真是不好聽。十月天氣，早晚已經很涼了。西北高原的氣候，跟南方不同，乾燥得很，藍藍的天空，難得有幾朵白雲。這里花草樹木，實在少得可憐，四邊的山都是土墩兒，稀稀落落的植了些高粱，小米。山都不高，從底到頂不過二三里路的光景，爬起來不見什麼困難。很多士兵在山底下操練，有時跑一個圈，有時跑一條線，打山頂上看下去，他們拿着木做的大刀練起把式來，那簡直是一幕偉大的跳舞了。延水灣灣曲曲的不知道向何處流去！

延水上有一浮橋，過橋是清涼山，山上有廟宇，住的人家也多，可說是最熱鬧的一座山了。爬山的結果，知道是清涼山最好玩，去的也最多，幾乎每條路都很熟識了。這樣天天爬山，快四星期了，中間有因晚上睡得太遲，第二天起不來的；也有因下雨去不了的，不過，大致說來總算是很勤的了。

一路上見有野花，順便採幾支，帶回家去插在瓦罐里，有些草香味兒，如果採得有多，分幾支給鄰近們，他們也都喜歡。

有一天，走累了，因時間還早，回家吃不上飯，在清涼山下臨水的一塊崖石上歇脚，手里拿着幾支剛採來的黃花。西邊半個山頭，被太陽晒得通紅，不見太陽的地方是紫的顏色。這情景倒挺有詩意的，可惜不會寫詩，偶然想到一句兩句，總不成篇，也就算了。

正在無聊，一個女同志從我的身旁走過，看來有廿八九歲年紀，長長的臉，十分冷靜，也瞧了我一眼，沿着河流走了，她兩手里，也拿着幾支黃花。

——這麼大早天，還有採野花的同志？

人在浮橋上通過時，一晃一晃的浮橋是兩條破船，上面擱着幾塊木板，逢到下雨，河水漲上，這浮橋就不頂高了。

東門口已有人進去，担水的老鄉，趕着毛驢，唱着山歌，腦袋上包着手巾。

——快七點了，城里賣燒餅，酒糟的該開張了吧？

第二天，我又在那塊崖石上歇脚。并不太累，覺得這地方歇歇脚倒不錯，有山有水，延安只有這麼一條水，所以，水是越發顯得寶貴了。那位女同志，又從我的身旁走過，這是很巧的，我們第二次碰頭了。大凡太巧的事情總有一種奇怪的感覺；也許，她也感覺到了，她微微一笑，就沿着河流走了；她站在浮橋上看了一會水，往北門走去，她穿着灰布軍服，紅的毛線衣的翻領，一雙草鞋。今天她沒有採花，祇拿了一本薄薄的書。

從東門到北門有十里多路，以一點鐘走十里來計算，十里多路，只五六分鐘就走到了！又該是吃早飯的時候了，太陽照到城樓上，一羣鴿子在那里飛着。

我的窯子是一所教堂，算是城里最出色的了。小屋子糊了白紙，瓦罐里插着野花，藍花布的窗簾和門簾，倒還雅致。外邊是一個小園子，有兩棵柳樹，教堂的牧師在園子里種了些青菜，還寫了塊字牌，說：「請勿倒垃圾！」

對門一個朋友的老婆，把一盆水潑到菜園里，見我回來，問我有沒有花分她幾支？

昨天到採得有多，今天卻巧沒有採。我說：

「這地方的花，實在太少了。這些時候連野花都找不到了。」

「連你都採不到花了，可見延安是沒有花了。」

第三天，起得特別早，出了東門，不知怎的，忽然想起，好久沒有爬寶塔山：該爬一次寶塔山了！我便轉向右首，往南門走去。但是那座山太冷靜了，連一個砍柴的老百姓都碰不到。南門外有幾輛大汽車停在那里。

以後，我接連好幾天時還是去清涼山走走，覺得清涼山到底好些。可是，花真的太少了，有的都殘了，採回去沒有用，索興都不採了；那位女同志也再不來採花了。

這地方的氣候，真是要命，要在南方的話，如今，正是好天氣！

延安城才一里見方，站在南門的城樓上，可以望見北門，街上都是穿灰制服的學生，和工作人員；星期日在城里逛街，很容易碰到熟人，大家都在攤兒上買花生葉子吃，每人的臉上都露着笑容。

飯館跟賣花布洋線的雜貨攤最多，賣[illegible]也最好，一到星期日，差不多擠滿了[illegible]。

[illegible]雜貨店門口碰到一位姓葉的女朋友。我邀她去我家玩，她因跟另一位女朋友進城來買東西，就要回去，她說：下次去吧！看她那女朋友，從舖子里出來，正是清涼山採野花的女同志。她還是那身灰布軍服，紅的毛線衣的翻領，一雙草鞋；這一會我們離得近了，我看見她的額角上有一個小小的瘡疤。姓葉的朋友跟我介紹，我跟她握手，我說：

「我們見過！」她不反對我這句話。[illegible]

從此，我們認識了。在會場里，在街上，我們見面時，總說幾句客套話：

「葉同志呢？」

「不知道。」

「近來很忙吧？」

「沒有什麼。」

「有空跟葉同志一起到我那里去玩！」

她還是那麼冷靜，我知道了：她是一個不喜歡多話的人。

[illegible]我的門正對着教堂的大門，有人進來首先就看見我，而且，時常有人到我這里來問訊，遇到很多麻煩。有一次剛吃過早飯，我把窗簾，門簾都打開着，想做些工作。太陽照着了半邊桌子，瓦罐里留着幾支枯黃的殘支，因沒有新的，我又懶得把它丟掉，就這麼讓它擱在窗台上。

採野花的女同志，剛進門就看到我了，我起先以為她來找我；但立刻又想到：她從沒有到我這里來過，怎麼會來找我呢？

「進來玩吧！」我站在門口說。[illegible]

「喏！你住在這里！」[illegible]

「嗯！」

「我有事情，到里邊去一去。」她胳膊里挾着一包油印品，從園子對面那條路，進園里了。不到五分鐘，她從靠我這邊的路上回出來；她的影子剛過我的窗口，我見到了；等她走到門口，我已經站起來讓她進來。她一只腳跨在門檻上，探頭往屋子里瞧一瞧；一張床，兩只桌子，一條板凳，牆角里豎着一只臉盆。

「髒得很，進來坐吧。」

「不，我要回去，我還有事情吶！」

她走了，我沒有送她。朋友的老婆在太陽里織毛衣，好奇地問我：

「這是誰？」

「朋友。」我笑着說。

下霜天氣，洗臉水潑在地下，一忽兒就凍了。公家發了棉制服，每人的身上都穿了新衣，有的太大，有的太短，小鬼們照例發大人的衣服，小孩子穿了大人的衣服，不免有些可笑，他們把袖子褲腿捲起，更顯得又肥，又大了。我的屋子里生了炭火，一個人圍着爐子看看書，或者烤一片饃吃，倒也別有一種滋味。

冬天，天時短了，晚飯後不一會天黑了。我買了一毛錢紅棗子，把門掩上，點了燈，用一個漱口杯在火盆上墩着。延安糖貴，棗子湯是唯一的甜品，大家都墩棗子湯吃，吃棗子成爲延安的風氣了。

大約是七點一刻，有人敲我的門。我說：

「進來！」

進來的是採野花的女同志，手里拿着一本書，她的臉還是那麼冷靜。

「她這時候怎麼會到我這里來？」我心里想。

我讓她坐，她坐在我的床上。她是那麼自在，顯得我反爲侷促了。

「今天怎麼有空來，葉同志呢？」

「她先回去了。」

「她爲什麼不來？」

她沒有答我。我們沉默了。

「吃棗子嗎？」我用筷子撥着棗子。

她搖搖頭，我們又沉默了。我盡力想找些話來談談，可是，總找不到好的，找到了一句兩句，也無濟于事，因爲她老是那麼沉默，我不問她，她就沒有回答了。

我不敢正面看她，然而，我可以知道，她是鎮定的，端莊的她坐在那里，跟坐在自己家里一樣。

我把一顆棗子撥進炭火里去了！

世界是靜的，只有棗子湯，嗶啵，嗶啵地響着的我們每隔幾分鐘交換幾句很平常的話：

「近來天氣真是冷了，往後不知道冷到什麼程度！」

——她怎麼老不說話呢？

「你們學校里的制服，跟我們的不同。」停了一會，我又說：「葉同志近來好嗎？」

「好！」

——要是葉同志在這里，這客氣一定會舒服些。

外頭烏鴉在叫着。沒有月亮。我加了幾塊木炭，用一本書扇着。鄰近們好像都睡了，一點聲音都沒有，「這麼早就睡了？」我看見她帶來的那本書是：從一個人看一個世界。我有些發熱，心卜卜地跳着。

她突然問我：

「幾點了？」

「八點多了」

她站起來，從桌子上拿回她的書本，走到門邊。她跟我握手：

「我去了。」

「還早哪，再玩一會兒。」

「不，」她想了想又說：「我明天要出發了。」

「出發？明天？到那兒去？」

「前方。」

「爲什麼？」我馬上問她。

「……」

「工作。」

「爲什麼？」

「沒有什麼，去工作。」

「幾時回來？」

「不一定。」

我握着她的手，不知道怎麼好：

「我明天去送你。」

「不，不要。」

「爲什麼？」

「不要。」她堅決地說。

「那末請你寫信給我。」

她一時答不上來。我看見她額角上的小小的瘡疤，在燈光里發亮。

「再說吧！」她把門拉開。

我送她到門口，她再也不讓我送了。第二次她跟我握握手，她就走了。路旁有雪，我看着她的黑影走出胡同，胡同很短，一轉灣便是大街，再走五十步是鼓樓，那邊有燈光，想必是做買賣的還不會收攤。北門外山上那排窰洞里，也有燈光，看去像一列火車，的確，延安的晚景比白天美麗得多。可惜大門口太冷了。烏鴉在樹枝上睡着了。

第二天一早，我一個人站在寶塔山的頂上，太陽慢慢地從背後出來，天亮了，雞啼了。很明顯的，這山上自從下雪以來，沒有人來過，我把沒有化的雪，踩上了一個腳印，後來連腳印都分不清了。寶塔里有烏鴉窩，呀呀的不知道有多少烏鴉在吵鬧囂。延水結了冰，很多人在冰上走過。南門外大隊大隊的牲口在大操場里結隊。

大概是九點鐘的樣子，三輛大汽車，滿載穿灰制服的人，從南門外向南開去。正因爲我站得高，看得遠，汽車在二十里外，我還看見冒起來的土。

回家時，很多人在園子里晒太陽，聊天。我那朋友的老婆，很有要我參加的意思，她跟我說：

「你那位女朋友，怎麼好久不來找你了？」

「吓！××有女朋友？」她丈夫出乎意料之外的問她。

「……」我笑了笑。

五十九個殉難者

鄧康

五十九個殉難者死在日本人的不可想像的酷刑裏。

四月六日的夜裏，敵人包圍了×區的柳陀村。包圍之後搜查出區工，農會主任，男自衛隊幹部十五人。敵人所指引的女漢奸並招出婦女自衛隊幹部中隊長以下十六人及其他羣衆五十餘人。

從房里拖出了區工農會主任，裝在口袋裏，幾個人抬起來高高地往地下摔，兩個主任已經摔得昏迷死過去，鮮血從鼻孔從額角流出來，然後日本人便把他們一齊綁向城裏。

半路上望都的縣工會主任在另外一個村子動員了四十名青抗先用着大刀和火槍，發揮了工人弟兄的對民衆的熱愛，他們向着一百多的敵人打去，從被綁去的人中奪回幾個羣衆和區村級區幹部，盡他們最大的力量以後，他們不得不離開了……

在日本帝國主義的血腥的牢獄裏，婦女自衛隊的同志們互相誓言，「我們只有幹去，無論是誰不能投降敵人」。向着中華民族呈獻了她們最崇高的人格，五千年的古老的民族在這裏找着熱愛着她的女兒和孩子了。

縣政府曾暗裏派人前往慰問她們，她們說：「同去告訴程縣長，讓他們放心，我們是決不投降的。」

敵人和漢奸把燒紅了的鐵條烙向她們的身上。

「招不招啊？」漢奸問。

「……」她們流下了眼淚。……

敵人把針刺進她們的胸脯。細小的針眼在胸脯上佈滿，……鮮血流出來。

「招不招？」

「……」

敵人更兇狠了！把啤酒瓶子，打碎了口，拿着牠扣在奶房上用力地一轉，奶房被划開了，血與肉塊從身上吊下來，或懸掛在那裏，但是她們還是那樣的頑强。漢奸獰笑着問：

「好受吧！擁護××軍還是擁護「新中央政府」？」

中隊長因奶讓敵人用鉗子拔去一個，她已經昏過去，她仍拚力用她最後一口氣領導着十六個婦女自衛隊員呼喊着：

「國軍萬歲！萬歲！打倒漢奸的偽中央政府！」

婦女們一致這樣呼喊。沒有屈服的女性，敵人和漢奸並不能讓她們投降！

從五十九個節烈的兒女身上敵人沒有得着一點口供，所得到的只是晉察冀邊區的烈性兒女們是怎樣的頑强和怎樣的熱愛與忠誠於國家。這只能使日本帝國主義感到它會迅速的死亡和汪精衛的傀儡戲的挎台！

過了十天敵人看從她們身上酷刑拷打也不能獲得口供，於是在處死他們之前用着滾開的水從五十九個人的身子澆下來，婦女同志們的頭髮燒光了，皮膚泡腫起來。

四月十六日的下午，敵人和漢奸押解着五十九個走向城外，到望都城的十字道口上，這天適逢着趕集。五十九個人又喊起來。

「打倒汪精衛！」

「擁護爲咱們謀幸福，謀自由的國軍！」

「中華民族解放萬歲！」

每個有人心的中國人望着他們都爲他們暗暗地悲泣。出了城關，日本兵把中國人趕開，於是在那里挖好了泥坑，婦女自衛隊的小隊長王俊英，首先跳到坑里，敵人向着它的胸口就是一刺刀，十六個婦女同志都是青年人，她們每個人身上在臨死之前都受了三四刺刀；有的敵人把她們肚子割開了，有的用刺刀從陰戶刺進去，把肚腹一直血糊糊的划開了。男同志們在臨死之前，日人把他們的頭割下來，泡腫的身上穿滿了刺刀。

四月二十日的夜里，望都的英勇自衛隊員們冒着艱險從敵人城根下的大坟里，把他們挖出來，回來的時候，久已參加了隊伍的柳陀的子弟兵們已經哭得不成聲了！

人民，政府，都爲着五十九個殉難者而悲憤。

去，二十一號的時候，柳陀村的人民親眼看了他們的青年的姐妹兄弟的慘死，那一天死者的兄弟們穿上了白色孝裝，踴躍的響應政府的號召，結成了一個排——一個排——一個有力的保衛自己家鄉的柳陀排！他們要用刺刀或者槍彈打穿日本人和漢奸的胸膛！

六天間的游擊報人

寒平

七月二十二日

雨，不大下，也不小下，絲絲伦气的鏊鬧了一個星期。天空像個睡不醒的懶漢，老是那麼昏昏迷迷的不睜眼。屋子裏漏得「叮兒噹兒」的，洗臉盆，洋磁茶盌都擺在炕上接雨水，媽的，外面不下了，屋裏還下！

各處都濕漉漉的，潮得令人有種說不出的難受。一開電門，「格巴格巴」的像誰在擴音器上揚沙子。加上東京和錦州兩個電台，放着狼嚎一樣的雜音，擾亂得簡直收不成。

收音員楊玉才累得滿頭大汗，擦了一把又一把。心裏膩得了不得，憑白無故的跟小鬼慶元吵了一架。索性閉了電門，把平日常來聽收音機報告的老鄉們都攆了出去，連每天坐在貼着「錢龍臥處」的小櫃子上一動不動含着烟鍋靜聽的老房東都不讓在屋裏：

「老鄉們！睡覺去吧！今天下着雨，聽不得！」

他拿着電表，仔細找尋機子的毛病。摘卸着機件。

夜深了。

健民盤着腿坐在炕頭上，嘎嘎的刻着鋼板，畫着衛鋒報的「報頭」。我在他的對面，整理着各地的通訊。雨彷彿是住了。老鄉們都睡了覺，裏裏外外，靜得很，只有睡在門扇上小鬼的囈語和房上漏下來的雨水打着洗臉盆的聲音，點綴着這沈寂的深夜。

「老韓！信！給！」

破竹簾子起處，閃進一個戴草帽拿紅纓槍的漢子，黏着泥漿的脚板，在乾巴巴的土地上印了幾個濕的脚印。他把兩封信遞給我，一面摘下破草帽，露出紫螃蟹臉，不知是汗還是雨水，從臉上流到胸脯上，在燈下映着漆亮。「你們幾時也是睡這麼晚。——今天聽山南裏機關槍整「撲撲……」的幹了一天，到底是怎麼回子事？」

「還沒有得到什麼新消息，據昨天來的報告，說是在×嘉村一帶。」我認識他是村上模範自衛隊副處長王黑狗，招呼他坐坐，他那張紫螃蟹臉笑了笑：「你們忙。——崗上只小拴子一個兒，不頂事」

說着，紫螃蟹臉消失在竹籬外面。

我折開信，一封是二區區公所寄來的，報告城裏增了敵人，一封外面印着縣政府油印的長戳，我一看那歪斜的字跡，就知道是縣長老陳寫的。信是這樣的：

「老韓：頃接安家崗政治部電，謂此次進攻孫×莊之敵，今晨我伏擊，敵傷亡五六十人。但據前方確信，敵連日增兵，似有大舉北犯之勢，報紙及石印機，目前既不用，請從早堅壁，以防措手不及。如不得已打游擊時，爲減小目標計，最好你們報社四個人仍自成一個單位。尊意如何，示知。致以抗禮。

陳××即日」

當下我們幾個討論了一下。決定：明天由我去安置放在××寺裏的石印機。

七月二十三日。

天晴了。可是北天邊還凝結着許多又黑又大的雲塊。

我從野×村發動自衛隊將石印機埋好，繞着山腰回來，已是下午了。剛一上白坡子，××鎭站在山頂上的自衛隊瞭望哨，老遠就手指脚畫的告訴我：

「看見了沒有？㑚他媽的又點着了—看那烟，够多大，不是南×莊，就是孫×莊！」

我一進×山鎭的閣兒，見街上亂烘烘的；從前方抬下來的「掛彩」的子弟兵，因爲自衛隊的担架隊換班，放在十字街裏，婦女們用木桶從家裏提出已經煮好的綠豆湯來，讓受傷的戰士們喝，鎭上的兒童團和第二中心小學的學生，排着隊沿街向各舖號住戶給傷兵募捐，小學生有的給傷兵倒水，剁鷄子……。各村參加戰鬥的自衛隊，匆忙的在街上動盪着，有的用荊條筐子抬着各家蒸好的乾糧，有的抬着白柳木的手榴彈箱子，往前方送。有的用毛驢用扁担把這兒軍用代辦所存着的鞋子、糧食、布匹、和從鐵道上割來的鐵絲，擰下來的道釘裝了麻袋或紮在馱子上，往比較安全的地帶運。每一張樸實的臉，是緊張而興奮的。忙亂的人們，把區公所的門子塞得風雨不透，我好容易才擠進去。院裏的人，也是滿坑滿谷，區農會主任正在分發着各村送來的慰勞品。豬，羊，點心匣子，桃子，餅，鷄子，……擺了半院子。

辦公室裏，電話鈴着急的響着。我一進去，見屋裏有許多人。在那兒等候着開條子；馬區長一面拿着耳機子一面指揮着各部門的工作，忙得不得了，抬頭見我進來，忙說：「來得正好，老韓——你幫我們寫兩個通知。——這兒的工作同志，帶着自衛隊上前方的上前方，下鄉的下鄉，要不是農會青救會大夥齊下手，我簡直要唱『獨角戲』了。……——啊——啊你們……」他又向耳機子說話了。

我給他寫了通知之後，問及前方的情形，他很鎭靜的說：「沒有什麼，現在咱們的『主力團』開上去了。」

可是等他寫完了一封信，把我叫到後屋一個僻靜地方說：「石印機埋好了吧——據方才從縣城附近回來的便衣自衛隊偵察小組報告：這次敵人來得相當多……」

「野×村工會主任有話跟區長說。」小角門裏探出一個包着「羊肚子」手巾的腦袋。

「啊啊——」馬區長出去了。不多時，又回來接續着說下去：「只昨天宿在×莊村的敵人就有一千多，看樣子有向山溝小道搜索的企圖，我想你們最好到南邊平原上去出報，因爲敵人進行掃蕩的時候，沒有力量顧及那些地方。」

我覺得他的話很有道理。談了些別的，就出了區公所。

機關槍、步槍、仍在嘈雜的交響着。

回到×莊，已是晚飯以後了。我蹒跚的走進村口，老遠就有個女人的聲音喊：

「那一個？站住——」

「我是在這村上住着的，姓韓。」我一面走着答。

「啊——韓同志。」從三官廟的石碑旁，閃去一個剪了髮的女人的黑影：「從區公所來的嗎？消息怎麼樣？」

我告訴給她前方戰況之後，隨着問到村上的情形，她說：「火槍隊，老陽還高高的就出發了。連那個『二人抬』也帶去了。聽說他們要走得很遠哪……」

健民他們早已吃過飯，老房東送我三隻煮熟的嫩玉角（即棒子）嚼着吃了，當做一頓飯。

今天收到二十一件稿子。

二十兩日

昨晚，炮聲整宿沒有住。村上的人們一面給前線上的戰士們烙餅，一面拾掇家裏的糧食櫃箱，衣服，連鍋碗、盆子，都不剩一個。我問老鄉藏那些盆碗幹嗎，他不禁感慨的說：

「藏它幹嗎？同志你不曉得，鬼子是牲口——東西帶不走的也要給你砸掉、不，就給你拉上屎——撒上尿——……」

村上的人一夜都沒睡覺，我爲了趁早採訪新聞，鷄剛叫就起身往縣政府去，這兒離縣政府，不多不少，整二十里。到了那兒，大家都穿着衣裳，被包也沒有解，橫七豎八的躺在炕上，原來也是忙了一夜剛躺下，一打聽，曉得縣長老陳同新反正過來的翻譯官（朝鮮人）趙東麟天還早就趕到前方去了。前線得了大勝利，在紅土崗子消滅了一百五十多個鬼子，繳獲了一百多枝大槍。我爲了更進一步的明瞭戰場的情況，便和縣自衛隊總隊部的孫同志一同到前面去。

天板着鐵靑臉，唐河在悲壯的咆哮，東天邊瀰漫血樣的紅霞，照紅了一層層的山崗，照紅了河邊的小楊樹林子，照紅了人們的眼睛。

傷兵大半已經抬完了。自衛隊們興奮的搬運着勝利品，成捆的三八式，子彈箱，軍毯，東洋指揮刀，罐筒，餅乾，還有五匹栗色的洋馬。另外兩匹死了的，用扛子抬着，大夥一面抬着走，一面嘻嘻哈哈的說笑，忘了飢餓，忘了疲倦。

我倆沿着沙溝向前面住着團部的那個村子上蹣跚。穿過一片棗樹林，往東一拐，遇見了我們那位花白鬍子的老房東，扭着飯罐子一蹺一拐的迎面走來。他是從前線送飯回來的，見了我忙截住我們說：

「這回鬼子算完蛋了——光六十畝地那一個地方，就撂死了五十多個鬼子，橫躺豎臥像割下來的蒿捆子，朝×莊村西沙灘上也不少，還捉住了一個活的，受了傷，後邊自衛隊擒着呢。」

我問他什麼工夫來到這裏？村上火槍隊怎麼樣？老頭子吐沫四濺的講起來：

「別提啦——我就是給火槍隊送飯的。走小道來的，到前面的工夫，天氣還不明，那知他們村上的自衛隊都趕到縣城附近去了，離腳下還有三十里。區裏先通知了我們村裏家家戶戶做飯，送去前綫，可是我忘了問送到那兒去，就一股勁兒的冒冒失失的往響炮的地方走，要不是鑽在戰溝裏的那個排長攔住我，眞險些要走到鬼子跟前呢。——恰巧已是吃早飯時候，就把飯讓同志們喫了。」

我們別了老房東，走不多遠，一下坡就是××村。正好從南面抬過那個受傷的日本兵來，放在團部門口，預備往後方醫院送。他是腿上中了傷，黃呢子衣服上染了一片一片的血。據跟着抬架的擔紅着十字飯包的衛生員說，並沒有傷着骨頭，用不了一禮拜，就可以完全治好的。可是他（日本兵）的臉色蒼白得難看，大概是由於日本軍閥的欺騙宣傳使他感到恐怖吧——可惜我不會日語，不能和他談話，老孫好奇的手指脚畫的向他打啞謎，他只是搖頭。後來老孫從日記本子上扯下一篇紙來，給他寫字，問他是那裏人，叫什麼名字。他似乎明白了，顫抖着手接過鋼筆，在紙上歪歪斜斜的寫上：

「大坂，小商，吉田太郎。」

老孫又給他寫了：「×路軍優待俘虜，好好醫傷。」

他呆望着老孫，好半天，點了點頭，神色坦然一些了。接着自動要過鋼筆，寫了一個「火」字，拱張着手，做出燒火的樣子讓自衛隊們給他寫些麥楷點着。他燒着火笑了。[illegible]：「燒[illegible]二十[illegible]這兒離作戰的地方僅僅三里，×團長邀我們去吃早飯，恰好縣長老陳也在那裏。×團長是剛從戰場上回來的。吃飯中間，他興致勃勃的講述着戰鬥的經過：

「……媽的鬼子眞狡猾，子彈缺乏，拿這玩意兒來吓人！[illegible]」說着從挎包裏掏出一掛紅綢鞭炮來，「這玩意多得很，他們是用煤油桶叩着放的，怕我們看出弱點，放過之後，一定將炮張紙埋起來。可是我們自從龐××村戰鬥以後，發現了他的規律性，每次打掃戰場，都會撿出他的尾巴根子來。」[illegible]

因急於出捷報，在戰場上轉了個圈子，又訪問了些別的事情，就匆匆的回了××村。[illegible]

二十五日

慶元將捷報和衛鋒報送到交通站回來，飯已經作好了。飯後，整理來稿，其中有一篇報告，我覺得寫的最好。那是一區的一個通訊員寫的，今年我到一區參加「五一」大會的時候，曾和他談盤了好久，他在事變前是一個理髮匠，在[illegible]動員會時代就參加了工作，現任區公所的助理員。他沒有上過一天學，只是跟師學徒時習了幾個字，[illegible]筆流水賬幾乎都記許多錯字，但由於三年來的鍛鍊，他已學會寫短篇的通訊和報告，而且寫的相當生動。我將這篇東西一字不改的寫在下面：

紅土崗子上的炮聲，整整響了一天，鬼子小[illegible]兒礙了我×大隊的砸鋼[illegible]時就不甘寂寞晚上宿？……在齊陽×。[illegible]人在[illegible]不大我們為了牽扯敵人向北進攻，昨天發動三[illegible]。第一二三四、五各區六十多個村莊的男女自衛隊，約有三千八百多人，繞到敵人後方，在部隊的掩護下，分了四隊，從縣城往北，二里一段，[illegible]二里一段，大量破壞敵人新修的汽車路，同時為了瓦解敵軍，爭取敵偽，更派了我們幾個人進城去散放標語傳單去擾亂敵人——……」我和三區大隊長王海林是自報奮勇的，此外還有×軍分區偵察×的兩個弟兄，一共四個人。在自衛隊分配好之後，我們才帶着兩捆傳單沒羅從××村出發，到城根下的工夫，已經是下一點了，東南角的雲彩裏，透出一個月牙兒的影子，天色雖不明，但也不算太暗，我們是在大南門西邊的小午門上爬城牆進去的，在那裏一下城牆，走過石橋，就是北嶽廟前面的蓮花汪，這汪是縣裏的八大景之一：「蓮池月色」，是從前紳士賞荷花的地方。我們走兩步、聽一聽，走三步，立一立，躡手躡脚的順着蓮花汪往北走，正走間，忽聽得北面天一亭邊的青石路上有「咯啦咯啦」的脚步聲，知道不妙，忙蹲下身子，映着天光一看，正有十幾個戴着冷鋼盔的野獸走過去，我們爬在汪邊的草叢裏，一動不動，只有一陣花的香氣，悄悄的鑽進鼻孔。

等皮鞋聲遠了，我們才從草叢中鑽出來了，曉得北嶽廟裏是鬼子的營房。彰着土岸，悄悄的往東走，大家道路都挺熟，除了王海奎，我們都是城裏的人，可是一進南街簡直使我們都轉了「向」，房屋燒得一塌糊塗，像被挖掉眼睛的骷髏，一堵一堵燒得焦黑的土牆淒涼的佇立在濛濛的月色下，更顯得森人—

街心裏滿了石頭磚塊，焦木破瓦，在石頭瓦縫裏長出一尺來高的青草，我們的褲子被淌濕了半截，要不是我家門前有那株破肚子槐樹，我連自已的家都認不出來了。在大街上，前些日子，被綁進城來的幾家舖號的掌櫃，在刺刀的逼延威脅下，用蘆席架起棄棚，街裏擺了攤子，算是開了市，別說做生意，人都見不到一個，沒等到十天，就都餓跑了。只有攤子仍在那裏擺着，縣城簡直成了他媽的一座荒涼的草場—

我們在福昌煤油公司門口撒了一些傳單，知道裏面住着「宣撫班」。之後，在縣政府門前的大影壁上貼上了我們縣政府佈告和宣言，才繞到北街來。北街是在敵人第一次進兵時就燒了，焦頭爛額，格外淒慘—我們走了半道街沒有動靜，往南一拐，見從前縣立第一高小的教室裏透出一線燈光來，王海林扒着那破牆頭上了東房，仔細瞧了一會，回過頭來，悄悄的對我們說：「快上來，肏他媽的，有人打麻將呢。」

他一個一個把我們拖上房來。王海林這傢伙，會打拳，身子十分伶俐，他輕手輕腳的走到北房上去，爬在房簷上，探下身子，「噹「的一下，一顆手榴彈擲進玻璃窗：

「轟……」

「轟、轟—」我們也趁勢投了兩顆。

屋裏燈滅了。器具撞擊聲，狼嚎似的慘叫聲溶化在藥臭裏騰湧上來，這時城外的鳥槍隊也放起槍來，眞比大年三十夜還熱鬧。……

我們攥着手榴彈，滿打算鬼子蜂湧出來，致他嚐嚐傢伙，那知等了好一會，總不見人出來，王海奎和偵察班的老張先下了房，原來只打住兩個鬼子，別的都從新挖的小角門裏跑了。

在房子裏尋了一些東西，由原路回來。這次我只得了一個馬蹄錶，王海林得了一支三號盒子槍。偵察班的兩位弟兄，一個得了一架收音機，那一個揹出一個電話機，後來出了城，偵察班的老張才告訴我：那是鬼子的憲兵隊部。……」

這篇稿子末後，另外還發了幾句話：

「老韓同志：這篇東西是剛從城裏爬出來，在××莊一家燒餅舖子裏趕慌寫成的，非常了草，算不得什麼報告，如果認爲可登的話，就請多多删改，登在貴報的「前哨」裏，如果看着不沾，撕倒，拉倒。

七・卄四・農軍。」

二十六日

昨晚十一點，接到了縣府一個緊急通知：「敵人千餘，分三路向我圍攻，縣府已決議遷至××口村，請速準備，立即移動—」

前面沒有縣府作屛障，團部據說也往西遷移了。無論如何這裏是住不成了。大家商量了一下，決定照以前的計劃做。

事不宜遲，馬上整頓一切；打被包，捆箱子，收拾零碎用具……。

天漆黑，沒有月亮，也沒有星星，我們四個人除了各揹着自已的被包外，大家分開揹着油印機、收音機、油墨、紙張、軍用電話機、臘紙筒，……一行四個黑影子蹣跚的爬上駱駝嶺。穿狹的小徑斜灑在山腰裏，只稍微顯一道白印兒，下面有十幾丈深，河水驚人的嘹嘯着，雖然這只是唐河的支流，水并不怎麼大，然而在夜深人靜的時候，聽來就顯得十分聒耳了。

我們一過那有着兩株柏樹的山神廟，山路就斜着往東南溜下去，這兒山勢非常陡，而且又多半是活石，我們手拉着手，慢慢的試着往下面下，下的有半里來路，忽聽得西面黑暗裏有「丁，丁，丁，……」鑿石頭的聲音。我們都覺得奇怪，怎樣在這樣緊張局面下，半夜裏在深山裏打石頭？不是，絕對不是，這正是去五台的大道，說不定是敵人派了漢奸在這裏搗鬼。越想越不對，忙從腰間掏出「七屋子」手槍，大夥不約而同的爬在地上。依收音員老楊的意思，非拿手榴彈溜一傢伙不可，我忙止住他。健民小聲和我商量：要趕快離開危險地帶，路子又不允許走快，不，老爬在地上等着也不是辦法。……這當兒，那「丁丁丁」的聲音停了，有人在小聲說話，這一來，使得我們的心越發緊張了。

「是老孫吧，走慢點，不要離了隊了！」我們就在這裏，別往下走了！」黑暗裏有人低壓着嗓子喊叫。

我們起初覺得答腔不對，不答腔又不好，僵持了有三四分鐘，後來一想，說話既然是本地人口音，心眼便放開了些，我站了起來，一手撥着槍機趁過去：

「我們是趕路子的，你們在這裏搞什麼鬼？」

「……」那人嘰嘰囔囔的說不上來了。

這，更使得我們胆子壯了，而且生了氣：

「說！！不說，開槍了！！」

「俺們…是×嶺村的自衛隊。——同志你們那一部份？」另一個嗓音。

我提了多時的心才放了下來，跌跌撞撞的趁上前去，映着天光一看，見上面是一個陡出的懸崖，下面盡是牛身般大的黑石，他們九六個黑影子就蹲在石縫裏。

「自衛隊到這兒幹麼？」老楊的粗嗓子從我的頭上衝了過來。

這工夫，其中的一個黑影，站起來，彎着腰，側着頭，向我們看了多時，才：「你們是縣政府的吧！俺們是煤井工人游擊小組的放哨的！」

我告訴他我們的來歷之後，石縫裏的人笑着站起來：

「簡直吓了我們一大跳！眞是『大水冲了龍王廟，一家不認一家人』了！」

「方才你們『丁丁』的鑿石頭是幹什麼？」健民插了一句。

「沒有鑿石頭呀！嘿嘿！……是六個孩子的聲音。

明明方才聽得「丁丁」的響聲，同時又有陣火石的臭味，鑽人鼻孔。可是我左問右問，他們都支支吾吾的不說，沒辦法我剛要走，忽聽東北山腰裏拋下一個挺熟的稚氣：

「老韓嗎？你怎麼到了這兒？」

一聽語尾，曉得是縣工會主任老于，忙答：

「啊！是。——老于你從那兒來？」

「縣政府。——前方的消息曉得吧，敵人已到××峪村了。你們是……」老于和其他幾個漢子扭着飯蹣跚過來。略談幾句關於前方消息的話，隨後我把他叫到一塊大石頭背後，小聲問他到這兒來幹什麼，他才一五一十的告訴我：

「這條溝，叫梯子溝，是從定州到廣靈縣一段最難走的路子，屢次敵人進攻×區，必有大股兵從這裏經過。前天我們煤礦工會，爲了配合這次的戰鬥，召開了一個臨時聯席緊急會議，在會場上，有個會員，叫狗來子，是個河啓，挺黑，大個子，他提出了這個問題，他說：『好幾次鬼子進攻咱們×區，都要經過梯子溝，那地方我已看過幾回了，上面是挺高的山崖，底下是水，非在這亂石縫裏穿過不可，那裏有塊挺大的石頭，正對着路口，我可以鑿上兩個炮眼，至少要有盌口那樣大小，另在上邊鑿個細孔，當做引火線，把炮裏多加火藥，再裝上大稱錘、犂滑尖、鉄鋼……敎一個人在那裏藏着，等鬼子走近了再點，一定會揍死許多鬼子，不過那裏山勢挺陡，往北沒有路子可跑，一定要死在敵人手裏。」……這事兒我幹！不要別的，只要幾個手榴彈就够了，這趟爲了咱們大家，爲了咱們中國，這樣死是光榮的；我家裏，母親去年死了，老婆上月小產，也完蛋啦，只有一個丫頭，才十歲，你們大家給我把她送進勞作團，別的我就沒有一點掛念了！』大夥起先都不贊成他這種拚命主義，可是他一股勁的堅持這主張，沒法子，只得照辦。現在他們在這兒就是鑿炮眼哩，我們是來送飯的，等一會，狗來子就來。……」

我才恍然大悟。可惜因爲時間不允許，不能和狗來子晤談，確是一件憾事！

二十七日。

昨晚一氣趕了六十里，到達目的地時，天色雖然還黑矇矇的，可是村邊已有了趕早上地的人了。

這村子，本是一個破落的小鎭店，是周圍十里內的商業中心，有雜貨舖、藥舖、染房、飯館、肉舖、和兩家賣麵的店，十天四個集日。

我們和村長，交通站長都接了頭，給我們找下住處：是一家藥舖的後院。是瓦房，非常整潔，三層院，後院有碾磨，牲口圈，有大車門可直達村外，據說這是一家地主的住宅，事變前，全家已搬到四川去了。

村長是個青年農人，姓張，對我們照顧得非常週到，替我們尋下藏東西的地方，又很關心的囑咐我們：這裏離××村八里（那村是敵人的據點），因爲是個「集」，常常來搜票子搗亂，搶東西，可是沒是一點關係，正因爲他常來，所以從沒有像別的村干那樣注意過，搜查過，只要把東西藏嚴密，保險平安無事，比方吧，鬼子來了，沒走脫，你在藥舖裏可以幫忙安安靜靜的裝作抓藥，開藥方。沒有漢奸，鬼子是轄東西！」

走了一夜，困得要命，發了兩封信，吃都沒吃，就蒙頭大睡了。

一覺醒來，已是黃昏。吃過飯，五區青救會主任老田來，教我去參加五區的「武裝動員大會」。

會場是在離××莊三里的×村村北，一個栽着濃密柏樹的墓場裏。用蘆席打的棚，雖說了草，襯上村上周圍的棚帳，國旗，偉人像，却顯得十分莊嚴，參加大會的有駐軍，男女自衛隊，青抗先，兒童團，小學生，他們都帶着武裝，紅纓槍，大片刀，鳥槍土炮！…是五個村子裏的全村羣衆，足有二三千人，連××村（敵人的據點）的青年也有不少偷跑出來參加的。

馬燈的黃光照耀着幾千張興奮的臉，暴風雨樣的歌濤，澎湃在夜的草原，威脅着在十里外據點中抖縮的强盜。……

在王區長的「緊急動員」下，我也上台講了些零亂的話。

「……要參加的當場報告……光榮入伍……」

王區長的話還沒有講完，青抗先，自衛隊中的小伙們，便像潮水樣的湧到子弟兵報名處的桌子旁去報名，在不斷掌聲中，圍圍的鬧起來，四枝筆不住的搖動着，人名，年齡，村名，……有一個小伙子，擠在桌子的邊緣，等了好久，沒有寫上自己的名字，可焦急了，他忿憤的打了寫字的人一下，謔

學習在我們自己的工廠裏

劉亞洛

外景

還是一所位置在山裏的工廠，從那些建築的外表看去：—從那窗櫺和門框的顏色—你便可以一眼看出這是新造好沒多久的。兩山中間是工人宿舍，迎山腰那兒住着工人家屬，迎着太陽；在那排敞朗的窰洞裏旋動着皮帶和齒輪。村西頭山半腰上有三間空着的土窰，緊緊地偎倚在山脚底下的是一排齊整的平房。兩道溪流從上川裏蜿蜒而來，在這裏匯成一條不怎樣寬的小河，滑滑地淌向東南去了。

原先；這兒，一到下晚，便冷悄悄地，什麼動靜也沒有，只是仔細分辨還能聽得到樹枝給風吹着的細細簌簌的音響，有時候打森林裏會傳來幾聲狼的嗥哮。如今呢，只要兩邊山坳裏燃起了燈火，青年人放開了嗓門哇呀哇呀唱着各色各樣的家鄉小調，這歌聲壓倒了大地的嗚咽。你聽吧，那週週圍圍的山坎上呀，一盞盞小馬燈，火蝴蝶也似的飛舞着，燈光慢慢地匯集在一起兒，匯集在山半腰隱沒了，而打從那山坡中間，射出一道强烈的光罩着對面一層晦暗的草綠，映着小河裏泛起金色漣漪。

一個鏡頭

「順兒爸爸，順兒爸爸，上自習啦。」

立在土墩上，一個女人這樣的喊着。

從下面走來一個漢子，他一隻手抱着娃娃嘴裏像是哼着什麼歌兒似的，脚步邁得挺利梭；帶點兒小跑，走進的自己的屋裏。

「上自習啦。」女人說着一面理了理飄散在自己鬢邊的亂髮。

「是的，連兒給你。」

「來，媽媽抱，連兒。」

連兒，那小鬼頭，望到媽媽來接，把額頸兒一扭，兩條手臂趕緊纏住了爸爸。作娘的可不由小鬼頭不依，一把接過來了，叫道：

「別吵，讓爸爸上自習去。」

待會兒，端的那女人自己也抱着娃娃，挾着青石板課本，向山底下那排平房跟前走去了。隨後一個七歲模樣的孩子，跑到房門口，望望門鎖上了，趕緊向外邊跑着嚷道：

「媽……」

停了歇兒，沒聽到回聲，急得這孩子跺起脚來。

「媽呀—」

「嘛事，順兒啦。」作娘的前面回答了。

孩子咕着嘴巴嘟噥着：

「人家的識字本呢。」

「在這兒，看你一動就哭啼啼的，也不怕人笑話。」媽媽站下了。

責的問他：

「爲什麼不給我寫名字呢？」

那個人歉然的望他笑了笑，迅速的記上了他的名字，他這才滿意的和別人站在一塊，被招待在光榮席上。

尤其令人感動的，是××口村的一位老太太，已經六十多歲了，拄着拐杖，領着他兒子到報名處，向王區長說：「區長！我把我這個孩子交給你，他是整年價作長活（即長工）沒有出過門，你好好給我管教他！」又回頭向兒子：

「強兒，爲了給你爹報仇，爲了咱們中國人爭氣，好好打仗，千萬別結記我，幾時趕跑鬼子再回家過平安日子！」

還有×西村，一位剛娶過不久的新媳婦，叫馬玉珍，親自送他丈夫（一個青年的青抗先隊長）去報名，別人教她登台講話，她一點也不猶豫，笑嘻嘻的上了台，說：

「……娘兒們，誰不愛自已的男人；可是我更愛我們的國家民族。假使亡了國，當鬼子的牛馬，自己男人也是愛不成的！我在娘家是個模範自衛隊員，我堅決反對拖尾巴……。」

據青救會主任老田說，今夜有三個村子的劇團開演，但我爲了整理稿子，沒有時間去看了。

一九四〇，秋，

於河北，

阜平縣。

孩子趕速擦了擦眼睛，連蹦帶跳的跑去了。

熱情的大孩子——林丹

這時跟我站在一起兒的，是一位熱情的大孩子。他今年二十三歲，名字叫林丹。過去呢，是一個包車工人，現在他担任着職工會的文化教育工作。

一點也沒有改樣兒，你還在海邊長大的孩子；跟我在青島沙灘上看到的你，跟我在上海南鐵廠看到的你，還是那樣一見到熟習的朋友，就拉着對方的臂膊，笑着親熱的喊：——

「啊呀，原來是你呀——」

一個水手的兒子，一個輪機匠的弟弟。幾年前那個老水手，和那個瘦弱的輪機匠，他們把所有的希望全放到了你的身上，他們把用生命當賭注換來的錢供你讀書。你的爸爸，那個和氣而且直爽的老水手。他爲着你，五十多歲的人了，還浴着海風海浪，從基隆到營口，從天津到海防，來回的顛簸着，而那個瘦弱的輪機匠，第二期肺結核的患者，曾經幾次，因爲打掃鍋爐昏厥過去。可是林丹，你點燃了他們的希望。你不會忘記你的爸爸：

「林丹，爭氣點，看爸爸這麼大歲數，頂着大風大浪，爲着誰來。」他的希望要你做一位船長或大副。

而那個瘦弱的輪機匠，你的哥哥都叫你：

「多學習，多嘗試，多認識，別忘了本。拿出點勇氣來幹，到下層去滋味一下生活的苦辣酸甜吧。」

林丹，你自己呢，選擇了哥哥指引的路。

你選擇的路是對的。

你把你前一代的苦痛——那個老水手的苦痛，同一代的苦痛——那個瘦弱的肺結核患者輪機匠的苦痛，告訴我們吧。

現在你是我們中間的一個，你幫我們上課，編教材，組織教育和自習。你說：「工作十二小時，十三小時算不了什麼。」是的，在你那被海風吹過的臉頰上，我們找不出有半點兒倦容。

工作沒有一開始就什都順順當當的，你這青年人，剛來的那時節，有的同志對你不了解，瞧到你去叫他上課，便朝你望一望，故意把門抖的一關。有幾次你聽到尾裏有人在咕嚕：「嘮叨鬼，又來啦，別睬他——」大該是聽出你的脚步聲來吧。你在門口待一會，這突然的襲擊，對於你是一個刺激。你想：「我也是工人，你也是工人，憑什麼呢？我這是爲着……」可是你再想想，你明白了。激怒的痕絡漸漸消逝，代替着是一個笑顏，你走進去，跟他們打着哈哈，你沒有惱。你說：「他們將來總會了解的，我們應該耐心點。」

是的，現在他們了解了。

現在，我看到你兩隻手扣着腰間的皮帶，瞧着那蜂擁進入教室的人羣。這時不用你吆喝，只要鐃晉一響，教室是一塊磁鐵，人們會全被吸引來的。他們唱着歌子，拍着肩膀，談着一些發噱的故事。「還生活有勁頭兒」——愉快的笑紋，裂開在你那薄薄的嘴唇邊。你那閃露着對同志的愛的光芒的眼睛瞧向東方，是惦記起那兒的沙灘嗎？是惦記起那兒快結實了的葡萄園呢，還是惦記起過去在一起兒鬥爭過來的伙伴？告訴你，他們都在倔強的活着啊！海的兒子，是決不會像膽包似溫順地匍匐在仇敵的腳下的。

海怒嘯着，還是它要把那殺人不眨眼的日本強盜吞進肚裏。你會看到你的爸爸，那個老水手，你的哥哥，那個孱弱的輪機匠。林丹，現在如果他們要知道你的話呀，那噙着淚珠的眼睛裏，怕不會閃閃着春天的陽光麼！

他們簡直要笑了。

記兩位工友同志的談話

「我打小兒在泥堆裏滾大的，講到學習眞是壓根兒別想，一來老子娘供不起，再說自己也不愛幹。那時候肚子餓的緊誰有心事啃那玩藝兒。自從參加了××軍，認會了做牆報，算算術，解决一些問題。朋友來信，也能應付着寫寫。最稱心的是自己能看報，曉得國家大事。」

這是一個鐵工阿昌的自述。讓我們再舉一個另外的例子來看看吧。機工班的班長謝龍在一次班會上他引證了這樣的事實去規勸那個想拿不上課不學習來威脅工會的同志。他這樣講：

「究竟咱們想想看，不學習是誰吃虧呢？我現在先罰我自己。從前剛來的那時候，我就不愛上課，一下工愛到對門小飯舖裏睡大覺聊天。你要我幹活，誰我不胆怯他，就是一提到學習，我就頭痛，實在摸不着門。誰要我上課，我眞是請他：「大爺別鬧蹉啦。」起先教員還把我編在第四班，我說「跟不上」，到後來又把我編到第三班，我來了那付扭勁兒，我說：「毬，那一班我也不上啊，老子做工來的。」捱着到了去年春裏，上級調我到外邊工作去。我想想，這下子可抓傢伙啦，什麼也不懂。到外邊人們問起：「同志，你××來的，什麼比我們了解得多，講點出來聽聽吧。」可是我呢：我（他這時候說着就搖了搖頭）。我想了老半天事由兒越想越不對勁兒，沒別的要求上級，再等八天吧。媽的，我這次下定決心，非幹不行，（這時他把握緊了的拳頭恨恨地在膝蓋上擂了一下。）開始那是咬着牙根兒，眞賽過吃黃連。從前一下工，隨便跑，現在我要坐在屋子裏寫字看書。四十歲的光腳板纏金蓮，這滋味可眞不好受。你瞧一天天過去，不知怎麼也會逗起趣味來啦，你說怪不？日子一長什麼也摸着了門。古語道得好：「不怕功夫深，鐵杵磨成綉花針。」我越幹就越想幹。這時又嫌學習時間太少了。嚼了老半天，辨出來啦（他把舌尖舔了舔上牙床），「啞啞」，原來不是黃連呀，你們猜猜看是啥，哈哈，這藥丸裏面包着的是甘草心呢！──甜的。」

噗嗤一聲，引得全班同志都笑了。大伙舉手表决，保證每課必到。第二天那個不想上課的也挾着課本，笑嘻嘻地坐在教室第一排位子上了。

在教室裏

一間深約三丈五六，寬有兩丈約摸的窰子，橫裏排八張長條桌，白粉牆上掛着黑板藍晒圖，功課表靠近腳落那兒，有一張小方桌上面齊整的擺着一些書籍。從這些書籍的封面上，你可以認出來，這屋裏的主人愛看的是那幾本書，從「蘇聯的發明故事」到巴比塞底「從一個人覩一個新世界」高爾基底「短篇集」甚希底「祕密的中國」，偉大的人類心靈的工程師，你們的心血，在這裏取得了無上的代價。只要看到那封面上以鐵銹和機油打底發着的手印圖案，這不就是你們的光榮嗎。

讀着通俗的政治課本，學科數學理化和繪圖，聽一次文化報告，一次時事報告，一次工作經驗的交換，這是每星期的課程。那些兩年以前的文盲，他們現在能寫簡單的文字了。而另外那些學過了代數幾個同志們，他們讀着列寧斯大林的選集，讀着其他的翻譯作品：在這裏成立了兩個研究小組。

教室中間，點了一盞用做零星活兒剩下的鐵皮做的汽燈，燈光照亮了窰洞的四週，燈光也照亮了一張張油污的臉膛。你挨了半輩子敗凌的老銅匠呵，你受够了刻薄刮削的小鐵鬼，你垃圾堆上滾大的孩子，你們呵，現在都可以安心的不愁吃不愁穿，八小時工作過後，在這樣亮堂堂的燈光底下找到你們各自的位置。因爲你們是工作在我們自己的工廠裏，學習在我們自己的工廠裏呵。

讓我們翻開一頁這壁上掛着的牆報讀一讀吧；

「我在外面看到街上貼的招生廣告，那上面寫着報名要具備什麼程度，一期要繳多少學費，還要舖保還要找保證人，在西安我們幾個人請了一位教員替我們上課，一星期上四點鐘；每人一月五元。費了好多事才講好，上了三天課，教員不干啦，說是受了干涉，「教工人有嫌疑的。」──」現在讓我們再翻開第二頁讀讀吧。這上面是怎樣寫着呢，──

「在我們這地區裏，我看到了，連婦女老漢娃娃都有學習的機會，都要認字，懂得國家大事，更不用說我們工人了。」

對着這兩頁牆報，使你會自然的歌唱起：──

「這兒青年都有遠大前程，這兒老人到處受尊敬。」

一九四〇。五、一、延安。

心諫

青苗

天漸漸黃昏的時候，我們抵達芥子河邊。

翻過了崇山峻嶺，我們的騾車像一隻爬蟲似的從蜿蜒的公路上爬下來，上坡，下坡，出走峽谷又是一條峽谷，那　形的重疊的峯巒跟纏綿不斷的屛障似的矗立在我們的眼前，整整的一天，我們的車子便在這荒涼的山谷裏跋涉着，每到稍稍平坦的地方時，車夫和那解押我們的兩位士兵都打起盹來，而我却連一點睡意也沒有，我的心跟一隻火爐般的在燃着。

那兩位士兵一個是老齊叔，一個是李葉兒。老齊叔是個老兵，而李葉兒却是一個新入伍的壯丁。

當炎熱的中午，我們在谷底裏一株大核桃樹下休息下來的時候，車夫拿着貯水的葫蘆到溪邊打水去了，老齊叔和李葉兒都把槍放在樹蔭下，一倒頭便都呼嚕嚕地睡着了，簡直把我全忘記了，後來李葉兒被草地上的一個蟲子咬醒了，到前邊的樹林裏捉蟬兒去了，而老齊叔却還睡得正濃，我坐在樹蔭下，敞開衣襟，讓涼風吹拂着，一面心裏却在想着，我要是跑掉怎樣辦呢，這兩個傢伙眞是太粗心了。

現在，天又漸漸黃昏，又是一天了，我計算行程，我們已經走了七八天了，說不定明天就可抵達××的司令部的。

從那重重疊疊的山巒間走出來，那芥子河像一條蜿蜒的銀帶似的盤繞在我們的眼前，夕陽的餘暉射在河面上，河水閃着金色粼粼的光波，好像撒下了億萬兆的微笑一樣。晚風在習習地吹蕩着，山谷裏響遍了烏鴉和烏鵲的鳴叫，暮靄開始在峯巒間昇了上來，好像模糊的煙霧一樣。我們走近了河邊，河水向着我們呼吼，狂嘯，雪白的浪花在亂石間飛濺着，好像在熱烈的歡迎着我們似的，我們下了車，讓馬在河裏飲水，而我們却坐在河邊的石頭上漱洗起來，清涼的水波沁着人的心肺，我的心情驟然地清爽了許多。

暮色茫茫中，我們走向河邊的一個荒涼而破爛的村莊裏來，這小小的村落是靠着山腳所掘的一排土窰，我們就在一家窰洞裏安歇下來了。

打過尖以後，我們睡在窰洞前的草坡上乘涼，在我們的眼前是一片美麗的夜景，星星向着我們哂笑，流螢在夜空裏忽隱忽現地出沒着，紡織娘瞓瞓的憂傷地叫着，而那芥子河比一個鄉下老太婆還要囉嗦，它永無息止地在呢喃着。

「哎，這樣的局面……」老齊叔驟然嘆息起來，隨即接着說：「你呀，怎樣打算呐，明天就要到了。」

我告訴他，我能有什麼辦法呢，只好聽天由命好了。

「你不覺得難過嗎？你不覺得冤枉嗎……連我也替你難過呢……」

我嘆息起來，過份的痛苦使得我沈默了，我的冤曲和我的憤怒簡直和這民族的仇恨一般深。……

：然而，我忍耐下來了，我含淚忍受了這重重的恥辱和廹害。

夜是這樣的黑暗，黑暗，……一片茫無涯際的黑暗呵－我的眼前的道路是一片漆黑，一片荊棘叢生的地帶，陰謀和陷阱阻滿在我的面前，我的心是荒涼的，我的呼吸是那樣的窒塞，窒塞得好像喉管被人攖住了一樣。

爲了打破這痛苦的沈默，我便和老齊叔攀談起來，而老齊叔却彷彿窺見了我的秘密似的，屢屢往我心痛的地方去抓，老是談着那些我所不願提起的話。

「你們的辦法是頂呱呱的，眞要打勝仗就非這種辦法不可。……就說王長順吧，那年我在家的時候，他還是一個老莊稼戶，和我一樣是睜眼瞎子（文盲），如今却成了農救會的總書記了，原先我聽人說時以爲書記也不過是一個幫寫和跑堂類的小差事，以後才知道是和會長一樣職權呢；嚇嚇，這眞了不起，了不起……」

但我却在他頭上澆了一瓢冷水，我告他說王長順在半年來被捕過兩次，他的兒子已經在去歲冬至後賣掉了。

「怎麼，賣了兒子，他自己賣的嗎……」

「是呀，米麵這樣貴，連莜麵山藥蛋都吃不起，他幹的差事並非坐官，只是替大家做事情，農救會的經費又幾個月發不上，他索性將自己的兒子送給一家有錢的人家，也免得孩子跟上自己吃苦，名義上是給人做乾兒子，實際上却是賣了的，一百五十元賣了的。……」

「唉唉，眞是想不到，想不到他竟能作出這事情來……」老齊叔嘆息道。

我們暫時的沈默下來。老齊叔將他的眼睛獃獃地望着天上的北極星，李葉兒把車夫的旱煙管吸得吱吱地響，這之間，只有芥子河在我們的脚下嗲嗲地呢喃着，河邊的蛙蟆咯咯地鳴叫着。

我不由得又想起同志王長順來，他的面孔一映在我的眼前，我的心頭便感覺到一陣溫暖，我想到他那粗大的滿是繭胝的手，粗啞的喉嚨，夜以繼日的苦幹精神；我想着他在賣兒以後的歇斯特利的興奮和痛苦……過度的勞苦損害了他的健康，他咯血了，他的眼睛也是紅粘粘的，網滿着許多血絲，然而他永不休息，永不退讓，任何風暴都損害不了他的意志：想起了他，興奮和痛苦像兩條繩索一樣的在我的心上絞着，我感到我的眼睛漸漸地濕潤起來。

我默默地望着那遙遠的西北天際，那一批貧困而可憐的同志們的面孔又一付付地在我的眼前開展了：在去歲的嚴冬裏，在零下三十度的大風雪的天氣裏，吃的不够，穿的不够，晚上大家擠在一起用身上的體溫來取暖，有的同志冷得睡不着，整整的半夜裏打拳踢脚來和寒冷博鬥。……把這些孩子的生活情形展放在民衆之前，鄉間的老太太也會撫摸着孩子的身體而落淚的。但我們誰也不會因生活之苦而灰心喪氣，我們簡直是被「窮困」激怒得拚命的工作和學習着，把千萬的民衆動員到戰場上來，屢屢粉碎了日寇的包圍和進攻；然而，當勝利正在開展，民衆正在抬頭的時候，一陣風暴和冷雹打了下來。……我簡直不能再想下去了，我的心像蟲咬着的一樣疼痛。

「唉唉！這樣的局面……」老齊叔又喟嘆起來。

「你還是好好想個辦法呀，只有今晚一晚功夫了……能幫忙的地方我們一定給你幫忙的……」李葉兒坐起來，很鄭重地對我說。

我感謝了他的好意。我的情緒是激昂的，我仔細地推敲着他所說的「幫忙」的含意，假如爲了我個人生命的安全，假如爲了使我個人避免這一場恥辱和陰謀，我是應當逃脫眼前這陷阱的。但是，我能只爲個人而打算嗎，像現在這情況，我個人已在集體的激流中溶解了。

我默默地在冥想着，於是同志王長順，老伊，老解……一串串熟悉的面孔又在我的眼前出現了；我想起老伊去秋在××部隊裏被誣傷的事情來，那是一個暴風雨的下午，天上佈滿着陰霾，田野裏是迷茫的一片，傾盆的大雨在降落着，他就冒着這猛烈的暴雨離開了××部隊，連向士兵辭別的要求也被拒央了，那時只有我在大雨中送着他，他肩上掛着一個小小的包裹，頭上蓋着一件破棉衣當雨傘，臉上的眼淚已和雨水混成一片了。好倔強的好伊，我從來沒有見過他哭過的，他是鐵打成的，他從來沒有悲觀失望過，他從來沒有向任何困難低過頭的，然而這次他竟然流下了滿臉的眼淚，哭得好像一個小孩子一樣。他含淚在向我作最後的話別，但他的聲音全被那暴風雨所吞沒了，雨像一陣狂亂的冷雹似的打着我們，電光在雨霧中閃爍着，而那隆隆的雷聲好像宇宙將要暴炸似的在轟鳴着，水花在我們的脚下打成了一片，好幾次的，他險些滑倒在水溝裏，等我用手去扶他時，我才發現他是顫抖着的……唉唉，這慕慘痛的悲劇我永遠是忘不掉的。

和這同樣的情況，是我幾日前在×鎭登上囚車的時候，那時我們的幾個同志都氣得摸拳擦掌，連房東老太太也爲我哭起來，×鎭上我們的一分隊士兵也全副武裝起來，他們的情緒更爲激昂，要不是老解拚命的向他們勸告，衝突和流血的慘劇馬上就會發生的。他們要求我講話，於是我立在囚車的頂上向他們講起來，我向他們講述我們不能違背命令的道理，我向他們解釋我忍辱含羞去進××司令部囚牢的理由；我哭了，他們也哭了……唉唉，我的這一羣忠勇的兄弟呀！

我默默地望着天上的星星切思亂想，李葉兒以爲我對他的「幫忙」不感到幸味，所以便也沈默起來。

夜漸漸深了。月亮也從峯巒間昇了上來。河水在月光下像一條銀蛇似的閃耀着，習習的涼風夾着野草的潮濕而苦艾的氣息，一陣陣地吹了過來，我們的車夫像一隻瘟猪似的睡在大車上，鼾聲隆隆地響着。

我簡直不能入睡，當我的意識稍稍朦朧的時候，我便被一串串的噩夢所包圍了………我夢見我已進了××司令部；黑暗的地獄，痛楚的鞭笞，……然而我決不怕這些，我將像一個殉道者一樣準備來接收這一切的侮辱；我夢見我像比干一樣的剖開了自己的胸膛，把那血淋漓的心肝恭終於在××人去之前，使他檢查這是一顆熱愛祖國兒女的心，抑是一顆賣國賊的心。……在夢中，我是情感是氾濫了，我在迷裏迷糊中哭了起來。

「唉，怎麼了？你……你難過嗎？你害怕嗎？……」老齊叔將我推了醒來。

我從潮濕的草地上爬起來，默默地揩着臉上的殘淚。

黎明時，月亮落了，四圍是一片濛濛的白霧，車夫爲了清晨涼爽可以多趕些路，便早早的套好車。

當之間，老齊叔和李斐兒向我提出了鄭重的勸告，叫我還是趕快逃開這場災禍和陰謀。

「那麼，你們呢？……」

「這用不着你担心，你管你好了……我們到那兒還不是當兵……」

「親愛的朋友，我非常感謝你們，但我不願逃避……我還要到××司令部去的……」

「爲什麼？那于你沒有好處的！……」

我向他們解釋我決心赴湯蹈火的原因。

「那麼，你相信他們將來會諒解你和你的同志嗎？」

「我相信他們一定會這樣的，他們決不能永遠糊塗下去的……」

「但是假如有些差池的話……」

「不，不會這樣的，就是萬一不幸臨到我的頭上的時候，我的理想和精神也會勝利的，他們終究有一天是會恍然大悟的！」

老齊叔搖着頭，對我的理想和願望表示並不信任。

車夫把車套好了。我一點也不猶豫的跳上車，李斐兒和老齊叔默默的看着我，好像對我的癡優和執固感到一點憤懣似的。

一九四〇年六月，集義鎮。

粗暴起來

S．M．

一　粗暴起來

這幾天，有良好的能見度。霧，雖然那是現實和想象之間的存在，往往依附黃昏底靜影或者古城、疏樹有清淡的筆融可尋。但是，從秋天到春天，門前一帶的終南山，甚至沒有什麼痕跡，沒有朦朧，沒有依稀彷彿，地平線上的晨和午總是這樣半透明的，不，總是這樣完全空虛的樣子啊。這幾天，雲多而美麗，藍綠地有富麗的色彩，使憤怒而又憂愁的我愛立在門外。從南方來的潔白如絮的雲和日光輝煌相照的時候，終南山在雲底襯托中突然以立體的明朗相見，重叠的峯和谷這裏那裏地以一種原始的大凸出着或者深入着像怒龍飛降伸張着牠底鱗甲，顏色以沉毅爲藍黑。

這一年，愛和寫以外，我什麼也沒有做，什麼也沒有啊。雖然也有着所謂理想，和霧和終南山一樣怪底存在是不可捉摸的。於是，我望着終南山了，或者是望着那個渺茫的方向。我想，沉默地想，我思索，在寂寞裏思索存在呢，還是不存在呢，這是一切。這是現實問題，不是過於高貴的哲學。朦朧、渺茫、不可捉摸，那很簡單，祇是空虛，有什麼理想或者實質呢，這個枯乾的殼子裏面會有什麼肥碩的果肉呢，壞的能見度麼？西北所特有的大風沙麼？不明朗的空間和氣候麼？要淘洗江沙求索粒金麼？應該跨過感覺世界底圈子去麼？全是詩；全是辯證啊。是存在，理想也罷，終南山也罷，牠，必須這樣高聳在天地之間！終南山是存在的。而我底理想存在呢？……我不說什麼。這不是憂愁，而是憤怒；不是對世界服從或者推諉，而是要自己譴責和忍受。我不說什麼，讓積害辛鬱一樣踏亂了我頭上的晴天，讓野風從山色青蛇吹來推推我底雙鬢，讓紅野牽牛花細情細意地開在我底腳邊，我望着終南山。

說愛和寫吧，我是這樣要自己做好。Pygmalion以最優美的角度使用他底雕刻刀，用星和花作媚底眼和品德。上帝創造太陽，爲萬世放光。一切，不是最好，就是全無吧。但是，蘋果遭遇蟲蝕，園藝家底愛有了黯淡瑕點。瑤石被嫉妒和抹黷，獻玉者給削去兩腳。說愛和寫吧，我也祇有沉默於黃昏裏，看鳥雛翠飛和亂雲變幻。

望着終南山，我是有所想念的，有愛和夢，有痛苦和仇恨。當敵人底機羣在山和雲上旋飛而迻於黃沙蘆叢的江岸間的鴻雁的時候，雖然我是那樣沉默無語。望着終南山，我應該憤怒呢還是應該憂愁，服從這個世界，那是把絲吃結果的核和仁也出賣了，把自己堅持着的，把生命種子也出賣了，那我活着爲什麼呢？所以忍受是要壯大起來像堅實的樹禁得風雨，那裏是醜劣的秩序常系的承認？

傍晚，我又看見偉大的景色：望南方，晴明碧藍如水。而頭上，大片大片醜陋的濃雲把天，忽然壓

低，那樣撐渠蒼，擠濤着，融合着，混亂於一致裹
，猙獰和力雄渾地結合了他們，悄怒的聚衆街市中
的示威一樣；鑿脚濺黑下睡在樹相上，和地而以大
氣勢相接牖，空間無光，無影，沒有一點空際留給
什夢文明或着和平。狂風起來，地上風沙衝天而起
，迅運而家放地弃躍在原野中。榕木舞動，呼嘯，
才昂仰起來的巨頭便粕接精下去，以後在抗拒中义
偏強地抬起來，闊大的擊著不斷地吼叫着，興翁憤
激，要瘋狂了。烏飄一翠一暴被迫低飛，在樹枝上
，在屈值上歪歪斜斜地掠了過头，不敢作啄，勉強
地張勁着鄉獻弱如樓柴的飄子。……

步界粗藝起來噬？——……
而終群也知道，還以後，必然是舒暢的晴和了吧，
虛，南由，也將從沉悶和渺茫中僻放出來。消算空
度相對謀理想仔在於明則中和挺秀的山色以同等的高

是枯，所以，沉默，或者沉靜，或者沉悶，假使那不
起來集的死委，不是泡沫的空虛，就黯要立刻粗藝
粗藝。沒有力能够始終沉默。也沒有尤不是粗藝，
力底是力底作用，並且是向力底東高處的發展，是

胡先生底出我趾轉的何，說要粗藝起來，買君
底信藝也眞樣。祇有粗藝起來，才是存在，才能够
達到存在。爲愛和悄，爲生活和工作，爲毀誠或者
創造，爲人類，爲自己，我也需要粗藝起來。

二　總方向

大江從遙古流來，浩浩蕩蕩地，向明天流去，
浩浩蕩滔地。
後瀾、溝渠、河流，從太陽出來的東方流來，
從晚虹低掛的西方流來，從榴花如火的南方流來，
從白霎嗟檣的北方流來，從每一個源頭，每一個角，
底流來，而涌合於闊大奔放中。
給山岩朋阻，給低落所綠，給隴岸所約來，向
東，向東，突然轉過黃黑的山麓，向北，以後又和柳
林半行迴旋向附，向東南，向東，：：無論曲折，
無論迂遜，無論復轢，無論障礙，在礦、永恆，彷
彿出於鋼鐵的窟志，而以勇猛和沉毅的波浪流入貢
海。

太陽照着的時候，流着的是一片炫耀如火的金
隱光芒。而留着閃既晦的日子，流着的是逆生如后甲

的風凌。、和離映相交的地方，流着的，像一個大攻
擊的隊伍，粉梓在巨石上倒搖而去的水花立刻高漲
起來觸饑，猛忽衛進。強硬地流着，果敢地流着，堅
決地流着，沒有開斷也沒有疲倦，沒有妥協也沒有
退却。即使有大量的泥沙，這泥沙，祇有使牠流得雄
大。泥沙沒有使牠淤塞，相反，吸收了泥沙作爲自
己底力量，一樣不是隕岸能够眼制的，一樣把樹根
和山岩沖制而下；並且，富泥沙流毅的時候，他爲
新的人類獻出了也底新的大隨。
即使有腐朽的渣淬，這渣淬，不能够使也污濁
，不能够使生命擧爛，相反，也把還些殷物、為物
經適洗鍊肥沃也底流域，使兩岸在淤附中成爲不斷
的響體的高綠，在秋風中，雖得無淤的富底的金黃。
郎使有旋渦和泡沫，但是並沒有改變流還。也
悲沒有變許作浮泛和空虛，相反，這遊過和泡沫祇
有在也底力量下順從，在也底動向中歸附，飄息也
好，不顫遠也好。
即使有洞流，這洞流祇有任岸旁悄悄地作着活
動，沒有太多的作用，沒有更壞的影據，讓老水手
們摔縱着小船向歷史倒退吧，那億億晁他自已底命
運，大江仍甚一濫千里，並且欲流愈壯大，愈流愈
豪放，愈流愈接迅和天岡大的海。
郎使風誤決隕而出成爲災雖和設資，但是這生
命底泛濫，結果，主要的是作爲力底提高。
這一切，是有着總方向的啊。
把握總方向！——

三　殺

我恨蠅——……
像蜂。但是沒有鶯、也沒有刺。
有着向天和雲飛的美麗旗翅，也把生命的脚以
黑毛立於糞穢之上。
「嗡，嗡，嗡，嗡，……」不是阿諛，也不是
兕詛。總之，全不好聽。
趕走，他飛來，再趕走，他再飛來，假使有一
點甜味像果渣，有一點鹹味像雞肪，有一點香味或
者臭味像紅被羊肉，像死老鼠。
紅赤的頭，紅赤的腿。大大的舌頭那樣的器官
，大人的吭吸口。
什麼他都吃、他沒有口味，祇有貪婪。他吃你
底勤勞的汗，枯落的皮屑，含蓄的沙眼分泌物，污

染的油垢，甚至在眉梢發角之開鮮豔地爬手爬脚，
相愛的人的樣子唐突地吃你底微笑的紅唇，什麼」
吸美」啦，——
他向你爭，能够再忍耐否。
彷彿你汚辱了塗珍羞，那樣倖倖地，那樣孜孜地，
造給人類，通要女底寶光而他以鮮花和璦璐爲她牆
，，存在作賣過歷史的智慧和勤勞、才豐富了食物
他、共賓一貼貨的保證，給獸或以文化的享樂。在
用再香底力低關係他沒有，他底腦渺小得不够自已
色、忍、味、能得祇有發嗇和繁殖；但是？於一切
够一耐否。喚無却是上吝、特標、無慄。——能
歸醜、切，人類之所物穢，果皮、肉骨頭、骨瘠、
：也都蔗穢、垃坡、腐污、陰暗、擯昔、死亡，：
、愛好甘之如飴；一切，人類之所摒絕，他都落說
耐否。、濡足、依附、歌類、攤護，——能够再忍

百來幾倘蠅拍。
「不要打哪，蠅撓也底手挂牠底歸呢。」
我沒有那樣間逸的牠該啊。
心旣很如也火，手便殺如婪風。
結果也們是脆獼的。凡無恥之虫，羞不多總是
不堪一弊的。立刻打死數十，像落渠、殘害。
但是，愈打却愈多。
巨匠之一，今紹以蠅作勇殺血嘛。
於是我煌感如無是的蠻而橫眼看沆淺於水、草
中的天光。
原肉是有的。他那爽是不姐的戰士；他到是底
敢卑劣的虫。也是在吞咬也底兄弟們底師、肝，他
給也匠兄弟們底血淋淋的腥風掐妙而來彷彿那是糟
、蜜、鮮果、女他酒釀，得意在盛寰，援褲如饑荒
。屠殺了還倘蠅，那個蠅就托蝠了。人和蠕，沒有
錯定的仇很，像勾鐵和大袞，祇有自然如草、木的
憎恨，像善和器。到這翹，也底卑劣向卑劣以上的
發展，他底沒有蠅魂的育發，也底不可救變的日服
之慾，他底以自已作宇宙林位的無情和吸血，也底
厭木的自相吞咬，更激發正系和惡感，探埋的地當
給什麼野盤踏了一脚。
我打，我殺，意該不容許有一個蠅活在我們人
類世界中！有打謚以前、你儘以你底伏件底被殺作
而在沒儼、而癸肥無恥之庙的肚子埋備好，被
佳醜、作盛。
打、被吃吧

一九四〇，七，二七。西安，冉家村。

校完小記

這個兩期的合刊，也許是想趕着點綴一下元旦的熱鬧罷，書店和印刷所都特別地賣了氣力，當我在城里的十多天中間，前六十頁不但排好，而且已經付印了。但有一利必有一弊，這前六十頁，當然沒有自己校過，而且連版式大樣也沒有看，不曉得弄成了一個什麼樣子。還打算明天到三十多里路外的印刷所去看一看。

一篇「敘述與描寫」有四萬多字。半年以前就譯出寄來了的，在這半年多當中，爲了一些問題，還來信討論了好幾次。在譯者底意思，要我校對原文看一遍，但因爲忙亂，也因爲英語程度實在不高明，只好拜託了W君。他看了以後，說對譯文很佩服，雖然有幾處覺得應加商酌，但也想不出更好的譯法。譯者底認眞是可以看得出來的，單就那註釋說，也就花了不少的工夫。因爲付排前太倉卒，來不及，本想校對時在譯文語法底太晦處加點斟酌的，現在是沒有辦法了。前天在城里還接到譯者底來信，說第五章引用的「娜娜」底譯文里面，「火山噴火口」恐怕不對，還有，「手脚快的人」應改爲「那個管提辭的人」，「粗繩子」應改爲「堅韌的繩子」。現在就附記在那里。也許還有其他的問題，只希望有心人不吝指教。

至於文章底內容本身，一時很難說出什麼意見。這里面提出了一些在文藝創作方法上是很重要的原則問題，而且從一些古典作品里面徵引了例證。這些原則問題，我們底文藝理論還遠沒有接觸到這樣的程度，雖然在創作實踐上問題原是早已嚴重地存在了的。在蘇聯，現在正爆發了一個文藝論爭。論爭底主要內容聽說是針對着以盧卡契爲首的「潮流派」底理論家們抹殺了世界觀在創作過程中的主導作用這一理論傾向的，但看看這一篇，與其說是抹殺了世界觀在創作過程中的作用，毋寧說是加强地指出了它底作用。那麼，問題也許不在於抹殺了世界觀底作用，而是在於怎樣解釋了世界觀底作用，或者說，是在於具體地從文藝史上怎樣地理解了世界觀底作用。那麼，爲了理解文藝理論底發展現勢，爲了理解這一次論爭底具體的內容，這一篇對於我們也是非常寶貴的文獻。

小說四篇，顯示了一些不同型的女性底面貌。在苦難里面反抗的，由黑暗到光明的，彳亍不決的，堅決奮鬥的，因反抗黑暗而早熟了的孩子，爲追求光明而年青了的老人……。在這個偉大的時代里面，我們隨處都找得出多樣的鮮明的對比。

又是這麼多的詩，而且又是討厭的「街頭詩」。看近來重慶文壇底輿論，詩要被認爲是詩，非得寫極長的行子，頂好是不留空白，否則要負浪費戰時物資的罪名，一點也不浪費戰時物資的公正人士就會出來大喊「救救紙張」了。也很想發表一些不留空白甚至不分行的眞正的詩，表示一點尊重輿論的意思，無奈交游太窄，而且我們底稿費又低得不成樣子，一時還無法找到。而且，聽說既然叫做「街頭詩」，就不應該在雜誌上發表，猶如既然是一雙泥足，就不應該闖進文學家底紗籠里面一樣。我想，這道理是非常對的，但也有一點辯解：這雖然是一個小刊物的形式，但實際上不過是和抒發私感的，練習寫作的壁報相似的玩意兒。發表出來的「作品」，如果也可以冒用「作品」這一個名稱，只是爲了供同好者底參考，猶如農夫野老底互相唱和，至於那些文藝法律上的金科玉律，在文藝殿堂上發散散着金光，神聖自然是非常神聖的，但對於卑小的我們，暫時間只是可望而不可即的東西。當然，紙張是不該浪費的，所以我們一向分欄就分得極短，可不可以當作小學生練習寫字一樣看待呢，公正的先生們？

但湊巧的是又有了一篇關于馬耶珂夫斯基的介紹。在我們這里，馬耶珂夫斯基是提不得的。你提他，你就準是學他，通人們不是表示深惡痛絕就是不屑地冷笑，一个不懂「詩韻大全」的狂妄的洋鬼子！但譯者既是好意地譯來了，也只好硬着頭皮發表。好在他是敢于「給公衆嗜好一个耳光」的人，對於我們底「公衆嗜好」底冷嘲，大概不會在意的。

胡　風（十二月十二日）

民族形式討論集

胡風選輯　每冊售二元四角

全書約二十萬言，各方面代表的論文均網羅無遺，
發售預約，每冊照收一元捌角，掛號費一角三分，
預約截止期二十九年一月三十一日出版期二月十日，

「民族形式」的提出，是抗戰以來的文藝運動上的一件大事，它關聯到了整个文藝領域上的各方面：文藝運動，論理，創作，文藝史，大衆化，……等等。問題提出以後，各方面的權威作家發表了很重要的意見，去年且在重慶引起了一場論戰，展開了一个大的理論鬥爭。對於這个文藝史上的大事件，它的內容是什麼，它具有什麼意義，它發生了什麼影響，它還有些什麼尚未解決的問題，不但文藝理論家，作家急想了解，也不但一般文藝青年急想了解，而且文化領域上的各方面的人士也急想了解，但因爲材料太多，且散在各處，苦於不易收集。本公司有鑒於此，特請胡風先生選輯成書，爲問題的開展提供文獻。胡風先生爲了解這問題曾通閱全部文章，現擇要輯成一册，依照問題的發展脈路，分門別類，前冠解題，後加索引，讀此一册，問題的全部內容，即一條不紊地展開於我們的前面。全書約二十萬言，各方面代表的論文均網羅無遺，現已付印，即日出版。

新型文藝教程

田仲濟著　售九角

本書是用故事的體裁，和軟性的文章，介紹文藝理論的知識的著作，而且內容的簡當和取材的精審，又是一般讀者和文藝青年的最適合的讀物。本書序文的作者李和林先生在序文中說道：把這幾種文藝的「新型」及其創作方法，總共起來作一系統的簡明的介紹，成爲一本書，在中國出版界這也還是第一次」，足見本書是有其相當價值的，全書分別十講，精印一巨册，爲適應青年採購起見，定價極低，爲百物昂貴聲中的一本便宜的出版物。

華中圖書公司印行

中華郵政登記認爲第一類新聞紙類

七月

第六集

3

華中圖書公司發行

·目錄·

七月

第六集 第三期

（總第二十九期）

三十年四月出版

編輯兼發行 七月社

編輯人 胡風

發行所：華中圖書公司 重慶民生路 北碚南京路

印刷者：國民公報社

每月出版一次

本埠每冊零售六角

訂價	國內	香港澳門	國外南洋
半年	三元四元	五元	六元
一年	六元六角	十元	十二元

郵票代價，十足收用。五人以上聯合定閱，九折計算。

蘇聯藝術家A・克拉甫兼珂

S・拉蘇莫夫斯斯卞

藝術家亞力克合・克拉甫兼珂ALEXEI KRAVCEeNKo是在革命前的布爾喬亞世界中生長和發展的。

克拉甫兼珂是莫斯科繪畫，實用美術和建築學校中的塞洛甫和珂洛文的學生。他最初作爲一個油畫家而出現。他經過了革命前的頹廢的布爾喬亞的藝術的各階段。最初是非政治底的，其次寫實主義底風景畫傾向於印象主義；接着，是追求裝飾的紀念碑底形式；他把他在印度旅行所得來的印象轉變成功一種戲劇底的奇異的風格化；最後乃潛心於純粹底形式的追求——這便是革命前的克拉甫兼珂。

克拉甫兼珂是最早接受十月革命的藝術家中的一個。這是很明顯的。一個農民的兒子，在少年時代便開始了他底獨立的勞動生涯，參加了一九〇五年的學生革命運動而屬於那些不滿意並且反對當時既存底法令的最前進的勞動的知識份子層。

當然不是馬上，然而在革命後，這藝術家底「存在決定了他的意識」。雖然革命的最初幾年奮力過藝術家底的政治生活，然而却長期的受着個人主義的藝術家底意識支配。在軍事共產主義時期，他運用新的主題和形式畫了革命的招貼和很多領袖們的肖像。

克拉甫兼珂對於木刻具有熱情是已在革命直前。他的最早的銅版畫是「戰爭」「伏爾卡的情調」、「意大利和印度」。在他，銅版畫只不過是從豐富的調色板的繪畫轉移到黑白的强烈的調子的一種方法，把繪畫變爲能印的形式的可能吧了。

經過了版畫和石版畫之後，克拉甫兼珂最後才轉向木刻上來，而在木刻里面，他就創造了他自己的創造底力量。

木刻家與浪漫主義者

在和克拉甫兼珂從沙拉托甫移到莫斯科的同時的納普時期（卽新經濟政策時期——譯者），這位藝術家很迅速而輝煌地成爲一個木刻家了。

納普時期的克拉甫兼珂是一個純粹的浪漫主義者。革命在知識份子間引起了一種特別緊張的浪漫主義。劇場藝術，文學藝術和造型美術中完全瀰漫了一種抽象底浪漫主義。在今日的還沒有實現的空洞的現實，從尋常世界到不可知的世界的躍進——這就是使得他們非常胆小而逃避到那種空想的，浪漫蒂克的夢想世界裏去，或者使得他們用緊張而誇張的態度去注視他們的周圍世界的原因。特別的哈夫特曼主義的興盛，幻想的故事，都常常植根於眞實的事實和事件裏面。克拉甫兼珂也沿着這條很少反抗的路上走。他的作爲木刻家的名字是從做書簽而顯著的。它們的主題都是書狂的（就是書本主義的之意——譯者）。人物和背景表現出了前一世紀的四十年代。這一時期在克拉甫兼珂是一個重要的過渡時期，就是在封建社會的死亡和新的都市文化的出現間的一個時期。克拉甫兼珂在舊的毀滅和新的創造中用了現代的深刻眼光看出了某種單純性。克拉甫兼珂在書籍的插畫上面特別有成就。他的做書籍插畫底創造方法是非常有趣的。

在他的早期的書籍的木刻插畫裏面也有着同樣的哈夫特曼，狄更斯，戈果理，靑年萊奧諾夫的浪漫主義。

克拉甫兼珂開始是爲他所最喜歡的作家哈夫特曼做插畫。他因這位作家的二元性和矛盾——就是幻想的浪漫主義和明顯的政論底諷刺的純現實主義的鬥爭而愛好這位作家。這種二元論是因爲明確的社會情形，因爲德國的布爾喬亞知識份子在反動的時代被推入的困難而產生的。克拉甫兼珂的木刻是和哈夫特曼的抒情主義，浪漫主義，幻想，幽默及諷刺非常調和的。在他的爲狄更斯底「灶上的蟋蟀」作的插畫中更加具有銳利的幽默。

克拉甫兼珂在他底浪漫蒂克底木刻中，他總追求一種和內容適合的形式。他底人物總有些形式化。他特別高興去刻畫空氣中的細部份，「過去」表現得非常詩化和裝飾化。就是因爲這一點，線條變成非常裝飾底了，有時簡直是裝飾品，構圖感人而美麗，處理畫面則是用的最美的縮圖底手法。有時這種手法變成了一種定型了的手法。這就是爲什麼戈果里，狄更斯，哈夫特曼和萊奧諾夫的浪漫底人物會這麼相像，這麼密切的有關係。

和這種浪漫主義一同，過去了，一種新的浪漫主義產生了，這種革命底浪漫主義，英雄主義，非常的開拓，希有的變遷，連根破壞了一切陳舊的東西。他的最早的革命的木刻是兩幅貢獻給紅軍的畫面。在那濃淡的線條的背景上是一團熱烈的火，而槍和紅軍的簡單而强烈的側影都很諧和而有節奏地站在那裏。一九二四年「哀悼列寧的一組畫」出現了，「在紀念堂中」，「紅場葬儀」的三幅不相同的木刻，克拉甫乘珂仍然是拿浪漫主義的作風去接近這個偉大和悲劇的主題。

走向革命

然而，經過了浪漫主義，克拉甫乘珂開始熟習和接受了革命。一九二五年到一九二八年這時期在這位藝術家的生涯和創作上是一個很重要的時期。在這時期，他的爲「普爾．歐蘭斯皮格耳」這一本書所作的主要的插畫是完全合乎邏輯的，這時克拉甫乘珂第一次製作了社會的深刻的形象。這藝術家的中心力已經由主觀的感覺和個人底英雄經驗轉移到小說底社會內容去了。

十月革命十周年紀念時，他被蘇維埃人民委員會命令製作了很大的彩木刻「防禦」和「建設」。這光輝的作品仍然帶有很濃厚的外表的效果，而比色彩他的內容的嚴肅性和深刻性來，是更富於裝飾性。一九二八年他刻了一套莫斯科衛生局命令做的關於「人生與婦女」這個題目的，包含好多方面的革命前的和現在的蘇維埃生活的情形的木刻。

配合着他的作品的目的的內部觀念形態，克拉甫乘珂很注意地去尋求新的表現方式，一種傳達新的內容的新的圖畫言語。

在這個過渡期的克拉甫乘珂的作品就表示出了這位藝術家已經完全走進蘇維埃的現實裏面去了。在舊浪漫主義和唯美主義的死亡上，一種新的邏輯的深刻性顯現出來了。

一九二八年克拉甫乘珂代表了莫斯科和列寧格拉的藝術而爲了蘇維埃展覽的美術部門的組成而到紐約去。他用一種非常主觀的眼光去觀察紐約。他的那一套紐約的銅版畫應該和他於一九三〇年去尼泊耳旅行所刻的「尼泊耳水閘之建築」那一套同樣看待的。

這幾年克拉甫乘珂做了很多的書籍插畫的工作。這是他的對於文學的浪漫主義的最後的貢獻了。最後的一套浪漫主義的插畫是爲拜侖的一本書作的。

在戈果里的小說「外套」，「鼻子」，「網夫斯基街裏」可以發現出某種新的平面上的二元性來。在「外套」裏是着重于社會的緊張的描寫——一個不幸的，使人同情的人的貧困生活的悲劇。交織着幽默和悲劇是戈果里對于他的人物的態度的特性。爲了要用版畫來表現內在的心理狀態，這藝術家便去追求種種的新的方法。在他的爲亞諾托．法朗士的小說作的插畫裏面，克拉甫乘珂是運用了那種表現想像的深刻的線條。

他爲斯維格的小說所作的插畫，尤其特別得體。這藝術家在這裏放棄了表現主觀的方法而創造出偉大的心理的深奧的想像，情感高揚而刻畫又很凸出。

他最近爲蘇維埃文學——萊奧諾夫的「土獾」，和梭羅可夫的「靜靜的頓河」——所作的插畫裏，克拉甫乘珂現在是確定地走上了現實主義觀念底路了。他首先尋求現實主義形式的簡潔性和明確性，版畫表現的清晰和易解。他的豐富的黑白線條的調質很巧妙的傳達出了美和作者的想像的言語。

蘇維埃的藝術家

這藝術家不斷地在尋求新的形式。他常常嚴肅地關心着技巧的熟練。他自己有着一個驚人的運用自如的工具的武器庫，他的銅版畫的美善的證明就是最近刻成的兩張小小的航空郵票，這是運用了最好的縮圖藝術作成的。

在他的創作生活中，克拉甫乘珂曾有一較大部份是一個浪漫主義者。而且現在也仍然保留着一個頗大的範圍。關於這事有着正負的兩面。通過了所有的灰色和庸俗，克拉甫乘珂只注意那英雄的和動人的事物，這就是爲甚麼他在一個很長的時期裏却不能找到爲了要表現真實的人物，典型，動作，以及當代事件的正確而必需的和適合的用語的緣故，自然還有時候也使他有抒情的和絢爛的，非常動人和優美的特點。然而經過了這浪漫主義，他終於找

（下文接一四三頁）

家

路翎

一

在運煤車廂後面高高地聽着前面的車頭而被煤屑所朦朧的客車，在鐵道底每一個轉灣的處所就暴躁地撞響着，彷彿它急於要衝到那些低矮而烏黑的貨車底長串前面去。

四月天，氣候使人昏倦、沉醉。客車底窗子全打開着，人底沉重的頭就在每個窗洞口像田野的麥穗一般軟軟搖動，篩子一樣的車廂狠狠地跳動了一下，每個人都從懵惘裏抬起頭來，朦朧地四顧。於是劉耀庭底聲音突然衝破了沉悶，響亮起來了，他底說話的對象從一個腫臉的路警移開來，叫車廂裏每個人都覺得這麻子是對着自己在說。圓圓的肚子擠出在破黑制服裏的路警高興地笑着，在車身急劇地搖幌的時候，他老練地攀住車門底上端，回答劉耀庭說：

「兩個炸彈炸了些泥巴，另外有一個鐵匠舖遭了，柳灣。」

「唉唉，冤枉死了多少百姓噢。」這邊一個衰老的農民在兩邊擠着他底肩膀裏掙扎着；因為要讓出一點空位給他的腳，他站了起來。他底臉向窗外探望，他底鬚髮凡溶在在四月的暖風裏了。

腫臉路警小孩子一般高興，他把圓滾滾的身子掛在一隻攀住門的手臂上，幾乎有一次撞到劉耀庭底黃鼻子上去。劉耀庭，用他底洪亮的嗄嗓子遮蓋了車廂裏的一切聲音：

「……這個死傢伙，要上沙柳灣呢！眞是死得好；死得才沒有人憐惜。——哎喲，你還沒聽說，就是那個王道明王死鬼，唉！死得天有眼睛。」他底手杖挨着每一句話或重或輕地敲着車板，他底四方形的頭急劇地旋轉着，彷彿要撈攏一個看不見的東西裏去似地。「一個人生在世界上爲的是甚麼嘛？忙一輩子，又爲的啥子嘛？這個死鬼！我早就說嘛，這個，錢如命的東西，」他把手杖夾在膝蓋中間，用細瘦的手指，在眼睛前面比着圓圈：「這個老守財奴，眞是死得乾淨！你，你說嘛，你說他哪一天化三分錢在街上喝過一碗滷茶，你，你哪一個看見他一毛兩毛的用過？」劉耀庭在「哪」字那裏特別地拉長了他醜陋的嗓子。接着他底麻臉上，閃耀着光采。他挺一挺胸：「這些人，進個三百四百嘛還有時候一下子化個一百八十，就說那天打牌，輸也輸過兩百塊嘛。哪裏像他那死鬼那樣子呀！家裏連麻油菜油都一步一鎖，你不相信麼？你曉得他還有幾千現洋埋在哪個牆裏呀！——人活在世上是爲了什麼嘛？唉，死了好，我說死了好。炸彈有眼睛，他死了眞沒人憐惜！」劉耀庭底臉上熱辣辣的。沒有另外的聲音在車廂裏應接他底話，他底面頰因久久的運動而發酸，於他撫着他底臉，打了一個呵欠。立刻他就緊閉着嘴，陷在麻痺的沉思裏，他顯然在沉思另外一回事。他底冷卻一般的嘴，使人很艱相信它剛才曾經像喇叭一樣地擲出那樣哄亮的聲音；他底黃色的臉色和昏昏的眼睛也不像他在這車廂裏認識一個人。腫臉路警不笑了，在無聊地聽着窗外的山谷。四月天底疲乏不知什麼時候又不知不覺地爬上了每個人底眼皮。此刻，祗有劉耀庭和一個在一隻籃子裏提着一隻黑花貓的農婦清醒着。農婦，她一直沒有聽見別的聲音，她心裏底悲傷的劇變使她底眼睛潮溼；而貓在籃子裏不停地顫叫着。劉耀庭吐了一大口唊，兩手扶着手杖在車板上無聊地敲擊。

太陽斜在山谷底另一邊了。車子駛過岔道的時候劇烈地撞跳着。車子快到工廠區了，人們活潑了一些。兩個揚州媒婆般的女人在嗎嗎地談着鹽漲了價，而且買不到的事。劉耀庭底臉又正對着那擬笑的路警，他底眼睛緊擠着貪慾的黃色的皺紋，筋肉在他臉頰上抽動。他想再說一個故事，用他底聲音佔領車廂：「……王家鎭戲班底青衣給營長睡了一夜，一百四十塊；小張五十……，戲班子把這賤女人趕跑了。就是這麼一回事！」他在心裏摸擬着他要說的話。而且被激動了，但是車廂裏這一會有了很多另外的聲音，快到運煤總站了，人全騷鬧着。劉耀庭覺得心裏異樣苦澀，不知怎的沒有力氣再開口。路警無聊地還想把話題抓回來，他說：

「日本鬼兒子，炸彈也漲了價了嘛！白丟兩回準沒得丟。」

「三十六架……」老頭子說，底下的聲音被

車廂貨底大聲震動遮蓋了。車子進入晚連着小酒店和雜貨鋪，在廣場上山積着木料底工廠區。

「什麼都漲了價，唉唉。」劉耀庭跟兩個媒婆女人含糊地點着頭；但是並不等她們把腳縮起，就搖搖幌幌地跨過去。他底眼睛是昏花的，弄得他一腳蹂在女人底骨拐上。女人笑一般地叫喚着；而劉耀庭，他底乾枯的腮就差不多貼着了那塗滿廉價生髮油底頭，生髮油底氣味久久地繞着他底窄鼻子，衝動了他。一個幻想被喚起來，他猥瑣地張開嘴笑了。路警以爲這些和悅的人在向他告別打招呼，於是按着大補釘的黑褲子底屁股上的盒子砲，點着浮腫的頭。劉耀庭在車子沒有停好的時候就跳了下去。挾着脅下包着一丈藍布和兩條新毛巾底紙包，預備走進蛇一樣蜿蜒在麥棵裏的小路，但是他偏偏遇到了鍋爐工人金仁高。

於是他諂諛地笑着小眼睛，甩着手杖迎上去：

「金先生，十五號請一準過來要……。」

東北工人走近了一步，搖幌着他底寬闊的肩膊。從他底尖銳的顴骨一直到赤裸的頸子，被已經讓煤屑染成灰黑而且浸蝕着赭色與水的粗紗布包裹着，他底荒蕪的發聲的嘴在紗布下面緊閉。他底眼睛在污穢的額下閃耀。他底呼吸在紗布的砠凝裏顯得困難。

「請你劉先生好比幫我的忙。我女人底爹，他七十歲的人哪，從宜昌走了二十七天才找到這裏：老人家身體太不行，要好好的休養，要添衣服，你先給五十也行。我走你家裏剛回來！」

「好說，好說！——不過這幾天呀，家裏有喜事，我十五號要小，手裏也不寬。……我這個人，向來是眞心說老實話，唉。」劉耀庭底眼角的皺紋厲害地彷彿一個瓜子一樣地抓動着。他底嘴是一隻狡猾的貪婪的狐狸的嘴，但現在它們立刻就變幻成了一張阿諛的笑臉。

車廂馳走了。他們旁着木料底堆積站在黑色的堅硬的地上。劉耀庭底手杖敲着地面。

鍋爐工人憤怒了：他把一個粗大的拳頭揮着春天挨晚底溫柔而緊昧的空氣說：

「那麼這就沒有一點辦法！十袋灰麵作還我——這十袋灰麵是桂林一個朋友放在我這裏，預備在重慶開麵館的：如今人家在桂林炸死了。人家炸死了，擺在你這裏三個月了。我還個錢，還要寄給他底女人：他還有一個三個月的小兒子！」金仁高直爽地訴說着。他底灼熱的胸脯在急劇幌動的肩膊底下，迎着田野底風激動地起伏。他底灰白單上衣底胸前的一顆扣子脫落了，於是他底强壯的胸肌差不多完全裸露着了。

「哎呀，你老兄一點不知道做生意的苦處，——我交貨交給別人兩個多月，到如今一個錢也沒有拿到。」劉耀庭飛濺着唾沫星，在「一個錢」那裏拖長聲音，旋轉着他底方腦袋。

東北工人焦灼而憤怒地沉默了，他底閃亮的眼睛映着春晚的美麗的霞照。

「老兄原諒點，再隔頂多一個星期！」劉耀庭看見金仁高不作聲了，聲音愉快起來。他輕鬆地響着烏嘴唇，彷彿他要哼一隻歌一般地清理着嗓子。

「這個大亂年頭啊；唉唉，怎麼得了啊。」他歎息。

金仁高狠狠地　他一眼，表示告別；向工場裏急忙地走了。

晚風搖弄着疲乏的田野，播弄着工場的電燈，使它們花朵一般地燦爛在山谷裏，朦朧的煙霧重縶地沉落而凝聚了。

「十五號呀，你太太；你們一定要賞面子，來——耍！」

劉耀庭促然從沉思裏醒來，向金仁高底背影一頭狗一般渾身扭動用，醜陋的嗓子叫着。金仁高已不知走到哪裏去了，劉耀庭無聊地站了一下，突然提起布衫，挾緊紙包，就急速地邁開了草鞋。

貓在夜裏非常不安地鳴叫。劉耀庭底妻子，這祗僅生了一個一點也不逗人愛的女兒而不會再生育的女人，悲傷地哭泣着。她想讓她底聲音給對面房裏的丈夫聽見，然而丈夫却算賬算得正起勁。於是，女人端着菜油燈去到正堂裏來，用嗚咽的聲音喚着大黑貓。——一步一步慢吞吞地移着憂愁的影子，站在丈夫在算賬的房間門口。

劉耀庭伏在賬桌上。——聽見女人底聲響，仍然不作聲地伏着，雖然那帳上是再也看不出一分錢來了。女人走進房來，站在桌子底左邊，胆怯地問：

「今天，你上城買了些什麼？」

「布，手巾。」

「之惠要一件衣服接新娘……。」女人說了女兒底名字。

「曉得，明天一起有，連你底………」劉耀庭手把攤開在桌上，張大了黑色的嘴打了一個呵欠，陡地站了起來。

「我還要有一筆賬，——什麼全漲價，我底房子當然要漲。以後左邊鋼樓上的房錢算作你的」。他底眼角放開了皺紋底爪子，用狠狠的眼光他瞪着有些個僂的瘦女人，彷彿說：「你還不走開！」

「啊！」女人端着燈悲苦地走出了新房。

劉耀庭重新坐下來，顯得異樣滿足與愉快，他豎起他堅硬的方頭，用他底因快樂而細迷的眼睛瞧新房的陳設：新箱籠，新傢具………，他底喉嚨裏咕咕地響着。

「我總算活了四十歲了呀！」他旋着腦袋想：他底渾濁的眼睛閃着滿足的光。

二

穿過燈光下的空場，金仁高被包裹在鍋爐房底汽管所噴出的白色的水氣里，溼潤而溫熱的水氣搔得他底胸肺癢癢的。「他娘的這些王八，又不把管子塞好！」他咒罵，於是鑽進水氣濃厚而發出尖銳的聲音的濃里去，閉攏了汽管底門。等他重新又走到通路上來的時候，他底四肢彷彿被水汽弄疲乏了。他底頭殼里熱昏而漲痛。在一座廠房裏才找到了矮子庶務。庶務底長圓臉在淡巴菰底閃耀的紅光裏充滿了便他自已感動的誠摯和親切；他高高地招起多肉的手拍拍金仁高底倔强的肩膀答應明天早上看，要是運氣好的話呢，可以設法弄到二十塊錢。要到九點才上夜工，金仁高回去吃晚飯。

昏闇的矮屋子裏是潮溼的。油燈使得每一件東西底影子都不安地搖幌。金仁高底黃色的眼睛閃耀着幽暗的光。他粗鹵地舉起手，想把臉上的紗布撕下來；但是他底手在半途又回到衣袋裏，他掏出一張報紙。

「我走了二十七天，三次險乎炸死，到重慶來就開這個煤礦公司。………真是好不容易，好不容易！」在後面過道的煤爐那裏妻子底父親底漢口口音抖顫着。

「要是死在路上啊！………」老人底聲音低沉下去了；喃喃不清了好一會，又可以聽見，「………像你可憐的哥哥，你媽………」

女人底抽咽壁使金仁高全身灼熱，他底腮旁的肌肉鐵筋一般地痙攣着。油燈光照耀了他敞開的胸肺，起着棱凸的大塊的筋肉塗上一層朦朧的油一樣的光。他底眼睛苦惱地四顧。最後他底頭微微俯向報紙。在曖昧的光線裏黑色的鉛字彷彿在旋轉着。

他讀着了這樣一句話：「每個我們有家的後方同胞！我們要想想那成千成萬的在血與火裏輾轉，在炸彈與刺刀裏叫喚的無家可歸的人。………」

「無家可歸的人………還沒有什麼！」他沒有再看下去了，他高大地在房裏站起來，無意義地對自己說。他底眼眼久久地盯着昏闇的燈火，他是平靜了，但是他又立刻投入了另一種久已遙遠的激動裏去，許多畫幅在他眼前閃現，從油燈底火苗裏變幻出來，——好久以來彷彿因隔絕而淡忘的過去的日子現在是絲毫沒有裂痕地連接上了在油燈底下慢步的今天，哭泣的女人底淚水與大火底沉默的反照連接着，踩着北方底血與雪的頑强的脚步今天是踩着黑色的煤屑，和淚底泥濘。………

「………我在武漢娶了她，四年；我離開家，九年………」鍋爐工人底尖銳的顴骨上，散佈着黑的斑點，强壯底手臂在他胸前交纏着，悲憤使他高大的身軀搖幌。——他湊着迴憶的碎片；落在辛辣的幻夢裏了。

「十年，」他幾乎喊出來，急忙地把胸脯底衣服向中間拉攏；他拉開門，大步跨出去。

「哪裏去，錢怎麼樣？」女人彷彿少女一般紅着雙頰，她底聲音依然是淒傷而低啞的。

金仁高一隻手推着門，站住了，一陣風竄進屋子裏來使金仁高清醒。油燈底火苗似乎要離躺燈蕊一般地分成兩股，向空中飄蕩。彷彿有强烈的火燄在四圍燃燒着的鍋爐工人，此刻平靜了，重新又走回屋子裏來，

「明天，明天看。」金仁高氣憤地回答妻子，他底右手掌停留在被紗布包着的頸子上。

這裏是鍋爐房，四張方方的大紅嘴吞着煤。火燄在爐肚裏轟轟地咬嚼着，撕打着，抱住了黑色的煤末。爐子底鐵門打開的時候，血底紅色就噴在工人底頭髮上、手臂上。金仁高一連走過了四扇打開的爐門，他緊張地跳上煤底小山丘，向爐頂上的在電燈底光線下閃亮的煤爐錶看，紅色的針指示了汽底過度澎漲。於是他急忙跑到末一個爐門旁，向上急劇地旋着汽門底機輪，他底强壯的手臂緊張地搬動，他底頭向上昂，想看清楚爐錶；但是看不見

。他又得再躍上煤底小山丘上去。他沒有一秒鐘時的閒可以用來揮去他額上淋漓的汗，他像一陣灰白色的旋風一般重新奔向爐門；紅亮底火光噴照在他底潮溼的胸脯上，額角上。他底手揮動着，連續地向大嘴裏送着煤，大嘴用瘋狂的歌唱來沉醉他。以後，他又奔向兩個活塞交互往來的汽機，他底粗大的手捉住一個活塞。活塞依然在它底塗程上跑着，於是他用耳朵聽着——憤怒使他底眼睛皺起來，一速旋了兩個汽管門底圓輪（他底強硬的手指是那樣迅速地使汽門底圓輪轉動！）他向旁邊一個矮矮的工人問：

「外面塞住了？」

「不曉得。」

「去看看去！」

活塞迅速地飛舞起來了。金仁高底含慣的沉醉的無表情的臉又重新在紅色底火燄前幌閃。他曲着兩腿，彷彿一隻麻木在自已底飛馳裏的野獸，他揮動着鐵桿。

「四十八架，過了諸陵！」一個因激動而細小的聲音像電波一般通過了每個人，燃燒了每個人底神經。

金仁高通過廠門的大門瞧了瞧外面底天空：月亮底光輝遮蔽了碎金子一般的星羣。一種激動，與緊張，在月華的天空和曠野裏流盪着。繼續着尖銳的蒸汽底嘶音，汽笛在鍋爐房頂上咆哮了起來。

人們驚慌地通過廣場奔跑着，發出短促的叫喊。爛漾的電燈在山上山下突然閉死了。月華靜靜地瀉下來，軌路兩側的晌發着果實底桃樹在一陣微風裏發出甜蜜的低語。廢水在廠房前面的水溝裏潺湲。

大門搬攏了。黑布窗幔像哀傷的面幕一般垂了下來。恐怖而寂靜的山谷和曠野被關在屋外。鍋爐底下，火笑着，洶湧着。

金仁高蹲在煤山上，注意地瞧着爐錶；然而電燈熄了，爐錶祇在爐火底紅光裏醉着。

「這些混蛋，關錯了電燈了。」

他躍下煤山，搬開門，穿過寂靜的廣場向電錶房跑去。

「喂，開門！」他叫，用粗大的拳頭捶着門。然而裏面沒有聲音。他衝進去了，在黑暗裏摸索，心裏咒罵：「這些鬼東西全溜光了！」——摸着牆壁數着，他記得所有機器房底室內電燈是第二個錶，用力地一搬，他重新又跑出來。

他愣住了，在山坡上燦爛着另一串電燈，「不好，錯了！」他想，急急又跑進房子裏去；等他改正了再出來時，他遇着了驚慌跑來的電機股主任。

「你是誰？」

「金仁高：你們熄了鍋爐房的室內電燈！」

「放屁，你亂扳電錶，在緊急警報以後，你……漢奸！」

「鍋爐炸了你負責，你應該質問你們的管理人，他為什麼離開！」

「漢奸！」

「不許罵人，咱們可以在解除後到辦事處見礦長！現在我有事！」金仁高憤怒地向鍋爐房走去。

「漢奸，混賬王八旦！」

「再罵老子揍你！——你的職位比我大，你是主任，你可以罵人？」金仁高因憤怒而顫抖着全身的肌肉，他底高大的影子在月光底下幌動。他底雙臂張開，猶如一隻預備戰鬥的野獸。

「先饒了你這一次！」電機股股長聽見了飛機在轟響，向鐵道那邊遁去。他知道這爭鬧他是不一定會勝利的；他不可能掉走金仁高，鍋爐房少不掉他，而且金仁高拳頭不好惹！

「要你饒！」金仁高咆哮。

一隻手從背後撕住了鍋爐工人底衣服。

「……飛機來了，你不回去；……你，聽！」恐怖地抑壓着的聲音在金仁高頸子背後發出，而且他底上衣，更緊地被那隻驚惶的手拖着。

金仁高憤恨地瞧了自已底女人一眼；抬起頭來聽見了壓縮大地的龐大的鐵響！

血液在鍋爐工人體內灼熱而迅速地奔流。他一下也沒有猶豫，抖動着強壯底手臂掙脫了女人，他向鍋爐房跑去。

「爹在家裏呀，死冤家，爹頂怕飛機呀！——」

「我有事！」金仁高把笨重的門推了一個縫說：「不准下班，炸死了也不准下班，」想了一想又添上一句：「做一班算兩班。」於是擠到房子裏去了。

慚愧與憤恨燃燒着他，從煤堆上抓起大鐵鏟，他奔向爐門。鮮紅的火光淋澆了他底全身，紗布從頸子上鬆弛下來了，他狠狠地一撕，膠在藥膏一起被撕了大塊潰爛的皮，血從頸子向背心沁流，然而他全然不知覺，紗布被扔在火裏了。於是，一種傷佛是外來的不可思議的力氣在他底緊張的筋肉裏發生。他底從紗布裏袒露出來的瘦削的臉，和他底瘋爐狂顫抖的胸膛，在火底沐浴裏彷彿一座兇猛而又美麗的彫像。他揮舞着鐵的通條，把它一再搗爐肚底最深處。火燄爲這外來的挑撥者而互相絞打着，黑色的煤被燒成疲乏的灰。

炸彈在不遠的地方爆炸。巨大的震蕩激烈地搖撼着地面。鍋爐房底窗玻璃顫抖着，突然的一聲巨響彷彿就在人們腦門上爆裂，一個矮小的工人驚叫起來，然而金仁高在恐怖裏屹立着。他在緊張地籌蒸氣錶。機聲遠去了，金仁高才慢慢地垂下了手似乎在竭力記憶着剛才發生了什麼事。——而鍋爐工人自己，是決不能相信，在這給予瘋狂的力的地面上，會有什麼意外的事發生；因爲，即使剛才的一聲巨響把自己底肉體擲到半天裏，他也祇能相信這是自己身體本身的一種意料之中的爆炸。

電燈彷彿哭過的眼睛一般地昏沉，它們驚愕地注視着劫後的曠野。門開了；黑色的窗幔取下了，春夜的風吹着月色灑到鍋爐房裏來，小小的精巧的時鐘用它底黑色的胳膊擁抱着十二點。下班。

金仁高疲乏而昏迷，全身軟癱。他在月光靜靜地照着的鐵道上向前走，工場的電燈落在他背後了。鐵道一直蜿蜒向浮漾着黑絲的霧的田野，閃耀着冷冷的倔強的光輝。

「我說又是你老哥，唉，警報！受驚了！」路那邊傳來劉耀庭底聲音，他似乎是從床上跳起來，就跑，以致於沒有穿長衫。他帶着那一根手杖，和一個白包袱。

「受驚了你，你下回不要穿白衣服躲飛機呢！看見白衣服日本飛機就要掃機關槍。」鍋爐工人嘲笑地說，一直往前走。

「啊啊……來玩……你底太太。」劉耀庭彷彿吃了一驚一般地說：於是似乎機關槍眞的追來了，他跳起來就走。

鍋爐工人覺得頸子痛，一摸，溼潤了一大片。

三

接着驚慌地睜着苦痛的無眠的眼睛的夜晚是初夏底稍長的白晝。天空混濁而還留着不潔的雲，遠山底谿谷上則滯凝着昏沉的烟霧。從寒冷裏迸射出來的早春底日子早已被昏倦的人們遺忘了。人們在走到工廠去的路上，在種着碩大的甜菜的田地裏，在水牛旋轉着的穀磨旁邊，……落在無知與愚蠢裏，被一個巨大的黑影所獵獲了。無休止的操勞，和跟蹤着食慾的昏倦，使得他們臉色蒼白，渾身塗污着煤屑和汚泥。

清早，劉耀庭去收小學校底房租。

劉家底房產除了自己住的一座外，還有租給鄉鎭小學校的一座和街上的兩間，街上的兩間由劉耀庭害肺病的哥哥主持着開了麵粉鋪。小學校沒法還價，但是有兩個月的房租沒有收了。

小學生亂鬧着，用泥巴向穿草鞋挾着手杖的麻子房主投擲。最使劉耀庭氣惱而傷心的就是他們把好好的磚牆打了許多洞，而從洞裏掏出泥巴來。

「小孩子，沒有辦法，——我這個牆是這一帶少有的磚牆，唉！」房主大聲地跟總務主任說：

總務主任淡淡地笑笑。

一個頭上紮着紅結子的小女孩把一個簿子送到房主面前來，總務主任微笑地說：

「鄙校經費不夠，剛開學要添課桌椅，還要修整房子，房子有好多處滲漏了。照理，這是房主的事……」

「嗳，嗳，不是不是。我們這裏向來如此！房主不負責。」

「不是不是，是請劉房東捐幾塊錢。」總務主任說完了，向湧在門口的學生擠擠眼睛，於是學生嚷：

「捐五塊！」

「請劉先生捐。」

「不捐不是人？」

劉耀庭慌了一下，他在簿子裏翻着，最後翻着一個「五角」，他謙虛地笑了。然而他底心依然擂跳得很厲害，這也許並不是劉耀庭着急幾個錢，而是這些學生驚嚇了他。

「劉先生非多捐一點不可。」總務主任簡單地說；這次沒有笑。

「自然，自然！」劉耀庭苦澀地笑了一笑。他底處境是絕望了；他從長衫底衣袋裏抽出一塊錢。「抗戰時期，生活高啊。……」他彷彿無限遺憾地嘆着氣，向總務主任告辭。

「不要臉，捐一塊……」

學生依然用牆洞裏的泥巴團送了房主人底行。劉耀庭底新草鞋在街石路閃耀。他失神地陷在汚穢沉思底泥沼裏；而且他心裏有些氣惱。一些難以滿足的慾望，挑撥着他——錢底本身是一種慾望；而另外一些慾望又必須用錢來換取；這是一個矛盾！這矛盾使劉耀庭醜陋地皺着麻臉，苦惱了半生。

在房間底黑暗的床背後，劉耀庭舒服地撫着金仁高底被炸死的朋友底十袋上好洋灰麵，他精確地計算着它們在土麥上市以後要漲怎樣的價，也撲打着硬硬的麵口袋使它們在微光裏騰起微塵。

「這個蠢傢伙……十袋灰麵，——這個蠢工人！」他想起金仁高，高興地笑出聲來。

佝僂的女人提着油壺進房來，在天窗飄下的白光底下站住了，——是爲着同情呢，還是爲着使丈夫歡喜呢，她嘮叨地訴說着：

「可憐呀！那個賣豆芽的女人，人家作孽哩，天不亮就抱一個牽一個地背着那一大籮豆芽，——賣到幾個錢呢？人家總欺她，種田人哪裏認得秤。該死那天我也糊塗，把五分當一角的把了她，她還補了我半斤豆芽。可憐我心裏老不過意死了，眞想把豆芽還她。可憐這年頭……」

「你還她就是了，」從床背後面出來，劉耀庭白着眼睛生氣地說。於是走出去了。

女人放下油壺揩着眼睛；慢慢地走出屋子。她準備去找她底一直在外面玩，簡直不曉得歸家底小女兒。

挨晚，房主劉耀庭跟他底左邊樓上的房客——一個穿着中山服的公務員作了一次漲房租的談話。

「還是你們好歎！一打仗，這地方就建工廠；我們外鄉人來的一多，你們地皮也値錢了，房子也有人住了。店裏東西也貴了，——你看，一家六口，現在一百多一個月够個什麼？够吃米？眞是還是你們這些人自在啦。」公務員說，他底多肉的手指絞扭着。

「唉，嚇嚇！」劉耀庭掩飾不住自己底喜悅，他底嘴大大地張開；連肉紅的牙花也露了出來。他底狗一樣的舌頭在黃而臭的牙齒上仔細地舐着。——但是他不會忘記他要加房租的本題。他底眼角利害地在顫動，在台階旁的拳頭小草上他走動了兩步。

公務員燃起「强盜」烟，用力地抽吸。他在吐出烟圈的時候，伸出了兩個多肉的手指表示他每月最多祇能加兩塊錢。

兩匹大狗向大門口奔馳，而且一面側頭向主人獻媚地吠叫，——從大門裏顯現了兩個影子；劉耀庭認出一個是金仁高，於是喚住了狗。

「這是咱們的老朋友，新從河南日本人底下跑出來的，請你幫忙租右邊樓底下的房子。」鍋爐工人說。

被介紹的河南人點一點頭，——他底結實的身體有些粗蠢，他底左眼珠似乎有毛病的眼睛閃亮着一種頑强的光。長長的鬚毛在他腮下蓬鬆地顫動。

「可以，可以，不過要在十五號過後，十五號我辦喜事要用。」劉耀庭望着樣子粗蠢的河南人，沉思了好久說。

「你無論如何要幫忙；你這麼多屋子。偏偏要用這一間！」金仁高氣憤起來；他底兇狠的眼睛逼射着劉耀庭。

「人家老遠從河南來的！」金仁高又加上一句。

「打游擊？」公務員扔了「强盜」底煙屁股，問河南人。

河南人點了點結實的頭。

暮春底溫和的黃昏降臨了。歸巢的鳥刷動翅膀不安地叫着。工廠拉了放晚工的汽笛；汽笛的聲音久久地在山谷裏旋繞、撞着每一個山峯。晚膳在引誘着疲倦的人，燈火亮了：

「明天給你們回答好不好？」劉耀庭敷衍地說。

「你就譬如幫忙，房錢不少你的，人家一家三口。」

「好說好說。」

劉耀庭賣弄了他底直爽；他說他底房錢並不多，一個月祇六塊錢，是這一帶最便宜的。

「你在這一帶哪裏再找到我這 樣的房子。」旋轉着他底四方頭，順便瞥了一下他底可愛的房產。

鍋爐工人和他底朋友走出大門，溫暖的夜晚和在坡上坡下閃耀的電燈向他們招引着。

四

木料底四方的堆積在黑影裏靜靜地垂着。最後一個運料工人也撫着疲乏的胸脯，走向燈光輝煌的堆煤棚，而被捲入晚膳的熱氣裏了。木料底方方的堆積在山坡映來的微光裏向草地臥下了朦朧而甜蜜的影子；猶如一些馴良而帶角的獸。草地裏，鍋爐底廢水，和由溪流沁流來的小水流合流着，唱着溫柔的歌……。木場底對面山坡下，從一家棚屋裏閃跳着鮮明的火光，跟着火光底每一跳閃，撞動着單調而巨大的聲響。

「我們到鎮上吃飯去罷。」金仁高搖着頭說：

「家裏太討厭！」

「好。」河南人回答；他底結實的身體搖晃着。因為每一步不能跨穩在一根枕鐵上，他生氣地跳到鐵道旁邊來，這樣，他就和在鐵道上大步跨着的金仁高隔遠了些。他於是提高了他底堅硬的聲音；卽使在不說話的時候，他底眼睛也亮着頑強的光亮：「他媽眞有趣：焦作那些日本王八也沒也一點辦法；工人出了礦上汽車；汽車下了上火車；火車又是輪船：不準走一步，但是太行山的游擊隊常來鬧，工人都跑光了——我也就跑了，幸好我老婆不在城裏，她們住在開封鄉下。」

「你到太行山有幾個月？」

「三個月吃了五次燒蛋（掃蕩）：最後一次打敗了。」河南人發出乾脆的笑聲。

「你就到開封找大嫂？」

「我逃出包圍圈！——日本人眞有趣，不曉得稿的哪個鬼，睡覺的士兵，不帶槍呀，像我們槍總是抱着當老婆……我們三個人逃的，很容易就逃出來了；不過另外兩個人和我失散了。」

「失散了。……那邊總還好。」鍋爐工人把手抄在口袋裏問。同時他想起來他忘了帶錢；他失望地站住了，給弄得很着急。

「還好。……這邊祇想做半年看，我總得想個法安頓一下，老婆同孩子。——這個時候有個家眞拖累。你怎麼？」河南人興奮站在鐵道上不走的金仁高，他底眼睛向着工場底燈光，閃着堅強的光輝。

「有個家眞拖累！——我底錢又丟在家。裏了他媽的回去拿，你等我一下。」金仁高說；向燈光底方向邁走大步。

「不，我看！不過不多。」河南人喊。

「我就來，你等一下。」鍋爐工人在遠遠的一盞路燈下揚起長長的手臂。

「嚇嚇。」河南人清脆地笑了。把他底身體歇在一顆發散着香氣的桃樹幹上，他底眼睛向工場凝視着，鐵底聲響，火底高歌擁抱，馬達底轟震，電燈底輝耀——春夜裏的燦爛，喧鬧，燥熱，使他底結實的身體熱辣起來，他高高舉起他粗短的手臂攀住了一根桃枝。一些飽滿着液汁的葉子被他撕落；他把青香而潮溼的桃汁拿到鼻子上去，他底大鼻孔張開，從新清朗地笑了；這笑聲彷彿兩塊鋼鐵底急速的敲擊。

「那個傢伙，房東，辦什麼喜事？」河南人被一種強烈的酒菜重地搖撼了一下，想起來問。

「娶小老婆。」金仁高把大手掌，桌面上擦着；他底眼睛昏花地發閃。

「嚇。」

「十七歲——這匹狗四十歲！」金仁高悲憤地喊。

「你現在多少錢一個月？」

「九十。」鍋爐工人回答，停了一下又說：公司裏祇准每月領一斗便宜米；一個人一斗，另外要吃得自己買。錢是不够用，連吃飯都免強。———現在，尤其這個山頭上東西眞是貴得不得了，有時讓你看，在這體面前忙得頭也發汗了，身上也就[illegible]、想想家裏面又是這個又是那個，心裏怎麼會好受。」

金仁高，他底眼睛像映着鍋爐的火光一樣發紅——酒精在他強壯的肺臟裏燃燒着。從他底黃瘦的臉頰上，筋肉尖銳地痙攣起來，一陣劇痛通過了他底全身。他急忙地乾了他底杯子，在桌子邊上幌動着四肢，來殺和他底肌肉底痙攣。

「怎麼，你？」河南人驚異地問。

「不要緊，身上抽筋，老毛病。」金仁高苦笑。

「你來這裏，還要淘沙？」他向店舖底吊在頂上的油燈望了好久，慢慢地問他底河南朋友。

「還是老行，」河南朋友顯然不願意多說話，蓬鬆的鬚毛在他胸前顫抖，

等他們離開昏沉的市鎮向工場走回時，夜已經被田野擁抱得很甜密了。刮起了西風，工場底電燈晶瑩地亮着，酒精使他們底血液在體內急速地奔流，他們沉默着，向燈光疾走，金仁高底高大的身體在風裏搖幌。

一陣鐵輪底急劇震動了他們，從高高的煤庫底遠處，一輛小鐵車在下坡的時候陷在絕望的速度裏了，煤庫是城堡一般高高地築起的，而鐵軌底這一端是支出在半空中，兩秒鐘不到，車子上的兩個工人都要被這「城堡」判決了，他們沒有法子制止光滑的鐵輪在傾斜的軌道上的瘋狂的嘶叫與滾動，從朦朧的電光可以看見：一個工人在車子裏面蹲下來用兩手拖住車沿。他是想躲避呢，或是想把車子停

車子裏面拖住呢？」——這祇僅是在有張開的嘴來不及的驚呼的一剎那，小鐵車從城堡的頂端，飛到空中去了！

慘痛的絕叫揚起來。所有人的奔過去了。

河南人擠到人羣裏去，金仁高苦痛地站在一旁。

「一個斷了腰，另一個手，腿，頭，……全傷了。」河南人說，當他們走進工場底廣場的時候。

「死一兩個人，算什麼！」金仁高陰鬱地說。

風大了起來，它踩躪了大片的麥田；桑樹底手掌擁着，彷彿想抓回什麼被風帶去的東西。——風帶着桑樹底咒罵搭擊到廠房底高牆壁上；在高高的烟囱上，它擾亂着烟，彷彿一個流氓揪着女人底黑髮。火星在烟囱口爆裂了。風唱着歌。

電燈，淒迷地在風裏閃閃。黑暗的曠野暴亂了，它從溫柔的夢裏猝然醒來；它幻想着，在風裏哀號。

鍋爐工人底裸露的強大的胸脯被風所激打，感到舒暢。他高高地揮着手，預備跟他底朋友告別。但是他突然屹立住了，他用力地搖撼着河南人底結實的肩膀說：

「有個家真拖累……幾年來我是給累夠了。」他底聲音興亮起來：「想到辦法，半年之後我跟你一陣走。」

河南人底牛一樣的身體在風裏沒有動一動，看不見他底寬闊的粗拙的臉，祇有他底眼睛底光，在黑暗裏燃燒着。

五

從裁縫鋪裏拿回新娘底旗袍，和妻子，女兒底衣服。當那個矮小的老頭子裁縫狡猾地笑着說「恭喜」的時候，劉耀庭因愉快而大方起來了；他沒有問老裁縫討那多下的四毛錢。他用興亮的嗓子想叫所有的人都聽見那麼地說：「多的錢，你喝酒罷，」於是從裁縫鋪裏他喜洋洋的走出來，高高地提着他底藍長衫。但並不到幾步，他就計算着手裏幾件衣服衣料子，工錢……「料子買得太貴，又不好；在這個時候是應該省一點的……」他想，懊惱得很，他又跌入沉悲的陷阱裏去了。劉耀庭是很難滿足的，他底利慾心，鼓勇着他底貪婪，……；然而到慾不能滿足，突然覺得自己什麼也沒有的時候，那就可怕了，他現在是四十歲的人了，沒有好幾年活了。他覺得他非發達一下不可。

雜貨鋪裏有人談着沙鄉灣炸死的王老頭，這使他想起「你看他哪——一天化三分錢喝過一碗茶」的自己底宏論來，但是他這一次沒有停留下來參加議論，近來他底事情太忙。一個國家在發達的時候總是無閑人的，這他在哪裏聽說過，一個人當然也是如此。然而他心裏老是覺得有點不舒服。為什麼？他不能明瞭。他底臉可怕地蒼黃。彷彿夜裏總沒有睡好；他底眼睛是迷糊的，並且他走不到兩三步就要打一個呵欠，他底嘴張得連肉色的牙花露了出來好像一個可怕的血腥的洞，腰幹也酸。他懊惱今天忘了帶手杖。

很乏，在街上轉來轉去轉了很久。他跟每一個熟識的人打招呼，最後他想起來金仁高底[illegible]今天下午要搬家，他於是垂着方方的頭走回家去了。

「這個笨傢伙，日本人倒沒有殺了他……」他想，這樣的想法使他自己很高興。「河南來的，頭一定甚麼東西全沒有；一定又是要亂拖東西……」劉耀庭對於工人們底亂拖東西痛恨得了不得。另外，一個胖監工天天讀書，裝讀書人底文雅樣子；監工底太太天天打牌。左邊樓底下一家一個做鐵的把他底板凳拿去當柴燒，……他都看不慣，幾個鐵生氣他都忍住了，因為和工人，鑑東西，是無理可講的。

劉耀庭家現在不種水田了，水田都賣給鐵路工廠了，大烟囱和連排的廠房代替了稻穀底明亮的金黃。因為不種水田，牛也賣了。——他跟他底不合乎潮流的哥哥爭執了好久，在這件事上，他是聰敏的。——現在他家裏祇留了一個大房，（註）種着一個山頭。房子呢，就租給工人們。……發達起來了；就連鐵路邊上的一個小雜貨鋪每天也要賺上一二十塊，於是很多人勸劉耀庭，劉耀庭自己也很應想：要一個小體，沒有兒子總是一個缺憾呢。

當他因為爬一個斜坡而彎着腰時，他發現了地上有五毛的一張紙幣。於是他底眼睛從昏惱裏亮了起來，他拾起它，把它揉摺在手心裏。當他覺得一個女人在忙忙地看着他時，他又假裝地在地上找着，然後大口地吐了唉，彷彿因為遺失了東西沒有找到而氣惱。

五毛錢，中國農民銀行的票子！這鼓舞使他不知不覺地走了很長的一段路，通過茂盛的竹叢，他看見他底「在這一帶房子坡好」的家了。

「喚喚，這是哪一回事？……」劉羅庭看見右邊棧房巳經打開了，便急急地跑過去。

河南人緩緩而吃力地移動着他底笨重的身體在擺動一張工廠工人睡的木床。他底同他同樣結實的髒胖的女人，背向着門；她底搖帶揚起厚積的灰塵。而鍋爐工人金仁高，則在安置着一張桌子；他底頭上流着汗。

金仁高看見了劉羅庭，住了手。點了一下頭，說：

「他底二十塊麵粉算我麵粉底下的。還有，請你幫忙借兩張椅子。」

「哦，我的天呀，你是知道的呀……」女人着急了，緊迫地搾着力頭又急得抽搐着露出暗紅的牙花。

「大家幫忙，大家省事！」金仁高強硬地說。

劉羅庭驚愕地沉默了。他底光亮一樣的眼睛從河南人身上又移到女人身上，彷彿審視貨物一般，他又瞧了那穿紅上衣的小孩好久。後來他蹲下身子來繫着鞋，抬起頭來時，他底臉上才恢復了那狐疑一樣的笑容。

「哎呀，我有事，少陪……」他突然大聲說，向正屋裏跑去了。

金仁高瞪着藍布衫的背影嘲笑地哼了一聲。

「狐種傢伙，滑頭！狐陪假耍小。」河南人底女人綁了搖帶，說。她底圓臉潮澤而發紅。

河南人把大水桶裏的水撈響，絞起一塊大抹布來，一面用抹布上的水滴向灰塵灑去，他底巨大的身體移動着，隔了好久才笨重地說：

「攪擾不了那麼多！——他要惹了我，我可不饒他。」

「他拿了我十袋麵粉還沒有給錢，三個月。」金仁高說着，一面用腳踢牆角上的一塊磚頭。

「問他要！」

金仁高款着牆，不作聲。

「真不容易：我這個家又算是個家了。」河南人閃着眼睛，向金仁高說。他底結實的身體栽在屋子中央。

「先過半年再說，下半年我也不想幹了。」金仁高在牆上移動了一下。

河南人於是用明朗而堅硬的聲音開始說：

「在河南咱們是到處為家；在一個地方蹲久了就死了，一點沒意思。……這個時代是要到處為家，連女人也上軍隊才行。」他望了他底女人一眼，「我們哪裏還算得準一件幾個月呀，這個是要上戰。」他笑了；他底沉重而明朗的笑聲久久在牆壁上擴響着。

金仁高感到苦惱。他翻閃牆壁，在屋裏走了幾步。他底手不拘着他赤裸而凸起的肌肉的胸脯。

「我回去了，下過下午的工我再來。」說着，他就走出屋門，大步跨過庭院，消失在大門口了。

劉羅庭底小女兒，那兇惡的姑娘從河南女人手裏搶過一個大鐵釘——河南女人發怒了，她把鐵釘狠狠地奪回來。

「滾過去！」她罵。

「整你祖宗，你不要臉。」小姑娘翻着眼睛對答。

於是一個結實的厚厚的手掌，熱辣地飛在小姑娘底污穢的臉頰上。劉羅庭底小女兒號啕大哭了，在她底臉頰上，顯現了五條腥紅的印痕。

這非常之侮辱了劉羅庭。他像一匹老公羊一樣發怒了；他要找河南人評理。他用洪亮的聲音站在庭院中央破口大叫，他底頭旋轉着，使他渾身扭動。

「你們這些工人才搬進來，不懂一點規矩；你們凡事總得講個理，我們打官司去，你們……」

他底無休止的大叫在這裏突然停止了——從右邊棧底下竄出了一頭可怕的結實的牛；忍到無可再忍的河南人一把封住了劉羅庭底長衫的領子。他底鐵一樣的臂膀一收攏使劉羅庭發出模糊的聲音，截到他底胸口來。

「你底小孩子罵女人不要臉；她什麼地方不要臉，她偷了你底東西？——要，要打官司去！」河南人說，他屹立着；他底蓬鬆的鬚毛因憤怒而顫動。他底眼睛兇猛地閃閃。

劉羅庭在工人手裏發出短促而含糊的聲音，他顫抖了。他底家裏的二哥在一旁昏迷地站着，看見金仁高進來，便連忙哀求。

「金先生，幫幫忙，勸勸你底朋友，勸勸，……鬧出事來不好……不好。」

劉羅庭從工人手裏脫出來，一溜煙地跑上台階，躲進屋子裏去了。

「唉唉，這個笨東西；我把房子租給這個蠢牛……」他跳着腳嘆息着，「唉唉，世界無公理，強權就是公理，……這是什麼世界，這成啥子世界；工人無法無天。」

他白着小眼睛彷彿一條將死的魚一般睡在床上。一陣陣顫抖通過他底因驚嚇而衰弱的身體。心臟在他胸口不停地搏跳。

「二哥，……你，你跟我在二舅藥鋪裏拿一付平氣的藥來，平氣的藥！」他喊，在床上翻着身，昂起他底方頭。

六

洪過澡，金仁高去上晚工。當他繞過一座廠房，預備通過廣場去時，他失聲地喊了出來。立刻穿過鐵道與麥田：穿過人聲底興奮而緊張的喧鬧，他向前飛奔。

火在劉耀庭底屋子上奔騰，火頭翻捲着，火災蔓延開來了。

劉耀庭很沮喪，把房子租給了這樣的工人，尤其使他懊悔。在掛着「重慶府捷報」、「乾德堂」字樣的黑漆牌堂屋裏，他失神地徘徊着，堂屋裏面積着暗影；春天底夜晚到來了，室宇裏是寂靜的。劉耀庭底心裏很暗淡。後天要娶小了，添一個女人，——但是又怎樣呢？他底心眼窄住了，想不通，祇是覺得異樣失望。

他走進房去，看見他傻的小女人癡癡地坐在床沿上。「好點燈了，」他吩咐；又重新去到石階下來。

這樣的濃重而又淒迷的黑暗，這樣的寂靜是很容易使人想起來自己是彷彿活在另一個世界裏似的。劉耀庭今日是很苦痛了；他忙了四十年，然而他有什麼呢？他向這一個不可思議的叫人窒息的世界，帶來了什麼呢？

他在草地上失神地徘徊着，垂着頭，河南人重重地搖撼着地面走進來；向自己屋子裏去了，突然一聲窒息的絕叫驚壞了他；他嗅到了咽辣味和布料臭。

他底皮膚起皺，冷水淋濕了他底全身。

火底蛇封住了房門，女人昏迷地抱着一個大枕頭跑出來，跌倒在堂屋裏。火燄彷彿一個巨魔，翻滾着咬嚼它底補獲物，大股的濃烟在廳堂裏旋捲，找尋着出路，劉耀庭僅僅來得及搶出了他底錢包與賬簿，他失手無措，站在台階上跳脚狂喊。

火燄向夜空伸出了舌頭，新鮮的呼吸使它突然巨大地矗立起來。它舐着屋脊，然後咬碎木頭，爆炸開來的瓦片被它撣入空際。

跑過來幾個工人：第一個是河南人……第四個，是金仁高。

「你底東西呢？」金仁高用短促的話句問河南人。

「搬到後門口去了。」河南人迅速地回答：「你先上左邊樓；我上右邊！」他說。

河南女人挑進了第一桶水。

金仁高順着梯子爬上了牆，躍到矮樓底屋瓦上去。他接過了河南人吃力地舉在頭上的一大桶水。

他每一步都踩碎瓦片；他向火燄踊去。

白色的水汽嘶嘶兒爬着……

河南人底强壯的身體穿過人羣，投向另一邊的樓門；他上了樓。

「找一根鐵勾子來，快！」他向人羣裏喊。他底每一個聲音彷彿一個大石塊從樓欄上擲向人羣。

在這邊屋瓦上，鮮紅的火光淋漓着金仁高，他底寬闊的胸膛敞開了；汗水浸淫了他底身體。一種蠻性的力在他裏面爆發。聽見着火的屋子裏有人驚叫着，他一脚踢破了矮樓底木窗欄；找到一條濃濃烟的走道，他俯下去。

「乾德堂」的大扁被火擁抱着，發出巨響落在金仁高旁邊。他底長長的臂抱出了垂死的劉耀庭底女人。一塊瓦飛擲在他底額上，額角流出了血。

「我房裏啊，天啊！」庭院里劉耀庭瘋狂地哭喊。

鍋爐工人這次從正門衝進火燄裏去了。他自己也不知道他抱出的是什麼東西；一經[illegible]擲在地上。

劉耀庭跑進屋子裏去；出來時他底長衫着了火，他在地上打滾，哭。

整個屋宇籠罩在兇猛而飢餓的火燄裏了。一些工人幫着搶救左邊樓上公務員底家屬……在右邊突然起了一個巨大的轟響，一股帶着火星的濃烟直冲空際，……

河南人在火光裏彷彿一頭猙獰的獅子，他憤激地揮動他粗壯的手臂；大鐵勾勾住了一垛樑木。

「你們向這邊來呀！」金仁高向那胡亂潑些水的人咆哮。這裏，一個奇蹟發生了；所有的人跟從着高大的鍋爐工人，他們迅速地推倒一堵矮牆。鍋爐工人從河南女人手裏接了一桶水，向火燄奔去；火燄退縮了，第二，第三……桶水相繼地向瘋狂的火燄進攻，佔領着它底地盤。

接連倒下了三堵牆，火燄萎縮下去……

劉耀庭躲在門外甜菜地裏一頭瘋狗一樣地喊叫；當他看見一些人拆他底圍牆時，他掙扎着狂喊：

「你們不要喪德呀！圍牆不准拆呀！」

然而人們服從着另一個命令：人們服從着風畜。一些拾煤的小孩子，甚至一些女人，她們和幾個路警混在一起喊叫着搬落圍牆上的磚頭。

「不要拆，火都快熄了！」劉耀庭看見那個腫臉的路警，於是用力地拖着他底膀手臂。

「我們奉了命令，幫助救火……」路警這一次沒有小孩子一般地笑。他掙脫劉耀庭底手，跑開了。

圍牆轟然一聲倒下了。劉耀庭彷彿被圍牆壓着一般昏迷了。

火災是殷紅色的昏倦的生活上的鮮紅的光朵；是女人們和孩子們底節日。他們高興而滿足地談笑着，歡躍着。——火冷卻了，月光淒迷地照在瓦礫場上。工場底電燈也把他底光線微弱地射來。於是人們疲倦了；世界仍舊和兩個鐘點以前一樣，是平凡的。

「劉耀庭那麻子呀，居心不良呀，這個年月娶小老婆！」

「天報應，賺夠了錢了！」

「小老婆是隔田溝的，祗十六歲。」一個小女孩訕訕地說。

「不許你多嘴！」一個女人罵。

人們散去了。清涼的風從田野吹來搖擺竹叢，在火場上風低低唱着歌，撥亮了不死的火星，一跟臭木頭又重新被燃着。

鍋爐工人和河南人，疲乏地，慢慢從竹叢裏走出來。河南人底妻子抱着小孩，他自己背着一個大行李。他們拖着了一個影子一般站在竹叢底下的劉

金剛及其他

鍾[illegible]

車子滾在滑黏黏的馬路上，溜呀溜地，把不穩、個方向。清道夫半睬不睬的把殘雪掃向路沿，順着電線木桿堆雪堆。常有人滑跌下去後，一撐、二撐，三撐，老是撐不起身子來，紅着臉罵山門，四圍的人們笑着。他也笑，還是那麼半睬不睬地。「喂，看，又是老實的一對。」

像每天做熟了的動作，一腳踢開了那個破栲栳，探出半個上身，颼地一陣子冷，罵了句粗話，又縮將進去。一雙臭腳就讓牠們露在外面，大腳趾和第二個趾頭按着扭着，又痛又癢地怪舒服。

破栲栳順着階沿石翻滾下去，小癟皮的癟臉這時候才完全沐着了太陽光。陽光刺得他的眼皮很不好受，索性猛地一個大翻身，合仆着又睡了過去，糊里糊塗地哼了半句：

「看隻×！橫豎這裏的人是死不完的。……」

眞的，這裏的人是死不完的。這寬廣二三十間店面的大空地上，除了外邊靠馬路的一條人行道和正中央一個工部局的公共廁所以外，就是這批「死不完」的朋友們的世界了。雖然地主人早就把這塊地皮租給了運輸公司停卡車，但卻趕不掉他們。而且在這樣大冷天，卡車對於他們也着實有些好處，他們睡在車身下面，睡在廁所旁邊，睡在上了排門的舖子的石級上面，密密滿滿地難得漏出一點空隙。要是照每天死二個的比例算起來，別說這一個冬天、再來幾個冬天也還不會死得完哩。

這是上海淪陷以後，租界上許多難民收容所以外的更多的難民「自容所」。這裏面有的是窮途末路的關外流浪過來的老名士，有的是從各地避難來了回去不得的單身漢，有的是上海淪陷那頭幾天從法租界鐵門上爬過來的各色人等，也有的是原本一無所有的光棍地痞。最近還加進了兩個早攤晚擺的測字攤子，鑲[illegible][illegible]貨担和四五個縫窮婆娘。就這樣組成了每天熙攘紛擾的局面。

連打兩個噴嚏，小癟皮起來了，他睜着眼像有些不屑似地去看那二個屍身，屍身斜搭着橫在廁所的側面。一個像蝦乾樣蜷着，另外一個卻筆直地擱臥着。蜷着的那個的腦袋湊巧浸在一堆屎和汽油的混合液體裏 向上的半片面皮有些腫，太陽照在那液體上，返映出幾種流動的顏色。兩隻死臉都皺緊着眉頭，牙齒深陷進下嘴唇的肉裏。幾個人在談論着那兩個死人，在嘆氣，老槍金根兀自擺動着他那骷髏似的黑皮頭：

「嘖嘖嘖，作孽，死得這樣苦惱……嘖嘖……」

小癟皮最不愛聽這種調調兒，他一骨碌跳起來，

「苦惱隻×！觸伊拉，自己一派死老實死

耀庭。

「是你，我當是誰？」金仁高憤憤地說。電燈底微光照見了他包着白布的上額。他底眼睛異樣地發紅。

「我，我這個家，──完了呀！」劉耀庭跺着腳在工人背後用醜陋的鷺一樣的嗓子叫。

「沒有完。」河南人嘲諷地回答，他底聲音是沉重的。它聲傷了劉耀庭。劉耀庭失聲地哭了出來；但很快地他制止了。

「我說我還是不配要這個家。」河南人清朗但是苦楚地笑了。

「到我家裏擠兩天再說罷。」金仁高疲乏地說

他們走進工廠底燈光裏去了。

冷却的火場上，劉耀庭在廢墟裏翻掘。他底被金仁高救出來的快要死去的女人絆倒了他，他底小女兒在一旁哭起來了。

一他像一頭病狗一樣地爬着。不能清楚究竟發生了什麼事，最後他又悽惻地哭出長長的一聲來。

「我底家，家啊……」

他底醜陋的聲音長久地在夜的廢墟上飄蕩着。

一九四〇。

註：火房即長工。

實就只好死，這樣個年成！」

小麻皮是寧波人，卻生在上海，長在上海，講得一口光滑的上海話，那一句「什麼隻×」更是他的口頭禪。他的話說得那樣地爽辣，唾沫直濺上老槍金根的鼻尖。汎寂了半分鐘，反應就來了：

「別那麼年少氣盛，咱們這大夥子誰都有這麼一個收梢，老弟，看你也逃不了啊！」

說話的是那個有幾根老鼠鬍子的北邊人，老槍金根正挖着鼻孔輕輕地點着頭。

「我？別想我死得這樣容易，哼！──」

小麻皮打着過去從大世界文明戲裏學來的「官話」回答他，但「哼」過以後就覺得不順口氣，於是就：

「箇兩個過仔鐵門，爺爺勿見，娘娘不見，肚皮餓，啥事體嘸沒做過！搶過，偷過，吃過生活，進過捕房，為點啥？就為仔勿肯老老實實死撥人家看！像箇個一對死胚！」

他伸出臂膀直指着那一對死胚，死胚還是苦着臉，活的人也不搭腔。於是他更上勁了：

「老實說，箇兩個是凍勿煞，餓勿煞格，叫做金剛──」

他頓住了，金剛下面是幾個「結」呢？八個結還是一百個結呢？他把眼睛瞟一下聽的人，膽又大了：

「箇兩個是叫做金剛八結之身！」

「金剛不急末就去打東洋啊！」

「打東洋？啥人勿情願打東洋，觸那格娘，要開碼頭喫沒血，就只好死挺着活受罪！──」他咽一口唾沫，潤潤喉嚨，牢騷便黃埔江漲潮般湧上來：

「人家橫橫良心照樣闊起來，吃油着綢，高興起來還要弄幾個女人嫖嫖；箇兩個情願吃苦，良心不壞，肚皮餓勿要緊，倒是嘸沒女人有點──」

大夥子都讓這潑野的小麻皮吹昏了。他趁着興頭瞟了那最年輕的縫窮婆一眼，鬼心思兜了上來：

「阿是？縫窮大姐，褲襠裏個洞補一補好哦？」

他叉開腳立在她面前，把下體突出着，涎着嘴臉，三十幾歲的縫窮女人漲紅了臉，低下頭去，輕輕的咒着，周圍的人卻都樂透啦，色情的狂笑鼓舞着小麻皮的傑作，他感到有說不出的得意。

看善山莊的大車子不知道在什麼時候照例停到了這塊地上。當小麻皮他們發覺這車子的時候，一具屍身已經被了進去。第二具也正在抬進去。但那屍體露着紫黑的上身，一件破棉襖竟不見了。小麻皮對這事有點驚愕，但當他的眼光接觸到那斜靠在車廂邊的司機的特殊的眼光時，他發火了。那司機是照樣安閒地抽着煙，對他們詭譎地笑着，看樣子像在他們中間搜尋明天該裝進這車子裏的生物。

「看吧看吧，看儂爺一個個讓你裝去吧！」

小麻皮盯住了他那變惡意的眼睛，巴不能拖他過來揍一頓，但那人卻拍拍煙灰跳上車子開走了。

車子走了。阿二從弄堂裏出來，身上多了一件髒黑棉襖，一隻手正扣着鈕子。

「缺德！賊種！」小麻皮恍然大悟了。

「缺什麼德？今天我剝了他的，過幾天還不是照樣讓人剝去！」

小麻皮還想說什麼，卻有一件東西哽住在喉頭發不出聲來，別的人也都彼此悽愴地覷着別人的臉，覷着那剛才躺死人的地方。生命中最大的悲哀壓攀着他們，誰也發不出聲來。可是，這種希有的沉默不會存留多久，當小麻皮的視綫轉向另一個方向時，一對摩登的男女正挽着手打那面過來，像找尋什麼金砂似的從凌亂的人堆裏舉步。那女的還帶着倦眼，眼眶四圍留着青黑的一圈。觸鼻的怪香勾住了小麻皮的神魂。他貪婪地看着她，終於，她覺察了，鄙夷地撅着嘴唇，順手在男的西裝口袋裏抽出塊手帕子掩上自己的鼻子。小麻皮感到一陣莫大的侮辱，想着壞心思，把手伸進破棉襖裏這兒那兒地摸索，摸索着一樣什麼東西，接着猝然地投向那個女的背上。一個小黑點就顛危危地掛蕩在雪白的狐皮大衣領上。

「神氣婁×！小蹄×！倷爺有銅鈿買規儂！」

一句話撥散了滿天陰霾，大夥兒又哄地笑了。

笑着笑着人們捧了各自的飯具散將開去，該張羅午飯的時分了。小麻皮看看西頭的紅錫包大鐘，兩支針成了根直線。再過些時候，這麼大一塊地皮上祇剩了少數不能走動的人。再過些時候，出去的人又陸續地回來。小麻皮只是不餓，懶得動。一直到有的人都聚了攏來，阿二儂在旁邊打着飽呃，每一個飽呃像都打在小麻皮的空肚皮上。卻也怪，小肚子一下就餓了起來。他撿起那隻紅錫包煙匣，再看看大鐘：一點半。照今日的慣例，這時候是不會再有什麼包飯担挑着在路上走的了。除了後面那家報關行的包飯。可是那挑担司務為了向他要「孝敬」他不肯，兩個人早鬧翻了。小麻皮人窮骨不賤，他罰過咒再不去倒。可是今天——今天那挑担司務也許換了人吧。希望的幻影才閃過他的神經，那目的物接着就跳進了眼里。報關行門前果然擱着那飯担；蓋子半開着，稀淡的熱氣懶懶地溢出來。更幸運的是那司務不在旁邊。於是他放步過去，先端起了那着飯桶。

「去去去！這飯不准倒！」

一條粗膊胳打橫頭攔過來，聽那聲音就知道還是原來的那個煞神。小麻皮死低着頭，紅着臉拚命把飯向匣子裏倒去。挑担司務卻一眼認出了他。

「你這小賊！你還有臉來倒？去你媽的！」

空飯桶被搶了回去，「拍達」一下子，飯匣子被拍得跳了起來，翻一個身，米粒散滿了水門汀。才抬頭，陌地受了一巴掌，打得他眼前滿是金蛇。

「儂……儂……儂打人……？癟×婁格前世！」

他聲音有點抖，眼眶也紅紅地想哭。不知怎麼一來他橫起了心一頭撞過去，挑担司務巧妙地閃過了，卻撞在報關行裏正走出來的先生身上。看的人跟着一陣笑，被撞着的人漲紅了猪肝臉直嚷。

「怎麼？叫化子撒野！巡捕，叫巡捕！」

聽說是巡捕，小麻皮趁勢溜掉了。繞過兩條街，他定一定神，剛才的委屈又刺痛了他的心。他瞪着眼直着脚在路旁邊無目的地挪移着。

「哪能啦！小麻皮，呆瞪瞪的？」

胖子阿福挑着飯担正面搖過來，大屁股在單褲裏面抖出種種怪花樣，頭上還冒着熱氣。看上去那担子裏該還有些東西。小麻皮看着不覺又笑了出來，他又恢復了固有的頑皮勁兒。

「今朝觸霉頭，大塊頭阿叔，儂寬寬忙。」

「儂要吃啥？獅子頭，大鯉魚，椿菜肉絲湯？」

小麻皮很快地揭開蓋子，裏面是空的；再揭開另一個，也是空的。他倒抽一口氣，苦着嘴臉哭不出也笑不出，胖子阿福卻打着哈哈走了。

「今朝忘晏哉，明朝早點包儂有！」

小麻皮看着他的屁股擺動着轉了彎，吁一口氣，又朝前走。他從鄰家木橋沿愛多亞路向東，渡過黃埔江，在碼頭上歇了一會，江水混濁濁，看不出什麼玩意兒。於是再折向北朝四馬路那面走，背後卻有人在叫着：

「陸增榮！陸家阿弟！陸增榮！」

「陸增榮」——多親切的一個名字！小麻皮到了租界裏這還是第一次聽到人家這樣叫他，往事倏地溫暖了他的心。他有點神往地停住了脚步，那人幾步就趕上了他。小麻皮認得他，是過去在自家弄堂口擺攤子的皮匠壽春。但眼前的壽春可變了樣子了，他抖了，衣服漂亮，人也胖了許多，他對小麻皮仍舊表示着向來的謙藹和親切：

「陸家阿弟，借個地方講話。」

他跟着他到了一條弄堂裏，對面站着，皮匠蔣春看着小麻皮的哭臉，小麻皮看着他的鉄鍊。

「儂光景勿大靈呀！」他皺着眉，顯得很關心。

「唉！一言難盡！」小麻皮低下了頭，瞧着破鞋。

「蹺先生同師母呢？」

「等了這些時候，還是尋勿着。」

「現在打算哪能呢？」金牙齒閃着媚人的光采。

他紅着臉回答不出來，但蔣春笑了，笑得怪刺耳。

「嘿嘿，嘿嘿，我現在總算朋友提拔，勉强混口飯吃吃，儂阿要——」他乾咳嗽、偷看着對方。

小麻皮不作聲，瞅着。

「倘然儂高興，一淘到埔東去，伲自家人——」

「漢奸！」小麻皮像觸電似的從心裏跳出了這兩個字，到嘴邊卻又吞了下去。他用力吐了口痰，掉頭就走，嘴裏在嘀咕着：

「箇種事體只有皮匠肯做……」

「蹩三！勿受人抬舉——」

他霍地旋過身子，逼進了幾步：

「儂駡我？叫人打儂箇格漢奸賊骨頭！」一

皮匠軟了下來，面頰上也泛出了紅暈，冷笑着訕訕地從弄堂的那邊溜出去。小麻皮跋着一股子血氣，大踏步跨出弄口，過度的興奮暫時衝散掉他的飢餓。他儘量地挺起胸脯，人像是高了許多許多，一口氣走了幾條馬路。這時候，太陽早就沒有了，夜寒包圍着他，他又想到了空的肚子，走三步，收一大褲帶，那根爛癟癟看着就要斷了。終於他在一家鐘錶行的玻璃上靠住了身子。他看着每一個匆匆的過路人，看着他們的帽子和圍巾，漸漸地這些帽子都變了可以吃的東西，在他眼前誘惑地晃來晃去，他的眼球熱辣辣地幾乎冒出了火星。他幾次想伸出手去抓取這些東西，伸了一半又無力地縮了回來，在他的眼前撩繞着的是外國人，癟子，巡捕房，大車子，皮鞋匠……。

於是他再走，沉着頭走，在一個大飯店的門前圍住了一堵人牆。他茫然地鑽了進去，擠到第一排。那旅館門口停着二輛[illegible]的黑色轎車，人們都站得遠遠地指點着小聲談着，旅館的大門緊閉着。一會兒門開了，先頭是兩個小鬍子東洋人，穿着西裝，後面擁着一團黑長衫的流氓，分挾着兩個人：前面的一個有四十幾歲光景，穿長袍，當他被挾着跨出旅館大門的時候，圍着看的人起了一陣小小的騷動，他扳着臉，沒有一絲表情就鑽進了汽車。後面的一個才二十上下，穿中山裝，他始終透着慘綠的冷笑，牙齒咬着嘴唇，踏上汽車的最後一剎那，還用狠慣的眼光掃了大衆一眼，接着，兩排車子倆散了人潮，一溜煙駛走了。剩下的是大衆的嗟嘆，間或夾雜些憤恨的咒駡。

這樣的事小麻皮已經不再覺得新奇，餓昏了的神經裏不會激起仇恨的波濤，他木然地拖回了睡覺的地方。阿二他們都睡了，老槍一個人掩在牆角裏吸白粉，精神正旺，屁股底下壓着一叠報紙。小麻皮的眼瞄着那報紙漸漸地射出光采；

「老槍，少停報紙借撥我派一趟用場，今朝人餓昏了。」

「怎麼？行裏去撈外快？」一

小麻皮默默地點點頭。老槍也自顧吸他的白粉。

這樣，熬過了一些時候，戒嚴了，小麻皮就拔了老槍的報紙賣上死寂的馬路。他迎着一個印度巡捕面前走過去，卻垂着頭裝做不會聽見他。

「喂！來來來！」印度巡捕向他招着手，他肚子裏好笑着，照着預定的計劃做去。先是被印度巡捕招了過去，和許多「犯夜」的人們一起被巡捕們看住在一個角落裏。接着，巡捕房的大車子來了，把他們裝了進去。車子裏照例有提了小皮箱的舞女，照例有西裝朋友打着洋涇濱向外國捕頭疏通，結果也還照例一個個兒押進捕房裏去。

車子開進捕房，人一個個地下來，女的攔進了另外一間屋，男的排着隊登記了名字塞進規定的石屋子。在登記名字的時候，小麻皮的報紙被一個巡捕拿走了。

石屋子很大，長方形的；末端有一座三和土的低台，地上也是三和土，窗子不多，都隔着粗鉄條。小麻皮這一羣進去的時候，裏面早有了半屋子人。新同伴的加入給了大家一個興奮。當鉄柵門的大鎖銳利地碰上之後，一團糟的聲音才漸漸地分散成清楚的話語。小麻皮的旁邊是一個學徒模樣的人，他手裏拿着一隻大碗和一個鍋蓋，哭喪着臉一個人打嘮叨：

「老闆害人，好好睡了，買什麼斷命陽春麵：……」

「老闆買陽春麵吃飽了好搭儂老闆娘上呀！」

「上」字說得格外重，接着自然又是一陣鬨[illegible]

性的狂妄的笑。小瘌皮看見兩個戴眼鏡朋友面對面搖頭。這屋子裏的人是這樣地複雜，睡不着，就提對兒談起來，各色各樣的聲浪鑽進小瘌皮的耳朵，使他昏一陣混一陣地攪不清明。

漸漸地有人在打鼾了，鼾聲越來越大。沒有睡的人眼皮也都有些沉甸甸，但是摸摸水門汀地，比冰還冷，於是就紛紛抱怨起來，這時候，一個孩子偷偷地從褲腳管裏抽出一捲報紙，大夥兒摸着錢買，一下子就完了，買報的人鋪着報紙坐下來，賣報的人張着衣袋裝銅板，小瘌皮聽着這情景眼睛裏直發燒，他後悔着先前怎麼連這一點兒小聰明也想不起來，

有人買了報紙就鋪着睡，也有人坐了一張還看一張，看着忽然叫了起來：

「新申報！漢奸！漢奸！」

於是大家跟着叫，憤怒的高潮翻騰了整個屋子，從屋角裏揪出了那個打着抖的孩子，拳頭，皮鞋，唾沫雨點般落在他身上。孩子哭着躲着，結果巴巴地分辯着，僅在大人們的腿胯間亂閃亂竄，沸天的聲浪驚動了外面的警員，一排步槍的管子探進了鐵柵的空檔，後面跟着高大的印捕。

「許鬧別鬧，鬧就關着！」

雖然明知道不過是一個空頭的恐嚇，鬧的人對着烏亮的槍管子終於也靜了下去，悻悻地散開。小瘌皮一直被擠得貼住在牆上，混身直打着戰，一雙腿像患了瘧疾般冷了一陣又一陣。人聲靜了，他眼看着那滿臉血污的孩子爬到一個角落裏蹲着痛哭，衣袋被扯碎了，銅子滾滿一地，小瘌皮走近去挨着他坐下，替他輕輕地揩去臉上的血淚，那孩子抽噎着呆瞅着小瘌皮的臉，無聲的至情交流在他們心間，只有小瘌皮能理解那孩子的痛苦。他感動得自已也哭了。

紅頭阿三打着上海腔罵了一聲「豬玀」走了，裏面的人也果真像豬玀一樣地很快就交響起鼾聲。

小瘌皮睡着也做夢，做些惡夢，臉皮時時痛苦地抽搐着。他一連做了幾個惡夢，又被吵醒了。許多人擠在鐵柵邊叫開門，說是解嚴的時間到了。外面人不理，聲勢就又大了起來，有人在叫着衝出去。結果，一個包探跑來鎮壓，高聲地叫：

「時間還沒到，再鬧要外國人曉得了用水冲，明天連關一天，大家犯不着。」

最後，小瘌皮夢到了果真外面用水管冲水進來，他的褲子濕漉漉的一陣涼就涼醒了。用手摸一把褲子，當真濕的，而且還在繼續地濕開去，一股騷臭直撲進他的鼻管，差一些連心也嘔了出來。他抬起頭，一個人正立在他旁邊撩起了袍子，那人看他醒了，似乎不好意思地想停止他的動作，但當他看清了小瘌皮的身份時，他又毫無顧忌地略偏過身子撒他的尿，那尿匯着原有的尿流，還是流向小瘌皮的身邊。他祇好嘆口悶氣，拎起了褲子上濕的部份換了個地方。

五點半的解嚴時間終於到了，鐵柵門開了，小瘌皮就懸空着讓人家給推擠出來！竟使他顧不及那受傷的孩子。那孩子卻一個人靜悄悄地躺在尿水裏，從嘴角流出紫臘的血水來染紅了黃濁的流體，翻着白眼吐出了最後一口冤氣。完了。

天依然黑沉沉。在屋子裏的溫度太暖，驟然走上冷冽的街道，誰也得打幾個寒噤，小瘌皮這時候已經失去了所有的支撐力，人老是輕輕地想攤下去。他掙扎着打起最後一點精力，捱着店舖子的排門板摸回去。當他看到了那一堆墨黑的卡車頂時，他的心完全涼卻了。在他眼前幻現着昨天早晨那兩個死鬼，他在一個屍體身上發現了自已的裝束，那浸在污水裏的也明明是自已的嘴臉。小瘌皮刺激地抖了起來，嘴裏發着囈語：

「今天該是誰呢？我？……阿二？……老根阿根？」

許多聲音充塞着他的耳膜，隆隆地響着：

「這兩個是凍勿煞，餓勿煞格！」

「這兩個是叫做金剛八結之身！」

一忽兒這些聲音都沒有了，祇有重卡車輪子飛滾的大聲音佔據了整個空間。連串的卡車載滿了棉花在愛多亞路上由東向西開足了馬力馳騁。最後的絢爛的火星爆發在小瘌皮的腦袋裏，他知道這是什麼玩意兒，他陡的竪直了腿幹子，發瘋般奔上去，跟住了一輛車子邊跑邊扯着荷包拉裏面的棉花。他做得很迅捷，猛地裏從上面戳下一根尖端的長竹桿，恰恰刺中他的左眼，再也沒有一聲呼號，他倒了下去，第二輛車子跟着從他身上輾過，像沒有事一樣，接連着第三輛第四輛……。當仁濟醫院的急救車開來時，小瘌皮的身上早已壓出兩道深陷的輪軌，骨頭碎了，棉花和衣服都被壓得嵌進了肉餅裏。

（下文接第一一二頁）

綠林

黃苗

關於一切盜匪故事的流傳和敘述，恐怕在人類有史以來就存在着的，在許多國家和許多地方裏，綠林文學儲成直了一種風尚，一種令人敬仰和讚拜的風尚。這不單純是由於人類對於英雄主義景慕的心理，而是因爲綠林豪傑的風起雲湧是腐化的社會中的一種反動。一種盲目的嘲笑和狂亂的反抗。他雖不能將光明的天地和幸福的道路指給人間，但他却使人們醉心於打破鎖鏈，打破悲慘命運的探索，向人間灌輸一種勇敢的反抗的要素。綠林中的故事沒有一樁不是驚心動魄的，沒有一樁不是使人興奮的。我的童年教育多半就是沈迷在這種氛圍之中。許多強盜和劍俠都是我理想中所崇仰的人物我在石板上和家裏各個角落上都畫上了這些人物的肖像，功課全廢弛了。雖然受盡了老師的斥罵，打掌心，在老師的榜上坐「紅小椅」。然而這一直也不能動搖我的興趣和信念，我日益沈醉在那些字跡小得跟米粒一般的綠林小說裏。直到後來，在孫傳芳褚玉璞的時代裏，各地的匪徒風起雲湧，紅槍會在冀魯豫一帶繁殖着，比夏日的蒼蠅還繁殖得茂盛些，老百姓和匪徒間的界綫在許多地方是無法劃分的，這才使我對綠林英雄的許多羅曼斯的幻想漸漸淡漠起來。像山東女匪趙媽媽之流的那樣兇悍和殘忍，簡直使我有些厭惡了。稍後，我跟二叔到甘肅綏陲一個小城裏去，二叔在那裏雖然是坐官，但却給匪徒們弄得一點也得不到安寧。縣城時常給圍攻着，縣府的人員和皂役時常給俘擄過去，變爲討索價錢的抵押品。有一次，那著名的女賊老紅鞋擄走了我的妹妹（即二叔膝前那個最小的女兒）。二叔派了一個軍曹去交涉，這軍曹不知一句什麼話傷了老紅鞋的心，那兇悍的女匪一個巴掌拍過來，打得軍曹暈倒在地上，像啼血的杜鵑似的嘴裏冒着鮮血死去。……這些兇悍的故事像黯影一樣地遺留在我的回憶裏，我每一想起這些故事，仍不禁毛髮悚然。

有誰願意傾聽一件綠林故事嗎？這是一件乾燥無味的故事，這裏沒有傳奇，沒有羅曼斯，因爲實在說來，匪徒的生活也是極平凡的，和我們的平凡生活之間並無多大的區別。

一九三八年秋天，在大武漢尚未陷落之前，我們這一塊灰色的丘八像裝滿在點心匣內的點心似的被列車從渭南運到信陽去，其時前綫的戰事異常緊張，武漢危在旦夕，謠傳蜂盛，人心惶惑。我們是在午夜裏乘第九次列車出發的，當時皎月當空，秋風蕭蕭，蟲聲四起，蜿蜒的渭河跟一條銀帶似的蟠踞着，車站上一片黑壓壓的丘八在洶湧着，那些從揚州和江南各地流落到這裏的妓女也三三五五的在人叢裏穿來穿去。每次號角一響，便有一串列車從站上駛出。我們的九次列車開出後，天氣愈來愈寒冷，風是那樣尖利，我們大家都把身子擠在一起來取暖，可是風越來越大，月亮也被雲塊遮沒了。黎明時，彤雲密佈，竟然落下濛濛的細雨來。這以後許多天，天氣老是陰暗的，雨一直在降落着。我們抵達信陽時，信陽幾乎要變成一座陰森的鬼域了。城關被炸成了一片瓦礫場，許多屍體都未被掩埋，一切碎屍和破舊的什物都在淫雨中腐爛着。毛髮蓬蓬的野狗滾着滿身泥濘在破爛的廢墟間蹣跚着，到處[illegible]飄瓦殘燒，到處是血腥的氣味。雖在冷雨霏霏的天氣，蒼蠅的聲音也好像跟風聲一樣的嘘嘘着。城裏的居民全逃光了，囚徒們也給軍爺們解散了，只有×部的士兵在守着這座破城。我們在荒涼的破城未及停留，就匆匆接替了信羅公路上友軍的防務，和敵人展開了血戰。整天整夜滾在戰壕裏的泥漿裏，雨繼續下着，而戰鬥更激烈了。白天裏，我們取消守勢，黑夜裏，在距離三步以外連人影也看不見的急雨裏，我們用急速的進攻和敵人肉博着，這以後許多日子，全是行軍的日子，雨時常把我們淋得和水雞一樣。我們整天地在泥漿裏掙扎着，水田裏是泥，山道上是泥，公路也成了一條泥河，坦克車和裝甲車宛如船隻似的在泥河裏漂游着。許多天以後，我們一大半全像得了瘧疾似的病倒了，身上發熱發冷，人太多，金雞納霜够不分配，我們許多人都躺在野戰病院了。

豫鄂一帶的佃農生活實在是够憐憫的，他們的茅屋比圈場和豬欄還不了許多，可是他們生性強悍，決不向命運屈膝的。在信陽的近郊和桐柏一帶，我看見許多婦女和平民都帶着手槍，甚至鞋匠和賣豬肉的販子也有些有槍，紅槍會的長矛槍各地都有。桐柏的一個老鞋匠曾經再三勸我在日落後萬勿行路，否則十九有被「算伙食帳」的危險的。

「算伙食帳？」我驚奇地問。「是呀，算伙食帳就是說要你的命……」他回答。「為什麼會這樣？」「你不知通嘛，這裏干兒多……」「干兒是什麼？」老頭子大笑起來：「土匪，土匪，你難道不知道土匪嗎？」「但是土匪這麼多，民團為什麼不剿除呢？」老頭子又忍不住笑了起來：「我說的並是土匪咧，難道有民團就沒有干兒嗎……」「那麼紅槍會呢？」「民團大半也是紅槍會，紅槍會有的好，有的壞……不過這怨得誰呢，這樣的年成：這樣的日子……」老頭子說完話後便嘆息起來。

沒多幾天，老頭子的話便漸漸被證實了，其時我們正用急行軍的速度向武勝關集中，保衛那瀕危的武漢。在翻越豫鄂交界的桐柏山和鄂北峥嶸的大洪山時，我們經過了許多驚險的故事，有些地方比鄉老頭子所形容的還要厲害些，許多病號和落伍的兄弟都被「干兒」算了「伙食帳」，槍和子彈被奪去，甚至有些連破舊的軍衣也給剝去了。山上的槍聲不時地響着，時稀時密，我們最初確是驚慌得很，但以後也慣了。可是我們却時刻戒備着，把子彈上了膛，不敢有一毫的疏忽；但就是這樣小心的戒備，我們的一排人也給干兒們繳了械。那是一個濃霧的黎明，山峽裏很幽暗，遠處是一片迷茫，山勢又極艱險，兩邊都是徒峻的山峯，當那些隱藏在森林裏的干兒看見我們前邊的大隊已經走得很遠，而把我們後邊護送野戰醫院的一排人繳了械。這可激怒了我們全部的長官和兄弟，我們決心要和那些干兒拚一個雌雄，但事實却不能使我們如願以償，一則必須用急行軍的速率趕到武勝關，路上不准耽誤，二則山勢這樣雄險陡峻，茂林脩竹，連羊腸鳥道的山徑也不易找見，怎樣找見那些干兒的巢穴呢？我們只得忍痛放下這事而急急向前趕去。

武勝關是趕到了，但這時武漢業已失守，我們又奉命撤回原防，於是無息止的長途行軍又開始了。

秋漸漸深了，而在豫鄂之間，天氣溫暖得跟江南一般，雨後的青山依然是那樣鬱蒼和翠綠，深谷裏長滿着青苔和蔵茂的荒草，大別山的楓葉跟一簇簇的烽火似的，桐柏山的清泉跟銀鍊一般在石谷間傾瀉着。但這樣雄偉的美麗如畫的大自然也被戰爭的烽火所燃燒了，扮裝着逃亡的難民的敵寇和漢奸們牽水牛，不時地向我方的陣地偷襲過來，劉桂堂部的匪徒們騎着駿馬在山僻間橫衝直碰，一羣一夥的到處殺戮擄劫，專門執行擾亂我方陣地的職務；在我們的行軍中，也常常免不了戰鬥。

晴朗的日子是很少的，蕭蕭的秋風又帶來了纏綿的細雨，山道更其難於行走，我又病了，許多兄弟也病了，我們又落伍下來，跟着野戰醫院慢慢走着。在母猪河邊，我們幾乎又受到了干兒們襲擊；在駱駝店和盧家灣，我們又受到了武裝漢奸的滋擾。我們在雨霧中掙扎着，一刻也得不到安息，後來我們抵達游河，找房子安宿下來。雨實在下得太大了，連搭棚也沒有空下一間，都給我們的兄弟們擠得滿滿的。可是天未黎明，一羣武裝漢奸隔河用機關槍向我們掃射過來，猛一不防，我們以為是受了敵人的包圍，於是都起來向前跑去，隊伍零亂了，聯絡也斷了。下午的時候，我們五個人走進一個村莊來，我們實在太飢餓了，非找找東西填填肚皮不可。

這時天已晴朗了，雨後的秋陽是異樣地絢爛，燦爛，天藍得跟萬頃碧波一樣，山巒像冷水洗過般的清翠，光彩奪目，醉紅色的流雲在天際裏飛馳着。我們走進村裏來，還是一個不小村莊呢，但却異樣的寂靜，破爛，荒涼，巷中連一個人影也看不見，甚至連雞犬的影子也沒有，許多茅屋都是空了的，地下燒滿着一堆一堆的柴灰，小兒的玩具，破爛的什物，到處扔得都是，在屋裏的稻草堆裏還還留着幾頂破爛的軍帽和幾條空了的子彈帶，顯然的，這地方曾經有我們的丘八同志光顧過的，有些屋子裏還遺留着雞毛和破爛的菜葉，還有些白金龍的空紙烟盒，這也顯然是有我們的軍官同志居留過的，巷中的泥濘是很深的，稻草和爛鞋片爛什物堆滿在屋簷下和牆脚裏，家家門口的污水缸大都破碎了，有的滾在泥濘裏，污水夾着泥漿，一股發熱的腐臭氣息在瀰漫着，整個村落像是死一樣的寂靜，只有一羣麻雀在村邊收穫過的稻田裏唧唧喳喳地飛鳴，風吹着一些人家茅屋上的枯草簌簌地響。

天呀，這是一座怎樣荒涼的村莊呀！

我們拄着棍子在巷裏的泥濘中走着，什麼也沒有找到，心裏實在是有些着慌了。但雖然，我們在一個四陣朝天的破爛的獨輪手車前看見一隻毛髮蓬蓬的癩狗搖搖擺擺地向我們走來，而且接着便看見前邊的茅屋上冒着濃煙，托天保佑，這裏大約或許還有人家的。

我的料想並沒有錯，在那家冒着煙的茅屋裏，我們碰見了一個腰背佝僂的老頭子，頭頂上還留着豬尾巴一樣的小辮子，這時他眼裏冒着酸淚，正在用嘴代替風箱在灶前吹火，在他旁邊的稻草堆裏，也躺着兩個和我們一樣的落伍的丘八。

他稍稍帶點吃驚的神情打量着我們，我們向他問了許多話，他只楞楞的望着我們，好像不懂我們的話語似的。

「擡不響的，他是一個實圪塔的聾子呀……」躺在稻草堆裏的同志向我們說道。

於是我們大聲地向他嚷，而且打着手勢向他示意，這他才明白過來。

「唉唉！乾毬打的胯骨痛的，光了，什麼全光了……」他嘆息着，用骯髒的衣袖去擦眼眶裏的酸淚。

「鄉長呢？」

「早溜了，到和尚廟裏找他的乾娘去了……」

我們向他請求，要躺在他的稻草堆裏，並且請他多多少少給我們弄些吃的和喝的，我們實在是餓得伸不起腰了。

「不行了，不行了，什麼都吃光了，你們到別家去看看……」

「這裏還有人家嘛？」

「不多，圪塔老爹，尖尖的一家……都住在後灣裏……」

我們又柱着棍子走出來，踏着稀爛的泥濘，走進一條非常彎曲的小巷裏來。在這裏，我們喜出望外的發現了幾個人影，但走近一看，卻是兩個殘廢的老漢和一個白髮蓬亂的老雞婆，他們這時不知正在指手劃腳地談論着什麼。

我們走向一家尚不十分破爛的人家裏來，這正是尖尖的家，院子裏有三四間房屋，在左邊廂房門口裏的稻草堆裏，坐着一個面目兇惡的紅眼睛的女人，年紀已經老了，只是衣裳還很乾淨，頭上照例地是一個雉像的高射炮（註一），耳朵上還掛着粗大的耳環，廂房的門是鎖了的，她像一隻看家狗似的守在門口裏。

「俺家裏的掌櫃不在，到別家去呀……」她撇着嘴向我們惡狠狠地叫道。但我們不但在她家裏住下了，而且還向她要吃的東西，飢餓使我們實在不能忍耐了。因此她們的氣色比前變得更兇惡。

這一來，她卻軟化下來了，幾乎用哭着的聲音向我們說道：「實在沒有什麼吃的了，不信你找找看……」

我們幾個伙伴餓得幾乎發瘋，每個屋裏都找遍了，什麼東西也沒有的。

「把這門開起，這屋裏一定藏着東西的……」

她着慌了，像一隻老母雞一樣的扞衛在門口，但這樣一來，卻使我們相信裏邊一定藏着食物，因此非要把那房門打開不可。

「這屋裏什麼都沒有呀，對面屋裏還有些米……」她匆忙地到對面屋裏牆角裏的草堆裏給我們去取米。

我想要知道這開鎖着的屋子裏究竟藏着什麼，於是趁她離開的當兒，便爬在門縫裏去觀望。

呵，天呀，這是多奇怪的把戲呀！

屋裏是黑漆漆的，屋角裏有一個人影在蠕動着，這是什麼呀，烏黑的大辮子，亮晶晶的眼睛……原來一個十七八歲的少女被囚在這屋裏，我不覺驚叫了一聲。

老婆子給我們取米回來了，她看見我在門口裏張望，便像一隻母老虎似的撲向我。

「你……你敢……俺咬死你……」

我苦笑地退下來，如今我明白是怎樣一回事了。她像一隻老鷹似的扞衛着她的雛兒，她又坐進她的草堆裏去了。

我們開始煮起飯來，這時天已漸漸黃昏了，雨後的夕陽宛如血染成的一樣，一抹落日的餘暉射在屋頂上，晚霞和火色的流雲在天際裏飛馳着，一陣陣鳥雀的喧噪驚破了荒村的寂靜，遠遠的什麼地方有幾隻餓狗在嗚咽着，聲音異常的慘厲。

「尖尖，把刀子揣在懷裏呀……」老婆子跟着門縫悄悄地向她的女兒喊道。

這天晚上她沒有進屋子裏睡覺，她像一隻癩狗似的臥在門口的草堆裏，當我們每次出來解手時，她便虎的一聲爬起來，但是我們毫無動作，她又臥下了。

幾天的疲勞和風雨泥濘的磨難，使我們渴待着睡眠和渴待着飲食一樣，我們五個人滾在稻草堆裏，打着隆隆的鼾聲，跟幾隻瘋猪似的。…………多麼香甜的睡眠呀，直到紅日已經昇起，我們還迷矇在睡夢裏。

正在我們鼾聲隆隆的時候，我們被一陣暴雨似的脚踢拳打敲醒了，睜開眼睛一看，七八個穿着短衣的漢子圍繞着我們，槍口對着我們的胸口。我們全被繳了械，我心裏捏了一把汗，我想這回眞的要算伙食賬了，心裏不覺得亂跳起來，我回頭去看我身旁的王有道，他正在擦着眼角裏的眼屎，伸着懶腰連連地打着呵欠。

於是我們的全身上下都給搜索了一遍，隨即變成俘虜了。我的伙伴王有道和李麻子提出了抗議，認爲我們既繳了槍，就應當放開我們，因爲我們除過一身虱蛇而外是別無所有的，而且江湖上人素常是都講道理的，決不應對我們這幾個可憐虫有所難爲。

「囉囉唆唆，誰和你講價錢……」回答是一陣槍托的敲打。在這種情況下，反抗是無用的，於是我們只好馴順地跟着這七八個干兒走了出來，那老婆子仍坐在她的草堆裏，干兒們並沒有難爲她，她向我們眯着眼睛，好像是幸災樂禍的樣子。

天氣已是響午的時候了，陽光是溫暖的，村裏依然還是那樣寂寞和閑靜，我們走出村，便跟着這一羣干兒朝一條谷谿裏走去，這谷谿是桐柏山裏一條最黑暗的幽谷，兩邊的山勢非常雄險，山坡上都長滿着黑[illegible]的茂林，其間也夾雜着一簇簇的醉紅色的楓林，立在谷底望去，山上的樹林小得和草木一樣，雨後的山峯是那樣地蔚藍靑翠，宛如淸水洗過一樣，谷底的溪流也暴漲了，溪邊長滿着鬱密的荒草，一些[illegible]蘿和野藤像網一樣的罩在樹林和野草上，我們的脚和腿時時給絆住或纏住。有幾段地方，荒草長得簡直和莽莽的叢林一般，溪流也被這稠密的草叢遮蓋了，在草叢下汩汩地流着，人一走進這幽谷裏也幾乎要被淹沒，只留下頭頸露在草外面，宛如被淹進水裏一樣。蒺藜和荊棘把我們的褲脚弄破了，枸杞子把我們的臉刺傷了，這幽谷是這樣地陰暗，潮濕，有許多地方太陽是永遠不會射進來的，因此這深谷裏整日的瀰漫着霧靄，彷彿是烟一樣的朧罩在寂靜間和山頂上。山峽裏是異樣地寂靜，只有些鳥兒在喃喃地叫着，彷彿連那草木的生長和自然之神的脚步聲都可以聽到似的，起初我們走進這幽谷裏時只覺得異常的涼爽，後來簡直寒冷起來了，露水沁着人的心脾，我們的褲脚全濕濕了；有些巖石上長滿着靑苔，濕而且滑，我們時時滑倒在上面，在山峽裏一個轉彎的稍稍寬暢的地方，溪流像一條銀龍似的從石崖上瀉下來，在下邊匯成了一個小小的沼澤，兩邊懸崖上長滿着野夾竹桃和藤蘿，紅得耀眼的金葡萄點綴在那里面，葛蘿從懸崖間掛下來，一直把它的枝蔓浸入在水泊裏。………呀，何等幽美的風景呀，這樣的地方就是在大別山裏也很少看見的。驟然間，一種對於荒古的回憶，對於自然之神的謨拜的情感襲進了我的心頭，我沈醉在古來一切關於綠林小說的情境里，一種傳奇式的神話性的幻境展開在我的眼前。……

那解押我們的幾個干兒漸漸地擺脫了他們威嚴惡面孔，和我們攀談起來，他們每人差不多都有一管早煙袋，一邊吸着煙，一邊哼着小曲兒，其中一個啞嗓子的唱着小寡婦上坟，惹得大家時時鬨笑起來、那個大家都叫他花頭的，頭上跟鷄啄過似的禿子，不是學狼嚎便是學蛤蟆叫，總不讓嘴有空閑的功夫。從他們的談話裏，知道那個名叫老么的便是他們這幾個人裏的頭目，這老么是一個身體魁偉面目黧黑的漢子，手臂上還戴着一隻紅銅手鐲，好像鐵匠師傅的派頭一樣，他熱烈地問着我們和東洋鬼子打仗的事情，花頭更其興奮，他在手掌心上噴着唾沫，把拳頭揮了出去，好像東洋鬼子就站在他面前似的，他屢屢興高彩烈地說：「老么哥，幾時讓能和東洋鬼子幹一下呢……奪他的洋砲………」老么搖着頭微笑道：「東洋鬼子可凶呢………」「嘿，嘿他娘的卵子……」花頭和那唱小寡婦的啞嗓子一齊怒吼起來：「老子將來非活捉他幾個不可……」

老么和我愈談愈起勁，從他的談話裏，我知道他並不是鐵匠，而是實忽撈場出身的，起初不過是替干兒做做眼線，後來就入了伙，至今已經快十年了。他說前些時候他們也幾乎和鬼子拚過一次的，可惜他們去得遲了一步，當他們剛出了山口時，鬼子已經過去了，這機會的失誤是非常可惜的，要是他們預先埋伏在山口裏的話，可眞會奪得許多洋砲洋馬的。

「怎麼，你們也打鬼子嗎？」

「不打他打舅子，要是給俺們找一個枕頭（註二）的話……」

「那麼你們爲什麼還要在後邊扯我們的腿呢？」

「這……這……」他嘴囁起來——「俺們難道吃風屙屁嗎，俺們要不自己動手，誰管俺們的糧餉……」

他有些不好意思起來，隨即把話題轉到別的地方去。

我們就這樣地跟着他們一直走着，轉過一個彎又是一個彎，走出一條幽谷又是一條幽谷，縺綿的紮帶，縺綿的谿谷，路途彷彿永無窮盡似的。後來在一個有着小徑的幽口旁，我們看見一具屍體滾在路旁的溪邊上，頭顱像腐爛了的西瓜似的滾在草地上，上邊爬滿着馬蟻和昆虫，從死者的破舊的衣裳看來，一定是一個苦力或老百姓，決不是什麼有錢的客商。

這屍體的發現，使我們大家都驚駭起來，五個人面面相覷，難道我們也要得到如此的下場嗎？

老么似乎看出了我們的恐懼，他說：「這不是俺們幹的，這一定是老毛瑟他們弄的……」

「老毛瑟？」

「是呀，他們就住在那邊的冲裏頭……」他用手指着旁邊一條狹如甬道的山峽說：「他們和俺們幹着一樣的行當……」

「但究竟你們要把我們帶去幹什麼呢？」李麻子不耐煩地問。

「這，」老么說：「這還要看俺們的老大怎樣發落……冲裏俺們的兄弟還多得很呢……」

這才明白，他並不是頭目，他們還另外有頭目的，而且他們的同夥還有許多，想來，一定是一幫子有名的悍匪吧。

我們轉入了一條像帶子一樣細的深谷裏，啞子告我說，一進這冲，就離他們的寨子很近了。不一會兒，我們上了一段山坡，走進一片黑[illegible]的松林裏了，松濤的聲音很大，狂風逆迫着人的呼吸，翻騰起來，好像海的怒鳴一樣，松林裏是陰濕的，長滿着野莓和菰，一種使人心悸的野獸的聲音和松濤聲混成了一片。好在這松林並不十分寬廣，一出森林，便隱隱地看見前邊山坡上的茅屋和石頭搭蓋的[illegible]了，花頭一邊剝着松子，一邊笑着指着前邊對我們說：「喏，到了拉！」

山坡上的茅屋邊有幾隻大黃狗，看見山下有了人影，便狺狺地狂吠起來，這樣的山寨和老百姓住的地方是一樣一樣的，這那能看出是一個匪巢呢。

我們進了寨子，花頭便把食指塞在嘴裏打着嘹亮的呼嘯，狗跟在他和老么的後邊跳躍着，用前爪戲撲着他們。這時一個頭上垂着了角的八九歲的小孩出現了，鼻孔下掛着兩行鼻涕，背上還揹着一個小女孩。

「老虎，老虎！」啞子從衣袋裏掏出[illegible]把的酸棗向那小孩子喊着。

老虎連跳帶[illegible]的跑過來，幾乎要把那坐在他肩上的小女孩摔下來。

從花頭的話裏，我知道老虎就是他們頭目的孩子。他們的頭目名叫金老大，是一個老行伍出身的軍曹，當年曾在二軍裏當過排長的，雖然在戰爭中發過無數次的洋財，但都揮霍光了，以致後來還鄉時還是一個閒懶的光棍，像無家的野狗似的，受盡了鄰里的白眼。後來他結識了一個名叫狗兒先生的寶當（註三）的，便相偕着到桐柏山當鬍馬去了。

「狗兒先生？」我們之中有誰笑了起來。

「呃，笑啥，你還沒有看見咧……」花頭說。「他雖是個近視眼背鍋腰，但却是一本陳黃歷，什麼門道都懂得的……」

就在吃過飯後，老么便引着我們會見了頭目金老大和軍師狗兒先生。金老大是一個身體碩大滿臉酒刺的漢子，但樣子却極和藹，並不顯得兇戾；狗兒先生是一個小老兒，正如花頭所形容的那樣，並且長着一付貓兒臉。他們旁邊炕上還坐着一個麻臉的女人，手裏端着一隻白銅水煙袋呼嚕嚕地抽水煙，這就是老么在路上對我們所說的花綠萬，她不僅是金老大的伴侶，而且是他一個最好的幫手。

「噯，辛苦哪，兄弟們……」金老大向我們說道。

狗兒先生也說：「真是難爲了……出門人難不過個三災五難，俺們原也和嫩（你）們一樣是行伍裏出身……人常說，賣石灰見不得賣麵的，但行伍裏出來的人到處都是一家人……」

「鏢窯的，寶瓦的，都是一把的……」花綠萬笑着說。

於是扯來扯去，話漸漸入本題了：抑原來是叫我們入夥。

「……出門人誰帶着鍋，要是不找個營生的話、……」金老大結束道。

「蘆柴成把硬，人越多，事情越好辦，張大帥也不是鬍子出身嗎……只要人手多、將來一收編，不就變成官兵嘛……」老么在旁邊附和着。

我們心裏漸漸寬鬆了，想嗎總不至有算秋食賬的危險了。心裏一高興，李麻子和二不楞竟然向花絲葛打趣起來，她也笑着用眼睛瞟他倆，還騷貨！

「大家拾柴火焰高，只要俺們能結成一個心，將來找個枕頭下山和東洋鬼子拚幾仗，還怕不收俺們做官兵嗎，就是不收，別人能做游擊隊，俺們難道不能嗎……」花絲葛說，提起游擊隊，她說她最初不知道什麼叫做游擊隊，後來他們虜來兩個游擊隊，纔知道游擊隊是專門打東洋鬼子的。

於是我們就這樣地被留下來了。這倒是我們一個休息的好機會，我們整天爬爬樹，看看風景，或者到松林裏採些松子和菰，有時睡覺睡厭了，便來捉捉虱子摸摸紙牌，或者聽狗兒先生對我們聊天話，講「透天機」。

狗兒先生表面看來是滑稽的，實際上他並不常笑，而且反而有些憂鬱的樣子，他倒來許多不知名的樹根和草莖晒在太陽地裏製藥，弟兄們有人有病的時候全是他一手治療的。

一天，當他和我們談起豫鄂一帶連年的匪患和老百姓的生活時，他便嘆息着說：「老百姓實在沒啦辦法，都給一些地主保正和衙門裏的人刮光了，弄得像大水淹沒了龍王廟一樣，一家人不識一家人……」

「可是搶富的倒罷了，怎麼還要搶窮的……」

「那有什麼辦法！乾驢蹄也得滾四兩油呀！」

「但是窮人搶窮人實在有些那個……」

『你這腦子一定是木匠給你作的……』他望着我苦笑地說：「你難道沒有見過螃蟹嗎，他餓得沒有辦法時連自己的腳和腿都要吃呢。」

真的，我是太愚蠢了，和狗兒先生在一起，我得了不少的教益和處人處世的方法。這老江湖經驗多，人又機靈，而且對我非常和善，因此寨內一切弟兄們都樂於和他攀談。

秋深了，颯颯的山風漸漸帶來了寒意，松濤的聲音也大了，這寂寞而單調的聲音對我們簡直像催眠曲一樣，便我們更加慵懶和困倦，有時想起來，真好像垂在一篇與世隔絕的傳奇式的小說裏一樣。每當深夜裏，當我從藥草上醒過來的時候，聽着那松濤的嘯嘯和野獸的嗚咽，便不禁想起兒時住在石狗山外祖母家的情形來，同時一切神怪的故事便又在我的回憶裏出現了。因此我做了許多荒誕無稽的奇夢！有時，夢裏又出現了眼前的現實生活——兩中夜襲，泥濘中的行軍，劉桂堂股匪，荒村，廢墟，鬼蜮一樣的伯陽……但一醒來，聽着那呼嚕嚕的鼾聲和聞着那濃烈的腳臭，夜是這樣陰暗，寂寞，我的心又荒涼起來了。

這樣的生活像古潭裏的死水一樣，寂寞，靜謐，灰暗……只有在想像中的僧侶生活纔會是這樣的，然而金老大老么他們一群人却並不感到寂寞或無聊，這大約是因爲他們習慣了的緣故吧。……這之間，我常常細心的觀察着金老大，他雖是一個和善的人，但顯然的，當他年青時在行伍裏的時候，就是說在過去軍閥割據和混戰的悲慘的年代裏，他是作過不少荒唐事情的，他曾經爲我們講過褚玉璞的許多笑話，並講過許多慘酷的殺戮和搶劫的故事，他說那時在山東某地，狗吃死屍吃肥了，後來便捉了狗崽，狗一見穿灰衣裳的就吃就咬，他的一排人中就有四五個兄弟被狗吃掉了。

他因爲是寨主，所以不常下山去作活，但却常常帶着那兩隻大黃狗去打獵，有時也到老毛瑟的寨裏去作客。老毛瑟有時也到他們這裏來玩，他們喝酒，摸牌，大部分的時間都是在摸牌和下棋中溜去的。

那幾位游擊隊和另外一些和我們一樣的被擄來的落伍的散兵們，漸漸地也和我們熟悉了，金老大和狗兒先生常常把我們叫去，聆聽着他們和鬼子作戰的經驗。當我們談起東洋造的馬拐子（註四）和牛肉罐頭時，金老大便很興奮，心裏癢癢地笑着，說是要這樣的話，那麼幹鬼子是頂有味的事了。

一天，老么瞎嗓子他們幾個人又從山下回來了，但這次他們什麼也沒有得到，却帶回來了許多令人髮指的悲慘的消息。

「二郎廟和鎖子溝都給鬼子燒了，燒得一場糊塗……」

「二郎廟在什麼地方呀？」

「就是你們那天落腳的地方，老痞老爹的村裏……」

已經是夜裏了，我們許多人都團團圍在金老大的屋裏，一盞獸油小燈射着閃澹的光芒，金老大帶着稍稍吃驚的神態注意地傾聽着。

「……燒得一片焦黑，臭氣燻天，誰見了也想大哭一場的……」

老么還沒有說完，瞎嗓子便搶着說：「這還不算，這還不算，就痞老爹和另外兩個老漢給醃在村邊的糞坑裏了。……尖尖給放了排搶（註五），肚子脹得跟鼓一樣，赤條條地躺在血泊裏，臉蛋給咬破了，奶頭也給割去了……尖尖媽和另外兩個老婆子給倒掛在樹枝上，每人的兩腿間都插着一根粗大的樹枝……」

花絲葛的臉子變得鐵青，牙齒咬得吱吱地響，鏈向啞嗓子揮着手，叫他不要再說下去。

每個人的心裏都好像塞上一顆炸彈一樣，大家都沉默地互相觀望着，狗兒先生顯得比平時更憂鬱了。

「唉唉，你沒有看見，那眞叫凄涼呢……太陽快落下去了，野狗咬得眞兇，一羣老鴉繞着樹上掛的人哇啦哇啦地飛着，一個小牙子（娃娃）在灰燼裏哭着，尋找他的爸媽，嗓子都哭啞了……」啞嗓子還是按捺不下他的興奮，繼續地說。

金老大像一塊笨頭的石像似的從人叢中站起來，拔出腰間的六輪子（一種古式手槍），「砰」的一聲向窗外的天空裏放了一槍，然後咬牙切齒地喊道：「俺要是不跟那些媽揍的兒子拚幾遍的話，俺就是王八×的呢……？」

空氣驟然的緊張起來，弟兄們恨不得馬上撲下山找鬼子去算賬。

「……要不是俺們的人少和子彈不够用，俺們就要馬上出一出這口鳥氣的，他們離二郎廟並不遠，連二十里也不到呢……」老么說，很惋惜他們錯過了這樣一個好機會。

這天晚上我們都睡得很遲，大家的心情都很緊張，也沒有誰去說話，花頭坐在灶旁邊用生獲油細心的擦着他的槍，當我已經睡下時，他還在一塊石頭上嗤喇嗤喇地磨着他槍上的刺刀，把那刺刀磨得鋒利而且雪亮，準備改天下山去換鬼子。

一個狂風怒吼的下午，我們兩個打探的兄弟從山下回來了，說是鬼子已到牛嶺店，天黑以前或許要從山下半山冲的冲口裏經過的。這消息使大家非常的興奮和欣喜，而最耐不住的是花頭，他像小孩子一樣的手舞足蹈地亂跳起來。

即刻，全寨的弟兄都背着自己的槍和子彈在那石頭堡壘前集合了，每個人的身上都披着樹枝草葉的偽裝。花頭的偽裝是用松針串成的一個細密的網幕，是他前一天就作好的，遠遠望去跟狂風吹拆的一節松枝一樣；狗兒先生披着一件高粱葉子的蓑衣，看起來很笨重，實際上却是非常輕鬆的。

金老大出來了，他提着一挺衝鋒機，腰間依然掛着他的六輪子。花絲葛跟在他後面，披着楓葉的偽裝，這使她稍稍顯出了幾分豔麗，她微笑着，樣子很鎭靜，一點也顯不出慌張的樣子，顯然她是有很豐富的戰鬥經驗的。

一羣人很快地便出發了，只留下老么和我還有三四個弟兄在山寨裏留守。

我立在堡壘上望着他們用急行軍的速率走下山坡，消失在坳谷裏了。……

黃昏時，我便隱隱聽見了砲聲，但槍聲却不能聽出來，因爲風太大了。

於是信羅公路上的血戰便又一幕一幕地浮現在我的眼前。……我依靠在堡壘上的雉堞上，也彷彿身臨了今晚的戰門一般。

入了夜，狂風漸漸靜止了，月亮從寨嶺間昇上來，追擊砲的聲音越響越厲害，步槍和機關槍嘰嘰的聲音也漸漸清晰可聞，而且這槍聲越來越激烈，有時簡直變得和一陣暴雨一樣，綿綿不斷的機關槍的嘰嘰聲跟除夕夜裏的爆竹一樣稠密，狗向着砲聲響的方向狺狺地叫着，老么也坐立不安，在山坡上走來走去，有時便登上一塊高岑去傾聽。

顯然的，這是一幕最激烈的惡戰，從那急遽如雨的槍聲和轟隆隆的砲聲裏，可以測到敵人是在一貫地盲目地射擊和盲目地發揮着他的砲火的威力的，這種盲目的砲火威力在信羅公路上似乎還稍稍有些用處，但在這蜿蜒曲折的山地裏却並不十分有用。夜漸漸深了，轟射的聲音還未停止，我知道這一定是我們的弟兄們誘敵消耗實力的一種方法。午夜以後，槍聲漸漸似乎稀疏了，有時簡直是停頓下來，從我的經驗來判斷，我知道這一定是戰鬥最劇烈的時候，在槍聲停頓的那一段時間裏，一定有一方在猛進而另一方在逃退的，說不定這當兒已經發生了肉搏戰……

夜深了，霧漸漸地昇起來，四山裏是一片乳白色的蒼茫，月亮也往峯間下沈，不知是因爲寒冷或心裏興奮的緣故，我的身子不停地在顫抖着，於是我肩着槍站起來，繞着堡壘上的雉堞徘徊着。

直到月亮已經沈落，霧氣濃得像一團無邊際的白烟的時候，槍聲才停止了。

當許多星辰已經落去，天快要黎明的時候，一羣人影蹤從山坡下湧上來，這一定是我們出征的兄弟回來了，於是我照着天空放了兩次信號槍。他們也悶着了雨下，這時老么已經奈不住了，跑到松林裏迎接他們去了。朦朧中，看見一叢人向寨子前走來，而且還有馬蹄的響聲；這一定是奪回鬼子的許多洋馬了。

黑鴉鴉的人羣湧進寨裏來的時候，我纔得到一件駭人的噩耗，我們的頭目金老大死了……。天呀，頭上好像澆下來一盆冷水一樣！

金老大躺在一個用樹枝搭成的舁牀上，被我們的弟兄們抬着。他身上蓋着兩件從鬼子身上剝下來的黃呢大衣，臉色像臘一樣的蒼白。頭髮全被血凝濕了，額頭上也染滿着紫赤色的濃血。

另外還有幾個掛了彩的弟兄，其中傷勢最沈重的是花頭，他胸部和腹部全掛了彩，因爲血流得過多，所以臉色是異常的慘白，嘴唇在翕動着，呼吸非常艱難，他老是嚷着要水喝。

「呵……水……水……」他嚷着，並把他的手臂伸過來。

「唉，俺不行了，但俺……俺並沒賠本呀，老么哥……」他嘴邊還露着微笑，喘息地對我和老么說：「俺一個換了他十幾個……俺第一次掛了彩的時候，一個鬼子以爲俺不行了，便跑過來用槍刺算俺的伙食賬……你猜怎麼着，俺裝着倒臥在地下的樣子，當他臨近俺的身邊時，俺便猛的一下把槍刺向他刺去，把這男子像叉油餅一樣的叉在刺刀上了……你看……」他指着他滿身的血漬叫我們看，同時將滿布袋的小刀，圖章，千人袋，日記之類拿出來叫我們看，這些都是戰利品，我們鑑賞着這些東西的時候，他臉上浮現出一陣愉快的微笑。

俘虜來的七八匹戰馬在激昂地嘶嘯着，迎着黎明時的寒風，這種聲音異常的慘厲。花絲葛坐在金老大的屍體旁，開始幽幽地啼泣起來；老虎起初驚慌地看着她，後來也跟着她哭了起來。

弟兄們大部睡去了，狗兒先生派我在花頭旁邊看護他。花頭的呼吸越來越艱難了，而且熱度一直在高漲着，他纔得糊塗過去，昏迷中發着囈語。

「東洋男子……奶奶的雄……招傢伙……」他氣促地喊着，手也胡亂地揮舞着。

可是刹那間，他又像昏睡着似的沈靜了。這樣不到十分鐘，他又猛然醒了過來。

「殺……殺……俺呀……」他喊着，把我給他蓋在身上的衣裳也撕開了。他的衣裳上全是血，濺滿了別人的血和他自己的血。

清晨，當晨曦從寨縫間爬上來的時候，他在一陣狂亂的扎掙後，便停止了最後一次的呼吸………

我們含着淚在松林旁邊的一塊高原上埋葬了他和我們的頭目金老大，當兩塚新墳落成的時候，我們把那些血衣和戰利品——槍刺，罐頭，大衣，鋼盔……來做祭品。

花絲葛跪在墳前，鳴槍自誓——「俺要是不報仇雪恥，死後願入十八層地獄……」

老么也領導着我們起了誓，我們誓要爲我們的頭目和弟兄報仇雪恨，用鬼子的鮮血來滌洗二郎廟鎮子彎和桐柏山麓所蒙受的污辱……

這以後，我們屢屢找機會來截擊桐柏山麓竄擾的鬼子，我們弟兄的數目增加了，槍械和馬匹也增加了一大批。我們的女頭目花絲葛和老么狗兒先生都是騎着戰馬的，而且滾來得和東洋鬼子一模一樣，有一天晚上我們這樣摸進東王莊，鬼子正集合在一家打禾場上，遠遠看見我們便揚手歡迎，我們預先並沒有開槍，一直衝入廣場裏來，嚇得鬼子東潰西散，不但留下了許多槍械子彈，而且還留下許多給養和輜重。我們祇能拿走一部分的，大部分不能帶走的東西我們都焚燬了。啞嗓子得了一架電話機，我們都不會使用，於是這東西便成了老虎的唯一的玩具了。

花絲葛馬上的雄姿是那樣地英勇和威武，她穿着一件鑲紅邊的黃呢大衣，頭上戴着鋼盔，簡直看不出是一個女人來。從許多次的戰役中，我發現她的英勇和機敏是驚人的，她不隨便胡亂打槍，但她每打出的槍，子彈便要尋見鬼子的。有一次，在我們危險的敗退中，她一連擊中了敵人四個指揮的長官，使敵人退了下來，不敢再向我們窮追。她的最拿手的妙戲是佯敗誘敵，使敵人進入了我們的圈套，然後包圍殲滅。她對這樣的戰術叫「大夥伙食賬」。

一次，我們聯合了老毛瑟的一幫弟兄，大舉向敵人進攻，擾亂他們的陣地，搗毀他們的行列，牽制了他們對豫南國軍某部的包圍和進攻。這場戰爭使我們大大地出了名，官兵想收編我們，民團也想收編我們，但花絲葛的心思卻改變了，她拒絕了這些善意和物質的餽謝。

「弟兄們！幹到底，還是當游擊隊吧，這樣才能打痛快仗……」

於是她率領着我們馳騁在豫鄂之間，從桐柏山到大別山，從豫南到鄂北，到信陽外圍，都出現了我們的足跡，我們已將桐柏山那山寨放棄了。

（註一）高射砲是我們丘八對鄉村裏女人頭上那古式的髮髻的叫法。

（註二）枕頭是土匪的隱語，即機會的意思。

（註三）貨當是游方的野火夫。

（註四）馬拐子是一種步槍的名詞。

（註五）放了排槍却輪姦的意思。

（上文接第一一三頁）

一部份棉花被血染紅了也濕住了，另一部份棉花卻散開在路上，略微沾了些塵灰。小麻皮就這樣給仁濟醫院的車子裝了走。

（後註：這裏所寫的地方現在已不能在上海找到，半年前朋友從那裏來信說已經改成雙乡市場。有幾句特別的上海土話的意思是這樣：

「箇兩個」——「這幾個」，「瘟浚血」——「浚有鈔」，「吃過生活」——「挨過打」「你」——音「那」，意思是「你的」，「伲」——「我們」，「定規」——一定「借撥我」——「借給我」，「搭」——「和」，「儂哪能」——「你怎麼樣」

三，三，於曲沙。

自已的催眠

雯[illegible]

讓我道一聲「晚安」，
同志，
一天又過去了。

我說
生活就是歌，
應當唱得
更響更響。
像乾一杯葡萄酒，
而且像一個熱戀呢。
我們驕傲
我們的日子！

那麽，
同志
讓我們安睡吧。
叫滿窗的星光，
伴我們。
告訴延河
搖我們
用他的歌唱。
也告訴土壤
叫他也靜靜地安息。

這夜
這夢的谷，
這大地……。

而且明天
那天空
一定很藍，
——我說。

而且
我說
明天
朝陽來呼喚我們，
他的光，
一定很潤，很濕呢。……

——一九四〇，十，卅一，延河。

人的花朵

——艾青與田間合論

呂熒

一

詩，人的生活與情感底融合的交流，人的理知與想像底凝結的昂騰，人底眞摯，人底品級。

詩人雪萊曾經寫着：「詩使一切物事轉爲可愛，使最美的成爲更美，并且把美給最最美麗的東西。」這不是文飾詩，也不是意味着用詩來粉飾現實；這是深知着詩底生命底「眞」與「純」的語言。

詩人，生活在某一時代某一社會某一階層的人民。通過詩底抒寫的手法，格律和語言，詩人用他自己的生命和詩結合；詩中所抒寫的感情，理念和形象，詩的生命的脈搏與呼吸，不僅使人感動，使人理知，而且使人與它一同呼吸，一同悲哀，一同歡樂……。詩人底具現感情或形象的詩作，各自有它自己的現實的契機，社會的因素：各自有它自己的傳統的發展，時代的轉變……。這一切正是詩人底個性的風格的根源。

具現着現實的「眞」與「純」，獲得了個性的風格與藝術的完成的詩人，他的詩篇將爲人們所傳誦，他的詩中所抒寫的個人的感情和事象，正反映着某一時代某一社會某一階層的勞苦者底情感與理知；這一切與他的詩篇一同，永生在詩的世界與人的世界裏面。

在這一意義上，詩人是人的花朵。

過去的偉大的詩人們，雖然他們抒寫着各各不同的時代的眞實，懷有各各不同的詩的生命的心弦，他們的風格也是獨異的；然而我們尊重他們，要向他們學習。因爲：通過他們，我們可以體驗詩與現實，詩與人，詩與藝術的結合：我們由那現知了人的花朵。

詩的道路是艱難的。敍事清晰描寫完美的作品，并不能就是詩，字句藻飾格律鏗鏘的作品，這也并不能就是詩；詩的生命是詩人底情感與理知底形象化——這不僅意味着詩的個性化的事象與感情的抒寫，更意味着個性化的風格與藝術的完成。

W．斯考特寫作了優秀的敍事詩『瑪米安』（Marmion a Tale of Flodden Field）『湖上女人』（The Lady of the Lake），獲得了光榮的「詩人」的聲譽，但是當拜倫的光輝着強力的天才的詩章出現的時候，斯考特在他面前退讓了。他非常簡單地告訴人說：「拜倫勝過了我」。他放棄了詩，轉向歷史小說的道路。斯考特的退讓決不是偶然的，因爲他理知詩，理知詩底生命的深奧的精微的意義：他知道他不是一眞正的詩人」。

當俄羅斯詩人尼克拉梭夫沒有成名的時候，有一次他拿了詩去請伯林斯基看，這位大批評家讀了詩之後，眼睛裏充滿了眼淚，擁抱着他說：「你知道你正是一位詩人，一位眞正的詩人嗎？」

伯林斯基底喜悅的語言和眼淚正說明了「眞正的詩人」的人的花朵底崇高的意義。

中國的新詩經歷過許多的流派，然而還沒有産生完成的「眞正的詩人」。一方面，許多詩人不能體認現實的眞相與歷史的眞理，他們脫離了現實，他們無力抒寫眞實的生活的形象與感情，只有走向神秘主義象徵主義等等的道路，把追求玩弄文字的技巧與格律作爲他們的主題；他們的詩根本失去了眞，他們的感情已失去了人的溫暖。另一方面，許多英勇地爲眞理與革命而鬥爭的詩人們，他們的心裏燃燒着熱情的火焰，充滿了戰鬥的氣氛；然而他們的詩的語言缺乏鍛鍊，過于粗糙，平庸，而且觀念化，他們的詩缺乏純，常常只是理論的宣講與口號的堆集，流爲空泛的呼喊與冗贅的文章，不能具現眞的感情生命的形象去激發人們的心靈。

但是無論如何，隨着現實的發展，雖然遲緩，雖然貧弱，中國的詩人們是逐漸地成長起來了。尤其在今天，偉大的民族革命解放戰爭無疑地帶給了中國的詩以新的生命，新的道路。

在今天，我們的詩是不是有了進展呢？已經有了什麼樣的進展呢？

在這裏，我們可以看看兩位具有不同風格的詩人，他們的詩代表着兩種傳統，兩個方向。他們的詩的風格的發展，正與中國新詩的發展密切地相聯繫着。

這兩位詩人就是艾青和田間。

二

詩人艾青，作爲一個「農人的後裔」的智慧者底靈魂，作爲一個摯愛土地與人民的詩人，當着「雪落在中國的土地上，寒冷在封鎖着中國」的日子，他歌唱着，由于深深地傷痛土地與人民的受難，他的歌聲常常籠罩着薄暗的哀鬱的陰影。他的詩渲染着素美的彩色，淳樸而美麗；他的詩體現着人地底渾厚的廣闊的風貌。

在最初的詩集『大堰河』裏，詩人以一個農民意識的飄泊者，一個受了「人世生活的凌辱」和「數不盡的奴隸的淒苦」的受難者底心情，在「陌生的城市裏」流浪，歌唱。詩人憂鬱而且傷感，寂寞而且孤單：

人們嘲笑我的恣態，
因爲那是我的恣態呀！
人們聽不慣我的歌，
因爲那是我的歌呀！
（『蘆笛』）

……………
在你這陌生的城市裏，
我的快樂和悲哀，
都同樣的感到單調而又孤獨！
像唯一的駱駝，
在無限風飄的沙漠中。
寂寞的寂寞的跨過……
（『馬賽』）

詩人如此「寂寞的寂寞的在永遠在掙扎的人間」旅行着，這一時期的詩人的心境，在向太陽裏有坦直的呈訴：詩人「把自己的國土當做病院」，「用遲滯的眼睛看着這國土的沒有邊際的悽慘的生命」，「用呆鈍的耳朵諦聽着這國土的沒有止息的痛苦的呻吟」；詩人「把自己關在精神的牢房裏，四面是灰色的高牆，沒有聲音」；詩人「沿着高牆、走着又走着」，如此地歌唱着。——這不是喧囂汚髒的人的世界，這是寂靜的素潔的詩的世界；在這裏，詩人以深切的同情與讚愛，追懷「一個拿撒勒人的死」，回憶起「蘆笛」與波蘭詩人「阿波里內爾」；以厭惡，咀咒與熱愛，詩人吐棄「那在眼前的」充滿着貪婪，卑汚的盜賊的歐羅巴」，歌唱了叫囂的「馬賽」，「妖豔的」「巴黎」；而結合着詩人底生活裏的人的痛苦與詩的世界中的愛的深情。詩人呈獻給他的褓姆「大堰河」以「敬」「愛」，以豪情的抒寫，以素美的詩篇。

在「詩的世界」裏，詩人底受傷的靈魂尋找到了安慰與溫暖，在「人的世界」裏所受的創傷也得到了醫治，所以詩人的生命時時如火花一閃一般，爆發出明亮的熱力的光焰；當這一閃的火光遇合着詩人底，光明的憧憬與懷念中的健壯的人們底生活形象的時候，詩人繪寫了一幅彩色的，活力的，充滿强烈的生人氣息的圖畫，這就是『透明的夜』。從這篇詩裏，我們看見了詩人的風格底完整的光輝燦爛的一面，這是「一幅色畫」，「一曲高歌」（胡風：『吹蘆笛的詩人』）；這是詩的果實。

但是詩人底生命的火花只是激情的一閃的燃燒，而不是堅忍的戰鬥的韌火。詩人只不過：

……狂奔在
陰暗而低沉的天幕下
沒有太陽的原野
到山巔上去
伏倒在紫色的岩石上
流着溫熱的眼淚
哭泣我們的世紀

（『向太陽』）

詩人自已好幾次被「苦難的漩渦」「吞沒又捲起」，經歷過「流浪與監禁」，「失去了青春的最可寶貴的日子」；現實生活與人間給與詩人的，不是光明的歡樂與希望，而是黯黯污暗的苦難與醜惡。詩人悲痛着大地與人民的受難，但是流浪與行吟的無力的生活更加深了這種悲痛；也許正是因着這種矛盾的苦悶吧，詩人的生命，正如他的詩人的生命，正如他的詩篇一樣，浸沉在一種憂鬱的感情的海裏，哀傷，苦痛，「遲鈍」，「呆滯」；詩人自已在『向太陽』裏就這樣說：『昨天……我是患了難于醫治的病的……』

然而在本質上，詩人的憂傷並不是產生于對人生的厭棄，而是產生于對舊世界的悲憤與憎惡。所以在他的詩篇裏，詩人常常潛意識地把甜美的憧憬與一些粗野强健的而是樸質純眞的人們結合起來，詩人歌唱過「過路的盜」和「偷牛的賊」，也爲流浪者們祈禱過；詩人深憂着這些多少仍然保有人底天質的形象。詩人又以「濺血的靈顯」的心弦歌唱了「要做人」「如今卻不能救自已」的「猶太人的王」，歌唱了「大堰河」，還歌唱了『蘆笛』和『粗野的嘶着的」「海的波」。詩人底憂傷的靈魂深處的對人民的摯愛與詩底崇高理念，還是詩人作品底生命泉源的主流。在『聾者的行吟』裏，詩人曾經這樣生動地抒寫了自已：

我過着彩色而明朗的時日；
在最古舊的世界上
唱一支鏗鏘的歌，

這歌裏
以濺血的靈顯祈禱着：
願這片暗綠的大地
將是一切流浪者們的王國。——

在『我愛這土地』裏，詩人懇摯地歌唱了自已的靈魂：

假使我是一隻鳥，
我也應該用嘶啞的喉嚨歌唱：
這被暴風雨所打擊着的土地，
這永遠洶湧着我們的悲憤的河流，
這無止息地吹刮着的激怒的風，
和那來自林間的無比溫柔的黎明……
——然後我死了，
連羽毛也腐爛在土地裏面。
爲什麼我的眼裏常含淚水？
因爲我對這土地愛得深沉……

詩人艾青的憂鬱與悲哀並沒有中絕他底渴望黎明的心的跳躍。于是當民族解放戰爭的烽火燃燒起來的時候，詩人從他的孤獨苦悶的憧憬世界裏走了出來，詩人迎着初昇的太陽，走到了街上，走進了人民的中間。

詩人以深情的心的歡樂，感謝與期望，歌唱這「新生的日子」。在這個日子，詩人想起那些「把人類從苦難裏拯救出來的人物的名字」，看見人底「眞實的姿態」，對人們「不再感到陌生」；「不再吹那寂寞的口哨」，也「不嚮天邊的流浪，不彷徨在人行道」了。詩人「喜歡」人，人的喧嘩，人的粗野，人的健康……人的生活與自已的生活。詩人開始爲這個日子歌唱：歌唱「北方」，「太陽」，歌唱血的戰鬥者——吹號者，傷兵。

在光明與歡樂的路上，詩人前進了。可是詩人「依舊乘着熱情的輪子」向前「奔馳」（『向太陽』），詩人爲和人民的生活相交流而激動了，然而『昨天』底多年的悲鬱的生活的烙印與憂傷的感情底陰影，深潛在詩人底心的深處，詩人想拋棄它，努力清除它，但是還需要時日與鍛鍊，尤其需要生活上和歷史河流的溶合。

這正是爲了什麼原因：詩人在『北方』裏所刻畫的土地與人民底眞實的苦難的形象，只是無力的悲哀的北方與人民，而不是戰鬥中的北方與人民。在『向太陽』裏，詩人雖然激動地歌唱了——

於是，我的心胸
被火焰之手撕開
陳腐的靈魂
擱棄在河畔……

這時候
我對我所看見 所聽見 所觸到的一切
感到了從未有過的寬懷與熱愛
……

可是最後結尾的一句卻是如此的消沉：

我甚至想在這光明的際會中死去……

同時，由於詩人還只是爲和人民的生活相交流而激動，由于現實生活體驗的限制，當詩人着筆抒寫偉大的血與火的時代中的戰鬥者底形象的時候，詩人的詩篇還不及歌唱他自己的感情的那樣眞實生動。在『吹號者』裏，詩人幾乎用『詩』的抒寫代替了「人」的抒寫。『吹號者』是一篇半抒情的詩。詩人還能夠以完整的章法與錦織的詩節獲得成功，而在『他死在第二次』裏，情形就完全不同了。

『他死在第二次』是一篇抒寫人物的詩，它的主題是抒寫一個傷兵的故事，抒寫一個反映在對于戰爭的理解上和情感上的農民兵士的形象。可是事實上，詩人所寫出來的卻是一篇歌唱與情懷的詩。『他死在第二次』裏那個傷兵，當「他的創口」「癒合」之後，他走上「大街」，走向「田野」，他的孤獨「姿態」與多感的心情，正與『曠者的行吟』，『馬賽』中的詩人底姿態與心情是同一類型的；並且，他在「田野」裏尋找一種「那像在向他召呼的東西」，「他自己也不曉得是什麼」的「東西」，在『火把』裏，唐尼也看見了某一種的東西：『當我看見那火把的洪流激蕩的時候，的確會描起了一種東西，看見了一種東西，一種完全新的東西，我所陌生的東西……』（而同樣，『吹號者』裏的號兵的驚醒與詩人自己在『向太陽』中的驚醒，正是由同一類型的心情發展出來的。）

『他死在第二次』的「他」是一個兵士，而我們在他的情感與生命裏幾乎看不見一點眞實的兵士生活的痕跡；「他」在實質上是一個詩化了的智識份子的情感與生命的化身。這樣，當「他」——一個長着「拿過鋤頭又舉過鎗的手，爲勞作磨琢成拙而又粗糙的手」的兵士，當他受了傷，躺在醫院的牀上，他並不想起他的親人，他的營伍的兄弟，他的兵士生活；卻「想着又苦惱着」，「苦惱着又想着」：自己的手與女護士的「纖細潔白的手」「究竟是什麼緣分」「這兩種手竟也被捆在一起」。接着，當他的創口癒合又要重上前線的時候，他所感覺到的「一瞥」與「一念」，完全是通過智識份子的感覺方法和過程而產生出來的。可是事實上，一個兵士所想的女人與戰爭，比這更粗野得多也更樸實得多；而一個從中國底古老，污穢，貧苦的農村裏走出來，經歷着這樣偉大的戰爭的兵士，以他的純樸的生命遭遇如此悲壯的血的現實，他的感觸一定更眞實，也更深刻。

在『他死在第二次』裏，詩人把「他」底人的生命與社會的生活完全隔絕了，詩人寫道：『他不能想起什麼——母親死了，又沒有他曾親呢過的女人，一切都這樣簡單。』于是，詩人把把「他」底人的生命局限在感觸與情懷的世界裏，而詩人把他自己的歌聲寄附在他的身上。

但是，由于人物缺乏諸本質的生活面與感情面的體現，「他」底形象遂有其現在讀者的面前，他的生人的氣息是那麼淡薄，幾乎像是一個飄浮着的雲霧中的人物。他的歌聲失去了感動人的生命與力量。

『他死在第二次』是失敗的，不過在詩人的創作道路上，這是一篇具有重大意義的作品：因爲它顯示着詩人底詩的創作底新的發展與動態。

抗戰以來的詩人的詩篇呈現着多樣的風貌與彩色：有他悍的無限止的苦難的記憶『雪落在中國的土地上』；有土色的悲哀的戀唱『北方』；有刻畫的寫生畫幅『北方詩草』——『吃丐』『驢子』……，『補衣婦』；有激動的熱情的歡呼『向太陽』……，而溶合着詩人底一切風格的特徵：完整鮮章法，深沉的韻律，豐富的描畫，詩人把描寫空泛的感情與靜物的圖畫的鏡用來繪寫具象的人，繪寫生活着的人底情感與行動，——在這一意識上，『他死在第二次』是第一個詩篇，它是詩人從抒情走向敘事的過渡的產物，也是敘事的第一篇作品。詩人底第二篇敘事的詩是『火把』。在『火把』裏，無論在詩的章法方面，人物的描寫方面，都比『他死在第二次』完整得多。還，固然詩中的人物與詩人的生活比較接近是一個主要的因素，可是在『火把』裏，詩人已經能够意識地把握住新的發展的方向了。

詩人以『他死在第二次』開始了一條新的創作道路，在這條道路上，詩人將更深廣地展開創作方法中的現實主義的素質；同時，詩人底「詩」的理念，也將漸漸由于受了象徵派意象派等的創作方法的影響而產生的痕跡吧。

詩人艾青在一九三七年寫過『詩論掇拾』，在一九四〇年又發表了『詩論』，這是詩人底寶貴的經驗的積蓄，也是對「詩」的理解的真實的自白。詩人寫着：

『意像是詩人從感覺向着物的擁抱，是詩人使人喚醒感官向題材的追近。

意像從感覺發出後，而又回復到感覺。

意像是純感官的。』（詩論：八三）

又寫着：

『所謂「庸俗」是這樣的一種東西：是從感情的過度的浪費所引起的嫌惡，是對心理只能起消極作用的感官的倦怠，是被拋擲于鄙吝者的渣滓。（詩論掇拾）

『晦澀是由於感覺的半睡眠狀態產生的，晦澀常常因爲對事物的觀察惚恍與退縮的原故而產生。』（詩論：二七）

『清新是在感覺完全清醒的場合的對於世界的一種反射。』（詩論：二八）

又寫着：

『應該把形式看做敵對的東西——

只有和所有的形式搏鬥過來的，方能支配所有的形式。』（詩論掇拾）

『一定的形式包裝着一定的內容。

由于不同的顏色與光澤，大小與形體，我們指喚着：米，麥，橘子，蘋子，柚子，蘋果……

由于不同的聲音的高低，快慢，揚抑，我們分別着：百靈鳥的歌，杜鵑的歌，梟的歌……

和人類的歌。』（詩論：五）

在這裏，詩人以爲「意像是純感官的，從感覺發出後而又回復到感覺」，強調着「庸俗」，晦澀，清新只是感官的事物。依據着「一定的形式包裝着一定的內容」的前題，指喚分別「人類的歌」，並且以爲：「只有和所有的形式搏鬥過來的方能支配所有的形式」。在這裏，在詩人所理解的詩底藝術的契機上，形式上的感覺與意像的意義更強于內容上的現實契機的意義。

在這裏，首先，作者底創作過程與讀者底感受過程并不是一種單純的感覺（感官的運動）的過程。詩底意像的創造，決不僅是第一印象的直感底成果，意像的生命乃是通過詩人由感覺所引起的深刻的內心底折衝的產物。詩人自已在『詩論』七八節就寫着：「明確的理性使不致陷入純感情的稚氣裏」，又在一〇三節寫着：「不要成了感覺的攝影師，詩人必需是一個能把對於外界的感覺與自已的情感和思想融合起來的藝術家」在這同一意義上，很明顯的，藝術作品底「庸俗」，晦澀，清新并不僅是「感官」上的事物。巨時：我們可以由外形，由不同的顏色與光澤，大小與形體，指喚植物的名字；由不同的聲音的高低，快慢，揚抑，分別鳥的歌聲的種類（不過有時也會弄錯的），但是決不能依據「一定的形式包裝着一定的內容」的原則指喚分別「人類的歌」，人類的歌底內容與形式是包含着複雜的社會內容與藝術形象的整體的事物，單是依據形式并不足以指喚分別它的名字和種類。并且「人類的歌」的一切形式都有它自已的現實底根源和內容，「形式」並不是孤立存在的藝術的某種品質。因此，對於一個作家，「支配所有的形式」不僅是不需要的，甚至是有害的。例如一個革命的大衆詩人不需要去學習歌唱布爾喬亞階層的感情，不需要去經歷布爾喬亞文學中的種種流別的形式，這是十分明白的事。

所以，詩底意像詩底生命的創造，在根柢上，必需以現實的契機作爲基礎。忽視藝術的契機底現實的機契的詩人，常常易沈醉於自己的歌聲與意像，他所傾聽到的大地上現實的聲音和語言常常會被詩人自己底聲音和語言所變形，大地上的生活的彩色容易染上詩人自己底喜愛自我心情的彩色；詩人抒寫出來的感情形象常常只是詩人底主觀心情的血與肉，不容易和現實的血與肉化成統一的一體。因此，在偉大的民族解放戰爭的血和火的日子，詩人艾青以灰黯的悲哀的彩筆渲染了「北方」，又用自然主義的寫生畫的筆法抒寫了北方的「乞丐」，「驢子」，「補衣婦」，「手推車」……。在這些詩篇裏，詩人確實是太過悲傷憂鬱了。很明顯的，這種氣氛的形成，一方面的根源是在詩的主觀的心情，而另一方面的根源則是由于創作方法中的意象派象徵派等等的陰影的毒害。例如在「北方」裏，詩人如此地歌唱着：

……………
荒漠的原野
凍結在十月的寒風裏，
村莊呀，山坡呀，河岸呀
頹垣與荒塚呀
都披上了土色的憂鬱……
孤單的行人，
上身俯前
用手遮住了臉頰，
在風沙裏
困苦了呼吸
一步 一步地
掙扎着前進……
幾隻驢子
——那有悲哀的眼
和疲乏的耳朵的畜生，
載負了土地的
痛苦的重壓，
牠們疲倦的腳步
徐緩地踏過
北國的
修長而又寂寞的道路……

這一切都是「荒漠的」「土色的憂鬱」的字彙，「悲哀的」「困苦了呼吸」的格律。沒有一句明亮的歡樂的語言，還是體現灰黯的感情形象的最適切的顏色；縱使「北方」只是有某一方面是「悲哀的」，也必得成為完全「悲哀的」了。

十分明顯的，這種陰影對于詩人的損害。不僅形成了詩篇中憂鬱的氣氛，同時也肯定了創作過程中感覺與意象的局限意識的活動，損傷了客體形象的真實完整的體現，侵蝕了詩人底強健的廣闊性的詩的內容。

在以後的一些詩篇裏：『出發』，『車過武勝關』，『夢』『縱火』……，詩人雖然擺脫了傷感的氣氛，但是因為詩人的感情與現實的結合強度沒有達到燃燒點的緣故，詩人的感情的火光是黯淡的。例如『出發』，並不像是走向戰鬥的「出發」，而彷彿是開始一趟旅行的「出發」。同時，也正因着這緣故吧，在這些詩篇裏，詩人十分着意于章法和結構底完整，假如我們細心觀察一下，我們可以看到這些詩篇幾乎都採用着散文式的開展形態：章法的層次十分清楚，情節的重點都在結尾的一節，而這些章法與結尾的湊合都多少顯出結構上的細緻的痕跡。詩的異采的『透明的夜』的風貌，在詩人的抒情詩裏不再看到了。

不過，在體現戰鬥者的感情與形象的課題上，詩人艾青雖然還沒有完成巨大的成功，但是詩人在體現詩的生命的基本因素的創造上，在「新鮮、色調，光彩，形象」的手法上，已經獲得了完滿的成就。詩人運用一種富有最深刻的具體的感覺性與形象的手法，它的特徵是用重疊的詩行或是詩節重復抒寫感情形象的光，影，色，相；用語言的彩色使形象活現出來。

這一手法的原則，許多偉大的現實主義作家都成功地運用過、米爾斯基在『現實主義底一般的特質』裏認為這種手法是「最大限度地，豐富地給與形象底典型性的概括以個性化的可能」的手法。一些屬于資本主義文化的現代的詩人也運用過這種手法，但是他們只是「形式上的」運用，他們不能用來活現真實的詩的感情形象的生命，而是用來追求「新的聲音，新的顏色，新的嗅覺，新的感覺，新的辨味」；例如所謂意像派詩人之一的H．朵麗特爾（Hilda Doolittle）在『海神』裏這樣地描畫了她的紫羅蘭：

……他們給帶來了紫羅蘭花，
一大堆，衰殘的，搖落的，
水的紫羅蘭，水的紫羅蘭，
從遙遠的地上採來的紫羅蘭。

詩人艾青運用着這一手法，由于他的靈魂深藏着對于土地與人民的摯愛，由于他的詩中的形象呼吸着偉大的人底愛與人底溫暖，他不僅完成了感情形象的鮮明的造像，而且結合着他的完整的章法與深沉的格律，獲得了詩章的典雅悠閒與音樂性，織成了濃鬱的柔美的詩篇。

但同時，作爲詩人在運用這種手法的運用上的一個缺點：詩人在詩篇裏往往代替真實的形象底本身的描寫方面的抒寫，用這種手法來渲染一些憧憬境界的抽象的情緒，詩人對這些景物以真實的詩節反覆地敘述描寫，雖然因爲手法精緻的緣故，詩的章法仍然保持着完整，然而在整個的詩底藝術的和諧上，這些景物的敘述與描寫的詩節顯得太膨脹了，描寫得太多，「詩」的氣氛太薄，「黃」的感覺淡薄了，「新鮮」的色調也黯淡」。例如「火把」中的「演說」與「火」」，『他死在第二次』中的一些片斷的場景，『向太陽』中的「太陽」……在詩人的敘事詩的發展上，這是一個相當有害的傾向。

詩人底追逐創造「新鮮，色調，光彩，形象」的手法，在『北方詩草』裏是通過真實的形體，不過在這些詩篇裏，因着創作過程中感覺與意象的活動更強于真實與的把握，詩中的感情形象也多少烙印着象徵派意象派的風貌的暗影。試比着『北方詩草』中的一些沉鬱底黏的畫幅，我們可以看有一位俄國十九世紀末期的象徵派詩人巴爾芒特（Balmont）所歌詠的黃昏的景色：

阿阿，落日的色彩呀！阿阿，不回歸的光綵呀！
鑑明的薔薇花朵一般懸在天空，
原野昏暗了，不可深知的森林
像死去一般的困乏。
天空的薔薇花，那沒有形體的雲，
像憂鬱一般地看守着
悲哀的山嶺，貧窮的村莊，沒有名稱的村莊，
垂頭喪氣的村莊，孤獨冷寂的村莊，容衰色消的村莊。
……………………

關於巴爾芒特，研究俄國文學的專家，日本文學家昇曙夢曾經這樣寫着：『巴爾芒特最早的詩集是當時俄國詩壇上的一種驚異。它是描寫近代人的纖細的情調和心情的新的語言。在當時俄國的詩壇上，它代表一切象徵派和頹廢派所嘗試過的東西。……』當然詩人艾青底現階段的發展已經說明了和巴爾芒特是決不相同的，不過詩人也是從象徵派意象派等流派中走過來的。因此，雖然詩人與巴爾芒特只是一種風貌上的近似，但還在模擬上，正意味着詩人在創作過程中加強把握藝術契機的必然性與重要性。

在詩人艾青底創作道路上，我們確信：隨着詩人與人民交流的的生活圈的開展，隨着詩人內在底詩的心弦的強壯，隨着創作過程中現實契機底深度的把握，同時，結合着詩人的藝術手法中底一最大限度地，豐富地給與形象底典型性的概括以個性化的可能」的素質，結合着以『他死在第二次』開始的新的創作課題，詩人底藝術方法無疑地將要呈新的形態，詩人將克服瀰漫着的傷感憂鬱的根源，以健康的生命的喜悅來展開人與人的世界底畫幅，詩的風格也將融成完整的結晶。至于這種手法上的薄暗的陰影，將會十分自然地消泯了的吧。

三

現在我們敘述田間。

在一九三六年前後，這時候，中國的大地上籠罩着昏暗的陰雲：一方面是日本帝國主義者的積極進行滅亡中國的陰謀與行動，一方面是中國本身的彷徨與遲疑，一方面是中國人民大衆底熱烈要求民族解放革命戰爭的

決心；還是一個大風暴的前夕的日子。

這時候，中國的詩人們在這暴風雨的大時代前面感到種種的激動，苦悶，憤怒；詩人們開始了歌唱，吶喊……。然而在一般的詩作裏，有的詩人仍然沒有能擺脫中國舊詩的覊脚，詞藻與意境，有的詩人仍然迷戀着象徵主義神秘主義等等的形式和手法，有的仍然寫着抽象歌頌眞理與革命的道路。他們歌唱着激情，然而這激情是遲滯的，平靜的，他們吶喊着憤怒，然而這憤怒是無力的，軟弱的，他們描寫了戰鬥與革命，然而這一切既抽象而且不甚，缺乏形象，缺乏力量，缺乏火光，缺乏感情，雖然有些歌唱「苦悶」的詩篇傳達出一部分眞實的感情，但是這種動搖懦怯的苦悶，既不是時代所需要的東西，也不是革命所需要的東西。

作爲「海的一個」的「戰鬥的小伙伴」的詩人田間在這個時候出現了。他以簡短的跳動的詩的行列，緊張的急馳的旋律，「含有野生的健康色澤」的詩的語言，歌唱「沒有笑的祖國」，「黑色的大地」，「藍色的森林」，「悲哀而無光的河」；歌唱「鬥爭的火焰」，「春天的路」，「戰鬥」與「射擊」。

田間底詩，完全與傳統的詩底氣氛不同。他的詩底感情的彩色不是柔和，而是強烈，不是和諧，而是富有遠射力的急旋；而詩人在形式上，更躍過了一切的舊形式的藩籬。

詩人底最初的詩作似乎並不屬于這種風格。記得在一九三四年前後（也許是一九三三年，記不清了。）出版的一期『新詩歌』雜誌上，一位署名「田間」的所寫的描寫農村的詩，每行至少在十五個字上下，整整齊齊的排寫着。詩人底形式的轉變，詩人底新的形式，正如胡風先生所說：『是從他底詩心和生活的結合道路以及結合強度這上面產生出來的。』詩人是「海的一個」，是「農民底孩子」，是「時代底孩子」，詩人站在就要來臨的大風暴前面，他的年青的戰鬥的感情波濤一般地激動，火焰一般地燃燒；配合着他底急旋的內心情緒，配合着搏擊的時代的脈搏，他創造了新的詩的形式。

他的形式的最大的特徵是在利用詩句的分行（讀起來的時候就是中止和間歇）形成急馳的旋律，在旋律的起伏中間使讀者的呼吸緊張起來，使讀者對詩人所歌的意象獲得強力的感印，激動起感情的湧流。這種形式是戰鬥的抒情詩的燃燒，不是燃燒着最高度的鬥爭的激情的詩人，他把握不住這種閃耀着戰鬥的火花的意象。他迸發不出這種激蕩着戰鬥的喜悅的感情，他寫不出這樣的詩篇。

在這一意義上，詩人田間的新形式與瑪雅珂夫斯基是十分相近的。關于瑪雅珂夫斯基底詩的旋律與行列的變形，詩人阿今也夫在『怎樣讀瑪雅珂夫斯基的詩』裏寫着：

『行列，應該是依照人們呼吸的休止，或是一個意見的容量來決定；而韻律則是屬於已寫出來的那些字句裏的。

瑪雅珂夫斯基，每選擇一句話，按其意義的重要，更換了他的抑揚調子，從一個相反的形式變成另一個形式，他的找出自然的形象，就是對于他的詩的行列的變形，那些他特別要强調的話，就叫他分行寫，那些更或多或少地强調的，可以激動聽衆的憤怒，柔情和嘲笑的，他又作小的分行。……

行列的分散……瑪雅珂夫斯基自己認爲就是可能與韻律確立嚴格關係的唯一的功力，……』

無疑地，詩人田間是受了瑪雅珂夫斯基的影響的，這由詩人推崇瑪雅珂夫斯基的文字上可以看得出來。不過在一九三七年『吶喊』（瑪雅珂夫斯基的詩集中譯本，譯自世界語。）出版之前，瑪雅珂夫斯基的詩譯成中文的非常之少而且相當零亂，不能看出他的風格底完整的形象與發展的道路。詩人田間還着戰鬥的狂熱的激情，健康的眞理的信念，年青的詩的心弦，凝結成詩的晶體，「本能地」「走向了」「詩底大路」（胡風：『田間底詩』），而與瑪雅珂夫斯基的道路相遇合了。

田間底新形式的表現方法不僅超越了一般的表現方法的庸俗性，保守性，而且溶合了未來派的健康，力動，戰鬥的氣魄。詩人底詩不是陳述，不是控訴，而是閃電似的感情的突擊。詩人的詩往往在開始的第一節就歌唱出其他的詩人們在結尾的最後一節才歌唱出來的形象，詩人企圖以爆發的感情的火花，遠射的詩的旋律，組成燃燒的詩的形象，突擊人們的感情氛圍，把他們的戰鬥情緒提升到更高的階段，更熱的光度，提高到爆發與燃燒。

一般地說來，抗戰以前的詩，詩人的「突擊」是從感情的領域出發的；並且因爲詩人還沒有能完全運用新形式的機能，不能「與他所要歌唱的對象完全融合」，詩人常常不能把握眞實的生活的體象與人的體象，而陷入在一種狂熱的戰鬥的感情的歌唱裏。例如題爲中國『農村的故事』的長詩，詩中既沒有人物，也沒有故事，而只是感情的突擊的花的爆發。抗戰以來，詩人在創作方法上更前進了一步，詩人的「突擊」從「生活」的領域出發了。在詩人未到西北參加「戰地服務團」之前的詩作裏，我們還看見不少空泛的「詩人的」感情的歌唱，例如『棕紅的土地』，『這年代』，『回憶着北方』，『自由，向我們來了』……但是在到了西北之後，我們在詩人的詩裏看見的是眞實的戰士的惑懷，眞實的人民戰士，眞實的戰士的感情；詩人的詩集『泉在大風砂裏奔走的崗衛們』就是最好的說明。

無疑的，詩人底突擊，戰鬥，急旋的詩篇，對于中國的讀者不習慣的。因爲中國的讀者所熟悉的是和諧的旋律，整齊的字句，柔和的色調，完整的敍述與描寫……但却沒有經驗過戰鬥的「突擊」。因此，詩人的新形式遭受了許多攻擊與非難。

同時，在戰前，人們大半共同激憤于殘酷汚暗的現實，渴望着光明戰鬥的未來；詩人的「突擊」正是從這一領域出發的，詩人所歌唱的感情的憧憬對于人們親切而且熟知。但是在戰爭來臨之後，人們都走進了戰爭生活里面；戰爭的領域是多方面的，多種多樣的，戰爭對人們所起的感應也是各不相同的。這時候，當詩人從自己的生活領域中爆發出突擊的火花的時候，許多生活領域或戰鬥情緒與詩人不一致的人們，往往不能理解詩人的突擊的意向，不能理解詩人所歌唱的「感覺，意象，場景底色彩和情緒底跳動」的憧憬與意象。于是一些熱心的讀者與性急的批評者斷然地發表了否定田間的新形式的結論。

在許多否定田間的評論之中，列論最多的是張振亞先生的『評田間底近作』。在那篇評論裏，張先生首先提出了「詩人底巨大艱深任務」：

『倘若詩人底巨大艱深任務，不僅在於滿足智力底要求，供給精鍊而有畫的事物，刻畫偉大的感情，人物或事件，不僅在於呈露正確而具象的思想，輪廓指示，更在於將有力而純摯的人格感應與至純眞，至凝鍊，至博大，至深徹的情緒，導入讀者底精神裏，那麼，我們很容易感到田間近作底憔悴，浮淺與無力。』

張振亞先生把「詩人底巨大艱深任務」說得這麼含混，這麼狹窄，事實上只把握了詩人創作方法——客觀的詩底感情形象與主觀的詩人底理念的結合底一面。張先生把這整個的有機的一面支解成二個「不僅……」與一個「更在於……」，列爲「詩人底巨大艱深任務」。于是張先生所看到的「詩人底巨大艱深任務」不可避免地是歪曲了的，狹隘化了的，文字技術化而且脫離了現實課題的「任務」。從這個「任務」的觀點出發，張先生接着提出了「深厚精博的思想體系之力」，提出了『浮士德』與巴斯加；好像一切的詩人如果不寫敍事的史詩，就應該寫抽象的哲理，否則就是「憔悴，浮淺，無力」。于是張先生就這樣武斷地抹殺了戰爭的抒情詩的意義與存在，建立了片面的否定田間底詩的內容的前題。

接着，張先生更進一步否定了田間底新形式：

『……詩人似乎遠離了過去文化遺產的影響……他不懂得依照傳統方式製作詩底高級眞實；他不會，如哥德在『浮士德』中所表現，用象徵變形法，去鑄作他的詩。……

……不爲了押韻，也不爲旁的合理原因，我們的詩人經常地把他的本來就不長的詩句破斷地分爲數行寫出來：形成他的詩底一字一行，二字一行或三字一行底特色。如果一般有韻詩底好處，在於：藉押韻關係，使詩底思索路線一行一行跳躍，因而形成綜雜交錯且具蓄積性的美，如果一般無韻詩底好處，在於藉語句底完整使思索單位爲沛地傾瀉出來，因而，構成澎湃洶湧的力，那麼，由於無韻和破斷，田間先生底詩底形式，並沒有機緣來具有任何一種好處的。而且，詩人田間製作出的破斷凝固形式，漸漸僵化了；無能反映要求着形式底多樣變幻與開展的偉大豐富現實，而這偉大豐富現實，正是我們詩人所亟欲表現，刻繪的。』

在這裏，張先生把詩底「形式」與「創作方法」弄混亂了，而且根本就不了解田間的新形式的成長與發展的道路。張先生只從「形式」上，而且是以「傳統方式」，以「象徵變形法」，以「一般有韻詩，一般無韻詩底好處」爲準則來評定田間底詩。但是爲什麼面迎着血與火的現實的田間，抒寫着人民與人民的戰士，歌唱着「讚美鬭爭，渴望光明，熱愛祖國，尊重羣衆的思想」（張振亞：『評田間底近作』）的田間，要用「象徵變形法」「寫作他的詩」呢？同時，難道「傳統的」「一般的」「方式」就是無上的唯一的寫詩法則嗎？難道「無韻詩」就不能稱「截斷」（分行，間歇，中止），精旋律，「使詩底思索踏繞一行一行跳躍，因而」成綜雜交錯且具音樂性的美」，或者因而「使思索單位昂沛地傾洩出來，形澎成滂沱洶湧的力」嗎？

無疑的，機械地把內容與形式分離開來，主觀地崇拜某一種形式或否定某一種形式，這都是愚昧的。並且，張先生所根據的「象徵變形法」和「傳統的」「一般的」「方式」根本就不能作爲否定田間的新形式的論據。

關于『浮士德』，高爾基在『我的文學修養』裏，曾論到「典型與性格」的創造的時候，這樣寫着：『歌德的『浮士德』是藝術創作的最偉大的產物之一，這是「考案」，虛構，更正確地說：是「臆測」，把思想體現於形象的東西。』接着，高爾基敘述了歌德所創造的浮士德以及「許多爲國民所熟知的人物」。在這裏，高爾基論述「浮士德」，只是作爲一個例子，「肯定」創作方法上的一種「法則」——典型的創造與概括。高爾基這樣寫着：

『這兩個例子，更加肯定了以上所說的話。「匿名的」藝術……也是依照抽象了各個社會典型的本質的特徵，把這些特徵具體化及概括于共集團中的一個人物之中這個法則的。藝術家嚴格地遵照這個法則，在「典型」的創造上便會得到幫助。……』

顯然的，高爾基提示的是「法則」，是「原理」，而不是叫我們機械地模仿『浮士德』，同時，高爾基也只不過說『浮士德』這部著作是「思想體現於形象的東西」，却並沒有告訴我們什麼「象徵變形法」。至于詩人田間必需學習的「象徵變形法」到底是什麼東西，張先生沒有解釋，而田間的詩爲什麼要走「象徵變形法」的道路，張先生也沒有說明；張先生却竟然就此否定了田間的詩的創作方法。

並且，關于歌德與他的作品，希爾萊爾在『馬克斯與世界文學』裏寫着：

『馬克斯一方面很高地評價歌德底現實主義和歌德對現實的敏銳的理解，歌德底藝術所具有的進步的東西；同時也沒有看脫歌德底世界觀底退步的，小市民的側面。歌德底這種二重性的暴露，一方面是最偉大的天才，方一面又是作爲狹隘的俗物意識形態底表現的他底創作活動底特性，也寫在恩格斯的關于格林的著作的優秀的論文里面。恩格斯底觀點與馬克斯底觀點一致是不消說的，因爲馬克斯顯然看過那一篇論文的原故。』

讀了這一段記述之後，我們知道研究歌德，學習歌德，正如學習一切偉大作家的遺產一樣，必需是批判的，攝取的，而不是盲目的作形式上的模仿；那樣，將正如張先生所說，只有「適進陳腐格律底厩窟」裏去了。

至于張先生所說的「一般的」有韻詩」「無韻詩」的「好處」，這與田間的形式毫不相干，更不能因爲田間的詩不像那些傳統的形式與一般的形式，就此否定了牠的存在。關于新的形式的產生，馬雅珂夫斯基他自己曾經這樣寫着：

『生活創立了情境，而情境要被表現。爲着發現它，規律也一定要發見。表現的形式與格律的目的，是決定於社會的階級和我們鬭爭的需要。……』

這是十分明白的：詩人田間的新形式不僅有它產生的現實的根源，而且有牠存在的現實的意義，張振亞先生批評田間底詩，既無視現實中戰鬭的抒情詩篇的意義與價值，又不了解田間的詩的成長與發展的道路，而只固持着「象徵變形法」，「一般的有韻詩無韻詩」的「好處」，「深厚[illegible]的思想簡紮之力」，以爲這是一切樣式的詩的藝術完成的唯一的典範，並且還作爲衡定詩的形式的準則。——在這裏，我們可以很清楚的看得出來。張先生根本就不可能批評田間底詩，因爲他的批評方法首先就走入了主觀主義的觀念論的岐途，因此，在『評田間底近作』裏，張先生底對「田間底近作」只能作一種主觀的零亂的印象的記述，而不能作一篇辯證的有系統的評論。

田間底近作『給在大風砂裏奔走的崗衞們』中的詩篇，無疑的是失敗多于成功的，但是失敗在什麼地方呢？成功在什麼地方呢？張先生所說的「深淺，無力」是從那裏來的呢？張先生所說的「新鮮，質樸」又是從那裏來的呢？田間以後的發展道路又應該是什麼方向呢？——張先生沒有說。在『評田間底作』裏，張先生只逐篇地告訴了我們一些繁瑣的拉雜的模糊的「印象」。張先生的「印象」的總論是：『詩人田間底作，雖顯示出一些懦弱：但是却充溢着些不無幾分新鮮，原始，質樸色調的氣息』，但是什麼叫做「不無幾分」呢？有就是有，無就是無，而「不無幾分」意味着若有若無，還仍然不外是張先生的感官底精微的趣味與印象罷了。——當然，我們不反對批評者敍述印象，但是當批評者走上了主觀的「唯印象論」的道路的時候，批評者必然的就要粉飾或者損傷批評的對象，必然的歪曲了批評對象的原有的形象。

這樣，根據「印象」，張先生稱田間的詩的內容是「外强，乾而具有浪費性的內容」，「簡略而貧弱」的內容，田間的詩的形式是「破碎斷亂的形式，漸漸僵化了」；同時，從這種「斷脚文字組合」的內容與形式之中，張先生又感到了「不無幾分新鮮，原始（？——引裝）質樸色調的氣息」。此外，代替了詩人田間底詩的創作的道路的說明與指示，張先生却抓住了一些支解的字句甚至是標點符號，大加挑剔，舖張嘲笑。例如吧，張先生嘲笑『史沫特萊和我們在一起』的結尾的兩句詩：

他笑着，
在中國。

張先生以爲這兩句詩「形成了一個不均衡的對比」，並且寫道，『想想着，如果有人說：「我吃飯，在世界上。」那將是件多麼可笑的事。』——事實上這兩句詩根本就不是什麼「對比」，所以也無所謂均衡「不均衡」。而且，史沫特萊是一位美國的女子，是一個世界知名的作家，是世界勞苦大衆的友人，是中國人民大衆的友人：在今天，她在中國，她參加了中國民族解放戰爭的陣營，她和中國的戰友們站在一起戰鬥；「她笑」，「爲生活」，「爲鬥爭」「而笑」，「他底笑」擁抱着中國的戰友們；她的中國戰友之一的詩人田間歌唱：「她笑着，在中國」。這兩句詩的深邃的含意決不是「我吃飯，在世界上」所能代替所能並比的，就是「她吃飯，在中國」也不能拿來代替原有的詩句。這在理解力稍稍清澈一點的人是十分明白的事，張先生却沾沾自喜地寫道：「那將是件多麼可笑的事！」再例如吧，在批評『他燃起了破子』裏，張先生除開嘲笑了「驚嘆符號」（！）而外，又肯定了田間的「常識的無知」：『詩的跳躍與暗示是建築在常識的合理上；而詞不達意與表現模糊，却發原於常識的無知。將後者誤作前者，是詩人底危機。』——但是事實上，「詩的跳躍與暗示」雖然應該「合理」，可是並不是「建築在常識的合理上」，而是建築在詩的感情形象的完整的發展上；「詞不得達意與表現模糊」與詩人的詩的技巧緊密地聯繫着，這「發源于」詩人擁抱感情世界以及體現感情形象的能力的不够，却並不是「發源于常識的無知」，詩人田間不是一個小孩子，也不是一個無常識的人，而且他並不是用「常識的合理」來寫詩的，所以事實上，這種「常識詩論」正表現了我們的批評者底「詩」的理解的庸俗與膚淺。

此外，張先生還寫了一些關涉到詩人的創作態度的論評；例如：『詩人像歌頌上帝似地，在『給丁玲同志』裏，呼喚着丁玲底名字。詩人旣發現未能滿足他的企圖，他如何奢望着把他的滾盪的崇敬與誠意奉獻出來阿，但是他的呼聲如一陣輕風掠過人們的耳際。』又有：『「在村底演奏」中，流露着一些教訓口吻。詩人如站在高台上般，喊道：民衆們！你們要這樣！你們要那樣！詩人把自已和那些被稱爲「你們」的民衆們隔離起來。』——在事實上，凡是讀過『給丁玲同志』的人，都知道這首詩比『給蕭紅』等先鋒得多，詩人對丁玲的「崇敬」與「誠意」也表現得適度而且真實。詩人在詩里提出「丁玲底名字」，同時提出了「神聖的」「工作」「對祖國」「對鬥爭」——「以愛情」，「永遠地」「前進」；詩人，只是歌頌一個值得「奉獻」同志的「崇敬」與「誠意」的同志，並沒有「歌頌上帝」。而『在村底演奏』這首詩雖然較少形象性的畫面，但是却充溢着誠摯的親切的召喚與勸說的感情；詩人既沒有「流露」「一些教訓口吻」，也並沒有「把自已和那些被稱爲『你們』」的民衆們隔離起來」，而只是「當戰爭的晚間」，向民衆們公演，宣傳歌唱。——張先生這種顚倒是非的說法，損傷批評對象至甚，這正是張先生的主觀主義的批評方法所必然達到的結論。

這樣，張先生的『評田間底近作』的「結論」也是十分使人費解的：』

「要忠實你自己，好像黑夜跟隨着白天一般你也不至於對不起人」是哈孟雷特底名句。希望詩人田間忠實於作爲詩人的田間，忠實於詩……』

在這裏，張先生所引的「哈孟雷特底名句」與上文所說到的『浮士德』的「象徵變形法」同樣地使我們莫明其妙。詩人田間有什麼地方不「忠實於作爲詩人的田間」，不「忠實於詩」呢？抗戰發生不久，詩人田間就到了戰地，如入了丁玲先生領導的「西北戰地服務團」，田間在服務團的生活，工作，學習，寫作的概況，丁玲先生在『呈在大風砂裏奔走的崗衛們』的『序』裏說得十分具體。至于創作方面，詩人雖然沒有什麼成功，但是無疑的是盡了最大的努力，難道詩人田間會故意地不表現「自己想歌唱，應歌唱，願歌唱的東西」嗎？張先生忠于田間忠實於自己，忠實於詩，當然張先生以爲田間是「不忠實」的，那麼這「不忠實」是什麼呢？張先生沒有說明，張先生事實上也不可能說明，因爲詩人田間根本沒有什麼不忠實的地方。張先生的「結論」如此地空洞，含混，文不對題，這只說明了張先生對于田間的詩的無理解；張先生既不了解田間的詩的成長與發展的道路，又不了解戰爭的抒情詩的現實意義，當然，張先生的分析不能解明田間的優點與缺點的根源，張先生的結論也不能解明田間的詩的去路。

那末，什麼是田間的詩的去路呢？

現階段的田間的詩是經歷着一個演化的時期。一方面在創作方向上前進了一步，從抒情的領域進入了生活的領域；而另一方面，在詩的形象的體驗與體現上，仍然停滯在「突擊」的階段。仍的停滯在「感覺，意象，場景底色彩，情緒底跳動上」，詩人在創作方法上還沒有能充分地展開向生活深處的把握能力。詩人的突擊所集中的火與力，所積寫所歌唱的形象或感情往往只是詩人自己的生活中感情感印最強烈的形象或感情，而并不是含有現實生活全體中最本質的最深刻的素質的形象與感情。例如『史沫特來和我們在一起』中的「笑」，『給一個南斯拉夫公民』中的「孩子」，『給蕭紅』中的「哭泣」，『西方的路上』中的「民衆，要去了！」『早上，我們會操』中的「藍色」；還有『出去了，他……』，這是一篇具有這一風格的最大特徵的作品。但是，這些突擊的火花似的形象與感情，對于許多生活領域與戰鬥情緒與詩人不一致的人們，往往是難以理解的。例如張振亞先生就這樣寫着：『「出去了，他……」是篇既蕪雜又稀鬆的東西。我不明白：爲什麼這會是篇詩。』

同時，「突擊」的戰鬥的詩篇雖然要求簡明，真實，深刻的語言。要求集中詩的火與力的手法，要求富于感情的遠射力與燃燒力的旋律，然而在人物形象的體現上，并不棄絕深入的完整的敍述與描寫。這種敍述與描寫不僅不破壞，而且正強化感情世界與詩的世界的高級的完整與和諧。詩人田間在這一點上是失敗了的，詩人體現詩的人物形象正如燃燒感情的火花一樣，只是爆發與突擊。例如在『我們底管理員朱文三』，『給一個南斯拉夫公民』，『出去了，他……』這幾首詩裏，詩人不得不用小註來幫助解述詩的內容；在『人民底舞』裏詩人抒寫出了一個偉大的場面，但是它的形象沒有凸現，沒有凝結；只使人覺得混亂，覺得粗糙。尤其在有些詩篇裏詩人似乎追求着一種形式上的章法的完整與修琢，但是詩人不由感情形象的完整的擁抱與體現着手，反而借仰了在他初期詩作中奔躍而戰鬥的激流，因此，這些詩只成爲一些先火聰明的變形的小詩化的作品，同時，詩人的形象的描寫不夠一他滿明悉一，常常只是輪廓化了的人物。——當這一切的形象被真實地成功地抒寫出來的時候，人們所感到的不過是「新鮮，樸實」，而當詩人失敗了的時候，人們則感到了「浮淺，無力」。

然而無論如何，詩人田間是一個還沒有完成的詩人，是一個在演化發展過程中的詩人。詩人具有的弱點和失敗，這是不可避免也是不必隱諱的；然而我們不能因爲詩人有弱點和失敗，就抹殺了他的成功，他的發展，乃至于他的存在。

詩人田間近來發動了「街頭詩，傳單詩」的運動，這一運動將使詩人與戰鬥與人民大衆更親密地站在一起；在田間的詩的發展上，無疑地，這一運動有決定的意義與作用，首先，詩人的詩的語言能夠得到澄清和洗鍊，能夠豐富，能夠獲得新的生命。田間的詩的語言，正如胡風先生在『田間底詩』裏所論述的：……和感覺力底新穎相副，田間君底字彙和句法含有野生的饑廢色澤，但同時也就時常不管字或詞兒底原有含義，依着一時的感覺放在別人不容易理解的地位上面，犯了詩人最易犯的毛病。」就在最近的詩人的詩作裏，我們還可以看到許多生硬勉强的字句，例如「她笑，從蒼白的齒間吹出——年幼的嬌潤」（『史沫特萊和我們在一起』），「强暴的磨折，……也不能，阻止我們，對祖國，對鬥爭，——以愛情。」（給丁玲同志」）「他們，會把神經，扭向窗外，用嘴唇，吸着它；」（『播音』）「因爲，漢奸和敵兵，無恥着，荒淫着，陰笑着，」（『人民底舞』）……。詩人田間要抒寫人民大衆的形象，要歌唱人民大衆的戰鬥與生活，無疑地必需從人民大衆中間汲取活的語言，最眞實最完麗的文學語言。

同時，更重要的；「街頭詩」「傳單詩」是以人民大衆爲對象，以具體的戰爭的以及政治的事件爲題材的；這種詩在一方面和詩人的詩的「突擊」是完全合致的，但是在另一方面，這也正課給了詩人以把握完整的生活底思想與性格世界的課題。因爲只有在完成了這一基本的創作課題之後，詩人的詩篇才能道出人民大衆的眞實的心的語言，才能燃燒起最光輝的詩的火花，才能激發最偉大的感情的奔流，才能爲那些從田野從鄉村從工廠從礦山走出來的人們底眞樸所歌舞的雄偉的歌唱：而詩人的手法，章法，形式才能開放出全新的彩色的花朵。否則，詩人只有在突擊的意象世界裏東奔西馳，接觸不到完整的生活的形象，接觸不到完整的詩的生命，終於筋疲力竭，潰敗而已。

四

詩人艾青與田間，他們的詩的形式，章法與格律，他們晶結感情形象的意向與風格，他們體現感情形象的方法與道路，正說明着他們是代表着兩種不同的傳統，不同的方向。在創作方法方面：一個是經歷過所有的詩的形式，積蓄着豐富的藝術經驗，達到了風格的完成的詩人；另一個是創造了新的形式，還沒有完成自己，還沒有能完全運用新形式的機能，不能「與他所要歌唱的對象完全融合」，正經歷着演化發展時期的詩人。在意識範疇方面，一個是以「農人的後裔」的智慧者底感情的意象謳歌着土地與人民的新生的詩人，另一個是以人民大衆的戰士底燃燒的熱情歌唱着眞理與鬥爭的詩人。在「詩」的體認方面：一個是「把時代打擊在我們的心上的創痕紀錄給人家看，因爲我們的控訴既不希求同情更不接受撫慰」（艾青：『詩論摘拾』），另一個是「呼喊」，「戰鬥的歌唱」，以「年青的筆」「警衛」「鬥爭火焰」（田間：『走向中國田野的歌』）。

詩人艾青是舊的風格的綜合，是一朵蒼鬱素美的寥闊的季節的花朵；詩人田間是新的風格的創始，是一朵野生的火一般鮮紅的，萌芽的季節的花朵。

在今天，我們常常看到有許多人喜愛艾青而不了解田間，這固然由于還沒有完成自己的藝術的原故，然而更主要的，却是因爲艾青的詩底感情形象以及憧憬的境界與我們——大多數是「農人的後裔」的智識份子們——更爲接近的原故。就楊鑑瑾先生在給胡風先生的信裏所舉的例子來說吧，楊鑑瑾先生在『乞丐』與『榮譽戰士』這兩首詩裏，看到了『乞丐』的詩句比『榮譽戰士』更「明朗」。可是在另外一些人們呢，那些「爲着」「祖國」「流了血」的「榮譽戰士」們，他們也許沒有心情來理解——

在北方，

乞丐用固執的眼，

凝視着你，

看你在吃任何食物，

和你用指甲剔牙齒的樣子。

（艾青：『乞丐』）

這樣悲哀的人的弱者的圖畫的價値與意義。生活在戰鬥與成長之中的他們，對——

那女人，

今天

坐在歡迎會的

院落，

一面

緊地吻着
乳兒，
睡着
滑流，
他媽媽的紋乳上，
……
——勝利萬歲啊，
……
祖國。

（田間：『榮譽戰士』）

還要人的靈魂會感到更親切的明朗的喜悅。假如你對他們朗誦這首詩，一些女英雄戰士們也許會興奮地告訴你：這就是寫的王大娘——王大娘上了詩了！……

因爲和艾青的詩的本質的差異，我們還可以舉一個例子，在『七月』第一集第三期上，十分湊巧地一並刊載了田間的一首『自由向我們來了』（『戰鬥的抒情小詩』之一）與艾青的一首『他起來了』：這兩首詩的內容同樣都是歌頌戰鬥的感情的。

他起來了

艾青

他起來了——
從幾十年的屈辱裏
從敵人爲他掘好的深坑旁邊

他的臉上淋着血
他的胸上也淋着血
但他卻笑着
——他從來沒有如此地笑過

他笑着
兩眼前望且閃光
像在尋找
那給他致命的一擊的敵人

他起來了
他起來
將比一切獸類更勇猛
又比一般人類更聰明

因爲他必須如此——
因爲他
必須從敵人的死亡
奪回來自己的生存

（十月十二日，一九三七）

自由，向我們來了

田間

悲哀的
種族，
我們必需戰爭啊！
九月的窗外，
亞細亞的
田野上，

自由呵……
從血的那邊，
從兄弟的尸骸那邊，
向我們來了，
像暴風雨，
像海燕。

這兩首詩里面，『他起來了』章法是完整的，字句是經過鍾錬的，但是一些空洞的排比的詩句隔斷了感情的湧流，我們看不見戰鬥感情的容貌；那個「臉上淋着血」，「胸上也淋着血」，「笑着」，「兩眼前望而閃光」的「他」，並不像是一個「勇猛」「聰明」的戰士的形象，倒更像是一個瘋狂的殺人者的形象。『自由，向我們來了』沒有章法的承合，沒有着意的描寫，但是詩中起伏着戰鬥的脈搏和感情。

詩人艾青是在三年前寫作『他起來了』的，並且詩人極少寫作類似這樣的歌唱戰鬥感情的詩。這當然不能代表詩人的作品；但是，由這首詩的失敗，我們可以體認出詩人的本質的風格的方向是不在這一方面的。而詩人田間在寫作了『戰爭的抒情小詩』之後，進而獻身給戰爭，投身于戰爭生活里面，發動了『街頭詩』運動，從人民大衆的戰爭生活的實感裏，「從人」民對于政治事變的突發的激起裏——，「把政治動員溶化進去」，把人民的戰鬥情緒發動起來；詩人用詩篇與戰鬥行動直接地聯結起來。——在這裏，詩人也許成長，也許「潰敗」，然而，我們不能不體認詩人田間是「第一個拋棄了知識份子底靈魂的戰爭詩人和民衆詩人」（胡風：『關于詩與田間底詩』）。尤其在今天，我們更需要這樣的走向戰爭與民衆的詩人。

約瑟夫曾經在『論寫的工作缺點』裏，敍說了一個古代希臘神話裏的英雄安泰的故事：安泰的父親是海神波賽東，母親是地神蓋婭，安泰非常愛這生育，撫養，教導了他的母親；每次當他與敵人戰鬥陷入危急的時候，他只要在他母親——大地——身上靠一下，他就得到新的力量，終于打敗他的敵人。不過他有一個弱點，就是怕敵人使他脫離地面。有一次，他碰到一個敵人蓋爾枯里斯，蓋爾枯里斯知道他的弱點，就把他舉在空中，使他失去與地面接觸的可能，把他在空中扼死了。——約瑟夫用這個故事警惕他的同志們：「也正好似安泰一樣，布爾塞維克之所以強有力，就是因爲他們與自己那教育，撫養，教導了他們的母親，即羣衆保持着聯繫」的原故。

同樣，這個故事也正警惕着文化工作者的詩人們，假如詩人們與「生育，撫養，教導了自己的母親——現實生活」，脫離了聯繫的時候，也將正如安泰一樣，將要被人扼死，而這些死刑的執行者不是別人，將正是詩人自己！

無疑的，在今天的血與火的中國，偉大的苦難的現實正養育着無數的未來的詩人，從這樣豐富肥沃的生活土壤裏，將有無數的鮮豔的花朵生長出來，但是每一朵花必需有它自己的形，色，味，相，香，必需有個性化的風貌，形象與芬芳，這樣才能有被稱爲眞正的詩人的「人的花朵」的價値與意義，在今天，我們看見有些詩人也，詩句織得短短的排列起來，有些詩人也悲苦着寫地：

貧窮的國度
寒冷的國度呀

但這是奢做，這不是詩，更不是藝術。

詩的道路是艱難的，然而在我們之前曾經走過了荷馬，莎士比亞，歌德，席勒，普式庚，海涅，拜倫，雪萊……，他們遺留給了我們詩與人，詩與現實，詩與藝術底「眞」「純」的結合的形象，遺留給了我們廣闊的光輝的成功的軌跡。

中國的詩人們，堅實地頑韌地養育自己吧！中國的人民，中國人民的母親「母親大地」，都在等待着你們的成長。

（上文接九八頁）

到了他的路了。浪漫主義的領悟力幫助了他去認識和把握人們底現實的整個寬度。他，也許是用的一種誇大的或者英雄化的方式，顯露出了在這革命和社會主義建設的史詩中的清晰而動人的想像和事蹟。作爲一個藝術家，克拉甫銀珂走過一條悠長而艱峻的路——從幻想，抒情主義，雕琢，唯美主義而走到今日的具體現實裏面，走到想像的內涵意義裏面去。克拉甫銀珂的創作的道路是從狹隘的領悟力導向到現象和蘇維埃藝術家的銳敏的現實觀念的綜合裏去。

（盧鴻基 譯）

冬天

白莎

正如我愛過
那顆閃亮在夜里的紅星
在北方的泥土凍裂的路上
我愛過冬天草原的冰雪

那沿着黃河的
中國的草原在落雪……
雪飄落在
轆轤地滾轉過馬車的
北方泥凍的道路
雪飄落在
那沉浸着痛苦和飢餓的
荒漠貧窮的農村，
雪飄落在
那作為反抗日本法西斯強盜的游擊根據地的
緜延在黃河岸邊的灌木叢……

沿着遼闊的
北方有名的草原地帶
凍結在十二月的
枯涸的河流上
那穿着破爛的羊皮大衣的
我們北方馬車的駕駛者

他們終年艱苦的
驅載重的馬車的輪子
在緜延無盡的泥凍的路上
徐徐地滾過

每天每天的早晨
在那些落過大雪的
和暖而又晴朗的日子里
太陽會從草原的路上滾出來
濃霧迷漫着遼闊的大野
也迷漫着那些深密的
鳥羣拍着翅膀的樹叢
濃霧迷漫着我們行軍的道路
而躲在濃霧後面的
是滾來的融融的太陽

那奔波在塞外的
響着銅鈴的駱駝隊
在荒漠的冰雪的路上行走，
天空還閃着紅亮的星星
獨輪車的響聲
已滾在天邊的緜延的道路……

在這裏，有豐富廣大的礦山
金銀，煤塊，和流不盡的石油田。
讓我們底開拓者——
無數的中國工人
勞動的英雄們
以更大的強壯的臂力
推轉着機器的輪子吧！
使那荒涼而又荒涼的地帶
排滿了冰流和冰條的
枯死的林木叢里
響蕩着鋼鐵的音響

而我們的驃騎在雪野的騎士
——那一顆顆綠綢的銀紅的星星呀
在雪夜的泥凍的小路上行走，
那貧窮而又寂寞的村莊
熱烈的開着游擊小組會

中國的冬天來了
在拔海二千公尺的
西北的高原的路上
我走着而又吟哦着：
你荒涼的新開墾的
游擊隊活躍的地帶呵！
「嚴冬如果來了，陽春還會遙遠嗎？」
我永遠愛着這片荒漠的土地
正如那曾過來的寒冷的路上
我所愛過的草原的冰雪……

柯勒律治與華資華斯

J.佛里曼

蘭西·溫娃(Frances Winwar)不但運用小說家的寫作方法，而且幾乎用的是小說的體裁，寫了一篇在十八世紀末十九世紀初革命與反革命的風暴中生活的兩位詩人和一位女子的，動人而且富有戲劇意味的故事。這本精彩的作品（「一旗幟的告別」——Farewell the Banner）的主人翁是柯勒律治(Samuel Taylor Coleridge)，和他底朋友英國底桂冠詩人華資華斯(William Wordsworth)以及其他的友人——騷塞(Southey)，蘭姆，哈金遜姊妹(the Hutchinson Sisters)——和他們活動的那個文壇。騷動的背景是法國革命和反法國的英國(England)。這故事是可以在時間上劃分的。至於他們底注意力，本書中在三個有同一類型的人底身上，集中於他們三者間的友誼上，獨友底創造了，寫出了柯勒律治和兩位華資華斯。

柯勒律治生於一七七二，死於一八三四。溫娃女士底敘述則止於兩人三十歲的一八〇二年。只論詩的創作，在精神上柯勒律治已在三十歲上死去了，以後的三十年大部分不過是在苦和浪費罷了。這故事本身是一個浪漫主義詩人底誕生和死亡，是無數一個作家的詩才爲什麼如此可悲地過早凋謝了的實例。這個問題早已被無數華資華斯注意到了。多數的浪漫主義大詩人死得早，肉體方面或是精神方面。資華斯底創作時期止於一八一四，此後的三十年，他，人雖活着心却是石頭的了。因此有浩瀚的「遠應用各式各樣的經驗來解釋他這種驟然的「反高潮」（註一）——對法國革命的失望，因爲對待多蘿(Annette)和留在法國的女兒的卑鄙行爲而感到罪過；由於肉體的影響而引起早年的衰邁；由於他批評家(Jeffrey)底辛辣的批評；由於他自己的頑強的「顧影自憐主義」(Narcissism)（註二），以及蘇氏底文學主張，——這些都是使他崩潰的理由。

溫娃女士生動地把柯勒律治底性格描繪了以後，他將柯氏作爲詩人的失敗歸之於他本人底對華資華斯的自卑的心理，歸之於蘇氏對朋友的殘酷與自私的行爲。獨立論的種種是使令人心服的。柯勒律治底當個獨在華資華斯面前，他認爲無論哪方面華氏都比自己「更偉大，更高超，更男子氣概」；他對於蘇氏底詩才的欽佩簡直五體投地。柯勒律治用自己底天才來幫補華氏，處處華氏很卑地寫作；華資華斯底材料原是柯勒律治自己提供的，柯氏也利用利這些材料，但由於寫法的薄弱，永不能移到紙上。柯氏貢出一切，得到的報酬實際上是無有。他對友人底批評非常敏感，特別是蘇氏底意見。他這種情愛和別人欣賞的程度之深，不禁令我們惋惜。否定自己，自暴自棄是他底致命傷。

一個弗洛德(Freud)派的心理學家可以從溫娃女士底敘述裏得出如下的結論：柯氏具有一種強烈的不自知的對華資華斯的同性戀愛，極像魏爾倫(Verlaine)之對蘭布(Rimbaud)。柯氏發覺自己在性格上，才能上，婚姻上，愛情上全不及他朋友；更感到自己爲他情愛及虔誠的對象（即華資底妹妹——譯者）所揶揄。他明白自己這種可悲的心理，妒忌也常常在夜半把他驚醒，但他仍是軟弱無力。他要求朋友幫助他，了解他，愛他；他屬於底邏思和周圍人們給他的同情成正比；朋友如果忽略了他的話，會驅使「敏感的植物」到潰滅的道路（這是他底友人也承認值得憐惜的）。溫娃女士至少從這作者裏寫出人們最損的敵人或許就是他家裏的一些人！柯勒律治底對自己完全絕望，我在白髮地酒和鴉片煙中尋慰籍，從此把詩抛棄了。所以溫娃女士說在精神上柯氏已經在三十歲前過早的年紀上死去。」

這寫作中的匪徒是「野蠻，樵夫似的」華資華斯。可是匪徒華氏本人何嘗不是個失敗者呢？十年之後他不也是在精神上死掉了麼？爲什麼十九世紀底藝術滿佈着殘骸？爲什麼這世紀門限，地上編滿柯勒律治底身體；也如其波特萊爾(Baudelaire)，魏爾倫，蘭布底屍體；出口處則倒下王爾德(Wilde)，史溫朋(Swinburne)，以及其他的類似者。這些作家成爲無我的犧牲，或許有人解釋爲神經不常；但更要問：他們爲什麼神經不常呢？假使幼年生活，青年生活及家庭在一個人底挑剔裏起了多大的作用。他們自身底經歷總是重要的原由。最大公約數和最小公倍數常常那有的。柯勒律治在他生活的歷史年代中推斷了那項，正同隨後的擺倫（Byron），華茲華斯，赫芝列（Hazlitt），亨特（Hunt）等歐洲知識分子一樣，先為法國革命底光輝的諾言所喚醒，但立刻被這消失的理想與突然出現的資本主義打擊得驚慌失措。

他那一代的文學家怎樣勝利地經過了這考驗的？民主革命底崇高的成果只有為新的一代所吐露。新的一代的人們不曾為社會的暴風雨底不斷破壞性所沮喪，而直接從這社會的暴風雨底創造力及其意義。法國革命在柯華二人底故事裏並非一個偶然的小節，而是他們底思想底中心。他們也明白有人並沒有為革命所摧毀，而柏克（Edmund Burke）就把他底失望轉向寫作反動的論辯中去了。塔里藍們（Talleyrands），福希們（Fouches）則致力於如何獲取財勢。有見識有勇氣的政治思想家，如巴貝夫（Babeuf），如聖西門（Saint-Simon）和傅立葉（Fourier）便清算歷史的題目，發現布爾喬亞革命底狹隘性，預告了社會主義底來臨。

他那一代的文學家裏有誰不受苦，有誰不向罪行和幻象去求解脫，有誰不以自殺作為抗議呢？待我知道和柯華二人同時的法國人底情形，待我讀了「Obermann」（註三）這一類的小說以後，我才知道這兩位詩人并不算怯懦。我們無法明瞭『失望』是什麼，除非我們已經懂得什麼是『希望』。苦痛的人底敏感每每強過意志，感情每每壓倒他底理智和行動力，他們甘心做個詩人而不願為帝王的提督。布爾喬亞底諾言和布爾喬亞底現實之間的深淵，把他們嚇住了。柯氏華氏和他們法蘭西底同時人全陷於中間階級。這階級底熱望卻為革命——『白日做夢的可笑黨人（Jacobins）』——所破碎。這就是詩人和他階級底局限性，這就是法國革命範圍底局限性。

華茲華斯底傑作是他秘密地工作了三十多年的『序曲』（The Prelude）。柯勒律治卻是這首詩底建議人。他力勸他底朋友『用一篇詩寫一篇給那些在法國革命完全失敗之後，放棄了所有改善人類生活的希望，而享樂自私的人。』『序曲』中講到詩人思想底成長，革命正是思想成長的主要動力。柯氏底意見已夠明白，華氏底詩把這點說得更清楚。柯勒律治和華茲華斯脫離了不能滿足他們底浪漫諦克的期望的革命，就轉變成為保守黨員（Tories）。那些在偉大的社會變革時期，以為他自己高處在鬥爭之上，還跟辯說（如華茲華斯）他們底早期的希望雖已失掉，但理想卻仍存在的人就得受到柯華二氏這種可恥的責罰。華茲華斯在退出革命後，努力把自己底民主美夢和革命隔離起來，甚至於對立起來，其實革命在歷史容許的限度內確曾完成了他夢裏的某些部分。華氏終於爬上反動的桂冠詩人的寶座。柯氏為容克的（Junker）（註四）『晨報』（Morning Post）作社評。雪萊（Shelly）要聰明些，當一八一七年還寫了『依斯蘭之暴動』（The Revolt of Islam）的序言，柯華二人那時還在。拿破崙被放逐到聖海倫娜（Saint Helena），一個波旁（Bourbon）族人重行做了法國皇帝。

法國革命預樣的社會終於出現了，超越一切個人底夢想和怨尤。雖然華茲華斯底文學方面的空虛，政治方面的遲鈍擺兩者把他送進了保守黨，在還有創造力的時候，他在民主革命中有一點是進步的：他確實把普通人和日常語言帶進了英國文學。柯勒律治除了他底自輕自賤，苦惱的戀愛，形而上的唯心論，反動的社評之外，在他創作的時期，仍不愧是法國革命底兒子。他不休息地思想，雖然并無法實現這些思想；他計劃一些著作從未動筆的作品，這種可笑又可憐的矛盾正是他生活當的那個偉大時期的寫照！在這時期，人底眼睛前面展開一幅無限寬廣的遠景，好像每件事立刻可以實現。古代獄門已經洞穿，自由的靈魂可以給他任何想幹的事。那期間要做的太多，變化太繁，幻想也從不停。在新時代面前，有創作力的天才覺得到遠方可能實現的事物底輪廓，文西（da Vinci）因此而飛機出現前的四世紀就計劃它底建造了，密開朗吉羅（Michelangelo）放出了偉大的他所也不能完成的構圖。法國革命便是文藝復興底頂點（apcheosis）。新時代在柯氏那容易感興的腦子裏灌進了許多幻象，但沒有給他實現的法子。我們能就此嘲怪柯氏太多空想嗎？

能不能說一個人三十歲以後不繼續寫抒情詩就等於死了呢？須知道在一八〇二年柯氏走進了一個嶄新的世紀：科學代替了宗教，散文代替了詩，工業革命結束了作為人類五千年來的生活基礎的農業文明。文學的船隻也同樣受到風暴的襲擊，有些竟沉沒了。在此時柯氏第一期的創作年代告終、開始了第二期。且注意下面這個有意義的差歧吧！—華資華斯同樣在他生命上最好的年華裏作爲詩人死去，他底精神生活也告完畢，而且沒有其他出路，他成了個鄉下的保守黨，一個領有官方月桂冠的活鬼。柯勒律治雖也死去，可是變形了，因爲他找到了發展自己底創造天才的新的途徑。

他成了一位偉大的教師。同以前影響華資華斯一樣地影響新的一代英國作家，他底弟子自然不個個知恩圖報，譬如擺倫等人就先抄襲了他底學說，才來說幾句公平話。有些雖知道柯氏給他們恩惠，卻也只能以世俗的方式稱讚他。偉大的教師底命運乃是被人遺忘，他不釘上十字架已是夠運氣的了。但是他底教言仍在，通過年青的一代而達到了英——美文學裏面。

柯氏在他死後的三個十年中成爲一位偉大的批評家。當時批評在英國還是藝術中較幼小的部門，理會它的人很少。法國人懂得多些。法國最優秀的著作家中好些是批評家－聖愛佛蒙（Saint-Evremond），蒙田（Montaigne），伏爾泰（Aoltair）狄德羅（Diderot）。柯氏在這點上是個開拓者和創造者，他底作品需要我們今天重新估價。

第三，他在另一方面也是個先鋒。因爲性格底失敗，使他明白性格還問題；因爲意志底崩潰，他便研究意志底性質；因爲對自己憎厭，他深深檢查自身。這樣，在近代的內省心理學上他也成爲前驅。這位失敗的詩人在苦痛中明白了自己底潰敗是由對於現實的錯誤的希望，明白了在今日『戀愛和友情』裏面也有衝突和競爭，並且知道了：『我們所得到的是我們爭取的！』他已抓住這個眞理：『無論那種才能（即使他是偉大的），只叫我們思索，一直思索到行動的時候已過，一點事情無法做成的話，那都是沒有價值的才能。』

此外他研究『想像』的法則。『想像』是創造藝術的基礎。英國批評家威斯特（Alick West）曾整理出柯氏思想中最好的部份。柯氏思想中最好的部份是在兩個主要的概念上面：對有機統一體的概念，從統一體中再分出其他的部份；統一體內在的矛盾及其衝突過程。柯氏底唯心辯證法使他支持當時的英國政治狀況（唯心辯證法也如此引導黑格爾（HegeI 的）。可是，我們遵從卡爾底方法論，以唯物論來作爲柯氏文藝批評的基石，就能看到他主要的思想是以社會行動爲前提的。柯氏以爲『想像』是詩底特權和詩底醫實的共同的根源。但如威斯特所指出，柯氏發現了『想像』底本點作用：它令我們意識到社會鬥爭的進展，它並且給這行動以實踐的社會的形式。

——自『新羣衆』一九三九年四月十一日號。

（宗瑋譯）

註一：文中的引白全取自溫娃女士原書。

註二：Narcissus 是希臘美少年，戀愛自己水中的影子而淹死。法國大詩人梵樂希（ValerY）根據這故事寫了他底名詩。

註三：這冊小說作者，內容不詳。

註四：普魯士反動的有土地的貴族集團。（據法字典。）

月季花

黛　汸

在我們底荒蕪的園里
月季花第一個紅了——
好像從沉睡里醒來
還沒有感到任何攪擾的那一刹那
安詳的恬靜地，
舒展着朵瓣……

它是驕傲的
它突破了嚴寒底暴虐的圍攻
從溫暖的雨露孕育
將蓓蕾微小的一顆
綻放得如此豐滿的鮮明
朝向藍天
吐着火一樣閃動的光芒

在新鮮的黎明里
它開始笑
笑着不是顚狂的笑……
迎着平靜的黃昏
它沉默了
沉默着不是憂鬱的沉默……
而它滿身瘢疤
　那爲風雪所摧擊的瘢疤呀
還是明確而記載着它底
來到今天的這段艱辛底旅路

於是，對于蓄意摧折的玩弄者
它不寬恕——
用它底滿身倔強的針刺
守護着它底生命……

眞——關於戰爭文學

S. M.

寫軍事是有艱難處的。

在「南京」底序文中，約略地提出了一些問題關於軍事的寫作。

第一、有着祕密性。不但直接對於敵人有祕密我們底企圖和行動的必要，就是間接對於敵人吧，也完全一樣。往往，一團人，他們不知道他們所作的深夜底風雨中的急行軍爲着什麼，或者，他們突然在黃昏底槍聲裏才發覺他們并不是預備而正向着敵方底棕紅色的丘陵地帶作爲一個攻擊重點，彷彿中國軍隊不信任中國軍隊，彷彿高級指揮官欺騙了中級指揮官，而下級幹部這樣又欺騙着他們底士兵也是爲的向敵人祕密，僅僅爲的向敵人祕密。何況一個戰地記者，他是一個外部的人物，他不是軍人，他更不是那個部隊底一員。所以他所看的，他所聽的，他所得的是並不多的。並且，給他的報告、又祗是那個部隊所要說的話，甚至通紅的故事給鍍色塗作滿壁面的金光，或者，那祗是那個連長所觸到了的祕密底一小角，雖然月是一個完圓的球，看了的人却說那是平面的圓，或者是一痕銀的弧，而直覺又給感覺所限，是一隻磁盤而已。這祕密，還給不確的情況和僞造的情報所包圍，那是一片不透明的濃霧。祗有在戰鬥以後才一部或者全部暴露出來。而一部的暴露無論在理論上，在事實上是絕對不可能的。就是這祕密，困惱着軍事的天才們。怎樣把握自己，怎樣戰服敵人，困惱於他底軍事計劃，判斷，決心，處置。還，一般地，戰鬥是最好的搜索手段，也是展開我們底面目來的。所有通過這戰鬥，一切才多多少少地暴露給人。雖然，這祕密，在中國軍事機構裏，是破破爛爛的，但是祕密總是祕密吧。

第二、有着變動性。情況不但是不確的，尤其，牠是多變的，在發展的。拿破崙皇帝知道他將失敗在俄國底凍土地上麼？假使他知道，那他底偉大戰略祗有作不尊的瘋狂解釋。不，他心上所有的，是一種對於勝利的榮耀明光的希望和衝動。威廉二世以爲比國將避讓道路垂着手立在旁邊的，他可以以最大力和速度一陣暴風一樣衝到巴黎，但是比國底弱小的拳頭不但憤怒擧擧高起來，並且正是這個小小的障礙物粉碎了他底戰略的，甚至，一個小小的孔刺在橡膠的輪胎上使牠爆炸一樣，把汽車突然停止，把他底戰略餵狗吃了。我們底今天的戰爭何嘗不是這樣？否則弱小的中國將怎樣爭取最後的勝利？通過這個變動性，把握牠，這是一切。不是在政治上說，在軍事上，無論如何指是一個苦悶，無論拿破崙是一個怎樣卓越的軍事人物，無論德國是一個怎樣强大的軍事國家，全沒有能力把握手中的東西。一般地，戰爭底進行，第一是在政治目的下，第二是在這個變動性底大概這樣的類似值底把握上，第三是在軍事天才底勇敢、沉毅的意志和能力上。所謂軍事天才，不但指那個老謀深算、更多的時候是指的那個膽大妄爲。拿破崙是一好例，他底英烈雄猛的事蹟、他底紅光照耀的成功，他底無敵和無比的勝利，就是並且祗是，由於他有一個敏銳的靈魂和盲勁於這個變動性中而衝破了牠。甚至很偶然地衝破了牠。但是，拿破崙有幾個呢？何況是一個戰地記者呢？這變動性充滿在從黑龍江到海南島的整個戰線底每一點上，處處在動，時時在動。魔術一樣，剛才還是一朵紅絨花，現在又是一隻眼明如紅寶石的小白兎子了。

第三、有着局限性。這是從地位、兵種、任務、空間等等底差異來的：假使，將軍所見的是戰爭的森林，那，士兵所見的就是戰爭的樹。什麼人能够說森林就是樹或者樹就等於森林呢？無論量，論質，完全不同，祗是有着一種共同的血液而已。砲兵，騎兵和步兵，他們雖然是聯合行動的，却有各自底特殊的戰術、特殊的技術。由於有不同的戰鬥方式，由於有不同的生活方式，自然有不同的感覺，有不同的觀念。就是在同一兵種中，作前衛和作本隊、作第一線和作預備隊，祗說辛勞和緊張底强度吧，已經是完全不同的寰西。何況，任務不僅僅是爭奪和緊張底強度上有數字的分別，牠底大小正等於全戰爭過程底大小，牠有牠自己底戰爭過程的。戰爭，是行軍、做工和爭鬥的骨頭、血、肉構成的。但是行軍的經歷、做工的經歷和戰鬥的經歷，雖然是彼此互相滲透着的，卻又有着牠們之間的各自底畛域。不但這樣，這個戰役和那個戰役也是不同的，即使牠們孿生兄弟一樣有相像的臉和性格。最後，在同一戰鬥裏，除掉他所在的正面，他知道，而對於兩翼的友軍，在他就成爲愈遠愈朦朧的茫然。這是軍人所遭遇的；也是戰地記者所爲難的吧。並且在一個戰地記者，這局限性更膨脹，因爲，還存在着生活底差異這一個問題。

第四、有着技術性。這，不僅僅要求有廣泛的常識，更需要專門的學術。懂得步兵又懂得砲兵，那是很好的。懂得步兵，從小動作到大動作，甚至那是瞄準點選定那樣細小如沙的事，知道裏面的學理、要領、方法、操作，那才是最好的。但是，那是軍人也難於做到的，包括少數的軍事天才在內。

第五、有着誇張性。不祇是說在宣傳上是這樣。因爲，戰爭是情感的，而牠底活動又是神經質的啊。戰爭又是飢餓和寒冷中的最大的辛勞，又是鐵片和火團中的最多的危險，又是捉摸不到什麼的，殘酷無情的，當一個砲彈突然爆炸在白馬底前蹄邊，拿破崙會不勒轉馬頭向仰天大笑麼，他底心不會跳蕩而是一塊山石麼？他一定那樣作，把驚嚇出汗的手緊緊地控住馬韁風一樣逃開十幾二十公尺，然後在馬上暴烈地一聲大叫，高高地舉起銀光的軍刀來在藍空中揮舞一下，「前進！——」於是他以更勇猛的衝擊催動馬隊的怒潮湧向敵人底陣容把牠在紛亂的鐵蹄底踐踏下弄得破爛不堪。——這才是作爲一個英雄的人，才是作爲一個人的英雄。另一面，假使是你自己，戰酣了，一把發光的刺刀像一樣向你底敵人底胸前撲去，這個時候你底心還是一塊山石一樣毫無感動麼？好了現在你底敵人給你刺倒了，腸蜿蜒地帶血流出，肚皮破碎像殘敗的荷花，而他底眼中淚和恐怖光混合地閃耀着向你凝望，到他底牙齒痛苦而仇恨地向你咬嚼發聲，他底口中吽出來淒厲的或者含糊的什麼，這個時候你會和在家裏賞花、看燈一樣麼？即使你是有鋼的意志的，是有火的仇恨的，是要打倒日本帝國主義爭取自由、解放的戰士，你底心上，在腦個一樣會浮出來一種異味的。即使事件並不這樣嚴烈，但是那總是一般人所驚魂動魄的吧。於是，誇張起來了，明明那祇是兩三個斥候，卻以爲那個黑黑的樹林裏全是敵人，明明那是一個小小的砲彈，卻以爲牠是山嶽一樣可怕地大的，明明那是容易攻擊的小村落，卻以爲那是有關全局的據點而要犧牲一團步兵的，明明那是小小的一戰，卻以爲這是決定的勝利，明明那是秋天一樣又高又大的平靜，卻以爲每一枝草、每棵小樹後面也隱躲着什麼危險的鬼類。

所以寫軍事是有艱難處的，怎樣通過這個秘密性、變動性、局限性、技術性和誇張性才能够把握主題和使用技巧，完成關於軍事的寫作，

對於一個軍人說，這樣的要求是並不十分需要的。而對於一個作者，這要求反必須强調起來。這艱難是什麼？是眞！

這眞是什麼？是藝術的形像，是藝術的力量和美麗！這是就作品說。

而就作者說，這眞是什麼？是生活！僅僅是生活，也必須是生活。

充實生活是完成藝術的手段，最好的，也是唯一的。

寫軍事的作者，我對他有尊敬，因爲他們以筆作槍，以寫作作戰鬥，他們有高度的熱情，把自己投入燃燒裏，也把敵人投入燃燒裏。

但是，有熱情，而沒有生活是仍舊沒有力量把握主題的，不能够達到眞的王國的。

而對於第一線的訪問，向生活叩門，這是我們這個時代的人物底偉大文藝要開鮮花了啊。但是，偉大，是指以那一類訪問作爲生活底起點說的。作爲起點，自然是生活了，而不作爲起點呢，以爲一次的訪問，或者一次的搜集，就把握了抗戰底全面目，就動手寫軍事，那是不會有什麼的。雞鳴、犬吠相聞，像開始有什麼了，但是祇要停止在那上面，走馬看花，到底是沒有東吠西的啊。

有一個寫軍事的長篇那是很有名的。但是約略地我讀了，並沒有一般人所反應的感激、興奮、歡喜，我祇感覺着一種空洞和滑稽，彷彿，牠是在我底耳邊長江、黃河地說謊。說謊，對於一個不知道什麼的人，牠是水波一樣生動的，花一樣新鮮的，蘋果一樣香甜的。但是在一個多少知道這事的人，

那個底前面牠是什麼呢，彷彿有誰在和我開玩笑而已，衣袋裏我不出來一點可以支付的感激、興奮、歡喜之類。甚至寫得成功的片斷也全給淹沒，人聽了八句謊話，還會相信兩句眞話麼。雖然我諒解他底生活尊敬他底熱情，總是不愉快的事。

隨便舉一個例吧，從我底一大堆的記憶中：

「——迫擊砲！二千米達！放！——」

「——洞洞……」

這樣的射擊口令和射擊法在我們底抗戰的現實中是不存在的。第一、射擊目標是什麼呢！第二、直接瞄準呢？間接瞄準呢？用什麼方法呢？第三、目標底位置決定，距離祇是一個要素，而在迫擊砲也並不是用公尺數指出的，用的是藥包量和射角數，還有一個和距離同樣重要的，那方向，那米位數，是不可缺少的，必須指出的。第四、試射不試射呢？開始就效力射麼？第五、用幾門砲射擊呢？射擊多少砲彈呢？……諸如此類，有一串問題要求提出。

藝術，以形像爲主。虛僞的形象是欺騙歷史的。

最近，又讀了一個名作者底戰鬥故事。大概，那是他底得意作吧，刊出了兩次。但是，我雖然又是懷着對爲抗戰而寫作的人的尊敬的心讀的，結果仍舊失望在虛僞的形象裏。

那故事是：一個參加過歐戰的人，在一次內戰中獲得一門重砲，連夜和妻兩個人把牠拉回家來，埋在窰洞裏。二十多年以後這重砲又出土了，爲了抗戰，獲得勝利。

這裏的一串問題是：

第一、就說中國說吧。所謂重砲一般是十公分零五口徑的加農砲、十五公分口徑的榴彈砲，非機械化不可。就是七公分五的野砲和山砲吧，挽曳也需要用二匹到八匹的騾、馬，無論怎樣大力的人，兩個人是沒法搬動牠的。

第二、要把重砲埋在地裏，也是很繁重的，那要挖掘那樣一個有適度的容積的互洞，除土量是不小的，也不是兩個人一夜的時間所能夠完成的。

第三、在地裏過了二十多年的砲銅還沒有一點氧化麼？還能夠射擊麼？

第四、炮彈是從什麼地方來的，又這樣合適？

第五、一個有訓練的砲手也沒有，祇有完好的砲和砲彈，即使有優秀的指揮者，也是不可能射擊的。

第六、射擊口令等完全錯誤。

這是一個故事麼？這等於一張白紙。

寫軍事是多少艱難啊。

是胡風先生底話吧，一個作者，或者是生活到那裏面去的或者是從那生活中走出來的，他們才有勝利和光榮的藝術作品。寫軍事，是一樣的啊。就以寫所知道的吧，那是和生活面相接觸的，從那裏，可以把握藝術的形象的，這是一切。這是巴比塞和雷馬克底成功處。

自己，雖然學習過軍事，也有過一個時期生活在第一線上，但是，自己底經驗是這樣，一切祇是不夠，一切祇是艱難。打算寫砲兵射擊的一個場面的時候，曾經請砲兵的同學作顧問、作參謀，寫了出來還是笑話，短短的一節錯誤校正兩、三次。一個二公分口徑的麥德森戰車防禦砲連底戰鬥故事深刻地想動着他底靈魂，我打算把他們寫作新兵器，新兵，新官，經過半年，技術還沒有獲得滿意的解決，始終不敢亂寫；改作三七的吧，眞不完整了，又不願。生活着，也不容易接觸到全部，什麼時候都有生疏的事物出現。所以寫眞目的並不在給人以恐嚇，而是把自己也列在裏面，給以警惕，給以勉勵。

要克服艱難，不夠和生疏，而達到藝術的力量和美麗的、藝術的形像的眞，祇有生活到裏面去，祇有生活在裏面，深入地，戰鬥地。

爲什麼不可以消滅艱難呢？太陽高照着，不但冰雪將不存在，並且將開花結果的。

一九四〇，五，二六。棗板街。

校完小記

蘇聯木刻家A·克拉夫欽珂（A·Kravchenko），在中國是並不生疏的。遠在「引玉集」的時候，魯迅先生已經介紹給中國底藝術學徒和一般讀者了。在中國的新興木刻里面，恐怕他就是留下了很大的影響的一個。最近，聽說他已經逝世，我們特意選譯了這一篇還是寫在他生前的，關於他的評論，算是表示了一點中國文藝界對於他的悼念。作者S．拉蘇莫耶卡耶，關於她我們是一點什麼也不知道的。

同時還介紹了一篇Joseph Freeman底關於兩個英國浪漫詩人的評論。作者是Daily Worker底經常撰稿者，他底政治論文是中國讀者常常得到了介紹的，但文藝評論，這一篇恐怕還是初見，但也并非因爲它有什麼了不得的意義，只不過由於也許可以給過渡時代的作家們一點借鑒而已。譯者來信里面有幾句話，不妨引在這里：

……他底文字並不艱深，但也不屬於「新羣衆」那極平淡，到底是英國人寫自己的語言，有許多句子異常簡捷有力。但想不到對文學他有這樣的了解，數家珍似的舉出一些文學上的事實。我特別喜歡他那句「法國革命是文藝復興底『頌揚』」（但這兩個字還可以改譯一下），這兩件歷史上的事件一語貫穿，指出二者之間的關聯來。此外，對到華二氏之沒落的敍述，也可以作今日中國知識份子的借鏡，似乎在此刻有特別的意義。

那麼，恰恰好，如果在前一篇里面我們看見了藝術家由於走向革命，走向羣衆，因而他底藝術獲得了更生的大命的開花，在這一篇里面我們就可以看到詩人由於不能和時代擁抱而只得走上了沒落的道路，讓自己、及藝術枯萎下去。藝術底生命是時代底生命所給與的，忠實於藝術須得用忠實於時代作前提。至於把藝術作爲反動意識底擴音機，或者作爲粉飾現實的脂粉，那就更不在話下了。

於是，我們來看小說。這些所寫的是工人，小偷，強盜，都是不能登「大雅之堂」的動物。但「大雅之堂」雖然不能登，但對於生命卻一律地照常固執，而且，到了緊急關頭，例如爲了愛，爲了恨，爲了鄰人，這些里面又都貫串着民族解放鬥爭的大願，卻顯出了連生命都是可以拋棄不惜的。當然，這也並不是它們都是了不起的偉大作品。拿「家」來說罷，兩種型的工人底家，一個，方四川的狡猾而貪婪的小地主底家，作者素樸地然而又是緊張地把它們揉在一起，不用故事而用生活場景顯示出了各個人物底面貌，猶如一條色彩暗濃的圖畫，使觀者不能瞬目即過，多觀摩一回就能多找出一點什麼似的。但後面的那一場火，用了這個意外的事變來聯結他們，在讀者底感應上就會減殺了作者所吐示出的，圍繞着那個關山的社會事變或生活事變底力量。

「金剛及其他」底作者還是第一次出現，但「家」底作者都並不是初見的。他曾在「七月」上發表了「要塞退出以後」，爲了那，我曾受了一位作者底抗議，說那裏面的主人公底性格是沒有社會根據的。現在再看看這一篇，我依然覺得，似乎作者不並是不懂得人物性格底社會的根源的。但這也許是我的偏見，只希望讀者能看出他們底究竟。

「人的花朵」，論及了兩個詩人，艾青和田間。說到田間，我們總是動輒得咎的，那罪名是，「亂吹」或者「瞎捧」，雖然批評家們總是吝嗇地不肯說出他們自己底不「亂」不「瞎」的高見。但我們可以負責地說，這一篇，和目前的不「狂妄」的批評家們並沒有一點關係。遠在戰爭爆發的前一年，作者就寫過一篇關於田間的評論，而且由北平寄到了當時在上海出版的「認識月刊」，但那篇稿子隨着「認識月刊」底夭亡和戰爭底爆發而不知去向了。後來作者幾想補寫而不果，到前年看了張振亞先生底批評以後才來信表示了重寫的決意。不管對於具體的論點怎樣，但讀者當可以看到，作者是在研究對象，是想說明對象底眞實內容，至少至少也該沒有「虎」人的存意，那辛勞，何嘗是插科打諢者之流所能夠想像的？本來，還選出了田間底三首「小敍事詩」，想一同發表出來供讀者參考。因爲這和「街頭詩」都是田間以及北方敵後的詩創作所開闢的新的方向。可惜沒有給讀者得到的機會了。

封面上的木刻是「無題」，但其實那是應該有題的，因爲那是Zweig底作品Amok底插圖之一。因爲沒有讀過Amok，所以也就說不出這畫面所表現的意義了。一個被刑了的死者（我們也叫他「人之子」罷），兩個人在哀悼，下面是一個表示權力的莊嚴的武士，後面是同樣莊嚴的教堂。這受刑者，是「罪有應得」呢？還是無數的抱着沉冤的一個？這只有把內容知道清楚了，也就是讀過了Amok以後才能夠知道。世間上有許多事得加以研究，不能僅僅相信「判決書」或「輿論」的。

胡風　一月四日

中華郵政掛號認爲第一類新聞紙類
內政部登記證[illegible]字第六五[illegible]號

七月

第六集

4

中圖書公司發行

·目錄·

七月

第六集 第四期

（總第三十期）

三十年六月出版

編輯兼發行 七月社

編輯人 胡風

發行所： 華中圖書公司
重慶民生路
桂林中南路
北碚南京路

印刷者： 國民公報社

每月出版一次

本埠每冊零售六角

訂價	國內	香港澳門	國外南洋
半年	三元四元	五元	六元
一年	六元七角	十元	十二元

郵票代價，十足收用。五人以上聯合定閱，九折計算。

冬夜

曾卓

我們的命運大抵是如此：在晚上尋找我們的路。

薄暮一到，四野昏黯起來了，樹和樹，屋和屋，岸和岸，村子和村子，便漸漸的不能夠分明，但卻是我們行動的時候。小鬼們忙着整理他們的行裝，將一切收拾，在村子里，還是[illegible]。老百姓對着這些激烈的小影子常常跟着驚奇的讚歎的顏色，直把我們從村子里送出。

在岸上走，踏過有枯草的歎息；然後上船吧，船底有潺潺的聲音。我們的頭上，是冬夜的慘白的缺月，浮在黑藍色的遼遠的天空裏，秘密的在偷看地上活動的一切……。

但無論是我們的走或船，總必須要穿過緊密的河道。這緊密的河道在我是很少遇見的，那凍得沉默的河水，是這樣的奇怪和明亮，它將一切照見：枯樹，蘆草，行人，破爛的橋，墨黑的影子，缺月和星星，浮遊的一船……夜的河水彷彿要想攝取全人間。

於是我們便睜大了自己的眼睛。

有一隻船在這奇怪的水面上划過去了，急速地。

於是一切都動亂：枯樹在跑，蘆草在彎，行人在曲，破爛的橋在斷，墨黑的影子在搖擺，缺月和星星在飛跳，……但來不及等它們回復到平靜，我們只顧着自己的沉默的行進，來劃破這嚴密的和我們一樣沉默的冬夜。

而撲過來的，是冬和夜的尖利的冷氣。

但我們的眼睛卻在夜色中，格外的睜大，能夠看見浮在U城之上的一片模糊的霧，這是U城電燈的光影，在那一片紅霧的底下，我們知道，饑餓制服和黑暗都已經吃完了嬉戲，太陽旗中的紅和指揮刀上的血已經凝固，可是沉沉入夢了。

「汪！」——村子里露出了驚狗的吠叫。

但我們得着那一塊紅霧來確定要去的方向，冬夜的冷氣也繼續在侵襲人的心。夜是朦朧的，水是濕的，星是稀的，船棚上已經凝結了潔白的微霜，但搖櫓人的汗，卻已流到了耳邊。我們使用睜大的眼睛，靜靜的留意岸邊和堤邊、岸上和河里。無論遠狗在怎樣的吠叫，但目的地是終於快到了。

門是很容易叫開的。

在油燈的淒冷的光里，出現了的往往是農民的粗糙的臉龐。當然屋子殘破的氣息是不像一樣的：雜亂的堆物和祖上遺下的農具、低矮的爐灶和，還有土的臭氣，濕的地面，雞和鴨的臭的糞。這樣的房子，也總是保持着「光明」的樣式，但他們的主人卻往往富有奮鬥力呢。

但難說這些上的就像的日子嗎、黃呢制服和黑馬靴是什麼東西呢？我們過去着新的生活，在這深和長的寒冷的冬夜里。

香的稻草以飽滿滿在潮濕的地上，便點起石油燈來，酌了半碗熱熱的開水。人一坐下，就能夠清晰的聽到遠處的慘厲的狗叫。但我們就在這裏宿夜了。石油燈的火焰和開水的熱氣正成為黃的一片，我便吸起煙來，開始研究那些可惡的狗們的吠叫……

一九四一、一、三夜。

種子

羅闍

一隻小鳥從窗外遺落下來一粒種子，
我驚喜地把它揀在手裏，
一粒橢圓地土色的種子，
是從自由世界帶來的種子呢！

趁清早放風的當兒，
我偷着用漱口盅盛了一盅泥，
和着希望
我小心底把種子埋下去。

每天，
我用混濁的洗臉水灌溉它，
雖然是混濁的洗臉水，
它却混同着一顆虔誠的心呀，

每天，
我從牆角端起我的漱口盅，
仔細地瞧視着，瞧視着，
忍受着同伴們溫情的揄揶，
從來沒有厭倦。

一天，
那種子發芽了，
一叢淡綠色的小東西，
開始以奇異的力量

躍進

艾漠

走出了南方

雨，
落着……
陰濕的南方。

一九四〇年
走出了那狹窄的
低沈而痛嚥的門檻。

春天，
濃霧的早晨，
野花
紅色的招引——
去遠方喲！

不回頭，
那衰頹的小城，
忘記
那些腐蝕的日子
爽朗地：四個——

在西北的路上

是不倦的
大草原的野馬，
是有耐性的
沙漠上的駱駝，

四個，
在西北的路上，
迷天的大風砂暴。

山、
那麼陡，
翻過！

風砂，
揚起我們的笑，
揚起我們的歌！

夜

夜。
西北的芊麗的長夜……，
狼，
火紅的眼睛，
點亮在夜的蠻莽。

掀開黑色的泥土
剝探着世界。
我快樂地忘情地叫着，
把它端給每一個同伴看。
他們報答我以會心的微笑。

•

每天，我繼續地灌溉着，
而且把它放在那高高地
有鐵絲網罩着的窗台上，
讓它承受那每天短促的陽光。

•

一天，
我讓獄卒看見了，
他打開鐵柵門
叫我拿着我的漱口盅出去，
同伴們以同情的眼光送着我：
「免不了又要吃板條。」

•

於是我忍不住哭了，
我說：「換打我是願意的，
可是那顆種子不能丟掉。」
獄卒把我的漱口盅端過去看看，
「傻孩子，」他望着我笑了。

•

我把我的漱口盅又帶了回來，
而且我也沒有吃「板條」，
同伴們歡喜的安慰我，
我破涕的笑向他們：
「自由的種子是不能被毀掉的。」

繁星，
夜間—
熱的樸樸。
森林
黑色，
漫天的大幕，
獵人躍進在深外，
獵槍是貪婪的大蛇
吐着爆炸的火舌。
而我們四個
喘息着
挨緊向遠方。……

馬車

馬車。
馬車，
不盡的傾流，
在西北的路上……
像吉卜西人，
那些駕駛者，
馬車是家屋。
黎明，
從車下翻起身，
粗壯的手臂，
擎起鞭子，
紫光
照亮了西北的路，
照亮了他的歌。
車輪，
嘶啞地
滾過高原嶙峋的山野。
黃昏，
熬焦了期待，
夜里，
燒起火堆……
馬群
憩息在路旁，
個健的駕駛者的臉，
映着火，
粗重的呼吸，
草料和烟草的氣息，
膨脹在夜的胸膛。
我祝他們安眠，
在高原的搖籃里，
叫大風砂，
給他們唱個眠歌！……

滾車的人

愚莎

你呼號在
那輪在荒山叢裏，
也為自己的腳步所踏成的
曠延的路上的
滾車的人呀！
你們的生活是艱苦的，
從那絡滿縐紋的臉下，
刻劃着艱苦的命運，
為了留戀
這辛苦的日子，
你們不能不滾着
那載着
生命重擔的車輪，
終日裏，終日裏，
從遙遠的天邊來，
又滾向遙遠的天邊去呀……
哎喲，哎喲……
你們的喉嚨
是那樣的悽切而嘶啞呀！
在灰塵飛颺的路上，
習慣的哀號着，
你不感到
有細到看不出的血絲，
隨着聲音飛出來嗎？
而每天，每天，
你要站立在 ，
那綠色的路上
聽你這悽切的聲音，
——因為這聲音
為 所熟悉啊，
在這河流過的黑土地帶，
會在我老子的嘴上翻過……
而我的哥哥，
也和你們一樣啊，
讓風砂吹打着面孔，
讓汗液在身上發着酸臭，
讓營養不足的身子
在勞碌裏消瘦……
而每天，每天，
滾着笨重的車輪，
滾去了一個黎明，
又滾去了一個黃昏……
而我——
這大地上不幸的孩子啊，
也和你們一樣的
從那飢餓的路上踏來，
在刻劃着的苦難縐紋上，
無法計算
那滑過艱辛的歲月……
今天，
我寄旅在這邊荒的山城裏，
對你這我所深愛的遠客，
無力弄口熱水，
洗去你臉上
從遙遠帶來的砂土啊！
那只有讓我向你
這樣慚愧的「旅安」吧！
我在用無力的詩句
歌頌你用生命
滾來的路子啊……

行進！

孫鎔

頑強的靈魂是不滅的太陽
像春天一樣的
走上戰鬥的行程去吧
用輕快的步子呵，
用輕快的步子

不要害怕死，陰謀，毒辣的殺害
作一個永遠的青年
把自己當作一粒種子
播開去
在蕪雜的荒涼的原野

聽，戰鬥的號角
在召喚我們去迎接新中國齊

清晨，
白雲浮過了晉陽的鄉村
那裏有條綠色的小河
飄來了一個青年的屍體
雙手被反綁得緊緊

河水灌夠了滿是刀創的胸膛
村民熟識他
昨天他笑着紅潤潤的臉
不是來宣傳抗戰到底的嗎，
今天他的生命
却不復是一支熱的奔流

×

有個村民嘆息的緩緩俯說，
唉唉，一個堅決的民族戰士被殺害了

×

有個村民痛心地流着淚說
昨天他還教子們說它的呢
中國人個個像他一樣
還怕日本鬼子打不出去嗎？

×

有幾家村民
買來了紙帛與香燭
在深夜的綠色的河邊
燃燒着

默默喚叫死者的靈魂安息
他是一粒種子
沒有死
他發芽了
我們要看得 的
春天一定會來
發了芽的種子一定會結實
我們要看得見的
冷酷的冬天有可能
阻止春天的行進嗎？
葉綠了
花開了
草青了
小鳥長出新的柔羽了
聽，戰鬥的號角
響起了，
頑強的靈魂是不滅的太陽
強烈的發光吧
作一个永遠的青年
為了青年的永遠

風雪草

冒着茫茫的雪啊

彭燕郊

冒着茫茫的雪呵
從茫茫的雪野行進
雪花飄在江南
雪花飄在
無窮悠長的
厚重而豐腴的路上

可愛的雪
在長年飛着灰腴的路上
那樣生怯地歡着
叫人幾乎不忍踏下去
而雪
在脚下快樂地發出了
天眞的遲鈍的笑
堆積又堆積
深到脚脛了

雪天是看不到路的
路
就是走在前頭的
伙伴們底
無數的脚印

雪花有崇高的魔術
使收穫過的稻梗
再一次發結了
飽滿的稻穗
使木葉盡落的枝條
重新開放了
亮麗的花朵
結滿了
光榮與良善的蓓蕾
——彷彿是春天
南風吹過盛開的花林
落瓣紛紛飄舞

白雪
以皚白澄淨的
分明的無私底心
裝飾了這孱弱的
大地底褪了色的青春
棕櫚和芭蕉
所有的常青樹
都更加嬌滴地青翠
枯黃的衰草
更加失色了

那僅有的行人
斜撐着雨傘
在濘滑的路上
沉重地移動着脚步
把脚從雪裏拔出
又往雪下踏去

田地裏
烏鴉叫號着落下來
在雪中迷失了路
由於覓食的失望
也不驚抗飛避

原野展開得這樣廣闊
雪的海洋呵
雪底波濤洶湧着
在大地的海裏透沿
顯露着孤零的
單獨的一隻驢車
——在悲哀的海裏的
一隻悲哀地漂泊着的船舶呵
沒有鼓風的帆
那[illegible]一般
低着頭勞作的驢子
在主人底鞭撻下
一步一步地掙扎着
走向遠方

遠方也許被有冰雪吧……

闖行着
在這無際的雪野
戰士的兩笠上堆滿雪
雪花掛在他的肩上
他的油黑的衣襟裏
看呵，他在用圍布拂打
雪正下得緊
不行呵，現在
渾身都沐浴着絨紛的雪花了
並且雪路是這樣難行
每個人手上
支撑一枝枯黑的本頭
時時交換兩手
放到嘴邊上
拚命地向着殊殭的手
呵出暖白的熱氣

無邊無際的雪呵
滿大滿地的雲呵……

冒着茫茫的雪
從茫茫的雪野行進……

雪花飛舞着
雪在山坡
雪在流湖

雪在郊野，田莊……」
——不呀，不是雪花
清清楚楚地我看到了
有許多白鴿
拍着翅膀
和我們「一起
翱翔着
行進着
——那細細的鳳鈴
不就是動人的鴿笛嗎

雪天是誘惑的
祖國是嫵媚的
雪人上燃起的火焰
那樣絢爛
那樣光輝
鬥爭是醉人的呵
像愛這雪般去愛我們的戰列
我們的隊伍
是健康而磊落
像生長在這雪地裏的
小白菜一樣
冒着茫茫的雪呵
從茫茫的雪野行進……

收下那面破爛的旗幟
在釀雪的雲塊下面
在吹着的風裏

那旗是顯得多麼沮喪呀
那旗上的太陽是貧血的
那披着慘白的屍衣的城樓
猶如行將入殮的死者
而屋頂的旗杆
擺動着
快要折斷
彷彿預先知到了
這冒雪而來的
致命的攻擊

透明的日子

化雪的
透明的日子
天空顯得透明
銀雪的[illegible]閃閃地
冰凍的路閃閃地
寒冷的氣流是透明的
太陽的光芒是透明的

雪漸漸地溶化
地上充滿大地的淚水
——失去一件美好的
天使的衣衫
大地哭泣了
哭泣着，那樣悲傷
淚水到處淋漓着
到處滂沱着

跳躍在陽光裏面
冰塊
你想和陽光一起
到那溫暖的天國去嗎
爾你
吸滿陽光
貪饞地消化着陽光的
雪堆呀
你是想把陽光
帶進泥土裏去嗎
帶進那
孕育着陽光的
大地的母胎裏去嗎

你笑我傻
你笑我愛玩耍
你說：不要弄出病來呀
你說：看你，你多頑皮

在我的家鄉沒有雪
在我的家鄉沒有冰
在我短短的生涯裏
看見冰雪
這還是第一次
但我卻像與它們久別重逢
初次見面就熱愛了它們

不要以為我笑得歡喜
不要以為我玩得太利害了
也別怕我會玩出毛病
我要吻這冰
我要擁抱這雪
倒在冰雪裏也是好的
可是你沒有看見呵
像這悒鬱的大地一般
在我底眼角
也悒鬱地掛懸着
兩顆透明的淚珠……

稻草鋪

今夜的月光多好呵
今夜的稻草鋪
這樣軟，這樣厚
暖暖的，香香的……

讓我有一個美好夢吧
在這幸福的稻草鋪上

我夢了
然而我哭了
我看見月亮照在頭上
像是一面拭淚的手帕
然而是愈拭愈亮呵
閃閃跳跳地在輝耀着光芒
那些珠淚

——那些星點
那淚珠是媽媽的
媽呀，不要哭……
生活在相親相愛如兄弟姊妹的隊伍裏
歡快像你所希望地永伴你底孩子
在戰鬥中間
我是長大了，我健康着
並且知道了許多以前不能知道的事情
去哭那些已死的親人吧
當我過戰鬥着，以我的年輕
媽呀，不要哭

不要哭，不要拭去吧
讓已經流下的
永遠明亮吧
——友情是永生的
從呼蘭河畔的山野來
向什麼地方的山野去
勇敢的行吟詩人
告訴我，你在那兒
健康嗎，快樂嗎
我們念你……
——永遠閃耀吧
你淚點的繁星

勇敢的，美麗的少女呀
我知道

你的淚水已經再不能壓碎了
你的青春正達到全盛
可是誰使你這樣受難呢
清晨和黃昏
痛創監禁了你青春的愉悅
——你是可愛的
爲了光榮的戰鬥而犧牲的人們
都是可愛的
可是你停止吧
你底淚珠就像十二月的冰雹
打在我用自己的憂傷耕耘的
那久已凍結的愛情底田園

今夜的月亮多好呵
今夜的稻草鋪多暖呵
在槍枝的枕上我做了個可怕的夢
在槍枝的枕上我哭泣得這樣憂傷

我夢見媽媽來了
帶着搖籃和衣衫
要我休息在搖籃裏
聽她的歌好好地睡下
要我換去髒了的衣衫
「讓我替你洗乾淨………」
媽媽哭泣着………

我夢見那個行吟詩人
拄着拐杖走到我面前
「永遠地離別了，孩子
我要去到遠方
那兒是陽光的家鄉
是夢開花的地方
可是我們是永遠離別了
保重吧，孩子
孩子，保重吧
他底冰硬的手緊握住我的手
在他潤濕的眼内
佇立着兩顆欲墮的珠淚

我夢見那個美麗的少女
穿着白衣坐在草原上
淚水摧殘了自己手上的山茶花
「忘記我吧………
忘記我，我是這樣沒有
去愛那些能够給你幸福的人吧」
她說的話是多麼可怕
淚水流過她豐滿的雙頰
流在她彈性的胸脯
被靈魂上弱的一面所戰勝
我也哭泣了
比誰的哭泣都更憂傷

我夢見暈點的淚珠
滴落在門外的打穀場上
像八月的珍珠米一般地堆積起來
我的收穫難道就只有淚珠嗎
我想着並且害怕起來

但是，聽呵
——媽媽底聲音答應着：不
——詩人底聲音答應着：不
——少女底聲音答應着：不
不呀，不呀，我不相信
於是我笑了
譏笑搖落了眼淚

那淚珠閃爍在天空
無論誰都看到它的芒光
無論誰都知道
幸福的只有那些
在親人底淚珠的照耀下面
爲復仇而戰鬥的人們

啓　事

這一期本可以在五月份按時出版的，終於因爲印刷所的一再耽誤，致又誤期一月，使讀者又絡續地寫信來詢查，真是抱歉萬分。現在已將第七集第一二期合刊，編就付印，如印刷所不受轟炸的影響，可以希望在七月中按時出版的。

華中圖書公司啓

普式庚論草稿

M・高爾基

『在一九零七年，M，高爾基曾經計劃編輯一部『人民文學史』。這部著作並沒有完成，在草稿裏，這位偉大的作家寫下了一些片斷的章節，論述普式庚和他的作品。草稿原來寫得很零亂，現在經過S，巴魯哈第（Balukqati）的編纂，一些不大好懂的句子，一些沒有寫完的，劃去了的文句與評論，都重新理過了。這篇文章在這裏是第一次發表。』

這一段文字是『國際文學』編者寫在這篇文章之前的註釋。S。巴魯哈第是蘇聯的一位教授。這篇文章的題目——「普式庚論草稿」——是譯者附加上去的。

——譯者。

當普式庚追隨着浪漫主義底路跡，模仿法國詩人，拜倫（Bykon），巴杜希珂夫（Batvvrdkov），汝珂夫斯基（Zhvkrvrky）的時候，社會欣賞着他的詩節底音樂性，承認他的非凡的才能，並且贊美着這位詩人。但是當他獨創了自己的風格，開始用質樸的俄羅斯語言，用人民的語言寫作的時候，當他把日常生活和民間生活的主題引入文學的時候，當他開始單純地眞實地繪寫眞實的生活的時候，社會在他的作品裏感覺到，正當着統治者的前面，他對俄國的粗鄙，愚昧，奴役人民，殘忍，諂媚作了嚴厲的批判與忠實的見證，社會就以嘲笑和敵意來對待他了。

據說普式庚流放到奧德薩（operra），而不到西伯利亞，是因爲他要讓自已去受鞭韃。在奧德薩，他受到了誹謗，被人看作一個充軍的囚徒，一個小官吏，沒有人來理會他的天才。他是激怒了，他就要「來平衡階級的平面，還是由於理智和才能中的民主主義的自尊，同時也是由於我的六百年的貴族的家系。「

棘源草

胡風

一、關於丑角

前些時看地方劇研究表演，重見了好多年不見的丑角底形象。這幾個揭並沒有丑角底正戲，他們底出場只不過做做配角，插科打渾一下，湊一湊趣罷了，但我卻看得很有味，回來就想查一查關於丑角的事情。

不過，對於戲劇史，猶之對於文學史一樣，我是完全外行的，所能夠查的也只有手邊的一兩本現代人底書。

……幫閑，在忙的時候就是幫忙，倘若主子忙於行兇作惡，那自然也就是幫兇。但他的幫法，是在血案中而沒有血迹，也沒有血腥氣的。

譬於罷，有一件事，是要緊的，大家原也覺得要緊，他就以丑角身份而出現了。將這件事變爲滑稽，或者張揚了不關緊要之點，將人們的注意拉開去，這就是所謂「打渾」。如果是殺人，他就來講當場的情形，偵探的努力；死的是女人呢，那就更好了，名之曰「豔屍」，或介紹她的日記。如果是暗殺，他就來講死者的生前的故事，戀愛呀，遺聞呀……人們的熱情原不是永不弛緩的，但如上些冷水，或者美其名曰清茶，自然就冷得更加迅速了，而這位打渾的腳色，卻變成了文學者。（魯迅：「幫閑法發隱」）

這大概是所謂「小丑」罷，莎士比亞在「漢姆萊特的悲劇」里面，也曾借漢姆萊特底嘴罵過：

……演丑角的人除了腳本規定的以外不要再多說；因爲他們有的只顧自尋開心，引得一大部份愚蠢的觀衆發笑，而那時候劇中正有些必須嚴重考慮的問題；這是頂討厭的事，表示出這丑角之頂可憐的愚妄。

（第三幕第二景）

漢姆萊特到底是一個自作聰明的傢伙，居然說丑角「愚妄」。其實，他他的家裏對他既懷疑而又厭惡：有一次他的父親甚至於控告他圖謀不軌，這幾乎使他受苦役的刑罰。

他遭受了布爾加林（Bulgarin）的誹謗，檢查員的曲解，班肯朵爾夫（Benkendolf）底斥責的苦惱。他的詩篇『我的祖宗』，『當廬庫爾恢復健康的時候』，以及他的諷刺的四行詩，最後，由於一些奸猾的人們的技巧的煽惑在官場之中激起了對於這位詩人的無法協調的憎恨。他們終於就立刻對他作種種惡意的控告了。

他的命運，正和每一個受歷史的現實環境的逼迫而生活在卑劣，庸俗，自私自利的人羣之中的，任何一個偉大人物底命運，是完全相當的－想想萊奧揚多，達，文西（Teonardo da vinci）（註一）和米開郎基羅（Micbaelangelo）（註二）吧。在俄國文學上，普式庚正如英奧挪多在歐洲藝術上一樣，佔有同樣卓越的地位。我們必需知道怎樣去揚棄普式庚中底偶然性的事物，這些事物是要通過時代的實況和個人的遺傳的特性來解釋的。一切貴族的，因循的素質都不能成爲我們的素質，它們對我們是陌生的，而且是不需要的。

當我們把這一切偶然性的事物拋棄在一邊的時候，那位偉大的俄羅斯人民的詩人，就將在我們的面前升起了，他是那些以它們的美麗與內容使我們迷戀的小說的創造者；他是第一部現實主義的小說『歐根，奧涅金』和我們的最好的歷史戲劇『波里斯，戈杜諾夫』（Borie Dodvnov）的作者：他是如此的一位詩人，他的詩章底美和思想，感情的表現力，從未有人能超越它；他是俄國文學底偉大的父親。

不過對於無產階級的讀者，普式庚給與了什麼呢？

首先，他的獨創的作品顯現了一位作家，他具有豐富的生活知識！也許可以這麼說：他充滿了過多的經驗！－具有豐富的藝術的概括形象（『歐根，奧涅金』，『努林伯爵』，『杜伯羅夫斯基』等作品中的人物）他突破他的階級底限制，高升在他的階級底心理意識與傾向之上，把它客觀地表現給了我們－－它的外觀是歷史的歷程底一部底一個失敗的不穩定的組織，它的內含了不可相容的種種矛盾的自私自利的心理。

何嘗愚妄呢！伶俐見機得很！不信，不妨再引一段：

……假如有一個人，認真的在告發，於兇手當然是有害的，只要大家還沒有癱死。但這時他就又以丑角身份而出現了仍用打渾，從旁襯着鬼臉，使告警者在大家的眼里也化爲丑角，使他的告發在大家的耳邊都化爲笑話，聳肩裝窮，以表現對方之闊，卑躬嘆氣，以暗示對方之傲；使大家心里想：這告警者原來都是虛僞的。幸而幫閒們還多是男人，否則，牠簡直會說告警者曾經調戲牠，當衆羅列證辭，然而作自殺以明恥之狀也說不定。周圍搗着鬼，無論如何嚴肅的說法也要減少力量的，而不利於兇手的事情就在這疑心和笑聲中完結了。牠呢？這回牠倒是道德家。（「幫閒法發隱」）

能夠把血案弄得「沒有血迹，也沒有血腥氣」，也能夠毫無根據地反而把告警者變成兇手，這哪里是「愚妄」的角色能夠辦到的？這樣的「文學家」或「輿論家」，不但不「愚妄」，而且也決不會「狂妄」即「不聽話」，這是可以使講究公道的公正人士放心的。

但小丑之外，還有一種叫做「二丑」的角色。

……他所扮演的是保護公子的拳師，或是趨奉公子的清客。……他有點上等人模樣，也懂些琴棋書畫，也來得行令猜謎，但倚靠的是權門，凌蔑的是百姓，有誰被壓迫了，他就來冷笑幾聲，暢快一下，有誰被陷害了，他又去嚇唬一下，吆喝幾聲。不過他的態度又並不常常如此的，大抵一面又回過臉來，向台下的看客指出他公子的缺點，搖着頭裝起鬼臉道：他看這傢伙，這回可要倒楣哩！

這是末的一手，是二丑的特色。因爲沒有義僕的愚蠢，也沒有惡僕的簡單，他是知識階級。他明知道自己所靠的是冰山，一定不能長久，他將來還要到別家幫閒，所以當受着豢養，分着餘炎的時候，也將褻和這貴公子并非一伙。（魯迅：「二丑藝術」）

這二丑，在浙東叫做「二花臉」，在我們鄂東卻叫做「三花臉」，不知道爲什麼降了一級，但性質卻是差不多的。不過，我想得還可以有點新的解釋出例如，將所謂「最末的一手」，有時候也會改作一冉半的一手」的無疑的，普式庚是一個貴族；有一個時候他自己還曾經以此自傲。不過，我們應該知道：卽使是在他少年的時候，他已經感到了貴族傳統底束縛與壓迫，他深知他的階級底知識的貧乏與文化的貧弱，所有的這一切——貴族階級底生活，它的一切特徵與弱點——他以驚人的眞實表現了它。

一個純粹的公式化的階級作家，他總竭力把他的階級表現爲無可爭辯的種種社會眞理底所有者，這些社會眞理具有約束民衆的權力，而且正如種種教條一樣，需要無條件的服從。這樣的一個作家，總是把他的階級底觀念，感情，信仰描寫成爲生活的一切角落底唯一純正，正確，完善的體相——人類底整個的經驗。

在普式庚裏，我們有一位洋溢着生活底意義的作家，他努力以最大的忠實，最眞的現實主義把這些生活底意象用詩和散文表現出來，他以他的天才完成了這個工作。他的作品乃是一個淵知博學的人對於一個特定的時代底特徵，風習，信念底無價的眞實的記述，並且，在本質上，是俄羅斯歷史底無比的畫圖。

那種我們可以拿他的階級的利益爲規範來分析他的見解的階級作家，總對我們這樣宣稱：『這就是我由觀察人生而達到的眞理——再沒有別的眞理了，不可能再有了！』

還是在把一個階級底傾向變成一種綑縛所有其他的人們的敎條；還是在向人民大衆宣傳必需服從那些僅僅有利於統治階級的種種道德的法律的規範；在這裏，藝術是爲爭鬥中的政治利益而犧牲了，被貶降爲一種鬥爭的工具——它不能來使我們信服，因爲我們看見了或是感知到了它的內在的虛僞。

『不管我的出身怎樣』，普式庚說，『我表現我的思想是從來決不受它的影響的。』

這兩句話是一個感到一切民族的利益超過單獨一個貴族階級的利益的人所說的；他這樣說，是因爲他個人的感知比貴族階級的感知更爲廣闊，更爲深遠。

片斷的評述——劉去的文句

：他呀，也有一點點兒缺點，我也看不慣的，但你配說他麼！我親眼看見你偷了他底東西，把他施給窮苦人的白米飯搶回去喂了猪的！你這個自私自利的王八蛋！你這個害羣之馬的賊骨頭！

但這一手，說是爲了「將來還要到別家幫閒」，所以「裝着和這貴公子並非一伙」，原是很對的，但似乎還有比這更陽性一些（更陰性一些？）的場合。他不是「上等人模樣」的「知識階級」麼？所以要現得頗爲公正，這「欲揚先抑」的一手，就可以使得他底話似乎是天下最不偏私的批評，人間最有節操的輿論。他有時候并不以爲他所靠的是冰山呢。卽令覺得所靠的是冰山，也會相信在那崩毁之前他已經從人間樂園走上了天上樂園。當然，我是指一些年高德厚的人士說的。

以上只够算是抄襲，實在不好意思，下面我想說出一點獨創的「心得」。

大家都以爲凡丑角都鼻子上塗有一白粉，模樣滑稽得可笑，我覺得這是過於看重「形式」的「形式主義」的錯誤，在實際的人生劇團里面，有穿着袍褂常禮服的，道貌凜然的丑角，也有穿着西裝革履的，風采摩登的丑角，而且大半還是呈健康色澤的，團團的面孔。怎麼能够機械主義地以爲他們會一律在鼻子上塗一塊白粉呢？

曾經看過一張叫做「藍天使」的影片，主角是赫赫大名的E.tanings。他先是一個莊嚴的教授。爲了干涉學生們到歌舞團去游蕩，就親自跑進那裏巡視去，却不料反被女戲子迷住了，弄得自己失掉了教授位子，到那歌舞團去「下海」。做什麼？當丑角！但結果却很慘，當他在舞台從帽子裏面變出一隻鴿子，或者讓人把雞蛋在腦門上敲碎，一面給蛋汁流在臉上，一面咯咯地學着雞叫，使看客大笑的時候，他底愛人却正在後台和新的客人大調其情。後來呢？後來氣瘋而死。

這是丑角底悲劇，但實際上的丑角恐怕很可有被「整」得這麼「慘」的。他們底愛人不一定這樣沒有節操，只不過或者脾氣古怪一點，例如在閨房里面也要他扮演丑角底嘴臉，或者雖然實有一個或一羣外遇，但在他看來，那正是「My Queen」底光榮，倒是覺得可以驕傲的。世事不能全用我們底我不打算來說明普式庚的詩底美學的價值——要這樣做，就必需拿普式庚的詩來和我們這一時代中最優秀的作家的詩作比較，需要從字彙底豐富，單純，明潔……的觀點來研究詩的語言。

……你知道從沒有這麼一個詩人，他能夠或是有能力去寫一篇像普式庚底『巴克斯底歌（Song of Bacchus）那樣的稀有的歡悅底詩章。

……普式庚眞摯地熱情地愛着自由。

……在那個時候，他並不是唯一的等待着「理智的解放」底黎明在祖國之上輝耀的人，可是他以一種別人在以前從未經歷過的渴望和熱情等待着它。

……他敏銳地理解着歷史事件的重要性。

……有人常常責備普式庚對於大多數沒有教養的民衆的輕蔑的態度，這個責備是那些最卑鄙的反動份子們所竭力傳說的，他們曾經不止一次地企圖宣稱這個偉大的詩人是他們自己的詩人。

……斯萊普西金（Slepvshkin）底詩是在一八二二年出現在俄國文壇上的。斯萊普西金是一個雅羅斯拉夫爾（yaso rlave）的農人，一個磨坊主人，一個賣賓梨的商人——後來是一個商店老板，一個自修成功的詩人，一個聖像的畫師；他是受了科學學院的鼓勵開始寫詩的，因爲科學學院送了他一個金錶，一個金獎章和五百盧布。沙皇給了他一件榮譽的土耳其裝的長衫和一個金錶。雖然散料夫斯基（Senk ovrkg）以他和古希臘底有名的詩人謝俄克里特斯（Tqeocritws）（註三）扭比，他的詩被譯成了英，法、德各國文字，不過他只是一個中庸的人才。

普式庚立刻就注意到斯萊普西金，他和斯萊普西金認識了之後，在寫給戴爾微格（Delvig）（註四）的信裏還樣說：『斯萊普西金具有眞實的天生的才能，把我的詩送給他看吧，不過不要模仿我，讓他繼續走他自己的道路。』

後來當他知道這位詩人的成功以及他是被這種成功所毀了的時候，普式庚大聲喊嚷道：『就是你，毀滅了這個人，把一切種類的汚髒的廢物灌進了他的喉嚨。他是應該受到愛撫的，因爲他來自人民之中。』

封頭腦去推斷。

也是前些時，雖經續過一篇短文，說抗戰既不能是可笑的喜劇，也不應是可哭的悲劇，所以作者希望在這個「勝利年」中間一齣戲也不上演。那麼，既然戲都沒有，那抗戰陣營裏面當然不會有丑角底份了。

至於文藝，當然要寫喜劇也要寫悲劇，但文藝事業本身既不會是可笑的喜劇也不會是可哭的悲劇，文壇上也應該不會有丑角出現的。

二、印象論

甲要激壞乙，而且實際上已經在各方面狠狠地擊壞了乙。丙是乙底熟人，並不覺得乙可惡。於是甲向丙說。現在，大家對你的印象倒是很好呀，你可以好好地利用這個機會做一番工作呀……

意思明白得很：你得附和我。至少也不要同情乙，要不然的話，哼，你底飯碗，你底「第二生命」……就操在我底嘴上，乙就是例了！

三、另一種阿Q精神，或者叫做「量決定質的哲學」

阿Q被人打了，就說是兒子打了老子，於是，精神勝利了。

作家M君說他發現了粗粗一看似乎相反，但其實也是一種阿Q精神的東西。他很想寫了出來。

某甲（比方說他底主人公叫做這個名字）哭着臉向人說：某乙侮辱我呀，說我是婊子養的呀，他還抓着我底頸子在馬桶上碰頭呀，我受了侮辱做不得的人了呀……

於是，遇人便哭訴，後來遇着過路人也哭訴，後來甚至對着樹木也哭訴，對着石頭也哭訴。

自己底母親被人說是婊子，自己被人按在馬桶上碰頭，這是精神上肉體上的奇恥大辱，誰也不肯接受，甚至遭受，也不願意聲張的。現在某甲還樣哭訴，而且哭得這樣多，可見他實在是受了某乙底侮辱。誰願意無中生有地侮辱自己呢？

於是某乙就有口難分了。大家不是明明白白地看見了他從自己底嘴里受了某乙底太多而又太多的侮辱和損害麼？不是明明白白地看見了他從自己底嘴里給某乙佔了太多而又太多的便宜麼？

「這能不能算是最決定實的哲學在『民族形式』上的應用呢？」M君問。

我搖搖頭表示不知道。

一九四一年，一月十八日，
棘源村之綠荒土屋。

呂熒譯

（註一）（綮奧挪多，達，文西（Lconard0 d3 vinri,1452—1516）意大利畫家，彫刻家，建築家

（註二）米開朗基羅a1564）意大利畫家、刻家，建築家。

（註三）諦俄克里特斯，希臘田園詩人，約生活於紀元前第三世紀。

（註四）戴不微格（Delvig），男爵，普式庚的中學老同學，一八二九年至一八三〇年，普式庚在聖彼得堡編輯的『文學報』，就是戴爾微格發行的×

何紹德被補了

路翎

煤司去進粉刷得潔白的小屋子里來，在背後掩上厚重的白木門，輕輕地，帶着那種報告自以爲必定使人驚異的事情的顫抖的聲音說：

「上個月來的那個兵跌死了。」

新礦長驚愕地抬起黃色的臉，用腿撐開椅子站起來。

「哪個兵？」他問。

於是煤司略微提高了嗓子，盡力地描繪着：

「就是那個說是在前方打散了下來的瘦子，湖北人，姓殷……這都要問何紹德，他認得他。……那個兵，前天晚上還哭的哩；他不喜歡跟別人說話，他一定是喝醉了酒，一下子滑下斜口去了，」他在「一定」這里放重了他底聲音；說完了，他用手擦了一下嘴，企圖在這個動作里使自己恢復平靜；他彷彿要把聲音從嘴上揩掉一般。

「何紹德是誰？」新礦長問。

「是楊承倫底下的工人。」

「你找他來，」礦長坐下去，點燃了一隻烟。

他底臉在烟霧里沉思着。

何紹德是一個陰鬱的人；他底臉上蘊藏着憤懣。他翻起眼睛來瞧着礦長，一面把他底腰挺得更直。

「他是一個兵，一個散兵」，他說，狠狠地瞅着對方底黃色的汗津津的臉；「他是我底舊朋友；他沒有飯吃，又冷又餓，那時候楊承倫正需要工人，我就介紹他給他了，」

「你是河北人？」新礦長閃耀着烟黑的牙齒。

「是」。

「在哪兒幹生活？」

「焦作也幹過，……」

何紹德機警而惱怒地端詳着礦長臉上掠過一道光彩。但隨即冷談了。

「你去。」

何紹德拉開白木門走到太陽底下來了，他底粗黑的眉頭在額上皺緊着，他底眼睛黑顫慄着獰惡的光。

「跌死了，他跌死了！兩百塊的撫卹，一條命。」他自己說，一面向石板路邁開大步：「他是一個兵，他的一切祇有我知道，我也是一個兵，我受蕩了，我不歸隊，我恨，恨，我真痛恨！」

他底緊擾的拳頭在早晨底蔚藍的空氣里揮動着，他向場上走去。

他去找蓮金，一個總是賣弄着什麼的年青的女人，這鄉下因女人在最近一個月內把他蠱惑了；他爲了這不可思議的情感而惱怒着。何紹德不是一個喜歡開玩笑的人，他底生命里是有着嚴肅與憤怒。那麼，他怎麼樣來解釋自己和這女人底關係呢！何紹德從來沒有設想過世界上會有一個女人成爲他底妻子；他更不能設想自己是蓮金這樣一個女人底丈夫。那麼扎姘頭罷，——不，這在何紹德也是不可能的；他是多麼不能忍受一句話啊。他不能汚穢，也不能隨便。那麼，他爲什麼在追求着蓮金呢？

「她是一個鄉下女人，她賣弄，賣弄風騷；她什麼也不知道、她所有的祇是今天，今天，讓男人抱着……不，不能這樣想，何紹德你。」他對自己說，在石板上站住了。他抬起手來，狠狠的搔着頭髮，於是他瞧見蒸騰着喧鬧的烟霧的市集了。他底眼睛突然光彩了起來，這光彩同時是迷亂而困惱的。

他在街上轉了一圈，沒有找到蓮金。他往常總是看見她坐在那間雜貨鋪底櫃台里的，然而今天她不在，櫃台里，是寂寞和幽闇，她也許在她底鄉下的家里還沒有趕來罷。他繞出鎮口，在一顆老黃桷樹底下站住了。

「她總說家在溝子里，在鄉下，她底鄉下的家是怎樣的家呢？她底家里還另外有些什麼人呢？」何紹德自己問。他底黃色的明亮的眼睛眺望着遠方的光禿的山頭，在他的脚前展開的，是休耕的水田；水田里潮濕的泥土閃着寒冷的光。

於是，在一條泥路上，他感覺到（他底眼睛並沒有從山頭移開。）她來了。

她搖着十分誘惑人的頭，她底手里晃着一根軟軟的柳條。她底脚步急速地閃動着，翻倒一大塊泥在水田里，於是她瞪着濺起的水花，翹起嘴唇。

何紹德向前走了一步爲的是讓自己被她看見。她笑着，向他點頭。他底臉上泛着潤濕的紅潮，

「你今天沒事，不上工？」她說；祇是爲了說一說。

「嗯，我沒有事。」何紹德盯着她，皺起眼皮。他是爲着她完全忘記了他們底約會而激惱了。

女人甩一甩頭髮，經過何紹德身邊，預備向鎮上走，她底眼睛里閃耀着甚麼心事也沒有人的那種平靜的微笑。

向紹德追上了一步。

「連金，……」他喚。

女人站住了，詫異地瞧着他。

「我在等你，我有話跟你說，」何紹德嚴肅地皺着眉頭說。「你有甚麼事嗎？」

「我爹叫我去借錢。」連金回答。把手里的拆斷的柳條掉去。她顯得有些苦惱了。

「你爹？……要多少。」

女人眨一眨眼睛，不作聲。她有趣地瞧了一下何紹德，彷彿說「你一個工人也問我這些，你有錢嗎？」她轉過身，第二次地預備走。

何紹德把手硬硬地伸到綠制服底荷包里去，掏出了兩張票子。

「你拿去。」他用殭硬的調子說。他底臉完全起皺了，他底漂亮的嘴唇扭曲着。

哎呀，你們礦工二十塊錢多不容易，連金歎歎地說，笑了；不知爲什麼緣故臉微微紅了。她接了何紹德塞在他手里的錢。她底眼睛里閃爍着熾熱的誘惑的光。

「何紹德呀，」她說，「我大後天下午有空，你到舖子里來找我，請你吃，」她嚥了一口口水「請你吃餅子」。

她擺動她底豐滿的頭髮向街上去了。

「吃餅子。好，」何紹德迷亂地自己說；「那麼明天看罷，明天，……」他底臉上誕生了一個苦澀的微笑，但同時這微笑消失了，他問自己；「我倒底幹甚麼呢？」他底臉變得困惑而憤怒了。

他走到街上去，預備買一包烟，在走到烟攤子前面時他才記起來他底錢讓連金拿去了。他失望地把手塞在衣袋里，不能決定他要到哪里去；他又不願意立刻就回到礦上去，於是他在街道上走着。他走得很快，一下子把一條街就走完了。他彷彿正在有甚麼事。或者急於要找尋什麼東西一般。他又重新折回來走，這一次走着的時候，他底思想開始有着落了。他想着在井里跌死的那個兵。

他突然揚起了他底眼睛，在跟誰說話呢？叫誰話着呢？「他已經死了；他死了。」他大聲說，他底聲音震盪着自己底耳膜「他底神經受了刺激，喝醉了，就跌死了。奸哩！還在通緝他哩：」

在一個小巷子口，他又看到蓮金；她跟一個高個子的瘦男人站着在親密地說話，在看見何紹德的時候她向他點頭，於是又繼續鑿着光亮的眼睛，和瘦男人談着。

何紹德被從自己底思想的軌道里震落了，他祇聽見女人底小手在撫弄着衣領上的紐扣；那小手誘惑人地舒展着，遲動着。那小手同時就扼住了何紹德底心臟。

血液在何紹德臉上澎脹了，「滾滾，賤女人，這女人；……」他喃喃着，他底嘴唇顫抖：「我懂了，我被她征服了：但是，我征服不了她。…但是還搞的什麼事呢？爲什麼呢？呸？！

他回礦山跑去，太陽閃耀着他蓬亂的頭髮

何紹德是一個傷兵，一個和跌死的殷連祺屬於同一連的傷兵，從醫院里出來，他突然被一種什麼情緒所惱怒了，他沒有到辦事處去報到，他跑到這小礦上來了，他曾經是一個很好的礦工，現在他仍然挖着煤。

何紹德比一切這樣的人在靈魂里有着更多的憤怒。他孤獨；悲涼，世界在他眼前展開，他帶着光輝的年青在這世界上行走；然而總是什麼東西壓迫着他，使他不能滿足他底慾求，使他苦痛。他所要求的東西是多麼不容易來啊，現在是，又回到貧苦的黑色的生活里來了，貧苦就首先使他底憤恨燃燒，：「爲什麼他們這樣蠢笨，這樣可憐呢，爲什麼他們要胡里胡塗地生活，在井里跌死呢，……還是他們自己不好哩！是的嗎！」

於是思想轉了向，他很快地想起』連金。

他從他原來坐着的木床上跳起來，這思想太使他不能忍受了，他蹦到矮大棚門口，抓住了一個上夜工回來的滿身煤屑的工人。

「你會好嗎？」他叫。瞪着眼睛。

礦工給弄憒惑了，瞧着何紹德的微張的憤怒的嘴，他口吃地說：

「你說甚麼……我，…要睡了。」

他於是蹣跚地走到床前，石頭一般地躺倒了，何紹德是那麼悲憤地瞧着礦工底蓋在煤屑里的蒼黃浮腫的臉，他甩開他底頭，衝出木棚底密叢，向山坡下跑去了。

他遇到煤司，煤司告訴他，新礦長因爲要改組藝儀的礦，昇他爲工頭了。

礦廠是依照着新組織法改組的，新來的礦長是一個有毅力，聰敏並且使得每一個人都喜歡他的壯年人：他派定了工頭，宣佈廢除租客制。

「何紹德，你覺得這樣做好嗎？廢除舊制度，」他問何紹德。

「好」何紹德臉沉地回答。

但是新礦長並不生氣。他閃着他底光亮的黃皮鞋在小白屋子里走動着，抽着一根烟。

「何紹德。」他沉思地說，「何紹德，你要努力，新公司一定不虧你，你不要承認楊承倫，我把你調開了，……你要幹，好好地幹，回去跟他們說！」這里的「他們」指礦工們。他摔掉了紙烟頭。

何紹德沉默着，用利銳的眼睛瞧着新工頭：「他爲什麼要看上我呢？他想，他回答：

「好吧。」

下午他請幾個礦工喝一杯酒

他底面容表露出他底內心對這件事的無感動。但是他喝了許多酒；他底黃色的眼睛漂亮地閃耀着，他開始說：

「以後我們不承認租客了，比方楊承倫，他祇一個包工。…你們對你們底生活感到怎樣？」他突然間，改變了語調。

劉黑，這是一個落拓、天眞孩子一般的青年人。他冒失地回答：

「我們要加錢才行，加錢：」

「是哩，我們底生活很不好聽得罷，」何紹德說：「比方，上星期殷連祺他跌死了。是的，他胡塗，吃醉了，怪他自己，但是在痛苦的時候去喝一杯酒——喝多些也一樣，沒有關係，這就是生活！——你能怪他嗎？我們底生活是這麼樣可憐，痛苦！」

何紹德用手撐起下顎，他底眼睛閃動得愉快，內心底感動使他微微俯下[illegible]的臉。

「我們底生活……」年青的礦工咕噥着。

「好吧喝酒罷，來，何紹德說的對，這就是生活。」礦工揮起堅硬的粗手臂喊。

「殷連祺他是一個兵嗎？」

何紹德向問話的人射了一眼，他彷彿是在這里被刺着了；他從牙齒里縫說：

「兵，你爲什麼要問？」

「問問就是了。」

「我也是一個兵。」何紹德用確切的字音低沉地說，露了一撕淡綠色的制服「看我底衣服。」

於是所有的人發覺了；何紹德完全是一個兵。

礦工們都驚愕地瞧着何紹德：

「生活是比狗還不如呀！」何紹德站起來，漲紅了臉，他底眼睛要燒着了。

在路上，何紹德遇到了礦上最大的租客楊承倫，楊承倫是個狠毒，臉黑的地主。

「你不上工」他朝何紹德叫，他底灰色的眼珠在深腦的發青的眼窩里可怕顯懷着。

何紹德不理會他，自己走自己的。

「你站住。」楊承倫跳腳。

何紹德不站住。

「你吃哪個的飯呀，狗養的！」

「你再罵就揍你！」何紹德轉過身子來咆哮着：「老子吃自己底飯，吃國家的飯！」

楊承倫被沒有預備到的還擊楞住了，他底發紫的嘴皮上翹起着幾跟貪慾的尖鬚，他突然那麼使人難受地怪聲笑了，這笑也不是冷笑，而是像羊群那樣的一種沒有多少情感的可憐的笑。

楊承倫繼續向前奔走，每天四十噸煤完報了，他急得幾乎要哭出來。

「好鷂兒子何紹德……一個兵……看老子對付你！」

他走了一段路之後又蹬着腳，轉向何紹德這邊，用哭一般的聲音罵。

何紹德在胸前交叉着手臂，嘴里含着半截香烟在煤棚底赤裸的支柱上靠着，烟霧蒙住了他底沉思的臉，把破氈帽狠狠地拖到額上來，他決定地自己說：「去，去！看她到底怎麼樣！——哼，吃餅子！」

於是他跳下煤棚，向田野里走去。

「我要跟她說，說個究竟…，我不相信在她里面沒有一分眞實，我不相信她完全虛僞，…這到底怎樣辦呢？」他問自己，於是他回答：「她那樣子做，是因爲生活壓迫她；我們每一人總有自己底生活，對的。」

他用「我們」兩個字把蓮金和他聯在一起，但同時又感到這是荒謬的，不可能的。

他底思索充滿了眞實的生命，它是嚴肅的，他向市集走去，並不像一般人在找女人去的時候那樣帶着情慾的，飄浮的心境。他感到他是必得要這麼做的，就是，解決生命上的一個重大的問題。

然而這一個問題他始終不能解決——他底內心的聲音告訴他：絕望了，於是再不去想她，這是最可能的並且也是好的解決。

然而他不明白爲什麼希望，什麼是他底希望：因此，就連絕望本身，也是荒謬的。

他在戀愛——那彷彿是他所能理解的，這是奇異的，不相稱的，永遠糾纏不清的戀愛。

在這前面的磚牆旁邊，他看到了楊承倫，在楊承倫旁邊站着的，是她！

她向他招呼，像普通相識的人們所做的那樣，她底表情是困惱的，似乎她正在和楊承倫談着一件不樂意的事，因而她生氣了。

楊承倫回過頭來，竭力要把自己底表情弄得嚴肅些，但是他底臉上除了貪慾的羞强的黑色皺皮底更加皺以外，並不能有別的東西。

何紹德底心臟跳躍得快了，他底臉熱辣起來了，他不能不知道他究竟在做什麼，他煩惱了，他不望連金，一直向鎮上走，彷彿他並不是爲找她而來的一樣。

「楊承倫這狗東西也是她底姘頭嗎？……」他在這夠黑頽的時候想：「我不能這麼瞎想；這是不對的，他和她不相稱，並且，她像是生他底氣哩……但是不正是因爲關係親密，所以才會生氣嗎？……好罷，這算是一切全解決了。我回去，再不理她，這是再好也沒有了。」

他於是撤回了正在踏上土坡去的脚，掉轉頭來，但是他立刻站住不動了，他看見連金微微低着頭，向他這里走來。他感到她在深黑的睫毛底下看他。

她走到他前面的時候就抬起頭，大胆地望着他。

「何紹德，」她低低地說，嬌憨地，搖頭說「你跑，你到哪里去呀？」

「我來找你，」何紹德毫不猶豫地生氣地回答：

「找我？」

「是哩。」

「好吧。」她微熱地閃着眼睛，這眼睛里帶着一種邪惡的東西；但同時又有着一點稀有的屬於少女的溫柔，她毫不在意地說：「走，你要我還你錢的嗎？」

「不，不不，」何紹德連忙說，看入她底深灰眼睛；他底黑色的深密的睫毛縈繞住在這一個字上了。

他們一同走着，經過街上，又走向秋天底黑灰的田野，他們在一個貞節坊底石座旁停住了。

何紹德覺得驕傲：他是跟她走在一起了。並且他自己證實了她在和他走着的這一段路上並沒有想人；何紹德決定了要把什麼都說一說。

「你並不清楚我，我……」他覺得他底嘴仍然別彆硬。他試着使自己鎮定下來，試着去說關於生活生命底全部偉大的話，並試着給自己一種高尚的情感。他說：「我覺得你很……很奇怪……一個人……「成

他突然歇下來了，「說些什麼呢？說的有什麼用呢，她不要聽的，……」他問自己。於是他說：

「我知道你不要聽的。……」

「我要錢——」

連金底眼睛里閃耀着好奇的新鮮的光亮，她底臉因驚而漲紅了；她底秀麗的鼻翼閃動着，她底飽滿的胸脯使她完全像一個少女。——但是何紹德覺着以爲這就是「愛」。他確實錯了。然而他正是被這所激動。他底心臟感到酸痛的疼痛，他不能解說這是爲什麼，他也以爲這就是愛，是幸福。

他輕輕地挨着一個戀人一樣地坐在石頭上面去，他伸開他底健壯的腿，他底脚踏着一叢枯萎的草。

「我是一個漂泊的人，」他顫抖地說，不敢瞧連金；彷彿假若一瞧，他底好容易攫得的情感就要破碎。他底手隨便地摘下了一根長在石縫里的草，拿在他手里顫抖着：「我走了很多地方。我以前做礦，後來當兵。……我覺得生活，生活是一個嚴重的東西。比如，我遇見了你：……告訴你，並沒有接近過一個女人像接近你一樣，……見過多少女人啊：……但是你跟她們不同。」他在這里原是預備說，「你給我底感覺不同」的，但是他說錯了，他並沒有想到改正；他勇敢地瞧着連金。他看到連金底臉是沉靜而蒼白了，他簡直不認識她了，不知爲什麼緣故，他感到可怕。

「我一點都不懂你底話。」連金低低地說。她在這里也因爲遇到了她自己從來不知道的東西而感到惶恐，何紹德底聲音是這樣戰慄和嚴肅，是這樣使她吃驚；從來沒有一個男人用這樣的聲調跟她說話。從來沒有一個男人在這個時候還會這樣傻，我

一個機會抱住她，這就完了。她和他在這個時候都需要這個；生活除了這個以外，也再不能有另外的意義，但是，在她看上了何紹德的這一瞬間（僅僅一瞬間；）何紹德和她是多麼不能接近啊。

她皺起眉頭，傷愁地瞧着他。

何紹德是用戀人底眼光解釋着一切的。連金底秀麗的傷愁的眉頭在他看來有另一種意義；這就是：連金已經懂得他底話了。

「一件嚴肅的事，生活，…」他心醉了，枯草在他底手上戰慄得更厲害了：「我覺得我愛上了你，這也是嚴肅的事，或者我們並不同，」他突然停歇了他底話，因為他看見連金底小手在她底胸前戰慄了一下，他屏住氣。……

他於是發覺了連金底深灰的眼睛里是淡淡的殘酷的光，他癡呆地瞧着她，他底心碎了。

「你當井里跌死一個兵？」連金用生疏的調子問，想使自己從重壓里逃脫。

「嗯。」

「你也是一個兵？你說的。」

「我是一個兵；這是一個光榮的字。」何紹德突然沒來由地生氣了，他漲紅了臉。

「你不上前線；」女人無意地問。

「不高興去，…楊承倫是誰？是你什麼人？」

他粗暴地問，用利銳的眼光逼視着連金底臉。

於是連金生氣地回答，拖長了聲音：

「我爹。」

何紹德是這樣活生生地被擊潰了。何紹德是這樣重地把靈魂里最寶貴的東西赤裸裸地捧出來，而受到一個市儈女兒底蔑視，被擊潰了；何紹德是把自己底血淋淋的悲涼而熱辣的心放到地下，讓一個毫不足道的女人所踐踏，所蹂躪了。

何紹德殘酷地咬着嘴唇半閉着眼睛，向秋天底荒涼的田地奔去。

連金是一個追求着肉體底，和簡單的心靈底激刺的女人，是一個地主女兒，就完全是她一個人，在鎮上支撐着一家雜貨店，她已經沒有一點還保留着是一個農家姑娘了；這正同他父親楊承倫已不是一個單純的地主，而是一個市儈一樣，她結識着一些士紳士，一些外地來的技術工人，和像何紹德這樣的年青的礦工，她不斷地企求着新鮮和神祕；何紹德在她眼睛里就是一個新鮮的神祕的人。然而何紹德現在卻變得又傻又可怕了。何紹德給了她一些苦痛的感覺，這正如一個人隱約地發現了一種可怕的東西所起的感覺一樣。何紹德給她打開了通到生命底另一面的一扇門；這門里面是奇異的，但卻又正是她不敢走近或是不能走近的，於是她感到了渺茫的苦惱，和突然襲來的全部生活底空虛之感。她些微地受了一點傷了。

然而，在回到自己底原有的生活上，回到原有的心理狀態的時候上，這一點傷是極容易被淡忘的。因為，誰也沒有理由叫這樣一個女人拋棄了現有的生活去想那些與她完全不相干的事；誰也沒有理由叫她去追尋她所從來不知道的生活。

她沒有母親（這樣的女人似乎從來不是被母親所教養大的。）她底貪慾的父親是極容易對付的，就是，有幾個錢，就一切都馬虎過去了，祇僅有一次，楊承倫因為紳士的身份（主要的原因還是昨天賭牌九的時候輸了錢，）而發怒了。他把女兒。捆在房間里，他底面色發黑，而且一下子臉上顯現了更多的毛。他在堂屋中間咆哮着。

從房間里透出了連金底軟軟的淫蕩的聲音；她求饒說：

「爹我不，我不了。爹你讓我出去；我在劉家有二百塊錢今天要去拿。…」

於是立刻，從承倫底尖尖的顴骨上，從他底被貪慾的皺紋圍繞的灰色的小眼睛里，——一直到他多毛的頸子，展開了猥褻的笑。他變成了這樣一個動物；他底多骨的厚手掌亂動；他失去自制力了，他慌亂地在堂屋里徘徊，用手在每一樣東西上觸一下，一面顫抖地說：

「我底烟袋呢？喂喂，我說我底烟袋，……」

從這一回起父親再不能管束女兒了；假若拿了錢還不走開的話，他就得伺候女兒底顏色，連金，現在是到了一個女人底最好的年紀了；她愉快地，沉醉在自由底生活里。

何紹德在路上走着。他底面容陰沉而獰惡，突然。他被一隻有力的手從背後抓住了，他還沒有來得及回過頭來的時候，他底頸子上已捱了熱辣的一拳。

他底眼睛可怕地睜大着，通過攀着肩膀。他看見了遠遠站着的楊承倫，於是他從圍着他的兩個漢子掙脫，向楊承倫奔去。

楊承倫逃跑了；何紹德重新被兩個兇惡的流氓

圍著；他底腳上捆了結實的一綹之後，他被放倒在地上了。

從土崖上跑下來的年青的礦工劉黑，他手［?］燈敲在一個流氓的頭上；他底烏黑的手臂閃耀著，……他從毒打里救起了何紹德。

何紹德踉蹌在泥路上，他因暴戾的憤怒而渾身顫抖，他向劉黑說：

「我要殺死楊承倫，我要離開這里了。」

「殺死他！」劉黑底眼睛里充滿著天眞的興奮，他不知爲什麼突然這樣同情著甚而愛著何紹德，他底黑胸脯鼓動著，他顫抖地說：「殺死他……何紹德你是一個好人，你，你走到哪里去呢？」

「去死」，何紹德底被壓得脊腫的眼睛閉著，「我各種生活都享受過了，但是我，……我做什麼呢？愛上了楊承倫底女兒：但是我爲什麼不要愛一愛呢？生活，生活！」

他底嘴唇戰抖了，他底眼睛里閃耀著要活，要美麗地活的強烈的光。

「我曉得，何紹德呀！……」年青的礦工底眼睛濕潤了。

「你曉得，對的，我們一起要曉得，——要享受，要生活，要：……」

何紹德沒有說完他底話，他感到他要炸裂；他突然艱難地提起腿，向山坡上跑去了。

何紹德就因爲和人打了架，行爲不規矩，罰了一個星期底工，在這個小礦上他總算得是最好的礦工了；他被派去管理一架抽水機。井里出了水，公司里限制要在三天以內抽完了一百多噸水；然而何紹德在抽了不到五十噸的時候就突然爬上礦井：使不幹了！

他起初躺在他底木床上，艱苦地沉思著，但隨即，他跳起來，擠著在吃飯的一大羣工人，向田野跑去。

他並不明瞭他要做甚麼，他是這樣的憤怒，在他突然看到迎著他笑嬉嬉走來的連金的時候，他就更憤怒了。

「你要做什麼？」他向連金叫，他竭力壓抑著自己；他底面色可怕地蒼白了。

連金是負荷著這樣一個使她自己發生興趣但同時又感到害怕的任務來的，她要設法使何紹德和她自己到離這里有五里路的一個小鎭上去，在那個小鎭上，她底父親楊承倫和一受傷的連附在等待著。

楊承倫遇到一個向他問路的黑臉孔的連附，在楊承倫是什麼人都可以談一談的，他說：

「你同志是一個官嗎？嗯。在我們礦上也有幾個兵」，

「幾個兵」？連附皺起眉頭。

「跌死了一個哩，叫做殷連祺——：

「你說哪一個？叫什麼？」

「殷連祺，還有何紹德。」

殷連祺是一個逃兵，逃兵，但是何紹德：」連附自己說：「何紹德，河北人，很有知識，很勇敢，他是一個傷兵，他和我在一個醫院里，後來，……」於是他突然抬起頭，帶著一個軍人底堅定和嚴肅審視著楊承倫。

「殷連祺是何紹德介紹來的。何紹德他是一個壞蛋！」楊承倫連忙說。

「那麼我是他底長官！你能帶他來讓我看一看嗎？你說話當然要負責任的！」連附說。他像所有的軍人一樣，他不能讓人家隨便汚蔑他這一個連里的最好的一個兵。

楊承德被弄得氣惱了，他痛恨何紹德；現在他勢非把何紹德找來不可，何紹德掩藏一個逃兵，是至少得坐牢的，於是這件事像每一件不相干的瑣碎的事一樣，使這出臉感到興趣了。他必須不在軍官面前丟臉，……但是怎麼樣找來何紹德呢？

於是他想到了他底女兒認識這礦工。

他對連金說：

「你替我把何紹德找來，找到泥崗邊好嗎？」

連金一聽到何紹德底名字，突然不高興起來了。

「我不。」她說；接着她又問：「找他做甚麼呢？」

「有事。你就說你自己找他。哀哀，好玩，你就說你自己，你自己，你自己，」父親底油滑的嘴突然感到艱難了，他底多骨的手顫抖著，他口吃地說：「你不是跟他很好嗎？」

「哪個說的！」連金豎起眉毛，她底臉蒼白了。

「唉唉，你們是朋友也不行嗎？……我，我是很喜歡的；何紹德是一個很好，很聰敏的人。」

「何紹德是一個聰敏的人，……」女人自己想。她底思想里滲雜著一個女人想着這一類話的時候特有的情感，何紹德在她心里投進了一個極強的影子，不管她願意不願意，這影子是暫時磨滅不掉的

；而還影子現在又突然加强了；它是那麼緊緊地拘着她底單純的心。她感到自已在和何紹德底簡單的關係里嘗到了一種她從來沒有嘗到過特殊的情感：一種含有她所永不能理解的嚴肅的在她說來是那麼可怕的情感。因此，對于她能跟何紹德的時候，她就起」一種苦痛而傷愁的情感（她是多麼不願意苦痛和傷愁）！正如一個人看到別人掉在泥坑里，還個人在掙扎着，但是不能跳出來，而自已又因爲某種緣故不能幫助的時候，所起的那種情感一樣。在一個這樣的女人，這種情感就會特別濃厚，因爲，以她們底單純的易感心境，她們是很容易使自已相信別人是掉在深坑里的。

連金是稍微同情着何紹德的。

因此，在她父親突然向她提起何紹德來的時候，她竟然惶惑了：一何紹德，他是多麼奇怪 又可憐，……他是想我的。……她想；，她底臉起初顯得在考慮一件重大的事的時候的那樣莊重，但是後來她突然又笑了。這因爲「他是想我的」，於是她答應了她底父親。

何紹德使她苦惱，但是何紹德同時又給予她那麼强烈的刺激。連金是帶着一個人去探尋神祕的或是可怕的東西的時候所帶的好奇心去找何紹德的。

她那麼像什麼事也沒有發生過一般地笑着；但是她底笑遮蔽不住她底惶惑。

「你要我去嗎？吃餅子嗎？」何紹德生氣地說，盯着連金底臉：「好罷，去罷。」

「但是不要鬧出事來了啊。」女人想，望着何紹德底手，於是她困惑地問：

「你沒有事吧？」

「沒有；我不幹了。」何紹德抬一抬眼睛，他在連金底聲音里聽出了認真的調子，他感到連金還一次是對他認眞起來了；他於是平靜了一些，開始讓自已稍微地再愛着這女人。

他們在路上走着。

「你說你當過兵。」連金偶然問。

「當過兵。」何紹德悶答，他嗅到了他身旁女人底頭髮底香氣；他閉眼睛瞥着連金底豐滿的臉，情慾開始蹙迫着他，他攪亂了。

「怎麼不去打仗呢？」

「不高興打；我不歸隊。」

「不有罪嗎？」

「有、有罪，哼，鎗斃我嗎？」

他緊張地凝視着連金一刻也沒有轉移開眼睛，所有的問題他現在全不關心；他祇是迷亂地想着目前的情況：他縂這女人到底是做的一些什麼呢？他不像這樣一個女人底情夫，也不能是朋友，那麼，現在這樣走着，是爲着些甚麼呢？

他突然問；不看連金。

「我那天說的話，你懂嗎？」

於是他聽見了在他身邊低低地響着的：

「不懂。」

他歎了一口氣，皺起眼睛，生氣了，他粗暴地又問：

「那麼，你要[illegible]到泥崗埡去做甚麼？」

「你不去就不去就是了。」女人厥起嘴。

「要我死嗎？」何紹德繼續着自已底調子。不聽女人底話；他根本沒有想到他要走開。

連金突然揚起眼睛，吃驚地瞧着他。

「我告訴你，連金，你這樣生活着，你要當心：……」何紹德低着頭說：「我要離開這里了；讓我們各自走開罷，各人生活各人的，那眞好得多。連金，你要當心！……」

連金底眼睛里充滿着同情，還是一種濕潤的美麗的光，她底臉變得溫柔了；她這一次聽懂了何紹德底話。

「這眞好得多……」何紹德說，瞧入連金的臉；他又昏亂了。他們走進泥崗埡了，何紹德底腦子里已經空洞了；他變得十分焦燥，彷彿他老是在等待着一件不可知的東西，而這東西又老是不會到來：一般，在他偶然向前面看着的時候，他看見了在山坡底竹叢下站着楊承倫；而在楊承倫旁邊，站着一個穿灰布軍衣的軍官。他底臉立刻可怕地發黑了：因爲他立刻認得了，這軍官是他那一連底連附。

「好呀！」他叫，站住了；他底漂亮的嘴唇猙惡地扭曲着。

連金也楞住了，他看看他父親旁邊的連附，又看看何紹德「糟了，……何紹德是一個犯罪的……我爹和他有仇，……我害了何紹德底命了。」她想；這個思想電一般地照明了她底頭腦，她的臉上立刻佈滿了灰白，他歪斜地站着，用顫抖的手拉撕着藍布短衣。

她憐憫地瞧着何紹德，何紹德底臉是憤怒、痛苦和嚴肅。何紹德狼一般地徵張着嘴，把堅硬的拳頭舉在胸前。

於是，連金是生平第一次感覺到生命底嚴肅和痛苦了：「何紹德就要死了；他是一個聰敏的人：……」她迅速地想，一面用戰慄的手掏出一卷鈔票來：

「何紹德，你拿去；你逃走，……」

何紹德是愈發憤怒了，但是，當「逃走」這兩個字從連金底嘴唇里迸出來的時候，他心里底尖銳的矛盾底痛苦突然解決了。他不再想到要逃走了。

他向連金手里的一卷鈔票瞥了一眼於是一掌把它擊落在地上，立刻他向前奔了一步，他底堅硬的手臂用一種野蠻的力攫住了連金；他把她向胸前拉攏，又向土坡上推去。

連金呻吟了一下，用苦痛的憐憫的眼光瞧着何紹德。

何紹德是在這一個動作里爆炸了；他大步奔過山坡，向楊承倫追去。

連附沒有阻擋這一頭憤怒的獸；他祇僅跟在何紹德後面，他皺起他底眉頭瞧着何紹德底落下去的拳頭和在何紹德膝蓋底下狂喊的楊承倫。

十分鐘以後，何紹德蹣跚地向連附走來，用嚴肅的聲調顫抖地說：

「宋連附自然還認得我；我何紹德。」

何紹德被捕了。

一九四一、二、十四夜裏寫。

江岸

艾烽

頭皮的雨季
又暴漲了一江春水
波濤的曲子
帶着民族的血恨
奔向遙遠的天邊……

寧江的東畔
巨掌樣的伸展了
一片青綠的漠野
黃昏後的漫遊人
常拖着閑適的影子
在疏林外——，
誰掛上一幅彩畫呢？

當曉風吹拂的時候
壯丁們揮舞着大刀
士兵們托着步鎗
操演在漠野上了
露濕的足板
蹂和着清亮的喈聲
抹去了青綠的野草

六月的荒鷲
爆叫在古城的高空
難忘的血腥日子
一串串地
從鐵翅上撒下來
黃昏後的人影也凋殘了

二年多了
空留下災民，彈火廢墟……
作爲野蠻的見證
春天又來過兩次了
血水滲在土壤里
培育了江邊的蔓野
棄子在勁風里
嘆息江岸失了多年的歡快
江潮年年憤怒地號唱
但唱不盡人民心頭的積恨
水流日夜奔浮着
而洗不淨烙在
人民心頭的血印呀

一九四一，四，卅，桂林。

草原上的故事

當一個夜晚，一個戰士是這樣告訴咱的——

你叫咱講一個故事，而且又是北方大草原上的故事，這眞小禿子叫喞叭講話——可把咱難住啦，叫咱說啥你聽啥呢？咱不講吧，你的小臉皮薄薄的，咱要害得冒出血來，既是這麼着，咱就講個郗蘭的故事你聽吧，因爲郗蘭也是生在北方大草原，死在北方大草原呀！……

老鄉，和郗蘭一塊兒殺敵，可透着愉快哪，從前咱們這支隊裏，生活枯燥得像一片沙漠，自從郗蘭加入了這支隊，生活又過得多高興，哈哈，郗蘭是咱們的春天哪，她是一個鄉下大姑娘，照理，鄉下大姑娘是靦腆得不能見人的，可是她却粗野的活像個帶鷄巴的，兩道濃眉橫在她臉上，像兩把小掃帚，眼睛兒又大又亮，像兩個澇溢的小湖，臉蛋兒也夠黑哪，咱的臉兒也怪黑，咱說她黑得像鍋底下爬出來的，她說咱黑得像小烏龜，哈哈，小烏龜在罵人哪：

……怎樣？你問咱郗蘭爲啥要幹游擊嗎？鬼知道一個十八九歲的大姑娘，爲啥要幹游擊隊呢？那時是在一個冷凄的黃昏吧，廣漠的北方大草原，溜落一片片紫荊花一般的夕陽，瘦拔的山頂，扎結着愁悶的紅雲，古槐樹在冷風裏搖撼着笨重的肢體，樹梢上偶然站着幾隻羽毛豐滿的麻雀，在夕陽輝裏叫着……。弟兄們下完操，忽然瘋狂般的跳到天井裏，把新加的一個同志，圍得連蒼蠅也鑽不進去，咱一看，哈哈，原來是一個大姑娘哪，在咱隊裏，咱是一個鍋底下爬出來的，又來了個鍋底下爬出來的，劉龍三說俺倆黑得活像一對，咱說媽的劉龍三，你別在老子身上打趣，你看時代變啦，一個大姑娘都能吃糧呢。

老鄉，那姑娘也夠冒失哪，臉兒也不害臊，兩眼神氣極啦，隊長問她『爲啥要加入游擊呢？』她像受到侮辱似的，把眼一斜，小嘴嘟囔着：『你爲啥是中國人呢？』——這話兒不知怎的，把隊長的臉兒弄得紅一陣青一陣。對啦，是中國人就應該打鬼子，咱早知道隊長問的不是處，難怪被姑娘窘住啦！姑姑說：『如果受了人家欺侮的時候，咱不還手，那才孬疱哪：俺爹死了，俺眼睜睜的瞧着爹死得那樣慘，俺不替爹報仇，那才該劈雷轟哩………。

『怎麼？你爹死了，怎麼死的？』隊長沒等她說完就給打岔。

「怎麼死的？還不是那些該披麻戴孝，打靈頭幡的鬼子把他害死的嗎？俺爸是這劉紅坡上的紅槍會長，自然俺爸也是打鬼子的哪，那天，天剛麻麻亮，俺爹領着些人進襲張家鎮的鬼子，臨走時把俺叫到他跟前：『黑妍呀，爹這次就是去見閻王的哪，爹不該忍心離開你，可是又怎能不離開你呢？鬼子欺得咱喘不過氣來，如果這次爹眞的死了，你要記住，爹是被鬼子殺的哪……』不知怎的，爹的話兒把俺心頭弄酸了，眼淚噗搭的流着，爹說：『黑妍呀，你怎會哭呢？我的孩子怎麼會哭呢？……；』然而爹也哭了，俺親眼瞧見爹是流着淚離開俺的……』

郗蘭說着，眼裏早流了淚。老鄉，那時好多弟兄的心，都被郗蘭的話弄得酸溜溜了，咱的心頭小眼兒也怪難受，咱記得那時隊長的眼兒也像淚濕呢，隊長哀傷得像娘們似的問她：『你的爹，就——就是那次死的嗎？』

『是的，俺爹就是那次死的哪！』郗蘭說，『那次俺爹領了四十多個人去進攻鬼子，二毛子說爹死得可夠捨種（說一）哪！鬼子的機關槍嗒嗒的不分點，手溜彈轟哇轟哇的也夠寒心，可是那個能耶嚇着爹嗎？爹憤得把上衣一扔，裸着脊梁，提着大刀衝了上去，二毛子說他忽然聽得俺爹說「不好了，」待二毛子跑到爹跟前的時候爹已躺在血泊裏了，二毛子說爹死時的話兒可夠難受哪，爹說：「二毛子呀，我死得夠光榮的，可是我死不安心的，就是我那黑妍哪，可憐她一生下來就沒見她娘的面，她娘就死了，我好歹的把她養大，從十歲就教她練拳、站樁，有時在潮野裏叫她幫着我鋤地，割莊稼……如今我要離開她了，我那可憐的黑妍呀……」二毛子說爹在血泊裏，眼兒一白瞪一白瞪的死去了……』

郗蘭說着說着，眼睛一紅，放聲哭起來了，那悽切的哭聲，衝破紫色的黃昏。漫過起伏的山崗，向着遼遠的地方飛去…………

以後，郗蘭就在我們隊裏了。……

哈哈，老鄉，咱們隊裏乍有個姑娘可够別扭哪，在咱隊裏咱是愛說俏皮話的，有了姑娘咱還能說俏皮話嗎？可是啥是個話迷子，不說又怎能行呢？有回咱又怪高興的唱起來了：

日落西山昏黃黃，

奴伴情哥打東洋，

打跑了東洋回家轉哪，

綠綢帳裏共鴛鴦：

忽然「瓜的」一個清脆的耳光摑在咱臉上，咱可氣急啦，『媽的劉鼈三，你別以爲老子好欺服，採花趁開，打鐵趁熱，今天老子不揍死你，是辮子貫養的。』咱提了拳頭，向着劉鼈三的鼻子尖揍去，劉鼈三卻攩着了咱的拳頭說：『小烏龜，小臉皮有多厚？在姑娘跟前唱這種歌兒……』咱向郁蘭姑娘一瞧，唉呀，眞丢人哪，咱的臉皮羞得熱刺刺的，咱恨不能鑽到地下去，然而郁蘭卻說：『那怕啥呢？在俺跟前有啥不可說？又有啥不可唱的？你們的腦子，別再像秦始皇他老奶奶的哪（二）。』對啦，咱鬧得慌唱個歌兒開開心，那有啥子關係哪，劉鼈三：你是頭頂流膿，脚底下長瘡——上下壞透的狗東西呀：你不讓咱打個趣兒，你的腦袋像秦始皇他老奶奶的，你把咱的臉皮弄紅了，哈哈，咱的臉皮一紅，腦袋也是秦始皇他老奶奶的哪：咱說：「姑娘：你不罵咱冒失嗎？」不料姑娘卻眞生氣了，兩眼咕嘍咕嘍的：『你看，又姑娘姑娘的眞，離聽哪，你叫俺同志不好嗎？叫俺郁蘭，俺也喜歡哪！』……

哈哈，老鄉，後來郁蘭在隊裏混熟了，咱透着高興哪：咱簡直拿她當帶鎬巴的看待的，在下操無事的時候，弟兄們堆在一塊，咱說，「來，看誰笑個不露牙的」……劉鼈三愛給咱打岔，他說，「來，看誰的臉兒黑，」咱猛的想起來，咱說，「你看郁蘭黑得像鍋底下爬出來的……」郁蘭也不愛吃虧，她挑着尖銳的喉嚨：「黑二，活像小烏龜哪！」於是在夥的人，都噗哧的瞪着眼睛笑了……：老鄉，你別打岔，眞有趣哪，有回郁蘭在溝裏溺尿，巧他娘行巧，正叫巧他爹遇着——恰巧咱也到那裏溝去解手，咱一瞧郁蘭正蹲在那裏，羞得咱轉回頭來就跑，郁蘭在後面却噗哧的笑了——她高聲嚷着：「黑二，你看丢得那樣子，要不是臉兒黑得像小烏龜，怕要變成關公臉哪：」……哈哈，老鄉，你說可笑不可笑……

郁蘭取笑的時候，比誰還新鮮，可是正經起來也够叫咱佩服的，當弟兄們衣服破了的時候，向她說：「給咱，補補行吧：」她說：「有啥不行的」？對啦，有啥不行的，弟兄們有啥不能辦的事，央求她的時候，她盡量的給辦。有時弟兄們有不是處的時候，她也板起臉孔來指責，譬如有回咱吃飯，——老鄉！讓小白臉的先生說，「吃飯要細嚼爛嚥才算講衛生，媽的咱吃糧的可管不了衛生不衛生，反正鋼鐵吃在咱肚裏也能消化，當咱餓了的時候，摸過碗來就像陣暴風雨，正因爲這樣，咱可免不了撒些米粒，有回郁蘭也摸着隊長的腔調來說咱：「小烏龜，一個米粒就是老百姓的一滴血汗哪，你不愛惜米粒，就是不愛護老百姓。」不愛護老百姓，老鄉，那在咱吃糧的，是最汚辱人的哪，當時咱可氣急了，郁蘭是故意給咱難看嗎？咱剛要發作，可是一轉想，郁蘭的話可也眞對，一個米粒不是老百姓的一滴血汗是啥呢？他們終年價風吹日晒，爲了這棵莊稼，不知流了多少血汗，費了多少辛苦，如果咱再不愛惜米粒，咱眞有些狠心哪，咱說：「以後再不敢了。」劉鼈三說：「要再敢的是啥呢？」咱抬起手來，把中指翹起，那四指向下亂抓着：「以後再掉一個米粒的是這個。」郁蘭噗哧的笑了：「那是小烏龜哪：」於是大家都灣着腰兒笑了，咱也笑了……

怎麼？你問郁蘭那裏去了，她早見了閻王啦，在她死的時候，隊長流着淚說：「郁蘭雖死了，可是她的精神不死。」對，郁蘭并沒有死，她的臉兒尚在眼前笑着不露牙的，咱夢裏還在一塊兒殺敵。她是我們的春天，春天能已死去嗎?!

那是在一個嚴冬的日子吧，冰雪鎖住了北方的大草原，北風在原野裏咆哮着，老黃河也忍不住內心的憤怒，在荒野上拉直了喉嚨怪叫……隊長喊：「我們要特別的小心哪，在華北，敵人將要來個大掃蕩……」

以後咱打趣的機會就少了，咱整天價在偵察敵人的奸細。那回也是在一個美麗的黃昏吧，咱們在紅岩村上放哨，忽然來了個鬼頭鬼腦的人，咱一瞧就知他不是好東西，咱提高了喉嚨：「口號！」那傢伙顫抖着身子：「老鄉，我——我沒有口號哪：……」

郁蘭也特別的威風：「狗娘養的舉起手來！「吧的一聲，郁蘭倒下去了，咱說：「不好了」：咱還沒舉起槍，吧的一聲咱也倒了下去……

屈辱者和他的摯愛的人生

雷加

當時我帶着緊急的公文，由雁北回到軍區去，在還有四站路的旅程上，我遇見了正在戰鬥着的王旅的一部，因此我不得不在這里停留幾天，分享着他們的勝利的戰果的光榮和歡欣。

我參加了他們的戰鬥總結會，偶而出來散步，碰着一個戰士同醫務所跑去，他告訴我一個俘虜死了。

我聽說過他是一個少尉翻譯官，一個「滿州國」人，九一八時他才十二歲，他來到這里沒有講一句話，也沒有吃飯，並不是故意反抗，由于他的出神的沉默和怪戾的視綫，就知道他固執着自己的命運，他爲深重的痛苦壓倒了。他的年紀不大，嘴唇上面豎着一層薄薄的鬚毛，面孔平整，微帶着白色。在他的彎彎的眉毛下面閃着一雙童稚的熱情的，然而現在蒙蔽在灰暗中的大眼睛。他的眼皮浮腫，而且出奇地泛起兩塊紅斑，如羞于窺見尷尬事物的緋紅的面頰。

現在他蹲伏在一座芭籬根下，他的眼睛突出，似乎在凝望着青天上的一塊浮雲。他的蹲屈的兩腿前面是一片結着纍纍的果實的棗樹。其中有兩棵柿樹用千千萬萬的琥珀色的眼睛向這里窺望。他是趁着戰士們舉行會餐時到這里來的，他的面孔如同蒙着黑紗，鼻孔上點出針灸的紅點，嘴唇歪屈着，烏青的齒根咬着半截舌頭，一條條的血絲沾在嘴角上。

另一個俘虜因負傷住在醫務所里，這時[illegible]喊着：

「他抽瘋，你們這羣死人，爲什麼不殺掉他！……」

他是一個腰膀有力的小伙子，長了一雙鷹眼和兩隻虎牙，于是他的黧黑的面孔永遠帶着粗獷和殺氣。他的左臂用三角巾吊在脖頸上，把右手揮了揮，碰着了醫生的冷峻的視綫，慢慢地低下頭，憐憫地望着死者的屍身。

戰士們帶着驚奇的疑問站在周圍。

醫生卒于宣佈了死者與抽瘋毫無關係，點明了的繩索是他縊死的證據。

吊三角巾的人，在他的面孔上混合着遙遠的哀痛和孤獨的悲哀，急急的離開了這個場所，向着芭籬向田野走去。金翅雀遠遠地飛去了？一抹夕陽在樹梢上躑躅地漫步，田野里吹送着陣陣的麥浪和香辛的大地的芳香。

他背着我在土阜的草叢里坐下來，受傷的左臂架在膝蓋上，苦重地噓着氣。我不能離開方才的印象，死者的面影深深地印在我的心上，這是一個被環境迫害的童稚無辜的小孩子。他爲什麼突然用不動的眼睛拒絕了已經照臨了的光明呢？他的羸弱的一生打動了我的心，我不敢確定說全是由于在他的面容中，我感到了靈魂中殺戮靈魂的窒息。而且我想被那個吊三角巾的人的悲哀感染了。我躡躡地走近了他。

同情心像玻璃一樣，因爲同情的本身也是痛苦的，他已想到我要來的樣子，用他不動的視綫斜睇了一下，順手把一根苦艾送在嘴里咀嚼着。

「我若說得對，他一定是你的朋友，你爲你朋友的死感到痛苦嗎？」

他沒有回答；但是我由他那睫毛的急遽的閃動中，知道他已擁抱了我的感情。我們同時緘默着，一羣星像一片雲似地由地平綫上浮起。一個哨兵佇立在山頭上。

他沒有改換姿勢，鼓着嘴唇吐去了苦艾，但他又把捏在手里的第二棵苦艾放在嘴里了。我可以感覺他的扁平的臉孔，碩大的骨格，在他的身上發散着十足的鄉土氣味。

我嗅嗅了一鼻。他盯着我的鼻子望了一眼，他似乎感到打破沉默應是他的義務，于是他把他的名字（他的名字叫袁光）告訴了我，接着他說：

「我同他在小學里同學，有一點親戚，後來我進了日本陸官學校，我們就在這個軍隊里又遇見了的；但是我同他合不來，他不像我的爲人，就是這樣，我們之間永遠這樣不遠不近，我的事他曉得，他的事我也曉得；但是我們不互相關心。他這個人——你以爲我在想他嗎？」

「當然！爲什麼？我以爲你在想他！」

他突然激動着他那雙黯黑的眼球，搖着頭，鼻綫邪氣地笑了。

「我告訴你，我在想我自己，想一件大事情

，眞的，我從來還沒有想過這些事呢！你猜我想什麼？我在想他死了，我怎麼辦呢？我也死呢？還是……？我和他一樣，我也有家，並且我不知道我現在在什麼地方？大家都說中國話，但是我可是從敵人那里來的！」

他天眞，毫無憂慮地戲謔着，他帶着奮勵的熱情，無憂無慮地樂觀一切事物。他聰明；但是輕浮，我很快地就在他的身上找出這些特點了：

他顯得活躍起來了，他似乎為了我的愁苦的嚴肅引起了興趣，他說。

「你是一個愁苦的人物，你為他愁苦嗎？讓我說，他的故事也許會引起你的興趣。」

「大地保持着沉默，在我的耳朵里充滿了他沉鐘似的聲音，他時時轉向我，用他那發亮的眼睛信賴地望一下。他的臂膀擁着我，用手指指着天際，那里是他的可愛的家鄉，是一副永遠那末顯明的白山黑水的圖畫。

「六十八個之中的一個」

小馬（死者的名字叫馬良眉，寥光這樣親暱地稱呼死者）十八歲便在第一高等國民學校畢業了。

這個學校設在長春市（他們叫它新京）外花紅草綠的地方，他們過着一種對于學生似乎過于舒服的生活。然而這是一種出奇的新的生活：他們丟棄了[illegible]時學會的習話，用日本話問候，聽課和寫家信；他們反對讀死書，因為學校給不及格的學生以無害的獎勵。在運動場的那一端是仙島女中，一模一樣的校舍的建築，同樣的班次人數，一般大小的年令，她們穿着整齊的制服，個個都是肌膚豐腴，情態媚人的日本女郎。

他們和她們常常在遊戲和散步中會面，面孔早就混熟了，有幾個胆大的學生暗中同她們之中的某一個要好。她們那樣隨便，又那樣守着規矩。她們常常成羣結隊地到男生宿舍來，又整個班地來旁聽；可是他們很少到她們的窗前蹓一下，似乎她們講授着秘密課程，這課程是教育計劃裏所沒有的。他們始終是隔着一層窗紙似的望着她們。

在畢業的前一天，四輛合乘車出了校門，遙往市內駛去。小馬在男生的畢業班裏，他的驚訝不亞于他們。女生的車緊跟在後面，也是畢業班，大家猜測這沒有宣佈的秘密，就是到學生會館去舉行畢業典禮。

會館建築在市內的中心，走進去會觸到鋪在大理石階梯上面的毛氈。女公務員戴着套袖，穿着拖鞋，在走廊中間穿行。一個體面的熟識的侍女跳上了二層樓，打開禮堂的玻璃磚的門扇，低頭侍立着。

禮堂周圍鑲着迴旋花紋的木板，綠色窗幃像青的麥桿束在窗邊。窗外是透藍的天空和高聳的樓尖。

侍女輕輕觸動了門旁的機鈕，懸在吊燈中間的三隻電扇慢慢地迴旋起來。

一張高闊五尺的油畫懸在身後的牆壁上，這是日本名畫家的傑作，由于粗略的渲染和曖昧的象徵，像是衣櫥上的五朵玫瑰。溥儀的像掛在講台上面，他戴着寬邊眼鏡，面對着這張油畫不解地望着。

兩排長桌的旁邊，六十八個男生和女生面對面地坐着，女生低下頭頸，響起一陣洗洗刷刷的聲響，因害羞地搓着衣角。

講台上出現了校長，教職員和幾個政府官吏，他們穿着黑色大禮服，帶着時尚的短髭，里面有日本人也有「滿洲國」人。在這些人的前面站着唯一的外國人，一個德國牧師。他那手指彈去就要出血的面頰上面有一管挺高的鼻子和一雙深黑色的眼球。他正用單眼鏡望着台下。他的旁邊是一個矮小的但有着堂皇像貌的日本牧師，他的手中拿着一個紙卷，他的嘴角緊閉着，他在等待着他要講話的那一刹鐘。

在他們身後忽然懸起了一個雙喜字，襯托着雙喜字的大紅的錦緞，用牠的高貴的光彩照耀了整個禮堂。那些女生們像六十八朵盛開的壯丹似的，緋紅的紅暈跳上了她們的面頰。

在小馬的身旁每個人瞪起了大眼，豎起了驚奇的嘴唇和激動的腳掌聲。忽然有人輕佻而又哀傷地說：「這是什麼[illegible]的勾當，你看不出來要給我們配對嗎？」小馬面孔蒼白，委靡地坐在那里。

鈴聲響了，日本牧師展開紙卷咳嗽着，他的聲音低沉而有力，忽忽轉動着的風扇時時壓過他的聲音怒鳴着。

「我們儷儷是（是字叫得又細又尖，他的手掌在他的面前壓下去，重複着）、儷儷是隔了一帶之水，日本和滿洲就像唇齒的關係，這樣，所以日滿要永久親善，今天舉行集體訂婚，呵，這樣，所以……。

就讓女生還外地微笑着，彷彿還記昨晚的夢境。她們沒有發出來落在她們臉上的視線嗎？盤旋視線帶去了他們的微笑，希望，慢厭和無力的順從的。

小馬望着了坐在他對面的那個香子，在他心頭縈繞着：「莫非就是她嗎？」爲什麼要一個日本老婆呢？」香子的左頰上長了一粒黑痣，走起路來有一隻腳骨有的腿。他不愛她，他也知道的。他閉了上眼睛，頭腦嗡嗡地響着，他不知道他應該想些什麼。

台上一幕一幕地滑過去，國務總理鄭孝胥上台是給了無聊似地讀着誰也不懂的祝詞。關東軍司令植田大將也讀了他的祝詞。最後大家起立，肅靜，一個胖子領韶讀。而背上面寫着御弟溥傑與嵯峨浩婚姻這種輕鬆的詞句。

然而這個堪稱模範的婚姻事件卻留下了一個當時流行的傳說。溥儀是個無法醫治的絕後，但要有一個繼位的人。溥傑偏偏有着生育一打的旺盛的生殖力，憲法上就規定了御弟的兒子才能繼位。憲法是日本人訂的。當年日本就把本莊繁的女兒送給了溥傑，而且剛剛結婚兩個月就生了一個兒子。這個孩子蒙受了最大的恩惠，因爲他爲了日本天皇的誠意的友誼在日本就跑進了她親的胚胎，爲了鞏固「滿洲國」的繁殖而誕生的。

男女學生離開禮堂向西講堂去了。西講堂擺着公共宿舍的模範似的房間。日本牧師宣佈了女生按著自己的號碼走進房間，男生按號房門口的名牌去會見終身的伴侶。

小馬站在寫着自己的名字的房間門口，蹲踞不前，額角上冒着汗珠。他的身體擠進了房門和靜然關門的聲響。他無聲息地走進去，站在他面前的是一個頭低在膝上嗚咽致敬的女人，他偷眼認出了她就是香子。他沒有講話，她羞赧似地沉默了一會，然後向他帶著謝著終生難忘的問候。

小馬臨口給聲，伴着香子又回到了禮堂。當日本牧師宣稱這是自由結合，如有戀愛關係可以徵求雙方同意互相調換的時候，小馬的嘴唇蠕動着，他想要證明他們誰都沒有戀愛關係。但是他沉默下去了，並且接受了繫着「日滿親善」的訂婚戒指。

從此，香子就像一條影子似地貼在他的身上了。她用過多的溫柔和服從征服了他。雖然規定了在男子廿三歲生日那天才是他們結婚的日子，但是在她的撒嬌的慾望和輕柔的微笑齊的允諾之下，他同她在會館的公共宿舍裏住了一夜。他從擁抱了她那像蛇像一般光滑的身體之後，就開始愛她了。

小馬是在朦朧無知的年齡裏喪失了祖國的國土的；但是從他懂得注視這個世界起，就懷着了莫名的恐懼。每讀報紙上的戰爭的血腥的氣息，街頭巷尾的戰死者的悲苦的婆寡，親朋出征了，公園裏常常發現爲避免兵役的縊死者。他在最後的一個假期中，曾親眼看見了丸內印刷所的慘劇。他住在三層樓上，在他望到的印刷所的醫院內，一個月里舉行了三次「親納出征的歡送會」。第一次送走了七個，第二次十二個，小馬不了解他們爲什麼在這種會上感到興高采烈。第三次僅僅是五個人了，而且在歡送者與被歡送者之間流傳着再不能抑止的無言的沉默。歡送者從前歡送別人，現在的歡送者將來不也是被歡送者嗎？這種真實的場面緊緊地攫住了他的心。

小馬常常在惡夢中驚醒，他看到了人生的流離，悲苦和恐怖，他爲了將來也要捲進戰爭而戰慄，隱退和逃避的火花有時也未有力地在他的腦子里閃着。

他愛香子，他更愛建築在香子身上的家。他曾想過高等國民學校的學生是背負和政府官吏的子弟，無理的戰爭應該與他們無關，現在他證實了這種思想的正確，他不相信大日本帝國的女婿要跑到戰場上去。他在香子的面前，當他看定了香子黑點的瞳仁的時候，忍不住在心裏問：「你忍心離開你的丈夫，要他參加生死的戰爭嗎？」

香子無知地嬉笑，用百般的嫵媚討他的歡心，她好像從來不想到這些事情。

他們在高等國民學校畢業之後，小馬用戴着「日滿親善」的手臂挽着她走進公園，電影院和跳舞場。她一步也不離開他，他也以他的伴侶爲榮耀。

小馬計劃着在假期之內回家一次，香子在未正式結婚之前是不能陪他回家去的，這是訂婚時宣佈的規約之一。香子深情地望着他，一針一線的詢問他的家庭的狀況。當她聽到財產的數目，小馬不能確定回答的時候，她說他不相信她，不把她當做自家人看待。她撅起嘴生氣了，經過小馬千萬百計的坦白的陳述　才又贏得了她的笑容。

在他回家的前一天，香子坐在沙發上，一聲不響，她一邊瞟着小馬，一邊翻開一本雜誌。無線電放送着東京的歌劇，哎呀地喚着，香子走出扭閉了電門，音樂聲突然停止了，她走到小馬的跟前，坐下來問。

「建國大學要招考了，你知道嗎？」

「招考不招考與我沒有關係，我不打算進建國大學。」

「爲什麼呢？」

他窘惶了。他不能向她回答這種理由。建國大學是他與戰爭之間的橋樑。他應該走第二條路的。

「那麼你打算進哪一個學校呢？」

他避開了香子的使他不解的視線，她從來沒有這樣看過他。在那一雙曾是嫵媚的眼睛裏，含着了冷峻的光芒，他刺着他的心。

他把手臂繞着她的腰，急切地說。

「我們到日本去吧，到我平生最理想最可愛的地方去吧！你回到你的家鄉，我陪着你，在那裏我們一同進學校。當我聞到櫻花的芳香的時候我會醉倒的，在那裏是一種幸福的生活。你同我，假若有了小孩子，我們可以送他進幼稚園，那裏的幼稚園一定比這里的好……」

香子突然打斷了他的話，在她的聲調裏帶着不耐的厭煩：

「不要說下去了吧！在我們結婚之後，你會陪我到日本住六個月的。」

「但是……！」小馬驚恐地蹙住了，他躲在皮椅的一角，他遠遠地瞭望着她那朦朧的濕潤的面孔。他無力地說着：「我要進醫科大學，我要學產婦科！」

香子轉過身子來，用她那左頰上的梨渦恐嚇似地瞪着他，從來沒有聽過的尖刻的聲音在他耳邊響着：

「我們還不能忘記『滿洲國』脫離中國的黑暗的統治不久，牠是滿洲的樂園，滿洲的王道樂土；但是牠還沒有穩固的基礎，牠的周圍全是兇狂的敵人。牠的最大的敵人是蘇聯，若使『滿洲國』得到永久的統治，一定要戰勝蘇聯。打倒共產主義，爲祖國犧牲一切是現代青年應有的義務，建國大學就是將來建立東亞新秩序的大本營……」

香子和她的嚴重的教訓和斥責留在這里，悄悄地離開了他。小馬第二天乘車回家去了。

他的家住在鄰省的省城里。他的父親潦倒了一生，在九一八事變之後以日本留學生的資格在省政府里謀了一個不大不小的位置。他的哥哥也在日本留學了三年了，在最後那一年因患肋膜炎死去了。因此他的母親溺愛着他，她是一個無知的舊式的女人。他們在鄉下還有很大一份財產，由他伯父照管着，他的伯父有一個遠離家鄉的兒子是他從來沒有見過的。

他的父母因爲他的事非常厲害地爭執着。起初是爲了香子，她的母親極力反對這門騙人的親事，而他的父親却以爲他的兒子娶了香子可以飛黃騰達起來。後來談到升學的問題，他的父親也說着既然娶了香子，就應該進建國大學。這是再也找不出來的唯一的捷徑；但是他的母親生怕戰爭奪去了她的唯一的寶貝。

小馬在家里住了一個星期，直到他起身的時候，他的父母還是堅持着各自的意見，小馬無所適從，他固然不好辜負父親的希望，但是母親的囑託更是他衷心願意聽從的，當他想起香子的意見時，更使他鬱鬱不快起來。

短時間的別離，也在他心中增加了幸福的幻想。他急急地走到他的住處，她意外地用熱烈的擁抱歡迎他。她吊在他的脖子上，非常溫和而鎮靜地說：

「你決定了嗎？你要進醫科大學嗎，好吧！我願意陪着你。」

她激烈地震動着胸脯，咯咯地笑起來。他困惑地用手臂抱緊了她，吻着她的嘴唇。一塊石頭由他的心上落下去，他感激地流下淚來。

「實驗室里」

醫科大學產婦科開班兩個月了，但是今天才是第一次在實驗室里實習。

助教領着各個房間教他們到實驗室去。

實驗室門口蹲着一個洋車夫。他把他的難產的老婆送到這里來了。他沒有錢，把她送到大醫院里，而產婆又不能救活她的命。他到這里抱了萬一的希望，這里就把她當做實驗的犧牲品了。

小馬走到他的跟前望了一眼，殷勤地對他說：

「到候診室去，不要蹲在這里！」

他的頭藏在臂彎里，蜷屈地蹲着。這時他抬起頭來，鼻頭上有幾粒汗珠。他的悲哀而憨厚的面孔使小馬不安起來，小馬接着問：

「來幹什麼的？」

「里面是我的老婆！」

「多少時候了？」

「說不清，從早就送進醫院里，現在又送到這里……」

「那末爲什麼又送這里呢？」

他又低下了頭，他的濃密的頭髮像一片鐵似的壓在頭頂上。小馬走進了實驗室。

香子早已來了。她正站在助教的身後，手里托着一盤消毒器。近來他在小馬的面前越發莊嚴了。她像不滿意他，又像不滿意着自己。她在他們沖突的時候，變得那末可怕，他偶而還這樣想：

「訂婚的時候卻沒有宣佈準不準離婚。」

小馬沒有同她打召呼，擠進去站在手術台的堵頭上。所有的視綫集中在一個中年婦人的身上，她斜斜地仰臥着，中間挺出尖尖的下腹兩腿像蹶桿似地支立着兩個三角形。暗黑的頭髮逸散着，突出的顴骨透明一般的閃光，眼皮底下的肌肉鬆弛地皺折着，使那半閉的眼睛淹沒在黑暗的恐怖的深淵里。

助教的禿頭興奮地搖晃着，一隻强度的電燈向鐵鑷的器械偷偷地映眼。室內流蕩着窒息的酒精氣味，產婦的呻吟聲時强時弱地繼續着。

助教戴上了橡皮手套，在產婦的下肢動作起來，同時他在孜孜地講解着。他隔着眼鏡映着眼皮，他注意每個同學的注意力和手術上的動作。

肉體的嘶叫和心靈上的岑寂交流着，產婦的血不停地流着，她的面孔像一張白紙。最後助教說：

「她是一個勤苦的婦人；然而在生理上是極不健康的，胎兒已經死了，大人的性命也難保得住，祇好開刀……」

小馬跑出來，那洋車夫已不見了。當他再看遍手術室的時候，產婦已經不再呻吟了。她的下腹橫切着一條刀印，腸胃像腫子泡似地冒出來。助教托着胎衣里的胎兒熱心地說：

「這是臍帶，這里，呃，每個人要記住，要注意用剪子的方法。」

小馬在心里說：「什麼時候才能施完手術呢？」

助教把胎兒放在一邊又喊着：

「我要你們每個人都實驗一下，牠不會弄髒手指的。唉唉，打麻醉劑的換一個人吧！」

小馬擠上去，他拿起針管子像傘唧水筒。在向死去很久的產婦的脊背上注射。

鉗子和刀子響着，汗水由助教和學生的身上流下來，這是一個摒棄外界的動蕩的世界。他們沒有注意時間，彷彿產婦死了之後，時間就停止了似的。

室外響起了沉重的皮鞋聲，伴着一聲遙遠的槍響。門突然被推開了，一個憲兵立在門口，槍口向室內探視着。

學生們立直了身子，眼睛恐懼地擬聚起來，接着門口又出現了一個憲兵官佐，冷淡地命令着：

「操場集合！」

每個人驚慌地抖動着，旋起脚跟想走；但又退縮回來。助教這時摘下眼鏡，用手巾擦着額角。他毫不驚奇，也不爲神聖的工作被擾亂而惱怒。他跟着憲兵官佐平淡地說：

「沒有什麼事的，到操場上去吧！」

一長列醫學生走出去。憲兵是他早就視慣了的，平時甚至有着朋友似的和善；但今天威嚴，冷淡，對着他們敵視着。

「檢舉啦！檢舉啦！」小馬挽着香子的手臂，邊走一邊想。

由各個屋子里走出了同樣的人羣，在操場上集齊了。日本教授和職員這時在學生和憲兵之間穿行。在他們的臉上閃着九一八事變時在鄉軍人在瀋陽城里穿行時無敵的，野蠻的，流汗的神情。

司令台上站着一個日本軍官，他長着濃密的眉毛和黑硬的鬍鬚，他的肚子同他的腿一樣。他背着手向台下望着。

人羣中興起了一陣暗潮，這聲音隨着軍官的動作忽起忽落。小馬要哭出來，自信地想：「我是寃枉的，香子可以證明我，我是他的未婚夫，我什麼也沒有呀！」

軍官宣佈了點過名的請到關東軍司令部開會去，之後，隊伍分開了。點着名字的人走到司令台前，詳細地對着照片。隊伍中嘁嘁地響起來：

「我從來沒有繳過像片呵！」

「我也記不起來了，這真是糊塗事！」

「檢舉就得憑着照片！」有人這樣肯定地說。

「但是……」

凡是被喊的人，由隊伍中走出去，這時每個人都會在最短的時間內，對這個人平日的行動加上一個斷語；而那些沒有被喊的人，沉湎于暫時的繞倖的幻想里。小馬的自信心一下子就斷了。他毫不自主地顫抖起來。他呆呆地等待着，好像一定會喊他似的。

「一羣鴿子帶着嘹亮的響聲在頭上飛翔，遠遠的紅瓦屋頂像一片彩虹似的閃躍着。

「一百一十九了！」一個緊張後少講話的人，這時歡歎着。

小馬聽見自己的名字了，他向前踉蹌了一下，向後旋過身子，急抓着什麼！瘋狂地喊：

「沒有我呀！香子，你……」

他的手臂落了空，他聽見香子冷淡的聲音：

「去吧！」

香子的影子突然由他的意念中消逝了，他失望地想：「她不替我辯解，我真的被檢舉啦！」他的眼睛閃過了助救，緊急地喊：

「松本先生，請你通知我的家，說我被檢舉啦！」

在他脊背上，憲兵的槍托重重地敲了一下，憲兵抓着他的衣領向前一推，咕嚕着：

「什麼被檢舉，快走！」

他像死人一般地站在司令台前了。

「在車站上同香子話別」

他在關東軍司令部又遇上了另一個軍官。他的鬍鬚翹上去，填滿了他的凹陷的兩腮，顴骨高高的聳着，廣闊的額頭像賊做的一樣。他的聲音尖得刺耳，說時像飛鳴似地喚着。

「日滿親善，日本和滿洲像兄弟一樣；現在日本和中國作戰，『滿洲國』應該幫助日本建立天皇的威信，因為這是天皇軍隊替『滿洲國』擴大版圖……」

他像急記了似地停了一下，然後熱情激昂地繼續着：

「我們要在『滿洲』建立第一個王道樂土。你們將來都是『滿洲國』的主人，提前你們的畢業期限，分配工作軍隊中去，為『滿洲國』流最後一滴血，這是『滿洲國』的光榮。」

沒有分配槍枝，也沒有分發軍裝，小小的庭院里飛舞着分發下來的「軍事郵便」，每個人按着規定的詞句寫着，然後寫上不同的地址，送到臨時的郵箱里，他將帶着廢人的出征的消息飛到每個父母的面前。

卡車由關東軍司令部開出去，在戒嚴的街路上飛馳着，黄昏中模糊的樹影由車旁閃過，車上的人像醉了似的互相扶着臂膀。遼闊的天空還在身後，他們離開了熟習的喧鬧的市聲，他們在靈魂的岑寂里回憶着田園，父母和離捨的生活。

將臨車站的陰路上出現了歡送的群衆。他們陰險地閃着手中的紙旗，他們全是大學生、中學生和經過組織的群衆。他們在歡送出征者的時候，忘記了將來有一天也要被歡送的。

月台上飛舞着五彩的紙花。愛國婦人會和幼稚園的小學生歌唱着。小馬在送行的親屬中找着了香子的面孔。她正在搜尋找他。

她抓住了他的衣襟，依在他的胸前幽泣着了。

他茫然地站着，然而他又在她的臉上看出了她們剛訂婚時的溫柔和嫵媚了。她嗚咽着：

「呵呵……不要忘了我……要寫信來，要早些回來……」

他同她向月台的盡端走去，她一邊擦眼淚一邊說着她本來可以跟他一塊去的；但是她要照顧他的家庭，雖然在結婚之前不許到對方的家里去。她的手挽着她的手臂，緊緊地壓在她的胸上。她鼓勵他不要掛記她和他的家庭，要勇敢地前去。

在他們身旁到處響着哭泣聲和低溫的話語聲。

機車噴着白氣、不耐煩地吼着，在前半段的月台上，面是那些武裝整齊的日本士兵和他們的家屬，一個老年婦人一隻手拉着他的出征的兒子，另一隻手卻被一個憲兵向車站外面推去，她在那里動人的號啕着。

歌唱的聲音昏亂了，小販在向飢餓的客人兜售雞蛋糕和報紙，車站外面，歡送的人羣呼喊起來。鈴聲響了，機頭的汽笛尖尖的嘶叫，鐵軌響動着，十五分鐘的話別的時間無情地結束了。

小馬躲在車廂里，聽着有節奏的隆隆的聲音，閉上了眼。他不能相信這些事是真實的；然而一連串的回憶在他的腦子里迴旋，他覺得一切都有開始而無收梢，他無力地躺在強暴的命運面前，他是跌在千丈的深淵里了。

他又慢慢睜開眼睛，車窗透出了一塊方方的光線在原野上跳躍，遠處是一片漆黑。時時有一陣煙霧漫過去，窗玻璃上結了一層濛濛的霧珠。小馬的視線散渙而猶疑，他又望回了車廂。車廂里除了幾個嚼着晚餐的同學之外，全都睡下來了，沒有客人，也沒有笨重的行囊，空氣稀薄而柔和，車角上有一團團的香煙的煙圈慢慢上升着，飄渺地浮動着。

小馬躺下去，嘆了一口氣，重新閉上眼睛，心里想：

「讓你帶我到隨便什麼地方去吧！」

「他爲什麼又叫山田君了？」

三晝夜之後，他在北平清華大學住了一夜，在那里他遇見了栗田輜重隊的留守班長。留守班長第二天就把他送到琉璃河，因爲栗田隊長急于要見他。

他在一堆汽車中間遇見了栗田上尉，與他想像的相反，站在他面前的是一個帶商人氣的和靄而狡滑的人，身量不高，他的口齒流利，善于詼諧的樣子。他規規矩矩地站在那里等候問話。

栗田上尉望見他立刻走過來了。他搓着手掌，臉上顯出快樂的光彩，極其調侃的說：

「你終於來了，剛來不久嗎？先到我的辦公室吧！我馬上就來」。

小馬到了辦公室不久，栗田上尉就走進來了，仍然搓着手掌，在辦公桌上忙亂了一陣，然後讓了一個座位給小馬，開始閱讀小馬隨身帶來的文件。

「香子是你的未婚妻嗎，她是東京人，這里寫着的。她是我的同鄉，可是我已離開家鄉很久了，你想念她嗎？」他安慰地望了小馬一眼 接着說：

「你是『滿洲國』最優良的青年，我對于『滿洲國』人向來是尊敬的，他們都是日本人的好朋友。你的年紀？廿歲，這里……」

栗田上尉放下文件坐下來，面對着小馬問着。

「那末你留在這里幫我工作，現在讓我們慢慢談談，你的日本話講得很好嗎？」

「從十二歲就學起」。小馬謙遜地答。

「那一定很有成績，我也是從小就學中國話的，我在滿洲住了十五年，我是安東縣栗田汽車行的經理。打仗是好事情也是苦事情，你不會討厭打仗吧！我像你的年紀就參加了日俄戰爭。你經歷一下看，非常有趣，這是不同于平常生活的一種生活，在戰爭中間可以使一個人變得更聰明。我問你，我知道新義州那次大火的事件吧！」

「不知道！」小馬認真地答。

栗田上尉把紙張推在一邊。他想打電話，結果他喊着馬弁，他對馬弁說：

「喊川島來！」

他又搓着手掌對小馬說：

「川島是我們這里的翻譯官，一個朝鮮人，一個不中用的傢伙，他在我的面前哼哼唧唧，他在別人面前也這麼哼哼唧唧，這是不行的，一個人要比強者弱，也要比弱者強，我老早就想調換他的工作，你來得正好，我明天就派他到小隊里去。」

她燃起了香烟，像工人一般地嚼着烟屁股。他鄭重其事地望着小馬的面孔，說道：

「這個朝鮮人，改了名字，你也要改一個名字，士兵喊你的日本名字會更尊敬你的，讓我替你起一個，嗬嗬，山田好不好？」

小馬剛要說感謝的話，栗田上尉已經站起來，快活地喊：

「山田君！山田君！這是一個好名字！」

這時川島翻譯官走進來了。栗田上尉立刻發怒似地閉上嘴，呆了一會，走近川島嗅了一下，在他眼前用手指威嚇着：

「你真知趣，明天有你的勤務，今天又喝了酒，醜且！」

栗田上尉的手掌重重地打在川島的面頰上。

川島左右迴避着，他的醉紅的面頰漲起來了。他筆挺地立在那里眼睛照着對面牆壁。

小馬驚奇地望着這兩個人。他沒有同情川島，因爲川島真真地喝了酒；但是在栗田上尉的臉上閃過的兇惡的表情，也使他厭惡。

川島若無其事而又拘謹地站着，他的三角形的眼睛翻露着可怕的眼肉，那灰濁的眼光顯得異常可憐。他的嘴唇上面有幾根稀疏的鬍子，他的日文說得顫抖着，並且像水車一般地響着。

栗田上尉彷彿已經忘記了打過川島，走到小馬的面前用和善的調子說。

「山田君，你認識了我們的翻譯官了吧！這傢伙是一條豬，沒有一個人能同豬在一起生活的。」他又轉向川島喝問着：「明天到小隊里去，明白了嗎？你要知道你的錯處，你在我的面前像一條豬，你在老百姓的面前就要拿出皇軍的威風來，你把中國人當做一家人看待，那會失了皇軍的體面，皇軍的威信是要用拳頭建立起來的。你就誤了多少工作，你應當回頭想想吧！」

川島搭出房門，栗田上尉就急急地喊馬弁拿一瓶酒來。他鬆寬了一口氣，在小馬的面前把衣領打開，認真地說：

「在軍隊里就是如此，有上級有下級，比如我是上尉，你是下尉，我對待就對待士兵一樣。你對待士兵要說你，不要說『您』，在士兵面前要有威風，要有信仰，讓士兵尊敬你像尊敬你的官級一樣。」

馬弁拿了一瓶酒來，他滿滿地斟了一杯喝下去。他也給小馬斟了一杯，他擠小了左眼輕輕地說：

「對下級飲酒是沒有關係的，可不能夠對着上級飲酒。你今天新來，你還沒有穿上軍服，來，喝乾了牠，我歡迎你。」

他轉頭望着馬弁的瓜長可愛的面孔，開始吩咐小馬說：

「這是你的馬弁，年青可愛，他帶的槍就是你的槍，由他帶着比帶在你身上還方便。澤木！這是山田下尉！」

「馬弁澤木並齊腳跟，向小馬恭恭敬敬地敬禮。栗田上尉笑着說：

「你第一天來，我必需告訴你，你出門的時候，有你的自用汽車，你的車十三號，我的車十五號。有事出去喊馬弁跟在後面，到了地方要汽車在那里等你，嘀嘀！上車下車要司機開車門，這是官長的尊嚴……」

他喝第三杯的時候，連內衣也解開了，露出了多毛的胸脯，他開始哼着情深的小調，于是話題又轉了香子的身上。他很有興趣問起他們的私生活和她的容貌，小馬一一告訴了他。

栗田上尉由衣袋里拿出一張照片，他的眼睛望着上面的中年婦人和三個小孩子，他獨着嘴唇喊着他們的名字，他把牠緊緊地壓在胸口上。

其間，有幾個士兵進來報告什麼，他含糊地回答着。他疲倦起來了，他仰着懶腰，最後他由皮包里掏出二百元聯合銀行的鈔票，遞給小馬說：

「這是你第一個月薪，一百元寄回家去，寫一封家信，說我對你很好，再說這里不是火線，那一百元，嘀嘀，你拿給我！」

他又把那一百元鈔票放在皮包內，含糊不清地咕嚕着：「這一百元明天要他們到北平替你買一雙馬靴和一把指揮刀，一個軍官沒有馬靴和指揮刀是不行的，那末你去休息吧！」

小馬跟着馬弁走出來的時候，聽他在後面喊：

「寫家信的時候，順便替我問候香子！」

「五百塊。」

小馬帶着指揮刀，穿上馬靴，披起綠呢斗蓬，他永遠同栗田上尉在一起，同樣博得了士兵的尊敬。

栗田上尉對待他雖和悅；但非常嚴格。他要按照栗田上尉的眼色行事，稍有差池，就要受到嚴厲的指責。他時時同栗田上尉押送聯運車，在到處破壞了的公路上，栗田上尉變得暴燥異常，有時他要陪着栗田上尉審訊中國老百姓或是對鄉鎮演講，栗田上尉故意不講中國話，卻又監督小馬的翻譯是否得當，因此小馬不得不留心他自已的工作。

川島分配到小隊里去了；但是他們常常見面。起初川島避迴着他，可以看出川島臉上的肌肉隱約地跳動，或是狠狠地咬着牙齒，等待着小馬走過去，彷彿要擲來致命的一擊似的。有幾次爲了公事川島竟在小馬的面前故意講中國話，在他的眼睛裏閃着公開的輕蔑和忿恨，在他與小馬之間結下了不解的怨仇。

在小馬的脆弱的心靈里，整天有這件不耐煩的事作梗。當他想到他與川島之間的惡劣的關係時，比那槍聲和隱約的炮聲在心里引起的不安還厲害些。栗田上尉是他的最接近的上司和僚友；但他不能同栗田上尉述說心境，因爲栗田上尉在他的心目中存在了不可捉摸的不投合的氣質。

他在寫給香子的信里描述着北中國的驟變的嚴寒。他每天望着高闊的天空和急馳的白雲懷念他的家鄉，他厭惡的軍隊的生活什麼時候才能完結呢？他遙遠的家鄉什麼時候才能回去呢？聽說新兵快要來了，他們可以得着休息了；但是誰能指定是那一天呢？他曾試探着問過栗田上尉一次，栗田上尉嚴厲地望着他，顯出不高興的樣子，告訴他只有安心工作才能真正得到假期。

後半個月，他們隨着步隊前進而前進了。起初他們沿着鐵路綫以西向南移動，後來越過一條支綫順着左翼向西挺進了。他經過了數不清的車站和鄉村，他在經過浩刼的土地上發現了相同的風俗人情時，忍不住升起了一種溫暖的，祇有在夢寐中才會感到的甜蜜的感覺。他很願意看見中國軍隊，他這不可解說的異樣的願望，也許是由于老年人暗中祈禱保佑中國軍隊的優美的感情而來的。但是他到處見了焦燬的房屋和被姦的婦女，栗田上尉告訴他這是中國軍隊幹的，他相信了栗田上尉的話，因爲他所屬的聯隊爲了安撫騷亂的老百姓的，誰也守着軍隊的最低的紀律。雖然她常聽到前線上士兵們的兇惡的行爲，但是每逢他們輜重隊開到一個村莊的時候，老百姓爲什麼又會那末熱烈地歡迎呢？

在南担馬河北岸的村莊上，他們休息了兩天，因爲秋雨連綿地下着，河水氾濫起來。前頭部隊屢次電催給養車前進。栗田上尉不得不派人四出拉夫修路。不論大事小事，栗田上尉一律痛罵一頓。他對待下屬和老百姓同樣暴燥起來。第三天雨仍未停．他們仍然不得前進。

第三天的下午，栗田上尉喝了酒，小馬就偷空躲在自己的房間里。這時候澤木馬弁走進來告訴他有一個老百姓要見他。

「什麼老百姓？」他問。

「要見我？」

「要見您！」

「是的，山田少尉！」

小馬由床上爬起來，說：「要他進來吧！」

老百姓在馬弁身後走進來了，他是一個滿面皺紋的大個子，眼睛困惑地映着，右手掌里握着一對亮燦燦的鐵球，他向小馬脫帽鞠躬，留心打量着小馬的顏色。

小馬跳到他的跟前，不耐煩地問着：

「什麼事？」

「是，是，」來人後退了一步恭謹地答：「我祇打攪您一會！」

小馬好奇地審視着來人。來人祇着頭由左腋下歸出一個包裹來。他把鐵球放在衣袋里，慢慢地打開那個包裹。那是一個方木匣子，外面糊着一層長條畫紙。小馬在自己的家鄉里曾經見過這種雜拌點心的禮品的。他不屑地望着來人的煞有介事的面孔，另外又在他心中引起了他的家鄉的甜蜜的回憶。

這時來人又由衣袋里掏出那一對鐵球來，向門口退去用無限的好意的聲音說：

「沒有什麼孝敬您，這是一點點小意思，我是前村的，請你多照顧！」

來人退去了。馬弁奇怪地望着花花綠綠的方匣子，用手指彈着那層硬梆梆的木板，並且還歸在耳邊搖視着，小馬告訴他說：

「這是我們的土產，你嘗一嘗吧！」

小馬用指甲劃破了紙皮，然後用大姆指按着木蓋的一端向後拉去，蓋子慢慢開了，露出了一層紅紙捲蓋着。小馬抽了木蓋，掀開紅紙，他驚叫了一聲，向後面退去。

馬弁扶住了他，在他耳邊怨恨地罵着：

「老百姓都是壞蛋，送來了危險品。」

但是當他們重新看去的時候，異口同聲地喊起來：

「鈔票！鈔票！」

小馬把鈔票倒在桌子上，他從來沒有這樣驚駭過。他覺得頭昏眼起來，一團團的紛亂的思想向他來襲。但是馬弁這時反而站在旁邊鎮靜地冷笑着。

小馬茫然地站着，他想分一部分給馬弁，但他終于戴上了軍帽去找栗田上尉了。他不願意把自己陷入一個馬弁手掌里，而且也是被一個突然緊臨的思想鼓舞起來的，他想：

「我是前進的，我要栗田上尉更相信我，唯有這樣，我才能很快地得到我的假期。」

栗田上尉馬上喊川島來，當着川島的面他表示了對小馬的敬意。同時他對川島無理地怒罵起來：

「你這個壞蛋，你爲什麼不拿出來，你受了賄賂嗎？」

栗田上尉認真地生起氣來，他的手掌連連地對着川島的面孔上，川島抱着頭躲到牆角里，栗田上尉趕上去，在他的臉上拚命打着。

栗田上尉疲倦地坐在椅子上，川島仍然摔着頭傴在牆角。小馬驚奇地獰立着，三個人沉默了幾分鐘，川島悄悄地走出去了。他偷望了小馬一眼，小馬感到了這怨恨的視線時，不禁戰慄起來了。

他們已經進到涞源附近了，他們住在涞源與阜平之間的交通線上。他們第一次來到這個[illegible]無聲的山縣里。綿綿秋雨停止了，在崎嶇的山路上不得不仰着頭才[illegible]。他們由人一次[illegible]北段地[illegible]搖着，栗田上尉因睡眠不足眼睛紅起來了，整天用暴燥說着乾涸的喉嚨。他罵人的時間更多了，他顧慮地把川島分調在北段工作，那里是比較危險的地帶。他留着小馬擔任「南段的通訊」。他們住在一個山城里。前頭部隊已經突破「僞政府」應有的距離。這時夜間常常發現有火，在士兵中間流傳着一種可怕的傳說，他們今天真正站在××軍的前面了。

栗田上尉拿出一打照片來，向士兵們解釋着××軍殺人放火，對待本軍沒有禮貌的行爲，以及××軍紅眼睛，綠頭髮，長牙長手的鬼怪形像。

小馬常常在夜間被惡夢驚醒，同時他爲肉體上的疲乏痛苦着。他已經同栗田上尉在南段運輸三次了。他們順着山崖上面鬭成的小路前進。在那里他得以暫時望到不可知的遠方的深入海面的蔚藍的天空，有時他們又掉在深淵似的夾路上爬行着。他們經過無數個村莊，在通過每個村莊時，要經過一個鐘頭以上的偵察工作。假若一個人突然在路上出現，他們就得停住車擺準了槍口伺候着。像這樣運輸一次，就要三天或是五天。

「這是一條鳥路！」小馬在心里罵着。

他最後一次正好在軍旗祭的前一天轉來了。他洗了澡，寫了家信。他早就等待着這個愉快的假日了。

在會餐中間，他為了節日是他同川島表示好感的唯一的機會，邀請川島與他同桌。川島守着酒杯默然不語。留聲機放着「滿洲之夜」的歌曲，士兵們發狂地喧笑着。

川島的眼睛朦朧地幻想着。他已經醉了，他用臂肘向前推去，一杯酒倒在小馬的軍服上。小馬預備站起來，川島掙視着小馬的面孔，嘴唇喘喘的翕動着，他的眼睛變得怕人。喉頭上下串動，用勁拍桌子着，指着小馬大聲喊起來：

「你是誰？你這個畜生，你是乳臭未乾的小孩子，哼，論資格你還不配做頭等亡國奴，我是你的老子，你竟欺侮我，我同你誓不兩立，來來……」

他向前撲去，但被人拉開了，他用衣袖遮着臉像牛鳴一般地哭起來，士兵們騷動起來了，為了這句話狂笑着，有的竟向小馬冷嘲熱諷地罵起來。栗田上尉命令都把川島送到禁閉室里，因為他喝醉了酒，並且辱罵上級。

「他是怎樣被俘的？」

早晨五點鐘，馬弁喊醒了他。他慢慢地穿好了衣服，跑進上尉的辦公室。

栗田上尉正在梳洗，小馬立在一旁。栗田上尉擦乾了面孔，對他說：

「昨晚來源來了電報，要今天送卡車給養。北段應該是川島；但這個猪喝多了酒，在禁閉室里睏個了，眞是混蛋！」

「上尉親自去嗎？」小馬問。

「祇好我去，你也準備一下吧！」

一個鐘頭之後，他們已經坐在第一輛司機車箱內向着從來走過的方向開去了。在眼前掠過了黃土層的懸崖，曲折的小路和小巢似的莽屋。當車輪沉悶地向下披滾去時，可以眺望迷茫的遠景。原野綏山蜿蜒着，河川在山峒里銀蛇一般的爬行。突起的山頂上幾株松柏圍繞着一座孤零零的廟宇。

栗由上尉今天異常消沉，狠狠地嚼着煙屁股。小馬坐在他的身旁，心中引起了一陣陣的恐怖，這是神經的微妙的震動，一種不幸的預感。

他們沿着山腰前進，左旁閃出一個十幾家住戶的村莊。栗田上尉遠遠地擺着身子，車慢下來了。接着向山坳里拐去，在那里要經過一塊窪地，找路狹窄而不滑。發動機沉悶地嚼嚼着，突然中斷了，車子跳了一下，向後退着。路上的樹木不知被誰砍去了。司機咒罵着。栗田上尉和司機跳下車子，後面的車輛也跟着停止了。

山澗里有一種聽不清的聲音在響動，高懸天空的秋陽像一隻向着窺探什麼的冷眼。

這時，幾乎是同時，他們看見了一個士兵的指示，從迎面走來了一個形跡可疑的人。

士兵紛紛跳下車，閃在汽車兩旁，持鎗預備形跡可疑的人的到來。

形跡可疑的人走得很慢，一步一步地拐着，驚疑得不能的時候就看清他的面孔了。他穿着一件血衣，他的面孔上也滿是血跡，祇是滑稽小東西在鬱個血球似的腦袋上滾動，那是他的眼睛。

他渾身戰抖着，噓唔着一種難解的可怕的符號。他反覆着說：

「我怕大日本皇軍……我怕大日本皇軍……」

栗田上尉雖是中國通；但是聽不懂他的話。他跳起來，抓住形跡可疑的人搖了幾下，要他快講出來。

形跡可疑的人搖着頭，閉上嘴。他顫顫地坐在地上，嚶嚶地哭起來。

栗田上尉急得跺腳，他命令小馬叫他快講。形跡可疑的人，望着他們的面孔，嚇得向坡路上躥去了。小馬揪住他，把他摔在原來的地方。

「噓噓噓！……我怕大日本皇軍，我怕大日本皇軍。」

「為什麼怕大日本皇軍？」小馬問他。

「噓噓，那里有炸彈……」

「血錯，再從頭講！」

「噓，拖着驢尾巴……」

「為什麼拖驢尾巴？」

「噓，那來想，噓噓，我的驢炸死了……」

「什麼時候？」

「晚上，噫，那末，喝………」

「你爲什麼要到那里去？」

形跡可疑的人不歸地望著小馬，他的嘴唇閉上了。但是嘴抖著。

「快說！」小馬斷然地喝問。

「我……噫，昨天晚上，我由集上回來，走到那……就是那里，一絆……踹傷了我一腳……我就死了、噫噫……」

他又哭起來了，他要用手遮住面孔。但是他不敢碰那面頰，又縮回手來，哭著說：

「後來，一個大坑……我的鞋子不見了，噫，拔、回去吧！」

「那地方在哪里？」

形跡可疑的人用手向西指著，他再不曾語了。

栗田上尉扭著痛苦的嘴角，猶疑不前的影子在他臉上掠過；但是武士道的血液又使他鎮靜下來了，他向小隊長簡單地命令著。

形跡可疑的人向山野跑去了；但是他們抓他回來，要他在前面領路。他縮著肩膀號啕著，最後背後的槍口使他向著僻靜的地點走去。

那里已經平復了，一層新土蓋在上面。栗田上尉向前走了幾步，望著兩旁的山頂，隨後回轉身來。蹲在新土上面用手指撥弄著有一點綠的土地、路旁一株樹樹了牠的枝葉上掛滿了昨晚飛散過來的腿的血肉。有幾個士兵也站在新土旁邊察視著。小馬心里說：

「這是敵人的地雷，昨天偏偏是節日，不然川島就不需乎喝醉了。」

形跡可疑的人這次真逃脫了。他的影子在一塊碑石後面隱沒了一下，忽然地向山底下跳去。

地心中有一絲絲的震動，在新土的下面有一根線一直爬到山頂，在山頂上有人牽動了那根線，一個火星迸出來，跳在重新埋在新土下面的地雷上。

「訇——」

小馬同飛起的石塊一起落在草叢里，他躺在地上睜開眼睛，覺得天地在轉。他第一眼望到了那個閃著櫻花編肩章的栗田上尉，軍帽落在一邊，身體扭在一塊岩石上。他的眉眼模糊了，嘴角流著血水。那隻炸斷了的左臂壓在身底下，像是壓進地層似的。在栗田上尉的身旁還有幾個屍身同樣的躺著。小馬懷疑地咬著手指，試著抬起頭來，他檢查他的周身除了酸痛之外，沒有一點傷痕。

他重新望見了太陽，太陽在他的眼皮上跳著。他望著身旁的青草，他聞著大地的滑潤香，繼續著炮聲又鑽進他的耳鼓里了。這時由山頂上扔下來的手榴彈，在他的周圍和汽車的周圍炸開了。靜伏在汽車旁邊的輜重兵這時跳起來，揮舞著手臂向著來路跑回。

小馬壓伏著地面，當他望見了士兵蹦跳的姿影時，他也被求生的慾念沖動了；但是他與他們中間，隔著無數火球著，手榴彈像冰雹似地落在那里。

在他的腦殼里單純地想著生和死，他把一塊岩石壓在頭上，他的身體蜷屈起來。他默數著時刻，等待著那不可知的未來。

一棵手榴彈落在岩石上炸開，小馬的頭震得暈直翻，他的額角上流了血；但他仍在呼吸著。

硝煙瀰漫了天空，小馬的眼前的無數金色的飛虻在飛舞。

最後靜寂下來了，在山崖上響起了嚓嚓的腳聲和欣歡的呼喊，這聲音是那麼熟習；但他不懂他們喊了什麼。

一隻手臂捉住了他，他站起來了。他環顧著，在他的面前出現了陌生的面孔、語言和動作。

「搜他媽的！」一個暗啞的聲音喊。

一個面孔湊過來，他避開去。他跨着兩條腿，木偶似地站在那里。他渾身被摸遍了，他的鋼筆、本子，錶，指南針……。

有人同樣搜著上尉。上尉死死地躺著，這是他第一次看見××軍的機會；然而他的眼睛卻已閉上了。

一個厚嘴唇，把鮮紅的齒根露出來笑著，他擎著手里的兩吊鋼筆（一端是沿筆）問著：

「這是鉛筆還是鋼筆？」

在小馬聽來如同「殺他還是不殺」同樣可怕，遠遠地有人喊著：「日本弟兄放下武器！」是聲音在他耳朵里又變得那麼生疏。原來一個著同軍服的軍官模樣的人，跑到他的面前講日本話。這個人滿頭大汗，對他和悅地笑著說：

「我們歡迎你，你是我們的朋友！」

這個人的臂膀上掛著××軍的符號。他想起了栗田上尉的話和××軍的鬼怪的形象。他睜大了眼睛，望著他周圍的人。

軍官模樣的人看，在戰士手中抗拜着的鋼筆，他變了臉色，問着：

「哪里來的鋼筆，是日本弟兄的嗎？還拿了些什麼？統統交回日本弟兄吧！同志們不要忘記了我們優待日本俘虜這個口號！」

小馬不相信地望着送回來的鋼筆，本子，指南針……。他仍在狐疑地想：

「那些長手長牙的共匪藏在什麼地方了呢？他們故意這樣引誘我，他們會翻下小便來侮辱我……那這些東西還不是你們的。」

軍官模樣的人走開了，在小馬身的旁站着兩個戰士，他們扶着他向山坡上爬去。走了半里路，一個小鬼送來了一匹馬。這時那個戰士搬起小馬的腿說：

「你有馬騎，我們優待俘虜。我赤着脚，讓我穿上你的馬靴」

于是小馬赤着脚騎在馬上了。

在高山上，另一個小鬼由岩石後面鑽出來，吹起了尖尖的號音。無數個戰士站起來了，端着槍，披着僞裝。小馬驚奇地望着，跟在隊伍後面走去。

昏沉的回憶圍繞着他，他記得他由關東軍司令部開到車站的路上也這樣回憶過，但是現在他知道他永遠不能回去了，他永遠離開了他的家鄉，他的父母，他的妻子。在前一天他還希望着假期，然而現在呢，他不知道他將到什麼地方去，他也不知道他將來的命運，他要替他的生命，他的生命是屬于安靜的生活里的；但是他的妻子不能阻止他出征，他的勤勉的工作不能使他得到假期，最後他沉入了戰爭的漩渦的深底，他再也不能戲着人生的幻想飛翔了。

時時有一陣風聲從前面喊過，他睜開眼睛望一下，又想：

「前十年我也許是一個中國人：然而現在……給我一個假期，我要追求我的安靜生活，和平的人生……」

他讓那匹瘦弱的老馬搖擺着，他的身體酸痛，他漸漸想睡了

我在夢中看見過一個哀絕的婦人，哭倒在白山黑水的家園里，我想着她的可悲的命運，當她的游子們的感動人的遭遇給她奏出挽歌的時候，那數千里的森林悲鳴起來，大地震動着。

鬱光的聲音被晚風向原野里吹去，樹葉習習作響。我的心變流淚，怨恨伴着黑夜一同來在我的周圍。鬱光不知什麼時候走開了，在我們之間沒有任何的存在，除了那血痛的聲音歸出來的血痛的事實

我整夜為惡劣夢境所壓迫；但是第二天我就得以緊急公文中最大的期限趕到宣佩去。一早鬱光跑來了，他的[illegible]巾里的手臂似乎能够活動了。他是來向我送別的，他那樣快樂的眼睛望着我，躊躇了一會，問着：

「有人告訴我你也是東北人嗎？」

我點點頭，在他的眼睛里引起了更多的驚奇，他連連地問我哪一省？什麼時候離開的？這許多問題，我都告訴了他。尤其是在最後一個問題上，他細心地聽着。

「唉！」他對我更直率地顯露了他的不能壓抑的感情，他低着頭，喃喃地說：「依你說，你是九一八事變就離開了東北，你又參加了救國活動；但是那時我才十五歲，我沒有想過我要離開東北，我像我從來沒有想過日本人會在東北幹些什麼一樣。現在晚啦！我沒有資格，我不能像你一樣，我曾對你說過我是由敵人那里來的，小馬在死之前也說過，前十年他也許是一個中國人，他們會怎樣來看我們呢？他們……？」

「他們對你說過什麼呢？」

「他們要我回去，給我路費；但是我怎麼能够回去呢？老實說我真不情願回去！」

「那末他們會留你在這里的。」

他瞪大了眼睛，吃驚地望着我：「你也這樣說嗎？有點不大信這是真事情，雖然都是中國人，他們若是想起我是敵人那里來的，就會懷疑我的。」

「你若真留在這里，你不想和我們（我又改了嘴說「他們」）一條心嗎？」

「我一條心是我的事情，他們疑惑我是他們的事情。」

「這里的同志們沒有權利疑惑一個一條心的人！」

他沉默着了。我開始收拾我的行囊。我的勤務員牽了馬來，他把我的行囊放在馬鞍上，我指着特務員對鬱光說：

「你認識他嗎？他是一個朝鮮人，是冀中的部隊在清風店俘虜來的，你問問他為什麼不願意回

愛？金保根保你說說看！」

金保根是一個十七歲的小鬼，他和他的母親在滑風店賣嗎啡。他唯一的親人在戰鬥中死了，他自已說從此便脫離了日本人的壓迫。他已能够講中國話了，他簡捷地說：

「還是我的家，所以我不離開他。」

我重新向寥光解釋說：「每個人都有自已的家、比如金保根的家在朝鮮，他的家早被日本人佔去了，現在他又把這裏當做他的家，凡是住着相同的命運的人的地方都是自己的家。」

我們出了大門，他同歡送我的人們站在一起，同我握手，同金保根握手，他快快活活地同我說：

「我也找到我的家了，我準備留在此地……」

他壓抑不住他的快樂的顫抖；但是他的眼睛濕濕的。他依戀着我；隨着我走出了村口，他在路上喋喋地說着他已經離開了的家鄉，他帶着自信的力量問我：

「我們什麼時候才能回到家鄉呢？」

「每個東北人都希望快點呢！那末一定是很快的。」

他誇耀似地說：

「哼，現在祇有我一個人知道東北的父老是怎樣盼望我們打回去，我要告訴每個東北人，叫他們知道東北父老的願望，喊！你騎上馬吧！」

我沒有騎，我還是同着他一塊走，他沉默了。不知他又想起了什麼？走出了村口，他的臉色變得更怕人了，我在他的臉色早捉不住他的內心的變化，他兀自說：

「那就是小馬死的地方！」

他向左走去了幾步，回過頭來感傷地說：

「可惜他死了，他沒有找到他的家，他是一個好人，祇是他和我不同……」

朝日的光輝已經洗去了芭籬下的任何痕跡，

「他死了，讓我們紀念着他！」我想起了死者的屈辱的一生，這樣說：「他有着最高的理想，他愛和平；但他不知道怎樣實現和平，並且他在和平未到來之前，自己爲了自我努力的失敗先喪盡了生活的勇氣，正像你所說，他的本質是善良的，他和你不同，他太怯弱，他的理想被日本人殺死之後，不得不自殺……」

我向他重新伸出了我的手掌，繼續說：

「用什麼來實現我們的理想呢？就在今後的生活中去找吧！」

我騎上馬回頭叮囑他：

「好好地工作，你是勇敢的人，再見吧！假若你到軍區來可以找我……」

他迎着他的嶄新的遠大的命運佇立着，直到我轉彎拐入橫路時，他還站在那里，朝陽用牠的紅色的光輝照耀着他，在他那明顯的三角巾上面似乎看得見他的快活的面孔在閃。

一九四〇、一、廿八。

× × ×

草原上的故事

（接排一六七頁）

呵，老鄉，咱就是那次受的傷，鄒蘭也就在那次死去了……那回咱躺在傷兵醫院裏，把鄒蘭的故事，也是這樣的告訴一位先生，他聽了很感動，他爲鄒蘭做了首洋詩。老鄉咱是睜眼大瞎子，屁字不識，可是當他挑着舌尖朗誦的時候，咱也記得幾句：

敵人想毀掉
我們的春天，
風裏，雪裏，
我們仍感到溫暖，
你踏着父親的血跡
悲壯的死了，
你的光輝
永照着漠北的草原
呵，鄒蘭呀，鄒蘭：
你是我們的春天。………

註一北方土語，潑辣的意思

註二封建的意思。

偶遇

謝獄

一

從閣樓裏爬出來，我還在顫抖，我的牙齒老是互相地撞着，發出一種非常難聽的磕磨聲。我不歡喜這種聲音，人家也不會歡喜這種聲音。………

老婦人卻親切地替我抹去背脊上的塵絲，撫着我。表示憐惜，又表示歡欣，她說：

「您是，哎呀，眞是好命呢！」

「好命？」我想，我不知道嗎，如果命不好，我還會躲在這兒顫抖？向俘擄射擊一下，在那些獸性横溢的人，原是極爲便當的事。

我向後退了一步，脊住牆壁。腦袋在野蠻的恐怖中，老婦人死咬着牙，不容歸出我的隱藏處，我激動起來：

「我要走了，媽媽，留在這兒，我會害了你的。」

她拉住自己的衣襟，顯得有些匆忙：

「有孩子，哎，爲什麼呢？這年頭大家會得遭命……………」

我知道她沒聽清我的話，確實她笑了。「笑，換過她手中的鏡子，我說：

「媽媽就只一個人麼？」

「一個？」她自言自語地。

「體面大的屋子，就剩你一個人麼？」

「啊，這屋子，——」她搖着頭，皺起光彩的眼睛注視着我的臉「我，我有孩子的，還有媳婦，我老了，懶得走。」

「他們全走了？」

「六十三歲了，」她淺淺嘆着「死了也好，免生，唷，你要吃一點麼？」

我笑着沒有表示，但當她站起來去料理食具時，我阻止了她，我說：

「我要走了，他們也許會再來的，一個頭頭說逃的囚犯，第一着成功了，第二着就得跑得快，鐘量的快！」

她點點頭，像很同意我的話。

但當我跨出門檻時，她又大驚小怪的擱阻了我，她抓着我的制服，數摘着我的長得不很合適的袖子，叫着：

「你跑不多遠，仍會給抓了去，抓了去，要抓了去的。」

那末老留在屋裏，就不會被抓了去麼？我要問，但老婦人的更大的關門聲，使我沒再說話，她匆匆地撇開我，挪動着小腳，隨後，拿出一些小木箱，那是些舊衣服，有長袍，有被單子，有舊短布短褂……。

「換上去！」她嚷着。

我懂得她的意思，服從了。

我有無可抑制的感激，卻沒有機會顯示出來，我說：

「媽媽，我們以後還能會見麼！」

「我老了，」她說，斜視了一下：「我會死的，哎，隨便什麼時候，我都會死的。」

「但是，要回來看你，一個陌生人，媽媽，你的關心，會使他終生難忘——！」

「爲什麼呢？」她說，聽不清我的話，爲了想露出我一點，她旋轉着：「你年青，太不懂事，你能說些客套話麼？人應該圓滑一點，碰見那些東西，也得裝一個笑臉，求求他們！」亦笑。

她曉得我爲什麼笑，眼睛微閉，樣子有點要變，沒有牙齒的上顎虛張開來：

「求求他們，裝一個笑臉，自己不短少什麼兒也不會吃虧了。」她捉着嘴門，皺着眉毛：「求求他們，你！」

「我不會再碰見那些東西的。」

她們料說什麼，嘴唇微微顫動，我走遠了。

二

我是誰呢？我不是軍，但人生活的方式和軍人差不了多少，所不同于軍人的，也許就是缺少那分節餘士兵所應有的「恬靜」吧？我是一個小公務員，爲人又淳滑，又好誇張，平不會替人家打算；吃大虧時心甘，吃小虧卻要煩躁終日了。這一回，我被派爲唯一的留守人員，怨自己的命，第一次嘗了俘虜了。

但日本人的所謂「俘虜」，不是犯子，就是

役，很少其他的待遇，前者是一椿了結，後者是傷重致死，要想活着命脫離他們是困難的我的終于沒死，雖是自己的犧牲，另一方面，。還是老婦人救了我，說，為她的孩子，「皇軍」在叫囂中走遠，她又指點了路途，叫我最好是往她兒媳居住着的那個市鎮走。

我穿的是一套舊藍布短衫，背着一把鋤頭，脚踏草鞋，有意想扮成一個農夫。這兒，隨時可以遇到敵人，但我生命看輕一點，機關槍與迫擊砲聲也就變得平常了，我踏着田坂路，脚有點跛，時時歇坐下來撫摸右腿上的傷痕，傷處并不痛，流着濃血，有些發痠，回憶起那慘酷的一幕，我異常憤慨，

那些東西都戴着鋼帽，穿着馬靴，走起路來一蹬一蹬，顯然威武之至，但最要緊的，倒不在威武與否，在于利用那些雙馬靴踢人，狠狠的踢呀，「這些狗子」，呼斥着，瞪了眼睛，鬍子也顫抖起來了。但另一個卻沒有鬍子，唯一點綴着嘴唇的是一個大缺口，似乎時常有血在流，顯出一種與面貌極不調和的鮮紅色。這鮮紅色已足以使俘虜們膽落了，可還有左耳上的刀疤呢，長長的一條，彰得還沒多久。「豬玀，」他的詈罵較他諳那個前還要簡單得多，但因為才到中國不久，話說得很生硬，「豬玀，豬玀，豬玀……」人家聽不懂，于是那雙套着馬靴的脚，就不免要大忙特忙了。

隨着伸展在眼前的泥路，那麼迂曲，遙遠，無限，我的腿愈益顯得跛了。

我要咒詛。不僅是那兩個日本人，想起我的上司，我的先祖他是更有理由的。那只肥胖的臉，用辦公費餓着，乾着，事急了，帶着家眷遠無聲息地走了。

「這是一個幽靈，」我想：「幽靈大都餓得精瘦，而他卻是胖的，他用辦公費使自己胖了起來，使家眷也胖了起來——」

于是，我眼前有一個市儈樣子的幻象，穿着長衫，脚很短，走起路來像影子在移，凸起大肚皮，臉孔老是那末深紅，輕蔑地笑着，眨着眼，眼神很難看到，偶爾的長歎，會叫人膽戰心驚。

「這胖子，天啊，」我呻吟起來：「這胖子—」

瞧着遠天，我下意識地撫摸一下面頰。那陰霾的一片，沒有雲，更沒有陽光，有的只是一種特殊的黑色，愈遠愈淡，愈淡就愈有憂鬱的氣味。

也許會下雨。

我的肩頭酸痛了，那把鋤頭成為我的大累贅。若果遇到敵人，我想只要平實，有鋤頭背着和沒鋤頭背着，其實是并無不同的待遇的，我搖擺着身軀，于是，讓鋤頭沉重地丟落在田坂裏。

但我似乎聽到一陣親切的細語，那個老婦人假使臨到我這行徑，一定會撅起嘴來。

「他們是日本人，先生，他們是……」

因為沒有了牙齒，語調很模糊，意思呢，卻異常淺顯，當我道謝她的搭救時，她就顯示出一種討厭的樣子：

「他們是，他們是日本人……」

說他們是日本人，就是說：「我們是中國人，」既向是中國人，在危難的時候，幫一點忙，好像是分內的事了。

她討厭我的絮絮的道謝，只要我的笑着想說什麼，她就搖動一雙小脚，很快的跑開了。

「她說對的。」我環視着四周，衰敗的樹叢擺搖野外所有的一切都弄得枯黃了，這種枯黃的顏色，是我非常討厭的。經過一頂小木橋時，我停下了腳步。

三

我注視着方屋「在深黑色的大門前站住，從黯處到後面，又從後面到前面，我反復地走着，擂着門，乾叫起來。

我失望了，手腿上有點紅痛，左腿似乎也要和右腿一樣開始流着濃血，我想這也許是命運，不能在日本人的槍刺下，卻要在這兒餓死麼？

方屋的斜對面，突然有一個生物蠕動了一下，我走了過去，稍稍有點膽怯。

那兒是一所茅屋，蓋着陳年的舊稻草，後面一部份，已完全傾倒，樣子古老得很。有着一種腐爛的腐敗的氣味。

我知道一定有什麼東西藏在裏面，我想叫喊，那些動物卻面對着我直竄出來。

是一條狗。

閃着紅而且大的眼睛，耳朵很狹小，好像已被主人在飲醉時用剪子剪掉了一小圈，全身毛色漆黑，近尾巴處已給誰咬去了一大塊，露出紅紅的鮮紅的肉色。尾巴卻很長，是意外地垂下了的。

它伸出舌頭，注視着我，在我身邊奔跑着，

可不敢近來，眼睛愈睜愈大有一種不懷好意的兇光。

「這也許是一匹瘋狗，」我想叫着：「噓，咽，不認識我嗎？混蛋！」

狗似乎懂得「混蛋」二字的含義，它顯示出鋒利的牙齒，用後脚使自己站了起來。

我走近茅屋，狗想攔阻我，煩躁地號叫着，但又突然安靜下來，像跟在我的後面了。

茅屋有兩扇門，一扇門虛掩着，另一扇已傾倒下，門的周圍有不少的果殼、飯粒，與蔬菜葉，地上還有濃痰、鼻涕。靠左面則是一大堆的血，深黑色，像已經凝結了，又像已經冰涼了。我瞥看着這深黑的一堆，用脚稍稍踐踏一下，草鞋上就沾染了令人欲嘔的血絲。

屋子裏沒有一點聲響，推了一推門，光線更顯得黯淡起來。

我感到潮濕，鼻尖上似乎有了水珠，也許是汗，但也許是沾了潮濕的水蒸氣。我的手扶着桌子，手上也全濕了。

桌上黏黏有許多羽毛，一大堆，很濕，所以沒有飛揚，像是新從一隻雞的身上活活的扯拔下來的。羽毛的附近是兩隻碗，一隻已給打砸了。

再過去就是床，沒有帳子，也沒有床毯和棉被，就僅僅是一個舖位，上面除了一隻鞋、什麼也沒有。

我退了出來，腐敗的空氣使我頭暈了。

「又夜啦，」我呻吟着：「我不出一個活人！」

我手上原本空無所有，現在卻抓着了那雙鞋子，抓得那麼緊，像我的上司抓着自己偽造的帳簿和發票一樣。

「我要出賣這隻鞋子麼？」發覺我的熱淚，我無聲地哭着，鞋子自我的手裏滑了出去。

但瞧到鞋子尖上的紅粉色的花紋，我又重新拾起那只鞋子，撫摸着并檢視着，天曉得，這是一隻女人穿的繡花鞋！

于是，我想起茅屋裏的雜亂，那些果殼、飯粒、碎碗、雞毛，空無所有的床，以至于一大灘的黑血。

「一個女人遭了劫了？」

我懷疑，可也很了然這懷疑是多餘的。

我發覺那只垂了尾巴的狗已經失蹤了。

那隻狗，餓得精瘦，眼睛中的兇光，也許正是在訴說它，主人的慘遇吧？我想：它會瘋的，遲早會瘋了的。

但在一株高大的梧桐背後，我找到了方圓的一個側門。

推開門，我忘了那隻狗。

天色在黑下來了。

四

屋里也正和茅屋裏一樣的雜亂。堂前的傢具全給搬走了，剩下的只是幾根翻衣的竹竿，一把劈碎了的太師椅，以及若干堆的碎瓷器。

我用手代替眼睛，摔了一跤，又爬起來，摸索

縮，情形像一匹懶貓，弓着的背，微閉的眼睛，只縱了沒有作貓叫。

可是我坐在泥地上，有點膽怯起來，周圍，是一種奇異的空虛，雖然沈寂着，卻似乎有巨大的喧囂在等待着機會，時機一到，也許就永遠不會有這種沉寂了。

「還過浩劫了，」我摸着自己的腦袋，想着：「全遭過浩劫了，真是他媽的，一大批的人追，露出獠牙，叫着，另一大批的人躲着，隱藏着，像捲鼠，辟比老鼠還不如，只是哭泣，被鞭策，死！」

但這邊似乎有一座門的輪廓，淡青的油漆、剝了斑駁，時時像有人在鎚打，咚咚……。

我觸摸着走過去，撫摸那座門，推開了它。

我的眼睛為火光眩兆得有些模糊，想迅速的退出，又躡起遠的踊進，在幾秒鐘的猶豫之下，我看清楚了桌子上擺着一只荳油燈，燈光非常微弱，像螢火，微細的火焰跳動着，發出一種「滋滋」的聲響。

燈的後面是一片布幔，白色，有許多污跡，風吹不到這裏，布幔卻在飄動着。

走過去，我于是嘲笑自己似的觀察看這個布幔，那上面左右分掛着兩個鈎子，呈半月形，樣子很像蟋蟀。

想起「帳鈎」，我突然覺得自己摸索着的正是一張床，裏面且還有人睡着——。

我拿起荳油燈，仔細着不讓火焰熄滅。

床上有棉被，棉被的下端露出一隻淡綠袜子的

腳，向外拐着，樣子非常不適意。

但揭開棉被時，我顫抖了；面前是一個女人的頭，蓬着又長又黑的頭髮，慘白的臉，眼睛大而無光，嘴角扭曲，有着血跡，頸部是一圈青黑色，有淡淡的紅印，像給誰用繩子勒過，胸窩上插着一把軍用匕首，一隻用血染紅的綉花鞋套在柄上。

我的手的搖動，使荳油燈的火焰愈益跳蕩不定。我呆瞪着眼，恐懼多于憤怒，伸下手去，我愚蠢地在那個挺直的鼻子上撫摸了一下，一種冰冷的感覺，使我激跳了，我摔掉了荳油燈。

火焰暗淡下去，我發覺那個女人腰臀，已經沒有了，胸部以下，就只裝飾着一隻赤裸裸的腿。

我失落了魂，匆匆的自那個斑駁的淡青色的門前退出。我的臉上像括過一陣風，陰而且冷，似乎是一隻冰僵了的手在撫摸着我，

要拿出陰魂存在的證据是困難的。但要拿出陰魂并不存在的證据，也同樣是困難的。

我竭力想安慰自已，可是當我重新跑到當前時，我發現那虛掩着的邊門已經洞開了。

推開門的也許是風，也許是人，也許是其他的什麼東西，但無論是風是人，或是其他的什麼，我現流着濃血的右腿，拐得更爲起勁了。我拖着脚步，我想：「我需要休息。」

可是我聽得很淸楚，背後有人跟了出來，走得很輕，像踮着脚在走。

我驚慌失措地回轉頭去，身子涼了半截，和一對火焰似的眼睛相碰，我的眼光嚇然地閃開了。

還是那條狗，拖着尾巴，睜大了血紅的眼睛，顯出憤不可抑的兇意。

「噓，噓！」我異常不高興地叱着，提起了左腳。

五

我走開了麼？沒有，那隻狗跟了我，隨後就咬住我的褲腳，一邊拖曳，一邊號泣，用力地拉着我，一直倒退到那個淡青色的門前，才鬆了嘴。

我不知道它的用意，詫異地呆立着，它呢，在屍骸的床的周圍，管自徘徊起來，可以隱約聽到它的全身的骨節在響，似乎在搖着頭，想訴說什麼。

我向後退，剛回轉身體，狗怒吼着躥了出來，又咬住我的褲腳，拖曳着，哼着鼻音，像婦人在怒斥她的孩子似的：「噓噓噓」地喘着氣。

我倚了牆站着，狗在室裏旋圓圈，「這算什麼呢？」我想，于是憤怒起來。

我和狗起了掙扎，相互嘗鬪着，拖曳着，末了，我用那把破碎了的太師椅，劈開了它的腦殼。

我逃了，但剛跑過茅屋，右腿上的創痕使我暈了過去。

我被担架隊發現，已是第二天的傍晚，第三天，我就給送入三區後方醫院。

在醫院裏，每天我讓一個年青的醫生施行一次手術，每天我必大叫一次，每天我必大叫一次，那條狗在我腿上蓋着的深深的牙印，終于使我哭泣，使我屈服了。

一個半月，我老是靜靜的躺着，不准轉動，更不要上床，眼眼失了陽光的臨照，幻想中的野外景色常常使我激動起來。這個長睡的懲罰，很叫我傷心，我想：「讓我死吧，爲什麼給我當這樣奇異的囚犯呢？」

過了一個半月，我下床了。我沒有出院，甘心地在那個年青醫生的手下當了一名助手。

這個醫院很小，人手又那麼少，三個醫生，六七個看護，要照管五十個以上的傷兵，事實上確很困難。我給醫好了，留了下來，因爲我在醫專裏讀過半年書，而且好像我也還不缺少一點「正義感」。

但沒幾多天，那個年青的醫生却發現了我的野心，他鐵青了臉，絮絮地訴說着，又命令他的妹妹不許再和我親近。

這是一個趣劇，我扮了主角，有過很多很鮮豔的夢幻，但最後，這些夢幻均在那個女看護的嚴厲的眼光之下粉碎了。

粉碎了，于是我決定出走。

夜裏，我移交了所有的器械，書籍，衣服，甚至那本薄薄的傷兵花名冊。

我沉靜地撫摸着自已的面頰，很不適意，精神是嗒然的，手無聊地翻弄着花名冊。我從來不高興注意病人的名字，花名冊其實只是向上司報銷用的。那本冊子在我手裏倒豎着，又被丟擲起來，終于是經不起粗魯的玩弄，脫了線，零散了。

我想整理那些碎紙，頭有點發熱。

但在最末一頁紙上，我發現了一個名字：「胡世軒」。這名字人家提起過，我跳了起來，「胡世

軒，」吁着：「還不是，天呀，不是那婦人的兒子麼？那個救我性命的老婦人？」

我仔細地查着他的籍貫，年齡及病室號數。他住七單人房，于是我徜進第十九號病室裏。

六

病人正倚着身體，在注視着自已的傷處。我的沉重的開門聲使他抬起了頭，他驚訝似的瞧着我，瞪大了嘴巴。

那是一雙漆黑的眼睛，眼角處稍稍有點淡灰，鼻子也是挺直的，很高，上端微微灣曲，面頰瘦而蒼白，好像在顫慄。

我立刻從那整個的臉子上，看出他母親所遺傳給他的風格來，我想：「這就是那個老婦人的遺腹子，我的兄弟！」

病人睜大了眼，接着垂下眼光，他說：

「先生，還要看看麼？」

「看看？」

「要卸下這帶子麼？」

他舉起右手，腕上繞着綳帶，臉色更爲蒼白了。

「剛看過，先生，」他乏力地：「您還要看看麼？」

「不。」我說，讓自己坐在床沿上。

他瞥了我一下，右手仍伸進棉被裏去了。他說：

「您要什麼呢？先生。」

「我來看胡世軒。」我說。

他詫異地動了一動身體：」您認識——我麼？」

「一個年青的男人，二十七歲，居後埠鎮，瘦臉，眼睛很大……」

他笑了，他說：「您從什麼地方查出來的，先生」。

『不，」我說：「胡世軒有一個媽媽，六十三歲，在後埠小溪坑住着，她不怕日本人，沒逃走，她告訴我……

「天呀」…」坐了起來：『你，先生，你是誰呢？」他叫，

「胡世軒的媽媽要我帶一個信，告訴她的孩子，她老了，她說：她隨時會死去，但她很快活，很健康！」

「告訴我，先生，您和她住過一時麼？」

「我嗎？」我笑：「是的，我在那個大屋子裏頓了半天。」

「她說道什麼嗎？」

「說的，她說得很多，她要我帶個信給她的孩子。」

「什麼呢？先生？」

「她很好！」

「很好，啊，但她要您帶一個，一個，什麼樣的信呢？」

「很好！」

「是的，」他咬着嘴唇：「媽媽就只說她很好嗎？」

「她說：她住得很好！」

「謝謝天，那末，是，先生，您到過上竺沒有？」

「媽媽要我向那邊走，」我說：「我到過的，但那邊沒一個人，什麼也沒有。」

「日本人到上竺兩次，」他說：聲音微微顫慄：「市上全給火毀了。」

「知道的，」我站了起來：「我到那邊，日本人剛第一次來，只一天，又退走了。」

「第一次來，」他說：「雖然也放火，卻只「燒了鼻西的一帶。第二次，可不行了，什麼都給燒個精光。」

「火沒有放大的那一次，他們殺了很多的人。」

「殺了，這——」他支吾着：「他們，他們弄死了幾個女人。」

「你是逃出來的？」

「我」？他說：「第一次來，他們聲勢很兇，我卻從後門溜出了。在外面躲了三天。第二次，先生，」他呻吟着豎起右手：「日本人在我的手腕上砍了一刀，肩頭上砍了兩刀。」

我沉默着，突然想起那幅女屍的慘象。我恐怖地眨眨眼睛。

「您到過我家裏麼？」

「沒，沒有，」瞧着他那神氣，這一次支吾的是我了：「我找不到，媽媽說是「方屋」，但那兒有好多的「方屋」。」

「卆木橋旁。木橋，上面有一座小亭子。」

「我忘了，」我抱歉似的：「我找，總是找不

到。」

「我是給抬出來的，」他說：「在外面躲了三天，我又回到家裏，隨後……日本人第二次來了，我在壁[illegible]裏，沒逃，等着他們，鬼曉得，我殺了一個，自己也給砍了三刀，」他微笑起來：「我躺着，裝死，隔一天，給抬了出來，喏，他們弄錯了，他們……」

「担架隊？」

「是呀，担架隊，他們沒有看清，當我是傷兵，我在爬，他們把我抬了起來。」

「担架隊也救殺敵人的老百姓的，」我說：「你避難到上竺，媽媽住在小溪坑，你，就只一個人麼？」

「不，」他說，臉色稍稍變了：我還有———」

他沉默了，搖動着自己，像在竭力避開腦筋中的那一個女人的影子。

[illegible]再打擾他，第一，他不是高級長官，住着單人房，[illegible]然是有重病。第二，我知道他的肩頭還在潰爛，不宜于跟人家多談。第三，他顯然已想起他的妻子，胸部起伏着，很像要大哭一次似的。

我和他告了別，說着「再會」，他不[illegible]，只詫異地看我一下。

但當我跑近門邊，他叫住了我，他說：

「先生，我———」

他撐起身體，招着手。

我回轉頭，仍走近床邊。

「說，先生，」他顫着嘴唇：「我要和你講

麥收

楊禾

天空的雲塊愈變愈小，終於藍天多於灰天了。剛住了雨。東灣裏的青蛙急噪着。打麥場麥香氣流到街上。就因爲天雨，今天的鐮刀放下得早；時候雖只五點鐘，關東客就翹着他那沒鬍的尖嘴吧出來了。

「五媽，你也吃得早呀！」

「啊！是他二哥呀！」五老虎欠了欠坐在青石上的屁股，手裏不停地搖着那把經年不離身的大芭蕉扇。「眞是——我貪在想什麽，還沒看到你走來呢！」

「五媽家的麥子收割完了吧？論收成，熊家的莊稼是頭一分，眞好遭際！」關東客協協地笑着。

「可別說啦，遭際好？遭際好不噓到這！單單在忙煞人的火口上，那狗日的，是頭盾火炭不嫌熱。」

「聽說的是悅來兄弟嗎？他還沒……？」關東客忽然又嚴肅起來。

「他還會回來？那可天好了——可是呀，「兔子跑山坡，總得回老窩」，看他神通到幾時？他可沒有孫猴子蹦上那根毛，一蹦就是十萬八千里！」

「哪能？哪能？他吃點子虧也就回來了！」

「吃點子虧？命可不能拿着玩的！張口「油雞蛋」，閉口「油雞蛋」，可正是雞子朝硬石頭上碰，沒有不「完蛋」的。什麽「油雞隊」呀，「油雞隊」呀，我睜着眼看這般鬼迷了心的東西，能拔掉「日餅」人一根毛？再一說，「日餅」人是好惹的，人家也不到咱這地界裏來！」五老虎說話還麽有勁，像是要咬碎每一個上口的字。

「五媽！常言也說得好，「好漢不吃眼前虧，「日餅」人天厲害，順從一點。」

「王師傅來啦！」兩個人忽然像屁股上中了蝎毒，猛然站起來，笑臉迎着。

被叫作王師傅的，只有卅多歲，夾板臉，高鼻梁像安在臉上的一塊骨頭，有兩綹墨黑的短鬚。總是低着頭，翹着脚跟邁着輕的碎步，生怕一不小心，死踏一個螞蟻。他，是本村人。從前是小學先生，現在成了村長了。他是一個道地的折中派，常對人說：「我不叫老百姓吃虧，可也不得罪日本人」，以表示自己第三者的公平的立場。

王師傅也沒打個招，就搖嘴說：

「那自然！無論那一朝，那一代，你打我伐，沒有不了的局面。究其極，把眼睜大了，天下人，是一家人，混亂一陣，捱得過，也就平順了！」

兩個聽話人都滿意地笑起來了！王師傅也微笑

五老虎住了笑，噓口氣，說：

「王師傅，你看，俺家那狗東西也跟人家東倒，和你講……」

我低下頭去，注視着他的臉。

于是，他低低地傾訴說一個極爲神祕的故事，開始呻吟起來：「我，□殺日本鬼」，爲了女人！

」

「女人？」

「□□的女人！」

他慘澹的笑了一笑。

他瞥着我，伸出左手：

「去嘲笑，走開，」他叫說：「走開！」

「白，走好了，可是我告訴他，我已經決定離開醫院。

五天以後，我或許要再來看他。

他不理睬我，只輕蔑地叫：「走開！」

第二天我從醫院裏跑出，隨後就在一個很偶然的機會裏，遇到了我那上司，我們相互埋怨說笑、接着，我就完全忘了他的市儈相，預備重新供職了。

一直到現在，三區後方醫院早經解散，我始終沒有去過，我的爲人，仍然是又浮滑又好誇張，並沒改變過什麼，所不同的，就是多了一點慘酷的記憶。我時時要懷念着那個老婦人，老婦人的孩子，以及孩子的妻，想起在上些過了的一夜，我更會顫慄起來。

一九四〇、四、一三、于甯波×××閣樓。

× × ×

西流的……」

『其實，那也不是什麼大壞事：只是有點傻。

」

五老虎心一冷，臉更沉下來——更覺得自己孩子的不怨的糊塗了。搖着大芭蕉扇回了家，竟忘了喚雞。

她兒媳正點了菜油燈紡紗，聽了婆婆的脚步聲，就喊：

『娘，回來了？』

婆婆沒回答，高聲地罵着：『那一輩子沒燒好香，遇到你這喪門神？你一踏進我家子的門檻，俺悅來就心迷了，不信話了；從前他不，是你挑他跑了的！』

『嘻嘻，嘻嘻！』這個不知道如何生氣，也不會看眼色，被人認爲少個心眼的兒媳婦，竟笑了！

五老虎更惱了，大聲鼓氣地吵：『你是笑你娘的紅×呀？你是……：你想的倒好，俺兒何死了，你招上八個黑漢子，摟着你這小爛貨。你想的倒滿好呀！』

『嘻嘻，嘻嘻……』又是隔壁的笑。

『哎哎：我的祖奶奶呀！氣死我……氣死我啦……』五老虎嚥下一口唾水，再也沒話。

屋後，灣裏的蛙寂寞地叫，夜深了！

× × ×

夜來又下了傾盆大雨，東灣的肚子漲滿了。這天不能下地，一大早，村人都集在灣頭看水。五老虎搖着她的大芭蕉扇朝外走。一脚門裏，一脚門外，就嚷着；

『你死狗日的！不信挖出來看，你的心都黑啦！孩子回不來，饒不了你！』

大家的笑臉，迎着那一雙近攏來的[illegible]脚，東客未會開口先慌搖着：

『又怎麼了，老得五媽生氣？』

五老虎一屁股墩在塋地上：『昨天的氣還沒消，心裏是滿滿的。』

沒有搭腔的。好久，六拳才吐了一口煙，剛記起似的說：

『無老人家，也不怪她呀！一個新娘子，能……？』

五老虎□話鋒接過去：『我就一輩子不倫，年輕輕的一個媳婦子，留不下一個男人：』

『可別那麼說，悅來家眞沒你那點能爲！』黃面婆冷冷地說。

這時抱着孩子的小成他娘又接上：『要是男人們心硬，一丟，什麼也不管！小成他爹走的時候，其什麼話沒說到呀！石頭聽了也該點頭了；我說，小成他爹呀，你是天，俺是地，要是有個天陰天晴，爲妻的依靠誰呢？……』她越說越惱，眼圈兒紅潮了。『那時候奈小成，才剛剛五個月……』

誰衆并沒有受感動，一點表情都沒有。有誰小聲論了一句：『說過十八遍了！』

小成他娘大概沒聽到，依然說她的：『花是好看一時，人是新鮮一陣呀！總是不知道當初他待我多麼好？眞是我說一，他不說二。我那回七日門的時候，他扶着我走出房門，好像捨不了我一步。我那時是穿着胡縐鞋，大紅裙子押鏤花的——「——」

人們早有經驗，一任她說下去，天黑也不完的；於是有人高聲搭岔了了：

『今天沒見王師傅呀！』

「他一早就上北鎮了！「日餅」人叫他去的，不知爲的是什麼事。』

『哎，王師傅的腿也跑細了；要不是他會對小川講話，咱村能單獨安閑！』

『眞是！』

『釘點不差！』

『聽說東王莊燒啦！道是「日餅」人又要花姑娘，村長搔頭沒辦法，「油雞隊」就男扮女裝送去了。本來是想裏應外合，後來呢，鎮外的人還沒準備好，裏面的人就鬧翻了。扮裝的「油雞隊」死了七個，整半數，「日餅」鬼也死了不少——「日餅」鬼就把小東莊一帶的大小七八個村子了一把火燒平了！』氣打聽指手畫脚地講，一口的白沫，好像怕說不完似的，急得那一雙紅眼都擠細了。

『人呢？』大家担心地問。

『都當了「油雞隊」了！有五六千人，連男帶女，沒老沒少，都算上。』

花白鬍子的老趙雲嘆一口氣：「這才叫死逼梁山呢！螞蟻多了纏腿，狗打急了咬人。看「日餅」鬼怎麼收拾？』

『說來說去，我們幸虧有王師傅呀；要沒有他，還村還不和小東莊一樣？』

『王巫婆說過，咱村有神人搭救。她七天湯水不下口，死過去了，還了陽以後說的，她現在是『半仙之體了。她在家燒香，向李鐵拐大仙講情呢！七七四十九天以後，這個村就不要緊了！說不定，是她搭救了老老少少呢！』

『目下是個關口啊！』五老虎看了包打聽一眼，長嘆一聲說。

雲開了，天空裂出一輪白日。楊柳，灣面，人。橋，都浴在輝煌的光波裏。

不遠的榆樹杪上有蟬叫：知了！知了！

× × ×

晴朗的天上沒片雲。南風像慈母撫摸的熱掌。蟬聲益發喧鬧了。各家的打麥場上都是忙人——劉麥的，打麥的，撿麥桿的……有的場上完全是女人！五老虎家也只有婆媳二人在場上跑來跑去。至於孩子呢，只待拉着壓麥轆軸的牲口尾巴一擺，就跑上去檢糞。

從北鎮來了兩個「日餅」兵，會說鬼子話的黃圍婆的丈夫領着路，走向村長的住宅去了。打麥場的人望着他們粗矮的背影，彼此做了幾個鬼臉：這已不是第一次來；而且，前幾次來，也實在沒有什麼大驚擾，他們依然在忙，流汗，看看一粒粒金黄的麥在地上滾，都像驕陽一樣地笑了……。

晚飯後，村長召集村民會議。各家有代表，男人不在家的，由女人出席。王師傅慢慢將「日餅」兵的來意說了。一時大家的眼彼此望着，老趙雲第於吹着他那花白鬍子發言了。

『怎麼都可以——反正，我不能讓我一家老少忙忙碌碌，洒了血，洒了汗，才收成的那一點子糧食，眼睜睜地送去喂王八——□子是我家人的命根！』

老趙雲沉重的話，一字字扣上每個人的心頭；有兩個年青人就一齊叫起來：

『說的對，王太爺！小鬼頭們是要我們的命哟！不能！不能！』

『要……要命，斷……斷手不……不可！』四急吧因了口吃，兩腮的短髭和皺紋都牽扯得動着。

王師傅蹙起眉頭：『咱們交不上，日本人來了，麼辦？誰担當得起。日本人老早要找岔。前幾天，小川叫了我去，說是這村子的人，淨是游擊隊。要來懲治——一千石麥子，三天之內交不上，小東莊就是模樣！』

三狗忽然獰笑了一聲，大家都楞了一下。三狗氣得滿臉青筋：

這些殺人不見血的雜種呀，那一村總共才出幾百石糧食？』

沉默……女人吃吃喳喳地講話，忽然一聲高起來：

『那在「日餅」人禪當裏竄來竄去，給「日餅」人舐腚的人呢？也沒給村子裏的人講上句好話？』

夜色已漸爬進村，人面模糊不清；憑聽聲音，知道說話的是大頭姑。

黃圍婆不動聲色說：『在「日餅」人禪當下竄的能是誰呢？他家隔他爸給「日餅」人說不上話，還不是吃「日餅」人口下一碗飯？』

『呸！』

『不要打岔，說正經話——可是我忘了告訴您，就是，頭牛河南邊的游擊隊食都被日本運走了。來人的意思，是趕快把麥子送過河去。」王師傅說完話，抬起頭向四周的黑暗看了一匝。

「那好呀！」好幾個人的聲音。

「可是，日本人是不好惹的！」王師傅說。

「油雞隊是自家人呀！」

「日餅」人也是自家啊！」大頭姑一聲冷笑，像夜貓。

王師傅像沒聽到，機械地問着：「三天以後怎麼辦呢？」

沒人回答。遠處的巷口，有孩子羣唱：

「姓王的」，不要臉，

見了鬼子魂飛天。

鬼子說，你給我斟上酒，你給我裝上煙。

縱然你的臉有三寸厚啊。

「該有一副心和肝！」

哈哈一陣笑之後，又重複了後一句：

「也該有一副心和肝！」

王師傅的臉更沉鬱了，在平時他聽慣了這類孩子的「胡嚷」的；但今天，好像完全是新的刺激。他沉重地垂下頭，依然機械地問：

「怎麼辦呢？」

「我看快通知河南，明早就裝車來運，先運走再說：看「日餅」人動靜，一有閃失，大家過河！」

「事實上辦不到。日本人那裏……沒法交代…」

「小川不是你的好朋友嗎？」大頭姑還要說下去，老趙雲暗中的一雙慈和的怒眼正瞅着她呢！就住口了！

王師傅完全入了昏迷狀態了。兩手抱着頭，自言自語地：「我是幹麼呢？為了誰呢？」

× × ×

會就這樣了草地散了。

四急吧默默地走了回家的路。天空飄着細雨，他沒覺得。他要想一些事，但想不下去，他走着，一種叫罵的噪音漸漸大了。

「五老虎又欺負他的兒媳婦了。」他想。

五老虎的叫罵，似乎夾雜着刀劈聲：

「千刀剮的矮腿鬼，您怎麼不滾回老窩去吃您娘的死雞呀？通通！通通……您吃了祖宗的天靈閃，明天就噼嘭斷氣。通通……」

「五嫂：嫂：聽！又：又：又怎麼啦？」

「您那一群雞，八個，烏雞沒尾巴，長頸子，老公雞……都叫今天來的兩個矮腿鬼攜去啦：容易嗎？多少工夫？多少糧食？一

「嗯，算了吧！什麼都：都：保：保不住了…還…在乎幾個雞？」

五老虎沒細心聽，依然倒騎門檻，一面刀劈一面駡；

「吃下我那八個雞，你死了的五代祖不安，新生孩子沒有屁股眼！通通……

× × × ×

天只麻麻亮，許多人的噩夢，都被東南方的鎗響驚醒了。有的人，像王師傅五老虎老趙雲，就根本沒睡着，是睜大了眼直捱天亮的。

一種潛伏的抑壓不住的恐怖性，開始在每一個村人的心頭擴張………。

村頭看林的老黃跑進村，逢人便說：

「不要慌！不要慌！是「油鷄隊」和「日餅」人隔河開火的。」

鎗聲漸漸就稀疏了：最後，只偶然有一兩響飛過村的上空，像野狼的一聲呻吟。

近午，有機令令的響聲，是從東門來的。人們不久就看清了農民趕着的牛車，「日餅」兵，前頭走着黃面孔的男人。車和兵的數目一時看不清，只是把一條小小的東西街塞滿了。

黃面孔的男人走到王師傅跟前，咬了一會耳朵。王師傅皺了下眉頭，如是又咬。王師傅就吩咐老黃敞着破壞鑼滿村子嚷：

「皇軍令：村中各家各戶，大大小小，男男女女，趕快一律出村，小心觸犯了皇軍軍法！」

晌午，太陽正燒得毒，村人才滿臉汗，垂頭喪氣地回來了。庭院，屋裏都汚亂不堪，滿是爛草，破木器，黑塊的棉絮，老鼠咬上洞的布頭……麥子—連小米高粱，連女人的銀的銅的首飾，精巧點的木器都沒有了：賸下的是一個空村子，街道一條條加深了的車轍……哭，罵，憤語，女人的淚………。

出村的人，只有年輕的二天六尋思過河去了，沒回來。

× × × ×

午夜，日本鬼才踉蹌地離開村子——日本鬼又來過一次，是當天下午的事。

哭鬧，痛罵，獰笑，憤怒的聲音，已成過去，

有的是啜泣，是慘叫，是驚呼，疾走的步履，在現吹風和短衣的相激的索索聲：整個的村莊，裹緊在一層除夕的陰肅氣氛裏，一聲特別清亮的哭聲：

『我怎麼有臉再見小成他爹啊？』

在十字路口，平擺着兩個人。人們彷彿能看見五老虎浸透了的，堆滿歲月的皺紋的黑臉，和一雙已經失落掉鞋子，紡錘形的脚。她，徑灣水打澇出來，但是，已經死了！傻氣的兒媳婦在她屍旁嘻嘻的，不知是哭呢還是笑。從上吊繩放下的王師母－王師傅的太太－平行躺在五老虎的不遠。她那美麗而蒼白的臉上，似滯留着一絲細微得不易察出的慘笑。忽然睜開她那雙秀目望一下，但只一瞬間，就閉上了。宜於笑的頰上有一大塊紫青沾着血。但她依然和死神掙扎，只薇着一半的胸脯，像小風箱一樣急促地呼吸。隔隣的二媽媽不轉一眼望着她，眼淚像決的小河順下。

『多麼好的孩子呀！菩薩保佑吧！』

『二媽媽，不要把眼淚滴在她身上啊，滯了淚「過去」不好……』

『她不能一過去」呀！這麼好的孩子……』二媽媽嗚咽着。

從西面捱過一幢黑影，小聲地說着話：

『大頭姑也死的慘啊！』

『咳…………』

「她的小肚子下，插一把切菜刀，滿嘴含着血，看樣是和鬼東西們撕打過。那是個饒勇孩子呀，平時就嚥不下一口鳥氣。』黑影繼續地講下去沒有第二個人的聲息；像一個抱怨的幽靈，對曠野自述他生前的故事。

『王師傅還沒來嗎？』二媽媽目望遠方向看。

『一直沒有回來！』

包打聽這時出現了，說，他回來過了。她看見的，他走到家門口，只有兩個把門的「日餅」兵。「日餅」兵不讓他進。他聽屋裏有哭聲，知道出了事了。兩個「日餅」兵還拍着屁股笑着，學着王師傅的口吻：『小川隊長的在，一家人一樣的，這－－也不算壞的！』王師傅就頭不回走了。

『出南門呢？出北門？』

『是出的南門－臨走，他擦着淚說：「我對不起這一村的老老少少啊！」我親眼見的。』

『他不回來了嗎？』二媽媽依然問着。

夜，靜如一潭水。

『那個常跟孩子玩，在濟南上[illegible]學的年青人又來過嗎？』

『昨晚回來的，半夜裏教小孩子唱，匆匆又過河去了。說是明天一早來運糧食，今早鎗一响，我就知道不好；果然，遊擊隊過不了河，日本鬼却又來了。』是老趙雲的嗓音。

『咳，我們都是老骨頭，不中用……』

『一村不賸一個年青人！我看年青的，一代比一代結實了！』

坐守王師母的二媽媽轉過頭，顫巍巍地：

『菩薩加庇，叫我們的老眼也看到以後的好日子……』

中夏的夜是短的，沒聽到雄雞啼，晨曦爬過了林杪。行到村外的街路，在黑夜中燃燒着的眼睛裏逐漸隆凸起來了……。

六，十一城固

七月明信片

一月份出版的第六集第一二期，雖說是定價貴了，結果是一樣地賣空了。這也算是件幸運的事。現在印刷的價格隨着米價而時時上漲，這確是事實，以後七月的定價也難免會受其影響的，那末唯一的辦法，就只有請讀者預行訂閱。

「民族形式」討論集，已應華中圖書公司之請，由選輯而出版了。因為要想力求印價減低，是用新五號字緊排的，還是由於字數的過多，篇幅增加，不能不又較預告價格稍予增大了。但是預約的人是佔了便宜的。

第六集於這一期出版後，又算完成了，為謀讀者便於查考起見，所以就在篇末附刊上總目錄一頁。因合訂本的印行，在目下是很困難的。

有許多訂閱七月的在學青年們來信告訴我們，說寄去的七月常被學校當局所沒收，這顯然是沒有理由的事。那末就有請愛讀七月的在學青年們把訂閱的通訊地址改在住家處所吧！

我對於寫作的學習

•柏山•

還在七八年以前吧，那時我最初讀着「毀滅」一這本書。對於書中的木羅式柵和美諦克，給予我的印象最深。我記得木羅式柵第一眼見到美諦克，因爲他受了一點擦傷，就痛苦的尖喊起來。木羅式柵很輕視，甚至看着他那小白臉，還似乎有點不屑於同情他的受傷似的。這一個小小的動作。在當初我是並不在意的。後來我到隊伍裏去工作，生活中時常看見美諦克和木羅式柵。於是我再細細的想，他們兩個人的動作，實際上是課賦了兩個人最終的命運！一個動搖逃跑，一個英勇犧牲。由此使我更清晰地認識，每個人的動作和對話，都是有其歷史的和社會的意義。對於這一點，我曾經每次都想用在自己的寫作上，但是並沒有得到成功。不過從此教育了我：應當怎樣向生活學習。

的確，這一種看人甚而至看問題的觀點和方法，在最近七八年來，一直貫注在我的全部思維的過程中。因而我的感覺和感情，也被這一觀點所支配着。自然，在某一方面來說，這的確加深了我對於社會的和人生的事象的認識；然而在今天，有時也使我煩悶。那就是對於美諦克這類人物，在抗日民族戰爭中，他往往是以着新的姿態出現的。所以我有時明知其在某一行動上是進步的，但並不能減除我對於他的偏見，激起我的一種真實的同情。比如，最近我到連隊去學習政治工作。第一次去參加他們晚上的討論會，首先觸上我的視覺的：是一頂蚊帳。那蚊帳的周圍都是光床板，此外，就是戰士疊得很整齊的軍毯。接着，那蚊帳裏發出香煙頭上的火光，從火光下，我看出一個年紀不小的老戰士，而且留着長頭髮。這顯然坐在戰士中，是有着特種的風味。而且他對於青年戰士的說話，不時發出冷笑。甚至旁邊一個小傢伙拿了他的一根火柴去挑油燈裏的燈草，他幾乎發火了。第二天早上，戰士們點過名出操去了，我看他還在那裏掛蚊帳。對於這隊上這樣的人物。我想，又是美諦克來了。但當他告訴我，他是被敵人壓迫的地方武裝，因爲不願做亡國奴，所以跑到我們隊伍裏來；而且他還說：以前是一個教書先生，現在做排長。這一來，他那抵抗敵人的行動和着我前一刹那的感情，非常不調和。這裏，說明着古老的中國，是在怎樣複雜和艱苦的情況下向前新生的道路前進。然而在這之間，作爲寫作者的我，却需要用新的方法，去處理這位眼前的美諦克和革命戰士的關係與感情。

這是一個現實的問題，還是一個新的問題，我還正在學習。但總之，作爲在創作裏的人物，並不能完全如自己所設想的那樣看法去判定一個人的命運，也不能完全從生活的表面上去估量一個人的實質。應當從現實的生活，和他發展的歷程上去看出一個人的進步性和局限性，然後才能算是對於一個人的真實的理解。也祇有這樣，表現在作品裏的人物，才不會失去他現實的教育的意義。

所以作爲一個寫作者來處理作品中的人物，他不是孤立在荒島上的，而是要從人生的紛繁和糾轕中去尋求着他的性格的特徵，和生活的樣式，以至於其他等等。也許很多讀者，看過紅樓夢的。林黛玉和薛寶釵兩個人，基本上的性格不同：一是纖弱哀愁，一是剛强繁華。如果離開了林黛玉早年失怙，和她的寄人籬下，就不能懂得她的性格之所由來；同樣如果離開了薛寶釵早年失恃，和她的追慕繁華，也就不能理解她的性格了。這樣，使得我們在生活中去看人，祇有從人的社會關係上去把捉人的本質，同樣，在作品中，也祇有把生活中所體認到的真實表現出來，才能得到藝術的真實。

因此，我深切的感覺到：一個作者在處理着一個人物的時候，他必須依照他所描寫的人物的本身的規律去構成事件的發展，而不能因爲在某種場合下，爲要滿足讀者的高興，可以任意去添製一件奇異的或詼諧的東西，這樣，他將破壞人物的眞實性。自然，作爲一個作者的人，他是有他自己的思想去指揮和操縱他所要寫的人物的自由。然而這自由，也祇是在某種限度以內，才能發揮他實在的作用。

我是這樣去處理人物，觀察人物，學習觀察和處理人物的方法。因爲表現和創造人物，是創作中最中心的一件事。至於其他用語以至於整個表現方法，我是同樣在學習中，那祇有讓給著書成冊的作者去敍述。

七月 第六集總目錄

華中圖書公司 書目

三十年六月版

民族形式討論集

胡風選輯　每冊三元二角

全書計三十萬言，各方面代表的論文均網羅無遺，讀此一冊，問題的全部內容，即展開於我們的面前，

「民族形式」的提出，是抗戰以來的文藝運動上的一件大事，它關聯到了整個文藝領域上的各方面：文藝運動、理論、創作、文藝史、大衆化……等等。問題提出以後，各方面的權威作家發表了很重要的意見。去年且在重慶引起了一場論戰，展開了一個偉大的理論鬥爭，對於這個文藝史上的大事件，它的內容是什麼，它具有什麼意義，它發生了什麼影響，它還有些什麼尚未解決的問題，不但文藝理論家，作家急想了解，也不但一般文藝青年急想了解，而且文化領域的各方面的人士也急想了解，但因為材料太多，且散在各處，苦於不易收集。本公司有鑒於此，特請胡風先生選輯成書，為問題的開展提供文獻。胡風先生為了解這問題，曾遍閱全部文章，現擇要輯成一冊。依照問題的發展脈絡，分門別類，前冠解題，後加索引。讀此一冊，問題的全部內容，即一條不紊地展開於我們的面前。全書約三十萬言，各方面代表的論文均網羅無遺，現已出版，欲購從速。

新文學教程

・田仲濟著・實售一元五角・

本書是用敍事的體裁，和藝術的文筆，介紹文藝理論和知識的著作，而且內容的選擇和取材的精密，又是一般讀者和文藝青年們最適合的讀物。本書序文的作者李何林先生在序文中說道：「把這種文藝的[illegible]和其創作方法，總其起來作一系統的簡明的介紹，成為一本書，在中國出版界這也還是第一次」，足見本書是有其中它價值的。全書分別十講，精印一冊。初版已罄，再版出書。

七月
第七集
1,2
新中國圖書公司發行

·目　錄·

〜〜詩·專·輯〜〜

七月

第七集第一·二期合刊

（總第三十一、二期）

三十年九月出版

編輯兼發行　七月社

編輯人　胡風

發行所：華中圖書公司　重慶民生路　北碚南京路　桂林中南路

印刷所：福利印刷所　工廠會家岩五十八號

每月出版一次

本埠每冊零售一元六角

訂價	國內	香港澳門	國外南洋
半年	四元五角	六元	七元
一年	九元	十二元	十四元

郵票代價，十足收用。九人以上聯合定閱，九折計算。

春天——大地的誘惑

彭燕郊

1

用反抗冷酷的意志
用降福人間的企圖
在復活的日子裏
大地解凍了
春天來了……

春天來了
在那一天夜晚
不羈的東風裏
繁響的風雨
轟鬧的雷鳴
把她擁護前來
把她吹送前來
穿林渡水地
來了

雨落了，雨落着
大雨倒傾在地面
天上，雷鳴嘶號過去
電光閃閃
水聲在階前，街上
每一條細小的溝渠裏喧嘩
黑暗擁抱大地
——一個秘密的變化呀
第二天早上
繼續昨夜的工程
重重的霧罩下來了
紫色的
年初的霧幕
掩藏了變化的秘密

於是
大地從容的
慢緩的生長了自己的勇氣
揮動臂膀
翻身了

春風吹着
和煦地吹着
帶來了春的氣息
帶來了生的意志
也帶來了炮火的呼喚
鳥鳴
蛙言
亮麗的朝陽
與青青的氣流
春醒了
應該快樂的都快樂了
不善唱歌的也歌唱了

人們似乎忘記了昨日的憂慮
眼睛裏充滿着無邪的熱望
從死亡的邊邊
從寒冷的堤防底下的
窒息的花蕾底日子裏
在泥濘的道上
放下了
壓肩的重負
探首向
春天的郊原

郊原
冒着黑油
攤軟了身體
沉醉在春風裏
似乎要溶解了……

那先先民的血汗膏潤過的
那是我們吮吸着的
她曾經經過無數次的變亂
幾以計較的苦難

一年一度的嚴寒
荒煙與瓦礫的日月
而她今天還健康着
伸展得那麼廣袤
——到底是中國的土地呵
　中國的土地是堅毅的呵

一

現在，早發的
第一季的穀物在生長着
年青嬌小的禾苗
顫動着浪波
在嫵媚的空氣裏面
在嫵媚的土地上面
飄搖着漣漪
猶如大地從來沒有冬天
永遠是春天一樣

絢爛的
滿溢着希望的郊原
到處彌漫着
黑土的馥郁的香味
——多麼悠久的土地的氣味呀
　多麼熟稔的土地的氣味呀
而那香味
使人熱愛生活
熱愛她的日子……

二

而我自己
——一個愛夢的幼小者呀
一再地奔走，
我怎像我是成了春天的一部份了
我的心是被春天征服了
在春天，一再地奔走着，
那打着勇敢的旌旗的一羣中間
有我在內
我們走着
——走着的彷彿不是我們
而是春天自身呀

我看着
憑我的誠意
憑我的僅少的智慧
賞玩大地的青春
讚頌大地的少壯
為了自己的夢
那怕旅途是怎樣悠長
——我是必然如此的呀
　我是看到了並且聽到了春天呢
走到無論什麼地方
從這一邊到那一邊
一直到遠方
春天底足跡所走過的地方
看出去——

綠色的……
　茫茫的……
我愛我們的土地
遼闊，一直到
遠方——遙遠的……
春天是美麗的
她的行程經過：
繁殖了生物
滴打着明路
水上行着春水船
鄉間唱過陽春曲
蟄虫在地下蠕動
冰川向江海奔流
——祖國的大地
　在情熱的旋風裏燃燒了
大地的青春
正達到了全盛
面向天空
袒露她發育的
飽滿的胸脯
承受那
太陽的歌聲底
熱情的撫慰
天空藍而無雲
平滑得很

太陽
一天一天地靠近大地
帶着春天的歌
以無私的熱愛
凝視中國

什麼地方飄來了一陣歌
那歌唱的是春天自己

那歌聲
在海上是舵手的幸福
在山里是旅人的愉悅
使年輕的愛侶成熟了愛
使孩子從蘆笛裏吹出牧歌
被吹在不斷的勝利裏面
被吹在
從苦難中生長的希望裏面

在這平野上
陽光照着這美好的土地
比山里，比邊塞
比荒僻的孤村
　沙漠和森林
都更熙熙

太陽唱着
用光綫代替聲音
那歌聲歡送了冬天

冬天到哪兒去呀了
地上
已經沒有一絲痕跡
最小的和最後的一絲痕跡

春天統治了大地
她的放蕩的嘴唇
吻着山巒
吻着田莊，河流
畜舍，園林和軍營
並且說得那樣任性：
　「看罷
　由你們的眼睛
　我的全部都在這裏
　這裏——赤裸裸的……」

她吻河流
河裏的流水漲滿了
春江的綠水就用善歌的喉嚨
追逐春天
她吻小牛的眼睛
小牛在陽光的廣場吼叫
她吻農夫的耕犁
農夫破開大地
播下他的種子
和歌聲一起
埋進土裏……

河間的流水低聲唱着
牆頭的花朵含着宿露
青藤爬上烏黑的古木
從來不曾被人注視的
幽僻的角落
也開出了含笑的杜鵑，躑躅
人們幾乎不願相信自己的眼睛了
春天這樣地向他們垂青……

不能加進一朵花了
不能加進一棵草了
春意濃得這樣
哦，伸出手去
再也不願縮回來啦……

III

只有我們自己
纔能感到
在春天，祖國的大地
爲了預告將來的日子里的
洋溢的幸福
是怎樣夢似地
修飾着自己
　——聲音，顏色，體態
　所有的力量，熱，和光
　都在緊張着
　大地的姿容

使大地更加可愛
而能夠獻出生命
能夠獻出火熱的血液
能夠受難
能夠無掛無礙地
效忠祖國
效忠戰鬥——爲這些
快樂地殉道的
也只有我們呀

在這邊
我們感動這樣深劇
好像有什麼巨力把我吸引……
熱中於我的戰鬥
沉醉在戰鬥中間
在這邊
走着
——走着的不止我一個呀……
從泥濘的路上走過的
那些人們
都是那麼面善
那麼相同
走在他們中間
那些相識者和不相識者中間
我不會感到生疎
我是他們中間的一個
——大家都神往春天
差不多和我一樣
很滿足這晴朗的日子
很滿足這芳香的土地
他們互相祝福着
帶着自己的忠心
自己的忙碌
帶着悽慘的記憶
受創的靈魂
不曾用過的潛力
一點也不猥窘
匆匆地去了
奔向前程去了
我從營地走出來
用好奇的眼睛看着他們
不由自主的微笑掛在嘴角
向着那有歌聲的地方
我走去
一隊年青人
走過來了
他們都擎着刀槍
微風吹動紅色的纓絡
刀尖閃爍着光芒
他們是光榮的
春天活在他們的心裏
他們是喜悅的
——他們自己也忍不住要笑呢
在廣場上
他們學習
瞄準
射擊
許多人圍着他們看
互相誇耀着
他們的兒子
兄弟
愛人
戰友的
射擊的準確
風度的英武
我愛看那
被春天的太陽所照射的面孔
我愛聽那
由人民們手裏射擊出來的
槍聲……
穿過草原
走在瘦小，灣曲的路上

從散落在平野的
許多零星的村落
人民們
來了
在那個土地廟門口
集合了
出發了

他們走得那麼愼重
帶着鋤頭畚箕趕路
中間還有花白了鬍鬚的老頭
睜大着眼珠的孩子
——我知道他們要到哪兒去
挖戰壕呵
破壞橋樑，道路……
鬥爭需要他們
他們需要的也是鬥爭呀

「你們幹得不錯，幹得很好
弟兄們，辛苦啦！」
我向他們打着招呼
他們回答我一串聽不清的笑語
我滿想用我的手指
去擰一下那些孩子的
鮮紅的兩頰

我沿着村莊走去
很高興
很安詳
挺着胸膛
很神氣

天上
飄來一朵雲采
桃色的雲采
停在水中——明靜的湖面

在洗衣砧旁邊
佇立着一個少女
穿着藍布的軍裝
這樣美麗，結實，健康
佇立着
佇立着
在洗衣砧旁邊
忘記了洗衣
她照着自己的姿容
在水中——
那樣娟好的青春
寶石似的青春呀

自己對自己笑了
獨自唱起歌來
——那是懷春的歌呀
手掠着髮鬢
胸前有一朵野花

——而她不知道我正從背後走過
然後她害羞啦
盡情地害羞啦
低下頭……裝做沒有看見我

迎面
一支開拔的連隊
向着村莊
足音震動大地
他們移動着
像一個人
像一道活的堡壘

太陽太熱啦
他們的衣衫都被汗水淋濕
一個戰士走下渡頭
用烏黑的雙手捧起江水
那麼狂渴的一飲而盡
跑着快步
又趕上隊伍
——我聽到他身上
武器互相撞擊的
清脆的聲音

那邊
江岸上傳播來了
十幾個人

合唱的動人的歌
我向江邊走去

在合唱着那麼悲憤的歌曲
　所養育出來的子民們
——那些揚子江的暴風雨
是那些船夫們

他們全身的神經緊張着
背着縴繩像背着十字架
他們底赤褐色的大腿
在與江岸平行的上身下面
走着有韻律的步伐
像要爬上高山一樣
溯江逆流而上
移行着
發着金屬的光芒
像一座座活了的銅像
江水叫號着
向他們的背後流去……

像頓河的哥薩克似的
一個少年
在江邊飲了自己的戰馬
吹着尖音的口哨
聲音那樣俏皮，狂熱
跨上馬背
一揮鞭——那麼快
那麼沉着地馳騁着
從那一個桑園門口經過

開門啦
沒有聲音的柴門
走出來一個少女
提着一籃桑葉的那一個少女
走出門——看見他
眞英俊呀
她笑了
笑得那麼深沉……

於是戰馬的脚步更快了
蹄下濺飛起泥水
泥水濺在少女的新衣上
少女又笑了
更加深沉……

我從江岸走過去
處女林葱鬱着新芽
小鳥的羽毛豐盛了
水裏，不斷地有游魚跳躍
閃耀着銀鱗
我摘下一朵小花
聞了一下——哦……
花有沁人的香味
用手探一下江水
江水是溫暖的
我撿了一片小石塊
向水面斜丟過去
水面就有許多小圈子盪漾……

我向草原走去

野草繁茂起來
燎火的遺跡
快被淹沒了
從那燒焦了的土塊的空隙裏
生長出來的
那野花，小小的野花
當我偃臥在草原上的時候
從帽舌的邊沿
窺視我——
用難以描畫的驕傲
耍動着俊俏的雙臍
趁着今天——道可貪的機會
告訴我春天的消息……

你告訴誰呢
告訴你
誰也知道是春天來了

IV

但當我望見
那茫然地呆立在平野的那一邊

那個被強佔了的城市
我想起了
春天的恩惠這樣博大
那些地方
那些灰色的人羣中間
春天有沒有去拜訪過呢
——沒有！
　真的沒有呀！
春天
因爲能愛
——愛我們
　愛幼小的我
因此也能憎恨

春天
　屬於他
　屬於你
　屬於我
　屬於少年
　屬於戰鬥的心
　屬於蜜蜂
　屬於夜鶯
　屬於中國——戰鬥的國家
但是，
沒有春天的
被她遺棄，拒絕
被他擯斥
些拖着幽靈的影子
像夢游者一般無力
　——那些呀
是另外一羣人們
不屬於春天的人們

對於他們
他連一絲溫暖都不給與
富豪那樣慳吝
商人那樣無情
那裏是一片靜寂
餓狗從街頭走到街角
空虛，僵死的城市
停滯在無聲的嘆息裏……

V

而我，我們，享有着這平野上的春天
我，我們愛這平野上的血紅的鬥爭

隔得怎樣遙遠呀
曾經過去了的那些日子
爲了不能忍受的恥辱
爲了復仇的渴望
春天是隱約而糢糊的
沉默着，沒有聲音
我曾經那樣地惆悵
花不曾爲我開
雲雀的歌聲在遙遠的天外

那時
我的心雖早已屬於春天
但春天卻像是未知的朋友
像那冬天夜裏的明月
　夏日的火花
　莊嚴的處女
悠游在天邊的雲朵
　那樣可愛
　卻又那樣難親……
我只能懷着羞澀的愛戀思慕她
我不敢用嘹亮的喉嚨呼喊
「春天
　我愛你！」
——春天的心懷太闊啦
我再也探索不到
在那些日子
春天的心
在樑上依着朝陽呢
還是在山上逐着山洪？……
現在，爲這許許多多的
冒出的嶄新的姿態所驚奇
爲這許許多多的

不曾經驗過的情感所縈
我感到了，在今天：
十九年來
我所等待的
好像就是今天
今天這樣的一天

是的，不曾看過
也不曾聽過這樣響亮的
第一次的雷鳴
沒有一個春天
我看大地看得這麼貪饞
沒有一次
春天的歌聲
能夠這樣緊緊地擒住我

我相信
就在這里
——這烟花繚爛的江南呵
這樣的春天
也是少有的

在今天
有血
有笑聲
有青春的夢
有太陽
有黑眼珠的處女
有衝鋒號
有軍隊的歌
有半夜燒起的火焰
有鐘聲
有大旂
有愛
有誘惑
有勝利的心
有大地的呼吸
有朗星的夜
而
沒有
——等待與空虛

這一切
都似曾在以前見過
卻又與以前有怎樣的不同呀……
在我心中
爆發了
永遠不能止息的歌唱
我矢誓要戰鬥下去
我竟到了這樣的地步
我的胸膈中是塞滿了
自已的誓言
那誓言，簡單，決絕
「拋開了戰鬥，
我們的生命就等於零！」

就使將來
這大地被血液氾濫了以後
就使野火再度地燒過
風暴再度吹去草原的芳香
就使冬日的冰雪
再度麻痺了大地的生機
就使那樣
——那只是暫時
就使那樣
——春天還是要回來的！

VI

只有今天
我纔追捉到春天的衣襟
我纔這樣深切地感到大地……
這是我們的大地呀！

我們的大地
是宏偉，綺麗
自然寫就的一首詩
洗滌了屈辱和災難
她是跟天國那樣相近
但也是在今天

兩個仇敵住在一起啦
兩座山礁在一起啦

今天
在我們自已的大地上
還有許多地方
籠罩着哭泣和死亡
在我們自已的大地上
失去兒子的老人
在街頭向行人求乞
沒有了丈夫的寡婦
抱着小孩子啼泣
而那些失掉工廠，失掉田莊的
無業的游民
又那樣悲哀地
流落在異地……

血腥瀰蓋了大地
到處有仇敵的橫暴的笑
到處有偷生的鬼雄的巧語花言
到處有萬人塚，孤魂廟……

——我永遠不能忘記這些
　這不晴不雨的日子呀
　這沒有太陽的日子呀……

這不像是春天呀
是誰把我們的大地弄成這樣？

不能永遠這樣下去！

我們的汗流着
爲了我們的大地
我們的血流着
爲了我們的大地
惡人的大地呀
我們祖先的血汗養育了你
今天
我們也用血汗
爲你的安全而戰
你是我們的
我們是你的
驅逐法西斯強盜
把日章旗拋棄於
祖國的門檻之外
把屠殺，搶掠
　放火
　姦淫
在我們的大地上
根本撲滅罷！

VII

春天是我們的
春天是我們的
春天
是我們的！

——你沒有聽到那戰士所唱的歌嗎？

那戰士
屬於春天的隊伍
在我的眼睛裏看見過
在誰的眼睛裏看見過
他像那個隊伍裏的每個弟兄
那個隊伍裏的每個弟兄像他
有狂熱的青春的火
有近於頑強的健康的心
他們的夢——
用星星寫在天上
溫暖，璀璨，光明！

他們不曾爲咀咒而退卻
嘲罵不曾使他們顚跌
他們不曾——不願如此
他們是純潔的
他們不會停止前進
「我只管戰鬥！」
他們說——好像久已想好了一樣

多大的騷動呀
多大的叫聲呀
是有多少人擁抱他們呀
是有多少人害怕他們呀

一個可怕的隊伍呀
人們看着他們
眼前要充滿猜疑
還會勝利嗎？
還會生存嗎？
——一個天大的奇蹟呀

在戰爭中間
顯示了我們的忠誠
淋漓地戰鬥着
用戰鬥決定命運
用死，用堅固的信念
鄙夷
帝國的炮火的威脅
回答
懦怯者的無恥的頑固

千百次地擊退了侵略軍
在怒水洶湧的江流
在泥塗濘滑的水田
在狹巷
在堤岸
在偏僻的渡頭
在公路鐵路的交叉下面
在河巷湖泊的網佈中間
埋伏與窮追
包圍和殲滅
步兵，騎士
[illegible]，饑民
皇家的叛逆
——一家人
日夜累積着
勝利的果實
向
所有受難的城市
村莊
進軍
攻取

我親身經驗了這些
我感到榮幸
我要對背離他們的那些人
皺起鼻子，咬緊牙根
努着嘴唇說話
「難道你沒有看見平野的春天嗎？
沒有看見平野上血紅的鬥爭嗎？」

我要用早晨的玫瑰
插在戰馬紅色的鬃毛上
我要要求太陽
用光芒給戰士織一身驃悍的戰袍
佩起真理的寶劍
奔赴在向光明的路上
所有遇見他的人
都齊聲高呼：
「萬歲！萬歲！萬歲！」

戰士呀！
一切光榮歸於你！
不死的功績歸於你

春天的手抓緊了一切
而你的手
抓緊了春天的一切

VIII

我的心——這樣沉重
有着少年人慣習的恐怖
我不輕易說到這些
我知道：什麼
我的血將爲了它流
我要用我全部的血液
在我的被誘惑的青春日子里
勇敢地
去愛——
愛春天
愛大地
愛被侮辱與損害的人們
愛平野上的血紅的鬥爭
並且——
去爲愛而死！

我走了多少路程呀
我受了多少艱辛呀
我有多少春的夢呀……

祖國呀！
我向來沒有這樣地愛過你
有許多允諾
甘心爲你吃苦
做你忠勇的衛士
不會有半句話埋怨
不會要求些微慰勞
——一至於此
我是不會說謊的
我在這邊是
走了又走呀
看了又看……

積留在腳趾中間的
你江南的泥沙呀
在三月的
溫暖而柔軟的
泥濘的路上
那被伙伴們所走過而留下的
許多許多的足跡中間
那瘦小的一雙
就是我的
如今該也積滿春水了……

我在路上唱着歌
這歌：
模仿春天所唱的
感染了大地的誘惑
敘述着我的初戀的心
是怎樣天眞爛漫

我在路上想着這些
神經質地揮動兩手
老實說
我是帶跑帶跳地走着
——一個難忘的日子呀
我想了許多
並且爲這些所鼓勵
驚訝而又滿足地
我感到了
如今
我是再也遏制不住
我的情緒底氾濫了
我是再也不能掩藏我的希望了

相信我的話罷，同志們
憑我的忠貞起誓
不要以爲那是近於瘋狂

我要去呀
不能這樣久久地遙望着他們
我要
衝上去
毫不顧慮
向着所有的受難的城市和田莊
我要跌倒在她們的懷裏
在那裏
去流盡我恨別的眼淚

我將用怎樣的聲音呀
去告訴人們
一個確實的消息
我會這樣地去說焦我的嘴唇
「春天來了
勝利來了
我是來報告的！」

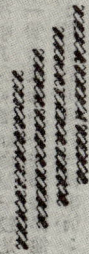

一九四〇年春天。

薩爾蒂可夫小說集

詭譎的鯉魚

曹葆華譯

從前有過一條鯉魚。他的爹媽在當日都是很聰明的；他們在河裏安靜而又和平的度過了一生，從沒有一次陷入燉鍋或者作錢父下的犧牲品，他們告訴兒子要以他們爲榜樣。

『須好留心些。乖乖，』年老的鯉魚在臨終的時刻說，『如果你要享受生活，你得把你的眼睛睜着呀！』

我們的年青鯉魚是有着多餘的機智的。他需要運用他的機智，可是他立刻看明白了，不管溜到哪兒，他總是被人打敗得狼狽不堪的。這些地帶所有的魚都是十足的大傢伙，只要眼睛一瞅着你，他們就會一口把你吞掉，他是魚裏而最小的一個，不能够吞噬任何魚類。而且他也弄不明白爲什麼他應該吞食別個。一條龍蝦能用爪子把他撕成兩半，而且一個水甲蟲能跨在他背上把他磨折到死。甚至他的同類會成羣地聚在他周圍，如果瞧見他捉着了一隻蚊蚋；而且他們會從他手中扨奪了去。是的，他們會攫去這隻蚊蚋，互相爭奪，直到它沒有絲毫的用處。

說到人們——那是多麼陰險的東西呵！他們所能想到的詭計！——都是在使得如他自己一樣的鯉魚走上不必要的收場。大網啦，細網啦，釣絲啦，等等東西。可是還有比釣絲更愚蠢的東西嗎？一條綫，綫端一支鈎，鈎上一個蚯蚓或一隻蒼蠅……作的餌食……而且你看那安置餌食的方式呀！——你可以說，那是在極不自然的地位上呀！然而任何別的魚類都不及鯉魚被這種方式捉去的多。

他的爹爹關於釣絲警告過他不止一次。『謹防餌食呀！』他會說。『雖然釣鈎這類東西差不多是天下最愚蠢的東西，可是愈愚蠢，却愈發把握着我們鯉魚，這點我必須承認。漁夫們好像出自仁慈似地投給我們一隻蒼蠅；你去拏它——而那隻蒼蠅上面存在着死呀！』

年老的鯉魚又告訴他有一次他自己差點兒陷入燉鍋了。那時候人們是成隊捕魚的；他們順着河面撒開大網，而且把網沿着河底拖二哩左右遠。想起那時候被捉着的魚，那是多麼可怕的呀。梭魚，鱸魚，鰷魚，鯿魚，甚至那懶東西，鯛魚——從河底污泥裏，被大網一齊捲了起來。至於鯉魚，那就成千成萬，數不勝數了。關於鯉魚老爹在河裏被拖走時所感到的恐怖，那不是脣舌所能敘述的，也不是文筆所能描繪的。他覺得自己被拖往一個地方，然而是什麼地方呢，他却不知道了。他瞧見一條梭魚在他身旁，一條鱸魚在其他一邊。他想總有一個會立刻把他咬嚙了的。這如命運一般是一定不移的。可是沒有一個這樣作過。在那時候他們是不會想到吃食的呀！他們心中只有一件事情：末日到了！然而爲了什麼緣由，他們却不明白了。最後漁夫們拖起網底兩角，拉到岸上，將魚從網裏倒到在草地上面。於是我們的鯉魚第一次才了解什麼是燉鍋了。沙地上紅色的東西閃耀着，裏面升起灰色的煙雲，熱氣很大，他差不多快要昏暈了。他渴得要命，然而他們繼續的加着『火』，——他聽到他們這樣叫它，在這堆火上放着一個黑色的東西，裏面有水，沸騰在暴風雨中的湖。他們叫這個作『鉄鍋』。過一會兒他們說：『扔許多魚在鍋裏面，那我們將有多大一頓燉肉呀！』於是這些人開始把我們的同胞拋擲了很多在那鍋裏面。一個漁夫通常總是拾起一條魚，把它扔向鍋中的水裏；這條魚總是首先跳進水中，接着瘋狂似的跳了起來，接着又跳進水去，悄然不動了，顯然他是感到燉鍋底滋味了。這些人首先把所有的魚一個不留的投到鍋中，可是一會兒一個老頭兒看了看我們的鯉魚便說：『把這樣小的傢伙放在燉鍋裏，還有什麼意思呢！讓他長大一點兒再說吧！』於是他抓着我們的鯉魚底頭，把他一下子扔到河裏。我們的鯉魚並不是傻瓜，他伸開他的最長的魚翅，向着家裏游泳而去！回到了家，瞧見他的伴侶因爲尋不見他而嚇得半死了。

好，你以爲怎樣？不管他談了又談，用許多話向他們解釋魚鍋是什麼，它的構造是怎樣，而你却很少在河裏遇見一個對於魚鍋有着適當的概念的。

但是年青的鯉魚把他爹爹的談話緊記在心裏，並且從這當中推出一個教訓。『我得把我的眼睛睜着，否則在我知道自己什麼地以前，我就會遇到不好的收場的。』所以他從事安排他的生活。他要作的第一件事是替他自己弄一個洞。一個只有他自己能鑽進去的洞。用鼻子掘着這個洞，耗費了他整整的一年。在從事工作的當中，他經過了些什麼呀！有時候他在黏泥上過夜，有時候在水草下或蒲叢中。可是最後他覺自己掘成了一個偉大的洞，潔淨，整齊，恰好他自己一個人居住。他計劃的第二件事是他日常生活的方式，夜裏人、獸、鳥、魚都熟睡着的時候，他將出來從事運動，白天却呆在家裏，爲了寶貴的生命而戰慄。但是沒有一個人能不吃不喝而活得下去的，他既收不到薪資，也未僱用聽差。所以在正午當所有的魚都吃得飽飽的時候，他將突然出去，也許會捉得到了兩個小蟲子。如果捉不到手，好，他就不得不躺在洞裏，再安於自己的顫抖了。無論如何空着肚子活下去總比吃飽肚子死了要好些。

這就是他所安排的生活方式。夜裏運動，在月光下洗澡，白天整個躺在家裏顫抖着。正午突然出去一分鐘攫取一點吃的東西——但是在正午時候，蚊蚋在樹葉下面避暑，甲虫和小蟲等等在樹皮下躲藏，他能够獲得什麼東西呢！所以我們的鯉魚在多數時間不得不安於喝一喝白水了。

整個白天他躺在洞裏，夜裏不能入睡，而且又得不到一頓適合的飲食，然而他却不斷地自思着：『好，我總還是活着的，不過明天將帶來些什麼？』

所以，他雖然十分虛弱，却常常朦朧睡去，夢見他中了二十萬元的彩票。樂得發狂起來，他就翻過身去，猝然發現他的鼻子有一半伸出洞外了……，我的天呀！假如這時候出現一個兇猛的年青的梭魚，那他一定立刻被拖出他的洞外的呀！

有一次他醒了轉來，瞧見了一條龍蝦在他的洞口，那條龍蝦着了魔似的靜靜的站在那裏，用他的冷酷的殘忍的眼睛瞪視着我們的年青鯉魚，只是他的鬍鬚在流水裏飄動着。這給了這條小魚多麼大的驚怖呀！直到天黑，整整半天那條龍蝦都呆在那裏，等着他，而我們的鯉魚却留在家裏，嚇得顫抖着，戰慄着。

另一次，他剛剛回家，開始呵欠，想到朦朧睡去，瞧呀！一條梭魚走了上來，磨着牙齒，恰好在洞外停留着。那條梭魚整天看守着他，彷彿瞧他一眼就像是一頓飲食似的。然而我們的鯉魚比起那條梭魚却太聰明了，他整天留在洞裏，一切就完全無事了。

這類事情不止發生一兩次，實際上每天都有。而且我們的鯉魚每天都打勝仗，在家裏顫抖着，而且每天他都自語道：『多謝天，我還是活着的呀！』

然而事情並非只是如此。他從未結過婚，他沒有一個子嗣，雖然他的父親曾經養了大大的一家。『爹爹是完全對的，』他想道。『比較現在，那些時候的生活也可說是一場笑話。咳，甚至梭魚在那時候也要心好些，隨便些，而且鱸魚也不會想到像雖像我們這樣的小魚。甚至爹爹有一次差不多陷入了燉鍋，却有一個老頭兒隨便把他釋放了。但是現在河裏差不多沒有魚了，甚至鯉魚也被人注意了，所以用不着想到繁養子女了。維持自己的生命乃是你現在最大的事情了。』

因此我們的鯉魚活了一百多歲，一天復一天都在顫抖之中。他既沒有朋友，也沒有親戚；他從未去看過別人，別人也從未來看過他。他既不賭博，也不喝酒，而且不追逐女性。他的一切作爲不過是顫抖，戰慄，和自思着：『多謝天，我還是活着的呀！』

最後，甚至梭魚們也開始稱讚他：『呵，如果每個人都像你這樣過活，這條河將是多麼安靜呀！』然而他們是有意說出這句話的，以爲我們的鯉魚會受寵若驚，走了出來，向他們顯出他的面目，而且他們會一下把他捉住。可是他决不會這樣被捉着的，他的小心幫助他再度逃脫了他的敵人底圈套。

他活過一百歲以後又活了多少歲，這我們不知道了，不過最後我們的鯉魚覺得自己快死了。躺在洞裏，他自思着：『呵，多謝天，我將像我的爹媽一樣壽終正寢了。』於是他記起了那條梭魚底話：『如果每個人都像那條聰明的鯉魚一樣過活……』而且他奇怪着：『眞的，如果他們這樣作，一切又不知道變得怎樣呢？』

他於是從事思索，而我們知道他是有着多餘的機能的；好像有人讚助了他似的，突然間他明白地悟到了『如果是這樣情形，那末很久以前河裏就不會有一條鯉魚了。』

如果鯉魚底族類要延殖下去，那他們要作的第一件事就是生育，然而他不曾生育過任何子女。要使鯉魚底族類長得蓬勃繁盛，各個份子都筋强力壯，那他們必須參與在天然的環境裏，不在像他那樣的小洞裏，他自己就在這小洞的中的永遠的黃昏裏變得幾乎盲目了。年青的鯉魚必須求得很多的滋養品，竭力接近社會，彼此分享牛油和麵包，互相觀摩優良的德性等等。只有這樣的生活才能使鯉魚底族類向上發展，不致退化到香魚的境地了。

認爲只有那留在洞裏嚇得顫抖和發狂的鯉魚才能算作高貴的公民，實完全是錯誤的。不，他們不是公民，他們至多是無用的鯉魚；他們既不感覺熱也不感覺冷，既不感覺光榮也不羞愧，既不感覺榮譽也不感覺恥辱……他們只是生存着，阻礙着河道，從別個魚底口中乞取一點兒東西。

年老的鯉魚十分明確地看出了這點，他突然感到一種要作大胆事情的强烈的欲望：『假如我走出洞外，厚着臉皮向下河浮去，那多麼好呀！』然而這一思想剛一出現在他面前，他又爲恐怖震攝了。在躺着快死的時刻，他不斷顫抖着。在生時候因恐怖而顫抖；現在快死了他依然顫抖着。

他的整個生活像閃光似地馳過他的眼前：他領略過什麼快樂嗎？他給過誰以安慰嗎？或善良的忠告嗎？或一句仁愛的話嗎？他曾保護過，激勵過或防衛過誰嗎？誰聽見說過他嗎？誰會記起他的存在嗎？

對於這一切問題他只有一個答案：沒有。

他曾生活過，顫抖過——然而就是如此。甚至現在當死降臨在他身上的時刻，他也爲了他不知道的事情而顫抖着。洞裏又暗又窄小，你簡直翻不進去，陽光從未照射進來，洞裏從不知道什麼溫暖。在這潮濕的陰暗的洞中，他獨自躺着，盲目無睹，孤子無助，而且無人需要，他只是等待着死神走來把他從這無用的生存裏解放出去。

他聽得見別的魚從他洞前急馳而過；也許他們是像他一樣的鯉魚，然而沒有一個對於他感到興趣。沒有一個這樣想過：『我去問問這個聰明的老鯉魚，他是怎樣活了一百多歲不給梭魚吞吃，蝦蟹撕碎，或被漁夫用餌食給捉住呢？』他們只是向前浮游，也許他們甚至不知道在那個洞裏有一個聰明的年老的鯉魚正計算着他的最後的日子呢。

最使他難受的是他從未聽見個叫他作聰明的人物。他們只是這樣說：『你曾聽見說過那個傻瓜的鯉魚嗎，既不吃又不喝，既不求看誰，又不要誰去看他，只是繼續維持着他的空虛的生活？』

他們有許多個首叫他作愚蠢的東西丢臉的傢伙，而且奇怪爲什麼河裏竟讓這樣的廢物存在着呢。

一面這樣思索，他一面朦朧地睡着了。這並不是眞正的入睡；他不過陷落到一種非意識的狀態裏而罷了。他纔得見死前的耳語聲，而且一陣困倦佔領着他。他又夢見了他心愛的夢境：他贏得了二十萬元，長長了半碼，而且吞食了整整一條梭魚。

正在作夢的時候，他的鼻子漸漸地漸漸地伸到洞外去了。

突然間他消滅不見了，也許他給梭魚吞食了，也許給鷺鷥捉碎了，也許是觸於正礙了——實際發生的是什麼情形，沒有一個人說得出來，因爲那時候就沒有一個親眼瞧見。然而大半是他自己死了，因爲吞噬一條病而快死的衰弱的鯉魚對於梭魚會感到什麼愉快呢？

自我犧牲的兔子

從前有一個兔子觸犯了一隻狼。事情是這樣的：兔子碰巧從狼底洞穴跑過，狼瞧見了他，大聲喊叫：『停一會兒，我的孩子，你不願意嗎！』沒有服從，兔子比一向更快地向前奔跑。不到三步狼趕上了他。『現在，』他說，『因爲你不在我說第一句話時停止，你將受如下的處罰：被撕成碎片而死。可是現在我和我的太太都不覺得餓，而且我們又儲蓄了足够五天左右的食糧，因此你可以坐於那棵矮樹下等待你的輪次。也許，誰知道呢，我會——哈，哈，哈，——隨我的高興寬恕你呀！』

所以兔子蹲着後腿，坐在矮樹下，從不敢移動一步。他一天到晚想着的是他離死還有多少日子，多少時刻。他常把眼睛朝着狼底洞穴那個方向看去，瞧見一支閃光的紅眼睛睇視着他。但是比這更壞的事情也常常發生；有時候狼和他的太太出來在隣地上散步。他們開玩談視着他，狼就向他的太太談幾句話，於是他們兩個都逆然大笑起來。小狼就在蹤媽媽身後跑跟，跑到小兔面前，用爪觸他而且磨礪着牙齒：這可憐的小兔駭得心都跳到喉嚨了。

他從未像現在這樣愛惜他的生命，呵！他是一個穩健的年青兔子，他替自己挑選了一個寡婦底女兒，而且打主意和她結婚。當他被狼捉着頸背的時候，他正是跑向他的將來的太太那裏去的，她一定出等待他，而且自思着；『一定是斜眼睛改變了他對於我的心呵！』也許她徒然地等了又等，於是和別的人戀愛上了。也許這可憐的東西在矮叢裏游玩的時候給狼捉住了，吞嚥了！……

囚徒就這樣坐着思想，差不多給眼淚窒息着了。這就是一個兔子底好夢底收場呀！他曾期待着結婚，買了一個銅茶壺，期望和他的年青的新娘常常坐在一塊兒啜飲糖茶，然而代替這些的——你瞧，發生了什麼變故呀！他現在還剩下多少生命底時光呢？

有一晚上，他正坐在那裏夢夢欲睡，夢見狼委他作一個官長去辦理特殊任務，在路上的時候他就停步下來去看他的新娘……突然間，他恍惚覺得有人用肘觸他。向周圍一看，是他的新娘底哥哥。

『你的新娘快要死了，』這位哥哥說，『當她聽到你的不幸的消息，她就立刻消瘦了。她一天到晚都想着：難道我不同我的愛人道個永別就死去嗎？』

待死的兔子聽了這些話，他的心不免要快迸裂了。他作了什麼該受這樣殘酷的命運呢？他的生命完全是在他的同胞底眼前過去了的，他從未玩弄過革命，也從未佩着武裝外出過，並且這次被捉也是在為了自己私事奔跑的時候，難道死也是為了這個而等待着他嗎？死！這是多麼可怕的一個名詞呀，當你一想到他的時候！不獨是他要死，而且她，他的灰色小『子，也要死，她不過是犯了信心愛他的罪過而已。他是怎樣渴想跑到她面前，用前爪抓着他的灰色小愛人底兩耳，撫愛她，誠她的腦袋。

『我們逃走吧！』送信人同時這樣說。

待死的兔子聽了這句話，頃刻間彷彿是原形大變了；他鉾立起來，把兩耳向後一擺；再過一會兒就不會找到他的蹤跡了。這時候他是不該朝向狼底洞穴那個方向跑的，然而他這樣[illegible]了，於是他的心又嚇得快跑到嘴邊了。

『我不能，』他說。『狼告訴過我不要逃走了。』同時狼聽到了和聽見了當時的一切情形，他和他的太太互相耳語了幾句，他們大致是在稱讚兔子底高貴的性格的。

『我們走吧！』送信人催促着他。

『我不能呀！』囚徒重複着。

『你們在那兒悄悄地說些什麼呀？是圖謀不軌吧，我想？』狼突然咆吼叫起來。

兩個兔子像石頭一般驚呆着了。送信人也參預共事呀！唉使衛兵離棄職守的刑罰是——什麼呀！呵，呵，那灰色小兔子會沒有新郎了，沒有哥哥了！狼會把他們兩個一口吞嚥了。

當兩個兔子恢復了知覺，他們就瞧見狼和他的太太站在他們面前磨響着牙齒，他們的眼睛閃亮得像黑暗裏的燈光一般。

『呵，不是，先生，我們並沒有圖謀什麼，我們不過是隨便談談，他是我的同鄉，他來看我這幾天還活得怎樣，』囚犯喘喘着，嚇得快要死了。

『天知道你們沒有圖謀什麼呀！我很了解你們，和你們這一類東西。你們並不是老實貨。好，把你們的身世告訴我吧！』

新娘底哥哥大着膽子講話了。

『是這樣的，先生，』他說，『我的妹妹，他的未婚妻，快要死了，要求你可否憑藉誓言暫時把他釋放以便她能向他訣別呢？』

『唔，的確，這是很好的事情，年青的新娘愛她的未婚夫，』母狼談話了，『這是說他們將生育許多小兔子，而我們將有更多的東西吃。我們自己被認為是忠實的夫婦，我們有了大大的這一家人。有四個小狼尚在家裏，還有許多在樹林裏游玩。狼，我說，狼，你在想些什麼？我們可否暫時讓這個新郎去向他的愛人道別呢？』

『但是後天我們就要吃他啦：……』

『我一定按時回來，先生：我用不着多少時間去談：……我，……我起誓我一定回來呀！』囚徒趕快呈明，而且為了驅除狼對於他的懷疑，他鎮定心神，顯得是一個聰明伶俐的傢伙，甚至狼也給感動了，而且自語道：『唯願我的兵士們也像他一樣呀！』

母狼沉思起來了。

『想一想，』他已思想着，幾乎滴下了一兩顆眼淚，『他不過是一個兔子，然而是怎樣愛他的伴侶呀！』

只有讓兔子暫時去一趟了。條件是他一定按時回來。新娘底哥哥留在這兒作抵押品。

『如果你在兩天後早晨六點鐘不回來，』狼說，『那我就把他來代替你作我的食品；如果你回來了，我就把你們兩個一齊吃掉；也許，誰知道，我會——哈，哈，哈——隨我的高興寬恕你們的呀！」

兔子像弓上發出箭一般奔馳走了。他跑的時候，大地在他的脚下閃動着。如果有山擋着路，他就一口氣跑過山；如果有河在前面，他不去尋找渡口就一直浮游過河；如果碰着沼澤，他就跳越過去，從沼澤中第五個高地跳到十個高地。這完全不是鬧玩笑：他須去世界底邊緣洗澡，結婚。「我要結婚，無論如何！」（他不斷地對着自己說）而且按時回去作狼底早餐……

甚至鳥兒們也驚訝他的速度了。他們在莫斯科新聞上說：「兔子沒有靈魂，只是一股蒸氣，瞧一瞧，他是怎樣飄過大地的呀！」

他最後到達那兒了。到時的歡喜，不是唇舌所能敘述的，也不是文筆所能描畫的。一看見她的愛人，灰色的小兔就完全忘掉她的病痛了。她用後腿站起，套了一個小鼓在頸上，敲着騎兵進行曲（這是她學來使她的未婚夫大吃一驚的。）至於寡婦媽媽，她樂得快瘋狂了，慌慌忙忙，不知叫她的未婚女婿坐在桌前那個地方，也不知給他什麼東西吃、姊妹們，兄弟們，姑孃們，叔舅們、親戚們，都跑來瞧一下這位新郎，而且嚐得一兩口美好的飲食。但是新郎始終沒有忘形。他一面撫愛着新婦，一面開始說：「我現在想洗一個澡，然後趕快和你結婚。」

「你幹嗎這樣要命的慌忙呢？」媽媽揶揄着他說。

「我一定得轉去。狼只讓我離開二十四小時。」

於是他把經過的一切都告訴他們了，故事流着許多酸苦的眼淚敍述出來的。他不願回去。然而他不能這樣作。他已經說出他的話了；兔子底話是像他的契約一般認眞的。於是姑孃們和姊妹們討論這件事情，大家同意：「你完全是對的；說話之前務必愼重，然而話說之後必須堅強。在我們兔子整個歷史中從沒有一個收回過他的話的。」

故事很快就敍述完了，然而一切事務辦理得更快，早晨之前一對年青人結婚了，黃昏之前他就告別他的新婦。

「狼會把我吃掉，這是一定的，」他說，「但是你留心要始終對我忠實，如果你生產了孩子，就嚴格地教養他們，最好把他們送到馬戲班裏去，他們在那裏不僅可以學打鼓，而且還可以學放槍啦。」

於是好像忘了自己在什麼地方似的（他心裏一定想着狼），他突然加上一句：

「也許，誰知道呢，狼會——哈，哈，哈——隨他的高興而寬恕我呀！」

於是他像閃電一般奔馳走了。

同時，正在兔子快活結婚的時間，狼底洞穴和世界邊緣（新婦住的地方）之間的一片地帶發生了駭人的災害。有一區域，大雨如盆地傾瀉，兔子不能浮過的那條河現在漲了水了，向四周氾濫了十多哩。另一區域亞果國王已向尼基達國王宣了戰，如果兔子經過那兒，一定遇着最劇烈的戰爭。並且虎烈拉也發生了，兔子必須繞一百里路避開瘟疫綫：……此外，每一步都有狼，狐，和鴟梟埋伏着等待他。

現在，兔子把他的整個聰明都運用了。他計劃他的時間，可以多出三個鐘頭。可是一而再，再而三遇着阻礙，他的心就開始沉落了。他整個黃昏都在跑，而且跑到了半夜；他的脚爪給石塊觸傷了，他的皮毛，給沿途的荊棘撕壞了，一塊塊掛落在身上，他的眼睛模糊了；帶有血漬的泡沫出現在嘴脣四周，然而他還有很遠，呵，很遠的路要走呀！……朋友和抵押品底形象不斷地閃現在他眼前；他瞧得見他在狼底洞穴前面站崗而且思想着；「再過一點鐘我的親愛的妹夫就要來救我了呀！」心裏想還個，我們的兔子跑得愈加快了。高山，深谷，森林，沼澤，沒有一樣能阻礙着他呵！有許多次他的心快要爆裂了，然而他控制着它，不讓它無謂的騷動和跳躍使他離開主要的目標，這決不是流淚和悲哀的時候；一切情感都必須鎮壓下去，如果要讓朋友從狼底爪牙下解放出來。

天色開始破曉了。鴟梟和蝙蝠飛向他們的住所，空氣中存留着一般寒冷，突然間一切如像死一般靜寂，兔子繼續向前跑，心中只存着一個思想：「呵，我不會趕上時間打救我的朋友嗎？」

東方發紅了，沿着天邊的一簇雲現出了一粒火星，繼續伸展，直到整個空中都燃燒了起來，草上的露珠閃亮了；白天的小鳥醒來了。螞蟻，毛虫，和蠕虫開始它們忙碌的白天了：一圈黑烟從一個地方緩緩地升起，一陣耳語經過麥田逐漸地更大聲，更清晰了。但是兔子沒有看到或聽見什麼，除了我他自己反覆說着的聲音：「我殺害了我的朋友，一定殺害了我的朋友呀！』

最後一座小山出現在眼前了。山底那邊躺着一個沼澤，沼澤當中就是狼底洞穴。太遲了，斜眼睛，太遲了呀！

他作最後一次努力拚命要到達山頂……而且他到達了。但是他不能再向前跑了，他倒在地上，四肢無力……他真的不會到達他的目的地嗎？

他聽得見狼底洞穴了；它躺在面前猶如在茶托上一般。遠處教堂鐘樓上還敲打着六點；每一下都像中鐵錘似的打擊在這疲乏的小東西底心上。最後一下敲過了，狼就醒來，昂然站起，在愉快的期望中搖着他的尾巴。走到抵押品面前，把他握在掌中，用爪貼近他的肚腹，預備把他撕成兩半：一半給自己，一半給他的太太。小狼們環繞着坐下，磨響着牙齒，留心地注視着他們的爹媽，學習怎樣去辦理事情。

『我在這兒呀！我在這兒呀！』斜眼睛大聲叫了，彷彿千萬個兔子一齊呼喊似的，而且他一直向沼澤裏奔去。

狼很稱讚他。

『現在我明白了，』他說，『兔子底話是可靠的。這是我的決定：你們兩都暫時坐在這棵矮樹下，結果我也許，誰知道呢，——哈，哈，哈——隨我的高興寬恕你們的……』

譯者後記：在十九世紀偉大的俄國作家中，薩爾蒂可夫。席得寧（Saltykov-shiedrin）佔着一個很光榮的地位。他是一個進步的公民，傑出的論家，和卓越的諷刺家，他把上世紀中葉俄國社會生活底下賤與卑鄙，殘酷與恐怖深深地刻印出來。他用以揭穿沙皇俄國社會基礎底腐爛的大胆與卓識，以及他用以撕破沙皇俄國社會統治者底假面具的冷酷與無情，是他同時代的進步的人們所不能比擬的。

向那毀滅人民的黑暗勢力搏鬥，薩爾蒂可夫因了環境關係，不得不藉助于象徵的寫法。所以，在他的作品裏，有許多地方對於當時的人是十分明的，而對於現代的讀者卻相當困難了。不過我們應當記着薩爾蒂可夫自己的一句話：『我是伊索（Aesop），我是檢查所底畢業生。』攻擊敵人，擁護社會理想。薩爾蒂可夫主要是憑藉諷刺的武器，他本人運用自如的一種武器。在一八七一年「英國新聞」列載的一篇論文裏，屠格湼夫正確地把他歸入世界著名的諷刺家斯威夫特（Swift）的行列之中。

薩爾蒂可夫諷刺的對象是那些公開與民衆仇對的人和那些虛偽地向民衆表示友善的人，他誓死反對一切的妥協與因循，他憎惡偽善、矜驕、虛假和詐奸。他教育民衆要專門依靠自己的力量，列寧關於薩爾蒂可夫曾經這樣寫過：他給與了民衆一種非常寶貴的服務，他教他們看出地主們堂皇外表下的猙獰的獸性，他教他們憎惡這些東西底偽善和殘忍。而且他把俄國自由主義底真正面目也揭露了出來。

薩爾蒂可夫的底寓話集（一共三十二篇）對於世界文學是一個無價的供獻。雖然處理的是屬於地方性的題材，然而像一切真正的藝術品一樣，它們超越了它們的時代，變成世界文學寶庫底一部份。

詩集之一：

春在北方

魯藜

青春曲

一

啊，大地醒來了！
生活呀，像大的生活呀，
我們的日子呀，
又飄蕩着青色的陶醉的日子呀！
讓那山醉了，
讓那小河醉了，
讓那田野醉了，
讓走在田野的人也醉了呀！

啊，春的顏色
春天的酒呀！
你獻給我們生命以火焰呀！

像火焰般飛舞的春天呀，
你燒灼着太行山，
你燒灼着我們青春的胸部呀！

我們的胸起伏着，
我們的乳頭波動着，
我們狂奔向着山巔，
我們受着春天的愛戀而歌唱了！

二

啊，春天呀，你是
青春人們的戀人呀！
戀人們心中的戀人呀！
小河的戀人呀！
楊柳的戀人呀！
小虫兒的戀人呀
小田鼠的戀人呀！
黃土泥層的戀人呀！
黃昏的羊羣的戀人呀！

你來了的時候，
　那楊樹就狂發昏的裝飾起來了，
那楊樹就無緣無故地亂跑起來了！

你來了的時候，
小銀虫跳動起來了，
胡蝶就撥着白裙亂舞了！

甚麼都驚動了呀，
春天，誰都爲你而高掛起生命的旗子了，

連那最頑固的巖石層
也爲你放開了一朵粽子花呢！

啊，春天，
誰都有自己的旗子
——生命的戰鬥的旗子呀！

昆虫們有自己金色的胄甲，
那空中的禽鳥，
要載負着自己獨特的羽翎去誇耀人間！
而那人間的人們呀
要讓生命去沸騰，去鬥爭，
登起鬥爭的旗子去戰鬥呀！

三

啊！春天，青春
我的青春的伙伴們呀！

望望我們的臉呀，我們發狂的笑了
春天也在我們的頰上傾流着嫵媚的春色呢！

我的年青的同志們呀，
不要阻擋我們神經質的狂笑呀！

在這些日子里不讓我們大歡笑嗎？
在這太行山春天放蕩的時候
不讓我們去酬謝多情的春天嗎？

也許有人要說！
——忘記了現實的傢伙呀！
同志，我們沒有忘却現實呀！
就在昨夜，我們還哭過呢
我們為那個被難的同志哭過呀！（註）

可是，在今天，我們又笑起來了
我們要笑呀！伙伴，
你忘了嗎？
就是在過去那黑暗，陰險的日子里，
那血腥的殘殺的日子里，
立在我們兄弟姐妹們屍首旁邊，
我們還笑着呢！
我們笑着：
——摧殘吧，
我們的理想與熱情的靈魂不會死的！

而在今天，在太行山的春天里，
在這為將來所記憶的大時代里，
在這為祖國，世界歷史永久記憶的年代里，
我們永遠帶着那一雙對青春笑耀的眼睛呀！
我們永遠向着理想
也向着鮮血的鬥爭呀！

四

我們是這樣健康的笑了，
我們的生活與鬥爭的道路是這樣分明，
我們踏着歷史的前途怎麼不叫我們笑呢！
我們最早的走向黎明之前
為甚麼不笑呢！
我們走在最前面，
嘗得起最深厚的黑暗
也担當得起最殘酷的鬥爭呀！

伙伴們，年青的同志們呀，
就是在我們推着歷史輪子向前的時候
遭受了敵人和奸細們的殘害，
在我們的屍首上也要讓春天繡上綠痕呀！

我們要說：
——在戰鬥中，
在眞理的旗幟下
我們戰死了，
我們幸福的戰死了，
祖國熱愛過我們，
同志熱愛過我們，
我們無羞媿的獻出我們的生命了！

那麼，大地底母親就要用她那赤熱，
那樣戀愛的胸膛來收藏我們了！
那麼，麥苗要更肥些，
那麼，我們的兄弟，孩子要更堅强的鬥爭了！

五

啊！兄弟，伙伴，我的青春同志們喲！
在太行山的春天里
讓我們盡情而激昂的歌唱呀！
在我們這里
日子是這樣瑰奇宏偉！

看，那個淸明時幕上的靈旗呀，
被春風括斷了，掛在那柯椽上，
那南方來的燕子呀，
你是用你的剪翼修飾着碧空綠野嗎？

啊！就在這里有廣大的人民，戰士
在這里開拓着，鬥爭着，
在創造偉大的土地，太行山呀！

太行山是這樣蔓延無邊
而春天，她停留在這里，
鬥爭在這里，
笑在這里…………

一九四〇、五、軍區。

註：※※※為曲陽人，年青的伙伴，在四月間，於曲陽附近※※，突遭敵包圍村子，他持手鎗衝出，鎗膛僅有四顆子，他射死三個敵人，用第四顆子彈，結束了自己那忠實於祖國革命事業的生命。在四月五日之夜，地方同志們進行追悼。

開

你還凍着啦，土地？
怎麼，春天已經來了
你還睡着覺啦，土地？

樹兒都萌長着小芽了
你還沒有醒來嗎，老弟？
鳥兒到處亂叫，你還聽不着嗎，土地？

哦！我知道你哪，老弟，
你被誰拋棄在山頭一角
你還在發愁，滿是荒草的白髮，土地！

可是我們來了，你要歡迎
讓我們的鋤頭和你親個嘴吧，土地！
我們是你最好的老朋友勞動者呀，別害羞。

你那樹枝上的春鳥呀，爲什麼要驚走？
你不認識了我們嗎，小兄弟，
你害怕的是我們穿黃軍衣嗎，畫眉？
來來！給我們唱一個歌兒啦
幫幫我們的勁兒呀。

我們穿上軍衣，看我們的胳膊粗不粗，畫眉？

我們是勞動者呀，畫眉！
我們是和大地上一切勞動者一起的呀，土
地！
我們的生命和血液都是勞動者呀，兄弟！

我們要在這兒流下血和汗啦，土地！
你在這兒荒幾個年頭啦，
別人讓你荒老了，我們要叫你再生，土地！

親密的土地呀！你該高興
我們一鋤一鋤都這樣沉重喲，
我們知道要愛就愛的深；
我們是深深地愛你啦，土地！

嗄！你那從空中飛去的雁鵞哦，
你們這樣亂吵亂叫，搞什麼鬼？
你們是剛從南方逃來的，南方土地已經青了
你看不起北方的荒涼一片嗎？怪東西？

我們不久可就要你看一個顏色
你看哪！滿山遍野都要播下種，
那包谷，高粱，谷子，山藥……就要到處長芽
開花，
荒涼的北方也要變得紅紅綠綠呢！

啊！好兄弟，畫眉，你唱得可上勁呀，謝
謝你！
你可別像那些野鴨兒啦，那些蠢東西，
貪食懶動成天儘是走東走西！
我們要歌頌勞動呀，
勞動者是自然界惟一偉大的創造者呀！

啊！偉大的勞動者啊！親密的土地呀！
緊緊實的土地呀！
你是這樣結實，有種
和勞動者結合，你就變得這樣興奮，有生氣。

我們就要在你的土心裏
種植下人民生活的糧食呀，土地！
我們的全志們是不怕流血流汗的
要在廣闊的祖國土地上，深深地種下眞理！

快聽！太陽就要落下那山坡塘了，畫眉，
小兄弟喲，你也要飛回深林去睡覺麼？
那麼，再見！明天再來一個，我們歡迎你
。

詩集之二：

綠色的春天

山莓

綠色的春天

春天來到的時候，
我看見樹林在發綠，
河水在發綠，
山巒在發綠，
田野在發綠，
小甲虫在發綠，
連白鬍的老頭子都在發綠
綠色的血液，
滋潤着辛勞的土壤，
土壤裏生出來的
是綠色的希望！

紅色的知更鳥

冰雪融消的日子，
我看到紅色的知更鳥，
帶着快樂的歌聲飛來，
在透着綠意的柳樹上，
渾身燃燒得像一粒紅色的火種，
而那歌聲也是助燃的。
在藍天底下，
點燃着人們的戰鬥的情緒！

蒲公英

在辛勞的土地上，
繁殖着各色的蒲公英，
像杜娟花一樣的，
有着過度的喜悅，
和紅色的笑！
當春風吹解了河凍，
而蒲公英也是更艷麗的時候
人們的心頭上，
將穿起了一串快樂的記憶。

河岸上

純樸的河岸，
披着綠衣，
對着河水笑了。
笑得那麼深情，
而不淫蕩！

狗奶子，
紅得像小姑娘耳朵上的環子。
又像一排排小紅鈴鐺，
多麼愉悅啊！

見過水蓼花嗎？
紅得像火似的，
終天燃燒着水，
使它變成紅色的？

拉縴的人兒，
走過來了啊：
裸露着胸脯，
貼緊緊砂石！
腿肚子，
都因用力而扭絞起來了：
胳膊上滾着汗珠，
呼吸裏帶着血絲。
佝僂的背脊，
伸長的頸子，
沒有感覺似地，
沿着這河岸一步一步地爬過去。

歌

魯藜

對着太陽
我說：——
活在這年代，
有咱歌唱的日子呀……

那大街，
那林莽，
那受難的土地……
我以悲壯的歌聲，
送走它憂悒的日子……

那出現在林間的
被飢餓磨瘦了的，
你莽野上的農夫呀！
那披蒼紫色陽光的
被譏笑損棄了的，
你貧家的牧童呀！
你可曾聽到
從這被難的大地上
響起的聲音？
而我的精，
我的血……
也就是你們
所愛戀的歌唱呀！

而另一支
雄壯的
跳躍的歌聲，
也從你們
曾被鞭打過的，
曾爲飢餓而叫喊的
奴隸的嘴上
吼出來了……
因爲
活在這年代，
有咱歌唱的日子呀……

好，
那就唱吧，
那就唱吧，
把怨憤，
把怒火，
把眞理……
從心靈深處，
熱情的吼出來吧！

好。
那就唱吧，
那就唱吧，

把這無情的鐐銬，
把這人吃人的世界，
在一個雄壯的，
也是從苦難生活過來的
年青的歌人面前，
永遠的毀壞，
永遠的毀壞吧。……

對着太陽，
我說——
活在這年代，
有咱歌唱的日子呀……

在今天，
在這亞細亞的曠野上，
有什麼聲音
能比這支
從被壓者的嘴上，
從這受難的大地……
所躍起的歌聲
再偉大呀!?——
它以高傲的腔調，
響徹了廿世紀的歲月……

對着太陽，
我說——
活在這年代，
有咱歌唱的日子呀……

曠野

冀汸

讓我們底馬
盡情地奔跑吧

這里是多麼空闊的馳場呀！
沒有一個土丘
沒有一塊石頭
沒有蔭森的林子
沒有寬闊的
水深浪急的河流……
太陽耀着
高迴的天空這麼亮，
輻射熱平勻地
撫摩着這土地
讓一切都感受適度的溫暖，
從塞外吹來的風
響着尖銳的哨子
雖然給這里帶來了冬天……

我們底馬匹
像在追逐着風
也像爲風所奔捲地
蹄子把塵土向後邊掀動，
我們在馬上吶喊，
馬，伸仰着頸子
向崇高的天宇
露出整齊的排牙
不住地嘶鳴，
這聲音
比風底叫嘯尖銳
比風底叫嘯旋得更高，
這聲音像要劃破這曠野
透流到曠野以外的遙遠處！

我們底眼睛看得這麼遠：
我們看着前面
和我們底馬鞭所指畫的兩旁
是同樣的遼闊，
我們看着遼闊得模糊了的地方
藍天在那里沉下了，
我們看着成羣的飛鳥
越飛到遠處越低
最後在平野里溶化了……
我們知道
我們底眼睛看到了曠野底邊緣。

而我們現在
是奔馳在曠野底中心呵！
葱綠的麥苗
一道讓着馬蹄所踏印的
黃土道路，
我們看不見這道路有多長：
我們嗅到
泥土底濃厚的氣息，
眼睛里閃着
泥土底健康的光彩，
我們滿懷了說不出的親愛……
一片田連一片田，
一直連到曠野底邊緣的
嫩綠的麥苗，
在風里輕輕地飄動，
向我們誇耀今日的繁茂
誇耀未來的收穫底豐足……
一個村落滑過了
前面又現出一個村落。
高低不齊的樹
把村落環繞着，
多刺的籐子
沿着樹幹編成籬巴
把村落環繞着，
在村落底盡頭
在通過村落的路口
年青的朋友
拿着紅纓槍
守候着……
一個碉堡滑過了
眼前又現出的一個碉堡。

碉堡歷着幾條大道底交點
高高地聳立着
壁陡的
像是這曠野里底山峯，
碉堡上飄着
我們莊嚴美麗的旗幟，
我們底弟兄挺立在上面
靜靜地
瞭望着曠野底邊緣以外……

我們蹤躍過了小溪呵！
溪水潺緩地歌唱
平穩閒靜
如同慈母唱給搖籃里聽的
甜美的曲調，
澄清的波面
照下了我們底
英俊的愉快的影子，
我們二十騎
——這數目
　正像我們每一個人底年紀
今天，是這般驕傲呀！
聽着大地底招喚
讓我們起誓：
　奔馳到曠野底邊緣！
呵！遼闊呀遼闊呀！……
我們還是奔馳在曠野底中心，
前面兩旁
和我們底距離
還是像以窩一樣遙遠……
我們迎上去！
雲朵在我們底頭上幻變
蒼鷹在我們底頭上鳴叫，
我們底馬
「咴騰」地應和着
蹄子是掀得更快了，
我們迎上法！
風迴旋，急速地迴旋
我們嚐不到一點嚴寒，
我們只覺得
空氣過剩的充足
讓我們呼吸得如此舒暢……
一顆老樹滑過了
一個池塘滑過了
一大塊芋田滑過了……
在芋田里掘芋的幾個農夫
望着我們笑了，
牽着牛在池塘里喝水的孩子
池塘旁邊洗衣服的姑娘們
也望着我們笑了，
我們也笑了……
我們好像從不曾這樣笑過！
也彷彿從不曾笑得這樣好！
在馬上
我們愉快地
打開發光的槍機
推上子彈，
我們拍着馬：
「有誰來侵犯我們底土地？……」
馬叫嘯着，跳躍着，
好像在流火交織的生死場上
看見了强暴的仇敵
鬃毛豎起來了，
好像決鬥一樣的勇敢憤怒……
我們把繮繩勒緊
好容易馬蹄追促地停止了！
而，立即又像旋風一般地回轉身來
朝向出發的地方奔跑……
啊啊！我們出發的地方……
——我們底營房
巳是一些小黑點
散佈在天與地相連的弧線上。
曠野
親愛的曠野，
在這里
這樣地奔馳
是這樣的自由自在呀！
讓我們來歌唱呵：
「我們底祖國
　多麼遼闊，多麼廣大……」

四一年、一月、十三日。

魯迅的藝術方法

呂熒

一

魯迅是一個作家，然而首先，他是一個戰士。

魯迅寫作了大量的小說，散文、雜文、歷史小說；這一切作品正像一株蓊鬱蒼茂的大樹所分生的枝葉，它們都是從一個根苗上萌發出來的，這單一的『創作總根』是『愛』與『憎』，是戰鬥。

在『而已集』裏，魯迅自己寫着：『創作總根於愛』（『小雜感』）。又在『且介亭雜文二集』裏寫着：

『至於文人，則不但要以熱烈的憎，向「異己」者進攻，還得以熱烈的憎，向「死的說教者」抗戰。在現在這「可憐」的時代，能殺才能生，能憎才能愛，能生能愛，才能文。彼兌飛說得好：

我的愛並不是歡欣安靜的人家，
花園似的，將平和一門關住，
其中有「幸福」慈愛地往來。
而撫養那「歡欣」，那嬌小的仙女。
我的愛，就如荒涼的沙漠一般——
一個大盜似的嫉妒在那里霸着：
他的劍是絕望的瘋狂，
而每一刺是各樣的謀殺！』

（『七論「文人相輕」——兩傷』）

於是，當一九一八年的時候，懷着「毀壞這鐵屋的希望」（『吶喊自序』），魯迅發表了第一篇小說『狂人日記』。這是一篇向古老的「吃人」的封建社會宣布的無情鬥爭，是一篇揭示新的社會觀，人生觀，歷史觀的宣言。在以後的小說集『吶喊』『彷徨』裏，魯迅無情地描寫了阿Q，孔乙己，祥林嫂……等形象，然而他的主旨並不在嘲笑這些人們，也不在唾棄這些人們，更深的內容乃是在愛他們。魯迅在他的自敍的文章裏曾經一再的說過，他的改醫學文是為了要救無知的愚懣的人民和人民的「孩子」。

然而應合着半殖民地半封建的中國革命過程的複雜性與特殊性，作為人民的戰士的作家魯迅底發展過程是曲折而且艱苦的；在正確的世界觀歷史觀的科學理論未介紹到中國之前，在人民大衆的革命力量沒有建立之前，他在戰鬥的途程上甚至是「寂寞的」。魯迅生活在十九世紀末期二十世紀初期的中國，經歷過滿清的統治，封建軍閥的統治，他的「吶喊」，「彷徨」，以及進一步的前進，清晰地顯示出一個有血有肉，有憎有愛，有歡樂有悲傷，有戰鬥有苦悶的人民底作家的真實的形象：體現了一個忠實的戰士的真正底偉大。

早在辛亥革命之前，魯迅就加入過光復會，是一個積極的新派革命份子（許壽裳編『魯迅年譜』）。可是，由于辛亥革命的妥協性，革了命之後，「民國」雖然成立了，國民們腦子後面的辮子是「革」掉了，而腐臭汚暗的封建勢力仍然統治着中國，殘害着中國的人民。魯迅——一個正直的忠實的革命者，眼看着這種情況，感到巨大的失望和悲觀，於是就退居在北平的會館裏，抄起碑帖來了（『吶喊自序』）。然而正在五四運動之前，民族資產階級壯大興起了。這一階級當時的闘爭推翻封建勢力的具體行動與口號，無疑地刺激了魯迅的消沉的心。從一九一八年起，魯迅開始「吶喊」了，他寫作小說，同時也寫作許多攻擊「國粹主義」「禮教制度」的辛辣的短文（收在『熱風』與『墳』中），這也就是魯迅寫作雜文的開始。這時候，人民忍戰士魯迅與新興布爾喬亞智識份子在打倒封建勢力這一點上攜手了，而且一同爲「新文化運動」作戰了。不過並沒有經過多久，民族資產階級在抬起了頭之後，就和帝國主義封建勢力妥協，加入了它們的陣營，也成爲高高在上的統治者之一了。這在歷史上是一種驚人的變節，而對於忠實的人民大衆的戰士們，是一個咨節的傷痛的時代悲劇。——這是魯迅的「彷徨」的根源。

對於布爾喬亞汜的不可靠，虛僞，自私；魯迅很早就意識着的。在一九二〇年寫的『頭髮的故事』裏，魯迅沉痛地寫着：

『我要借了阿爾志跋綏夫的話問你們：你們將黃金時代出現豫約給這些人們的子孫了，但有什麼給這些人們自己呢？』

在一九二一年，魯迅又寫了一篇近乎雜文的小說：『智識卽罪惡』（『熱風』）。在這篇小說裏，富翁朱朗翁做了閻王，而被新文化運動喚醒的人民都下了地獄。這是描寫軍閥政權的一幅絕妙的諷刺畫。

同時，在這個時候，魯迅底智識份子階層中的戰友都死的死了，降的降了，「新青年的團體散掉了，有的高陞，有的退隱，有的前進」，只剩下魯迅一個人落得一個『作家』的頭銜，依然在沙漠中走來走去』。這時候，魯迅看出了布爾喬亞汜用黃金的光芒粉飾着的黎明的虛僞，但是不能看見希望中的新的世界，也『不知道這「新的」該是什麼，而且也不知道「新的」起來之後，是否一定就好。』（且介亭雜文一集：答國際文學社問。）又不能信任人民大衆的力量的成熟，「新的戰友在那裏呢？」光明和眞理的道路在那裏呢？而四周又是「無物之陣」，一切都是黑暗的勢力；「于是失望，頹唐得很了」（南腔北調集：自選集自序）。在這個時候，魯迅寫作了悲憤的『影的告別』（『野草』）：

『有我所不樂意的在天堂裏，我不願去；有我所不樂意的在地獄里，我不願去；有我所不樂意的在你們將來的黃金世界裏，我不願去。

然而你就是我所不樂意的。

朋友，我不想跟隨你了，我不願住。

我不願意！

嗚乎嗚乎，我不願意，我不如彷徨於無地。

……』

魯迅寫作了小說集，『彷徨』。

不過這「彷徨」，在魯迅，它不僅是歷史過程中的一幕時代的悲劇，而且也是一幕孕生新人的苦痛。在最初，魯迅對於新興的卡爾主義的革命是多少抱着懷疑態度的。因爲魯迅「見過辛亥革命，見過二次革命，見過袁世凱稱帝，張勳復辟」，「又經驗了一回，同一戰陣中的伙伴還是會這麼變化」（南腔北調集：自選集自序）；却沒有見過一個眞正爲了人民的革命。關於這，在『答國際文學社問』（『且介亭雜文一集』）裏，魯迅有坦直的自述。可是到後來，當他從現實中眞正地看清楚了人民大衆是在這一邊的時候，他於是也[illegible]起他的長袍，向着這方向走去了。

正當着這個時代，封建軍閥與人民之間的情勢日益惡劣了。濃厚的黑暗與革命者的鮮血污塞了魯迅的呼吸。作爲戰士的作家，「敢於直面慘澹的人生，敢於正視淋漓的鮮血」的「眞的猛士」（『華蓋集續編』：紀念劉和珍君），不得不用最輕便的武器來應戰，於是魯迅終結了小說的時代，開始了長期的雜文的寫作。同時，雜文的形式也是適和於魯迅底戰士的氣質與天才的文學風格的最一致的形式。

魯迅的作品：從一九一八年到一九二五年寫作了小說集『吶喊』，『彷徨』；還有三篇歷史小說——『補天』（一九二二），『奔月』，『鑄劍』（一九二六）；一九二四到一九二七年寫作了散文集『野草』，『朝華夕拾』；在同時，魯迅也寫作雜文：『熱風』（一九一八到一九二四），『墳』的一部分（一九一八到一九二五），『華蓋集』（一九二五），『華蓋集續編』（一九二六）；而在一九二七年之後，小說和散文都停止了，連續寫作了十年的雜文：『而已集』（一九二七年）。『三閒集』（一九二九、二八、二九），『二心集』（一九三〇，三一），『僞自由書』（一九三二）『南腔北調集』（一九三二），『准風月談』（一九三三）『，花邊文學』）一九三三），『且介亭雜文三集』（一九三四、三五、三六），『集外集』（一九〇三——三三），『集外集拾遺』（一九〇九——三六）；只在一九三五年曾經寫過幾篇歷史小說。

結魯迅的一生，戰士的作家的本質：對人民大衆的愛與爲人民大衆而。物戀戰鬥，這一觀念是一條內心的紅線，貫穿了魯迅底全部作品——這決定了他的作品從小說到雜文的體現形式的遞進，決定了他的小說主題的社會意識性與暴露性的範疇，決定了他的散記體底形態和風格的特徵，規律和發展的方向；同時，也說明了魯迅的偉大光榮的價值：第一個中國人民底作家。

二

關於創作小說的意向，魯迅自己寫着：

『我怎麽做起小說來？——……不過想利用他的力量，來改良社會。

……………

自然，做起小說來，總不免自己有些主見的。例如，說到「爲什麼」做小說罷，我仍抱着十多年前的啟蒙主義，以爲必須是「爲人生」，而且要改良這人生。』（南腔北調集：我怎麼做起小說來。）

『自然，在這中間，也不免夾雜些將舊社會的病根暴露出來，催人留心，設法加以治療的希望。………』（南腔北調集：自選集自序。）

『………所以我的取材，多半採自病態社會的不幸的人們中，意思是在揭出病苦，引起療救的注意。………』（南腔北調集：我怎麼做起小說來。）

由於這一意識而產生的魯迅的小說，無疑的是屬於暴露性範疇的作品，它的內容具有明顯的社會意識性，而且，作品中的人物多半是否定的形態。

魯迅的小說底創作主題，一般的說來，可以分做三類：第一類是人物的性格與形象的刻劃，（如『孔乙巳』，『阿Q正傳』，『祝福』，『高老夫子』，『孤獨者』），第二類是社會體相與人的悲喜劇的素描（如『藥』，『明天』，『風波』，『示衆』，『離婚』），第三類是象徵理念的體現（如『狂人日記』，『長明燈』），這三類主題都是暴露的社會意識性的產

由於作品內容的暴露性的範疇，根據創作主題的有限的分類；我們可以通過作品內容底共同的實現社會的基線，把魯迅的全部小說編成二部社會性的著作：第一部是辛亥革命前後中國封建農村社會中農民底生活與形象的圖畫，第二部是五四運動前後的新舊智識份子底意識形態與代表人物的剪影。（附注：『吶喊』裏的『一件小事』，『頭髮的故事』，『兔和貓』，『鴨的喜劇』，近似回憶的散文，不列入這兩部作品之內。）

第一部作品裏可以編集的小說有『孔乙已』，『藥』，『明天』，『風波』，『故鄉』，『阿Q正傳』，『社戲』，『祝福』，『長明燈』，『離婚』。在這部作品裏，我們看到農民生活氛圍的圖畫（『風波』，『明天』，『社戲』），看到天性樸質純良，但是被歷史社會殘害彎曲了的農民的形象（『孔乙已』，『阿Q正傳』，『故鄉』，『祝福』，『離婚』），看到買賣婚姻，禮教制度之下的女性犧牲者（『祝福』），看到人民對於辛亥革命的愚昧與『革命』的妥協性（『藥』，『阿Q正傳』）看到天眞的人的悲喜劇（『風波』，『明天』，『離婚』）……

第二部作品裏可以編集的小說有『狂人日記』，『白光』，『端午節』，『在酒樓上』，『幸福的家庭』，『肥皂』，『示衆』，『高老夫子』『孤獨者』，『傷逝』，『弟兄』。在這部作品裏，我們看到舊的小市民智識份子底生活觀念的一面（『端午節』），生活道路的一角（『白光』），腐臭相的一形態（『肥皂』），虛偽的仁義道德的一影（『弟兄』）；看到革命後改頭換面的舊智識份子的殘渣底醜惡與庸俗（『高老夫子』）；看到戰敗了的各式各樣的新智識份子：敷敷衍衍模模糊糊的悲觀的消極者（『在酒樓上』）空做『幸福』的幻夢的投降者（『幸福的家庭』），受傷的狼的戰士（『孤獨者』），新女性的犧牲者（『傷逝』）；而素描的『示衆』，正是這充滿了汚暗的舊勢力與渾渾噩噩的小市民羣的社會氛圍的寫照。

法國作家巴爾札克曾經把他的小說編成一部『人間喜劇』，作爲表現從封建制度的沒落到七月君主國的告終這一時期的法蘭西社會底偉大的史詩。魯迅在最初寫作這些小說的時候，並沒有意識地表現一個時代的社會的歷史

或生活的企圖；因此，他這兩部作品不能做到巴爾札克所說的那樣：「不遺漏人生的任何一方面，不遺漏任何一種典型，任何一個男人或者女人的性格，任何一個職業，任何一個生活方式，任何一個社會集團，任何一個法國區域，不遺漏兒童時代，老年時代，成年時代，不遺漏政治，法律和軍事生活。」

魯迅的作品缺乏巴爾札克那樣的細節的描寫，衆多的人物，廣大的生活面，精緻的花邊與紋路，但是也正具有同樣的史詩意義與價值。因爲首先，魯迅的作品所描寫的是「眞實」。魯迅自己生長在農村裏的鄉紳家中，和農民們有過共同的生活；後來與舊勢力作戰，看見過許多腐朽的舊人物，又接觸過一些新智識份子的戰友；於是十分自然地，魯迅以這兩個社會集團的人物與生活作爲小說中的形象。在寫作史詩的課題上，散記體的魯迅的小說雖然是有許多缺點；可是通過典型形象的刻畫與藝術風格的獨創，魯迅無意中體現了辛亥革命與五四時代的兩個 社會集團底猶樣的風俗畫與素描的人物誌。

魯迅寫作的小說在主題上雖然沿着比較狹窄的「暴露病根」的道路前進，然而在理念上卻開展着對未來憧憬無窮希望的廣闊的遠景；在「好的故事」（「野草」）裏，魯迅曾經寫過一幅美麗的人的世界與人的故事底詩的憧憬。同時，魯迅底未來的希望和憧憬並不是空洞的個人的幻夢，而是寄托在人民大衆身上的理想；在「故鄉」裏，魯迅悲痛於他與閏土之間的社會的障壁，寫道：

「……我想，我竟與閏土隔絕到這地步了，但我們後輩還是一氣，宏兒不是正在想念水生麼。我希望他們不再像我，又大家隔膜起來：……然而我又不願意他們因爲要一氣，都如我的辛苦展轉而生活，也不願意他們都如閏土的辛苦麻木而生活，也不願意都如別人的辛苦恣睢而生活。他們應該有新的生活，爲我們所未經生活過的。」

魯迅以人民的未來作爲鬥爭和寫作的目的。在他的理念的本質上，已孕育了將來和卡爾主義的思想合流的道路。同時，也正是這一理念，它使魯迅的作品底內容豐富着戰鬥性的激情與光輝，呼吸着現實的生命氣息，輝映着天才的藝術彩色——超越過任何階層的界限，任何時代的陰影，永生在人民大衆的心的深處。

三

敘述魯迅的藝術方法，在根柢上，我們除了應該深入地探討他的作品內容底社會性而外，還應該解明他的作品風格底內在的規律性，他的作品的形態，結構，人物，彩色……因爲只有在這一意義上，我們才能接觸到魯迅作品底風格的本質和特質，能理知他的藝術方法 底完整的形象和發展的歷程。

魯迅的小說的形態，一般地說來是短篇的散記體的形態，它的風格是敘述的詩，它的結構是直線發展的演繹體的散記，它的人物多半是絡結形態的形象，它的詩心浸染着情感的彩色，鼓動着生命的呼吸。

雖然，魯迅的小說「藥」，「風波」，「明天」，「示衆」，「弟兄」，「離婚」，都描寫一組人物的結合與交錯，具有小說體的開展形態和結構；不過在戰士的作家魯迅身上，小說體與散記體交互影響的結果，還是散記體取得了主導的地位。因爲在本質上，散記體是表現作者底理念與憧憬最親切的形式，在散記體的作品中，作者常常不需要經過什麼特別的藝術的手法，就可以直接傾訴出他的內心靈魂的自白，可以直白地盡情地吶喊，放歌，痛苦，歡笑……魯迅的名著「阿Q正傳」實際上是這兩種形態交溶的產物，是一篇散記的小說體的作品。魯迅寫作最後兩篇小說「弟兄」，「離婚」以及後來的歷史小說，似乎日漸注意結構的錯綜和完整，更看重情節的佈置與人物的刻畫；這顯示着魯迅底小說形態發展的未來的方向。

散記體的魯迅的作品底風格。是敘述的詩。魯迅的小說裏缺乏描寫，不但寫景缺乏，連人物形象的血肉描寫也缺乏；關於著名的典型「阿Q」，我們只知道他是一個「懶洋洋，瘦伶仃」，「黄辮子」，「在他頭皮上，頗有幾處不知起於何時的癩瘡疤」；剩下什麼都不知道了。因此，魯迅在一九三四年看了「戲」週刊上的「有點古裏古怪」的阿Q畫像之後，不得不寫一封

『答「戲」週刊編者信』（且介亭雜文二集），對阿Q的形象加以說明。

散記體的魯迅的小說底結構，缺乏全面展開的整體的壯幅與錯綜的情節。魯迅的小說，除去『阿Q正傳』，『祝福』，『在酒樓上』，『孤獨者』，『傷逝』而外，其他的小說的主題都局限於描寫一件事的一面或是一個人的片斷；小說中每一件事每一個人都是以定形化了的終結形態出現的，他們在特定的社會的位置，他們有在固定的時間中的生活相，但是沒有變動的時間的痕跡，沒有連續的生活的開展。「這固然是短篇小說的固有的特點，然而結合着展開這些片斷的終結形態的事物所用的直線的，演繹的，散記體的結構，形成了魯迅的作品底形態的特質。

魯迅的大部份小說，在結構的開展上，很少運用網式的交互錯綜的手法，多半運用直線的山嶺起伏的布局，布局上最大的曲折，僅僅也只是在情節上構成山嶺的峯巒，用峯巒作包圍，作陪襯，形成一種迴旋；擴深作品的中心主題的深度與闊度。例如『狂人日記』的主題「意在暴露家族制度和禮教的弊害」（『中國新文學大系小說二集序』）它的情節中心在藉「吃人」這兩個字宣示推翻殘酷的無人道性的封建社會的革命意識，在前二章裏，魯迅描寫一個狂人底精神錯亂的心理狀態，布置了峯巒的來脈，在第三章裏提出了「吃人」二字，這是第一座峯巒的出現，在第五章又敍述了狂人對於吃魚和醫生看病這兩件事的感想，這加强了狂人精神錯亂的眞性，同時也擴深了「吃人」二字對於非狂人的讀者的感印，這是主體的高峯的伏脈，也是第十章，第二座更高的峯巒的來源。而在第十三章——最高峯上，魯迅喊出了「救救孩子！」的叛逆的宣言。

在魯迅的作品裏，這種演繹體的山嶺起伏的開展結構的樣式，雖然在情節上，缺少曲折，缺少構成人物間相互的錯綜的連繫，結合，對立等關係的戲劇性的因素；可是每一座峯巒的起伏都是人物事態發展的本身的峯巒，並不僅僅只是一種結構上的點綴；由於人物的眞實與生動，這情節也同樣豐富着藝術的情趣，並不使人感到沉悶或是平庸。『阿Q正傳』的結構是一個明白的說明。不過同時，在這種開展樣式的結構中，當某一座峯巒與中心主題的發展失去了適度的連繫的時候，它常常反而喪失了情節起伏的意義，成了情節發展的障碍。例如『藥』的中心主題是在反映清末革命黨的被慘殺以及人民對於革命黨的愚昧。魯迅採取了人血饅頭治癆病的故事，不用說，這是連繫起在這兩個不相關聯的人羣的美滿的補子。尤其是「吃革命者的血」的故事，深刻地表現了人民的愚昧，同時，從被斬首的犯人的血來治病，也寫出了人民的無知。不過『藥』的開始出現了一座峯巒——華老栓和他的家的描寫——這固然是故事的由來，但是這座峯巒累積得太高了，阻碍了讀者的視線，許多讀者會把它看成主峯，而不了解第三章裏關于革命黨人的敍述的重要性，乃至於第四章裏「花環」的重要性——這重要性是魯迅自己在『吶喊自序』裏提出來的。當然，我們也可以說，因為結構的主峯太低了，所以讀者看不見它，這就使『藥』失敗了。此外，『明天』的敍述太平，沒有形成峯巒；『白光』的峯——陳士成的死——不能具有人物事態自然發展的因素與氛圍，成了孤立的造作的產物（結局）：這都是失敗的作品。

應合着散記體的敍述的形態，魯迅在小說裏常常用第一人稱——「我」——敍小說的主人翁。雖然對於「我」的小說，許多作家都提出過反對的意見，但是對於魯迅是並不適合的。很顯然的，魯迅用第一人稱，不僅便於敍述，而且更便於滲透自己的摯熱的感情到作品中去。魯迅用第一人稱寫作的小說有『狂人日記』，『孔乙己』，『故鄉』，『社戲』，『祝福』，『在酒樓上』，『孤獨者』，『傷逝』；這都是魯迅小說中傑出的作品，這些作品的成功，與其說是人物的形象與身世感動了人，更不如說是人物的靈魂感動了人。在這些小說裏，作者藉第一人稱底近乎殘酷的苛探的自我表白，敍述人物的思想，感情，性格，情感，作者用「我」的敍述使讀者的理知感情與一個人——叛逆者，徵收者，被損害者……——的內心靈魂相接觸，撼感動了，撼動了讀者的靈魂。

因此，魯迅在他的作品裏常常配合着人物事態的開展，直白地插入自己的獨白；這種作者底自我獨白的插話，本來十分容易成為煩瑣的議論與沉悶的說教，就是在托爾斯泰和高爾基的一些作品裏，也不能免除這種缺憾。但是魯迅的獨白的感情氛圍早就在小說中形成了，作者的獨白不但不是多餘的，而且是小說中具有結構意義的一種抒情的詩的插曲。這種自然流露感人至深的獨白，常常含有深刻的社會性的內容，正如在『生命之路』（『熱風』）裏魯迅的一個朋友所說的一樣：「是Nature的話，不是人們的話……」。

在『孤獨者』的結尾，魯迅這樣寫着：

『我快步走着，彷彿要從一種沈重的東西中衝出，但是不能夠。耳朵中有什麼掙扎着，久之，久之，終於掙扎出來了，隱約像是長嗥，像匹受傷的狼，當深夜在曠野中嗥叫，慘傷裏夾雜着憤怒和悲哀。』

這一段自白正放在魏連殳死了之後，淒厲地寫發出了那一時代的戰士的悲憤與傷痛。——由於這，我們認識了魏連殳的形象的本質，我們接觸到人底時代悲劇的靈魂。

偉大的俄羅斯作家L．托爾斯泰曾經在他的日記裏這樣寫着：

『在藝術作品裏面，主要的也是作者底魂靈。』（一八九六年十月三十日）

又寫着：

『為了使作品有魅力，不只是用一個思想指導作品，那作品底一切滋非被一個感情所貫穿不可。』（一八五三年十二月二十日）

魯迅正成功地完成了這一藝術課題。魯迅用第三人稱寫作的小說決沒有那些浸透了感情的醇酒的第一人稱的作品的動人與完成；例如『藥』，『明天』，『白光』，『長明燈』，『弟兄』，都是魯迅的小說集中多少具有缺點的幾篇作品；魯迅的最成功的傑作『阿Q正傳』是一篇散記體的小說，實際上還是在「我」的支配之下的作品。

由於人物事態底片斷終結的形態，由於曲折情節的缺乏與山嶺起伏的結構樣式，產生了魯迅小說結構的另一特徵：抒情的結尾。這種結尾的形態有抒情，也有象徵和諷刺。

差不多誰都知道，『狂人日記』的最後一句是有名的「救救孩子……」而『藥』的結尾是「這是怎麼一回事呢？……」，這一句話正隱喻着社會的疑問和人民的疑問。『故鄉』的結尾是：「……希望是無所謂有，無所謂無的。這正如地上的路，其實地上本沒有路；走的人多了，也便成了路。」『白光』的結尾配合着陳士成的身世，是敘事，也是抒情：

『……開城門來……』

含着大希望的恐怖的悲聲，游絲似的在西關門前的黎明中，戰戰兢兢的叫喊。』

此外，『孤獨者』，『傷逝』都是散文詩的抒情的結尾；『幸福的家庭』，『肥皂』，『高老夫子』，『端午節』的結尾都是諷刺的迴響；『明天』的結尾隱喻着詩的象徵；『長明燈』的結尾雖然不十分了解，很明顯地含有詩的象徵的抒情意義。其他的作品，像『孔乙己』，『風波』，『阿Q正傳』，『社戲』，『祝福』，『在酒樓上』，『示眾』，『弟兄』，『離婚』，這些小說的結尾雖然近似純正的敘事，然而嚴格地分析起來，也都含着抒情的意旨。

事實上，在魯迅的作品中，由於人物事態的片斷性與終結形態性；因此，作品內容底深度並不在於藉情節上的結局來完成，而更需要一種詩的結尾。這種抒情的畫面或敘寫的結尾具有一種抽象的詩的溶和力，凝化作品的中心主題，人物的身世與形象，片斷的終結形態的事物，成為一個有機的整體；更真實地深刻地在讀者的印象中具現出來。小說『弟兄』的失敗，缺乏抒情的結尾也是主要的因素之一。

拜林斯基在『論俄國小說與果戈里的小說』裏，曾經這樣深刻地論了果戈里的作品：

『……你說吧，果戈里底每一篇小說，對於你所發生的首先是怎樣的印象？難道他不會使你這樣說嗎？「這一切是多麼單純，普通，自然與真實，同時可又多麼獨創與新鮮呵！」難道你不會[illegible]樣驚奇嗎？為什麼你自己不能想到這同樣的思想，為什麼你自己不能構想出這些同樣的人物，他們是那樣普通，那樣熟悉，那樣常見，而他們四圍的環境，又是那樣日常的，那樣普通的，那樣在實際生活中被你所厭惡了的，但是在他時的表現中，卻是多麼有趣與迷人呵！這就是真正藝術作品底第一個標誌。再，你和他小說中的每一個人物，不是很快就熟識，像是很久就已認識而且相處得很久了嗎？（略一句）你不是還能憑你的想像，將他的肖像加以補充嗎？你不是還能補加一些特點，像被作者所遺忘了的？你不是還能講出幾段關於那個人物的故事，像被作者所忽略了的嗎？你不是很能自信而且可以賭咒地說，作者所寫的一切，都是千眞萬確的事實而不是幻想的揑造嗎？這到底是什麼原因呢？因爲那些作品如果帶上了眞天才底標幟，那總是依照着不易的創作規律創造出來的。那種構思底質樸，事件底明顯，那種戲劇性底貧乏，作者所描寫的那種事件瑣碎與平常！——這些就是那創作所以能如此眞實與不欺騙的原故。這是寫實的詩，是實際生活底詩，爲我們所熟知的那種生活底詩。……故事愈通俗，愈平常，這就是說，假使那小說底內容愈能引起讀者底注意，那末作者方面也就愈需要有偉大的天才。當一位中才的作家，來描寫強烈的情感與深刻的性質之時，他能怒立，能緊張，能說幾句響亮的獨白，講幾件美麗的事物，也能以漂亮的結構，雅緻的形式，很好的內容，成熟的故事，綺麗的詞句，即以自己的博學，智慧，教育與生活經驗底結果來欺騙讀者。但如果要他描繪生活之日常的圖畫，描寫普通的與散文式的生活，那你相信着吧，這將成爲他眞正的絆脚石了，他那稀鈍，冷淡與無藝魂的作品將永遠不能副你的期望。……』

這一段評論引用在魯迅的身上也是完全合適的，因爲魯迅的創作道路正是果戈里和一切偉大的作家們所行走過來的共同的途徑。

魯迅的散記體的小說是敍述的詩，缺乏描寫；結構是直線的演繹體的樣式，缺乏情節的錯綜；「我」的獨白和抒情的結尾，近似散文的體例：——這在本質上說明了魯迅的散記體是屬於文化累積期中最樸質的一種小說形態。同時，也正在本質上，魯迅作品底散記體的形態的開展，幾乎無法借助於全面的布局，錯綜的人物的發展，動人的精緻的描寫，奇巧的結構……這些高度發展的小說的手法；因此，在這種形態的展開上，作者本身如果沒有非凡的天才，深刻的思想力，摯熱的情感，精神的文字的藝術，決不能把它運用爲表現深廣的理念與典型的人物的文學形式。

正是運用散記體，魯迅體現了典型的形象，社會的意識，獨創了詩的藝術風格，這在小說史上是一個傑出的光輝的成功。

四

散記體是體現作家的感情與理念的最親切的文學形式，然而作品中的感情與理念必需寄託在一種生命形象上，作爲它的活動與表現的主宰——這就是作品中的人物。

由於全篇小說缺乏全面展開的篇幅以及人物事態的總結形態性，因此，魯迅體現人物總是利用人物底內在的社會的有機連繫，他不描寫社會的有機連繫的諸形態底表象的自然聲，他在小說的事態發展中體現人，利用社會的有機的連繫接合人，描寫人。

在『故鄉』裏，一個貧窮的曾經是少爺的新智識份子，因爲搬家的事回到了「故鄉」，於是，很自然地，魯迅讓這個「老爺」（曾經是「少爺」）和他的佃戶（曾經是「少爺」的童年的好友）在「一層可悲的厚障壁」（階級）之前見面了。在『明天』裏，魯迅藉單四嫂子死兒子的故事，寫出了魯鎭生活的一面。『祝福』裏，逼死祥林嫂的是「吃人的封建社會」；魯迅十分成功地表現了這一主題，並且刻畫了一個被殖害的女性的形象，而沒有作任何繁瑣的人物描寫與事實敍述。『阿Q正傳』中阿Q典型的體現法是魯迅這一藝術手法底眞實的容貌與巨大的成功。

在這一意義上，魯迅作品中的人物底生命形象（人物形象的個人面與社會面）的描寫，常常是通過結構意識而著筆的。魯迅描寫阿Q的個體形象的「瘦」，「癩疤」，「黃辮子」，這一切決不是爲描寫而描寫出來的特徵，而是因爲這一切特徵在故事發展中具有「作用」的原故。而在人物的社會形象的體現上，魯迅具有更深刻的目的與意義。常常的，在以體現社會體相或是象徵理念爲中心主題的作品裏，小說中的一切的人物事態都是在這一社會意識性的中心主題的周圍結合起來的客體，於是人物的社會形象常常也是由這一主題出發而決定的。例如在『弟兄』裏，全部的布局與人物是在描寫沛君的「友愛」的虛僞的實質。『長明燈』，象徵着革命者與封建勢力的鬥爭。『風波』中的那些人物，在顯示鄉村生活的一片斷，『明天』中的那些人物，在顯示村鎭生活的一景……

但是同時，在這一結合意識上而出現的人物，因着整記體的開展形態的限制，常常不能獲得完整的生命形像與真和的社會聯繫。他們常常只是爲了構成某一社會現象或是某一環境的附帶而提現，他們在小說的結構中是一種缺之生活相的人物。當然，在一篇小說的結構中這種人物是必不可免的，例如『藥』中的『宿五少爺』，『祝福』中的衛老婆子，這都是決定的幫閒角色的人物。然而『明天』裏的藍皮阿五並不應該是一個幫閒角色，也被寫成了一個「閒人」，甚至於單四嫂子，也近乎是一個「閒人」。——事實上，魯迅意向中的『明天』的主題是從這生活走向『明天』的一幕「今天」的人的悲苦劇的描寫；但是因爲在作者創作過程中人物底小說的結構意義強於現實的生命形象的體現，人的形象因之沒有凸現，社會的體態隨着也模糊了；於是這決定了『明天』的失敗。同樣，在『藥』裏的那個被殺頭的革命黨（夏四奶奶的兒子），在『長明燈』裏的那個直覺「熄掉他吧！」的「瘋子」（反封建鬥爭的革命者），也都成了「閒人」。

與魯迅的散記體的開展形態相應合着，魯迅描寫人物不採用彫刻的實體寫的手法，而採用傳神的輪廓畫的手法。在這一手法上，魯迅把握了藝術的典型的極搞底本質的精要點。魯迅作品中人物底傳神的輪廓畫的特點，並不是人物底外形精細的描畫，而是具現人物內心活動的行動以及反映人物心理性格的對話的寫述，是一種人物典型底抽象的性格的概括。

關於這，魯迅自已在『我怎麼做起小說來』裏這樣寫着：

「……忘記是誰說的了，總之是，要極省儉的畫出一個人的特點，最好是畫他的眼睛。我以爲這話是極對的，倘若畫了全副的頭髮，即使細得逼真，也毫無意思。我常在學這一種方法，可惜學不好。」（『南腔北調集』）

通過日常生活的常態中人物的行爲表現與心理反映描寫典型的手法，這是一切偉大的現實主義作家創造典型的基本的手法之一。因爲人物底外形的揭示與描畫，並不能表現一個人物的內心深處，不能表現一個人物底眞實的性格與靈魂。一個人物的性格的根據是在日常生活的過程中生長起來，總是在日常生活的諸事態中，通過心理的活動，具現爲行動，語言的。因此，魯迅在作品中常常省去人物肖像的刻畫，而寫述人物的動作與對話。『風波』中九斤老太的「一代不如一代」，趙七爺的「綠竹布長衫」與「盤辮子」；『藥』中康大叔的口吻，『離婚』中七大人的氣派；這都是很好的說明。而孔乙己的形象，祥林嫂的身世，阿Q的典型……他們的遭遇，生動感人，並不是人物外形的刻畫的力量，而是靈魂和性格的素描的成功。

例如魯迅對孔乙己的描寫：

「孔乙己是站着喝酒而穿長衫的唯一的人。他身材很高大；青白臉色，皺紋間時常夾些傷痕；一部亂蓬蓬的花白的鬍子。穿的雖然是長衫，可是又髒又破，似乎十多年沒有補，也沒有洗。……孔乙己一到店，所有喝酒的人便都看着他笑，有的叫道：「孔乙己，你臉上又添上新傷疤了！」他不回答，對櫃裏說：溫兩碗酒，要一碟茴香豆。」便排出九文大錢。他們又故意的高聲嚷道：「你一定又偷了人家的東西了！」孔乙已睜大眼睛說：「你怎麼這樣憑空汚人淸白……」「什麼淸白？我前天親眼見你偷了何家的書，吊着打。」孔乙己便漲紅了臉，額上的青筋條條綻出，爭辯道：「竊書不能算偷……竊書……讀書人的事，能算偷麼？」接連便是難懂的話，什麼「君子固窮」，什麼「者乎」之類，引得衆人都哄笑起來……

……

孔乙己喝過半碗酒，漲紅的臉色漸漸復了原，旁人便又問道，「孔乙已，你當眞認識字麼？」孔乙己看着問他的人，顯出不屑置辯的神氣。他們便接着說道：「你怎麼連半個秀才也撈不到呢？」孔乙己立刻顯出頹唐不安模樣，臉上籠上了一層灰色，嘴裏說些話，這回可全是之乎者也之類，一點不懂了。在這時候，衆人也都哄笑起來……

……孔乙已自己知道不能和他們談天，便只好向孩子說話。有一回對我說道，「你讀過書麼？」我略略點點頭。他說，「讀過書……我便考你一考。茴香豆的茴字，怎樣寫的？」我想，討飯一樣的人，也配考我麼？便回過臉去，不再理會。孔乙己等了許久，很懇切地說道：「不能寫罷？……我教給你，記着！這些字應該記着。將來做掌櫃的時候，寫帳要用。」我暗想我和掌櫃的等級還很遠呢，而且我們掌櫃也從不將茴香豆上帳；又好笑，又不耐煩，懶懶的答他道：「誰要你敎，不是草頭底下一個來回的回字麽？」孔乙己顯出極高興的樣子，將兩個指頭的長指甲敲着櫃台，點頭說：「對呀對呀！……回字有四樣寫法，你知道麽？」我愈不耐煩了，努着嘴走遠。孔乙己剛用指甲蘸了酒，想在櫃上寫字，見我毫不熱心，便又嘆了一口氣，顯出極惋惜的樣子。

有幾回，鄰舍孩子聽得笑聲，也趕熱鬧，圍住了孔乙己。他便給他們茴香豆吃，一人一顆。孩子吃完豆，仍然不散，眼睛都望着碟子。孔乙己着了慌，伸開五指將碟子罩住，彎腰下去說道：「不多了，我已經不多了。」直起身又看一看豆，自己搖頭說：「不多不多！多乎哉？不多也！」於是這一羣孩子都在笑聲裏走散了。」

在這短短的不過一千字之中，孔乙己——一個封建農村中貧困的冬烘先生底忠厚迂腐潦倒的形象，整體的顯現出來了；這是魯迅的藝術手法的非凡的成就，同時也是具體的說明。

不過無論如何，這種偏重人物性格概括的傳神的輪廓畫的手法，在體現「典型的環境中的典型人物」的課題上，並不是一種完善的手法。這種手法常常只通過人物底內心體現於外形的動作或語言來體現形象，這些人物缺少細節的真實的個體描寫，缺少深入的內心活動的本體的辨析。於是，因着缺乏人物的血肉形象的描寫，因着缺乏人物的社會生活環境的全相的表現：在「阿Q正傳」裏，與阿Q的生活網結着的王鬍，小D，趙太爺，假洋鬼子，鄒七嫂，吳媽……等人物的形象；與阿Q的生活連繫着的農民，地主，投機的革命官僚——舉人老爺，把總老爺等——社會級層的畫面；都被忽略了。這些社會層的代表的人物們只是偶然地在阿Q生活過程中出現一下，在完成了他們的小說中的結構任務之後，作者就把他們擺在一邊了；這些人物既沒有明確真實的形象，又沒有個人的生活體相，只有他們的姓名表示他們個體的存在而已。傳神的輪廓畫的手法配合着魯迅的散記體的開展形態，這原是構成魯迅作品底詩的風格的因素之一，但是同時，當它結合着作品主題底比較狹窄的社會意識性的時候，它一方面導致了魯迅的巨型的作品發展的途徑，一方面成爲魯迅作品中一些輪廓畫的缺乏生活相的「閒人」的由來。

魯迅的作品中描寫人物的個體形象，無疑地以祥林嫂較爲仔細。最先，魯迅寫述她的來歷和容貌。

『她不是魯鎮人，有一年的冬初，四叔家裏要換女工，做中人的衛老婆子帶她進來了，頭上紮着白頭繩，烏裙，藍夾襖，月白背心，年紀大約二十六七，臉色青黃，但兩頰卻還是紅的。衛老婆子叫她祥林嫂；……』

在祥林嫂改了嫁之後，因爲死了丈夫和孩子，又回到魯鎮來做工的時候，受了人們的冷淡，嘲笑，厭棄，卑視，這使她『整日緊閉了嘴唇，頭上帶着大家以爲恥辱的記號的那傷痕，默默的跑街，掃地，洗菜，淘米』，到後來，捐了門檻之後又受了一次致命的打擊；在這裏，魯迅在描寫了她的凄苦的容貌之外，又描寫了她的受了創傷的靈魂：她『不但眼睛凹陷下去，連精神也更不濟了。而且很膽怯，不獨怕暗夜，怕黑影，即使看見人，雖是自己的主人，也總惴惴的，有如在白天出穴游行的小鼠；否則呆坐着，直是一個木偶人。不半年，頭髮也花白起來了……』。而她在臨死之前的形象是更悽慘的：

『五年前的花白頭髮，即今已經全白，全不像四十上下的人；臉上瘦削不堪，黃中帶黑，而且消盡了先前悲哀的神色，彷彿是木刻似的；只有那眼珠間或一輪，還可以表示她是一個活物。她一手提着竹籃，內中一個破碗，空的；一手拄着一支比她更長的竹竿，下端開了裂：她分明已經純乎是一個乞丐了。』

像這樣配合着身世發展的真實生命的描寫，在魯迅的小說中是很少見的，阿Q如果能夠得到如此真切的彩繪，她在藝術上的典型的完成的意義上，將是完滿無缺的了。

雖然如此，魯迅作品中的人物的畫像是樸素的，描寫人物的字彙與手法並不豐富，然而在主體上，魯迅把握了一切偉大的作家底表現方法的主旨。魯迅底素描人的悲喜劇的作品，它們的布局不在情節的變幻與新奇，而在人性，人與人的關係的擴深的詩的描畫。在『明天』和『離婚』裏，我們能夠會見在契訶夫的小說裏閃爍着的詩的晶體。魯迅底刻畫人的性格與形象的作品，雖然由於散記體的風格與開展形態，缺乏細節的織錦畫，可是魯迅體現啊Q形象的某些手法的原則，果戈里也正採用着創造了乞乞科夫。因爲魯迅描寫人物，不僅把握着人物的典型的性格，而且把握着人物的社會的本質。

『故鄉』裏的閏土是一個渾厚可愛的形象，然而他也在灰堆裏藏了十多個碗碟，想在運灰的時候，一齊搬回家去。——因爲在事實上，閏土已經不再是一個在月夜裏，在海邊的沙地上，「項帶銀圈，手執鋼叉，向一匹猹儘力的刺去」的「十二歲的少年」，而是一個苦累於「多子，饑荒，苛稅，兵，匪，官，紳」的農民。同樣，作爲五四時代新女性的典型的子君，她的形象有堅強面，也有平庸面和怯弱面。在這一意義上，小說中的人物才不是一個膚淺地表徵了的形象，而是一個真實地素描了的人物；成爲一個永生的藝術的典型。

與素描的人物的畫面相調和，魯迅作品中的風景也是十分簡樸的淡寫；尤其是因着在根柢上，在散記體的小說結構中，寫景並不佔重要位置的原故。

一般的說來，魯迅的作品中是沒有純描寫的畫面的，描寫總是與敍事交織着結合着。例如在『風波』裏：

『臨河的土場上，太陽漸漸的收了他通黃的光線了。場邊靠河的烏桕樹葉，乾巴巴的纔喘過氣來，幾個花腳蚊子在下面哼着飛舞。面河的農家的煙突裏逐漸減少了炊煙，女人孩子們都在自己門口的土場上潑些水，放下小桌子和矮凳；人知道，這已經是晚飯時候了。

老人男人坐在矮凳上，搖着大芭蕉扇閒談，孩子飛也似的跑，或者蹲在烏桕樹下賭玩石子。女人端出烏黑的蒸乾菜和松花黃的米飯，熱蓬蓬冒煙。………』

這一幅安靜幽閒的「無思無慮」的農村生活畫，作爲一篇「風波」的背景，具有深刻的表現性與重要的結構意義。這寫景，同時也是敍事。

在『白光』裏：

『空中青碧到如一片海，略有些浮雲，彷彿有誰將粉筆洗在筆洗裏的搖曳。月亮對着陳士成注下寒冷的光波來，當初也不過像是一面新磨的鐵鏡罷了，而這鏡卻詭祕的照透了陳士成的全身，就在他身上映出鐵的月亮的影。』

還有在『社戲』裏：

『兩岸的豆麥和河底的水草所發散出來的清香，夾雜在水氣中撲面吹來；月色便朦朧在這水氣裏。淡黑的起伏的連山，彷彿是踴躍的鐵的獸脊似的，都遠遠地向船尾跑去了……』

這兩段寫景都是景與人的合寫，在人物的身世上，行動上；也就是在小說的結構中，具有構造環境氛圍的意義。

同時，魯迅的寫景常常通過感覺的概括與感情的溶化而着筆，例如『在酒樓上』有一段廢園的描寫：

『窗外沙沙的一陣聲響，許多積雪從被他壓彎了的一枝山茶樹上滑下去了，樹枝筆挺的伸直，更顯出烏油油的肥葉和血紅的花來。天空的鉛色來得更濃，小鳥雀啾唧的叫着，大概黃昏將近，地面又全罩了雪，尋不出什麼食糧，都趕早回巢休息了。』

在這一段描寫裏面，沒有一句不表現感覺上的聲響，動作，色調；而還些淒涼的景物的呼吸，更使全篇小說的陰黯氣氛變得冷凜。這種描寫的着色，不僅需要作者作文字上的精思，更需要情緒上的調和；因爲首先，作者對這些人物的身世與這些景物的彩色，非有深的感動不可。

通過散記的敍述，以傳神的人物畫，以樸素的風景畫，魯迅凝化敍事，寫景，抒情爲一個整體。魯迅的作品的最完成的形態是和諧的詩篇，全文中沒有一點紊亂的支節與堆砌的穿插，沒有一個廢字廢調，一切的描寫與敍述，都經過摯熱的愛與憎的溶化。審慎的語言的洗鍊；文辭如流水，如醇酒，全篇像一幅淡色的墨水畫。這樣的藝術的「單純」的作品：如『孔乙己』，如『祝福』，如『孤獨者』，如『傷逝』，如『野草』中的『過客』……

五.

在魯迅的小說裏，我們看見一些眞實感人的形象，如孔乙己，阿Q，祥林嫂，魏連殳……我們看見非凡的素描典型的藝術手法，不過同時，我們還看到另外一種形態的人物。

在『故鄉』裏，魯迅除了描寫閏土而外，還附帶描寫了一個人物——豆腐西施楊二嫂：

『「哈，這模樣了！鬍子這麼長了！」一種尖利的怪聲突然大叫起來。

我吃了一嚇，趕快擡起頭，卻見一個凸顴骨，薄嘴唇，五十歲上下的女人站在我面前，兩手搭在髀間，沒有繫裙，張着兩脚，正像一個畫圖儀器裏細脚伶仃的圓規。

我愕然了。

「不認識了麼？我還抱你咧！」

……

哦，我記得了。我孩子時候，在斜對門的豆腐店裏確乎終日坐着一個楊二嫂，人都叫伊「豆腐西施」。但是擦着白粉，顴骨沒有這麼高，嘴唇也沒有這麼薄。而且終日坐着，我也從沒有見過這圓規式的姿勢。那時人說：因爲伊，這豆腐店的買賣非常好。但這大約因爲年齡的關係，我卻並未蒙着一毫感化，所以竟完全忘卻了。然而圓規很不平，顯出鄙夷的神色，彷彿嗤笑法國人不知道拿破崙，美國人不知道華盛頓似的，冷笑說：

「忘了？這眞是貴人眼高。……」』

在『離婚』裏，除了描寫愛姑而外，還描寫了一個七大人：

『客廳裏有許多東西，她（指愛姑，呂熒註）不及細看；還有許多客，只見紅青緞子馬褂發閃。在這些中間第一眼就看見一個人，這一定是七大人了。雖然也是團頭團腦，卻比慰老爺們魁梧得多；大的圓臉上長着兩條細眼和漆黑的細胡鬚，頭頂是禿的，可是那腦殼和臉都很紅潤，油光光地發亮。愛姑很覺得稀奇，但也立刻自已解釋明白了：那一定是擦着豬油的。

「這就是『屁塞』，就是古人大殮的時候塞在屁股眼裏。」七大人正拿着一條爛石似的東西，說着，又在自己的鼻子旁擦了兩擦，接着道，「可惜是『新坑』。倒也可以買得，至遲是漢。你看，這一點是『水銀浸』……」

……

「呃啾」一聲響，愛姑明知道是七大人打噴嚏了，但不由得轉過眼去看。只見七大人張着嘴，仍舊在那裏皺鼻子，一隻手的兩個指頭卻撮着一件東西，就是那「古人大殮的時候塞在屁股眼裏的」，在鼻子旁邊摩擦着。』

如此地描寫了的豆腐西施和七大人，在根柢上是表象的諷刺畫了的人物；他們是作者主觀感印的某一方面複寫，而不是客觀的眞實形象的體現。這種形象的手法與魯迅創造典型形象的現實主義藝術方法是全不合致的。關於這，魯迅自已在『故事新編序言』裏曾經寫着：

『第一篇『補天』——原先題『不周山』——還是一九二二年的冬天寫成的。那時的意見，是想從古代和現代都採取題材，來做短篇小說，「不周山」便是取了「女媧煉石補天」的神話，動手試作的第一篇。首先，是很認眞的，雖然也不過取了佛羅特說，來解釋創造——人和文學的——的緣起。不記得怎麼一來，中途停了筆，去看日報了，不幸正看見了誰——現在忘記了名字——的對於汪靜之君的『蕙的風』的批評，他說要含淚哀求，請青年不要再寫這樣的文字。這可憐的陰險使我感到滑稽，當寫小說時，就無論如何，止不住有一個古衣冠的小丈夫，在女媧的兩腿之間出現了。這就是從認眞陷入了油滑的開端，油滑是創作的大敵，我對於自已很不滿。』

然而這「油滑」，這諷刺畫的手法，也自有它的根源。差不多和他寫小說同時，魯迅也開始了雜文的寫作，關於雜文的樣式，魯迅在『且介亭雜文集序言』中寫着：

『近幾年來，所謂「雜文」的產生，比先前多，也比先前更受着攻擊。……

其實「雜文」也不是現在的新貨色，是「古已有之」的，凡有文章，倘若分類，都有類可歸，如果編年，那就只按作成的年月，不管文體，各種都夾在一處，於是成了「雜」。……現在是多麼迫切的時候，作者的任務，是在對於有害的事物，立刻給以反響或抗爭，是感應的神經，是攻守的手足。潛心於他的鴻篇鉅製，為未來的文化設想，固然是很好的，但為現在抗爭，卻也正是為現在和未來的戰鬥的作者，因為失掉了現在，也就沒有了未來。」

很顯然的，由於雜文的急遽的戰鬥任務，所以雜文的風格與手法，不僅要求簡潔，明快，洗鍊的文詞，而是還更要求辛辣的尖銳的刻畫；但是這與魯迅的散體的詩是不相溶合的，於是，齊產生了雜文和小說手法的干涉，產生了表象的諷刺點的人物。

不過在魯迅創作的初期，這種雜文手法的干涉是十分微弱的；初期的魯迅的雜文反而更富於散文性。因此，在魯迅一九一八年——二五年寫作的小說集「吶喊」和「彷徨」裏，豆腐西施和七斤人是還一類尖刻化的諷刺形象畫的僅有的兩個人物；在一九二二年寫作的「補天」裏，魯迅自己所承認的「油滑」，也只不過是「補天」中「古衣冠的小丈夫」一個人物形象的描寫而已。可是，在魯迅完全停止了小說的創作，連續寫作了八年（一九二七——一九三五）的雜文之後，雜文的手法對魯迅更為親切也更為熟悉，那時候的情形就很不相同了。

魯迅在一九二二年寫了「補天」，一九二六年又寫了「奔月」和「鑄劍」。「補天」中的女媧，「奔月」中的羿和嫦娥，「鑄劍」中的眉間尺，大體說來，都是在歷史的詩的氣氛與真實的人的生活狀態中體現出來的形象。但是在一九三五年寫作的「理水」，「采薇」，「出關」裏，內容就更多現代的現實人情的諷刺描，缺乏真實的史實與人物的彩繪了。不過在魯迅以後寫作的「非攻」與「起死」裏，手法與結構反有了改變。「非攻」可以說是一篇純粹以寫實為主題的歷史小說。雖然因著者長久地疏遠了小說創作的手法，這篇小說的內容沒有能超出史實的記述性的束縛，也沒有能寫出生動的個體形象；可是卻構成了寫實的小說的風格。在「起死」裏，手法與結構又向另一方面進展了一步。「起死」的故事雖然缺乏情節的中心，莊子的對話也多半是「莊子」「至樂篇」和「齊物論」中原文的轉譯；不過魯迅在小說裏使骷髏復活了，它獲得了情節的轉換，不僅表現着魯迅擺脫雜文手法干涉的努力，同時也示着魯迅的小說未來發展的方向；而「故事新編」中全部歷史小說的創作手法的變動，正說明着這兩種手法衝突的過程。

當魯迅的晚年，在思想方面，他確認了更深廣的科學的世界歷史觀；在創作歷程上，他在總結了散記體的小說創作之後，又擺脫了雜文手法干涉，他的小說的形態，結構，體現人物的作法，都啟示着將有更進一步的成熟的發展。在這裏，魯迅已經為他創作紀念碑型的小說清除了障碍，展開了遠大的未來的道路。很是不幸，正在這時候，當根深蒂固，枝葉繁茂，正將綻放燦爛的花朵的前夕，他在中國的原野上倒下了。

六

蘇聯文學史家與莎士比亞研究者斯米爾諾夫（A.Smirnov）教授在論文「莎士比亞及其遺產」裏，認為「全部莎士比亞的創作主題」的偉大意義是在「新道德與新宇宙觀的確認」，是在「一舉去向來一切封建宇宙觀的原則與羈絆」地描寫了人，事，物，體現了新的觀念的擬理。生活在二十世紀的半殖民地半封建的中國的魯迅，他的創作主題具有更積極的戰鬥意義，在他的全部作品中，他不僅宣布了新的歷史觀與宇宙觀，而且顯示了未來的「新生活」的希望和遠景。魯迅底詩的擬理——不論是「吶喊」中底叛逆的宣言與明天的憧憬，或是「彷徨」中的悲憤的自白——對于戰鬥中的人民大衆，比生活在十六七世紀的英國社會中的莎士比亞底哲理性的言詞，不僅更為現實，而且更為具體，也更為感人；因為魯迅作為一個當代的戰士的生活戰鬥，他用最高的理念來希望，用最大的熱情寫出了這一切的原故。

雖然在創作上，魯迅懷着極強的愛憎而寫作，但是並沒有因此失去了客觀的現實的體認。他寫作「阿Q正傳」，他的意圖是在暴露阿Q的劣根性，抨擊舊社會意識形態的形象之一；不過同時，他創造了阿Q的典型。——在

『阿Q正傳』裏，魯迅底藝術方法正啟示着現實主義與革命的浪漫主義結合的本質的形態。

魯迅出生在一個士紳的舊家，有相當廣博的中國舊文學的造詣。後來留學日本的時候，又讀的許多外國的作品。在魯迅的文學作品之中正存在着這種力量的交流。一般的說法，魯迅的散記體，底直線的敘述形態，是從中國舊小說和文言文的作品中萌芽出來的，小說的樣式和結構的方法是由于外國作品的影響，而描寫人物形象的藝術鑒的表現方法則是這兩種力量交織的形態。

關於外國作品的影響，魯迅曾經在『中國新文學大系小說二集序』裏明確地寫着：

「凡是關心現代中國文學的人，誰都知道『新青年』是提倡「文學改良」，後來更進一步號召「文學革命」的發難者……

在這裏發表了創作的短篇小說的，是魯迅。從一九一八年五月裏，『狂人日記』，『孔乙已』，『藥』等，陸續的出現了，算是啟示了「文學革命」的實績，又因那時的認爲「表現的深切和格式的特別」，頗激動了一部分青年讀者的心。然而這激動，卻是向來怠慢了介紹歐洲大陸文學的緣故。一八三四年頃，俄國的果戈里（N. Gogol）就已經寫了『狂人日記』；一八八三年頃，尼采（Fr. Nietzsche）也早借了蘇拉支（Zarathustra）的嘴，說過「你們已經走了從虫豸到人的路，在你們裏面還有許多份是虫豸。你們做過猴子，到了現在，人還尤其猴子，無論比那一個猴子」的。而且『藥』的收稍，也分明的留着安特萊夫式的陰冷。但後來的『狂人日記』意在暴露家族制度和禮教的弊害，卻比果戈里的憂憤深廣，也不如尼采的超人的渺茫。以後雖然脫離了外國作家們的影響，技巧稍爲圓熟，刻劃也稍加深切，如『肥皂』『離婚』等，但一面也減少了熱情，不爲讀者們所注意了。」

事實上，除了魯迅自已意識着的影響之外，在魯迅的作品裏還可以看見些隱約的痕跡。像『孤獨者』的陰沉的色調很像契訶夫的某些作品，而『過客』的情節很像『屠格涅夫』的『門檻』——在『門檻』裏，女郎要「進去」，在『過客』裏，客人要「走」。不過無疑的，不論是『孤獨者』的色調，是『過客』的情節都有它獨自的生命與意義，而且『孤獨者』和『過客』中的人物，事實，情懷，都與契訶夫的作品，屠格涅夫的『門檻』有完全不同的藝術的深廣面。這兩篇作品都是魯迅的代表詞。

魯迅在他的小說裏，不鋪張巧合的結構，不杜撰驚奇的故事，他描寫「眞實」的人與人生，他創造藝術的形象，在形象的生命光輝中體現社會的形相與理念的情懷。通過詩的眞實與現人與人的世界底眞實，這裏莎士比亞，巴爾札克，托爾斯泰，高爾基……一切偉大的現實主義作家的創作道路；也正在這條道路上，魯迅完成了孔乙已，阿Q，祥林嫂，魏連殳等永生的藝術形像，繪寫了辛亥革命前後中國封建農村社會中農民底生活與形象的圖畫，寫了五四運動前後的新舊智識份子底意識形態與代表人物的剪影。

中國的文言文與「俄國的果戈里，波蘭的顯克微支，日本的夏目漱石，森鷗外」（『我怎麼做起小說來』）等外國作家養育了魯迅，然而魯迅遠遠地高高地超越了這一切；他獨創了詩的風格，自覺地運用了現實主義的藝術方法。

在藝術上，這是天才的藝術，這是眞正的偉大。

雖然，魯迅在『吶喊』裏，『在『藥』的瑜兒的墳上平空添上一個花環，在『明天』裏也不敍單四嫂子竟沒有做到看見兒子的夢，而用了曲筆』（『吶喊自序』），在『彷徨』裏表現着傷痛憂鬱的情愫，然而這正反映着心理與時代精神的網影交織在前一代的戰士的作家底藝術作品中的一幅畫。

終他的一生，魯迅以極嚴肅的態度從事創作，他從不寫他不深知的生活，爲他所生疏的人物。因爲生活行動受環境的嚴厲的限制與殖害，杜絕了與人民大家的機緣，魯迅在晚年寫作的小說都採用歷史的題材，計劃中一部長篇也是唐代的故事。

魯迅不幸生活在二十世紀初期的中國，中國社會的特質以及它的發展的路，決定了魯迅不光是一個執筆的作家，同時是一個持戈的戰士。魯迅不能安心從事寫作紀念碑型的作品，這是舊社會的遺害，是人民的損失。

魯迅的作品，在量上，他不能和莎士比亞，巴爾札克，托爾斯泰，高爾基相比；然而在作品的質上，在藝術的完成度上，在四萬萬五千萬人民底第一個偉大的作家的意義上，他能與世界任何偉大作家並列，他應該與世界偉大作家並列。

魯迅死了，魯迅的藝術永生。

一九四〇年十二月。

入伍

丁玲

一

隨時都保持像剛剛掃過地的院子里，幾個士兵在那里玩着一種「打日本」的遊戲。走廊上的磚地上，也排排坐了一堆，他們一邊擦着槍里的零件，一邊哼着幾個還未學會的小調。上邊俱樂部里傳出來斷斷續續的口琴，是誰在那里練習着重覆着一個短曲。

「楊明才，你又站到線外邊來了，哼，我看你又該受批評才對！」

「誰站在線外來了，你寃枉人吧，你看你看。」名子叫楊明才的小個子，褲子上綻開了幾個洞的，忽忙動着底下的雙脚，他拿眼睛掃着全院子里的人，大聲喊「招標！」一舉手便擲出去他手中的柴片。而他早又從線外跳回到線內來了。

「龜兒子，」站在離他不遠的汪一寶還沒有罵得出口，楊明才卻已經跳到他面前，拍着他的肩背，親暱的說道：「兄弟！該你啦，看準了就擲吧。」汪一寶便顧不得罵人了，懷着歡喜的兢兢業業的心站到線上去了。

「楊明才！管理員叫你，」一個士兵站在通里院的小門邊叫着。

「嘿，嘿，」楊明才做着鬼臉，無可奈何的，但又顯出欣悅的神氣。急步的走去。「我馬上就來。」

「看他那神氣。像去領什麼慰勞品似的。」有誰在說了。

紅眼睛的管理員，披着剛剛用棉大衣換來的一件日本大衣，在總務科長屋子里不知談着一件什麼事，看見走進來的楊明才，好像忽的想起一件什麼事的扭過頭來打量着他。楊明才便悄悄的退到門邊去。

「你的風紀扣呢？」

楊明才不答應，用手在頸子上摸，心里想：「又是什麼倒楣的風紀扣……」

「這傢伙眞不行，前天給你的針和線，又不見了，是麼？看你褲子又綻開了，新棉衣穿在身上還不到一月……」

楊明才卻把眼睛望總務科長，他在看一張報告之類的東西，楊明才也不用手去摸褲子了，他，等着管理員把那一套說完。雖說來這里還不到兩星期，卻早已知道管理員的脾氣，好像一個管家婆似的喜歡嘮嘮叨叨。

然而管理員說完之後並沒有叫他走，又忽然像記起了一個什麼似的劈頭說道：「搬到宣傳科去，那里有幾個客人，你去照顧照顧。這是介紹條子。那里沒有人工作，你馬上就得搬過去。」

這時楊明才眞的不舒服起來了。「爲什麼又做勤務！又做勤務，不給我扛槍！」

他呆在那里了。

管理員又像剛剛發現了楊明才站在那里似的，轉過身子來，又打量着他。「你要什麼？」

「不要什麼。」楊明才還是呆呆的站在那里。

「那末你清理一下東西搬過去吧，客人等着你呢。」管理員已經變和氣了。

但楊明才還是不走，瞪着兩個大眼睛，緊閉着一張尖嘴。他的突出的牙齒，常常是橫嘴唇外邊的，一生氣，便閉攏了，那嘴就尖的有點像老鼠的嘴巴。

「只有幾天。你不去誰去呢？我能去麼？工作總是一樣，都是革命工作，你要扛槍，行，等你的病全好了就歸隊，可是今天，你能不做事麼？輕便的工作你是可以擔任的，幾天就回來，你去，你是應該去的呵！」

他一聲也不高興說，朝門外就走。管理員追上來又問他，又安慰他。他打斷了他的話，短促的說道：「我馬上就走。」

「那好極了，那好極了，！幾天之後再回來。你慢點走呀，你拿上條子呀！」管理員又追上了他。

「操他奶奶的。混了快一年，還去做勤務。」他摔了一下他的右膀，不是一點都不痛麼，雖說他在四個星期前曾從那膀上取出一個子彈。

院子裏還有兩三個人在那裏玩打日本的遊戲。

他們看見了楊明才，便歡言起來。楊明才雖說來這裏不久，但他的從不拒絕遊戲，是他們已經感覺到了的。

『不玩了，我是非走不可，我已經分配了新的工作，明天我來看你們。』他很快的，一板正經的，就走到自己房裏去了。

『好大派頭，他大約要做首長去了，』一口痰恰好落在那做爲代替日本的一塊柴爿上。

二

現在是三個『新聞記』（註）坐在炕上，他們穿着新的軍裝的羊皮大衣，因爲吹了風，又吃了酒的緣故，臉上都泛出一層興奮的鮮紅。楊明才在地下的火旁燒着開水，他好奇的用眼睛搜尋着他們的行裝和他們身上。

他們似乎爲着一個問題爭論了好一會，楊明才不大懂得，雖說他們仍然是說的中國話，他覺得他們是另外一種人。一樣是一件軍裝，可是穿在他們身上還有些不同，他們不扣風紀扣，將裏面紅衣服的領子，藍衣服的領子露在外邊，而且在頸項上圍着一條花的絨布；軍帽掛在後腦勺上，幾條彎的頭髮女人似的覆在額上。他們隨便走在那裏都是那末大搖大擺，好像全是他們的熟人，而這些人都是些傻子似的。他們大聲的醒鼻涕，在那些花的、比竹雞、比雉還花得好的布塊上，有些是雪一樣白的布塊。他們從不彎身的躺着，他們不把枕頭墊得很高，都把腳蹺得很高。

那位腳蹺得很高的躺着的長個子劉克勤，伸長着手，用力的彈着香烟上的灰，像要彈去一個可厭的東西似的。他冷冷的說：

『自然。一個天才他是可以靠想像來寫作的，他是能夠把他所聽到的，即是所謂材料收集在一塊，把它們聯繫起來，糅和起來寫成一些大作，可是像我這人，我就不敢這末自許了。』

『人在生活裏面，他是不感覺那生活的，那要在——我敢說今天這炕上的虱子一定比昨天的炕上還要多，我衣服爬得有一個，咳，這就是生活……——我剛才說到什麼呢？呵，呵，呵，我是說那要在以後，那要在以後才感覺到的……』常常在身上抓着什麼的章耿清，在長個子的對面坐着，不住的玩着炕桌上的臘燭，把凝結好的臘油放在火焰上去溶化，溶化了的臘油便又像打開閘子的水，沿着臘燭，柱子似的奔流了下來。

他又轉眼去看徐清，徐清跨着腿，一手插腰，一手撐在腿上輕輕的託着下腮，王子似的屹然在那裏擺出一付自得的樣子，于是他又接下去說：『我說你簡直是理想太高，要求太多，小資產階級，小資產階級……』

『那末你是很滿足于這種雞吃米的生活了，走到這裏啄幾啄，走到那裏啄幾啄，哈哈，我們呢，今天這裏談談話，明天那裏談談話，談來談去還不都是這一套，徐清，你是贊成我們不要再過這種和尚的生活了的吧。』

但章耿清不讓徐清說話，笑着，搶着又說了：

『住在馬房，同馬夫、馬匹住在一塊，整夜聽那馬嚼草，你生氣，你要吵着回去，住窰洞，派勤務來侍候，每日三頓飯，頓頓吃肉，要見司令，就司令，要見政治委員，就政治委員，你又說不好，發牢騷，吵着要回去，你還說你不是小資產階級，知識份子，難道還是無產階級麼？回去，回去，那時吵着要來，也是你吵得最熱鬧。』洋臘燭的光在他臉上跳着，左眼角上的一個疤痕，拖着很長的陰影，將眼斜扭了上去，顯出一付使人發笑的面孔。

刷的坐了起來，好像要罵人似的，劉克勤瞟了一眼玩着臘油的章耿清的面孔，便又躺了下去，他厭抑住了那銜上喉頭的話，他只冷靜的說道：『

『我們的談話最好還是結束，我以爲我們的感覺相差太遠。』

這時，那叫徐清的于是放下那隻腳，他站在（地上了，他玩弄似的用開玩笑的態度批評着他們、他說了很多，他在房子中走來走去，後來便也說到自己的意見了。

『我是贊成回去的，我們在這時這地，簡直是不可爲，今天是文人無用，文人受輕視的時候，你們聽聽別人一說到「新聞記」三字的聲音麼？不過，話說回來，要是有這末幾桿鎗，咱們留下來打游擊，幾十人打到幾百人，幾百到幾千，幾千到幾萬，那倒怪有趣的，而且我相信我的聰明也還可以在那上面求發展，戰爭也是藝術呢，可是不行，誰肯相信我們呢？人家看我們就是頂怪味兒的「新聞記」而已。沒有鎗，幹不了大事，也幹不了小事。』

註）新聞記是前方士兵對一般文化人，沒有固定工作參觀的文人而說。

「徐清，你並不了解我的意想，我是說留下來幹小事，現在是別人不要我們，把我們看得太高，大事又拿不上手，所以我說先回去了再來，你那全是空談，幻想的事還是少說……我們吃茶吧，老張，把你那茶葉拿起來！小同志，水開了麼？」

「老早開了。」

「早，老早開了，你為什麼不響呢？眞是虎兒！」

「虎兒」意思是楊明才不能了解的，但看那神氣，和聽那聲音，大約不是一句好話。

楊明才對他們有一種莫名其妙的推崇。這裏也來過一些其他的新聞記，還有外國人，他知道師長也是非常有禮貌的對待他們的。指導員也說過他們有枝五寸長的小鎗，這鎗抵得過一千枝七斤半。加以他們的行動說話都特別，他們一定有些不可測的本領。

他們都在吃茶了，叫楊明才也吃，而且轉換了談話的目標，他們歡笑的考察着楊明才了。

「你多少歲了？」

「你那兒人？」

楊明才，很歡喜述說他這一年來的歷史，他做過馬夫。有一匹很會跑的小白馬，還是一位四川女新聞記的馬，她給他一雙鞋子。後來他侍候連長，連長是一個短小的精靈漢子。連長歡喜小孩子，但他更歡喜打仗，在劉家溝那一次，他們担任掩護，死守一個小山頭，他們在那裏呆了一天，一連人只剩了三十個人，加上馬夫，伙夫，也不到四十人。連長便在那次犧牲了。後來大家替他們開了一個會

。他從那次就紅了鎗。可是他只[illegible]兩次營，一次是在天朦朦亮的時候，打勝了；一次是在一個霧的白天，他們也勝了，可是他右膀子掛了彩，他是[illegible]要上隊伍去的，現在來做勤務不過因為他傷口[illegible]結疤的緣故。

他們也做出一付愛聽的樣子，他們也做出「對[illegible]很推崇他的樣子，可是後來徐清笑了，怪有意思的望着他們問道：

「你怎麼會參加隊伍的呢？」

也許楊明才覺得他這句話問得很[illegible]，也許由于[illegible]他答不上來，總之，他說話的趣味全沒有了，[illegible]聲的回答他：

「你怎末來的，我就怎末來的。」

「哈……哈……哈……」他們都很[illegible]是的笑了。

于是楊明才走到屋角的他的床頭去，[illegible]的單薄的被氈去了，他埋頭睡下去，[illegible]，但他倒下頭就睡着了。

他不能再聽到他們對于他的議論。但他同樣[illegible]位新聞記的生活就這末開始了。

三

第三天的早晨，他懷着比天氣還[illegible]理員那裏出來，他自言自語的罵着：「眞倒霉，這倒霉的革命工作！」

谷中沒有一點風，一切都像被一種灰色的不透明的東西沉重的壓住而且凍住了。

一個通訊員牽着兩匹馬站在大門口等着。[illegible]

[illegible]

那個新聞記正在把一些東西往[illegible]，[illegible]

了，便[illegible]

。

[illegible]

[illegible]那匣子別讓東西壓住[illegible]

不要緊，包紮得牢靠。[illegible]

一個不認識的男子和那新聞記[illegible]

自己的材料也來了，向着通訊員問着：

[illegible]

[illegible]同來，要是[illegible]就留在司令部[illegible]

防的。[illegible]宣傳科長又重複着管理員的話叮囑着那位通訊員。[illegible]

不過楊明才心想：「我[illegible]」

一邊宣傳科長又勸徐清[illegible]

又順着[illegible]

[illegible]

[illegible]「我很希望你早日回來」[illegible]

[illegible]

手。[illegible]

[illegible]並且把徐清往[illegible]

[illegible]的還末說了。[illegible]

[illegible]

于是徐清像一個剛打了勝仗回來的將軍似的，向他們揮着手，揮着手中的棉軍帽，邁開大步，[illegible]馬前邊走出小村的口子了。

「這鬼天氣要是不下雪我輸一隻頭，」楊明才瞅着天空心裏這末想。

徐清仍舊保持着一種得意，好像已經做過一種勇敢的事蹟一樣，他現在正勇敢的朝團部去，他聽說團部已決定在三天之中要有一次準勝利的戰鬥，他不特想去看看打游擊仗，拍幾張照，並且希望要是自已眞可以在這裏混的話，他是很想留下來的，他心底裏有一個矛盾，他一想到他過去的一個同學現在冀中領了幾千人，做隊長，他就覺得他實在是可以有比這更大的前途，他希冀着能有這樣機會，他總在找着這樣機會，不過他覺得還有一點連自已也不願意認識出來的躊躇，這種感情是說不清的常常苦惱他，他現在是勇敢的走向團部去了。所以感覺得是勝利的。

團長是看見過的，一個二十三四歲的鄉間青年樣子，不穿大衣，棉衣上罩一件洗退色了的單衫。手臉也洗得很乾淨、微微帶點羞澀和拘束，但他們知道他不在這幾位新聞記面前的時候，一定極爲頑皮的。然而徐清總懷疑的想着。他眞的打過那麼多的勝仗，而且還獨立的作戰麼？但他又給自已作決定，要求發展，是只有在這規模較小、活動範圍較小的地方的。

「新聞記先生，你騎馬嘛，路很遠呢。」通訊員已經騎在後邊的馬上了，他斜掛着一桿匣子。

「哦，對，不過，你呢？」但他還沒有等楊明才的答覆，便站在路邊，做出一付要跳躍的樣子。楊明才侍候着他上了馬，便在路邊走着，慢慢的就落在後邊了，他望着通訊員的後影，禁不着要這末想：

「到團部也好，我就要求留在那裏，通訊員做不成，就還是到隊上去，沒有步槍，拿梭標也成的。」

到前方來後，不管到什麼地方，卽便是運輸的馬匹也困難的時候，他們總是有馬騎的，所以徐清現在也能騎馬了，他也常常鞭着馬小跑着，雖是小跑也頗使人感覺人底飛騰的意味呢。

他輕鬆的在馬上横過腰來，看見落在後邊的楊明才的影子很小了，他提議下馬休息，他是很願意多愛惜他一些的。

於是他又拿「你是什麼時侯參加隊伍的，你是什麼出身……」等等的話來向着通訊員做談話了。

翻過了小山，到了山脚下，有幾家老百姓在山口上住着，徐清吵着肚子餓了。他的背出錢的派頭，常常能引得歡喜沾點小利的老百姓很逢迎他。他們忙着燒火，忙得搜羅雞蛋和葱蒜。他們三人飽吃一頓麪麵。

「新聞記先生，我看我們走吧，時間不早了。」通訊員躺着那躺在熱炕上的徐清說、他手裏剛燃上一枝煙，露出一付陶醉的迷朦的樣子。

「還有多遠；到合口，老鄉？」

「唔，不遠，十多里路。」

「還好，不要緊。」

「不是，我今天還要趕回去呢。」

「呵……」

走到門外邊的時候，徐清也感覺得有些太遲了。但他們三個人只有兩匹馬，所以仍得慢慢的走。

等走到合口的時候，已經黃昏了。

好些老百姓都在往外邊搬東西，老百姓告訴他們，隊伍已經開走了，命令他們上山去，但村子上還有幾個留在這裏的兵士，他們說隊伍剛走，可以追上去的。看他們的樣子是很消閒的，問他們走不走，又說看情形。通訊員的意見三個人都轉去，楊明才堅持着要追隊伍，徐清沒有一定的見解，他很願意留下來，因爲天要黑了，而這裏還有幾個兵士。他又不願說出來，又怕這裏的人不歡迎，結果固執着的楊明才勝利了，於是他們急忙向隊伍去的大路上走去。

在說不出的焦急中，黑暗像一張網似的，輕輕的，不使人覺到的一步步包圍了攏來，天一黑，風便也像驚醒了似的，開始無饜的括起來了，盼望着宿處的馬，扯長了聲音嘶叫着，在這落漠的黑了下來的田野上。

徐清想找幾句話來說；但他說不出。有一個幽暗的東西在咬着他。

老早就模糊的看見有一個村莊的，越走近倒越看不見，一片黑把什麼都遮住了。人的心也隱閉在黑國顫抖。

愚蠢的楊明才在馬後邊放開了大步來走，而且哼着一個家鄉的小調。

馬把他們引到一個村子上來了。跟着狗叫有人在門後邊偷瞧。他們意識到了失望。

「老鄉，我們××，請問這時有隊伍，過去了沒有？」

「過去了一個多鐘頭了。」門縫裏邊有人在答。

『請問村子上有不有我們的人？』

『摸不清。連老百姓也走了大半呢。』

『那末我們還是走吧？』通訊員把頭掉轉來向着徐清問。

天這樣黑，走錯了呢？今夜是否追得上隊伍呢？』勇敢的徐清已經沒有了主張。

『黑夜走路怕什麼，有三個人呢，通訊員你有傢伙，遇見了敵人就幹了起來。』楊明才討厭的這末說。

徐清恨不得罵他，要是剛才住在合口了，也許比這裏好，都是他要來的。前進是不能的，要是還追不上隊伍，而且他不知道敵人什麼時候來，他不願走，三個人那末一句話也不說的在這黑暗的世界裏摸索，那實在有些害怕，他要住在這裏等天明。這裏有人麼，多幾個人總好些。

楊明才是不能太固執的，通訊員也沒有辦法，他們三個人喊開了一家店，找着一個住處。而且老百姓又在替他們煮稀飯了。楊明才要跟着通訊員到外邊去打聽消息，徐清也不肯。他們等了一會，沒有什麼動靜，攤開了鋪，擠在一塊，休息了。

四

『起來！跟我走！』這聲音像把刀似的插進了徐清的身上，他一跳就坐了起來了。

『你睡得好！鎗子都快打進村來了，你還打呼嚕快起來走，！』

一個看不見的東西在把徐清的心往下拉，他的身子也在往下沉：『日本人打來了！』

他坐在被窩裏不動彈。

『把衣服穿起來吧！』楊明才在黑處又遞過他的大衣。他剛把手套進去，『呼』的一聲，一顆子彈在屋頂上的空氣裏猛烈的，急速的劃過去了，他的手又垂了下來。

楊明才拖着他出了被窩，他們穿好了衣鞋，鎗聲更密集了。

跌跌撞撞的他在楊明才後邊逃到後院子裏。

『我知道路，我先就看好這裏有一條活路的、他媽的料不到這樣快。』

村子裏的狗叫起來了，有人在黑暗中跑。門外邊有一些垃圾堆，有些廢木料，腳底下總是不知踩到一些什麼東西。他們聽到東邊有很多馬蹄聲，鎗子夾在中間往村子裏飛，有的像鞭砲，有的像豆子爆。

『他媽的，通訊員不知到那裏去了，我叫他牽馬在這裏等的。管他娘，不等了，咱們走吧，衝出去，衝到對面林子裏去，那黑董董的就是樹林子呀。』

『不要慌，快點，你抓牢我的手嘛。當心，前邊有條溝。看見沒有？等着，讓我先跳過去。』一使勁他跳了過去。『來，跳過來，快，快些嘛，咳，急死人了。』

這是條已經乾涸的小溝。大約有五尺來寬，也有五尺來深，徐清坐在那裏，冤枉的，費力的施用了許多方法。

『你使勁嘛，你不使勁，我走了。看，鬼子來了。』

徐清先滾到溝裏，又從溝裏往上爬。楊明才幾乎連自已也掉下去，好容易把他拖上來。拉着他拚命的往林子裏跑。

村子裏鬧起來了。手電的光，駭人的白的，劃過黑暗，四方探照。

『不要着急，這裏沒有鬼子，不過還得衝，衝出五里地就好了。』

徐清覺得小腿肚子痛極了，思念那匹馬。他實在跑不動了，但他又不敢不跟着跑。

聲音已漸漸聽不見了，鎗聲也停止了，偶爾還有稀稀疏疏的幾響，他們又越過了一條河。他們在冰上跑，水在冰底下流。河邊上一些凍住的石頭，常常絆住他的腳，他跌了好幾次交，頭磕在凝固的沙地上，他爬不起來。他要求休息一會兒。

楊明才憐憫的望着他的黑影說：『第一次聽槍聲是有些怕人的。』但楊明才接着便罵起通訊員來了：『這死人，要他等我們，他也不等，要有隻鎗，老子什麼也不怕。這小子知道跑到那裏去了，他有馬；他要回去也容易。新聞記先生，你分辨得方向出來麼？我們應該往西北走。要往東南，就糟糕。』

天上還是黑黑，分不出東南西北。楊明才又把那記者拖了起來，迎着刺骨的寒風，他們繼續奔逃。

走到一個山腳下，徐清又停下了。楊明才焦急的說：『咳，上去了再停吧。這裏並不靠得住，等下鎗一來，你又怎末得了？」他們沿着小路往上爬。路兩邊的地是耕過的。路邊常常會礙着一些高粱的根。楊明才把徐清引到一個山凹處坐了下來，他告訴他，他們準可找到一個宿處。他把他留在那裏，說了一聲『就在這裏等我，不要動，』他就跑走了。

徐清忽的在黑暗中見不着這小個子，好像自己變成了一片枯葉似的，隨風飄蕩，沒有着落。他開始是攤坐在那裏的，後來又蹲了起來，盡了力量用眼睛在黑暗中搜尋，搜尋着楊明才，也搜尋着說不出名字的許多許多東西。而且他的聽覺的神經也緊張到不能再緊張了。他審別着風的每一脚步。有時他甚至想跑了，他覺得圍在他周圍的東西，全是可怕的，但他又不敢動。他無緣由的相信：楊明才是會轉來的。

他果眞轉來了，遠遠的，他聽見他壓住聲音在喊着「新聞記」，徐清跳了出來，他說話了，激着也使他的聲音顫慄，『我在這裏。』

『我們今夜不會露營了，來吧。我們今夜有了一個好窩』。楊明才愉快的這末說了。

五

現在他們很緩和的偎坐在一個小窩裏邊，窩門口堆滿了草，有一個鋪得很厚的草牀，又燃燒着一堆草，窩裏充滿了烟，紅光照着四壁的土牆，也照在埋身在草牀裏的徐清和楊明才。這窩是那些秋天上山來收糧食者的住屋，窩子上還剩餘有許多沒有搬運走的草，而楊明才便用這些草將窩洞弄得比較暖和了。他似乎完全忘卻了適才所發生的一切，他述說着夏夜在田裏守西瓜的情景，他們用蘆葦蓋了一間小屋，兩頭通風，掛一盞小燈在中間，風吹得那燈頭的火閃閃的動。他們躺在那舖板上，望着天上的星星，唱着從小就聽會了的歌謠。他又述說放牛的夜晚。牛蚊非常之多，他們收集了很多野艾，這些野艾燃着的時候是有一股很好聞的香味的。

剛剛得着這個小窩的時候，徐清有一種感覺，好像到了家裏一樣，遠離了一切災害，他趺坐在一個角落裏，享受着楊明才所有的安排。但現在他又討厭他了，爲什麼他老講着這些無味的事情。他希望有人能告訴他日本人到底打到那裏了，他們明天該往那裏走，而且後悔走到這個山窩，也許是走錯了路。並且也忘記了剛才不能走的情形，他以爲他們今夜是不該留下的，應該還要走去，現在到底離中國兵有多遠呢。他的煩悶，楊明才是不理解的，那小子就像沒有事的人一樣，有一搭沒一搭，也不管有人聽沒有人聽，老是絮絮的講下去。

『這種人眞簡單得可憐，』徐清心裏還末想，卻不敢說。他已經覺得在無形之中向他讓步了許多。

他怨着那宣傳科長，爲什麼要送他走，又怨着小個子團長，爲什麼不留他。劉克勤、章耿清這些人都是幸災樂禍的傢伙。通訊員也不好，把馬牽走了。或許他已經落在日本人手中，這無用的東西眞是活該……

但疲乏卻使他忘記了恐怖，慢慢的他便倒在草堆裏，像一個玩得太辛苦了的孩子一樣睡熟了。長大的皮大衣把他的脚蓋得很嚴密。他現在還能想些什麼呢？楊明才是不知道的。

楊明才還坐在火邊撥着紅火與炭。他不再講下去了，他回想起適才所發生的一切。他想像日本鬼子已經敗走了，他相信他們的隊伍和游擊隊一定已經回到村子裏去了。在腦子裏他還畫着鬼子逃跑的狼狽，他覺得他已變成追兵中的一個。他捉住了一個鬼子兵，這鬼子怕死得很，他決不定殺不殺他，這鬼子兵是有一件日本大衣的。他有了一件日本大衣了。他還希望有一個日本水壺，他忘記燒火了，紅的火慢慢變成無力的灰燼。縫隙裏吹進來幾陣刺骨的寒風，楊明才打了兩個冷噤，像狗一樣的將自己埋進草裏，蜷成一團的躺着。他也願意有一個甜蜜的睡眠。但他的腦子想到很多的事，他的身體總不得暖和，他在草上滾了一會便又爬到外邊去撥草。呵，原來不知什麼時候已經在下雪了。

火燃起來的時候，楊明才不再感到像剛才的冷，不過他的心事更洶湧了起來，雪把路遮住了，把方向迷住了，他們到底往那一方走呢。他想要是一個人也好，要是有通訊員三人在這裏也好。他把眼光投到徐清身上去，他睡得很熟，一點也不感覺他們的環境是更在惡化。楊明才覺得他太可同情，用一個老年人對孩子們所起的愛惜那樣的嘆息了。

困難是在第二天的早上。徐清眼睛瞅着洞外又縮瑟的一聲不響了。

『管他娘，咱們走吧。第一先得找點東西來吃停了一會楊明才又說：『老歇在這裏嗎？總得想法子走啦。』

最後他沒有辦法了，只好說：『你要不走，我一個人就走了。』

徐清像害了軟骨症似的，總抬不起身體。洞外是一個不可知的世界，也可以好，也可以壞，而住了一夜的窰洞裏，還好像使人有些感到安全。他沒有勇氣。却又怕一個人，他得緊跟着這勤務。

『到那裏去呢？』楊明才決定先下山，找老百姓，打聽消息，問路，然後再決定方向。

于是他在前邊有時還要拖着另外一個，在那凍住了的雪上一步一步的移到山嘴子上去，雪又打濕了他們的衣服，好容易才挨到山腳邊的一個避風的石頭下休息。這時徐清更顯得軟棉棉的了。

楊明才像哄孩子似的，好容易才脫了身一個人轉到外邊去瞭望。他看見遙遠的路上有很多人走過，有些像隊伍，他高興極了，他想那一定是反攻的中國兵了。他正預備跑回來告訴徐清，却又看見就走那河灘邊有幾十人在飲馬，有一半都穿的日本大衣。他先還以爲也是自己人，再一看馬全是高身長腿的洋馬，他明白了他們是不能下去的了。他恨不能有一架機關槍，如果就在這山嘴架上，包這河邊的幾十個鬼子全完。他知道他們沒有注意到他。他又端詳了這山。他只好決定暫時又回去。他幾乎是拖着一具死尸回到了窰洞。

徐清回到窰洞便又睡了，兩顆眼珠灰白的從窰門透視着天上。天也是死色的灰白，也是迷矇的，無感覺的，不止的飛着雪片。

『我倒不怕鬼子會跑來，他娘的，就是肚子餓。』楊明才蹲在門口，他又向徐清投擲了一眼。也嘆了一聲氣，他心想：『要是我一個人，我就什麼也不怕，早走了。』

下午徐清實在餓得慌，他就哼了起來。

楊明才便又決定獨自一人再下山去。徐清也只好放他走，他雖不敢太相信他，但在這個時候，也只有這個辦法，他把他送到門口，悄聲的說：『盼望你早點回來！』

『當心，你不要出去亂走。燒一點火，把窰洞草堆高些。不哄你，說不定有狼呀什麼野獸的哪！』楊明才像對小孩般的吩咐着他。

雪彷彿越大了似的，也許是更密了。時間走得慢極了。徐清看了幾次表，老是在三點鐘，後來才發現這表已經停止了。

這山上一點聲音都沒有，什麼生命都不存在似的，他渴望着有一點聲音，他需要知道這小窰是否還在世界上。有時他又似乎聽到什麼聲音了，他卻更害怕起來，全身的筋肉都緊縮在一團，直到證明這只是幻覺的時候，才敢自由的呼吸，可是那種宇宙要停止了的靜寂，又騷擾着他的心胸了。

他曾鼓起最大的勇氣，跑到洞外去，他不能棄希望來生活，他千百次告訴自己，這小鬼不會再回來了。除了找一條路下山去，找到一個老百姓家，他才有活的希望。他在雪中發狂的跑，雪還是無情的亂颳下來，他的眼睛裏飽含了雪水，他認不清路，認不清方向。他意識到跑到敵人那裏去了，他是一個知識份子，他一定要受最殘酷的刑罰的，他又意識到他凍不動了，倒在雪中，天會黑起來的，野獸要出來的。在他的胸中有個東西要跳出來，他要叫喊才好，可是他又不敢叫，他現在要跑回洞去，他又認不清回去的路。他坐在雪上，無聲的垂着頭。汗水、雪水從額上流下來，流在頰上的時候便混和了那苦澀的淚水。

天漸漸的在黑，他只好站起來又走，他努力用判斷來決定他回到窰裏的路。他是已經不能找到自已的腳印了的。只能在田地裏的雪上高一腳低一腳的走去，終於他找到了那個曾安身過的小窰。幾乎是緊着的他摸了回去，他沒有看見有人在裏邊，他放心了，可是又愁起來，『咳，爲什麼這小鬼不回來呢？』但他仍感到得救了似的走進了窰，他又燃起火來。從他的頭上、身上、腳上蒸發出濕暖的水蒸氣。他感到了冷，感到了飢餓和疲乏。他想也許他就獨自一人死在這兒，不會有人知道，他的姐姐。他的小姪女，他想起他唯一可親的人，他又哭了。

忽的他又被一種聲音驚起。他張着耳朵竭力去聽，的確是有了什麼聲音。他跳起來去躲進草堆。然而這聲音他聽出來是他的名字，於是趕忙又跳出來。啊，可不就是楊明才在喊着他的名字麼？

『啊，我在這裏，我在這裏。』他孩子般的大叫了。

在暗灰色的薄明中，他看見一個生物慢慢的移近來了。他跳躍着等着他。到楊明才進來的時候，忍不住他把他兄弟般的抱着了：

『我担心你被俘虜了，担心你死了。下次出去對是一道走吧。」

他又把火加大了。楊明才從懷裏掏出十來個餅。楊明才看着他大嚼，很快活似的述說着他的經過。他告訴他明天一定要走。沿着山有條路可以通陶莊，那裏可能是自已人。他知道敵人還佔領着下邊村子和合口。而且沿路還有老百姓的住家，如果明天還下雪，鬼子就不敢出來，他們可以放胆的走。徐清覺得很安心了，便自顧自的吃着。

他總比楊明才睡得好。他有一件可以當被子的皮大衣，而且楊明才一回來，他就放心熟睡了。他心想靠得住有一個守夜的人。

第二天他們果然眞照老百姓所指引的路線前進，沒有遇見日本兵。他們住在一個通大路的山溝口的農民家里。下面村里住得有他們的一連人。楊明才每天下去打聽消息，他們等着這最近安排好的一打仗完了就歸隊。現在徐清生活得很好了，他口袋里還有幾塊錢。農民的妻子常常幫助他做菜。

六

五天之後，他們又回到住在合口的政治處里了。徐清成了一個嶄新的人物，很多人都跑來慰問他，聽他縷述他們的冒險的故事。他懂得什麼時候可以謙虛一些，而有些地方又可以誇大一些。劉克勤和章耿清非常羨慕他。他們三個人來前方，而只有他一個親歷了戰爭，創出了英雄史蹟。劉克勤還掬着他，激動的說：

「既然沒有死掉，就好好使用這生命吧！」

晚上，客人們都走了，又只剩了他們三個新聞記者，他們又爭論着一個問題了。現在是劉克勤要留下來，他打算堅持這個意見。他願意無論什麼工作都做，只要能留下來，而且起碼要住兩三年。但徐清卻計劃着回到大後方去。他已經生活過來了，現在只需要一個安靜的環境，寫出他的經歷，那興奮他的經歷。他把那些宣傳科長送來的，總務科長送來的，團長派人送來的一些餅干、點心，堆滿炕頭上的桌子上，他奇怪的問着楊明才說：「你爲什麼不吃呢？吃呀！說話呀！」

而那個「桑磋」却一聲不響的坐在屋角里的火旁邊，他替他們燒着泡茶的開水。緊緊的閉着他的尖嘴，嫌惡的報着：「批評就批評，打死我也得回隊伍上去。」

那個通訊員也回來了，不過他回來得很平常簡單，沒有收集到什麼材料，也沒有創造出什麼材料。

祖父底職業

路翎

吳受方在[illegible]拿着一顆大螺旋釘站下來，看工人底女兒們篩煤渣。

吳受方今年十五歲。十五歲的少年，是已經能够體驗地感受到世界底愁苦和不幸；十五歲的少年，是已經在內心裏疼痛着對不知甚麼東西的漠然的依戀，和跟着這依戀而來的感傷了。吳受方底對天空，對地面，對人……的每一瞥都是充滿着少年的豐富的情感的。他現在就用着這種眼光來瞧着滿身烏黑的篩煤渣的工人底女兒們。

他自己在腦子裏構想着關於工人底女孩子們的故事。她們都很不幸和貧苦。像一切這樣的孩子們一樣，她們家庭裏一定感覺到很苦痛，所以即使在沒有煤渣可篩的時候，也要一直捱到晚上，到吃飯的時候才回家。那個拖着鼻涕，戰慄着通紅的嘴唇，在額上有一條紫黑色的血痕小女孩，她一定有一個喜歡喝酒的，脾氣不好的父親。吳受方自已底父親脾氣就非常不好，但是並不喝酒；吳受方不知道爲什麼緣故自已想着別人底爸爸的時候要加上一個「會喝酒的」，而且總想得非常確切，就彷彿他看見那醉漢底紅眼睛一般，於是吳受方覺得自已底父親還算是好的，他（父親）是一個電機工人，要比篩工們强。

煤灰從女孩子們底胸前騰起來，迷朦了潮濕的低窪，她們底臉上，頭髮上，都沾滿着煤灰；她們低低地咕嚕着，沒有人能聽清楚她們在咕嚕些什麼，人是希望她們怨恨她們底命運的；然而她們竟像一點不要想到怨恨，或許她們因勞頓而疲乏麻醉了。人是想要肯定：在她們底靈魂里是有着生命底火花的！然而看上去，她們竟是這樣幼小地衰老，青春地憔悴！竟是這樣污穢和瘦瘠啊。

「她們多末可憐」，吳受方自已說。他底手把大螺旋釘搖到空中又接着：「窮人底孩子總是可憐的，劉先生就說過……。我們工人底孩子」當這樣想的時候，他突然覺得他底後腦上被什麼軟軟的東西擊了一下，於是掉過頭去，他看見了裝着鬼臉的黑三。黑三手里拿着一根竹桿頂上紮着一隻死老鼠。

「雜兒子，發那獃……」小黑三露出烏黑的結實的一排牙齒，惡狠狠地向吳受方挑戰。這是街坊上的一個女光棍底獨子：一個大胆的小流氓。

吳受方睜大了眼睛，瞧着兇惡的黑三。黑三居然也來欺他，這使得他很氣憤，他原是想揍黑三一頓的；但是他不知爲什麼緣故抑制了勃發的好勝心，走開了。

「小流氓！……」吳受方咕嚕着，他底脚踏着堅硬的泥路；他底頸子因爲畏風，縮在破舊的衣領里。他向工廠底鉄工房走去：在那里他可以找到他鐵叔叔，「我不然中學一年級了，爲什麼，爲什麼爸不叫上中學呢？他想，彷彿决心要想透這一個問題，他突然在一棵光禿的桃樹旁邊站住了；他握着手：「爺爺說：祇一個孫子，得上學，讀出學堂。——但是出不起膳費呀！不行，不交伙食費總不行。那個女校長，聽說多和氣，大胖子，戴眼鏡，但是不出伙食費不行。爸呢，唉，又連公費生都不許考」。

他於是想起來了：去年春天，當小學畢業的時候，劉先生撫着自已底頭頂，說是「考去吧，孩子」。並且答應給證明公費，於是爺爺，大個子，灣背的爺爺就給了五塊錢，也叫：「兒子，去吧！」——但是還沒走到河邊，爸爸就追上來，把五塊錢奪去了。

想到這里，吳受方底脆弱的心戰慄起來了，想起爺爺底樣子，爺爺對自已說的話，他就感到心酸。「人生是多末痛苦阿」。吳受方對自已說，於是離開桃樹，開始向廠房跑起來，兩滴淚水沾在他的胸脯上，他拚命地回着頭，舞動着手臂。

吳受方是年少的。正因爲如此，剛才的那一點點回憶的瑣傷，除了奔跑過後的身體底舒適的溫熱以外，沒有給他留下什麼。

他們是天津人。父親是電機工，一個憂悶，時常沒來由地發怒，每天披着塗着油污的黑大衣，在喉下生着硬鬍子的人，父親底額頭碩大，臉孔發黃。父親連年受着生活底網絡，身體也壞了，時常生病咳嗽，時常沉沒在呆想里。（吳受方看着這一副呆想的痛苦的臉，是多麼難過，駭怕啊！）但是叔叔却完全跟他不同，叔叔年青，潑刺，嚇！看叔叔底那一雙膀子罷——它在爐火面前伺候着鐵，它使動鉗子全身顫抖：叔父是一個好鐵工！

父親是在電機房里。吳受方一看見父親底黑大衣就恐慌起來，就起了一種想跑得遠一些的念頭。

他奔過廣場，到叔叔那里去。那里，是紅的鮮明的火焰，響亮的敲擊的鐵工們。

叔叔第一個打了一把鉗子。戰爭，買不到外國貨，於是叔叔自己動手了；燒着和捶着，做了三天。

吳受方默想着一把鉗子底構造。一張老虎嘴柄子，……怎樣呢？六年級底教課書上也沒有這些。

他自己在窗台上找來一把鉗子；這就明白了：是兩邊交叉起來，中間鑽一個洞。

叔父底鎚子落在一塊燒紅的鐵上；叔父底礦石一般的烏睛眼[illegible]着紅光：他底手臂像絞扭着的粗繩索。

「嗚，你來了！」叔父翻着火，招呼吳受方。

吳受方底嘴唇動了動，安靜地站在一邊。

祖父發愁地吃了半碗飯，到房里去了，吳受方呆呆地瞧着爺爺底瀏瀏的背，覺得難受，因為不小心，一隻筷子從他底手里滑落到地下去了，他覺得母親在狠狠地盯着他，於是漲紅了臉，把筷子拾起，也不揩一揩，就把碗里的飯兩口划完。

父親默默地抓起黑大衣，上工去了，媽媽和姐姐在廚房里；她們不說話，也竭力不使手里的東西碰響；這樣子，當有一個粗碗偶然碰到鍋上去的時候，那聲音就會格外叫人難受，吳受方聽着這聲音，很惶恐；他瞧了瞧正在添第四碗飯的叔叔。

「奶呢？」叔叔問，嘲弄地揚起睛眼。

「奶，在王家打牌」！吳受方瞧着叔叔底烏亮的睛眼。透了一口氣回答。

叔叔皺起濃黑的眉頭不響地吃着。

「來呀」，祖父在房里喚：「受方！」

吳受方推開半開的門進去，房間里很闇濟，從一張污穢的明瓦透進來一長條灰白的，凄清的光亮，吳受方走進床邊，瞧着躺在藍布被上的祖父，吳受方底頭上就和肩上就落着明瓦底光；於是屋子里的光線變動了一下。

「吃完了」？祖父問，咬一咬乾枯的嘴唇。

「嗯。」

不知為什麼緣故，吳受方感到心臟在加速地跳動。

老人把頭移了個位置，眼睛嚴厲地瞧着孫子，於是訓斥起來：「一天到晚在外邊跑，跑出個把戲來沒有？」

他衣頸子痙攣地扭了一下，他底眼珠在這時候變了顏色，變成一種吳受方，那麼熟悉的充滿戀愛的青色，他底聲音也突然溫暖了；他顫抖地，緩緩地說：

「替我好好地唸書，唸書，曉得罷。」

他把黃銅眼鏡除下來，用一塊黑布揩它。他底太陽筋縱起着小蛇一樣的血管。

吳受方站在桌子的上首，用手指劃着桌子，他不敢瞧祖父底臉。祖父底樣子那時他喚起了一種極豐滿的哀愁和辛酸的情感，他突然想哭；他衣服角已經酸痛而濕潤了。

「唉，年月啊？」

他聽見祖父底歎息；他忍受不住了，於是喊：

「爺。」

「你爸呢？」爺爺問。

「上工去了。」

「叔叔？」

「在吃飯。」

「叫，叫他來！」

吳受方在院子里徘徊，等叔叔出來。「爺多麼可憐，爺多喜歡我……但是我，我怎麼辦呢？我一定不辜負爺底希望。」他想。他很焦灼「怎麼叔叔還不出來？」他自己問，突然又加上說：「生活很艱難，日子一天一天過去，童年時代也就過去，再不，再不會回來了。」他記不清楚在哪里聽說過這句話；這句話現在很[illegible]合他自己，於是他就長久地反覆地說着，使自己感到依戀和辛酸，他在小院子里來回走，把口袋里的兩個一分錢的銅板敲響着。他愈來愈焦急，他敲了足足有一百下了，怎麼叔叔還不出來呢？他又不願意進房去看一看。於是在口袋里再敲，敲一下走一步：一、二、三、四、……

……

天空是陰着，刮着風。枯葉在枝條上急速打轉，飄落了，叔叔底臉繃得嚴肅；他低着粗黑的眉毛，跨着大步，通過院子出去了；枯葉就從他蓬着黑髮的頭頂上滑過。他沒有看見吳受方；吳受方正在又一次地自己說：「生活艱難；童年時代被擱斷了」，他正在考慮着「摧毀」兩個字；他更練習了這一瞬間。突然覺得叔父出去了；院子里是寒冷和寂寞，他就跳躍着追出去；他跑着嘴里還不斷「摧毀」。

「摧毀——叔叔，爺爺說什麼？」

叔叔瞧了瞧他又望着前面灰色的天空，低低地說：

「說時年不好，一家人日子難過，在外鄉漂流」，走了一步他又加上一句：「這你全知道，受方，是不是？」

叔叔，年青的，他底臉，挺秀而嚴肅，他底眼睛，流動着濕潤的光。他用他底堅硬的手抓住了吳受方底。

吳受方真正地被痛苦壓倒了——比方吃飯的時候那種樣子，比方晚上媽媽捱爸爸罵，淌眼淚……：這一切都帶着它們實有的異樣的暗影扎在他底靈魂里了，他時常在家里要躲避一個大黑影，所以他喜歡叔叔。叔叔，年青的男子！

「我們要把日本人，把仇敵逐出去。……前途怎樣呢？」吳受方傻。突然他被包圍在一種又興奮又憂鬱又駭怕的情感里了，他靠近叔叔走着，在口袋里拚命扭着兩個一分錢的銅幣。

「還有你……」叔叔說着突然又吞下去了；他充滿着愛撫凝視着吳受方。

「怎麼我怎樣，叔叔！」

「不怎麼，」叔叔回答，更緊地捏着吳受方底手，直到吳受方感到痛。叔叔底眼睛里冒着青色的烟，他底臉像在爐子里找尋一塊鐵那時一樣完滿着嚴肅的神情。

走進鐵房里，叔叔穿上了外衣，向第二號爐子走去。——副手已經把鐵燒紅了，叔叔沒頭沒腦地喝了一些開水，就動起手來。

這年青的男子底眼睛，在火底紅色的反照里閃耀着熾熱的兇猛的光，閃耀着充滿的兇猛而又柔和的光。他底嘴緊閉着，是嚴肅的。吳受方想知道叔叔剛才預備說什麼，他羨慕地瞧着交互跳躍着鮮明的紅光和黯紅的影子的叔叔底嘴。

火星在砧上爆裂開來。

人三天沒有看見祖父底高大，灣曲穿着灰大衣底影子在門口出入了。

祖父原來是每天要到號房里去替公司里抄寫東西的，但現在不去了。他躺在被窩里，發着燒：在四十度以上的高熱里說着可怕的譫語。他底黃銅眼鏡被摘下來擱在枕頭旁邊。他底眼窩是這樣地陷凹而且發青得怕人啊，他底臉彷彿一下子縮小了一半了；它完全顯露出青黑的皺紋。他說話小鼻子翕動着，呼出汚濁的氣。

吳受方膽怯地走到床邊，他剛從陰冷的田野跑回來，這小房間用一種使他不能忍受的氣味接待了他，他看見祖父底可怕的臉，就默默地站着，彷彿在回憶一件重大的事。

祖父底眼睛無力地睜了一下。

「爺要開水？」吳受方問感到爺可憐，他難受起來了。

老人搖搖頭。

吳受方簡直不認得祖父了；他從來沒有覺得祖父是像今天這樣地無能，可憐；這樣渺小地被世界摒棄，在這藍布被窩里。祖父一向是一個倔強的人；祖父在吳受方底童年里是一個不可少的，偉大的影子；是一個充滿光輝的影子，……吳受方被刺着，默默地淌眼淚了：他底嘴唇可愛地扭曲在一邊。

「我說，」祖父用打顫的聲音說：「你，受方，你還是讀書罷。」

「爺！」

「告訴你，過來，受方，」老人底眼睛里突然爆亮了一種兇猛的然而是柔和的光，這使吳受方想起叔叔來：「告訴你，我在家鄉也辦過一個小礦，……我底半生全花在那上頭了，如今是全完了：你爹，你叔，如今是在別人手底下做事，受別人的氣……」他咳嗽；青紫色的血管在他底太陽穴上痙攣着：「你，你我明年還是讓你讀書；你不要做工，讀書好些……另求上進罷。」

「爺，」吳受方閉着眼睛，用睫毛擋住淚水；他把手移到額上來，揩着。「聽見沒有，」祖父在被窩里喘氣，「給我一杯茶！」

吳受方小心地揭開水瓶，心里想：「爺不叫我做工，叫我讀書，這樣到底哪一樣好呢？

再過四天，清早，祖父就死了。

祖父底眼睛那樣駭人地向下陷落：祖父底嘴微張着，彷彿對這世界有一句沒有說完的話，彷彿留給自己底孩子們一種永久的責備——祖父死了！吳受方痛哭着。祖父是不能看見心愛的孫兒去上學了，吳受方自己決心再不在外面亂跑，決心用功溫習功課，好讓祖父得到安慰。但是祖父死了。吳受方再讀書安慰誰呢？再有誰會叫吳受方讀書呢！人生是多麼不幸啊，祖父是多麼叫人傷心啊，吳受方哭着。

天井里陰涼怪氣的；母雞在牆角里打盹。奶奶掏出錢來，叫吳受方到鎮上去買香燭。吳受方埋着頭，昏昏地跑過院子，在硬硬的泥路上走着。

祖父以前在號房里替人家抄文件，爲的是多賺幾個錢。但是祖父老了，骨頭硬了，做不來這樣的事啊；祖父從來是倔强的，不是低三下四看人家臉色的人啊，半個月前祖父鬬氣把事辭了。嗯，吳受方自已記得的，那天祖父好像特別快活，他穿着灰大衣，肩膀高高聳起微微向一邊歪斜；他就在這個地方，就在吳受方現在正在走着的石灰窰旁邊，遞給吳受方一隻柑子。

「吃罷，」他說，睜起眼睛：「你看你身上的灰，你今年也不小了。」

吳受方不馴伏地撅撅嘴，像一切被寵愛的孩子們所做的一樣，柑子水塗滿了他底嘴唇。

「你吃半個，」他送給祖父。

「不。」祖父底溫熱的大手拉着吳受方底：「要吃不下，就帶回去給姐姐罷。」

吳受方不帶給姐姐，他把柑子一起吃光了。他仰起頭來，看着祖父臉上的慈祥的鬍鬚間：

「爺，你不上工了。」

「不上了；不受人家底氣。」祖父皺起眼睛回答。

吳受方底手躺在祖父底大手里感到一種堅實同時又渺茫的感覺，「不受人家底氣；」吳受方想：我們要永遠不受人家底氣！

但是祖父現在眞的不受人家底氣了。

祖父有時候可怕得像一隻狼，但是祖父病了；生着氣，在被窩里戰慄着，他底臉像一隻發怒的老山羊。

「北方，好啊。……」

「嗯，你們太不中用；老二，你完全是小孩子。」

「出了太陽了嗎？冬天……——」

老人底乾枯的手在空中摸扒；他底小鼻頭嗅着；他底紫紅的凝住血的臉上淌着虛弱的汗。但是他抓不到北方底，冬天底太陽，終於，留下不可知的責備和生命底憤怒，死去了。

吳受方在要讀書的希望是和祖父一同死去了。

吳受方站在屍體底床前，戰慄着，淌着眼淚，吃力地思索一件事，一件重大的事。但是，他不能想得透。——不過，吳受方覺得，他自已要算是這世界上最懂得祖父底不可知的責備和憤怒的人了。

夜里，吳受方夢見祖父牽着自已底手，在黃沙飛漫的曠原上飛跑着；他們是要跑到一個地方去，一個每一個人都微笑着，勞動着，一個充滿光明和夢想的美麗的地方去。祖父底慈祥的倔强的鬍子閃耀着，他告訴他底孫子，（用那麼一種充滿青春的豐滿的聲調告訴吳受方。）他們要跑得再快一點就可以趕得上一幕準備了多少年的大戲底上演，……他們於是跑得更快了，他們從豺狼底頭上跨過去，聽見了柔和的遙遠傳來的鹿鳴。吳受方自已是變成一個英俊的少年人了：哦！那激動所有的生命的戲，哦，那美麗的，光明的大街，汽車，電車，空中火車跑着，人們微笑着的大街；哦，那長髮辮上繫着紅絨繩的眼睛明亮而羞怯的少女。……這女孩子是在惆悵着，因爲，爲什麼，吳受方到這時候還不來呢？

於是，吳受方，全身充滿驕矜的光輝……來到這美麗的地方了。他是比神話里的騎士還要美，比小說里的青年主人公還要叫人感動；比中國底薛仁貴還要勇敢，還要更多一些悲苦的經歷。

祖父去看戲去了。但是吳受方不想要看戲；他和他底女朋友攙着手，在明亮的大街上去着；他們吃着巧克力糖、棕色的、軟軟的糖。……

吳受方突然醒來了，女孩子，糖，明亮的街，全沒有了。而且連祖父也永遠沒有了。他重新閤上眼睛，想繼續着美麗的夢，但是不成。他底身上冒着冷汗。他看見窗子已經發白了。他並且聽見父親底在地板上走動的冬冬的腳步聲。

父親彷彿整夜都沒有睡，他底眼睛朦朧地，惺忪地張大着；他底頭髮是蓬亂的。他底發胖的身軀每走一步，就使壁上的小櫃子簌簌地顫抖。他彷彿有着無底的怨恨，他彷彿要把地面蹂陷下去，或是蹂成一個坑，使自已陷到地里去。

他看見着吳受方底睜着的眼睛，便說：

「告訴你受方，下回少跟叔叔在一起瞎扯；他有他底事。聽見沒有？」

吳受方驚愕地，傷悲地偷偷瞧着父親：他底黑大衣正從他肩上滑落下來，他攫住它，他底臉孔發黑。

吳受方是多麼駭怕，多麼難過啊；這家庭是最不幸的家庭，祖父死了，爹跟叔吵了架。

下午，放工的時候，父親自已揹着半袋麵粉，搖搖幌幌地艱難地走着，他底眼睛一樣閃着痛苦的，慳忪的光，叔叔招呼他，他祇冷淡地回答：現在叔叔不回來吃飯了。

叔叔使力地揮動鐵錘，他底突出的額腦，在紅色的火光里幌動，他底眼睛里是兇猛的，幸福的光。吳受方喜歡叔叔，喜歡火花，和不停歇的敲擊，喜歡年青，「我要是有二十歲就好了，」他想：

他不再滿山跑，在路上大聲唱歌了，他在讀一本書；他要用這來紀念祖父，他用白鐵皮做一個框子，貼着祖父底小照片：「爺爺，我讀書了；不進學校也可以讀書的！」在他望着照片的時候他就ㄑ聲地說，有一次他哭泣了，想起爺爺，厲害地哭泣了。他底眼淚淵濕了書本。

「我們會要到一個光明的地方去的，光明的地方！」他底滿溢着淚水的燦爛的眼睛說：當想到夢里的那個和自已牽着手走路的，有繫着紅絨繩的黑髮辮的女孩子的時候，他底臉上就充滿着夢幻和羞怯；他幸福地笑了。

吳受方還是每天要到鐵工場去，有一次，已經很晚了，他還是不願意回家。下工的時候，叔叔扣好衣服，招喚他，他才把他底眼睛從紅色的爐火移開。

他們一齊離開那灰屋子，讓田野的冷風撲着，向家里去。

叔叔彷彿有些異樣，他站住了說：

「你跟我去吃飯罷。」

「回去吃，叔。」

「不要。」

青年的男子在風里屹立着，天黑下來了，工場底電燈在冰冷的空氣里閃耀，他站了一下，把手從衣袋里拿出來揮着解決說：

「你跟我去吃飯，吃了飯一路回家。」

「爸跟你吵了架？」吳受方問。

「沒有。」叔叔回答，隔了一下又加上說：「爺死了，家里境況不好，我所以搬出來住，曉得罷。」

「曉得。」

「爺死了，想他罷。」

吳受方望一盞電燈，生活底寂寞和愁苦襲擊着他底少年的心。他底眼睛又濕了。

「爺在河北也辦過一個小鑛：哪曉得生生地給別人拚倒了，叫他到這里來跟人家抄寫東西，眞是磨折他啊，…你曉得罷，爺很愛你？」鐵工說，狠狠地用手揮着冰冷的空氣：「我們生活太苦了，這樣總不行的！」

吃過飯，他們一齊向家里走去。

「這一來，吳受方，你讀不成書了：那嗎，閑在家里也不成，要幫爹做做事，掙幾個錢。」鐵工跨着大步，在田野吹來的風里噓着氣，一個籠滿蒸汽的火車頭在路軌上徘徊，把叔叔和吳受方隔開了；燈光美麗地染着水汽底渦圈，風把路上的煤火，揮在草叢里又播弄它。吳受方和叔叔在黑暗的通路上又重新挨在一起。

「叔，我們底生活會好起來嗎？」吳受方膽怯地，聲音顫抖地問。

「會。」鐵工底充滿確信的有力的聲音回答：他問：「你想學鐵匠嗎？」

「怕爸不准。」

「你敢不敢，要擦得手心流血的？…」

吳受方默着，在黑暗里狠狠地擦着手心。

「我說你還是弄文雅一點的罷。」

他們到家了，叔叔沒有玩一下，也沒有跟父親談兩句就要走，奶奶那兩天沒打牌了，這會在房里哭哩。叔叔聽見奶奶哭就皺着眉，吳受方開門，送叔叔出來。

「吳受方，我說的是眞話，」鐵工站下來，撫着吳受方底頭。他底眼眼里是濕潤的，柔和的光；把頭俯向吳受方，他低低地說：「幹罷，會好的！」接着又搖了搖頭，加上說：「要苦一輩子哩：」

吳受方感到叔叔底眼珠要滴在自已底額上，而且濺着自已底額。吳受方更緊地依在叔叔底強壯的手臂上。

叔叔突然丟開他，向燈火跑去了。

冷風吹着吳受方底軟軟的頭髮滑向他底頸子里去，吳受方感覺着冷了，但是他底心臟自已地，還熱地跳躍着。

吳受方開始上工了，上午八點到十二點，下午一點到五點，這全是爸爸說好的，當爸爸告訴吳受方這件事的時候，吳受方不知爲什麼緣故紅了臉；但是他立刻勇敢地答應了。

像一切這樣的孩子一樣，吳受方默默地準備着擔起那擲到他肩上來而且隨着他底年齡的增長而加重的擔子了。這擔子到底是怎樣的；人生底苦里的負荷到底是怎樣的？吳受方還不能夠十分清楚。但是他是被劇烈地興奮了，他底少年的情感炸裂了。他望着祖父底照片，又一次地哭泣着，厲害地哭泣着。

他跟在父親底黑大衣後面，去近那個號房，他戰慄着，四肢變得僵硬，做些什麼呢？他用乞憐的眼睛望着父親。

哦！吳受方明白的：做爺爺底事；就在這個號房里，像爺爺一樣寫——字，吳受方是寫得並不壞的。

他怎樣坐在高高的板凳上？他底週圍那些穿藍布衣的工人說些甚麼？（彷彿說：咦，一個小鬼，）他怎樣翻開那一大疊「外工日報表，」他全不記得了；他祇記在是寫第二個名字在簿子上了。

「湯海清。」

還是寫得歪，寫得一點也不好。他決心要把第三個名字寫得好一點，他翻着簿子，偷偷地看前面是怎樣寫的，——呀！還忘了填「加工」「罰工」——他於是又照着寫：

「加工一個半。」

他底心跳得好響啊，嗯，吳受方認得的，大簿子頂前面是祖父底字！

「爺，我在做你底事了，……」他自巳說，一面惶急地看看周圍，他眞想跑出去大哭一場，寫這些多討厭啊；這些屬少年的瑰奇的幻想是多末不相干啊，做鐵匠，擦破手心，比這要強多了，眞的，二十幾歲就可以像叔叔那樣了，——而這樣寫，會成一個駝子的，像祖父那樣。

他發覺一個胖工人在看着他，於是便驚慌地又寫起來，他底臉漲紅了，液水燒灼着他底眼睛。

這時候，父親是在電機旁邊徘徊；叔叔揮着大鐵錘，「媽媽洗菜，奶奶打牌，姐姐洗衣服…」在鎭定下來的時候他對自巳說：「我在寫外工日報表，我們一家人，……還有爺爺埋在地下。」

吳受方不再外面跑了；他畢竟也不能爲紀念祖父而讀書。他要像每一個扣着生活底重荷的大人一樣，每天去上工。

星期日下午，他把頭髮也剃光了，從鎭上跑出來摸摸光頭心里感到酸痛，小黑三在後面用稿下皮擲他，他也不理會。

他朝工廠底方向跑。

一九四〇·冬天

教育家

蕭英

教育家荀日新十二點鐘下課回來，一進門，便叫荀太太趕快拿飯來吃，說是要去出席今天下午二時的臨時會議。正在廚房裏煮飯的荀太太叫他去幫忙燒燒火，但他却沒有聽到似的，剛把「教育原理」放在書桌上，便坐下來，抓起墨便勁地研，顯然煙士批里純又在他的心裏騷動，又有什麼教育論著急於等待他來寫出了。荀太太拿着筷子飯碗走進來，看見他一邊研墨，一邊凝思的神情，不由得狠狠地瞪了他一眼，那意思是說：「一回來就忙着寫，盡是寫些不着實際的東西！柴沒有劈，鹽沒有舂，衣服一大堆沒有洗，再不見你幫點忙。叫你燒把火也懶得！」不知荀日新沒有注意到這些呢，還是根本不理會她，當她第二趟兩手捧着菜碗走進來的時候，他已經把他在路上想好的論文題目寫在稿紙上，正在搖着頭，無聲地吟咏那題目所包含的意味。荀太太覺得又生氣，又好笑，放下菜碗，輕手輕脚地走到他的背後，一把抓過他面前的稿紙來，生怕他來搶奪，趕快跑到門外去。但荀日新却安靜地坐着不動，抬起閃着得意的光輝的眼睛望着正在展開稿紙，移到眼前的她，顯然是希望她對這個題目說幾句好話，至少也不要像平時般的，故意跟他抬槓。荀太太一看見那題目是「抗戰教育的理論與實施」幾個字，禁不住快活地笑起來。

「够了，够了！三句話不離本行。」她把稿紙向他一摔，於是轉身跑進廚房裏去了。

第三趟她又捧着滿滿包穀飯的砂鍋進來了。荀日新連忙伸着餓得的手拿來托着頤，意味深長地望着她，想對她說明這篇論文的要點，試想克服她的頑固的態度。但她却先發制人似的，砂鍋還沒放下，便帶着譏諷的口氣，命令似的說：

「去叫你的『普羅藝術家』回來吃飯吧！」

「曉得他在哪兒？」他心不在意地答着，但却馬上站起來，表示很服從的樣子，顯然是有意求得她的歡心。

「總是在楊端公的家裏嘛！」她回答着，又急忙忙地跑進廚房裏，從門外傳進來她的怨尤的聲音：「終天都跟他的兒子一塊兒，不是打保福，便是招魂，學些下流的舉動。」

荀日新跑到大門跟前，站在週場的土牆上，學着本地人叫人的叫法，大聲地叫道：

「荀家駒囉吼！」

拿着飯瓢走到門前的荀太太，喜得撲哧一聲笑出來，立刻停住了脚，響亮地說：

「你們爺兒倆可好了！一個是端公化的普羅藝術家，一個是農夫化的教育家。有了你們倆，荀家真是增光不少！」

荀日新繼續叫了四五聲，直到最後說出「吃飯」二字的時候，才聽到屋後楊端公的家裏清脆地答應一聲。於是他一步跳下土牆，顯出孩子般的歡欣，直往屋裏跑。跑到院子中間，一不留神，被同院曾三爺早晨挑糞撒下的糞水滑了一交，兩隻手立刻撲在地上。他爬起來，粗野地罵着糞水，罵着挑糞的人，並且牽運到整個農家的不清潔。正在叫苦的時候，忽然又發現他的兩個手心裏盡是鷄屎。他馬上把鼻子掉開，跑進屋裏叫荀太太打水。正在盛飯的荀太太立刻停止了動作，快活地笑起來。

「好臭，好臭！」她故意用拿着飯瓢的手來掩着鼻子，「不是農夫化的教育家，倒成了屎化的教育家了！」

他把手洗乾淨的時候，禁不住也跟着荀太太笑個不止，暫時忘去了他的論文。荀太太也暫時忘去了她對他的惱怒和目前的艱苦的生活。室裏的空氣顯得格外和諧與愉快。

大門外一陣飛跑的脚步聲。他們知道是他們的兒子回來了。笑聲立刻歇住。荀家駒一蹦一跳地跑進了院子，不知不覺地又學着楊端公唱起來：

方桌上喲，一令喲牌，
雄鷄喲，刀頭喲，端出喲來！
董董廣！董董廣！
三魂喲，七魄喲，歸身喲，
歸祖喲，師爺喲，要錢喲文！
董董廣！董董廣！」

一直唱到房門口，他才停止，氣吁吁地走進屋裏，滿頭的大汗，一身的泥土，頭髮上盡沾着稻草，這便是荀日新所叫的「音羅藝術家」。他今年滿十二歲。「九一八」事變的那年，他才一歲零六個月，他的爸爸媽媽交換地抱着他從瀋陽逃進關來。從此辭別了白山黑水，走過了黃河長江。「七七」抗戰後，他的父母帶着他躲到這「大後方」來，在端公道士包圍的環境中，他學會了打保福，學會了念經，學會了各樣粗野的語言。要是一個不知道他過去的人見了他，一定不會相信三四年前，他曾經穿着小西裝，在北海溜過冰，穿着小游泳衣，在青島的沙灘上打過滾，在上海，曾經進過外國小學，跟外國小孩廝混了半年，說着滿口的英國話。起初，荀日新看見他的兒子浸入了下流社會，曾經皺了好久的眉頭。但久而久之，連他自己的嘴巴上也掛上了許多下流社會的粗野話，於是對一切便很自然了。只有荀太太始終都在掛念着她兒子的前途。

現在，她又在爲她的兒子發愁了。她把正在搬凳子的動作停止在半途，伸直腰來望着他，說：

「你看你，一身稀髒，眞個像端公了！」

她馬上又想起了空談教育的荀日新，不由得斜睨了他一眼，一面繼續把凳子搬到飯桌旁，一面諷刺地說：

「你是教育家，請問你的兒子現在受的是抗戰教育嗎？還是平時教育呢？」

荀日新在他妻子的面前，自來沒有生過氣。這並不是因爲他愛她，也不是因爲在流亡的艱辛生活中，一個男人應該體貼一個女人，而實在是因爲他的脾氣好。他有許多時候還是婆婆媽媽氣很重。哪怕荀太太怎樣惱怒他，他總是想方設法使她歡喜。有時故意找些笑話來說，準備調和不和諧的空氣。但是這回他却不然了。荀太太的話實在像一隻毒箭，刺傷了他的心。他自命是教育家，別人也公認他是教育家。一方面他天天在向學生吹噓，一方面天天在著文章發表。但是他的兒子却失了學，整天跟端公道士混在一處。這是他明白的，也是他最痛心的。現在，荀太太的話正射中了這點。這太中傷他的自尊了。他感覺臉上一陣的發燒。

「你別冷嘲熱笑的！」他粗聲粗氣地說，並且也想還她幾句中傷她的話：「要不是我教幾點鐘教育學，寫幾篇教育論文，你們早已餓死了！」但他沒有說出來。於是他只好端起荀太太早已盛好的飯碗，大口地往嘴裏扒，顯得非常粗魯。

這之間，荀太太和荀家駒也都端起飯碗了。但荀家駒却吃得一點不香甜。那參雜着包穀粉的大米飯，在他的嘴裏好像粗糠似的，總是澀的澀，一點嚥不下喉嚨。他只好把那甜絲絲的煮蘿蔔和炒白菜大筷子地挾進嘴裏。後來，荀太太又把碗裏的湯替他倒進飯碗裏，他這才扒完了最後一碗飯。於是使勁把筷子一放，包着滿口的飯，又往外面跑。現在，桌子上只剩荀日新和荀太太了。要是在從前，過着這樣的情境，這一對由戀愛而結合的夫婦，一定要說些有趣的話來當下飯菜。但是現在，桌上的包穀飯，白水煮的蘿蔔，沒放油的炒白菜，以及刻刻在念的一天比一天更艱辛的生活，使得他們兩人間的距離漸漸地分開，一開口，荀太太總是有槓子跟他抬。因此，他努力準備在沉默中吃完這頓不愉快的午餐。

還剩兩口沒吃完的時候，他忽然把筷子放下了。他想起了因同荀太太鬧意氣而遺忘了的今下午臨時會議後的「便餐」了。那是跟他家裏的包穀飯如他所說的「有天淵之別」的。他不放心地又翻開書本裏夾着的通知看一看，果然沒有記錯，後面明明白白地注明了那具有誘惑力的「備有便餐」幾個字。那麼，又何必要留戀這兩口包穀飯呢？他本應該吃個半飽就放下飯碗的。他欣然地噓口氣，但却惱意地微笑了。於是抓起手杖往外走。走到院子中間，他把手腕顯搭地一扭，手杖立刻在空中舞動起來。用怒目追送着他的荀太太一步搶到門口，故意打斷他的興頭似的，大聲地提醒着他說：

「晚飯沒來啦！」

荀日新裝着沒聽到似的，一拐彎便隱藏在竹林後面了，只聽得背後傳來荀太太的生氣的聲音：「看你裝聾作啞！晚飯你倒有好吃的了！」已經走到屋後，他還清清楚楚地聽到她的尖銳的聲音，總是那一套：「柴沒有劈，鹽沒有舂，衣服一大堆沒有洗，再不見你幫點忙。只是會吹，請問空談有什麼用呢？」這些話在他第一次聽到的時候，曾經給了他很大的不愉快，但是現在一點也不能引起他的反應了，好像一顆小石子投到大海裏一樣，掀不起一個微波。很快地，教育的論文又來佔據了他的心。這是他的偉大的事業。除了這事業的失敗外，天下還有什麼能够使他不愉快呢？加以他彷彿已經嗅到的今下午的「便餐」，也是一個助長他的愉快而使荀太太的話收不到一點效果的因子。他走上石板路上的時候，簡直被愉快塞滿了，好像飄吹起的風帆一樣，大揺大擺地走過來，褲脚掀起了卜卜的風們淚。

他走到學校裏的時候，作爲臨時會議室的圖書閱覽室的外面已經稀稀疏疏地站了一層學生。看見他氣勢兇兇地走來，這些稀鬆的傢伙們立刻跑開了。他走進屋裏，會議已經開始，校長正在報告這個臨時會議的意義。原來是因爲已經經訓育處檢查不准登載的壁報的稿子，學生們又把他登出來。

「這完全是一篇反動的文章呀！」訓育主任立刻站起來，氣憤憤地補充着，「通篇五百餘字，幾乎字字諷刺學校，字字諷刺抗戰教育。最可惡的，是已經經訓育處檢查禁止，他們竟敢違背校規，擅自刊登出來。這如果不從嚴處罰，今後關於訓育事情簡直沒有法子幹下去了！」

他說得那麼激昂，並且把撕下來的壁報原文展開讀給各位先生聽。但聽衆却好像沒有多大的興趣。他們那麼踴躍參加這個會議的主要目的，好像完全爲了其他的慾望。史地教員羅四維不斷地抓着盤裏的餅干往嘴裏送。英文教員陳荷英立刻在他的耳邊說了幾句英文，意思是叫他留着肚皮，以便回頭對付那豐富的「便餐」。他會意地笑着點一點頭，立刻退還手裏剛才抓起來的餅干，去換了兩隻香煙中最墜脚的，銷路却最廣的司令牌香煙過來，遞一隻給陳荷英，放一隻在自己的嘴邊。對面國文教員周維新會意似的也抓了兩隻過來，但却並不分一隻給誰，他把兩隻連成一隻，放進嘴裏過「大癮」。他左旁的生物教員「阿米巴」伍先生把嘴巴貼着他的耳朵，笑着說：「當心吸壞了呀！回頭別害了我腰破肚子！」但周維新不但不理睬，並且索性又是伸手往盤裏抓了七八隻過來，往衣包裏一塞。這又夠他明天一天的「食糧」，至少可以省下塊把錢了。緣開桌子坐着的荀日新也眼紅起來，馬上移過來挨近桌沿坐下，摹倣周維新的手法，衣包裏也憑空有了七隻香煙，並且順手抓了一大把餅干過來，很巧妙地往嘴裏一塞，但實際上並沒有放進嘴裏，而完全裝進了他的另一個衣包裏了。他這巧妙的變戲法，除了他斜對門的理化教員王一統外，瞞住了所有的眼睛。王一統向他狡猾地貶一貶眼睛，也伸手抓了一把過來，準備摹倣他的變戲法，但却被衆人看見了。於是在忍住聲音的微笑中，大家都伸手搶香煙，搶的搶餅干，六個大盤子立刻精光了。這時候，大家才把注意移到訓育主任的話上：

「所以兄弟的意思，作者和編者都應該一律開除學籍，至少也要勒令退學。看各位先生的意見如何？」

三分鐘過去了，無論贊成或反對都沒有人表示意見。訓育主任把眼睛移來望着荀日新，因着希望的光輝問道：

「荀先生覺得怎樣？」

他心想荀日新是教育專家，言論澈底，著作豐富，他的一句話便可以使他對他的處置放心了。他沒有想到這位教育家對於這些問題却沒有一點興趣。他正在那裏等得不耐煩，急於想開完了會，吃了「便餐」，好回去寫他的教育論文。因此，他隨便地答道：

「就這樣辦好了」

於是這個臨時會議便這樣結束了。接着，就是教務處臨時擺的三張圓餐桌上熱鬧了。

「便餐」並不怎樣豐富，並且也沒有預備酒，但對於久吃包穀飯的口腹是具有絕大的刺激力的。荀日新這時的興趣來了。他本着自己的希望，開玩笑地叫一聲：「菜端來了！」人們馬上奔跑過去把餐桌團團地圍着。於是開別人玩笑的人現在成爲衆人開玩笑的中心了。首先，周維新指出荀日新是怕太太的脚色。羅四維馬上給以事實的證明，説是他所有教育論著的稿費全被荀太太沒收而不敢噴一聲。「阿米巴」伍先生立刻叫他是「軟耳朵的教育家」。這又引起了一陣的哄笑。他自己也笑了。在會議席上看見他對餅干玩變戲法的王一統也湊一湊趣，給他取個「餅干教育家」的綽號。衆人不明其妙，要求他解釋。不料他想解釋的話剛剛湧上喉頭，菜便端來了。於是熱騰騰香噴噴的樟茶炒肉絲佔了上風。人們運用全付精神去對付那一盤又一盤的盛的得滿滿的盤子，於是「餅干教育家」便被遺忘了。而荀日新也忘了他們了。

飯後，衆人又想起「餅干教育家」了。但一心在教育論文的荀日新，喝了一杯飯後的茶，便溜跑回來了。一陣油膩的哄笑追趕着他一直到了大門外。不消說，裏面的哄笑還是繼續着，不過哄笑的對象却換成王一統的，因爲曾經摹倣荀日新玩變戲法的他，解釋了「餅干教育家」這綽號的來歷以後，而本人已不在場，這綽號自然順理成章地落到他的頭上了。這種飯後的餘興要到什麼時候才終止呢，那只有看肚子裏的東西什麼時候才消化完畢再說了。

只有荀日新飯後的餘興的時候很短促。他到家的時候，嘴角上還是油膩膩的，不消說，肚子裏的東西絕對不會就消化完。那時候，荀太太剛點燃了桐油燈，正在努力說服不吃沒有參和大米的純包穀飯的荀家駒。他一進門，便向她要茶喝，那一半是因爲他實在渴得很，一半是因爲想借此跟她搭搭蹬，回答她那一句他覺得已經是好久以前似的他倆於回答的話：「晚飯沒米啦！」並且表示一點歉意。他覺得很對不起她們娘兒倆，因爲他吃得飽飽的，而她和家駒卻吃的是純包穀飯。

不料荀太太把頭偏向一旁，愛理不理的。她想到了剛才的一頓純包穀飯，不由得狠狠地瞪了他一眼。

「你大概肉吃多了吧？」她諷刺地說，冷笑一下，好像毛虫從臉上爬過。

他對於她的回答一點也不驚怪。這是他早已料到的。因此，他好像沒有聽到似的，撅撅嘴唇，拍一拍自已感覺有些發脹的肚子。

「還好，」他安靜地回答着，伸手抓起裝着涼開水的茶壺，咕咕地灌了一陣。

他這種出乎她意料以外的滿不在乎的樣子，使荀太太覺得她對他的諷刺沒有收到效果，於是有些惱怒了。她立刻把話頭轉到米上來。她想這是可以難住他的。

「叫你買的米呢？」她盯住他的臉問。「你倒吃飽了！」她又氣憤憤地加一句。她想這是可以中傷他的。

荀日新心里感覺有些不愉快了。

「難道你們就沒有吃晚飯？」他不相信地問着，退到矮椅子上坐着，望着方桌上桐油燈的跳動的煙子。

「光是包穀，你來吃嘛！並且明天連包穀也沒有了！」她怒氣沖沖地說，也望着桐油燈的煙子。

「明天再說好了！有錢還愁沒有米！」

最末一句話，她已經聽了不止一次，但以前只是冷笑一下便完，而這回卻惹起她很生氣了。好像這是他的一個丟人的弱點，她好容易捉到這弱點，絕對不能放鬆的。於是家事的紊亂，兒子的失學，經濟的不够開銷，以及她整天的煩惱怨恨，一下子暴發出來。她想立刻說幾句很辛辣的話來傷害她的丈夫，傷害得他永遠回不得口。她竭力沉住氣，連珠礮似的說道：

「你這不担財的架子！請問你的錢在哪裏呢？終天吃包穀，終天鬧窮，一兩個月不見一點葷。衣服破了縫不起，鞋子爛了買不起，走出門就跟叫化子一樣。還虧你說出口：有錢！」

她這一席話，荀日新認爲是她的頑固的見解。他老早就想克服的。今天十二點鐘下課回來，曾經準備試一試，但可惜機會錯過了。現在，他認爲是絕對不能放鬆了。因此，他不但不生氣，反轉笑了。他從矮椅子上站起來，咳嗽一聲，潚滌了喉嚨。

「可是你能怪我嗎？」他偏着頭，帶着質問的口氣說。「這是敵人給我們的苦頭吃呀！我總算想盡方法了。教書卒了一百二十塊。三張難民證弄的二十二塊半。終天努力寫文章，你還說我空談教育——不，談又有什麼法子呢？——每月我也進了不少的稿費。總而言之，每月我也差不多要弄兩百塊給你。你能怪我不是嗎？你得認淸敵人才是呀！你應該認淸你的錯誤的觀念，堅强你的薄弱的意志，趕走敵人，打回老家，咱們才有好日子過呀！目前這點點苦算得什麼呢？」

「你不用跟我說教了！」荀太太把頭一偏，使氣似的退到床邊上坐下，兩手抱着膝頭。

荀日新踱到她的面前走着。

忽然想起什麼似的，她一下把臉掉過來，連聲質問道：

「你容許我的一件駝絨袍子，你現在就把我，就把我！」

她伸手向着他。

荀日新哈哈大笑幾聲。

「這還不容易嗎？我這篇文章寫好，至少可得七八十元的稿費，我定給你縫！」

「够了，够了！稿費！」荀太太鄙夷地鼻子裏哼兩聲。「况且七八十元够什麼！五塊錢一尺的駝絨，八塊錢一尺的緞子，你算算要多少錢！」

「我既然答應給你縫，我自然有辦法！」他溫和地說。接着又用堅決的口氣安慰她：「並且從明天起，我帮你劈柴，幫你溶鹽，幫你洗衣，帮你燒飯。只要我一得閒，什麼我都帮助你。並且家駒我也打算送他進學校；聽說那邊要設立一個短期小學。」

荀日新的溫柔的語言，和平的態度，緩和了荀太太的憤怒。她已經不像先前那樣的怒氣沖沖了，她撒嬌地把嘴巴一撅，眼睛掉望一旁，但立刻又過來，嘲笑道：

「今下午你大概肉吃多了，迷了。」

荀日新安靜地笑着。忽然想起了衣包中的東西，馬上搜出來放在方桌上，叫那些在屋角裏的荀家駒吃，然後又叫荀太太吃。

「好！」她笑着說，斜睨了他一眼，「四塊錢一斤的餅干，你倒不嫌貴！」

荀日新笑着說明這餅干的來歷。

愛聽不聽的荀太太，逐漸被他的敍述引起了興趣，面上的冷酷慢慢退去，換來了微笑，當他說完的時候，終於快活地大笑了。

「好個三隻手的教育家，你眞給我丟死人！」

他也快活地笑了。於是又搜出另一個衣包裏的七隻香煙，塞一隻進嘴巴，伸到燈上點燃。然後大搖大擺地走到靠桌前坐下，開始寫他的「抗戰教育的理論與實施」。而在屋角裏，荀太太和荀家駒也檢起了方桌上的餅干，開始細細地咀嚼起來，好像半夜裏耗子嚼東西一樣。

一九四一年，二月。金子壩

岳王鎮沒有好風景

黃既

……在反抗外來的暴力之外，倒是「不由的」揭出自家的黑暗和污穢來。那目的，想把這些黑暗和污穢無情地推入這戰爭的烽火中，與大衆鮮紅的血肉同受洗禮。本意是完全站在建設的一面，並沒有想到半點的破壞的。

——曹白

（一）

這故事發生在武漢失守以前。岳王鎮是襄河流域的一個小地方。

雖說，岳王鎮沒有好風景，但是自從春末下了幾場好雨，野草綠了，河身寬了，河水白天拖着太陽，晚間托着月色，在滷湧的奔流裏，浮漾着多少隻漁船；岸頭，小楊樹集成叢蔭，樹葉在拍手，在閃光；還有黃金的晚霞，一抹的雲彩，水流沖擊着堤岸的石級，不管晝夜，老是發着滴滴一樣的聲響……一句話，岳王鎮也並不是荒涼一片，毫無景色。

年前這裏發過一場水，田莊淹了。春秋閣的牆垣，至今還遺留着被水浸蝕過的痕跡。年節和尚們都搬到三層樓上去住，可是直到轉年還沒有搬下來，因爲下面兩層房，臨時改做傷兵醫院了。關帝廟荒蕪，池水臭了；圍棋的石桌翻倒在地下；茅亭上面晒滿了染有血迹的衣裳；傷兵們拆掉了竹籬巴，出入[illegible]泥塑的神像却換了新裝，因爲有一個傷兵叫做楊宏亭，旁的什麼嗜好都沒有，只喜歡買來各種的顏料，每天下午光線好的時候，爬上神龕去，給關帝爺洗刷戰袍，他完全不是胡鬧，確實鄭重其事地描繪了很好的圖案呢。每次老和尚進來，把一碟碟的炒花生賣給不能起床的弟兄的時候，一看到神像，便連聲叫着『恩德』。

起先老百姓都很驚慌，以爲敗下來的隊伍，是萬萬惹不得的，但後來，漸漸發覺這些新來的外省人，雖然自已中間，偶而起些風波，但並不存心騷擾居民。

於是，街上熱鬧起來了。起先，不過是在春秋閣門前，擺幾個小攤，賣些零食，後來索興搭起棚來，安鍋設灶，煎魚炒肉，弄得臘油滿街了。廣貨店買賣也好，斜紋布非常暢銷，而在陳列出各種的新貨：如像袖扣，口琴，三星牌牙膏，以及鑲有胡蝶小照的鏡子之類。酒店，洗澡堂子，生意更特別興隆。

院長韓四爺近來多病，說是有肺結核，注射了幾盒鹽化鈣，不見怎麼好，而且武漢吃緊了，醫院似乎有移動的可能，麻煩的事就要來到，他便趁這個機會，請了短假，到九龍去休養。沒有問題，院長一職暫且是由醫務主任徐文治來代理了。徐文治是韓四爺的表弟，韓四爺的一套，他都懂得，所以很願意一試身手。走之前，韓四爺就發了這樣的問題：『你代理我對外，誰代理你對內呢？』

徐文治說，『吳子通，可以試試看。』

韓四爺說，『那你就不要忘記送一部公文程式給他嘍，在醫務室裏，時常替他吹噓一下！』

所以，第二天徐文治接任了代理院長時，吳子通沒有立刻升上一個階級——依然是兩條直道，一個花花——僅僅從徐文治手裏接過一部公文程式。

但這已經是能够使他感到好運氣就要來了。他想：『當很多人都因爲戰爭丟了職業餓着肚子的時候，我獨能不斷地有出路，出人頭地，光榮！』他是醫學專門學校的畢業生，僅僅做過半年的醫生，似乎還沒有完全脫掉學生習氣，但也很想走一走官場。

他有滿臉的絡腮鬍子，那是一副別人奪不去也學不來的軍官天然作風。他的樣子很魁偉，卻是有點駝背，那是因爲近視眼而不喜歡戴眼鏡的原故。他和一般『職業化』了的男子有這麼一點相像：對於自已的妻毫沒有興趣，但對另外的女人也絕不存什麼心思。他並不像許多漂亮軍官一樣，喜歡誇獎自已對於國家的責任，他祇是在小心着：走一走官場，在任何惡劣的環境之下，不會輕易將過去的生活放棄。

當天她完全滿意地回了家，但卻有一點不安：一進門，他看見矮小的妻正坐在屋裏滴淚。他心裏想：『又是什麼值不得的事了！你看，她多麼醜啊！』滿懷的高興便一下子消散了。

她是一個瘦削乾淨的女人，喜歡收拾房間——除此之外，她一無興趣——卻不喜歡收拾自已。然而自從懷了孩子之後，特別注意起國家大事來了。每天總是問：『怎麼樣，還能够支持幾個月？』譬如吳子通要是說，『馬當已經失守了。』她就問：『馬當離這裏還有多遠呢？』於是她從頭計算着，孩子什麼時候會下生，而竭力使自已相信；中國的軍隊不會敗退得那麼快。

她已經爲孩子做好了西式綢衫，還預備縫一頂粉紅色的帽子；可是鄰居的白太太——她和白先生都在醫院裏做護士——把壞消息來帶了，說是「他」從漢口回來講，漢口人大部分已經逃光，恐怕沒有幾天就要打到了。這瘦削的女人因此淌了眼淚。

『你也不想個辦法，漢口人都逃光了，還果水又直長，到臨頭，我懷個大肚子，可怎麼走！』

『醫院總有他的辦法啦！』吳子通說。他把公文程式放入案頭別的書一起，放的聲音非常沉重。他的鬍蓬蓬的下巴顯得延長起來，耳朵發紅。帽子隨即從他的手裏滑落在牀上了。

『白太太胡說八道，你就這樣信她！』隔了一會，他看她還哭，便又氣恨恨地說。

『馬當呢，是不是你說的，失守了？——爲什麼要退呢？爲什麼要退呢？』她說得非常急驟，好像在討論會席上一樣。

『自然不能犧牲過大啦。』

『瞧吧，將來漢口也是一樣。』

過了一會，她忽然自已笑了，笑吳子通的一句『犧牲過大』。她想：『眞是多麼有趣啊，上海、南京，都是因爲怕犧牲過大扔掉了。』經過了這幾句相互的辯論，她好像已經忘卻了肚子裏面的寶物，從牀上拾起剪刀來剪指甲，一面就注意到了吳子通的兩頰和下巴：『瞧你的鬍子吧，多少天也不知道理一理！窮忙！』

而他，經過了這幾句相互的辯論，完全打消了要向妻說一說好運氣的念頭。所以，如果不是後來從白太太嘴裏聽到，這小女人始終不知道她的丈夫已經代理了醫務主任。——吳子通便是這樣一個不荷言笑的丈夫。

（一一）

徐文治對外，不久便到漢口去活動了。吳子通對內，留在醫院。

徐文治走後，天老在下雨。吳子通從此好像把枯小的妻丟在背後了。早晨很早地挺着胸出去，晚上很晚地弓着身子回來。有時候還要到本地的公安局長老宦那裏去談一談——他因爲害淋病打針，和吳子通相識，更因爲花錢暢快，和吳子通做了朋友——談東談西，談得完全倦了才回家，到家就想：『趕緊睡覺吧，明天最好是早一點去，給下面的人做榜樣。』他怎樣建立威信呢？許久不用的簽到簿被他恢復了，辦公規則在辦公室牆壁貼起來了，除此之外，他更用竹板子打了幾個看護兵，罵過傷兵闞朝海一個嘴巴。

但是一個做頭目的人必須在腦袋上多出一點什麼東西呢？這個問題恐怕很難答得出。吳子通在腦袋上缺少一點什麼呢？也很難答得出。論年齡，他已經很够老壯；論像貌，是一個絡腮鬍子；論聲調，十足的男人氣派；論行爲，即或是在喝醉了酒的時候，也從不說一句關係女人的話：應該可以做一個頭目，使人震服的了。但不。他好像是屬於那一種『沒辦法』或是『拿不起來事』的人，一道命令，往往等於一張廢紙。幾天之後，他得了這樣的經驗：第一，軍醫官，書記官，副官，都很難對付，軟不成，硬了也不成。第二，對待下面，要用威嚴，罵，甚至可以打。第三，傷兵們動不動要聯合起來鬧事，一個傷兵惹得，一羣傷兵惹不得。就是這幾個教條，使他東走也不是西走也不是了。

徐文治走後不久，冒着雨，來了發犒賞的犒賞委員。

當吳子通陪着犒賞委員走出碼頭的時候，全春秋閣已經傳遍了這個好消息。各病房裏因此吵了架——每個賭搏的贏主都向輸主伸出手，要求犒賞費發下之後，馬上還錢。一邊吵架，另一邊就喝五吆六起來——賸下幾個錢在腰裏的弟兄，都不惜一舉喝光了。廟園裏好像着了魔，好了傷的弟兄們用在角巾做旗子，舉着高喊打倒日本帝國主義，在泥地裏滾着打滾，楊宏亭討厭這種行為，便燃起一支臘燭，爬進神龕去，把濃厚的紅顏色塗了關帝爺滿臉。

犒賞委員們休息的時候，吳子通走進書記室。

「冊子呢？」

姚書記官把水煙袋用力吸了一口，指着生在頰痣上的一根長毛，慢吞吞地回覆道，「這兒呢。」他拿出冊子來，放在吳子通面前，指點着人數，一面吹着冊子上的灰塵。

「什麼時候造的？」

「最近麼。」

吳子通清查了一下人數：「怎麼一千零六名呢？」

姚書記拿近去看了看，自己問自己：「怎麼一千零六名呢？」隔了半分點，又自己問：「怎麼一千零六名呢？」痣上的長毛被他揪得很緊了。

吳子通用兩隻眼睛問着他。

「不錯，還是以前的。還還是韓四爺——」

「那麼新的冊子呢？」

「這是不是新的冊子呢？」姚書記官順手抽出了另外一本冊子，同時自己這樣問。馬上自己又回答「是的」。

吳子通又清查了一下人數。

「你自己看一下！」這一次是粗氣地說了。

「嗯。少一百多名。」

「那一區的？」

「每一區都少。這冊子是造壞了的。可是徐院長也沒有分咐叫重造。」

吳子通看了看書記官的臉色，忽然發作起來道：「趕緊補造！」隨即走出去。

兩個鐘頭之後，他又走進書記室。

「重造了沒有，姚書記官？」

「不好辦。總冊子上沒有添上，分冊子上又沒有入院號。」

「重新呈報，是不是得叫他們重新呈報？」

「可是那怎麼來得及呢？」

「來不及也得造！犒賞委員來了，你還叫他們自己回去？」

那書記官長長地吸了一口水煙，沒有回答。

「要馬上造啊！」

書記官被水煙嗆了一口，聽不清是說了一個什麼什麼字？」

「什麼？」吳子通只有堅持下去。

「無論如何來不及。主任，你想想怎麼來得及呢？連呈報帶抄寫，通宵趕也來不及啊。是不是？」

吳子通把圓睜的兩隻眼低垂下去。

「主任你想是不是？」書記官繼續着說，「而且關於這回事，徐院長臨走的時候，一個字也沒有提——半個字也沒有提。」

吳子通祇好紅漲着臉走出來，卻不回自己的辦公室，一徑走進醫官們的宿舍。首先他會到魏醫官。

「犒賞委員來了，可是姚書記官真渾蛋！冊子造好了，缺一百多名。你看渾蛋不渾蛋？」說到最後一個字時，他把手指擫在桌上，聲音清脆得叫人發抖。

破耳朵魏醫官是在軍界混了多年的，早已懂得了什麼叫做「沒辦法」。於是他眨着眼睛說，「沒辦法！都是一羣老爺，催不動！」他開始敘述自己也曾遇到過類乎同樣的事體；可是吳子通沒有耐性再聽這些，又去找到了崔醫官。

崔醫官立刻跳起來道：「缺一百多名？命令他們連夜地造，怎麼也會造齊的！他們不造，拿來我老崔造！」

吳子通笑了，笑得那麼開朗，彷彿一部齊全的冊子已經到了手一樣。然而崔醫官馬上又添了一個補充：「可惜我不是幹這一行的，管不着！——告訴你，吳主任，徐院長的人，咱們犯不着！現在不是上級下級的問題，是人的問題。」

吳子通的鼻子紅了。他無精打彩地走進對面的房間去。胡醫官和張醫官正在那里談論世界上到底有沒有鬼的問題，吳子通打斷他們的談話。

「我要懲罰這個書記官！」

「怎麼回事？」胡醫官問。

『太不是東西！造冊子，缺一百多名，不承認錯，推說徐院長沒有吩咐！』

『鬼！』胡醫官露着牙齒說。

『你們看，該不該懲罰？』

張醫官是吳子通的老朋友，他說，『我早就說，我們這里從根上壞了。你吳主任不要插腿。這羣人他們不齊事，害人！不是老韓和老徐的鞭子打不動！這里邊的內幕——我敢說——你還沒有我知道得清楚。你祇靠着個什麼條例，打幾個看護兵，就想坐天下……』

『我不是想坐天下啊，老兄！』吳子通的喉嚨被阻塞住。

『你知道老韓喫了多少空額？』

『不要提那個吧！』吳子通戴正了帽子，預備往外走。

『吳主任，』胡醫官叫，『你就拿這個冊子發，又有什麼關係呢？發多少人算多少人，沒有名字的將來補發。』

吳子通想了一會，連連搖頭。『來不得，來不得！一百多名，不是鬧着玩的事。徐院長走了，我就該負責任，鬧出事來——來不得！』

結果，吳子通是毫無所得地回到辦公室，紅着臉對犒賞委員講：『對不起得很，最近轉來一批傷兵，冊子沒有造好，發起來呢，恐怕很亂，我看還是請幾位再勞步一次吧！』

當天晚上，吳子通很破費了一些工夫，請犒賞委員們大吃了一頓。

這樣，第二天很早，當吳子通陪送着來客走上黑鴨頭的泥路時，一樣帶有仇意的疑惑很快地便在傷兵們中間傳開了。

（三）

眞是作官也靠天才呢。有的人，官到手，不知從那里作起。吳子通便是這樣的傀儡們中間的一個。——你爲什麼給『老韓的人』和『老徐的人』做頭腦呢？爲了抗戰？還是爲了升官發財？還是什麼都不爲呢？你知道老韓和老徐的關係嗎？你爲什麼要幫着老徐的人攻擊過老韓的人呢？結果誰是你的人呢，誰也不是！你知道什麼？你什麼都不知道！可是你要作官！

眞是作官也靠運氣呢。接着第二件麻煩事來了。

水利工程總局給分局打來一個電報，說是明天午後一時，襄河中段的水要漲到最高位，比去年的水位還要超過。幾乎同時，吳子通也收到徐文治打來的一張電報，電文是：『……吳，急轉重傷病官兵至堤，存款留二千。徐隨漢。』

吳子通捧着電文在屋裏轉了幾個轉，心裏想：『怎麼辦呢？還該動員余副官了。不錯，該的。可是那豈不是糟糕？他會聽我的？不會吧？上個月我還拿同事的資格和他吵過嘴，今天我就要拿出長官的樣子來命令他嗎？命令他嗎？』

他想到辦公室去，馬上又退回來。『口頭命令嗎？』他問自已。『還是寫一道命令呢？』又問自已。『寫一道命令吧。』自已回答。他順便抽出一張便條，寫了一道命令：

『頃奉院長電諭着即急轉本院所有重傷重病官兵至堤勿誤等因奉此除通令各主任醫官看護長室一體遵知急速點查分別輕重傷病官兵呈報外着即急速辦理房屋以便搬移勿誤此諭

副官室查照

吳子通』

蓋了私章，他便派傳達兵送到副官室去。

余副官是韓院長的親信，過去曾因爲辦理伙食，挨過傷兵的打，又素未和『老徐的人』中間有些意見，韓院長去後，他早就想帶着老婆孩子另去找別的官作了。吳子通雖不完全是『老徐的人』，可是帶過『老徐的人』跟余副官吵過嘴，所以余副官始終覺得吳子通登台做醫務主任是太不自量，大概還沒有嘗過跌下台來的味道。

天氣很熱，余副官脫光了膀子坐在籐椅裏納涼。他一看到這樣不聽的手諭，馬上小心披上了軍服，跑到院長室去。

『報告主任！』

『請』。吳子通謙和地從椅子上欠了欠屁股。

『堤上的房子怎麼樣找法呢？』

『民房，旅店，都可以啦。』

『旅店？』

『是的啊。』

『這個我辦不到，請主任和商會會長商議一下吧！』

吳子通看出了余副官來勢有些不善，而且商會會長他是知道的，如果和他商量，不出一小時，各旅店就該全是『住客已滿』了。

『你的意思呢？』

『我沒有意思，當然是聽命令嘍。』

「方才送去的那還不走命令？」

「報告主任，這個命令我沒法子實行。强佔房子，這個我辦不到。」

「好的。我再想一想。」

佘副官規規矩矩地敬了一個禮走出去。吳子通到辦公室，希望聽一聽別人的意見，可是誰也沒有意見，全辦公室好像死了一樣。恰巧張醫官輕輕地走了來。

「老張，麻煩的事來了。」他那麼親密地攜了老張的手，給他電報看，並且厲言厲色地說。「佘副官太不是人，假公濟私。我要和他變臉了！今天一定要變臉了？」

「我早就說，對他們客氣不得。客氣慣了，支配不動了。現在變下臉來還不遲。」

吳子通點起一支煙。

「不過，小心着！他早有心不幹的。而且——我又不知道徐院長是怎麼個意見。弄擰不衩。弄得不好，反而一團糟？」

「現在呢，不已經是一團糟了？」

吳子通喝了口一煙，無意中噴成一個圈，圈裏面好像有一個人頭，圈愈大愈遠，人頭愈來愈近了，那是一個非常討厭的臉相。他走進前一步，煙圈完全散亂了。

「報告！」原來那是一個傳達兵。

「什麼？」

「外面有一羣傷兵，要見主任。」

「唔？」吳子通的聲音把玻璃杯子震得嗡嗡地響了。在他的腦海裏打了這樣一個旋：——不能見，爲了發犒賞的事。一定的！」

「還有電報」。傳達兵緊跟着遞過來一個黃色的信封。

電報被吳子通猛地奪過來。「爲什麼先不遞過電報來呢？」

他們絡腮鬍子刮着電報紙，一噢一噢地讀過之後，用力把牠拍在張醫官面前了：「你看！」張醫官第一次聽到他用這樣的聲調說話。如果在長滿絡腮鬍子的臉上掛了幾滴淚珠，那就未免過於難堪了。他沒有。他僅僅用右手的兩個指頭像扶正了眼鏡似地把兩眼的外眼角接觸了一下。

電報的內容是這樣：「酌派醫官領全體傷病官兵來漢候命。」

碰過釘子之後，吳子通完全軟弱下去了。他感到擺在面前的難問題還很多，進不得也退不得。「主任」，「院長」，這些好名詞一時都成爲百般無味的了。

「你看，難問題全來了！又是這樣的電報！」

「找管理員來解決傷兵，找監理員來解決去漢口問題。」張醫官建議。

（四）

傳達兵在一個酒館裏把管理員找到。無論聽到怎樣出人意料之外的報告，管理員總是笑絲絲地摸着光頭：除非你贏了他的錢，或是不饒他的酒，他才對你扳起面孔。當他走近辦公處門外時，那裏已經聚集了足有一百多人。他就近拾了一根粗短的木棍拿在手裏，「嘟——」地吹嚮了哨子，走進人羣的中央去，然後舉起了木棍。

「不要鬧！」他慢吞吞地喊：「你們鬧什麼呢？有什麼可鬧的呢鬧？來鬧去怎麼樣呢？錢又不在姓吳的手裏。錢，還在犒賞委員手裏呀。如果是姓吳的喫了這一筆錢還有可說……」

「叫姓吳的出來說話！」人羣喊。

閻朝海拿了一枝竹篙，站在最前面，重複了一句：「叫姓吳的王八蛋出來說話！」

「不要滿嘴亂七八糟麼！」管理員瞪了他一眼。「大家不要鬧！鬧了沒有用！姓吳的出來，還是說，大家不要鬧，鬧了沒有用……」

管理員沒有喝足酒，所以喊了幾聲，便覺氣力不够了，他不得不咳嗽着把舉着棍子的手垂下去。

事情不得解決。然而適巧雨又下起來了。監理員的出現，正是雨下得最緊的時候，雨聲助長了他說話的力量。

「諸位，你們看，又下起雨來了。危險雨！危險得很！這不是假話，我們才接到武昌來的電報，這裏的水說不定今大夜里要淹過來的。大家最好趕快回去準備一下。至於犒賞的事呢，這個問題呢，我担保！我替你們說話！一切都朝着我！監理員是監理院方的，這裏遠遠沒有客氣。院方有弊病，等不到你們出頭，監理員有眼睛，看得到！如果姓吳的手裏有錢，看着你們站在雨裏，不發給你們，那是該掉腦袋的。這也不是假話，有委員長的命令在。」

「爲什麼犒賞委員來了，又送走了，不發？」

監理員那麼快活地笑了。

「你們眞是過於多慮了。院方造的冊子，不合上面規定的手續。這裏面的事，老實說，你們還不懂得，這不是馬馬虎虎過得去的。上面看到了，說是不合規定，那就再沒有爭辯的餘地！』

『那，爲什麼不重造？』

監理員簡直放開喉嚨笑了，以至於說話起了斷續。

『限你們兩小時，你們誰能造？全院一千多人！』

監理員繼續地笑，這笑非常有魄力，好像在這笑裏面藏着無窮的機智。

雨很大。

『監理員，你担保嗎？』一個尖銳的聲調問。

『我担保。』

監理員今年三十六歲。辦事以來，從來沒有在人面前低過頭，栽過跟頭。他懂得作官的奧妙。

（五）

事情解決了之後，監理員回到辦公室，吳子通正倒在椅子裏發獃。

『老吳，你辛苦了！』他拍着吳子通的肩膀說：『你沒有在軍界混過吧？這算不了什麼！常在軍界混的人天天碰到的就是這些事！走！到我那里喫晚飯去！』

當天晚上，醫院裏上尉以上的官佐都在監理員的辦公室裏聚會了。酒飯過後，監理員做主席，開了一個會議。吳子通聲言頭痛，把全部的指揮權讓給了監理員。會議進行得很好，姚書記官余副官都按照軍隊的紀律，每有建議，必先站起來，立正，『報告！』然後說話。吳子通是不是在打瞌睡呢？他沒有參與一句話。

決議的是這樣：第一批重傷重病六十人，乘洋船，崔醫官帶領，第二批輕傷二百名，乘民船，張醫官帶領，第三批輕傷三百名，乘洋船，吳子通和魏醫官帶領，第四批輕傷二百名，乘民船，胡醫官帶領，洋船按半價買票，民船五塊錢一隻。決議案交吳子通全權執行。監理員暫且留守。

會議過後，監理員站在主人的地位，扯了不少的閒談。他說，『書獃子絕對領導不起軍隊，軍隊如果不用威權，那就會成一幫土匪！爲什麼一個師長出來進去要那麼大的做派呢？爲什麼要穿嶄新的呢制服呢？爲什麼要穿大馬靴呢？爲什麼要跟隨着那麼多的馬弁呢？沒有這個，管轄不住一師的人！無論爲新舊社會，大小團體，總要抓在一個有威信有能力的人手裏，才能辦事。一味的厚道是不成的。』說到這一次的戰爭，他解釋：『譬如兩家打官司，爭得都傾家敗產了，還要爭，爲什麼呢？爭的是一口氣！中日戰爭，也就是這個道理。』大家聽得完全滿足了，他又重新回到了實際問題：『唔，軍醫官要穩着啦，明天每個醫官都可以支幾個錢用！聽見了沒有？手底下恐慌，絕做不好工作？』

客人們走出來的時候，都找到了自已的泥屐和雨傘，然後是一片嘩啦嘩啦，嘁吱嘁吱的聲響。天上忽然起了一個雷。監理員不自禁地說，『留神今天夜裏吧，我看要逃不過的。』

『不會吧！』吳子通心里想，

（六）

熱天，吳子通喜歡仰着臉睡覺，一隻胳臂搭在前額上，另一隻平伸出去，兩隻腳露在夾被外面，畫了一個八字。

『看你睡得像豬一樣！醒一醒！人家全不睡啦！』他的妻推搡他說。她已經把油燈點着了。但他不醒。

『快着呀！快着呀！外面已經亂了！』

但他還不醒。

『報告！』——咚！咚！——有幾條晃動的燈光從門縫射進來，彷彿門外面站着一個專攜帶災禍來的鬼怪。

『是嘍！是嘍！』吳子通猛地坐起來。當他的妻還看着他在穿衣服的時候，很快的，他已經穿上了鞋。

他一句話沒說。像一個閃電似地，屋裏祇剩下她一個了。

『你看，說起不起，起來就走。』她自語着。

不久，她掀開門，在黑暗中看到街上已經擠滿了人羣。是不是她的神經過敏呢？她聽到了嘩嘩的水聲。——『全完了！全完了！』門外一片嘈雜聲裏，似乎老在反復着這一句話。她忽然看到了幾個傷兵的影子，便緊縮回身子，關上門，上了栓，糢糢糊糊地：『全完了！唉呀，全完了！』

『這不是說話，』她想，『這就是水的聲音，這就是！』

當她又聽到咚咚打門的時候，她完全嚇傻了。『傷兵如果知道吳主任在這裏，一定故意來搗亂的！』她這麼尋思着，輕聲問了一聲：『誰』？

『開門哪！快！還睡着嗎？』

打開門，白太太張着兩隻手進來了，好像預備要鼓掌一樣：『完了，完了，全淹了！』

『傷兵呢？』

白太太忽然笑彎了身子，撲到床上去。

『別把我笑死吧！水一來的時候，把我們大家夥急壞了，這麼多的重傷，一時怎麼抬得過來呀！嘛，那知道，他們真能，傷口也不疼了，走道也方便了，架着拐，跑得比誰都快，跑上了堤。笑死人呢！——來：到我屋裏去坐吧，我那裏來了好多的難民呢，女看護們全來了。你看，我叫你住在堤上好不好？』

白太太牽着吳太太的手，向黑暗裏走去。

（七）

天亮以後，天晴了。那麼好的太陽照在那麼平靜的水面上。有人哭喪着臉走上了堤，也有人嘻笑着臉走下了船。岳王鎮，除了拖延在水面的一道堤之外，什麼全完了。水上漂浮着樹梢，漂浮着屋頂。留在屋裏的人們把床板架高，從窗口探出身子，望着遠處的船隻呼喚，船在街心裏走過，碰撞着店舖的遮蓬和招牌。有幾個女人，站在水裏，等候了一早晨，也沒有被好心的人接上船去；水裏的鐵絲網掛破了她們的褲子，她們的纏足已經被水浸漲了；她們抽着手，打寒戰，哭喊着，水向她們附合。

走在堤上的人們，懷裏抱着包袱和鍋子，抽屜和瓶子，棉花套子和亂草，赤足打着石路，拍拍地響。護士們托了盤子，跟在醫官們背後，來回地奔走，尋找分散了的傷兵住處。忽然一個少尉醫官在洋船碼頭上被傷兵打了，因為幾個弟兄在街上走了一早晨，沒有找到一個換藥的人。（後來這個醫官向上面誇大其詞，因而昇了中尉）。碼頭下面停了一隻洋船，散在各處的民船都貼了後方醫院的紅條子準備出發了。看護兵們押送着從水裏逃上來的百姓，抬擔架到船上去。

街上傳着一個『好消息』：全部傷兵今天完全走掉。

忽然又傳着一個『壞消息』，傷兵不打算走，要求在岳王鎮發犒賞。

楊宏亭和閻朝海在街上打起來了。他們是極端派的兩個。閻朝海在岳王鎮欠了債，走不脫，極力主張發犒賞；楊宏亭早已厭煩這種辦不到的主張，所以兩個打起來了。不久，許多人都來參加，楊宏亭被打出了血。

吳子通和管理員監理員三個站在堤頭，中間堆積着從春秋閣搶救出來的物件。他們遠遠地望着蕩漾在水面的閣樓，那好像是一幅圖畫，一個夢。

『這一筆損失！……』吳子通從夢中醒來，嘆息說。他想起崔醫官的話：『天災，你的責任可以一筆鈎消了！』一時覺得有些輕快。但馬上感到自己的兩旁，好像一個在管理他，另一個在監理他，而在前面，是徐文治的一個由笑變而為愁的老臉：『懦夫！』

這時候來了看護長，他報告說：『傷兵們欠老百姓的債，不發錢不肯走！』

對這報告，管理員僅祇回答了一個呵欠。吳子通呢，馬上頭痛起來了——他夜間沒有睡好，而且難解決的事情太多了。——不自主地走開。

監理員卻挺直了身子，昂然地說：『不要理他們！什麼欠債啦，這個啦，那個啦，軍隊開拔，根本不管這回事，不要理他們，聽見了沒有？他們會上船的！』

『是！』看護長打了一個立正。

走出幾百步之外，吳子通才發覺了自己的走開夠多麼可笑，因而臉上一陣熱。他恰巧碰見了雷公安局長。

『你該修理修理下巴啦！』

『唉，忙得很！』

『今天你也走？』

『對了。』

『大體還好吧，醫院裏？』

『還好！我是蠻幹的，不聽命令的人我真不客氣！』

公安局長打了個沉。

『怎麼樣？我看你還是到宜昌去的好。那裏雖也是一個少校主任的位置，可是你的太太可以安心些。』

『不過我必須給徐院長幹出一個眉目來。——我酌量酌量。』

分別之後，吳子通回家整理了一下行裝。

果然不出監理員意料之外，下午，傷兵們全部上了船，由岳王鎮出發了。

（八）

這裏我們要提到徐文治。

徐文治在軍界混過很多年，他知道這裏面的奧祕。到了該用辦法的時候，他的辦法便來了。

船一來到，他親自到碼頭上去接迎。在跳板的地方，他碰到第一個下船來的魏營長。魏營長穿着嶄新的衣服，左脚還有點顚跛，左手扶了一隻手杖。他用右手把徐文治圈到一旁去，拖長了聲音低諧道：『院長，不要找麻煩了，傷兵們性子急得很，會把你扣留下的。』徐文治從他的聲調裏面感到刺心的酸刻，便也用了同樣的聲氣說，『營長，我有把握才上船的！』

徐文治背着手坦然地走上了跳板，幾隻民船緊攏了來，把徐文治站在那裏的一隻洋船包圍住。吳子通和他站在一起。

『不放他走！不放他！』人羣喊，

『大家聽着，』徐文治依然背着手，仰起了頭：『今天第七收容所預備收容你們。』

人羣中起了一陣哄笑，隨即有一個說：『媽拉個嘞！』隨即多少人說：『放屁！』隨即有更多的人說：『我們早知道你這個鬼！』隨即全體說：

『拿欠餉來！』

『拿犒賞來！』

『進收容所？欠餉又算完了？』

『留下他！留下他！』

徐文治搖了搖頭，斷斷續續地笑了。

『這是上面的命令，我倒是不敢自做這個主張！欠餉，犒賞，在我手裏嗎？老實告訴你們說，沒有！』

『不聽你這一套！拿錢來！』

『再不然我陪着你們一同到收容所去。』

『放屁！你想得倒好喲！』

徐文治故意走進人羣去，和幾個傷兵談話。最後，他好像已經獲得了同意般地舉起手來，扯開喉嚨喊道：

『現在有辦法了！大家不必到收容所去。坐洋船來的，上堤去，自己隨便找老百姓家住，坐民船來的，就還在船上好了。一半天，發了犒賞，發了欠餉，再解决住處問題。』

這是沒有問題的；徐文治既然自己做了一個打臉的反面主張，傷兵們再也沒有整齊的意見了。他待脫之後，却還不立刻上岸，故意坐下來，和幾個不老實的傷兵，把做院長的難處，當笑話一般地講了一大套。待到幾個不老實的傷兵完全滿足之後，他才拖了吳子通上岸。

本來，因爲事情的過於不順利，吳子通早已經把『院長』『主任』一些好名詞忘掉，可是一到漢口，他的慾望像火發似地又燃燒起來了。他自對自地說：『到了。這可不比別處哩，這裏有委員長行營，有傷兵管理處，再鬧就該槍斃了，』於是他把過去一切的不順利，都歸做傷兵的不是，懷着報復的心理，揚揚得意地上了岸。

在碼頭上，他只是嚥着唾沫，一時開不得口。徐文治好像已經明白了似地，把他的袖子拉了一把，輕悄地說：『沒關係，有的是辦法。』

很快地，他們兩個便面對面地坐在飯店的房間裏面了，吞着三白的西瓜，享受着電扇。

『怎麼樣，你不洗個澡嗎？』徐文治一面吐着瓜子，一面就用西瓜指着洗澡間。

『好的。好的。』

『聽說有幾個人不聽你的指揮？那不是渾蛋嗎！我臨來的時候，再三和他們講，吳主任的命令就是我的命令。』

吳子通望着對面領章上的三個花花，和花花高頭一口被煙熏黑了的牙齒，覺得這個人——就好像充滿屋裏的涼爽，不是因爲西瓜和電扇，而是因爲這個人。

『需要不需要我把他們的名字報告給你聽？』吳子通紅着臉問。

徐文治把西瓜皮丢在痰盂裏，沒有答吳子通的問話，却說：『將來，我打算整個兒地整頓一下。經過這一次的變動，誰行誰不行我是全看出來了。』

吳子通洗了澡睡過一覺之後，正是開來晚飯的時候，懊喪的事一點也不留在心裏了。他喫得很飽，不像監理員請客時那樣，他給了徐文治許多建議，好像實際上是一個非常不弱的人，而且準備給徐文治幹到底。

『這個房間——』吳子通望着天花板。

『九塊錢』。

『半年以前——』

絡腮鬍子一笑，黑牙齒也笑了，而且笑得牙齒朝了天。

『半年以前，南京才一失守的時候，這個房間至少要四十塊錢——還挨不到！』

『半年以後呢？』

這次是絡腮鬍子一笑，黑牙齒反而咬緊了。

『那可眞難說，戰事已經在黃梅一帶了，——

這些傷兵老爺們眞是個問題。處長左一個命令，右一個命令，結果，口頭命令，都不算命令。你祇知道對下難；對上，還難！祇是聽他的不行，你得自已玩花樣。現在欠餉是沒有問題了，後天——大後天大概可以拿下一筆款子來。犒賞費可還是麻煩。住得東一個，西一個，岸上也有，船上也有，沒有牀號，你怎麼發？我看祇有這樣了：你還是露面，敷衍着他。也沒有什麼了不得的問題。有我的八分辦法，再加上你的兩分勇氣就够了。』

吳子通覺得後腦袋一陣痛，但隨即想：這有什麼關係呢？這裏有委員長行營，有傷兵管理處。

（九）

當天夜裏他住在飯店裏了。……但我們把眼睛從這兩個上級軍官轉開吧。

鮎魚套這地方有很多的糧行，下了船的傷兵們都各自找糧行住下了，醫官們住在胡勝興糧行。

幾天之後，我們看見了這樣情景：

首先是幾個船夫的老婆們哭了。傷兵不下船，他們再也不能兜攬生意。他們向醫官講有什麼結果呢？沒有結果。

在碼頭附近的矮房子裏面住滿了重傷。房主們向醫官要求：『那怕搬出去一個人也好，叫我們自已有個睡覺的地方。』但是那會得得什麼結果呢？得到的和沒有要求一樣的結果。

饑餓和吵架在岸上和船上流行着。時常傳說發欠餉，發犒賞，但是結果沒有這回事。

閻朝海把一隻胳臂露在衣服外面，拿了一枝簫，引起人們對於欠餉和犒賞的討論

連石安亭也再忍不住，他輕聲對張醫官說：『要想一個辦法啊，再不然恐怕要出事了。』

『你呢，怎麼樣？』

『我自己好辦，給幾個傷官做飯喫，我就喫他們的了。』

張醫官去報告了吳子通。

『你給我個建議，應該怎麼辦？』吳子通問。

『你應該跟徐院長講：「我寧可不喫這碗飯，也不做這個傀儡！」』

吳子通把滿把的手指揷進頭髮裏去，說不出一個什麼決定的字。

（十）

最糟的是有許多傷兵伸手向魏營長借錢，尤其糟的是魏營長和吳子通有一點仇隙，所以本來不會發生的事結果發生了。

這天早晨，傳達兵王先進走上了楊子江飯店的三樓，他在三六五號房間的門前，沒有發現徐院長的名牌，他問茶房：『徐院長在不在？』

『已經搬走了。』

『搬到那裏去了？』

『不清楚。』

茶房送他走下樓梯，一面在後面輕聲地問：『你是那裏？』

『一六九後方醫院。』

『找徐院長有什麼事？』

『我是傳達兵。』

茶房把王先進拖到一旁去，看了看周圍沒有人，便從牙縫裏露出幾個字：『五塊，五百十三號。』

王先進明白了，他先故意坐電梯走上了六層樓，向下面望了望，確實沒有傷兵跟上來，才放心走下了五樓。

他給徐文治帶來一個壞消息：吳子通被傷兵們包圍了。

『打沒有打人？』徐天治先洗着臉問。

『我來的時候，還沒有動手。』

『我搬房間，你怎麼知道的？』

『我是上來才知道的。』

『不要出去了！』

但是吳子通怎麼被包圍的呢？這天很早，魏營長穿着拖鞋，沒有穿軍服，也沒有帶手杖，到胡勝興來閒坐。吳子通適才起床。（昨晚他沒有住楊子江飯店。）

『營長，兩天沒有見啦！』

『是的麼。』魏營長拖了一雙脚坐下。

『你的氣色很好啦。』

『是的麼。』魏營長沒有笑一笑。

吳子通又繼續說了幾句，魏營長繼續沒有笑一笑。

『我說——主任！』魏營長拖長了字音，放低了調子說，使吳子通感到有些嚴重了。『徐院長住在那裏？』

『住在漢口麼？你有什麼事要我轉達嗎？』

『我不打算找他，你放心，主任！』從這以下，魏營長忽然就把調子放高了。『當然是住飯店嘍！你住飯店，弟兄們可都要了飯啦！我也不知道，

院裏到底有個辦法沒有？欠餉，欠餉不！犒發賞，犒賞不發！」

「全發的呀！現在是準備找房子，把這一羣嘍囉們湊在一起。」

「什麽？」

「嘍囉們哪。」

魏營長突然哈哈地笑了，笑過之後，立刻站起來，用拳頭敲着桌子，把茶碗震得亂跳。

「一個月之前的欠餉，不發，什麽道理？犒賞委員來了，又不發，不知道你們院長做的是什麽買賣！……」

有人說，如果吳子通在這時候忍耐一下，低聲下氣地把原委講清，也許下面的事情就不會發生了。可是吳子通——多麽好脾氣的吳子通啊——偏偏在這時候發了威風，他幫忙一隻跳着的茶碗跌落到地上。

「有案可查，有據可考，找姓吳的担保姓徐的沒有喫一個錢！」

「担保個屁！當一個上校院長，住九塊錢一天的房間！」

就在他說「担保個屁」的時候，一隻板凳從他的手裏飛出去了。吳子通躲避了板凳，却發現有那麽多的灰制服和帽子，隨着那麽亂雜的聲音從門口擁進來了。這時候他才未免在心裏說：「完了！話說壞了！什麽都朝着我來了！」果然，他聽到魏營長向擁進來的一羣發話：「韓院長辭職了，徐院長到漢口來之後，在岳王鎭代理院長的就是他！不主張發犒賞的就是他！他全知道！他全負責！衆位弟他要！」

「對對！找他要！」一人羣叫。

魏營長被福醫官抱住，捲着袖子坐下了。吳子通再也不想爭辯一句，任聽羣衆給他的審判。

「打！」

「綑！」

「弔起來！」

「弔起來打！」

而且有人吹動了哨子。

吳子通看了看周圍，除了幾個醫官之外，看護長，副官，書記官，全不見了。他看了看張醫官。

「吳主任，現在你負責好了！」張醫官喊道：「你給他們一個期限，到這個期限如果還不發，你祇好扔掉這碗飯！」

「我不是在乎這碗飯啊，老兄！」

「那你有勇氣給他們一個期限了！」

但是吳子通出乎張醫官意料之外地沒有這個勇氣。他輕輕地走到魏營長跟前，輕輕地說：

「魏營長，現在事情鬧大了！你何苦呢！咱們都是站在一條戰線上的，醫院的事，你不是不明白。」

「我明白」！魏營長依然扯開喉嚨地叫：「我全明白！徐院長是升官不久，對上頭說不進去話，你呢，沒有做過官，書獃子一個。看你幹的吧！」

他說完，他站起來，從人羣中擠下去。

「不必講了，我看綑起來好了！」人羣裏一個非常沉着的人說。

「你負責不負責吧？」一個高個子走出來，用木棍捶着地。

「我不負責。」吳子通回答。

「那好，領我們找徐院長去，我們要負責人！」

「對對！」

「不打你，領我們去！」

「我看這樣辦吧！」楊宏亭從高個子肘下鑽出來：「既是有院長負責，你可以打過一個電話去，請示一下！」

「胡說！」人羣喊。

吳子通才摸到電話機，他的手便被誰的一棒子打下來，而且被閻朝海打了一個嘴巴。馬上，人們跳上了板凳，跳上了桌子，鐵鏟和木棍敲在電話機上，電線被扭斷了。

「同志們，別呀！」胡勝興的老板們喊。

一切全靜下來的時候，吳子通的兩隻手已經被綁在一起了。張醫官急紅了臉，跳到桌子上去講：

「諸位弟兄們，不要這樣！他並不是院長的親信人！」

但是人們已經把沒有穿上衣服沒有穿長褲子赤足的吳子通帶走了。

就這樣吳子通被帶到揚子江飯店。在路上，他抱定不再說話的宗旨，希望會碰到憲兵或是傷兵管理處的人干涉。但是這一行隊伍平安地過了江，一直沒有遇到阻攔，偶而雖也有幾個軍人問起，但是傷兵們祇答覆了兩個字，便什麽都解釋清楚了：「漢奸！」

吳子通在揚子江飯店門前站住，他簡直想要死，或是逃到沒有太陽的地方去。「我簡直多麼無能啊！」

「我和老闆跟他上樓！你們在外面聽哨子！」高個子說。

吳子通被他們兩個護上樓去，但不久又被護送下來了。

「他說謊，沒有這個人！」

「好小子，要賴賬哩！」一個尖銳的聲調說。

「他搬了，連我也沒有通知。諸位還是……」

「胡說！」

吳子通被多少隻手推着，挨了一拳頭，倒下去了。

（十一）

……發了欠餉和犒賞之後，徐文治在衛生園請客。中尉以上的官員們全到了，監理員和管理員也都在場。（在事情沒有解決時，他們一直沒有露面。）徐文治的酒量很好，他搳了不少的拳，但不至臉紅。

「徐院長，我說該罰你！」管理員說。

「怎麼見得？」

「你自己想一想，如果不是你搬上了五樓，老吳怎麼會替你吃那麼一鼻子灰。」

像一陣悶雷似地，除去張醫官之外，全都破開喉嚨笑了。

「真是壞！真是壞！」徐院長笑着點頭。

「老吳是缺少一點什麼。」監理員鄭重地說，轉頭望了望張醫官：「你和他熟識，你說他到底是怎麼一個人？」

「他够朋友！」

「嗯，還怎麼樣？」

「不怎麼樣了。」

監理員很覺不好意思，只好自己說下去：「我看他這種人哪，做不了官，也當不了土匪，該挨餓。」

「所以多幾個少幾個這樣的人都沒有關係嘍！」魏醫官講。

「可是要壞事的嘍！」徐文治把眼睛瞪得滾圓，頭也探了出去。

「是的。」余副官說。

「不錯。」姚書記官說。

「沒有一點自信心！」崔醫官翻着嘴唇說，「中國倒霉就倒在這種人身上，這種人死絕，中國就該（　）！」

已經又喝過一陣酒了，半晌沒有說話的張醫官突然站起來道：

「好像整個的罪過都在吳子通一個人身上！不過我不明白，犒賞傷兵，對於抗戰，本來是好事，可是現在呢，反而鬧得翻了天，一團糟，這倒底是誰的罪過呢？」

全座沒有一個人回答這個問題。徐文治命令：

「坐下！你又喝醉了！」

……如今沒有了書獃子吳子通，該是什麼全好了？可是不幸得很，一個月之後，「欠餉」的事又發生了，同樣的暴動發生了第二次，這一次却是臨到徐文治自己的頭上。撤職之後，徐文治自己計算着：「傷兵空額四十名，四九三百六，每天每人的火伕費扣三分，三九二十七塊；官員薪餉，救國公債……唉，如果再能支持五個月就好了。」

（十二）

我們再跟吳子通回到岳王鎮吧。汛濫之後，岳王鎮真的蕭條起來了，並且傳說附近出了土匪。水在半個月之後退下去，連地上的一根草苗都沒有留下。

「危險啊，」吳子通對他的妻說，「這地方，說不定，當地人要起來搶奪的。」

「我們趕快走吧！」

「那裏去呢？老雷還沒有給我消息。」

「我聽雷太太講，你的事有希望。」

吳子通感到心裏非常的嘈雜。幾個月以來，他祇積蓄了三百塊錢，而這能支持多久呢！

晚上，他獨自出去，沿着堤走。找到一個飯館，喝了酒，又沿着堤走回來。他忽然想起該好好地消磨一晚上，便走進雜貨店去，買了兩斤酥糖，半斤瓜子，半斤山裏紅，帶回家來。

半圓的月亮，透過烏雲，發着淒灰的光，他好容易摸到了家門口，他叫門。但是好半晌纔有人開。

「睡了嗎？」

「唔——就來。」

又是好半晌。

「醒來開門！」

「就來。」不久：「推吧！」

他推開門，看見她正合着眼睛急忙着轉回牀上去。

『我買來和你喫的，可是你先睡了！』他這麼一想，脾氣突然來了，他把手裏的東西撒了滿地，並且揪住了他的妻的頭髮，然後轉身跳出來。他聽到在他背後咚的一聲。

他什麼也不管地邁開步子走，直到平靜下來。

『我何苦呢！——可是我不回去，不回去！』

他想起了老雷。『找他去談談吧！』

半圓的月亮已經從烏雲裏爬出來了，發着白銀樣的光，他很快地走到了公安局長的家，門沒有關，一直走進去。

『老雷』，他猛然看到了一個奇怪的場面：『你怎麼啦？你怎麼拆凳子？』

『我不過了！』老雷說，把一根凳腿折成三截，臉色氣得通紅。

『發這麼大的氣，何苦呢？』

『我不過了，叫她過吧！』

公安局長的老婆在炕上團成了一團，一抽一答地哭泣。

『真是何苦呢！來來來！』

吳子通牽了公安局長的手，把他拖到牀邊去，然後拍着手叫：『勸！勸！勸喫！勸喫！』

三十分鐘之後，老雷夫婦倆完全合好了。女的一個給吳子通燒茶喝，男的一個更到街上買了半斤瓜子回來，因爲倆人已經睡下了。

『老吳，你是不是打算到漢口？』

『不一定，到漢口去也是沒有事做。』

『不過宜昌的事已經不成了，我今天接到的信。』

『哦，不成了，那也就算了吧。』

『你自己總也會有些路子的。』

『嗯。』吳子通喉嚨裏有點梗塞。

一直到吳子通走回家門口的時候，老雷的話似乎還在耳邊響：『你自己總也會有些路子的。』

這一次他不必叫，門早已是開着的，但是沒有燈。

『混蛋！有賊了！』

他摸不到什麼。

『喂！混蛋，又睡了嗎？我偷了東西都不知道！』

可是他立刻腳站不穩，跪在一個[illegible]上了，他一隻手觸了地，另一隻抓住牀沿。

『什麼呀？』他瘋了般地扯着喉嚨叫，但發出來的聲音並不很高。

他摸到冰冷的手，冰冷的臉，下面是溼透了褲子的——他張開手，借着極微極微的月光還能看得到——腥血。

他找不到火柴，找不到電筒，但他完全明白：她流產了，而且，已經死了很久了。（完）

黑色子孫之一

路翎

1.

金承德跟洗煤工人底工頭打了架，被煉焦廠開除了。

他去找石二。他期望在礦上能够暫時找到一點事，當他沿着十幾里的運煤路走到礦廠的時候，天已經挨晚了。從初夏的夜晚底薄暗的曠野走進工廠區，被輝煌的燈火照射着，他突然給一種沒來由的喜悅之感所淹沒。在那個山坳里，就是，在那個煉焦廠里蹲了一個多月，他是多麼感到受氣和不愜意啊。那里是烏暗的，晚上沒有電燈，從焦爐里透出來的黯紅的火苗祇是叫人感到胸口沉重：而這里，是燈火，是燦爛與活潑，那里是受氣的，比方，不敬工頭一隻烟他就不高興你，來跟你出花頭了；但是這里——這里是怎樣呢？「這里是一個大礦，總要好些的。」他想，一面把頭歪到左肩上去，擦着頰上的癢。當他遇着一個高個子的礦工的時候，他就走上去，竭力使自己和氣地問：

「請問你老哥，石二，石工頭他在哪里？」

高個子礦工沒有即刻回答，他把礦燈換一個手，他底烏黑的臉上顯然有着一種疲倦的不耐煩的神情。他俯下頭來用幽暗的眼睛瞧着金承德淡淡地：

「不曉得。」

「不曉得，拿你媽底臭架子！」金承德一連霎着眼睛，望着蹣跚走下土坡去的礦工底背影，在心里罵，他被礦工底回答弄得很惶急，但是在罵過之後，就又平靜了。「到處都是鬼，天下烏鴉一般黑，」他想。通過一些煤渣路，他歪歪倒倒地繼續朝前走。廠房前的電燈照見了他底蓬亂的頭髮和汚穢的顯現着不安的臉。

他找到工人宿舍里。石二不在，石二上晚工還沒有回。於是他又跑下山坡，穿過工廠，來到礦洞前面。

他坐在一塊石頭上，等待着。起初，他向礦井裏張望，閃耀着惶急的眼睛，但是逐漸地，他底頸子酸痛地彎曲下來了，（早上，這里曾經捱過工頭底一木棍，）從他底臉上，那種卑怯的，虛弱的光采消失了。他必須等到十幾點鐘，現在才九點不到。

「遭了，一點都完帳了。我底脾氣不好，我又偷懶。」他對自己咕嚕。用他底長長的髒指甲他搔着左頰。他在眼睛朦朧地瞧向燈光被水氣所迷胡的礦洞里去。「要挖煤，要……我是做不來的。憑良心說，我討厭這一行。要是回湖南去，去種地就好了。要是日本人給打跑了就好了。現在，要吃飯，就不得不受別人冤氣。我不，不再偷人東西了。」他突然說出來，於是驚訝地，睜大眼睛，楞住了。立刻，他彷彿感受到屈辱似地替自己辯着：「不，不，哪個叫何傳梓叫他不借給我錢呀。他是一個吝鬼，他這個嗇吝鬼！」

他罵着，憤怒地揑起拳向空中擊去。以後，他就疲倦地垂着頭，他底身體被疲乏吃成一個空洞的殼了。

石二是一個健壯的人，一個每一瞬間，每一個地方找尋着自己，因而苦惱的人，礦燈在他手里熒熒地閃耀着，映顯他底在鬍鬚里突出的倔强下顎。他底腿每走一步要顫抖一下，他是被苦重的工作所麻痺，所摧毀了。

「那麼，你是要來挖煤？」

金承德在臉上感到石二底眼光，覺得不自在，他用鼻音低低地回答：

「有甚麼法子呢。那邊我不幹了。我不幹了，活受冤氣，……」

他底眼睛眯睎着，他瞧着卸煤台上面的一盞光亮的電燈。電光使夏夜底空氣溫柔，在他眼睛里閃爍着紅光。

石二皺着額頭，沉思着，過後，他用手狠狠地搔着頭髮問：

「你家里有信來？」

「沒有，」金承德抬一抬手，向石二望一眼，又不滿地加上說：「瘟婆娘呀，都死光了。」

「唔。你家，它讓日本人佔了，」石二苦惱地說。

金承德突然聳起肩膀睜大眼睛議：

「你怎麼知道？」

「看報的，你最近寄錢回去沒有？」

金承德露出要哭的神情，扭曲着嘴唇。他不曉得回答什麼好，於是他撒謊了；他底聲音給他得弄弱而酸苦：

「寄了五十塊錢。但是這一來收不到了，」他歎了一口氣彷彿惋惜着錢不能收到。

走下土坡，通過廠房底煤屑路，他們在水塘旁邊的小路上走着，水塘映着廠房底電光。茂盛的水草里，蛙鼓燥着。渴望着氣候底炎熱。電焊底綠光從玻璃窗里强烈地迸射出來，使人影在獰惡而美麗的光焰里顯現。熔化的鉄發出嘶嘶的聲音。礦燈在石二腿旁邊亮着；石二底步子是踉蹌而苦痛的，他底粗大的脚踏倒着芳香的長草。宿舍臨近了，到宿舍門口的時候，石二才低低地說了一句：

「這里，很苦，哪里都一樣的苦！」

「不要緊的，我曉得！」金承德慌忙地回答。

在木板床底破棉絮上坐下了，石二跟他底女人說：

「飯好了嗎？拿來拿來！」

瘦小的女人貧弱地在電光底下走動着，彷彿一個飢餓的老鼠，她悄悄地，似乎怕觸壞什麼東西一般地移動着飯碗。隔壁房間里傳來一隻用酸酸的嗓子唱着的有着依戀的調子的歌，因爲唱歌的人竭力想使自已底聲音傳達出內心的渺茫的依戀：於是拙劣的嗓子就提得更尖銳了，這尖銳簡直有點叫人忍不住了。

金承德吐着痰，難受起來了。

「好了，我底家丟了，還是你好，石二！——抽一隻。」

石二幾乎使人不覺察地搖了搖頭接過來金承德遞給他底香煙。

「打點酒來行不行？」金承德閃着黃色的大牙齒，他底臉上靈淨着那種担心着自已會捱罵的無力的，幾乎有幾分阿諛的笑。

石二點了點頭。

隔壁房里又哭泣地唱起來了，金承德扭着頸子悲苦地說：

「哪一天不受苦就好了。有瓶沒有，我去打酒，」他突然用一種高亢的，想擺脫什麼的聲調叫出了後一句話，於是他跑出瀰漫着辣味的煙霧的房間，躍下溫暖的山坡，打酒去了。

石二喝着酒，讓酒燃燒着血液。他底牙齒在第四杯酒下肚的時候戰慄着，他固執地擺着手，矇矓地說：

「過着日子，比畜牲還不如，你願意嗎？你還不改一改脾氣嗎？你要認眞一點過活，認眞一點，不要鬼混。……」

「我眞的認眞呀，」金承德粗暴地叫，他一直瞧到石二底眼睛里去，他在那里看見了一點不尋常的東西，一點激動的，强烈地愛着的濡濕的光輝。他感到不可思議，他迷亂了，石二底固執而苦惱的激情傳染了他。

「今天，吳家的那個鴉片鬼跑了，丟去一個四歲的小兒子逃走了，」石二繼續說，撫摸着濕潤的多毛的胸脯；「他爲什麼不逃走呢？他該了一屁股兩肋擺的債：他一天要吃幾塊錢的煙，他賭錢，這些土財主，」他綳緊嘴，他底眼睛閃耀着，「他把家產蕩光了。地皮，山頭，房子全賣了；他底老婆跟人跑了。你不曉得罷，他底堂房哥哥，那個討厭的東西賣鴉片，今天他就去討煙吃，他們就問他要錢，綑起來打他。……我上工去時候遇着他，他低着頭，拖着一雙爛鞋子，是呀，他那樣低着頭，好像很難受，但是怪誰呢？——比方，一不小心，在井里燒死了，怪哪個呢？——你知道罷，怪哪個？」

「你又說怪日本人是不是？他怎麼逃走的呢？你喝酒。」金承德用認眞的調子說：

「把人弄得比畜牲還不如——這不是怪日本人的問題。日本人也有享福的，也有受苦的，被壓廹的……」

「你說呀！」金承德焦急地叫。

「說什麼，哦，他逃走了就是了！不曉得逃到哪里去了。他底堂房哥哥把他底一口櫥，一些東西都搬去抵債了。他底小兒子餓了一天了。」石二把最後一句話放得特別低，他說完了，用力地抽了一大口煙。他底粗黑的手在胸脯底堅硬的肌肉上撫摸着，彷彿撫着裏面的某一種東西，使它安靜一般。

「不是人不是人！」金承德粗蠢地叫。

石二帶着一種嚴肅的表情瞧着金承德底漲紅的臉，他突然問：

「煉焦廠你幹甚麼不幹了？」

金承德彷彿被這聲音剝去了一切遮掩，變得赤裸裸了一般，他毫不思索地回答：

「我偷了十塊錢。」

於是，聽着石二底閃耀的眼睛，他又加上說：

「他們分紅不分我的，他們欺我外鄉人。」

他聽着自己底聲音在昏黯的燈光底下撞響着，於是顫抖了。他吃驚地聽着石二底紫色的咬緊的嘴，他感到這嘴是在咬着他底心，使它流血。「石二是一個好人，我是向他說的！」他自己講，突然想到他底信息全無的家，他啜泣了，他並沒有多少悲傷，不過他覺得他受了什麼人的欺，需要哭泣一下才好。

2.

金承德沒有下井。因爲他對礦井感到一些害怕，他被石二介紹給一個矮小的，翹着尖尖的鬍鬚的工頭，在卸煤台底旋轉車旁工作着，他是一個貫會欺騙自己，時常感到內心底虛弱的人，因此，最重要的，就是麻痺自己，因而迷失自己。他很願意沉沒在生活底污濁的泥河里，再沉下去一點就更好一一。讓自己被淹沒，躲在陰晴里，享受着瑣碎的各種滿足。在他滿足是什麼地方都有的，就像撒落在軌道旁邊的閃着烏黑的光的礦石一樣，所以、石二，石二底自尋苦惱，在他是覺得不可思議的。

他在旋轉車台底欄杆旁邊坐着，把襤褸的衣服剝下去，在有些熱辣底太陽曬着他底肩膀，和沾污着煤屑的發着黃光的胸脯。他底呼吸很平穩，把背脊依在一根木柱子上，就這樣，在初夏的昏倦和內心活動底貧乏里，他幾乎睡着了，待到一個硬硬的腳踢到他肩頭上來時，他才迷胡他咕嚕着，抬起頭來。

「車子來了，要下煤了。」

金承德慌張地站起來，怯弱而昏暈地笑着，絞車壓着鐵軌發着轟震大響，被推到車台上來了。那個剛才說話的高個子工人，敏捷地揚起手，捲捲袖子，從推絞車的朋友嘴里摘下半截香烟來；於是、帶着一個頑皮的和善的微笑，貪婪地吸着，一面用手把着弧形的鐵條。

圓籠子轉動着，絞車全是煤瀉下去，落到斗車里去了，煤屑在悒悶的空氣里飛騰着，鉄條礁出着發出單調的聲音。

「滿了呀，狗娘養的！——換一個，快」，底下叫。

「狗娘養的，駡得好！」金承德點着頭，貪饞地笑着，望着大個子嘴唇上的在冒烟的烟尾巴。

絞車繼續地來，於是、再沒有一秒鐘可以歇息了。人被沉重的忙碌所吞沒了，金承德底眼睛前面閃動着圓輪子，閃動着大個子底長長地張開的手；他彷彿覺得還手要把他拖住。

當絞車都推回礦洞里去的時候，大個子搓着手，醒着鼻子，跟金承德說：

「老哥，放機警點，剛才要是車子來了，你還在睡，……給管工看見了不大好。」

「這些狗娘養的管工，」金承德小聲駡，於是突然意識到駡這話不適當，臉漲紅了，他酸酸地說：

「不錯，你說的對！」一面在心思想：「你像行的很哩，你是什麼東西！」

大個子走到一塊石頭上，坐下來。他底膝蓋幾乎觸着了他底下顎，用手擦着臉，他問金承德：

「你以前在哪里幹活？」

金承德用手指了指坡底下的冒着火苗的焦炭爐說：

「在興德灣焦廠。」

「那里好？」大個子伸直腰，打了一個呵欠；

「我有一個兄弟在那里，呵——呵。」

「你兄弟是哪個」？

「何傳梓，洗煤工呀！——你認得？」

「嗯嗯，」金承德慌了，艱窘地縮着頭，他想：「他該不會曉得罷？——這雜種像是曉得哩，十塊錢，」於是他突然吃力地叫：

「煤來了，來了。」

接着又放低了嗓子回答。

「何傳梓是你弟弟，是哩，我和他不大熟。」

在煤車帶着大聲滾近來的時候他又補上說「他是洗煤工，我是雜工。」

於是他胆怯地閃着眼睛，從眼睛里叮着大個子，大個子走向圓輪底另一面，向他射了一眼，他趕忙把眼睛避開去，一面在心里說：

「乖乖，厲害哩，狗東西！」

下工了，金承德笑嬉嬉地走向大個子何連旁邊去，用小聲說：

「老哥，我們喝一杯去，去，」

何連底眼睛里閃爍着和善而固執的光輝；他底臉上的皺紋呈現着快活的紫紅色。他點了點頭。不知爲什麼緣故，金承德突然覺得快活而輕鬆起來了。他把頭扁在一邊，低低地哼着連他自已也不明瞭是什麼意的歌：

『那一天晚上，

我底房里有紅光：臘燭亮光光……」

大個子濶一濶腰，搔着頸子問：

「那一天晚上你娶老婆嗎？」

金承德得意地繼續唱，沒有回答。山坡上，下工的工人擁擠着，向明亮而柔和的空氣里跑，彷彿有什麼東西在等待着他們。風吹來快成熟的麥子底暖暖的香味。人們聒噪着，被什麼慾望所驅使，想唱歌……但是有人在焦爐那里打起架來了，於是平靜被打碎了。被興奮弄得更疲倦的人們垂着頭，散開在小路上走着。

金承德在人叢後面發現了石二，他不願意自已也被壓着，弄得不快活，他高聲地向石二叫：

「石二，二哥！」

石二靜靜地走近來，他底臉上沉思的表情沒有消失，他問：

「什麼事？」

「喝一杯去，」

「哦，你一個人嗎？」

「還有，還有他，」金承德指了指站在不遠的旁邊的何連，石二向何連瞧着，於是閃耀着眼睛；這眼睛里是困惱的光。

紫紅色在何連底開朗的臉上消失了，剩下的是陰鬱和多少帶着一些和善的惱怒，爲了一間房子，石二和何連爭吵過。但眞正使他們關係疎淡的原因乎似，還不在這里，主要的是，何連很知道一點東西，而石二覺得：『他祇是有知識，知道，但是他沒有感覺到；他爲什麼過活着，一天到晚好像什麼事也沒有呢？」

在石二看來，眞正理解一切並且感受着它的人，他一定是嚴厲的，並且因爲在內心鬥爭着，是苦惱的；而他所得到的快樂，是庸俗的人所不能理解的。

石二猶豫了一下，畢竟跟金承德一起去了。

「我要曉得淸楚他，他到底是什麼樣子的一個傢伙！」石二對自已說：一面妒嫉地瞧着走在前面的何連底高大的強壯的軀體。

幾分鐘以後，他們坐在低矮的，昏闇的小酒店里了，何連高高地翹起一隻腿，他底困惑已經平靜了。他彷彿並不在思想什麼，他之所以久久的凝視着田野的蔚藍的遠方，和山峯上的金紅而柔和的晚霞，祇是因爲那黃昏太可愛的緣故。他皺起嘴，於是低低地吹彈着，然而石二都因爲對方這那樣地輕視他底敵人而惱怒起來了；他搖着上身，嗓子乾枯而尖銳地叫：

「何連，喂！」

何連扭回頭來，皺起眉頭，於是帶着一種和善而又陰鬱的微微的嘲弄瞧着石二。

「作什麼呀？」他說：

「你誤會了我！」石二苦痛地說，但同時感到這不是他所要說的。他倔強而又惶急地閃着前額，他底眼光掃過何連底黑色的臉，於是注視着在金承德手里玩弄着的礦燈，這一來，他突然平靜了；換了一種聲調，他開始說：

「那間房子，因爲我有家眷，公司里，……」

「你不要說公司罷！」何連更緊地皺起眉，他底臉更黑了；微笑從他嘴角上消失了。

石二驚愕地瞧了他一眼。

「當然我不是拿公司來袒護我自已：事實上，我有家眷，眞叫我苦痛，」石二說，嚥了一口口水。他突然從「苦痛」這兩個字抓着了一種情感，於是他覺得一切都建立到一個基礎上去了。他用手撫着喉頭，低低地，溫和地問：

「你覺得這里生活如何？」

「這個酒攙水的呀，老板！」何連從酒杯仰起鼻子來，突然叫；於是金承德也粗暴地叫起來了；他正因爲一切沒有他所想像的那樣如意而惶惑着。

被打碎了情緒的石二正如被打碎了古磁瓶的珠寶掮客一般憤怒了。

一個大頭的飛虻在昏闇的空氣里嗡嗡地唱着，繞着圓圈飛舞。牠自已在說：「天氣熱起來就好了，就要熱起來了！」

矮屋頂上開始燃着一盞油燈，爐灶里的和別的什麼地方來的烟霧昏迷着它，它自已也冒出濃濁的烟霧。白晝在曠野上熄滅了：初夏底多麼美好的晚上來到了。

在屋角里的一張桌子上，有人用怯弱的，朦朧的聲音低低地談着。石二俯着頭在乾了的酒杯上，聽見了這樣兩句話：

「我：晚上要吃四塊錢鴉片。」

「鴉片吃不起了，怎麼好呢？在去年子。…」

石二猝然抬起頭來，向屋角底暗影里投了悲憤的一眼，於是他用堅硬而顫抖的聲音問金承德：

「你也不要吃鴉片，你吃？」

「不，不，我，……」金承德口吃地說驚愕地瞧着石二，他瞧見石二嘴角上的翹起的幾根硬硬的長鬚；他好久地瞧着：那硬鬍鬚在神經質地戰慄。

事實上他並沒有抽鴉片，他甚至敢担保他自已連吃鴉片的念頭也不會有過。他現在所想的祇是女人——但是他怎麼突然害怕起石二來了，那鬍鬚在他眼里擴大，甚至石二底全體都變成那麼幾根鬍鬚，在他眼睛里苦惱而憤怒地戰慄着。

金承德困惑着，卑屈地笑了，但是因爲這笑而混身發燒，他也惱怒了。

他瞧着何連。

何連靜靜地俯着他底長腰，他底前額繞着細細的黑色的皺紋。並不看石二，他開始說：

「老兄，我很知道你。」

「你知道我？」石二叫；彷彿對方底話是一根刺。

「唔，」何連把手掌在桌子上，他底長而污穢的頭髮在這一瞬間披下來，拂着他底前額。他並不把他推上去，祇是把他頸搖幌着，於是頭髮就完全散下來了。他低低地但是堅定地說：「人生就是這麼樣一個東西；苦痛連着苦痛，比方，在你想着什麼，也許是想着將來罷——在你回家去的時候，你底老婆突然難受地和你說，米吃完了，於是你剛才所想的一切，一切快樂和希望，就烟一樣地散了，我們被壓廹着，因爲要吃飯，整個的社會構造是這麼壞！」

「我底老婆！……」石二尖銳地叫，他是在這里被傷害着了，但是他不承認，他不承認有什麼東西能損毀他底對於未來的希望，他底眼睛可怕地燃燒起來了。

「我不會誤會你呀！你很好，」何連繼續說；他底眼睛在披散的頭髮下閃耀，他開始把頭髮拂上去，使黑色的額和明亮的眼睛完全被燈光所映：「我早都忘記那間房子底事了，我單身一個人，哪里都是一個窩，祇是你老是對我那樣看着：那樣……」

石二瞧着對方，他嫉妒着，他咬着牙齒，把手掌在桌面上狠狠地推過去，使桌子發出令人難受的聲音。

「你快活眞好！」他困難地說。

「悶着總不好的，……」何連突然清朗地笑了。

「哦，你以前在那里？……」

「也作礦。」

「那里爲什麼不下井？」在石二看來，作礦而不下井，簡直是侮辱。

「因爲病了一塲，底下空氣不好，隔幾天我就要下去了。」

「你底領班是誰？」

「吳老大。」

「他有三個老婆哩；狗糧！吃人肉的！」石二叫。

「但是我一個老婆也沒有。」何連快活地閃耀着眼睛，把酒杯里的酒一下子喝乾：「我眞想有一個婆娘。你有嗎？」他問金承德。

「沒有帶出來，要給日本人生孩子了，那才好！」金承德說，嘴角上浮起一個猥褻的笑容，他擠着眼睛，因爲從長久的被冷淡里回復過來，他活潑起來了。

「當然，何連，你要知道，我是在計算着，我們哪一天會報仇的，你想我們有一天會快活嗎？報仇！」石二把沉重的拳頭擊在桌面上：「你看看吧，我一件衣服也做不起，我底老婆穿着破褲子，她才二十四歲呀，我們底孩子沒有飯吃，日本鬼把我們趕出了家，而現在：……」

「我們底兒子就不像爸爸們了，」何連站起來，用屁股推開板凳，他的頭幾乎觸着了屋頂。「他們不會。『老爺，讓我做工罷，給我飯吃罷』那樣了。好的，給我半包強盜烟！」他揮着手，向店老板說：

他們走出來，走在微風吹皺着麥浪的田間小路上。燈火在山谷里燦爛着，發電機送來清新的，強有力的顫抖聲。一個農家女人在山坡上喚着撒野的孩子。鐵匠舖底茅棚里，紅而灼熱的鐵被捶瀾了。

「我後天就下井了。」何連說，一面吹着口哨。微風吻着他底唇，踏到他底肺里去，生命和力，在年青的礦工底體內洋溢了。

金承德仰着頭瞧着一顆有着紅色的光環的大星，「他們說的是些什麼？自已嚇自已！——我也要下井，」他對自已說，於是他伸開大手掌攀住石二底堅硬的肩膀，氣喘的喊：

「我也下井！」

石二掉過頭來。他底眼睛里閃耀着一種淸新的喜悅的光；他點了點頭。他彷彿不願意用說話來破壞他底心境。最後，他歎了一口氣。

「你曉得十五初一他們要抬出王菩薩嗎」他問何連。

「河南人不。」

「我就是湖南礦工！我是要反對的！」他說，濕濕地吸了滿肺含着麥香的風，他底頭仰起來，他在眼睛瞧着有着黃紅色的光環的大星。

3.

當他底妻子用怯生生的眼光瞧着他，低低地彷彿怕觸壞一個脆弱的東西（整個的生活就是建築底這個脆弱基礎上的）似地向他說：「你明天明天借，…借二十塊錢來，來行嗎？」的時候，他垂下了他底沾滿了煤屑的頭；他想起他要去向那個惡毒的領班乞憐，說好話，他憤怒了。

「怎麼樣呢？…」他漲紅了臉叫。

女人睜大了眼睛，悲苦扭曲了她底發青的嘴唇。她幾乎要從地面上跳起來一般地向前走了一步：

「問你，問你，問你自己！……」

他底骨稜稜的平空中抓了一下。

於是她像走近了一個可怕的東西似地，連忙向後推，依靠在塗着臭虫底血跡和泥污的牆壁上了。

石二抑壓着自已；不看女人，他踉蹌地向床邊走去。

「她才二十四歲！」他自已說，憐惜地瞧了女人一眼：「這不是蓼做，假若穿起綢旗袍來，她也可以呼喚聽差的，但是，誰叫她底丈夫是一個四十塊錢一個月的礦工呢？誰叫她呢？……」於是他立刻揮着手，彷彿不願意再想這個了，他憂愁地，用陰鬱的眼光環顧着狹窄得可憐的房間。這房子的牆壁是如此薄弱，就要有一陣比較大的風，它是就會被吹倒的；而這房子裏所有的破爛不堪的東西，祇要有十五塊錢 就可以統統買光了。

「好呀，好極了！」他戰慄着，踹跚地向門口走去；在走過女人身邊時，他又瞧了她一眼，他覺得她竟是這般渺小可憐：——他愛她嗎？但是金錢是不會和他們講戀愛的，在人被壓潰，變成野獸的時候，愛是完全不會有的，祇有那比愛更强猛更熱辣的，祇有那燃燒！

石二載荷不了這重壓，他幌搖着肩膀，向門外蹓去，他想不到他底步履竟是如此之艱難，他底頭要炸裂，胸肺疼痛了。

「我一下就回來。」他望着門外漆黑的天空說。

「你要睏了。」女人低低地說：「十一點多還哪里走？」

石二沒有回答，走出門來了。一陣風擁抱着他，掀起他底破爛的衣角。他在山坡上站住了。他底眼睛眺望着工廠底美麗的燈火，和在燈火下面捲滾着的，白色的水氣。水氣發出嘶嘶的聲音從過窄的鉛管里擠出來，彷彿一頭溫柔的大獸一般在空場上爬行着。

他沒有想到要到哪里去，但是他朝坡下走了，把住宅區底小孩底啼哭，女人底鼻音的咒罵，和醉漢底迷糊的叫喊留在腦後；他通過那埋着死了的工人的坟場走着。借着遠遠映來的電燈底蒼白的微光，他無意識地辨認着每一個坟堆前面的木牌上所寫的名字。他又繼續朝坡下走，在走近路邊上的在一切坟里最小的一個坟時，他楞住了：「這是老頭子，老頭子吳東，多麼可憐，他天天喊：你們救救我一家呀，上醫院呀，但是誰也救不了他，——咦，他底坟上怎麼沒有木牌。四塊板板，怕，怕，爛了罷？」他口中自言自語地說了出來，於是一種漠然的恐怖壓伏了他了，他底脊背寒涼，他戰慄了。最傷心的，是同類底屍體！然而這里還不祇僅是傷心；……實際上，傷心的這一種情感在礦工們已差不多是沒有了。生命被麻痺了，那麼，就變成絕望的，非人性的恐怖！

石二向山坡下奔走，感到自已是被一種看不見的東西所包裹住了。在一條石板路上徘徊好久，他才鎭定了自已。正在這時候，一個歪歪倒倒的樣子向他撞過來。他立刻認識了；他喚：

「金承德！」

金承德向黑暗裏辨認着，嗅鼻子。

「石二是你，我當是鬼哩？」他矇矓地說；他底聲音是重濁的。

「上哪里去了的，半夜三更？」

「何家壩呀，」金承德帶着猥褻的鼻音沙地說，又怪異地笑了一聲，何家壩有的是酒店，烟館，和賣淫的女人。

「去做甚麼呢？」

「割肉，」金承德更汚穢地笑了。

標「割肉怎麼呢？」石二惱怒地問，閃耀着眼睛。

「就是這麼個樣，」金承德做了一個猥褻的姿勢，同時用左手醒了一下鼻子。石二看出來，他是赤着膊的，他底破服搭在肩膀上。

「化了多少錢？」石二盤問。

「十元。不多。三等貨就要五元。蠻嫩的貨，騷貨。像母馬一樣哩。」

「你發，你發昏嗎？」石二咬着嘴唇，從牙齒縫里說，一面在胸前把手交疊起來。

「都在那里哩，賭錢也好，鴉片也好。……不然，就發悶啊。你去看看罷，包管滿意；無毒無瘡。何運也在哩。」

「哦！」石二彷彿被敲擊了一下，石二是深深地感到自已底嚴重的苦痛和孤獨了。

「哦，要報仇的！」他喃喃着。

他同金承德一齊向坡上走，金承德昏昏地唱着：

「那天晚上。

我底房里有紅光，……亮……光光。……」

石二突然向金承德問：

「你在井里做事，滿意嗎？」

「滿意。」

「胡說。你聽了我底話沒有？」他又憤怒起來了。

「聽了呀！」金承德粗蠢地叫。

「你記得你底老婆，你底家嗎？」

「替日本人生兒……」金承德說着說着，遺失了話句了，他從石二底閃耀的眼睛，從石二底沉重的嚴肅聲調上感覺到了某種壓廹着他使害怕的東西，他口吃了。

「你是要我介紹你上礦上來做事嗎？」石二站住了，揮着粗壯的手。

「哪里都一樣吃飯哩，…你衛護老板。」金承德掙扎着。

「是這樣子？這樣子！」石二怒不可遏了：你在焦廠偷了，偷了十塊錢讓人家趕出來了。你這樣瞎搞不又要偷嗎？」

金承德被傷害得如此之重，——但是在他底靈魂里是有着足夠的東西來抵禦這傷害的，「鬼雜種，像教訓得行哩。」他在心里說，他底臉熱辣起來了，他的嘴角上挂着怯弱的笑。

從石坡路底深黑的一端，響起了脚步聲。漸漸地一個瘦瘦的人影可以辨認了。金承德向人影瞥了一眼，於是驚慌地向山坡上跑去。

石二從背後抓住了他。

「老二！」金承德恐怖地乞憐地叫，想推開石二底手。

瘦子追上來了，于是認出了金承德。

「我認得你叫金承德，你們礦工跑不掉的，」瘦子底頭上浸着淋漓的汗水，他叫着，用手來抱金承德。

金承德因絕望，羞辱而勃發了野性，他揚起他底脚來，踢在瘦子的腰上；於是瘦子，跟着彎下腰去，一面用怪異的聲音喊：

「你少給了五塊錢，天有眼睛呀！…」

「揍你！」

「你不敢！…你要賠，…我們打官司…」瘦子在青石上跳。

「有五塊錢嗎？」石二問金承德。他底眼睛逼視着他。

「沒有，…」金承德困惑地說，

「真的沒有?!」石二嚴厲地望着他。

「有兩塊，…」

「那麼我添三塊！」石二掏出錢來，緊張地凝視着金承德底在褲帶上戰慄的手。

把錢遞給瘦傢伙，石二皺着眉頭，擋住了對方底話：

「滾！再嚕囌就不行了。」

於是瘦家伙彷彿一隻老鼠一般地霎着眼睛，看看金承德又看看石二，走開去了，邊走邊冷冷地唱歌一般地說：

「沒錢就別上何家壩。」

石二回過頭來，向金承德嚴厲地說：

「怎樣，割肉嗎？」

金承德困惑地張着嘴。

風在山坡上吹着，吹來甜蜜的夏夜底氣息，工廠底燈火亮得更清瑩了，它們彷彿都要用熱烈的聲音說起話來，或者，它們是在準備一個合唱。在山坡上，污濁的生命底流靜止了。可憐的女人，被生活底重荷所壓碎的礦工們，他們在夜里也做着被攫奪的夢；（小孩子也夢見被人奪去了一簍子檢來的煤。）因自已尋獲不到一點剩餘的東西而喃喃着。

金承德是很難受了。薔薇是把一切安排得多麼不愜意啊；菩薩不能給礦工女人底嬰孩舖好一張天鵝絨的床，也不能使金承德有很多的錢，有好看的女人。

「你說，有菩薩嗎？」他莊重地問石二。

「胡說。菩薩一分錢可以買一百個。」石二悲憤地叫。

「那麼，不想自巳底媽，老婆，……人也犯罪嗎？」

「要看怎樣的不想，你要是當兵打日本人去了，那麼，不想，不想能；要是你去劏肉，……你就是混蛋。」

「我是混蛋，是混帳王八旦！」金承德咕嚕着，感到自巳要炸裂。

在他們通過坟塲，向坡上走去的時候，金承德還依然在昏昏地咕嚕着：

「一天到晚悶死了，做工，做工…我怕哩…你叫我怎樣辦？…」

石二是曉得怎樣辦的，但是他感到他甚麼也說不出來。

4.

把黑色的褲腿捲在膝蓋上的何運在小路上很快地走着。那長長的腿因爲長久被潮濕的煤氣所浸蝕，又每天用冷水洗擦；所以異樣地發紅。他底腿閃動得這樣快，……沒有一分鐘工夫他就跨過草叢隱沒在庫房的牆壁背後了。

他想在人堆里可以找到石二，然而他祇僅看見金承德。感到要他也亞不時說的非常有區窮丫都話了。他問金承德：

「石二呢？」

「睡覺，在家里睡覺，」金承德滿臉困惑地回答。

「你們在做甚麼？…」

金承德猶豫了一下：向週圍的人凝視着，然後低低地說：

「我們有事，…」

於是何運向人羣射出挑戰的一眼，背轉身走開了。

「這是河南鬼！」在他背後有人低低地罵。

何運頭也不回，他向山坡走去，就在住宅底前面他遇到了石二，石二用一隻手拖着自巳底頸子，在沉思。

「石二！」他喊。

「呃，」石二鬆下手，回過頭來，思想底光浪蒙住了他底臉；他底眼睛露出苦痛的神情。

「我來和你商量一件事。」何運氣喘地說。

「什麼事？」

何運迅速地霎着眼睛，用手拂着冒汗的前額；在這樣的動作里他鎮定了自巳，他說：

「你們湖南人對河南人很不好，恐怕……」

「哦，」石二截斷他，聲音變得憤怒地沙啞：

「你們河南待湖南人好嗎？…」

「不是，」何運的眼睛挑戰底快活地閃耀着：「我說錯了，你也說錯了，不是誰對誰不好…人總是一樣的，…我是說：關係弄得很壞了，昨天在井口就吵了嘴。」

「還要打架的！」石二痛惡地叫，一面向何運投了一眼，（何運正用他他底長腳踏倒了一棵草，又試着把它播豎起來，他底眼睛注視着自巳底光赤的腳）接着，他放低了聲音說：「他們要撤出王菩薩，要上面給錢；上面當然不給。那麼，大家就齊心不上工，…但是他們恨河南班不敬菩薩，恨你們去上工。」

「他們在商量哩，…金承德也在，替菩薩出力，…蠢，蠢！…」何運在泥地上踱走着。那一棵孤獨的草因爲扶不起來，竟被他牽怍踩到泥里去了。

「能夠勸勸的吧，…」石二緊張地瞧着何運，說，一面趕忙咬緊了嘴唇。

何運底額上閃着紫紅色，他突然笑了，笑得那樣快活，並且帶着嘲諷，石二惱怒了。

「我說錯了嗎？…」他兇狠地凝視何運。

「我勸過了呀！…」何運閃着牙齒回答。

「那麼，那麼，…」石二一直瞧到對方底臉孔里去，他想在這臉上發現一些他不了解的東西。他準備好了傷害，突然間：

「你去了何家塲？」

何運望了他一眼，沒有改變聲調回答：

「去了的。」

「去做什麼的？」石二被自巳緊張起來了。

「劏肉呀！」

「好。」準備好攻擊的人沒有準備好防禦：被傷害了的不是何運，而是他自巳。他凝視着何運，他底眼睛燒灼着模糊了。

何連沒有把眼睛避開去，他底發黑的嘴唇逐漸彎曲，微笑變成了一條極細的幾乎不可覺察的皺紋鎖住了他底嘴，在額上，那細細的黑色的皺紋出現得更多了，他底眼睛開始幽暗，變得漂亮了。

「去了的，」他靜靜地說，他底手在前胸絞扭着：「因為，生活…是這樣的苦…苦。」

石二不敢再瞧對方了。他仰起頭來，注覷着一片飄泊的薄雲，「苦…苦…」他在心里絕叫，他底眼睛濕潤了。

「你並不比金承德好多少。…」他同情地說。

「我並不好。」何連說，搖着汚黑的頭，一面翹起嘴唇，他底臉突然漲紅了，這使他底臉完全像小孩子一樣。

「但是並沒有多少關係…」他低低地溫暖着自已；「在將來，在需要我底生命的時候，我何連，二十二歲的礦工…有一條，這樣一條不值錢的命。」他低下了頭，用手撫着自已底胸脯，彷彿在保護着內心底激動。

「要時時刻刻對得起自已。」石二說，他被何連底激動所傳染了。

何連突然抬起頭來，把長髮甩到頂上去，於是閃爍着眼睛，喘氣地說：

「你不要…不要說了。…」

「那麼，你告訴我河南人你們怎樣罷…我總要想辦法的，還件事。」

於是他們長久地談起來了。

礦道底潮濕的空氣侵蝕着金承德，使他作嘔。

他底腳在斜井底木梯上面摸索着。礦燈在他手里閃耀着綠色的不快意的光。在他底前面，後面都有礦工們在摸索。木梯滑膩而泥濘；人底光腳發出膠黏着泥水的聲響。

斜井底支柱上生着霉，腐蝕了，惡劣的氣息壓殖着人底肺。絞車上下着，發出單調而粗澀的聲響滾過人底身邊。這里是五十度，在五十五度的底下，絞車簡直成了直線在降落了。蒼白的光在遠遠的底下照着，映着一些在金承德前面走着的人底幽魂一般的影子。鐵板在下面令人感到恐怖地蔽起來了。于是鐵索戰慄着，絞車又向上拖了；這一次絞車上坐的是一個領班，他粗暴地揮着手，向走在木梯上的礦工們喊：

「快走呀。猪！」

金承德胆怯地望着上昇的絞車，一面灣着腿摸索下一層木梯，在這一瞬間他突然聽到什麼東西掛落的巨響，接着，就是一個幽靈底慘絕的嚎叫。一個礦工在斜梯上滾了五十公尺，鐵爛在斜井底下了。

木梯斷了一級。人們叫讓着。於是憤怒傳染開來了。金紅的火花在人們眼睛里爆炸着。

「明天，明天就接你了；山王菩薩，菩薩，…」一個老礦工戰慄着嘴唇。

於是在人們頂上轟震着石二底苦痛，憤怒的洪亮而尖銳的聲音：

「我們不走這里走，我們要坐絞車；我們，我們…我們是人！」

這聲音走這麼蹦強和固執，這麼確信到野蠻的程度；這麼憤恨和這麼叫人悲慟！一瞬間，它壓伏了礦道里的一切的聲音，蹂躪着每一個人底心。

金承德快要炸裂了，天下竟然也有這樣的事，一秒鐘不到，就跌得稀爛了，石二底聲音竟是這樣地壓着他底胸口和轟擊着他底頭腦啊，突然用一隻手臂蒙着臉，他哭泣了。

「…我們是人，是…石二，…」

他底抽咽飄浮起來。這細小的一面想抑止住的嗚咽彷彿是從石層里發出來的，這石層幾年來吞食了無數的礦工無數的黑色而掙扎的人，現在他們都為着歡迎一個血淋淋的新來者而回憶起來了；他們都覺得要哭泣一下了。

幾個礦工抽咽了；一個「開風門」的八歲的小孩子突然嚎啕大哭起來了，這天真的生命底呼號提示着人們，使他們自已知道在深淵里是跌得怎麼深了，這天真的恐怖的呼號暗示着人們，使他們知道自已離滅亡是多麼近了。它彷彿在抗議着：「我這麼幼小，我為什麼也要死呢！爸爸們，叔叔和哥哥們，爬到上面去罷。」

石二底燃燒的嗓子繼續咆哮着：

「我們上去，不走這里去，我們是人，我們還拜菩薩嗎！我們還不想一想自已嗎！」（灼熱的眼淚滾到他底頰上）「我們，在日本飛機丢炸彈的時候，光拜拜菩薩也行嗎！」

「不，我們不，…」

「我說的不，死也，也不！」

礦工們咆哮了。

當死者底血肉模糊的屍體被絞車拖上來擺在一

號嗣井口的時候，石二因內心的激動而難看地青着臉，絞車台底潮濕的電燈朦朧照着他底肌肉起着稜角的胸脯上；他用手撕着衣服，使他底胸脯更赤裸了。他底眼珠在痙攣的眼窩里發紅地戰慄着，他看着死屍，又看看站在他旁邊的金承德。他突然一下子攫住了金承德的手臂。

「河南人跟我們湖南人有什麼仇？」他暴戾地喊，這聲音同時創傷了他自已，他底眼睛環視着他週圍的人，戰慄蹂躪着他底胸脯；眼淚又一次灼熱着他底眼睛。

5.

在「放拖」的軌道旁，當石二聽到背後棍子底嘶叫，預備逃走的時候，一塊石子絆倒了他，於是重重的狠毒的一棍子落在他底後腦上了，他暈昏了；他底鼻孔里流出了紫黑的血。血液膠黏着煤屑遮蓋了他底青黑的嘴。

從水溝那邊躍過來，在棍子底第二下敲擊里拯救了他的，是何運。

何運鐵鉗地伸出長長的手，抱住了襲擊者底腰：這是一個出壯的河南人。

「不能打！」何運嘶聲喊。

「打死他湖南人，」礦工野獸一般地咆哮，掙扎着，在轉過身子來的時候，他長久地用發紅的可怕的眼睛瞧着何運，於是認識了。

「你幫他忙！」他喊。

「你是我親戚：你知道罷，不能打！」

在這時石二蘇醒了，掙扎着，他坐起來，用迷亂的眼睛瞧着他底仇敵，他底血污的臉抽搐起來了。

「打罷，打罷，」他苦痛地說，閉上了眼睛：但是兄弟，兄弟，我們都是一樣的：一個沒吃沒穿的礦工啊。兄弟，你打好了，但是：：」他舉起手來，拖緊他底喉頭，他底肩膀因為過分的苦痛而慘戰着：「但是，打死了，我們自已打死自已，却便宜別人啊：：」

礦工垂下了他底手；他底面孔發青；他底嘴陷凹着，突然丟下棍子，他背轉身向山坡跑去。

沒有比叫兩隻瘋狗相咬更容易的事了。在災忌的日子，河南班照樣下井，但是不幸的是：井里着了火，燒死了三個人，這仇恨當然就發洩在湖南班身上了。頭一天夜里十點鐘就在澡堂里赤裸裸地打起來了，因為兩隻不同省籍的手同時去取一塊肥皂，於是上面來調解說：「不要打，明天早上十點鐘給你們滿意的答覆。」但是沒有能够等到十點鐘，就爆炸了。

頭天晚上在澡堂里吃了虧的湖南人在清早六點鐘不到就向山坡面進攻（因為河南人底住宅在山上面），而憤怒的北方漢，就一下子從破爛的門里躍出來了。

瘋狂的搏鬥立刻就蔓延到廚房前，放拖的軌道上，……井裏的工人帶着疲乏和病態的憤怒，爬上來了，這都是一羣因絕望而瘋狂的狗。

鐵條，鏟子，扁担，：：在太陽底下閃耀着；它們渴望着血，一個矮矮的礦工被別人追逐着，在山腰上迷失了路，從尖銳地突起的石頭上面翻下來了；於是打擊落在他底渾身，他底頭稀爛了，他底叫喊是那樣的苦痛，竟彷彿使空氣里飛機濺着黑色的血。

房子被打毀了，瘋狂的破壞慾攫獲了人們：人們咀嚼着黑色的大嘴，甚至想用嘴來咬。

整個的礦山，從正常的軌道傾覆了。

金承德在在別人後面，也拿着一根棍子，因為別人是那樣的憤怒和勇敢，他也不好意思胆怯了，但是當他底腰幹上挨了重重的一棍子時，他就向山坡下的麥田里飛逃。

他是那樣地慘抖着，他把他底漆黑的身子完全隱沒在森林里；他伏在潮濕的泥土上面。聽着遠遠傳來的朦朧的喊打聲，他漸漸覺得疲乏起來了。他起初原想逃走，逃開這不愜意的地方的（他是多麼不高興做礦工啊，）但是現在他什麼也不想了，彷彿一切已經遠去，而自己現在是在另外一個世界里了，麥子底香和泥土底醉人的氣息開始完全征服了他，曾經是農民的金承德，他底腳尖深深地踢到土里去；他底鼻子在溫熱的麥泥上摩擦着。他做着迷胡的夢；他底口水流出來流在泥土上。太陽透過長長的茂密的麥棵斑斑地照着他，聽見泥土里有虫子用一種顫抖的音唱着歌，他心醉了。

「乖乖，曲蟮唱歌哩：：」他喃喃着，用手抓着泥土：「糟了哩，他們打死人了啊，到處人殺人：日本人殺中國人，俄國人殺，殺洋鬼子，：：」於是他突然想起句話：「烏龜打王八，王八打烏龜一！」

」他得意地怯弱地笑了。

被調停了，被彈壓了，或者是：意識到了自己做什麼，感到苦痛的戰慄，疲乏了，搏鬥停止了，第二天，人垂頭喪氣地向礦井走去。

現在不走木梯了，是走着長長地向下斜去的，烏黑的礦道：從九十公尺繞到百公尺，祇有變壓器房那里有一盞電燈照着，礦工程那里，赤裸裸的礦工用他底背脊背着拖子，在木軌道上爬着。他們時而喘息，肺病地咳嗽，撅起屁股和背脊來爬一步，時而把手抓緊木軌擋，歇息着。礦燈底蒼白的光照見他們底漆黑的苦楚的臉，和全身的痙攣的背肉。

金承德喝了一些酒，踉踉蹌蹌地向礦道里走去，在下斜道的地方，他看見了隔着三個絞車走過的高個子何連。

何連底臉在藤帽子底圓邊底下閃閃綠色，他在靜靜地走着，當一個包頭布上捲着電泡的瘦弱的礦工用酸酸的調子向旁邊一個說：「借兩口煙抽抽罷，兩口……」的時候，他向他們投了一眼，於是急驟地，彷彿頸子被刺着一般地擺過頭來，他看見了金承德。

「石二好些了，不要緊的！」他向金承德說。

「他在病房里？」金承德問。

「你還不知道嗎？七號。」

金承德突然想起石二對自已那麼好，而自已對他底受傷却那樣不注意，於是深深地感覺到良心底不安。

「知道，知道的！」他困惑地回答，「今天我而還要去看他哩！」

何連看了他一眼，從舍道轉向一號井去了。

何連底眼光深深地惱怒了金承德。他惡意地咒罵着，踉踉地向漆黑的鬱熱的礦道走去。他底不安這一次沒有能很快地就消逝。他越向礦道底下走就越惶恐；石二底嚴厲而苦惱的影子是那末厲害地纏繞了他，他覺得呼吸窒塞。他做了多對不起自已和對不起別人的事啊，這一下他全完都想起來了。一切全不適意，全絕望着。……在風門前面，他向壁角里那個瑟縮的小孩子站住了。

「你幾歲了？」他問。他學着石二底口氣。他並不向已經拉開的門洞走。

「七歲。」小孩回答，懼怕畏縮着。

「你多少錢一個月？」

「半塊錢一天。」小孩說，把漆黑的小拳頭放在嘴邊。

「半塊。」金承德莫名其妙地憐憫小孩子，他突然難受得很。「一個月十五塊呀！」他加上說。

「這全是不值得的事，假若就這樣地過一生……」他想，用着礦燈，向風門走去。一些赤裸的，暗濟的影子在曖昧的光線里移動着。煤層發出剝落的響聲。一個滿載着煤的拖子被推過去了；于是看見在礦牆底下，一個漢子俯頭在膝蓋上，衝動地哭泣着。

「你，幹活呀！」包工走上來，重重地向他肩頭上踢着。

所有的人全默默地，彷彿沒有看到這件事；然金承德突然眼睛酸楚。他垂着頭穿過水原房，一面在心里喊叫

「你，幹活呀！」

他抓上了鍬。然而他一鍬也不挪。他癡呆地瞻着層礦。

「現在是不公道的天下啊……」他想，「我金承德的麼娘被日本兒子要了，我在這里也算完了。我不幹了啊，一定不幹了。」

他憎恨地擲去了工具。

他向絞車台那里望去。在燈光下，幾個漢子無聲地交換着車輛。車子換好了，鐵索就咆哮起來。他向絞車台走去，在斜井底下站住了。一個工人伏在空車箱里被送下來了。他認識了那是何連。

「你不上工嗎？」何連向他說。

「不，偏不上！」金承德猛然地驕傲地說。他故意地避開何連；他向二蓮子進一條岔管礦道走去。站在漆黑里，傾聽着，他底胸口突然兇兇地怦跳起來了。

他感到口喝；又想抽煙。他混亂極了。他底臉被畫出在從絞車台映來的微光里。它是黑綠色的。他底手臂也呈顯着陰鬱的顏色。……金承德惶恐極了，傷心極了；他離開家，離開他底母親和妻子，離開他底他們一家人靠它活命的土地已經三年了。他去當兵，不成；他做一個工人，也不成。在一切里面他顯得蠢笨而又狡猾，貪饞而又頑固。人們總在欺侮他，世界總在播弄他，現在，他是落在這墳墓一樣的礦井里了。他看不見一線光亮，他不能知道他將要有怎樣的結果。……

「去你底媽！」他罵，「我地去了去！」

還麼着閉上眼睛。

「不，有什麼好種呢？還不是一樣嗎？就……

樣能。」他模糊地告訴自己。他不知不覺地走着，現在是站在深水井面前了。深水井尚未竣工他走向標記着有危險的紅燈；這紅燈彷彿一隻大的中虫飛樸進金承德底迷亂的眼睛。他渾身發燒，昏一昏是身向淚着美麗的紅光的瀞戀的水。一瞬間，地面在他脚下旋轉，迸裂；他來不及叫喊，就被投到空中去了。金承德沉沒了，——騰山依然是陰鬱的和興高采烈的；它吞沒和忘掉這一個黑色的子孫，像吞沒和忘掉別一個一樣。

一天以後，頭上包裹着白布的石二和他底女人來到坟場上。他們站立在金承德底墓前。

「金承德！」石二嚴肅地喊，望着坟前的木牌。他底聲音在草深處飄蕩着。

女人慘慘地號着她底丈夫；她底眼睛被淚水弄濕了。

「他死了，金承德！」石二說。

「他跌死了。」女人不解地回答，用手撫着破爛的衣角。

「是呀！他跌死了；我呢？我也要跌死的……讓我們……」

「石二！」女人恐怖地叫，盯住石二底邊上黑暗的光浪的額。

「所有的人全把他忘記了；他可憐，他像畜牲一樣，」石二被顯激昂的情感把臉弄紅了，「但是我下，我……我透不過氣來了。」

「老二呀！」女人抓住他底手。

「我們走罷。……金承德……」石二模糊地喚。

女人瞧一瞧丈夫，又瞧一瞧坟墓，於是突然地以一種出人意料之外的姿勢撲倒在坟前了。

「金承德啊，要，要保佑你的……你多麼可憐啊，」女人低低地哭，「你家里還以為你，啊，你底……你若有靈，你保佑石二他……」

「要保佑的！」石二悲痛地說；臭水突然湧出在他底瘦削的面頰上；「哦……要報仇的……」

態間山坡下的平坦的曠野，向曠野上高立着的廠房和煙突伸出他底強壯的手臂。

一九四〇，冬天。

泥土的夢

杜谷

泥土的夢是黑色的
當春天悄悄爬行在北溫帶的日子
泥土有最美麗的夢
泥土有綠鬱的夢
葱蘢的夢
繁花的夢
發散着素蜜的酒香的夢
金色的穀粒的夢
它在夢中聽見了
田間的刈草鐮
和風車水磨轉動的聲音
和牲牛低沈的鳴叫
和在溫暖的池沼
划着橘色的蹼的白鵝的歌曲
它在夢中聽見了布穀鳥
和斑鳩和紅襟雀的歌
和河岸上孩子們奔跑的腳步

我們那從南方回來的漂亮的旅客
太陽，正用它金色的修長的睫毛
搔癢着它
春風又吹着它隆起的乳房
它秀美的長髮
它紅綢的裏衣
又吹接着它的寬大的
印花布衫的衣角
而一天裏是
曠野降下滂沱的大雨了
雨以它密密的柔和的小嘴
不停地吻着泥土
熱情地搖撼着泥土
激動地撫摸着泥土
泥土漸漸從夢里醒來
慢慢睜開它的[illegible]而黑的大眼
它眼里充滿了喜悅的淚
看我們的泥土是懷孕了！

四一•三日、

小敘事詩集

田間

回隊

一

大包
想到他底老婆，
又睡不着覺。

「我怕打仗，
我怕過這種生活……」

二

這傢伙
這傢伙
到底從隊伍裏
溜掉。

三

（天曉得呵！）
連村莊，
都向他微笑

一切的人
都向他
微笑……
「喲，你回來了！」

爲了
大包
是個戰士，
那身上
像披滿着
人類的，
光榮。

嘿！
連村莊
都向他微笑
一切的人
都向他
微笑。

四

老婆
忙了一天
到晚上，
回家了。

她工作在婦女會，
那麼活躍！
那麼活躍！
實在呀，
（好像
她沒有乳房，
她沒有小脚。）
那麼活躍！
活躍！

老婆
帶着男人般的勇敢，
好快活地，
走到門口。
她歌唱着，
劃着
洋火。

五

「你跑到外面搞些什麼，
壞貨……」

大包
大包
一看到老婆就嫉妬。

六

這時候
屋子亮了啦。

炕上——
堆滿着
籃色的
大鞋。
綠棉襖
也在炕上
雞啼。

（大包
把眞理
當作
羞恥。
大包
把眞理
當作
無賴。）

大包
伸起拳頭
漲起臉皮

又來罵街。
這時候
燈火紅了啦。

七

無聲地
無聲地
老婆
剝開棒子。
老婆
煮好棒子。
把棒子
棒給丈夫。
…………

八

夜
又滾開了。
全村莊
還是
明亮

老婆
起得很早，
就預備
往婦女會跑。
「不許你出去！」
大包
嚥喝着。
大包
嚥喝着。

九

「許你抗日，
不許我抗日嗎？」
老婆走掉！

十

老婆走掉。
她
帶着男人般的強硬
把婦救會
當做家庭。
（她以曾經
愛過丈夫的熱心
來做事情）

十一

大包
孤獨了。
而且無聊了。

十二

連村莊
都向他疑問，
一切的人
都向他
疑問…………
……你要回隊嗎？……

十三

大包
傷苦痛
也許
要發瘋

十四

而老婆
都高興得要死。
像過着少女時候的日子
抱着邊區政府的獎旗
回到家裏！

十五

大包不敢隨便說話，
顯出可憐
「我倒比不上我的老婆!?……」

十六

「老婆！
原諒我。
我
是犯了錯誤
因爲我偷偷地
跑出隊伍。」……

十七

大包回去了。

騾上

正在

等候他！

騾夫

一、

一營人，

經過很小的村莊⋯

那是在晚上。

土房子裏，

早點着火。

（再遲一會，

也許要熄過。）

一營人，

模模糊糊。

二、

李剛，

在摸黑。

拉出他底大背騾，

打算給牠喝水。

到河邊去！

三、

到河邊去

李剛底

血肉

觸觸

三個箱蓋。

他望着

山溝，

隊伍。

早已開走。

四、

—再挑皮

我叫你死⋯⋯

而鞭子

卻向

無限的

山溝

灰暗的

山溝

Pia. Pia.

一節一節地滾去。

騾，

又踢上

兩腿；

走開了呵！

五、

騾踢碰着石塊

砸砸地

發出火花

在後邊，

李剛

開始

亂喝

也夾着亂七八糟的揷話

這箱子

裏面．

是啥玩意？

我我，

我一定要把它

送到大隊部

六、

聲音

陡然

歇下來⋯⋯

他摸到

自己底血。

一大塊

從脚後跟

無情地

流開。

聲音，

再從地上升起⋯⋯

七、

—哼！

死畜牲

—回來

我和你算賬
死畜牲……

八、

輕輕地
寬恕地
那粗大的身腰
還是挨近畜牲呵。

他！
伸出手指
不歇地
揀着
鬚毛。

九、

無限的
山溝，
灰暗的
山溝，
越來越黑，
從黑色里
來的……
極潮濕的
大黑點，
佈滿
山溝。

十、

李剛！
他脫下自己深藍的短褂，
蓋住
大背騾與木頭箱呀，

十一、

夜的生活，
快完了，

無限的
山溝，
灰暗的
山溝，
也要很亮，很好……

十二、

第二天：

（晉察冀邊區
第一個人民
那么早！那么早！）
那大隊部遺失底幾千發子彈
由李剛
送到！

一桿槍和一個張義

「天氣越冷
仗打得越有勁！」
——戰士張義說的

呵，下大雪的天氣！
槍聲，
從雪上
嚮起，
嚮起……

好得很
痛快得很，
紅鼻子也不
淌鼻涕；

血都發熱
實在像戰斗
一般激烈，
一般可喜。

天氣越冷，
仗打得越有勁，
哈，
越有勁！

是第一個
打槍的，
張義；
道地的冀中人哩。

把大棉襖
翻過來，
我們底張義，
守住陣地。

張義，
他哼着
晉察冀！晉察冀！……
手靠着槍機。

敵人
攻來了，

只有十來米遠，
還不要緊。
呵下大雪的天氣！

子彈
像雪片，
滿山，
滿野。

張義這一班，
在對峙；
沉着地
向敵人射擊。

總指揮呵。
要外面把敵人包圍，
要裏面的，
馬上撤退；

裏面的，
撤退，
張義摟住武器，
讓到雪裏。

哈！
他拿雪埋伏自己
讓敵人
從身上過去。

一桿槍
和一個張義，
好好地，
好好地。

槍聲，
又從雪上
嚮起，
嚮起……

我底自白

V·馬耶可夫斯基作

主題

我是一個詩人。這是使我發生興趣的事。這也就是我所要寫的。還有，我的愛悅，或是不計一切的冒險，或是對于高加索的美景的頌讚——都將隨着我的字跡而留存下來。

記憶

布爾留克（一）會說：馬耶可夫的記憶正如通達波爾塔瓦（Pojtava）者的道路一樣——每一個人都會在這條路上留下他的靴印。但是我却記不清人們的面孔和日子了。我只記得在一一〇〇年曾有某『閥閱世家』遷移到什麼地方去。我想不起這個事件的細節來，但這一定是一個重大事件。爲記憶方便起見——『此事記于五月二日，在巴夫洛夫斯克泉水旁。——便就一切沒有問題了。因此我將在時日的海裏自由地游泳着。

大事

誕生于七月七日，一八九四年或是一八九三年——媽媽的意思和父親的記載幷不符合。但總之確是不會再早于此的（二）。生地是——喬治亞，庫太西省，巴格達匠村。

家屬

父親：烏拉地米爾·康斯坦丁諾維奇（巴格達匠森林區守園官），一九〇六年逝世。

媽媽：亞歷山德娜·亞歷克舍耶夫娜。

姊妹：一、柳達，

二、阿里亞。

還有一個姑母阿柳塔。顯然再也沒有別的姓馬耶可夫斯基的了。

第一個回憶

圖畫的概念。地點不知道。冬天。父親訂有一份叫做『祖國』的雜誌。這雜誌還有一個富于諷刺與幽默的增刊。那上面談着和期許着一些有趣的事物。父親走來走去唱着『Allons entants de La pachiti i』（三）。『祖國』按期寄到了。我打開了它，禁不住歡呼起來：『多麼有趣啊！一個女人和一位叔叔擁吻！』大家全都笑起來。後來當增刊每一寄到。便確有一些引人發笑的東西，這也就使得他們總是取笑我了。我們對于圖片與幽默的概念便是這麼不同了的。

第二個回憶

詩歌的概念。夏天。許多賓客。長得高而漂亮的學生——B·p·格魯希可夫斯基（四）。他在繪畫。一本皮面的畫册。美麗的紙張。紙面上畫着一個沒穿褲子的瘦長的人（或許是褲子穿得太緊）站在鏡子前面。這個人物的題記是『歐根奧涅金』（五）。波利亞和這圖畫裏的人物都是瘦長的。畫得很清楚。那時我想波利亞該就是歐根·奧涅金這小夥子吧。這個見意保持了三年之久。

實生活的概念。晚上。爸爸和媽媽在隔壁房間裏不斷地絮語着。談着鋼琴的事。澈夜未眠。其中有一句話始終在我的腦筋裏反覆着而到了早上更加速地運行了：『爸爸，什麼叫做分期付欵計劃呢？』聽了他的解釋之後，異常高興。

第三個回憶

惡習

夏天。驚人的衆多的來客。無盡的酬筵。父親誇讚着我的記憶力。于是在每一次酬筵上，都要我來背誦詩歌。我還記得一首曾在父親的謌筵上背誦過的詩：

『從前在那雄大的

親屬的羣山之前………』（六）

『親屬的』這一個字眼激動了我。他們是誰我可不知道，但在實生活中他們卻沒有和我碰面過。後來我才知道，那就是含有『詩意』的字眼，因而開始暗暗地增惡起它來了。

浪漫主義的根源

最初所住的屋子我還很清楚地記得。是一座兩層樓房。第二層便是我們所住的。下層是一個造酒廠。每年一次那兒擱着許多車的葡萄。葡萄都是榨過了的。我吃着這。他們卻飲着酒。四近全是靠近巴格達底的遠古的喬治亞人砲台的領地。砲台周圍是一座方形的封建城垣。在城牆的四角都沒有砲位。城牆外面是城壕。——再那面是森林和胡狼。高出于森林之上的是山脊。植物繁生着。一直長到最高處。羣山向北逐漸低下去。在北面的連山之間有一處中斷。在那邊，我幻想着，便是俄羅斯。很強烈地渴望着到那邊去。

不尋常的事

七歲大的時候。父親帶着我騎在馬背上，沿着森林的四周游走。到一處隘口、天已晚。大霧。我甚至連父親也看不清。那是一條很窄的走道。父親的手肘顯然碰着了野玫瑰的花枝。那花枝上的刺刺着我的面頰。幾乎哭起來。拔去了刺。一轉瞬間，霧和雨都消失了。在那突破霧的地方，在我們腳下，比白晝還明亮。那是電燈光。拉卡西兹親王的鋸釘廠。在看見過電燈之後，就失掉了對自然的興趣。那是太不够時髦了。

學習

受敎于母親和多式多樣的女親眷。對于數學似乎沒有天才。分蘋果與梨子給孩子們是要數數的。但我卻總是不計數地收受和分給菓子。高加索的菓產很豐饒。我愉快地學會了讀書。

第一本書

是『賣鳥人阿格菲亞』（八）那一類的書。那時還有不少的這樣的書送到我面前來。我幾乎要一概不讀了。幸好第二本是『唐·吉訶德』，這是一本書呀！自己做了木的長劍和費牌，對一切事物都進行戰鬥。

攷試

從巴格達底搬家到庫太斯。中學的入學攷試。攷過了。關于「錨」的問題（我的袖口上正繡着錨）——回答得很好。但是學校牧師問我『什麼叫做「阿可」（Oko）呢？』我卻答道是『三戈』（這是喬治亞語的意思）。那些溫和的考試員們給我解釋說了『可阿乃是古代教會所用的斯拉夫語『眼睛』的意思。』于是我在最後竟失敗。』從此我對一切凡是古代的教會的斯拉夫語的東西都懷着憤恨。很可能地我的未來主義，我的無神論，以及我的國際主義便是從此發生的。

中學校

預備班——第一班和第二班。名列前茅。成績優良。讀着久勒，維納（Jules Vunes）的書。看得一切東西都是幻想的。有一位生髯子的先生發現了我有藝術的才能。于是義務地教導着我。

日俄戰爭時期

家裏雜誌報章的數目增多了。『俄羅斯紀事報』，『俄羅斯語言』，『俄羅斯財富』，等等。這一切全都讀着。受了莫大的鼓舞。給着巡洋艦的明信片是我快樂的源泉。把它們放大而且複寫出來。這時在俄文裏「宣言」這字開始出現。宣言是由喬治亞人貼出來的。喬治亞人却被哥薩克人所絞死。我的好友們都是喬治亞人。我開始了憎恨哥薩克人。

非法

我的姊姊從莫斯科來。她快樂非常。偷偷地給了我很多長的傳單。這很投我所好。可是非常危險。甚至現在也還記得。這第一張是：

『你想想罷，我的同志，你想想吧，我的兄弟。
快把你的來福槍，
丟在地上。』

另外還有一張，它的結末是：

『否則，唯一的路便是——
把你的兒子。老婆和媽媽
都給了德國人。』（九）

（關于沙皇）

這就是革命。這就是詩。革命與詩就這麼混合在我的腦筋裏了。

一九〇五年

無意于讀書。得的是低分數。因爲石塊打破了我的頭（在里翁河邊與人口角）——得到特許乃完成了考試。對于我，革命是這樣開始的：我的好朋友，愛希多，一個牧師的廚子，他赤着脚，跳上了灶——高興着亞力克漢諾夫將軍的被殺。他是喬治亞的『和事老』。無數的遊行示威和集會。我也參加進去了。這是怪好玩的。如繪地想着那些參加者們。無政府主義者是黑色的，社會革命黨人是紅色的，社會民主黨人是藍色的，聯合黨人們却是別的顏色。

社會主義

演說。報紙。從它們所生吞活剝來的都只是些不熟習的詞句和觀念。要求着自己的解釋。書店的窗櫥裏擺滿了小冊子。『暴風雨的白特利』（十一）。都是同樣的書。把它們全都買來。每晨六時是即起。貪婪地讀着。第一本：「打倒社會民主黨！」第二本：「經濟學講話」。我完全驚奇着社會主義者怎麼能夠說明那些複雜的事實而使世界系統化。我想，該看普巴庚著的「讀什麼」（十二）。讀着他所介紹的東西。有一大堆我所不了解的。到處質疑。加入了一個馬克思主義研究團體，他們大概是「歐佛綱領」中的人。自認爲是一個社會民主黨人。偷了父親的那些鋸短了的槍并把它們帶到社會民主黨委員會去。拉薩爾很合我的口胃。這一定是因爲他還沒有髯子。還很年青。把拉薩爾當作了狄摩西尼斯（按：西歷紀元前三百多年的希臘演說家）。很想到里翁去，并且發表演說，口裏也含了石子。

反動時期

據我看來，它從下述事件開始。在恐怖時期（或許是在警察襲擊之後）的紀念波曼（十三）的遊行示威上，我（已經倒下來了）覺得有一個大鼓敲着我的頭。我嚇慌了。以爲我已被打壞了。

一九〇六年

父親死了，剌傷了他的手指（在裝釘報紙的時候。）血液中毒。從此我就討厭針。家業凋零。在父親安葬之後我們只剩下三個盧布。本能地，狂熱地，我們賣掉了棹椅，移居到莫斯科。爲什麼呢？那兒連一個熟人也沒有。

旅途

巴庫是最好的地方。有起重機，水塔，和最好的香料——油；其次是那些平野。一直至沙漠。

莫斯科

投宿于拉諸莫夫斯基（十四）。勃萊特里可夫家——是我姐姐的朋友。次晨取水道赴莫斯科。在布隆拉亞街上租了一間小屋。

莫斯科生活

吃得很壞。取費十盧布一月。我和兩個姊姊都上了學。媽媽招了一些房客。屋宇破敗。住的是些窮學生們。社會主義者們。記憶着伐斯亞，坎德拉基——我所看見的第一個布爾雪維克。

愉快的事

叫我去買煤油。值五個盧布。却換回了十四盧布五十戈比。淨賺十個盧布。良心不安。在店舖周圍繞繞兩次。那時已讀了「歐佛綱領」（十五）。誰會付出這錢呢，是店主或是櫃台後面的那個人？——悄悄地問他——說是店主！買了四個有糖衣的葡萄糕來吃。帶着剩下的錢到巴特利雅奇池（十六）去划船。從此以後就不願再見有糖的衣葡萄糕了。

工作

家裏沒有錢。要去燒炭用來畫畫。尤其記得復活節的彩蛋。圓圓的，旋轉着，像門似的發着軋軋聲。這些蛋是在列格林拉亞街的手工藝品商店裏以至十五戈比一枚的價格出賣的。自那以後，對于比門（十七）的俄國式的手工藝品，我便有着一種神聖的憎恨。

中學校

一直升到中學校的第五班。分數越來越壞。桌子下面擱着反杜林論（十八）。

閱讀

一點也不接收純文藝作品。讀的是哲學，黑格爾，自然科學。但主要的是馬克思主義。沒有比馬克思的「導言」（十九）更能引起我的興趣的藝術作品了。學生宿舍變成了地下工作的中心。「巷戰教程」之類。還很清楚地記得藍色封面的列寧底「兩個策略」一書。對于那被切掉了的書頁的邊緣爲激賞。這是由于要神秘運進來的緣故。這是極端經濟的審美觀念。

第一首歪詩

第三中學出版了一個叫「浪潮」的非法刊物。我忿忿不平。他人能寫，我不能麼？于是就開始亂寫。結果是寫得革命得可怕也糊塗得可怕。現在連一句也記不起了。寫了第二首詩。結局是一首抒情的。并不認爲這樣的實踐是和我的『社會主義的尊嚴感』適合的，因此便完全停止寫下去了。

黨

一九〇八年。參加了俄羅斯社會民主工黨（布爾塞維克）。受了商業與工業方面的考試。合了格。成爲宣傳家。在麵包匠中進行宣傳工作，其次是鞋匠，最後是印刷工人。在城市會議上被選入莫斯科委員會。在「康斯丹丁同志」的假名下進行活動。

被捕

在搜查格魯吉尼（二二）時被捕。在我們的非法的印刷所內。嚼爛而且嚥下了筆記簿。在那封面上是列有許多住址的。普列斯尼亞警察局。祕密警察。蘇士切夫斯凱亞警察局。檢察官波爾丹洛夫斯基（顯然他是自以爲很狡黠的）口授要我筆錄：我的罪名是擅寫文告。不斷地寫着錯字。把Social-Democracis寫成了 Soebal-dimocratic這一點詭計竟愚弄了他們。得以取保釋放出來。使我詫異的是在警察局裏發現了阿志巴綏夫的「沙寧」（二三）并且讀了它。爲了某種原因，這部書是在每一個警察局裏都找得出的。這顯然是要使靈魂麻醉的意思。

釋放了。黨的工作的一年。

第二次被捕

我們的同住的人們在達干卡（二四）下面掘了一條地道。釋放女囚犯們。有效地給羅文斯基監獄的囚犯們安排了脫逃。我被抓住了（二五）。搜出了手槍和非法的文學書籍。我不願坐監。在那裏大事吵鬧。從一個警察局移到一個警察局——巴斯馬拉亞，米斯干斯凱亞，米雅斯里茨凱亞等等。最後是布台爾基（二六）。獨囚在一百零三號監房。

布台爾基的十一個月

這是我的最重要的時期。在三年的理論和實際工作之後，開始博覽文學作品。讀完了一切最新出的作品。象徵派的白利（Bely），巴爾蒙（Balmont）。分析着那些形式上的改革。但所有這些都和我不對勁。他們的主題和想像都是從一個非我所有的那種生活裏汲取出來的。企圖對別的事試也那樣寫法。但發覺了要把別的事物寫成那樣子是不可能的。結果是如下的平庸的無病呻吟的東西：

森林穿着黃色
和紫色的袍
太陽的火光在教堂的圓屋頂上
跳躍
我期待着：但時日一月一月地
消逝了，
那千百的慵困的日子。

寫了一整抄本的這樣的詩。謝謝那些使我得以離開它的那些獄吏們，把我釋放了。否則這會要印成書的！在傾向過同時代作家之後，我又醉心于古典文學——拜倫，莎士比亞，托爾斯泰。最後一本書是——安娜。卡列尼娜。還沒有讀完它。一天晚上人們叫我『收拾行李』。因此竟不知道卡列林的事情是怎麽完結的。我被釋放了。本該流放土魯克汗斯克（二七）三年的。（

祕密警察如此決定）。父親的朋友，馬克莫德貝可夫，却承認加于檔定他的并向枯爾洛夫（二八）說情把我釋放出來。

當在監獄裏的時候，他們還企圖揭發前罪（二九）——但那是不是法定年齡的犯罪。在警察的監視和賓執負責的情況下從拘留所裏釋放。

所謂進退兩難

帶着激動的心情走出來。我所讀過的作家都是些所謂偉大的作家。但要寫得比他們更好是多麼容易呀！我早已獲得了一種正確的世界觀。我只需要藝術經驗。我在哪兒可以找到它呢？我還是一個半生不熟的傢伙。我需要完全的訓練。我已被好些中學校趕了出來，甚至斯賴洛干洛夫斯基（三〇）也斥退了我。留在黨裏就要做地下工作。而做地下工作，據我看來，就似乎是不能完成我的學習。我所要做的——不過是寫一批的傳單和重新編排那從一些正確的書上所獲得的觀念而已，而這些觀念又還并非我所弄透澈了的。如果我所讀得的東西都傾倒完了，那還能留下些什麼呢？馬克思主義的方法。也許它算是爲一個孩子所把握住了。但也只有當一個人武裝着他自己的思想的時候，才能把這方法運用自如。但當我遇到敵手的時候呢？總之我不會比白利寫得更好。他很有精神地說出他所要說的——『我向天拋出了一個波羅密』而同時我却無病呻吟着『千百的慵困的日子』。好的，就讓別的人留在黨裏吧。他們將來還可以進大學（高等教育——我還不知道它究竟是什麼——實際上我只是滿心崇敬而已！）

我能建立起什麼來對抗那曾經壓倒過我的過去的美學呢？難道革命沒有要求過嚴格的訓練麼？（。我找米德維可夫，一個黨的同志；想創造社會主義的藝術，他長久地嘲笑着；說我沒有能耐。現在我仍然認爲是估低了我的能力。我停止了黨的工作一逕去學習！

藝人生活的開始

似乎我已不能寫詩了。一些嘗試都是可憐的。于是就轉到繪畫上去。在楚使夫斯基的指導下學習着。和一些年青的太太們一同繪着銀茶器。一年以後認清了自己應該從事發紐和編織。又到卡林那里夫。現實主義者。當得很好，極好的教師。嚴格得很。

我的要求是——過藝人生活或是成爲喬爾琛（譯者按：但是當時或以前的一個有名 家。）不能容忍一切美好的東西。

最後的學校

讀了一年的『獵袋』。進了繪畫，彫刻與建築學校。這是惟一的一個不要求好品行的證明的地方。工作得很好。我很驚異地發覺了那些模仿者都得到寵愛而獨出心裁者反而受辱。出于革命的天性，我擁護那些受辱的人。

大衛・布爾留克

在這學校裏出現了布爾留克。傲慢的面貌。戴着長柄眼鏡。穿大禮服。時而愛散步散步，時而愛哼哼唧唧。我公然侮辱他幾乎動武。

在吸煙室裏

集會。音樂會上。演奏着拉赫馬尼諾夫的『死屍島』。從難耐的旋律的厭倦狀態中逃避出來。一分鐘之後，布爾留克也逃了出來。兩人忍不住縱身大笑。雙雙出去散步。

最可紀念的一夜

談話。從對于拉赫馬尼諾夫的厭倦談到學校的厭倦，從學校的厭倦談到整個古典作品範圍內的厭倦。大衛有着較他同時代人走得更快的一個作家那樣的憤懣，而我，却有沉湎于那古舊的不可避免的厄運的一個社會主義者的熱情。那時便已孕育了俄國未來主義的思想。

次日

第二天做了一首詩，亂，是一些斷片。寫得不好。沒有地方發表。晚上。在斯列廉卡林蔭道上。把我的作品讀給布爾留克聽。說是我的一個朋友作的，大衛停了下來，上下打量着我，歡呼道：『這是你自己寫的！你是一個天才呀？』這種誇張的和不應得的稱號使我大喜過望。我便醉心于詩歌了。那天晚上太驟然地我變成了一個詩人。

布爾留克的怪癖

早晨，布爾留克介紹我給一個什麼人，誇稱說：『你不認識他嗎。這是我的天才朋友。名詩人馬使夫斯基』。我極力阻止他。布爾留克却是一個倔強的傢伙。在離開我的時候，他吆喝道：『現在寫下去吧，否則你會使我像條一個十足的傻瓜了。』

成日地寫

必須要寫。寫了我的第一首詩（作爲一個職業詩人來講——這詩是發表了的）『紅與白』及其他。

精細的布爾留克

即在現在我想起大衛來也還是懷着不變的敬愛的。一個奇怪的朋友。我的眞實的導師。布爾留克使我成爲了詩人。讀着一些法國和德國詩人的作品給我聽。給了我好些書。在周圍不停地踱着和走着，從不讓我離開他的視線

。每天給我五十戈比，因而我在寫詩時不致有凍餓之苦。

他在聖誕節時帶我到『新比背』去（三一）。隨身帶着『波特』酒和別的東西。

『耳光』

從『新比背』回來。如果說還沒有明晰的觀念，可是有了明晰地雖然是微弱的語調了。克東卜里可夫（三二）在莫斯科。他的靜穆的天才在那時是全爲喧囂的大衛所掩蓋着的。這兒還有克魯青尼克（三三）——善於詭辯的未來主義者。

經過幾個詩情橫溢的夜晚，我們產生了一個聯合宣言。大衛把材料蒐集起來，抄寫了它，出版并命名爲『給公衆嗜好一記耳光』（三四）。

事情開始進行

『鑽石寶克』（三五）呈現了。大論戰。我和大衛發表着熱烈的演說。新聞紙上充滿了未來主義。語詞都是不太文雅的。例如他們把我叫做天真的『母狼的兒子』。

黃色工服

沒有成套的衣服。只有兩件工人罩衫——樣子難看得很。勉強用一條領帶來裝飾一下。沒有錢。從我的姐姐那兒找來一條黃緞帶。把它纏在我的頸項上。壯觀。似乎一個人的最顯明和最漂亮的東西就是他的領結了，顯然，如果你增加了領結的大小，你也就增加了觀瞻。由于領結的大小究竟是有限度的，我便只有賣弄我的聰明了。我做成一件有領結的襯衫或是連在襯衫上的領結。給人的印象是——不得不讚嘆。

自然的事

藝術的大本營却在咬牙切齒了。列伏夫親王，藝術學校的主持人。建議我們停止批評和煽動。我們拒絕了。

「藝術家們」的校務會議便把我們逐出了學校。

愉快的一年

週游俄羅斯。到處演講。各省長官都小心提防着。在里可萊耶夫，人們告訴我們，不要涉及當局也不要談到普式庚。幾乎每當演講着一張開他的嘴巴，警察就來禁止我們的演講了。我們這隊佰瓦希亞·卡門斯基（Vasia Kamensky）也來參加，他是一個最年老的未來主義者。

對于我，這是一個鍛鍊形式的時期，熟諳詩歌語言的時期。

出版家們都不來礁我們。他們那資本家的鼻子嗅出了我們是施放炸藥的人。他們甚至一行詩也不買我的。

當在莫斯科的時候，我們經常睡在大街上。

這個時期的君臨一切的事件乃是悲劇「烏拉地米爾·馬耶可夫斯基」。出版于聖彼得堡的勢拉公園內（三六）。它被糟塌得體無完膚。

一九一四年初

一種熟練藝人的感覺。已經能夠把握我的一些主題了。提出了主題的問題。殖切地。革命的主題，那時我正在構思「穿褲子的雲」（三七）。

戰爭

興奮地迎接着它。首先所想到的是它的那些誇張而熱鬧的場面。寫「宣戰了」一詩。繪着訂製的傳單。

八月

第一次接觸。戰爭的恐怖是正面着我們了。討厭的戰爭。後方還更爲討厭。一談到戰爭，就很想去看看。極力要從軍。沒有被接收——不信任。縱使是莫爾第上校（三八），也有一個很好的理想。

冬天

討厭而且憎惡戰爭。寫着「啊，閉起來，啊，把新聞紙的眼睛閉起來」（三九）等詩。

失掉了對藝術的一切興趣。

五月

得到了六十五個盧布。到芬蘭的柯克卡拉夫。柯克卡拉

七友制（七人輪流請客）。建立了七頓晚餐的友誼。星期日「吃」楚可夫斯基。星期一，伊夫伊列洛夫，餘類推。星期四是比較壞的——吃雷賓（四〇）的草。對于一個未來主義者，只有六隻是便不能做什麼事。

黃昏時總是沿着沙灘散步，寫成穿「褲子的雲」。

增高了對于即將到來的革命的警覺。

旅行到樸斯塔馬區去。會着馬克西姆，高爾基。把「雲」的某些部分讀給他聽。高爾基激動了——靠在我的肩膀上飲泣着。這詩感動了他。我微微地感到驕傲。

新沙蒂利康

六十五個盧布很容易而且毫不心痛地花光了。靠奇着什麼都吃。開始給

快結實了的葡萄園呢，還是惦記起過去在一起兒鬥爭過來的伙伴？告訴你，他們都在倔強的活着啊！海的兒子，是決不會像膿包似溫順地匍匐在仇敵的腳下的。

海怒嘯着，遲早它要把那殺人不眨眼的日本強盜吞進肚裏。你會看到你的爸爸，那個老水手，你的哥哥，那個瘦弱的輪機匠。林丹，現在如果他們要知道你的話呀，那噙着淚珠的眼睛裏，怕不會閃閃着春天的陽光麼！

他們簡直要笑了。

記兩位工友同志的談話

我打小兒在泥堆裏滾大的，講到學習眞是壓根兒別想，一來老子娘供不起，再說自己也不愛幹。那時候肚子餓的緊誰有心事啃那玩藝兒。自從參加了××軍，學會了做牆報，算算術，解決一些問題。朋友來信，也能湊付着覆覆。最稱心的是自己能看報，曉得國家大事。」

這是一個鉗工阿昌的自述。讓我們再舉一個另外的例子來看吧。機工班的班長謝龍在一次班會上他引證了這樣的事實去規勸那個想拿不上課不學習來威脅工會的同志。他這樣講：

「究竟咱們想想看，不學習是誰吃虧呢？我現在先講我自己。從前剛來的那時候，我就不愛上課，一下工愛到對門小飯舖裏睡大覺聊天。你要我幹活，誰我不胆怯他，就是一提到學習，我就頭痛，實在摸不着門。誰要我上課，我眞是請他：「大爺別開踪啦。」起先教員還把我編在第四班，我說「跟不上」，到後來又把我編到第三班，我來了那付扭勁兒，我說：「毬，那一班我也不上啊，老子做工來的。」趕着到了去年春裏，上級調我到外邊工作去。我想想，這下子可抓像伙啦，什麼也不懂。到外邊人們問起：「同志，你××來的，什麼比我們了解得多，講點出來聽聽吧。」可是我呢：我（他這時候說着就搖了搖頭）。我想了老半天事由兒越想越不對勁兒，沒別的要求上級，再等八天吧。媽的，我這次下定決心，非幹不行，（這時他把握緊了的拳頭恨恨地在膝蓋上擂了一下。）開始那是咬着牙根兒，眞賽過吃黃蓮。從前一下工，隨便跑，現在我要坐在屋子裏寫字看書。四十歲的光腳板纏金蓮，這滋味可眞不好受。你瞧一天天過去，不知怎麼也會逗起趣味來啦，你說怪不？日子一長什麼也摸着了門。古語道得好：「不怕功夫深，鐵杵磨成綉花針。」我越幹就越想幹。這時又嫌學習時間太少了。嚼了老半天，辨出來啦（他把舌尖舔了舔上牙床），「咂咂」，原來不是黃連呀，你們猜猜看是啥，哈哈，這藥丸裏面包着的是甘草心呢——甜的。」

噗哧一聲，引得全班同志都笑了。大伙舉手表決，保證每課必到。第二天那個不想上課的也挾着課本，笑嘻嘻地坐在教室第一排位子上了。

在教室裏

一間深約三丈五六，寬有兩丈約摸的窰子，橫裏排八張長條桌，白粉牆上掛着黑板藍晒圖，功課表靠近腳落那兒，有一張小方桌上面齊整的擺着一些書籍。從這些書籍的封面上，你可以認出來，這屋裏的主人愛看的是那幾本書，從「蘇聯的發明故事」到巴比塞底「從一個人觀一個新世界」高爾基底「短篇集」基希底「祕密的中國」，偉大的人類心靈的工程師，你們的心血，在這裏取得了無上的代價。只要看到那封面上以鐵銹和機油打底塗着的手印圖案，還不就是你們的光榮嗎。

讀着通俗的政治課本，學習數學理化和繪圖，聽一次文化報告，一次時事報告，一次工作經驗的交換，這是每星期的課程。那些兩年以前的文盲，他們現在能寫簡單的文字了。而另外那些學過了代數幾個同志們，他們讀着列寧斯大林的選集，讀着其他的翻譯作品：在這裏成立了兩個研究小組。

教室中間，點了一盞用做零星活兒剩下的鐵皮做的汽燈，燈光照亮了窰洞的四週，燈光也照亮了一張張油污的臉膛。你挨了半輩子欺凌的老銅匠呵，你受够了刻薄刮削的小鐵鬼，你垃圾堆上滾大的孩子，你們呵，現在都可以安心的不愁吃不愁穿，八小時工作過後，在這樣亮堂堂的燈光底下找到你們各自的位置。因爲你們是工作在我們自己的工廠裏，學習在我們自己的工廠裏呵。

讓我們翻開一頁這壁上掛着的牆報讀一讀吧：

「我在外面看到街上貼的招生廣告，那上面寫着報名要具備什麼程度，一期要繳多少學費，還要舖保還要找保證人，在西安我們幾個人請了一位教員替我們上課，一星期上四點鐘；每人一月五元。費了好多事才講好，上了三天課，教員不干啦，說是受了干涉，「教工人有嫌疑的。」」

現在讓我們再翻開第二頁讀讀吧。這上面是怎樣寫着呢，——

「在我們這地區裏，我看到了，連婦女老漢娃娃都有學習的機會，都要認字，懂得國家大事，更不用說我們工人了。」

對着這兩頁牆報，使你會自然的歌唱起：——

「這兒青年都有遠大前程，這兒老人到處受尊敬。」

一九四。五、一、延安。

心諫

青苗

天漸漸黃昏的時候，我們抵達芥子河邊。

翻過了崇山峻嶺，我們的騾車像一隻爬蟲似的從蜿蜒的公路上爬下來，上坡，下坡，出走峽谷又是一條峽谷，那　形的重頂的峯巒跟纏綿不斷的屏障似的矗立在我們的眼前，整整的一天，我們的車子便在這荒涼的山谷裏跋涉着，每到稍稍平坦的地方時，車夫和那解押我們的兩位士兵都打起盹來，而我却連一點睡意也沒有，我的心跟一隻火爐般的在燃着。

那兩位士兵一個是老齊叔，一個是李葉兒。老齊叔是個老兵，而李葉兒却是一個新入伍的壯丁。當炎熱的中午，我們在谷底裏一株大核桃樹下休息下來的時候，車夫拿着貯水的葫蘆到溪邊打水去了，老齊叔和李葉兒都把槍放在樹蔭下，一倒頭便都呼嚕嚕地睡着了，簡直把我全忘記了，後來李葉兒被草地上的一個蟲子咬醒了，到前邊的樹林裏捉蟬兒去了，而老齊叔却還睡得正濃，我坐在樹蔭下，敞開衣襟，讓涼風吹拂着，一面心裏却在想着，我要是跑掉怎樣對呢，這兩個傢伙眞是太粗心了。

現在，天又漸漸黃昏，又是一天了，我計算行程，我們已經走了七八天了，說不定明天就可抵達××的司令部的。

從那重重疊疊的山巒間走出來，那芥子河像一條蜿蜒的銀帶似的盤繞在我們的眼前，夕陽的餘暉射在河面上，河水閃着金色粼粼的光波，好像撒下了億萬兆的微笑一樣。晚風在習習地吹蕩着，山谷裏響過了烏鴉和烏鵲的鳴叫，暮靄開始在峯巒間昇了上來，好像模糊的煙霧一樣。我們走近了河邊，河水向着我們呼吼，狂囂，雪白的浪花在亂石間飛濺着，好像在熱烈的歡迎着我們似的，我們下了車，讓馬在河裏飲水，而我們却坐在河邊的石頭上漱洗起來，清涼的水波沁着人的心肺，我的心情驟然地清爽了許多。

暮色茫茫中，我們走向河邊的一個荒涼而破爛的村莊裏來，這小小的村落是靠着山脚所掘的一排土窰，我們就在一家窰洞裏安歇下來了。

打過尖以後，我們睡在窰洞前的草坡上乘涼，在我們的眼前是一片美麗的夜景，星星向着我們哂笑，流螢在夜空裏忽隱忽現地出沒着，紡織娘唧唧的凄傷地叫着，而那芥子河比一個鄉下老太婆還要囉嗦，它永無息止地在呢喃着。

「哎，這樣的局面……」老齊叔驟然嘆息起來，隨即接着說：「你呀，怎樣打算吶，明天就要到了。」

我告訴他，我能有什麼辦法呢，只好聽天由命好了。

「你不覺得難過嗎？你不覺得寃枉嗎……連我也替你難過呢……」

我嘆息起來，過份的痛苦使得我沈默了，我的寃曲和我的憤怒簡直和這民族的仇恨一般深。……：然而，我忍耐下來了，我含淚忍受了這重重的恥辱和殖害。

夜是這樣的黑暗，黑暗，……一片茫無涯際的黑暗呵！我的眼前的道路是一片漆黑，一片荆棘叢生的地帶，陰謀和陷阱阻滿在我的面前，我的心是荒涼的，我的呼吸是那樣的窒塞，窒塞得好像喉管被人攖住了一樣。

爲了打破這痛苦的沈默，我便和老齊叔攀談起來，而老齊叔却彷彿窺見了我的秘密似的，屢屢往我心痛的地方去抓，老是談着那些我所不願提起的話。

「你們的辦法是頂呱呱的，眞要打勝仗就非這個辦法不可。……就說王長順吧，那年我在家的時候，他還是一個老莊稼戶，和我一樣是睜眼瞎子（文盲），如今却成了農救會的總書記了，原先我聽人說時以爲書記也不過是一個幫寫和跑堂類的小差事，以後才知道是和會長一樣職權呢；嚇嚇，這眞了不起，了不起……」

但我却在他頭上澆了一瓢冷水，我告他說王長順在半年來被捕過兩次，他的兒子已經在去歲冬至後賣掉了。

「怎麼，賣了兒子，他自己賣的嗎……」

「是呀，米麵這樣貴，連莜麵山藥蛋都吃不起，他幹的差事並非坐官，只是替大家做事情，農救會的經費又幾個月發不上，他索性將自己的兒子送給一家有錢的人家，也免得孩子跟上自己吃苦，名義上是給人做乾兒子，實際上却是賣了的，一百五十元賣了的。……」

我們知道這些數字往往不過說明了國家出版局（六四）這個龐大而冷酷的機關對于某些刊物表示了缺乏興趣的官僚態度而已。

一九二五年

寫了鼓動詩「蜜飛者的無産階級」和一本鼓動詩集「讓你自已在口堂遭遊」，

環遊全球。旅行開始時——我寫完了關于「巴黎」這一主題的許多詩歌的最後一篇，我打算，也正要，從詩歌改寫散文。這一年我應該完成我的第一本小說。

環遊全球并不是一帆風順的。首先，在巴黎遭受盜刼；其次，經過半年的旅行之後，又匆匆趕回蘇聯來。甚至連舊金山也沒有去（我雖被邀請到那兒去演講）。旅行了墨西哥，美國，法國和西班牙的一部分。結果——是一本墨政論式的散文集：「我發現了美國」和詩「「西班牙，大西洋，哈瓦拉，墨西哥，美國」」。

在我的頭腦中寫成了一篇小說，但并沒把它在紙上傳達出來。當正在的頭腦中描寫它的時候開始憎惡起我所想像的來了，要求着眞實的事實和眞實的名字。就這樣，這情形一直到一九二六和一九二七年還是如此。

一九二六年

在我的工作中，我是自覺地要成爲一個報人的。做了些文藝雜文，標語之類。詩人們嘲笑我，但他們自已却不能作報紙上的東西，而大部分只將幾篇的作品發表在不負責任的附刊上。對于我，他們的那些抒情的廢物只不過好感玩而已，這的東西實在太容易寫了。而它除掉新婚者之外也再不會有人到興趣。

爲消息報及其他報紙寫文。

我的另外的工作：我繼承着中世紀的浪漫詩人和行吟詩人的傳統。從一城旅行到一城，朗誦着我的詩歌。維伏切爾克斯克，文理查，卡爾可夫，巴黎，維茨托夫，梯弗里斯，柏林，略山，斯維爾德洛夫斯克，土拉，普拉格，列寧格勒，莫斯科，伏隆利之，耶爾奈，愛伏柏多利亞，味雅特蘭，烏發等等地方。

一九二七年

恢復了「左派藝術戰線」的出版（曾一度打算停刊），改名爲「新左派藝術戰線」（六五）。

它的主要的綱領：反對虛構，唯美主義，和藝術上的心理主義——它讚美宣傳鼓動的文藝，高級的政論的和紀事的作品。我的主要工作是在少共眞理報（「ols o no Lskyap: avda」）。業餘寫了詩「好」（Good）。

我把「好」，恰如「雲」那一類的詩，當作現時的綱領詩，但爲了要擺心傑作出紀事的和煽動的作品，我極力貶抑着抽象的詩的技巧（誇張主義，自足的想像等）和虛構的烘影式的技巧。

諷刺的激情和細節的描寫，會得證明是一個進入未來的確然的步驟；創造鬧歌（Snsgense），創造不同的歷史的重要程度的事實之適宜的引導途徑，只有通過個人的關係。

我願意殫精竭慮來從事這事。

此外：還寫了一些電影字幕和兒童書籍（六七）。

我仍是一個旅行的行吟詩人。從聽衆方面蒐集了約兩萬個問題。想寫一本「萬有答案」——答復那些問題的（六八）的書。我知道讀者大衆的心理蘊藏着什麼。

一九二八年

寫着詩歌「壞」（Bad）（六九），還有一個劇本和我的文學自傳。

參人都說：「你的自傳並不是敍熊壇爲的。」「對！我還沒有學院化，也沒把我自己拿來小題大做的習慣，此外，也只有當事物飛快進行時我才對我自己的事業發生興趣。許多類文學，比如象徵主義，現實主義等的興趣和衰落，以及我們和它們的鬥爭——還在我眼前發生的一切——組成了我們歷史的最重大時期的一部分。它需要寫出來，而我也極願意來寫它。

按：「我底自白」，烏拉拉米爾，馬耶可夫斯基的自傳，寫於一九二二年。其後於一九二八年馬耶可夫斯基將它加進他的全集裏去，並將自傳添寫到那一年。

註釋：一、布爾留克（Bu lyuk），馬耶可夫斯基的一個朋友——藝術家和詩人。

二、馬耶可夫斯基實際上生於一八九三年，七月十九日（俄國舊曆七月七日）。

三、Allons entants de La patrie…，這是馬賽曲開頭的一句，其中patrie 這字和俄文裏的「三次」一字讀音相同而馬耶可夫斯基的父親常常唱做「pachitiri」——這是俄語的「四次」。

四、格魯希可夫斯基（B.P.GLushkovsky），馬耶可夫如斯家庭的一個朋友。

五、歐根，奧涅金（Engene Qnegin）——普式庚的傳奇詩裏面的主角，這裏馬耶可夫斯基把的姓名寫在一起了。

六、萊孟托夫的一首詩的開首兩句。

七、「親屬的」（Kindved），此字俄語是 SPplemennY——一個古體文用語。

八、賣鳥人阿格菲亞（Bird.seller Agafia）——一部感傳的「通高」的兒童讀物。

九、這是從兩首著名革命歌曲裏摘引的句子。

十、馬耶可夫斯基此處所指是先革命時期的小資產階級政黨，這些政黨在十月革命後，參加了公開的對蘇維埃政府的鬥爭。

聯合黨人——是喬治亞資產階級的民族主義的政黨。

十一、「暴風雨白特利」（The StormY Pefrel）——一個專門出版關于政治問題的通俗讀物的書局。

十二、魯巴庚著的「讀什麼」，（What to Read）——是一本通俗讀物的指南。

十三、（aulman）——個著名的革命家，于一九〇五年革命中被殺。

十四、拉薩莫夫斯基（azhu [illegible] vsky）——莫斯科的一個近郊。

十五、「歐佛綱領」（Eofurt pogram）——法國社會民主黨于一八九一年在歐佛召開的大會上所通過的政綱。

十六、巴特利雅奇池（patiarch s pond）——莫斯科的一個池名。

十七、「伊利沙白，比門」（ELizbeth Bem）——藝術家，喜以「俄羅斯風」繪畫。

十八、馬耶可夫斯基所指的是恩格斯的「反杜林論」（AntiD-nring）一書。

十九、這是馬克斯所著「資本論」的「導言」，馬耶可夫斯基記得一些這個導言裏的長段文字。

二〇、這裏指的是列寧的名著「社會民主黨在民主革命中的兩個策略」一書。

二一、格魯吉尼（Gruini）——莫斯科的一區。

二二、馬耶可夫斯基第一次被捕是在一九〇八年三月二十七日獲命布爾雪維克黨莫斯科委員會所使用的秘密印刷所被破獲的時候，那時他只有十四歲。

二三、「沙寧」（Sanin），阿志巴綏夫所作的一部反革，的牛猥褻的小說，曾在一九〇五年第一次革命失敗後的意識形態混亂與頹喪時期的一部分俄國知識分子中獲得很大的成功、反動派甚還常常利用了這部小說來直接到達它自省的目的；把它給與警察局裏的政治犯閱讀以無其「反省」。

二四、達干卡（Dagank a）——莫斯科的一個監獄名。

二五、實際上這是馬耶可夫斯基第三次的被捕。第二次被 在一九〇九年正月，但由于缺乏證據，不久即開釋。他于一九〇九年七月一日第三次被捕，罪名是參加營救幾個女政治犯成功。

二六、布台爾基（Bnty ki）——莫斯科的一個監犯、

二七、土魯克汗斯克（Ju:Ukhansk）——西伯利亞的一個城市，爲革命者之流放地。

二八、庫爾洛夫（Kurlov）——警察廳的廳長。

二九、指總審印刷所案件。

三〇、斯屈洛干洛斯夫新基（stoganovsky）——工藝學校，馬耶可夫斯在最後一次被捕之前曾在其中讀書數月。

三一、「新比肯」（New Beacon）——南俄的一份產業，布爾留克的父親是其監督人。

三二、克來卜里可夫（Khlebnikov）——俄國天才詩人，爲馬耶可夫斯基與布爾留克之友。

三三、克魯青尼克（Kruhenvkh）實驗詩人。

三四、馬耶可夫斯基的最初兩首詩即發表在這個題名的詩集上。

三五、「鑽石賈克」（Jack of Diamonds）——一個青年藝術革新者們的會社的名稱。按「鑽示賈克」本爲撲克牌中的一張。

三六、悲劇「烏拉瑰米爾馬耶可夫斯基」，是馬耶可夫斯基的第一部重要作品，由聖彼得堡的一個藝術家協會「青年聯盟」于一九一三年十二月印行。

三七、「穿褲子的雲」（Cloud in panfs）——這是這首詩的最初題名，檢杳官改名爲「第十三個使徒」（Ghe Thi-rteenfh Aposfje）。按：基督有使徒十二人以傳福音。

三八、莫爾鎧（Mojdi）莫斯科秘密警察的首領。

三九、摘自「被德國人殺了母親和傍晚」一詩。

四〇、楚可夫斯基（Chukovsky）——著名的兒童作家，文藝批評家和歷史學家，馬耶可夫斯基的朋友，伊伏列伊洛夫（Evienov）（?）—— regisseur 。雷賓（Re:in）——著名的俄國藝術家，素食主義者。

四一、「新沙特利康」（Nelu Safi ikon）——一個諷刺性的週刊。

四二、L.Y和O.M.布里克（Bik）都是馬耶可夫斯基的密友，

四三、「戰爭與萬物」（War and the Llivere）和「一個人」（A Man）是馬耶可夫斯基在一九一五和一九一六年內所寫的兩首長詩。

四四、年鑑（Annals）——高爾基所主編的一個雜誌。一九一六年檢察官禁止「戰爭與萬物」發表，它是在革命之後才發表的。

四五、洛德吉揚訶（Rodzianko）——第四屆國會的主席名。

四六、米留可夫（Milyukov）——俄國自由派的領袖，俄帝國主義的意識形態的代言人。一九一七年二月革命時，任第一屆臨時政府的外交部長。十月革命後挑撥反對蘇維埃政府的反革命戰爭，并支持外國干涉軍

四七、此處原譯文爲 Guchkovizes ——馬耶可夫斯基根據顧西可夫（Guchkov）名字所發明的一個動詞。顧西可夫是一個很有勢力的莫斯科實業家和著名的資產階級政治人物，二月革命後，他是克倫斯基政府的軍政部長。

四八、紀事詩「革命」(Verse chonicauolution（爲馬耶可夫斯基在一九一七年四月所寫發表于，高爾基所主編的一個星刊「新生活報」(New Jife)上。

四九、「神祕的牛皮軍靴」(Mysfeiia Buff）是一個劇本——一部我們這時代的英勇的，史詩的，和諷刺的代表作。

五〇、詩人卡曼斯基（Kamensky）布爾留克，和馬耶可夫斯基所組織的一個咖啡館。

五一、馬耶可夫斯詩曾爲三部影片寫字幕并担任過其中的重要角色。

五二、一羣信仰共產主義的未來派藝術者。按「康佛」(On fuf似即爲英文 Communist Futurists 之縮寫。

五三、「公社藝術」（Art of the Commune）——一個專門討論藝術問題的報紙，馬耶可夫斯基在那上面發表作品。它出現于一九一八年及一九一九年間。

五四、指詩「一萬萬千萬」，按一萬萬千萬爲蘇聯人口數。

五五、洛斯太（Rosta）——蘇聯電報通信社。該社當時專門從事于鼓勵藝術的工作。

五六、馬耶可斯基于一九二三年初開始爲消息報寫作，他發表在消息報的第一首詩 Jost in Conference 深受列寧的重視和讚賞。這首詩的譯文會發表在一九三八年第三號的「國際文學」上。

五七、原文爲M.A.F.——即莫斯科未來主義者協會（Moscow Associatio of Futurisfs），

五八、阿色耶夫（Asseyev）——一個著名的蘇聯詩人，馬耶可夫斯基的朋友和同事。

五九、馬可夫斯基沒有寫完這首詩。

六〇、左派藝術戰線（Lift Frnf of Art），原文編寫 L.E.F.。同時是馬耶可夫斯基所編輯的一個雜誌的名稱。

六一、在蘇聯經濟生活的恢復期，馬耶可夫斯爲國營的商業組織外了堪廣告詩。「祗在莫斯布魯別一（Nhowa e 寫，but in Mossep.osl）是馬耶可夫斯基所寫的最通俗的廣告詩。

六二、這是獻給庫爾茨克工人社會主義的勞動英雄的一首詩。

六三、這是紀念普式庚生辰一百二十週年紀念的一首詩。

六四、國家出版局原文縮寫爲 G.I.Z.。

六五、馬耶可夫斯基主編的「新左派藝術戰綫」雜誌出現於一九二七和一九二八年。

六六、「好」——馬耶可夫斯基爲十月革命十週年紀念寫的詩。

六七、馬耶可夫斯基一共寫了十五個電影字幕和十三本兒童讀物。

六八、這部書并沒有寫。

六九、這詩并沒有寫，在一九二八和一九二五年馬耶可夫斯基寫了「臭虫」（Bed Bug）和「浴室」（Bathhouse）兩個劇本，并曾開始寫一本關於五年計劃的詩。實際上他只寫了序詩「大聲疾呼」（At the top of my Voice），這序詩的譯文被發表在本文同期的「國際文學」上。

詩人馬耶可夫斯基逝世已經十一年了。但正爲一切偉大的作家一樣，似乎他死後更爲世人所知，其聲譽且已成爲國際的了。向受俄國和蘇聯文學影響很深的我國文學，對於馬耶可夫斯基的藝術，當然更不例外地供予了熱烈的接待。新詩人中受他的影響者頗不乏人。我譯這篇自敍傳船的散文的意思便是想把他所走過的思想與生活的道路介紹給我國讀者，這是一篇真的「自白」讀者倘有興緻，可找本刊六卷一二期合刊上的「馬耶可夫斯基」一文及「文學月報」某期的「馬耶可夫斯基特輯」參看，本文譯自一九四〇年四、五月號合刊的「國際文學」，由於譯者的淺學，和本文寫的過於片斷化和零碎，多譯時感到不少困難，其中頗有可以斟酌的地方，徵待高明的指正。至於註譯，則幾乎全是依據原文，譯者只加了很少的幾處。

（原松　譯）

中華郵政掛號認爲第一類新聞紙類
內政部登記證警字六五〇八號
重慶市圖書雜誌審查處審查證雜字　　號

戲劇崗位

擴大篇幅　充實內容

三卷一期要目

三卷二期　戲劇節特大號要目預告

本期合刊售一元六角

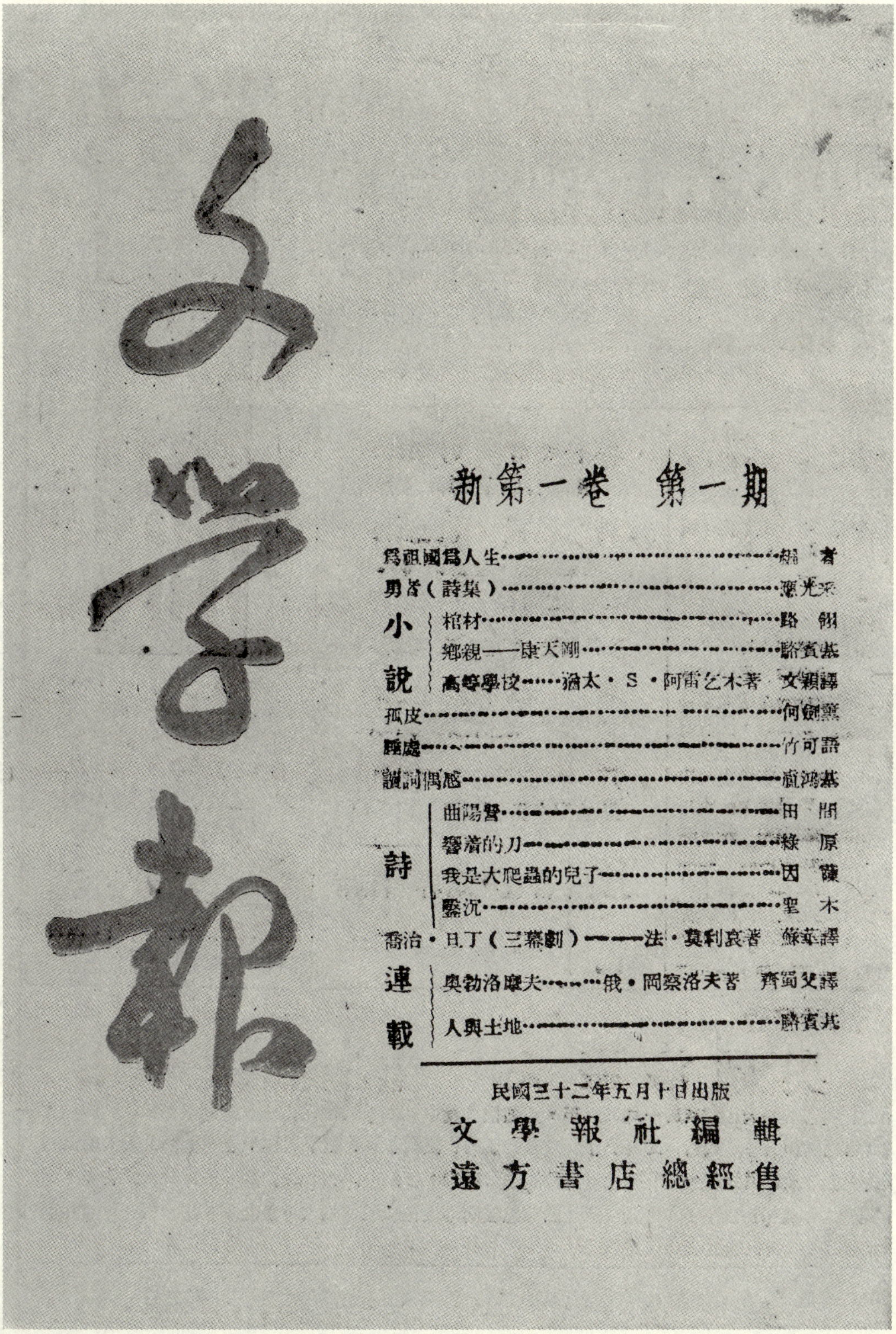

文学報

新第一卷 第一期

民國三十二年五月十日出版

文學報社編輯

遠方書店總經售

劇　作：

祖國在呼喚

宋之的著（五幕劇）

本書是宋之的先生最近的力作，在渝連演卅場，深獲觀衆讚許。本劇描寫時代巨浪中的知識份子心理，以港戰爲背景，刻劃出知識份子的苦悶，矛盾，動搖，堅强。所繪人物，既皆活躍於紙上，故事發展，又復濃鬱而緊張。全書二六〇頁。

——定價每册二十五元——

長夜行

于伶著·四幕劇

「長夜行」是于伶先生繼「夜光杯」之後，繼「夜上海」，「大明英烈傳」，「女子公寓」和「女兒國」等劇之後最近的力作。于伶先生以他敏感的詩情狴竄的心靈，正確的，洗練概括的筆觸，深刻豐富的生活經驗，來透視、來描寫、來暴露上海市民生活的種種相，是可歌可泣的敍事史詩，是熱烈悽愴的現實悲劇！是光明與黑暗搏鬥的上海這孤島淪陷前後的紀念碑。　一每册十二元一

新木馬計　（四幕劇）

華爾夫著·蕭三譯　$9.00

馬門教授　（四幕劇）

華爾夫著·蕭三譯　$8.00

三姊妹

柴霍夫著·曹靖華譯　$12.00

屈　原　（五幕史劇）

郭沫若著　$15.00

光　榮（三幕八場詩劇）

蘇·古塞夫著 蕭三譯　$15.00

預告　杏花，雨春，江南

于伶新作　不日出版

世界文學名著：

人鼠之間

美·斯坦倍克著

秦似譯

每册十六元

斯坦倍克是美國當代最著名的寫實主義小說家之一，「人鼠之間」尤爲他的成名之作。本書描寫美國西部農民與殘酷的命運鬥爭，歷歷如繪，本書作者之另一巨著「憤怒的葡萄」，我國已有好幾家譯本，銷行極廣，今本書亦由秦似先生譯出，爲我翻譯界增光不少。

翻譯名著

奥勃洛摩夫

俄·岡察洛夫著齊蜀夫譯

「奥勃洛摩夫」完成於一八五八年，是舊俄小說中最偉大的作品之一，是岡察洛夫的代表作，論者嘗把它和屠格涅夫的「父與子」及托爾斯泰的「復活」及「戰爭與和平」，杜思退益夫斯基的「罪與罰」並舉出這部小說的英雄，就是奥勃洛摩夫，他是一個生長於貴族家庭里的知識青年，他想進步，他也相當進步了，但是他底生活和意識的落後性又使他陷入於夢想中。這本書充分地生動地刻劃出十九世紀的我國知識青年的生活和思想的一個斷面。　（印刷中）

遠方書店出版

爲祖國，爲人生

——代致辭——

編者

讓我們記起偉大的羅丹（Auguste Rodi）留給後人的金言：「若絕對愛眞性君臨於人們之間，試想有怎樣神奇的進步將於一下子實現！」

這「愛眞性」，是文藝底靈魂；由於它，文藝作品才能够表現出眞實的人生，由於它，文藝作品才能够創造出不死的生命。因而，自有文藝以來，雖然這「愛眞性」一直還沒有能够「君臨」人間，但在艱難和困苦的道路上也依然對人類精神底發展（進步）盡了多麼「神奇的」任務。

我們自己底情形就可以作證。

自五四運動起，我們這民族才對人類歷史睜開了慧眼，開始了精神上的「鋼鐵時代」，但這里面是以新文藝底輝煌的戰績爲中心的。自偉大的民族解放戰爭以來，中國人民經過了艱苦的試煉，得到了壯麗的成長，但新文藝也是這里面的精神力量之一。因爲，只要人類不會回到野蠻時代，不肯自甘毀滅，那中華民族要有自由，中國人民要有幸福，就是鐵一樣的眞理，而以愛眞性爲靈魂的文藝，除了爲這眞理服務以外，當然再也不會找到其他的生存意義。

我們從事這一工作，現在且開闢了這塊園地，就是由於這一點忠實的信心的緣故。

但當然，和這神聖的任務相比，我們底力量是渺小的，但正因爲自覺得渺小，所以願意獻示到能够匯成大流的工作里面。

有現實人生在鼓勵我們。我們民族正處在抗戰大的蛻變過程上面，它底內容有深廣無比的豐富，這要求我們不斷地發掘，不斷地追求；只要信心不墜，應該有從寶山採得一砂一石的希望。

在這個大的奮戰大的蛻變中間，有無數忠誠的戰鬥者，在生活里面體驗的眞理，在搏戰里面養育大的熱懷，而他們有的就會成爲用筆的戰士，帶着收獲在我們中間出現，來加强文藝領域上的繁榮。

我們開闢了這塊園地，也是由於這一點誠懇的希望的緣故。

但當然，在今天，文藝的道路是各種各樣的，我們也只好摸索前進。既不願無深信而盲從或無所爲而立異，也不願被時習所儒或被私心所愚；爲了向眞理走近，只想在工作里面學習，成長。

就這樣，向讀者，我們伸出了誠懇的手，和你們一起，爲光榮的祖國効命，向眞實的人生追求。

勇者（詩集）

應光采

首先
剝掉自己的衣裳。
不害怕風雨
不害怕烈日
不害怕寒冷，
不在艱難的時候伸出乞憐的手
不在疲勞的時候發出哀怨的歎息
不在失敗的時候動搖崇仰的信心，
不相信成法
不相信道德
不相信輿論，
沒有悲哀
沒有寬容
沒有根絕……
在人間
做個忠實的錄事，
不分前線和後方
毫無遺漏地
記錄下來
斑斑的血跡。
在人間
做個歷史的翻新者，
將已往的仇恨，血債
從掩飾中，從埋沒中，從遺忘中，從歪曲中
翻新過來
推向大的戰鬥。
在人間
做個無限止的搜索者，
用冰利的尖刀
解剖着形形色色的世象
抹去上面的胭脂
還出它們的原形。
於是
他兀立着
招來了紛紜的亂箭，
在亂箭中搏鬥
在亂箭中死亡，
在亂箭中永生。

生命

生命
要像水車齒輪上的水珠，
不斷地分散開
不斷地向四面突擊。
生命
要像初春第一枝出土的嫩芽，
傲對嚴寒
帶來了萬物的春天。
生命
要像暗夜天空的流星，
帶着光芒而來
帶着光芒而去。
生命
要像捕蛇者的冒險，
伸到惡蛇的洞穴裏去
以生命換取至寶。
生命
要像土居的蚯蚓，
切成段段
也還猛然跳躍。

生命
要像市上殘廢的乞者，
在輕蔑與遺棄中
依然熱中於生存。

生命
要像新婚那樣喜悅
死亡那樣悲哀，

生命
要像乍開乍謝的鮮花那樣美麗
千年長存的古樹那樣蒼勁，

生命
那是超出一切理論之外
潛存於一切理論之內
有宇宙一般豐富的實蘊的……

敲梆的人

將生命
化做聲音，
敲梆的人
報道着失去了太陽的時辰。

而且，
呼喚着
沉睡過去的知覺。
譟着雪花
譟着冷風……
清澈的音響
飄在空中
鑽進屋縫，
又消沉到夜的大海裏去了。

忍受着
夜的孤壓，
不是愛好夜
而是夜的覺醒者。

然而
敲梆的人的命運是悲慘的！
辛勤的勞作
收穫了
幾聲的犬吠
零碎的夢囈
和一陣糊塗的翻身，
還惹起了懶漢們的憎恨。

3

上文接第一六頁

他昏亂地叫起來，用烟桿把她趕走了。於是蘆席包裹着死了的木匠，抬上山去。

人們都以爲李嫂要瘋，但不。她第二天——就是這家庭分家了家的那一天——就開始爲償還上年的租錢而繼續勞作了。還是懶惰，就歸，還是夜裏出來偷竊，然後到河邊去買包穀，除了很少說話這一點外，一切都和以前一樣。但到十二月中旬，她起了變化，白天裏也不在家了，而且穿上了一件沒有破洞的藍布衫。王德潤底女人偵知了一切，而且快樂地宣佈了出來：她和石灰窰底工人軋姘頭。

王德全毒打她，扣留了所有的東西，把她驅逐了出去。

——誰也不關心她底命運；不幸的木匠底死亡也早已被忘記，除了人間有本賬簿上還記他所欠的三百塊錢。——在這偏僻的山谷里，這家庭就這樣地循着自己底軌道生活下去了。分家和爭吵並不曾影響各自底生活。王德潤底小鴉片館很發達，所以到了冬天的時候，他底女人就穿上了城里婦女所穿的那種紅毛線外衣，他備置了緞子底皮袍，土耳其帽子和紅漆手杖。這一對夫婦雄糾糾地走路，在冷冽的山風里用更狂妄放肆的嗓子叫喊。……

王德全，他雖然永不會忘記柑子樹底屈辱和棺材底仇恨，却也恢復了麻木的尊嚴。不過他永遠不滿足，他底女人和他一樣，他們差不多每天從新興建築場走過的時候，都要拾幾塊大木頭扛在肩上，甚至兩個人抬着，靜靜地，用一種怠慢的姿勢走回來。這種姿勢，就彷彿他們以爲世界上所有人都不會愛惜財物，祇有他們這種人類才是一切財物底眞正保護者一樣。於是沒有多久，他們底後屋裏就堆滿了木材，在那里生黴。

至於那些棺材，紅的也好，白的也好，它們在春瘟來到以前大概沒有賣出去的希望了。都已經被冬天底潮溼侵蝕得發黑，積滿塵污，縮成醜陋而可憐的形體。所以當一個老女人來問價錢的時候，王德潤退讓到一百五都沒有脫手。

「再不能讓了，這是老實價，」他搖頭，向那老女人說「工錢都不够，這時候，米糧貴，木匠十四個工，」他說，拉一拉左袖，「划多少，你算算看呀！」

「阿彌陀佛！人總要有良心…………」老女人歎息，閉上乾枯的眼瞼。

（完）

棺材

路翎

一

這是一個寥落的，鄉下人所謂東家的家庭。

離來龍場有兩里路，在一個陡坡上發生着雜木和野草，較為平坦的地方則一塊一塊，用青石片砌欄起來。圍圈成菜地的山巒底側面，俯瞰着一大片水田，它底舊式的碉樓森排地矗立着。圍繞着碉樓和它底下的幾棟低矮的瓦屋，是一圈隨着地勢底高低而建築起來的灰磚牆——這灰磚牆在屋後擴張開去，把一個在五年前原是一塊並不屬於這家庭的曠地的後院貪婪地抱在自己懷裏；後院現在成為菜圃，它在春天和夏天富裕地哺育着菜蔬和果實，完全不再憶及以前的主人了。五年前，它底以前的主人不知道因為什麼緣故在幾天內全家病死，只賸下一個七歲的半瘋的女孩流落到十幾里外——或許更遠些——的曠業區去。而在這不幸發生後的半個月，這家庭底主人，王德全和他底弟弟王德潤，向鄰居們宣佈了他們自己杜撰的還肥腴的曠地底以前的歷史，使別人，首先使自己對這新奇的歷史心服，一面悄悄地重修了後門，擴張了圍牆。

從這時候開始，這家庭就復興了。在這以前，王德全和王德潤，假若還願意回憶的話，他們是差不多經過了十五年的窮苦的潦倒的。雖然他們還年輕，祇有二十歲，但那時候年青就和年老一樣並不是財富。連續不斷的荒年，匪災，內戰，使農村荒涼，把人底生活完全毀壞了。他們底父親，一直到老年都是放蕩的，殘忍而鋒利的鰥夫，跟哥老會底胞兄弟們一起到省外去，就不再回顧家園一眼，死在異鄉了；一個弟弟也是這時候懷着絕望的夢跟軍隊出走的，他去到他們從不曾夢想過的地方，連一封信都不寄回來。

但他們，王德全和王德潤，因為都成了家，捨不得離開鄉土去做無望的漂流，所以還一直頑固地看守着災害和貧窮。王德全在來龍鎮開了一爿雜貨鋪，勉強糊口，他底弟弟則野蠻地跑遍了鄰近的鄉鎮，靠要債和借債，偶爾也賒販一批鄉貨做空頭生意來過活。

然而現在，精光的年頭已經度過去，像隔日的噩夢一樣，王德全和王德潤不再回顧它了，他們底兒女都逐漸長大了，到了可以把希望放在他們身上的年齡；他們享有着金錢底權力和榮耀，窮苦的街坊和鄰人，為了期望借十塊或二十塊錢，時常恭敬地到他們家裏來領受輕蔑；就是那些一向看不起他們的，因戰爭而逃難到這裏來的下江主婦，現在也為了借一點家具，借用一下磨子而來向他們底女人請安，和她們冗長地，興奮地講述他們所不會到過的，現在已毀滅在戰火里的豪華世界。

王德全是一個勤勞而謹慎的人，他無論在什麼時候都在為他底家務思慮得精疲力盡，都在忙碌。人們可以看見他一個時候用威嚴的姿勢挺着腰，在背後掌着一個巨大的，有着蒼老的黃土色根鬚的枯樹樁向家里吃力地拖去；那枯樹樁像一個怪物的頭，在被拖上台階的時候粗暴地跳着，碰出難堪的大聲，不肯前進，使他不得不改變了他底莊嚴的姿勢，舉起兩隻手將它擁抱起來，——另一個時候則仔細地擄起衣袖，在後院里用一根竹桿撥鬆被澆濕水了的毛豆稭。這樣勞碌使他愉快，鞏固了他冷酷的驕傲，從而他輕蔑世界，輕蔑那些不勞碌或勞碌得無價值的人。他底弟弟，在他看來，懶惰，放肆，就是這些人里面的一個。

然而王德潤也同樣輕蔑他。他看不起他底陰險和吝嗇，他底對他的殘忍，覺得他不像一個活人，在一切上面，他自己是毫不顧忌地放縱慾望，而且漠不關心的。他在自己底後屋內擺鴉片鋪：他大宗地販賣菜油、桐油、以及什麼別的容易賺錢的貨物。他對人嘰S呼的時候，他底聲音粗暴，强大，不容反駁；每個和他交涉的人都要稀奇像這樣一個昏疲而蒼黃的人竟會有那麼多的精力！

他們底女人對於他們各人都是十分恰當的。王德全底，是一個微胖，小眼睛，下巴很肥，有着鄉村里的人描寫它爲福像的那種圓的陰沉，而驕傲的女人。王德潤底，則潑辣，放蕩，外表兇惡。兩個女人時常爭吵。在爭吵的時候，王德全底女人總是先令人難受地陰沉地哼一聲，用肥厚的手拍一下桌子，而當對方，當王德潤底女人從所住的後院里爆發了尖利而激昂的訴說和唱歌一般的，用拍手來伴奏的咒罵時，她便泛泛地走進房去，縫起衣服或是搓起麻線來，不做聲了。

王德潤所住的後屋里。每晚都擠滿着吸鴉片的客人，那些老闆和地主：他們帶着濃痰，懶惰的慣慨，嫉世的冷笑來，談着生意和誰家女兒偷人。在這時候，他底女人因爲不放心那個胖丫頭素芬，就十分忙碌：她一面興奮地高談闊論，兇罵吳二嫂底豆腐塊切得太小，一面在熱水里拔鷄毛，替客人們做消夜的菜，她底三個孩子在這時候也頂頂快活，他們可以弄到半塊錢，由最大的一個叫做黑娃子的領頭，到路口的攤子上去買花生吃；可以像過節一樣地學狗叫，在地下打滾。

在夜深了，弟弟底客人快要散去，或者又來了第二批的時候，哥哥才理好了賬目，鎖好了櫃子，每日細心地擦淨白漆板，寫上今天賒欠的賬或明天要辦的貨，從店鋪里回來。他沉思，胡塗地在黑暗的路上走着，一面輕輕的吸着長烟桿。他低着頭，反覆着他底左手拉衣袖的習慣，就像冬天人們在怕冷的時候所做的似的。那瘦瘦的羊型臉，不時在烟火底閃爍里被描現，上面凝固着一種近於麻木的驕傲神情，當快到家，可以從幾棵大樹的暗影里分辨出那臃腫的碉樓的時候，他會習慣地從牙齒縫里取出煙桿來，在枯乾的嘴角上泛起一個滿足的微笑，但是一走進大門，他就奇特地不如意、惱怒起來了。聽着弟弟底客人們從後屋里發出來的膠黏的嘈雜聲，他就狠狠地用舌頭從閉緊的嘴唇里擠出來一口痰來，吐在地上；但這時候若落在當路處所，他便要惱恨地走回來，用布鞋底踏掉。

但雖然恨當路的痰一樣地恨弟弟，他還是每晚都要到鴉片鋪里去走一趟，向客人們寒喧，有時也買一口煙抽，像一個被尊敬的家長所應做的。

這一個繁榮的家庭，每晚總要到十二點鐘以後，到隣人們都早已安息，就連那睡得最遲的勤苦的吳二嫂底推豆腐的單調，粗澀，沉重的聲音，也被浸夜底寂寞所吞噬的時候，才完結它底生活；這時候，它底大門機聲地開了，它底客人們面頰發燒地走出來，在路口點着了燈籠，然後借着微弱的光明，向田野底深處走去，散佈生活底疲倦。

二

王德全很早就起來，在院子里察看着財物，最後他經過碉樓預備到後院里，去數一數樹上的柑子，但一個細弱的啼哭聲使他在蜿蜒的過道里站住了。

於是他看見了女傭人李嫂，他底一個做木匠的佃客底女人。她蹲着，一隻手扶着放在腳邊的盛着包穀的籮筐，一隻手高高抬起來蒙着眼睛。她底頭髮是披散的，背脊上的衣服也撕了一個大破洞；那抖着的破布在哭泣里輕輕地抖動着。

他狠狠地踏了一下腳。李嫂回頭，倏然站起，露出骯髒的，哭腫的臉。

「你怎麼呀，大清早？」

「老爺……」

「你這包穀哪里弄來的？」他拉一拉左袖彎腰抓起一把包穀，把那深黃色的發光的大顆粒在手心里播弄着。「這包穀可以。唔？」

「在河邊上買來的，老爺。」李嫂揩眼淚，吃力地說。

「怎麼，你這一早就下河邊來了，三十里路。……」

「我昨夜晚去的。」

「胡講。這買多少錢一斗？」

「才六十五……」這窮苦的女人在悲慘的臉上露出一個得意的微

笑，「場上要賣九十。……」

王德全嚴厲地望着她，後來又難看地笑。

「你明天跟我背兩斗來。」

女人抽氣，沉默。

「你爲什麼哭？」主人這才想起了本題。

「我？……」李嫂又哭了，但隨即就翹起嘴，忍住了它，「我昨天餓了一天了。我抬不動這一斗……」

「老李呢？他做房子，爲什麼老不回來？」

女人用充血的眼睛愚蠢地但可怕地釘住主人。

「他給拉兵拉去了！」她叫。「老爺，你借給我廿塊錢，好吧？」

王德全聽到錢，青色的小眼袋鼓起，憤怒了起來。木匠李榮成欠他一年的租，這是她替他做兩年女工，也無法償補的。況且他還把碉樓下層讓給他們住。

「我哪來錢，李嫂，」他道，後來就用微弱的聲音叫起來了，「你快叫李榮成回來，這是划不來的，我一個錢也沒有，過的是苦生活呀！……」

他爲「苦生活」所動，想發洩一下那種苦惱他的感情，臉不安地發白，嘴唇焦渴地戰慄着。但他立刻就覺察到這女人簡直沒有聽他。她祗是發癡地抬起眼睛，瞧着後院樹上的秋天底朝陽下閃耀着鮮明的黃色的柑子。

「老爺！」她回頭，皺起她底腫臉，癡幻地說：「你救老李出來吧。」

「嗤，笑話，政府底大事，我怎麼管得着。那些兵……」

於是李嫂不再望他，拾起籮筐來，到碉樓里去了。她胡塗地做着事；尋覓木柴，把包穀倒在鍋里，一面洒着眼淚。她是一個幻想異常多的女人，即使在辛勞使她疲弱，絕望使她不明瞭周圍一切的現在，也還是祗要一出神，就幻想了起來。她幻想河里的汽划子向繁華的城市開去，載着那些親愛的農人，其中最出色的是他底粗暴的，懦弱的丈夫；她幻想他們上了戰場，那是一望無涯的染血的平地，上面鷂鷹似地飛着飛機……但終於草把燒疼了她底手，使她驚醒了。她揩眼睛，把腫臉歪到爐子口去，用她底衰弱的肺吹着。

這時候王德全在後院里向碉樓叫：

「李嫂，快一點眼飽，要煑豬草，你底鍋！……」

他咕嚕着，走到柑子樹下，高高舉起烟桿數起柑子來。

「一個，兩個，三，四，五，六，八！……十五待！它龜兒躲在那葉子里面哩！」他高興地笑，露出黃牙。但數了三遍，結果總是少五個。

「一定是黑娃子小雜種——曉得是不是他生的！——偷去了。還沒有熟。唉，子不教、父之過。」他憤激地想，望着可愛的秋天陽光，嘆了一口氣。

黑娃子是王德潤的大兒子，今年十三歲。他底偷柑子的本領是奇特的，據王德全底統計，還沒有黃熟，他就偷了四十二個。

這使王德全惱怒。的確，他是這一排柑子樹的主人，它們像他底一切財產一樣，有着一段使他感到榮耀的歷史。就在前年、在因爲打仗，外鄉人來得多了，對面山坡上蓋起房子，修築起石灰窰的時候，他把它們移到家里來的，在那以前，這六棵年青的樹是兄弟似地守衛着山坡；石灰窰底主人要把它們砍去，他知道了，覺得非常可惜，就回來向家族提議：「哪一個把這六棵樹移回來，將來結了橘柑就歸哪一個，他們是一定會結果子的，」他嚴正地說，拉一拉左袖，「那些下江人太蠢，不知道。至於我、不過想把它們栽在後院里就是了。——它們可以叫一家人興旺。」但是他的提議底主要對象——弟弟卻冷冷地給了他一個白眼。他憤激起來了。立刻就率領着雇工，把樹移了回來。他發誓即使它們永遠不結果實、他也要栽培，以便得到木材，吐這一口氣。但第二年它們就透露了希望，給予了十二個發青的小柑子。王德全勝利了、他獨自澆糞，按土，今年，它們就一下子茁壯起來，給結了一百多個。然而王德潤底女人，孩子，在柑子還發青的時候就打去吃，彷彿這六棵秀美的樹是原來就生長在這兩房共有的後院里，被兩房人勞碌所栽培，完全不會有這一段王德全所創造的歷史一樣，他又一次記牢了柑子的數目，——一共六十三個，——沉思地，而且因爲李嫂大清早的哭泣，顯出苦悶的臉相，回到屋子里吃早飯了。走過堂屋的時候，他遇到了剛剛起來的弟弟。王德潤披着衣服，粗魯地向地下吐痰，衝過他大步走向門邊，彷彿以爲他是一段木頭。在喉嚨里虎虎地哼了幾下之後，他站在門檻上拉下褲子，放肆地向台階下小便起來。王德全尊嚴地站在背後看着他。

「黑娃子又偷了柑子了，還是黃的哩。」弟弟轉身的時候他突然說。他原來是想說另外教訓話的。但不知怎麼說口說出了這些。而且因爲聲調竟會這麼屈服，微弱，他感到狼狽。但立刻就又恢復了，那種苦悶的，嚴刻的臉色。

弟弟底眼窪里有着昨夜縱慾所留下的青痕，神情凶橫而昏迷。對哥哥底話，他除了冷冷哼一聲以外，一點表示也沒有。當哥哥想再要說話的時候，他就招展着衣襟，噴着口臭，擦過他走到小院子里去。

「他媽底屄，跟老子打水！」站在磁缸旁邊，他向自己屋里重濁地叫。

王德全迷惘。在吃飯的時候，他底沉默的怒容使得他底孩子和女人都不安。最後，他把柑子底事情告訴了女人。女人聽了，衹是放下了飯碗，揩揩嘴，又把飯碗端起來，重新不動聲色地慢慢吃着，彷彿表示像這樣的事是不値得擾亂飯桌的。但當聽到李嫂底事的時候，她緊緊地蹙起了眉頭。

哥哥已經走上青石路，不斷地拉衣袖（似乎他在用袖口思索，）到鎭上去了。弟弟才開始吃早飯。他吃得極多。他底方正的大黑嘴發出粘膩的大聲，可怕地嚼着；他底紅色的大舌頭送出唾液來，舐着碗邊，舐着嘴唇，像一頭野獸在舐着骨頭。在桌子底下，他底腿不住地因肉體底興奮而顫抖，使得黑娃子恐懼會有一個暴栗要落到自己額上來，不安地把屁股向櫈子底另一端移動。他實在吃得太飽了，但還在不滿足地看着菜碗，又挾起一個大辣椒來沾滿了麥醬，塞到嘴裏去。最後他睒起疲憊的眼睛，向黑娃子開始說話：「你狗日的，又偷，……！柑子了！」他挺胸，送出一個飽噎：「狗日，吃得飽！」

黑娃子突然明瞭了他，向他興奮地，帶着獸性的愉快望着。

「快吃！」女人用筷子敲孩子底後腦：「柑子不是他們一個人的，她粗野地向王德潤吵「偏偏老子們吃不得。哼，你就裝像。」她翹起嘴唇輕蔑地笑。

「吃得，吃得」王德潤滿足地笑着，睜大他底油膩的肉慾的黃眼睛：「看吧，看你狠，老子晚上够整你！」

「放你屁！」女人興奮地叫，接着回頭向後屋喊：「素芬，你跟豬一樣，來收碗！」

「女人總要像個女人，看你簡直太撒野！」男的站起來，伸懶腰，打着呵欠：「狗日幾棵樹有那些稀奇，老子簡直看不上眼！這些陰陽怪氣的死屍，嘴巴都捨不得吃，老子生平最痛恨！……」他停住，望了一望屋簷上的燦爛的晴空：「今天日本飛機不要又來！……哦，告訴你；」他彎腰，用手掌遮起多毛的嘴，湊着女人底耳朵說：「老李給拉兵拉去了。」

女人做出鄭重其事的面孔，然後快樂地尖聲笑。

「唯，拉去了，裕老子租錢到不了手了！」他舐了一下她底發着油臭的耳朵；她舉手打，狂笑；黑娃子迷亂地睜大眼睛。

沒多久，他拿着粗木棍慢吞吞地走出了後院，開始了他底一天的生活。他是悠閒的，在秋天的陽光下，懶洋洋地踱着方步；哪一隻脚先轉過去方便，他便朝哪邊走，但不管哪邊走他都有事做。任何地方都有呼嚷，新出爐的謠言，鄉村底辛辣的新聞在等待着他。

女人吩咐好家事，追他去了。

在一對夫婦走出之後，胖丫頭素芬就偷偷地從屋裏出來，抱着腹部，迅速地跑過陽光底院落到碉樓底下去。李嫂底包穀還沒有燒熟——她原是該先把它們磨碎的，但因爲胡塗，竟整粒地倒在鍋裏了。因此她被那些僵硬的顆粒弄得失手無措、異常痛苦。

素芬進來，興奮地嘶聲問：

「李嫂，好了嗎？」

李嫂恨恨地望着她，然後昏迷地閉着眼睛怪叫：

「我吃石子，要死了！死！……」

胖素芬嘆息，退了一步又跨上前三步，取出髒圍裙裏的一個草葉包來，把它打開；于是在餓昏的女人面前出現了中間着泡菜的一堆溫熱的飯。

「你吃。」素芬快樂地說。

李嫂張開手臂，在空中幌動。

「你……不怕給曉得？……」她說，還想往下說，但是飯粒塞滿了她底嘴。於是她野蠻地吞吃了起來。吃完了飯，她若有所失地怔怔地望着她底伙伴。

「你不怕他們，……打你。……好的，我恨他們？」她叫起來，又哭了：「你，你吃了沒有，素芬？我今天吃了你底飯。……我平常也恨你的。……」

「我吃了！」胖少女回答，不安地搓着粗糙的手，臉幸福地脹紅：「我真的吃了。剛吃過；……我還要去弄豆子，我吃了！」她拒絕似他甩手，迅速地鑽出碉樓。

三

王德全永遠細心地沉緬於他底事務，每天不是到鄉下去看地，便是到鎮上來料理生意，他底境遇好起來了。他高興，他沒有料錯前一個月買進的三百斤菜油，在這半個月內突然暴漲了起來。於是他經營得更細心，更嚴刻，對那些異鄉主婦，那些玻璃廠和石灰窰的工人底女人，連一毛錢都要堅持。到了十月中旬，他就僱了一個遠方的誠實的姪子做他的夥計，擺脫了瑣碎的事務，把一些時間化在家裏底一個舊籐椅裏，化在晒太陽和擦白銅水烟袋上。為他好幾年來所希冀的。儼然成了一個有權力但是悠閒的主人，成了一家底可敬的長輩。但這味道不久就變成苦的，令他不安的了；他非去絞麻繩，非去數草紙不可，不這麼，他就要像生了病似地不舒服，在他底蒼黃的骨稜稜的臉上，永遠呈顯着一種為罣慮而苦惱，而失措的遲鈍的灰色的表情；這些他非要它們存在不可的罣慮糾纏着他，使他時常像一頭污泥裏的鯉魚似地做着黯然無光的掙扎。頑固和驕傲使他遠離了隣人，使得隣人們不禁因為他過活得比他可以過活的要壞得多而唾棄他起來，至於他底弟弟，在這一段時間裏，雖然看來還是對什麼都不顧慮。也遭受了一些苦惱；地方上查得緊，小鴉片館受了威脅，他底喊叫不再那麼高了；不知因為哪一種緣故，他在很多次爭吵裏都並沒有勝利。走路的時候，他也露出了沉思。這沉思是要比哥哥底實在些的……總之，他即或失敗，一個闖過防地的走私者吃了槍彈，也沒有他底哥哥，一個在自家底，小堂屋裏彷徨的人被自己底影子嚇到那麼可憐。

但過了半個月，什麼較大的事情也沒有發生，一切都照樣平安。

這一夜，王德潤的鴉片客人剛剛散去，就起了狂風。這狂風彷彿一張有着鋼牙的大嘴，在咬嚼屋頂，使得這家庭的碉樓，和屋子簌簌地抖叟着，王德潤是睡得很沉的，假若不捶他底頭，就不能喊醒他，但王德全卻不然；狂風一起，門板一碰響，他就不能睡了，他點了盞燈光出房來用手護着火苗，向四處察看，因為相信自己聽見了一種繼續走動的聲音。

但什麼也沒有。然而在這種察看中，他的凝固了的心卻被所得的嚴肅的印象偷偷叩開了。他寒冷，對周圍的一切有了一種鮮躍的感覺，突然和他的罣慮，他底全部生活的昏曚狀態遠離了——縮了縮身體再看的時候，一切都帶着自己底打着辛苦的印記的壓力生動地對他無聲地說起話來：陳舊的桌椅說：「從您娶親的時候起，我便在了，那後來被人害死的麻子木匠做了我！」寫着「校書」「採藥」的排在中堂左邊的黑漆牌說：「你底祖父，你底祖父！」院子裏的破裂了的石水缸也說着和這類似的話；至於那豎立在圍牆上面的黑色的碉樓，和它後面的在狂風裏嘯出怖人的大聲的高大蔽天的沙桐樹，則憤怒而悲切的鳴叫道：「我們有兩百年了！兩百年了，你底生活永遠不會好！你就要倒下去！」

主人怔住了！這灰黯的擺設，古舊的建樹，他們能活多少年！在這變幻的世界裏，他昏沉地鎖管，自大而空虛地消磨生命，有多少時日在心裏連一些空隙也不留給他們呀，然而它們卻一直是統治者！

他恐懼，一陣風撲熄了燈。他依着門柱懊喪地站着，從嘴裏喃喃地發出昏迷的悲淒的哼聲。不知怎麼一來，他放下熄了的燈，通過小天井，開門走下台階到大院子裏來了。他彷彿聽到在狂風陣陣呼嘯底霽下，從院角裏也發出一種綫綫的聲音，他走過去，這種聲音果然並非他底錯覺，他看到了一個狗一般地搐動着的黑影。風吹開他底長衫，他突然恐怖得打顫。

「誰？」他尖厲地叫，於是在這叫聲下，恰如一個相信自己正直的人一樣，他壯了胆子，慢慢地走過去。

那黑影發出一聲落魄的尖啼，站直成一個人形了。他即刻認識了它是不幸的李嫂，他再走近一步，發現了倒在旁邊的一個籮筐。但他先不說話（假若是他底弟弟，那立刻就要暴叫起來，動手敲打，）只是彎下腰去察看着，籮筐裏和倒在旁邊地上的，是從牆根的一個堆子上偷來的煤，另外還有一根木柴。

他在手指頭上研着煤，向李嫂厲聲問：

「你幹啥子？」

「燒飯……！」這失魄的不幸的女人帶哭聲回答：「我今天才買來的，這裏四十八元錢！」他指牆根，聲音是冷酷的：「你怎麼要這個……」一陣迎面撲來的風封住了他底嘴：「要這個燒飯？」他用手遮住嘴叫。

李嫂戰慄得像一根蘆葦，她首先發出恐怖的尖啼，接着就悲慟地哭泣，最後張開手又合起來，跪在主人面前了。

「救……！饒我……這個煤……」她抓住主人底長衫哭訴，這哭訴與其說是想得到饒恕，到甯是用來使自己底絕望的痛苦化為熱烈的悲慟。

王德全旋動了一下，但隨即就把長衫從李嫂手裏掙脫，退了一步，哭泣擾亂了他，使他惶惑，微微有些失措。一陣呼嘯而來的風搭擊着碉樓底牆壁，在瞎了的槍眼裏嗚咽。

風過去後，他憤怒起來，開始審判。

「你為什麼偷煤，說！——站起來！」

……李嫂軟弱地爬起來，木然站着，許久不開口。「嘀嘀，啊啊，嚶……」以後他呷呷嘴唇，發出這些什麼也不說明的哼聲。但在這之後，出於主人意料之外，她用一種夢幻的大聲說：「老爺，老李怕是讓槍打死了！我做了一個夢，爬起來，想拿一些煤來生火吧，就出來了。我不知道……風好大！」

「胡說！妖怪！」王德全叫。

「我冷病了，要燒火，」她靜靜地撒謊，彷彿她自己也相信這是真實。

這種聲調激怒了王德全。他在憤怒裏失措，不曉得該怎樣辦。終於他迅速地從地上檢地一根木柴來，向這偷竊的女人肩頭上擊去。

女傭人在木柴底劈擊下，哭叫起來，向碉樓逃去。王德全慢慢地追着她，彷彿追一條絕不會逃掉的狗，一直追到碉樓裏去。

「你說，你說」！他磨厲牙齒，帶着怯懦的凶殘叫：「你偷東西，簡直無法無天！」於是他向四壁看，想要發現什麼可以拿走的東西：在半夜裏打一個無防禦的女人究竟不是什麼良好的德行，他應該拿走她底唯一的一件新藍布衣才對。

他慢慢走向壁角，像取自己底東西一樣把那件衣服取下來，挾在腋下。但就在這一瞬間，蜷伏在另一邊牆角的胆怯的李嫂向他瘋狂地撲過來了。她揪牢他，默默地爭奪着她底最後的財產，在捨不下來的時候就用頭撞，動嘴狂咬。在藍布衣兩端拉推了有一分鐘，王德全被恐怖征服，放了手，在對方拾起一個破碗來企圖向他擲的時候，迅速地逃出了碉樓。剛跑上正屋的台階，他就聽見那隻破碗碎裂在身後的聲音，「瘋了，瘋了」他暴跳，捶自己底胸。

狂風在天穹裏嗚響，然後帶着強勁的呼嘯降到地面上來，碉樓搖幌，瓦片戰慄，發出巨大的爆裂聲，牆外的沙桐樹幹折斷了。

王德全抱着頭，驚慌地向碉樓後望。風過去，露出靜靜的灰色的天空，這天空比前一瞬間擴大，沙桐樹底失去枝葉和副幹的樹身，孤獨而沉默地在它底下豎立着。

這一家的主人逃進屋去了。

第二天清早，他恢復了平靜，祕密地跑到後門外去。

沙桐樹像斷折了一隻手臂一般被劈斷了一根巨大的副幹。這副幹倒垂下來，僅和母體聯着一大塊青白色的樹皮，鬱黑色的茂密的枯葉和碎小的褐色小圓果，就無助地掃着地面，在早晨的涼風裏簌簌發響。有一段枯木被摔到菜地裏去，一端插入一個清水窪，彷彿為灼熱的傷和死尋一點滋潤。

王德全起初有些苦惱，失望，覺得不吉，隨後就感到僥倖，因爲樹幹假若倒在另一邊，就要毁壞了他的園牆和豬棚；最後，當他突然發現這一段木頭底可驚的用途的時候，他就把夜來的暗影忘記得乾乾淨淨，歡喜起來了。

他瞇起積着眼屎的小眼睛，嚴肅地閉緊嘴，繞着樹幹跑，用煙桿比量着它的長度和周圍。

「這是我的！」他感謝地想，因爲弟弟決不會理會這個。

「爛了，」他用手指彈樹皮；「這是我的，沒有關係。」

他有很多說不出來的理由主張這樹是他的。隨即他就想起了它的用途——鎮上和鄉裏最近很需要中等棺材，這段木頭是够供給八個死屍，使自己收入一千塊錢。

下午就來了三個木匠，搬回了木頭，叮叮咚咚地動起手來了，但跟着這沉悶的聲音，他却陷入那不可收拾的可憐的思慮里，好心情完全毁失。當事情開始實現，當可愛的希望化做在灰黯的天穹下疲乏地進行着的現實的時候，夜來的不吉的暗影就昇了起來，他精神擾亂，感到空虛，懊喪。這有什麼可高興的呢？樹倒了，原來是自己的，原來就應該做棺材的呀！

而且，鑒於一種僵冷的印象，他不敢把夜里的事件告訴他的精細的女人，他只是神情晦澀地向她說，用這一段木頭做棺材，是一件值得的事。但她對這件事，像對世界上任何她認爲一定存在着並且進行着的事一樣，並不感到什麼出色的興味。什麼事都不會驚擾她，刺入她的冷漠的心。聽到木匠來了，她只微微在麻線球上抬了一下頭，用低而緩的聲音吩咐她的孩子們，叫他們把所有的多餘木片和鉋花全拾回來，一點也不要給別人沾去。……

四

然而王德潤夫婦却過得很大度，似乎毫沒有發生什麼使自己吃虧的事情一樣，他們整個下午都在外面閒蕩，連黑娃子都不知跑到那里去了；他今天沒有偷柑子，也沒有走近這熱鬧的棺材作塲一步。

這種沉默使王德全苦惱，現在他又發覺自己並沒有獨吞這段木頭的眞正理由，但因爲對於自己無利的事實，沒有勇氣承認，他便懷恨弟弟，以爲他的動搖，純粹是由弟弟的沉默造成的；木頭原是自己的呀，然而弟弟一沉默，便使他覺得彷彿不是自己的了。這使他盲目地痛恨了起來，而尤其使他氣昏的，是第二天早上發生了這樣的事：

吃過早飯，他預備到鎮上去，但一走出大門，他便看見了正在鋸斷一棵老核桃樹的王德潤和他底三個傭工。他站住了，然後蒼白地走過去。

弟弟戴着小絨帽，鼻子傷風地鳴響着，用愉快而粗暴的聲音向他底工人說：

「這個，市價簡直就三百！……」

王德全尖叫了起來：

「怎麼，這個風水樹呀！」

弟弟掉過頭，極端輕蔑地看哥哥一眼，然後從長袍角里抽出一只手來，彎腰醒鼻涕。

「做棺材。」他捏着鼻子回答：「這個木頭好罷?!」

「好……哎呀，弟弟，」哥哥難看地笑，「回屋來，我跟你商量一件事？」

「明天商量。」

哥哥用煙桿指天，嚴厲地望着他。

「你要先跟我說一聲才對。」

「跟你說？你底，慘白發臭，」弟弟狂妄地張開嘴，「我底這個，又紅又香……」

「你胡鬧！」

「准你放火，不准我點燈？——我們分家！」王德潤回答，躍到一塊石頭上去。

王德全嚴酷地沉思着，望定在鋸子下慢慢彎下來的老核桃樹。隨後他底手臂抽掣了起來；像一個傀儡似地扭動着身體，他激越地啼叫道：

「不務正業，你喪心病狂，你要分家，你有什麼家！我們是什麼樣的人家！祖宗沒有虧你呀！」

當他從激烈的彎腰里昂起可憐的頭來的時候，他底眼睛冒出了兩顆淚水。

但王德潤怒起下顎的硬毛，神聖地叫：

「祖宗，祖宗呀！良心有黑白，地有淺厚，我們沒有哪個不造孽。……」他感動：「你知道沙桐樹是哪一代的樹，你用它做棺材？」

「那是風刮倒的。……」

「祖宗叫一陣風來試試你底心呀！」哥哥戰慄，弟弟繼續叫：「我是粗人，是正直人，我從來不存壞心眼，要打架就是兩個拳頭。……」他望自己底拳頭，臉激動得發光。「我頂看不起你們格老子陰險人，你們窩兒子眞是不講公德不要臉！快鋸！」他躍下石頭，轉向他底雇工。

核桃樹戰慄着，發出大聲折倒了。王德全昏迷地轉回屋子來。

「棺材，棺材，祖宗，棺材！」他喃喃向院子走去；但隨即就站住了，因為發現木匠糟蹋木材。「留神點，這個木頭不要弄短了。」他指着一塊爛木頭忿怒地說，「你看着補起來，上面鉋一鉋……」

沒有說完話，他就昏昏跑進屋去了，在舊籐椅上躺下來，痛苦地嘆了一口氣。

「我不服輸！這樣慘，這樣慘！」他把他底恐懼化為失敗的痛苦，捶着頭角：「我一定……不過我還是做起來，再找個木匠。一口氣一口血啊！」

李嫂走進來，把手抄在短衣下面，停住。

「老爺！」她歡喜地喚。

王德全駭異地望着她，失聲問：

「老李回來了！」

主人僵直地站起，想了一下，嚴厲地問：

「他為什麼回來？」

「他今天早上天麻麻亮來敲門的，……老爺……」李嫂猶豫。

王德全立刻想到可以省下一個木工。

「你叫他快來！」他露出小牙齒，揮手。

女人歎氣，揩眼淚，望定王德全。

「他腰腫了，又胸口疼，他病了。」

「他為什麼回來？」王德全尖叫。

「他從城里跑回來。」女人胆怯地，猥瑣地，諂媚地笑；「問你借廿塊錢。」

「胡說……」王德全說：頸子發眼，直直地伸了一伸，像嚥下一件難堪的東西似地，嚥下了就幾乎講出口來的「你好不要臉，」這句話。「你叫老李來！」他用苦悶的聲音說。

李嫂退了出來，把浮腫的臉埋在胸口，

王德全靜靜地縮到椅里去，抽起煙來。和李嫂爭過以後，外部底生活秩序，幫他戰勝了內心底惶惑，他可以沉思，可以回到日常底星慮上來了。沉靜而昏疲底灰色道路仍然在他面前，從弟弟底鴉片館主人的嘴里吹出來的黑霧，很快地不留痕跡地消散了。

「這有什麼要緊，瞧瞧看吧。」他想：「我們不怕在這種人面前吃一點虧。他不會過得好的，他不會過得好，眞的，」他痛苦地想，企圖在心里戰勝：「你不會好啊……我？……我明天一定叫李榮成上工，上工！」

王德潤底核桃木棺材，一共四口，兩天就做成了。他底勇敢的女人叫黑娃子來收木柴。他檢得異常快，異常仔細。祗要木片一在斧頭底下翹起來，他便跨上去，連斧頭底鋒口都不顧忌，用手去撥，而且還同時狡猾地監視着另一把斧頭。

棺材一口一口地排列到碉樓底下和圍牆旁邊去，使院落縮小，顯得熱鬧，慘澹。它們，王德瀾底，恰如他自己之所讚美，帶一點紅色，王德全底，則慘青，而且因爲木頭不整齊，顯得滿身創疤。它們翹起猙獰的額、張開厚耳朵，向天空邁出地面上最善於殘殺的人的那種尖下巴，用一種疲倦的猛獸打呵欠的姿勢，守衞着這出色的家庭的院落。

五

李嫂的丈夫，木匠李榮成，是在十里外的一個鎮口建築房子的時候，跑在山坡上去大便，被兩個兵拉去的。在路上他企圖逃，被兵士把腰部擊傷了。但一個月後，他終於從城邊逃了出來。

他是一個壞皮氣的蠻性的傢伙，慾望强而紛亂，却沒有足够的意志，並且身體十分壞，帶着重傷的身子狂奔了一百多里路，決不肯休息一下，以致於回到這親愛的和痛苦的碉樓裏來的時候，已完全昏迷完全軟癱了。

李嫂快樂地愚蠢地蜷伏在他旁邊，整夜都在幻想，一面喃喃地說：「菩薩，他回來了，他回來了。」

第二天她用她所能用的方法，弄到了幾塊錢，木匠咆哮着，把她請來的道士和醫生嚇走了，叫她什麼醫生都不必請，只要替他買一些酒來泡藥草。因爲他相信他沒有別的痛，除了骨頭受了寒。李嫂是知道他的脾氣的，沒有告訴他王德全請他做工的事；她整天都偷着爲他奔忙，時常替他到街上去打聽，看是不是還要抓他。這木匠是患着心虛病弱症的，他總覺得整個世界都在壓迫他，反對他，雖然當這世界底風暴狂擊他的那一瞬間，他能够野蠻地，大胆地，愚蠢地逃脫。

這晚上，他似乎復元了些，於是走到院落裏去，但立刻就轉來了。

「棺材？這是那個狗日的，他開棺材舖？」他問女人。

女人用一種企圖使他歡心的聲調把事情說給了他，她說及偉大的沙桐樹的折倒，說及兄弟的爭鬥；最後轉回來，說到了王德全給她的屈辱。

她坐下來，把手放在膝蓋上以便凝想，那風暴的夜給她的印象太極深刻的，但是她說不出來；因爲要說的誠實，便愈說愈亂。

「……！我說，弄一點煤，生火吧！我就是在想這，你是貪火的，」她向男人瞥了一眼，「後來王德全來了，我跪求，他打死我。風好大呵……那時你還在城裏不，……哼，搶我的衣服？我拚死呀，我用碗砸他，他逃了。那個時候風把大樹刮倒！砰！呀……！」她向碉樓外瞧，哭了起來：「好不慘啊！我是沒得依靠孤苦可憐的……」

木匠被擾亂了。他驚愕地望着女人，大聲說：

「說清楚，王德全怎麼樣？」

「他打我啊……」

「你說，他怎麼了?!」木匠怒吼，露出牙齒：「我不在，你就怎麼了？你這醜八怪，你這妖怪！我要是死在槍子底下不回來……」

李嫂軟弱地大哭。木匠盲目地奶娘起來，向他撲去，捶打她，但她並不反抗。以後，愚蠢的男人從床下拖出酒罈，悲飲着，就倒在床邊上睡去了。

女人照拂他睡好，獨自癡癡地坐着，望着燈火。夜深的時候，她偷偷地走出了碉樓。

她總要獲得什麼，使自己和病癱的丈夫活下去。前一天，他弄到了一些煤，從王德全的鷄窩裏偷了四個鷄蛋，而且在樹上打了六個柑子，今天中午就把它們賣掉了。這些成功鼓舞了她，使她陶醉，這一夜，她的企圖更大。

但煤被王德全移走了，院子裏除了棺材和一些爛木材外，沒有什麼另外的東西了。小鴉片館子已經散去，通到主人底正房的黑門是牢不可破地關着，她彷徨，悲切地嘆氣，抬頭望天，凝想了起來。碉樓的巨大的黑影後面，沙桐樹的獨幹沙沙發響，一只烏鴉在它上面騷動了起來，用一種竹片破裂的聲音苦惱地尖叫着，以後又忿怒地拍響翅膀，復歸寧息。濃黑的天空上面閃耀着稀疏的白色的小星。在不遠的前面，是把這一塊地面跟別的世界截然分開的山脈底沉重的黑影。

這女人就這樣擬飾着，在幻想自己對它一點常識也沒有的遠方豪華世界和砲火世界，或根本不屬於人類的世界——在那世界裏，自然也要木匠造房子，但那些都不窮苦，不兇暴；自然也有一個李嫂，不過她並不替人家喂猪扒地；在地獄裏，會有兩個鬼魂被拖到判官前，一個是瘦弱而陰惡的王德全，一個是偷東西的李嫂；王德全被判決下油鍋，李嫂則進惡狗林。……

她覺得這判決公平。自從嫁了李榮成，她便成了一個有罪的女人了，她以為；生活窮苦便是罪惡的證明。

於是她想起遙遠的、黃金的女兒生活來，低低地啼哭了。所有的人全忘記她曾經是一個地主的姑娘這回事了，即令她自己，也無法知道，在她跌出來以後，在那些年以後，那種素樸的、靜淑的、多幻夢的生活是不是還在這不幸的人間存在。

她實在說不出來——她是多麼願意它不會存在啊！

森冷的棺材對她變得親切，她撲過去，抱住它們裏面的一個，用頭在上面抵撞着。

「什麼都不是我的，連你也不是我的……」她哭，「我醜，我窮，我破爛，我偷。狗偷王德全……一年的租，一年租，一年租啊……」

以後她疲倦了，微微睡去，等知覺清楚一點的時候，她發現自己已經到了大門外邊。

面前是漆黑的田野，沒有燈火，沒有人類的聲音。她盲目地向前摸索，不知道自己究竟要到那裏去，去做什麼，在一座矮瓦屋朦朧的黑影前，她驚惶地站住了，立刻蹲了下來。

「不行……」她想，

但正在這個時候，屋子裏突然傳出了椅子翻倒的大聲，她縮到田溝裏，聽見了一個男人暴戾的聲音叫：

「我要去，看你怎麼樣！」

一個女人的細弱的聲音回答：

「何苦來呢！」

「我要去，我要…………你不相信問大媽——，我再不蹲在這鄉下了！」

這叫聲還沒有完，一只母雞發出不安的碎亂的啼聲，從牆根下跑了出來，李嫂爬過去。

「他們吵多麼可憐……」她想：「連雞都跑出來了，」她向雞撲去，捏緊它的咽喉。

「哈，——一只雞！」她逃跑，在胸前緊抱着雞：「它為什麼不歸窩呢？他們吵得可憐。一只雞，一只雞！」

在調樓裏，李榮成睜大充血的眼睛坐在牀上，見她進來，就突然跳起。

「你抱着什麼，什麼？……」他暴亂地喊。

李嫂親熱地把母雞捧在手裏，走向他。

「那吳家又在吵架，他們真可憐呀，雞都跑出來了，我……」

「什麼，你不要臉，偷雞？」木匠全身抽搐，臉相痛苦，隨後他瘋狂地跳起，殘酷地向女人的腹部踢了一腳，女人滾跌到地上去了，雞從她懷裏落下來，在屋子裏驚慌地亂竄，發出尖啼和翅膀撲擊的聲音。

在地上，她睜大苦痛的眼睛，彷彿不明白世界為什麼這麼殘酷，不善良。木匠嚎叫起來，發了病，全身震顫，爬回牀上去，於是她從地上坐起來，呆呆地望着丈夫底向空中亂蹬的腳，感到一種稀有的快意。但終於她啼叫了一聲，在牀邊跪倒，把他的昏亂的、噴着臭氣的頭捧在胸前，像前一瞬間捧着偷來的雞一樣。

六

弟兄兩個開始了賣棺材的奔走。王德全要安靜些，他認為，即使賣不出去，擺到明年夏天它們是一定要漲價的，但王德潤却完全不同；他像進行一件非勝利不可的事一般，興奮地在街坊上奔走着。對於鄰人的非議，一概裝作沒有聽見，即使非聽見不可，他也只是以一頓毫無目標的亂罵來回答。要壓倒哥哥的這一慾望，現在比一切都強烈，對於任何事情，他都很少思索，有時雖然思索穩妥了，也要以盲目的僴動來完成，在棺材底鬪爭上，這也完全一樣。

石灰窰的一個燒飯的老太婆病死了，這事情似乎很逗引王德全的興味，他跑過去，問她害的是什麼病，而且沉悶地在停屍的蘆棚底下站了好久。他的神情是墨處的，微微有些失望，因爲感到這老太婆不屬於睡得起他的棺材的人類，以後他就走開了，又安靜起來，用棺材不一定就要賣出去這個念頭安慰自己，而且開始念及別的事情，追求別的墨處。

然而正在這時，王德潤底棺材却以兩百五十塊錢賣出去了一個，買主是一個石匠，他的女人死於黑瘟，他起初選擇了王德全的，以爲那要便宜些，但王德全的胖女人却冷漠地一口咬定三百，於是王德潤和石匠講了朋友，把自已的價錢退到二百五，並且愉快地指出他哥哥的全是爛木頭打補釘拚起來的，得到了勝利。胖女人這一回整個地憤怒了；恰恰這時候黑娃子又拳了母親指示偷了樹上已經成熟的柑子，於是她便叫李嫂把所有的柑子完全打下來。

豐盛的收獲——掛起了風暴的標幟！

王德全，這墨處的，細聲說話的人，憤怒得臉發白。棺材賣不掉，可以的，但決不能因爲它是用爛木頭拚湊起來而賣不掉。

他衝到外院子底石水缸面前，用尖細的假聲喊他底弟弟。

「喊我？」弟弟大聲嚷，走出來。

「喊！喊你，是呀，喊你！」

王德潤張開紫黑色的嘴打呵欠，然後微微捲了一捲衣袖，向兩邊看，王德全戰慄起來了。

「你過來了，」他威嚴地，可憐地挺胸：「我要問你……」

「你問我個鷄巴！」

「我問你，」哥哥阻怯地說，隨即露出要哭的面貌，拚命地大聲叫：「你簡直侮辱兄長，我的貨爲什麼是拚起來的？是……？」

「爛的！」

「混賬，無父無君！」

弟弟躍起，愚蠢地亂蹦，用醜陋的大聲咆哮。

「你不服氣老子賣了棺材！老子不犯王法不怕鬼！你的留給自已睡！」

哥哥鎮靜了一下自已。然後雙手捧着烟桿，做了一個遮攔的手勢，揚高聲音說：

「嗜！慢吵！不要吵！說一句良心話，我們都不很漂亮。你要懂得，你要曉得，你得小心你的鴉片館！」

「什麼，再說一句！」弟弟厲聲叫，喘息。垂下手筆直地站着。

彷彿憤怒壓得他不能再動，使他失去了知覺。

「開鴉片館！」還呼喊得像慘厲的哭泣。

「滾進去！」站在格子門邊的王德全的胖女人舉手喝叱她的小女兒。小孩縮進頭去，她冷酷地走近來，鼻子起皺。

像一個點燃的花泡，王德潤跳起來了。胖女人不發一言地衝上去，舉起手里的木棒；但隨即又丟掉它，用手來拖丈夫。王德全跌向弟弟懷里，長衫領在對方的大手下破裂發響。左手則被女人慌亂地拖着，痛苦地跳脚，發出小猪一樣的尖叫。

但這叫聲使野獸似的王德潤不能忍受，短促地感到苦悶。他抖眉膀，露出牙齒，伴着一個短而啞的吼聲，一拳把王德全擊到汚泥裏。

七

並不用自已出面，王德全買動一個居戶告發了王德潤。戴着方頂新禮帽，穿着灰帆布大衣的聯保主任檢了一個天氣晴朗的下午來訪謁這家庭，他向棺材們快樂地瞥了一眼，站下來，除掉帽子，讓溫和的陽光照亮他的臉，露出一個滿足的微笑。一只秋蠅飛過他的鼻子，他機械地伸出雙手來捉，捉不到，就向它飛去的方面狠狠地揮拳頭。但李嫂走過，看見了他古怪的動作，損傷了他的威嚴，使他發怒。

這是很令人疲困的天氣，王德全正坐在椅子裏，把瘦頭埋在肩下，流着口水打渴睡，聯保主任底怒氣冲冲的脚步聲把他驚醒了。

「主任，唔…你坐……你！」他抬起昏而木的頭，抑着手，向聯保主任昏亂地拚命叫：「抽煙，請煙……」

他雙手遞上煙桿，但主任走到小院子裏去了。

「老二在家裏嗎？」他嫋聲嫋氣地問。

「在，在。……」王德全拉左袖，呆呆地出神，感到說不出的懊喪，隨即忿怒起來了。

他恨恨地坐到籐椅裏去，聽着後屋裏的聲音，起初是王德潤的吵啞的放肆的大聲，隨後是聯保主任的低語，最後，王德潤高聲慷慨地賭起咒來，拍響桌子。兩聲短促的笑飛起來之後，一切便沉寂了。

王德全被這些聲音牽着走，最後跌到泥濘裏，哦！秋天的下半是困頓的！

「蠢呀，蠢呀！狗肏的。蠢呀！」他痛苦地想：「聯保主任是什麼東西！他下午來，就像是來買棺材，價錢講好了！」

王德潤和吞鴉片舖的年青的官吏走出了後屋。兩個人面色都很嚴肅，沒有看他，很明顯的，他失敗了。

這之後，王德潤底好喧鬧的女人走到石花缸面前，狠狠地望了一望他，捧着肚皮，搖着裝飾着大夾針的頭，帶着瘋狂的精神，用一種殘忍、辛辣、短促的聲音笑了起來。笑聲中止，他半閉起迸出淚水來的眼睛，凝神地向沉寂的陽光諦聽着；這種凝神使她底塗滿鉛粉的憔悴的臉上顯出一種猶疑的憂慮的表情；她深深嘆了一口氣，彷彿在這古舊的屋宇裏，她的心現在滿溢了。

但立刻，她的臉發光、兇惡；他定定地看着王德全。

「狗肏的呀！棺材賣不掉怪到老子們頭上來呀！」她叫，拍手：「柑子、柑子獨吞，木頭、木頭獨佔，這種畜生喲！……」她拖長她的聲音，「有種的到×××那裏去告，去說呀！……」

王德全跳起來，傀儡似地奮舞着手。

「你說……你說什麼話！……」

但王德潤的女人不理他，突然想起了一個什麼念頭，迅速地跑出院子去了。他蒼白地站着，茫然失措，連高舉的手都忘記放下來了。

終於他抓起了一個茶杯，像李嫂對付他一樣，向門邊狠力地摔去

「也到這一步，老子不受欺，老子和你們拚！」他在茶杯碎裂的聲音下狂叫。

他的胖女人拖住他。

「你發什麼瘋？」「老子要揍死他們！」

「喏，喏，天下本沒有什麼大不了的事？」

王德全掙脫她，盲目地往門外跑去。但是在院落的石階上被木匠李榮成攔住了。

「你幹嗓子！」他叫。

木匠冷冷地望定他，萎縮起身體，疲弱地說：「我們要搬走。」

「拿三百塊錢來！」

木匠痛楚地搖幌，臉鐵青，似乎就要倒下去。

「沒有天……良……」他微語，但隨即他忘去一切，爆炸了；他瘋狂地揮動手，跳上兩級石階，用涸喘的尖聲叫：

「你吃了我們好多了，你吃了我們好多了……我們不過活！」

「閉嘴！」

「你不是人，搶李嫂底衣服，你簡直搶衣服呀！……」他瞪直眼睛，痛苦地喘息，「你們全不叫人！」

王德全退了一步，舉起烟桿來，但木匠已經不省人事，全身抽掣，像一段木頭一樣倒下去了。他底頭重重地撞在一口棺材上，傳出沉悶的音響，可怕的白沫從鼻孔裏和嘴裏冒出來，遮蓋了他底臉。

「李嫂，李嫂呀！」

他駭異地叫。李嫂慢慢地，胡塗地走出了後院，跑到丈夫面前，從牆根抓了一把草塞住他底嘴，然後拖起手呆呆地站着。

「你，把他……抬回屋去！」王德全焦灼地說。

女人抬起恨恨的眼睛望他，彷彿說：「就是這樣，你看！」

「我抬不動。」她陰沉地說。

「放屁！」

「大家都看見……老爺，你借一點錢給我們，」她蠢笨地威脅，

「就好……」

主人正要暴跳，王德潤衝上了台階，噴着他底臉叫：

「好了，我們進去辦一下，你是我底哥哥喲！」他指他哥哥底鼻子，然後撇開他，奔進去。

哥哥轉身跟了進去。他一走開，李嫂就伏倒在抽搐的男人旁邊啼哭了起來。這哭聲使他茫然，幾乎絆倒在門檻上。弟弟在正堂裏出現，豪邁地唱着哥哥底名字，向桌上插了一把尖刀。

「就用這個來解決！」他吼叫，踢翻櫈子，「先賠我三百元包袱？」

哥哥捶一捶胸脯，彷彿表示自己年老。

「老子送了三百塊那狗種！這是第一筆賬；第二筆，你記得前些年，沒有打仗的時候，老子怎樣救過你？」

王德全偷偷看刀子，掙扎着回答：

「你……救我？」

「不用閒話，老子要爽快！」王德潤底聲音嘶裂了，他張開嘴露着發火的牙齒：「滾！」他向哥哥底企圖向桌子上伸的瘦手叫：「今天老子送你一口棺材！」

胖女人尖叫着衝了過來。

「你喝醉了，弟弟，」王德全又一次伸出手去，「聽我說……不准走開，」他喝叱他底女人。

「後天說！」弟弟用厚手掌護着刀柄。

「你們鬧什麼呀……」

「不要胡鬧……自有公理，我們坐下來談，」他拖了一下板櫈站角，企圖坐下，但弟弟揮了一下手，他又迅速地收回屁股，挺着肚皮直：「……你哥哥哪一點爲難了你？什麼事又不好商量？」他停了一下，喘息：「動刀三分罪，我是你底哥哥！」

「再說！」弟弟捶桌子，伸手向刀柄。

「你敢胡鬧！」他向後退，麻木地叫，「你敗家的東西，喊政府槍斃你？」

弟弟揚起刀，向準了方向，狂野地撲過來。用一隻手把哥哥挾住

●胖女人厲叫。

「救命呀！」

「老子們，試試看，老子們試試看！」他用刀柄敲哥哥底頭，一面扭動全身，把拖着他手臂的嫂嫂摔到地上。嫂嫂底拖拉解救了他底懦弱，使他一面順着她退，一面吼得更狂妄。王德全用手亂抓，在雪亮底刀鋒的恐嚇下尖聲啼哭起來了。

女人跪下去。

「有話好說，有話好說……」

「不行！」他舞刀。

「救命呀！」王德全哀號。

王德潤底女人激動地喊着，奔進來了。她撲到三個人中間，抱住了丈夫底肩頭。王德潤鬆手，王德全跌到地上去，在桌子底下爬着。最後這拉架的女人也被野蠻的丈夫推倒了，四個人攪成一團。

當王德全夫婦逃回這邊屋子來的時候，王德潤底女人就開始叫駡，率領着黑娃子衝到石花缸旁邊，用石子，木樁做武器，向這邊攻擊。

第二天，請了族人來，哥哥出錢款待，他們分家了。最末一次的瓜分，極其仔細，後屋的山坡一劈一半；後院用籬笆隔起，柑子樹一房三棵；至於那在狂風的夜裏失去了副幹的，殘廢的沙桐樹，則歸了弟弟。

八

李榮成在當天的夜裏就死去了。

李嫂底悽慘的哭啼在這家庭裏除了胖丫頭奚落以外沒有驚醒別人；雖然王德全是醒了，但他正處在不幸的境況中，決沒有心來理會，這哭聲愈拖愈長，愈悽慘，浸淫着秋夜和黑暗的田野，使鄰人不能安甯。「聽啊，李榮成死了。」他們低聲說：「死了，憑良心說，也是可憐的。」——但立刻他們就又睡去了；誰還有心分給別人呢，他們自己底苦境已經是那麼深！

第二天清早，不幸的女人帶着哭腫的眼睛跑來找王德全，向他叩頭，請他布施一口棺材。但擯使王德全苦痛，他也是不幸的，而且沒有佈施底習慣。

（下文發第三頁）

鄉親——康天剛

駱賓基

一

鄉親——康天剛第一次離開立馬峯，已經是在關東山滿了三年的期限。三年來，沒有挖到一顆人參，臉上也看出是老了，眼角裂開一道道縐紋，尤其是在笑的時候，全不像只有三十歲的人。離海南家的時候，穿的是土布的農民的短襖；現在穿的還是那件的底子，不過補的一塊一塊的，看不出原先那種色調了。

現在他從關砲手那裏，借來一具雪車和堅厚的羊皮外衣，套上獵戶的那匹俄羅斯種的公馬，把手指插入嘴裏，打聲響亮激野的呼哨，兩手抖抖馬繮繩——那繮繩從公馬的闊嘴的左右分作兩股，一端是鐵的馬嚼子，一端爲的是便於車伕坐在雪車上駕駛而延展很長——呼喚一聲騷達子（那時公馬已經揚蹄），他把身子用力向雪車的乾草上一拋，又抖抖馬繮，雪車就開始移動，逐漸迅速而飛駛開去。騷達子也就高聲吠叫着，追逐野兔子那樣隨着雪車奔竄。一會兒，就越過雪車；高吠着一直奔竄前去。康天剛就把兩手插入無指的狗皮手套裏，安然坐在雪車上。公馬不用人指駛，一百四十里的冰道，傍晚就可以趕到了，沒有穴風，雪剛停止，無際的晴空托着一輪暖陽，正是冬季探友的好日子。

這是愛新覺羅氏家族入主中國以後，算是江山一統的太平年月；正像京戲裏任何一朝皇帝出場時所說的「風調雨順，國泰民安」的時代。

皇朝發祥地的解禁聖旨頒布不久，就是說三年以前，鄉親——康天剛就到關東來了，抱着尋求財富的希望，和普通那跋跑關東的山東農民一樣，充滿了冒險的精神。

康天剛本來是樂天任性的人，歡喜唱小曲，拉胡琴，玩鳥，打獵，一點沒想他該怎樣來建立家業。因爲和三里外的隣村的財主閨女發生了愛情——他是僱在財主家作長工的——等到財主知道他和自己閨女的關係，想要拆散他們已經晚了，而且知道閨女抱着誓不改嫁的決心的時候，就答應康天剛：若是三年以內，他能夠置買二十畝小麥地，另外再有耕地的牲口和一輛送肥的糞車，那麼他絕不再苛求，準備把他的閨女嫁給他。財主是中年喪妻不娶的人，平常日子自然極鍾愛她。

他閨女也首肯了這個口約。康天剛回到自己的村莊，就賤價賣掉自己僅有的四畝祖塋的墓地，以便作爲路程到關東山。當時，關東山在山東農民的腦子裏，是塊遍地金沙的寶地，除了闖關東，康天剛想：是沒有別的方法在三年以內成就這樣一份家產的。

給他暮年的母親，只留下兩畝祖塋，臨走母親吩咐他，在關東山無論運氣是好是歹，要常常找人給她帶口信。那時候還沒有郵局，許多到遼北的山東農民，往往一離家門就失去音信。又說：「我自己呢！你就不用掛心。反正本族的戶數多，冬天幫着人家推磨，秋天幫着人家打場，春夏有的是野菜，總能湊付着過的；不過只有一樣不安心，就是昨晚作了個不祥的夢，恐怕咱們不能見面了呢？夢見掉了牙，不見血，也不疼，不大吉利！」

「你別想這些，咱們一不殺人，二不偷搶，會有什麼不吉利呢！」

「咳！可難說呢！」她流下淚來笑着說：「我自己老的這樣，牙口很色，越來越不濟事，說不定有個三長四短，跟前就你一個親人，又隔着渤海……」[illegible]

「不會呀！」康天剛笑着安慰她：「老天保佑，說不定我今年年底就回來了。」

這樣康天剛就離開鄉井，帶着幾件替換的衣裳，另外還有地主女兒送給他的一件瓷的觀音像，祝福他在觀音老母的庇護下能够早日發財，及時回家；實際上她祕密歎禱着，願他不要變心，或給關東山的黃金迷住了，忘記了還留在海南守約的自己。

那時沒有汽船，他搭的是依靠風力的帆船，那帆船掛着三張白布蓬，在無邊無際的海裏，飄蕩了整整三個月，因爲半途曾經失迷了方向，等待到達大彼得灣，望見漁船和海鷗的時候，康天剛已經和全船鄉親餓了五天啦！

在海參威——大概是一八六〇年以前吧！俄羅斯亞歷山大二世的「西伯利亞政府」的主腦穆拉威耶夫，還沒有佔領這塊土地——那俄滿兩族土人雜居的城市，康天剛只休息了兩天就和那些同船來的旅伴們分手了。有一個名叫姜雲峯的鄉親，指示給他到吉林省境的路程，說是第一天，他可以在地名盧鍋的鎮市住宿。那裏有許多變鹽的鄉親，尤其是孫把頭，爲人很義氣，若是碰到他，說不定還能搭上訪山幫的伴，讓他們送你到省境去，然後祝福他有好運氣——至於他自己，要歇幾天，進山找「幹這行的朋友」，說話時手指作着捻弄鬍子的姿式。康天剛到現在才明白，原來在船上交了個鬍子朋友，立刻覺得遍地白雪荒山的關東山，確乎和人口稠密的山東不同。兩人分手，還約定交秋再碰面，姜雲峯說開春再入吉林邊境去玩玩。

路上，康天剛越發覺得這地界着實和海南不同。遠遠近近，全是重疊的高峯峻嶺；而且嶺峯還遺留着冬季的白雪，快到三月了，還看不見一點綠色。所有的嶺峯全長着森林，峽地和寬谷又一色是草原。還都是他第一次見到的，那麼廣闊無際，那麼豐厚稠密，一片一片，無盡無止地展開去，地面不露一塊土。足徵牠們是一年到頭，沒有人動過，冬季任性自衰自敗，春季任性自長自生。無怪乎說關東山富庶，在山東不要說森林，就是河崖草都偷也偷着挖光了，那有拋在土上不管的呢！起初，他還想着搭木幫，入山砍木頭；後來想起姜雲峯的話，爲什麼不搭訪山幫去採參呢？他是抱着有月亮是不摘星星的雄心的。

走到盧鍋，果然找到孫把頭。這是個背胸相當寬厚的漢子。滿臉紅紅的，彷彿剛從熱水浴缸裏走出來的人。和他相離三年了，康天剛還清楚記得初次見面的印象。那時候，他就留着一撮牡草式的鬍鬚，辮子是剪掉了，只剩着豐厚的辮尾，穿着破羊皮襖，敞着胸，衣扣全破了，用一塊粗布紮着腰。一知道他是從海南新出來的鄉親，而且特意找他的，就把康天剛帶到自己所蓋的洋草房子裏去。從牆上摘下酒葫蘆來說：「鄉親！這是俄國窩特卡，嘗嘗吧，這地界沒有咱們海南家的高粱酒，都吃這個。我是一滴也不要沾的，原是預備來人什麼的……咱們在這碰到就無親也帶八分親了，你得當作在自己家裏才成哪！」他又說：「你儘管坐下喝，關東山是不講禮道的，也不要讓。」又問他：「海南家的收成怎麼樣？那村那鄉受到旱災？」說着說着越發親近了，原來康天剛提出的莊名和本鄉有聲望的人物，孫把頭也都知道，并且還能說出每人的特點。譬如：東旺莊衙役，還是那麼能喝呀！每次都用棍子挑着個大酒罈趕集！」「李家窪的老刀筆還沒有死嗎？眞是禍害一千年，每年趕山，都是衣領後插着把扇子，誰見了不讓路三尺呢！」最後孫把頭告訴他，在這裏可以多住幾天。他現在新領了一塊山地，預備開春墾荒，若是他願意留在這裏，他情願一年給康天剛七十盧布的勞金，或者他也想領塊荒山的話，那麼就合股開墾；他出牲口，康天剛出力。

當時康天剛想：「我要七十個盧布有什麼用呀！把七十個盧布看得這麼重；可是在我，一點也不濟事，就是幹兩年回家也置買不了能養得住兩匹牲口的地畝呀！就是合股墾荒吧！也不是一年兩年就見成效的營生，况且我還預備年底回海南呢？就辭了，決定去訪山，訪山就是挖人參，吃山的人是忌諱說明它的。

「爲什麼訪山呢？」孫把頭說：「那都是心高望遠的人走獨門，執傻子想一把執出三個六點來，全得憑運氣。手紅，那當然，說不定幾個月就能訪到顆百把年的老山貨，可是背運，三年五年也未見訪着一顆參苗子。還是實力氣，作打頭的長工吧！這是實在的，一步一步來。」

康天剛笑着說：「賣力氣，我就不用賣掉祖塋田過海來了！」

現在回想起來，康天剛只有苦笑。還有什麼可說呢？三年眞的一顆參苗也沒見，不過還有着自信，那就是再看今年這三百六十天了。

他現在就是去蘆鍋探望他的鄉親孫把頭，托他找人向家帶個口信，讓海南家那個守約的閨女，再延期一年。他想今年底一定會走運的，因為敗運也是三年一轉的，雖然他確又不相信什麼運氣；

這時候雪車已經離開山道，在一道河流的堅固冰面飛馳着。冰面又寬又平，向山谷之間伸展開去。兩邊全是白雪掩蓋的草原，顯得極空曠極遼闊，而又霧樹不分的渺茫，一切全是白的和灰的；只有偶爾那樹枝上雪塊墜地的聲音，才使人注意到雪車越過森林蓬茂的山脚，原來空曠也并不遼闊。康天剛現在對這無邊無際的富庶山野，完全沒有興趣了。雖然抽了袋菸，想提提神，可是在那永遠是單調的白雪灰霧的河道上，永遠是馬蹄子在冰面上起落的單調聲音裏，終於袖手打起盹來。

路還遠着呢？

二

拖着雪車奔馳在堅雪道上的公馬，突然揚鼻打起嘯聲。康天剛醒來一看，太陽已經落西，雪車早已離開所流的水面，而且曠谷周圍，起了大風，雪屑滿空飛舞。不過從公馬的一連串響鼻的聲音里，意識到距離蘆鍋是不遠了。為了避免再沉湎到睡眠中去，就跳下雪車，讓公馬緩就着自已的脚步速度跑。這樣，還可以活活週身的血，實在他的兩脚凍得有點兒疼呢！不久，公馬打起第二次響鼻。牠的眼睛也放出光來，豎着兩耳，向前偵聽。康天剛就想，快到了。可是伸展在眼前遼闊雪野，又一點村莊的痕跡看不到，尤其是風高雪狂，連樹木的黑影也望不清楚。慢慢的發現許多錯雜的爪跡和狗的吠聲，康天剛的雪車才走進半里外還不能十分確定的蘆鍋村。」一窩孩子在村口站着望他。他們追逐那些飛到人家附近找覓食物的野雉，現在他們望見雪車來了，都想能認識他是誰，是本村的呢！還是父親的故舊！等到彼此互望着，知道誰也不認識他的時候，就有年紀較大的孩子，提議坐雪車，一哄的迎奔前去。

康天剛向他們笑着說：「小鬼們，等進了莊再坐，馬累了一天啦！」

一個兩腮凍得紅紅的孩子，穿着大人的短襖當長袍，他說：「你是不是來賣狍子肉和狐狸皮的？」

「孩子，我是賣鹿牙和象角的。」康天剛有趣的向他睜大眼睛說。又問：「孫把頭在村子嗎？」

「你找姑姑領你去吧！」他笑着就向一個八歲的梳着兩條垂肩長辮的女孩子叫：「姑姑！找你爸爸的呢！」

那是一個俄國孩子。有着黃頭髮，海藍色眼睛。

康天剛想：怎麼孫把頭成家了嗎？那麼一定是個毛子寡婦了。

他猜的不錯，等到剛一見孫把頭，孫把頭他就擁抱起他來說：「你是天上落下來的驚人呀！」然後回頭高聲招呼起瑪達嫂來。康天剛問他：「還認識我嗎？」也沒得到他的答話。僅是吩咐姑姑把公馬卸下來，自已就拉着康天剛的熱手，（因為剛脫出皮手套）走進一所有玻璃窗的房子。

「鄉親：你老了呢！」孫把頭說：「我在後窗就望見你了。我說這是誰呢？我不敢認，後來越看越像你……唉：我成了家呢！還是先說你吧！你怎麼樣？」

這時候，瑪達嫂走進來。臉面和孫把頭一樣的紅。肌肉粗壯而有力，腰胸一般肥胖。進來時，用裙子擦着手，說了句什麼。

「你看，她還問幹什麼呢？客人來啦！還問幹什麼？拿瑪特本來——你那是做什麼？擠牛奶嗎？別擠了。燒蘇布湯去吧！」

瑪達嫂用眼睛向康天剛笑着，表示謙遜，表示不知道怎樣說話來迎接為丈夫所喜的這位客人。又用圍裙擦擦手，可以看出來，這一次是宣告要下廚房了。「

「牲口呢！」她用熟煉的中國話說。

「牲口，牲口……牲口牽到牲口棚去呀！」孫把頭說：「你不用勁，她會攙你。其實她滿精明，給我喊的喊昏了——你坐坐，還是我出去看看吧！」

康天剛一個人望着這泥壁光平而潔淨的屋子，望着有窗幃的玻璃窗，望着平整的塗油地板，有白布的飯橱。覺得一切是這樣富美；一邊脫掉掛着雪屑的羊皮外衣，心里是急於要知道孫把頭是怎樣在三年內治富的，并有若干財貝。

「姑姑去領這康大叔到河冰眼洗洗脚。在冰水里泡泡，不會凍傷的。」孫把頭回過面來說。

康天剛很熟習的通過後門，走到後山脚的小河崖下。姑姑總是用出神的眼光望着他。在她出神望他的時候，他就作着猴子霎眼那樣迅捷的眼風，取悅她。心想母親那樣蠢，怎麼會生出這樣一個漂亮的女孩子。走到石鑿的冰口，姑姑指給他可以坐下洗脚的石頭，就獨自像山羊羔子般跳着跑開了。

洗脚回來，孫把頭又在他脚前擲下一雙短腰氈靴，說是：「這還是你前一次穿過的哪！」然後把西窗幃拉開，這樣屋子更亮一點。於是聚在長大的桌子周圍用晚餐了。孫把頭照例還是不沾滴酒，只給客人親手斟。

「鄉親——我說你當在這按步就班的幹，不是也和我一樣了嗎？」孫把頭開始說：「你知道，我現在有一百垧熟地了呢！還有三百垧荒地沒有開。雖說背着千把盧布的債，可是我也給你討了個嫂子。」他向瑪達嫚望了一眼：「我就是不向高里望……還是先說你的吧！我也從「來往跑山的」口里聽說過你不大得意，你說吧！我這里聽呢！」

「有什麼說的哪！」康天剛笑着說：「咱們各人有各人的看法。」

「那麼你還想回到山里去嗎？」

「天然啦！」儘管他是怎樣地微笑，孫把頭却也覺出一種感嘆而且有點氣餒的印象：「我是有月亮不摘星星的，况且已經化了三年的日子。」

「鄉親！為什麼你不一步一步來，淨向高處望呢！」孫把頭說話時望了一眼姑姑。

因為姑姑看着康天剛使刀叉的手嗤嗤笑。瑪達嫚向他說：「這樣！這樣！」兩手作着刀叉切排骨的姿式。

「鄉親：你知道咱們不是外人，才這樣說。你是太貪了，人不能不知足！」因為瑪達嫚說：「拿來，拿來！」孫把頭的話給打斷了。

康天剛因為排骨滑到盆式盤子的外面，意欲用手推他進去，可是兩手全握着餐具，不知是放下刀子妥當呢，還是放下叉子妥當。孫把頭就想：「我的話，他一點也聽不入耳哪！」

瑪達嫚用圍裙擦擦手，接過康天剛的刀叉替他切。康天剛這才抬起頭來說：「阿！怎麼樣，不能不知足，還怎麼樣，你說呀！」其實他只聽見末尾這句話，并不是因為太餓了，想急於吃東西，而是根本他對孫把頭這話，不管一個讀書的人聽農民講三字經那樣不入心。所以等到瑪達嫚把刀叉放在盤里，推給他，而且她露出不看他是怎樣吃；更用眼睛制止姑姑不要向他望而姑姑偷着望的時候，康天剛又沒聽見孫把頭是說些什麼了。孫把頭看見康天剛故意用刀片挑着肉塊向嘴里送，裝作嬉弄姑姑，實在是藉以解嘲。心裏想：他是完完全全沒有注意我說什麼！

康天剛也想：這個女孩兒確乎是可愛，那老傢伙可蠢死了。瞎迭三百垧熟地，我也不要呢：而他却很滿足并以此自鳴呢！

「鄉親！」

「什麼！」

「那麼你說說，你這三年，……你看，我說你又不聽；我要聽，可是，你嘛！又不說。」

「說什麼呀！你全知道，我倒霉就是了。三年訪不到一顆山貨，一年換一個訪山幫，這樣下去恐怕沒有山幫敢搭我這個霉氣伙計了。」

「那麼你還回去嗎？」

「我說過嘛，天然要回去的。」

「你來是作什麼呢！」

「我來是來看看你呀！鄉親。」

「那麼……鄉親！我不留你就是了，願意在這多住幾天，就多住幾天；願意什麼日子走呢！就走。鄉親！你知道，我新添了輛車呢！兩匹挺壯的公馬。等明天咱們哥兒倆去看，放在地戶那兒呢！」孫把頭嘆息着說：「若是你來的那年，聽我的話，咱們哥兒倆，不都是太狼戶了？唉：你老是要摘月亮呢？」

哥兒倆個笑起來。晚餐吃的滿愉快。餐後，又談了一會子閒話，康天剛就到廚房去睡覺了。在談閒話當中，康天剛托付孫把頭有便人向海南帶口信，就說今年年底要回家。至於那個守約的閨女的事情，他是從來沒有向他的朋友提過的。

三年前康天剛就是在這廚房住過的，那時還有新鮮木材和油漆的氣味，現在則充滿了牛乳味以及油氣。最大的不同，就是三年前，這是一座新蓋的住房，而如今是降做廚房了。

康天剛打開窗，想使屋里的空氣調換一下，不料風勢很大，推不開；用力推開一半，那窗又藉着風力自動的朝兩邊外牆打去，冷風立刻浸入，且撲滅木棒火焰。他想起三年前，也曾有過同樣的情景，不過那是春末第一次雷雨的黃昏，而現在是冬末的夜晚。

他還記得那時候，他打開窗，窗戶也這麼有力的自動的朝外牆兩邊打去，他聽見一隻雲雀的婉轉嬌鳴，彷彿一般起風日子，或是傍暮百鳥歸巢的時候，人們所聽見的短促的悅耳的鳥鳴一樣。似乎向牠們的同伴說：「快呀！暴風雨要來了！」或是：「快呀！天要黑了，我們得趕緊回巢？」如今呢！春天還很遙遠，外邊只有狂嘯的北風聲音響。關上窗，風聲就隱約不清，因為門窗邊緣都釘有一條條狗皮，自然，不透風，再加牆壁又堅，所以聽不見外面的風聲響了。這也和三年以前一樣。

康天剛沒有重新點燃木棒火焰。在黑影裏，面窗站立很久，又嘆息一聲，想倒在炕上睡了；可是好久也睡不着。在他腦子裏有兩個念頭，一個是懷疑自己：果真命運安排妥當，年年走下坡路嗎？一個是對於他的鄉親孫把頭的幸福的懷疑：不錯，他是成家立業了，可是她是又醜又蠢呀……是的，他很滿足……。於是又想到若是三年前真的和他合股開荒，自己確也不至於像今天這樣了。最後另一個念頭又譏笑道：「莫非你真的相信鬼運氣嗎？那麼在海南娶一個傻丫頭就算了，何必穿山過海跑到這百里不見一個村子的關東山呢！不是要摘月亮嗎？這才決意把她娶過來，這才跑關東，這才訪山。」他又想起她——那個財主閨女——的兩隻撩人的眼睛來。想起在他離海南家那年的清明節日的黃昏，在他後院獨自一個人打鞦韆的情景來。春燕在鞦韆左近飄着，蝙蝠在暮影裏飄着，她的鬢髮和輕柔的衣襟也在空間飄着，真是妖魅一樣的迷人呀！他覺着世間上唯有她是最美麗的，唯有得到她是最幸福的！為什麼不愛這最美的呢？山裏同樣生着樹木和人參，為什麼不採人參而去砍木頭呢？這正和他要娶她一樣，有月亮倒必去摘星星呢！就是沒有月亮可摘，他也不要摘星星！

他想到這許多的道理，但儘管他是怎樣深入的去思索它們，終於抵擋不住一個念頭在腦裏飄起來，這就是三年前他若安份守命的墾荒，他現在可以回海南成親了。

半夜他起來給那匹俄羅斯種公馬加了草料，回來還是不能入睡。直到頭遍雞叫，才混混沉沉似睡非睡地打起盹來。

三

第二天，康天剛就想回到山裏去。孫把頭堵着牲口棚門口，不讓他牽出公馬來，無論他的鄉親怎樣堅決，他是要留下他去看看他的那百十垧熟地、新置買的牲口和車輛，才肯放他走的。並在當天下午邀他騎馬到後山上去打圍。

這些事情都滿意的履行之後，孫把頭在回來的路上和他說：「鄉親！你不信不成，就說咱們哥兒倆打的這隻兔子吧！咱們想也想不到的。咱們是出來打野雉的，可是就碰到牠。什麼事情都是安排定了的，爲什麼咱們單巧在描準那隻野雉的時候，就看到牠呢！那隻本來該死的逃過了，而我們連想也沒想到的這隻兔子，却送到咱們槍口上來！」說話時，孫把頭一直盯住康天剛的眼睛，想從他的眼睛裏辨出他的反應來。他們是並着馬頭走的，只見康天剛的嘴唇苦笑了一下，他的眼睛望着前面，是徵他的腦子確是在思索孫把頭說的話，可是他沒有作聲。孫把頭雖然也不作聲，但那眼睛彷彿一定要獲得他一句話才肯離開他的臉，結果是連康天剛的注視都沒有得到。

「鄉親！你想什麼？」

「沒有什麼！」

「嗐！」孫把頭自嗟自嘆的嘆了一聲，表示對於不能折服他的鄉親的惋惜：「我昨天還想留下你，我可以給你九十盧布一年的勞金！」他低聲無力地說：「你知道，我看見了咱們一塊土上生長的人，份外親呢！我還想預先支給你，那麼春天可以買二十匹馬駒子在這一放……願意領荒呢！也中，秋景天咱們哥兒倆趕車到海參威去玩他一個月，該多好呀！可是你不會的？」望着康天剛又一次的遠望前方苦笑，他又加重聲音說：「怎麼樣？我知道你不會的嘛！」

「鄉親！」康天剛也低聲說，彷彿一般人經過長久的深思，而虛心下氣的把衷心話說出來的口氣一樣，「人哪！只活一輩子；有的百把十歲，有的四五十歲，都有這麼入土的一天，沒有第二輩子的。有些人呢！在這輩子裏，整天有口粗飯吃就知足了；有些人呢，就不了。不是到頭都一死嗎？那麼我要吃一口仙桃，那怕吃到這口仙桃就死了，我定不想吃那一筐爛杏多活一天的，就是這樣！鄉親！人就是命運的主兒：我要今天回山裏，就今天回山裏；我要打兔子就打到兔子。我不開槍，兔子就不會到咱們手裏來；我不套馬，雪車也不會把我拖到山裏去。人就是命運的主兒！」

到底康天剛第三天早晨離開盧鍋了。孫把頭和瑪達嫚送他到村外。只住了兩天的工夫，姑姑見了他，不是像山羊羔一樣跳開去了；不是用出神的眼睛凝視着他——就是他向她擠眉弄眼也不笑的凝視他了；而是一見，就用兩腿盤在康天剛身上打鞦韆。因爲康天剛是那樣一個愉快活潑的漢子，只要一見他就像從他身上得到生命力似的，就受到他的感染而頓覺生命的幸福似的。他會把手指插入嘴裏打很響的尖哨子，又會給姑姑唱小調，編裝蟋蟀的草籠子。所以當康天剛抓着馬韁繩，要想抖抖牠，使那匹公馬拔腳飛跑的當兒，姑姑又一次用兩手抱緊他的腿，儘管康天剛怎樣的說：「我還來哪！再給姑姑帶個黃鸝來！一叫唧流唧流地……」她還是搖頭不放手，她低着頭，用脚踢康天剛的鞨鞡的靴尖。

瑪達嫚在一旁站着，兩手毫無意義的抓着圍裙襟，提到胸前。既不擦臉也不擦手。躬身在姑姑耳邊說：「聽話！」接着是兩句俄國話。康天剛雖是聽不懂，可明白是騙孩子放手，但她嘴唇所飄浮的笑容，又明明白白是贊美姑姑對客人的阻攔。她的眼睛揚溢着熱情的光輝，彷彿說：「姑姑多着人喜歡呀！」並且把這意思，用眼睛傳達給康天剛。只有這時，才看見抓在她手裏的圍裙確實是有用的，她擦了一下嘴巴。

到底姑姑給孫把頭拖開了。她還伸出一隻胳膊一隻腿，向外掙扎。康天剛就抖抖馬韁，立刻跳上雪車，打起尖哨，回頭向着姑姑擺着手，說句俄國語：「道喆但妮！」

「那麼！就這樣吧！鄉親！年底我們等着吃你的喜酒啦！」孫把頭高聲說，不是因爲康天剛的雪車走遠了，而是因爲風狂雪嘯的聲音大。

「好了，你們回去吧！」

「年底一定來的呀！」

「天然要回來啦！」

這時候雪車載着康天剛飛馳開去，還聽見孫把頭叫道：「把外衣穿上，出村子風更冷了！」

「知道啦！回去吧！外邊挺凍的。」康天剛迴頭喊：「別忘記，托人向海南帶個口信呀！」

孫把頭兩手當作傳聲筒，說了句什麼。康天剛沒有聽清楚，只見瑪達嫚的頭巾在風裏急速的抖擺，兩眼望着他，孫把頭和姑姑也都兩眼望着他。就把手在空中揚了揚，轉過身來，嘆息着，滿心不愉快而且惘悵地望着尖尖馬耳。瞬間抖抖身子，披起羊皮外衣來。那雪車在堅實的雪道上，又飛速地奔馳開去了。

四

十七年過去了，康天剛沒有再到盧鍋去探問他的鄉親。

十七年當中，康天剛換了十六個訪山幫，每年他都是被新加入的那個採參集團所揀選，起初，是因爲訪不到人參，說他的霉氣沾染了大家，末後變作人人見到他，就覺得敗興，就覺得不愉快，即使秋底挖到幾顆草參，也找個藉口驅逐開他，鄉親——康天剛一年比一年蒼老，眼光一年比一年犀利，而且冷酷，臉色也一年比一年頑强，甚至於面對着好心腸的伙伴，也沒有一點改變。永遠是用冷酷的眼光，彷彿瞭望着某種遙遠的東西，那樣望着近前的人，實際上他對夥伴們倒沒有什麼敵意，正像賭牌九：一連打開的全是「畢十」，這時候就是面對昔日心歡的友人，也變成不服輸的賭徒那種冷酷而激怒的神情來。

這年，鄉親——康天剛的兩腿受了風濕，精神頓然頹唐。本來他的頭髮，已經花白，盤在頭上的辮子，就細弱的很可憐了，現在又時常脫髮，同時臉色也更加憔悴，而且也越加沉默了。走起路來，腳步遲鈍，兩膝有時竟抖得支撐不住上身的重量。

這時候，他的愛狗驟達子已經半途拋棄他，死在白頭山快滿五週年了。現在陪伴的是一匹名叫烏耳的白狗。牠也和主人一樣的倔强，常和野狼嘶咬。爲了保護烏耳的生命，鄉親——康天剛在牠的頸子上套了項圈，那項圈有着大半環密密的尖釘，可見烏耳是怎樣被牠主人所心愛。也正因爲烏耳是康天剛的愛物，夥伴們遇見了，總是憎惡地驅逐牠。偶爾也有人踏烏耳故意大聲咸務他的主人；「再他媽進夥房來，就殺了牠！」「到秋非趕牠們出去不可，鼈天汪汪地跑進跑出，咬殺人兇手呵！」也有心腸軟的夥計招呼康天剛：「鄉親——把你的狗喚出去，牠又到牆角上刨土，搜尋把頭埋的那兩隻兔子哪！」而康天剛常常一句話不說，就進夥房把烏耳驅趕出來。有一天，把頭雙喜對他說：「喂！」——他是連整夥計都不屑叫他的——「你看又稍了，山里還沒露紅，他們說你把霉氣帶給我們了……以後不用你進山，在火房里燒飯吧！省得出入口，衝犯了山溝的喜氣。再說你的腿又生毛病……」從那次以後，康天剛就搬到火房去住，火房的夥計就代他隨着大幫早出晚歸的去訪山了。

火房立在峯頂上，地基比夥屋高出五尺，門口就是一個巖石形成的懸崖。康天剛一打發走挑飯的夥計，就坐在門口休息。望着遠近的高拔山峯，望着兩山之底的深谷，望着白雲，以及飄蕩在低谷之空的蒼鷹，抽兩袋旱菸，又好預備午飯或晚飯了。

有天黃昏，康天剛坐在門口休息，突然聽見一聲馬的嘶鳴。那烏耳就跳起來，抖抖耳朵，吠着竄出去。這聲馬嘶是不足稀奇的。「綠上的」磕頭哥兒們，每年巡兩次山。巡山就是抽稅，遇到種煙土的要三二百兩煙土；碰見打圍的，收幾十張狐狸皮。至於砍伐林子的木幫，訪山的參幫，自有把頭們下山時同當家的去獻喜禮，但這一回，那三個騎者之中；有一個是他面熟的，直到近前，他才想起：這是姜雲峯。他的臉色，頓然閃出生命復活的光輝，彷彿一匹久經戰爭的老馬，突然聽見衝鋒的軍號聲而豎起耳朵。

他的臉上現着十七年來的第一次光輝，嘴唇露着十七年來的第一次的微笑：「下馬歇歇吧！」他說。

「老頭子！離白頭峯是不是還有三十里路了？」

「也就是三十里路吧！」

康天剛知道他是不會認出來的。知道自已是和二十年前，迥然不同了。至於姜雲峯呢！只比從前壯實一些而已，面目可一絲沒改。兩眼犀利，滿腮半圈短的鬍牙。他又問：「你們的把頭是雙喜嗎？」那時，兩腳攏着馬蹬，顯然要催馬奔跑了。

「是雙喜！」康天剛說：「鄉親！你還認不出我來吧！你看——我就是和你一起在大彼得灣登岸的康天剛呀！」

「康天剛？」姜雲峯遲疑會子，並沒有吃驚，只是注視着他。在已個飛黃騰達的將軍，遇見初入伍時的同等列兵，而且望見那列兵的穿戴比當年更襤褸的時候，是用這樣具有憐憫性的眼光看他的。逐漸有一道波紋，從他臉上泛起來，他說：「眞是……二十年了。你怎麽樣？沒回海南家去看看嗎？」

「沒有。想是想回去的，就這麽空着手回去嗎？」康天剛仰臉苦笑着。而姜雲峯却是冷靜的俯臉望着他。因爲他騎在馬上，那兩道俯射的眼光，就越發使人覺得騎者的高貴，康天剛委縮而且可憐。實際上，姜雲峯不是驕矜的人，而是望着這個二十年前並無深交的鄉親那種衰老的樣子，一時不知道怎樣來表示他的親切和關懷。

「你的腿怎樣了。」

「受濕……寒氣，那還是兩年前在……」

「我看你還是回海南家去吧！這個樣子，還在外邊混什麽？」

「是想回去呀！可是隔着一個大海，光是兩條腿沒有用呀……」

那時候，姜雲峯的兩個隨身夥伴，又攀鞍上馬。他們在這兩位鄉親談話的時候，進火房去喝足了水：「走啦吧！」

「走，走。」姜雲峯說，並且用兩脚擺着馬蹬，藉以抵擊馬股：「這裏有一百盧布，你收着！我還有事情……回頭若是有空，再來看你。」

康天剛的臉色蒼白了，趨前一步。那時，姜雲峯有力勒着馬韁，以便把盧布遞到康天剛手里，可是那匹馬躬着長頸，望見他的伙伴都跑開去了，而旋轉着頸，不住的長嘯。康天剛又趨前一步，臉色更蒼白了，他的眼睛銳利的針視着那一百盧布，而且隨着馬身旋轉一週，到底把盧布接到手，那馬立時揚蹄飛奔開去。烏耳也吠着追逐下去。

康天剛當時望着遠去的姜雲峯背影，久久站在那里不動；而他握有一百盧布的手却顫抖着——完全是不自覺的顫抖着。最後馬蹄聲消逝，週圍復歸於平靜，偶爾又能聽見鷓鴣的暢鳴。

康天剛回到火房。頹然坐在爐口的矮脚櫈子上。彷彿要休息一下，現在他確是疲倦而且昏眩了。他闔住眼，又彷彿有着重憂的人，考慮未獲決定之前，先鎭鎭神，或是先冷靜冷靜頭腦一樣。用手撫着腦袋。他的臉色依然是蒼白的，握着盧布的那隻手也依然抖着。[illegible]。許

最後，他嘆息一聲，彷彿極力擺脫身上某種不愉快的感情那樣，抖抖衣裳，把頭巾解開，重新紮上，同時把一百盧布的票子塞在胸口裏，動手燒起茶來。這是每晚伺候那些夥計不可缺少的飲料。一切都是井井有序，和往常一樣。

天一黑，就聽見鹿鳴和狍子麃羣迅速的跳躍奔跑的聲音，不久有了老遠傳來的響亮話聲，是夥計們回來過宿了。康天剛獨自一人，看守着這間單間火房，火房西手是訪山者的宿棚。所以除了來提晚茶的小夥計，大白日沒有人進來的。康天剛照例不點燈火，往日早躺在炕上睡了，今晚却靜坐在矮板櫈上發獃。他又聽見烏耳吠聲，是從牠始一直追逐着姜雲峯的公馬，或許直等遇見山谷里的夥計才放棄牠，才後跟隨他們一齊回來的。往日，康天剛會大聲叫：「烏耳！烏耳！」可是今晚他不喊！

他所想的却又不關於那一百盧布，而是想海南家的那個守約的閨女。因爲母親老了自然活不到現在，若是回海南只有那個守約的閨女一個撲頭了。可是「人家」也一定孩子成羣，說不定婆過兒媳婦作婆婆了。他回海南，究竟有什麽味道呢！況且又沒有賺下一點家底。他又想起盧鍋的孫把頭：說不定「人家」有千把垧放牲口的大草地了！又想起姑姑也該出嫁而且抱孩子了！在這許多念頭當中，最使他痛心的是不該當初拒絕了孫把頭每年七十盧布的勞金；不該不按步就班像孫把頭所說：「一步一步來。」總之，他是每一步都走錯的：若是當初不愛那財主閨女，隨便娶一個，不管是醜是蠢，那麽他不必賣掉祖塋闖關東山了；若是一見孫把頭就留下，即使不合股墾荒，三年也滿可以回海南值起二十畝麥地了；若是第二次去探望他能回心轉意，也不至於落到今天這樣地步——竟伸手去取這一百盧布的票子。

到現在他明白了，他是不能够回海南家的；而且喚醒過去對生活的追求力，到底他爲什麽還能這樣堅定的作山客呢！自已心上的人兒，已經不知給誰作母親了。他的生活還有什麽意義呢？

這天晚上有月亮，滿窗月輝，滿門口月輝。康天剛起身輕聲喚着

：「烏耳！烏耳！」并向牠臥處，伸着手摸索。那烏耳昂頭向他注目，突然豎立直耳朵，彷彿望一個陌生人一樣，兩眼在陰影里發出綠火。忽然鼻吟一聲，受傷一般挾尾躍過康天剛的肩膀，跑出屋去。

「烏耳！烏耳」康天剛輕聲叫着。跟到門口，他看見烏耳遠遠的立在巖崖上，向他注視。

月光又白又亮，蒼闊夜空，是那麼聖潔，展佈着星斗的陣列。遠近的山尖，樹木，清清楚楚。康天剛在門口佇立許久，輕聲招呼烏耳兩次，烏耳遠遠注視着牠的主人，不近前也不遠逃。立在那巖崖上完全不動。

康天剛最後回來，脚踏高脚櫈子，從灶王的供板上取下那座白瓷的菩薩像，口里喃喃着：「你老，是她送給我的，也跟我去吧！既不能給人降福，又不能給人生財，留在世上作什麼……」就走出門口。那時烏耳又鼻吟一聲，向右手跳開去。康天剛沒有追牠，在巖崖上把薩像破碎，又收集了破瓷片，全部拋向山澗去。彷彿現在他又全部恢復了原有的高傲，一手拋去，那些破瓷片就拋的很遠很遠……故意不去尋望烏耳，他想回到火房去守候牠，他是不願他死後，遺留一件他所心愛的東西在這世界上的。足有兩柱香的工夫，除了熟耳的鹿鳴和夜梟悽厲嘯聲，儘是一片草蚊的哄鬧和虫鳴。不久，他聽見窗下的草響，辨別出是烏耳回來了，但是又歸寂然。彷彿烏耳是伏在窗下了，康天剛又輕聲招喚牠兩聲，聽見烏耳重新跑去的動靜，足徵剛才的草響確乎是牠，而臥伏在窗下的猜想也沒錯。又不久，康天剛望見門口的月輝下，現出烏耳的頭部，彷彿牠也在窺探主人的動靜。那兩道眼光，發着綠的火焰，康天剛就閉着眼睛。再啓目觀望牠的時候，烏耳的頭部低俯下，顯然嗅着屋里的氣息，試探着向門里落腿。康天剛二次閉上眼睛。

終於烏耳給牠抓住了。那匹灰毛大狗嗚咽着，擺頭幌腦，企圖脫出他主人的兩手。然而康天剛抓得很緊，并把牠的帶刺釘的頸圈脫下來，這樣兩手可以扼緊牠的頸子，使牠吠不出聲。拖到門口，烏耳就倒下來，用前爪抓他的手，兩隻後爪也向空刨蹦。

「月亮有紅圈啦！」康天剛聽見夥計宿房有人說。可以聽出說話人是站在門口小解。

康天剛立刻又把烏耳拖回幾步。這次一手握住牠的嘴巴，一臂挾住拖的身子，又聽見外面一聲困乏思睡的「喔——呵」聲和進門的脚步，這才挾着烏耳，走到懸崖石上。

「我就來！你先走一步吧！」隨着話聲，烏耳已拋向深遠的澗谷去。鄉親——康天剛又回火房，拾到從烏耳頸上脫下來的有刺釘的頸圈，就是他心愛的這條公狗的東西，他也不讓牠遺留在這人世間的。

他第三次走到懸崖上，他的脚抖着，這次他向山澗望了望，要找出烏耳的屍跡，以便投落有刺釘的皮圈。在這瞬間，他突然失神地站在懸崖上不動了，手里還拇着刺釘皮圈。

原來就在離他立足處二十丈深的懸崖底下！一個巖石圍繞的泉水口傍，有隻千把年的老山參，蘆肢粗壯，週圍野草都向牠俯着頭，永遠跪拜着牠一樣，月光映射着泉水，那老山參的影子是清清楚楚地，可以分辨出是隻「二等甲」。

康天剛又環顧四週，看看是不是有人望他，又注視一會子那顆挺然而立的山參，驟然急步向夥計們的宿房走去。一隻脚光着，因爲和狗搏鬥時失落了鞋，但他沒有覺到，走的是那麼匆忙，手里還拇着烏耳的頸圈：而且臉色變成完全是死屍的那種慘白。

五

「鄉親！鄉親！起來！起來。」親鄉——康天剛發出顫抖着的低微的聲音，在每個夥計的耳傍呼喚，他們全是并頭睡在暖炕上，在月輝下顯着魘鬼性的綠暗的臉色，而鄉親——康天剛有如一個神祕的幽靈，一個一個去幌動他們的肩膀。不管睡者醒了沒有，他任何的頭前也不久停，按着行列一個一個的送着輕呼，「鄉親！起來！」

「就在那邊，鄉親們！一夥山貨——二等甲……就在那邊。」他向在月輝下睜大眼睛的夥計們說。

於是似醒未醒的立刻坐起來，已經醒來的眼睛立刻就閃出一夜未會瞎睛的賭徒的那種眼光。他們你望我；我望望你。

「就在那邊……鄉親們……一夥二等甲。」

突然他們明白了，發出大聲的呼喚，有人點起了木棒火燭，燭光的血輝，又使這一羣流浪漢的臉色發紅了。他們激動，吵嚷，高聲罵着忘記繼鏈子的夥計，用拳頭有力敲打着還未爬起來的懶漢的肩膀。一個人嘴里說着：「在那里？在那里？在那里？」提着鏈子跑出去了，兩個人說着：「在那里？在那里？」提着鏈子跑出去了，無數的鄉親們說着同樣的話，提着同樣的東西跑出去了。手里也同樣擎着木棒火燭。

現在完全是火燭的行列，火燭的世界，到處是紅光，到處是血輝。

「在那里呀？鄉親！」最先跑出去的回來問。

「就在那邊……懸崖下，深有二十丈的那口冷泉……」康天剛的聲音更低弱，更顫抖了。若是持火燭者稍微留心，他可以看出康天剛斷要一個鄉親來看護，可是這個紅臉的高大漢子，話還沒有聽完，就又跑出去了。

康天剛兩膝抖着，坐在崖脚下的矮櫈上。他的手里還緊緊握着亡狗的項圈。火燭前，他的臉色是慘白的，月輝下他的臉色又是陰綠的，從他那直望前方的渺茫神氣上看，可以知道他是在和生命作最後的掙扎。他的嘴唇發紫，口角掛着一滴血液。

終於康天剛傾倒了，像一座巨塔那樣傾倒了。

當他醒來，天已經黎明。週圍的燭光依然輝煌的。環繞在他週圍的鄉親們，臉色是同樣的又紅又亮。他們有的跪着一隻膝，有的蹲着。他發現自己是睡在地下，他從那些圍繞着他的鄉親們的眼光中，知道他自己的生命是無望了，他反而很安靜，很愉快，彷彿以前他從來未曾有過這樣的安靜和這樣的愉快。燭火輝煌而又恰當黎明，他覺得彷彿大年除夕一樣。他聽見雙喜把頭說：「鄉親！山神爲了你，賜給我們福了。你安安靜靜的……」他的兩個點漆的黑眼睛間，有淚水了，而且立刻把臉埋在雙手里，抽泣着說：「老二……把山貨請過來，給……咱們鄉親看看。」

從前康天剛覺得雙喜是又醜陋又陰險，現在覺得他的眼睛是又聰明，又英俊，他望着所有的鄉親們，都是豪傑一樣的雄偉而且高大。當他用那遲鈍而安靜的眼睛環望他們的時候，每個過見他的眼光的人，都低下了頭。倒不是慚愧，而是因爲悲惻，不忍望這雙不久就要離開他們的眼睛，那時候鄉親——康天剛的嘴角透出幸福的微笑，他現在不能發音來表達他內心裏無比的快樂和安慰，夜半他想投崖自盡時候所想到的結論，和他現在所想的完全相反。從前他覺着步步走錯了，現在覺着步步走對了。從前覺着他不該攀山望日追求那個財主的閨女，更不該捨棄一年七十盧布的勞金。如孫把頭所說：「走獨門」；現在他覺着他是應該有月亮不摘星星的。他到底沒有俯首認命，雖然他自己是得不到什麼了，然而他把這幸福帶給」他週圍的鄉親們，他用眼睛，表示他內心的歡喜，滿足和驕傲；用眼睛表示他對哭泣的夥伴厭惡。他覺得大家全該快樂的。他望了望那個捧在一人的雙手里的老山貨——牠是鬚毛完整地挺立着，頭上拴了紅繩，腳下踏着羊鬍草。他們是用柔軟的羊鬍草包紮牠的。他又微笑了。

「……你有什麼話嗎，」雙喜問：「……我們無論怎樣是把你送回海南去的。」

說前一句，康天剛搖搖頭；說後一句，康天剛的嘴唇露出黎明前第三次的微笑。後來，他的眼睛陷入沉思，只見他動了動左手，他的鄉親們到現在才看見那個烏耳的頸圈。

雙喜叫人找烏耳去，康天剛搖搖頭，雙喜問：「那麼牠跑掉了嗎？死了嗎？在什麼地方？那我們能找到牠的，你放心。我知道……讓牠也入土就是了。」

康天剛沒有過三次鷄叫，就停止了呼吸。雙喜一手給他掩上眼皮。

秋天裝殮康天剛的珍貴的棺木，運往海南他的故鄉。在路過盧鍋的時候，孫把頭舉行了一次路祭。他那時，已經有了個十七歲的男孩子。他正在海參威讀書，兩個女兒還留在家里。（大的一個已經訂了親。）所以他生活的滿幸福；唯一的苦惱，就是因爲車輪子沒換，以致半年多農車沒法用，眼看秋收了，修理車具的鐵匠和木匠還沒有來。至於姑姑，嫁給外村的地主了，據說丈夫年紀比她大三十歲，她也挺知足而且過的滿愉快。只是瑪達嫚最近不大健康，常咳嗽。

曲陽營

田間

你們
殺吧
我們底
兄弟
沒有召喚
他們
就來了
——引自舊作「中國農村的故事」

沿着砂河，
我們底曲陽營
開過去……
唱起新的歌，

那新的歌，
告訴你，告訴我，
曲陽多驕傲，
曲陽多好。

曲陽啊，
差不多全部
抽出老鄉底手，
走進隊伍。

這是戰鬥的鄉土，
這一個區域！
它有着沙河，
和沙河上勇敢的民族。

沿着這沙河，
我們底曲陽營，
開過去……
唱起新歌，

曲陽人
站在沙河邊上，
熱烈地望着
安新方。

望他底兒子
望他自已，
他們走在一行：
像沙河一樣。

倘若說
沙河是堅強，
安新方同志
就更堅強。

老安四十多，
却不像四十多；
臉色很紅，
鬍子很短。

那麼溫和，
又那麼猛，
爲了曲陽營
他大聲地喊過。

大聲地喊過。
跟着他底聲音，
新子弟兵，
像一陣風；

像一陣風，
刮過大砂河，
在大沙河上
成立了曲陽營。

在曲陽營，
在砂河，
誰都唱着
老安底歌。

這是新的歌：
叫「老安」！
「老安，
他眞行，

他眞勇敢，
他眞有臉，
他做了
我們底指導員。……」

沿着沙河
我們底曲陽營，
開過去……
唱起新歌。

高等學校

猶太·S·阿雷乞木著
文穎譯

這是冬天。我對面坐着一位中年猶太人長着已帶灰白的淺紅色山羊鬍子。他的臭貓皮上衣有幾處已經被蟲蛀了。我們開始談話。

『一個人的最惡劣的敵人，』他說，『給他的傷害也不能比他自己給他自己的更厲害，特別是一個女人，我的意思是一個妻子，牽連在內的時候，你想得到我說的是誰嗎？當然囉，是我自己。』

『就拿我來說吧，正像你看見的我：我有什麼特別嗎？完全沒什麼，一個平凡的人而已。難道我額上寫着我有錢沒有，或者我是不是欠了一屁股的債？或者我以往一度有過錢，而且還不祇有錢哩。錢算不了什麼。我有正當收入，我被人尊敬。我安分守己的活着，我不是一個有野心的人，我不鬧亂子，我不像那些喜歡奔走活動和吵吵鬧鬧的人那樣。

「不！我有我自己的理想：最好謹愼而平靜的作事。我謹愼而平靜的經營我的事業。我謹愼而平靜的破產了好幾次。我謹愼而平靜的和商人們清算賬目並且又謹愼而平靜的從新開始。

「但是，畢竟，世界上有一個上帝……他賜給我一個妻子。她不在這裏，所以我們可以十分坦白的說話。一個像一般妻子一樣的妻子。眞的，看起來長得很不壞。事實上她是一個姿容美麗的女人，比我高得多，很文雅，像一般的妻子一樣。你可以說，是一個美人，並且在任何方面說都不是傻瓜——聰明，她能像男人一樣的爭辯呢！

「但是就麻煩在這點。讓我告訴你吧，倘若你的妻子像一個男人，那是沒有好處的！我不在乎她比我聰明，因爲畢竟上帝先造亞當後造夏娃。如果你告訴她這個，那就糟了！

『「說什麼上帝先造你們後造我們，」她說：「那是他的事。但是他放在我小手指裏的智力比放進你頭腦裏的多，這可不是我的過錯。」

「「我倒要問問，你憑什麼現在得到這麼一個結論呢？」

「「我得到這個結論是因爲每次事情都是我担當。假如我們的男孩必須送進高等學校，這就又是我的煩惱。」她說。

『「哪裏寫着男孩必須送進高等學校？假如他能在家裏學得所有的學問，你想我會不樂意嗎？」我說。

『「我告訴過你多少次，」她答：「我沒有意思做違反世界潮流的事。你不知道嗎？」她說：「如今人人都送他們的男孩進高等學校。」

「「好，我所能說的就是，」我說：「如今人人都發瘋了！」

『「哼！」她說：「只有你的心還保持着正常嗎，呃？假如別人有你這種心，我眞要爲他們惋惜呢！」

『「然而，」我說：「人人都是照自己的心意做的。」

「「哼！」她說：「假如我的仇敵和我朋友的仇敵所有的寶貝的東西，只像你頭腦裏所有的那樣，那我就不忌妒他們。」

「「但是我不忌妒一個被女人批評的男人。」我說。

「「但是我，」她反駁：「不忌妒女人有一個連女人也能批評的男人……」

『這就是你和你妻子爭論的下場！你告訴她一件事情，她就告訴你那些主才能明白的話。你說一句她就給你一頓爭吵。要是不回答她吧！她就叫喊起來，或者昏厥過去。那末我告訴你吧，你就倒楣了。簡單說一句，她可以貫澈她的主張而我却不能，因爲——你欺騙自己有什麼用呢？——假如她要作什麼事，她就非辦到不可。

「好，高等學校的事情就是這樣開始的。應當作的事情似乎就是準備這男孩進初級預備班。「初級預備班！」當然，聽起來何等了不起！是啊，每一個從卡德（一），從頭等卡德出來的猶太男孩，全可以穩穩的考取，更不用說我的那個少年了！你走遍全國也找不到第二個像他那樣的。當然，我是他的父親，可能存着偏見，但是那個孩子的確聰明到你不能相信的地步。

「好，把一個長的故事殺短吧，小兒去參加考試——却沒考取。你猜想困難在那點呢？他們給他的算術「兩分」。他們說，假如你不生氣的話，他計數都不會，他的數學太差。你以為如何？我的孩子，全國沒有再比他聰明的少年了，而他們告訴我這些關於數學的話！一句話，他沒考取！

「當然我很煩惱：他已經參加一次他們的考試，他就該考取。但是畢竟我是一個男人而不是一個女人，所以我決定：算了吧！我們猶太人已受够委屈了。但是你有什麼法子使她明白呢！她一旦作了高等學校的夢，就死也忘不掉！

「「算了吧，」我對她說：「見鬼，你告訴我，你何必要他進高等學校呢？避免兵役嗎？但是謝謝上帝，他是我們的獨子（一），你是為他長大後生活有保障嗎？但是，我倒要問問，為什麼他不能作一個像我這樣的店主，或者作一個像有的猶太人那樣的商人？假如他命中註定會成為一個闊人或者一個銀行家，當更用不着我操心了！

「但是你告訴她一件事，她却唠叨她自己的一大套。真像黃河決口似的！

「「不進初級預備班，對於他或者倒是好的，」她說。

「「有什麼好？」

「「因為，」她簡短地說，「因此他可以直接進高級預備班？」

「高級預備班就高級預備班，我不在乎。那有什麼關係，好在全國沒有另外一個人的頭腦及得上他！但是你怎麼想得到他去參加考試，又得人家「兩分」！

「更大的困難：他不會拼字母。你看，他寫的倒對，但是有一個字母每次都折磨他，那字母就是「ѣ」（一），我並不是說他沒有寫上去，他寫上去的，但是他沒把它安置在它應該在的地方。

「有什麼關係！假如我的兒子隨他喜歡的安置「ѣ」字母，我想難道我就不能再到羅慈或波耳多瓦的市場去了嗎！

「但是她知道這個消息的時候，當然她非常煩心。她開始東奔西走，她去見校長。用盡了對神的誓言說這個男孩什麼都知道，知道得很清楚，應該另外再給他考一次。當然，他們不聽她的。他們給他「兩分」，就是這樣。「兩分」的前面還有個負號呢！假如這就是他們覺得應該給的分數，那你能怎麼辦呢？

「但是妻子一想到他已經落第兩次就幾乎要發瘋！

「「好，」我說：「我們還想作些什麼呢？跑去，向他們叩頭？這可決計不行。我敢說我們猶太人已經受够委屈了。」

「但是，當然，她跳起來，開始咆哮怒吼，像一切女人常作的那樣。

「然而這一些全是題外之文。至於我，則為這孩子抱歉比為其他任何事情都抱歉得厲害，我為他心痛。真的，這對於孩子是難堪的。所有的孩子都能去上學，而且制服上釘着發亮的銀紐扣，只有他一個人沒有紐扣。

「「你是小傻瓜，」我告訴他。「你難道以為每個人都能進去的嗎？還是有些人呆在家裏的。」但是妻子聽見我的話時勃然大怒，向我衝來。

「「你看他突然之間變得多麼溫柔！誰叫你用這麼好聽的話去安慰孩子？你不如給他請一個優良的家庭教師的好，應當是一個學有專長的俄國人。教俄文文法！」

（一）kheder——希伯來教會學校。

（一）在帝俄時，獨子可免兵役。

（一）「ѣ」這字母（耶特）在十月革命後改簡俄國字母時取消了。

『你覺得怎麼樣？換句話說，須請兩個家庭教師。一個家庭教師是不够的，我想。是啊，每一樁事，當然，她可以貫澈她的主張而我却不能，因爲，何必愚弄你自己呢？——假如她要怎麼作，她就非辦到不可。

『把一個長的故事縮短吧，我們另外又請了一個教師，這次是一個俄國人，不是猶太人，噢，不是！一個貨眞價實的俄國人。因爲，高等學校一年級所需要的文法和蓴菜相比，蓴菜是甜蜜的。我告訴你，文法以及「古」字母之類是開不得玩笑的。

『但是，好傢伙，主賜給我們一個什麼教師呀！我甚至於羞於談到他。他使我們的生活悲慘起來，他眞這樣作的。他對待我們像對待汚泥一樣，當面開我們的玩笑。舉個例吧，這個傢伙出文法練習題時再也找不到比大蒜更好的字了：大蒜、大蒜的，對於大蒜，關於大蒜！讓他媽的——假如不是爲了妻子的關係，我一定要扭住他的衣領把他和他的可咀咒的文法一齊擲出去！

『但是她容忍了一切。直等到孩子學會安置字母「古」在該安置的地方的時候爲止，這一個冬天他們何等的折磨這個可憐的孩子！你要知道，五月以前是不舉行考試的。

『七個星期以後他去考試回來，這一次沒有得到「兩分」而得了「四分」和「五分」。

『這多麼快樂！人人都來慶祝我們。我想，你們等一等再來慶賀。我們還不知道他是不是能够錄取。並且我們在八月以前不會知道。

『爲什麼要到八月？我眞想知道。但是怎能去問他們呢！唉，我們猶太人已經受够委屈了！

『最後八月到了。我看見妻子忙得團團轉。她跑來跑去像個瘋子——從校長到訓育主任；從訓育主任到校長。「爲什麼？」我問她：「你像瘋子似的從這個人那裏奔到那個人那裏？」

『「你說爲什麼我奔，是什麼意思？可見你是一個呆子——不是嗎？可見你不知道在近幾年高等學校曾經發生過什麼事情！你永沒有聽到關於猶太人的事嗎？」

『並且，你猜怎麼樣，她是對的！他們終究沒有錄取我們的兒子。你要問，爲什麼？因爲他沒得到兩個「五分」。

『「假如你的兒子得到兩個「五分，」他們說，「他或許已經錄取了。」

『你覺得這「或許已經」怎樣？當然，我從妻子那裏聽到這樣的話以後，我再也不想說什麼。但是我替我們的孩子憂愁得比什麼都厲害。他躺在他的牀上，他的臉埋在枕頭裏，哭得好像他的心都碎了。

『簡單的說，我不得不另外請一個家庭教師，是這個高等學校的學生，來教他，預備插二年級。因爲插二年級不是說着要的！除去文法和算學以外，你還得學地理。拚音，和所有各種功課。雖然，你在我之間，所有這些還不值一個空蛋殼。猶太法典中的任何一頁都比所有他們學的難得多，並且其中有非常之多的意義，但是你有什麼辦法呢！猶太人交了惡運！

『其後就開始趕忙補習功課。從清早起——功課，急急唸完祈禱——功課，急忙吞下早餐——功課，整天功課，從早到晚你可以聽見他在他的小屋裏反復的唸：「主格，目的格，加和減」。整天在耳邊喧鬧！這孩子寢食俱廢。

『「孩子作了什麼事情，你要這樣虐待他？」我說：「你沒有仁慈。孩子會得病的，神保佑！」

『「說這樣的話，你該咬掉你的舌頭。」我的妻子反駁道。「最後企盼已久的日子到了。他開始去考試，每一樣課程都得到「五分」而回來了。既然你搜遍天下都找不到另外一個像他那樣的頭腦，那怎麼會不是這樣呢？

『那麼，你也許想，現在一切都美好順當了吧？但是他們發新生榜時，我兒子的名字不見了。

『當然，妻子大發雷霆。她要知道這是什麼意思。這是侮辱！難道孩子沒有每樣都得到「五分」嗎？哼，是的，她要同他們去理論，你要知道，她要給他們點顏色看看。

『於是，她跑去同他們理論，等到後來，他們跟他說不要再擾亂他們——或者，我和你之間不斷明說，簡直是趕她出來了。然後可怕的結果來了！

『「你算得了一個什麼父親！」她尖聲喊道。「假如你是一個和善的父親，一個慈愛的父親，像別人那樣，那麼你也可以像別人那樣找到一條走通校長的路子，拜託有勢力的朋友……」

「你覺得怎樣？算了吧，女人的事！

『「算了，我的事情，」我說：「已經够多了。我要記着付學費給卡德，我要處理我的賬單，市場行情和期票，以及其他的一切。你難道願意我爲了你的可惡的高等學校破產嗎？呃？我爲你的高等學校頸子都忙長了！

「畢竟，我只是一個人，並且任何男人的容忍都有個限度，所以我失去控制力量，也讓她受一受氣，……但是結果當然還是她可以貫澈她的主張而我却不能，因爲你何必欺騙自己呢？——假如她要怎麼辦，她就非辦到不可。

『所以我開始試覓線索去巴結有勢力的朋友，去連絡他們。我忍受了許多侮蔑和屈辱。我常常羞恥得臉紅。因爲每個人問我同樣的問題，並且我必須承認他們是公正的。

『「你，雷布・阿羅，」他們說：「是一個有主見的人，並且你只有一個獨子。什麼惡鬼驅使你向不必要的地方去鑽營呢？」怎能告訴他們說上帝賜給你一個妻子而她滿腦筋只想着高等學校！

「但是我也不是一個傻瓜，託神幫助，我找到一條路子得到去謁見校長本人的機會。我去到他的辦公室，坐下，和他談話。不要緊，當我在必要的時候，我也知道怎樣和上流人物談話！我用不着到我口袋裏去搜索言語。

『「我可以爲你幫什麼忙嗎？」他問我，並且指給我一個坐處。我開始溫柔的同他講，差不多成爲密談：

『「校長先生，我說：「我們並不富有，但是我們有一點小小的家產，和一個很好的男孩，他是一個好孩子，」我說：「想要念書。我也要他念書。而且我的妻子非常想要他念書。」

『「好，那麼我可以爲你幫什麼忙嗎？」他又問我。我向他那裏移近點又重復道：「先生，」我說：「我們並不富有，但是我們有一點小小的家產，和一個很好的男孩。他是一個好孩子，想要念書，我也想要他念書。至於我的妻子，」我說：「非常想要他念書。」

『我着重「非常」兩字想使他瞭解。但是他們怎麼能明白這種暗示呢？當然，他沒聽懂這句話，又開始問我，這一次用十分生氣的口吻問：「但是你需要什麼？」

『於是我把我的手慢慢的放進我的口袋，慢慢的伸出來，慢慢的向他說：「原諒我，校長先生，我們並不富有，但是我們有一點小小的家產和一個很好的男孩，他要念書。我也要他念書。至於我的妻子，」我說：「非常想要他念，」我更加重的說「非常」兩個字，並且把一些鈔票塞在他的手裏……

『現在他馬上明白了。他拿他的筆記簿問我的名字，我兒子的名字，他要進哪一班。我想，哈哈，現在你到底說話了。我就告訴他我的名字是喀剌，阿維。喀剌，我兒子的名字叫莫斐希，又叫莫希卡，他要進三年級。

『「既是這樣，」他說：「正月裏帶他來。那時他一定可以進來。」

「你聽見了嗎？事情完全不同了。俗語說，假如你不給輪子加油，它們是不會轉的。

『我所抱歉的是他不能立刻照辦。但是既經叫你等着，你就得等着。我們猶太人氣受得比這還要厲害哩！

『正月來臨。又是一陣騷擾，又是一陣奔走和忙碌。今天或明天，他們常常要開會，他們所謂的會議。校長和訓育主任和全體教員集合在一起，我想，只要在這種集會，這種會議之後，他是否錄取，就可以決定了。

『好，這一天終究到了，當然妻子是整天沒有在家裏。不吃飯，不喝茶，一切不顧。

『她在什麼地方呢？當然，在高等學校！那就是，不是確實在學校裏面，而是在學校的門外。她從清早起就站在嚴寒之中，等着這集會，這會議，那就去，一直等到會議結束。

「天氣酷寒，暴風雪正在肆虐，而她站在高等學校的門外等了又等。可觀呀！你想，她應該知道人家已經答應了，那麼什麼事都不會有錯，特別是……你明白我指的是什麼意思。但是同一個女人如何說得清！她等着，一個鐘頭，兩個，三個，四個。所有的學生都回家了，她還是等着。你猜怎麼樣，她到底發現了眞相！

「門開了，一個先生出現。她急忙衝到他面前：「你或者知道在集會上，我的意思是在會議上，決定了一些什麼吧！」

「「我怎麼會不知道呢？」他答：「總共取了二十五個男孩：二十三個非猶太人和兩個猶太人。」

「哪兩個猶太人？」她問。

「希普西森和喀剌。」

「妻子一聽見喀剌，她就像蜂似的一口氣飛回家來。她衝進來，上氣不接下氣：「他被取了！錄取了！慶賀吧！讚美主吧！」

「她的眼睛裏眞的有眼淚。哦，我也快樂，但是我看不出有什麼能使我快樂得跳起舞來的理由。畢竟我是一個男人而不是一個女人。

「「你好像並不太被這個好消息感動。」她對我說。

「「你怎麼會突然得出這麼個結論？」我問。

「「因為你站在那兒像啞吧似的，」她回答：「假如你知道我們可憐的孩子如何憔悴的話，你不會像那樣子站起的！你該出去到鋪子裏去給他買一套學生制服，一頂帽子和一個手提書包，並且安排一個小宴會宴請朋友們。」

「「為什麼原因要設賀宴呢？我倒要知道知道？總之這是為什麼呢？——是行堅信禮呢，還是結婚啊？」我十分鎮靜的問，因為，畢竟，我是一個男人而不是一個女人。

「當然，她生了氣並且完全拒絕跟我說話。一個妻子停止跟你說話的時候要比叫喊的時候糟糕一千倍。她叫喊的時候至少你還可以聽見她的聲音，但是她什麼都不說的時候，你說了又說一直會說到你的臉發青……並且，當然，她可以貫徹她的主張，而我卻不能，因為——你欺騙自己有什麼用呢？她要作什麼的時候她就非辦到不可。

「把一個長的故事說短吧，我們設了一個宴會，請了所有的新交舊好，我們把這孩子用新衣裳從頭到腳的打扮起來：一套漂亮有發光扣子的學生裝，帶一頂有徽章的帽子。看上去他正像一個省長。

「他是多麼高興，這個可憐的小伙子。他是個與衆不同的孩子！他因了喜悅而放光像八月間的太陽一樣。客人們又吃又喝，並且紛紛贈給孩子各種各樣的好願望：例如，希望他很健康的念書，很健康的畢業，並且進大學……

「「大學？」我說：「那扯得太遠了。我們不必要那個大學也可以把日子過得非常好。讓他讀完高等學校的五年課程，然後，靠神輔佑。我們就給他結婚……」

「妻子笑起來，用眼覷着我這邊，她說：「告訴他，他犯了個大錯誤。他仍然是個老古板的人。」她說。

「「告訴她，」我說：「我們老古板的人要比維新派的人精明多哩。」

「「你可以讓他知道，」她反駁：「他是——原諒我的用話——一個老——。」

「人人都笑起來。

「「你娶的是一個什麼樣的老婆呀，雷布、阿雜，她不是一個女人，是一個道地的哥薩克。」

「這時候客人們喝完了所有的酒，十分高興，之後他們就跳起舞來——你能聽見地板在他們腳下咯吱咯吱的響呢！他們把我和妻子也拖進去而且把孩子放在中間，跳舞一直跳到天明。

「次日早晨我帶他到高等學校去，當然，我們來得太早，校門和所有的門都還鎖着，一個人都看不見，我們不得不在街上等好半天，我們受夠了苦，並且凍壞了。

「最後門開的時候我們鬆一口氣，他們准許我們進了學校。不久以後少年們帶着書包來了，不久鬧鬧哄哄，他們說說笑笑，這兒那兒的亂跑——簡直是個市場！

「不久有一個穿金扣子的（我猜想是一個先生）向我走來，他手裏拿着一張紙，問：「你來作什麼的？」

「爲了答話，我指着孩子：「我的兒子正要來註冊。」

「「進哪一班？」他問。

「「進三年級。」我說。

「「他叫什麼名字？」

「咯刺、咯刺。」我說：「莫愛希、咯刺。那就是，莫希卡・咯刺。」

「「莫希卡・咯刺？」他說：「三年級沒有莫希卡・咯刺。有一個咯刺，但不是莫希卡，而是莫爾杜卡・咯刺。」

「「所謂莫爾杜卡是什麼意思？」我說：「莫希卡，而不是莫爾杜卡！」

「「不，」他說「莫爾杜卡！」並且把紙推到我的鼻子底下。我喊「莫希卡，」而他喊「莫爾杜卡！」好，我們就吵：莫希卡——莫爾杜卡，莫爾杜卡——莫希卡，直到我終於發現一個很奇怪的事：給我兒子安排好的却被另外一個人頂替去了。

「你覺得怎樣，喂？假如你不見氣，這是個錯誤！他們的確錄取一個咯刺，却不是我的那個。你知道，在我們城裏還有另外一個咯刺。一共是兩個咯刺！

「看着那孩子，我的心都絞痛了。當然，他們立刻命令他從他的帽子上把徽章摘下來。即使一個新娘出嫁也絕不會像我們孩子那天那樣流那麼多眼淚。我爲他爭辯和懇求，但是毫無辦法。

「「現在試看你作了些什麼事情，」我對妻子說。「我不是跟你說過，高等學校會毀了他的嗎？我祝告上蒼祇希望這件事好好的結束吧，至於孩子，託神保佑，不要因爲這件事得病！」

「「倘若我的仇敵願意，就讓他們去得病，」她答道：「但是我的兒子非進高等學校不可。明年他會進去的，託神保佑，假如他不在這裏考取，他還可以到別處去考取。至於進學校，這是他必須和應該的！我爲這個企圖，死了也甘心！

「你以往聽到過像這樣的事情嗎？當然，她可以貫澈她的主張而我却不能，因爲——你說弄自己有什麼用呢？——她要怎麼樣作的時候，她就非辦到不可。

「一句話，閒話少說。我帶着他走遍了全俄羅斯。我們在每一個有高等學校的城鎮都停下來，送去我們的請求書，考試，及格，當然，考得很好。但是在任何一個地方，他們都不錄取他。爲什麼？全是因爲對猶太人的可咀咒的限制。

「你不會相信我，但是我想我自己快要發瘋了。「你是個傻瓜，你爲什麼瘋子似的從一個城奔到另一個城？」我問我自己。

「每一個人都喜歡貫澈自己的主張，於是我下了決心：整個這件事使得我固執起來。

「最後，造物主憐憫我們，在波蘭我找到一個高等學校，一個「買賣式」的學校，收一個猶太人，同時須收一個非猶太人，意思是收百分之五十的猶太人。

「但是這一次困難在哪一點？原來每一個猶太人若要送他的兒子進去，必須同時帶一個非猶太人一同進去。假如這非猶太人考試及格了，假如這非猶太人的學費付淸了，然後這個猶太人才也被錄取。那意思就是你要維持兩個負担，而不是一個。

「你明白嗎？我爲了我自己的兒子的麻煩事頭痛，還不够，現在還必須爲了一個陌生人頭痛，因爲，神保佑，假如，愛薩考不取，那麼甲可布也落第！

「在我找到一個非猶太人以前我幾乎跑掉了我的腿，我找到一個本地製鞋匠的兒子，他們叫他做克赫亞瓦・但是考試的時候到了，當然，我的製鞋匠落第了，怎麼辦呢！

「你猜想他爲了什麼功課落第？爲了聖經！我的兒子不得不把他帶在身邊教他聖經！當然，你也許要問，我的兒子怎麼會知道聖經？這一點都不奇怪。如果一個男孩有一個你在全國任何地方都找不到同樣的頭腦……

」最後那企盼已久的日子來到，感謝上帝，兩個都考取了。現在所要作的事情就是為他們註冊，掣取繳費收據。你猜怎樣，我的克赫亞瓦不在了！發生了什麼事情？似乎是，他父親不要他兒子進一個有那麼多猶太人的學校！他不肯，這就是這件事的結果！他說，他有什麼必要呢，無論如何，所有的校門都為他開着的。他能送他兒子進任何一個他願意的學校。他不對嗎？當然，他是對的！

「『你到底真的要什麼？克赫亞瓦先生。』我問他。

「『什麼都不要！』他說。

「好，我這兒那兒的奔走。感謝上帝，有些仁慈的朋友出來調停了，請克赫亞瓦到酒店，陪他喝了兩三瓶啤酒以後，什麼事都安排好了。

「最後我看見收條的時候，我的眼睛都幾乎從我頭上跳出去了。讚美上帝吧！最後勝利了！現在我可以呈獻給上帝感謝的禱告道：『讚美上帝讓我脫離了這個苦刑。……』

「我乘次一班火車回家，發現有更大的麻煩在等待我。這一次是什麼事情呢？妻子已經想了又想，決定：她怎麼能離開她自己的兒子，而在這裏生活？為什麼他應當在那裏而我們却在這裏？在這種情形之下，生活着，有什麼味兒？

「『那麼你想怎樣？說說看。』我問她。

「『我想怎樣？你自己還不知道我想怎樣嗎？我要同我兒子在一起生活！』

「『那麼關於家務呢？』我問。

「『家務不成問題。』

「對這樣一個女人你有什麼辦法？

「一句話，她整理行裝到波蘭我們的兒子那裏去了。我一個人留在家裏。

「這是一種我不願意加給我最惡劣的仇人的苦刑。我與其說是生活着，不如說是生存着，我的事務被忽視，一切都毀了。我作的一切事情只是寫信。信飛來飛去：『我親愛的妻子……』『我親愛的丈夫……』

「『為了上帝的緣故，』我寫給她：『恢復你的神智吧。這一切將如何結束呢？畢竟，我只是一個男人，沒有一個女人在家，你自己知道……』但是她對于我的請求裝聾作啞。

「那麼，當然，她可以貫澈她的主張而我却不能，因為——你欺騙自己有什麼用呢？——假如她要怎樣作她必定辦到。

「簡單的說，我的故事快要完了。我拋棄我的事業，把一切東西照一半的價格出售，跑到波蘭去和他們生活在一起。我到了以後，開始到處去看看上帝把我帶到什麼樣的地方。我窺探四周，經過許許多多的困難，我才和一個本地商人合夥經商。看起來他是一個穩當的人，從華沙（一）來的，一個小康人的家長，在猶太人禮拜會中的一個長者……但是不久我發現他是一個流氓，一個騙子，一個賊。事實上，差不多弄得我成為一個乞丐。你能想像得到我的心裏是什麼滋味！

「有一天我回到家看見我的兒子來見我，樣子很奇異。他滿臉緋紅，他帽子上的徽章不見了。

「『說，莫愛希，』我問他：『你戴在你帽子上的那個東西怎樣了？』

「『什麼東西？』

「『徽章！』

「『什麼徽章？』他問。

「『徽章不在你帽子上了。在假期我不是給你買了一頂新帽子和一個新徽章的嗎？』

「他臉更紅了：『我取下它了。』他回答。

「『你取下它來是什麼意思？』

「『我現在自由了……』他說。

「『怎麼，自由？』

「『我們都自由了。』他說。

（一）波蘭首都，Warsaw

「「都自由了？」

「「我們都不必上課了，」他說。

「「都不必上課了？」

「「我們罷課了，」他說。

「「罷課——你！」我說：「好一個罷課者，我必須說！我化去了我所有的錢和力量就是為的這個嗎？為的你去罷課嗎？即使你不可憐我們，」我說：「至少你也可憐可憐你自已呀！你不知道猶太人對每件事都要負責的嗎？我們總是作替罪羊的呀！」

「我開始羞辱他，教訓他，像一個父親應該對他兒子教訓的那樣

「但是畢竟，上帝賜給我一個妻子！她跑進來，開始申斥我，似乎是，我到了老年變得心理衰弱了。我不明白世界上進行的任何事情。現在世界變得聰明起來。任何事情都對每個人公開，任何事情都自由了。世界上每一個人都平等，沒有貧富之分，沒有主僕之別，沒有下等狗，沒有上等貓，沒有大財主，沒有高帽子……

「「且慢，且慢，」我說：「你從什麼地方學來這麼些幻想的字句？你完全另外學得一種新言語了。現在你所需要的就是把小鷄放出籠去，讓他們自由。」

「嘿，她飛起來變得那樣憤怒，好像我用熱水燙傷了她那樣。她對我叫喊起來，你知道她們的作法。你什麼都不能作只有站着一直鎮靜的聽到完，假如真有一個完結的話。

「「你知道，」我說：「我後悔了，我錯了，為了上帝的緣故，安靜下來，平平氣吧！我捶我的胸——我犯了罪……我是有罪的。但是停止吧，為了上帝的愛，停止吧！」

「停止？她不！

「「不，」她喊道：「我要知道，為什麼，因了什麼緣故。交了什麼惡運，這地球上怎麼能，變了什麼……」

「我求你，告訴我，誰創出妻子來的？」

——一九四二、十、卅、

Sho lom Aleichem（1859—1916），猶太進步作家，生于烏克蘭，二十歲時即開始以猶太方言著作戲劇小說等，有「猶太文學之父」之稱，高爾基讚美其作品「充滿對于人民之熱愛」，晚年僑居美國歐洲等地，故于紐約，享年五十七歲。其主要著作有「自市場來」，「一個孩子的日記」，「敵手」等。

——譯者附識。

（上文接第四一頁）

在石級上稍稍坐了一會兒，附近甚麼機關裏吹起了晨興號。望望七星巖，巖洞前有幾個甚麼人做晨操，兩隻手一揚一垂的。

「我繞過花橋，慢慢地朝着城裏走。

「余先生！」

剛走上灕江橋頭的斜坡，突然聽到有人在叫我。聲音是十分興奮的。我抬頭找過去，張靜芬向我迎面走來，兩頰泛紅，眼睛笑着，兩道眉光舒展開，蹙痕也不見了。

「你昨晚睡在那裏呀？剛才我去那邊找你了！」停了停不見答又興奮地接下去：

「我已經和校長講了，他答應了，啊，想起來，我這樣的人真沒用，昨天分別的時候，你說了一句『我也回去了』使我真難過。一路上我想着：『你回到那裏去呢？』那時候我恨不得立刻回來找你。到了學校以後，變成甚麼事都沒有心的樣子了。看到校長，心裏就更難受，那時候我真恨他。為甚麼年青青的就有那種頑固的想法呢？到了晚上睡下去的時候，又想到了你。我知道你又沒有錢，心裏真像煎熬地一樣，無論如何是睡不着。終於我甚麼都不管了，穿起衣服來走到校長那裏去。他還沒有睡，我就向他說了，他笑笑，答應啦！想起真好笑，我這樣沒用！」她一口氣地說着。說得那麼熱烈，那麼真摯。我感動了，臉雖在笑，但心裏起着一陣不能抑制的顫動，幾乎要落下淚來。夜來種種驚嚇和渺茫的悲哀，早就烟消雲散了……一滴友愛的溫暖，就足以抵消千百倍的痛苦啊：

「你說嘛，你昨晚睡在那裏？」

「睡在旅館裏？」

「呀，貴得很啊！」

「是的，不過臭蟲太多。」

（完）

響着的刀

原綠

這幾天
我是瘦了
像一隻失去了水份的
懷孕着爆發性的種粒的
堅硬的芒果

我底臉是蒼黃的
黃麼——
我却幻想着
穀色同八月的天藍色
釀出一種生活底綠色哩

從前
我有過消化不良症
我爲寄生蟲們做了乞丐

站起來
走過去
在我底日子里
我不是
一個提着頭泥醉地滾進賭場的酒鬼
「將軍死在床上」
更是一種釘兒和針兒一般尖銳的諷刺

我要一個人
因此
我必須剃去我底頭髮
我必須沐浴一次
我必須再吃一口親娘底奶
我必須賭咒
我必須
用最新鮮的屬於嬰兒的聲音
像鐘擺一般按着點刻
擲世界
發出許多問題

從朧雪朔遠闊的冰河
跑過來的
是可以誇耀他底凍瘡的
我誇耀什麼——
單說我是一個男子
單說我有我底部落麼

好
讓花城是他們底
讓貨幣是他們底
讓昨日是他們底
讓醫生水遠向着他們搖起串鈴
讓律師永遠爲他們說話
讓那些皇帝
去責問他底餓死的人民爲什麼不吃點肉吧

報告酋長
我們底部落
不讓他們參加
孑孓是不能參加水族的
蚊蟲是不能參加鳥類的
我們底部落不讓他們參加

啊
我要一柄刀

睡處

竹可語

早晨醒來，光線從狹長的窗格間透進來變成了灰色，還時候外邊天已大亮了。

一陣氣憤的推門聲，突然地把我驚醒，望着那全仗一條木頭抵着的門，我才想起了我原先正在床上作着一個可怕的夢。

兩隻腳還沒曾移下床，木頭就啦啦地倒下來，門呀的被推開了。一個四十多的婦人走了進來。

白紗衫，短褲，頭髮蓬鬆着，眼白上佈滿着紅絲，顯然她還沒曾洗過臉。也許因爲她身體胖，也許在掩飾她剛才的氣急相，她讓木鞋子在已經破爛的地板上慢慢地響着。兩塊微皺的臉頰肉微微地抖動，只三步路，就在我的床腳邊站定了。因爲她的重量，地板陷了下去，以致竹床全身震動着。於是她背起手，斜着眼睛，故作平靜地問道：

「爲什麽不搬！」

兩隻眼睛上下左右地輪轉着，似乎在檢查那僅有的斷了一隻腳的籐椅子，沒有了抽屜的書桌子，以及天花板上黑繩子一樣的蜘蛛絲條，有沒有缺少了甚麽。

「多講不好意思的，請搬了吧！」

「你請坐，原是今天要搬的，」我平抑着氣說。

「是的。搬！今天搬！現在就搬出去！你住我一天，化我三四塊錢，我是靠房子吃飯的！」

「老太太你放心，吃過早飯就搬的。」

「吃過早飯搬——好！吃過早飯搬，不搬是不客氣的！」

她轉過身子，擺動着一身肥肉，走出房去，地板和竹牀支格支格地響着。

房門外面已站滿了「觀衆」。

「不搬就跟你算帳，不客氣的！住我一天，化我三四塊錢，我並不認識你！」

我不能再忍受，趕到門口：

「你這老太婆豈有此理！我說了今天搬，還嚕囌甚麽！老實對你說，搬是我的客氣。我不搬，看你怎樣？我住的是朋友的房子。」

「你朋友的房子？你朋友的房子？房子是我的！我不認識你……」她的食指在空中亂劃，直指到我的面前。

「房子租期沒有滿，朋友走了讓我住的，我也不認識你。」我說了回來躺在床上。

她三步作一步的衝了進來。

「甚麽話，房子是我的，租期沒有滿，管你甚麽？你說是今天搬的！是不是？好，你搬了吧，你住我一天，化我三四塊錢，我是靠房子吃飯的。」

我不睬她。

「好好，今天搬，吃過早飯就搬啵！」

「不是一進來就對你說了嗎，」我心裏又氣又惱。

「好好，吃過早飯搬啊，大家客客氣氣，」說着拖着木鞋子走出去。

我望了她的背影一下，不禁想起毛坑裏的肥虫來。

這房子原是張韜芬的朋友租的，那朋友去重慶時關照過：「離期滿還有半個多月。」那時候我剛失業，住在一個書店的朋友那裏，第四天，那朋友留着一張條子給我，說老闆說了話，要我另找住處；於是我祇有搬出去，但是搬到甚麽地方呢！我到桂林還祇兩個多月，僅僅認識了兩個同鄉。另一個是一個小學教員，我碰到他後一個星期，就離開桂林了，張靜芬是他的同事，僅僅在他寢室中作過一次介紹。

這一天，也就是前天，我在途中碰到她，就被她帶到這間屋子裏來，但是昨天早晨當房東太太發現空了四五天後的房子，忽然住進了一個人來，就大爲懊惱。雖然我向她說明了，而且還告訴她我同樣可以出房租；但是她聲言自己要住。又說了一套前房客的壞話，當場逼我移出，使我不得不答應下午就搬。當時就跑到張靜芬處，說明原委，她非常氣憤，嘮噞了一套。

「可惜沒有訂合同！」她歎息着說。

「張老師，題目出好沒有？」一個三十多歲的男子進來問她。

「噢，我還沒有出完全。」她抱歉地站起來。

「沒有關係，等一會兒給我好了，」他說時，向我望望，我不好意思地站起來笑着。

「請坐，請坐，」他接連地說。

「噢！我替你們介紹一下：這是劉校長；這是余先生。」張老師難爲情似的說着，顯然她是不慣於這一套的。

「好好好！余先生，坐坐，坐坐！你們談吧，我正在排課程表。還沒有排好。」劉校長一面說，一面倒退地走出房去。

接着張靜芬向我說了些關於劉校長的話。說他剛來，很熱心，態度很好。等一會兒，她可以向他去說，讓我在校裏借住幾天；而且一定是沒有問題的。因爲老師沒齊，有房子空着，所以，假使有便的話，還可以和他談談工作的問題。後天要續招新生，幾乎是他一個人忙着的。最後她說：「你明天早上就搬來好了。」

因此，一等房東太太肥虫樣攏出房門去之後，我卽着手整理東西。簡簡單單的，用毯子一包，挾了走出大門，通過一條狹隘的小路走過對江去。

走過漓江大橋，我從人堆裏發現一張熟悉的臉孔：圓圓的，寬闊的，兩道眉毛老是做豎着，眼睛望在地上。穿着一件淡灰色的旗袍，近來時，正是張靜芬。我就叫了她一聲，她抬頭見了我，笑着；但是眉毛還是豎着的。她笑的時候，總是這樣的；不過今天，特別豎得厲害。

「啊！余先生，我正想到你那裏去看你。」

「喔喔，」我等待着她下面的話。

「眞要命呢！昨天夜飯吃過後，我和校長談天，談到你的工作的時候，他劈頭一句話就是：「你們是甚麼關係！」我說我們是同鄉，他接下說：「唔！你對他很關心啊！」弄得我眞不好意思，關於住的問題，我就沒有提起了，她歎了一口氣接着說：「現在這種社會裏，一個女子想幫助一個男人，眞是不容易！」

我呆呆地看着她，望了很久。最後，我把包着的東西遞給她。

「那末，沒有關係，我這東西暫時放在你那裏，好吧？」

她接過了包裹，說：「眞對不起，沒有力量幫助你！」

「啊！這樣叫我難受，我始終感激你的，你回去吧，我也回去了。」

我先轉過頭來，走了一段路，回過去看她，她低着頭在斜坡上極慢極慢地走着。

在街上漫無目的兜着圈子。走過一家飯店門口時，在隔壁一家雜貨店門口拿出兩張一元鈔票看了看，仍舊放進口袋去。於是一直走進了省立圖書館。

「好久不見了：」發閱覽證的小鬼向我打招呼。

「那裏，我前天就來過的。」

實際上我前天並沒有來，但是我却答得很自然，因爲在我一個月的工作期間我並沒有想到到圖書館裏來的。當眞如果你留心一下，這擠滿了閱書室的讀者中，幾乎有半數以上是天天坐在這裏的，而且一坐就是一整天。自然，他們前面攤着一本甚麼書。但是，當他疲倦的時候，他便會在書本上打起瞌睡來。你看他們的左胸前，也許有不止一個圓的或者三角的證章；但是你仔細一看，却並不是屬於甚麼機關的。牠們多半一些紀念章，總理像，或者總裁像。當他們的臉埋在書本子上，被小鬼推醒的時候，他們伸一個懶腰，看看柱上的掛鐘，於是忽忽地跑出閱書室去。好像有甚麼十分緊要的事情被他們瞌睡延誤了似的。一直到第二天再跑來照樣的看書，照樣地打瞌睡。

而現在我正和這情形差不多，看了一本又換一本，但總安不下心來讀。有時候呆下來瞑想，好久好久。忽然發覺還是停在原頁上，而且對翻過去的頁數，已經一點印像也沒有了。自然也就不再重看。很顯然的，我坐在這裏並不是爲了看書，而是在消磨時間。到後來，不知怎的也在書本上睡着了。這是一個多麽好睡的天氣啊！

當我被小鬼所干涉而醒來時，時鐘已經打過三下。看看周圍的人，已經少了不少。於是我想到這是吃飯的時候了。摸出兩張一元鈔票來看了看，就走出圖書館來。

跑進了一家最便宜的飯店去，因爲在一般飯店裏「經濟客飯」要一元五角和一元二角的時候，這裏總是要少兩角三角的，雖然客菜總要比別處差。所以每到這時候，這裏五六十個位置總是滿滿的一直要延長兩個多鐘頭，才能有空位。而這些「吃客」又正是徘徊在圖書館裏的那些左胸掛着或圓或三角形的紀念章的讀者們。

這飯店特別適宜於我的最大的理由，還並不在這裏；而是這裏的客飯並不限定碗數，可以隨客人任意吃飽的。這樣我化了一塊錢，就可以在這裏五碗六碗地，一直裝到肚子發痛爲止，讓牠慢慢地在肚子中消化到第二天這個時候。所以當別人每天不得不吃兩餐的時候，我却每天一餐就够了。

塞飽了白飯出來，毫無考慮地重又跑進省立圖書館去。對於牠，當我失業的日子裏，眞有無限的愛戀呢！

從黃昏到夜晚，讀者照例是增多的。有的甚至不得不站着共閱的人看報。到八點半鐘以後，人數才漸漸少了下去。等我周圍的人絡續地站起來，小鬼們就把每一盞孤獨的電燈熄了。把每一把沒有人再去溫暖牠的椅子推進桌子下面去。在這時候，你可以聽到椅子脚碰到地板的聲音、電燈開關的聲音、讀者交還閱覽證時在棹子上拍出的擦擦的聲音，接連不斷地響着。這些聲音是最易分開讀者的注意的，換句話說這時候已經是不宜於再讀書的了，但是我還是沒有走的意思，我留戀着九點鐘以前的每一分鐘，以及在他們沒有理由來驅逐我的時。直至鐘聲

在八點三刻的時候，我注意到全室的讀者連我祗剩了三個了。這其以後，我不時地去注意那兩位，看看他們是不是還在，雖然他們走不走必須經過我身邊的。因爲我用心着，當全室祗我一人的時候，我是無論如何也要走的。所以當我看到他們還沒有意思走的時候，無形中好像給我一種鼓勵似的。

一位十三四歲的小鬼走到我面前來輕輕地對我說：

「先生，請你原諒，管理員小姐叫我來說，她們想早點休息了，」他說的時候老是霎着眼睛，好像他不願睜開一樣，實在他睏了。

是的，她們辛苦了半天，應該早點休息了。也許有甚麼人在家裏候着她們吧！我毫無異議地站了起來。另外兩位不等小鬼走過去，也隨着我站起來了。

走出館門，我突然發現什麽時候已經下過一場雨。館門前還積下一大塘雨水。這使我大驚失色。在這以前，我對今晚的睡處，未曾有過焦慮；因爲我以爲任何地方都可以睡，甚至揀一個乾淨的草地倒下來睡一覺都是不成問題的。但是一經下雨，這打算完全成爲泡影了。

當時襲來一個想頭，想跑回圖書館去，在一個任何角落裏蹴下來。回頭望望那位肩着槍的崗警，立時又失去了勇氣。

我茫然地踏着濕地，走出皇城，溜進大街。往日在這時候，街上還應該是熱鬧得人來人去，汽車也難於通過的。今晚一陣雨，掃得十分悽涼了。祗有那幾家接連的酒樓前，還輝煌着燈光；別的店舖，多已關門了。

走過一家電影院，擴聲機在路口喧囂着。售票處合了門，一位管柵門的，孤單地坐在後座門口，頭一直垂到胸前。啊！你疲倦的朋友啊！現在你是多麽幸福的打着瞌睡的啊！

我偷偷地走過他的面前，雖然我穿的是一雙破皮鞋，而且裝滿了泥漿，但是並沒有擴聲器的喧聲響亮的。

從來沒有見到過這樣冷清的影場，祗不過二三十個觀衆聚在場中央。銀幕上映着一個男人和一個女人的頭，不知攪些甚麽，我也不去睬他們。一直走到銀幕前面去，想找一條通過幕後的路。我相信那裏

一定有一個好睡處，右邊沒有門，左邊有，但是門裏面隱約地有幾個人坐着的影子。我就順便轉進廁所去裝作小便。

回來我到底揀了一個空椅坐下來，那椅子正好足够一個人身長。於是我就躺下來，側着身子，透過前一排的椅子縫，看着銀幕的一條。

不多久，電影終了。全場電燈突然亮起來。觀客們一陣亂，絡續地走出場去。而我，仍舊躺着。反而瞌起眼睛來。我私下祈禱，希望人們不會發現我，讓我睡到天亮。天亮了，我再埋怨甚麼人都不來叫我一聲。……

椅背上拍的一聲，我連忙爬起來。朝拍的人看了一眼，一聲不響地走了出去。

街上更冷清了，我起了一個疑問。今晚難道祇有我一個人沒處睡嗎？那麼，他們今晚睡在甚麼地方呢？我相信他們決不致站着睡覺吧！於是我想到岩洞。這些桂林特有的岩洞，不是特為我們按排着的家嗎！於是我向七星岩走去。

通過一條又暗又長又泥濘的馬路，走到七星岩前，進了「太虛真境」。那裏的茶棚主人關在他們的家裏哼着桂調，他們是因為睡不着覺！

望望那去岩洞的黑淒淒的道路，我打消了進洞的決心，在茶棚下悄悄地搬出一隻躺椅來，打算在那上面躺一夜。

不過兩分鐘，就有兩個人的聲音，從我背後走過去。其中一個用甚麼棒子敲着石子，聲音漸漸地聽不到了，又從隱約的脚步漸漸聽得很清楚，他們又走起來了。而且用一支電筒朝着我這方面搜索，很快地走到我身傍，停下了。我的心隨着他們的聲響，由强到弱；又由弱而强。我的思想隨着他們的電筒在空中旋轉，此刻突然被甚麼釘子釘住了。

「那一個！」

「哦！」我以被驚醒的姿態跳了起來，原來是兩個黑色警察。「在這裏躲雨睡着了！」我解釋着。

「你住那裏？」一手挾夾着木棒子的問。

「觀音山，」我突然記起了這個地名。

「雨早停了！」另一個忠實地說。

「哦！謝謝你們！」我無意識地拍拍制服走了，似乎我確是住在觀音山一樣。

走過個老橋，轉進六合路，在一家荳腐店右面，我發現了那個三角形的小菜場。或是我又走了進去。

這一張案子太油膩了，一定是賣猪肉的；那一張雖然乾淨些，又太近路口了，不好。我一直走到三角形裏面的尖端，尋找着乾燥的桌子；但是沒有，都是賣肉的，油膩的，可是疲倦的身子，已不由我作主，扶着案子就躺上去，而且立刻睡着了。

不知睡了多久，我又睜開眼睛來。外邊醫學院的電燈光，幻夢樓閣似的映入我的眼睛，因為我睡前並沒有留心到它的存在。首先入耳的又是近處接連的鷄鳴。我幾乎疑是鷄聲啼醒我的。實在脚太冷了！也許真的天快亮了吧！

睡了一覺，就清醒了些。想到我睡着的是一張油膩的肉桌子，迅捷地爬了下來。奇怪，我為甚麼必須睡在這肉桌上呢？因為我失了家嗎？不，失了家的不止我一個，因為我失了業嗎？不！失了業也不只我一個；因為我沒有錢嗎？也不！不，是的了！如果我有錢，至少我是可以住旅館的，但是，如果張留芬和校長說了，校長答應了，不是同樣有地方住嗎？可惜她不說，唔，「這社會裏一個女子想幫助一個男子眞是不容易。」是的，她是毫無理由為我來担受她所不願担受的嫌疑的……。

這時路口突然有一道强烈的電光射過，好像從天空落下來一樣，在那裏忽隱忽現地顫動着。接着有一種又清淅，又急速的磔磔聲，從六合路裏面，自遠而近地傳來。我仔細一聽，不由己地意識到有甚麼可怕的事情發生了。當這聲音漸漸近來，那道電光漸漸固定在小菜場外的一帶路石或牆碍上，我想到這電光十分可能會偶然朝着這黑淒淒的小菜場搜索一下。於是就很快地躲到一條木柱背後藏着，以便等這聲音和電光過去再出來。果然，當這聲音響到場外的時候，突然停住了。電光轉了個九十度的角，直過小菜場裏來。接着這磔磔聲踏進了小菜場，這一下，把我全身的神經都抽緊了。迅捷地又蹲下來。隨着聲音的移近，我繞着柱脚移動，這時候，沒有別的想頭，祇是抵抗着恐怖的襲擊，命令着自己不要相信他是爲我特地趕來的；但是就在同時，又覺得這是不允懷疑的，他確是爲我而來的。這麼一想，更覺得害怕，似乎我的動作，已經被發現了而且不知如何解辯的好。

皮鞋聲音走到半中央，停住了，電光也熄了。於是，有手拍着竹架子的聲音，接着是人坐下去的聲音，接着又是人躺下去的聲音。現在，甚麼聲音都沒有了。

「他媽的，一定是一個小偷，或是無家可歸的酒鬼！」恐怖消失了，但是心在急跳着，全身汗濕，好像跑了幾千米的競賽後一樣。

我悄悄地繞出了小菜場，走進荳腐店去。兩個夥計裸着胸膛在那兒工作着，對我並沒有加以注意。其中一個比較年靑的，甚至連我看都不曾看。

爲了我可以有理由在那裏逗留片刻，我首先向他們買兩毛錢豆漿喝。他們也不拒絕，年靑的在桶裏舀了一大碗。

爲了可以把時間拖長一點兒，我一面喝，一面想和他們攀談。

「你們眞辛若啊！」

「唔！」年長的答，

「到甚麼時才候可以休息呢？」

「工作完了」

「每天這樣嗎？」

「唔！」

「太辛苦了」

「唔！」

這種冷淡的態度，簡直叫我沒有辦法。顯然他們祇關心他們的工作，這使我妒忌，又使我覺得受了侮辱。我想，他們一定猜中我的狼狽了。於是我大口喝起來，而且想到了一個十分適宜的問題：」

「現在是幾點鐘了？」

「半夜多了，」年長的一面結着包荳腐干的布頭。

這又使我十分不滿，我決計喝下了最後一口就離開他們。

「請你們補我八毛吧，」我掏出最後一元鈔票，

「沒有錢補，」年長的說，並不看我。

「但是，我沒有零的！」

「唔！」

「沒法找一找吧！」

「沒有補的。」堅決的又是冷淡的語氣。

還可叫我爲難了。我能不付錢走嗎？但是轉而一想，倒反高興起來。我又坐下來，一會兒，索性把櫈子移到門口的矮櫃邊，枕着手臂打起瞌睡。眞的，我能不付錢走嗎？

這樣不知睡了多久。醒了，手臂和腿都很麻木，顯然是因爲麻木而醒的。

街路上微朦朦地有些天光，一個年老的人，聳着肩膀，拖着木屐子走過去。他臉上的表情，像天色一樣模糊。

回頭一看，燈熄了，兩位夥計不見了。這裏只有我一個陌生客了！啊！是的，他們工作完了，睡去了。半夜的工作者啊，原諒我剛才打擾你們吧！

於是我一步一步拐了出來，忽兒又想到兩毛錢還不曾付。不，我能不付錢走嗎？我站定了，猶豫着。唔，對了，我找到理由了。兩毛錢交給誰呢，叫醒他們嗎？他們會睜圓眼睛把我兩拳的。一個甜蛋的睡眠對於他們是多麼寶貴呀！錢，黃金，又算得什麼呢？那末讓牠們留在我的口袋裏！下午還可以去飯店裏塞一次肚子呢。

朝着七星巖走着走着，天慢慢地大亮起來，路上行人漸漸地多了。

走過昨夜睡過的索棚下，看一看那邊的躺椅，並排的放着有兩條。莫非那倆警察在這打過盹嗎？

下文接第三五頁

讀詞雜感

盧鴻基

病中不能做事情，書却是要看的。於是看舊詩詞，也許文壇掮客又要說我在玩弄風雅了。但是，管他！

（一）

『花間集』一向是被詞家認為不祧之祖的。那些個輕歌曼舞，那麼個淺酌低唱，那麼個『純藝術底美』，我們在現在看來好像還可以覺得就在眼前。真的，那些婉媚，綺麗（依照徐遲先生說法譯得通俗一點叫做『好看』）的字，的句，的意境，的形象，便是馮延巳之流的靡靡小人的東西，也會使人們忘其所以，覺得非常之可愛，連放翁也說『精巧高麗，後世莫及』。難道藝術真是可以永久的東西麼？而且是可以與世無關的東西麼？

然而不，它只不過說它是婉媚，綺麗（好看），是『濃豔隱秀，蹙金結繡』（王漁洋）而已，它終於不足以補救五季的命運。而且不獨如此，它還只不過表示晚唐五季的文人的無聊吧了。

現在的有些文人總是不肯提及時代的。要麼，就說這是『戰國時代』，在『戰國時代』中要想他的純藝術。假使說藝術可以永久，我看由人所造成的歷史還要永久。以『戰國時代』的生靈的代價換得來幾個諸子百家，已有些不值得了，而把晚唐五季的人民生活的代價買了一部『花間集』，更何其不幸乃爾。

恐怕有些純藝術家要以我為煞風景了；以為藝術而也要計較利益，好像做生意。然而，先生，這是大生意呢，關係整個社會國家的生意啊，在這一點上總講一講生意經的，不能說，讓法西法去吧，我要造藝術的。你看文人皇帝的李煜，到了做了俘虜，做了『客』人，還才『無限江山』起來，覺得『貪歡』的不對了，然而也實在太遲了。但自然他總比陳叔寶高明些，說良心話。

陸放翁是慷慨黨人，所以也居然很時髦，要用時代性和社會性來看文學。他說；『花間集』皆唐末五代時人作。方斯時，天下岌岌，生民救死不暇。士大夫乃流宕如此，可歎也哉，或者亦出於無聊故耶』——見『放翁全集』席類。

妙哉斯言！『可歎也哉』，這些無聊文人！

（二）

大家知道，知堂老人確是做『總鑒』了，於是把他的文章從教科書中刪去，而從文先生之徒也好像不大提起他們的周作人先生了。——也許我孤陋寡聞，事實上正不斷的提也說不定的。

秦檜，是久已沒有人做文章捧他的了，便是當日替他捧場的文墨也何其少見啊！連他自己的大作也難得看見。當然，當日是一定有很多文人替他捧場的，便是說『幾曾着眼看侯王』的朱敦儒，也不見得沒捧他，否則他就不必跟着秦太師做官。

別忙，我在花菴詞客編的『絕妙詞選』的殘本上真的看到一篇絕妙佳作了。

『喜迁鶯——丞相生日

臘殘春早，正簾幕護寒，樓台清曉。寶運當千，佳辰餘五，嵩岳誕生元老。帝遣阜安宗社，人仰雍容廊廟。盡總道，是文章孔孟，勳業周召。

師表，方眷遇魚水，君臣須信，從來少。玉帶金魚，朱顏綠鬢，占斷世間榮耀，篆刻鼎彝將遍，整頓乾坤都了。願歲歲，見柳梢青淺，梅英紅小。』

這真是絕妙透了，再好點的歌功頌德的文章也不過如此。算是善於拍馬的人了。這作者叫做曾伯可。

這花菴詞客的黃叔暘，的確好玩，他不似周密的『絕妙好詞』中的沒有選得這位曾先生的一首，而却錄上了一大堆。但他（花菴）也不是不知道這是拍馬之作，他明明知道的。所以還有『此詞雖佳惜皆諂媚之語，蓋為檜相作耳』之類的評語。

魯迅先生主張文集的編法應把各種反對的都編在一起，好使人知道有怎樣的不同。這是指評論之類的文章吧。我以為就是所謂作品也不妨這樣編選的。自然，其中都須有花菴似的按語。我想那一定非常之有趣。

狐皮

何劍薰

地方B——我說的是地方B，那迷茫的森林的海啊！

是的那綿延的深遠的，給人一種寒冷的邇世的憂鬱的感覺的森林的海，在那裏面，什麼沒有呢，班鳩野雞兎子……但最多的，卻是那有很好皮毛的狐狸。

這種畜牲，不知和人類結下怎樣的仇恨，在一切的典籍里，對於牠，你能找出一個稍稍美麗的客氣的字眼嗎，「媚諂」「狡猾」以至明目張胆的以牠作成許多詞彙孤惑……等等甚至指爲害人的妖精，我不知道這是人們預先安排一些罪名，作爲剝皮的籍口嗎，還是牠們眞有這種性格。

但牠的毛皮，却非常寶貴，這一點，是誰也否認不了的，在街市上，你能聽見許多名詞，「狐深」「狐淺」「狐耳」「狐膝」……總之，牠很溫煖，是好貨色，而且還有一個傳說冬天下雪的日子，在放着狐皮的屋子上面端對着牠的那里，是無論如何也積不起雪來。

常見的狐皮，是黃色，據說也有「白狐」和「黑狐」還卻並非由於遺傳，一切的狐狸生下地來，都是黃的，活滿一千年，卽成黑狐，一萬年便是白狐，十萬年卽變爲美麗的姑娘，講到處戀愛，結果是偷走人的「元陽」只剩一副骷髏，由此可見狐狸的年壽，比起烏龜白鶴，還要久長，可是卻無人拿來寫進壽詞里面，翻開書籍，只有「壽如龜鶴」卻沒有「壽同狐狸」的。

道理是這樣的，據說狐狸活到五百歲，上帝便要派遣雷神，殛死牠——但不知道這是上帝嫉妒人間產生這種寶貝，還是怕牠變成妖精，抑是由於冬天來了，上帝怕冷要穿溫煖的狐皮——一回殛不死，二回再來，以至第三次第四次……五百年一回，卽是說一次殛不死，那狡猾的狐狸，又得再活五百歲，所以世間的黑狐和白狐，就並不多，也有僥倖躲脫牠的災難，變成美麗的人妖的，當然數目很有限。

人們不拿牠來做「壽詞」就是這原故。

然而臨着海濤，就有出色的漁夫，靠近山林便有優良的獵人，這幾乎是一個定理。

至於B地的確有很多優良的獵人。

但要作一個優良的獵人，也不容易，一切飛禽走獸仁慈的上帝，總給牠們造了什麼來保護自已，假使要捉住就實在很難「道高一尺魔高一丈」他們並沒有馴良和服從的美德，像山羊或貓兒，規規矩矩的，等你來捉住。

可是B地的獵人對於狩獵，却有很好的技能的。

在他們里面，有一個獵人，名字記不清了，但他却有一個綽號叫「獨一點」——我們就這樣稱他吧——這綽號的來源，和他的技術是完全的，不可分離，因爲別人打獵都用「羣子」，而他却用獨子的，只一顆小小的鐵丸，就能畢命，任何野獸；凡他打來的狐皮，在市上售賣，人們就特別昂，願意購買的人，也更加的多。

「獨一點」很自負，看不起他的同伴，且常常譏誚他們。

他們都會打獵嗎，眞是可惜火藥子彈，他們不過是碰運氣，那被他們打死的野獸是閻王早已勾了薄子的，只在那里去找一下就够了。

同伴們當然不滿意他，不同他一伙，而狩獵狐狸，又必須很多的人，這狡猾的動物是「日翻三山，夜走九嶺」，不會有片刻的安靜，捕掘的方法是一面「尋山」一面「坐交」所需的人力就特別大，打得的百物，則完全均分，這樣一來，人們的獲得，就當然很少。

「獨一點」要獨佔，可是狩獵狐狸，却艱難得很，因此他只能打些小野獸，只間或才能打着狐狸。

他的打獵的技巧非常熟習，因爲他的祖父

，父親都是有名的獵人，不但持以營生，而且持以治產，到獨一點才窮下來。

因爲他年靑時雖然打獵，却不過作爲尋找女人的手段，只要那里有女人，他就跑去，一個獵人，有什麼地方他不可去呢，而且也總是完全的獻出他的勤勞的收獲，在這樣的生涯里，就度過了他的靑春，靑春一去窮迫却跟着跑來，獨一點還才悟出，在年老時，他會困頓，於是發起慣來，不找女人了，之後就專心一意的打獵，現在打獵卽成爲他的正常的謀生的職業了。

他在到處被出奇的贊頌包圍着，像一個王子。

「我想天地間除了獨一點，就沒有再好的獵人吧」。

「除了他還有誰呢」。

「他的狐皮眞正好，只有一個窟眼，別人的却是亂糟，一塌胡塗」。

在這樣的情況下，獨一點總是昂起頭，得意的笑着，黝黑的臉，奇異的閃着光彩。

有一天，在一家酒館里，人們除了酒，又拿這樣的言語來款待他，當他得意的非常，座中忽有人說：

「不過雖然只一個小窟窿，但到底還有一個，假使一個都沒有，純粹一個全狐，那才奸啊」。

「當然那才好」。

「但那是不可能的，除非牠自己死掉」。

「對，不可能，因爲要牠的皮，你總得請牠吃顆子彈」。

「那就不免有一個小窟窿啊」。

「這叫做美中不足啊」

獨一點聽起來，也覺得實在是「美中不足」，假使一張狐皮，純粹的完整純一那是多麼好啊，他立志要給別人看看。

「你有辦法沒有」那最先發言的人向他詢問。

「有辦法吧」，獨一點回答

「什麼辦法」

「想一想，要想一想」。

「我想，這是沒有辦法的，除非你不要狐狸」，別一個說。

「但在獨一點……」

「獨一點怎樣，獨一點又不是神仙」

「他雖不是神仙，但他是很好的獵人」

「很好的獵人我承認，但他不能打獵不帶槍」。

「他可能辦到」。

「他不可能，這是「幻想」

人們爭執着，獨一點却在想。他要怎樣才能打着一隻完全的，不帶任何傷痕的狐狸，最後他說：

「我能够，以後，讓你們看就是了」

這之後，就是人們要看的時候，他日夜思想，潛心探求，該用一個什麼法子，才能打着一支死得全無一點痕跡的狐狸，他的英雄思想，原很强烈，他想那時，人們將對他如何稱贊，怎樣頌揚，他會怎樣包圍在一些奇異話句裏面，又如何快樂，並且他的聲名，將在遠近的地方，雷似的震響，在狩獵史上，說不定還要大書特書，給他寫一筆。

他被他的發明苦惱着，很有一些時光，但終於解決這偌大的困難了，

「那麼，不打狐狸的別處，只打牠的嘴巴這樣一來，就可以得到一張十全十美的狐皮了」他想跌進奇異的狂歡裏面。

這發明，他認爲是有效的，立刻就實行，現在，却是一個寒冷的冬夜，他一直沒有睡着，有好幾次從牀上爬起，看看外面的天色，天還沒有亮，於是吸烟，踱步和察看他的獵槍！……好容易才到天亮，獨一點馬上起來，洗臉燒飯……

吃過早飯，獨一點就弄好獵槍，火繩和火藥，再換上短裝，快步的走出門去

天空是陰沉的，太陽躲在雲背後……但大地却很潔白，空明寥廓的林木比雲濤還更要濃厚……

他在一條蜿蜒的，通到叢林的山路上走着，死草在脚下蟀蟋的發響，

一個牧童叫他，

「獨一點你打個麻雀喂貓吧」。

「狗肏的」獨一點罵他，

「狗吃的那麼打個麻雀喂狗，對不對」，

「雜種，今天開市就不吉利」獨一點罵着，消失在黑暗的林蔭里了。

從那里却走出一個獵人

「有一隻，跑到那邊去了」，那獵人喘息

的告訴他，

「啊」，獨一點輕蔑的回答，不停的向前走去，

「我們合伙吧，獨一點」

「不，我不合伙」

「你怎樣不……打那一隻毛狗（註二）這樣有把握一些」

「我自己有把握得很」

獨一點扔掉他的同伴，一逕的向前走，

在深山裏，他巡邏着，平端着槍，警戒的眼睛到處搜索，時而向左，時而向右，好像一個戰士，在搜索他的敵人，時時都有死亡和莫測的災難在等待他，他努力不出任何響聲，但脚下的樹葉和身邊的樹枝，却有小小的喧囂在那里鳴響，

他的心里充滿着恐怖的歡樂，他要獵獲一隻全狐，不讓他有任何創傷，這種念頭，一直纏繞着他，他是否能够，他的本領能否一如他的意思，他全不思索，只一意的要那樣做，他的本領是最好的，這就說明一切。

他正忘神失魂的想着，忽然從灌木叢中，閃出一對棕色的眼睛，他知道是一匹狐狸，便趕快順過槍，去找牠的嘴巴，嘴巴還未看見，眼眼却消失了，跟着第二個灌木叢里擎起一隻掃帚的尾巴，獨一點趕快過去，再找牠的嘴巴，還是沒有看見，再走兩步，於是那畜牲，忽用牠火炬一般的眼睛，向他看望，嘴巴被看見了，他放了一槍，樹叢動了一下……他奔過去，而那里却什麼也沒有，

獨一點破天荒的落了一個空，他怎麼會這樣，

於是他裝上第二槍，

又在林子里巡邏起來，又發見了兩隻狐狸，但都因爲要打牠的嘴巴逃掉了，

「回去吧，明天再來」，當天色快要黑下來的時候，獨一點對自己說：他真的回去了，帶着一對空手，很失望的……

在路上，他碰見那先前的獵人，同別的幾個，在計算應分的獵獲，一個人肩着一隻狐狸，獨一點却不看一眼，豪邁的走過去了，

「怎樣？獨一點」有人問他，

「總是那樣」他不高興的回答

「你明天來不」

「要」

「那嗎，我們合伙吧」

「我不合伙」

「爲什麼」

「我不高興……我要打完全的狐狸」

「啊」

第二天獨一點又上山去，命運也和昨天似的沒有打着狐狸

第三天獨一點又上山去，還是沒有打着狐狸，以後獨一點也總算空着手，失望的回來……因此，那絕對完全的統一的狐皮，也終沒有在市上出現

完

（註一）——這句話，在獵人認爲是不吉利的

（註二）——毛狗即狐狸的別名

我是大爬虫的兒子

因 蔯

1

當我還是最幼的爬虫時
我聽見
從海上飛來的先知鳥
落在竹林裏的歌唱——
海呵
藍色的美麗
海呵
藍色的美麗

今天，你沉湎於
　我底歌
（我底歌
　是海的聲音）
你將會更愛海的
海呵
藍色的美麗

2

爸爸說
　海是一個可怕的野怪
　流過誰家的土地
　誰家的土地便被蝕掉
我想
爸是害怕海的
……因爲他有土地

但，我愛先知鳥
也愛海

我總想
　偷竊了爸爸底馬車
追着先知鳥的飛翔
向海奔去
　那時：我們接見了藍色的美麗
　馬可以咆哮，自由地
　我可以游泳，自由地
　我更以那溫柔的水
　洗滌他底鬃毛
　『馬呵
　你將不再因負載而疲倦……』

我底愉快是
跳躍在
先知鳥的羽毛和音帶上的

牠給我智慧——
　不用書本
　不用經的條文
只有綿長的美麗的話
講述在河濱

我詫異，今年
春天
爲什麼先知鳥不再來呢？
原來爸爸恨他們
命令猴兵
射
他們

竹林裏
墜落了先知鳥的尸體
（從此，
　春天
　也掛在這墜落的翅膀上
　一同沉入泥土
　不再起來……）
牠們安穩地閉着眼睛，
但是，

海呵
藍色的美麗
海呵
藍色的美麗

又變了
又變了啦
先知鳥
新來一批了
歌唱的更多，更多……

3

媽愛憐我
夜間，送我入睡籃
她輕輕地晚禱
她乞求
神明

不要讓野怪來迷惑她底兒子

她說：
海裏有浪
浪比巫峽還高
去海是無盡的路
走不完……
在你爸的大陸上
你愛獵遊
你獵遊吧
你愛蝴蝶
你任意挑選吧

她說——
去海
要經過沙漠
沙漠，沒有生物的地方呵
那裏，爸底猴兵也沒到過

路上，你擋不了
遮風遮雨的
幕帳，和
潤喉的
果露
沒有螞蟻和蚯蚓
隨從你，服役你：

她竟哭了——
先知鳥是不祥的東西
她引誘你
走入災禍……
太子，你應該滿足
爬虫王已賜你羊奴和牛奴，
看吧
螞蟻，蚯蚓，[illegible]，
他們只得到半份糧食
他們還安分地住在這里
一代又一代地……

鑿沉

聖木

誰鑿沉了Strasbouy?
誰鑿沉了Dunkergue?
誰鑿沉了Provence?
誰鑿沉了Commendant Teste?
誰鑿沉了Algeria、Duplaix、Foch和Colbert?
誰鑿沉了Toulon?——
誰鑿沉了
France自?……

France!
啊，沉淪的France!!
沉啊沉啊!……
沉啊!……
往美麗的地中海沉啊
往廣闊的大西洋沉啊
往歷史如仲夏夜的繁星底燦爛的歐洲大陸沉啊!……
往永無旭日與虹彩的最後一層的
地獄沉啊!……
沈吧，France!
沉吧，往下沉吧，France!——
帶着Rousseau底人權宣言往下沉吧!
帶着紅、白、藍三色的博愛、平等、自由底旗幟
帶着以野火燎原之勢向舊世紀進軍的Marseillaise
帶着人民底活生生的血肉與意志的熔鑄
所凝結的最高峯的山嶽黨
往下沉吧!
帶着Marat底狂熱，Danton底粗豪，Robespierre底老練一同往下沉
吧!
帶着Napoleon底軍事天才和軍事傳統往下沉吧!
帶着Lamartine底一串又一串的珍珠
帶着Hugo底篇帙龐大奇麗的詩卷往下沉吧!
帶着Balzac底人間喜劇和
Romain Rollan底
一聲春雷破空而起的
憤怒得如此沉重的
人類底
控訴
往下沈吧!
往下沉吧，France!
往下沉吧，深深地，——更深更深地，——往下沉吧France!……

Petant前爲愛國者
擁有Le pere de France的美譽，
Doriot自任
服役於人民底呼聲啦，
而Laval又如此努力和自信
「彼唯一之政策厥爲
拯救法國及其帝國之領土」，

誰鑿沉了France?誰？誰？
誰啊？……
既然能够死的
應該——
能够戰鬥的啊！……

無畏的主力艦
爆炸了！
所有重巡洋艦和輕巡洋艦一樣
爆炸了！
驅逐艦、潛水艇，雙桅艦以及航空母艦之全部
爆炸了！——
六十三艘艦船
拱衛國門的鋼鐵的島嶼
France底驕傲的最後的力與
最後的花
光榮的——偉大的——大艦隊
爆炸了啊！
鐵甲
和火藥
爆炸了！
血流和火焰
爆炸了！
海軍和軍港
爆炸了！
人民！——
和這人民底憤怒與怨恨！——
爆炸了啊！……
France！ Fra ice！
爆炸了啊，France！……

大艦隊爆炸了！
鑿沉了！……
能够戰鬥的才能够
死！
如此熱血沸騰的軍人地死啊！……
但是徒然不探取栗子於烈火之中
不做Hitler底貪暴的猫脚爪，
紅血
白流而已麼，——
相信敵人底軍刀邊的鑲玉和『特許』
相信已經又佔領了非佔領區的敵人底含笑凌踏於肘腋之間，——
不！
相信元首底崇高和總理底忠誠
相信木偶底光榮和狐狸底負責
還原是大的悲劇！

但是
能够死的
必然能够戰鬥的，——
眞正的France
終於以這艦船與血肉猛烈一擲而作爲鉅大代價
得到發言的機會了！
還已經是開始了：
鑿沉了Strasoouy，Duhkeroue，P ovence
鑿沉了Algerie，Dupleix，F ch，Colbert和
Commendant Teste；
鑿沉
並非對於戰爭失敗的蒼白虛無魂的失望
而是對於屈膝政府的洪怒了人血的絕望
並非對於軸心壓力的啼啼哭哭的自殺
而是對於納粹仇敵的
到底凱肋隆凸地不可征服的
一個民族沉默而偉大的抗叛！

一九四二，一二，六〇渝。

喬治．但丁（三幕喜劇）

法、莫利哀著
蘇華譯

人物

喬治．但丁　富農，安格麗科的丈夫
安格麗科　喬治但丁的妻子，史鐵腓力的女兒
史鐵腓力
史鐵腓力夫人
克里坦德諾：安格麗科的情人
刻勞丁羅：安格麗科的女僕
魯　濱：農民，克里坦德諾的僕人
枯　甯：喬治但丁的僕人
地點：在鄉間喬治但丁的屋子前面

第一幕

第一景

喬治但丁獨白

哈，貴族妻子是壞東西！我的婚姻，對於所有打算抬高自已身價與貴族結親的農民，像我曾經做過來的，實在是一個教訓！高貴的本身是好的，它有一些價值，這不用懷疑，然而當它一同惡劣的環境接觸，最好還是把它擱開些吧，我付了自已的代價，變得聰明了，我知道貴族們當接引我們這些非貴族到他們家裏的時候，他們怎樣招待我們。他們造成的這種結合，很少和我們個人發生關係，他們無非爲了我們的家產才結婚。像我這樣富足，如果娶一個沒有詭計的，善良的鄉下女子，而不是一個把自已看得比我更高，以爲沾上了我的名字是對她的恥辱，用我全部金錢做她的丈夫還不够賠償榮譽的妻子，我可以過得更好的。喬治但丁，喬治但丁！你是世界上最大的傻瓜。我的屋子現在對我有些恐怖，每回我跨進去的時候，我總在那裏找着煩惱

第二景

喬治但丁，魯濱。

喬：（見魯濱由屋內出的自語）有鬼，甚麼人在我面前作弄我？

魯：（注意但丁，自語）什麼人看見了我？

喬：（自語）他不認識我。

魯：（自語）他像懷疑什麼的。

喬：（自語）他覺得敬禮受拘束。

魯：（自語）我怕，希望他不對人家說他看見我從那裏出來的。

喬：日安！

魯：你的忠實的僕人！

喬：我看，你不是從這裏出來的麼？

魯：不，我是爲了明天的紀念節才到這裏來看看的。

喬：眞的嗎？我請你說，你從那裏來的？

魯：噓！

喬：什麼？

魯：輕點！

喬：倒底怎麼回事？

魯：嗆，唔！你別說你看見我從那裏出來的。

喬：爲什麼？

魯：我的上帝！因爲……

喬：那麼，為什麼？

魯：小聲點！我怕人家聽見我們。

喬：絕不會！

魯：我剛剛同這屋子的女主人講過話，我是受一個對她有情意的紳士的委託來的；這必需保守祕密。你明瞭嗎？

喬：明瞭了。

魯：事情就是這樣的。人家嚴重的吩咐要小心，不叫人家發現我；所以請求你不要說你看見過我。

喬：我會當心的。

魯：我很願像人家推薦我似的使事情祕密。

喬：很對。

魯：像人家說的，那丈夫是個猜忌的人，但是他並不曉得人家同他的妻子濶戀愛，要是什麼傳到他耳朵去的話，那他會魔鬼似地發瘋的。你明瞭嗎？

喬：明瞭得很。

魯：要使他一點都不發覺才好。

喬：當然。

魯：人家打算暗暗的欺騙他，你明瞭嗎？

喬：非常明瞭。

魯：假如你說看見我從他屋子裏出來，你就把全部事情破壞了。你明瞭嗎？

喬：的確明瞭！那派你到這兒來的人叫什麼呢？

魯：是我們那地方的紳士，子爵先生……瘟病！我總這樣地記不精，有鬼，人家惡意的叫那名字克里……，克里坦德諾先生。

喬：不是那青年廷臣，住在……

魯：是的，在那樹林的旁邊。

喬：（自語）哈，這就是為什麼不久以前那小紳士住在我對過的原因！真的，我有好的鼻子，他做鄰居的把戲馬上就引起我懷疑了。

魯：光榮的名字！他是人們看見過的最誠實的人。他賞了我三個小金幣，僅僅為了令我去向那女人說：他愛她，他很希望有同她談話的榮譽。唔，你說，要不是重要的工作，怎麼會給我這樣優待呢？這在田裏是一天的工作，但是他們給我的還不到十個蘇爾呢！

喬：好，那麼你完成了你的使命嗎？

魯：是的，我在那裏找到了有個叫刻勞丁羅的，她立刻就懂得我來的意思：並且又領我去會她的女主人。

喬：（自語）哈！下流的女僕！

魯：有鬼！這個刻勞丁蘿非常標緻，她得到了我的愛情，我們將來能不能成夫婦，這全看她怎樣。

喬：但是女主人怎樣回答廷臣先生呢？

魯：她吩咐向他說，……等一等，我不知道是不是把所有這些都記得清楚……：她說很感謝他的愛，但為了她那古怪的丈夫，他應該留心，不使人們發現這件事，就是說人們會竭力尋找某種方法察覺他們倆人之間的談話的。

喬：（自語）哈，該吊死的女人！

魯：有鬼！這會很有趣的，因為那丈夫甚至不會懷疑這祕密咧。那是頂好的。他有會猜忌的長鼻子，可不是麼？

喬：確實的。

第三景

喬治但丁，獨白。

唔，喬治但丁，你看見你的妻子在你面前幹些甚麼事體呀！人們想同貴族小姐結婚，這裏教訓就來了！人們從四面八方圍攻你，貴族束縛了你的手，你甚至不能復仇。如果地位相等，至少還讓丈夫有榮譽自由表現自己的思想；如果取的是農家女子，現在你就有完全的自由用一頓結實的鞭韃來維持正義。但是你要嘗貴族的滋味，做了屋子裏的主人，就苦惱了你。哈！我發瘋了，我要打自己的耳光。什麼，無恥地聽那小紳士表示愛情，還容許他們互通消息！鬼纏了它！我不能讓這樣的事情隨便過去。我這樣沒有什麼，我應該[illegible]

的父母告發，使他們做自家的女兒對我弄出的煩惱同羞恥的見證。他們倆來了，正是時候。

第四景

史鐵腓力先生，史鐵腓力夫人，喬治但丁。

史：什麼事？女壻，我看，你很受了刺激。

喬：我有理由，而且……

史鐵腓力夫人（以下簡稱夫人）：我的上帝！你怎樣地缺少禮貌啊，走近人們的時候而不向人家敬禮！

喬：相信我，我的岳母，我有別的事在我腦子裏，而且……

夫人：再來過！我們的女壻，你能夠這樣不認識社會要求！我們能够不敎你生活在出身優秀的人們當中的方式麼？

喬：爲什麼？

夫人：你永遠不能向我拋開那親暱的稱呼：「岳母」嗎？你不能習慣對我說「夫人」嗎？

喬：老天爺！假如你可以叫我「我的女壻，」那麼，我想，我也能叫你「我的岳母！」

夫人：人家可以竭力地說甚麼來反對這個，但情形不同呀。請你注意，要曉得向我這樣有身份的人，用這樣的字眼，對你是不適合的；即使，你是我的女壻，但你同我們之間是大有分別的，你自己應該明白。

史：說得够了，我的愛，我們算了吧。

夫人：我的上帝！史鐵腓力先生，你有種特別寬容的氣質，連使人家對你適合你的身份，你都不知道。

史：有鬼！請原諒，關於這點，人們不能給我敎訓的。在我的生活經歷裏，我曾用十二分的英勇的行爲來表現我不是那種放棄一分自己主張的人；但是現在我很滿意我們給他的輕微的警告，女壻，現在我們聽說你腦子裏裝着一些事情。

喬：因爲我應該明白地談談，我向你說，史鉄腓力先生，我有理由……

史：安靜一點，我的女壻，要曉得對人們說話直接用他們的名字是不恭敬的，對地位比我們高的人，應該簡單的稱「先生」。

喬：唔，好，簡單的稱「先生」，再不是「史鐵腓力先生」了。我要向你說我的妻子……

史：住嘴；要曉得，當你談到我們的女兒的時候，你不應該說：「我的妻子」。

喬：我要瘋了！怎樣！難道我的妻子不是我的妻子嗎？

史：是的，我們的女婿，她是你的妻子；但是不能這樣稱呼她！假如你娶的是你同階級的人，那你可以這樣稱呼。

喬：（自語）唉，喬治但丁你鑽到那裏去才好呀！（大聲地）喂，我請你暫時把你的尊貴丢在一邊吧，允許我盡量向你說。（自語）鬼抓着了這些討厭的禮節！（向史鐵腓力先生）——那麼我向你說我不滿意我的婚姻。

史：什麼理由呢，我的女婿？

夫人：甚麼！你這樣談這件事吧，你從誰那裏得着這許多重大的利益的！

喬：夫人，假使夫人將自已混爲一談的話，還問甚麼利益呢？歷史對你是不壞的，因爲沒有我，你們的事情——請原諒——會弄得一塌糊塗，我的金錢曾經塞着了顯著的漏洞；然而，我，我從你們獲得什麼利益呢。僅僅加長了我的名字，因爲我接受了「喬治但丁先生」的稱呼代替了「喬治但丁」。

史：這樣說，我的女婿，你就抹煞了你同史鐵腓力家做親戚的榮譽啊！

夫人：我出自普魯多特呢亞家而有光榮，因爲這樣的家庭，女系也是高貴的，不是該感謝這美麗的利益使你的孩子們變成貴族麼？

喬：是的，很對，我的孩子將變成貴族，但是如果人們不遵守秩序我會成爲被玩弄的小鷄的。

史：你打算說甚麼，我的女婿？

喬：我要說的是，你的女兒的行爲不像是作妻子的，而且她的所行所爲對榮譽有損害。

夫人：住嘴；你說話要負責，我的女兒出身於充滿道德的名門，從前爲着某些事情，正直可能受詆毀；然而說到普魯多特里亞家，我們感謝上帝，三百年來沒有在任何地方看見過女人給人家口實而受談論的。

史：有鬼！在史鐵腓力家裏從沒有看見過賣弄風騷的女人；而婦女們的貞潔不下於男子們勇敢的傳統。

夫人：我們普魯多特里亞家裏有個叫亞克妮維的，她不願作公爵同政府議員，我們這裏的省長的情婦。

史：有史鐵腓力·瑪吐ㄖ咯這個人，她拒絕一位得寵的大官的兩萬銀幣去同他談一次話。

喬：你的女兒不是那樣堅定的人，她在我的面前，不像從前的樸實了。

史：說得更明白一些，我的女塔，我們不是那種掩護女兒作壞事的人，我們高等人，她的母親和我準備對這事件給以公斷。

夫人：我們知道關係榮譽的事沒有什麽玩笑好開，我們曾經領導她到最莊嚴的境地。

喬：我打算對你們說的，是在這裏發覺一個廷臣，你們曾經看見過這個人，他在我的鼻子前面向你們的女兒表示戀愛，他對她有情意，這做得非常清楚，而且她也很高興的聽着。

夫人：偉大的上帝！我要拿我自己的手扼死她，假使證明她喪失了她母親的榮譽。

史：有鬼！我要用我的劍刺死她同她的情人，假使她犯了喪失自已榮譽的罪。

喬：我因爲要表示我的不平，才向你們據實報告，我請求你們對這件事給以公斷。

史：安靜，我要對你公斷他們兩方面任何人，人們都可以朝胸口賞以拳頭，對這我是適宜的，但是你對我說的靠得着麽？

喬：千眞萬確。

史：你得好好的當心；因爲這樣的事發生在貴族之間，如果是中傷的話，那是極危險的。

喬：要是虛僞的，我還向你說什麽呀。

史：我的愛，你去找你的女兒說話，我同女塔去找那個男人理論。

夫人：我的孩子，你知道在我給了她那品格高尙的模範之後，她統統都忘記掉，這是可能的嗎？

史：讓我們把事情弄明白，我的女塔，不要担心，你看，當人們侵犯屬於我所有的東西的時候，我們是如何的忿怒啊。

喬：他自已走到我這兒來了。

第五景

史鐵腓力先生，克里坦德諾，喬治但丁。

史：先生，你認識我麽？

克：我知道一些……不。

史：我是史鐵腓力男爵。

克：我很歡喜。

史：我的名字聞名於宮廷，在青年時代，曾因出身於高尙的出色的蘭西貴族部隊而取得榮譽。

克：我祝賀你。

史：家父詹恩·嘉列·史鐵腓力先生曾參加偉大的孟特邊的圍攻而有光榮。

克：令我仰慕。

史：家曾祖，巴特安多史鐵腓力，他在他的時代是那樣的顯赫，他曾經得到批准出賣自家的領地到海上去旅行。

克：我相信如此。

史：有人告訴我，先生，你追逐一個年輕女子，這個女子是我的女兒。關於她，我如同關於這個人，就是你看見的這個人（指喬治但丁）一樣的有興趣。他有做我的女壻的榮譽。

克：誰？我麼？

史：是的；為着你的接待我很愉快她同你談話，我請你說明那件事情。

克：這是奇怪的誹謗，誰對你說的？

史：有人猜測你知道得很清楚。

克：他扯謊。我是誠實的人，先生，你以為我能做出那卑劣的勾當麼？我能引誘年輕美麗而有史鐵腓力男爵女兒的榮譽的女子麼？我極尊敬你，願為你效勞，使我能做出一些類似的事情。誰對你說的，誰就是造謠生事的人。

史：唔，我的女婿？

喬：什麼？

克：流氓，下賤東西。

史：（向喬治但丁）回答呀！

喬：回答你自己的！

克：假如我知道是什麼人，我用這柄劍刺進他的肚子。

史：（向喬治但丁）那麼，證明這件事吧。

喬：事情完全證明了，它是真的。

克：是你的女壻麼，先生，他……？

史：是的，就是他向我告發的。

克：真的，他有屬於你的榮譽，那是他的幸運，不然，我會照我說過的話好好的教訓他一頓。

第六景

史鐵腓力先生，史鐵腓力夫人，安格麗科，克里坦德諾，喬治但丁，刻勞丁諾。

夫人：關於這事情，我應當說猜忌的確是奇怪的。我帶女兒到這裏來把事情弄個清白。

克：（向安格麗科）夫人，你對你的丈夫說我愛你麼？

安：我？我怎麼會這樣同他說呢？這是真的嗎？我願意確實的看見表明你愛我！請你證明。你看，你在同誰講話！我勸你這樣做吧，用各式各樣情人所能施展的詭計，為了高興，證明一些你怎樣遣人來見我，怎樣祕密的寫情書，怎樣找我的丈夫不在家裏或者我出門的機會向我傾吐愛情，說，你要來，我允許你，我細心的接待你。

克：嚕，嚕，夫人，安靜點，不要給我這樣多的教訓同這樣多的怨言，誰對你說我有愛你的意思？

安：我怎樣知道他們在這裏說些什麼呢？

克：由他們去說吧；但是你真的要曉得，我同你會面的時候，我只在同你說情話。

安：你祇需要這樣做了，你就會有好的接待。

克：我切實告訴你，同我在一塊兒不必怕什麼；我不是那使美人煩惱的人；我敬重你們，敬重你同你的父母，因此，我就有傾心於你的思想了。

夫人：（向喬治但丁）唔，你看？

史：你該滿足了吧，女壻，你還有什麼話好說？

喬：我說，這是催眠的童話，我很明瞭，我自己知道的，我早已聽明白了，她剛才接見他派來的人。

安：我？我接見派來的人？

克：我派過人？

安：刻勞丁羅！

克：（向刻勞丁羅）這是真的嗎？

刻：我說實話，這是奇怪的造謠！

喬：安靜，賤女人，我明明知道你，就是你領那送信的人進來的。

刻：誰？我麼？

喬：是的，你別假裝正經。

刻：唉呀！現在的世界怎樣這樣壞呀！這樣疑惑我，我是沒有錯的呀！

喬：住嘴，下賤女人，你假裝正派女人，我早就曉得你，你是狡猾的惡棍。

刻：（向安格麗科）夫人，是……

喬：住嘴，我對你說，要不裝假你可能是很有價值的，因爲你確實沒有貴族的父親。

安：這是多次的汚辱，他這樣强烈地搗傷我的心，我甚至沒有氣力來回答了。當人們向丈夫說些不值得做的事情，而被他告發，這是一樁可怕的事。唉，如果說我該受責罵，那祗怪我對他太好了。

刻：眞是的。

安：我的全部的不幸，就是因爲過份對他關心；天呀，我能忍受他說我被人勾引麼！我不是這樣受人訴告的人。我走了，我再也不能容忍人們對我這樣汚蠛。

第七景

（史鐵脾力夫人，史鐵脾力先生，克里坦德諾，喬治但丁，刻勞丁諾。

夫人：（向喬治但丁）去吧，你配不上人家給你誠實的妻子。

刻：老實說，他配，假如太太像他所說的；但是，要我處在他的地位，我就不再爭論了。（向克里坦德諾）是的，先生，你現在應該懲罰他，獻媚我們的女主人，拿出男氣來吧，我對你說，這是時候了；我向你說明，既然他這樣說我，我會幫助你的（刻勞丁諾退）。

史：人們向你說這些，我的女婿，是你自討的，你的行爲激怒了所有的人反對你。

夫人：走吧，更好地對待出身高貴的夫人吧，從今以後注意不再犯這樣的錯誤了。

喬：（自語）當我是對的，而我站在造謠者的地位的時候，我完全瘋狂了。

第八景

景：史鐵脾力先生，克里坦德諾，喬治但丁。

克：（向史鐵脾力先生）先生，你看見我被誣告：你是懂得榮譽原則的人，我請求你公斷對我的恥辱。

史：這是十分公正的，完全依照規矩，唔，我的女婿，滿足這位先生吧。

喬：什麼，滿足？

史：是的，規矩要求這樣，因爲你誣告了他。

喬：但是事實的確是這樣，我絕對不同意說我誣告了他，而且我十分了解我所想的事情。

史：這不關重要，任便你作甚麼想法，他一否認，理由還是充足的；如果他否認有過錯，誰都沒有權利告發他。

喬：假如我發現他躲藏我的妻子，而他偏要加以否認，難道說他也沒有錯麼？

史：不要深究了，照我說的請他原諒。

喬：我！我請求他原諒，在……

史：快點，我對你說，你不必再考慮甚麼了。你不須提擋你做得太多，因爲我確實的勸告過你了。

喬：我不能……

史：有鬼！女婿，不要激怒我，因爲我同他都反對你。好，讓我領你做吧。

喬：（自語）哈，喬治但丁！

史：脫帽：先生是貴族，你不是那種人。

喬：（手託帽，自語）我要瘋狂得爆炸了……

史：跟着我說：先生……

喬：先生……

史：我請你原諒（見喬治但丁沒有服從的表示）哈！

喬：我請你原諒……

史：我對你的一些壞的念頭……

喬：我對你的一些壞的念頭。

史：這是因爲我沒有光榮認識你的緣故……

喬：這是因爲我沒有光榮認識你的緣故……

史：我請求你信任……

喬：我請求你信任……

史：我是你的僕人。

喬：你準備要我做那被當作被玩弄的鷄子的僕人麼？

史：（向他作恐嚇表示）哈！

克：够了，先生。

史：不，我要他做完，一切依照手續進行……我是你的僕人。

喬：我是你的僕人。

克（向喬治但丁）先生，我是誠心地對你，我再不想起過去發生的事情了。（向史鐵腓力先生）先生，向你說一聲再會，我對你那小煩惱很抱歉。

史：我吻你的手！如果你高興，我同你去作打野兎的娛樂。

克：你待我太好了。（克里坦德諾退。）

史：這兒，我的女婿，人們應該怎樣處理事情呀！再會。要懂得：你走進家裏，它給你依靠，人們給你汚辱，你永遠不要輕放。

第九景

喬治但丁，獨白。

我怎樣了……！你要它，你要它，喬治但丁，你要它！它對你是適合的，然而你却受了擺佈：你是自作自受的。唔，他們祇會蒙蔽父親同母親的眼。爲了達到我告發的目的，我能够想出一種辦法。

第二幕

第一景

劉勞丁蘿，魯賓

劉：是的，我馬上推測，這確實是你，你對什麼人說了，那個人就原原本本報告我們主人。

魯：我對你發誓，我只在路上對人說了一句話，叫他不說：他看見過我從那屋子裏出來，明顯地，這地方的人是最愛管閒事的。

劉：眞是，子爵先生選擇得好，選中了你送信！他用了值得懷疑的人。

魯：唔，以後我會更狡猾，更當心自己的。

劉：是的，是的，那是將來的事。

魯：我們不再提這個了吧，聽着。

劉：你打算說什麼我聽呀。

魯：你把臉稍爲轉過來朝着我。

劉：唔，你準備說什麼呢？

魯：劉勞丁蘿！

劉：什麼事呀！

魯：嘿嘿，你不是知道我要說的麼？

劉：不知道。

魯：有鬼！我愛你。

劉：眞的麼？

魯：是的，鬼纏着了我！你一定能够相信我，我可以發誓。

劉：唔，好。

魯：我看見你，我的心都顫動了。

劉：我很高興。

魯：你怎樣變得這樣漂亮的呀？

劉：這還不是跟人家一樣的。

魯：看，我們不需要那麻煩的禮節，要是你願意，你就是我的妻子，我就是你的丈夫，我們倆就是夫婦。

劉：你會像我們的主人那樣嫉妬嗎？

魯：絕不會。

刻：在我這方面，我就討厭慣愛疑惑人的丈夫，我喜歡那樣的丈夫，他不害怕什麼，他很信任我，相信我的貞潔；就是他看見我在三個男子中間也不發脾氣。

魯：對，我以後會那樣的。

刻：不信任妻子，虐待妻子，這是世界上最傻的事情。這樣是得不到什麼好處的；他剛剛會叫我們想壞事情，有時候做丈夫的大聲吵鬧，其實他們自己，就不是正派人。

魯：我將來會給你自由，你高興怎麼做，就可以怎樣做。

刻：假如我們不願受欺騙，我們就應當這樣做。當丈夫相信我們誠實的時候，我們祗要我們所需要的自由。這好像那種人把自己的錢包打開，對我們說「拿去！」我們老老實實地化它，這是正當的。我們很滿意。但是，假如誰玩弄我們，我們會殺死他；决不饒恕他。

魯：好，我將來會做那打開自己錢包的人，祗要你肯同我結婚。

刻：好，好，我們等着吧。

魯：那麼，你到這兒來，刻勞丁羅。

刻：你要作甚麼？

魯：來。我對你說。

刻：哈，靜點！我不喜歡這種偷偷摸摸的人。

魯：嘿，爲了愛情，需要一些。

刻：放了我，我對你說，我不懂得嬉笑。

魯：刻勞丁羅！

刻：（推開他）嘿，走開！

魯：哈，你對人怎樣的野蠻呀！啡！這樣推人是不客氣的！你是這樣漂亮，你不因拒絕人家的撫愛感覺慚愧嗎？嘿。那麼算了吧！

刻：我給你在我鼻子上頭。

魯：啊，多麼的不適合，多麼的野蠻？啡，做得這樣醜是多麼的殘忍呀！

刻：你太自由了。

魯：讓我同你玩一下，有什麼損失呀！

刻：你應該有耐性。

魯：祗要一個小小的親嘴，作我們結婚的一部份保證。

刻：我謝謝你。

魯：刻勞丁羅，我請求把考慮丢開。

刻：嘿，不能，我曾經上過一次當來的。再會，去吧，對子爵先生說我就將他的紙條送去的。

魯：再會，野蠻的，漂亮的女人！

刻：這話指明我們在戀愛了。

魯：再會，山崖，石頭，海岸，這一切在世界上都更加强硬了。

刻：（獨白）我馬上把信交到我的女主人手上……她同他的丈夫來了。讓我避開，等她單獨一個人留在這兒再說。

第二景

喬治但丁，安格麗科。

喬：不，不，人們不能這樣輕輕易易的欺騙我，我明白人家對我說的話是眞的，我有一對比他們所想的還要利害的眼睛，你的饒舌完全不能遮掩我。

第三景

克里坦德諾，安格麗科，喬治坦丁。

克：（在舞台最後部）哈，她在這裏。但是她的丈夫同她在一起。

喬：（沒有看見克里坦德諾）透過你們的各種鬼臉，我發現人家對我報告的事實。爲着和我們的聯結，你怎樣地缺乏尊嚴啊。（克里坦德諾和安格麗科互相打招呼。）我的上帝，滾你禮節的蛋，我不是爲着尊嚴和你們談話，你不應該還要嘲笑人。

安：我？我嘲笑，沒有的事！

喬：我曉得你想甚麼，我知道……（克里坦德諾同安格麗科再互相打招呼。）重新！哈，停止玩笑吧！我知道得很清楚，因爲你的高貴，你把我當成比你低下的人；但是，那尊嚴，我對你說吧，對我個人是沒有關係的。我說到的這種尊嚴，對於你跟丈夫結合而獲得的敬重，你就向它欠了債……（安格麗科對克里坦德諾示意。）不要抬起你的肩膊，我不是在說傻話。

安：誰抬起肩膊的？

喬：我的上帝，我看得很明白，我再同你說一次：丈夫是鎖條，同它發生關係才有最偉大的尊嚴。但是像你這樣的做法，那卻是非常壞的事情。（安格麗科用頭對克里坦德諾示意。）是的，是的，在你這方面說是很壞的事情。你不要搖頭，不要做鬼臉。

安：但是我知道得很清楚：我知道你的醜事。雖然我不是貴族，至少我是從一個沒有什麽被人斥責的家庭出來的；而喬治坦丁們的家庭……

克：（在安格麗科後面喬治坦丁看不見的地方）祗要說一句話！

喬：（沒有看見克里坦德諾）什麽？

安：什麽？我沒有說什麽。（喬治坦丁轉身圍繞妻子，克里坦德諾退，向喬治坦丁致最敬禮。）

第四景

喬治坦丁，安格麗科

喬：牠在你的周圍徘徊！

安：唔，這是我的罪過嗎？你能叫我反對人家嗎？

喬：我要你反對做妻子的不當做的事情。做妻子的責任祗是使自己的丈夫歡喜。人家說：祗有人們接受愛情的時候，情人才陷入煩惱。這是的確的。甜蜜的臉兒誘惑人像糖汁吸引蠅子一樣；但是貞潔的女人卻有方法在開始的時候，就把他們趕開的。

安：趕開他們！但是爲什麽呢？如果人們發現我美麗，我從這中間看不出某種污辱；而且這使我高興咧。

喬：是的，但是叫做丈夫的在調情的面前扮演怎樣的角色啊？

安：他可以扮演老實角色，因爲這樣的人是喜歡自己的妻子被人愛上的。

喬：我感激你這麽說，但是它卻不合我的胃口。但丁們是不習慣這種方式的。

安：哈，但丁們會習慣的，假如他們高興。在我這方面，我對你宣佈：我沒有避開世界而活活給丈夫埋掉的企圖。什麽？因爲丈夫想和我們結婚，所以要我們拋棄一切，把我們同活人的關係一概粉碎！這是奇怪的事情，這種丈夫簡直是暴君。要我滿足他們的希望，對各種娛樂死心，爲他們而生活！我咒駡這些，我決不願意這樣年輕的就死去。

喬：這樣說你違背了你當衆對我的宣誓了？

安：我？我並沒有甘願對你宣過誓；那是他們勉强叫我做的。在結婚以前你要求過我的同意麽？我要求過你麽？你祗向我的父母這樣要求過。事實上是他們同你結婚，所以假如人們對你不公道，你向他們去訴苦，那是對的。關於我嗎，我不會請求同你結婚，你同我結婚也沒有得到我的同意，我沒有奴隸式的屈服於你的意志下的義務。先生，我需要過些快活的日子——我的青春賜給我的日子，我需要甜蜜的自由——我的年齡允許我的自由，而且我需要從人們說的悅耳的話語中得到快樂。準備吧，這是你的懲罰。感謝天老爺，我不能忍受某些更壞的事情。

喬：是的，你是這樣了解事情的！但是，我是你的丈夫，我對你說我不願意你這樣做。

安：我呢，我是你的妻子，我對你說，我願意這樣做。

喬：（自語）我有最大的決心，從她臉上把誘人的糖汁弄掉，把她安放在在她生活中間不再歡喜那些獻媚者的地位。走吧，喬治坦丁；我受不了哪！最好是離開這個地方吧！

第五景

安格麗科，刻勞丁羅。

刻：夫人，我等他走，好交那個你知道的人給你的信，已經等得不耐煩了。

安：讓我們看。

刻：（自語）我看人家寫給她的信並不逗她討厭。

安：哈，刻勞丁羅，在信上表示的一切如何的大方呀！這個廷臣在談話同行動中間有着怎樣的愉快的態度呀！這些對於鄉下的人們，就是說對於我們本省人，會引起什麼反響呢？

刻：我想你看了這些以後，但丁們不會高興你的。

安：在這兒等一會，我去寫回信去。

刻：（獨白）我看，不必要我向她多說，她會樂意回信的。但是這裏！……………

第六景

克里坦德諾，魯滄，刻勞丁羅。

刻：你在這兒找着了能幹的送信人！

克：我不敢派我自已的人去，但是我的好刻勞丁羅，我應該報答我所知道的，你對我的忠實服務（他搜自己的口袋。）

刻：嘿，先生，不需要了。你不必對我客氣，我給你服務，這是你應得的，我誠心爲你。

克：（給錢與刻勞丁羅）我很感謝你。

魯：（向刻勞丁羅）因爲爲着我們結婚，所以賞這些給我，使我將它同我的錢保在一起。

刻：我一定會像保存你的接吻一樣來爲你保存它。

克：（向刻勞丁羅）對我說，我的信送給你的美麗的女主人了嗎？

刻：是的，她已經給你寫回信了。

克：但是，刻勞丁羅，我有機會單獨同她談話嗎？

刻：有的，跟我來，我給你同她談話的機會。

克：她會同意麼？沒有什麼危險嗎？

刻：不，不，她的丈夫不在家裏。他倒不礙事，她最需要注意的、祇是在她的父母面前要小心自己；如果隱瞞了他們，甚麼都不必害怕了。

克：讓你領導我。

魯：（獨白）有鬼！我將得着一個聰明的老婆！她多麼的伶俐啊。

第七景

喬治坦丁，魯滄。

喬：（自語）先前他是我的人。嘀，假如我能達到使他證明那丈人丈母不相信的事情就好了！

魯：哈，原來你是愛說話的先生，我用勁地交代你不說什麼！你是怎樣用勁地答應我的。你這個愛說話的人，你一會兒就把人家同你的祕密談話洩漏了。

喬：我？

魯：是你，你對那丈夫報告了一切；就是你使那丈夫大吵大鬧。我幸而曉得你有這樣的舌頭。這給我一個教訓，以後甚麼我都不再告訴你了。

喬：聽着，我的朋友！

魯：要是你不多嘴，我會向你報告現刻發生的事情；但是爲着懲罰你，你不能曉得甚麼。

喬：甚麼，發生了什麼？

魯：沒有甚麼，沒有甚麼。什麼，就是人家說了閒話。甚至你不會曉得一個字，關於最有趣的一部份，我要向你保持祕密。

喬：那麼待一會兒。

魯：怎麼也不。

喬：祗要你向我說一個字。

魯：啊不，啊不！你打算從我打聽祕密。

喬：不，不是的。

魯：嘿，你以爲我是傻子！我看出了你的目的。

喬：完全是另外一回事，聽着……

魯：你達不到目的的。你想要說：子爵先生給刻勞丁羅的錢，她領導他到她女主人那裏去，但是我沒有那樣傻。

喬：我請求你！

魯：不行！

喬：我給你！……

魯：預定了再談吧！

第八景

喬治坦丁，獨白。

這個案傢伙不能實現我的思想，但是從他嘴裏漏出來的話，倒能够達到相同的任務，而且，假如那情人在我的屋子裏，這給我令他父母有一個親眼看見的機會，同時完全可以說服他們相信關於他們的女兒的醜事。事情的麻煩祇是我不知道如何從報告當中得着利益。假如我走進我的屋子趕掉那東西，我雖然親眼看見對我的任何丢人的事，人們也會完全不相信我的話，說我發神經病的。假如我把岳父岳母找來，沒有眞憑實據發現，那情人在我屋子裏，事情也正相同，我將墮入先前一樣的討厭的境地。我應該冷靜探究，他是不是還歡在這兒？（從鎖洞望進去）哈！天呀，誰都不能再懷疑了，我從鎖洞裏看見他了，命運賜予我給他們一個受窘的機會，爲了負担全部的冒險，命運恰恰在這時候把我所需要的見證弄來了。

第九景

史鐵腓力先生，史鐵腓力夫人，喬治坦丁，

喬：囉，從前你不相信我，而你的女兒勝利了；現在我手裏有機會使你們看見，你的女兒怎樣擺佈我。感謝上帝，我的汚辱現在是這樣的淸楚，再不容你懷疑它了。

史：怎樣，我的女壻！你還常常重提這一件事嗎？

喬：是的，還常常提起；我從來沒有像現在這樣多的理由。

夫人：你還要從新向我們轉腦袋麼？

喬：是的，夫人，因爲我的腦袋的原故，人們做得更糟。

夫人：你永遠不麻煩我們了麼？

喬：是的，但是我很麻煩那受嘲笑的被欺騙的人。

夫人：你永遠不願意從你的古怪思想得到解放麼？

喬：是的，夫人；但是我極指望從妻子給我的汚辱得到解放。

夫人：偉大的上帝！

史：有鬼，我冒犯少些的話說吧。

喬：誰有過失，誰就不笑。

夫人：記着，你是同貴族小姐結了婚的。

喬：這我記得很好，我常常老是記這個。

史：旣然記着了，就該極力尊敬的提到她。

喬：她不極力向我做得更誠實，那怎樣說呢？什麼！因爲她是貴族女子，她有由她高興向我怎樣做就怎樣做的自由，我甚至不應該大胆的說這一句話？

史：怎麼一回事，你打算說什麼呀？你沒有看見今日早晨，她甚至不知道你對我說的什麼嗎？

喬：是的；你要說的是：假如我現在叫你看，那個情人同她在一起麼？

夫人：同她在一起？

喬：是的，同她在一起，在我的屋子裏。

夫人：在你的屋子裏？

喬：是的，在我自家的屋子裏。

夫人：假如是這樣，我們要給你對付她。

史：是的，我們家庭的榮譽對於我們，比世界上的一切都更貴重，假如你說的是事實，我們否認在她身上有我們的血液，我們要讓她給你責罵。

喬：你們跟我來。

夫人：當心你別受騙啊！

史：不要再像前回一樣啊。

喬：我的上帝！你們立刻會看見。（他指克里坦德諾與安格麗科一同出來的方向），嚇，瞧，我撒了謊麼？

第十景

安格麗科，克里坦德諾，剡勞丁羅，史鐵非力先生，史鐵腓力夫人同喬治坦丁（在舞台最後面。）

安：（克里坦德諾）再會，我担心人們驚嚇你，我會注意我自己的。

克：允許我，夫人，今晚上我同你在這兒談話。

安：我盡量設法來。

喬：（向史鐵腓力夫婦）讓我輕輕的從後面走過去，注意不使別人看見我們。

剡：哈，夫人！一切都完結了！你的父毋和你的丈夫在這兒。

克：啊，天呀！

安：（輕聲對克里坦德諾與剡勞丁羅）你們不作聲讓我來做（高聲對克里坦德諾）什麼？在前回的事件以後你還大胆這樣作，你這樣地隱藏你的感覺！別人對我說你愛我，你有得着我的欲望，我對你證明我的忿怒，我對你明白地解釋人們誤會了我的思想，你大聲的否認，你向我說你沒有汚辱我的思想，然而在同一天你却放肆的來會我，向我說，你愛我，向我講一百個愚蠢的故事，爲了說服我同答你那封可鄙的信，好像我是不遵守對丈夫所起的貞潔的宣誓，拋棄父母敎育我的美德的那種女人。假如我的父親知道了，他會敎訓你這樣的企圖的，但是誠實的女子不會愛流氓，所以我自重的同你說。（向剡勞丁羅做手勢叫她拿棍子來）雖然我是女人，我却有很大的勇氣爲人家對我汚辱復仇。你做的，不是貴族的行爲，所以我也不把你當貴族看待。（安格麗科拿棍子，對克里坦德諾擧起，他避開了棍子打在喬治坦丁身上）

克：（驚叫好像他被打了）唉呀！唉呀！輕點！

第十一景

史鐵腓力，史鐵腓力夫人，安格麗科，喬治坦丁，剡勞丁羅，

安：（好像在對克里坦德諾說）假如你還有什麼心事，我在這裏來同答你。

剡：好好的，看清楚你在同誰做把戲。

安：（作驚異表示）哈！父親，你在這兒。

史：我在這兒，我的女兒，我看見你表現出來的聰敏同勇氣，眞不愧是史鐵腓力家的子孫，你走過來，我好擁抱你！

夫人：我的女兒，你也來擁抱我，我快樂得流淚了，我從你剛才的行動，再認識了我們的血液。

史：女壻，你該多麼的歡喜啊！這對你是怎樣的充滿甜蜜啊！你有忿怒的正當理由，但是你的疑惑在最光明的態度裏被驅散了。

夫人：不用懷疑，女壻，你現在應該是世界上最幸福的男子。

剡：的確，這樣的女子，這樣的女子，你佔有了她你是最幸福的，你應該用嘴吻她走過的地方。

喬：（自語）哈，變節的女人！

史：怎麼？女壻，爲什麼你一點也不感謝你的妻子對你的愛情，你不是才看見她這樣的對你麼？

安：不，不，父親，不需要，他不必感謝他剛剛看見的事情，我所做的一切完全是爲的愛護我自己。

史：你到那兒去，我的女兒？

安：我走開，父親，免得我被强迫接受他的恭維，

剡：（對喬治坦丁）她發怒是對的，她是受人崇拜的女子，你不應該這樣待她。

喬：（自語）混賬東西！

第十二景

史鐵勝力先生，史鐵勝力夫人，喬治坦丁。

史：這是過去的故事的小小的重復，你安慰她一下事情就會過去的，再會，我的女壻；現在你不必再煩燥了，去，把你們弄親熱些，請求她原諒你的惱怒，努力使她不生你的氣。

夫人：你應該考慮，她是有敎養的年輕女子，她不習慣人們對她無意義的懷疑。再會！這令我非常快樂，因爲我看見你的誤解完結了，她的舉止對你是這樣的愉快。

第十三

喬治坦丁：獨白。

我連一句話也不說了，因爲說話得不着什麼，人們從沒有這樣可憐的命運，是的，我羨慕我的妻子，弄得痛苦同她的機智。他知道常常表現她的對同我的不對，我能够永遠被她戰勝，而同樣的事情，永遠跟我作對麼？啊！天呀！幫助我，賞賜恩寵給我吧，使我能够叫人們看它，他們怎樣汚辱我！

第三幕

第一景

克里坦德諾，魯濱。

克：深夜了，我怕太遲了。我完全不能辨認方向，魯濱？

魯：先生？

克：就在這裏麼？

魯：我想，好吧。有鬼！怎樣愚蠢的夜啊，它這樣的黑暗！

克：的確，是糟糕的；但是，假如就一方面說，它可以阻攔人家看見我們，就另一方面說，我們不容易被人家看見。

魯：你是對的；夜晚並不怎樣糟糕，我願意知道，先生，你是受過女育的人，爲什麼夜遠不像白天呢？

克：這是一個大問題，很困難的問題。你是好奇的，魯濱？

魯：是的，假如我讀了書，我要研究那些人們沒有研究過的事情。

克：我相信。你有一幅細心的面孔。

魯：完全是眞的。比方說，雖然我從沒有學過拉丁文，但是我懂得它。不久以前看見一家大門上寫着『Collegium』我馬上猜到它是『學院』的意思。

克：怪事情！那麼你能够讀嗎？魯濱？

魯：是的，我能够讀印刷體的字母；但是我總不能成功的學習認識書寫的字。

克：我們到了屋子的旁邊了。（拍手）這是我同刻勞丁羅商定的暗號。

魯：光榮的名字，她是値錢的女人，我用我整個的心愛她。

克：所以我領你一道來，爲着使你同她談心嚇。

魯：先生，我對你是……

克：噓！我聽見有聲音。

第二景

安格麗科，刻勞丁羅，克里坦德諾，魯濱。

安：刻勞丁羅？

刻：嚕？

安把門打開一點。

刻：我開了。（夜景，演員在黑暗中摸索。）

克：（向魯濱）這是他們。噓！

安：噓！

魯：噓！

刻：噓！

克：（將刻勞丁羅當作安格麗科）夫人！

安：（將魯瀋當作克里坦德諾）什麼？

魯：（將安格麗科當作剋勞丁羅）剋勞丁羅！

剋：（將克里坦德諾當作魯瀋）是什麼？

克：（向剋勞丁羅，以爲他在同安格麗科說話）哈！夫人，我多麼快樂呀！

魯：（向安格麗科，以爲他在同剋勞丁羅說話）剋勞丁羅，我的好剋勞丁諾！

剋：（向克里坦德諾）輕一點，先生。

安：（向魯瀋）安靜點，魯瀋！

克：剋勞丁羅，是你嗎？

剋：是我。

魯：夫人，是你嗎？

安：是我。

剋：（向克里坦德諾）你把我當作另外的人了。

魯：（向安格麗科）說老實話，晚上我們甚麼也看不見。

安：這是你麼，克里坦德諾？

克：是的，夫人。

安：我的丈夫正打着鼾，我利用這時候來會你。

克：我們找一個地方坐吧。

剋：很好的意思。（安格麗科同剋勞丁羅坐在舞台的最後面？）

魯：（尋剋勞丁羅）剋勞丁羅，你在那裏？

第三景

安格麗科，剋勞丁羅，同克里坦德諾。（坐在舞台的最後面。）喬治坦丁（衣服沒有穿完整），魯瀋。

喬：（自語）我聽見我的妻子走下去了，所以我趕快地穿衣服去跟隨她。她要到那裏去呢？她可能走出去嗎？

魯：（尋找剋勞丁羅）你在那裏，剋勞丁羅？（將喬治坦丁當成剋勞丁羅。）哈，你在這兒！光榮的說，你的主人受了漂亮的處置。我聽人家報告，他吃了一頓棍子，我是怎樣的歡喜喲。你的女主人說，他現在像一千個小鬼一樣的打着鼾。當他睡覺的時候，他並不曉得她同子爵先生在一起。我想知道他現在作着什麼夢。這是非常可笑的。但是，爲什麼對妻子猜忌同希望妻子單獨屬於他的思想會鑽進他的腦袋呢？他是驕傲的人，子爵對他太客氣了。你爲什麼不說話，剋勞丁羅！來，我們跟着他們，把你的小手兒給我，我好吻它。哈，它是怎樣的甜蜜呀！我好像在吃糖果。（向喬治坦丁，還當他是剋勞丁羅，喬治坦丁粗暴地推開他。）有鬼，怎樣你打我！它是一隻很粗的小手！

喬：誰走了？

魯：沒有誰。

喬：報告了關於我的賤女人的新姦情，他跑了。唔，不要錯過機會必需派人去叫她的父母，爲了我從她得到解放，這次的冒險跟隨了我。嗬拉！枯甯！枯甯。

第四景

剋勞丁羅，克里坦德諾同魯瀋；（坐在舞台的最後面。）喬治坦丁，枯甯。

枯：（在窗口答應）先生？

喬：嗜，快到這兒來！

枯：（從內跳下）我在這裏，太快怎麼成。

喬：你在這兒嗎？

枯：是的，先生。（喬治坦丁依聲音的方向找枯甯，枯甯走到另一邊去打瞌睡。）

喬：（轉到他猜測枯甯所在的一邊。）小聲，說話輕一點。聽着，到我的岳父母那裏去，說我一定要請他們立刻到這兒來。聽見沒有？嘿！枯甯！枯甯！

枯：（在另一邊，又有生氣了。）先生？

喬：有鬼，你在那兒？

枯：這兒。

喬：討厭的東西，你到那兒去了！（當喬治坦丁辦到他猜測枯甯獃着的地方，枯寧，半睡半醒地走到另一邊去打瞌睡。）我對你說，你馬上到我的岳父母那裏，說我請他們立刻到這兒來。你懂我的話麼？說呀！枯甯！枯甯！

枯：（在另一邊，又有生氣了。）先生？

喬：這個吊死鬼把我急瘋了！到這裏來。（兩人撞在一起跌倒了。）哈，流氓，你弄傷我了！你在那兒？過來，我要賞你一頓棍子。他好像跑開了。

枯甯：聽懂了。

喬：你不來嗎？

枯：不來。

喬：來，我對你說。

枯：不來，你要打我，

喬：嗜，好，我不打你了。

枯：眞的？

喬：眞的，來，好！（用臂挽枯甯。）我用着你，這是你的幸福。快去用我的名義請我的岳父母儘快的到這兒來，對他們有極端重要的事情。如果推口時間晚了，你還是要催促他們，向他們解釋，說有很要緊的事，在任何情形下他們都得來。

枯：是的，先生。

喬：快去快回。（以爲他一個人在這裏。）我再回到屋子裏去，等到……但是我聽見誰。這不是我妻子的聲音麼？讓我聽，黑暗對我是有利的。（喬治坦丁站在屋子的大門旁邊。）

第五景

安格麗科，克里坦德諾，魯濱，喬治坦丁。

安：（向克里坦德諾）再會，是該分開的時候了。

克：什麼？這樣早就走？

安：我們談的時間够長了。

克：哈，夫人！我要同你說的很多，我能在這短短的時間裏我出我需要說的話麼？我需要一整天來表示我對你的一切感覺，甚至我還不說我打算對你談的最小的部份。

安：讓我下次再聽吧。

克：唉呀！當你說走的時候，你是用怎樣的打擊刺入我的靈魂啊，你現在拋開我，令我多麼難受啊！

安：我們再找機會見面。

克：好，但是，我想到你拋開了我到你丈夫那裏去。這個思想要我的命。丈夫享受的利益對鍾甯的愛人是一種恐怖。

安：你是多麼軟弱，你這樣的不安。你想人們怎麼會去愛合法的丈夫們呢？人們得到他們，因爲人們做不出什麼來反對；而且，因爲人們依賴自己的父母，這些父母又光是注意金錢的。但是，人們也知道怎樣應付他們，人們完全沒有捧他們比他們應得的更高些的意思。

喬：（自語）不幸的男人們！我們受着怎樣的待遇呀！

克：你的確應該有完全不同的命運，上帝創造你不是給農人作妻子的。

喬：假如上帝要她作你的妻子！你立刻有另外一種說法的。我進去了；我聽得够多了。（喬治坦丁進去，從裏面關上大門。）

第六景

安格麗科，克里坦德諾，刻勞丁維，魯濱。

刻：夫人，假如你還有壞話說你的丈夫，請快說吧，因爲時間已經不早了。

克：哈，刻勞丁維，你是殘酷的人。

安：（向克里坦德諾）她的話很對，我們該分開了。

克：那麼，我應該答應，因爲你要走。但是。至少我請求你原諒我就擱了你的時間。

安：再會。

喬：刻勞丁羅，你在那兒呀？我向你說晚安。

刻：走吧，走吧，我從遠處接受它，我也向你說晚安。

第七景

安格麗科，刻勞丁羅。

安：我們靜悄悄地進去吧。

刻：大門關上了。

安：我有鑰匙。

刻：那麼小聲地開門吧。

安：他們從裏面把門鎖上了。我不曉得我們怎樣辦。

刻：叫那僕人，他睡在這裏。

安：枯甯！枯甯！枯甯！

第八景

喬治望丁，安格麗科，刻勞丁羅。

喬：（在窗口）枯甯！枯甯！哈！這裏，我捉着你了，夫人，我的太太！我睡覺的時候，你做了功課！我很高興。這樣夜深裏看見你在外面。

安：唔。什麼大不了的壞事，人家在夜裏呼吸一些新鮮空氣？

喬：是，是，呼吸新鮮空氣的時候！很溫暖，夫人，女流氓，我知道幽會和那小紳士的陰謀。我聽見你們親蜜的談話和互相稱贊我的漂亮言辭。我用這個安慰我，因爲我立刻要報仇，你的父母會爲我的告發的正義和你的墮落的行爲而心服，我派人請他們去了，他們馬上說要來的。

安：（自語）哈，天呀！

刻：夫人！

喬：無疑的，這是你料不到的打擊。現在我勝利了，我用它來壓制你的傲慢，破壞你的詭計。直到現在你還嘲笑我的告發，蒙蔽你的父母，裝飾你的裝扮。我看見的徒然了，我說的徒然了。你的靈巧常常戰勝我的正直，常常找辦法證明你的正確；但是這回，感謝上帝，事情會明白，你的無恥完全會揭穿。

安：嘿，我請你，給我開門吧。

喬：不，不，我要等我請的人來，我要他的發現在現在的好時候你在外面。等他們來，假如願意的話，你努力從腦袋裏尋找新的計策來解圍吧！努力想出方法來表示你的光明的行爲吧，尋覓漂亮的欺詐來消滅你的罪惡吧，爲你的夜遊安置適當的托詞吧，比方說，你去幫助女友接生。

安：不，我不期望在你跟前隱瞞什麼。我既不防禦自己，也不在你面前否認這些事情，因爲一切你已經知道了。

喬：因爲我知道得很明白，一切方法都給你關門了，你想不出辦法防止我，說你沒有這種過失了。

安：是的，我承認我的過失，你有理由去告發；但是我請求賜我恩惠別把我放在父母的盛怒之下，快些給我們開門。

喬：我立刻遵命。

安：哈，我的善良的小丈夫，我請求你！

喬：哈，我的善良的小丈夫！我現在是你的善良小丈夫，因爲你感覺你被捕獲了。這我很高興，從前你永遠不曾向我說過這樣甜蜜的話。

安：聽着，我答應你，以後我再不給你告發的理由，而且我……

喬：沒有用，我不願叫到了我手上的奇遇溜掉，這對我太重要了，人們第一次深刻地明瞭你的行爲。

安：我請求，讓我同你說，請你聽我一分鐘。

喬：唔，什麼？

安：真的，我犯了罪，我還是第一次向你懺悔，你的忿怒是正直的。我利用你睡覺的時候出去與你提及的人幽會。雖然這行爲是確實的，但你要原諒我的年輕，受那還不知世故的青年人的引誘。自由，多少人犧牲了自己，以爲它全是不錯的，其實呢，它什麼也說不上。

喬：是的，你說的是的，不過當事情需要它的時候，它就去除都事情，並且人們虔誠的信仰着他們。

安：我不打算說我在你面前沒有罪，我祇請你忘記我誠懇的求你寬恕的不快的事情，請你在我父母到來斥責我，苦惱我以前給我自由。假如你慈悲地賜我請求的寵恩，那麼你所表現的美德會完全佔有我的。它怎樣感動我，你將產生我的父母同你的親屬都不能達到的權力。一句話說完，這就是我會拒絕各種勾引而獻身於你的原因。是的，我告訴你，從現在起我要做世界上最優秀的妻子，她給那麼多的愛，那麼多的愛，使你滿意到極點。

喬：哈，諂媚人們的鱷魚，你的目的是窒死他們呀！

安：賜我恩寵吧。

喬：沒有的事，我是不動心的。

安：表示你的偉大吧。

喬：不。

安：同情我吧！

喬：完全不。

安：我以整個的心請求你。

喬：不，不，不，我要人們停止關於你的錯誤，要他們都能够看見你的可憐相。

安：噯，好，假如你放我在絕望的境地，我警告你，女人什麼事都可以幹得出，我會做出你後悔的事的。

喬：你準備做什麼，我的夫人？

安：我的心兒迫使我作極端的決定，用你看見的刀子，馬上我自殺。

喬：哈，哈！那很圓滿！

安：對於你倒不像你所想的圓滿。每個人都知道我們的糾葛與經常的苦惱，你給我的苦惱。當人們發現我自殺的時候，會疑這是你逼迫我死的。我的父母也不會讓我死了了事，他們的裁判的決心同他們的激怒都會令他們來懲辦你的。我想法子報仇。我不是第一個使用這種報復，甚至畏懼自殺來毀滅人們的殘忍將自己推到極端的人。

喬：我是你忠順的僕人。人們現在不再關心自殺的事，這種風習老早就過去了。

安：你說的完全是事實，如果你堅持的拒絕，如果你不開門讓我進來，我對你發誓，馬上我要叫你看見，一個陷入絕望的人的決心到什麼地步。

喬：無益的！無益的！這完全嚇唬不了我。

安：噯，好。因為需要它，它滿足我們的兩方面，並且表示我不是鬧着玩兒的。（裝着自殺）哈，我自殺了。上帝叫我像我所願望的為復仇而死，上帝為他對我的殘酷給他接受正直的處罰。

喬：啊啊！她這樣可惡，殺死自己叫人家吊死我嗎？我們拿一隻蠟燭來看看。

第九景

安格麗科，刻勞丁維

安：（向刻勞丁維）噓！靜一點！我們馬上站到門的兩邊去。

第十景

安格麗科與刻勞丁維（但丁從屋子裏出來的時候，他們立刻走進去，從裏面反鎖了門。）喬治坦丁，（手上拿着蠟燭。）

喬：妻子的可惡到了這樣的程度？（四圍察看）沒有人！哈，我懷疑。這該吊死的女人走了，看見她達不到目的，也不請求，也不威脅了。這更好！這更會把她的事情弄得壞的！她的父母一會兒來了更會把她的犯罪看得一清二白的。（探他的大門預備進去。）哈，哈！門鎖上了！嗬拉！嘿！來人！有人馬上把我關在外面了！

第十一景

安格麗科同刻勞丁維（在窗前）！喬治坦丁，

安：什麼！是你！你打那裏來的，不中用的東西？已經要天亮了，現在是你回家的時候嗎？這是誠實的丈夫幹的好事?

刻：你不是舒舒服服地吃了通夜的酒，把可憐的靑年的太太整夜的拐在家裏麼？

喬：什麼，你……

安：去，去，混帳東西，你的胡鬧我够受了，我馬上要向我的父母告發。

喬：什麼，你還有膽量……

第十二景

史鐵腓力先生同史鐵腓力夫人（着晚服），枯甯（提着燈籠），安格麗科同刻𠝹丁維（在窗口），喬治坦丁。

安：（向史鐵腓力夫婦）哈，來，我請你們來，來給我復仇，因爲我的丈夫給酒同猜忌把頭腦弄昏得那樣利害，以致傲慢不堪。他旣不知道他說些什麼，也不知道他做了什麼。他自已請你們來做人們曾經聽見了的最大的蠢事的見證人。他轉來，像你們所看見的，讓我們等了他一個晚上。假如你們願意聽，他會對你說，他有最大的告發來反對我，說當他睡覺的時候，我偷偷地離開他走出去。與這相同的一百個夢，他都會當成理由來報告你們。

喬：（自然）哈，這個死良心的流氓！

刻：是的，他打算要我們相信，他在屋子裏頭，我們在屋子外邊。這種瘋話總不能從他腦袋裏趕走。

史：什麼！這是甚麼意思？

夫人：怎樣狂暴的無恥，叫人請我們！

喬：沒有……

安：不，父親，我不能再忍受這種丈夫了，我的忍受已經够了，他剛才對我說了一百句無恥的話。

史：（向喬治坦丁）有鬼，你是個混蛋！

刻：可怕，人們看見不幸的年輕的太太受這種虐待，那祇有喊天老爺來復仇。

喬：人們可以……？

史：你應該羞死。

喬：讓我對你說兩句話。

安：你們聽吧，他要同你們講美麗的故事的。

喬：我絕望了。

刻：他喝了這麼多酒，人家都不敢在他旁邊多呆一會兒，他吐出來的酒味衝到我們這兒來了。

喬：岳父先生，我請求你……

史：走開，你的嘴臭。

喬：夫人，我請求你……

夫人：啡，不要走攏來，你的氣味有毒。

喬：（向史鐵腓力夫人）忍耐一下，我好……

夫人：走開，我對你說，我們受不了。

喬：我請你們允許我……

夫人：唉，你弄昏我了，你要說，站遠點吧。

喬：嚕，好，是的，我站遠一點說。我對你們發誓，我不曾離開屋子一步，是她走出去的。

安：這不像我同你們說的一樣麼？

刻：你看，簡直是一樣的。

史：（向喬治坦丁）走吧，你在嘲弄人。到這下面來，女兒。

第十三景

史鐵腓力先生，史鐵腓力夫人，喬治坦丁，枯甯。

喬：我對天保證，我是在屋子裏，而且……

史：佳𡂳，這是不能令人忍受的蠢事。

喬：雷立刻打死我，假如……

史：不要向我再轉你的腦袋，盡力請求你的妻子饒恕吧。

喬：我！請求饒恕？

史：是的，請求，立刻請求！

喬：什麼，我！

史：有鬼，假如你反對我，我就教訓你，爲什麼要嘲弄我們。

喬：哈，喬治但丁！

第十四景

史鐵腓力先生，史鐵腓力夫人，安格麗科，喬治但丁，刻勞丁羅，枯甯。

史：這裏來，女兒，你的丈夫好向你求情。

安：我！原諒他向我所說的一切麼？不，父親，我無法這樣做，我請你分開我們，我再不能夠和他一起生活了。

刻：人們怎能忍耐這一切啊！

史：女兒，沒有極大的汚辱，這樣的分開是不能做的，你應該表示你比他更聰明，你再忍受一次吧。

安：怎樣！在這樣使人氣忿的事情以後忍耐！不，父親，這樣的事我不能同意。

史：女兒，你必須聽我的吩咐。

安：你的話叫我閉着嘴了，你有至高無限的權力。

刻：多好心腸啊！

安：假如被強迫忘掉汚辱，是苦惱的，但是我應該強制自己，我應該服從你。

刻：不幸的羔羊！

史：（向安格麗科）走過來！

安：一切你強迫我做的，都沒有用，你看，明天一切又要從新開始的。

史：我們來命令。（向喬治但丁）來，跪下！

喬：跪下？

史：是的，立刻，跪下！

喬：（手上拿着蠟燭跪下，自語）啊，天呀！（向史鐵腓力先生）我說什麼？

史：夫人，我請你寬恕我……

喬：夫人，我請你寬恕我……

史：我做的蠢事……

喬：我做的蠢事……（自語）同你結婚。

史：我答應你，將來我守規矩。

喬：我答應你：將來我守規矩。

史：（向喬治但丁）當心，要曉得這是我最後一次能夠忍受的傲慢。

史夫人：上帝！假如你再答應一次，我們要教你尊敬你的妻子，同她的親屬。

史：已經天亮了，再會。（向喬治但丁）到你屋子裏去，盡力注意你的行爲。（向史鐵腓力夫人。）我們回去睡覺去吧，我的愛。

第十五景

喬治但丁，獨白。

喻？現在我絕望了，因爲我再沒有方法。人們同我一樣，娶了壞的妻子的時候，我們所能做的，最好是去跳水，連腦袋一道鑽下去。

（本文係照巴黎世界語者中央書局出版的柴門霍夫世界語文集翻譯的。因爲尙未見到直接從原文的譯本問世，而這個喜劇又頗有價值，所以讀後就將它轉譯出來了。）

譯者附識　一九四二，七月三十日

奧勃洛摩夫

岡察洛夫著
齊蜀父譯

第一章

一天早晨，伊里亞，伊里奇，奧勃洛摩夫躺在郭洛霍賓街自己的住宅的床上，他的住宅，是在一幢入口多得像整個府城一樣的大房子裏。年紀三十二三歲，中等身材，外表愉快，深灰色的眼睛，可是臉上毫無確定的觀念和集中的神情。他的思緒，像自由的小鳥似的，在臉上徘徊，在眼睛裏翱翔，棲息在半張開的嘴唇上，潛隱在額角的縐紋中，隨後就完全消失了，那時候就滿臉閃爍着漠不關心底平靜的光，這漠不關心從他臉上轉到全身的姿勢上，甚至於轉到睡衣的摺縐裏。時不時，由于疲勞或是無聊什麼的，他的眼睛就暗淡起來；可是疲倦也吧，無聊也吧，都不能將他臉上那股溫柔勁兒——那不單是他臉部底，並且也是他整個精神底主要而基本的表情——驅散得一刻。在他的眼睛裏，微笑裏，在他頭與手的每一動作里，都公開地，明朗地照耀着他的精神。冷淡而淺薄的觀察者會得瞥視一下奧勃洛摩夫而說：「一個好心眼兒的，單純的人！」觀察較深而同情一些的人，却會對他的臉部注視半天，在愉快的躊躇之中微笑着走將開去。

伊里亞，伊里奇的面色，既非粉紅，又非淺黑，也非眞正蒼白，而是分不清的。或者說不定因爲他發胖得和年齡不相稱，這纔顯得這樣的吧；而這發胖，許是缺少新鮮空氣，或者缺少運動，再不就這兩個原因兼而有之。他的暗無光澤而白得過分的頸項，小而肥胖的手，以及軟綿綿的肩膀，一般地都現得對於男人太過柔弱。他的動作。那怕他着了慌，也不失其溫柔和他特有的懶惰的優雅。萬一一片煩悶從他心頭跑到了臉上，那他的眼睛就黯暗起來，額角就顯起皺紋，疑惑，悲哀和恐懼底遊戲就開始了；可是這不安却難得形成一定的觀念，而且更難得變成一種企圖。牠不過解決在一聲歎息之中，便消逝于冷淡或者瞌睡裏。

奧勃洛摩夫的便服，著得多麼適合他那恬靜的面相和柔弱的身段啊！他穿着一件波斯料子的睡衣，一件眞正東方式的睡衣，一絲兒也不帶歐羅巴的氣息——沒有流蘇，沒有絲絨，沒有腰身，寬敞得能夠把他裹上兩周。袖子，道地亞洲式的，從手指到肩膀一路漸漸肥上去。這件睡衣雖然失去了牠最初的鮮豔，而且有幾處地方還磨出了油光，以代原來的天然的光澤，却還保持着東方色調的鮮明和料作的結實。

在奧勃洛摩夫眼睛裏這件睡衣有着無數寶貴的價值，又軟又順，穿在身上毫不覺得牠；聽從身子的最細小的動作，有如一個馴順的奴隸似的。

在家裏，奧勃洛摩夫是從不繫領帶或者穿背心的，爲的是他喜歡舒暢和自在。穿着一雙長長的，軟軟的，肥肥的拖鞋；從床上起身，他看也看不見，雙腳向地板上一落，總就筆直地穿進去。

躺臥這一件事，對於伊里亞，伊里奇，既不像對于病人或是渴睡的人似的是一種必要，也不像對於疲乏的人似的是一種偶然的事，也不像對於懶漢似的是一種享樂：這是他的常態。在家裏——他差不多老是在家裏——他總躺着，而且經常躺在那同一個房間裏，就是我們此刻發見他在裏面的，他把來兼作臥室，書齋，以及客廳用的這間房間。此外他還有三間房間，可是輕易他不上那裏去看一眼，除了朝晨傭人打掃他書齋的時候——那也並不是天天的事。在那幾間房間裏，像具給用套子蒙着，窗帷給拉下着。

伊里亞，伊里奇躺着的這間房間，乍看上去，佈置得似乎也很亮。有一張紅木寫字桌，兩把綢緞套子的沙發，一架刺繡着宇宙間所沒有的禽鳥果木的漂亮的圍屏。還有紗羅的窗帷，地毯、畫幅、銅器、磁器、以及許許多多好看的小玩意兒。可是有鑑賞力的人底有經驗的眼睛，只要粗粗一望，馬上就會看破，這些東西之所以陳設在那兒，不過是希望邀奉難以避免的老例罷了，當然，奧勃洛摩夫佈置書齋時也就顧到這一點。鑑賞力強的人可不會滿意于這些笨重的不優雅的紅木椅子和搖搖擺擺的書架的，有一張沙發底靠背，已經塌下去了，膠上的木頭也有幾處脫了。

那些畫幅、花瓶，以及小玩意兒也都是這種性質。

然而主人本人，看着自己書齋的佈置，態度竟如此冷淡而漠不關心，彷彿用眼睛在問誰將這些東西帶到這兒安起來似的。由于奧勃洛摩夫對自己家產態度這樣的冷淡，也許由於他的侍僕查哈爾對這東西態度的更冷淡，要是在那裏仔細看看，那書齋的雜亂無章和漫不經心，可眞叫人吃驚，四壁上畫幅周圍，花綵似地掛着一簇簇灰塵蓬蓬的蜘蛛網；鏡子呢，照不出東西了，倒可以當作板子，在灰塵上面記記什麼事情，免得忘了；地毯上有着污點；一條毛巾給忘在沙發上。桌子上，差不多沒有一天早晨不剩有一只頭天晚上用了晚餐未收去的，連同一枚鹽皿和一塊啃光的骨頭在上面的盆子，和撒滿麵包渣子的。

要不是這只盆子，和倚在床邊的一支剛吃完的煙袋，和倚在這床上的主人，人們也許以爲這間房子是沒有人住的——什麼東西都這麼灰塵蓬蓬，褪了色，絕無有人住着的痕跡，不錯，書架上放着兩三本攤開的書和一張報紙，寫字桌上有着一具墨水缸和幾枝鋼筆；可是攤開的那幾頁已經泛了黃，蒙了灰塵——顯而易見，牠們給丟在那裏已經很久了，報紙的日子還是去年的，而且如果把鋼筆向墨水缸裏蘸去，說不定就有一匹嚇慌了的蒼蠅，嗡嗡地從裏面飛衝出來。

一反他的習慣，伊里亞，伊里奇很早——八點鐘光景便醒來了。他心裏非常之不安頓。面色一會兒現得恐佈，一會兒又憂愁，煩惱。分明他受着內心鬥爭的痛苦，而他的理智還不會來幫助他。

事情是這樣的：奧勃洛摩夫前二天收到了一封他的村長由鄉下寄來的內容不痛快的信。誰都知道，一位村長能寫些什麼樣的不痛快的消息：收入不好哪，欠項哪，收入減少哪，等等。雖然村長去年和前年也曾寫過完全同樣的信來，然而他最後這一封，影響却強烈得像突如其來的不痛快的事似的。

這並不是鬧着玩的！得急切想辦法才是。然而說公道話，伊里亞，伊里奇對自己的事的確也操心：幾年之前，收到了村長第一封不痛快的信，他便開始在心裏打好了經管自己領地的種種改良和變革的腹稿，預備施用種種嶄新的經濟的，警察的和其他的方法。可是這計劃還不曾徹底想妥，然而村長的不痛快的信，却逐年一次地來催促他行動，並且因此破壞他的平靜。奧勃洛摩夫也明白，必須得有斷然的辦法來完成那項計劃才是。

才一醒來，他就打算起身，洗臉，而且打算喝了早茶之後，好好的想一想，把什麼事都考慮一番，寫下來，一總辦去。他儘躺了有半個鐘頭，被這打算苦惱着；可是後來覺得，喝早茶，那他照常能在床上喝的，他還來得及辦，況且躺着思索也並不礙什麼事。

而他就這麼辦。用完早茶，他坐起身子，而且幾幾乎下床；向拖鞋望了幾眼，甚至於開始朝牠們伸下一只腳去，可是立刻又縮了上來。

鐘打着九點半。伊里亞，伊里奇猛吃一驚。「我實際上怎麼着呀？」他煩惱地高聲說：「眞該害臊：是辦事的時候了！假使我再放任自己下去，那我就……」

「查哈爾！」他大聲叫。

從那間與伊里亞，伊里奇的書齋只隔開一條狹仄的穿堂的房間裏，先傳過來活像一匹鎖住的狗的嗥哮，緊接着是雙腳從那裏跳下來的聲響。這是查哈爾在跳下爐台來，他通常總坐在那兒專心打瞌睡來打發日子的。

一個半老不老的人，穿着有銅紐扣灰色背心，胳肢窩底下已經裂了口，露出了襯衫的一角的灰色上衣，走進房間來；頭頂禿得膝蓋一般，兩綹亞麻色裏攙着點兒灰白的鬍子，却每一綹都濃密得可以做成三撥髭鬚。

查哈爾既不努力改變上帝所賦與他的容貌，也不努力改變那身在鄉下穿用的服裝。他的衣服，是按着從奧勃洛摩夫領地上帶出來的式樣裁製的。他所以喜歡灰色上衣和背心，是因爲這身「半制服」隱約地使他回想到早年侍候故世了的老爺太太去做禮拜或是作客時穿的那身號衣；而那身號衣，在他記憶裏又是奧勃洛摩夫家底聲望的惟一的代表。再沒有別的東西使這老頭兒回想到窮鄉辟壤裏他主人家裏的和平繁盛的生活方式。老主人老太太是死去了；祖先的神像也給丟在家裏，現在多半散放在屋頂樓裏什麼地方；關於從前的生活方式和門第底煊赫的故事已逐漸湮沒，就只活着在聊聊幾個留在領土上的老人底記憶裏面。這就是查哈爾寶貴的的灰色上衣的原故：在這上衣上，尤其是保存在奧勃洛摩夫面貌舉止裏面的，叫人想起他雙親來的某幾點特徵上，以及他那任性的脾氣（對於這任性的脾氣，查哈爾不論心裏也吧，高聲也吧，雖然都抱怨過，可是內心裏却把牠尊敬爲主人的意旨和權力底表現，）上，他都看到過去的煊赫底隱約的暗示。要沒有這任性的脾氣，他就怎麼也感覺不到，還有一個主人在他上頭；那時節，就沒有什麼東西復蘇他的青春，他們離開已久的故鄉，以及關於老宅的那些故事，老邁的當差，保姆，奶媽們世世相傳的惟一的編年史了。奧勃洛摩夫家從前很殷富，在地方上着實有點聲望，可是天知道什麼道理，竟逐漸窮困地萎下去，終於不知不覺在新鄉紳中看不見牠了。現在只有他們家的白髮老當差們還保持着，並且彼此相傳着過去時代的忠實的記憶，把牠們寶貴得神聖一般。這就是查哈爾所以喜歡他那灰色上衣的道理。恐怕他之所以珍貴自己的鬍子，也是因爲他童年時代曾經看見不少老當差們有這古色古香的，貴族的裝飾品吧。

專心一意在沉思的伊里亞·伊里奇，許久沒有注意到查哈爾。查哈爾一聲不響地站在他面前。終於他咳嗽了。

「有什麼事？」伊里亞·伊里奇問。

「您叫我了，不是？」

「我叫你了？是爲了什麼事叫你的呢？——我可記不得了！」他一邊回答，一邊伸着懶腰。「現在你且去吧，讓我來想一想看。」

查哈爾走出去了，而伊里亞·伊里奇繼續躺在床上思索那封該咒詛的信。

又過了一刻鐘。

「哦，也該躺够了！」他說：「該起來了……倒不如把村長的信仔仔細細再念上一遍，然後再起來好了。查哈爾！」

又是同樣的一蹦，和一陣比先前更響的嗥哮。查哈爾進來了，而奧勃洛摩夫却又沈緬在思索裏。查哈爾站了有兩分鐘，惡意地側望着主人，終於朝房門口走去。

「你這上哪兒去？」突然之間，奧勃洛摩夫問。

「您不開口，我幹嗎白站在這兒呢？」查哈爾嗄聲說；據他宣稱，他有一次同老主人騎了馬帶了狗去打獵，一陣烈風灌進了喉嚨，因此上嗓子就啞了。此刻他轉過半個身子，站在房間正中央，依舊側着着奧勃洛摩夫。

「是不是你的腿枯爛了，因此你不能站了嗎？你瞧我正在犯愁—— 所以你得等着！你還不會躺够嗎？把我昨天從村長收到的信給我出來。你把牠放到哪兒去了？」

「怎麼樣的信？我沒有看見過什麼信啊，」查哈爾說。

「你從信差手裏接下來的，那麼髒的一封信」！

「把牠放到哪兒去了——我怎麼知道呢？」查哈爾一邊說，一邊用手輕拍着桌子上的紙章和各種物件。

「你從不知道什麼事情的。瞧瞧那邊字紙簍裏看！或者落在沙發後邊去了。瞧，沙發的靠背至今還不會修好；幹嗎你不叫木匠來修呢？是你弄壞的呀。竟不理會牠了！」

「我可沒有弄壞，」查哈爾回答：「是牠自己壞的；那總不能用一輩子——遲早終要壞的呀。」

伊里亞·伊里奇覺得用不到去反駁牠。

「找到了沒有？」他只不過問。

「那裏不是幾封信？」

「那不是的。」

「那再沒有信了。」查哈爾說。

「好的，你去吧」，伊里亞·伊里奇怪不耐煩地說。「我起來了自己找吧。」

查哈爾便回到自己房間裏去，可是剛把雙手撐在爐台上要跳上去，立刻又聽到一陣急促的呼喚：「查哈爾·查哈爾！」

「啊，我的老天爺！多苦惱！」查哈爾一路嘀咕着，又走進書齋去：「倒不如早些死了吧。」

「什麼事？」他用一隻手抓住着門閂，而且為了表示惡意起見，他將頭偏得只能從自己眼稍角上望到主人，而奧勃洛摩夫呢，就只看見一大綹連頰鬍子，從中彷彿等着就有兩三只小鳥飛出來似的。

「拿一條手帕來，快！這你自己能想到的：懂得不懂得？」伊里亞·伊里奇嚴厲地說。

查哈爾被主人這麼命令和責備了一頓，也並沒有特別不滿或是吃驚的表示，多分他覺得這兩件事都極其自然。

「誰知道手帕在什麼地方？」他一邊嘀咕說，一邊滿房間兜着圈子，摸索着每一張椅子，雖然明明看得出上面並沒有什麼東西。

「您把東西全弄丟了」一邊說，一邊他打開通入客廳的門，想去看看手帕在不在那裏。

「上哪兒去？在這邊找就得了，我兩天不曾到那邊去了。快，快！」伊里亞·伊里奇說。

「手帕在那兒呢？沒有呀，」查哈爾說，一邊張開着雙手，朝四壁角落巡視着。「啫，那不是！」驀然間，他怒沖沖地嚷聲說：「在您身子底下！有一隻角露出着。你自己壓住了，卻問別人要手帕！」

回話也不等，查哈爾便要走了。奧勃洛摩夫叫自己的失敗弄得很有幾分窘尷。他急忙找出另外一個口實來編派查哈爾的不是。

「這房間你收拾得多乾淨呀：又是灰塵，又是垃圾，我的天爺，啫，看看四壁角落着——你是什麼也不幹的！」

「什麼事也不幹，倒的確……！」查哈爾似受了侮辱的聲音說：「我是盡心竭力，拚捨性命的！我差不多天天都擦洗打掃……」

他指指地板中央，和奧勃洛摩夫吃飯的桌子。

「瞧，」他說：「管什麼都打掃和收拾得停辦喜事似的……還要怎麼呢？」

「那末這是什麼？」伊里亞·伊里奇截住他，指着四壁和天花板道：「還有這個？這個？」他又指指昨天起就給丟在沙發上的那條毛巾，和忘在桌子上的那只有一片麵包在上面的盆子。

「哦，這我可以拿去的，」查哈爾寬大為懷地取了盆子說。

「就只這個嗎！四壁上的灰塵，蜘蛛網呢？」奧勃洛摩夫指着牆壁說。

「牆壁在復活節前我是要打掃的：那時候我要把聖像都擦乾淨，蜘蛛網都掠去……」

「那你什麼時候撣書本和畫幅呢？」

「聖誕節前撣：那時候婀妮西雅和我要把所有的書架統統清一清可是現在，什麼時候可以收拾呢！你總坐好在家裏呀。」

「我有時候去看戲或者拜客，那你……」

「夜晚能收拾什麼？」

奧勃洛摩夫譴責地瞧瞧他，搖搖頭，嘆一口氣，查哈爾呢，滿不在乎地，望望窗子也嘆一口氣。主人彷彿在想！「哦，老兄，你倒比我更是奧勃洛摩夫，查哈爾呢，多分是這麼想：「吹牛皮！你就擅於說些古怪而可憐的話，灰塵和蜘蛛網你並不在乎。」

「你知道不知道，」伊里亞·伊里奇說，「灰塵是蛀蟲的孳生之地？有時我看見牆上有臭蟲哩。」

「我身上還有跳蚤哩，」查哈爾滿不在乎地回答。

「這難道是好的麼？這是骯髒！」奧勃洛摩夫說。

查哈爾滿面微笑，笑得眉毛鬍子直飛動，一片紅的斑點直佈到他的額角。

「世界上有臭蟲，那也是我的錯處嗎？」他帶着質樸的驚愕說。

「難道是我想出牠們來的？」

「那是因為骯髒的緣故，」奧勃洛摩夫截住他道：「你還儘胡扯些什麼！」

「我也並沒有想出骯髒來呀！」

「每夜老鼠在你房間裏跑來跑去——我聽到。」

「我也並不會想出老鼠來。到處都多的是這些東西——老鼠哩，貓哩，臭蟲哩。」

「怎麼別人就沒有蛀蟲和臭蟲呢？」

查哈爾的面孔上表現出一種懷疑，或者不如說表現出不會有這件事的，一種恬靜的確信。

「我樣樣都多得很，」他固執地說：「你總不能注意每一只臭蟲，爬進裂縫裏去逮牠。」

他似乎在想：「要沒有臭蟲，將怎麼睡覺呢？」

「你將角落裏的垃圾打掃打掃，那就什麼也沒有了。」奧勃洛摩夫教導他道。

「你弄乾淨了牠，到明天又會積起的。」

「不，不會的，」主人截住他：「不應該積起來的。」

「我知道會積起來的。」當差的重覆說。

「積了那你就再掃。」

「什麼？天天掃清所有的角落嗎？」查哈爾問：「哼，這還成什麼日子！倒不如早一點死了吧。」

「幹嗎別人家裏就乾乾淨淨的？」奧勃洛摩夫反駁道：「看對門鋼琴修理師家裏——看看也叫人喜歡，而且他就只一個女傭人。」

「德國人哪裏來的灰塵？」查哈爾突然間反駁說：「您看看他們怎樣生活的！全家的人整禮拜只啃一根骨頭。一件上衣從老子肩膀遞給兒子又從兒子肩膀上脫回給老子。老婆和閨女們穿着很短很短的衣裳，母雞似的儘是蹲坐着；……他們哪裏來的灰塵？他們不像我們似的有一堆穿破的衣服經年存在櫃子裏，或是一冬天積起一整角落麵包皮……他們可一片麵包皮也不白扔掉；把牠烤成麵包乾和啤酒一起吃」談到這種吝嗇的行徑，查哈爾甚至於打牙齒縫裏唾棄着、

「別說了！」伊里亞·伊里奇反駁道：「倒不如收拾吧。」

「有時候我要收拾，可是你又不讓。」查哈爾說。

「又胡說了！是我妨礙你的，倒彷彿是。」

「當然是你嘛；您老是坐在家裏，有您在這裏，怎麼能收拾？您且出去一整天，那我就來收拾乾淨。」

「瞧，他又想出什麼念頭來了？出去！你倒不如回自己房間去吧。」

「可是您真得出去，」查哈爾堅持說：「要是今天就出去，那我和阿妮西雅就來把一切都收拾好，然而兩個人可辦不了；得雇幾名女工來統統洗一洗。」

「多好的主意——雇女工！去你的吧。」伊里亞·伊里奇說。

他很不高興惹起了這場談話。他老是記不住，一碰到這個細緻的問題，他便麻煩了。奧勃洛摩夫固然願意乾淨，不過他希望，怎麼一下子牠自己就一無驚動地乾淨起來；可是只要一叫查哈爾掃灰塵，洗地板什麼的，查哈爾就儘打官司。在這場合，查哈爾總開始證明需要大鬧一場，他知道得十分清楚，只消一想到這場大鬧，便叫主人恐怖了。

查哈爾走了出去，而奧勃洛摩夫又沈入思索之中。幾分鐘之後，鐘敲着另一個半點。

「什麼？」伊里亞·伊里奇差不多恐怖地說。「快十一點了，我卻還不曾起身洗臉哩！查哈爾，查哈爾！」

「阿，我的天爺爺！唔！……」從前室裏傳過來，然後又是那熟習的一蹦。

「準備我洗臉了嗎？」奧勃洛摩夫問。

「準備好了」，查哈爾回答。「幹嗎您不起來呢？」。

「幹嗎你不告訴我準備好了呢？不然，我早起來了。去吧，我一霎兒就跟你來。我得辦事，我要坐了寫字。」

查哈爾走了出去，可是一霎又帶着一本塗滿字的，油膩膩的雜記簿和一些紙條回來了。

「假使您要寫字，那請您把這些帳順便對一對——得付人家錢了。」

「什麼帳？什麼錢？」伊里亞・伊里奇不滿意地問。

「肉店哩，蔬菜鋪哩。洗衣作哩，麵包房哩。——全都要錢！」

奧勃洛摩洛夫嘰咕道：「你呢，又爲什麼不把帳單零零碎碎交給我，卻要一下子交出來？」

「可是您老趕開我呀——明天又明天的……」

「現在難道就等不到明天了嗎？」

「不行，他們釘得厲害；再也不賒帳了。今天是一號。」

「啊，天爺爺！」奧勃洛摩夫憂鬱地說。

「一件新的焦心事兒！喂，你站着幹什麼？放在桌上。我立刻就起身，洗臉查對他們，」伊里亞・伊里奇說：「準備好我洗臉了，你不是說？」

「準備好了。」查哈爾說

「哦，現在……」

「他呻吟着在床上坐了起來，要起身了。」

「我忘了告訴您，」查哈爾開頭說：「剛纔您還睡着。經租帳房着丁看門的來，說，我們非搬不可……他們要房子了。」

「好吧，這有什麼大不了？假使他們要房子，不用說，我們搬就是。你幹嗎釘着我呢？這是你第三次來告訴我這件事了。」

「可是他們也釘着我呀。」

「對他們說，我會搬就是。」

「他們說，你答應了一個月了，可是儘不搬；他們說要報告警察了。」

「讓他們報告去！」奧勃洛摩夫決然地說：「再過三個來禮拜，天氣一暖和，我們自己就搬。」

「過三個來禮拜，倒說得好！經租賬房說，過兩個禮拜，工匠要來拆房子……他說明後天您就搬……」

「喂，太急了！再怎麼的！倒不命令我們此刻就搬？你竟敢向我提起房子的事。我已經禁止過你一次。而你又來了。當心着！」

「可是叫我有什麼辦法？」查哈爾回答。

「有什麼辦法？瞧，他竟這樣來躲開我！」——伊里亞・伊里奇回答說：「是他在請求我！這關我什麼事？假使你不打擾我，那你就可以隨意辦一辦，只消免得搬走就好；你總不能替主人出力！」

「可是我能怎麼辦呢？伊里亞・伊里奇，老爺？」查哈爾用軟和的啞嗓子說：「房子又不是我的，住陌生人的房子怎麼能不搬，假使提我們的話？倘若是我的房子，我倒不勝高興……」

「你不能想法子勸勸他們？說，我們住了多年了，房錢從未拖欠過……」

「我說過了，」查哈爾說

「那他們又怎麼呢？」

「又怎麼，說來說去還是要我們搬，因爲他非翻造房子不可。他們想趕房東少爺結婚之前，把我們的和醫生那邊的房子打通一氣。」

「哦，老天爺！」奧勃洛摩夫煩惱地說，「原來有的是這種傻瓜要討老婆！」

他躺平了。

「您給房東寫封信去，老爺，」查哈爾說。那他也許不驚動您，而吩咐先拆那邊的房子。」

說着，查哈爾用手指指右首什麼地方。

「好吧，起來我就寫……你回自己房間裏去。我要來想一想。你是什麼事也不辦的。」他加添說：「那怕這種瑣瑣屑屑的事，都非得我親自操心不可。」

查哈爾走了出去，奧勃洛摩夫開始思索起來；可是他決定應該思索什麼：關於村長的信呢，搬新房子呢，還是查對帳目？他迷失了在世慮紛紜的急流之中，儘躺在床上直翻來覆去。時不時，只聽得些斷斷續續的感喟：「哦，天爺爺，生活不放人安靜，到處都撥弄人！」

說不準他會再這樣猶豫不決下去多久，可是前室裏門鈴響了。

「已經有什麼人來了！」奧勃洛摩夫一邊說，一邊把睡衣裹着自己：「而我却還不曾起來哩——眞丟人！這麼早能是誰呢？」一躺在床上，他好奇地望着房門口。

第二章

進來的是一位二十五歲的青年，煥發着健康的光彩，帶着微笑的面頰，嘴唇，和眼睛。這人，瞧着就叫人羡妒。

他梳扮和穿着得無可責備地漂亮。臉龐，襯衫，手套和燕尾服都是鮮明得眩人眼睛。背心上扯着一條雅緻的，掛有許多小玩意兒的錶鍊。他抽出一條細麻紗手巾來，聞了聞上面東方底香氣，然後漫不在乎地抹抹臉和嶄亮的帽子，並且拂拂漆皮靴子。

「哈，伏耳柯夫。您好？」伊里亞．伊里奇說。

「您好，奧勃洛摩夫？那位燦爛奪目的先生一邊說，一邊朝他走過去。

「別走近我，別走近我。您才從冷的地方來！」奧勃洛摩夫說。

「哦，你這位嬌生慣養的大少爺！」伏耳柯夫一邊說；一邊在找可以放帽子的地方，可是瞧到到處都是灰塵，他便那裏也不放下去，他掠開燕尾服的兩片後擺要坐下去，但是仔細看了看那把圈手椅，却又站着不坐下去了。

「您還沒有起身！您這穿的是什麼便服？這種東西人家早就不穿了，」他羞辱奧勃洛摩夫道。

「這不是便服，是睡衣，」奧勃洛摩夫一邊回答，一邊愛戀地把睡衣的寬闊的前身包着自己。

「您的身子很好吧？」伏耳柯夫問。

「好什麼」奧勃洛摩夫說，打着哈欠，「壞極了！苦死啦。您呢？」

「我嗎？沒有什麼：又健康，又愉快！非常愉快！」那位青年感情地加添說。

「這麼早您從哪兒來？」奧勃洛摩夫問。

「裁縫那裏。瞧，這件燕尾服好不好？」他一邊說，一邊在奧勃洛摩夫面前轉一個身。

「好極啦！縫得很有味兒，」伊里亞．伊里奇，「不過爲什麼後背這樣寬闊？」

「這是騎裝，騎馬穿的。」

「什麼，您在騎馬嗎？」

「可不？就爲了今天我纔特意定做這身燕尾服的。今天是五月一號！我要和郭劉諾甫一家子上葉卡德琳霍夫去。噢，您不知道嗎？密夏，郭劉諾甫昇了級了，所以我們今天日子過得不同一點！」伏耳柯夫狂喜地加添說。

「噢，原來如此！」奧勃洛摩夫說。

「他有一匹栗色馬」伏耳柯夫繼續說道：「他們聯隊上都是栗色馬，而我有一匹黑的。您怎麼着——步行呢，還是坐車？」

「哦……我什麼也不。」奧勃洛摩夫說。

「五月一號不上葉卡德琳霍夫去！您怎麼的，伊里亞．伊里奇！」伏耳柯夫愕然地說：「人人都上那裏去的！」

「哪裏的話，並不人人都去的！」奧勃洛摩夫懶洋洋地說。

「去吧，伊里亞，伊里奇，我的好人兒！車子裏就只莎菲雅，尼古拉也芙娜和麗笛亞她們倆，對面有小凳子：那您和我們……」

「不，我不坐小凳子。而且我上那兒幹什麼呢？」

「哦，那麼您喜歡不喜歡密夏另給您一匹馬？」

「天知道他要想出些什麼來，」奧勃洛摩夫差不多獨白地說。「郭劉諾甫家對您有什麼好處？」

「哦！」伏耳柯夫興奮地說。「要講嗎？」

「講吧！」

「您可千萬誰都不要告訴，大丈夫，一句話，」伏耳柯夫一邊繼續說，一邊挨着他坐在沙發上。

「放心就是。」

「我——愛上麗笛亞了。」他低語說。

「好極啦！很久了吧？她非常可愛的吧。」

「巳經三個禮拜了！」伏耳柯夫深深地嘆一口氣說。「而密夏也愛上達馨卡。」

「哪一位達馨卡？」

「您是從哪裏來，奥勃洛摩夫？竟不知道達馨卡？，全市都發着狂，她跳舞跳得多好！今天我要和他看舞劇去，他要去抛一束花。得領着他！他胆子小，還是新手。哦，我還得去弄一些山茶花來…………。」

「您上哪裏去？得了，來吃午飯吧：我們可以談一談。我有兩樁倒霉事兒……」

「那不行，我要上鄒梅乃夫公爵家吃午飯去：郭劉諸夫一家子都在那裏，她，她……麗娉卡（麗爾亞的愛稱——譯者），」他低聲地加添說：「幹嗎您不同這位公爵來往呢？多麼快活的一家人家！多大的氣派！而且那所別墅！簡直是埋在花裏邊！又添造了一圈迴廊——Gothique（註一）。到夏天，我聽說，要舉行跳舞會和活人畫片哩。你去不去？」

「不，我想不去。」

「哦，那是怎樣一家人家！今年冬天，每逢禮拜三，至少總有五十多客人，有時候竟多到一百……」

「我的天爺爺！那一定無聊死了。」

「這哪能夠？無聊！人越多才越快活。麗爾亞常上那兒去，起先我沒有注意到她，忽然……！」

「我徒欲不復以伊爲念兮

　而以理性制勝我熱情……」

唱完了，他便毫不經意地坐下在圈手椅裏，可是突然間又跳起來，開始撣衣服上的灰塵。

「您房間裏到處都是灰塵！」他說。

「都是查哈爾呀。」奥勃摩洛夫訴苦道。

「哦，我該走了，」伏耳柯夫說：「要替密夏去買些山茶花來做花束。Au revoir（註二）。」

「晚上散了舞劇，來喝茶，將劇場裏的事給我講一講。」奥勃洛摩夫邀他道。

「那不行，我答應莫沁斯基家了：今天是他們家的 Jour fixe（註三）。您也去吧。要不要我來介紹您？」

「不，我在那兒幹什麼去？」

「在莫沁斯基家嗎？對不起，有半市的人在那兒出入哩！怎麼幹什麼？那裏是縱談一切的去處。」

「縱談一切，這就無聊。」奥勃洛摩夫說。

「那麼，上梅芝特羅夫家去，」伏耳柯夫截住他道：「那裏就只談一件事——藝術：只聽到：威尼斯派啦，貝多汶啦（註四），巴克啦（註五），萊沃納獨，達，文西啦（註六）……」

「永遠談那一件事——多無聊！一定是多烘先生。」奥勃洛摩夫說，打着哈欠。

「又不稱你的意。但是有的是人家可去。現在都全規定了日子：禮拜四是薩文諸夫家請吃午飯，禮拜五是馬克拉興家，禮拜日是維約士尼可夫家，禮拜三是鄒梅乃夫公爵那裏。我天天都忙不開交！」伏耳柯夫雙眼閃亮地結論說。

「每天吊兒郎當過日子，您不厭煩嗎？」

「厭煩！怎麼會厭煩？才有趣哩！」伏耳柯夫毫不關心地說：「一早晨，看看書——一個人必須 Au Courant（註七）一切事情，知道新聞。我有一個不必上班的差使，謝謝老爺，一個禮拜不過去將軍那裏兩趟，坐坐，吃吃午飯，然後去拜訪拜訪久不見面的朋友；哦，然後……不是俄國戲院，便是法國戲院裏到了一位新的坤角……快演歌劇了，我要去定下座位……而現在呢，在戀愛……夏天來啦；密夏已經請准了假；我們要到他領地上去住上一個月換換生活。在那裏打獵。他們有一些舉行 B Is Champetnes（註八）的，很好的鄰居。我要和麗爾亞在樹林裏散步，划船採花，……喲！」他高興得旋了一個轉身。「可是我該走了……再見吧。」他一邊說，一邊徒然試着向灰塵蓬蓬的鏡子裏前前後後照了一照自己。

「稍等一下，」奥勃洛摩夫挽留他說，「我想同您談一些事。」

「Pardon、我沒有工夫，」伏耳柯夫急促慌忙地說：「過一天再說吧！您不同我去吃牡蠣嗎？那時候您再講給我聽。來吧，是密夏請客呀。」

「不，待會吧！」奥勃洛摩夫說。

「那麼再見了。」

他走了，可是又回了轉來。

「您看見這個了沒有？」他一邊問，一邊伸出一只好像鑄就在手套裏的手。

「這是什麼？」奥勃洛摩夫狐疑問。

「是時新Lacets——（註九）瞧，扣得多麼好：你不必爲了扣一粒扣子苦上兩個鐘頭。將帶子一抽就成了。這是新從巴黎來的。要不要我替你帶一副來試試看？」

「好的，就請您帶一副！」

「再瞧這個，很好玩的，不是？」他一邊說，一邊從那些小玩意兒裏挑出一件來。「這是一張折一只角的名片。」

「我可看不清上面寫的什麼。」

「On—Prince,M——Michel，可是沒有寫上鄭梅乃夫的姓；這是他復活節時送給我代替節蛋的。可是再見了，Au rev ir。我還有十處方地要去呢。老天爺，人生在世多麼快活啊！」

而他消失了。

「一天上十處地方——可眞倒霉！」奥勃洛摩夫想：「而這就是人生！」他使勁地聳聳肩膀：「這還成什麼人？他爲了什麼分精勞神呢？當然啦，逛逛戲院子，同隨便哪一位麗笛亞戀愛戀愛，那都不壞……她挺可愛的哪！同她在鄉下採採花，划划艇，也怪好的；可是一天上十處地方——可眞倒霉！」他一邊下着結論，一邊轉過身去仰躺着，慶幸着自己倒並沒有這種空想和慾望，倒並不東奔西跑，而就躺在這兒，保持着自己的平靜與人的價值。耳邊一陣新的鈴聲打斷了他的思忖。

另一位客人進來了。

這人穿一件墨綠色的，有紋章紐扣的燕尾服；黑鬍子恰好圈圍着他那張刮淨的臉；久經風塵的臉上有一對疲倦的然而表情安靜的眼睛，和一片深思的微笑。

「您好，蘇特平司基？」奥勃洛摩夫欣然地招呼他。「終於來看老同事了！別走近我，別走近我！您從冷的地方來。」

「您好，伊里亞·伊里奇？我早打算看您來了，」客人說：「可是您知道，我老是鬼忙着公事。瞧，您瞧，我還帶着一滿皮包的公事要報告哩；現在吩咐了信差，假使那兒有什麼事找我，趕到這兒來就是。我簡直一分鐘都身不由主。」

「您這才上班去嗎？怎麼這麼晚？」奥勃洛摩夫問。「您一向十點鐘就到的，……」

「不錯，一向如此，可是如今不同一些：我十二點鐘才坐車去。」他特別着力於後面三個字。

「噢，我明白了！」奥勃洛摩夫說：「現在當科長了！當了很久了吧？」

蘇特平司基意味深長地點點頭。

「從復活節前，」他說。「可是公事之繁——簡直可怕！八點到十二點，在家裏，十二點到五點，在辦公處，晚上還是不空。變得絕無交際了！」

「哼，當科長啦，了不得！」奥勃洛摩夫說：「恭喜恭喜！是什麼科。我們從前還一塊兒當過科員哩！我想明年你會一躍而成文官了。」

「哪來的話！今年還得到手月桂冠才是；本來我想他們會「銓升」的，可是現在居了新職：那就不能連升兩年。」

「來吃午飯，讓我們喝一品酒賀賀你。」奥勃洛摩夫說。

「不，今天我在次長那裏吃午飯。禮拜四之後我得將報告準備好——一件苦差事！省方的呈報是靠不住的。我得將那些表冊親自一一審核：福瑪·福米奇爲人多疑，什麼事都要親自經手，所以飯後我們還要一起坐一坐。」

「飯後，眞的嗎？」奧勃洛摩夫懷疑地問。

「您想怎麼樣？假若我脫身得早，趕得及坐車子上葉卡德琳霍夫去，那還算好。哦，我是來問您去不去玩一趟？我是來的……」

「我不能去，我的身體不好，」奧勃洛摩夫皺着眉頭說：「而且我還有許多事要辦……不，我不能去！」

「那眞可惜，」蘇特平司基說：「今天天氣挺好。我就指望今天舒一口氣。」

「唔，您那裏有些什麼新聞？」奧勃洛摩夫問。

「哦，許多的事：在信件裏，取締寫『你的最順從的從僕人』，而寫『永久可信的』了；現在不必送上兩份職員名冊去了。我們添設了三課和兩位特任官。我們的委員會已經結束了……許多的事！」

「我們那些舊同事怎麼樣了？」

「就那麼濟：史文金弄丢了一宗案卷！」

「眞的嗎？部長怎麼辦？」奧勃洛摩夫以發抖的聲音問。根據老經驗，他害怕起來了。

「在案卷沒有找到之前，他吩咐扣住史文金的奬金。是一件重要公文，關於罰錢的，部長的意思是，」蘇特平司基差不多低語地加添說：「他故意把牠弄丢的。」

「那不會的！」奧勃洛摩夫說。

「不，不！那是毫無理由的，」蘇特平司基嚴肅而袒護地確認道：「史文金爲人輕率。有時候，鬼知道他會向你作出什麼總結，把所有的文件弄得亂七八糟。我給他苦死了；不過這一件事他是寃枉的……他不會作的！他把案卷塞在了什麼地方；以後會找到的。」

「因此，您老是忙着，」奧勃洛摩夫說，「工作！」

「忙得可怕！可是，當然啦，同福爾·福米奇那樣的人一起工作，是愉快的；他好奬賞人；就是一事不作的人，他也忘不了。一滿期，他便銓升，期限不够銓敘文官，得十字勳章的——便幫忙弄幾個錢……」

「你現在拿多少錢？」

「…一千二百盧布薪水，七百五十膳貼，六百房貼，九百補助費，五百出差費，以及多至一千盧布的奬金。」

「呸！見鬼！」奧勃洛摩夫一邊說，一邊從床上跳起來。「您的嗓子好呢，還是這麼？您的收入竟像一位意大利歌唱家啦！」

「這算不得什麼！塔雷斯威托夫他也拿這些外快，事情却比我幹得少，而且什麼也不懂得。可是，當然啦，他也沒有我那樣的聲譽。他們都十分看重我，」他謙遜地加添說，眼睛向下面注視着：「最近部長還表示過，說我是『一部的點綴』。」

「好傢伙！」奧勃洛摩夫說：「可是從八點到十二點，又從十二點到五點，而且在家裏還要辦公——阿唷唷唷！」

他搖搖頭。

「可是假使我不辦公，叫我幹什麼事情呢？」蘇特平司基問。

「有的是！可以讀啦，寫啦……」奧勃洛摩夫說。

「我現在也不過讀讀寫寫呀。」

「不是那個話；你可以寫作呀……」

「並不是誰都能當作家的。你自己就並不寫。」蘇特平司基反駁道。

「我可是有一塊領地在手裏，」奧勃洛摩夫嘆一口氣說：「我在考慮一個新計劃，實施種種改良。才苦惱哩……可是你是幹別人的事，並非你自己的。」

「這也是沒有辦法！要拿人家的錢，就得工作。夏天我就要休息了：福爾·福米奇允許特意替我想出一件出差的差使，那樣我可以領五匹馬的旅費，三盧布一天的日用費，而且以後還有一筆奬金……」

「哦，毀了你了！」奧勃洛摩夫嫉妒地說，隨即嘆一口氣，深思起來。

「我短錢用：秋天我要結婚了。」蘇特平司基加添說。

「什麼！眞的嗎，和誰？」奧勃洛摩夫關切地問。

「不是開玩笑——和姆拉興小姐。你記得嗎，她們住在我隔壁的別墅裏？您在我那兒喝過茶，大概見過她的。」

「不，我記不得了。挺標緻的吧？」奧勃洛摩夫說。

「不錯，長得挺好看。您要是高興的話，我們上她們家吃飯去。」

奧勃洛摩夫囁嚅起來。

「唔……好是好的，不過……」

「下禮拜。」蘇特平司基提議說。

「好，好，下禮拜，」奧勃洛摩夫快活了：「我的衣服還沒做好。哦，是一頭好親事吧？」

「不錯，她父親是四等文官，他給她一萬盧布，官邸是公家的：他分給了我們整整一半，十二間房子：傢具，燈火和暖氣也都是公家的：倘可生活……」

「當真倘可生活！多走運的蘇特平司基！」奧勃洛摩夫加添說，不無有點兒妒忌。

「來吃喜酒，我請你當儐相，伊里亞·伊里奇，記着！」

「一定，一定。」伊里亞·伊里奇說。「哦，庫士奈卓夫，乏西連也夫，馬霍夫他們怎麼樣？」

「庫士奈卓夫早結婚了，馬霍夫現在頂着我的位子，乏西連也夫給調到波蘭去了。伊凡·彼得維維奇得了聖·佛拉第密爾勳章，奧來希金現在是『鈞座』了。」

「他是一位好好先生。」奧勃洛摩夫說。

「不錯，他的確是好人。」

「他爲人很好，脾氣又和善，又平靜。」奧勃洛摩夫說。

「又這樣慇懃，」蘇特平司基加添說：「而且您知道，他從不爲了要爬上去就戳壁脚，扯後腿或者出風頭……能幫忙他總替人家幫忙的。」

「頂好的人！有時候，你弄糟了一件公文，漏掉了什麼，摘錯了由，或是引錯了條文，那也沒有什麼：他不過吩咐另外一個人重做一遍。大大的好人！」奧勃洛摩夫結論說。

「而我們那位帥密翁·帥密奧尼奇，他却本性難移，」蘇特平司基說：「他只擅於一手掩盡天下耳目。您知道最近他幹了什麼事？——省裏請求我們部屬機關旁邊蓋造個狗屋子，以防公家的財產被竊：我們那建築師，是一位能幹，老練而清廉的人物，他造了一份十分公道的預算，可是帥密翁·帥密奧尼奇認爲預算太高：他四處去調查造一所狗屋子究竟要多少錢，找到了一處少要三十戈貝克（註十）的地方，立刻便上了一件報告……」

「再會吧，」那位官吏說。「我儘在這兒扯淡，也許部裏有什麼事要找我了……」

「再坐一下，」奧勃洛摩夫挽留他。「哦，有事情同你商量：我碰到了兩樁倒霉事兒……」

「不，不，不如過一天再來看你吧。」他一邊說，一邊走出去。

「他是陷住了，親愛的朋友喲，直陷到耳朵邊了。」奧勃洛摩夫一邊想，一邊目送着他。「他對於世界上其他一切都是不見，不聞，可是他會出人頭地，慢慢兒變做幕後人物，攫取官爵的……這就是我們所謂前程！可是糟蹋了人：他的智慧，意志，感情都有什麼用？簡直是奢侈！他要生活一世，而內心裏有許多東西却不會覺醒：而這之間，從十二點到五點，他在衙門裏辦公，八點到十二點，在家裏辦公……才倒霉哩！」想到自己從九點到三點，從八點到九點都可以在沙發上打發日子，他便感得一陣平靜的喜悅，並且驕傲着不必去做報告或者寫公文，而能馳騁自己的感情和想像。

奧勃洛摩夫儘瞑想着，竟沒有注意到有一非常之瘦而黑的人站在自己床邊；他的頰鬚鬢髮以及頦髭都很濃密，而衣裳呢，又故意穿得落拓不羈。

「您好，伊里亞·伊里奇。」

「您好，彭金。別走近我，您纔從冷處來的！」奧勃洛摩夫說。

「哦，您這怪物！還是這樣一個毫無救藥無所用心的懶胚！」

「無所用心，倒的確！」奧勃洛摩夫說：「我來拿一封村長寄來的信給你看：才頭痛呢，而您倒說我無所用心！您這從那裏來？」

「從書舖子來，去打聽一下那些雜誌出來了沒有。您讀到我的文章了嗎？」

「沒有。」

「我給您送來，您讀牠一下。」

「是關於什麼的？」奧勃洛摩夫問，一邊大打其哈欠。

「關於商業，關於婦女解放，關於我們命裏註定的這晴朗的四月天氣，以及關於一種新發明的滅火器。您怎麼不唸雜誌的？這裏就有我們的日常生活。尤其是，我在文學上是擁護現實主義傾向的。」

「那您很忙吧？」

「不錯，非常之忙。我每禮拜替報紙上寫兩篇論文，之後再寫些作家評論，並且剛寫完一篇短篇小說……」

「講些什麼？」

「講一個城市裏市長打市民們的牙齒……」

「不錯，那的確是現實主義的。」奧勃洛摩夫說。

「可不是？」——文人高興起來：「我所表現的思想是——我知道這思想是新穎而大胆的：有一位過路的旅客，目覩了這場打架，和總督會面時告訴了他。總督就命令一位正到這城市去辦案子的官員，將這案子順便調查一下，並且察訪察訪這位市長的人品行爲，這官員便召集了市民們，好像要詢問他們商情似的，把這事件向他們查詢。市民們怎麼樣？他們竟然鞠躬，笑，對於市長大加讚賞。這官員再向別方面打聽去，又聽說那些市民都是可怕的騙子，寡廉鮮恥，出賣爛東西，短少斤兩尺碼，甚至欺騙官府，因此那場飽打倒是一種當然的懲罰……」

「所以，市長的毆打正像着古代悲劇中『命運』的任務不是？」奧勃洛摩夫問。

「才對啦，」彭金接着說。「您真非常機敏，伊里亞・伊里奇，您該當一位作家才好！同時我還暴露出市長底專橫和老百姓底紀綱墮落，屬吏們底行動底惡劣的組織和嚴厲而合法的懲戒方法之必要。您不認爲這是一種——十分新穎的思想嗎？」

「對了，尤其是對於我，」奧勃洛摩夫說：「我書讀得這麼少。」

「真的，在您房間裏看不見有什麼書！」彭金說：「可是我求您唸一篇東西：一首可以說是偉大的詩就要出版了，一個受賄者對一個娼婦的戀愛。我可不能告訴您作者是誰，這還是一個祕密。」

「裏邊寫些什麼？」

「牠暴露着我國社會運動的整個機構，而且完全是詩的色彩。所有的發條都給觸動着，社會這梯子底所有的階段都給檢討着。作者，彷彿提向法庭似的，提出了一位柔弱無能立身存誠的總督和一大羣欺騙着他的受賄者，解剖着各種各樣的娼婦……法國女人哩，德國女人哩，芬蘭女人哩，一切都是眞實得出奇驚人……我聽到過一些片段——那作者可真偉大！在這裏面人們聽得到但丁（註十一），莎士比亞（註十二）……」

「那未免過火吧！」奧勃洛摩夫坐了起來，吃驚地說。

彭金理會到自己確屬過火，便突然而停住口。

「讀牠一遍，您自己就會明白的，」他加添說，可毫不興奮了。

「不，彭金，我不讀。」

「幹嗎不讀？牠很轟動着呢。人家都在談牠……」

「讓他們談去！有一些人，除了談談，就再沒有別的事幹。那就是他們的天職。」

「就是出於好奇心，您也可以讀牠一讀呀。」

「我有什麼不明白的？」奧勃洛摩夫說：「他們寫這個幹什麼？——不過自得其樂罷了。」

「怎麼自得其樂？牠是多麼真實！真實得可笑了。簡直是一張生活的肖像。無論他們寫什麼人——商人也好，公務員也好，軍人也好，警察也好，都表現得活靈活現。」

「那他們爲什麼賣力氣，是不是爲了好玩兒要寫誰，誰就真實地出現？可是在任何作品中，都沒有生命，既沒有對於生命的理解和同情，也沒有您所謂的人道。那只不過是自尊而已。他們描寫竊賊或者娼婦，恰像在街頭捉住了他們，送他們上監獄去似的。在他們的小說裏，人們爲到的並不是「看不見的眼淚」，而只是看得見的，粗野的，嘲笑，憎惡……」

「那還要什麼呢？好極啦，您自已就說過：這是火燒一樣的憎惡——對於邪惡的情不自禁的驅迫，對於墮落的人的輕蔑的嘲笑……這就是一切！」

「不，還不是一切！」奧勃洛摩夫說，突然發火了。「你描寫一個瘋賊，一個娼婦，一個傲慢的笨伯都可以，可是你別忘了他們是人．那人性在那兒？您是單憑頭腦在寫作！」奧勃洛摩夫差不多絲絲作聲了。「您以爲思想是用不到感情的嗎？不，思想是愛所孕育的。伸出一支手去扶起墮落的人來，或者在他身上流淚，假使他在毀滅的話，可是別嘲弄他！愛他，在他身上記起你自已來，並且對待他，像對待你自已一般——那時候我才讀您的作品，並且在您的面前低頭……」他說，一邊重新舒舒服服躺在沙發上。「他們描寫一個竊賊或是一個娼婦，「他說：」可是忘了，或者是不會描寫人。您在這裏我到的是什麼藝術，什麼詩的色彩？揭發淫亂和卑鄙齷齪，可以的，不過請你別妄稱詩人。」

「難道您吩咐我們描寫自然——薔薇啦，夜鶯啦，或是霜凍的朝晨啦，當我們周圍的一切，都在沸騰翻盪的時候？我們要的是社會底赤裸裸的生理學；目下我們沒有工夫作什麼詩歌……」

「您拿「人」給我，」奧勃洛摩夫說：「愛他……」

「愛重利盤剝者，愛偽善者，愛小偷，愛低能的官吏——您聽說過沒有？您這講的是什麼話？可見您並不是研究文藝的！」彭金興奮地說。「不，必須懲罰他們，把他們從市民階層裏，從社會裏擯逐出去……」

「從市民階層裏擯逐出去！」奧勃洛摩夫在彭金跟前起了身，帶着突如其來的靈感說。「那是忘了在這一無價值的血管裏有着一種最高的元素：雖然墮落，他終究是個人——同您一樣的一個人。擯逐出去！您將怎樣從人類裏，從大自然的懷抱里，從上帝的仁慈里擯逐他們出去？」兩眼炎炎的，他差不多大叫了。

「那未免過火吧！」這一回輪到彭金驚愕地說。

奧勃洛摩夫覺到自己也太過火。他突然間停住口，靖了一會，打個哈欠，慢慢的又躺在沙發上。

兩個人誰都不作一聲。

「那您讀些什麼呢？」彭金問。

「我——唔，大部分是遊記。」

又是一陣子寂靜。

「等那首詩出版了，您要不要讀牠一讀？我來帶給您……」彭金問。

奧勃洛摩夫搖搖頭。

「那我給您帶我自已的短篇小說來？」

奧勃洛摩夫點點頭。

「我可該到印刷所去了，」彭金說。「您知道，我是幹嗎看您來的？我來約您一塊兒上葉卡德琳霍夫去；我有一輛車子。明天我必須寫一篇關於遊春的文章，我們一塊兒四處看看去，您可以將我觀察不到的告訴我，那許更快活些。去吧！」

「不，我身體不好，」奧勃洛摩夫一邊說，一邊皺着眉頭，用棉被蒙上了自已。「我怕濕氣，現在還不會乾燥哩。可是今天您可以來吃午飯，我們來談一談……我有兩樁倒霉事兒……」

「不，今天我們編輯部全體同人在聖．喬其吃飯，並且就從那兒玩去。夜晚呢，我要寫文章，趕天明之前送到印刷所去。再會吧。」

「再會，彭金。」

「夜晚要寫文章，」奧勃洛摩夫想：「那他什麼時候睡覺？然而，我猜想他一年有五千光景的收入——那倒未爲不可！可是要儘寫儘寫，要將一個人的思想和精神消磨在瑣瑣屑屑上，要改變一個人的信念，要出賣一個人的智慧和想像，要戕賊一個人的天性，要興奮，要激昂，要熱烈，要不知道休止而老是向哪裏動着動着……而儘要寫，寫，像一枚輪子或是一架機器一樣，明天寫，後天寫，假期來了，夏天近了——而他還得要寫！什麼時候他才可以停止和休息呢？眞倒霉！」

他朝桌子那兒轉過去，那上面一切都光光滑滑，墨水乾了，鋼筆不見了，他欣然於自己像一個初生的嬰兒那樣，無所罣慮地躺着。毫不浪費精力，或者出賣任何東西……

「然而村長的信和房子呢？」他忽然聞想起來了，於是又墮在沉思中去。

可是又來了一陣子鈴聲。

「彷彿這今天有一次盛大的宴會似的，」奧勃洛摩夫想，等着看來的又是誰。

進來的那個人，他的年齡也吧，他的面貌也吧，都不確定；他正當難被猜測年歲的時期。他長得既不醜，又不美，既不高，又不矮，皮膚既非淺黑，又不皙白。造化並不會賦與他任何顯著的觸目的，或者好或者壞的特徵。有許多人叫他伊凡・伊凡尼奇，另一些人卻喚他伊凡・之西里伊奇。又有些人以爲他叫伊凡・米哈伊里奇。他的姓也有幾種說法：有人說是伊凡諾夫，另一些人卻叫他之西勒也夫或者安特列也夫，又有些人卻以爲他是亞力克舍也夫。要是一個生人頭一次看見他，聽到了他的名字，馬上就會把牠忘了，好像忘掉他的面孔一樣，而他說的話呢？也不會加以注意的。有了他這人，對於社會上無所補益，沒有他，社會上也無所缺損。他的頭腦沒有機智，獨創性，和其他的特性，有如他的身體上沒有任何特徵一般。或許他至少總會講講見到或者聽到的事情，來引起別人的興趣，可是他從未到過任何地方；在彼得堡一生下地，就從沒有上哪裏去過，因此他所看到聽到的，別人早已知道了。這樣的人是否與人以好感？他愛不愛，憎不憎，有無痛苦？似乎他也應該痛苦、愛或者不愛——因爲這是誰也免不了的——但是他卻會想法子愛每一個人。有些人在他們心裏無論如何你也激不起敵視，復仇等等的心意的。無論怎樣對待他們，他們還是一樣討好，不過說公道話，以態度而論，他們的愛是永遠達不到熱烈的程度的。雖然人家說，他們愛每一個人，所以他們是好人，實際上呢，他們是一個人也不愛的，說他們是好人，那不過因爲他們並非壞心眼兒吧了。倘使別人在他們面前佈施一個窮人，他就也給他一個小錢；可是倘使別人罵那個人或者嘲笑他，或者趕走他，那他就別人一起辱罵和嘲笑。他不能算作有錢，因爲與其說他富，倒不如說他窮，可是他也不能算作絕對窮，因爲有的是許多比他更窮的人。他有一注每年三百來盧布的私人收入；此外，他還有一件小差使，領着一筆小薪水；他並不感到拮据，並不向誰舉債，當然別人也從不會想到過向他借錢。在衙門裏，他並沒有特別的經常工作，因爲他的同事們和上司們總也沒有發見有任何一件事，他幹得比別許多事好一些或者壞一些，以便決定他最宜於幹什麼。要是交給他去辦這件事，他一辦，論起他的工作來，長官可總感到困惑；看而又看，考慮而又考慮，臨了只是說：「擱下吧，慢慢兒我來看吧……唔，牠們用是差不多用得的」。

你決不能因他此刻在自言自語，便在他臉上看到一絲担心和空想的痕跡，也決不能因爲他將探究的眼光投向外界任何物體上，便知道他想獲得什麼知識。

熟人在街上碰到他，問他：「上哪兒去？」「唔，唔，去上衙門，」或者「去買東西，」或者「去看誰。」「我們一塊兒，」那一位說，「上郵政局，或者到裁縫鋪，或者散步去吧。」他便同他一起上裁縫鋪，郵政局，或者往與原路相反的方向散步去了。

世界上，除了他母親以外，怕不見得有誰注意他的出現；他活着，沒有多少人留心他，將來當然誰也不會注意他是怎樣過世的；沒有一個人會探問他，惋惜，或者稱快他的死。他沒有朋友，沒有仇敵，可是有許多的熟人。恐怕只有他的喪儀會引起走路人的注意，他會第一次用一個深深的鞠躬來致敬這位一無特色的人物；甚至於也許有好奇心的人會跑在儀仗前面去打聽死者的名字，而一閒過立刻又把牠忘了。

這位亞力克舍也夫，之西勒也夫，安特列也夫，或者隨你喜歡叫他作什麼，不過是芸芸衆生底一種不完全的，非人格的暗影，牠匯合絮的迴響，他底朦朧的返光而已。

就是査哈爾吧，當他在大門口或是小鋪子裏那些集合上，用率直的談吐給所有的來客作一幅幅性格素描的時候，一面對他——我們假定叫亞力克先也夫吧，他總感到困惑。他想了半天，想在這人的五官，舉止，或者個性上抓到些些有稜角的特色，而終於搖一搖手，這樣表示道：「這一位可實說不出他什麼來。」

「噢，」奧勃洛摩夫迎接他道，「是您啊！亞力克先也夫，您好吧？從哪兒來呀？別走近我，我不伸手給您了：您是從冷處來！」

「哪裏的話，天氣並不冷呀！今天我本來不想來看您的，」亞力克先也夫說，「可是遇見了奧巫契寧，他拉了我上他家裏去。我這是來找您，伊里亞·伊里奇。」

「要我上哪兒去？」

「上奧巫契甯家去。馬廸厲·安特烈也奇。阿黎阿諾夫，卡濟米爾·阿爾別爾特維奇·潑卡伊洛·和之西里，龐之斯將納奇，科文米阿金都在那兒。」

「他們在那兒幹什麼？要我去作什麼？」

「奧巫契寧邀您去吃午飯。」

「哼！吃午飯……」奧勃洛摩夫，單調地重複說。

「然後統就要上葉卡德琳霍夫去：他關照我他要您雇一輛馬車」。

「到那兒幹什麼去？」

「怎麼！今天在那兒郊遊呀！你不知道今天是五月一號嗎？」

「請坐下：我們來想一想看。」奧勃洛摩夫說。

「起身吧！該穿衣服了。」

「稍等一等，時候還早。」

「還早，到的備！他們請您十二點鐘去：要早一些，大約兩點鐘吧，吃飯，吃了飯就玩去。快走，快走！要不要我吩咐査哈爾來給你穿衣服？」

「幹嗎穿衣服，我還不曾洗臉哩！」

「那就洗臉吧。」

亞力克先也夫開始在房間裏走來走去，臨後在一張早已看過一千遍的畫幅跟前停一停，向窗子外面瞟一瞟，從書架上檢起件把小擺設來，在手裏轉弄一下，從四面八方端詳一番，仍將牠放好，於是吹着口嘯踱來踱去，都為的是不要打擾奧勃洛摩夫起身洗臉。這樣地過了十來分鐘。

「您怎麼啦？」亞力克先也夫突然之間問伊里亞·伊里奇。

「什麼？」

「還儘躺着嗎？」

「難道必得起來嗎？」

「怎麼！人家在等着我們。您不是想去嗎？……」

「到哪兒去？我哪兒也不想去呀。」

「噢，伊里亞·伊里奇，剛才您不是說我們上奧巫契寧家去吃午飯，然後到葉卡德琳霍夫去嗎？……」

「叫我冒着潮氣去嗎？那裏有什麼東西我沒有看見過？瞧，要下雨了，外邊烏沉沉的。」奧勃洛摩夫懶洋洋地說。

「天上一絲雲彩也沒有，而您想出了下雨，烏沉沉是因為您的窗子從什麼時候起，就不曾洗過！那上面的灰塵！暗得咫尺莫辨，而且有一張窗帷差不多是完全垂下着。」

「不錯，可是假使您向査哈爾提起這句話，他馬上就提議雇幾個女工，並且趕我出門一整天！」

奧勃洛摩夫墮入了深思裏，而亞力克先也夫呢，坐在桌畔，用手指在桌子上忐楞楞地擊出着鼓聲，茫然地望着四壁和天花板。

「我們到底怎麼辦呢？您是穿衣服呢，還是儘這樣子下去？」幾分鐘後，他問。

「那您說怎樣辦？」

「噢，上葉卡德琳霍夫！」奧勃洛摩夫煩惱地回答說。「在這兒您覺得不安頓嗎？是房間太冷呢，還是氣味不好，所以您這樣向那裏望着？」

「哪裏的話，同您在一起在我總是好的：我很滿意着，」亞力克先也夫說。

「假使這兒很好的話，那為什麼要到別處去呢？倒不如在我這兒試一整天，吃午飯，到晚上您要上哪兒，就上哪兒。哦，我忘了：我怎麼能去！塔朗鐵也夫他要來吃午飯：今天是禮拜六。」

「要是的話……好吧……我遵命就是。」亞力克先也夫說。

「我向您提起過自己的事了沒有？」奧勃洛摩夫活潑地問。

「什麼事？我不知道呀，」亞力克先也夫說，圓睜着眼睛瞪着他。

「哎唷？我這麼久還不會起身？我儘躺在這兒想，還應該怎樣我才能逃開這場災難。」

「怎麼一回事？」亞力克先也夫問，竭力裝出吃驚的臉相。

「兩樁倒霉的事兒！我不知道怎麼才好。」

「究竟什麼倒霉事兒？」

「他們在逼我搬家：您想想看——那就得走，東西破碎，亂糟糟——想想也就可怕！我住在這兒八年了。房東竟來開我一次大大的玩笑，『快一點走，』他說。」

「快一點！我猜想是他急需這房子，搬家這件事可真受不了！總有許多的麻煩……」亞力克先也夫說，東西打壞啦，丟失啦——真非常之討厭。而且您有這樣好的房子……您付多少房租？」

「你上哪兒再找得出這樣的房子來？」奧勃洛摩夫說，「而且還急急於要？房間又暖又燥，房子還算體面：就共只遭一次竊！喏，天花板似乎不牢了：泥灰都完全剝落了——可總不塌下來。」

「您瞧瞧看！」亞力克先也夫搖搖頭說。

「要怎麼辦才可以……不搬呢？」奧勃洛摩夫躊躇地在心裏盤算着。

「您租這房子有沒有合同的？」亞力克先也夫問，向這房間上上下下地瞧着。

「有是有的，可是滿期了，這一向我都是按月付租……只是記不清有多久了。」

「那您打算怎麼辦呢？」隔了一歇，亞力克先也夫問。「搬呢，還是不搬？」

「毫無打算，」奧勃洛摩夫說。「我連想牠都不要想。讓查哈爾隨便想一個法子就是。」

「有些人可是喜歡搬家的，」亞力克先也夫說，「換個住處他們倒覺得愉快。」

「隨他，讓這些人搬家得了！至於說我，我是任何變換都受不了的。房子的事倒還算不了什麼！您瞧村長寫給我些什麼話，我馬上拿給您看封信……噢，信在那兒？查哈爾，查哈爾！」

「O，天后娘娘！」查哈爾一面自個兒嘎聲說，一面從爐台上跳下來：「多早晚天老爺來帶我去呢？」

他走了進來，滯鈍地望望主人。

「那封信怎麼還沒有找到？」

「叫我上哪兒找去？我怎知道您要的是哪一封信？我是認不得字的。」

「那沒有關係，去找去，」奧勃洛摩夫說。

「昨晚上，您自己唸過一封什麼信，」查哈爾說，「從此我就沒有見過。」

「那牠在什麼地方呢？」伊里亞·伊里奇煩惱地反問。「我並不會吞牠下去呀。我記得清清楚楚，是你從我這裏拿了去，放在那邊什麼地方的。喏，瞧，在這兒了！」

他將棉被抖了一抖：那封信就從棉被摺縫裏落到地上。

「您老這樣對我！唔，去吧，去吧！」查哈爾和奧勃洛摩夫彼此同時吆喝着。

查哈爾走了出去，奧勃洛摩夫就開始唸那封用「渴伐水」（註十三）寫在灰色紙上的，以褐色的火漆封固着的信。大而蒼白的字母，自上而下成着傾行，以莊嚴的行列，彼此不相關聯直伸地落着。這些行列，時不時給「蒼白墨水」的大斑點所破壞。

「『伊里亞·伊里奇，我們的父親，恩主老爺閣下……』」奧勃洛摩夫開始唸道。」

跳過他略去了幾句客套和祝頌，從中間讀起。

「『敬稟者，我們的仁慈的恩主啊，在您的領地上，一切安寧。已有五禮拜無雨：諒必激惱了上帝，所以無雨。老人們亦記不得曾否有過如此大旱；春麥如被火燒一般。多蕎有的遭了蟲害，有的受了大寒之傷；乃耕之以布春種，惟不知可得收成否也。但願大慈大悲的上帝寬恕您老爺，自己呢，我們雖死亦不顧也。稱近聖．約翰節，又逃去了三名農民：拉滋哥夫，巴羅卓夫及鐵匠的兒子瓦司卡。我着了娘兒們去追她們男人，娘兒們亦一去不返，據說現下住在卓爾基。我的一位表親由威爾赫鄉見與伏卓爾基去了。他是管事派了去的，聽說一種外國貨帶到了卓爾基，故管事派我的表親上卓爾基去看此貨。我將逃去農民之事告訴了他。他說：「我去求了警察廳長，廳長說，」遞一張呈文上來，那我就設法辦去，將這些農民遣送回籍安居。」此外他再無別語，我伏其腳旁，涕泣哀求，他高聲大喊曰：「滾蛋，滾蛋，告訴過你了，遞呈文上來，我就辦！」惟我未遞呈文上去，此地無人可屬；均往伏爾伽河上做工去矣——此地的人目下竟如此愚蠢，父親和恩主伊里亞．伊里奇啊！今年集上將無吾家的粗布了；我已將收燒房及漂白房鎖好，並派雪朱格日夜看守之，他不貪杯；防他偷竊老爺的任何東西，我自己又日夜看守他。別的農民們飲酒甚多，且請求繳納年貢免役。欠項尚未付清。我們的父親與恩主啊！除非旱災使我們完全破產，今年我將比去年少繳二千，但我們要繳上此數的，因我已向閣下說過之矣。』」

接下去是表示忠實和簽名：「你的村長和最卑賤的奴僕，潑魔柯羅．維壽阿古希金親手謹具。」簽了不通文墨，他在信的底下劃上了一個十字花押。「村長口述，內弟第奧姆伽．克里伏也代筆。」

奧勃洛摩夫看了看信的末梢。「沒有年，沒有月，」他說：「這信一定是從去年起就擱在村長那裏的：還要他講着聖．約翰節和旱災哩！計此時候才想起了的！」他又沉思起來。

「您覺得他少繳二千的話，覺得怎樣，嗳？」他繼續說。「那還剩多少。去年我收到了多少？」他望着亞力克先也夫問。「那時候我沒有告訴您嗎：」

亞力克先也夫將眼睛轉向了天花板，沉思起來。

「我得等斯托爾茲來再問他，」奧勃洛摩夫接下去說。「好像是七千或者八千吧……不把事情寫下來可眞糟糕！所以現在他要剋減到六千了！哼，要餓死了！靠什麼生活呢？」

「您幹嗎？這樣着急，伊里亞．伊里奇？」亞力克先也夫說。「什麼時候都不必絕望：天無絕人之路。」

「可是您聽見他寫的話沒有？不寄錢來，不怎麼安慰我，他倒只是使我不痛快，好像開玩笑似的！而且年年如此！現在我不是我自己了！『少繳二千！』」

「不錯，是一筆很大的損失！」亞力克先也夫說，「兩千呢，不是鬧着玩的！人家說，亞力克先．洛根今年也只收到一萬二，不是一萬七了。」

「然而總是一萬二，不是六千囉，」奧勃洛摩夫打斷他的話說。「村長把我全然毀了！那怕眞歉收和旱災吧，幹嗎預先就要我苦惱呢？」

「不錯……那倒是眞的……」亞力克先也夫開頭說，「不必要的，可是怎能從農民身上指望什麼細緻的感情？那種人是什麼也不懂得的。」

「好吧，要是您在我的地位，怎麼辦？」奧勃洛摩夫問，一邊詢問地瞧着亞力克先也夫，甜蜜地期待着他許會想出些叫人安心的辦法來。

「我得想上一想，伊里亞．伊里奇，不能一下子就決定，」亞力克先也夫說。

「是不是該給總督寫信去？」伊里亞．伊里奇沉思地說。

「您那邊的總督是誰？」亞力克先也夫問。

伊里亞．伊里奇沒有回答，他沉入在思索中。亞力克先也夫也就不再開口，也深思起來。

信在手裏圈綯了。奥勃洛摩夫雙手托住頭，胳膊撑在膝蓋上，這樣地坐了一會兒，叫無益的想頭痛苦着。

「但願斯托爾玆快些來吧！」他說「他」寫信說就要來，可是，鬼知道他在哪裏流浪。他會給鬼解決的。

他又怏怏不樂了。兩個人沉默了半天。終於奥勃洛摩夫，第一個回過了神來。

「還是我得辦的，」他決然地說，並且幾幾乎離開了牀，「而且還得儘快地辦去，毫不逡巡……第一……」

那時節，前室的鈴聲絕望地響了。奥勃洛摩夫和亞力克夫也夫都一怔，而查哈爾立即蹦下了他的爐台。

註一：帝俄時代的貴族，喜歡在日常生活中夾幾句法文，猶之議會的高等華人喜歡說英文一樣。Gothigue在法文是「哥德式的」，係建築物的一種樣。

註二：法文的「再會」。

註三：法文，「規定的日子」。

註四：普魯士的作曲家（一七七〇——一八二七），Beethoven。

註五：德國的作曲家兼音樂家（一四八三——一五三〇）Bach。

註六：意大利的畫家，雕刻家，建築家兼工程師（一四五二——一五一九）。Leonardo da vince。

註七：法文，「惡惡」。

註八：法文，「田野跳舞會。」

註九：法文，「緊衣裳的花邊。」

註十：。Kopeck。俄幣，值百分之一盧布

註十一：意大利的詩人（一二六五——一三二一）Dante。

註十二：英國的詩人兼戲劇家，（一五六四——一六一六）Shakespeare。

註十三：Kuass是一種用酱的黑麵包釀成的。像檸檬水似的清涼飲料。這兒，我用吳語音譯他。

第三章

「在家嗎？」有人在前室裏粗暴地大聲地問。

「這時候能上哪兒去？」查哈爾更其粗暴地回答。

走進來的人，年紀四十左右，身材又高又大，闊肩膀，大頭，大五官，粗短頸頸，大暴眼睛，厚嘴唇。只消粗粗看他一眼，人們就產生一個粗暴不乾淨的觀念。分明不是講究衣服的漂亮的。人們不常看見他把鬍子刮得乾乾淨淨。可是他也顯然不在乎此：他對於自己的衣服並不覺得困惑，穿着牠們，倒認爲有一種犬儒學派的價值。她叫米海，安特烈也維奇，塔朗鐵也夫，是奥勃洛摩夫的同鄉。

塔朗鐵也夫陰沉地，半輕蔑地，以公然的惡意來看他週圍的一切；隨時就開口罵世界上的每一個人和每一件事，彷彿他遭了某種不公平的侮辱，或者有什麼價值沒有被人認識，所以像一位個性堅強的人，受了命運的迫害，不消沉地，不甘心地向牠屈服着。他的舉止是大胆而奔放的；說話呢，響亮，活潑，而且差不多常常怒氣沖沖；倘使稍爲遠遠裏聽他說話，那簡直像一輛空車子經過橋上一般。他從不對誰顧忌。和放縱一句半句話，不管朋友不朋友，他同別人交往一律是粗暴，彷彿叫人家感到，他同一個人講話，或者吃他的午飯或者晚飯，是賞賜了對方一個大大面子似的。

塔朗鐵也夫爲人伶俐狡猾；處理起一般的人生問題，或者錯綜複雜的法律案件來，誰也比不上他好，在任何場合，他總馬上作出行動的理論，非常精密地，引用證據，而到末了，差不多老將同他商量的人臭罵一頓。

然而，在一個機關裏當了二十五年的書記，當到頭髮也白了，却仍然還守着那只位置 。但是不論他自己或別人，都從沒起過他可以升官的念頭。事實是，塔朗鐵也夫光會於講空話；口頭上，他把一切都解決得明白而容易，尤其是關於別人的事。可是只要他手指動彈一下，身子動一動——換一句話，只要他應用自己作出的理論，付諸實——卒才與敍捷來。——他便變成了一個全然不同的人：這時候

他就不行了。突然之間他就變得棘手，害病或者又發生另一種樣的事，這件事，他也不會着手去做，而且即使做了，又誰知道怎麼個結果。他活像一個小孩子：這兒把事情看得忽略，那兒對於瑣細的事也是外行，這兒拖拖延延，那兒半途而廢，再不就攪得亂七八糟，再也整理不了，之後呢，他還亂罵一通。

他的父親，是一位舊時代的地方審判廳的書記，他本來要兒子繼他那替別人辦理律務的技術與經驗，和自己巧妙地混了一輩子的衙門裏的那宗差使；可是命運卻給他指定了另一方面。這位俄文都學得才半瓶醋的父親，願意兒子不落在時代之後，希望他除了辦理律務底巧妙的技術以外，再學一些別的東西。他送他到一位牧師那兒去學習了三年拉丁文。

孩子天資聰明，三年之間，便學完了拉丁文的文法和文章學，剛要開始研究柯乃劉斯．乃帕斯（註一）時，父親認爲這已過足够了：他獲得的這些智識，已經使他着實勝過了上一代的人，再讀下去結果倒會害了他在衙門裏的差使。不知道怎樣運用自己的拉丁文，十六歲的米海，開始在父親家裏把牠漸漸忘了，可是當他侯着出席地方審判廳或者高等審判廳的榮譽時，他卻參預了父親的一切飲宴；而就在這學校裏，在率直的談話之中，這年輕人的智慧便微妙發展了。他以青年的感受性，傾聽着父親和父親的朋友們所講的，由這些舊時代的審判廳書記經辦的種種民訴，刑訴和有趣的案子。然而這一切都毫無結果。雖然他父親竭盡心力，米海卻並沒有成爲一位律師或者事業家，可是當然會成功的，要不是把這老人的計劃打破了的話。米海確乎精通了他父親的談話的那些理論，就只消實際應用了，可是因爲父親死了，他就沒有進成審判廳，而由某一位慈善家帶上了彼得堡，那人替他找到了某機關裏的一只書記位子，隨即將他忘得一乾二淨。

而因此塔朗鐵也夫一生一世就是一位理論家。他的拉丁文，以及他那一副精妙的，公平不公平全隨自己擺佈的辦案子的本事，在彼得堡卻一無用處；然而他卻自覺有一股潛伏的力量，被敵意的環境老閉住在他裏面，好像童話裏似地，把惡魔閉在緊緊的施了魔法的牆內，使他失了害人的力量。毫無出外的希望。恐怕就是他裏面這股無從的力量的自覺，使得塔朗鐵也夫對別人粗暴，惡意，動不動生氣，和漫罵的吧。他對他現在的職業——抄寫文件歸檔等等——是懷着痛苦和蔑視的態度的，在遙遠的前途，有一線最後的希望在向他微笑：改業酒類專賣的差使；在他這是他父親要他承繼而沒有達到目的的事業的惟一有利益的更替。而在等待之際，他父親給他準備和創設了的那套活動與生活的理論——那套營私與納賄的理論——在地方上雖未得有價值地，主要地運用，現卻在他彼得堡的貧弱生活的一切方面應用了，而且因爲缺少公的出路，便在他一切朋友的關係上拿出顏色來。他是一位有理論的，十足的受賄者，既沒有訴訟案子，又沒有當事人，他就設法從同事們和朋友那裏收受賄賂；天知道怎麼樣和爲什麼，不是欺來，就是硬上，只要那裏和誰可以，他便強迫別人請他吃喝，要求別人非分的敬服，他從沒有自慚形穢過自己破破爛爛的衣服，可是假使一天之中吩不到一頓有相當數目的葡萄酒與伏特加酒的大吃大喝的話，他便感覺得恐慌。

因此在朋友中間，他是扮演着一匹龐大的看家狗的脚色，牠向誰都要吠，不讓誰移動一步半步，同時隨你將一片肉從哪裏，丟向那裏牠總一定搶得牢牠。

這就是奧勃洛摩夫的兩位最殷勤的客人。這兩位俄羅斯的普羅列塔利亞幹嗎要上他那兒去呢？他們是非常明白這所以然的：吃啊，喝啊，抽好雪茄煙啊。他們找到了一處溫暖而舒適的安息所，並且老受着同樣的招待——即使不是由衷地歡迎，可也還無所謂。可是奧勃洛摩夫之所以讓他們來，他怕回答不出道理來。多分因爲在我們那些遙遠的奧勃洛摩夫卡，每一家富裕的人家，至今都充滿着這一類男男女女——沒有麵包，沒有職業，沒有生產的手，但是有着消費的胃，而且大抵是有官爵勳位的。至今還有一些奢靡逸樂之徒，他們生活上需要這種補充品：世界上要沒有了多餘的人，他們便無聊的。誰將他們丟在哪裏的煙盒遞給他們，或者拾起一條落在地板上的手帕來呢？他們可以向誰訴說頭痛，以博取應分得到的同情，或者講述惡夢，要求評解呢？誰在就寢時唸書給他們聽，來催眠他們呢？而且，有時候，可以派這位普羅列塔利亞向最近的城市去買買東西，或者在屋子裏打打雜——自己就不用跑來跑去！

塔朗鐵也夫做了許多的響音，將奧勃洛摩夫從倦怠不動中引了出來。他嚷嚷着，議論着，無異在演着戲，因此使省得懶拖拖的主人有話說或者動作的必要，塔朗鐵也夫給這間岑寂和靜謐治着的房間帶來了生命，活動，有時還帶來一點外面的消息。一個手指頭也不動一動，奧勃洛摩夫能夠聽着，看着一件活生生的東西在前面講呀動呀的。此外，他簡直還相信塔朗鐵也夫真能給一些有見識的忠告。

奧勃洛摩夫之所以容忍亞力克先也夫的訪問，還有另外一個並不次要的理由，倘使他想按自己的方式生活，那就是，不作一聲地躺躺，打打瞌睡，或者在房間裏踱踱，那麼亞力克先也夫正等於不在那裏一樣：他也不作聲，打瞌睡，或者看看書，或者一邊繫着畫幅和小玩意兒，一邊懶洋洋地哈欠連連得眼淚直流，他能夠這樣子過三天三夜。而倘使奧勃洛摩夫嫌厭一個人太寂寞覺得需要發表意見，講講話，唸唸書，議論議論，表現表現興奮，那他老有一位順從而現成的聽客和對手，一樣同意地分享着他的靜默，他的談話，他的興奮，以及他的思維方式。別的客人可不常來，就是來也只來一會兒，好像頭先三位似的；奧勃洛摩夫跟他們的活生生的關係是越來越疏遠了。有時候，他對於一則新聞，一場五六分鐘的談論有興趣，之後就滿足了，又不作聲了。而他們呢，卻要一點回報，希望他也參加他們有興趣的事。他們是慣在人羣裏的；每人自己的，奧勃洛摩夫所不要了解的人生觀，然而他們把他拖在裏面：他可不喜歡這一切，懷着反感和不快。

奧勃洛摩夫有一位知心合意的人；他也不給他安靜；他也愛好新聞，世界，學問，以及整個人生，可是不知怎麼比較深遠，比較誠摯，雖然奧勃洛摩夫對誰都親切，可是由衷地愛的，信託的卻只有他一個人，說不定是因為他們在一塊兒長大，唸書生活的緣故吧。這一個人是安特烈，卡爾維奇，斯托爾茲。他不在這裏，可是奧勃洛摩夫卻無時無刻都在盼着他。

註一：一位羅馬的歷史家。Cornelius Nepos

第四章

「您好，老鄉？」塔朗鐵也夫斷斷續續地說，一邊向奧勃洛摩夫伸出支毛茸茸的手去。「怎麼這時候你還木頭似地躺着？」

「別走近我，你才從冷處來！」奧勃洛摩夫用棉被蓋着自已。」

「虧你想出來的——從冷處來！」塔朗鐵也夫大叫說。「喂，既然伸了給你，就握我的手呀！快十二點了，他還躺着哩！」

他想將奧勃洛摩夫從床上拖起來，可是奧勃洛摩夫預防他有這一手，趕忙將雙腳一落，正好伸進兩只拖鞋裏去。

「我正要起身了。」他打着哈欠說。

「我知道你怎樣起身的；你會在這裏一直躺到吃午飯。喂，查哈爾，你在那兒，老傻瓜？快幫你老爺穿衣服呀！」

「您先自己買了個查哈爾，那時候再罵吧！」查哈爾一邊說，一邊走將進來，惡意地看着塔朗鐵也夫。「把地板踩得這樣髒，彷彿小販似的！」他加添說。

「還在嘀咕，傻瓜！」塔朗鐵也夫說，舉起腳來，想將走過他身旁的查哈爾從後踢他一腳；可是查哈爾立停下，氣昂昂地朝他轉過身來。

「只消碰一碰看！」他憤然地說。「你這是什麼？我走了……」他說，一邊朝房門口走回去。

「得了，米海，安特烈也奇！你怎麼這樣不休歇的！幹嗎你去撩他」？奧勃洛摩夫說。「把備用的東西給我，哈爾。」

查哈爾回過身來，斜睨着塔朗鐵也夫，急忙走過他處。像一個十分疲倦的人似的，奧勃洛摩夫憑着查哈爾勉強從床上起來，並且一樣勉強地走向一把大的圈手椅去；他落進了去，就不動地坐着。查哈爾從桌子上取起香髮油，一把梳子和幾個刷子，油了油奧勃洛摩夫的頭髮，分了分，然後再刷着他。

「現在洗臉不？」他問：

「我還要等一下子，」奧勃洛摩夫回答，「你回去得了。」

「啊，您也在這兒？」在查哈爾刷着奧勃洛摩夫頭髮的當口，塔朗鐵也夫突然朝亞力克先也夫轉過身去說。「我竟沒有看到您。」在這兒幹什麼？您那位親戚是怎樣的一頭豬玀！我早要統統告訴您了……

……」

「什麼親戚？我可沒有親戚的呀。」亞力克先也夫狼狽地，膽怯地回答，向塔朗鐵也夫鼓着眼睛。

「什麼，就是還在這兒服務的那個傢伙呀，姓什麼？……姓亞法納雪夫。怎麼不是你的親戚？是親戚。」

「可是我姓亞力克先也夫，不姓亞法納雪夫，」亞力克先也夫說。「而且我是沒有親戚的。」

「還說不是親戚！他同你一樣的窮相，名字也叫之西利，尼哥拉伊奇。」

「磨兒也不是親戚，我叫伊凡，亞力克先也夫伊奇。」

「好吧，反正像你就是。不過他是豬玀。看見他，您這麼告訴他。」

「我不認識他，我從不會看見過他，」亞力克先也夫揭開着煙盒說。

「給我些煙草，」塔朗鐵也夫說。「但是您還是普通的，不是法國的吧，不錯，是普通的，」他臭了臭說。「幹嗎不是法國的呢？」他嚴厲地加添說。

「我可沒有見過像您親戚那樣的豬玀，」塔朗鐵也夫繼續說。「已經兩年之前了，我向他借了五十盧布，五十盧布也不是大數目，您以為他會忘了？不，他記着。過了一月，不論在哪裏碰到，他總說：『那筆債怎麼樣了？』眞討厭！這還不够，昨天他竟到我機關上來，說，『您大概拿到薪水了吧，現在總可以還我了。』我把薪水給了他！當衆羞辱得他連大門也找不到。『我是窮漢，自已要這錢使。』好像我就不要使似的！我這富得白給他就是五十盧布。給我一支雪茄，老爺。」

「雪茄在那首盒子裏，」奧勃洛摩夫指着一只書架回答說。他是接着自己的，懶惰的優雅的姿態，沉思地坐在圈子椅中，不注意他四週有什麼事，也不聽在說什麼話。他正愛惜地考究着和撫弄着自己又小又白的手。

「還和從前一樣的嗎？」嗳？塔朗鐵也夫取出了一枝雪茄，瞧着奧勃洛摩夫嚴厲地問。

「是的，一樣的，」奧勃洛摩夫懶械地回答說。

「可是我告訴過你，叫你買些別樣的外國雪茄！人家對你說的話，你是怎麼記着的，下禮拜六之前，務必要買，不然我就要好久不來了，瞧，多蹩腳的貨！」他燃了一支雪茄，向空中噴出了一口煙雲，又將另一口嚥了下去，繼續說。「抽不得」。

「今天你來得早，米海，安特烈也奇，」奧勃洛摩夫打着哈欠。」

「叫你討厭了不是？」

「不，我不過這麼一說，通常你總是吃午飯時候來的，而現在才不過十二點多哩。」

「我是故意早一些來的，來看看午飯吃什麼？你老給我吃蹩腳東西，所以我來看看，今天你吩咐預備些什麼。」

「上廚房裏看去，」奧勃洛摩夫說。

塔朗鐵也夫走了出去。

「果然！」他一邊說，一邊走回來，「牛肉和犢肉！唉，奧勃洛摩夫兄，你還算是地主，竟不知道怎樣生活，你這是什麼老爺？你竟像老百姓一樣生活，你是不知道款待朋友的！好吧，買了馬特伊拉酒（註一）沒有？」

「我不知道，你問查哈爾去，」奧勃洛摩夫回答說，差不多不去聽他。「大概有的吧。」

「是從前的，由德國人那裏買來的吧？不，得在英國鋪子裏買去。」

「哦，有這個就成了，」奧勃洛摩夫說。「不然還得派人去。」

「給我錢，我要路過那裏，我去帶來，我還得上一處地方去。」

奧勃洛摩夫在一只抽屜裏摸索了一陣，取出一張當時的紅色的十盧布的票子來。

「馬特伊拉賣七盧布一瓶，這是十盧布。」他說。

「給我得了，他們會找我的，別害怕！」他從奧勃洛摩夫手裏搶了那張鈔票，趕忙藏進口袋裏。

「唔，我走了。」塔朗鐵也夫戴着帽子說，「我五點鐘來：我得上一處地方去：人家答應了我酒店裏一只位子，叫我接洽去……哦，伊里亞，伊里奇，今天雇不雇馬車上葉卡德琳霍夫去？帶我一道去呀。」

奧勃洛摩夫搖搖頭。

「什麼，懶呢，還是吝惜錢？唉，你眞是一只口袋！」他說。「唔，現在再會吧。」

「等一等，米海，安特烈也奇，」奧勃洛摩夫打斷他說。「我要同你商量一件事。」

「又是什麼事？快說，我沒有功夫。」

「唏，我突然碰到了兩樁倒霉事兒。人家在趕我出房子。」

「分明你沒有付房錢囉，報應！」塔朗鐵也夫說，又要走了。

「哪裏的話！房錢我總是先付的，不，是他們要翻造房子——可是等一下，你這上哪兒去？敎給我怎麼辦：他們催着我一個禮拜以內就搬……」

「幹嗎我要來指敎你？……你這是白空想……」

「我完全沒有想什麼，」奧勃洛摩夫。「別鬧，別嚷嚷，倒不如想想得怎麼辦。你是講求實際的人……」

塔朗鐵也夫已經不再去聽他，而在沉思什麼了。

「唔，這麼辦，謝謝我吧。」他摘着帽子，坐將下去說，「吩咐開香檳酒吃午飯：你的事解決了。」

「是怎麼呢？」奧勃洛摩夫問。

「備不備香檳？」

「備就是，假使這指敎值得香檳的話。」

「不，你才不值得指敎哩。幹嗎我要白指敎你？喏，你問他去，」他指着亞力克先也夫加添說，「或者問他的親戚去。」

「得了，得了，講吧！」奧勃洛摩夫懇求說。

「是這樣：明天你就搬……」

「唉，你這是什麼主意！那我自己也知道的……」

「等一下，別插嘴！」塔朗鐵也夫大叫說。「明天搬上費勃爾格．斯陀洛那我敎親家裏去……」

「這算是什麼消息？費哈爾格．斯陀洛那去！他們說，冬天有狼跑去的。」

「偶而有從島上跑去的。可是干你什麼？」

「那裏很無聊，很空虛，人也沒有一個。」

「胡說！我的敎親就住在那裏：她賺着自己的房子，有幾片大的菜園。她是名門閨秀，有兩個孩子的寡婦；同單身的哥哥一起住着；他的頭腦可不像坐在這裏角落裏的那一位，」他指着亞力克先也夫說，「比爾我還強些。」

「這一切干我什麼事？」奧勃洛摩夫不耐煩地說。「我又不上那兒。」

「那我就看你怎樣不去！不，既然同人家商量了，說什麼那就得聽什麼。」

「我不去，」奧勃洛摩夫決然地說。

「唔，見你的鬼！」塔朗鐵也夫把帽子戴到了眼睛上，回答說，向門口走去。

「你這樣一個怪人，」他轉過身來說。「這裏有什麼好處？」

「什麼好處？這裏離哪兒都近便，」奧勃洛摩夫說：「鋪子哩，戲院哩，熟人哩……是市中心，什麼都……」

「什麼？」塔朗鐵也夫攔住他說。「說，你多久沒有出去了？你多久沒有上戲院子了？你去看些什麼朋友？你何必要在這市中心裏，請問你？」

「唔，理由麼？理由多的是！」

「瞧，你自己都不知道！而那裏，你想想看：你住在我致親，名門閭秀的家裏，又平安又寂靜；誰也不來打攪你；沒有聲音，沒有喧嚣，管什麼都乾淨，清楚。瞧，你住在這兒，正像住在樓裏一般，而你還是一位老爺，一位地主哩！那兒呢，又乾淨，又肅靜；要是無聊，有的是講話的人。除了我沒有人上你那裏去。有兩個小孩子，儘多儘少同他們玩耍。你再要什麼呢？而且有怎樣的利益！這兒你付多少錢？」

「一千五。」

「而那兒，一千盧布差不多有整幢房子！而且多軒朗，多漂亮的房間！她早就要我一位又靜又謹愼的房客——所以我選上你……」

奧勃洛摩夫心不在焉地搖搖頭。

「胡說，你要搬的！」塔朗鐵也夫說。「你想想看，這就是你現在的一半：單只在房錢一項上，你就便宜了五百盧布。你的伙食要兩倍這樣的豐美，乾淨；老媽子也吧，查哈爾也吧，誰都偷不了，……」

從前室裏傳過來一陣嘷哮。

「而且秩序也要好一點，」塔朗鐵也夫繼續說。「現在呢，座在你這兒吃飯就髒！」胡椒——胡椒沒有，醋沒有買，刀子沒擦乾淨；你不是說儘丟襯衫，到處都是灰土——唔，眞惹厭！而那兒呢，有女人料理家務，你也吧，你那位蠢材查哈爾也吧……」

前室裏嘷哮得更厲害了。

「那條老狗，」塔朗鐵也夫接下去說，「就什麼也不用煩心：現成過日子就是。還有什麼想的？一撥，便完了……」

「可是我怎能一無緣故就忽然搬到費勃爾格・斯陀洛那去呢？…」

「瞧他！」塔朗鐵也夫拭着臉上的汗說。「現在是夏天：這正像別墅一般。幹嗎你要一夏天爛在這郭洛霍費街上呢？那兒有貝滋鮑羅特侖花園，奧呈塔就在邊頭，奈之河只離你兩步路，還有自己的菜園——既沒有灰土，又沒有塵埃！不必想什麼：我現在就去，趕吃午飯之前到她那兒——你給我車錢，明天就搬……」

「怎麼樣一個傢伙！」奧勃洛摩夫說。「突然之間，他竟想出鬼知道是什麼主意來：搬到費勃爾格・斯陀洛那去……出這種主意是不難的。不。你要想法子，怎樣留在這兒。我住了八年了，所以不想更換……」

「這事情解決了：你非搬不可。現在就到教親那兒去，位子的事情過一天去接洽……」

他走了。

「等一下，等一下，你上哪兒去？」奧勃洛摩夫挽留他說。「我還有一件更重要的事，我收到了村長這樣的一封信，你給我決定，怎麼辦。」

「瞧，你是怎樣一個傢伙！」塔朗鐵也夫反駁說。「自己什麼也不知道辦的，什麼都是我！你配作什麼？不是人簡直是稻草。」

「信在這！查哈爾！查哈爾！他又把牠放到哪裏去了！」奧勃洛摩夫說。

「村長的信在這兒。」亞力克先也夫說，撿起了那封揉縐的信說。

「不錯，在這兒，」奧勃洛摩夫重複說，並且高聲唸起來。

「你應怎麼呢？叫我怎麼辦呢？」唸完了伊里亞・伊里奇問。「旱災哩，欠項哩……」

「毀了，你整個兒毀了！」塔朗鐵也夫說。

「爲什麼毀了呢？」

「怎麼不毀了呢？」

「唔，就算毀了，那你告訴我怎麼辦。」

「可是還什麼？」

「不是說了：備香檳酒：你還要什麼？」

「香檳酒是爲了我房子的。哼，我施了你恩，你不覺得，倒還辱罵哩：你眞忘恩負義。要不，你自己找找房子看！而且是安靜：有如住在親姊姊家裏一樣。兩個孩子，一位未婚的哥哥，我要天天來看你……」

「唔，好的，」奧勃洛摩夫打斷他說。現在你告訴我，村長的事，我得怎麼辦才行？」

「不，午飯添一樣黑啤酒，那我才告訴你。」

「現在又要黑啤酒了！有的是給你……」

「唔，那麼再會吧，」塔朗鐵也夫重新戴上帽子說。

「啊，我的天爺爺，這裏村長寫信說，收入『要少繳兩千』，而他還要添黑啤酒哩！唔，好吧，買啤酒吧。」

「再給我些錢，」塔朗鐵也夫說。

「十盧布鈔票上，不是還有找頭在你手裏。」

「那上發勃爾格．斯陀洛那去的車錢呢？」

奧勃洛摩夫又取出了一塊銀盧布來，煩惱地遞給他。

「你那位村長是一個騙子——這是我要告訴你的，」塔朗鐵也夫將銀盧布藏進口袋裏去說，「而你張着嘴巴去相信他。聽，他唱着什麼曲子！旱災哩，收成不好哩，欠項哩，逃走農民哩，謊話！我聽說在我們那邊蘇爾洛伏的領地上，因爲去年的收成把債全還清了，而你那裏卻突然有旱災和歉收。蘇爾洛伏離你那兒只差五十維爾斯他（一維爾斯他等於一、○六七公里——譯者），爲什麼那邊穀物沒有燒焦呢？又想出了欠項來！那他一向監督些什麼？爲什麼容許他們積欠？這欠項是從哪裏來的？好像我們那邊就沒有工作或者市面似的，哼，他是強盜！我來教訓他！而且農民之所以逃走，我想是他自己倒奏了他們任何東西，遣走他們的，他也不想去告訴警察廳長。」

「那不致於，」奧勃洛摩夫說。「他在信裏把廳長的回答都轉述得哩……這樣自然……」

「唉，你是什麼也不懂的。騙子寫起來全是自然的——這你信我，這兒，比方說吧，」他指孜亞力克先也夫說，「坐着一位規矩的人，一頭羊中之羊，他會寫得自然不會？決不會。而他的親戚，雖然是豬玀和滑頭，他倒會的。而你也寫不自然！因此你那位村長一定是滑頭，就因爲他寫得巧妙自然。聽，這句他倒寫得多好：『遣返回籍安居！』」

「我得怎麼對付他呢？」奧勃洛摩夫問：

「馬上換掉他。」

「可是叫我派誰去？關於農民的事，我懂得些什麼？另一個人也許更壞一些。我有十二年沒有在那邊了。」

「自己上領地上去：非此不可；在那邊過夏，秋天就一直搬到新房子去。我在這裏跑腿，把房子備好。」

「搬新房子，自己上領地上去！你這提議的儘是些多麼絕望的辦法！」奧勃洛摩夫不滿地說。「別走極端，要想折中的辦法……」

「唔，伊里亞．伊里奇，老兄，你是完全變了。哼，要是我在你的地位，早把那塊領地押掉，另買上一塊，或者在這裏挑好的地段買上一所房子：這總值你的領地的。隨後又把房子押掉，再買上一所……假使你的領地給了我，那我就出名了。」

「別吹牛，只消想法子讓我不必搬家，或者上領地去，事情就成了……」奧勃洛摩夫提示說。

「可是你要不要任何時候從這地方動一動？」塔朗鐵也夫問。「哼，瞧瞧你自己看！你有什麼用？對於祖國你有什麼益處？你不可以上領地上去！」

「要我去現在未免早一點，」伊里亞．伊里奇回答。「完成改革的計劃，那是我打算帶上領地上去實施的。懂不懂得，米海．安特烈也奇，」奧勃洛摩夫突然地說，「你去吧，你是明白事情的，地方你也知道，我不愛惜費用就是。」

「難道我是你的管事？」塔朗鐵也夫傲慢不遜地反駁說。「而且對付農民的方法，我也荒疏了……」

「怎麼辦呢？」奧勃洛摩夫深思地說。「我簡直不知道。」

「唔，寫信給警察廳長：問他，村長向他講過走失農民沒有，」塔朗鐵也夫指教說，「請他上你領地去一趟：隨後寫信給總督，請他命令縣長呈報村長的品行。你說，『伏乞鈞座垂憐，慈眼鑒照，既人國村長行爲不端，身罹無可避免之可怖之不幸，定將與一妻及毫無扶養與個包之十二幼兒同陷絕境……」

奧勃洛摩夫笑了。

「我上哪兒去弄這許多孩子來，假使要給他們看看的話」他說。

「胡扯！寫『十二幼兒』得了：他們會是耳邊風，沒有人會調查的，這樣很『自然』……總督會把信交給秘書，而同時就寫信給秘書，不用說，要裝個附件，（指行賄——譯者）那他就會發號施令請四鄰幫忙。你鄰兒是誰？」

「近處是社傳里甯，」奧勃洛摩夫說。「我在這兒常見到他；現在他在鄉下。」

「寫信給他，好好向他請求，你說：『請以基督徒，朋友，及鄰居之誼惠賜骨肉之恩。』這信還要些像樣的禮物去……雪茄什麼的，你就這麼辦去，可是你動不懂得，你是變了！村長要跟我搗亂，我就來上他！鄉差什麼時候上那裏去？」

「後天。」奧勃洛摩夫說。

「那你就坐下來馬上寫信。」

「要後天哩，那個必現在就寫？」奧勃洛摩夫提示說。「明天也行。僥著，米海·安特烈也奇，」他補添說，「你索性『好事』行到底，那我就添個魚或者小鳥吃午飯。」

「又是什麼事了？」

「坐下來寫信。胡亂寫三封信，要不了你多久的吧？你講得這麼『自然』，」他加添說，努力把微笑隱藏起來，「譬呢，伊凡·亞力克先也夫會寫的……」

「呵多好的想頭！」塔朗鐵也夫回答說。「竟要我寫信！在機關上我也三天不寫字了，一坐下，我左眼睛就湧出眼淚來；可見是吹了風，一彎身子，頭就發昏……你這懶匠，你是毀了，伊里亞·伊里奇，老兄，毀得一文不值！」

「啊，但願安特烈趕快來吧，」奧勃洛摩夫說：「再會把一切都弄妥貼的。」

「原來找到一位戀音家了！」塔朗鐵也夫截住他說。「一位可咒咀的德國人，一條狡猾的惡漢！」

塔朗鐵也夫對外國人懷有一種天性的嫌惡。在他眼內，法國人、英國人、德國人就是惡棍，騙子，滑頭或者強盜底同義字。他甚至不分國籍，在他眼內，全都一樣。

「聽着，米海·安特烈也奇，」奧勃洛摩夫嚴厲地說，「我請你說話謹慎些，尤其是對同我親近的人……。」

「對親近的人！」塔朗鐵也夫增惡地反駁說：「他總不是你的親戚吧！是德國人——誰都知道。」

「可是比親戚還親近：我同他一塊兒長大，唸書，我不允許對他無禮的……」

塔朗鐵也夫憤怒得臉色赤赤紫。

「好了，如果你把我換德國人，那我就一步也不再踏上你這裏了！」他說。

他戴上了帽子，向門口走去。奧勃洛摩夫登時就軟下來了。

「你把他尊敬作我的朋友，就應對他慎重一些就是——此外我對無所求；這似乎不是一件大事吧。」他說。

「尊敬德國人？」塔朗鐵也夫帶着極度鄙蔑說。「爲的什麼？」

「我已經對你說過了，就爲的同他一塊兒長大，唸書。」

「真了不得，有的是彼此在一塊兒唸書的人！」

「可是假使他在這兒，那他早就不用我煩心一切了，既不要黑啤酒，又不要香檳……」奧勃洛摩夫說。

「好！你責備我！那帶着你的啤酒香檳見鬼去吧！這兒，把你的錢取去……咦，我放了哪兒去了？我竟一點兒想不起塞到哪兒去了，真該死！」

他掏出一張油膩膩的，寫滿字的紙來。

「不，不是的！」他說。「我將牠們放到哪兒去了？」

他在幾個口袋裏亂摸了一陣。

「別費心了，別拿出來了，」奧勃洛摩夫說。「我不是責備你，不過請你談起這位同我親近的，替我辦了這麼許多事的人來，有些禮貌罷了……」

「許多！」塔朗鐵也夫懷有敵意地反駁說。「等着吧，他還要辦得更多一些——你依他的就是了！」

「你爲什麼向我講這個話？」

「爲的是等你那位德國人剝你皮時，你可以明白，將一位俄國人，自己的同鄉，去換一個流浪漢，是怎麼回事？……」

「跪着，米海·安安特烈也奇……」奧勃洛摩夫開頭說。

「沒有什麼跪的，我聽得多了，而且爲了你難過！天知道我要受多少侮辱……我想是，在薩克遜納（註二），他父親麵包也看不到了，才到這兒來拱鼻子的。」

「幹嗎你使死者不安？他父親有什麼罪？」

「兩個人都有罪，父親和兒子，」塔朗鐵也夫揮了揮手，陰鬱地說。「我父親勸我提防這些德國人，不是徒然的，他早明白他那時候的各種各樣的人！」

「他父親有什麼叫你不樂意的，比方說？」伊里亞·伊里奇問。

「因爲他九月裏只穿了一件燕尾服和靴子到我們省裏來，突然間卻留給他兒子一筆遺產——這是什麼意思？」

「他只傳給兒子四萬來盧布。一部分是他太太的陪嫁，其餘是教書和經營領地賺來的，他的薪水很大。可見父親並沒有罪，兒子有什麼罪呢，現在？」

「好的孩子！他從父親的四萬，一下子變了三十萬資本，而且扶搖而爲七等文官，還是學者哩……現在竟還旅行去！這人路路通！真正的好俄國人，會幹這一切嗎？俄國人，總是挑一件事，不慌不忙，從從容容幹去，他要是把家財放在寄賣上——那怎麼發富倒是瞭然的，可是卻什麼也不，呸！那才髒哩，這種人我要告他去！現在他流浪着，鬼知道在什麼地方！」塔朗鐵也夫繼續說。「爲什麼要上別國流浪去呢？」

「他學習學習，見識見識一切，明白明白。」

「學習！他還學得少嗎？有什麼要學的？是他胡說，你別信他，他在當面騙你，像騙小孩一樣。聽聽，他講的什麼話？七等官還要去學習？他是在學校裏學過的，現在學習不學習？他學習不學習？（指着亞力克先也夫）他的親戚學習不學習？好人有誰在學習？他是不是在那裏，坐在德國學校裏，學習功課？胡說八道！我聽說，他是去看而且定一種機器的，明明是要俄國錢的壓榨機！我要把他送進監牢去……這些僞份子……啊，攪得我大神不安了！」

奧勃洛摩夫哈哈哈笑起來。

「你爲什麼嘅牙裂嘴地笑，我說得不對嗎？」塔朗鐵也夫說。

「唔，我們別講這個了，」伊里亞·伊里奇打斷他說。「你上要去的地方去，我同伊凡·蘇力竟先也奇寫這一切的信，竭力把自己的計劃趕快寫在紙上，正好當作一件事辦……」

塔朗鐵也夫走進了前室，可是突然又回了轉來。

「我竟忘了一乾二淨！這早晨上你這裏來是有事的，」他開始已經毫不粗魯了說：「明天我去吃喜酒：魯柯亮夫結婚了，把你那身燕尾服借我穿一穿，老鄉，我的是磨破一點了，你知道的……」

「怎麼可以呢？」奧勃洛摩夫對於這個新的要求皺着眉說。「我的燕尾服你穿了不合身……」

「合身的，怎麼不合身？」塔朗鐵也夫截住說「記得不記得，你的燕尾服我試過的，彷彿替我做的。查哈爾！查哈爾上這裏來，老畜生！」塔朗鐵也夫喊。

查哈爾熊一般咆哮着，可是不來。

「你叫他，伊里亞·伊里奇。他是怎麼的！」塔朗鐵也夫訴苦說。

「查哈爾！」奧勃洛摩夫叫。

「啊，什麼事……」從前室裏同雙脚跳下爐台的聲音一起傳過來。

「唔，您要什麼？」轉向塔朗鐵也夫問。

「把我那身黑燕尾服拿到這裏來，」伊里亞·伊里奇命令說。「米海·安特烈也奇要試試看會身不合身：明天他要去吃喜酒……」

「我不拿，」查哈爾決然地說。

「主人吩咐你，你怎麼敢？」塔朗鐵也夫叫喊說。「你怎麼不把他送上感化院去，伊里亞·伊里奇？」

「是的，這還不够；把老頭兒送上感化院去！別執拗了，奄哈爾，去拿來！」

「我不拿，」奄哈爾冷然地回答說。「讓他先還了我們的背心和襯衣再說：在那裏作了五個月客了。拿去赴命名日的，就此化爲輕塵；背心是天鵞絨的，襯衫是簇簇新的荷蘭貨，值二十五盧布哩，我可不拿燕尾服給他。」

「唔，再見吧，見你們倆的鬼，」朗塔鐵也夫發火地結論說，一路走出去，一路向奄哈爾揚着拳頭。「記記着，伊里亞·伊里奇，我去給你租房子去——你聽見了沒有？」他加添說。

「唔，好吧，好吧，」奧勃洛摩夫不耐煩地說，就只爲要避開他。

「你就在這裏寫必要的信，」塔朗鐵也夫繼續說。「可別忘了向總督寫，你有十二個孩子，『一個小似一個，』……到五點鐘，湯放好在桌子上。幹嗎你不吩咐弄一道麵餅？」

可是奧勃洛摩夫沒有作聲，早已不去聽他，閉了眼睛，在想另外的事。

塔朗鐵也夫一走，室內叫打不破的寂靜統治了十來分鐘。奧勃洛摩夫是給村長的信，同眼前的搬家煩擾着，而且一部分給塔朗鐵也夫的嘩啦嘩啦疲勞着，終於他歎一口氣。

「你怎麼不寫信呢？」亞力克先也夫悄悄地問。「我來給你們一枝鵞毛筆。」

「削吧，而且隨便上哪兒去吧！」奧勃洛摩夫說。「我一個人來幹。飯後你抄牠出來就是。」

「好極了，」亞力克先也夫回答說。「事實上，我許還打擾着你……那我現在去告訴他們，不用等我們上葉卡德琳霍夫。再見。伊里亞·伊里奇。」

可是伊里亞·伊里奇並沒有聽他：他將雙腳蹙在身子底下，幾乎多躺在圈手椅裏，悲苦地陷於微睡或者沉思之中。

（第四章完。全文未完）

註一：Madeira島的一種白葡萄酒。

註二：Saxony是德國的一部份。

（上文接第93頁）

一定是

匪賊們對它開過槍，

又用火災懲罰了它。

現在，

最好的都變得最不好，

甲用賦稅來賠償乙的利息了……

你想，

羊兒也氣得自己剃斷了角，

鳥兒變得發狂吐了血，

水河背着冰殼倒流起來，

像頭髮一樣守秩序的草兒

也學着刺蝟一樣造反了……

而且，

你想，

這樣荒蕪的園子

紅翅的細腰蜂會不會再回，

螞蟻怎麼不鎖住了洞門，

小蜜子也脫了帽，

那種叫做花紅的青蘋果被人買去了……

呀，呀

快樂王子，你在哪裏？

快樂王子，你在哪裏？

快樂王子

你像一杯潑掉的酒

不見了……

哎呀，

對着這麵粉的沙漠呀，

一個頑皮的孩子怎麼不想哭，

一個不說話的孩子

怎麼不學起了老人……

一九四二，聖誕節

聖誕節的感想

綠原

落雪了，
落雪了，
雪呀，
躲在風的絞繩的下面
學羽毛一樣……
安徒生先生
你不想講一個雪的故事麽？
你不是說：
母親夢見天鵝划過了天河，
小妹妹就出了世。
那時候，
雪呀，
白白的雪
蓋着白白的雪一般的夢呀……
你買給我一本神話的小冊子了，
我讀着：
稍與古銅色的小門兒自己會打開——
那鼻梁的鼻子一般長的
綴着甜蜜兒的長襪呀，
那像蠟燭一樣放火的水晶呀，
那舉着手好像柏葉林的珊瑚呀，
還有，還有
那會猜謎謎的白鬍子走出來，

那遙遠一聲鐘聲閃着光……
噫，
那是什麽日子呢？
你悲哀地回答：
就在那小驢脚敲着冰霜的時候，
一位老師
從伯利恆
向耶路撒冷尋十字架去了。
彌撒完了，
人們有福了，
一個小乞兒
用命運的杯子
討滿了唾沫，
當寒冷像警報
吩咐樹木不能回想戲着花的年代……
他
被雪
掩埋了。
這城兒
真醉了，
醉得要膿
凍得化不開的城兒呀，

替你看夜的
怕就是
這乞兒底嘆息
　輕得像雪的嘆息了，
這乞兒是沒有一根火柴的，
這乞兒呀
也沒有祖母從火焰裏出來，
這乞兒
被雪呀
漂白了。
靜得很，
靜得很，
凍結了的音樂呀，
音符組織出來的插畫呀，
正在溶解的雕刻呀……
安徒生先生，
你還不好聽的故事
又叫你的小讀者哭了……
你想，
這背時的世界，
連氣候也這樣惡劣，

（下文接第95頁）

長篇連載

人與土地

駱賓基

一

一九一九年的初冬，在中國渤海灣一帶的鄉村，是荒涼的。

樹木完全脫光了葉子，空間終天飛揚着乾燥的塵沙；就是風平日暖的天氣，那一望無邊的赤裸裸的平原，連草根全挖去作燃料的河崖，都是這樣的貧窮，無生趣。使人覺得存在在這平原上的，只有三件東西：人們住屋構成的村莊，墳墓圈集的葬地，以及這村莊和葬地的剩餘的空間——那就是說耕種有幾千年歷史的田地了。

那時候，北京正在進行提倡「科學」與「民主」的運動，而在這帶的鄉村，中年男人還大部份留着辮子，婦女們還纏着小脚。夜間在農民的避寒與談天的場所——地窖下，最流行着的掌故：是日本攻青島的見聞，和洋鬼子挖小孩子眼睛作電燈的風傳。在這場所最得人歡心的，當然是來往青島煙台之間的運輸洋貨的脚夫、煙土販子，以及滿洲或是俄羅斯回鄉的海外冒險者。

這一年，俄羅斯的內戰正趨於激烈，旅居海參崴十五年了的孫鴻魁，單人空手逃回山東萊州府的家鄉了。路上消磨了兩星期，現在，只距離他的出生的村莊四十里路。正當黃昏的時候，他是越走越覺着路遠步艱，越走越覺着疲乏思睡了。

還是一個年紀有三十開外的人。肩膀搭着一件「撬鏈子」皮襖，一隻粗大的手掌，抓住皮領，因爲提着走路，身上還有股熱力，也就不覺得穿的短衫單薄。冒着陣陣掀捲的黃沙風，沒有一絲冷意。脚下那雙「八斤克」高腿羊毛靴，質底微微留着被凝雪凍結了後而又化軟的那種痕跡，以致靴尖受到路石的磨擦，開始綻開來。他頭戴着頂大的狗皮帽，兩隻遮耳結在腦後。嘴臉全被沿路飄舞的塵沙掩飾住，僅僅閃出兩個能動的眼睛。像貌雖看不清楚但打扮在這地界是稀罕的：腦後沒有辮子。他那遲鈍的脚步，挪得那麼艱難。顯然他是疲倦了。牲口常從他身後走來時，他就停住脚。半因累，半因騾蹄揚起的塵沙，站一會子，躲避灰土的工夫休息似的喘口氣，讓趕騾子的脚夫揚鞭吆喝着走過去，才重新再走。

在他站脚休息時，望着四邊播種不久的小麥田和秋收後赤裸的黃色土地，間雜着，一會子遮隱在曠野捲起的黃沙風下；一會子又清清楚楚顯露在這古老平原上的遠近村莊，光禿禿樹。他那寬闊的額上就現出一點帶有生命的活氣，而且逐漸擴散開來，驅散那佈滿臉部的疲極思睡的死人氣。那騾子項鈴的落漠聲音，就覺得格外動耳，混合着黃沙風的乾燥呼嘯和鞭嘯，孫鴻魁深深覺到就是身在海南的味道了。海參崴的市內雪道和市外遍山遍野成片的冰雪層，暴烈的寒風，還在他腦子後時隱時現，但又好像他離開那兒已經年久似的，此外什麼都糊模不清。當他走不了半里路，隱約在他那眉額間的一點點活的氣氛，就逐漸縮小，死滅，一臉是木然的死人色，越來感覺越遲鈍，連遠遠傳來的騾項鈴鐺都聽不見了。他的全部注意力都凝集在將要會面的老婆，女兒和各個年輕時的夥伴與街坊鄰衍們的身上。但他並不因爲將要和故親舊友會面而欣喜，倒是覺着越離家門的村莊近越憂鬱，越悲哀絕望。正像一個賭手輸掉他全部財產之後，離開賭場在回家的路上所起的那種悲哀絕望的感情一樣。甚至他遲疑起來，他到自己村莊時幾不進去。他從來沒有過這樣的悲傷感情。好像家鄉有一種力量等着他，無論是發財或是赤手空拳，總免不掉那力量在他日後生活上，起作用。

現在孫鴻魁夢醒般唏噓着自己不幸的命運，以及白白消耗在海外十五年勞苦奔波的日子，他清清楚楚記得：出外時自己新婚不久，追婚後爭五個月了。當她背着許多送行的鄰舍夥伴偷偷遞給自己一手巾包雞蛋，而被蔡昌叔家的二有瞧見尖聲噓叫時，血湧到耳根，他滿臉飛紅，受着繼之而起的哄笑。而現在呢！他是這樣蒼老和憂鬱，他竟到不止一聲從自己嘴唇發出的嘆息。

他低着臉，寂寞的走，那兩隻屬於莊稼漢直人所有的眼睛，黯然無光，黑瘦的腮頰因爲憂鬱分外顯得憔悴，那呈示着善良性情的端正鼻子，也越發顯得高了。

像流浪年久的人，在離自己家鄉不遠的路上走一樣，時而孫鴻魁又燃起奔家心切的焦灼的火焰，但他兩脚却沈重得挪不動。夕陽落地一半，北風仍呼嘯着，孫鴻魁又聽見身後的牲口鈴鐺響。他站住，決定借牲口背歇歇腿，他迎風瞇眼望去，起初，只見騾耳和轎子蓬，風勢一過，誰家的轎車子整個現出來。騾子既壯，騾頭兒又好，能够清清楚楚望見縮頸袖手的車伕，抱鞭坐在轎車沿上打盹。轎車子走近來，孫鴻魁拱手打招呼。起初，那車伕不理，幾乎連眼皮沒睜開。後來，他申述自己只盼望搭搭脚，而且離家門口。沒有多遠了。那時候，車伕才打量打量他，矇矓的身子跳下了車。

「你知道這個車子，就是拿幾百錢也不搭客。你是那疃的？孫家店疃子的嗎？俺是舉人家的」。他的臉色有着一種憤怒，這憤怒是由於不高興外人搭車而又無法拒絕引起來的。

「古莊嗎？」青年時代又在孫鴻魁記憶裏復活了。他倚着車轅，斜膝坐着：「我那兒有親戚，騾子五你知道嗎？死了多年嗎？有孩子沒有？那還好。」並不是他對死者關心發出這些詢問，而是一個受人家恩惠准自己搭車的人，不得不找話套交情，能有一個叫得出名字的人，和這個車伕有關的話，敘述着他，自己坐車彷彿安心些。

「你知道，不是俺不給人方便，騾子傻了駒子，累了半天還沒喂口料。」車伕的憤怒開始平息，「你拿的是什麼？老羊子皮襖嗎？」邊走邊用手撫摸着：「可不離，值幾十兩銀子吧！眞是稀罕物。」

他們開始繼續攀談。車伕名叫小六，是雇在舉人府趕了半輩子車的鏢身漢子。他的神色，逐漸煥發。那扁臉，獅子鼻，闊嘴都活潑起來了。辮子盤在頭上。他穿着一身走親戚的新罩袍，前大襟捲在腰間，並用粗布腰巾紮着，這樣他走起路來兩腿格外俐捷。風勢又起，以致孫鴻魁不得不提高聲音說：「海外人慌得亂的，去年春天，海參崴叫日本海軍佔了，還有捷克兵英國兵。他們都幫助富黨打窮黨，因爲窮黨造反，我動身時，海參崴還在日本子手裏。住紀組司九里次的……他們叫中國街是紀組司五里次，——那裏都是俺們人，有的逃到東三省去，有的要回海南家，可是船上沒有熟人，走也眞不容易。」他的聲音很高却無力，彷彿這話他已經對人說過幾十遍，而現在不得不再說一遍那樣：「俺們這地場太平嗎？舉人呢！有七十多了吧？我想想看，恐怕正經七十多了，我小的時候，到你們那疃看過戲，那辰光他還沒科舉。」

「那辰光舉人家正是花似三月的時候。」車伕小六的談慾被孫鴻魁的話頭點燃起來，忘記了對牲口叱嚇，隨走隨說：「現在外邊看看嗎，還是份人家。」風尾一過，他的聲音低下來：「門還撐着，裏邊可就空了，這幾年你知道，革命軍鬧的銀子也不值錢了。說這話還是前年南軍打袁世凱的時候，五個月俺們這地場沒下雨，眞是旱年呀！一斗高粱賣到兩吊三，一升小米都得四百錢。滿莊滿疃，有幾家不靠着榔樹葉兒過日子！就拿舉人家說吧，小一輩，哥兒四個，三盞燈，外加一個姨子和舉人兩盞。分家？嘻！你說的那麼容易，舉人與婆有口氣，誰敢說分。我看倒是分了還能出幾個便家，在一塊兒，妯娌們誰不錢口袋朝外伸，哪像正南把北過日子的主兒。」

車伕小六一住嘴，孫鴻魁不由又喃嘘着自己離鄉背井，白白捨棄在海外的十九年的飄流日子，最傷心是自己手頭又沒積下半兩銀子……望着在夜色中，漸漸消沈的繁密村落和展佈在村落樹叢間的片片墓地，孫鴻魁渺茫的想案，沒有聽到轎車走動猶響着落漠的騾項鈴聲，也沒覺到車伕小六在風息聲寂中，正對自己講着話。

車伕小六的話興極旺，那像是他自己在說給自己聽，並且又像話本身是借他的嘴流出來似的，喋喋不休。他也看不清在記憶中閃動的孫鴻魁面影，是不是注意自己的話，儘管談。他跟着車輪走，手扶轎車轅，間或給騾子一鞭。他說自己這趟就是到披縣逯東家二份媳子回娘家。她和小姑吵了架賭氣回娘家去的，他順嘴兒罵她，並且抱怨她娘家那些吝嗇鬼，連送親的牲口都捨不得給豆料：「我說這話是不是？親戚什麼送公騾子牙口年紀？慣了駒子的牲口了。」他談吐間，第三次插入這樣的閒話，這才注意到車上的客人什麼時候已經睡去。

醒來？滿天已是星斗。風平氣靜的冬夜，曠野只有落漠的牲口鈴鐺的響聲，孫鴻魁立刻明白他是坐在轎車上，望着四週黑沉沉的夜野；以及從老遠光禿林叢間透出的閃閃燈火，他又想起海參崴冬季所有的大霧和白雪，頓感身子有點冷，披起「掃襯子」皮襖來。

在蕭寞走着的小六，告訴他距離孫家集還有五里路程，孫鴻魁跳下車，他以為走動走動，暖暖腳，身上血活一些，比坐着好。

「親戚。凍的慌不？這天氣可真煞實，下來跑跑倒好——你這一步挪不了四指的雜種。」順手給騾背一鞭。

「俺們家下過雪吧！」

「那——早呢！」小六說：「交九才下雪，海外這時候落雪沒有？」

「河都凍了，那像俺們家還能見到一兩根寶草！這邊是什麼樣？」

「王家。我們東家三媳子的娘家，我來過兩回，這個莊不大，可淨產使人，……。」

「住那頭兒的——大門王家嗎！提情我熟習，小時候在那裏過營生，就是大門王家的琴姐嗎！」孫鴻魁故裝冷淡的問。他的眼睛立刻映出一個細身材，尖嘴巴，紅臉蛋，有着兩隻明亮眼睛的閨女。他記不清她待自己的情意是多麼纏綿，深深印在腦子裏的，除了俊俏動人的身影和一對尖俏的小腳外，還有當他辭掉營生放親的那年，破例到孫家謝姥娘家。那是她姥娘死後，五年沒有走動一次的親戚。當孫鴻魁接親後按規到本莊各親戚門上道謝的時候，在旗竿那個老太婆的外屋，回眼逢到琴姐，她門簾縫露出的兩隻羞恨的大眼，瞬間即逝，以後就再沒有見到她。在流浪海外那些寂寞深夜，那兩隻羞恨的大眼，常常出現，常常給他安慰與驕傲，而這安慰與驕傲是往往屬於一個中年人想起青年時代曾經博到過少女的妒嫉而感到的那一種，但現在孫鴻魁卻嘆息了。她和她的許多人們是多麼幸福，只有自己的命運，是這樣的不順心。他想，十五年了，帶回家來的還是一隻赤手一隻空拳。

轎車路過孫家集村口，小六擎鞭指着道。孫鴻魁連聲邀請他進莊歇歇牲口，小六辭謝他，他們打了個招呼。

孫鴻魁直望着轎車影子消逝在夜色裏，空曠只剩下醜陋的輪響和騾鈴鞭哨的交響，才悄悄入莊。遠遠傳來狗朝天河那邊碎星吠叫的聲音，是二更天的時候了。

二

從孫鴻魁匆匆走過石板橋的姿式上看，就知道他和別離極久的妻、女、親族會面的心情是怎樣焦急。他沒心看那河流兩旁叢生無序的堤樹，在悠久的歲月中有沒有被村人砍伐或是變了位置；也沒有注意到沿河那道村有的矮土圍牆傾倒敗塌的程度。低頭俯眼，匆匆順着村舍和土圍牆之間的小衚衕走去，孫鴻魁記起現出他所熟習的南場園。星群下，園門外的拴驢椿，冬季打場用的石磙，都清楚而且眼熟。朝南的東西兩方窗，一隻沒有燈光，一隻被高大的秫稭垛遮擋住。

不知一股什麼力來衝動，他腦裏浮出一個戲謔的念頭。他想嚇嚇自己的老婆之後，再給面。給她一種意出望外的刺激，不是怪有趣的嗎？他悄悄走到西窗口。好久，他沒有聽到屋裏有聲音，立刻他又嫌惡自己這種輕薄。人真奇怪，什麼樣的想頭都會有，真是小孩子氣！他想。用手指輕輕扣着窗：「睡了嗎？開開門。」沒有名字可叫，又不知自己孩子的小名，久久，裏邊不應聲，他有點困惑，同時他望見東窗的燈輝，映得秫稭垛一片紅。那是他自己弟媳婦的住屋，不能輕意驚動。起初還盼望扣門能聽到自己老婆的動靜；當門開處，現出腦門留着一綹童子髮的男孩子時，孫鴻魁斷定她大半往劉家集住娘家去了。

「俺爹沒在屋，到窰屋子去了。」

「誰在屋裏？」孫鴻魁站在那裏問，因為那男孩子說完，就要關門似的，門口只裂開能容他兩眼外望的一道縫。——這孩子是誰呢？嬰子的嗎？他想。

那男孩子顯然被這變啞的嗓音所驚。孫鴻魁明白孩子初時是沒料到他是遠客。等到他又一次說屋裏沒有人，那聲音已經改變作夜裡對外路人說話所慣的警惕口吻，並且仍然詢問他：「你是作什麼的？」

「你先讓我進去，小雜種。」孫鴻魁用往常人慣在誇獎自己心歡孩子時所用的句子：「叫你爹去，你爹到窰屋子去作什麼？」

那男孩子尾隨擋陌生客進屋，彷彿自己沒有力量拒絕他，只有監視這漢子是要作什麼似的，兩眼怯生生的。他穿着大人的舊襖，以致衣襟拖到地。不見褲子，僅露兩隻赤着的脚。

孫鴻魁摘下帽子脫下掃毹子皮襖：「你娘呢？」男孩子不作聲。望着那人齊頸剪掉的短髮，瞪眼，抽身跑出去。

「這小雜種！」孫鴻魁不禁笑着，有趣的是小一輩的人遠立在自己面前的親人都不知道，還嚇跑了：「一定是老二的孩子，可不離。」

窗檯上放一把帶油瓶的菜油燈，孫鴻魁覺得紅光四射。炕蓆上的邊角破裂開來，壁紙現着爲日久煙塵所熏染成的古木色。地下儘是質劣色舊的粗木箱、桌、櫃、椅。孫鴻魁懷疑：日子過的是艱苦了呢？還是弟媳婦生性懶惰？？看看這個，望望那個，又想很快離開這裏到窰子去和親友們碰碰面，又怕自己老婆弟弟們回來撲個空。他坐在那裏，焦灼不安，時起時走，最後他走到西屋門口，搖推，關着摸摸，有把鎖。他又重新回到東屋，兩臂交抱，緩立一會子，星夜靜得能夠清楚地聽到屋後傳來的牲口吃草聲。他想：家業料理的一定不錯，能矜起牲口了！又一想，窗外場園內上的高大秫背垜，至少是十畝地的出產。他又一次走到西間去推門，那像是去詢問自己的老婆，家道怎麼會不容興旺起來似的，及至推不開，才記起自己曾經推過一遍，他重複斷定她是回娘家去了。總之，他又開始懷疑這屋子的主人。許是典給誰了吧！他想：明明自己出外的時候，家裏總共四畝地，畝半園瑩，弟兄兩人每人分到二畝來譜。因爲爲自己出外的盤纏，把鄧子的娶親錢都用了。還記得那畝半園瑩，就因爲那筆錢而不屬於自己了；雖然自己是長房，照理應該多一份。那麼那裏會有那樣高大的秫楷垜？加以剛才那陌生的男孩子的語氣，他一會子肯定自己猜疑：一會子又否定自己的多心，準是老二那鬱漢發了財，雖然他自己也不相信，這假設的想頭！想着想着，他第三次走到西間去推門，「嘖嘖！」他歎息着，恐怕他也不知道這歎息的原因，是由於推不開門，還是怪自己的健忘。他眉毛緊蹙，這是個性暴燥的人，在焦急當兒所常有的神色，他憤恨起婆娘們深夜不着家的惡習。方才沒進屋，悄悄在西窗跟前企圖像弄自己老婆的那股興致，完全消逝了。假若這時他的老婆走進來；就是他自己也知道沒法使她發覺不出自己的憤怒。

起初他還切望着能聽到那陌生孩子招來的人聲。他認爲那男孩子是去報告自己爹爹的。現在她却忘記了是在等候誰，而正在他忘記的時候，那男孩子拉着一個壯年漢人出現了。

這就是孫鴻魁的二兄弟孫鴻舉，頭盤一條粗辮子，身上穿着從沒補洗過的破棉襖，打扮完全像是一個失去婦人們照料的鰥夫。遮身並，臉色現着結實健力所有的棕黃色，他的那對隻犀皮睛眼望人時，帶着一種鬱漢必有的陰險忌疑的光，彷彿他的眼睛兼具聽覺一樣。

孫鴻魁還沒有來得及啓唇的工夫，他就望見鬱漢眼光中的猜疑，猛然透出吃驚的成份。這一瞬間他的黯沈沈的臉上，浮起一朵光輝爛的氣氛，漸漸展開來，那兩眼原有的猜忌和驚訝光輝，立刻變成狂喜欲喊的神氣。他的嘴唇顫抖着。孫鴻魁望見他的眼睛裏滿是欲滴未滴的淚水了，他的臉色可是紅光滿片。

「難過什麼？」孫鴻魁附耳向鬱漢高聲說：「你還認識我？我可不敢認識你了，你眞是個大人了。」於是在孫鴻舉臉上，展開無際的笑的花朵。用手背擦去了，那淚水在他聽哥哥說話時，已經流到鼻肚邊。孫鴻魁的臉色，立刻被弟弟的感情傳染了，眼睛也喜悅得濕漉漉的，實在要失聲大哭似的，他的容光煥發，作着興高意濃當兒不知說什麼的樣子。

「你大嫂呢？」

「誰？去世了。」孫鴻舉高聲說。

孫鴻魁的臉色驟然變白，然而這只是一秒鐘的工夫，立刻就恢復了以前平淡的樣子。良久。沈默着，弟兄倆都似乎在想什麼話說。

一秒鐘以前在孫鴻魁眼裏生光的一切東西，現在却黯下來。他沒問死的日期或死的原因，什麼他都沒有想。

「金柱他娘也死了。」孫鴻舉終於又說：「今年剛滿三週年，紛兒在她姥娘家。……」

「粉兒是誰？」這話的聲音極低，孫鴻魁不得不用眼睛向金柱的神色間尋找孫鴻魁的問詢。

「粉兒是我姐姐，大娘死了，她就到劉家集姥娘……」那叫作金柱的男孩子，在他們老哥兒倆談話的時候，是一直手攀住舅舅的大腿打游蕩，同時用那烏溜溜眼珠注視着孫鴻魁，滿有智慧氣地聽着，可見他對父親是多麼親愛而毫不畏懼。他用口咬着自己手指，話沒完，被進來的人們打斷了。

屋裏立刻熱鬧起來，悲涼的空氣完全被那些充滿活躍生命的寒暄聲音所激動，變作新鮮的，而且興奮的氣氛。進來爺兒三個當中最有興趣的是泰昌叔家的大丑。她幾乎激動得一見孫鴻魁的面，就要跳到他的肩膀上去鳴叫的喜鵲一樣，嘁喳不絕：「哥哥，你什麼時候到家？」「你怎麼啞默悄聲的進了莊。」「我就是在園子牆角照魚着」。他連聲疊句的問，兩眼閃着熱烈的光。那姿式簡直要抓過孫鴻魁鬈髮拳頭。以致二酉三俠和孫泰昌，都不得不笑嘻嘻的瞧大丑話柄完竭再插嘴，並且孫泰昌隨嘴，一邊笑一邊咒着：「他媽媽，這孩子撒歡撒的！」儘自走到炕沿坐下，提一條腿蹐住炕沿木。二酉則和孫鴻舉高聲問什麼？

孫鴻魁年輕在家的時候，每逢端陽節後的漁期，都去和丑結伴到龍口挑黃花魚的。野臺戲場，趕山趕集，能找到他們倆人之一，另外一個不用喊，就會跟來了。只有元宵節踩高蹺的脚色裏沒有孫鴻魁，但是他常常追隨高蹺出莊九十里以外，僅僅爲了陪伴他夜路回家，就等他個大半夜。

現在大丑依然活潑有力，他的身背闊大，黑髮光潤，結着黑絲辮繩。短襟大襖，紮着塊黑腰巾。渾身看不到有塊補釘，他的前額現着古木色，下頦寬大，一對眼睛充滿機智的光，明朗朗的，二酉卻是純然出身鄉土沒見世面的漢子，一臉憨直氣，由於整日開鍋操着炸油條的營生，以致滿胸都是油膩氣味。

大丑，開始談着家庭一切的變遷，他告訴他：粉兒已經是說親事的歲數了，又說自己已生了兩個兒子，整年想闖海外的念頭所以沒有實現，完全由於兒子們的牽扯等等。這時候，孫泰昌裝上第二袋煙，抽第一袋煙的工夫，他只得空插了兩句嘴：「你在海參崴碰見粉兒她大舅着嗎？」「粉兒她姥娘在家可餓死了，養了個好兒子，關外連個準信也沒有。沒死了嗎？」以後再沒搭上口，對不住嘴只知自己樂談的大丑，他有些厭惡：「你不回去照料牲口？說起來沒有個頭兒沒有？」大丑洗着臉答應聲，對孫鴻魁揚手招呼下，走出去。之後，孫泰昌老頭子才低聲穩氣的說話，那神色彷彿在年久不歡的人，碰到樂談對手而要發洩滿肚氣憤那樣嚴峻。

「看樣子，你沒剩下幾兩銀子吧？那麼該有封信回家了！你知道粉兒她娘過世的時候，還念誦着你？我不是長輩說話不論輕重，離開窩的燕兒，一學會飛就忘記原窩了。」

孫鴻魁陰沉沉的臉上，透出個無聲的苦笑。其實他沒有聽清楚他的叔父在說什麼，他望望孫泰昌老頭子一口口的吐着煙，那默默低俯的眼睛是多麼憂鬱無光呀！噫噫！他心裏嘆息着；人怎麼都會老，都會死呢？好像他第一次注意到生和死的問題一樣。他一直是很平靜的，坐在貼東牆炕沿上，彎躬腰豎着炕沿下吊着的自己那雙穿「八斤克」的大蹄。時而玩弄着手指，時而不自覺的發出聲低低的嘆息。

二酉高聲和孫鴻魁談着關於診治驢病的經驗，這是由於鄉漢新價買的那匹母驢不歡喜喝水而引起的疑難。二酉無非是因爲和孫鴻魁插不上嘴，借這話題發洩發洩談慾。現在二酉瞧見父親用訓斥的口吻呻斥孫鴻魁，就提醒孫鴻舉那鄉漢：「該請哥哥吃飯了。」心裏大不以父親第一天就給孫鴻魁過不去爲然。

「三俠回去叫你嫂子們給你玉堂哥哥煮碗麵湯！」孫泰昌吩咐句，繼續着自己截斷的話線：「你想日本兵打青島，接着幾年兵慌馬亂，又旱又澇。家裏四五口人，那天不得幾兩飯喂着。又完粮，又得納稅；你們跑出去關外的，可倒好！冬天皮大襖一穿，倒暖和，還能想海南這塊生出你們的地方？還是孫兒們近便，我還活着，說說，你不願意聽就罷。」

孫鴻魁兩手撫住下額，沉默着。悠遠如夢的追憶起海參崴海濱的日本兵艦和一九一八年夏天成立的富黨西伯利亞自治政府抽派兵伕的情形。他想：若是窮黨不造反，那該是多麼幸福呀！至少一塊盧布不會值換幾毛大洋，那麼或多或少，他總能帶回幾十塊大洋錢，他不知道自己怎麼從「人爲什麼死」的問題上，又轉到財物。他的眼光遲鈍，兩手又開始相互挖弄指甲。什麼時候，金柱把他的狗皮帽子給他戴上。當他覺着有人摸他剃短的髮尾時，才注意到牠，但他沒有動手摘。儘讓那男孩子時摘時戴的，不動也不理。孫鴻𤁣也熟視無覩，而且他的神氣還很自得似的彷彿說：「讓那孩子玩一會兒吧？」

孫泰昌還要說什麼，二酉悄悄遞個眼色。那眼色說：「別說他吧！人家趕了一天路，怪累的。」

他們似乎都以爲孫鴻魁的喪然神色，完全是由於勞頓。從沒想到他會爲了以後的艱苦日子發愁，更沒有誰想到他會因爲那死去的老婆而悲哀絕望。因爲那樣就是說知道愁日子，愛老婆的話，他們想：他從前絕不會一兩銀子不朝家稍。

三

孫家疃這小小的村莊，容有四十多戶農家，人口總數超不過百家。屬於這村莊所有的土地，通共百來畝，而且又是窪地。平常雨水不缺的那些豐收年月，孫家疃滿莊也找不出一戶能夠整天三頓吃高粱麵兒的人家。況且蝗災水澇常常一年佔兩季，以致孫家疃從遠古某個遙荒的孫氏祖先，在這片窪地蓋起一座茅草屋那年代起，到孫氏一族由繁殖蔓延而居然組成一個村莊的現在止，從沒有過繁榮的時期。每家都是平平凡凡的過着起早拉黑的莊稼生活，人們在茅草頂，土牆，而滿地又發着終年不見陽光的潮濕的屋子裏生出來，衝過幾個夏季流行的各種病災時疫作狂的幼年時代：河邊割草、挑水、牽牲口，慢慢到這生命力勃發的勞動年歲：鋤草、耕地、播種、揚糞、娶親生子，一直到衰老、死亡，從沒有人離開過出生他們的這塊地。誰也知道「不發外財不富」這句至理名言，然而誰又找不到不離生長自己這塊土而能發外財的營生，幾世紀孫家莊沒出過難實人物，幾世紀孫家疃沒有過能讀完整部四書的學童。

當清末光緒年間，頒佈「滿洲解禁，獎勵漢人出關」的詔書的時候，孫家莊這莊村史上才產生了捨鄉外出的三個人物：一個是賭棍，一個是煙土犯，另一個就是被控告爲殺害天主教徒的主使犯孫鴻魁。

他們由黑龍江到烏蘇里江，再流浪到伯力，流浪到沿海州阿穆爾，直到海參崴，煙土犯人開始在俄國漁船上當水手。孫鴻魁在市外製鹽廠，發苦力；而賭棍孫鴻禧起初和黑河的土匪打交道，後來孫鴻魁聽說他已經洗手，七八年行蹤莫明，無信無息；所以孫鴻魁回鄉這消息，當夜就給全村一個震撼。每戶都以這海外容的幼年生活作談資，紛紛猜論着。

談論最起勁的，是孫泰昌子孫滿堂的家庭，

孫泰昌的家庭，除了自已，光孫子輩兒八口。兩個媳子，三個孫女，最小的三俠，去年也定了親。對方是劉家窯劉老安的大閨女。女方獻喜三俠的一幅漂亮面貌，孫泰昌這邊圖着親家沒兒子，是貪圖婢姐兒陪嫁的三五畝田的體喜。從父親手裏，孫泰昌和大哥每人分到手四畝中等田。幾年來，人手增多，又租了八畝河邊地。整年省吃儉用，孫泰昌家的日子，是一天比一天超庸了。老大在農閑時到龍口販魚或淼一夏季萊陽梨，趕集趕會去銷賣；二酉就跳着油炸扭子拉攤，以致現在已是糟頭拴得住兩頭毛驢的中流戶了。

這天夜晚，孫泰昌家有着牛糞土牆的炕上，填了個稀客。那是本族孫泰運家的大女兒，出嫁給人作續房的，男人是劉家疃姓李的主兒，也闖外近十年的樣子。現在是碰巧住在娘家。聽到孫泰昌的姪子闖外新到家的消息，就踐踐着來了。雖然是中年的歲數，她的容顏卻已衰老，並且由於過度操勞和家事不隨心，她的眼睛，就終年終月潛埋着一個寡婦守空房那種鬱悶不歡的氣勢。她的手裏編織着作草帽原料的麥桿辮子，從她一邊聽話一邊編插的機械式的動作上看，不難知道她是多麼勤謹，間或也插一兩句嘴。她那矮小的身子坐在炕沿上。大丑媳婦坐在炕裏，兩腿盤着，按照中國鄉村婦女習氣，兩只穿氈底綉鞋的尖腳交盤在短褂掩蓋下，外邊只露膝蓋以下那兩只腿骨。她的圓臉蛋上，放着潔白的光彩。一對黑黑的眼睛閃，隱約可見狡黠難測的靈性。她現在正替紛兒惋惜的嘆息着：「不管怎麼的，好歹爹是健健康康回家來了。不是叫外人看着這是份人家！再說紛兒那丫頭十五六了，該找婆家啦。守着自己閨女到鎮出去，他不也算做了場爹，紛兒也不妄盼望他一回。」

「姐姐，你不快去打聽打聽他姑丈和他大叔在外面混的怎麼樣了？還是沒讓毛子老婆迷住，別一輩子不回家了。」說話聲音很粗獷，從隔壁二西媳婦屋傳來。她剛離開這裏，回自己炕上去哄那睡醒而哭叫的小嫂。大丑媳婦立刻用眼睛凝望着卯他娘，那眼睛似乎說：「你聽聽我們家這個聰明媳婦說的話，多不中聽。」

「俺不去問，隨他們回來不回來呢！」卯他娘從容而驚訝說。她沒有覺到大丑媳婦注視着自己而等待她瞭解的眼神，在她遲鈍的思維力裏，充滿對那代名稱——姑夫——的反感，無論什麼話一沾染着與她丈夫有關連的名稱，她的臉色就會不自主的變成習慣而憂鬱的灰色。彷彿她是完全出於眞心誠意，不使自己心裏有一點關於丈夫形影的存在；但那影子卻偏偏在她日常生活中寂寞的每一瞬間出現。而且連她自己也不知道，她今晚突然的來到孫泰昌家，全是隱藏在自己心底的那想知道一點自己丈夫在海外生活的動機所促使的。對於自己兄弟那個賭棍孫鴻鶴，她確是實實在在像她心中所想的那樣不關懷了。她編捐着麥草辮，沉默好久，一條麥草在編捐當兒折斷，她像把全部氣憤集結在這條折斷的麥稭草上似的順手擲下來，有力的擲掉：「眞氣死人，才從水裏撈上來的一會子就乾了。」她像對麥稭草說話，又像對自己說。於是在她對面的珍姐噗嗤笑起來。

她是背貼牆坐在炕角，一向不變地，她的額前飄散着劉海式齊髮，兩隻紫辮貼在耳後。當她噗嗤發笑的時候，她那嬌美紅潤的雙頰，浮起一股天眞活潑的光輝，完全是十四歲的秀麗的女孩了。當她受那變性母親警告一般地一跳時，那股天眞得使人見到彷彿看期過到清水池塘似的喜悅，就立刻消散，她那紅潤的雙頰還是極嬌美動人。還是紅潤悅目，但那彷彿變成一個旣恬靜又大方，屬於大家閨秀的姿態。

隔壁哼起催孩入眠的鼻聲，大丑媳婦繼續和卯他娘閒扯。有時她詢問「卯那孩子還孝順不？」「小九和卯，弟兄倆湊合得來？」小九的娘就蹙怒神情的說：「卯那孩子還懂事！俺可也不指望他能養老送終。」大丑媳婦隨和着說：「眞是，不是自己親生親養的，不管怎麼好，個兒隔着一層。」諸如此類的粗慾話。

「卯還沒定親？」二西娘婦的粗慾聲。

「俺作不了主，等他那塊爹回來吧！」小九他娘也提高聲音說。

「誰定親？說誰？」大丑出乎人們意外的闖進來：「姐姐你給俺家珍姐保個媒吧！你們劉家富庶！……」

「我會說媒，早好了。大兄弟！」小九他娘領間透露一點喜意，因爲有人來託自己給閨女找婆家，在她是榮耀的：「說媒得舌尖生花，俺還嚼頭哪中。」

「你沒問問蓮姐他爹在海外……」

「他們不在一個地方，俺姐夫闖什麼地方？不是黑河。俺哥哥在哪？」大丑打斷自己老婆的話：「姐姐，鴻鶴哥在黑龍江，聽說還是不走正道……」。

「他會走正道，除非天下沒有了骰子。」小九他娘口吻十分肯定。她不願意知道他們倆，任何一個行蹤和來路，正像一個有堅強毅力的女人，不願意聽到所拒的求婚者的一切一樣，實際上，雖然是又巴望別人說幾句。

「俺哥哥還帶甚麼來？」大丑媳婦問，她防備自己丈夫離不開那話柄，而順嘴說出不着那陰沉婆娘歎喜的話。

「海外又不是滿地金沙豆，娶媳婦子還得期地下撒種，你想幹正道的人，還能有財發！」在炕沿上敲着煙袋鍋，大丑就貪涎的抽起煙來。他那方形的臉，充滿興奮的血色，兩道明亮眼睛閃閃有光：「他把辮子都剪掉了！要猛東西作什麼？他娘的。」他把黑辮細朝後一甩：「十五六年沒見，他還那樣？」

「他這回不打算出去闖了吧？」小九他娘問。

「我看他住不了半年。在家作什麼？喫楊槐花？人活一輩子爲的什麼，秋豈在海外一天有三頓白麵包喫？」他的腿踏在炕沿木上，另一隻腿站在地下，彎着腰，彷彿孫鴻鶴給他帶來幸福的憧憬一樣，他似乎思索着，其實他打算抽完這袋煙去給牲口拌料，回頭和孫鴻魁暢談一宿。

「那可不能那麼說，好歹留在家裏，是俗人家。紛兒又那麼大了，」大丑媳婦說，臉朝着小九他娘：「是不是？姐姐？」

「這，偺不知道，男人們肚子裏都是些什麼？」

「橫活全靠根。偺活了這麼大，加上從小聞聽人們說，關外就沒有發財的。」大丑媳婦怒聲怒氣說：「離開鄉離開井，那一個回來，不又老又瘦的。你當在我娘家莊上還沒看見過關外客。」

大丑歪着臉，凝視自己老婆那變黑黑的眼睛，神氣是在說：「呵哈！你這婆娘！什麼還滿懂得呢！」大丑媳婦在他那明爽而帶審的兩眼注視下，逼出一個笑來。那神氣彷彿說：「怎麼的？你當是我們婆娘就不懂什麼了。你看那怪臉！」在這寂靜的瞬間，珍姐又一次止不住嗤嗤的笑。而小九他娘用眼睛望着。心想：這對小夫妻在我眼前賣嬌呢！媽媽的。

不久三俠回來囑咐嫂子賞麵，大丑就起身去喂牲口。小九他娘又說：「闖海外，都在身旁修理下窩了；還想家！」她不知說這話的本意是引人「你放心吧，他不會忘了你」之類的安慰話，那口吻似乎她不希望人家說什麼，只有嘆息一樣。而且她又明明白白曉得自己丈夫似乎是不會不弄個外國老婆的人，但她實際上可盼望人家說：「你不要疑心，他是不會的。」正像一個母親守着病危的孩子，雖知道病人已經奄奄一息的時候，卻希望有人說那病不關緊要的話一樣，不料大丑並沒有十分看重她的話：「那你當是怎麼？他又不是傻瓜，……」這話的尾音，小九他娘聽不清楚了，因為大丑媳婦和二酉媳婦在外間爭執起來，妯娌倆遇到在大伯跟前獻慇勤的機會，誰都不肯放手。

「我來趕麵吧！小嬸他娘你歇歇。你不是還有二兩棉花沒紡完嗎？」

「中呀；我來趕吧！」這是粗重的女人聲音，她已經從裏間蹀躞出來，一邊結衣扣，她的嘴唇蠢厚，永遠閉不攏。那鼠式的長牙切露着，十十足足一個大手大腳的又粗魯又善良的女人。

妯娌倆都揚聲笑着，爭執這稀過的工作，但彼此又知道彼此的心意完全是為了能爭得這討大伯歡心的機會。最後，大丑媳婦回到屋裏，眉眼充滿氣憤時應有的青白色。不久以前欣悅舒靜的光輝完全消失了。

「小嬸他娘，你要趕，你就趕。別冒冒失失把麵撒了！我什麼？」她在屋裏說：「怎麼我聽見油瓶響，你還是沒弄倒了，——你不先洗洗手，就會麵。」接着朝小九他娘皺眉，表示無法對付這「聰明」妯娌的神氣。

「洗手呀！怎麼不洗？你沒聽見我舀水。」這聲音也帶有點不歡快的意思。

小九他娘趁機躲避，這晚上給她的最深印象，是大丑夫妻倆那種情意濃密的相互凝視，尤其是凝視中現在大丑媳婦臉上的幸福的笑。

四

這大半宿，談話最多的是孫泰昌。平常日子，他很少有談吐興趣。全村的人也沒有一個和他有談談的。那宗親族又很少和他來往，即使有紅白喪喜事，都是我大丑出面幫忙，甚至三里五里的外村，連孫泰昌是什麼人，都不知道。大丑和二酉的名聲，可例外的傳遍了遠近大大小小各村莊。提起「孫家瞎賣油炸鬼的」或是「孫家瞎跑龍口販黃花魚的」真是有耳皆知，無人不曉。⑤

起初，孫泰昌談些家常，着力把鄭漢的勞碌和不幸說給孫鴻魁聽，生恐他日後和兄弟算賬沒有顧忌。他說，粉兒若是沒有他叔叔嬸嬸的善心體貼和撫育，她不會出產的那麼俊俏，伶俐，像一個大家閨女似的，既懂規矩，又知道理。並且加強的說孫鴻魁老婆的病極重，有幾個月隻草不能動，鄭漢在給她請醫求巫的那些藥味香火日夜不離屋子的日子，他是欠了以致賣三年夏季短工才清償完的債，而連同她死葬費用及鄭漢自己老婆的殮殯，化銷，他現在還沒有完全從債務裏拔出腿來，實際上，他這些話，都是昧心的，鄭漢存在他手裏有十兩銀子，他自己知道，他說的話二酉也知道是假的，但是他却自自然然的，竟沒有感到在自己兒子面前說謊的顧忌，而且他也並不想欺騙鄭漢那十兩銀子，所以說謊的本意，他是想給這個從海外空手回鄉的姪子，一個重大打擊，他嫌他的悲哀絕望的程度還不够，彷彿能使這流浪海外十五年而一個銅錢未曾捎回來的人，痛哭流涕，才能稱心一些。其實，即使這流浪海外十五年的人發財回來，孫泰昌還是一個錢也沾不到，那麼到底為了什麼呢！恐怕就是他自己也不知道。

他竭力敍述鄒漢支持全家生活的悲慘，藉以加重孫鴻魁的痛苦，說話間他的嘴唇時時吸口煙，爲了怕它熄滅。孫鴻魁永恆的沉默着，只在與鄒漢之前，說了句：「大爺，你不吃口！」之後，他變像被坐在那裏，兩隻手掌捧住腮頰，用什麼也沒有望見的渺茫眼神，望着自己交叉的兩隻大腳，他渾身沉重，昏昏欲睡。他沒有聽清楚，孫泰昌是在說什麼，僅知道是替鄒漢抱委屈。

最後，孫泰運，孫鴻魁的弟弟孫鴻選，爺兒們來了，孫泰昌停止他叨叨不休的話流，和他不睬的哥哥打着招呼，之後就同孫鴻選談到冬耕上來了。

孫泰運的身量短小，滿臉皺紋。嘴唇掩遮在鬍鬚下，那鬍鬚又亂又乾燥，一冬沒動剪子修飾。眼睛閃着一個慵懶人所有的無神無氣的遲鈍光輝。他沒有和孫鴻魁寒暄，彷彿後者是剛從五里外的集上回來一樣。

「俺家老大你碰到了嗎？」他的聲音破裂。

「宣統二年頭上，我們分了手，再沒見到。聽說還在黑龍江，你老還挺健康呢！」

「也不中了，這幾年眼色也不濟事，常常咳嗽。」那破裂的聲音有一絲網線般發出顫抖的動靜，繼之是一連串的乾咳：「聽說，聽說……」他咳着喘。「老了，不中用了，」「聽說老二不幹正道？不知道。哎！回家打算住下去嗎？」「家的營生可不比海外，還能吃下苦去？」

孫鴻魁的臉上，又透出個苦笑。這時他讓出坐位給來客，自已站在門邊上，一直腿挺直的立着，另一隻腿彎曲着，腳尖觸地交搭在另一隻腳背上，孫泰運坐下來：「你們東邊的地頭上，聽說叫人偷了兩顆樹？」

「誰說不是！砍倒兩顆。一顆多半是因爲天亮了沒來得及拖，他媽媽的。」孫泰昌說。

接着他們老哥倆，談起彼此的近況來。孫泰運說自已的大女兒帶着外甥女回來一集，又減少了兩斗高粱，孫泰昌也嘆息着，糧價的高漲；「真是一年不如一年呀！」接着問：「小九他姐姐說了親沒有？」「他爹不弄回幾兩嫁裝錢，怎麼說婆家。」孫泰運說。

從他倆談吐裏，孫鴻魁知道他倆是日久沒有見面了。就是這陰鬱的屋子，也是十八年來極少有人肯嘗談天的。孫鴻選就證實了這點，他的永遠有着談笑光輝的眼睛，左看右望的說：「這還有好些傢具，鄒漢你也不整理整理，就這麼糟蹋了，」顯然他是覺得應靜地站在那兒聽，爲了說話在找題。

「他那有閑心收拾屋子，整天光兩個沒娘孩子不把他累毀了。像你嗎？還有個長短工幫你剝苞米穗的。」二西說。他和鄒漢坐在炕沿上攀談着。

大丑和三俠這時闖進來，「好啦！人都滿了。」地下年小一輩的立刻活躍了。孫鴻選回答大丑的戲謔：「你當是光你有俊媳婦的人能來，俺就不能來了，是不是？三俠，你嫂子不罰他磕個頭。」鄒漢用眼睛猜摸着人們的臉色，也蠢蠢笑起來。

這個屋子充滿興致洋溢的話聲。正像許多少女在一個青年跟前，互相嬌笑嬉鬧一樣。她們離鄉明白遠興之衝動，完全是由青年帶來的；但對他卻又不理會。他們也不理會孫鴻魁，儘自喧笑，漫談，而這些興趣致的話聲，對於炕上的老頭兒慢慢的閑談，卻毫不起影響。他們說着各自的春季計劃，打算某塊地種大豆，某塊地插地瓜秧。以及誰的花生種子好，或彼此詢問着肥料夠不夠用等等，看見孫鴻魁兩腿還是一直一曲的交腳站着，時壓門拴打瞌睡，孫泰運才站起來。那時，孫泰昌說：「時候不早了。」地下聚談的一組，也都站立起來。

當兩個老頭兒，離開炕圍。一個又低聲問：「還帶老婆回家。」

「不在海外吃了喝了嫖了賭了，年輕輕的，你想還朝家帶。」

「真是！」嘆息着又說：「三侄也討了，明早再見。」另一個答應着，分開來。

後一輩的大丑、二西、鴻選，三俠，依然興致勃勃的講着。但卻換了話題。

「他辮子都割去了？倒是割得爽快。」

「哥哥。」三俠兩眼緊望着大丑說：「他怎麼那樣站着兩個腿一直一彎的。」

「那是外國站法。長大了闖海外去吧！別在家吃紅餅子了。」鴻選說着離開他們：「明天你們到那地邊來？好吧！我也搶過邊的。」袖着手，跑開去了，大丑也趨開來兒個一邊跑一邊高叫着：「好——他媽冷，凍得掉耳朵。」聲音在深夜裏嘹亮而又悠遠地飄開去。

臨睡前，孫鴻魁從腰裏解下兩吊銅子：「把它放在櫃子裏。」他附着鄒漢耳朵高聲說「這是剩下的幾個。」

「啊！放在櫃子裏」他附着鄒漢的耳朵高聲又說：「明天你去接粉兒回來，我看看。」

不久孫鴻魁就沉沉入睡。第二天太陽剛離地，孫鴻魁就在場園上來回的散步了，心底平靜地，渤海南鄉村的早晨，是多麼美好呀！因着耀眼陽光的高粱堆，偎懶着清淡的影子。在地下，幾隻母雞用爪刨着垛腳的碎葉。公雞在牆頂上凝望着什麼一隱約出，一腿站着。早晨氣息，又新鮮悅胸，又寂靜息耳，只有公雞偶爾咯咯的低鳴，是這廣闊無涯的宇宙中唯一的動靜。這一切是多麼溫暖是多麼幽靜！孫鴻魁的一切慾念，希望，對命運不幸的悲哀，以及人類間所有關於生活的舊觀念和生長在他內